ACCESO GRATIS *a la Lectura en la Nube*

Para visualizar el libro electrónico en la nube de lectura envíe junto a su nombre y apellidos una fotografía del código de barras situado en la contraportada del libro y otra del ticket de compra a la dirección:

ebooktirant@tirant.com

En un máximo de 72 horas laborales le enviaremos el código de acceso con sus instrucciones.

MASC, TO BE OR NOT TO BE?
(MEDIOS ADECUADOS DE SOLUCIÓN DE CONFLICTOS EN LA JUSTICIA)

Procedimiento de selección de originales, ver página web:
www.tirant.net/index.php/editorial/procedimiento-de-seleccion-de-originales

MASC, TO BE OR NOT TO BE?

(MEDIOS ADECUADOS DE SOLUCIÓN DE CONFLICTOS EN LA JUSTICIA)

Editora:
SILVIA BARONA VILAR

Financiado por:

tirant lo blanch
Valencia, 2024

En caso de erratas y actualizaciones, la Editorial Tirant lo Blanch publicará la pertinente corrección en la página web www.tirant.com.

© TIRANT LO BLANCH
EDITA: TIRANT LO BLANCH
C/ Artes Gráficas, 14 - 46010 - Valencia
TELFS.: 96/361 00 48 - 50
FAX: 96/369 41 51
Email: tlb@tirant.com
www.tirant.com
Librería virtual: www.tirant.es
DEPÓSITO LEGAL: V-1076-2024
ISBN: 978-84-1197-942-9

Si tiene alguna queja o sugerencia, envíenos un mail a: *atencioncliente@tirant.com*. En caso de no ser atendida su sugerencia, por favor, lea en *www.tirant.net/index.php/empresa/politicas-de-empresa* nuestro procedimiento de quejas.

Responsabilidad Social Corporativa: http://www.tirant.net/Docs/RSCTirant.pdf

Índice

Prólogo *11*
Silvia Barona Vilar

Capítulo I
¡Los MASC existen! Son medios de acceso a la justicia *15*
Prof. Dra Dra h.c. mult. Silvia Barona Vilar

Capítulo II
Acceso a una justicia próxima y MASC: binomio necesario *49*
Dra. Andrea Planchadell-Gargallo

Capítulo III
Modelo de justicia contemporáneo con solución extrajudicial de litigios integrada: adecuación, condiciones y límites *75*
Fernando Martín Diz

Capítulo IV
Hay justicia más allá de la jurisdicción *97*
Sonia Calaza López

Capítulo V
*El intento de arreglo amistoso como presupuesto de procedibilidad** *127*
Juan F. Herrero Perezagua

Capítulo VI
Los ADR como requisito de procedibilidad *157*
Vicente Pérez Daudí

Capítulo VII
Los medios autocompositivos de solución de controversias como presupuesto procesal: una propuesta de regulación *183*
Anamaría Castellanos Artunduaga
Ignasi Gay Quinzá

Capítulo VIII
Aquí o allí o la globalidad y la localidad en las técnicas ADR. Sobre sus bondades en el contexto global, social y digital con control y auxilio judicial *203*
Ixusko Ordeñana Gezuraga

Capítulo IX
Instrumentos de justicia restaurativa en conflictos familiares *231*
Mar Aranda Jurado

Capítulo X
Medios adecuados de solución de conflictos online: ¿es necesario limitarlos? 259
María José Catalán Chamorro

Capítulo XI
La irrupción de la tecnología en los MASC 277
Miren Josune Pérez Estrada

Capítulo XII
La mediación en materia civil y mercantil y su codificación en europa: 10 años después 291
Guillermo Palao Moreno

Capítulo XIII
ADR/MASC: reflexiones en torno a su existencia, regulación y destino en Chile 311
Alejandro Chaparro Uribe

Capítulo XIV
Tendencias y transformaciones en la resolución de conflictos: un enfoque global de la mediación, capítulo Ecuador 329
Daniel Peñaherrera Toapaxi

Capítulo XV
Reflexiones en torno a la revitalización de los MASC por los ODS 353
Ana Isabel Blanco García

Capítulo XVI
Justicia de proximidad y MASC en la comunidad valenciana: principales retos 375
Ana Beltrán Montoliu

Capítulo XVII
MASC y vulnerables en situaciones transfronterizas: ¿un binomio posible? 407
María González Marimón

Capítulo XVIII
Últimas voluntades digitales y conflictos post mortem: la mediación como MASC preferente 433
Federico Bueno de Mata

Capítulo XIX
Soluciones extrajudiciales de controversias marítimas ante notario 457
Leticia Fontestad Portalés

Capítulo XX
Los MASC en el ámbito universitario 477
Ana María Rodríguez Tirado

Capítulo XXI
La mediación como herramienta de prevención, gestión y resolución de los conflictos derivados de la violencia en el deporte de base *499*
ESTHER PILLADO GONZÁLEZ
BLANCA OTERO OTERO

Capítulo XXII
El proyecto de ley de medidas de eficiencia procesal del servicio público de justicia: especial referencia a la opinión del experto independiente *521*
ANA ISABEL LUACES GUTIÉRREZ

Capítulo XXIII
La resolución de controversias sobre nombres de dominio ante la Organización Mundial de la Propiedad Intelectual *545*
JUAN ALEJANDRO MONTORO SÁNCHEZ

Capítulo XXIV
Los ADR en el reglamento de servicios digitales *571*
ROSA PLA ALMENDROS

Capítulo XXV
Arbitrajes obligatorios y control del laudo *599*
IGNACIO COLOMER HERNÁNDEZ

Capítulo XXVI
Por qué los árbitros no deben ser reemplazados por sistemas de inteligencia artificial *627*
ANA MONTESINOS GARCÍA

Capítulo XXVII
Usos y límites de la inteligencia artificial en el arbitraje comercial internacional ... *655*
JOSÉ CARO CATALÁN

Capítulo XXVIII
Consumer arbitration system: ¿son los i-árbitros una opción? *671*
DIANA MARCOS FRANCISCO

Capítulo XXIX
Arbitraje y derechos humanos. La cuestión de la renuncia a la acción de anulación del laudo. ¿Eficiencia del proceso v. Ddhh? *691*
IRENE MERINO CALLE

Capítulo XXX
Justicia restaurativa, una justicia para la reparación *719*
MERCEDES LLORENTE SÁNCHEZ-ARJONA

Capítulo XXXI
Cuestiones controvertidas respecto a la implementación de la mediación penal en casos de delitos de odio 743
Irene González Pulido

Capítulo XXXII
El uso de técnicas restaurativas en la justicia de menores en casos de odio y discriminación 771
Irene Yáñez García-Bernalt

Capítulo XXXIII
MASC y sustracción internacional de menores por sus propios padres 793
F. Javier Jiménez Fortea

Capítulo XXXIV
Mediación, violencia de género y estereotipos: ¿hacia la obsolescencia de la prohibición? 827
Elisa Simó Soler

Capítulo XXXV
La «conformidad negociada»: proyecciones de futuro ante un vacío regulatorio 849
Nicolás Rodríguez-García
Marina Oliveira Teixeira dos Santos

Prólogo

Los medios adecuados de solución de conflictos (MASC) se han convertido en una pieza esencial del modelo de Justicia del siglo XXI; su misión es la de simplificar, facilitar y abrigar las múltiples respuestas que los ordenamientos jurídicos, nacionales e internacionales, ofrecen a la ciudadanía para acceder a la Justicia. Ahora bien, su realidad y su consolidación jurídica, legal y práctica, ha seguido un largo, tenebroso y abrupto camino, lleno de obstáculos que han empañado sus bondades y engrandecido sus falencias. Si los MASC debieran presentarse en sociedad y en público podrían emplear el poema de Walt Whitman, "*soy el apogeo de las cosas logradas y contengo las cosas que serán/ Mucho tiempo estuve en brazos de las tinieblas, mucho tiempo/ Inmensa fue la gestación de mi ser, Fieles y cariñosos los brazos que me ayudaron.*

Entre los fieles y cariñosos brazos que ayudaron a consolidar los MASC se cuentan numerosos textos legales, autonómicos, nacionales, supranacionales e internacionales, y un enorme esfuerzo de quienes desde hace lustros trabajaron con y desde los medios no judiciales ni jurisdiccionales de solución de los conflictos jurídicos entre las personas, naturales y jurídicas. Las experiencias se cuentan por centenares y los resultados han sido altamente ilustrativos de las bondades y de las carencias, de lo que había que incorporar y lo que había que evitar. Y no solo en ámbito de conflictividad civil, familiar o de consumo, sino incorporando proyectos piloto en el derecho penal o el administrativo. Las respuestas nacionales son el fruto de un enorme impulso supranacional e internacional.

En Europa, desde más de tres lustros, la Unión Europea viene propulsando la incorporación de procedimientos extrajurisdiccionales en la solución de conflictos y abogando esencialmente por la incorporación en los países de la Unión de la regulación de la mediación. Inicialmente estos impulsos vinieron de la mano de recomendaciones, como la Recomendación del Consejo de Europa No. R (98) 1 sobre mediación familiar, en la que se recogían una serie de principios a incorporar en las legislaciones europeas, tanto en relación con la figura del mediador como de sus funciones y principios de actuación, así como en relación con el procedimiento de mediación. Aun cuando el efecto no fue inmediato, indudablemente se convirtió en el germen de los múltiples instrumentos que le han sucedido, favoreciendo, por ejemplo, un tratamiento adecuado de las víctimas en sede penal, propulsando la mediación y los instrumentos de justicia restaurativa para considerar la reparación a la víctima o víctimas, amén de garantizar las funciones de prevención general y especial del sistema penal en su conjunto. A tal fin se dirigió la decisión marco del Consejo de 15 de marzo de 2001, relativa al estatuto de la víctima en el proceso penal. Y a todo ello debe aunarse el incesante apoyo de la UE a la incorporación de MASC en la solución de los conflictos de consumo. Informes, Recomendaciones, Directivas, Reglamentos de la UE se han sucedido, instando a la incorporación de medios eficaces y asequibles para resolver los consumidores sus conflictos, argumentando que un elevado número de reclamaciones de consumo o no se plantean por las dificultades que conllevan y el elevado coste que supone o no quedan satisfechos con los resultados, en muchas ocasiones por la tardía respuesta. Desde la aprobación de las Recomendaciones de la Comisión 98/257/CE y 2001/310/CE, que fomentan los sistemas ADR en materia de consumo, los instrumentos no han cesado, especialmente mediante directivas sectoriales que inciden en ello. Y, como componente integrador de todo lo expuesto se encuentra el art. 81 del TFUE que recoge esa idea de impulsar en materia de cooperación el desarrollo de métodos alternativos de resolución de conflictos y el reconocimiento mutuo de las decisiones extrajurisdiccionales, amén de su ejecución.

Allende la Unión Europea, el interés por la incorporación de medios extrajurisdiccionales de solución de conflictos ha sido espectacular. Simplemente, a título de ejemplo, las Reglas de Brasilia sobre acceso a la Justicia de las personas en condición de vulnerabilidad de 2008, fruto de la XIV Cumbre Judicial Iberoamericana, delimitaban medidas específicas, destacando la necesidad de incorporar e impulsar medios de resolución de conflictos más apropiados para las personas especialmente vulnerables, tanto antes del inicio del proceso como durante la tramitación del mismo, haciendo referencia a la mediación, la conciliación, el arbitraje y otros medios que no impliquen resolución del conflicto por un tribunal. Y, por supuesto, la aprobación de los Objetivos de Desarrollo Sostenible (ODS) por Naciones Unidas en el año 2015, que abogan por una transformación de la Justicia, con fundamento en la sostenibilidad económica, social y ambiental, diseñando la “Agenda 2030” también en lo que a la conformación de una *Justicia más sostenible, más equitativa, más igual y más justa socialmente.* Para ello se hace imprescindible que los Estados asuman desde la responsabilidad, la imprescindible adaptabilidad de las normas, las instituciones, los protagonistas y los principios del modelo de Justicia del siglo XXI, que incorporen un significado del derecho de acceso a la Justicia que ofrezca a la ciudadanía una más pronta, ágil y accesible tutela de sus derechos e intereses. Esto no siempre se alcanza a través de los tribunales y el proceso, de manera que se hace necesaria la incorporación, con garantías, de medios adecuados de solución de controversias no judiciales ni jurisdiccionales, que puedan facilitar una más pronta, ágil, adaptable y accesible tutela de derechos e intereses de la ciudadanía.

Los deberes a los Estados estaban marcados por la agenda supranacional e internacional y en ello estaba el Gobierno de España con la presentación de los tres proyectos de Eficiencia de la Justicia: de eficiencia procesal del servicio público de Justicia, de eficiencia organizativa y de eficiencia digital. Sin embargo, la disolución de las Cortes Generales españolas en mayo de 2023, con convocatoria de elecciones de ambas Cámaras el 23 de julio de 2023, supuso la paralización de los tres textos, quedando en *standby* el modelo de MASC que se incorporaba con regulación integral en el texto proyectado.

Pese a la no aprobación del Proyecto de Ley de eficiencia procesal, los MASC son una realidad jurídica en nuestro ordenamiento jurídico. Forman parte de la Justicia, del sistema multipuerta de Justicia y ofrecen una Justicia más cercana, más accesible, flexible y adaptable a las poliédricas situaciones jurídicas y sus conflictos. La aprobación del Proyecto de eficiencia procesal pretendía ofrecer ese tratamiento en conjunto de los MASC, su imbricación con el modelo procesal, inclusive yendo más allá, al convertirlos en presupuestos de procedibilidad. El texto no se aprobó, pero la realidad viene superando desde hace tiempo a la legislación.

Por todo ello, decidimos en el seno de la Cátedra para la Cultura de la mediación GVA-UV organizar esta obra que el lector tiene ante sus ojos. Una obra que es el fruto de debates, discusiones tanto en seminarios como en la investigación, estancias de investigación en centros y universidades internacionales, así como de un Congreso Internacional celebrado los días 30 y 31 de octubre de 2023 con una mayoritaria intervención de los investigadores jóvenes, de sus miradas ante los MASC nacionales e internacionales, todo y que con el complemento perfecto de los no tan jóvenes en sus respectivas investigaciones aportadas. Culmina esta obra con ilusión por parte de quien la organizó y la edita; una obra que presenta la evidencia de que los MASC existen, están integrados en el mundo jurídico, ofrecen respuestas jurídicas que tienen consecuencias jurídicas y también en muchos casos procesales. En unos casos se presentan como evitadoras del proceso, por lo que son alternativas, en otras, como complementarias del mismo, y con efectos procesales. Su asimetría y heterogeneidad las hace adecuadas para la desigual y entrópica conflictividad, amén de permitir en ámbitos como el proceso penal o el administrativo, enormes beneficios para el cumplimiento de los fines propios de ambos procesos. Si a todos ellos debiéramos referir un componente común diríamos que responden a esa exigencia de transformación de la decimonónica concepción de la Justicia en el siglo XXI; una transformación con dos claves: por un lado, la expansión de la idea de Justicia, hacia una Justicia integrada por una heterogénea pluralidad de medios de acceso a la misma, allende los tribunales y el proceso, adaptándose a la sostenibilidad social exigible; y por otro, la maximización de la búsqueda de la eficiencia del sistema de Justicia, que encuentra su sustento en la búsqueda de una Justicia sostenible económica y medioambientalmente entendida.

¿Habrá tratamiento unitario? ¿se regularán los MASC en el modo que han sido incorporados en el texto proyectado? La respuesta no la tenemos. Si sabemos, en todo caso, que el camino andado es ya largo y siendo deudores del pasado y hallándonos en el presente, es fácil avizorar un futuro inmediato de MASC sin fisuras. Gabriel Celaya en su hermoso aunque triste poema "España en marcha", decía: *de cuanto fue nos nutrimos, transformándonos crecemos,...y mostrar que, pues vivimos, anunciamos algo nuevo.* También puede extrapolarse a la Justicia, que se nutre de lo que fue, pero no es pétrea ni impenetrable, crece transformándose y anuncia una Justicia nueva.

Esa Justicia nueva, con MASC, es la que vemos quienes hemos participado en esta obra. Treinta y ocho investigadores de 15 Universidades españolas: Valencia, Jaume I Castellón, Salamanca, UNED, Zaragoza, Barcelona, Universidad Católica San Vicente Mártir, Córdoba, Málaga, Cádiz, Vigo, Pablo de Olavide de Sevilla, Valladolid, País Vasco y Sevilla, amén de investigadores colombianos, chilenos y ecuatorianos. El resultado no podía ser más enriquecedor. Agradezco a cuantos han intervenido en la obra su esfuerzo por "anunciar algo nuevo", aportando interesantes implicaciones de los MASC en la sociedad global, digital y acelerada que nos acompaña en el siglo XXI. Y agradezco a la Generalitat Valenciana por habernos permitido, durante todos estos años, avanzar en el impulso de los MASC y especialmente de la mediación con la Cátedra para la Cultura de la mediación GVA-UV, que da soporte a esta obra.

En Valencia, a 3 de noviembre de 2023

SILVIA BARONA VILAR

Capítulo I

¡Los MASC existen! Son medios de acceso a la justicia

PROF. DRA DRA H.C. MULT. SILVIA BARONA VILAR

SUMARIO: I. DE LA CASI INMINENTE EMERGENCIA DE LOS MASC (INTEGRAL) AL DESENCANTO. LO QUE PUDO SER Y NO FUE. 1. Incidencia de la Unión Europea y del impulso internacional de Naciones Unidas: la aprobación de los ODS y su influencia en el modelo de Justicia sostenible. 2. En busca de la eficiencia de la Justicia en España. Los tres proyectos. 3. ¿Y ahora qué?. II.- DE LA EFÍMERA PRESENCIA DE LOS MASC EN LA HISTORIA JURÍDICA A SU EMERGENCIA CON LAS ADR. III. UN PASO MÁS: EXPANSIÓN A LA CULTURA OCCIDENTAL. HACIA EL *MULTI-ROOM JUSTICE SYSTEM.* IV. RETOS Y DESAFÍOS DE LOS MASC EN LA SOCIEDAD GLOBAL. - 1. Peligro de convertir la Justicia (*Multi-door-Justice-System)* en negocio y caminar hacia la privatización.- 2. Dilema entre voluntariedad y obligatoriedad. ¿Presupuesto de procedibilidad?. 3. Capacitación continua de los operadores MASC como reto, y herramientas de negociación de la ciudadanía como punto de partida. V. UN RETO-PELIGRO: LA IRRUPCIÓN DE LA TECNOLOGÍA, LOS ALGORITMOS Y LA INTELIGENCIA ARTIFICIAL EN LOS MASC.

I. DE LA CASI INMINENTE EMERGENCIA DE LOS MASC (INTEGRAL) AL DESENCANTO. LO QUE PUDO SER Y NO FUE

La disolución de las Cortes Generales españolas en mayo de 2023, con convocatoria de elecciones de ambas Cámaras el 23 de julio de 2023, supuso el desencanto para quienes aplaudían la configuración del modelo MASC que venía proponiéndose en el texto del *Proyecto de Ley de eficiencia procesal del servicio público de Justicia*.

Frente a las insuficiencias estructurales del sistema de Justicia, se presentaba el texto del Proyecto de Ley de eficiencia procesal, enmarcándolo en el Plan de Recuperación, Transformación y Resiliencia, y muy concretamente en el referido a la reforma para el impulso del Estado de Derecho y eficiencia del Servicio Público de Justicia. Este texto, además de incorporar una batería de medidas dirigidas a favorecer este objetivo, dedicaba una parte importante del texto a la consolidación de los medios adecuados de solución de controversias en vía no jurisdiccional, como medida que, en palabras de la exposición de motivos, "más allá de la coyuntura de ralentización inicial y previsible incremento posterior de la litigiosidad como consecuencia de la pandemia y declaración del estado de alarma, se considera imprescindible para la consolidación de un servicio público de Justicia sostenible".

Parecía que finalmente, después de varias décadas de trabajar, capacitar, desarrollar e investigar acerca de los medios adecuados de solución de controversias, el legislador asumía la decisión de, no solo incorporarlos, sino de hacerlo elevándolos a la categoría de presupuesto de procedibilidad.

Esta decisión de incorporar los ya consagrados medios de solución extrajurisdiccional de conflictos en la realidad jurídica nacional, supranacional e internacional, se presentaba como respuesta a quienes seguían y siguen sosteniendo el pensamiento, arcaico e ignorante, de que las ADR, los MASC o los RAC (siglas empleadas para hacer referencia a estos medios) no son Justicia, o los que consideraron que se presentaban como una justicia de segunda categoría, o la sombra del derecho, como algunos lo entendieron. Los MASC son parte de ese modelo plural que se ofrece en los sistemas democráticos y sociales a la ciudadanía, permitiendo moldear situaciones jurídicas con personales y tutelando desde el Estado -lo que pretendía realizar el Proyecto de Ley- los derechos y las garantías procesales, en cuanto su intrínseca vinculación con el proceso es más que palmaria.

Ahora bien, interesante es entender el sentido y justificación de este texto legal proyectado, aunado a los otros dos textos que pretendían de forma valiente y con el impulso internacional una verdadera transformación de la Justicia en nuestro país. Aun cuando personalmente no compartía algunas de las soluciones que se proponían, es indiscutible que los avances pretendidos en los tres textos suponían una mirada diversa de la Justicia; una Justicia mucho más cercana y adaptada a las coordenadas espacio-temporales, sociológicas, demográficas y económicas del momento presente. Una Justicia del siglo XXI, que se nutre del pasado, pero se presenta en el presente con vocación de futuro.

El retrato de la sociedad del Siglo XXI muestra unos parámetros bien diversos, que no solo han transformado la vida y las maneras de relacionarse las personas, sino también han propulsado una metamorfosis en la Justicia, que ha ido poco a poco modulándose en busca de una adaptación a la realidad en la que queda contextualizada[1]. Obviamente es así, por cuanto la Justicia debe servir a la sociedad en la que se estructura, funciona o se despliega; en suma, a la que sirve. Ahora bien, esa realidad incide en todas las aristas de la Justicia, y, por ende, también en las necesidades gestadas en sede de la organización jurisdiccional.

De este modo podemos afirmar, sin dudar, que, si la consolidación del sistema jurídico de tutela judicial fue uno de los grandes mojones consolidados en los Siglos XIX y XX, el Siglo XXI presenta una emergencia por su transformación, siendo dos las claves que la identifican: por un lado, la expansión de la idea de Justicia, incorporando métodos y cauces diversos de los tribunales y el proceso judicial, adaptándose a una sostenibilidad social exigible; y por otro, la maximización de la búsqueda de la eficiencia del sistema de Justicia, que encuentra su sustento en la búsqueda de una Justicia sostenible económica y medioambientalmente entendida. Vivimos en la era de la sublimación de la eficiencia, de la fascinación por el "eficienticismo" y todo lo que conlleva, más por menos, celeridad, optimización, etc.[2].

---

1 Sobre esta evolución, cambio de paradigma de la Justicia y motivos para ello puede verse mis trabajos, BARONA VILAR, S., "Proceso civil y penal ¿líquido? en el siglo XXI", en *Justicia civil y penal en la era global* (ed. Silvia Barona Vilar), Valencia, Tirant lo Blanch, 2017, pp. 20-66; BARONA VILAR, S., "A la búsqueda de la eficiencia y la celeridad, claves de la Justicia civil del siglo XXI", en *Obra homenaje al Maestro Dr Jorge Fábrega*, Instituto Colombo-panameño de Derecho Procesal, 2019, pp. 661-685; BARONA VILAR, S., "Una justicia "digital" y "algorítmica" para una sociedad en estado de mudanza", en *Justicia algorítmica y neuroderecho* (ed. Silvia Barona Vilar), Valencia, Tirant lo Blanch, 2021, pp. 21 a 64; BARONA VILAR, S., "Mutación de la Justicia en el siglo XXI. Elementos para una mirada poliédrica de la tutela de la ciudadanía", en *Justicia poliédrica en periodo de mudanza (nuevos conceptos, nuevos sujetos, nuevos instrumentos y nueva intensidad* (ed. Silvia Barona Vilar), Valencia, Tirant lo Blanch, 2022, pp.31-62; BARONA VILAR, S., "La digitalización y la algoritmización, claves del nuevo paradigma de Justicia eficiente y sostenible", en *Uso de la información y de los datos personales en los procesos: los cambios en la era digital* (Dir. Ignacio Colomer Hernández), Navarra, Thomson Reuters-Aranzadi, 2022, pp. 75-116.

2 BARONA VILAR, S., "Los Tribunales de Instancia, *trending topic* en la reforma de la organización judicial española", en ASENCIO MELLADO, J.Mª y FUENTES SORIANO, O., (dirs.), *El proceso penal como garantía*, Barcelona, Atelier, 2023, p. 47.

1. Incidencia de la Unión Europea y el Impulso internacional de Naciones Unidas: la aprobación de los ODS y su influencia en el modelo de Justicia sostenible

Desde hace más de tres lustros la Unión Europea ha venido propulsando la incorporación de procedimientos extrajurisdiccionales en la solución de conflictos, especialmente en sectores como el derecho de familia, en materia penal y en el sector de consumo, y abogando esencialmente por la incorporación en los países de la Unión de la regulación de la mediación. Estos impulsos fueron poco a poco mostrando resultados, si bien hubo que esperar en algunos países como Francia, Alemania o Italia, a la década de los años noventa para su desarrollo legislativo[3]. En España el impulso inicial se produjo solo en determinadas comunidades autónomas, que asumieron el reto de regular y favorecer especialmente la mediación familiar, no sin dificultades.

Este impulso encontró un sustento esencial en la aprobación de la Recomendación del Consejo de Europa No. R (98) 1 sobre mediación familiar, en la que se recogían una serie de principios a incorporar en las legislaciones europeas, tanto en relación con la figura del mediador como de sus funciones y principios de actuación, así como en relación con el procedimiento de mediación.

Al anterior siguieron los trabajos de la Unión Europea de proyección de estos procedimientos extrajurisdiccionales para favorecer la protección adecuada de las víctimas en el proceso penal, entendiendo que la mediación penal es un mecanismo que sirve para favorecer a la víctima, en cuanto se la toma en consideración a los efectos de una posible reparación, y, por otro, se tiene en cuenta al sujeto que delinque, tratando de aplicar las modernas teorías del derecho penal de que ya no sirve el sistema retributivo de las penas en todos los supuestos, haciéndose necesario buscar en otros frentes los fines del sistema penal en su conjunto. A tal fin se dirigió la decisión marco del Consejo de 15 de marzo de 2001, relativa al estatuto de la víctima en el proceso penal.

Si estos eran ámbitos en los que la Unión Europea entendía recomendable la incorporación de los medios no procesales, ni judiciales ni jurisdiccionales, mucho más proclive estuvo en incorporar los MASC para la solución de los conflictos de consumo. Informes, Recomendaciones, Directivas, Reglamentos de la UE se han sucedido, instando a la incorpora-

---

3 PALAO MORENO, G., ¿Hacia una armonización de la mediación familiar en Europa?, CREA, 2001, pp.135-145.

ción de medios eficaces y asequibles para resolver los consumidores sus conflictos, argumentando que un elevado número de reclamaciones de consumo o no se plantean por las dificultades que conllevan y el elevado coste que supone o no quedan satisfechos con los resultados, en muchas ocasiones por la tardía respuesta. En el año 2009 se observaba, a título de ejemplo, que un 30% de los consumidores en Europa adquirían productos en otro Estado miembro, compras transfronterizas que complican aún más la solución del conflicto en materia de consumo y el ejercicio de los derechos de los consumidores que la legislación de la UE ha ido consagrando. Desde la aprobación de las Recomendaciones de la Comisión 98/257/CE y 2001/310/CE, que fomentan los sistemas ADR en materia de consumo, los instrumentos se han ido sucediendo (Directivas sobre comercio electrónico, servicios postales, mercados de instrumentos financieros, telecomunicaciones y sector de la energía, crédito al consumo, servicios de pago, sobre servicios, sobre protección de consumidores en caso de contratos negociados fuera de los establecimientos comerciales, en materia de contratos a distancia, la Directiva 2011/83/UE sobre derechos de los consumidores, además, entre otras, de la Directiva 2013/11/UE, relativa a la resolución alternativa de litigios en materia de consumo y el Reglamento 524/2013, sobre resolución de litigios en línea en materia de consumo, Directiva 2019/771, Directiva 2020/1829 y Reglamento 2017/2394, con propuestas actualmente de modificación en el seno de la UE -propuesta de Directiva 2023, dirigida a dar prioridad a la transición ecológica, al Pacto Verde Europea y al consumo sostenible-). Son numerosos los textos en favor de incorporar los MASC en los países de la Unión.

En todo caso, resulta especialmente significativo y conclusivo el artículo 81 del Tratado de Funcionamiento de la Unión Europea, en el marco de la cooperación judicial en materia civil, que en su apartado 1 dispone: *La Unión desarrollará una cooperación judicial en asuntos civiles con repercusión transfronteriza, basada en el principio de reconocimiento mutuo de resoluciones judiciales y extrajudiciales,* y delimitando las medidas para garantizarlo: *a) el reconocimiento mutuo, entre los Estados miembros, de las resoluciones judiciales y extrajudiciales, así como su ejecución; ...g) el desarrollo de métodos alternativos de resolución de conflictos.* Proclamación que encaja perfectamente con la finalidad de la Unión de promover la paz, sus valores y el bienestar de los pueblos.

Allende la UE, son diversos los exponentes que pueden traerse a colación en el estudio de los MASC, especialmente en lo que a conflictos transnacionales se refiere. El sistema judicial y procesal estatal no satisface; antes al contrario, existen prevenciones respecto del funcionamiento y garantías de los órganos jurisdiccionales de los demás países del entorno, favoreciendo la incorporación de los MASC. Así, el nacimiento de la NAFTA, el Mercosur, el Pacto Andino, o el proyectado ALCA son pruebas de cuanto decimos, acogiendo en sus regulaciones las fórmulas no jurisdiccionales de solventar sus conflictos. Con ello se presentan muestras palmarias de la globalización jurídica, siendo la potenciación de los ADR/MASC una muestra, especialmente en el sector de las relaciones económicas.

Merece destacarse igualmente las Reglas de Brasilia sobre acceso a la Justicia de las personas en condición de vulnerabilidad de 2008, fruto de la XIV Cumbre Judicial Iberoamericana, en las que se establecían medidas específicas, destacando la necesidad de incorporar e impulsar medios de resolución de conflictos más apropiados, tanto antes del inicio del proceso como durante la tramitación del mismo, haciendo referencia a la mediación, la conciliación, el arbitraje y otros medios que no impliquen resolución del conflicto por un tribunal.

Igualmente, es esencial considerar la aprobación por Naciones Unidas en el año 2015 de los Objetivos de Desarrollo Sostenible (ODS). Con los ODS se exige de los Estados una verdadera transformación no nominal, sino real, con fundamento en la sostenibilidad económica, social y ambiental. Diseñaba la denominada "Agenda 2030" (para quince años), una agenda global ambiciosa que ofrecía una voluntad de movilización de la comunidad internacional en los retos por alcanzar unos objetivos comunes[4]. Se quería configurar una nueva hoja de ruta del desarrollo internacional, más allá de los que en su día dieron lugar a los Objetivos del Desarrollo del Milenio (ODM)[5], con objetivos más ambiciosos en cantidad y calidad, y más integradores en esa búsqueda de diálogo entre el hemisferio norte y el hemisferio sur. Es más, se entendía que, pasados los años, la comunidad internacional debería encontrarse en situación de mejor preparación para afrontar el trabajo conjunto en aras de alcanzar el desa-

---

4 BARONA VILAR, S., "Justicia algorítmica, ¿más o menos sostenible?", en la obra colectiva *Los ODS en la Justicia: el derecho Procesal y la Inteligencia Artificial*, Valencia, Tirant lo Blanch, 2022, pp. 223-226.

5 La razón de la aprobación en 2015 de los ODS no es sino debida a la frustración del incumplimiento de los objetivos del milenio (ODM), lo que no significa que los ODM no supusieran un aporte importante para tratar de combatir la pobreza en el mundo en sus múltiples aristas, ofreciendo resultados que han servido para elaborar la Agenda de desarrollo sostenible 2030. Vid. GÓMEZ GIL, C., "Objetivos de Desarrollo Sostenible (ODS): una revisión crítica", en *Papeles de relaciones ecosociales y cambio global, n. 140 2017/18,* p. 109.

rrollo sostenible. Para ello, se realizaba un desglose minucioso que permitía identificar sus ejes fundamentales, a través de 17 objetivos genéricos de desarrollo sostenible (frente a los 8 de los ODM), y con una triple visión que es especialmente remarcable: la económica, la social y la ambiental, con una priorización de la lucha contra la pobreza y el hambre y su intrínseca imbricación con los derechos humanos, la igualdad de género y el empoderamiento de las mujeres, amén de la búsqueda de la aminoración de las desigualdades entre países y dentro de cada uno de ellos, así como la eliminación de modelos de consumo claramente insostenibles, que engarza con una búsqueda de desarrollo económico que sea respetuoso con la humanidad y con el planeta.

Desde esos planteamientos la Agenda 2030 asume que el desarrollo sostenible no puede hacerse realidad sin que haya paz y seguridad. Debe lucharse para construir sociedades pacíficas, justas e inclusivas, que proporcionen igualdad de acceso a la justicia y se basen en el respeto de los derechos humanos, en un estado de derecho efectivo y una buena gobernanza a todos los niveles, así como en instituciones transparentes y eficaces que rindan cuentas[6]. En materia de Justicia, amén del objetivo 16: *Paz, Justicia e Instituciones sólidas*[7], debe considerarse el Objetivo 1 (poner fin a la pobreza en todas las formas del mundo), el Objetivo 3 (Salud y Bienestar), el Objetivo 4 (Educación de Calidad), el Objetivo 5 (lograr la igualdad entre géneros y empoderar a todas las mujeres y niñas), el Objetivo 10 (Reducción de las desigualdades), el Objetivo 13 (Acción por el Clima), entre otros. Realmente, todos ellos inciden ineludiblemente en la tutela de las personas, y en la búsqueda de una mayor cohesión social y una reducción de la desigualdad mediante la justicia inclusiva.

Con el fin de que la Agenda 2030 no quede en mera declaración programática es imprescindible una respuesta de los gobiernos de los Estados, dirigida a avanzar efectivamente hacia el cumplimiento de estos objetivos, incorporando medidas que fomenten una *Justicia más sostenible, más equitativa, más igual y más justa socialmente.* Y precisamente, en esa adaptabilidad de las normas, las instituciones, los protagonistas y los principios del modelo de Justicia del siglo XXI, se hace necesario atender al punto de partida, que no es otro que el significado del derecho de acceso a la Justicia, que no

---

6 BARONA VILAR, S., "Justicia algorítmica, ¿más o menos sostenible?", en ARRABAL PLATERO, P. (Dir.), *Los objetivos de desarrollo sostenible y la inteligencia artificial en el proceso judicial,* Valencia, Tirant lo Blanch, 2022, pp. 228-229.

7 https://www.agenda2030.gob.es/objetivos/objetivo16.htm

solo es acceso a los tribunales, sino mucho más, a saber acceder a la Justicia a través del proceso, de los tribunales, pero también de otros medios que sean más accesibles y próximos a la ciudadanía, lo que conecta directamente con la plural existencia y coexistencia de medios adecuados de solución de controversias no judiciales ni jurisdiccionales, que pueden facilitar una más pronta, ágil y accesible tutela de derechos e intereses de la ciudadanía.

En suma, la Justicia del siglo XXI viene conformada por nuevos criterios, nuevos valores, siendo indudable el factor de crecimiento de un mundo globalizado en el que cualquier decisión sobre la Justicia presenta consecuencias *ad intra* y *ad extra*. El contexto global e internacional, incluso supranacional, unido a la búsqueda de un modelo de justicia que, siendo eficiente, responda a los ODS de una "Justicia más sostenible, más equitativa, más igual y más justa", es lo que ha llevado a numerosas reformas. Algunas se quedaron en meros anteproyectos o proyectos; otras, han prosperado, caminando hacia ese modelo de Justicia que pretende responder a una Agenda Internacional 2030, en el que el impulso de los medios adecuados o complementarios de solución de conflictos encuentra acomodo, precisamente por considerar que responden a esos objetivos de una Justicia sostenible en su triple dimensión, social, económica y medioambiental.

2. En busca de la eficiencia de la Justicia en España. Los tres proyectos

En esa búsqueda de una Justicia más sostenible, accesible, eficiente, se presentaron tres proyectos de ley, que pretendían una transformación del modelo de Justicia, adaptándolo a la sociedad a la que sirve.

Los ejes estratégicos que los han impulsado son: a) la consolidación de los derechos y garantías de los ciudadanos con una batería de medidas entre las que se encuentra el reconocimiento e impulso de los MASC, la elaboración de una nueva ley de defensa, una nueva LECRIM, o una mayor atención a las víctimas especialmente vulnerables; b) la promoción de una mayor eficiencia del servicio público con la consolidación de la oficina judicial, del expediente judicial digital y la integración de las diversas plataformas de gestión procesal; y c) la garantía de acceso a la justicia en todo el territorio, favorecido por una mayor cohesión y coordinación territorial de la mano de la transformación digital, que ha venido consolidándose a través de la interoperabilidad de sistemas informáticos del sector Justicia en los diversos territorios, beneficiado, en todo caso, por la co-gobernanza Estado-Comunidades Autónomas.

De este modo, se estructuraban las reformas en torno a la presentación de los tres proyectos:

1.- *Proyecto de Ley de Eficiencia Organizativa,* que se articulaba esencialmente sobre tres figuras clave: los Tribunales de Instancia, la Oficina Judicial y las Oficinas de Justicia en los municipios.

2.- *Proyecto de Ley de Eficiencia Procesal,* que introducía los MASC, intentando una mayor cohesión social, con propuesta de reforma de leyes procesales para aumentar la celeridad en la tramitación de los procedimientos judiciales, mediante el empleo de las tecnologías, y otras normas.

3.- *Proyecto de Ley de Eficiencia Digital,* que tenía como eje dar cobertura jurídica y regular la transformación digital del servicio público de Justicia, impulsando su eficiencia y orientando al dato los sistemas de Justicia, generalizando el uso de medios tecnológicos para relacionarse con la Administración de Justicia, potenciando el "Punto de Acceso General de la Administración de Justicia", las sedes judiciales electrónicas, sistema único de identificación segura y de firma digital electrónica, favorece el teletrabajo, etc. En suma, fomenta la orientación de la Justicia al dato[8], que permitirá actuaciones automatizadas, proactivas y asistidas, aunque siempre con respeto a las leyes procesales y bajo criterios legales objetivos y públicos, atendiendo a la importancia que tiene para la sociedad obtener resoluciones judiciales en un plazo razonable, con preferencia por las comunicaciones judiciales telemáticas con garantías de seguridad jurídica, entre otras.

El proyecto de eficiencia procesal es, por ello, el que de forma directa incide en la incorporación de los MASC en el ordenamiento jurídico español, todo y que los otros dos también hacen referencia a los MASC: por un lado, el proyecto de ley orgánica de eficiencia organizativa, a través de la reorganización y estructura de las instituciones, atribuye de manera específica la función de mediación a las Oficinas de los Municipios; y en el proyecto de ley de eficiencia digital se incorpora la simbiosis entre los MASC y la digitalización.

---

8 Interesante es el texto presentado por el Comité Técnico Estatal de la Administración Judicial electrónica *Manifiesto por un espacio público de datos en el ámbito de Justicia,* que puede encontrarse en: https://www.mjusticia.gob.es/es/JusticiaEspana/ProyectosTransformacionJusticia/Documents/Manifiesto%20del%20Dato.pdf.

Con los MASC se pretendía reducir la litigiosidad, avanzando hacia la cohesión social, impulsando asimismo la participación de la ciudadanía en el sistema de Justicia, devolviendo a las partes su capacidad negociadora. Los MASC se presentaban como una pieza esencial para alcanzar la redistribución de la carga de trabajo con los tribunales de justicia, amén de implicar un impulso del servicio público de Justicia sostenible

La norma establecía un componente discutido y discutible, cual era la incorporación de los mismos como requisito de procedibilidad en los procedimientos civiles y mercantiles, de manera que exigía haber intentado una solución consensuada con carácter previo a la interposición de la demanda, cualquiera que fuere: negociación directa entre las partes, la opinión de un experto independiente, la conciliación, la mediación o una oferta vinculante confidencial. A mi parecer, con esta norma se podía prever que la mediación perdería parte de su atractivo, al quedar cubierto el requisito, por ejemplo, por las negociaciones entre los abogados en las fases previas al proceso y no suponía -creo-, a pesar de lo expuesto en la EM, un verdadero impulso de la mediación, en el sentido reiterado desde la Unión Europea.

La norma, por su parte, contemplaba la creación de los denominados servicios MASC (se hacía referencia a la creación de 54), destinados a informar a la ciudadanía y a los operadores jurídicos sobre su naturaleza, contenido, efectos de su utilización y recursos existentes, así como a auxiliar a los diferentes órganos judiciales respecto a la conveniencia de la derivación de un determinado caso a una actividad negociadora. Era un modelo de MASC que pretendía garantizar mejor los derechos de la ciudadanía por vías menos costosas y que llevan menos tiempo; algo que, por otra parte, implicaba un cambio de paradigma de la ciudadanía, transitando de la cultura del litigio hacia la cultura del acuerdo. Para alcanzar todos estos objetivos, el texto proyectado fallido efectuaba igualmente propuestas de modificación de las leyes procesales, tanto de la LECRIM como de la LEC y la LJCA, en busca de mayor agilidad en la tramitación de los procedimientos judiciales.

Con todo ello, se ofrecía con el proyecto de ley de eficiencia procesal el reconocimiento legal de una realidad indiscutible, que los MASC forman parte de ese modelo de Justicia eficiente y sostenible que se propugna *ad extra* y *ad intra,* y que cumple con el objetivo finalista de que la Justicia sea más accesible, más social y más justa, bajo el paraguas de la búsqueda de la cohesión y la paz social.

3. ¿Y ahora qué?

Tras la disolución de las Cortes Generales, los tres proyectos de eficiencia quedaron en tramitación y sin aprobación. Desencanto o desilusión es lo que ha generado en un primer momento la pérdida de la oportunidad brindada de poder avanzar en uno de los pilares esenciales de un sistema democrático: la Justicia. Era indiscutible que la Justicia requería cambios, y que los tres textos, aun cuando incompletos, abogaban por esa perspectiva de Justicia moderna y respetuosa con la triple dimensión de sostenibilidad: social, económica y mediambiental.

La configuración del nuevo gobierno socialista ha permitido impulsar tanto la reforma de eficiencia digital como parte de la reforma de eficiencia procesal. La aprobación del RD-ley 6/2023, de 19 de diciembre, y su validación por la Cortes mediante Resolución de 10 de enero de 2024, del Congreso de los Diputados, por la que se ordena la publicación del Acuerdo de convalidación del Real Decreto-ley 6/2023, de 19 de diciembre, por el que se aprueban medidas urgentes para la ejecución del Plan de Recuperación, Transformación y Resiliencia en materia de servicio público de justicia, función pública, régimen local y mecenazgo, ha permitido integrar una parte importante de la reforma proyectada por dos de los tres proyectos de eficiencia. Sin embargo, no ha incorporado en el RD-ley 6/2023 la regulación de los MASC.

La situación amerita interrogarse: ¿y ahora qué? Y la respuesta es incierta. Frente a la opinión de quienes niegan la viabilidad de los MASC y su proyección futura, puede sostenerse que el trayecto de la sutil incorporación de los mismos en la realidad de la Justicia en la actualidad es innegable. Con mayor o menor avance, con una u otra perspectiva, desde la voluntariedad o la incorporación de una suerte de obligación, sea mitigada o sea a través de los presupuestos de procedibilidad, sostenemos que los MASC llegaron hace tiempo, de forma fragmentada, sectorial, asimétrica y con aceptación desigual, si bien es indudable que en la actualidad los MASC existen y se mantienen en el paradigma de Justicia del siglo XXI.

Cuestión diversa es si este tratamiento unitario que pretendía otorgarse desde el proyecto de ley de eficiencia procesal del servicio público de Justicia se incorporará en algún momento en el ordenamiento jurídico. Será una decisión política la que finalmente proceda o no a propulsar el texto proyectado, con o sin matices, y la presentación pública o como servicio público, integrado en el modelo de Justicia -algo que personalmente me parece conveniente- de los medios adecuados de solución de conflictos que, de forma mayoritaria, aunque no unánime, han venido a visibilizarse más de la mano del sector privado y mucho menos del público.

En suma, creemos que un pequeño recordatorio de la historia de la emergencia de los MASC, desde su origen hasta la actualidad, puede ser altamente ilustrativo acerca del significado originario, de la evolución de los últimos años y su acercamiento a la idea de "negocio" y de la necesaria asunción como política pública de la decisión de convertir en parte del modelo de Justicia integral o integrada, como en tantas ocasiones he venido sosteniendo.

En cualquier caso, con o sin texto legal, algo ha cambiado, *ya nada es lo que era, nuevos paisajes, nuevas fronteras, delimitando mis gestos, mis costumbres,* como canta Ismael Serrano. El camino andado ha sido importante en la integración de diversos MASC en la búsqueda de Justicia. La convivencia de los medios no jurisdiccionales con los jurisdiccionales, de los tribunales con los no judiciales es una realidad que no parece presentar retroceso. Mejor sería con un marco jurídico que estableciera condiciones, límites y efectos, ciertamente. Habrá que esperar a la nueva legislatura para descubrir que nos depara el legislador español. Mientras tanto, una mirada atrás resulta estimulante y clarificadora, especialmente para observar que los pasos dados han sido enormes y que las perspectivas de futuro parecen adentrarse en una sólida consolidación de los MASC, probablemente sectoriales, aun cuando no tan claro es que esta consolidación lo sea como presupuesto de procedibilidad. Tan solo una norma en el sentido programado en el texto proyectado de eficiencia procesal puede garantizar un cambio tan significante como el que se señala.

II. DE LA EFÍMERA PRESENCIA DE LOS MASC EN LA HISTORIA JURÍDICA A SU EMERGENCIA CON LAS ADR

Es sabido que la solución de los conflictos a lo largo de la Historia jurídica no siempre siguió los mismos parámetros, estructuras y funciones que en la actualidad. Tras un periodo de permisibilidad de la autotutela, se fue concibiendo desde las primeras civilizaciones griega, romana y germana, un modelo de respuesta ante el conflicto jurídico en el que los terceros (jueces y magistrados), a través del proceso, imponían la solución al conflicto y lo hacían a través del proceso[9]. Así es como se configuró el modelo heterocomponedor de resolución de los conflictos, basado en la

---

9 BARONA VILAR, S., *Proceso penal desde la Historia. Desde sus orígenes hasta la sociedad del miedo,* Valencia, Tirant lo Blanch, 2018, pp. 43.44.

jerarquía y en la autoridad, piramidal, que permeó los ordenamientos eclesiales, que tanta incidencia tuvieron en las sociedades medievales y sus sistemas jurídicos.

Los jueces y magistrados, así como quienes intervenían en el proceso en el marco de la solución de los conflictos (abogados, fiscales, personal judicial, etc.) debían contar con los conocimientos jurídicos adecuados para el ejercicio de estas funciones; conocimientos, que los conseguían en las Universidades, creadas a partir del Siglo XI, en las que los docentes eran canónigos precisamente[10].

Este fue el modelo consolidado como cauce de pacificación social, controlado por el poder político, que fue relegando poco a poco a fórmulas conciliadoras, que, aun no desaparecidas, pasaban a quedar relegadas a un segundo plano. Esto no fue óbice a que procedimientos no judiciales ni jurisdiccionales encontraran defensores y ciertos impulsos en la solución de conflictos, asimétrica, heterogénea y directamente vinculada a los hábitos y cultura de la sociedad en cada momento encontrara sus defensores[11].

La emergencia de medios complementarios a los tribunales de justicia y al proceso no se hizo sentir hasta bien avanzado el siglo XX. Las coordenadas sociales, sociológicas, económicas, etc., propulsaron una necesidad de buscar cauces que permitieran la solución de los conflictos de toda la ciudadanía. La Justicia heterocomponedora no permitía alcanzar a toda la población y había que buscar soluciones que paliaran las desigualdades.

Así, los primeros pasos más significativos se produjeron con la aparición de las denominadas *Alternative Dispute Resolution (ADR),* que emergieron en EEUU en un momento social muy concreto y se presentaron como "alternativas" al Poder Judicial, dado que éste era inoperante. En su origen las ADR se anudaban a la idea romántica de buscar soluciones para alcanzar la paz social, la convivencia, el interés por escuchar, por convertir el conflicto en positivo, participar en su solución, someterse voluntariamente a la colaboración o incluso imposición de un tercero que no es un juez. Convivió perfectamente con la ideología del movimiento "hippie", de búsqueda de la paz social e interior-. Incluso se vinculó con ciertos grupos religiosos, y grupos étnicos de inmigrantes, que resolvían sus diferencias dentro de sus

---

10 BARONA VILAR, S., Psicoanálisis de las ADR. Retos en la sociedad global del siglo XXI", en *La Ley Mediación y Arbitraje,* n. 1, enero-marzo 2020, p. 43.

11 BARONA VILAR, S., "Claves vertebradoras del modelo de Justicia en el Siglo XXI", *Rev. Boliviana de Derecho* Nº 32, julio 2021, p. 18.

comunidades a través de la mediación de los ministros de su Iglesia o de los ancianos.

Surgen las ADR por la confluencia de diversos factores: por un lado, por los cambios sociales que vinieron provocados por diversos componentes exógenos que llevaron a un grave aumento de la conflictividad tanto en calidad como en cantidad, siendo en muchos casos inaccesible para la ciudadanía el Poder Judicial; por otro, por la sensación de desencanto que arrastraba tras de sí la inoperancia de los tribunales de justicia para dar respuesta a esa nueva y diversa conflictividad; y finalmente, por una proyección de todo ello en movimientos sociológicos que impelían algunas doctrinas jurídicas de pensamiento, y que, en gran medida, estimularon las ADR.

De este modo, las ADR en sus inicios se vincularon estrechamente a las acciones que desde el voluntariado se realizaban en aras de colaborar y sobre todo ofrecer un cauce que permitiera a la ciudadanía solventar sus diferencias, disputas o desencuentros. En este estadio previo no concurría un hilo conector entre todas ellas, más allá de situarse ante o frente a los tribunales de justicia, a saber, frente al sistema estatalmente configurado. El paso de los años y la consolidación de algunos de estos medios favoreció su expansión, generando un verdadero movimiento, que tuvo una buena imbricación en todos los ámbitos sociales, sociológicos, jurídicos, económicos, etc., ofreciendo respuestas a los ciudadanos fuera de los tribunales y sin el proceso judicial. En consecuencia:

1) Inicialmente, las ADR se mostraron como movimiento, como lucha contra todo tipo de normativismo, manifestación del movimiento de libre acceso a la justicia, y con aproximaciones al realismo jurídico. Aun cuando inicialmente tuvo una naturaleza más comunitaria que científica, sin embargo, fue la Universidad de Harvard la que recogió las "maneras" de actuar especialmente en mediación por los colectivos que la desarrollaban en los centros vecinales y la desarrolló con carácter científico, convirtiéndola en asignatura primero, y en capacitación posteriormente a través de la Escuela de Harvard en negociación y mediación. Esta evolución fue muy acorde con el movimiento producido en el pensamiento jurídico harvardiano, vinculado al realismo jurídico y a la *Critical Legal Studies.* Ese movimiento harvardiano va a ser el germen de numerosas actuaciones de quienes intentan luchar contra el sistema jurídico existente, básicamente en los países anglosajones, y fundamentalmente es una respuesta negativa frente a todo tipo de normativismo y una contestación a situaciones asentadas en principios y valores que quienes los

combaten consideran desiguales, desequilibrados e injustos (podemos especialmente considerar los movimientos feministas y los comunitaristas). Si se traslada esta visión "contestataria" a la tutela de los ciudadanos y a la resolución de sus conflictos, lo que significa entrar en el mundo de los tribunales de justicia, que son los que formaban parte del sistema, se puede entender perfectamente la ubicación de esta corriente doctrinal y su penetración también respecto de la justicia; hay que buscar fuera de los tribunales lo que no se podía alcanzar en él. Todo ello estrechamente imbricado con el *movimiento de libre acceso a la justicia*, típicamente anglosajón, que pretende que todos tengan la posibilidad de acceder a un medio, cualquiera que éste sea, en virtud del cual se consiga efectivamente una solución a la controversia o conflicto planteado. Ese movimiento de libre acceso a la justicia se va a dirigir a la búsqueda de alternativas a los tribunales, alternativas muchas de ellas que, por otra parte, no son en absoluto nuevas.

2) Igualmente, las siglas se presentaban como referencia a los medios específicos y concretos no jurisdiccionales en los que no intervienen los jueces –y si lo hacen, los jueces no ejercen función jurisdiccional-, y que pretenden favorecer la solución de los conflictos y la gestión de los mismos, dado que ambos conceptos –gestión y solución- no son los mismo, pero comparten un elemento nuclear: la búsqueda de la pacificación personal y social.

3) Suponía esa idea de "alternatividad" con la que nació, fruto de la respuesta contestaria frente al modelo estatalmente establecido, si bien poco a poco fue transitando hacia otros derroteros, por dos razones:

Primero, porque no podía afirmarse que las ADR fueran unas alternativas a la fuerza, a la violencia o a la anarquía, propias del tomarse la justicia por su cuenta, dado que el proceso y los tribunales son en esencia precisamente los que cumplen públicamente esa misión. Todos los cauces pretenden por ello cubrir esa función de favorecer la pacificación social y la solución o resolución de los conflictos; o si se quiere, son vías de acceso a la Justicia.

Segundo, porque las ADR fueron paulatinamente dejando de ser "lo que no son los tribunales ni el proceso" para convertirse en ciertos casos en elementos integrados en ellos, facilitadores del proceso y con efectos procesales. Una suerte de convivencia armonizada que permitía ofrecer más y mejor. Las ADR dejaron de verse como *huidas* del Poder Judicial, para presentarse como complementarios, e incluso, en ciertos casos, integrados en el mismo sistema judicial[12], con el fin de buscar la solución más acorde a la materia, conflicto, sujetos, tiempo, etc.; o, sencillamente, para paliar la inoperancia del Poder Judicial en el Siglo XX[13].

En consecuencia, las ADR, que nacieron *Alternative Dispute Resolution,* se fueron paulatinamente transformando en *Adequated Dispute Resolution.* La razón no es otra que, diseñadas inicialmente como medios "contra el sistema" (tribunales, procesos judiciales, profesionales del Estado), contra el modelo estatalmente configurado, fueron progresivamente integrándose en el mismo sistema, como esperanza de una respuesta a esa sensación de frustración, de inoperancia y de desencanto del sistema estatalmente configurado. Sentimientos que se han ido expandiendo en la mayor parte de los modelos jurídicos.

De este modo, las Facultades de Derecho y las Escuelas empresariales, de planificación y de política pública, fueron incluyendo cursos de resolución alternativa de conflictos en sus programas de estudios, fomentándose con ello la formación y la profesionalización. Y con ello comenzaron a aparecer obras científicas sobre ADR. Y esta evolución que marcó la década de los setenta y ochenta en EEUU, inspiró movimientos similares, quizás no tan compactos, empero sí fraccionados, en la mayor parte de los países, aun cuando en momentos absolutamente dispares –en todo caso, posteriores- y con mayor o menor intensidad en unos que en otros.

---

12 Por eso he defendido la idea de *Justicia integral.* Puede verse, BARONA VILAR, S., "Justicia Integral y "Access to Justice". Crisis y evolución del "paradigma"", en la obra colectiva (Ed. Silvia Barona), *Mediación, Arbitraje y Jurisdicción en el actual paradigma de Justicia,* Madrid, Civitas-Thomson Reuters, 2016, pp. 31-56; "Justicia civil a debate: qué, por qué y cómo –pasado, presente y retos de futuro del proceso civil-", en la obra colectiva *XIII Congreso panameño de Derecho Procesal,* Panamá, 2016, pp. 45-68; "Justicia integral y tutela sin proceso", en la obra colectiva dirigida por Juan Francisco Herrero Perezagua, *Las transformaciones del proceso civil,* Pamplona, Aranzadi-Thomson-Reuters, 2016, pp. 19-43; "Justicia civil en el Siglo XXI" en obra colectiva dirigida por Ariel Mantecón Ramos *Gestión de conflictos jurídicos (Abogacía y Derecho)*, La Habana, 2016, pp. 7-33.

13 La situación de emergencia de las ADR y los motivos que favorecieron su incursión, puede verse en BARONA VILAR, S., *Solución extrajurisdiccional de conflictos. Alternative Dispute Resolution (ADR) y Derecho Procesal,* Valencia, Tirant lo Blanch, 1999.

III. UN PASO MÁS: EXPANSIÓN A LA CULTURA OCCIDENTAL. HACIA EL *MULTI-ROOM JUSTICE SYSTEM*. LOS MASC FORMAN PARTE DEL MODELO DE ACCESO A LA JUSTICIA

La evolución de las ADR y su exponencial expansión no se hizo esperar, y no solo en el mundo anglosajón, en el que tuvo un impulso inicial más palmario, sino también en el resto de los ordenamientos jurídicos, incluidos los de corte continental.

Si bien fue EEUU el país que otorgó visibilidad a las ADR como movimiento, no por ello fue el único país que incorporaba medios de solución de conflictos no jurisdiccionales ni judiciales. Se argumentaba que en la inspiración de este movimiento había jugado un papel esencial la observación de sus desarrollos en comunidades indígenas o en grupos religiosos o sociedades no occidentales en las que acudir a los tribunales es una frustrante solución frente a la búsqueda común (autocompositiva) de solución de los conflictos. Es indiscutible que fue EEUU donde se dio un gran impulso a estos medios, en directa sintonía con movimientos sociales, con respuestas contestatarias, con posiciones filosóficas del realismo jurídico, entre otras, que favorecían las luchas contra lo estatalmente configurado, lo que dirigía hacia soluciones que dieran respuesta a los conflictos de la ciudadanía, cualquiera que estas fueran, una solución que comportara una mayor cercanía a la Justicia. EEUU fue el país de las oportunidades, y en el siglo XX se mostraba como una isla de libertad en un contexto global de totalitarismos. Su atracción era indiscutible y acogió a colectivos y a nacionales de muy diversa índole y condición a los que el modelo de sociedad y, por ende, de Justicia, les resultaba en ciertos casos incómodo y hasta hostil, lo que favoreció inevitablemente el crecimiento de las desavenencias y los conflictos jurídicos posteriores.

Ahora bien, si en sus orígenes se vinculó a movimientos sociales, la mirada pragmática y economicista americana incidió en su devenir, integrando las ADR en el sistema, y convirtiéndolas en el modelo de Justicia multipuerta que ofrecen a la ciudadanía el acceso a la misma a través de un poliedro funcional en el que es ya indiscutible que la heterogeneidad, la pluralidad, y la idea de que hay Justicia más allá de los tribunales y del proceso, son componentes de la Justicia.

Fue en ese proceso expansivo y "colonizador" en el que fue perdiendo el carácter "alternativo" para convertirse en la mayor parte de los casos en complementario. Se siguen empleando las siglas ADR, si bien ahora como *adequated dispute resolution*.

El paso de los años ha dado la razón al cambio y así, siendo como son instrumentos que pueden casar perfectamente con el proceso, como medio para evitarlo, para minimizarlo o para aclararlo, pero conviviendo con y entre él, lo más adecuado será que sea el ciudadano el que elija en libertad el cauce o los cauces para ejercitar y alcanzar sus pretensiones, salvo los supuestos de no disponibilidad por las partes. Esa idea, "medio adecuado", es lo que se ha incorporado a las Siglas ADR. Y la adecuación en cada caso no puede sino, por ello, ser el resultado del ejercicio de la libertad. Y es el que alcanzó también al prelegislador español al hacer referencia a los MASC (medios adecuados de solución de conflictos).

Las necesidades del ciudadano, y las exigencias sociales, políticas, el aumento imparable de la conflictualidad social, en todos los sectores de las relaciones jurídicas, en parte por el desarrollo social, cultural y económico de los pueblos, fue poco a poco provocando un claro ensanchamiento del mismo sistema legal, auspiciando, cada vez más, la conformación de relaciones jurídicas desconocidas hasta el momento, apareciendo lo que ha venido expresivamente denominándose como la *juridificación* creciente de la vida social en su conjunto, provocándose, a este respecto, el uso, cada vez más generalizado, de los diversos instrumentos que el sistema pone en manos de los ciudadanos, de los grupos, de las personas jurídicas, etc. Todo ello fue desembocando en una presencia ubicua del Poder Judicial, de los tribunales, que extienden sus tentáculos, en cuanto al ámbito de actuación se refiere, a todos los posibles espacios jurídicos[14]. Las consecuencias de este fenómeno han llevado a una proliferación incontrolada de conflictos, que exigen soluciones concretas ante situaciones específicas[15].

---

14 BARONA VILAR, S., "Die Eingliederung der Alternativen Streitbeilegung (ADR) in die rechtsordnung und ihre Einfluss auf die Entwisckluing des Prozessrechts", en *Festschrift für Rolf Stürner zum 70 Geburtstag. 2. Teilband. Internationales, Europäisches und ausländisches Recht, Ed. Mohr Siebeck, 2013, pp. 1407-1424.*

15 HERNANDEZ MARTI, V., *Independencia del juez y desorganización judicial*, Madrid, Civitas, 1991, p. 165, quien manifiesta: Significativas fueron las palabras de Hernández Marti, "*el Derecho como conjunto de normas escritas se ha hecho más difícil. Ha crecido el cuerpo normativo, y no por una afición absurda del poder legiferante a publicar cada vez mas normas, sino por la propia complejidad de la sociedad, que exige perentoriamente una profusa normativa y su acelerada actualización. Las normas que se publican en el Boletín Oficial del Estado y en otra multitud de boletines son inabarcables y en muchos casos incluso incomprensibles para la mayoría de los juristas; están tan solo al alcance de unos cuantos especialistas, que no tienen por que haber cursado estudios de Derecho*".

Poco a poco, se han venido incorporando cada vez más instrumentos de tutela diversos de los tribunales y del proceso judicial, y ha ido surgiendo desde un *thinking the unthinkable* lo que parecía "*oscuro, marginal, tangencial y sin rigor científico alguno*", esto es, otros mecanismos que van poco a poco incorporándose a los planes de estudio de derecho, a los postgrados, a las especializaciones y a los doctorados, convirtiéndose en cauces de tutela del ciudadano; medios que se están incorporando, con mayor o menor rapidez en los diversos ordenamientos jurídicos, en la integración de un modelo *multidoor* de instrumentos de tutela del ciudadano que permite retroalimentar y generar eficacia, inclusive procesal, de los resultados alcanzados en el desarrollo de estos medios no jurisdiccionales.

La expansión y permeabilidad social de los MASC se puede justificar en el modelo de sociedad global, abierta, internacional, en la que la litigiosidad no solo crece cuantitativamente, sino también cualitativamente, generando una sofisticación que exige respuestas adecuadas a conflictos determinados. El paisaje de las ADR/MASC ofrece esa mirada adaptable, que se adecúa a cada situación objetivo-subjetiva y permite una mayor implicación de quienes se hallan inmersos en el conflicto. Admitida sin discusión la realidad de los MASC en la sociedad actual son numerosos los retos con los que se enfrentan y muchos los desafíos que concurren en su incorporación en los sistemas jurídicos. Aun cuando en la actualidad se les integran cada vez más en el nuevo paradigma de Justicia, la traducción de aplicabilidad en la práctica sigue siendo lenta. Ha habido que entender que con las ADR no se trata de "sustitución por", sino de "integración en" la Justicia del Siglo XXI. Y hemos asistido a una progresiva, aun cuando asimétrica y entrópica incorporación de estos medios en las legislaciones.

Esa mirada distinta es la que ha propulsado la aparición de la Justicia integral o integrada por diversos medios y poliédrica, esto es, configurada con múltiples salas o puertas, a las que ya hace varias décadas Frank E. A. Sanders denominaba *Multi-room Justice System*[16]. Esto es, un modelo de Justicia con numerosas puertas que, en ciertos casos, son alternativas, pero en muchos son sucesivas o complementarias.

Esa visión de la Justicia desde una mirada abierta, en la que es posible integrar diversas vías o cauces de solución de conflictos, autocompositivos y heterocompositivos, ofrece enormes garantías:

---

16 Sanders denominó *Multi-Door Courthouse* en la Conferencia Nacional celebrado los días 7-9 de abril de 1976, y a partir de ahí lo reiteró y fue asimilado bien acogido para impulsar los programas ADR.

a) En primer lugar, porque implica una adaptabilidad al tipo de conflicto, de reproche y sobre todo de sujetos afectados por éstos.

b) En segundo lugar, porque permite no centrarse tan solo en una vía solucionadora, sino concatenar diversas posibilidades de forma sucesiva y siempre que no sean incompatibles entre sí. Así, la seguridad jurídica se garantiza desde el momento en que en un contrato se establece una sucesión escalonada de cauces, acudiendo a la negociación como primer escalón; si no se llega a un acuerdo, a una vía autocomposición como la mediación y si se llega a acuerdo parcial o no hay acuerdo, con posibilidad posterior de adentrarse en la hetercomposición, bien proceso judicial o bien proceso arbitral (son excluyentes, en cuanto son alternativas las vías heterocomponedoras).

c) En tercer lugar, la pluralidad de medios permite prever más posibilidades de éxito, dado que las características diversas de los plurales medios permiten considerar que estamos ante mayores dosis de probabilidad resolutiva.

Ahora bien, el camino que queda por recorrer es largo y no basta con su incorporación legal -que ya es un avance en cuanto a su reconocimiento-, sino que se requiere un cambio de cultura en la gestión de los conflictos y en la asimilación, por conocimiento, de las bondades de estos métodos. Y, ciertamente, se exige un paso más, un marco legal adecuado que permita con seguridad jurídica acudir a los medios de solución de conflictos no judiciales ni jurisdiccionales con garantías, asumiendo que es el más adecuado a las coordenadas espaciales, temporales, objetivas y subjetivas del conflicto suscitado, consideradas todas ellas como "Justicia", como formas de tutela.

La construcción desde la aprobación de la CE de 1978 del acceso a la Justicia, del derecho a la tutela judicial efectiva del artículo 24, emergió en un contexto político y social determinado; un momento en que el Estado tutelador, social y democrático, ofrecía lo que la sociedad necesitaba: un Poder Judicial fuerte, garantista, que de forma omnicomprensiva abrigase la tutela de la ciudadanía, en todas sus facetas, en todos los ámbitos y sin fisura alguna. Las construcciones jurídicas se asentaban legal y jurisprudencialmente en esa idea de Justicia = tutela judicial efectiva. No obstante, el paso de los años, el cambio de un modelo de Estado minimizado y minimalista, la permeabilidad del mercado, la incidencia de la supranacionalidad, de la internacionalización, el pensamiento neoliberal y los desarrollos técnicos y tecnológicos, entre otros, han transformado el planeta, sus necesidades, la mirada de la ciudadanía y sus preocupaciones. Obviamente, también la manera de relacionarse, sus conflictos, la sofisticación de la criminalidad y por ende una irrefutable exigencia de modular el sentido de Justicia, de acceso a la Justicia, de tutela de la ciudadanía, que, allende los tribunales y el proceso, necesita de los MASC.

Es indudable que el recorrido es todavía largo, pero paulatina y sutilmente la capacitación de los jóvenes, el fomento de su uso, la tangencialidad de sus bondades, permitirán entender incorporados estos métodos en un modelo de Justicia integral sobre el que el Estado despliegue condiciones. Mientras tanto, los desafíos, los peligros y los riesgos que concurren son crecientes, y hay que abordar con seriedad las posibilidades de estos medios con los desafíos que presentan en un mundo global, en estado constante de mudanza y cada vez más líquido.

El modelo de justicia integral, integrada por diversos cauces, o también denominado sistema de justicia multipuerta es una realidad indiscutible en numerosos países, incluso en España, todo y que no exista una norma integral de los MASC. La coexistencia de normas sectoriales, de ámbito nacional y autonómico, los proyectos piloto existentes y los convenios suscritos por entidades públicas y privadas, referidos todos ellos a desarrollos de los MASC en ámbitos específicos, pone de relieve que la implantación de los medios que permiten salir de los tribunales de justicia y del proceso judicial buscando soluciones a los conflictos es una realidad poco discutible. Existir, existen, todo y que no compiten numéricamente con los asuntos judicializados, obviamente, pero están y son, en todo caso.

IV. RETOS Y DESAFÍOS DE LOS MASC EN LA SOCIEDAD GLOBAL

En esta imparable evolución de la sociedad, que se encuentra en periodo constante de mudanza, se han reformulado las normas jurídicas, y los sistemas jurídicos han tratado de incorporar nuevos caminos, nuevos protagonistas, nuevos principios, que permitan afrontar una conflictividad en constante movimiento, y amplificada en calidad y cantidad. En ese paisaje descrito y tras el tímido avance inicial de los MASC, la sociedad no solo acepta, sino que hace suya, la conformación del modelo de Justicia integral y multi-puerta; en unos casos, por convicción, en otros, por obligación.

Esa expansión acompaña paralelamente la emergencia de nuevos retos y nuevos peligros, en la sociedad digital e innovadora del Siglo XXI, con nuevos caminos, nuevos protagonistas, nuevos principios y nuevas maneras de afrontar la conflictividad, y no solo para solucionarla, sino también para gestionarla. Una mirada atrás permite contemplar los pasos dados, empero también las incertidumbres y zozobras que la vida jurídica de estas instituciones presenta. Lo que es indudable es que en esta sociedad del Siglo XXI en la que nos hallamos, nada es seguro, todo se halla en constante movimiento, una sociedad líquida[17] que parece integrar lo nuevo, pero a la vez desecharlo si no es útil, en términos economicistas. En ese escenario, nos permitimos exponer, siquiera algunos, los retos y desafíos de los MASC/ADR/ODR en el momento en que nos encontramos.

1. Peligro de convertir la Justicia (Multi-door-Justice-System) en negocio y caminar hacia la privatización

Hemos venido insistiendo en que los MASC nacieron con una clara vocación: búsqueda de acceso a la Justicia, de un medio de tutela, de una manera de solventar conflictos, dado que el sistema estatalmente configurado no permitía este acceso a toda la ciudadanía. Un ideario "antijurisdiccional" marcó el nacimiento y ebullición en Estados Unidos.

En ese segundo momento se presentaron como cauces de mejora de la Justicia, amén de favorecer la minimización de la explosión litigiosa. Esto favoreció la convivencia armónica entre el Poder Judicial y las ADR, perdiendo su origen de alternatividad hasta convertirse en complementario de los tribunales y los procesos. La consecuencia no se hizo esperar: comenzó a diseñarse un modelo de Justicia con varios protagonistas y varios cauces para tratar de reducir la litigiosidad en cantidad, calidad y tiempos. Y dio lugar a lo que los anglosajones denominaron las *multi-door-Justice System, binomio Jurisdicción-ADR para la tutela de la ciudadanía, facilitando* un acceso a la justicia más efectiva, asequible y previsible[18].

---

17 A esa liquidez de la sociedad actual se refiere BAUMAN, Z., en numerosas obras, si bien destaca aquí en este momento, el significado de liquidez cuando se refiere en su obra *Vida líquida,* Barcelona, Espasa, 2006, p. 90: *...la modernidad líquida no se fija ningún objetivo ni traza línea de meta alguna y sólo asigna una cualidad permanente al estado de fugacidad. El tiempo fluye, ya no sigue su curso inexorable. Hay cambios, siempre los hay, siempre son nuevos, pero no hay ningún destino ni punto final, ni tampoco expectativa alguna de cumplir una misión. Cada momento vivido está preñado de un nuevo comienzo y de su final.*

18 BARONA, S. y ESPLUGUES, C., "ADR mechanisms and their incorporation into global justice in the twenty-first century: Some concepts and trends", en ESPLUGUES, C. y BARONA, S. (eds.), *Global perspectives on ADR,* cit., pp. 5 y ss.

Son numerosos los países que han diseñado modelos y normas sobre MASC como una parte integrada del sistema de justicia de los Estados[19]. Es más, esta búsqueda de soluciones alternativas al tradicional recurso a los tribunales estatales se desarrolla, además, tanto en el plano interno como internacional[20]. De esta suerte, y frente a su consideración tradicional como mecanismo de resolución de controversias estrictamente privadas, el recurso a las vías alternativas a la justicia estatal se ve ahora paulatinamente ampliado a algunas disputas de carácter privado no cubiertas tradicionalmente por ellas al entenderse que no eran disponibles para las partes, además de las controversias englobables en el ámbito del Derecho público[21]. Esto ha generado que un gran número de profesionales hayan querido integrarse en la negociación, mediación y arbitraje.

Incluso más, en los últimos años ha surgido lo que se denomina como derecho colaborativo, en el que se pergeña un sistema de gestión y solución de conflictos interdisciplinar, especialmente diseñado para la conflictividad empresarial y familiar, que integra diversos métodos, que van desde la negociación en equipo (contando con abogados, notarios, economistas, psicólogos, asistentes sociales, facilitadores, etc) hasta la intervención de mediadores o incluso árbitros. Este modelo colaborativo se inspira en los principios esenciales de las ADR (confidencialidad, eficacia, menor coste, se trabaja con el diálogo y el consenso, etc). Y es innegable que han supuesto una incorporación del sector privado –con el papel fundamental de los despachos de abogados- en el ejercicio de estas funciones que se hallan intrínsecamente imbricadas con la Justicia, pero que pretenden solucionar y gestionar conflictos cuando existe o puede existir una relación personal, profesional o comercial que puede durar y que requiere de una estabilidad en la actividad o en la relación de que se trate.

Ahora bien, los acontecimientos se han precipitado, la sociedad está en constante mudanza, y en ese movimiento browniano emergen dos peligros fundamentalmente:

---

19 ALEXANDER, N., "Four mediation stories from across the globe", *Rabels Zeitschrift für ausländisches und internationales Privatrecht,* 2010, vol. 74, p. 733.

20 ESPLUGUES MOTA, C. "El arbitraje comercial en Iberoamérica: una realidad consolidad no exenta de tensiones", en la obra colectiva *Tratado de Arbitraje comercial interno e internacional en Iberoamérica,* Colección Tirant Arbitraje, n 1, Valencia, Tirant lo Blanch, 2019, p. 53.

21 ESPLUGUES, C., "General Report: New Developments in Civil and Commercial Mediation – Global and Comparative Perspective", *cit.,* pp. 25-28.

- Por un lado, frente a la idea romántica de su origen, aflora cada vez más la no tan romántica función economicista: el sistema jurisdiccional estaba colapsado, existían cada vez más conflictos, pocos medios personales y materiales, muchos sujetos afectados, tardanza en resolución, etc; en suma, una falta de efectividad del modelo existente (jurisdiccional). Las ADR-ODR ofrecen una respuesta a esa "más eficiencia" que parece inspirar las reformas nacionales y supranacionales.
- Por otro lado, y en gran medida complemento del anterior, la expansión de las ADR-ODR puede implicar una suerte de privatización de la Justicia, mayor intervención privada, fomentado desde los mismos Estados, que van promoviendo la incorporación de estos medios que suponen la participación de la esfera privada en los cauces de tutela. Si bien esta transformación no necesariamente es negativa, sí lo es si el Estado hace dejación de su función por razones meramente económicas y de menor inversión estatal. Esto es altamente peligroso y puede afectar a la calidad de los tribunales de justicia y al modelo de justicia. Y ello especialmente si convertimos a las ADR-ODR en un modelo que pretende la conquista del "negocio", olvidando que la Justicia es uno de los pilares esenciales del Estado democrático. Las ADR-ODR pueden "servir" a la Justicia, mejorarla, complementar los cauces exclusivamente públicos, si bien sin olvidar que el eje sobre el que debe moverse es siempre "la persona", su tutela, y no una finalidad crematística.

2. Dilema entre voluntariedad y obligatoriedad. ¿Presupuesto de procedibilidad en el proceso?

Uno de los grandes debates que se escuchan en los foros nacionales e internacionales es el referido a la voluntariedad de las ADR versus la obligatoriedad. Es un debate complejo que presenta numerosas aristas.

En su origen y fundamento se vinculaban a la autonomía de la voluntad y a la disponibilidad de decidir el medio más adecuado para tratar de gestionar y solucionar, en su caso, las diferencias o conflictos suscitados. Ese acto de voluntad no implica una exclusión absoluta de la jurisdicción, sino la posibilidad de acudir a otras instituciones que no son las jurisdiccionales. Ahora bien, hemos asistido a un viraje, un cambio, favorable a la progresiva obligatoriedad.

Esta dicotomía se muestra en la actualidad en un momento candente; en gran medida provocado por la percepción de fracaso, tras la aceptación de los MASC, de la penetración real y efectiva de las técnicas ADR/MASC, en el mundo de la gestión y resolución de conflictos. La percepción de fracaso, ante las altas expectativas generadas, ha propulsado esa posición pro-obligatoriedad. En esta línea y referidas a mediación, se han venido pronunciando voces en la Unión Europea. Interesante es la propuesta, entre otras, efectuada por el Informe del Parlamento Europeo de 2014 *Rebooting the Mediation Directive: Assesing the Limited Impact of Its Implementation and proposing Measures to Increase the Number of Mediations in the EU.* El Informe considera "decepcionante" la situación, valorando un número de mediaciones que arroja unos resultados mucho peores de los esperados; e igualmente se detiene en analizar la mayor o menor eficacia de las medidas adoptadas por los Estados miembros para incrementar el uso de la mediación[22]. Es precisamente en ese Informe en el que, entre las propuestas de mejora o impulso de la mediación, se hace referencia a la posibilidad de incorporar la obligatoriedad del empleo de la mediación en algunas categorías de asuntos, con posibilidad de retirarse ("opt-out") en la primera reunión, con poco o nulo coste. De hecho, en el Informe se baraja bien la posible mediación obligatoria con posibilidad de retirarse o la de no ofrecer esa posibilidad de hacerlo, discutiéndose por los Estados el impacto positivo o negativo que ambas opciones podrían generar.

Algunos países han venido aceptando la mediación obligatoria: en Austria se acepta en asuntos vecinales y en los relacionados con discapacitados; en Alemania los diversos Estados federales prevén en algunos casos y para algunas materias la obligatoriedad; en Rumanía se establece la asistencia obligatoria a la sesión informativa de la mediación antes de acudir a la vía judicial en un listado de asuntos; en Malta se acepta la mediación obligatoria en determinados asuntos de familia; en Croacia en materia de disputas familiares y laborales; en Italia igualmente se ha incorporado para determinados asuntos la obligatoriedad. Igualmente, en algunos países de América Latina también para determinados ámbitos o sectores (familia, sanitarios, seguros…) han asumido esta necesidad de la mediación como primer cauce de solución de conflictos[23].

---

22 Un interesante análisis de este Informe lo hace AZCÁRRAGA MONZONÍS, C., en "El (limitado) impacto de la Directiva sobre mediación en asuntos civiles y mercantiles y la mediación obligatoria como medida de promoción", en el libro colectivo *Mediación, Arbitraje y Jurisdicción en el nuevo paradigma de Justicia* (Dir. Barona Vilar, S.), Madrid, Civitas-Thomson Reuters, 2016.

23 ESPLUGUES MOTA, C., *Mediación Civil y Comercial. Regulación Internacional e Iberoamericana,* Valencia, Tirant lo Blanch, 2019.

En España vivimos momentos de propuestas de cambio. Si bien, como punto de partida, se asumió en la Ley 5/2012 la voluntariedad de la mediación, cada vez hay más voces que se pronuncian a favor de la obligatoriedad en determinados ámbitos. Se esgrimen argumentos a favor y en contra de la mediación obligatoria. Hubo un intento de incorporar la obligatoriedad sectorial de la mediación con el fallido Anteproyecto de Ley de Impulso de la Mediación, al diseñar lo que denominaba la obligatoriedad "mitigada", a saber, la obligación de las partes de intentar la mediación con carácter previo a la interposición de determinadas demandas o bien cuando el tribunal en el seno del proceso considere conveniente que las partes acudan a esta figura; en ambos casos, con la idea de lograr una solución más ágil y efectiva, tal como rezaba la Exposición de Motivos del texto proyectado. Con el Proyecto de Ley de Medidas de Eficiencia Procesal se diseñaba un modelo MASC, con la exigencia de que, antes de entrar en la vía judicial, se hubiera intentado al menos uno de estos métodos. Uno de los argumentos que se esgrimen a favor de la obligatoriedad es que se genera mayor cultura MASC, mayor conocimiento de ellas y de sus valores: la responsabilidad, la escucha del otro/a, el reconocimiento del otro o la otra, el perdón, etc, además de que todo ello irremediablemente arrastra una reducción de la litigiosidad, una reducción de procesos y de costes judiciales, amén de fomentar la pacificación social. Por su parte, en contra se argumenta que puede provocar un efecto perverso: convertirse en un mero obstáculo (presupuesto procesal) que lleve a dilatar el proceso, a generar más gasto e incluso a fomentar una escalada del conflicto.

3. Capacitación continua de los operadores MASC como reto, y herramientas de negociación de la ciudadanía como punto de partida

Es indudable que el éxito de los MASC pasa necesariamente por la formación de quienes los lideran y dirigen. Si se quiere efectivamente aminorar el modelo de *sociedad conflictiva y conflictuada,* en el que nos hemos convertido nada mejor que trabajar, como apunta ESPLUGUES, un nuevo entendimiento de la noción de "acceso a la Justicia"[24], en la que ineludiblemente se encuentran los MASC como posología paliativa del conflicto. Pero requieren de un personal cualificado que maneje adecuadamente las herramientas del conflicto y de la gestión y su solución. De

24 ESPLUGUES MOTA, C., "El arbitraje comercial en Iberoamérica: una realidad consolidad no exenta de tensiones", cit., p. 49.

ahí el valor de la capacitación y su exigencia en los sistemas jurídicos. Esa formación debe, como punto de partida, alcanzarse en la Universidad, a través de la integración de la materia en los estudios jurídicos. Y, sobre todo, capacitando a los capacitadores, tarea que no siempre se ha llevado a cabo, de manera que solo puede enseñarse lo que se conoce. El desconocimiento de las ADR/MASC ha sido el núcleo del que se ha partido en muchos casos para negar la realidad.

En este escenario de búsqueda de paz social y de recomposición de relaciones personales y jurídicas, emerge con enorme predicamento la negociación, que requiere aprendizaje. De hecho, hemos venido asistiendo a la incorporación de esta materia en los contenidos de las Escuelas de Negocios, con el fin de adquirir las habilidades, capacidades y técnicas de la negociación para alcanzar la solución de un conflicto. Una formación que es absolutamente necesaria para manejarla adecuadamente, dado que el negociador no nace, sino que se hace, y de ahí la importancia de la adquisición de conocimientos teóricos y su posible aplicación práctica conflictual[25]. Esto no implica, empero, que debiera regularse jurídicamente la negociación. Su no regulación no significa su no aplicación. La integración de la negociación en el mundo de las relaciones jurídicas y en la posibilidad de intervenir en caso de conflicto o discrepancia ofrece un mayor grado de fortalecimiento de la sociedad, una buena herramienta social.

Se trata de inocular este nuevo *modus operandi* en la solución de los conflictos, trasladando herramientas que permitan trabajar desde dentro y desde antes, realizando, en primer lugar, un buen diagnóstico, determinar en cada caso y con los determinados sujetos, amén de las coordenadas de éstos, cuál o cuáles son las fórmulas que deberían aplicarse para alcanzar la mejor de las soluciones posibles. La única forma de aplicar la posología más adecuada para sanar conflictos es la de trabajar el diagnóstico y el análisis de las coordenadas objetivas, subjetivas y temporales. Y esa manera de realizar el diagnóstico, para proponer posología, no es innata, sino que debe efectuarse tras unos buenos conocimientos teóricos de la dogmática del conflicto, que se podrán adquirir a través de la intervención del docente, con materiales de lectura, con empleo de modelos socráticos de interrogantes y discusiones docente-alumnos, para poder volcar el grado de profundización que se requiere para ir manejando, o

---

25 BARONA VILAR, S., "Psicoanálisis de las ADR. Retos en la sociedad global del siglo XXI", en *La Ley Mediación y Arbitraje*, n. 1, enero-marzo 2020, p. 51.

intentando manejar en los inicios, una posición abierta y consensuadora, como punto de partida frente a la idea del conflicto.

Este diagnóstico a conciencia, desgraciadamente, es lo que se ha venido echando a faltar en los estudios jurídicos. Frente a lo que se enseña en las Facultades de Medicina (diagnosticar, tratamiento y posología), en las Facultades de Derecho, hasta hace muy poco, no se transmitía a los estudiantes las herramientas que permiten efectuar ese diagnóstico, absolutamente imprescindible para detectar, en atención al conflicto jurídico, pero mucho más a las personas, a sus intereses y necesidades y a las coordenadas que las condicionan, la vía más adecuada posible para respaldar y ofrecer la mejor de las tutelas a sus clientes. Esta situación ha ido progresivamente cambiando en las Universidades[26]. En suma, se trata de efectuar un esfuerzo por *desaprender la lógica del derecho para aprender la lógica de la negociación*[27]. No debe olvidarse que el negociador no nace, se hace.

V. UN RETO-PELIGRO: LA IRRUPCIÓN DE LA TECNOLOGÍA, LOS ALGORITMOS Y LA INTELIGENCIA ARTIFICIAL EN LOS MASC

Una de las características que se predican de la sociedad actual es su carácter digital. Tras la revolución industrial del 3.0. que se nucleó en torno al internet, los desarrollos tecnológicos no han cesado. Y han propulsado lo que se denominó "la cuarta revolución industrial o la revolución del 4.0.", a partir de la cual hemos asistido a un proceso disruptivo capaz de asombrar al ser humano e ir incorporando en nuestro hábitat social herramientas que permiten lo inimaginable, a saber, tanto actuar bajo el don de la ubicuidad, en un espacio presencial y en el ciberespacio, como diseñando y empleando sistemas digitales instrumentales y algoritmos asistenciales -e incluso sustitutivos- de las actividades desempeñadas por los seres humanos.

El primer paso que se dio en materia de ADR fue la incorporación del internet y su uso instrumental en el desarrollo de las actuaciones propias de estas instituciones. Así, de la misma manera que la tecnología ha facilitado la comunicación y ha favorecido la aparición de relaciones jurídicas

---

26 BARONA VILAR, S., "Psicoanálisis de las ADR. Retos en la sociedad global del Siglo XXI", en *Revista la Ley Mediación y Arbitraje*, n. 1, 2020.

27 DIAZ, L.M., "Desaprender para aplicar la Ley Modelo de Conciliación", en QUINTANA ADRIANO, E.A. (Coord.), *Panorama internacional de derecho mercantil. Culturas y Sistemas Jurídicos Comparados*, UNAM, México, t. II, 2006, p. 481.

nuevas, en línea, o su profusión, también las tecnologías permiten remodelar las ADR para poder ofrecer estos cauces igualmente *on line*, surgiendo las ODR (*On line Dispute Resolution*). Inicialmente, con la permisibilidad de algunos actos procedimentales en línea, siendo que la tecnología favorecía la rapidez, el coste y la eficiencia del procedimiento. Ahora bien, aun cuando a priori pareciera que se trata tan solo de una manera instrumental de canalización de las actuaciones del procedimiento y del proceso, lo cierto es que se produce paulatinamente un cambio de principios y de *modus operandi* e incluso un cambio de los protagonistas que intervienen en el marco de su desarrollo (comunicación, prueba, etc). Y, sobre todo, se genera una enorme dependencia de la tecnología, convirtiéndose en elemento imprescindible para desplegar cualquiera que sea el cauce que quiera beneficiarse de su aplicabilidad. En todo caso, las ODR encajan perfectamente en el paisaje de la era digital, en la transformación global y globalizada del mundo de las relaciones jurídicas y del Derecho mismo, lo que también puede mostrar su lado oscuro, a saber:

- ❖ Que las ODR son una pieza más del *puzzle* de la Justicia economicista o de la economización de la Justicia.
- ❖ Que las ODR responden a las expectativas de la Economía global, quizás más que a la mejor vía de acceso de los ciudadanos a la Justicia, en cuanto poder reclamar de formar más fácil, rápida y sencilla por sus derechos.

Inicialmente, la impronta de las ODR se produjo esencialmente en el ámbito de la tutela de los consumidores y usuarios, aun cuando no existe óbice a su extensión a otros sectores de la conflictividad, posibilitando mediaciones, negociaciones o arbitrajes en línea, lo que se ha ido paulatinamente favoreciendo en las mismas normas reguladoras de la mediación y el arbitraje. O, también, la posibilidad de combinar ADR-ODR o si se quiere cauces en los que hay actuaciones presenciales y actuaciones en línea. En cualquier caso, las garantías de quienes en ellos intervienen tienen que quedar aseguradas y favorecer la confianza a la hora de su uso y de su accesibilidad, no convirtiendo el modelo en línea en una negación o un obstáculo al acceso a la Justicia. ODR debe presentarse, en consecuencia, como un paso más en la búsqueda de la Justicia integral, tanto por diversos cauces como por diversos instrumentos o medios, fueren presenciales o no presenciales. Un componente más de esa búsqueda de acceso a la Justicia que elimine barreras. No puede tornarse perversa la viabilidad de las ODR para quienes no están familiarizados con los medios electrónicos, a los que exigirse el acceso en línea podría implicar la negación a la tutela efectiva.

Ahora bien, los avances han ido trayendo la introducción de tecnología algorítmica y cada vez más la inteligencia artificial o los sistemas computacionales estadísticos, que asumen el rol decisor, el rol proponedor, las funciones que se desempeñen en los diversos cauces de ADR/ODR. No se trata de un sistema electrónico a través del cual se realizan actos procedimentales, siempre con el control y la función proponedora y decisora del ser humano, sino de sistemas o estructuras computacionales que sustituyen al ser humano por la máquina. Esta situación no es sino el resultado de la algoritmización de la vida[28], que ha convertido al ser humano en un ser dependiente de la máquina.

El momento es fascinante e inquietante; magia algorítmica, seísmo tecnológico, hibridación social, humanidad aumentada son, entre otras muchas, las ideas que convergen en este momento, en el que un colectivo defiende la aparición de la "suprahumanidad" (transhumanismo)[29], o lo que John VON NEUMANN o KURZWEIL[30] denominan *"Singularity"*, que encuentran su sentido en los ideólogos del Silicon Valley[31]. Es ese ideal que pretende garantizar que la tecnología gobierne a la humanidad de forma más ágil, rápida e inteligente. Esta mutación de la Humanidad se expande y alcanza el Derecho y la Justicia[32]. La tecnología puede favorecer, garantizar, simplificar y ofrecer un mayor acceso a la Justicia, empero también puede negar, restringir o limitar derechos, y puede *deconstruir el mismo modelo de Justicia.* La incorporación de estos modelos y sistemas computacionales ofrecen más eficiencia, pero abren una inquietante proyección hacia la creación de la máquina inteligente o robot judicial, que sustituya a la persona-juez. El paradigma de Justicia se transforma[33].

---

28 Sobre la algoritmización puede verse mi obra BARONA VILAR, S., *Algoritmización del Derecho y de la Justicia. De la Inteligencia Artificial a la Smart Justice,* Valencia, Tirant lo Blanch, 2021.

29 BENDEL O., "Cyborg", *Gabler Wirtschaftslexikon. Das Wissen der Experten,* Springer Gabler, https://wirtschaftslexikon.gabler.de/definition/cyborg-54197, consultado el 4 de octubre de 2019.

30 KURZWEIL, R., *The Singularity is near,* New York, Penguin ed., 2005, especialmente, pp. 28 a 35.

31 LLANO ALONSO, F.H., *Homo excelsior. Los límites ético-juridicos del trashumanismo,* Valencia, Tirant lo Blanch, 2018, p. 97.

32 Ad extensum, BARONA VILAR, S., *Algoritmización del Derecho y de la Justicia. De la Inteligencia Artificial a la Smart Justice,* Valencia, Tirant lo Blanch, 2021.

33 BARONA VILAR, S., Psicoanálisis de las ADR. Retos en la sociedad global del siglo XXI", cit., pp. 53-54.

Una sustitución que alcanza igualmente a los MASC. Se usan los algoritmos y la inteligencia artificial, como "Justicia-máquina perfecta", en el ejercicio de la función decisora, tanto en los tribunales de justicia como en la negociación, mediación o arbitraje. Así, en las ODR es posible encontrar sistemas en línea, que son controlados por el ser humano, o sistemas que son desarrollados, gestionados y controlados por la máquina. Las experiencias en este ámbito existen, e incluso hay estudios acerca de la preferencia de sistemas tecnológicos meramente instrumentales o sistemas autónomos. Incluso en las formas híbridas (medarb, neg-medarb, arb-med-arb, etc) habrá que determinar si concurre ODR instrumental u ODR funcional, o se combinan ambas.

El recorrido que queda en este sector es muy amplio y la capacidad de asombro es inconmensurable. Pero no debe olvidarse que las máquinas no son humanos, ni piensan como humanos, ni sienten como humanos (lo que puede entenderse desde un punto de vista positivo también), y su intervención sustituyendo humanos lo hará mediante un razonamiento maquínico, no humano, a saber, es un sistema mecánico, estadístico o probabilístico, que reportará una motivación, propia de las acciones anteriores mecánicas, probabilísticas o estadísticas y por la alimentación de datos (*Deep learning*). De ahí que simula el pensamiento humano, pero no es pensamiento jurídico humano.

En todo caso, caminamos inexorablemente hacia un mundo tecnológico disruptivo, en el que la Tecnología puede llegar a engullir a la Humanidad. Depende de nosotros que no convirtamos el progreso en esclavitud de la Humanidad; al fin y a la postre "quienes crean las inteligencias artificiales (tecnología) son humanos"[34].

Bibliografía

ALEXANDER, N., "Four mediation stories from across the globe", *Rabels Zeitschrift für ausländisches und internationales Privatrecht,* 2010.

AZCÁRRAGA MONZONÍS, C., en "El (limitado) impacto de la Directiva sobre mediación en asuntos civiles y mercantiles y la mediación obligatoria como medida de promoción", en el libro colectivo *Mediación, Arbitraje y Jurisdicción en el nuevo paradigma de Justicia* (Dir. Barona Vilar, S.), Madrid, Civitas-Thomson Reuters, 2016.

BARONA VILAR, S., *Solución extrajurisdiccional de conflictos. Alternative Dispute Resolution (ADR) y Derecho Procesal,* Valencia, Tirant lo Blanch, 1999.

---

34 MARTIN-DIZ, F., "Modelos de aplicación de Inteligencia Artificial en justicia: asistencial o predictiva versus decisoria", en la obra colectiva *Justicia algorítmica y Neuroderecho,* (ed. Barona Vilar), Valencia, Tirant lo Blanch, 2021, p. 84.

BARONA VILAR, S., "Die Eingliederung der Alternativen Streitbeilegung (ADR) in die rechtsordnung und ihre Einfluss auf die Entwisckung des Prozessrechts", en *Festschrift für Rolf Stürner zum 70 Geburtstag. 2. Teilband. Internationales, Europäisches und ausländisches Recht, Ed. Mohr Siebeck, 2013, pp. 1407-1424.*

BARONA VILAR, S., "Justicia Integral y "Access to Justice". Crisis y evolución del "paradigma"", en la obra colectiva (Ed. Silvia Barona), *Mediación, Arbitraje y Jurisdicción en el actual paradigma de Justicia,* Madrid, Civitas-Thomson Reuters, 2016.

BARONA VILAR, S., "Justicia civil a debate: qué, por qué y cómo –pasado, presente y retos de futuro del proceso civil-", en la obra colectiva *XIII Congreso panameño de Derecho Procesal,* Panamá, 2016.

BARONA VILAR, S., "Justicia integral y tutela sin proceso", en la obra colectiva dirigida por Juan Francisco Herrero Perezagua, *Las transformaciones del proceso civil,* Pamplona, Aranzadi-Thomson-Reuters, 2016.

BARONA VILAR, S., Justicia civil en el Siglo XXI" en obra colectiva dirigida por Ariel Mantecón Ramos *Gestión de conflictos jurídicos (Abogacía y Derecho)*, La Habana, 2016.

BARONA VILAR, S., "Proceso civil y penal ¿líquido? en el siglo XXI", en *Justicia civil y penal en la era global* (ed. Silvia Barona Vilar), Valencia, Tirant lo Blanch, 2017.

BARONA VILAR, S., *Proceso penal desde la Historia. Desde sus orígenes hasta la sociedad del miedo,* Valencia, Tirant lo Blanch, 2018.

BARONA VILAR, S., "A la búsqueda de la eficiencia y la celeridad, claves de la Justicia civil del siglo XXI", en *Obra homenaje al Maestro Dr Jorge Fábrega,* Instituto Colombo-panameño de Derecho Procesal, 2019.

BARONA VILAR, S., Psicoanálisis de las ADR. Retos en la sociedad global del siglo XXI", en *La Ley Mediación y Arbitraje,* n. 1, enero-marzo 2020.

BARONA VILAR, S., "Una justicia "digital" y "algorítmica" para una sociedad en estado de mudanza", en *Justicia algorítmica y neuroderecho* (ed. Silvia Barona Vilar), Valencia, Tirant lo Blanch, 2021.

BARONA VILAR, S., *Algoritmización del Derecho y de la Justicia. De la Inteligencia Artificial a la Smart Justice,* Valencia, Tirant lo Blanch, 2021.

BARONA VILAR, S., "Claves vertebradoras del modelo de Justicia en el Siglo XXI", *Rev. Boliviana de Derecho* Nº 32, julio 2021.

BARONA VILAR, S., "Mutación de la Justicia en el siglo XXI. Elementos para una mirada poliédrica de la tutela de la ciudadanía", en *Justicia poliédrica en periodo de mudanza (nuevos conceptos, nuevos sujetos, nuevos instrumentos y nueva intensidad* (ed. Silvia Barona Vilar), Valencia, Tirant lo Blanch, 2022.

BARONA VILAR, S., "La digitalización y la algoritmización, claves del nuevo paradigma de Justicia eficiente y sostenible", en *Uso de la información y de los datos personales en los procesos: los cambios en la era digital* (Dir. Ignacio Colomer Hernández), Navarra, Thomson Reuters-Aranzadi, 2022.

BARONA VILAR, S., "Justicia algorítmica, ¿más o menos sostenible?", en la obra colectiva *Los ODS en la Justicia: el derecho Procesal y la Inteligencia Artificial,* Valencia, Tirant lo Blanch, 2022.

BARONA VILAR, S., "Los Tribunales de Instancia, *trending topic* en la reforma de la organización judicial española", en ASENCIO MELLADO, J.Mª y FUENTES SORIANO, O., (dirs.), *El proceso penal como garantía,* Barcelona, Atelier, 2023.

BARONA, S. y ESPLUGUES, C., "ADR mechanisms and their incorporation into global justice in the twenty-first century: Some concepts and trends", en ESPLUGUES, C. y BARONA, S. (eds.), *Global perspectives on ADR,* 2014.

BAUMAN, Z., *Vida líquida,* Barcelona, Espasa, 2006.

BENDEL O., "Cyborg", *Gabler Wirtschaftslexikon. Das Wissen der Experten,* Springer Gabler, https://wirtschaftslexikon.gabler.de/definition/cyborg-54197, consultado el 4 de octubre de 2019.

DIAZ, L.M., "Desaprender para aplicar la Ley Modelo de Conciliación", en QUINTANA ADRIANO, E.A. (Coord.), *Panorama internacional de derecho mercantil. Culturas y Sistemas Jurídicos Comparados,* UNAM, México, t. II, 2006.

ESPLUGUES MOTA, C. "El arbitraje comercial en Iberoamérica: una realidad consolidad no exenta de tensiones", en la obra colectiva *Tratado de Arbitraje comercial interno e internacional en Iberoamérica,* Colección Tirant Arbitraje, n 1, Valencia, Tirant lo Blanch, 2019.

ESPLUGUES MOTA, C., *Mediación Civil y Comercial. Regulación Internacional e Iberoamericana,* Valencia, Tirant lo Blanch, 2019.

HERNANDEZ MARTI, V., *Independencia del juez y desorganización judicial,* Madrid, Civitas, 1999.

KURZWEIL, R., *The Singularity is near,* New York, Penguin ed., 2005.

LLANO ALONSO, F.H., *Homo excelsior. Los límites ético-juridicos del trashumanismo,* Valencia, Tirant lo Blanch, 2018.

MARTIN-DIZ, F., "Modelos de aplicación de Inteligencia Artificial en justicia: asistencial o predictiva versus decisoria", en la obra colectiva *Justicia algorítmica y Neuroderecho,* (ed. Barona Vilar), Valencia, Tirant lo Blanch, 2021.

MINISTERIO DE JUSTICIA DE ESPAÑA, *Manifiesto por un espacio público de datos en el ámbito de Justicia,* que puede encontrarse en: https://www.mjusticia.gob.es/es/JusticiaEspana/ProyectosTransformacionJusticia/Documents/Manifiesto%20del%20Dato.pdf

PALAO MORENO, G., ¿Hacia una armonización de la mediación familiar en Europa?, CREA, 2001.

STEGER, M.B., *Globalization: A very Short Introduction,* Oxford University Press, 2003, p. 13.

WILKE, H., *Atopia. Studien zur atopischen Gesellschaft,* Suhrkamp Taschenbuch Wissenschaft, 2001.

Capítulo II

Acceso a una justicia próxima y MASC: binomio necesario[*]

DRA. ANDREA PLANCHADELL-GARGALLO

Catedrática de Derecho Procesal

Universitat Jaume I, Castellón

Sumario: I. Introducción. II. El derecho fundamental a una tutela judicial efectiva. III. El derecho de acceso a una Justicia más próxima. IV. Los medios adecuados de solución de controversias (MASC). 1. Consideraciones previas. 2. Concepto y ámbito de aplicación de las MASC en el Proyecto de Ley de Eficiencia Procesal. 3. Modalidades de MASC legalmente previstas: 3.1. La mediación; 3.2. La conciliación privada; 3.3. La oferta vinculante confidencial; 3.4. La opinión de experto independiente. 4. La configuración de los MASC como requisitos de procedibilidad en el orden civil. V. Conclusión.

I. INTRODUCCIÓN

El art. 24 de la Constitución española reconoce, como es bien sabido, un importante conjunto de derechos y garantías procesales aplicables a todo tipo de proceso, que tiene como una de sus finalidades "lograr la tan pretendida Justicia"[1]. A dicha Justicia se refiere el mismo texto fundamental, en su art. 1, como valor superior de un ordenamiento jurídico propio de un Estado social y democrático de derecho. La constitucionalización de buena parte de los principios procesales, así como de los derechos y garantías de los justiciables en el proceso permite hablar del derecho procesal

---

* Esta aportación se enmarca en el Proyecto de Investigación "La mejora del acceso a la Justicia de la ciudadanía a través de una judicatura más cercana (JusProx) (Código: AICO 2021/272), financiado por la Generalitat Valenciana, Conselleria de Educación, Investigación y Cultura, del que soy Investigadora Principal.

1 PICÓ I JUNOY, J., *Las garantías constitucionales del proceso.* Barcelona, Bosch, 1997, p. 21.

constitucional[2], que debe disciplinar el ejercicio de la función jurisdiccional por los tribunales.

Sin duda alguna, entre estos derechos, el derecho a la tutela judicial efectiva (art. 24.1 CE) destaca por su especial trascendencia y por presentar un contenido amplio y complejo. Desde la perspectiva de dicho contenido, lo cierto es que podemos desglosarlo en una serie derechos fundamentales que finalmente van a determinar que la protección que se otorga por parte de los jueces y tribunales sea realmente efectiva. En ello radica, precisamente, su importancia, pues de poco sirve que nuestra norma fundamental reconozca un elenco de derechos a favor del ciudadano, y en todos los procesos, si finalmente la tutela que el Estado está obligado a prestar no es real.

II. EL DERECHO FUNDAMENTAL A UNA TUTELA JUDICIAL "EFECTIVA"

Esta amplia configuración del derecho a la tutela judicial efectiva ha llevado a que nuestro Tribunal Constitucional, desde sus comienzos, haya hecho un encomiable esfuerzo por dotar de contenido a dicho derecho fundamental[3], así como al resto de derechos fundamentales contenidos en dicho artículo[4], entre los que encontramos derechos de gran repercusión

---

2 Sobre las consecuencias de esta constitucionalización, v., PICÓ I JUNOY, J., *Las garantías constitucionales del proceso*, cit., pp. 24 y ss; PLANCHADELL GARGALLO, A., *El derecho fundamental a ser informado de la acusación*. Valencia, Tirant lo Blanch, 1999, pp. 25 y ss.

3 RUIZ-RICO RUIZ, G. y CARAZO LIÉBANA, M.J., *El derecho a la tutela judicial efectiva. Análisis jurisprudencial*. Valencia, Tirant lo Blanch, 2013, p. 5, consideran que el Tribunal Constitucional se ha convertido en "una especie de última instancia jurisdiccional que se emplea principalmente controlar y revisar las actuaciones del poder judicial"; CHAMORRO BERNAL, F., *La Tutela judicial efectiva: derechos y garantías procesales derivados del artículo 24.1 de la Constitución*. Barcelona, Bosch, 1994; CANO MATA, A., *El Derecho a la tutela judicial efectiva en la doctrina del Tribunal Constitucional: Artículo 24 de la Constitución*. Madrid, Edersa, 1984; MARTÍN DIZ, F., "El derecho fundamental a justicia: Revisión integral e integradora del derecho a la tutela judicial efectiva", en *Revista de derecho político* 2019, 106, pp. 13 y ss.

4 Así, el art. 24 CE se presenta como el máximo exponente de los derechos fundamentales procesales, v., PLANCHADELL GARGALLO, A., *El derecho fundamental a ser informado de la acusación*. cit., p. 45.

en el proceso como el derecho de defensa, el derecho al proceso debido o el derecho a la prueba, así como la misma presunción de inocencia.

Centrándonos en el derecho a la tutela judicial efectiva, los esfuerzos del Tribunal Constitucional se han centrado en delimitar de forma clara cómo debe entenderse el derecho fundamental que como ciudadanos tenemos a obtener de los jueces y tribunales la debida tutela, que esta sea efectiva y no causante de indefensión.

Un aspecto previo a la determinación de su contenido es establecer quién es titular de dicho derecho. En este sentido, la Constitución proclama este derecho a favor de "todas las personas", lo que tampoco es sencillo concretar. Debemos entender que este derecho se reconoce a todos los sujetos jurídicos que tengan capacidad para ser parte en un proceso, sean nacionales o extranjeros, personas físicas o jurídicas, públicas o privadas, individuales o colectivas[5].

En segundo lugar, es importante indicar que la propia jurisprudencia pone de manifiesto la existencia de diferencias importantes en su conceptualización en función de que estemos en el proceso civil o en el proceso penal, si bien no podemos entrar en ellas. Realizada esta precisión, ¿cuál es el contenido esencial de este derecho a la tutela judicial efectiva?[6]. En estas páginas nos vamos a limitar a enumerar dicho contenido, atendiendo

---

5 GÓMEZ COLOMER, J.L., "El derecho de la persona a acceder al tribunal", en GÓMEZ COLOMER y BARONA VILAR (Coords.), *Derecho Procesal I. Introducción al Derecho Procesal.* Valencia, Tirant lo Blanch, 2022, pp. 210; GIMENO SENDRA, V., "El derecho a la tutela judicial efectiva, en GIMENO SENDRA; DÍAZ MARTÍNEZ y CALAZA LÓPEZ, *Introducción al Derecho Procesal.* Valencia, Tirant lo Blanch, 2020, p. 252, quien indica que el hecho de que se reconozca este derecho a "todo ser humano" no significa que no puedan establecerse restricciones a las personas con discapacidad, como se hace en los arts. 6 y 7 de la Ley de Enjuiciamiento Civil.

6 A modo de ejemplo, SS TC 32/1982, de 7 de junio; 26/1983, de 13 de abril; 102/1984, de 12 de noviembre; 48/1986, de 23 de abril; 62/1997, de 7 de abril; 101/1997, de 20 de mayo. La S TC 26/1983, de 13 de abril, ya afirmó que "el derecho a la tutela judicial efectiva tiene un contenido complejo que incluye, entre otros, la libertad de acceso a los jueces y tribunales, el derecho a obtener un fallo de éstos y, como precisa la sentencia número 32/1982 de este Tribunal, también el derecho a que el fallo se cumpla y a que el recurrente sea repuesto en su derecho y compensado, si hubiera lugar para ello, por el daño sufrido". V., también, PICÓ I JUNOY, J., *Las garantías constitucionales del proceso,* cit., pp. 39 y ss; UREÑA CARAZO, B., *Derechos fundamentales procesales.* Pamplona, Aranzadi, 2020, pp. 197 y ss.

a la jurisprudencia de nuestro más alto tribunal, haciendo únicamente una referencia algo más extensa al derecho de acceso a la justicia.

Así, junto con el derecho de acceso a la justicia, el derecho a la tutela judicial efectiva, y con los matices necesarios en atención al orden jurisdiccional en que nos encontremos, comprende también:

1.- El derecho a obtener una resolución jurisdiccional, que debe ser de fondo, fundada en derecho, lo que se concreta en el deber de motivación exigido en el art. 120.3 CE y congruente con las pretensiones de las partes y pronunciándose respecto de todas las pretensiones que se hayan planteado[7]. Además, como un elemento intrínseco al ejercicio de la función jurisdiccional, las resoluciones judiciales deben, agotados los recursos, producir efecto de cosa juzgada.

2.- El derecho a un proceso con todas las garantías; derecho que también presenta un contenido realmente complejo como pone de manifiesto, por ejemplo, la Sentencia del Tribunal Constitucional 41/2022, de 21 de marzo.

3.- El derecho a un proceso sin dilaciones indebidas[8]; derecho cuyo incumplimiento evidencia una total falta de Justicia[9], pues una Justicia tardía no es Justicia.

4.- El derecho a la ejecución del fallo, también fundamental desde la perspectiva de la efectividad de la tutela, pues supone que la sentencia se cumpla en sus propios términos.

6. La prohibición de indefensión; indefensión que debe ser material, y no meramente formal, real, efectiva, total, definitiva e imputable exclusivamente, al órgano jurisdiccional.

---

7 SS TC 87/2020, de 20 de julio, 63/2002, de 11 de marzo; 77/2000, de 27 de marzo; 80/2019, de 17 de junio; 59/1997, de 18 de marzo.

8 El TC ya en Sentencia 133/1998, de 4 de julio, se refirió a este derecho en los siguientes términos: "… el proceso se desenvuelve en condiciones de normalidad dentro del tiempo requerido y en el que los intereses litigiosos pueden recibir pronta satisfacción". V., también, las SS TC 4/2007, de 15 de enero; 63/2005, de 14 de marzo; 153/2005, de 6 de junio; 233/2005, de 26 de septiembre; 220/2004, de 29 de noviembre; 177/2004, de 18 de mazo; y 220/2004, de 29 de noviembre.

9 PEDRAZ PENALVA, E., *El derecho a un proceso sin dilaciones indebidas,* Poder Judicial 1996, núms. 43-44.

Este contenido hoy debe completarse con derechos tan importantes como el derecho a la información o el derecho a la traducción e interpretación[10].

III. EL DERECHO DE ACCESO A UNA JUSTICIA MÁS PRÓXIMA

El derecho de acceso a la justicia, por su consideración de *prius* lógico, adquiere una especial trascendencia, dotando de verdadero sentido al derecho de acción. Parece claro que de la posibilidad real de dirigirse a los tribunales para pedir la tutela de los derechos e intereses legítimos depende el cumplimiento de todos los demás derechos fundamentales procesales; es decir, carecería de sentido, por ejemplo, hablar de un derecho a la defensa en el proceso o de un derecho a los recursos, si previamente no se articula y garantiza el mecanismo que nos permite acceder a los tribunales. Es decir, no se pueden plantear pretensiones y resistencias ante los órganos jurisdiccionales si se obstaculiza indebidamente el acceso al proceso en que deben o pueden hacerse valer las mismas[11].

Este derecho de acceso a la justicia se ha concretado tradicionalmente en el derecho a ser parte en el proceso promoviendo la actividad jurisdiccional[12]; derecho que presenta diferencias destacables entre el proceso civil y el proceso penal en tanto que derecho de configuración legal. Así se ha puesto recientemente de manifiesto por el Tribunal Constitucional en la sentencia 1/2023, de 6 de febrero:

> Sobre el derecho a la tutela judicial efectiva, en su vertiente de derecho de acceso al proceso, hemos declarado que 'el primer contenido [del derecho a obtener la tutela de jueces y tribunales] en un orden lógico y cronológico, es el acceso a la jurisdicción, que se concreta en el derecho a ser parte en un proceso y [...] poder promover la actividad jurisdiccional que desemboque en una decisión judicial sobre

---

10 PLANCHADELL GARGALLO, A., "Acceso a la justicia, tutela judicial efectiva y derecho a la información", en CUCARELA GALIANA, L., (Dir.), *Tutela colectiva de derechos humanos y objetivos de desarrollo sostenible: integración, Jurisdicción e igualdad.* Madrid, Dykinson, 2023, pp. 86 y ss.

11 Por ejemplo, y entre otras, SS TC 62/2022, de 9 de mayo; 189/2021 de 13 diciembre; y 142/2021 de 12 julio.

12 ACOSTA ESTÉVEZ, J.B., "Líneas básicas del derecho a la tutela jurisdiccional de la acción", en *La Ley* 1990, p. 3; ESPARZA LÉIBAR, I., *El principio del proceso debido.* Barcelona, Bosch, 1995, pp. 219 y ss.

> las pretensiones deducidas' (SS TC 220/1993, de 30 de junio (RTC 1993, 220), FJ 2, y 34/1994, de 31 de enero (RTC 1994, 34), FJ 2, entre otras). «Ahora bien, el Tribunal también entiende que la tutela judicial efectiva no es un derecho de libertad directamente ejercitable a partir de la Constitución, sino que se trata de un derecho prestacional y, por tanto, de configuración legal que sujeta su ejercicio a la concurrencia de los presupuestos y requisitos procesales que el legislador establezca (por todas SSTC 99/1985, de 30 de septiembre (RTC 1985, 99) , FJ 4 y 182/2004, de 2 de noviembre (RTC 2004, 182) , FJ 2)» (STC 140/2018, de 20 de diciembre (RTC 2018, 140) , FJ 5).

Una nota distintiva de este derecho es su configuración legal, es decir, que únicamente podrá ejercerse en la forma prevista por el legislador, sin que dicha regulación pueda suponer, realmente, un obstáculo a su ejercicio[13]. Claro ejemplo de lo que estamos diciendo se manifiesta en la

---

[13] Así, se ha de ser especialmente consciente de ello al regular, por ejemplo, los plazos para el ejercicio de la acción, la posibilidad u obligatoriedad de acudir a trámites previos como la conciliación o la exigencia de agotar las vías judiciales previas. Sin duda alguna, los obstáculos más evidentes son los que se refieren a la capacidad económica de las partes, como pone de manifiesto la S TC 86/2002, de 27 de junio, y la exigencia de determinadas fianzas, depósitos o consignaciones, como ya se puso de manifiesto por GÓMEZ COLOMER, J.L., *El beneficio de pobreza (la solución española al problema del acceso gratuito a la justicia)*. Barcelona, Bosch, 1982; COLOMER HERNÁNDEZ, I., *El derecho a la justicia gratuita*. Valencia, Tirant lo Blanch, 1999.
V., S TC 311/2000, de 18 de diciembre: "Al respecto tenemos dicho que el primer contenido, en un orden lógico y cronológico, del derecho a obtener la tutela judicial efectiva de los Jueces y Tribunales que reconoce el art. 24.1 CE es el acceso a la jurisdicción, que se concreta en el derecho a ser parte en un proceso para poder promover la actividad jurisdiccional que desemboque en una decisión judicial sobre las pretensiones deducidas (SSTC 220/1993, de 30 de junio [RTC 1993, 220] , F. 3) (...)
La apreciación de las causas legales que impiden un pronunciamiento sobre el fondo de las pretensiones deducidas corresponde, con carácter general, a los Jueces y Tribunales en el ejercicio de la función que les es propia «ex» art. 117.3 CE, no siendo, en principio, función del Tribunal Constitucional revisar la legalidad aplicada. Sin embargo, corresponde a este Tribunal como garante último del derecho fundamental a obtener la tutela judicial efectiva de los Jueces y Tribunales, examinar los motivos y argumentos en que se funda la decisión judicial que inadmite la demanda o que de forma equivalente elude pronunciarse sobre el fondo del asunto planteado. Y ello, como es obvio, no para suplantar la función que a los Jueces y Tribunales compete para interpretar las normas jurídicas a los casos concretos controvertidos, sino para comprobar si el motivo apreciado está constitucionalmente justificado y guarda proporción con el fin perseguido por la norma

posibilidad de ejercer la acción popular reconocida en el art. 120 CE y regulada en la Lecrim[14], en virtud de la cual cualquier ciudadano puede presentar una querella ante los tribunales para la persecución y castigo de un delito de naturaleza pública, aún sin haber sido perjudicado u ofendido directamente por el mismo. La Lecrim regula el ejercicio de este derecho estableciendo una serie de limitaciones, por ejemplo, la de ser español.

El derecho de acceso a los tribunales debe interpretarse siempre de forma favorable a quien insta la tutela, dando entrada al principio *pro actione*[15], sin que ello signifique que exista un derecho incondicional a

---

en que se funda. Dicho examen permite, en su caso, reparar en esta vía de amparo, no sólo la toma en consideración de una causa que no tenga cobertura legal, sino también, aun existiendo ésta, la aplicación o interpretación que sea arbitraria o infundada, o resulte de un error patente que tenga relevancia constitucional o que no satisfaga las exigencias de proporcionalidad inherentes a la restricción del derecho fundamental (SSTC 321/1993, de 8 de noviembre [RTC 1993, 321], F. 3; 48/1998, de 2 de marzo [RTC 1998, 48] , F. 3 y 35/1999, de 22 de marzo, F. 4, entre otras muchas)".

14 Al respeto, la S TC 311/2006, de 23 de octubre: "Desde la STC 62/1983, de 11 de julio (RTC 1983, 62) (F. 2), este Tribunal ha reconocido la conexión entre el ejercicio de la acción popular (art. 125 CE) y el derecho a la tutela judicial efectiva sin indefensión (art. 24.1 CE); afirmando con posterioridad que una interpretación restrictiva de «las condiciones constitucional y legalmente establecidas para el ejercicio de la acción popular» puede reputarse contraria al derecho a la tutela judicial efectiva sin indefensión (art. 24.1 CE), dado que la acción popular constituye un medio de acceso a la jurisdicción (STC 241/1992, de 21 de diciembre [RTC 1992, 241], F. 2; reiterado entre otras en STC 326/1994, de 12 de diciembre [RTC 1994, 326], F. 2). Ahora bien, también hemos declarado que ni el art. 125 CE ni el art. 24.1 CE imponen el establecimiento de la acción popular en todo tipo de procesos (SSTC 64/1999, de 26 de abril [RTC 1999, 64], F. 5; 81/1999, de 10 de mayo [RTC 1999, 81], F. 2; 280/2000, de 27 de noviembre [RTC 2000, 280], F. 3), sino que ésta es una decisión que corresponde al legislador, de modo que si la Ley establece la acción popular en un determinado proceso, como la Ley de enjuiciamiento criminal hace para el proceso penal, la interpretación restrictiva que los órganos judiciales realicen sobre las condiciones de su ejercicio resultará lesiva del derecho a la tutela judicial efectiva sin indefensión si no respeta el principio pro actione que rige en el ámbito del derecho de acceso a la jurisdicción «para resolver, precisamente, los problemas del enjuiciamiento que puedan recibir las normas obstaculizadoras o impeditivas del acceso a la jurisdicción» (por todas STC 280/2000, de 27 de noviembre, F. 3)". También, las SS TC 18/2008, de 31 de enero; 8/2008, de 21 de febrero; 129/2001, de 4 de junio; y 79/1999, de 26 de abril.

15 GÓMEZ COLOMER, J.L., (2022). El derecho de la persona a acceder al tribunal", en GÓMEZ COLOMER y BARONA VILAR (Coords.). *Derecho Procesal I. Introducción al Derecho Procesal,* cit., p. 213; RUIZ-RICO RUIZ, G. y CARAZO LIÉBANA, M.J.,

que se incoe el proceso. De hecho, como ocurre en el proceso penal, éste únicamente se pondrá en marcha – pese a la interposición de una denuncia o querella–ante la existencia de un delito, por lo que no sería contrario al derecho de acceso a los tribunales la decisión del tribunal, una vez comprobado que los hechos no son constitutivos de delito, de no dar curso a la petición del particular[16].

Sin perjuicio de otras consideraciones que vinculadas con este derecho pudieran ser de interés[17], parece evidente que el derecho de acceso a la

---

El derecho a la tutela judicial efectiva. Análisis jurisprudencial, cit., pp. 28 y ss; PEMÁN GAVÍN, J.M., (1984). "Algunas manifestaciones del principio «pro actione» de la reciente jurisprudencia del Tribunal Supremo," en *Revista de administración pública 1984*, 104, pp. 245 y ss, se refiere al criterio antiformalista que, en la fecha en que su publica el artículo, ya estaba asentando el TC respecto a los requisitos que permiten acceder a los tribunales; PICÓ I JUNOY, J., *Las garantías constitucionales del proceso*, cit., pp. 49 y ss, quien indica que el Tribunal Constitucional contempla, como manifestaciones de este principio el antiformalismo y la subsanabilidad de los defectos procesales.

V., por ejemplo, la S TC 30/2022 de 7 marzo, afirmando que "... el principio pro actione (de obligada observancia por los órganos judiciales) juega con especial intensidad en los supuestos de acceso a la jurisdicción, impidiendo, por un lado, que interpretaciones y aplicaciones de los requisitos establecidos legalmente para acceder al proceso obstaculicen injustificadamente el derecho a que un órgano judicial conozca o resuelva en Derecho sobre la pretensión a él sometida; y obligando a los órganos judiciales, por otro, a aplicar las normas que regulan los requisitos y presupuestos procesales teniendo siempre presente el fin perseguido por el legislador al establecerlos, evitando cualquier exceso formalista que los convierta en obstáculos procesales impeditivos del acceso a la jurisdicción que garantiza el art. 24 CE (por todas, SSTC 83/2016, de 28 de abril (RTC 2016, 83), FJ 5; y 12/2017, de 30 de enero (RTC 2017, 12), FJ 3)".

16 Estamos ante el conocido como *ius ut procedatur*, S TC 1/2023, de 6 de febrero: "... tenemos declarado que el derecho de acceso a la jurisdicción penal de la víctima para el ejercicio de la acusación particular "se concreta esencialmente en un ius ut procedatur, lo que implica el derecho a poner en marcha un proceso, substanciado de conformidad con las reglas del proceso justo, en el que pueda obtener una respuesta razonable y fundada en Derecho, que también queda satisfecho con una decisión de inadmisión o meramente procesal que apreciara razonadamente la concurrencia de un óbice fundado en un precepto expreso de la ley (por todas, STC 106/2011, de 20 de junio (RTC 2011, 106), FJ 2), incluyendo la falta de legitimación activa de quien pretendía el ejercicio de la acción penal bien sea como acusación popular (por todas, STC 67/2011, de 16 de mayo (RTC 2011, 67), FJ 2) o particular (por todas, STC 163/2001, de 11 de julio (RTC 2001, 163), FJ 4)" (STC 190/2011, FJ 3)".

17 PLANCHADELL GARGALLO, A., "Acceso a la justicia, tutela judicial efectiva y derecho a la información", en CUCARELA GALIANA, L., (Dir.), *Tutela colectiva de*

Justicia actualmente exige una interpretación de su contenido en un sentido más amplio. Manteniendo una visión más global o integral del derecho y desde la perspectiva de facilitar al ciudadano una justicia más próxima[18], la vía jurisdiccional debe ser una más de las posibilidades que los ciudadanos tenemos para hacer efectiva la tutela de nuestros derechos e intereses legítimos, pero no la única, dando entrada, principalmente, a los medios adecuados de solución de controversias[19]; el binomio entre acceso a una justicia efectiva y cercana al ciudadano y estos medios a que nos hemos referido en el título es, pues, lógica.

IV. LOS MEDIOS ADECUADOS DE SOLUCIÓN DE CONTROVERSIAS (*MASC*)

1. Consideraciones previas

En estas páginas vamos a centrarnos en "un posible futuro", es decir, en las previsiones que al respecto encontramos en el Proyecto de *Ley de Eficiencia Procesal del Servicio Público de Justicia*[20] (en adelante PLEP, aprobado por el Consejo de Ministros el día 12 de abril de 2022 y publicado en el BOCG

---

derechos humanos y objetivos de desarrollo sostenible: integración, Jurisdicción e igualdad. Madrid, Dykinson, 2023, pp. 71 y ss.

18 MARTÍN DIZ, F., "El derecho fundamental a justicia: Revisión integral e integradora del derecho a la tutela judicial efectiva", en *Revista de derecho político* 2019, núm. 106, pp. 13 y ss; LÓPEZ YAGÜES, V., "La mediación como vía de acceso a una justicia eficaz, eficiente, próxima y satisfactoria para la ciudadanía", en *Drets. Revista Valenciana de reformes democràtiques* (6/2022), pp. 121 y ss; MORALES FERNÁNDEZ, M.G., "La mediación: contenido de la tutela efectiva", en LAUROBA LACASA, M.E. y ORTUÑO MÚÑOZ, P., (Coords), *Mediación es Justicia.* Barcelona, Huygens, 2015, p. 102; BARONA VILAR, S., A"DR y jurisdicción, de vías paralelas a su integración en el paradigma de justicia del siglo XXI. Una reflexión acerca de sus retos y peligros con ojos de mujer", en AAVV. *Justicia con ojos de mujer. Cuestiones procesales controvertidas.* Valencia, Tirant lo Blanch, 2019, p. 179; GUZMÁN FLUJA, V., "Justicia de proximidad: Un desafío a pensar", en AAVV., *La Justicia de proximidad.* cit., pp. 26 y ss; ARMENTA DEU, T., *Justicia de proximidad.* Madrid, Marcial Pons, 2006, pp. 43 y ss.

19 Evidente es esta forma amplia de entender el derecho a tutela efectiva en el Anteproyecto de Ley de medidas de eficiencia procesal del servicio público justicia.

20 PÉREZ ESTRADA, M.J., "La Justicia, ¿un servicio público?, en *Revista General de Derecho Procesal* 2022, núm. 57, pp. 1 y ss.

el día 22 de abril), pues poco podemos aportar a lo que hasta ahora se ha dicho respecto a estos medios[21]. El mismo Proyecto declara que tiene como finalidad establecer un conjunto de medidas que solucionen las insuficiencias estructurales del sistema de Justicia y mejoren la escasa eficiencia[22] de las acciones que anteriormente se han implementado para reforzar la Administración de Justicia como servicio público[23].

Partiendo de este declarado objetivo de promover la eficiencia procesal, existen tres diferentes dimensiones a tener en consideración: 1ª) La introducción y potenciación de los Medios Adecuados (abandonando poco a poco el término alternativos) de Solución de conflictos (MASC)[24]. 2ª) La previsión de medidas de agilización procesal en los distintos órdenes jurisdiccionales (penal, civil, contencioso administrativo y laboral) para mejorar su eficacia. 3ª) Adaptar el servicio público de Justicia a las nuevas tecnologías de la información, la transformación digital de la Justicia[25].

El punto de partida de la norma es la necesidad de hacer una realidad de la idea de la Justicia como servicio público al ciudadano. Si realmente nos creemos que la Justicia y la Administración de Justicia prestan un servicio a

---

21 Basta, en este sentido, una lectura de la abundante bibliografía en la materia de quien coordina esta obra, la Dra. Barona Vilar, a cuyas aportaciones, desde su primera publicación en la materia en el año 1999, *Solución extrajurisdiccional de conflictos Alternative dispute resolution (ADR) y derecho procesal*, nos remitimos.

22 El Dicicionario de la Real Academía de la Lengua española define la eficiencia como:
"1. f. Capacidad de disponer de alguien o de algo para conseguir un efecto determinado.
2. f. Capacidad de lograr los resultados deseados con el mínimo posible de recursos".

23 HINOJOSA SEGOVIA, R., "Los medios adecuados de solución de controversias [MASC] en el Proyecto de Ley de medidas de eficiencia procesal del servicio público de justicia", en *La Ley. Mediación y arbitraje*, núm. 11, 2021 (La Ley 6122/2022), p. 4, califica los motivos de la reforma de "utilitarismo procesal".

24 COLMENERO GUERRA, J.A., "Algunas consideraciones sobre la reforma de los MASC en el Anteproyecto de Eficiencia Procesal del Servicio Público Justicia", en *La Ley. Mediación y Arbitraje*, núm. 10, enero-marzo 2022, de 1 de enero de 2022, p. 5.

25 Este texto legal debe entenderse como un proyecto más amplio, encuadrado en la Agenda 2030 del Ministerio de Justicia, con los Proyectos de Ley orgánica de eficiencia organizativa del servicio público justicia y el proyecto de ley de eficiencia digital, todos ellos aprobados también por el Consejo de Ministros y tramitándose en las Cortes Generales, v., ALCOCEBA GIL, J.M., "La eficiencia de la justicia: Medida, meta o discurso. Sobre la eficacia como meta de las políticas públicas de Justicia", en *Diario La Ley*, núm. 10200, de 3 de febrero de 2023 (La Ley 11542/2022), pp. 1 y ss.

los ciudadanos, este servicio debe ser avalado, desde el punto de vista de su funcionamiento, por los ciudadanos. Es decir, le vamos a exigir que dé una respuesta eficaz, razonable y rápida a nuestros problemas, para que confiemos en él (legitimidad social del servicio público justicia). Esta idea está intrínsecamente unida a la tutela efectiva de la ciudadanía[26]. Dos cuestiones requieren atención respecto a lo dicho y el objetivo de estas páginas:

1ª) El "salto", el "giro" que se vislumbra en esta norma es que esa tutela efectiva de la ciudadanía, a prestar por la Administración de Justicia no tiene por qué ser únicamente la ofrecida por los juzgados y tribunales. La Justicia no es únicamente la justicia contenciosa, lo que supone que "entran en escena" actores distintos a los jueces y magistrados.

2ª) En el caso de la tutela (*judicial)* efectiva, es necesario garantizar que su *prius* lógico, el acceso a la justicia, que, en definitiva, permite la defensa de sus derechos e intereses, sea adecuado y responda a lo indicado.

Otro factor a tomar en consideración es que el nivel de litigiosidad en España en el conjunto de las jurisdicciones va aumentando cada año (6,3% el último), llevando aparejado, como se observa a continuación, el incremento de las sentencias que deben dictar los jueces (5,6%%), lo que sin duda propicia mayores retrasos en la resolución de los litigios.

Tasa de Litigiosidad (asuntos ingresados por cada 1000 habitantes)

2021	**2022**	**Evolución**
132,4	140,8	6,3%

Número de asuntos ingresados por magistrado/juez

2021	**2022**	**Evolución**
1.161,9	1.227,3	5,6%

Fuente*: CGPJ, La Justicia dato a dato, año 2021, p. 119.*

---

26 Es clara, en este sentido, la frase "Justice must be seen to be done", v., HESS, B. y HARVEY, A., "Open Justice in Modern Societies: What rule for Courts", en HESS, B. y HARVEY, A., *Open Justice. The role of the Courts in a democrativ society.* Heidelberg, Nomos, 2019, p. 9; JIMÉNEZ-GÓMEZ, C.E., "Open Judiciary Worldwide: Best Practices and lessons learnt", en JIMÉNEZ GÓMEZ, C.E., y GASCÓ-HERNÁNDEZ, M., *Achieving open Justice through Citizen participation and transparency.* IGI Global, 2017, pp. 5 y ss; PÉREZ ESTRADA, M.J., "La Justicia, ¿un servicio público?, en *Revista General de Derecho Procesal* 2022, núm. 57, pp. 2 y ss.

Por otro lado, a nivel europeo, en cuanto al número de asuntos ingresados en el orden jurisdiccional civil, España se encuentra entre los países con una considerable carga de litigiosidad.

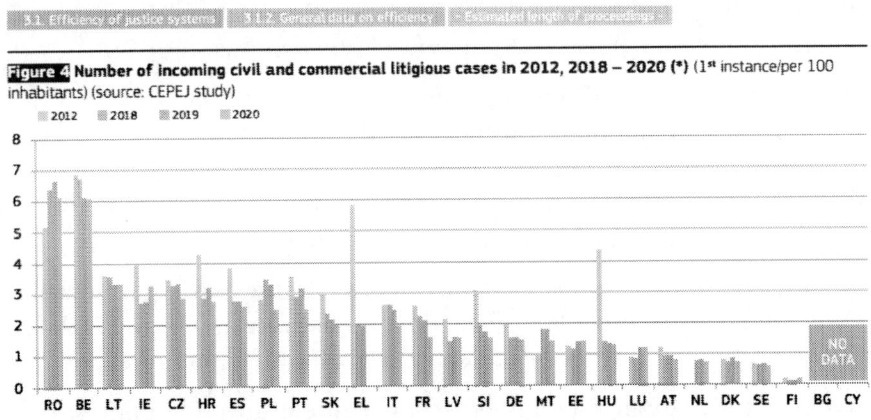

Fuente: *EU Justice Scoreboard 2022*, 19 May 2022, p. 10.

A la luz de estos escasos pero claros datos, el efecto que esta reforma puede tener en la descongestión de asuntos y en descargar la carga judicial es evidente[27]. Un importante bloque de la reforma, centrada en el Título I de la norma, es – por tanto- la "inserción" en el ordenamiento jurídico de otros medios adecuados de solución de controversias distintos a la vía jurisdiccional propiamente dicha; aspecto que se considera clave para la "consolidación de un servicio público de Justicia sostenible". El fundamento de esta introducción es sencillo: El servicio público Justicia debe ofrecer al ciudadano la mejor vía para resolver un problema determinado, y esa vía no necesariamente es la vía jurisdiccional. Como afirma el prelegislador, "la elección del medio más adecuado de solución de controversias aporta

27 De hecho, el anterior Ministro de Justicia, cuando se aprobó el Anteproyecto, afirmo que "si lográramos que a través estos mecanismos uno de cada cuatro asuntos no llegara a los tribunales, podríamos descargar al sistema judicial de más de medio millón de asuntos, lo que permitiría recanalizar 380 millones de euros…". Intervención registrada en la web https://www.lamoncloa.gob.es/consejodeministros/Paginas/EnlaceTranscripciones2020/151220-campo.aspx, día 12 de diciembre de 2020 (*último acceso el 28 de octubre de 2023*).
V. también, GUZMÁN FLUJA, V., "Justicia de proximidad: Un desafío a pensar", en AAVV., *La Justicia de proximidad*. Pamplona, Thomson-Aranzadi, 2006, p. 20.

calidad a la Justicia y reporta satisfacción a los ciudadanos y ciudadanas"[28]. Además, en la esencia de estos mecanismos está la recuperación, por las partes, de su capacidad negociadora, evitando la confrontación y crispación que muchas veces nos rodea.

2. Concepto y ámbito de aplicación de las MASC en el Proyecto de Ley de Eficiencia Procesal

Los MASC se definen como "cualquier tipo de actividad negociadora a la que acuden las partes de un conflicto, de buena fe, con el objeto de encontrar una solución extrajurisdiccional al mismo, ya sea por sí mismas o con la intervención de un tercero neutral" (art. 1 PLEP)[29].

Su ámbito de aplicación, sin perjuicio de los posibles y necesarios avances que al respecto se pueda producir, viene determinado por la disponibilidad para las partes de los derechos e intereses en juego en el ámbito civil y mercantil. En este sentido es importante un matiz: Debe distinguirse entre el ámbito de aplicación de esta ley y las posibilidades de solución extrajurisdiccional de otros conflictos que no están incluidos en la norma, pero en los que sí puede preverse algún tipo de fórmula autocompositiva. Así, las previsiones de el Título I de esta ley se aplican a los asuntos civiles y mercantiles, incluidos los transfronterizos (conforme a su definición en el art. 3 de la Ley 5/2012). Al tiempo, se excluyen las materias laboral, penal y concursal, así como los asuntos, cualquiera que sea su naturaleza y con independencia del orden jurisdiccional ante el que deban resolverse, en los que una de las partes sea una entidad perteneciente al Sector Público. El primer límite es, por tanto, la disponibilidad del derecho o interés implicado; el segundo es que lo acordado no sea contrario a la ley, a la buena fe ni al orden público.

3. Modalidades de MASC legalmente previstas

Sin perjuicio de la clara potenciación de la mediación, la ley contempla otras posibilidades de solucionar el litigio a través de fórmulas negociales. Se regulan así, junto con la mediación, la conciliación privada, la conciliación

---

28 PLEP, p. 3.

29 COLMENERO GUERRA, J.A., "Algunas consideraciones sobre la reforma de los MASC en el Anteproyecto de Eficiencia Procesal del Servicio Público Justicia", en *La Ley. Mediación y Arbitraje*, núm. 10, enero-marzo 2022, de 1 de enero de 2022, pp. 10 y ss.

ante el Letrado de la Administración de Justicia (en adelante, LAJ), la oferta vinculante confidencial, la opinión de experto independiente, así como cualquier otro tipo de actividad negociadora, tipificada en esta u otras normas, que cumpla con lo previsto en los Capítulos I y II del Título I del Proyecto[30], dejando pues la "puerta abierta" a otras fórmulas de solución de controversias.

Si bien, por razones de extensión, no podemos entrar en detalle en cada una de ellas, su potencial importancia exige al menos unas breves notas respecto a cada una de ellas.

3.1. La mediación

Como es bien sabido la mediación se rige por la Ley 5/2012, de mediación en asuntos civiles y mercantiles y, en su caso, la legislación autonómica aplicable (en nuestro caso, por la Ley 24/2018, de 5 de diciembre, de mediación de la Comunitat Valenciana); ello no obstante, hay importantes cambios en la norma, por ejemplo, sus efectos sobre la caducidad y la prescripción, su conexión con el requisito de procedibilidad, entre otros aspectos, vinculado además con quién puede iniciar la mediación.

Así, la solicitud del inicio de la mediación interrumpirá la prescripción o suspenderá la caducidad de las acciones desde la fecha en que conste la recepción de la solicitud por el mediador, o el depósito ante la institución de mediación. Igualmente, se establece la obligatoriedad de la asistencia letrada durante el procedimiento en aquellos asuntos en que se opte por este medio voluntariamente o sea consecuencia de la derivación judicial, salvo cuando la trascendencia económica del asunto no supere los 2.000 Euros; equiparándose así esta obligatoriedad a la prevista para los procesos civiles. A efectos de cumplir con el principio de igualdad, cuando una de las partes quiera servirse de asistencia letrada no siendo obligatoria deberá hacerlo constar en el requerimiento o en el plazo de tres días desde la fecha de recepción de la propuesta por la parte requerida.

En cuanto al inicio de la mediación, éste podrá ponerse en marcha por acuerdo entre las partes, incluyendo la designación del mediador o de la institución de mediación; por una de las partes en cumplimiento del pacto de sometimiento a mediación que entre ellas exista; y por derivación judicial, previa conformidad de las partes.

30 Identidad entre el objeto de la negociación y el objeto del litigio.

3.2. La conciliación privada

Regulada en el art. 12 del PLEP supone acudir a un tercero, preferiblemente poseedor de conocimientos técnicos o jurídicos relacionados con la materia de que se trate, para que lleve a cabo la actividad negociadora con la finalidad de alcanzar un acuerdo con la otra parte. Con la denominación privada se contrapone a la conciliación que podría llevarse a cabo ante el órgano jurisdiccional[31].

Este tercero, para intervenir como conciliador, debe haberse inscrito como ejerciente en uno de los colegios profesionales correspondientes. En concreto la norma se refiere a abogacía, procura, graduados sociales, notariado[32], registradores de la propiedad[33], o cualquier otro colegio reconocido legalmente. Igualmente, podrá acudirse a aquellos profesionales que estén inscritos como mediadores en los registros correspondientes o que pertenezcan a instituciones de mediación debidamente homologadas. En el supuesto en que el conciliador privado no sea profesional del derecho, la asistencia letrada es obligatoria (art. 2.2, letra b, PLEP), salvo en los asuntos de cuantía inferior a 2.000 Euros.

En el encargo, que puede venir de las partes de mutuo acuerdo o solo por una de ellas, se debe expresar sucintamente, pero de forma clara, el contenido de la discrepancia, así como la identidad y circunstancias de la otra parte. La persona conciliadora debe aceptar expresa y documentadamente el encargo, regulando el art. 15 PLEP las funciones de la persona conciliadora.

---

31 La conciliación ante el órgano jurisdiccional puede ser previa al proceso, a través de la Jurisdicción voluntaria (ante el Juez de Paz o LAJ, art 140 LJV), o en el proceso, en la propia audiencia previa o la vista, en el caso del juicio verbal. Así, se propone una nueva redacción del art. 414 LEC, con clara ánimo de fomentar el uso de la conciliación ante el LAJ en esta sede, bajo el título "Finalidad, momento procesal y sujetos intervinientes en la audiencia. Posible conciliación ante el Letrado de la Administración de Justicia". V., HINOJOSA SEGOVIA, R., "Los medios adecuados de solución de controversias [MASC] en el Proyecto de Ley de medidas de eficiencia procesal del servicio público de justicia", en *La Ley. Mediación y arbitraje,* núm. 11, 2021 (La Ley 6122/2022), p. 13.

32 Capítulo VII del Título VII de la Ley del Notariado.

33 Título IV Bis de la Ley Hipotecaria.

3.3. La oferta vinculante confidencial

Supone que una de las partes del conflicto realiza "una oferta" a la otra parte sobre cómo solucionar la controversia, estando obligada a cumplir con las obligaciones que en este sentido hubiera asumido al hacer dicha oferta cuando es aceptada (art. 14 PLEP). Desde la perspectiva de la otra parte, la aceptación es irrevocable.

Esta oferta se debe remitir de tal forma que quede constancia de la identidad del oferente, de la recepción por la otra parte, de la fecha y de su contenido concreto; teniendo carácter confidencial.

Si la oferta no es aceptada o no se acepta expresamente en el plazo de un mes, decaerá y quedará expedita la posibilidad de ejercicio de la correspondiente acción.

En el caso de esta vía o medio, la asistencia letrada se establece como obligatoria (art. 2.2, letra a, PLEP), salvo – nuevamente – en los asuntos de cuantía inferior a 2.000 Euros.

3.4. La opinión de experto independiente

Supone la designación, por mutuo acuerdo de las partes, de un tercero, experto independiente, para que emita una opinión no vinculante respecto a la materia objeto de conflicto. Para que pueda emitir su opinión las partes están obligadas a facilitarle toda la información y pruebas de que dispongan.

Su dictamen podrá versar sobre cuestiones jurídicas o cualquier otro aspecto técnico relacionado con su capacidad profesional, teniendo carácter confidencial.

Emitido el dictamen las partes tienen un plazo de 10 días hábiles desde su comunicación para hacer las recomendaciones, observaciones o propuestas de mejor para poder, finalmente, aceptar la propuesta y alcanzar el acuerdo. Si las partes aceptan las conclusiones, el acuerdo se consigna en la forma prevista en esta norma; de no aceptarse, por alguna de ellas o por ninguna, el experto extenderá una certificación de que se ha intentado llegar a un acuerdo, cumpliendo así con el requisito de procedibilidad.

4. La configuración de los MASC como requisitos de procedibilidad en el orden civil

Frente al carácter voluntario que tradicionalmente se ha otorgado a estos medios, en especial a la mediación como su manifestación más conocida y arraigada, esta ley opera un cambio radical al requerir, en el orden jurisdiccional civil, que no serán admisibles aquellas demandas civiles en las que no se acredita que previamente se ha intentado alcanzar un acuerdo a través de algunos de los MASC reconocidos[34]. Esta exigencia, a la que enseguida volveremos, decae en siete supuestos (art. 4.2 PLEP):

1. La tutela judicial civil de derechos fundamentales;
2. La adopción de las medidas previstas en el artículo 158 del Código Civil;
3. La solicitud de autorización para el internamiento forzoso por razón de trastorno psíquico conforme a lo dispuesto en el articulo 763 de la Ley 1/2000, de 7 de enero, de Enjuiciamiento Civil;
4. La tutela sumaria de la tenencia o de la posesión de una cosa o derecho por quien haya sido despojado de ellas o perturbado en su disfrute;
5. La pretensión de que el tribunal resuelva, con carácter sumario, la demolición o derribo de obra, edificio, árbol, columna o cualquier otro objeto análogo en estado de ruina y que amenace causar daños a quien demande;
6. El ingreso de menores con problemas de conducta en centros de protección específicos, de entrada en domicilios y restantes lugares para la ejecución forzosa de medidas de protección de menores ni de restitución o retorno de menores en los supuestos de sustracción internacional.
7. Los expedientes de jurisdicción voluntaria.

---

34 Recordemos que la LEC de 1881 regulaba la conciliación previa obligatoria, siendo derogada por su ineficacia con la reforma de la LEC por Ley 34/1984, para pasar a ser voluntaria. La LEC 2000 únicamente reconoció la conciliación judicial, dejando fuera el resto de medios autocompositivos, por considerar que no era esta la norma en que debían ser regulados. En el año 2012, como sabemos, se incorpora la mediación (Ley 5/2012), en cuya redacción originaria también se estableció dicha obligatoriedad, que fue posteriormente descartada. El siguiente intento se hizo con el fracasado Proyecto de Ley de impulso de la Mediación.

Como indica el mismo artículo 4, la iniciativa para acudir a estos medios puede provenir de una de las partes, de ambas de común acuerdo, de una decisión judicial o del LAJ derivando a las partes a estos medios desde el propio proceso. Si las partes están de acuerdo en acudir a uno de los MASC, pero no se ponen de acuerdo respecto a cuál, se empleará el que primero en el tiempo se haya propuesto.

Ante dicha obligatoriedad, debe establecerse claramente cómo acreditar que se ha intentado alcanzar el acuerdo por alguno de dichos medios. Es en el art. 9 PLEP en el que encontramos la respuesta a esta cuestión estableciendo que con tal finalidad, la actividad negociadora deberá ser recogida documentalmente. Si no ha intervenido un tercero neutral, la acreditación se podrá cumplir con cualquier documento firmado por ambas partes en que se deje constancia de su identidad, la fecha, el objeto de la controversia y quién formuló la propuesta inicial.

En el caso de haber intervenido un tercero neutral, éste deberá expedir, a instancia de cualquiera de las partes, un documento cuyo contenido establece el propio artículo, concretamente:

a) La identidad del tercero, su cualificación, colegio profesional, institución a la que pertenece, o registro en el que esté inscrito;

b) la identidad de las partes;

c) El objeto de la controversia;

d) La fecha de la reunión o reuniones mantenidas;

e) la declaración solemne de que las dos partes han intervenido de buena fe en el proceso.

De no haberse presentado la parte requerida, se consignará esta circunstancia, así como la forma en que se ha realizado la citación, la justificación de que se ha realizado y la fecha de su recepción. Si no comparece quien promovió la actividad, se dejará constancia también.

El segundo aspecto relevante respecto a esta exigencia previa de intentar alcanzar el acuerdo es cuándo entender que no ha habido acuerdo. El mismo art. 9 PLEP, en su numeral 4 establece que se considerará que la negociación, en cualquier de sus formas, ha concluido sin acuerdo, dejando expedita la vía jurisdiccional, en los siguientes supuestos:

a) Por el transcurso de treinta días naturales a contar desde la fecha de recepción de la propuesta por la parte requerida y no se mantuviera la primera reunión o contacto dirigido a alcanzar un acuerdo o no se obtenga respuesta por escrito.

b) Si transcurrieran tres meses desde la fecha de celebración de la primera reunión sin que se hubiera alcanzado un acuerdo. No obstante, lo anterior, las partes tienen derecho a continuar de mutuo acuerdo con la actividad negociadora más allá de dicho plazo.

c) Si cualquiera de las partes se dirige por escrito a la otra dando por terminadas las negociaciones, quedando constancia del intento de comunicación de ser esa su voluntad.

Esta exigencia de intento previo de solución del conflicto por una de estas vías es uno de los aspectos más conflictos de esta nueva regulación. El cuestionamiento de esta exigencia, que se convierte en un requisito de procedibilidad para la admisión de la demanda lleva a cuestionarse una de las notas distintivas de la mediación, o de cualquiera de estas MASC, su voluntariedad.

En este sentido, tal y como se indica en la Exposición de Motivos ("se trata de potenciar la negociación entre las partes[35], directamente o ante un tercero neutral, partiendo de la base de que estos medios reducen el conflicto social, evitan la sobrecarga de los tribunales y pueden ser igualmente adecuados para la solución de la inmensa mayoría de las controversias en materia civil y mercantil", Exposición de Motivos II, párrafo segundo), la opción del prelegislador, para potenciar el uso de estos medios, ha sido el convertirlos en obligatorios.

Pero además del cambio que supone la obligatoriedad de estas MASC, hay otro aspecto fundamental, indisolublemente unido al mismo, que nos lleva a cuestionarnos si esta exigencia previa a la demanda es compatible con el ejercicio de un derecho fundamental, como es el derecho de acción, concretamente el derecho de acceso a la Justicia y si puede verse afectado en última instancia el derecho a la tutela judicial efectiva reconocido en el art. 24 CE. Y no sólo desde esta perspectiva, sino también atendiendo a la doctrina constitucional de la subsanabilidad de los actos procesales podría también cuestionarse esta previsión (arts. 11. 1 y 243.4 LOPJ y 231 LEC).

Debemos empezar recordando la reiterada jurisprudencia del TC en el sentido de que las condiciones y requisitos previos al acceso a la jurisdicción

---

35 PÉREZ DAUDÍ, V., "Los MASC y el proceso civil. Propuestas de reforma del Proyecto de eficiencia procesal", en Diario *La Ley*, núm. 10121, de 1 de septiembre de 2022 (La Ley 7344/2022); MARTÍNEZ PALLARÉS, J. I., "Negociación, proceso y procedibilidad. Métodos, herramientas y conexiones funcionales", en *Revista General de Derecho Procesal* 2021, núm. 55, pp. 4 y ss.

como límites del derecho a la tutela judicial efectiva se someten a un específico canon de proporcionalidad[36]. Así, será preciso verificar si la medida

36 Como es sabido, el Tribunal Constitucional ha dedicado especial atención a declarar la compatibilidad o no de determinadas limitaciones para el efectivo ejercicio de este derecho, estableciendo – en general – que no es posible obstaculizar o condicionar el acceso a los tribunales exigiendo requisitos o condiciones desproporcionadas y de difícil cumplimiento. V., por ejemplo, la STC 311/2000, de 18 de diciembre citada. : "... No se trata, sin embargo, de un derecho de libertad, ejercitable sin más y directamente a partir de la Constitución, ni tampoco de un derecho absoluto e incondicionado a la prestación jurisdiccional, sino de un derecho a obtenerla por los cauces procesales existentes y con sujeción a una concreta ordenación legal. En cuanto derecho prestacional es conformado por las normas legales que determinan su alcance y contenido y establecen los presupuestos y requisitos para su ejercicio, las cuales pueden establecer límites al pleno acceso a la jurisdicción siempre que obedezcan a razonables finalidades de protección de bienes e intereses constitucionalmente protegidos (SSTC 140/1993, de 19 de abril [RTC 1993, 140], F. 6, y 12/1998, de 15 de enero [RTC 1998, 12] , F. 4, entre otras). De este modo, el derecho a la tutela judicial efectiva puede verse conculcado por aquellas normas que impongan condiciones impeditivas u obstaculizadoras del acceso a la jurisdicción, siempre que los obstáculos legales sean innecesarios y excesivos y carezcan de razonabilidad y proporcionalidad respecto de los fines que lícitamente puede perseguir el legislador en el marco de la Constitución (SSTC 4/1988, de 12 de enero [RTC 1998, 4], F. 5 y 141/1988, de 29 de junio [RTC 1988, 141], F. 7).

También puede verse conculcado el derecho de acceso a la tutela por aquellas interpretaciones de las normas que son manifiestamente erróneas, irrazonables o basadas en criterios que por su rigorismo, formalismo excesivo o cualquier otra razón revelen una clara desproporción entre los fines que aquella causa preserva y los intereses que se sacrifican, de forma que la negación de la concurrencia del presupuesto o requisito en cuestión sea arbitraria o irrazonable (por todas, STC 35/1999, de 22 de marzo [RTC 1999, 35], F. 4 y las en él citadas).

La apreciación de las causas legales que impiden un pronunciamiento sobre el fondo de las pretensiones deducidas corresponde, con carácter general, a los Jueces y Tribunales en el ejercicio de la función que les es propia «ex» art. 117.3 CE, no siendo, en principio, función del Tribunal Constitucional revisar la legalidad aplicada. Sin embargo, corresponde a este Tribunal como garante último del derecho fundamental a obtener la tutela judicial efectiva de los Jueces y Tribunales, examinar los motivos y argumentos en que se funda la decisión judicial que inadmite la demanda o que de forma equivalente elude pronunciarse sobre el fondo del asunto planteado. Y ello, como es obvio, no para suplantar la función que a los Jueces y Tribunales compete para interpretar las normas jurídicas a los casos concretos controvertidos, sino para comprobar si el motivo apreciado está constitucionalmente justificado y guarda proporción con el fin perseguido por la norma en que se funda. Dicho examen permite, en su caso, reparar en esta vía de ampa-

restrictiva persigue un fin legítimo y resulta idónea, necesaria y proporcionada. Es decir, esta limitación que, a priori, supone la exigencia de acudir previamente a una de las modalidades de las MASC, supone una restricción legítima y proporcional del derecho de acceso a la justicia, si es justificable.

En el análisis de este test de propocionalidad, junto con la doctrina previa del Tribunal Constitucional sobre otros posibles obstáculos al acceso a la Justicia[37], nos podemos servir de la jurisprudencia del Tribunal de Justicia de la Unión Europea, que ya ha tenido ocasión de pronunciarse sobre la obligatoriedad de la mediación previa a la interposición a la demanda establecida en la legislación italiana para determinada clase de materias (S TJUE, Sala Cuarta, de 18 de marzo de 2010, C-318/08 asunto Alassini y S TJUE, Sala Primera, de 14 de junio de 2017, C-75/16, Asunto Menini). Estas decisiones del TJUE sostienen – de forma similar a la sentencia citada en nota al pie de nuestro Tribunal Constitucional- que los derechos fundamentales no constituyen prerrogativas absolutas, pudiendo ser objeto de restricciones, siempre y cuando estas respondan efectivamente a objetivos de interés general y no supongan, teniendo en cuenta el fin pretendido, una intervención desmesurada e intolerable que afecte a la propia esencia de los derechos garantizados. Así se considera que entre los objetivos que legitimarían dichas limitaciones se puede señalar la más rápida y menos costosa resolución de los litigios y la disminución de la carga de trabajo de los tribunales. Si para conseguir estas finalidades se prevé legamente la obligatoriedad de un intento previo de alcanzar una solución extrajurisdiccional de la controversia, que no la de llegar efectivamente a dicha solución, no resultaría desproporcionada, entiende el Tribunal europeo, si se dan una serie de condiciones: a) Que el resultado de dicho procedimiento extrajudicial no sea vinculante para las partes y, por lo tanto, no afecte a su derecho a un recurso judicial; b) que dicho procedimiento extrajudicial no implique, en condiciones normales, un retraso sustancial a efectos del

---

ro, no sólo la toma en consideración de una causa que no tenga cobertura legal, sino también, aun existiendo ésta, la aplicación o interpretación que sea arbitraria o infundada, o resulte de un error patente que tenga relevancia constitucional o que no satisfaga las exigencias de proporcionalidad inherentes a la restricción del derecho fundamental (SSTC 321/1993, de 8 de noviembre [RTC 1993, 321], F. 3; 48/1998, de 2 de marzo [RTC 1998, 48] , F. 3 y 35/1999, de 22 de marzo, F. 4, entre otras muchas)".

37 PLANCHADELL GARGALLO, A., "Acceso a la justicia, tutela judicial efectiva y derecho a la información", en CUCARELA GALIANA, L., (Dir.), *Tutela colectiva de derechos humanos y objetivos de desarrollo sostenible: integración, Jurisdicción e igualdad*, cit., pp. 89 y ss.

ejercicio de una acción judicial; c) que, como hace efectivamente nuestro proyecto, la prescripción de derechos se interrumpa durante su desarrollo; d) que no ocasiones gastos significativos, de ahí la importancia de prever su gratuidad, al menos en ciertos supuestos como hace la norma valenciana, o de incluirlo dentro del beneficio de asistencia gratuita; e) que la vía electrónica no constituya el único medio de acceder al procedimiento; y f) que por último, permita, o no impida, la adopción de medidas provisionales.

Teniendo en cuenta estos parámetros, se debe analizar si este requisito de procedibilidad, tal y como se regula en el Proyecto, impone un límite al derecho de acceso a la jurisdicción respetuoso con el principio de proporcionalidad:

a) Respecto a la vinculación, el art. 12.1 PLEP establece que el acuerdo alcanzado "será vinculante para las partes, que no podrán presentar demanda con igual objeto"[38]; y añade "contra lo convenido en dicho acuerdo sólo podrá ejercitarse la acción de nulidad por las causas que invalidan los contratos, sin perjuicio de la oposición que pueda plantearse, en su caso, en ejecución". Parece que en este caso sí existe, al menos a nivel privado, una vinculación con el acuerdo alcanzado en tanto que, salvo en caso de incumplimiento, no permitiría acudir al proceso civil interponiendo demanda con igual objeto.

b) El hecho de acudir a alguno de los *MASC* no implica, en general, un significativo retraso en cuanto al ejercicio de las pretensiones ante los tribunales. Basta leer los plazos a que se refiere el art. 9.4 PLEP (transcurso de 30 días naturales para la celebración de la primera reunión sin que se celebre y de tres meses dese la fecha de celebración de la primera reunión sin alcanzar el acuerdo) para entender que esta exigencia previa no va a generar un sustancial retraso a la hora de interponer la demanda. Además, no debe olvidarse que cualquiera de las partes puede dar por terminadas las negociaciones en cualquier momento.

c) El intento de MASC interrumpe la prescripción o suspender la caducidad de las acciones desde la fecha en que conste el intento de comunicación de la solicitud de inicio de un procedimiento negociador (art. 6.1 PLEP). El cómputo de los plazos se reanudará, transcurridos treinta días

---

38 En el Anteproyecto se hacía aquí referencia al efecto de cosa juzgada; v., NARANJO RODRÍGUEZ, J., "El valor de cosa juzgada de los acuerdos adoptados en el seno de los Medios Adecuados de Solución de Controversias (MASC) previstos en el Anteproyecto de Ley de Medidas de Eficiencia Procesal del Servicio Público Justicia", en *Diario La Ley*, núm. 9862, de 2 de junio de 2021 (La Ley 5544/2021).

naturales desde la recepción del intento de negociación sin que haya habido respuesta (art. 6.2 APLEP).

d) En lo que a los costes de este procedimiento se refiere, el PLEP contiene una serie de previsiones con la finalidad de evitar que los gastos que se generen de esta obligación sean significativos o que realmente puedan suponer un obstáculo de acceso a los mismos y, consecuentemente, a la tutela de sus derechos e intereses.

Clara es, en este sentido, la pretendida reforma de la Ley 1/1996, de asistencia jurídica gratuita para permitir que estos gastos queden cubiertos por tal derecho cuando se cumplan los requisitos, o la previsión del art. 6.3 PLEP, respecto a las costas.

e) El legislador, como hemos dicho, apuesta por un listado abierto de medios alternativos, no limitándolos ni a los que regula en dicho proyecto ni a los de carácter electrónico, que sí se prevé como posibilidad, incluso con carácter preferente cuando se trate de una reclamación de cantidad que no exceda de 600 euros. En cuanto al uso de estos medios, el prelegislador parece ser consciente de los obstáculos derivados de la brecha digital al establecer expresamente "salvo que el empleo de éstos no sea posible para alguna de las partes".

f) Por último, la nueva redacción que se da a los arts. 722, 724 y 730 en la Ley de Enjuiciamiento Civil, para dar entrada a la posibilidad de solicitar medidas cautelares en el caso de intento de medios adecuados de solución de controversias

A la luz de estas consideraciones, como también entiende el CGPJ en su informe, parece que la regulación del Proyecto superaría el test de proporcionalidad establecido por el TJUE, si bien ello no significa que haya margen de mejora y claridad, como hemos indicado previamente. En este sentido, en los debates al respecto parece alcanzar cada vez mayor fuera la idea de un modelo de obligatoriedad mitigada, estableciendo sólo un conjunto de asuntos en que la misma entre en juego.

Por último, y en cuanto a la posibilidad de subsanar la omisión del previo intento de MASC, creemos que aún hay posibilidad de introducir una clara previsión en este sentido, estableciendo que en el trámite de admisión de la demanda y ante la falta de aquél, el LAJ otorgara un plazo razonable para ello[39].

---

[39] PÉREZ DAUDÍ, V., "Los MASC y el proceso civil. Propuestas de reforma del Proyecto de Ley de Eficiencia Procesal", en *Diario La Ley*, núm. 10121, de 1 de septiembre de 2002 (La Ley 7344/2002), pp. 7 y 8.

V. CONCLUSIÓN

En general, y respecto de la regulación del Anteproyecto, consideramos que una reforma de tal calado debía hacer sido más precisa en su regulación, de la que se desprende una falta de precisión y adecuada diferenciación entre algunos de los mecanismos que contempla. Y, para lo que nosotros es más trascendente, tampoco nos ofrece ninguna clave para poder discernir cuál es el medio más adecuado para solucionar el conflicto, atendiendo a su tipología, o cómo hacerlo[40].

Una posible vía para solventar esta cuestión podría ser que el órgano que fuera competente para, como indica el citado Pérez Daudí, conocer el proceso se convirtiera en "gestor del conflicto" y fijara o recomendara uno de estos medios (al modo *multi-door*)[41]. Pero, al tiempo, nos preguntamos si esta intervención no desdibuja la propia naturaleza de los MASC. Distinto sería que esta posibilidad se analizara desde la Oficinas de Justicia de los municipios o entidades similares, o que fueran los letrados de las partes. Tal vez, articularlo de esta forma evitaría uno de los grandes peligros de su carácter obligatorio previo, cual es que se convierta en un mero formalismo.

Esta crítica es la que en este momento nos parece más relevante, pues no podemos olvidar que estos mecanismos se configuran como "otras formas" de obtener una efectiva tutela de nuestros derechos e intereses, por lo que las dudas que se puedan generar sobre su utilización o eficacia repercutirán negativamente en dicha tutela.

---

40 Así, Pérez Daudí, por ejemplo, propone que se acuda a mediación cuando las partes van a mantener una relación posteriormente; siendo la conciliación "tradicional" o a través de experto independiente cuando tenga que solventarse un asunto que tenga carácter jurídico o técnico respectivamente, PÉREZ DAUDÍ, V., "Los MASC y el proceso civil. Propuestas de reforma del Proyecto de Ley de Eficiencia Procesal", en *Diario La Ley*, núm. 10121, de 1 de septiembre de 2002 (La Ley 7344/2002), pp. 8 y 9.

41 PÉREZ DAUDÍ, V., "Los MASC y el proceso civil. Propuestas de reforma del Proyecto de Ley de Eficiencia Procesal", en *Diario La Ley*, núm. 10121, de 1 de septiembre de 2002 (La Ley 7344/2002), pp. 8 y 9.

Bibliografía

ACOSTA ESTÉVEZ, J.B., "Líneas básicas del derecho a la tutela jurisdiccional de la acción", en *La Ley* 1990.

ALCOCEBA GIL, J.M., "La eficiencia de la justicia: Medida, meta o discurso. Sobre la eficacia como meta de las políticas públicas de Justicia", en *Diario La Ley*, núm. 10200, de 3 de febrero de 2023 (La Ley 11542/2022).

ARMENTA DEU, T., *Justicia de proximidad.* Madrid, Marcial Pons, 2006.

BARONA VILAR, S., *Solución extrajurisdiccional de conflictos Alternative dispute resolution (ADR) y derecho procesal.* Valencia, Tirant lo Blanch, 1999.

BARONA VILAR, S., "ADR y jurisdicción, de vías paralelas a su integración en el paradigma de justicia del siglo XXI. Una reflexión acerca de sus retos y peligros con ojos de mujer", en AAVV. *Justicia con ojos de mujer. Cuestiones procesales controvertidas.* Valencia, Tirant lo Blanch, 2019.

CANO MATA, A., *El Derecho a la tutela judicial efectiva en la doctrina del Tribunal Constitucional: Artículo 24 de la Constitución.* Madrid, Edersa, 1984.

CHAMORRO BERNAL, F., *La Tutela judicial efectiva: derechos y garantías procesales derivados del artículo 24.1 de la Constitución.* Barcelona, Bosch, 1994

COLMENERO GUERRA, J.A., "Algunas consideraciones sobre la reforma de los MASC en el Anteproyecto de Eficiencia Procesal del Servicio Público Justicia", en *La Ley. Mediación y Arbitraje*, núm. 10, enero-marzo 2022, de 1 de enero de 2022.

COLMENERO GUERRA, J.A., "Algunas consideraciones sobre la reforma de los MASC en el Anteproyecto de Eficiencia Procesal del Servicio Público Justicia", en *La Ley. Mediación y Arbitraje*, núm. 10, enero-marzo 2022, de 1 de enero de 2022.

COLOMER HERNÁNDEZ, I., *El derecho a la justicia gratuita.* Valencia, Tirant lo Blanch, 1999.

ESPARZA LÉIBAR, I., *El principio del proceso debido.* Barcelona, Bosch, 1995.

GIMENO SENDRA, V., "El derecho a la tutela judicial efectiva, en GIMENO SENDRA; DÍAZ MARTÍNEZ y CALAZA LÓPEZ, *Introducción al Derecho Procesal.* Valencia, Tirant lo Blanch, 2020.

GÓMEZ COLOMER, J.L., "El derecho de la persona a acceder al tribunal", en GÓMEZ COLOMER y BARONA VILAR (Coords.), *Derecho Procesal I. Introducción al Derecho Procesal.* Valencia, Tirant lo Blanch, 2022.

GÓMEZ COLOMER, J.L., *El beneficio de pobreza (la solución española al problema del acceso gratuito a la justicia).* Barcelona, Bosch, 1982.

GUZMÁN FLUJA, V., "Justicia de proximidad: Un desafío a pensar", en AAVV., *La Justicia de proximidad.* Pamplona, Thomson-Aranzadi, 2006.

HESS, B. y HARVEY, A., "Open Justice in Modern Societies: What rule for Courts", en HESS, B. y HARVEY, A., *Open Justice. The role of the Courts in a democrativ society.* Heidelberg, Nomos, 2019.

HINOJOSA SEGOVIA, R., "Los medios adecuados de solución de controversias [MASC] en el Proyecto de Ley de medidas de eficiencia procesal del servicio público de justicia", en *La Ley. Mediación y arbitraje*, núm. 11, 2021 (La Ley 6122/2022).

JIMÉNEZ-GÓMEZ, C.E., "Open Judiciary Worldwide: Best Practices and lessons learnt", en JIMÉNEZ GÓMEZ, C.E., y GASCÓ-HERNÁNDEZ, M., *Achieving open Justice through Citizen participation and transparency*. IGI Global, 2017, pp. 5 y ss;

LIÉBANA, M.J., *El derecho a la tutela judicial efectiva. Análisis jurisprudencial.* Valencia, Tirant lo Blanch, 2013.

LÓPEZ YAGÜES, V., "La mediación como vía de acceso a una justicia eficaz, eficiente, próxima y satisfactoria para la ciudadanía", en *Drets. Revista Valenciana de reformes democràtiques* (6/2022).

MARTÍN DIZ, F., "El derecho fundamental a justicia: Revisión integral e integradora del derecho a la tutela judicial efectiva", en *Revista de derecho político* 2019, 106.

MARTÍNEZ PALLARÉS, J. I., "Negociación, proceso y procedibilidad. Métodos, herramientas y conexiones funcionales", en *Revista General de Derecho Procesal* 2021, núm. 55.

MORALES FERNÁNDEZ, M.G., "La mediación: contenido de la tutela efectiva", en LAUROBA LACASA, M.E. y ORTUÑO MÚÑOZ, P., (Coords), *Mediación es Justicia.* Barcelona, Huygens, 2015.

NARANJO RODRÍGUEZ, J., "El valor de cosa juzgada de los acuerdos adoptados en el seno de los Medios Adecuados de Solución de Controversias (MASC) previstos en el Anteproyecto de Ley de Medidas de Eficiencia Procesal del Servicio Público Justicia", en *Diario La Ley*, núm. 9862, de 2 de junio de 2021 (La Ley 5544/2021).

PEDRAZ PENALVA, E., *El derecho a un proceso sin dilaciones indebidas,* Poder Judicial 1996, núms. 43-44.

PEMÁN GAVÍN, J.M., (1984). "Algunas manifestaciones del principio «pro actione» de la reciente jurisprudencia del Tribunal Supremo," en *Revista de administración pública 1984,* 104.

PÉREZ DAUDÍ, V., "Los MASC y el proceso civil. Propuestas de reforma del Proyecto de Ley de Eficiencia Procesal", en *Diario La Ley*, núm. 10121, de 1 de septiembre de 2002 (La Ley 7344/2002).

PÉREZ ESTRADA, M.J., "La Justicia, ¿un servicio público?, en *Revista General de Derecho Procesal* 2022, núm. 57.

PICÓ I JUNOY, J., *Las garantías constitucionales del proceso.* Barcelona, Bosch, 1997.

PLANCHADELL GARGALLO, A., "Acceso a la justicia, tutela judicial efectiva y derecho a la información", en CUCARELA GALIANA, L., (Dir.), *Tutela colectiva de derechos humanos y objetivos de desarrollo sostenible: integración, Jurisdicción e igualdad.* Madrid, Dykinson, 2023.

PLANCHADELL GARGALLO, A., *El derecho fundamental a ser informado de la acusación.* Valencia, Tirant lo Blanch, 1999.

RUIZ-RICO RUIZ, G. y CARAZO LIÉBANA, M.J., *El derecho a la tutela judicial efectiva. Análisis jurisprudencial,* Valencia, Tirant lo Blanch, 2013.

UREÑA CARAZO, B., *Derechos fundamentales procesales.* Pamplona, Aranzadi, 2020.

Capítulo III

Modelo de justicia contemporáneo con solución extrajudicial de litigios integrada: adecuación, condiciones y límites

FERNANDO MARTÍN DIZ
Catedrático de Derecho Procesal
Universidad de Salamanca

SUMARIO: I.- Un modelo de justicia abierto e integral. II.- Adecuación de los medios extrajudiciales de resolución de litigios. III.- Condiciones jurídico-procesales para el establecimiento de soluciones extrajudiciales de litigios. III.1.- Eficacia del derecho de defensa del justiciable. III.2.- Confidencialidad y protección de datos. III.3.- El reto de la efectividad y eficacia. IV.- Límites en la implantación de medios extrajudiciales de resolución de disputas. IV.1.- En relación con las situaciones de indisponibilidad de derechos. IV.2.- La nociva obligatoriedad en la utilización de soluciones extrajudiciales de resolución de litigios. CONCLUSIÓN. BIBLIOGRAFÍA

I.- UN MODELO DE JUSTICIA ABIERTO E INTEGRAL

Concebir, con el siglo XXI ya bien entrado en su tercera década, un modelo de justicia estrictamente procesal y jurisdiccional parece difícil, al menos en los países más avanzados social, económica y jurídicamente. Nos encontramos, como diagnosticó TARUFFO[1] hace más de dos décadas, ante una justicia en crisis asolada por la fragmentación y envuelta en un cierto aire de privatización. Aun así, pocas dudas pueden albergarse en relación con la expansión del concepto de Justicia hacia una corriente de integración amplia y plural de posibilidades de solución de litigios y conflictos no jurisdiccionales, en que la sempiterna figura del juez no sea la única socialmente admitida como exclusiva para resolver disputas.

---

1 TARUFFO, M., "Aspectos de crisis en la justicia civil: fragmentación y privatización", *Anuario de la Facultad de Derecho de la Universidad Autónoma de Madrid*, núm. 3, 1999, pp. 71-86

Una sociedad y un modelo equilibrado[2] de justicia en los cuales, las figuras[3] del árbitro, el mediador o el conciliador también se asocien, con las debidas cautelas y prevenciones[4] de seguridad jurídica, a la obtención de una solución justa y jurídicamente legal para un conflicto desde la existencia de alternativas[5] que complementen al proceso judicial. Un modelo de justicia en que prime el acceso[6] a la misma con independencia del mecanismo elegido para su obtención, siempre y cuando se desarrolle dentro de las previsiones legales y en consonancia con los derechos fundamentales procesales y las garantías básicas del justiciable. A ello ha contribuido, tanto la apertura de la propia sociedad hacia vías complementarias al proceso judicial como opciones válidas y eficaces para la resolución de disputas como la progresiva cobertura legal de las que se ha ido dotando, entre otras, al arbitraje, la mediación, la conciliación o la negociación. Arraigo social y seguridad jurídica, como sustentos que han permitido evolucionar la idea de Justicia, desde la consideración constitucional del derecho a la tutela judicial efectiva, como expresión más apegada a la vertiente netamente procesal jurisdiccional, hacia un derecho a la justicia, como expresión integradora que engloba cualesquiera de las diversas opciones legales -jurisdiccionales y extrajurisdiccionales- que permiten al ciudadano resolver sus litigios.

---

2 SOLETO MUÑOZ, H., "Hacia la consecución de un sistema equilibrado de justicia: la potenciación de los métodos adecuados de resolución de conflictos en el proyecto de ley de eficiencia procesal", *Justicia restaurativa y medios adecuados de solución de conflictos*, G. Serrano Hoyo, N. Rodríguez García, C. Ruíz López y S. Tierno Barrios (Coords.), Dykinson, Madrid, 2022, pp. 189.197

3 SIGÜENZA LÓPEZ, J., "¿Justicia sin jueces?: los llamados "medios adecuados de solución de controversias en vía no jurisdiccional", *Revista General de Derecho Procesal*, núm. 60, 2023

4 CALAZA LÓPEZ, S., "Ya llegan los medios adecuados de solución de controversias en vía no jurisdiccional: cuanta más desjudicialización, mejor", *Actualidad Civil*, núm. 6, 2022

5 AMÉRIGO ALONSO, J., "Virtualidad y caracteres de la justicia alternativa", *Mediación civil y mercantil*, F. Ruíz Risueño y J.C. Fernández Rozas (coords.), Tomo I, Tirant Lo Blanch, Valencia, 2022, pp. 43-52 y DÍAZ FRAILE, J.M., *Mediación civil y mercantil*, F. Ruíz Risueño y J.C. Fernández Rozas (coords.), Tomo I, Tirant Lo Blanch, Valencia, 2022, pp. 53-66

6 BARONA VILAR, S., "Integración de la mediación en el moderno concepto de *Access to Justice*", *InDret, Revista para el análisis del Derecho*, núm. 4, 2014

La consolidación de este modelo abierto y plural que conlleva una nueva vertiente y dimensión de la Justicia[7], ha encontrado una de sus últimas expresiones, a día de hoy inconclusa a nivel legislativo en España[8], en la efectiva implantación de modelos que integran soluciones heterogéneas, tanto autocompositivas como heterocompositivas, respetuosas con el derecho a la tutela judicial efectiva constitucionalmente proclamado y tratando de ofrecer eficacia y eficiencia[9] en la obtención de Justicia por el justiciable.

Otro de los cuestionamientos básicos ante la diatriba de trazar las líneas de incorporación de soluciones extrajudiciales de litigios en el modelo de justicia es la propia dimensión del mismo en cuanto a su consideración de sistema público, cuando, fundamentalmente, las soluciones extrajudiciales se mueven en una dimensión de carácter más privado y menos institucional que la que da cobertura al proceso judicial. Cabe cuestionarse, asimismo, si un sistema público de justicia, que integre soluciones extra-

---

7 COSTA E SILVA, P., *A nova face da justiça. Os meios extrajudiciais de resoluçao de controversias,* Coimbra Editora, Lisboa, 2009 y SIGÜENZA LÓPEZ, J., *Mediación extrajudicial y proceso civil,* Thomson Reuters Aranzadi, Cizur Menor, 2018

8 Nos referimos al abortado Proyecto de Ley de medidas de eficiencia procesal del servicio público de Justicia (BOCG, XIV Legislatura, 22 de abril de 2022, núm. 97, Serie A, 121/000097), que junto al Proyecto de Ley de eficiencia organizativa y el Proyecto de Ley de eficiencia digital, eran las bases de estructuración de un modelo procesal público renovado. Dicho Proyecto se ve recogido en algunos de sus aspectos, no directamente relacionados con la materia objeto del presente trabajo, en el reciente Real Decreto-ley 6/2023 de 19 de diciembre, el propio legislador el plenamente consciente de la necesidad de avance del modelo de Justicia, y de sus carencias estructurales, cuando en la Exposición de Motivos del decaido Proyecto de Ley de 2022 alude a que "en algunos puntos del sistema puede haber déficit de recursos que haya que corregir… derivados más bien de la escasa eficiencia de las soluciones que sucesivamente se han ido implantando para reforzar la Administración de Justicia como servicio público". BANACLOCHE PALAO, J., "Las reformas en el proceso civil previstas en el Anteproyecto de Ley de Medidas de Eficiencia Procesal: ¿una vuelta al pasado?" *Diario La Ley,* núm., 9814, 2021; HINOJOSA SEGOVIA, R., "Los medios adecuados de solución de controversias (MASC) en el Proyecto de Ley de medidas de eficiencia procesal del servicio público de justicia", *La Ley. Mediación y Arbitraje,* núm. 11, 2022.

9 LÓPEZ YAGÜES, V., "Del cambio de circunstancias a la transformación de la justicia civil en España: más allá de la eficiencia procesal", *¿Cuarentena de la Administración de Justicia?,* V. Pérez Daudí (dir.), N. Malandrich Miret (coord.), Atelier, Barcelona, 2021, pp. 145-174; LÓPEZ-BARAJAS PEREA, I., "La efectividad de la justicia: una exigencia constitucional, (los nuevos sistemas alternativos de resolución de conflictos)", *Revista de Derecho Político,* núm., 85, 201, pp. 141-170.

judiciales puede llegar a ser verdaderamente eficiente[10], puesto que no se trata solo de configurar un nuevo modelo de Justicia, sino de adoptar medidas reales y efectivas para su implantación y funcionamiento con los medios materiales y personales actualmente disponibles, y aquellos otros que sea menester incorporar en la estructura de la Administración de Justicia en este nuevo modelo integrador de futuro. Modelo que, posiblemente, haya de irse aproximando paulatinamente al de tribunales multipuertas[11] ya experimentado en otras latitudes y ordenamientos jurídicos, si bien, ciertamente, en modelos disímiles al que hasta ahora se ha venido desarrollando en el ámbito continental europeo y nacional español.

En la línea expuesta anteriormente, vinculada a lo que suponen los denominados "tribunales multipuertas", se enmarcaba la propuesta institucional del fenecido Proyecto de Ley de Eficiencia Procesal de 2022 con la pretendida incorporación institucional[12] de "Servicios de medios adecuados de solución de controversias", cuya estructura y atribuciones avanzaba la Disposición Adicional Cuarta, asignando su gestión al Ministerio de Justicia y las Comunidades Autónomas en función de sus respectivas competencias[13]. Resaltando, al respecto, que la organización de

---

10 BARUCCA, M.C., "La eficiencia en el sistema procesal: un nuevo valor en el Derecho procesal del siglo XXI", *Cartapacio de Derecho: Revista virtual de la Facultad de Derecho,* núm. 35, 2019.

11 SOLETO MUÑOZ, H., "La conferencia Pound y la adecuación del método de resolución de conflictos", *Revista de Mediación,* núm. 10, 2017; ZANETI, H., "Justicia multipuertas y tutela constitucional adecuada: autocomposición en los derechos colectivos", *Revista de interés público,* núm. 6, 2020, pp. 45-68

12 MARTÍN DIZ, F., "La incorporación de los denominados "medios adecuados de solución de controversias": previsiones y propuestas", *Avances para una justicia sostenible,* A. Fernández Pérez (dir.), Aranzadi, Cizur Menor, 2023, pp. 157-191

13 Delimitaba, como servicios que prestaría, al menos, los vinculados a funciones como:
a) Proporcionar a la ciudadanía y a los profesionales información sobre los medios adecuados de solución de controversias, naturaleza, contenido, efectos de su utilización y recursos existentes.
b) Administrar dichos recursos.
c) Gestionar y controlar el registro de profesionales de medios adecuados de solución de controversias para ese territorio, en coordinación con los restantes registros existentes.
d) Poner a disposición de todas las personas interesadas los datos de los terceros neutrales que reúnan los requisitos que se determinen legalmente.
e) Informar a los órganos judiciales sobre estos métodos y prestar el apoyo necesario a la derivación judicial.

estos Servicios debía garantizar en todo caso el acceso universal al sistema de Justicia para todos los ciudadanos. Queda por ver, si esta opción se retoma y perfila definitivamente en postreros intentos de reforma legislativa y si realmente se logra su implantación con una suficiente y oportuna ubicación y dotación personal y material y, sobre todo, que exista, paralelamente, una correcta y adecuada formación para los profesionales en su utilización[14] así como una verdadera voluntad política para ponerlos en funcionamiento y que presten sus servicios en beneficio de la ciudadanía desarrollando todas las funciones que les pueda encomendar la correspondiente norma legal.

En cualquier caso, y como colofón a este apartado introductorio, señalar a la Justicia como un servicio público[15], siempre y cuando no signifique dependencia, ni directa ni indirecta del poder legislativo y de poder ejecutivo, es razonable y asegura una dotación, al menos mínima, de medios materiales y personales para que el ciudadano pueda hacer valer el derecho a la tutela judicial efectiva, si lo vinculamos directamente con lo que implica el proceso judicial o, en una visión más amplia y de futuro, acceder al derecho a Justicia optando también por una serie de soluciones extrajudiciales de litigios a su disposición con idénticas garantías de protección y tutela de sus derechos. En el mismo sentido, aludir a la eficiencia[16] de la Justicia no puede venir vinculado a la imposición de soluciones extrajudiciales que coarten el empleo de otras posibilidades de resolución de un litigio, como puede ser la vía jurisdiccional.

---

f) Llevar a cabo el control, seguimiento y estadística del desarrollo de este servicio.

g) Coordinar la actuación de todos los colectivos profesionales, administraciones e instituciones implicados en su desenvolvimiento.

h) Desarrollar cuantas labores sean necesarias para la implantación y utilización de estos métodos en el servicio público de Justicia

14 CARRETERO MORALES, E., "La importancia del estudio de los medios adecuados de solución de conflictos en el ámbito del derecho procesal civil al amparo de lo dispuesto en el Anteproyecto de Ley de medidas de efiencia procesal del servicio público de justicia", *La enseñanza del derecho en tiempos de crisis: nuevos retos docentes del derecho procesal,* J. Picó i Junoy, V. Pérez Daudí, C. Navarro Villanueva y E. Cerrato Guri (dirs.), JM Bosch, Barcelona, 2021, pp. 415-422

15 FUENTES GÓMEZ, J.C., "La justicia alternativa desde la óptica de las políticas públicas", *Avances para una justicia sostenible,* A. Fernández Pérez (dir.), Aranzadi, Cizur Menor, 2023, pp. 31-42

16 ALCOCEBA GIL, J., "La eficiencia de la justicia: medida, meta o discurso. Sobre la eficiencia como medida", *Diario La Ley,* núm. 10199, 2023

II.- ADECUACIÓN DE LOS MEDIOS EXTRAJUDICIALES DE RESOLUCIÓN DE LITIGIOS.

La experiencia, verdaderamente más amplia y contrastada en el derecho comparado que en el ámbito interno, sobre la adecuación y resultados de diferentes medios extrajudiciales de resolución de litigios que se han venido incorporado a los sistemas de justicia de diferentes estados, ha demostrado que pueden ser un complemento interesante y efectivo para el proceso judicial e, incluso, presentado mayor idoneidad y eficiencia para determinados litigios que el sometimiento de la cuestión al ámbito jurisdiccional. Por tanto, y a priori, el binomio proceso-soluciones extrajudiciales es absolutamente asumible en un sistema moderno, equilibrado y público de Justicia, sin que ello deba entenderse, en ningún caso, como una vía de privatización de la Justicia, sino más bien como una expresión de la capacidad otorgada al ciudadano, en la resolución de litigios de derechos disponibles, de que en el ejercicio de la autonomía de la voluntad decida optar libremente por la vía que considera más oportuna para obtener Justicia y solución a sus disputas -siempre y cuando se traten de derechos disponibles-.

Si por adecuado hemos de entender aquello que se acomoda a ciertas condiciones o resulta conveniente en determinadas circunstancias, los medios extrajudiciales de resolución de litigios han de entenderse bajo la rúbrica de este adjetivo siempre y cuando su integración en el sistema de Justicia, como primera premisa, se efectúe desde una norma legal que ampare su regulación. Existiendo una previsión normativa que determine sus condiciones de utilización y consecuencias, en segundo lugar, deben incorporarse desde la condición de no ser excluyentes de la vía jurisdiccional -para no lesionar el derecho constitucional a la tutela judicial efectiva-. En este sentido parecen poco admisibles, soluciones jurídico legales que impongan, o den preferencia, medios extrajudiciales de resolución de litigios en detrimento del proceso judicial, estableciendo, por ejemplo, como así se preveía en el Proyecto de Ley de Eficiencia Procesal de 2022, como requisito de procedibilidad[17] procesal, el haber acudido previamente a un medio extrajudicial de solución de conflictos.

17 BONET NAVARRO, J., "Sobre los medios adecuados de solución de controversias como requisito de procedibilidad: crónica de un bluf anunciado", *Horizonte justicia 2030: reflexiones críticas sobre los proyectos de eficiencia del Servicio Público de Justicia*, Tecnos, Madrid, 2023, pp. 178-195

En un entorno directamente relacionado con derechos disponibles, parece que también encuentra un mayor acomodo, y es más acorde con su naturaleza jurídica, la opción ínsita a los titulares de los derechos en liza de poder decidir y optar entre la vía de solución a la controversia que consideren más adecuada en ese concreto momento y circunstancias concurrentes. Adecuados serían, entonces, todos y cada uno de los posibles medios u opciones de corte no jurisdiccional, ya sean autocompositivos -con o sin intervención de tercero- o heterocompositivos, que permitan al justiciable tratar de resolver disputas y litigios de forma pacífica, obteniendo una solución justa y legalmente eficaz y factible. Quizá por ello, de forma nominal, el precitado Proyecto de Ley de Medidas de Eficiencia Procesal, utilizaba la referencia a "medios adecuados de solución de conflictos" [18] respecto a aquellos que regulaba en su contenido normativo prelegislativo u otros de corte negocial que estuvieran tipificados en otras leyes a fin de encontrar una solución extrajudicial a la controversia, si bien dicha denominación podría inducir a confusión entendida en el sentido de que aquellos no comprendidos expresamente en la previsión del Proyecto de Ley (como era el caso del arbitraje, por tratarse de un medio extrajudicial no negocial), no eran "adecuados". En este sentido, la denominación medios extrajudiciales de resolución de litigios, sin calificativos vinculados a su presunta adecuación, pudiera ser más pertinente e inclusiva.

III.- CONDICIONES JURÍDICO-PROCESALES PARA EL ESTABLECIMIENTO DE SOLUCIONES EXTRAJUDICIALES DE LITIGIOS

El anclaje de los diferentes medios extrajudiciales de resolución de litigios a la obtención de Justicia, sin menoscabar el derecho a la tutela judicial efectiva en tanto en cuanto no se transite hacia una evolución constitucional más amplia como es la de un derecho fundamental a Justicia, ha de sujetarse sobre unas condiciones elementales de integración en el ámbito general de la Administración de Justicia, concebida como

---

18 Art. 1. Proyecto de Ley de medidas de eficiencia procesal del servicio público de Justicia: "A los efectos de esta ley, se entiende por medio adecuado de solución de controversias cualquier tipo de actividad negociadora, tipificada en esta u otras leyes, a la que las partes de un conflicto acuden de buena fe con el objeto de encontrar una solución extrajudicial al mismo, ya sea por sí mismas o con la intervención de un tercero neutral".

servicio público al ciudadano, sin que ello obste a que su funcionamiento sea conexo o interrelacionado a nivel institucional al de los propios Juzgados y Tribunales, tal y como parece desprenderse de los modelos de futuro en una justicia multipuertas, en una justicia de opciones compatibles y no excluyentes, en la cual el justiciable dispondrá de una capacidad personal de elegir, con el pertinente consejo jurídico de los expertos que asuman la postulación y defensa de sus derechos, qué posibilidad legalmente contemplada para resolver un litigio es la que puede ofrecerle una solución más idónea a sus intereses.

III.1.- Eficacia del derecho de defensa del justiciable

Esta última aseveración nos permite indicar la primera condición que consideramos relevante para el establecimiento y desarrollo plenamente garantista de los medios extrajudiciales de resolución de litigios, esto es: la asistencia y defensa jurídica al justiciable en los procedimientos de resolución extrajudicial de controversias. Dirimir una disputa en un arbitraje, una mediación, una conciliación o una negociación no resta mérito ni importancia a los derechos e intereses en liza, y, por tanto, no implica una opción de menor valor, garantías y necesidad de postulación por parte del justiciable.

Quizá una de las cuestiones que más desapercibidas ha pasado habitualmente, cuando se valora con carácter general la idoneidad de los medios extrajudiciales de resolución de controversias, es la efectividad del derecho de defensa en este entorno de la justicia. Es incontestable que acudir a un arbitraje, a la mediación, tratar de resolver una disputa a través de una conciliación -pública, en sede jurisdiccional, o privada[19] con la intervención de un conciliador-, o el hecho de negociar directamente de manera autocompositiva y sin terceros ajenos al conflicto, son expresiones legítimas de tratar de obtener una solución en justicia a un problema legal. No por ello, no por el mero hecho de realizarse fuera del entorno de un proceso judicial para el cual se exigen las máximas garantías de defensa y postulación, haya de relegarse esta misma necesidad cuando se ha de decidir sobre derechos y obligaciones, donde existen cuestiones legales de enjundia (por ejemplo, en un arbitraje de derecho) que requieren de un profesional en el asesoramiento y defensa legal. Ni siquiera la aparente menor complejidad que pueda tener acudir a un procedimiento extrajudicial de resolución de

---

19 Prevista en los artículos 14 y 15 del malogrado Proyecto de Ley de Eficiencia Procesal de 2022.

litigios, puede servir de coartada, por cuanto no es la menor formalidad de la solución extrajudicial la justificación para una exclusión de la asistencia letrada, sino que la razón de ser de su necesidad ha de basarse en los derechos y obligaciones que se ventilan, y que pueden ser de una dimensión y magnitud notable, tanto en el plano jurídico como personal y económico.

Es más que conveniente, por tanto, que, en el ámbito de los medios extrajudiciales de resolución de litigios, sea cual sea su complejidad, las partes sean asistidas por Letrado[20], ya sea en una función de asesoramiento o en una función más activa de postulación y representación de la parte. Desde el ámbito corporativo, el Código Deontológico de la Abogacía Española (2019), prevé de manera concreta, en el marco de las relaciones con el cliente (art. 12.A.1.8 Código Deontológico de la Abogacía Española), "intentar encontrar la solución más adecuada al encargo recibido, debiéndose asesorar al cliente en el momento oportuno respecto a la posibilidad y consecuencias de llegar a un acuerdo o de acudir a instrumentos de resolución alternativa de conflictos". Asimismo, estipula como deber de información del abogado al cliente (art. 12.B.2.e), trasladarle "las posibilidades de transacción, la conveniencia de acuerdos extrajudiciales o las soluciones alternativas al litigio". Legalmente sería un avance necesario y de relevancia la consideración expresa de la asistencia letrada en los medios extrajudiciales de resolución de litigios, bien mediante la modificación en las actuales leyes vigentes que son de aplicación (Ley de Arbitraje, Ley de Mediación en asuntos civiles y mercantiles) o bien, como era la proposición que contenía el Proyecto de Ley de Eficiencia Procesal de 2022, art. 5, integrando la asistencia letrada[21] en aquellas soluciones extraprocesales que contemplaba en su regulación.

Ha de merecer entonces una valoración muy positiva, desde la consideración de una de las condiciones básicas y más garantista que se pueden ofrecer en el acceso a medios extrajudiciales de resolución de litigios, el art. 5.1 del Proyecto de Ley de Eficiencia Procesal de 2022 en el cual se

---

[20] Art 4 del Estatuto General de la Abogacía Española (RD 135/2021), determinando que corresponden al Abogado, entre otras labores jurídicas, "la solución de disputas y la defensa de derechos e intereses ajenos, tanto públicos como privados, en la vía extrajudicial, judicial o arbitral".

[21] GALDOS, A., SANZ, M., "Los abogados antes los MASC, el Anteproyecto de Ley de medidas de eficiencia procesal", *Actualidad jurídica Aranzadi*, núm., 977, 2021 y MARTÍNEZ PALLARÉS, J.I., "Abogados en tiempos de MASC: entre la oportunidad y los trenes a ninguna parte", *La Ley. Mediación y Arbitraje*, núm. 8, 2021

contenía una previsión facultativa[22] para las partes de acudir a cualquiera de los medios adecuados de solución de controversias asistidas de abogado.

III.2.- Confidencialidad y protección de datos

Una segunda condición en el acceso y empleo de soluciones extrajudiciales de controversias es la que concierne a la observancia de la confidencialidad y la protección de datos personales, como baldón distintivo típico de las vías no jurisdiccionales en materia litigiosa. Se ha consolidado como principio básico y estructural del desenvolvimiento de mecanismos extrajudiciales de resolución de litigios la exigencia de reserva respecto a las informaciones y desarrollo del procedimiento, al menos a nivel nacional tanto en la Ley de Arbitraje -art. 24.2- como en la Ley de Mediación en asuntos civiles y mercantiles -art. 9-, configurando con ello uno de los elementos más valorados, en sentido positivo, de su naturaleza y dinámica, perfectamente predicable a otros[23] como pueden ser la conciliación o la negociación. Además, es absolutamente evidente el necesario compromiso en la aplicación de toda la normativa legal en materia de protección de datos personales, particularmente en relación con las partes en litigio.

III.3.- El reto de la efectividad y eficacia

Un tercer condicionante, portador de verdadera efectividad para los medios extrajudiciales de resolución de litigios, es el que afecta a la validez y eficacia de la solución obtenida. En relación con el arbitraje, el reconocimiento expreso al laudo arbitral y a su valor jurídico es innegable y queda fuera de toda duda en cuanto a una solución firme y ejecutiva, tal

---

22 Excepcionalmente, según el párrafo segundo de art. 5 del Proyecto de Ley de Eficiencia Procesal, era preceptiva la asistencia letrada en el caso de que se optase por la opción de formular una oferta vinculante en un asunto de cuantía superior a 2.000 € o bien cuando una ley sectorial no exigiese, en el caso de la oferta vinculante, la intervención de abogado para realizar o aceptar la oferta.

23 En esta dimensión global y expansiva, el Proyecto de ley de Eficiencia Procesal de 2022, contemplaba en su art. 8 la aplicación de esta exigencia a todos los medios adecuados de solución de controversias que eran objeto de regulación en dicho texto prelegislativo. VIOLA DEMESTRE, I., "La confidencialidad en el procedimiento de mediación", *IDP: Revista de internet, derecho y política*, núm., 11, 2010 y MARTÍNEZ PALLARÉS, J.I., "El principio de confidencialidad en la mediación: una delimitación conceptual obligada", *Revista General de Derecho Procesal*, núm. 44, 2018

y como reconoce tanto la Ley de Arbitraje como la Ley de Enjuiciamiento Civil. Algunas cábalas mayores requieren la valoración de la formalización y validez de los acuerdos obtenidos en soluciones autocompositivas extrajudiciales. Obviamente condiciona la efectividad jurídica de un medio extrajudicial que tiende a resolver un litigio la fortaleza y estabilidad jurídica de la solución alcanzada, más aún cuando en ella no interviene la figura de un tercero que tiene la facultad de imponer la resolución del conflicto de forma vinculante -como si ocurre en el proceso con la sentencia o en el arbitraje con el laudo-. De ahí que, un modelo de justicia integrador y que incorpore medios negociales y autocompositivos deba sostenerse sobre la efectividad y eficacia de los acuerdos alcanzados en sus diversas modalidades. Si tomamos como referencia, una vez más, el fallido Proyecto de Ley de Eficiencia Procesal de 2022, observamos como dicho texto prelegislativo dedicaba los artículos 11 y 12 a la cuestión que analizamos. Constancia documental -en cualquiera de las formas comúnmente admitidas en el tráfico jurídico en la actualidad- así como perfecta identificación de intervinientes, asunto y contenido del acuerdo son los elementos nucleares, junto a la expresa ratificación del acuerdo por las partes mediante su firma, o la de sus representantes -dando cabida en este caso, por ejemplo, al abogado que interviene para su cliente-. Por descontado que la calidad y efectividad jurídica del acuerdo aumenta sustancialmente cuando éste se convierte en título ejecutivo, sin que en ningún caso sean susceptibles de disponer de efecto de cosa juzgada[24].

IV.- LÍMITES EN LA IMPLANTACIÓN DE MEDIOS EXTRAJUDICIALES DE RESOLUCIÓN DE DISPUTAS

Acotar la dimensión de los medios extrajudiciales de resolución de disputas en cuanto a su implantación y aplicación consideramos que, actualmente, se vincula directamente con el ejercicio de la libre autonomía de la voluntad y la posibilidad de los justiciables de establecer y elegir las vías y relaciones de solución del conflicto dentro de los límites que la ley permita, siguiendo, en un ámbito directamente relacionado con la Justicia, las directrices generales que comporta el principio de autonomía de la volun-

---

24 NARANJO RODRÍGUEZ, J. "El valor de cosa juzgada de los acuerdos adoptados en el seno de los Medios Adecuados de Solución de Controversias (MASC) previstos en el Anteproyecto de Ley de medidas de eficiencia procesal del servicio público de Justicia", *Diario La Ley*, núm. 9862, 2021

tad que establece el art. 1255 del Código Civil. Exportado al ámbito procesal, en sentido amplio como contenedor de soluciones jurisdiccionales y extrajurisdiccionales, derivaría en el pacto entre justiciables, no contrario a las normas imperativas, por el cual hacen una elección de la forma de resolución del litigio.

IV.1.- En relación con las situaciones de indisponibilidad de derechos

De lo anteriormente afirmado se deduciría el primer límite para la operatividad de los medios extrajudiciales de resolución de litigios, concerniente al ámbito del Derecho Penal y las consecuencias de los hechos punibles penalmente, por cuanto contravenirlo y solventar consecuencias penales punibles en vías extrajurisdiccionales chocaría con la exigencia de garantía jurisdiccional del derecho penal que determina a nivel constitucional el art. 25.1 de la Carta Magna y a nivel de legalidad ordinaria el art. 3.1 del vigente Código Penal, exigiendo ambos que la imposición de penas solo sea posible por decisión judicial firme a través del correspondiente proceso penal seguido de acuerdo a la legislación procesal aplicable.

También encontramos un entorno limitante, a día de hoy, en el marco de los litigios contencioso-administrativos y la indisponibilidad de derechos que encorseta restrictivamente, por parte de las Administraciones Públicas y su régimen legal, la aplicación de la autonomía de la voluntad en conflictos entre Administración y particulares. Existen, trufados en la maraña legislativa que regula la actividad de las Administraciones públicas, multitud de obstáculos legales, de todo tipo, que impiden la transigibilidad de derechos y obligaciones vinculados a las relaciones de derecho administrativo, si bien es cierto que paulatinamente se van apreciando tímidas líneas de apertura que van habilitando soluciones extrajudiciales (arbitraje, mediación) tanto en vía administrativa como en el marco de los litigios contencioso-administrativos[25].

Frente a la dimensión pública que comportan los conflictos vinculados al derecho penal y al derecho administrativo (y financiero-fiscal) y que condicionan la disponibilidad individual y singular de las relaciones jurídicas litigiosas, si encuentran un mayor, y mejor, acomodo, con menores limitaciones en el sentido expuesto, los medios extrajudiciales de resolución de litigios en

---

25 Al amparo de las previsiones de los arts. 86, 112.2 y 114.1.d) de la Ley 39/2015 del Procedimiento Administrativo Común de las Administraciones Públicas y del art. 77 de la Ley 29/1998, reguladora de la Jurisdicción Contencioso-administrativa-.

el ámbito de las relaciones de derecho privado y de derecho laboral, por su naturaleza y características jurídicas. En estos entornos, el derecho material aplicable y la propia dinámica de las relaciones jurídicas que se regulan, de carácter más directo, menos público y más personal y privado, propician un mayor espectro de disponibilidad de los derechos, obligaciones y con ello, también, de la vía de solución de los litigios que se produzcan. Encuentran, por ejemplo, terreno especialmente abonado[26], sin más limitaciones que aquellos derechos de naturaleza indisponible en las relaciones de derecho privado (como pueden, por ejemplo, ser los que afectan al estado civil y capacidad de las personas), en el tráfico jurídico privado, civil y mercantil, ante la libertad de los justiciables, tanto para asumir derechos y obligaciones, por tanto, susceptibles de controversia, como para elegir afrontar la resolución del litigio optando por una vía no jurisdiccional en expresión analógica del contenido material del art. 1255 CC y la extensión del principio de autonomía de la voluntad al momento de la resolución del litigio y la determinación del cauce más idóneo para ello.

IV.2.- La nociva obligatoriedad en la utilización de soluciones extrajudiciales de resolución de litigios

En segundo término, consideramos que puede operar como condición limitante en la implantación de medios extrajudiciales de resolución de controversias su instauración como elementos obligatorios y preprocesales, sirviendo de requisito de procedibilidad imprescindible para el ejercicio de acciones judiciales. Aunque pueda parecer un contrasentido, y a primera vista parezca que su implantación como obligatorios sirva como causa que los expanda y asiente en el ámbito de la Justicia, no ha de ser, ni conviene que sea admisible, la razón ni el objetivo de su utilización, más aún cuando todos ellos descansan, de partida, sobre la autonomía de la voluntad de los justiciables en decantarse por esta opción. La naturaleza de los medios extrajudiciales de resolución de conflictos tiene origen en la voluntariedad desde la que las partes los eligen, y desde la voluntariedad -salvo el arbitraje una vez comenzado el procedimiento arbitral- en que deciden mantenerse en dicho medio hasta su conclusión, con o sin acuerdo. Por ese motivo,

---

[26] GISBERT POMATA, M., "El impulso y fortalecimiento de los "medios adecuados de solución de controversias" alternativos al proceso civil", *Externalización de la justicia civil, penal, contencioso-administrativa y laboral,* I. Suberbiola Garbizu, I. Ordeñana Gezuraga y S. Calaza López (dirs.), J.C. Muinelo Cobo (coord.), Tirant Lo Blanch, Valencia, 2022, pp. 325-370

y con este argumento, nos parece tanto nociva en origen como más que cuestionable, la idea, y aplicación, de implantar medios extrajudiciales de resolución de litigios que sean de obligada utilización y condicionen el acceso al proceso judicial, porque realmente lo que se consigue con ello es una limitación en los mismos, marcándolos en un momento litigioso determinado, preprocesal, y con una finalidad espuria, como es la de disuadir del ejercicio de acciones ante los órganos jurisdiccionales.

En ese sentido, retomando la referencia que hilvana muchas de las consideraciones del presente trabajo, acudimos de nuevo al Proyecto de Ley de Eficiencia Procesal de 2022, en el cual uno de los aspectos más discutidos[27] era el establecimiento de la cuestionable exigencia de la utilización de alguno de los que establecía como medios adecuados de solución de controversias como requisito de procedibilidad procesal, merced a las previsiones al respecto que determinaba el art. 4 del citado Proyecto de Ley. La trascendencia de esta exigencia no era baladí, por cuanto supeditaba y subordinaba la admisión[28] de la demanda, en asuntos civiles y mercantiles dentro del orden jurisdiccional civil, al hecho de "acudir previamente a algún medio adecuado de solución de controversias" de los previstos en su articulado (concretamente en la definición al respecto que ofrecía en el art. 1), y salvo las excepciones que expresamente contemplaba el texto prelegislativo[29].

---

27 CAMAS, A., "¿Considera acertado la obligación de acudir al acuerdo extrajudicial antes de presentar una demanda?", *Actualidad Jurídica* Aranzadi, núm., 970, 2021 y SÁNCHEZ VALLE, M.R., "¿Mediación voluntaria o preceptiva?: Reflexiones a la luz del Proyecto de Ley de medidas de eficiencia procesal del servicio público de justicia", *Boletín del Colegio de Registradores de España*, núm. 103, 2022, pp. 30-67

28 Determinando con ello la modificación de los arts. 264 LEC (necesidad de acompañar a la demanda el documento que acredito haberse intentado la actividad negociadora previa cuando la Ley exija este intento como requisito de procedibilidad en el orden jurisdiccional civil), 399.3 LEC (contenido de la demanda) y 403.2 LEC (inadmisión a trámite de la demanda).

29 Entendido en el sentido de haber intentado realizar una actividad negocial, con o sin intervención de tercero neutral, de buena fe y con el objetivo de encontrar una solución extrajudicial a la disputa salvo en aquellos supuestos que expresamente exceptuaba el Proyecto en el apartado segundo del art. 4, como eran los casos de ejercicio de acciones: a) para la tutela judicial civil de derechos fundamentales; b) para la adopción de las medidas previstas en el artículo 158 del Código Civil; c) en solicitud de autorización para el internamiento forzoso por razón de trastorno psíquico conforme a lo dispuesto en el artículo 763 de la Ley 1/2000, de 7 de enero, de Enjuiciamiento Civil; d) de tutela sumaria de la tenencia o de la posesión de una cosa o derecho por quien haya sido despojado

La propuesta del Proyecto de Eficiencia Procesal de 2022 puede ser considerada como limitativa, no sólo de la operatividad de los propios medios extrajudiciales de resolución de litigios, que pudiera malinterpretarse quedan ceñidos a una función preprocesal como requisito de procedibilidad, sino también del propio ejercicio del derecho a la tutela judicial efectiva[30], condicionado por, precisamente, la exigencia de recurrir a los mismo con carácter previo al proceso. El diseño que establecía el art. 4 del aludido Proyecto, exigía una identidad en los hechos, y no los fundamentos jurídicos o las consecuencias de derecho material, para valorar y comparar si las cuestiones que habían sido objeto de un intento de resolución a través de alguno de los configurados como medios adecuados de solución de controversias coincidían con el contenido de la demanda y con ello el análisis del cumplimiento del requisito de procedibilidad. En segundo término, se consideraba completada dicha exigencia cuando "se acude previamente a la mediación, a la conciliación o a la opinión neutral de un experto independiente, si se formula una oferta vinculante confidencial o si se emplea cualquier otro tipo de actividad negociadora, tipificada en esta u otras normas, pero que cumpla lo previsto en los capítulos I y II del título I de esta ley o en una ley sectorial. Singularmente, se considerará cumplido el requisito cuando la actividad negociadora se desarrolle directamente por las partes, asistidas de sus abogados cuando su intervención sea preceptiva de acuerdo con este Título".

Lógicamente, instaurar el requisito de procedibilidad exigía de una acreditación fehaciente, conduciéndonos entonces al contenido del art. 9 del Proyecto. Se establece como elemento preferente, y casi exclusivo, el documental (art. 9.1), diferenciando seguidamente, en los párrafos

---

de ellas o perturbado en su disfrute; e) en pretensión de que el tribunal resuelva, con carácter sumario, la demolición o derribo de obra, edificio, árbol, columna o cualquier otro objeto análogo en estado de ruina y que amenace causar daños a quien demande; f) de ingreso de menores con problemas de conducta en centros de protección específicos, de entrada en domicilios y restantes lugares para la ejecución forzosa de medidas de protección de menores ni de restitución o retorno de menores en los supuestos de sustracción internacional. El Proyecto, asimismo, también determinaba que no era requisito de acceso a la jurisdicción voluntaria, y sus correspondientes expedientes, la previa utilización de un medio adecuado de solución de controversias (art. 4.3).

30 PEITEADO MARISCAL, P., "Consideraciones sobre la relación entre el derecho a la tutela judicial efectiva y la mediación obligatoria", *Estudios de Deusto: revista de Derecho Público,* Vol. 66, núm. 2, 2018, pp. 283-322 y PEREZ DAUDÍ, V., "La imposición de los ADR ope legis y el derecho a la tutela judicial efectiva", *InDret, Revista para el análisis del Derecho,* núm. 2, 2019

segundo y tercero, las condiciones de validez para dicho documento de constancia en función de si ha intervenido o no un tercero neutral en el medio adecuado seleccionado por las partes en litigio para tal fin. Cuando se hubiere celebrado un medio adecuado extrajudicial sin intervención de tercero, se daba carta de naturaleza a cualquier documento–también en formato electrónico- firmado por ambas partes y que deje constancia de su identidad, fecha de realización de las actividades autocompositivas, objeto de la controversia y determinación de la parte o partes que formularon propuestas iniciales. En el caso de intervenir un tercero neutral (mediación, conciliación) será este quien expida el documento a petición de cualquiera de las partes, haciendo constar en el mismo: su identidad y cualificación, colegio profesional, institución a la que pertenece, o registro en el que esté inscrito, identidad de las partes, objeto de la controversia, fecha de la reunión o reuniones mantenidas, declaración solemne de que las dos partes han intervenido de buena fe en el proceso, para que surta efectos ante la autoridad judicial correspondiente. Cobra especial relevancia, por los efectos que posteriormente puede tener, el hecho de dejar constancia, si así se hubiere producido, de la no comparecencia o haber rehusado la invitación a participar por alguna de las partes, debiéndose consignar entonces la forma en la que se ha realizado la citación efectiva, la justificación de haber sido realizada, y la fecha de recepción de la misma. Mención expresa recibirá en dicho documento el hecho de que quien no compareciese fuese la parte que promovió la actividad negociadora.

Aparecía en escena, directamente vinculado a la exigencia de procedibilidad preprocesal que constituía la utilización de medios extrajudiciales de resolución de litigios en el ámbito del derecho privado, un nuevo componente adscrito a otros de consideración distorsionante en la actividad procesal, bajo la referencia de "abuso del servicio público de Justicia"[31]. Determinaba su concurrencia la Exposición de Motivos del Proyecto de Ley de Eficiencia Procesal, al contrastarse, en su caso, una "actitud incompatible de

---

[31] De corte similar a otros ya experimentados desde la concepción de conceptos abiertos como la temeridad, el abuso derecho o la mala fe procesal, a los cuales, según el Proyecto de Ley, complementa, ofreciendo una dimensión de la Justicia como servicio Público. Sus contornos y dimensión conceptual serían fijados, según el Proyecto, por la jurisprudencia cuando juzgados y tribunales valorasen la conducta de las partes previa al procedimiento judicial en la consecución de una solución negociada. PEREA GONZÁLEZ, A., "Breve comentario al concepto de abuso del servicio público de Justicia en el Anteproyecto de Ley de medidas de eficiencia procesal", *Diario La Ley*, núm. 9774, 2021

todo punto con su sostenibilidad". Así, y en relación directa con la elusión voluntaria en la utilización de medios adecuados de solución de controversias con carácter previo al proceso, lo incorpora al art. 247 LEC -junto a la conculcación de la buena fe- y a la serie de preceptos que regulan la imposición de costas[32], como elemento informador y "concepto acreedor" de los criterios para su imposición, cuando se hubiese rehusado injustificadamente el acudir a uno de estos medios siendo preceptivo.

Desde ese planteamiento, de nuevo recalcamos que la integración de los medios extrajudiciales de resolución de litigios en el ámbito de la Justicia es nociva, limitante y limitativa, tanto de los derechos de los justiciables como de la propia naturaleza y dinámica de estos, por cuanto vincular su empleo, o más bien su evitación deliberada, a un posible abuso del servicio público de Justicia, sobre la base de una supuesta "utilización irresponsable del derecho fundamental de acceso a los tribunales recurriendo injustificadamente a la jurisdicción cuando hubiera sido factible y evidente una solución consensuada de la controversia[33]" no concuerda, a nuestro entender, con su naturaleza jurídica de mecanismos voluntarios. Obligatorio y voluntario son antónimos, y reconducir medios extrajudiciales que por naturaleza son de acceso por la concurrente libre voluntad de las partes a una obligatoriedad impuesta por ley es limitante de derechos y de la propia configuración de estos medios, más aún cuando dentro del Proyecto de Ley de Eficiencia Procesal de 2022, contradictoriamente, su art. 3 apelaba a la autonomía de la voluntad y la libertad como eje en el acceso a estos, lo cual no concuerda en absoluto con disponerlos como vías obligatorias de acceso previo a un eventual proceso judicial. Y limita la naturaleza de los medios extrajudiciales de resolución de controversias por que los puede convertir en un trámite burocrático y preprocesal estéril, baldío y que dilate innecesariamente el acceso a la solución jurisdiccional del litigio si eso es lo que verdaderamente desea cualquiera de las partes en la controversia.

---

32 MARCOS FRANCISCO, D., "La incidencia de los MASC en las costas procesales en la proyectada Ley de medidas de eficiencia procesal", *Revista General de Derecho Procesal*, núm. 57, 2022 y MARTÍNEZ DE SANTOS, A., "Particularidades de la reforma de las costas en el Anteproyecto de Ley de medidas de eficiencia procesal del servicio público de justicia", *Práctica de Tribunales: revista de derecho procesal civil y mercantil*, núm. 154, 2022

33 Citando la Exposición de Motivos del Proyecto de Ley como referencias en este sentido: "los litigios de cláusulas abusivas ya resueltos en vía judicial con carácter firme y con idéntico supuesto de hecho y fundamento jurídico, o en los casos en que las pretensiones carezcan notoriamente de toda justificación impactando en la sostenibilidad del sistema, del cual quiere hacerse partícipe a la ciudadanía"

Llegando, en la versión prelegislativa del Proyecto de Ley de Eficiencia Procesal, a la curiosa situación, inciso final del art. 4.4 del Proyecto, de que, en caso de desacuerdo en la elección del medio adecuado, siendo voluntad de las partes dirimir la controversia en sede extrajudicial y con utilización de alguno de los previstos por la norma, "se empleará aquel que se haya propuesto antes temporalmente". Criterio, el de la mera prioridad temporal en la designación, que de nuevo es limitativo y cuestionable porque no se basa en un criterio de idoneidad jurídica para resolver el conflicto (atendiendo a la materia, por ejemplo) sino a una mera prioridad temporal.

Toda la amalgama de reflexiones anteriores nos permite platear que la compatibilidad entre el proceso judicial y los medios extrajudiciales de resolución de litigios no puede ser de carácter limitante o condicional, supeditando unos a otro, sino que su utilización debe llevarse a cabo desde la complementariedad. En igual sentido no puede ser un límite que conlleve la utilización de medios extrajudiciales de resolución de litigios el hecho de acudir a los mismos con intenciones fraudulentas o meramente dilatorias, ya sea como estrategia para obtener de forma aparentemente legal un lucro injusto en relación al cumplimiento de obligaciones previamente asumidas, mediante la obtención de acuerdos fruto de una mediación, conciliación o negociación que no sean equitativos o proporcionales, ya sea como vía para retrasar o evitar de forma adulterada el acceso a la vía jurisdiccional, embarcando a la otras partes litigantes en mediaciones, conciliaciones o negociaciones con una intención

CONCLUSIÓN

Acompasar la Justicia, y el modelo institucional de Justicia, a la plena incorporación de los medios extrajudiciales de resolución de litigios es algo más que una simple actualización del sistema de justicia. Implica equilibrar, ampliar y diversificar, ofrecer opciones constitucionalmente[34] avaladas, legales y válidas de corte autocompositivo y heterocompositivo y delega en el justiciable, allá donde se encuentra ante derechos disponibles, la elección de la vía que considera más adecuada para resolver su disputa, en expresión, también, de la autonomía de la voluntad que le

---

34 MARTÍNEZ DE LEÓN, M., "Estándares de homologación constitucional de los medios adecuados de solución de controversias", *Eficiencia procesal: modernización de la justicia*, R. Pérez Martell, A.M. Lorca Navarrete, J.M. González García (dirs.), 2021, Ed. JM Bosch, Barcelona, pp. 151-180

lleva autogestionarlos para encontrar la solución a los conflictos que de los mismos se hayan derivado. Las reflexiones del presente trabajo se han centrado en la adecuación, condiciones y límites que pueden determinar las coordenadas de incorporación plena y eficaz de los diferentes medios extrajudiciales de resolución de litigios al ecosistema global de la justicia.

Sin duda hay otra serie de posibles propuestas que podrían potenciar y garantizar una implementación eficiente, y que comprenden desde la instauración de Registros Públicos en la Administración de Justicia en los que, con las debidas precauciones de confidencialidad y protección de datos personales, queden incorporados y custodiados los laudos y acuerdos obtenidos; a un mayor desarrollo legislativo en la viabilidad de adopción de medidas asegurativas en los procedimientos autocompositivos, o a la consideración de beneficios fiscales asociados a su utilización y que repercutan tanto en los justiciables que optan por ellas como en los profesionales jurídicos que las asisten. Sin perder de vista el aporte que la tecnología, en este fenómeno que BARONA VILAR califica como de "colonización tecnológica"[35], puede ofrecer para la concreta expansión de los medios extrajudiciales de resolución de litigios en línea[36], puesto que la flexibilidad y cierta informalidad que los caracteriza, facilita sobremanera la celebración de los mismos a través de tecnologías de la información y la comunicación, así como la imbricación de soluciones de inteligencia artificial en funciones asistenciales o decisorias.

No hay obstáculo, ni legal, ni cultural, ni social, ni económico que sirva de cortapisa para su expansión como complemento al proceso judicial, sino más bien, al contrario, puede que nos encontremos en un momento óptimo para diseñar, de una vez por todas, una justicia integradora, amplia y de opciones para el justiciable que redunde, en definitiva, en una justicia eficiente dispensada con todas las garantías.

---

35 BARONA VILAR, S., "Mediación y tecnología, entre la armonía y la seducción. La e-mediación y el estatuto del mediador electrónico (IA)", *Vías emergentes de solución extrajudicial de litigios en la sociedad digital*, L. Fontestad Portalés (dir.), Aranzadi, Cizur Menor, 2022, p. 18

36 ARMENTA DEU, T., "ODS/OCR: la otra mirada sobre la eficacia, los ADR y la tecnología disruptiva", *Los objetivos de desarrollo sostenible y la inteligencia artificial en el proceso judicial*, P. Arrabal Platero (Coord.), Tirant Lo Blanch, Valencia, 2022, pp. 47-82

Bibliografía

- ALCOCEBA GIL, J., "La eficiencia de la justicia: medida, meta o discurso. Sobre la eficiencia como medida", *Diario La Ley*, núm. 10199, 2023

- AMÉRIGO ALONSO, J., "Virtualidad y caracteres de la justicia alternativa", *Mediación civil y mercantil*, F. Ruíz Risueño y J.C. Fernández Rozas (coords.), Tomo I, Tirant Lo Blanch, Valencia, 2022, pp. 43-52

- ARMENTA DEU, T., "ODS/OCR: la otra mirada sobre la eficacia, los ADR y la tecnología disruptiva", *Los objetivos de desarrollo sostenible y la inteligencia artificial en el proceso judicial*, P. Arrabal Platero (Coord.), Tirant Lo Blanch, Valencia, 2022, pp. 47-82

- BANACLOCHE PALAO, J., "Las reformas en el proceso civil previstas en el Anteproyecto de Ley de Medidas de Eficiencia Procesal: ¿una vuelta al pasado?" *Diario La Ley*, núm., 9814, 2021

- BARONA VILAR, S., "Integración de la mediación en el moderno concepto de *Access to Justice*", *InDret, Revista para el análisis del Derecho*, núm. 4, 2014

- BARONA VILAR, S., "Mediación y tecnología, entre la armonía y la seducción. La e-mediación y el estatuto del mediador electrónico (IA)", *Vías emergentes de solución extrajudicial de litigios en la sociedad digital*, L. Fontestad Portalés (dir.), Aranzadi, Cizur Menor, 2022, pp. 17-54

- BARUCCA, M.C., "La eficiencia en el sistema procesal: un nuevo valor en el Derecho procesal del siglo XXI", *Cartapacio de Derecho: Revista virtual de la Facultad de Derecho*, núm. 35, 2019

- BONET NAVARRO, J., "Sobre los medios adecuados de solución de controversias como requisito de procedibilidad: crónica de un bluf anunciado", *Horizonte justicia 2030: reflexiones críticas sobre los proyectos de eficiencia del Servicio Público de Justicia*, Tecnos, Madrid, 2023, pp. 178-195

- CALAZA LÓPEZ, S., "Ya llegan los medios adecuados de solución de controversias en vía no jurisdiccional: cuanta más desjudicialización, mejor", *Actualidad Civil*, núm. 6, 2022

- CAMAS, A., "¿Considera acertado la obligación de acudir al acuerdo extrajudicial antes de presentar una demanda?", *Actualidad Jurídica* Aranzadi, núm., 970, 2021

- CARRETERO MORALES, E., "La importancia del estudio de los medios adecuados de solución de conflictos en el ámbito del derecho procesal civil al amparo de lo dispuesto en el Anteproyecto de Ley de medidas de efiencia procesal del servicio público de justicia", *La enseñanza del derecho en tiempos de crisis: nuevos retos docentes del derecho procesal*, J. Picó i Junoy, V. Pérez Daudí, C. Navarro Villanueva y E. Cerrato Guri (dirs.), JM Bosch, Barcelona, 2021, pp. 415-422

- COSTA E SILVA, P., *A nova face da justiça. Os meios extrajudiciais de resoluçao de controversias*, Coimbra Editora, Lisboa, 2009

- DÍAZ FRAILE, J.M., *Mediación civil y mercantil*, F. Ruíz Risueño y J.C. Fernández Rozas (coords.), Tomo I, Tirant Lo Blanch, Valencia, 2022, pp. 53-66

- FUENTES GÓMEZ, J.C., "La justicia alternativa desde la óptica de las políticas públicas", *Avances para una justicia sostenible*, A. Fernández Pérez (dir.), Aranzadi, Cizur Menor, 2023, pp. 31-42

- GALDOS, A., SANZ, M., "Los abogados antes los MASC, el Anteproyecto de Ley de medidas de eficiencia procesal", *Actualidad jurídica Aranzadi*, núm., 977, 2021
- GISBERT POMATA, M., "El impulso y fortalecimiento de los "medios adecuados de solución de controversias" alternativos al proceso civil", *Externalización de la justicia civil, penal, contencioso-administrativa y laboral*, I. Suberbiola Garbizu, I. Ordeñana Gezuraga y S. Calaza López (dirs.), J.C. Muinelo Cobo (coord.), Tirant Lo Blanch, Valencia, 2022, pp. 325-370
- HINOJOSA SEGOVIA, R., "Los medios adecuados de solución de controversias (MASC) en el Proyecto de Ley de medidas de eficiencia procesal del servicio público de justicia", *La Ley. Mediación y Arbitraje*, núm. 11, 2022
- LÓPEZ YAGÜES, V., "Del cambio de circunstancias a la transformación de la justicia civil en España: más allá de la eficiencia procesal", *¿Cuarentena de la Administración de Justicia?*, V. Pérez Daudí (dir.), N. Malandrich Miret (coord.), Atelier, Barcelona, 2021, pp. 145-174
- LÓPEZ-BARAJAS PEREA, I., "La efectividad de la justicia: una exigencia constitucional, (los nuevos sistemas alternativos de resolución de conflictos)", *Revista de Derecho Político*, núm., 85, 201, pp. 141-170
- MARCOS FRANCISCO, D., "La incidencia de los MASC en las costas procesales en la proyectada Ley de medidas de eficiencia procesal", *Revista General de Derecho Procesal*, núm. 57, 2022
- MARTÍN DIZ, F., "La incorporación de los denominados "medios adecuados de solución de controversias": previsiones y propuestas", *Avances para una justicia sostenible*, A. Fernández Pérez (dir.), Aranzadi, Cizur Menor, 2023, pp. 157-191
- MARTÍNEZ DE LEÓN, M., "Estándares de homologación constitucional de los medios adecuados de solución de controversias", *Eficiencia procesal: modernización de la justicia*, R. Pérez Martell, A.M. Lorca Navarrete, J.M. González García (dirs.), 2021, Ed. JM Bosch, Barcelona, pp. 151-180
- MARTÍNEZ DE SANTOS, A., "Particularidades de la reforma de las costas en el Anteproyecto de Ley de medidas de eficiencia procesal del servicio público de justicia", *Práctica de Tribunales: revista de derecho procesal civil y mercantil*, núm. 154, 2022
- MARTÍNEZ PALLARÉS, J.I., "Abogados en tiempos de MASC: entre la oportunidad y los trenes a ninguna parte", *La Ley. Mediación y Arbitraje*, núm. 8, 2021
- MARTÍNEZ PALLARÉS, J.I., "El principio de confidencialidad en la mediación: una delimitación conceptual obligada", *Revista General de Derecho Procesal*, núm. 44, 2018
- NARANJO RODRÍGUEZ, J. "El valor de cosa juzgada de los acuerdos adoptados en el seno de los Medios Adecuados de Solución de Controversias (MASC) previstos en el Anteproyecto de Ley de medidas de eficiencia procesal del servicio público de Justicia", *Diario La Ley*, núm. 9862, 2021
- PEITEADO MARISCAL, P., "Consideraciones sobre la relación entre el derecho a la tutela judicial efectiva y la mediación obligatoria", *Estudios de Deusto: revista de Derecho Público*, Vol. 66, núm. 2, 2018, pp. 283-322
- PEREA GONZÁLEZ, A., "Breve comentario al concepto de abuso del servicio público de Justicia en el Anteproyecto de Ley de medidas de eficiencia procesal", *Diario La Ley*, núm. 9774, 2021

- PEREZ DAUDÍ, V., "La imposición de los ADR ope legis y el derecho a la tutela judicial efectiva", *InDret, Revista para el análisis del Derecho,* núm. 2, 2019
- SÁNCHEZ VALLE, M.R., "¿Mediación voluntaria o preceptiva?: Reflexiones a la luz del Proyecto de Ley de medidas de eficiencia procesal del servicio público de justicia", *Boletín del Colegio de Registradores de España,* núm. 103, 2022, pp. 30-67
- SIGÜENZA LÓPEZ, J., "¿Justicia sin jueces?: los llamados "medios adecuados de solución de controversias en vía no jurisdiccional", *Revista General de Derecho Procesal,* núm. 60, 2023
- SOLETO MUÑOZ, H., "Hacia la consecución de un sistema equilibrado de justicia: la potenciación de los métodos adecuados de resolución de conflictos en el proyecto de ley de eficiencia procesal", *Justicia restaurativa y medios adecuados de solución de conflictos,* G. Serrano Hoyo, N. Rodríguez García, C. Ruíz López y S. Tierno Barrios (Coords.), Dykinson, Madrid, 2022, pp. 189.197
- SOLETO MUÑOZ, H., "La conferencia Pound y la adecuación del método de resolución de conflictos", *Revista de Mediación,* núm. 10, 2017; ZANETI, H., "Justicia multipuertas y tutela constitucional adecuada: autocomposición en los derechos colectivos", *Revista de interés público,* núm. 6, 2020, pp. 45-68
- TARUFFO, M., "Aspectos de crisis en la justicia civil: fragmentación y privatización", *Anuario de la Facultad de Derecho de la Universidad Autónoma de Madrid,* núm. 3, 1999, pp. 71-86
- VIOLA DEMESTRE, I., "La confidencialidad en el procedimiento de mediación", *IDP: Revista de internet, derecho y política,* núm., 11, 2010

Capítulo IV

Hay justicia más allá de la jurisdicción

SONIA CALAZA LÓPEZ
Catedrática de Derecho procesal (UNED)

SUMARIO: I. INTRODUCCIÓN: EFICIENCIA, EFICACIA, RACIONALIDAD, RESILIENCIA. Y TODO EN CLAVE DIGITAL. II. LEGITIMIDAD SOCIAL DEL SERVICIO PÚBLICO JUSTICIA ANTE LA FINANCIACIÓN PRIVADA DE LOS MASC. III. ¿CUÁNTA CANTIDAD Y CALIDAD DE LITIGIOSIDAD ES CAPAZ DE METABOLIZAR LA JUSTICIA COLABORATIVA? IV. BIBLIOGRAFÍA

I. INTRODUCCIÓN: EFICIENCIA, EFICACIA, RACIONALIDAD, RESILIENCIA. Y TODO EN CLAVE DIGITAL

La CE es tajante, en su artículo 117.1: "*La Justicia emana del pueblo*". Y esta categórica afirmación, en verdad: ¿Qué significa? De la lectura completa del texto constitucional, no parece inferirse, en principio, que el pueblo -del que indubitadamente emana la Justicia- pueda administrarla -o impartirla-, puesto que este mismo precepto avanza por la senda del monopolio jurisdiccional: "*y se administra (en nombre del Rey) por Jueces y Magistrados integrantes del Poder judicial, independientes, inamovibles, responsables y sometidos únicamente al imperio de la Ley*". Esta inicial conclusión queda, a su vez, reforzada ante la regulación, a renglón seguido, de los complementarios principios de unidad y exclusividad jurisdiccional, que vienen a insistir en el firme postulado del monopolio jurisdiccional.

¿Cuál es entonces el sentido de tan impactante afirmación? "*La Justicia emana del pueblo*": ¿Significa esto, pura y simplemente, que la Justicia -entendida como función jurisdiccional- ha de realizarse mediante la aplicación de las Leyes del Parlamento, que -naturalmente- "*emanan del pueblo*"? ¿Y ello excluye cualquier otro tipo de participación popular en la Justicia, excepción hecha de la expresamente reconocida en la CE -ya se sabe, art: 125: *acción popular, Jurado, Tribunales consuetudinarios y tradicionales*-? ¿Pueden -y hasta deben- los propios ciudadanos, de algún modo, participar en la Administración de Justicia con un papel realmente activo, esto es, "administrando Justicia", fuera de estos dos supuestos expresamente previstos en el precepto constitucional *-Jurado y Tribunales consuetudinarios o tradicionales-*?

La nueva concepción de la Justicia, como "servicio público", desde luego, alberga, en su ámbito de actuación, dos dimensiones -¡en pie de igualdad!- de la administración de Justicia[1]: de un lado, la Justicia clásica, contenciosa, adversarial, contradictoria: en síntesis, la Justicia jurisdiccional -a cargo de Jueces y Magistrados-; y de otro, la Justicia colaborativa, amistosa, pedagógica, terapéutica -un auténtico reto de democratización de la Justicia[2]-: en definitiva, la Justicia extrajudicial o, si se prefiere, extrajurisdiccional -esta vez, a cargo de la propia ciudadanía- y por ahora, sin mayor reconocimiento constitucional[3]; plataforma institucional;

---

1 De esta complementariedad se ha hecho eco -desde tiempo atrás- la gran pionera en España de la -por ella- denominada "Justicia integral o integrada por distintos medios y poliédrica, esto es, configurada por múltiples salas o puertas", BARONA VILAR, S., quién expone, con su deliciosa prosa, "un modelo de Justicia con numerosas puertas, que en ciertos casos son alternativas, pero en muchos otros, son sucesivas y complementarias". Vid., en el prólogo a *Meditaciones sobre Mediación (MED+)*, ed. por BARONA VILAR, S., Ed. Tirant lo Blanch, Valencia, 2022, p. 27.

2 Vid., BARONA VILAR, S., quién nos traslada, con una impactante recreación histórica, al tiempo de "descontento y frustración de la ciudadanía" -en que surgió un "movimiento de libre acceso a la Justicia", del que trae causa la génesis de este nuevo modelo –"muy vinculado a los movimientos sociales alternativos de la época"- y dirigido a la búsqueda de soluciones alternativas, ante la desesperante evidencia de que la Justicia clásica "era para las clases sociales altas"-: todos los entrecomillados son de la Autora citada, en *Nociones y principios de las ADR (Solución extrajurisdiccional de conflictos)*, Ed. Tirant lo Blanc, Valencia, 2018, pp. 20 y ss.; Vid., de esta misma autora, de nuevo en clave histórica, recreado ahora en la Jurisdicción civil: "Justicia civil a debate: qué, por qué y cómo -pasado, presente y retos de futuro del proceso civil", *XIII Congreso panameño de Derecho procesal*, Panamá, 2016; y su homólogo estudio, en la Jurisdicción penal: *Proceso penal desde la Historia. Desde sus orígenes hasta la sociedad del miedo*, Ed. Tirant lo blanch, Valencia, 2018.

3 Vid., los elocuentes trabajos de ORDEÑANA GEZURAGA, I., a este respecto: "Y tuvo que venir una pandemia para demostrar la necesidad de reforzar la resolución extrajudicial de los conflictos jurídicos. Una propuesta para su constitucionalización en el marco del derecho jurisdiccional diversificado", *¿Cuarentena de la administración de justicia?*, Vicente Pérez Daudí (Director), Ed. Atelier, Barcelona, 2021; "Contribuciones al debate sobre la necesidad de constitucionalizar las técnicas extrajurisdiccionales de conflictos en el ordenamiento jurídico español", *en El impacto de la oportunidad sobre los principios procesales clásicos: Estudios y diálogos*, Ed. IUSTEL, 2021; "¿Quién le pone el cascabel al gato? O sobre la necesidad de constitucionalizar las técnicas extrajurisdiccionales en nuestro ordenamiento jurídico

regulación individual -excepción hecha de la mediación y la conciliación-; -ni, por supuesto, presupuesto estatal- que su mera mención -más o menos detallada (según cada caso)- en un nuevo texto legal en fase de construcción: La futura -y esperamos que por fin, inminente- Ley de medidas de eficiencia procesal del servicio público de Justicia.

Y esta Justicia colaborativa en proyección -puesto que, a día de hoy, la gran reforma todavía está en fase de proyecto (y además, deriva su desarrollo a una segunda reforma que constará en norma distinta a esta, con una perezosa técnica legislativa de "reenvío" que comienza a ser tristemente habitual)–se encuentra integrada, como se sabe, por los denominados "medios adecuados de solución de controversias" (conocidos con el acrónimo: MASC); nomenclatura, por lo demás, especialmente sensible que originó, en su día, un receloso -y esperable- argumentario ante la perspicaz denominación elegida: ¿Es que acaso (se preguntaban algunos) la Jurisdicción no es un "medio adecuado de resolución de controversias"?[4].

Sin entrar ahora -de nuevo- en renovadas disquisiciones acerca de cuál o cuáles sean los "medios" -judiciales o extrajudiciales- más adecuados en cada caso -pues no existe uno que sea "antídoto universal"–para resolver, de una vez por todas, de forma ágil, rápida y económica, los conflictos que agobian -algunos, que incluso asfixian- a la ciudadanía, debemos plantearnos (spoiler procesal incluido), en primer lugar, si esta Justicia colaborativa debe incorporarse, en efecto, en el amplio concepto de Justicia como

---

y una propuesta abierta al debate", en *Revista Vasca de Derecho Procesal y Arbitraje*, 2018-3, volumen 30, pp. 523 y ss.; "Examen crítico del nuevo "sistema estatal de resolución de conflictos": el (cuestionado) rol de los Medios Adecuados de Resolución de Conflictos y la centralidad del Poder judicial en el mismo. Sobre su relación y aportación al conjunto", *MASC o el camino de la eficiencia en la gestión de controversias jurídicas de personas y empresas,* bajo la dirección de Sonia Calaza López, Ixusko Ordeñana Gezuraga y Verónica López Yagües, Ed. La Ley, Madrid, 2023.

4 PÉREZ DAUDÍ, V., lo tiene claro: "En relación con el término empleado debo manifestar mi discrepancia ya que el medio de solución de conflictos más adecuado técnicamente es el proceso judicial. La regulación actual es fruto de una evolución histórica que ha ido perfilando los principios procesales y procedimentales que deben regir el proceso judicial como instrumento del derecho a la tutela judicial efectiva. Es evidente que no es el más perfecto, pero técnicamente es el más adecuado porque se ha ido perfilando a lo largo de los siglos y adaptando a las necesidades que planteaba la sociedad en cada momento", en "Los MASC y el proceso civil. Propuestas de reforma del Proyecto de Ley de Eficiencia Procesal", *Diario La Ley,* N° 10121, Septiembre de 2022, p. 7.

"servicio público": ¡afirmativo![5]; para, en segundo lugar, debatir acerca de la conveniencia -o no-, de su predeterminación legal (y consiguiente falta de espontaneidad): ¡matizable!: depende…; como paso previo a determinar, en tercer lugar, acerca de su -razonable o no- imposición como tránsito obligado hacia la Justicia contenciosa (con la incorporación *ex novo* de un auténtico presupuesto procesal)[6]: ¡incomprensible!; y una vez delimitado este trípode de reflexiones, ofrecer una breve valoración -en formato panorámico- de estos MASC[7] -cuya escueta regulación debiera, por cierto, como mínimo, gozar de una cierta proyección digital[8]- que vendrán a descargar -o según el caso (y precisamente por aquella "obligatoriedad"), tal vez: ¿a sobrecargar?- a nuestros Juzgadores, así como, de no resultar exitosa la negociación -es probable que también- a encarecer y a ralentizar nuestros procesos civiles dispositivos.

---

5 Acierta, sin duda, LÓPEZ YAGÜES, V., cuando enfatiza lo siguiente: "es cierto que, a la vista de su ineficacia, abandonar alguno de los rígidos esquemas procesales instaurados y dar vida, en cambio, a nuevas fórmulas caracterizadas por las notas de flexibilidad, agilidad y simplificación en los instrumentos que conducen a soluciones también ágiles, flexibles y mutuamente satisfactorias es clave", "Mediación y otros MASC: ¿Hacia la ampliación y mejora del acceso a la Justicia o la sola consecución de la eficiencia procesal?", *Meditaciones sobre Mediación (MED+)*, ed. por BARONA VILAR, S., Ed. Tirant lo Blanch, Valencia, 2022, p. 134.

6 Vid., PÉREZ DAUDÍ, V., "La imposición de los ADR *ope legis* y el derecho a la tutela judicial efectiva», *InDret* 2/2019.

7 Vid., un análisis crítico individualizado de cada uno de estos MASC en CALAZA LÓPEZ, S., "El proceso judicial como *ultima ratio*: de la alternatividad a la obligatoriedad de los "medios adecuados de solución de conflictos", en *Un modelo de justicia para el siglo XXI: Justicia alternativa, Justicia negociada, Justicia informal*, dirigido por el Prof. Roca Martínez, J.M., Ed. Tirant lo blanch, Valencia, 2021

8 Para un mayor grado de acierto a la hora de comprender el impacto real de la digitalización en la Justicia, vid., por todos, entre otras impresionantes obras de BARONA VILAR, S., las siguientes: *Algoritmización del Derecho y de la Justicia. De la Inteligencia Artificial a la Smart Justice*, Valencia, Tirant lo Blanch, 2021.; "Ecosistema digital de Justicia eficiente (De la Justicia digital orientada al documento a la Justicia orientada al dato)", *Actualidad civil* Nº 5, 2023; "Dataización de la justicia (Algoritmos, Inteligencia Artificial y Justicia, ¿el comienzo de una gran amistad?)", *Revista Boliviana de Derecho* Nº. 36, 2023.; "Persona, algoritmización y posthumanismo, una ecuación hacia la «persona maquínica» y su responsabilidad", *Actualidad civil* Nº 10, 2022; "La seductora algoritmización de la justicia. Hacia una justicia poshumanista (Justicia+) ¿utópica o distópica?", *El Cronista del Estado Social y Democrático de Derecho*Nº. 100 (Septiembre-Octubre), 2022.

Y es que la completa integración[9] y comprensión -en el ámbito de la Justicia como "servicio público"- de conceptos tan purgativos como "eficiencia" -*optimización de los resultados con una menor inversión de medios*-; "eficacia" -*inequívoca consecución de objetivos*-; "racionalidad" -*mayor rendimiento con reducción de costes*-; o "resiliencia" -*adaptación al medio ante una evidente adversidad*-; debiera comportar -por de pronto y para conferir mínimo honor a esta nomenclatura -*Justicia como servicio público*- un responsable compromiso institucional, presupuestario, cultural y social.

Los grandes beneficios de la Justicia colaborativa ya han sido expuestos en un sinfín de trabajos[10]. Cierto es que casi todos referidos, en su día, a la mediación; pero extrapolables ahora -¡qué duda cabe!- al resto de MASC -*sucedáneos todos ellos (con mejor o peor tino) de su musa originaria: la mediación*-, puesto que, por poco aventajados que estén algunos -sobre todo, los de nueva creación- en el marco legal y doctrinal, ya se sabe que: un "mal acuerdo" -por apelar a la sabiduría popular- siempre o casi siempre- es mejor que un "buen pleito".

La primera semilla de la Justicia colaborativa no germinó -o al menos, no tan solo- para aliviar a la Jurisdicción ante la saturación, el bloqueo y la inevitable parálisis -de los Juzgados y Tribunales- supuesto por una ecuación imposible: la escasez de medios -humanos y técnicos- frente a una masiva litigiosidad. Bien es cierto que una formulación exitosa de los mecanismos que lleguen a integrarse -en su mejor versión- en esta noción de Justicia colaborativa -también como "servicio público"- podría conllevar la ansiada

---

9 Vid., a propósito de la integración de las fórmulas extrajudiciales de resolución de controversias «en los ordenamientos procesales, convirtiéndolas en elementos de un modelo de Justicia integral» como auténtico reto de los nuevos aires legislativos, BARONA VILAR, S., «Justicia integral y tutela sin proceso», en *Las transformaciones del proceso civil* (obra dirigida por Juan Francisco Herrero Perezagua), Ed. Thomson Reuters Aranzadi, Cizur Menor, Navarra, 2016, p. 42.

10 Por citar tan solo algunos de los trabajos colectivos más recientes, VV.AA., *Meditaciones sobre Mediación (MED+)*, ed. por BARONA VILAR, S., Ed. Tirant lo Blanch, Valencia, 2022.; VV.AA., "Externalización de la Justicia civil, penal, contencioso-administrativa y laboral", Directores Sonia Calaza López e Ixusko Ordeñana Geruzaga, Ed. Tirant lo blanch, Valencia, 2022; VV.AA., *De los ADR (Alternative Dispute Resolution) a los CDR (Complementary Dispute Resolution) en la Jurisdicción Civil*, dirigida por los Profres. Sonia Calaza López, Ixusko Ordeñana Gezuraga y Julio Sigüenza López, Ed. Tirant lo blanch, Valencia, 2023.; VV.AA., *MASC o el camino de la eficiencia en la gestión de controversias jurídicas de personas y empresas*, bajo la dirección de Sonia Calaza López, Ixusko Ordeñana Gezuraga y Verónica López Yagües, Ed. La Ley, Madrid, 2023.

reducción de la judicialización de controversias; pero su inspiración, desarrollo y asentamiento -si pretende ser exitoso- no debe mantener una filosofía de confrontación con la Jurisdicción, de huida del proceso[11], de renegación de los procedimientos clásicos[12], ni mucho menos de progresiva privatización -o, si se prefiere: "pseudoprivativación" [13]- de la Justicia; sino -en palabras de una de sus más de sus más consagradas especialistas[14]- otra bien distinta, de pacífica convivencia entre ambos modelos: entre las soluciones jurisdiccionales y las extrajurisdiccionales.

Por refrescar, siquiera sea de forma fugaz, los grandes beneficios -su fortaleza- de la Justicia colaborativa, recordemos -como mínimo[15]- los

---

11 BARONA VILAR, S., ya lo advirtió con nitidez: "es necesario que, allende las normas, cambie el pensamiento jurídico y se de entrada de forma no excepcional o esporádica sino como parte del modelo Justicia a las ADR/ODR. Es absolutamente necesario que no se las tenga más como huidas del Poder Judicial sino como mecanismos complementarios e incluso, en ciertos casos, integrados en el mismo sistema judicial, con el fin de buscar la solución más acorde a la materia, conflicto, sujetos, tiempo, etc.", "Justicia integral y Access to Justice. Crisis y evolución del paradigma", en *Mediación, Arbitraje y Jurisdicción en el actual paradigma de Justicia,* Ed. Civitas, Madrid, 2016, pp. 31 y ss.

12 Vid., MARTÍNEZ DE SANTOS, A., cuando manifiesta que "Si los ADR ofrecen algo, para que realmente sea alternativo debe ser algo igualmente bueno o mejor, porque de lo contrario no merece la pena. En este contexto, carece de sentido que el ADR solamente merezca la pena presentando al proceso jurisdiccional como una especie de infierno dantesco" "La mediación intrajudicial y el nuevo art. 415 LEC: el intento de solución extrajudicial de la controversia", *Práctica de Tribunales,* Nº 153, Noviembre de 2021, p. 4.

13 Vid., esta reflexión, en BARONA VILAR, S., quién alerta -con toda clarividencia- de lo siguiente: "el peligro de "pseudoprivatizar" la justicia en aras de una mayor economía y eficiencia existe, especialmente si este apoyo a las ADR viene de la mano de una disminución de presupuestos públicos a la Justicia. En consecuencia, en el término medio y ponderado entre tribunales-procesos-MASC está la proporcionada respuesta que siempre desde el Estado debe darse a la ciudadanía, en la búsqueda y fomento de la paz social y personal", "Claves vertebradoras del modelo de justicia en el siglo XXI", *Revista Boliviana de Derecho* Nº. 32, 2021, pp. 34 y 35.

14 Vid., esta reflexión de BARONA VILAR, S., acompasada a su idea de imbricación, de los mecanismos de ADR, en la noción de administración de justicia, en "Las ADR en la justicia del Siglo XXI, en especial la mediación", *Revista de Derecho Universidad Católica del Norte,* Sección: Ensayos, Año 18, N.1, 2011.

15 BARONA VILAR, S., con su habitual agudeza, va mucho más allá: "Si en la evolución de las ADR hemos asistido a una estrecha simbiosis entre la realidad social concurrente en un lugar o área del planeta y la manera de gestionar y resolver los conflictos, el intento de alcanzar los objetivos de desarrollo sostenible del planeta

diez siguientes: (1) economía procesal: un proceso judicial siempre es más árido, largo y complejo en su tramitación que otro extrajudicial; (2) economía material: menos protagonistas, menos medios, menos fases, menos carestía (3) celeridad: dónde no hay atasco se circula -obviamente- con mayor rapidez ; (4) humanidad: la importancia de los matices: del blanco al negro ni todo son grises, ni todos los grises presentan la misma tonalidad; (5) simplificación: el definitivo "arte de no complicarse la vida"; (6) comprensión: el imprescindible "derecho a entender el Derecho"; (7) flexibilidad y mayor alcance real, ante el dinamismo de la cotidianeidad -el *petitum* no queda constreñido a una férrea pretensión procesal con la consabida prohibición de la *mutatio libelli,* sino que podrá modularse a lo largo y ancho de toda la negociación hasta su término-; (9) diversificación de la respuesta[16]-creatividad-, optimización del resultado -inspiración- y preservación de la relación[17] -esperanza-; (9) pacificación global de la respuesta: win-win[18]; (10) vocación de futuro:

---

muestran que entre los heterogéneos medios para alcanzarlos pueden ubicarse estos sistemas, que pueden ser mucho más accesibles a todos, más eficientes, más ecológicos, más próximos y cercanos a favorecer la paz y la justicia, etc.", "La mediación y su espacio en el hábitat de la Justicia integral, global, algorítmica: ¿Más o menos protagonismo?, en *Meditaciones sobre Mediación (MED+),* ed. por BARONA VILAR, S., Ed. Tirant lo Blanch, Valencia, 2022, p. 42.

16 Vid., GALDOS, A. y SANZ, M.: "El asesoramiento eficaz al cliente en el marco de un proceso de mediación requiere, por supuesto, el análisis del conflicto, pero sin olvidar todas sus vertientes. De ahí que dicho análisis deberá centrarse no solo en la perspectiva legal, sino, también, en la comercial o personal. Es decir, no sólo requiere analizar la razón jurídica, sino, además, profundizar en el alcance de la razón práctica", "Los abogados ante los MASC: el Anteproyecto de Ley de medidas de eficiencia procesal", *Actualidad Jurídica Aranzadi* num.977/2021, p. 3.

17 Vid., ORTUÑO MUÑOZ, P., cuando señala que "el método tradicional lo único que pone a disposición de los ciudadanos es un «ring de boxeo», o una cancha de competición, para que puedan disputar el triunfo o la derrota sin tener en cuenta que ambos son dolorosos y que, al final, con los procesos judiciales, las relaciones personales, económicas y comerciales quedan rotas para siempre", *Justicia sin Jueces. Métodos alternativos a la Justicia tradicional,* Ed. Ariel, 2018, p. 24.

18 CALAZA LÓPEZ, S y FONTESTAD PORTALÉS, L., "Lo mejor es enemigo de lo bueno: Potenciación del templo de la concordia -win/win- frente al templo de la Justicia -win/lose o lose/lose", en *Justicia en REDefinición: Inteligencia artificial en los métodos adecuados de resolución de controversias* bajo la dirección de Leticia Fontestad Portalés y Sonia Calaza López; bajo la coordinación de Paulo Ramón Suárez Xavier e Ixusko Ordeñana Gezuraga, Ed. Dykinson, Madrid, 2023.

y evitación -o minoración- de nuestra habitual industria de plantaciones de pleitos, auténticos semilleros conflictuales[19].

Y a modo de contraste frente a los anteriores beneficios, por resetear ahora los posibles inconvenientes, reparos o, incluso, perjuicios -su debilidad- de esta misma Justicia colaborativa, destaquemos los -también diez (por aquello de la ponderación, el equilibrio y la proporcionalidad)- siguientes: (1) ausencia de educación[20], cultura, pedagogía[21] y mentalidad colaborativa[22]; (2) insuficiente -además de deficiente- y, desde luego, dispersa regulación; (3)

---

19 Especialmente "en los denominados conflictos "iceberg" o crónicos", según expone GUIL ROMAN, C., em VV.AA. "Diálogos para el futuro judicial LI. La mediación civil. 10 años de la Ley 5/2012", bajo la coordinación e introducción de Alvaro Perea González; Autores: Carme Guil Román; Blas Piñar Guzmán; Sonia Calaza López; Mercedes Farrán Arizón; y José Ignacio Martínez Pallarés, en Diario La Ley, Nº 10141, Sección Plan de Choque de la Justicia / Encuesta, 29 de Septiembre de 2022.

20 Vid., ORDEÑANA GEZURAGA, I., "Educación para la desjudicialización o una experiencia piloto de coordinación entre el equipo docente y la tutoría de un centro asociado dirigido a fomentar las competencias necesarias para la investigación jurídica mediante el empleo de metodologías activas", en *Externalización de la justicia civil, penal, contencioso-administrativa y laboral*, Directores Sonia Calaza López e Ixusko Ordeñana Geruzaga, Ed. Tirant lo blanch, Valencia, 2022, pp. 145 y ss.

21 Vid., BARONA VILAR, S., "Psicoanálisis de la enseñanza del derecho en el siglo XXI. ¿Evolución, revolución o caquexia?", Eunomía: Revista en Cultura de la Legalidad Nº. 22, 2022.

22 Vid., una ilusionante apuesta de integración de los MASC en nuestros planes de estudios universitarios, con la coral participación de especialistas tan destacados como: "BARONA VILAR, S., Los MASC en la Justicia. ¿Qué, por qué y cómo enseñar?", *Innovación docente en la universidad: los MASC como último elemento de la ciencia procesal y su enseñanza-aprendizaje mediante métodos innovadores,* Directores: Sonia Calaza López e Ixusko Ordeñana Gezuraga, Ed. Dykinson, Madrid, 2023; LÓPEZ YAGÜES, V. y UZQUEDA, A., "Fórmula de innovación en la enseñanza de mediación" *Innovación docente en la universidad: los MASC como último elemento de la ciencia procesal y su enseñanza-aprendizaje mediante métodos innovadores,* Directores: Sonia Calaza López e Ixusko Ordeñana Gezuraga, Ed. Dykinson, Madrid, 2023; ORDEÑANA GERUZAGA, I., "El futuro es hoy o la renovación de las tutorías del Grado en Derecho: una intervención para trabajar los medios alternativos de resolución de conflictos (MASC) mediante metodologías activas", *Innovación docente en la universidad: los MASC como último elemento de la ciencia procesal y su enseñanza-aprendizaje mediante métodos innovadores,* Directores: Sonia Calaza López e Ixusko Ordeñana Gezuraga, Ed. Dykinson, Madrid, 2023.

escasa -por no decir, casi inexistente- digitalización[23]; (4) triple ineficiencia (en términos de coste económico, temporal y psicológico) ante la doble inversión de recursos si no resulta exitoso; (5) posible inadecuación de la satisfacción psicológica con la respuesta jurídica[24]; (6) probable incoherencia entre la solución consensuada y la justicia del resultado[25]; (7) complejidad de la respuesta -y su debido cumplimiento- especialmente ante las controversias transnacionales[26]; (8) obligada servidumbre de paso hacia la Jurisdicción cuando el particular tiene una clara, decidida e inequívoca voluntad -desde el inicio- de emprender un trayecto jurisdiccional; (9) ausencia de triaje y rigidez de la elección, ante la evidencia de que el particular habrá de asumir el "acierto o error" del MASC seleccionado de entre los legalmente estipulados, sin posibilidad de ofrecer, con toda creatividad, nuevas fórmulas -analógicas, digitales y/o híbridas- de recíproca satisfacción de voluntades; y

---

23 VIDAL LECA, F., señala, en este sentido, que "las soluciones digitales ayudarán tanto la judicatura como al tejido empresarial español a resolver las controversias con mayor eficiencia y agilidad, en *Si queremos agilizar la Justicia, digitalicemos los MASC*: https://cincodias.elpais.com/cincodias/2022/10/05/legal/1665002887_525734.html.

24 Vid., PÉREZ DAUDÍ, V., cuando advierte que "en los ADR y ODR las partes pueden decidir que la decisión del conflicto se realice sin aplicar la ley, sino otros criterios como la equidad, con el límite de no vulnerar el orden público y las normas imperativas ni perjudicar los intereses de terceros. Sin embargo, el juez estatal está obligado a resolver el conflicto interpretando y aplicando la ley. Por ello, en el primer caso las partes pueden decidir resolver el conflicto mediante un sistema automatizado de resolución de conflictos en el que no se garantiza que la solución que se alcance sea la que corresponda con la previsión legislativa", en *De la Justicia a la Ciberjusticia,* Ed. Atelier, Barcelona, 2022, p. 118.

25 Vid., SIGÜENZA LÓPEZ, J., especialista en la materia, quién se muestra muy firme y realista a este respecto: "Depositar en estos instrumentos una confianza excesiva e indiscriminada es erróneo y perturbador. No solo porque a través de ellos no siempre se alcanzará una solución justa y acorde al ordenamiento, que es lo que se pretende cuando se acude a los tribunales, sino más bien una solución «adecuada» o «conveniente», lo que ya de por sí resulta una importante diferencia, sino sobre todo porque su estímulo por parte de los poderes públicos revela en el fondo la crisis de la justicia ordinaria, a la que se califica de lenta y torpe y a la que se sigue sin prestar la atención que realmente merece, lo que resulta sumamente preocupante" "¿Justicia sin jueces?: los llamados «medios adecuados de solución de controversias en vía no jurisdiccional»", *Revista General de Derecho Procesal* 60, 2023, p. 4.

26 ORDEÑANA GEZURAGA, I., "Renovar o morir: sobre la necesidad de reconfigurar la mediación intercultural en nuestro ordenamiento jurídico", *LA LEY mediación y arbitraje,* N° 10, Enero de 2022.

(10) la sanción -con costas y multa- por una -supuesta- "ausencia de buena fe negocial" conducente al fracaso del modelo y generadora de un "abuso de la Justicia como servicio público".

Una vez destacado el definitivo acierto *-con debilidades en la legislación proyectada-* de la incorporación de los MASC en nuestra Justicia civil y apelando a la idea popular *-tan acertada, de que "hay vida más allá" de algo o de alguien (que nos resulta particularmente insufrible, tóxico o traumático) en su correspondencia a la disertación actual, tal como se enfatiza en el título: "Hay Justicia más allá de la Jurisdicción"-*; pasamos -siempre por la senda de su incuestionable legitimidad social en este incipiente momento de implementación- a despejar los siguientes ítems de este ensayo, cuales son, de un lado la conveniencia -o no- de su sumisión al más estricto principio de legalidad -sin el menor margen para la oportunidad pura equiparada al "libre albedrío"- y, de otro, su imposición, con claro desmantelamiento de la "voluntad procesal", más allá de su conversión -pese a la confidencialidad[27]- en un "secreto a voces": pues los particulares ya no podrán acudir al "intento de acuerdo" bajo el sacrosanto respeto al principio procesal de "ver, oír y callar" -esto es, de no ser particularmente activos en la proposición de ofertas/respuestas- sino a riesgo de ser tachados de "abusadores" contra un sistema -sobrepasado- de Justicia como "servicio público". Pero no nos anticipemos: vayamos por partes.

---

27 SIGÜENZA LÓPEZ, J., destaca -precisamente- este valor como rematadamente esencial en su trípode bastión de la mediación, al advertir que "para que la mediación funcione basta con que se regulen tres cuestiones que, si se reflexiona con el debido sosiego, enseguida se advierte que no son sino los pilares que hacen que aquélla sea eficiente, una vez que quienes discrepan sobre un asunto susceptible de mediación han decidido intentar alcanzar un acuerdo. Dichas basas son: en primer lugar, que lo revelado e intercambiado durante el procedimiento de mediación quede en dicho ámbito, salvo, claro está, que las partes dispongan otra cosa; en segundo término, que el intento de alcanzar un acuerdo no perjudique los derechos y facultades de quienes se sometan a dicho método de gestión de conflictos; y finalmente, que se reconozca carácter ejecutivo a los acuerdos que eventualmente puedan alcanzarse". Vid., esta reflexión, en *Mediación extrajudicial y proceso civil*, Ed. Thomson Reuters Aranzadi, Cizur Menor (Navarra), 2018, pág. 18 y en "Los tres pilares que favorecen que una mediación sea eficiente y el proyecto de ley de medidas de eficiencia procesal: algunas dudas, posibles soluciones y propuestas para tener en consideración", *De los ADR (Alternative Dispute Resolution) a los CDR (Complementary Dispute Resolution) en la Jurisdicción Civil*, dirigida por los Profes. Sonia Calaza López, Ixusko Ordeñana Gezuraga y Julio Sigüenza López, Ed. Tirant lo blanch, Valencia, 2023, pp. 182 y 183.

II. LEGITIMIDAD SOCIAL DEL SERVICIO PÚBLICO JUSTICIA ANTE LA FINANCIACIÓN PRIVADA DE LOS MASC.

La Justicia -que emana del pueblo (legitimidad social) y es -en democracia- un servicio público esencial[28] (en su acepción más pragmática: como actividad o actuación desarrollada por una institución pública con la finalidad de satisfacer una necesidad básica del conjunto de la sociedad, sin malgastar los recursos públicos) admite tantas variables, en un Estado de Derecho, cuántas sean las creativas fórmulas que permitan, de un lado, pacificar las relaciones interpersonales, sociales e institucionales; así como, de otro, dotar de seguridad, fijeza y predictibilidad, a las relaciones jurídicas[29]. Ahora bien, todas estas fórmulas de resolución de controversias y las que vengan -sean exclusivas (todo llegará), alternativas o complementarias -según cada caso- respecto de la Jurisdicción- habrán de pasar el triple test de (1) su aceptación social, (2) su regulación legal y (3) su adecuación constitucional. De ahí que no quepa la asunción de una administración de Justicia con improvisación, espontaneidad o ajenidad a la Ley: incluso los "medios adecuados de solución de controversias" (por muy "naturales" que sean), desde el momento en que se integran en el concepto de Justicia -en su dimensión de Justicia colaborativa y por cierto…¡ bienvenidos sean![30]- deben estar previamente regulados (principio de legalidad) para evitar abusos de poder y conflictos de interés, para preservar la confidencialidad de las comunicaciones (potencial fuente de

---

28 Se trata, según MERINO MERCHÁN, J. F., "de que el sistema judicial encuentre la necesaria legitimidad social (en palabras de la Exposición de Motivos), mediante la activa participación de los ciudadanos, sin que ello suponga merma de la seguridad jurídica y de las necesarias garantías sino que, por el contrario, suponga la inexcusable eficiencia para que el sistema judicial ofrezca alternativas y respuestas, en medios y en tiempos razonables a los conflictos interpartes que se plantean de forma incesante en nuestra sociedad, obviándose en la solución de esas controversias en la mayor medida posible el tener que acudir necesariamente a los juzgados y tribunales del Estado", en "Apuntes sobre el Proyecto de Ley de eficiencia procesal", *LA LEY mediación y arbitraje*, Nº 14, Enero de 2023, p. 2.

29 Vid., un magnífico estudio sobre la evolución de la Justicia, desde un tiempo primitivo de venganza y autotutela hasta la actualidad, en BARONA VILAR, S., "Fundamento, evolución y contenido de la Disciplina en el Siglo XXI", en AA.VV. *Derecho Procesal I. Introducción*, (coord. por Gómez Colomer, J.L..; Barona Vilar, S.), Ed. Tirant lo Blanch, Valencia 2021.

30 Vid., CALAZA LÓPEZ, S., "Ya llegan los medios adecuados de solución de controversias en vía no jurisdiccional: cuanta más desjudicialización, mejor", *Actualidad Civil* n.º 6, junio 2022, Nº 6, 1 de jun. de 2022, Editorial Wolters Kluwer

prueba en un hipotético proceso futuro), para mantener la igualdad de las partes; y, sobre todo, para asegurar el tránsito -al menos, por un "micro-procedimiento"[31] respetuoso con las garantías más elementales del selecto club de la "Justicia como servicio público" del que entran a formar parte: No cabe, pues, la construcción de nuevos MASC al margen de la Ley si pretenden, a renglón seguido, configurarse -estos MASC- precisamente como "requisito de procedibilidad".

Y esta imposibilidad de diseñar nuevos MASC, extramuros de la legislación, es una de las curiosas novedades de la reforma: en fase de Anteproyecto se apostaba por cualesquiera "medio adecuado de resolución de controversias" -estuviere o no regulado previamente: esto es, con o sin *lex praevia, escripta e certa*-; sin embargo, en fase de Proyecto, ya tan solo se asumen los mecanismos legalmente previstos. La razón de este cambio de esquema legislativo mental, ya se ha anticipado, parece clara: si los MASC se integran en el concepto de Justicia como "servicio público", entonces su instauración, ideario, procedimiento y conclusión no parece que deban dejarse al -exclusivo- socaire de la innovación, creatividad y libre arbitrio de los ciudadanos (lo cual, dicho sea de paso, es una gran pérdida, habida cuenta de la característica genialidad de nuestra "cultura popular"); sino a la implementación legislativa, que habrá de velar no sólo por la dotación -al procedimiento- de un cierto orden procedimental aderezado de las debidas garantías; sino como también -y sobre todo- por la imparcialidad, neutralidad y objetividad de los terceros -mediadores, conciliadores, expertos, negociadores: en fin, pacificadores- llamados a coadyuvar en el noble -y muchas veces artístico- objetivo de alcanzar, cuánto antes -aunque no "a cualquier precio"- un consenso -preferiblemente digital (por la mayor agilidad, flexibilidad y reducción de costes)[32]- frente a la inutilidad del

---

31 Vid., en este sentido, BARONA VILAR, S., cuando se refiere la conveniencia de utilizar el término "procedimiento" -y no "proceso", respecto de la mediación, pero que parece deba ser extensible a los restantes MASC, cuando señala que "en mediación lo que existe es una sucesión de actuaciones que reviste la forma de procedimiento. En consecuencia, técnicamente lo correcto es hablar de procedimiento de mediación, no de proceso", en *Mediación en asuntos civiles y mercantiles en España. Tras la aprobación de la Ley 5/2012, de 6 de julio,* Tirant Lo Blanch, Valencia 2013.

32 Vid., una destacada apuesta por la digitalización de los MASC en: VV.AA., *Justicia colaborativa online: mediación digital,* bajo la dirección de Leticia Fontestad Portalés y Sonia Calaza López, Ed. Dykinson, Madrid, 2023.; VV.AA., *Justicia en red para la Paz,* bajo la dirección de Leticia Fontestad Portalés y Sonia Calaza López, Ed. Dykinson, Madrid, 2023.;VV.AA., *Innovación docente en la universidad: los MASC como último elemento de la ciencia procesal y su enseñanza-aprendizaje mediante métodos innova-*

sufrimiento generado por el mantenimiento de una infructuosa discordia analógica sostenida -y seguramente recrudecida (incluso trasladada a otros órdenes[33])- con el inexorable paso del tiempo.

La -tantas veces criticada (desde tiempo atrás)[34]- imposición de los MASC se encuentra, por lo demás, íntimamente conectada con su regulación legal previa. Y es que no parece factible que los Jueces examinen un requisito de procedibilidad -en verdad, un presupuesto de procedibilidad- tan exigente como el de constatar que se "haya intentado de buena fe un acuerdo sin éxito", sin una regulación previa, expresa y suficientemente detallada acerca de cual sea ese procedimiento previo para alcanzar este acuerdo (procedimiento adecuado); quiénes sean, de un lado, las partes comprometidas en la controversia (legitimación) y, de otro, la/s llamada/s a coadyuvar al éxito de la negociación (coadyuvantes: abogado/s, mediadore/s, notario/s, registrador/es, experto/s, negociador/es, etc.); cuáles sean las garantías mínimas para asegurar el cumplimiento de los principios más elementales de cualquier procedimiento negociador digno de ser integrado en el concepto de Justicia como servicio público; y al término, cual sea la imprescindible formalidad para la correcta constatación de ese infructuoso intento de negociación.

Ahora bien, si resulta claro que el principio de legalidad debe informar todas y cada una de las fases procedimentales: incluso las anteriores -y por tanto extemporáneas- al mismo comienzo de la litispendencia cuando -como aquí sucede- lleguen a condicionarla *-esto acontece, al menos, en el caso de los MASC, de las medidas cautelares admitidas con antelación a la presentación*

---

dores, Directores: Sonia Calaza López e Ixusko Ordeñana Gezuraga, Ed. Dykinson, Madrid, 2023.; VV.AA., *Justicia en REDefinición: Inteligencia artificial en los métodos adecuados de resolución de controversias,* bajo la dirección de Leticia Fontestad Portalés y Sonia Calaza López; bajo la coordinación de Paulo Ramón Suárez Xavier e Ixusko Ordeñana Gezuraga, Ed. Dykinson, Madrid, 2023.; VV.AA., *Alternative Justice: Arbitraje 5.0,* bajo la dirección de Sonia Calaza López y Leticia Fontestad Portalés; bajo la coordinación de Ixusko Ordeñana Gezuraga y Paulo Ramón Suárez Xavier, Ed. Dykinson, Madrid, 2023.

33 Vid., LLORENTE SÁNCHEZ-ARJONA, M., "Justicia restaurativa. El derecho a la reparación. Especial referencia a las víctimas de violencia de género", en el monográfico *Dignificación de la Justicia penal de familia, Derecho de Familia* nº 34, 2022.; "Justicia restaurativa en violencia de género. Más allá de los límites de la pena", *Justicia en red para la Paz,* bajo la dirección de Leticia Fontestad Portalés y Sonia Calaza López, Ed. Dykinson, Madrid, 2023.

34 FUENTES GÓMEZ, J. C., "El vértigo de la mediación obligatoria", *Actualidad Civil,* N. 7-8, julio-Agosto 2019, Wolters Kluwer (LA LEY 9087/2019).

de la demanda, así como, llegado el caso, también en el de la misma anticipación de la prueba-; igual de claro resulta que su encorsetamiento legal -y consiguiente pérdida de la posibilidad de experimentación de MASC distintos a los predeterminados en la legislación, en términos de creatividad, espontaneidad e innovación popular (auténtica "democratización de la Justicia")- es debido a su configuración como "requisito de procedibilidad", pues de otro modo -esto es, de no condicionar este "intento del MASC" la misma admisión de la demanda-; entonces, lógicamente, los MASC habrían quedado -por supuesto- al margen de la imperiosa exigencia de cobertura legal -previa, escrita y cierta-: en consecuencia, la conveniencia de la predeterminación legal debe matizarse -y hasta acaba por confluir en un silogismo-, pues si los MASC -conforme al modelo que se pretende instaurar- no fueren un "requisito de procedibilidad", no tendrían por qué estar legalmente definidos; luego, en el pecado (su imposición obligatoria como "requisito de procedibilidad") llevan la penitencia (su encorsetamiento legal).

La legislación proyectada apuesta, como se sabe, por la imposición indiscriminada -y por tanto, para toda la Justicia civil dispositiva (con escasas excepciones)- de los MASC. El *leitmotiv* del feliz acogimiento, en nuestro país, de una Justicia colaborativa -por cierto, mérito exclusivo de algunos procesalistas hipersensibilizados con las grandes bondades de la cultura de la paz[35]- no fue, de inicio, la descarga judicial, la relajación de la Jurisdicción o el escapismo frente a la -supuesta- tortura procesal clásica (recrudecida ahora -¡además!- con el encarnizamiento de una lentitud, complejidad y carestía todavía mayor); sino otro bien distinto: el que respondía al ideal romántico -pero no utópico- de la tregua, la humanización, la solidaridad y la democratización de la Justicia. Sin embargo, este noble ideal de acercamiento de la ciudadanía a la Justicia -o de la Justicia a la ciudadanía, si se prefiere-; esta formulación de un compromiso institucional y social edificado sobre los cimientos de la pacificación

---

[35] Vid., de forma singularmente representativa y destacada, entre nuestra moderna procesalística, BARONA VILAR, S., "Integración de la mediación en el moderno concepto de "Acces to Justice". Luces y sombras en Europa", *Indret: Revista para el Análisis del Derecho* Nº. 4, 2014; ORDEÑANA GEZURAGA, I., "Sobre la mejora de la justicia o su concepción en el marco del derecho jurisdiccional diversificado", *Derecho y proceso: liber Amicorum del profesor Francisco Ramos Méndez,* Vol. 3, Ed. Atelier, Barcelona 2018.; LÓPEZ YAGÜES, V., "La inserción de la mediación en un sistema integrado de Justicia civil para España y Europa. El modelo italiano", en *Nuevos debates en relación con la mediación penal, civil y mercantil,* Santiago de Compostela, 2018.; "Mediación y proceso judicial. Instrumentos complementarios en un sistema integrado de Justicia civil", *Práctica de Tribunales* nº 137, 2019.

individual; este reto de construcción de un tejido personal, familiar, laboral y empresarial hilvanado con la fortaleza de unos lazos asentados en la razón, la comprensión y el diálogo; todos estos ideales, formulaciones, compromisos y retos se asentaban sobre la base de la libertad, la voluntad y el libre desarrollo de la personalidad; no sobre la de una idea tan kafkiana como la de "imponer la paz por la fuerza"[36]: Usted debe, con toda su buena fe, procurar -hasta la extenuación- el acuerdo, bajo sanción de costas y multa en un proceso posterior -aún exitoso- si se llega a constatar que, a pesar de su victoria, no agotó esa vía previa de la imposición de la "pacificación" extramuros de la Jurisdicción.

La forzosa imposición de los MASC no responde ya -así ha de reconocerse- tanto a aquella idea romántica -gestada en los albores de sus primeros despertares- de restablecimiento de la concordia, de minoración de la crispación, de igualdad de todos -con independencia de las posibilidades económicas de cada uno- y de conquista de la pacificación social[37]; como a otra mucho más prosaica: el alivio ante la congestión de nuestros Juzgados y/o Tribunales así como la minoración del gasto público a costa del privado.

La imperiosa obligación de agotar alguno de los MASC legalmente regulados, en la práctica totalidad de la litigiosidad civil dispositiva -sin triaje (o detección de cuál sea el más adecuado en cada caso) previo- y bajo explícita amenaza legal de la imposición de costas y multas, como ineludible tránsito hacia la Jurisdicción, puede ralentizar, entorpecer y hasta teatralizar el mismo acceso a la Jurisdicción, con un agravante: su radical privatización económica en un contexto de Justicia pública, asertiva, pedagógica, solidaria, resiliente, sostenible; en definitiva, en un escenario de gran dificultad basal -como el de un tiempo y espacio devastado por una crisis sanitaria, económica y energética (por no apelar a la constante afectación de la bélica en espacios y tiempos nada remotos)-. Y es que el ciudadano -por si todo aquello fuere poco- habrá de sortear, en el escenario recién descrito, un buen número de obstáculos más, entre otros y como mínimo, los

---

36 NIEVA-FENOLL, J. afirma, en este sentido, con contundencia, que "no es aceptable que el legislador o los gobiernos acudan a mecanismos coercitivos para imponer esa supuesta paz que comporta la mediación", en "Mediación y arbitraje: ¿una ilusión decepcionante?", *Revista General de Derecho Procesal* 39, 2016.

37 VILLARRUBIA, M. y REQUEIJO, A. han señalado, a este respecto, lo siguiente: "Es probable que el requisito de procedibilidad lo único que haga sea introducir un elemento más de burocracia prejudicial", en «Los medios adecuados de solución de controversias (MASC)», en https://www.hayderecho.com/2021/09/03/los-medios-adecuados-de-solucion-de-controversias-masc/

siguientes: (1) agenciarse un profesional especializado en el "arte del consenso"; (2) poner -incluso contra su voluntad: que, en esta ocasión, deja de estar en el centro- toda su "buena fe" en un intento de negociación (a veces impostado); (3) esperar unos -por suerte, perentorios- plazos para dar capacidad de reflexión y respuesta a la otra parte de la controversia; y (4) costearlo; y todo ello para (1) si llega al acuerdo, solicitar su conversión en título ejecutivo (pues, en otro caso, el acuerdo puede devenir inservible); o bien (2) si no llega al acuerdo, "volver a empezar" pero exponiéndose ahora, como mínimo, a un trámite procesal más, amén de a una añadida adversidad: (2.1) el trámite procesal, acreditar suficientemente que ha intentado, con toda su buena fe (por cierto, concepto jurídico indeterminado de muy compleja demostración), alcanzar un acuerdo sin éxito; y (2.2) la adversidad, al no haber sido un "visionario" (al no haber acertado a imaginar que el Juez, en el futuro, podría llegar a concederle, en sentencia, algo similar a lo que, en su día, rechazó en el "intento de acuerdo"), la de ser sancionado, aunque gane, con costas y multas.

La doctrina[38], de forma prácticamente unánime[39], -incluso, la más favorable a la instauración de la Justicia colaborativa[40]- se ha manifestado, con toda razón, radicalmente en contra de la imposición de los MASC, bajo la

---

38 BANACLOCHE PALAO, J. señala, con contundencia, lo que sigue: "Parece que el legislador sigue sin comprender que los MASC son útiles cuando las partes quieren emplearlos; pero si no lo desean, el hecho de que se les fuerce a acudir a ellos no los convierte en una especie de bálsamo de Fierabrás que, por arte de birlibirloque, van a generar miles de acuerdos que descongestionen la jurisdicción civil", "Las reformas en el proceso civil previstas en el Anteproyecto de Ley de Medidas de Eficiencia Procesal: ¿una vuelta al pasado?", *Diario La Ley*, Nº 9814, Marzo de 2021, p. 4.

39 Vid., MARTÍN DIZ, F., se ha manifestado, una y otra vez, en contra de la obligatoriedad de los MASC, por cuánto "el derecho a la tutela judicial efectiva que la Constitución preceptúa, es un derecho incondicional, que no puede limitarse con exigencias o requisitos previos para su libre ejercicio por parte del ciudadano que puedan servir de freno o cortapisa para el acceso directo y libre a los órganos jurisdiccionales en la demanda de Justicia", "Nuevos escenarios para impulsar la mediación en derecho privado: ¿conviene que sea obligatoria?", *Práctica de Tribunales: Revista de derecho procesal civil y mercantil*, n. 137, 2019; Mediación y sistema de justicia: a propósito de las reformas legislativas para la eficiencia procesal de la administración de justicia y la incorporación de los denominados «medios adecuados de solución de controversias», *LA LEY mediación y arbitraje*, Nº 12, Julio de 2022, *Editorial LA LEY*, p. 5.

40 Vid., SIGÜENZA LÓPEZ, J., "Porque creemos en la mediación, no a la mediación obligatoria", en *Horizonte Justicia 2030. Reflexiones críticas sobre los proyectos de eficien-*

fórmula de requisito de procedibilidad, acompasado con costas y multa. Y es que si examinamos -de forma pausada- las leyes más relevantes de la última legislatura, comprobamos que todas ellas -o al menos, la inmensa mayoría- se caracterizaban por un "emocionante" ideal común: el triunfo de la voluntad, el refuerzo de la autodeterminación, la feliz consagración del libre desarrollo de la personalidad.

La voluntad está -claramente- en el centro de toda nuestra moderna legislación sustantiva -no hay más que rememorar leyes tan rupturistas, avanzadas y paradigmáticas como, entre tantas otras, la LO 10/2022, de 6 de septiembre, de garantía integral de la libertad sexual; la LO 1/2023, de 28 de febrero, por la que se modifica la Ley Orgánica 2/2010, de 3 de marzo, de salud sexual y reproductiva y de la interrupción voluntaria del embarazo; o la misma Ley 4/2023, de 28 de febrero, para la igualdad real y efectiva de las personas trans y para la garantía de los derechos de las personas LGTBI, para constatarlo-; pero esa misma voluntad se vislumbra, desde luego, muy alejada de esta proyectada regulación procesal: se pretende denominar "voluntariedad mitigada" a la consistente en imponer, por la fuerza, el "intento del acuerdo" pero no -como es lógico- el acuerdo mismo.

Sin embargo, este eufemismo -la "voluntad mitigada"- no responde a la realidad: los especialistas[41] en la materia ya han tenido ocasión de singularizar esta variable: la "obligatoriedad mitigada" se ha venido refiriendo -en todo tiempo y lugar- a la imperiosa necesidad de acudir a una primera -y tal vez última- sesión informativa, dónde se expresen las distintas fórmulas de gestión extrajudicial de las controversias, con sus posibilidades y atractivos, así como con su menor coste económico, temporal y psicológico, de cara a que las partes decidan -con toda libertad- si hacen uso o no de tales fórmulas (se trata de un mero sondeo, una exploración; a lo sumo, un intento de captación); pero no desde luego a la imprescindible

---

cia del Servicio Público de Justicia (obra dirigida por M.ª Paula Díaz Pita), Editorial Tecnos, Madrid, 2023

41 CARRETERO MORALES, E. lo ha explicado con toda elocuencia: "Hay que partir, en consecuencia, de una premisa básica, no hay que confundir la obligación que existe en algunas legislaciones de acudir a una sesión informativa, donde se explica a las partes las posibilidades y ventajas que podrían obtener de gestionar su conflicto a través de un MASC, con la obligación de someterse necesariamente al mismo. Los intentos de imponer un proceso formal y de carácter no voluntario para las partes pueden minar potencialmente la razón de ser de los propios MASC", "El modelo de «obligatoriedad mitigada» de los MASC", *Diario LA LEY*, Nº 10256, Marzo de 2023, p. 3.

obligación, primero, de intentarlo "de buena fe"; después, de acreditarlo, y al término, en probable expectativa, de ser sancionado. La obligación, por tanto, de la involuntaria experimentación de la fórmula negocial como vía de acceso a la Jurisdicción -bajo amenaza de imposición de costas y multa- resulta censurable.

III. ¿CUÁNTA JUSTICIA COLABORATIVA ES CAPAZ DE METABOLIZAR NUESTRA ADMINISTRACIÓN DE JUSTICIA? CONSIDERACIONES FINALES.

El ámbito de aplicación de los MASC -en la reforma proyectada- es desbordante: se aplica, pura y simplemente, a todo el proceso civil dispositivo. Y ello sin mayores disquisiciones ni comprensión al respecto de que ni toda materia indisponible -por su sola indisponibilidad- debe quedar extramuros de la Justicia colaborativa -así, la Justicia civil de menores[42], la Justicia civil de la discapacidad[43] o la misma Jurisdicción penal[44] reclaman

---

42 Así, los procesos afectantes a crisis matrimoniales con menores, siendo indisponibles, parecen una de las dianas perfectas de los MASC. Vid, entre tantos otros partidarios de la priorización de la Justicia terapéutica de familia, GUTIÉRREZ SANZ, M. R., quién advierte que "La tormenta perfecta ante una situación de crisis se produce cuando la gestión de estos conflictos familiares se lleva ante los tribunales de justicia y el conflicto se intenta resolver mediante un procedimiento judicial. El proceso, que ya de por sí se revela como una herramienta limitada para solventar un buen número de conflictos jurídicos, aparece como la fórmula menos idónea cuando se trata de dar respuesta a los conflictos familiares. Los factores que intervienen en los conflictos familiares son propios y exclusivos de esta realidad: los sentimientos, los patrimonios cuyo contenido emocional es, en muchas ocasiones, superior al puramente económico, el ansia de revancha que subyace al enfrentamiento, la existencia de menores que son las víctimas de las circunstancias, etc. Ante este panorama, lo único adecuado es ofrecer soluciones completas y con una proyección de futuro. La aséptica aplicación de la ley no puede dar resultado cuando lo que se están ventilando son materias sensibles y que van a marcar el bienestar de los menores" "El divorcio a través del proceso colaborativo: ¿esperanza o experiencia de una fórmula mejor?", *LA LEY mediación y arbitraje*, Nº 14, Enero de 2023, p. 3.

43 FERNÁNDEZ DE BUJÁN, A., "La Ley 8/2021, para el apoyo a las personas con discapacidad en el ejercicio de su capacidad jurídica: un nuevo paradigma de la discapacidad", Diario *La Ley* nº 9961, 2021.

44 Vid., por todos, BARONA VILAR, S., «Mediación penal como pieza del sistema de tutela en el siglo XXI. Un paso más hacia la resocialización y la justicia restau-

una urgente inserción -voluntaria (eso sí) de la mediación y otros MASC-; ni toda la Justicia civil dispositiva -por este mismo dominio de la pretensión- debiera quedar -siempre y en todo caso- condenada al agotamiento imperativo del MASC.

En la discriminación está el acierto: en un primer brochazo grueso, debiera afrontarse, con cierta coherencia y precisión, una discriminación de cuál/es sea/n los MASC legalmente admisibles -de entrada- en nuestra Justicia civil -¿toda la dispositiva; tan sólo alguna parcela y cuál; también -acaso- la indisponible?, esto es: ¿Cuánta Justicia colaborativa es capaz de metabolizar nuestra Administración de Justicia?. Piénsese que, convertido el MASC en requisito de procedibilidad, habrá de ser oportunamente examinado -caso a caso- por el Juez-. Inmediatamente después de esta imprescindible parcelación objetiva gruesa, habrá de seleccionarse, con mayor finura, -¡mediante un primer triaje legislativo!- cual -de entre todos los MASC- es realmente "el más adecuado" para cada concreta controversia: y en este punto de partida afrontar un primer llamamiento general -susceptible de tantas excepciones cuántas resulten precisas- acerca de la reconducción de cada bloque de litigiosidad -por ejemplo: consumo- al MASC -en principio- más idóneo para dilucidar esa concreta desavenencia -por ejemplo: el experto independiente-. Esta imprescindible selección reglada -de cuál sea el MASC más idóneo para cada tipo conflictual- entra de lleno en el ámbito subjetivo, pues el despliegue de cada uno de ellos -por mucho que todos ellos sean sucedáneos (más o menos sofisticados) de una criatura tan original como la mediación- precisará la intervención de distintos actores -mediador, experto, negociador, conciliador, etc.-, así como la coherente exigencia -a cada uno de ellos- de unos mínimos conocimientos técnicos, habilidades y destrezas acordes a su concreta misión negociadora: de otro modo, debieran someterse -los distintos MASC- a una refundición y volver a engrosar el -ya clásico- tronco común -la mediación-, con tantas variables como derivados llegase a admitir esta única figura.

La utilidad de los MASC no sólo se reconduce -que no es poco- a una posible -o imposible- evitación del proceso -en términos maximalistas de "existir o no existir"- sino también a la reducción de la controversia -y de sus efectos-, una vez afrontada la concreción de cual/les sea/n el/los

rativa», *Revista de Derecho Penal*, n. 26, 2009; «Mediación penal: un instrumento para la tutela penal», *Revista del Poder Judicial*, n. 94, 2012.; "Mediación y acuerdos reparatorios en la metamorfósica justicia penal del siglo XXI, *Boletín Mexicano de Derecho Comparado*, Vol. 52, N°. 155 (mayo-agosto), 2019.

exacto/s términos de ese conflicto, pudiendo -de haberse alcanzado el consenso- llevar a juicio tan sólo una parte -muy minorada- respecto de la controversia inicial o, al menos, evitar la progresiva escalada conflictual. De ahí la imprescindible regulación exhaustiva de un procedimiento negociador para cada uno de los MASC.

Y es que los MASC de la legislación proyectada -recuérdese- están tasados. Su sumisión al principio de legalidad -impuesta por obra de su obligado ensayo *in limine litis*- impide cualquier brote de espontánea creatividad en la configuración de nuevos mecanismos al margen de la Ley. Los regulados presentan particularidades que les confieren, como es lógico, una individualidad propia, un signo distintivo respecto al resto; si bien entre tanto algunos de ellos son mecanismos puros -y por tanto, imposibles de confundir, ni de equiparar siquiera-; otros, sin embargo, participan de características comunes, que los llevan a convertirse en clones o híbridos: así la conciliación es -toda ella- idéntica: su única nota distintiva corre a cargo del profesional que la lidera: Juez, LAJ, Notario o Registrador; y este mecanismo -la conciliación- participa de rasgos tan comunes con otros -por ejemplo, la mediación[45]- que apenas pueden abrirse canales de diferenciación[46]. Que el éxito de los MASC depende de quién -en cada caso- ejerza -con toda objetividad- su liderazgo -LAJ, Notario, Registrador, Mediador, Experto, Negociador, Conciliador, etc.-, en perfecta sincronización -incluso simbiótica- con los protagonistas principales del acuerdo, es algo que está fuera de toda

45 Vid., en este sentido, MARTÍNEZ PALLARÉS, J. I., cuando señala que "no es tan clara la diferencia entre conciliación y mediación, desde el momento en que el conciliador puede limitarse a intentar avenir a las partes o a exhortarles a llegar a un acuerdo; y porque nada impide, si prescindimos de posiciones dogmáticas, que el mediador pueda asumir un papel más activo en ese proceso negociador al que presta su asistencia, con el consentimiento o incluso la petición expresa de las partes, y practique una mediación evaluativa, proponiendo vías para explorar posibles acuerdos, inventando opciones, y haciendo o valorando propuestas de solución, sin que ello tenga por qué suponer un menoscabo de su neutralidad", en "Negociación, proceso y procedibilidad. Métodos, herramientas y conexiones funcionales", *Revista General de Derecho Procesal* 55, 2021, p.2.

46 Según LORENZO AGUILAR, J., "aparentemente, a primera vista mediación y conciliación serían semejantes respecto su concepción, pero tienen una diferencia fundamental, ya que, en la mediación, a la persona mediadora le está vedada la realización de propuestas de solución a las partes, pero, en la conciliación, el tercero conciliador sí podría hacer propuestas de solución para que sean las partes las que voluntariamente las acepten", Análisis global de los medios de solución de controversias en el Anteproyecto de Ley de Medidas de Eficiencia Procesal", *Práctica de Tribunales*, Nº 153, Noviembre de 2021, p. 9.

duda, si bien el papel estelar de nuestros Juzgadores vuelve a erigirse en el anclaje perfecto de esta -ya no tan nueva- vertiente de la Justicia como "servicio público" llamada a convivir -en un ejercicio de constante retroalimentación- con la Jurisdicción[47]: sin su estrecha colaboración[48] -Juez y restantes coadyuvantes- no será posible la instauración de una auténtica Cultura de la Paz que derive a los Juzgadores tan sólo los conflictos más dramáticos, complejos o socialmente perturbadores.

Sin perjuicio de lo anterior, la obligatoriedad del MASC para todas las controversias dispositivas -excepción hecha de la Jurisdicción voluntaria y el proceso concursal- con imposición de costas -aún ganando- y de multa por un "uso abusivo" de la administración de Justicia, lejos de ser un aliciente, un incentivo o un estímulo, se convierte en una especie de "amenaza"[49]: la pro-

---

47 Y como los MASC, de configurarse como voluntarios, gratuitos y sometidos a un breve margen temporal, no servirían —muy probablemente— para minorar la litigiosidad civil, en expectativa creciente, que pone en riesgo la sostenibilidad de nuestra Justicia civil, entonces: ¿cuál sería la alternativa? Pues la alternativa viene de la mano de la descentralización —pero no por externalización de la Justicia, sino por ensanchamiento de la Jurisdicción voluntaria—; por reordenación de materias —no más zonas de confluencia de las distintas modalidades de nuestra única Jurisdicción—; por reorganización de procesos —amputación de la totalidad de procesos sumarios y especiales— y, finalmente, por simplificación de procedimientos —simbiosis entre el ordinario y el verbal con una unificación que permita al Juez, con toda flexibilidad, quedarse con lo mejor de cada uno", vid. en CALAZA LÓPEZ, S., "Una Justicia civil de diseño en la boutique del Derecho procesal", en *¿Cuarentena de la Administración de Justicia?*, dirigido por Pérez Daudí, V., Ed. Atelier, Barcelona, 2021, p. 107.

48 Vid., PICÓ JUNOY, J., cuando concluye que "para su éxito es fundamental tanto la correcta intervención de los abogados como la activa participación de los jueces: los abogados, siendo conscientes de que el proceso judicial no puede ser la primera vía para resolver los conflictos —por los altos costes sociales que comportan—, tienen en sus manos su más pronta solución mediante los MASC. Y los jueces también deben asumir como propia la cultura de la resolución amistosa previa al proceso y fomentar que la concordia se encuentre en la antesala de la Justicia para, en caso de no respetarse dicha cultura, aplicar las nuevas reglas sobre condena en costas y su tasación. Si los jueces rehúsan aplicar estas nuevas previsiones normativas —que incentivan o desincentivan determinadas conductas de las partes a través de las reglas sobre condena en costas— fracasará, de nuevo, el objetivo del legislador de reducir el altísimo nivel de litigiosidad que tenemos en España y la desesperante lentitud de nuestra justicia civil", "MASC y costas procesales en el futuro proceso civil: ¿La cuadratura del círculo?", *Diario La Ley*, Nº 9801, Marzo de 2021, p.6.

49 BELLIDO PENADÉS, R., estima por su parte que "sí incurre en desproporción, además de insertarse en una regulación que resulta confusa, la norma que permite la reducción o, incluso, la exoneración de las costas cuando la resolución judicial

puesta no sólo comporta un legítimo "inhibidor" de la Jurisdicción -procuren solventar sus propios conflictos extramuros de la Jurisdicción- sino también un castigo a quién no alcance a arbitrar[50] -y en su caso, aceptar- la solución consensuada: y ello -al menos, por el momento- sin el menor apoyo institucional[51], económico[52] ni social.

---

coincida "sustancialmente" con la propuesta por la parte demandada, por cuánto en el fondo fomenta la renuncia del actor a la tutela judicial íntegra y efectiva de los derechos e intereses legítimos reconocidos y amparados por el Derecho", *Medios alternativos de solución de conflictos y derecho a la tutela judicial efectiva en Derecho privado (España y Unión Europea),* Ed. Titant lo blanch. Valencia, 2022, p. 135.

50 SIGÜENZA LÓPEZ, J., se plantea, con toda lógica, que "existen supuestos en los que resulta razonable que los ciudadanos puedan recurrir a la Administración de Justicia sin necesidad de intentar solucionar a través del diálogo el conflicto que les enfrenta. Así sucede, por ejemplo, en nuestra opinión, cuando discrepan en la solución jurídica de un asunto, existiendo sin embargo conformidad en los hechos. Exigirles en estos casos que, pese a lo anterior, procuren alcanzar una solución por sí mismos que evite el recurso a los tribunales podría afectar a su derecho a ser tutelados jurídicamente de forma efectiva", "¿Una nueva forma de entender los conflictos jurídicos? luces y sombras del proyecto de ley de medidas de eficiencia procesal del servicio público de Justicia?", *MASC o el camino de la eficiencia en la gestión de controversias jurídicas de personas y empresas,* bajo la dirección de Sonia Calaza López, Ixusko Ordeñana Gezuraga y Verónica López Yagües, Ed. La Ley, Madrid, 2023, p. 227.

51 Si el Legislador crease una plataforma MASC dentro del Poder Judicial, con profesionales —mediadores, expertos, conciliadores— al servicio de la resolución armoniosa de los conflictos civiles y mercantiles; con la provisión de técnicas asistidas de mitigación de disputas; incluso, con la implementación de programas digitales de inteligencia artificial que promoviesen respuestas estandarizadas a controversias recurrentes; y todo ello fuere costeado por el Estado, entonces parece que la apuesta ganaría en coherencia: una apuesta real y firme por un sistema integrado de Administración de justicia con profesionales diversos, todos ellos destinados a la pacificación de las contrariedades civiles y mercantiles; todos ellos funcionarios de Justicia; de un lado los profesionales de los MASC, que ventilarían la primera fase preprocesal de las controversias disponibles; de otro, los Jueces y Magistrados, que resolverían estas mismas controversias, y dictarían una respuesta última, cuando fracasasen las soluciones ofrecidas por quiénes les habían precedido, infructuosamente, en la labor resolutoria. Pero este "abaratamiento" de la Justicia —minoración de asuntos para los Jueces y Magistrados— con el consiguiente ahorro para el Estado, a costa del "endeudamiento" del justiciable -"encarecimiento" del procedimiento—, supone un desplazamiento del gasto público —transmutado ahora en ahorro público—, al gasto privado del litigante". Vid., CALAZA LÓPEZ, S., "El realismo mágico de la nueva Justicia civil", *Revista de la Asociación de profesores de Derecho procesal de las Universidades españolas* nº 2, Ed. Tirant lo blanch, 2021, pp. 44 y 45.

52 En este sentido se ha manifestado, con todo tino, LÓPEZ YAGÜES, V.: "La imposición generalizada y acrítica del uso preferente de cualquiera de las he-

En síntesis, más MASC, pero no MASC bajo presión, sino MASC bajo palabra: ni inflexibilidad, ni obligatoriedad, ni legalidad pura (sino oportunidad reglada); más MASC pero no MASC bajo improvisación sino MASC bajo especialización: más formación, más profesionalidad, más cualificación, más dedicación: y -sobre todo- contaminación cero (el profesional involucrado en el MASC debe abstenerse de mantener cualquier actuación posterior -¡cualquiera!: ni la de coadyuvante siquiera- en un eventual proceso judicial); y finalmente, más MASC, pero no MASC bajo una concepción cerril, aséptica y volátil, sino MASC bajo procedimiento aperturista, garantista y solidario: apostemos por una implementación de MASC -analógicos, híbridos y digitales- en todos los ámbitos de la vida cotidiana -sin mayores restricciones que las de la voluntad libremente manifestada-, enmarcados en procedimientos garantitas, sencillos, económicos, ágiles y coherentes con los postulados de solidaridad, resiliencia y compromiso con la *Justicia integral del siglo XXI*, que tanto debe -en su génesis, desarrollo y muy pronto, esperemos, feliz desenlace- a la Profa. Silvia Barona Vilar.

IV. Bibliografía

BANACLOCHE PALAO, J., "Las reformas en el proceso civil previstas en el Anteproyecto de Ley de Medidas de Eficiencia Procesal: ¿una vuelta al pasado?", *Diario La Ley*, Nº 9814, Marzo de 2021, Editorial Wolters Kluwer

ABELLÁN ALBERTOS, A., "Intervención del abogado en los medios de solución de conflictos en el texto legal de medidas de eficiencia procesal", *Práctica de Tribunales*, Nº 153, Noviembre de 2021, *Editorial Wolters Kluwer*.

ACHÓN BRUÑÉN, M. J., "Problemas que plantean los acuerdos de las partes en los procesos civiles y la ejecución forzosa de acuerdos alcanzados en procedimientos de mediación, arbitrales y expedientes de conciliación", *Práctica de Tribunales*, Nº 153, Noviembre de 2021, *Editorial Wolters Kluwer*

---

terogéneas fórmulas consideradas MASC y la falta de gratuidad –en los casos que proceda- en el acceso a esos métodos extrajurisdiccionales de solución de conflictos previstos, son dos de los aspectos más significativos de la reforma, en torno a los que giran nuestras reticencias al modelo de Justicia propuesto por el PLMEP". Vid., "Mediación y otros MASC", *Habilidades y procedimientos de Mediación*", Ed. Aranzadi, Navarra, 2022. p. 181; "La potencialidad de los MASC, en general, y de la mediación en particular en ámbitos conflictuales complejos que afectan a personas o empresas", *MASC o el camino de la eficiencia en la gestión de controversias jurídicas de personas y empresas*, bajo la dirección de Sonia Calaza López, Ixusko Ordeñana Gezuraga y Verónica López Yagües, Ed. La Ley, Madrid, 2023, p. 124.

BARONA VILAR, S.,

- *Solución extrajurisdiccional de conflictos. Alternative Dispute Resolution (ADR) y Derecho Procesal,* Ed. Tirant lo Blanch, 1999.
- "Mediación penal como pieza del sistema de tutela en el siglo XXI. Un paso más hacia la resocialización y la justicia restaurativa", *Revista de Derecho Penal,* n. 26, 2009.
- "Las ADR en la justicia del Siglo XXI, en especial la mediación", *Revista de Derecho Universidad Católica del Norte,* Sección: Ensayos, Año 18, N.1, 2011.
- "Mediación penal: un instrumento para la tutela penal", *Revista del Poder Judicial,* n. 94, 2012.
- *Mediación en asuntos civiles y mercantiles en España. Tras la aprobación de la Ley 5/2012, de 6 de julio,* Tirant Lo Blanch, Valencia 2013.
- "Integración de la mediación en el moderno concepto de "Acces to Justice". Luces y sombras en Europa**",** *Indret: Revista para el Análisis del Derecho* N°. 4, 2014
- "Justicia civil a debate: qué, por qué y cómo -pasado, presente y retos de futuro del proceso civil", *XIII Congreso panameño de Derecho procesal,* Panamá, 2016.
- "Justicia integral y tutela sin proceso", en *Las transformaciones del proceso civil* (obra dirigida por Juan Francisco Herrero Perezagua), Ed. Thomson Reuters Aranzadi, Cizur Menor (Navarra), 2016.
- "Justicia integral y Access to Justice. Crisis y evolución del paradigma", en *Mediación, Arbitraje y Jurisdicción en el actual paradigma de Justicia,* Ed. Civitas, Madrid, 2016.
- *Nociones y principios de las ADR (Solución extrajurisdiccional de conflictos),* Ed. Tirant lo Blanc, Valencia, 2018.
- *Proceso penal desde la Historia. Desde sus orígenes hasta la sociedad del mierdo,* Ed. Tirant lo blanch, Valencia, 2018.
- "Mediación y acuerdos reparatorios en la metamorfósica justicia penal del siglo XXI, *Boletín Mexicano de Derecho Comparado,* Vol. 52, N°. 155 (mayo-agosto, 2019.
- "Psicoanálisis de las ADR: retos en la sociedad global del siglo XXI", *La Ley. Mediación y arbitraje,* N°. 1 (Enero-Marzo), 2020
- "Métodos alternativos de resolución de conflictos en la sociedad digital y global del Siglo XXI", *Diario La Ley* N° 9924, 2021.
- "Claves vertebradoras del modelo de justicia en el siglo XXI", *Revista Boliviana de Derecho* N°. 32, 2021
- *Algoritmización del Derecho y de la Justicia. De la Inteligencia Artificial a la Smart Justice,* Valencia, Tirant lo Blanch, 2021.
- "Fundamento, evolución y contenido de la Disciplina en el Siglo XXI", en VV. AA., *Derecho Procesal I. Introducción,* (coord. por Gómez Colomer, J.L..; Barona Vilar, S.), Ed. Tirant lo Blanch, Valencia 2021.
- "La mediación y su espacio en el hábitat de la Justicia integral, global, algorítmica: ¿Más o menos protagonismo?, en *Meditaciones sobre Mediación (MED+),* ed. por BARONA VILAR, S., Ed. Tirant lo Blanch, Valencia, 2022.

- "Persona, algoritmización y posthumanismo, una ecuación hacia la «persona maquínica» y su responsabilidad", *Actualidad civil* Nº 10, 2022
- "La seductora algoritmización de la justicia. Hacia una justicia poshumanista (Justicia+) ¿utópica o distópica?", *El Cronista del Estado Social y Democrático de Derecho*Nº. 100 (Septiembre-Octubre), 2022
- "Psicoanálisis de la enseñanza del derecho en el siglo XXI. ¿Evolución, revolución o caquexia?", Eunomía: Revista en Cultura de la Legalidad Nº. 22, 2022.
- "Ecosistema digital de Justicia eficiente (De la Justicia digital orientada al documento a la Justicia orientada al dato)", *Actualidad civil* Nº 5, 2023
- "Dataización de la justicia (Algoritmos, Inteligencia Artificial y Justicia, ¿el comienzo de una gran amistad?)", *Revista Boliviana de Derecho* Nº. 36, 2023
- "Los MASC en la Justicia. ¿Qué, por qué y cómo enseñar?", *Innovación docente en la universidad: los MASC como último elemento de la ciencia procesal y su enseñanza-aprendizaje mediante métodos innovadores,* Directores: Sonia Calaza López e Ixusko Ordeñana Gezuraga, Ed. Dykinson, Madrid, 2023.

BARRÓN LÓPEZ, C., "Mediación como herramienta en conflictos arrendaticios en tiempos de Pandemia", *LA LEY mediación y arbitraje,* Nº 10, Enero de 2022, *Editorial Wolters Kluwer España*

BELLIDO PENADÉS, R., *Medios alternativos de solución de conflictos y derecho a la tutela judicial efectiva en Derecho privado (España y Unión Europea),* Ed. Titant lo blanch. Valencia, 2022

CALAZA LÓPEZ, S.,

- "Una Justicia civil de diseño en la boutique del Derecho procesal", en *¿Cuarentena de la Administración de Justicia?,* dirigido por Pérez Daudí, V., Ed. Atelier, Barcelona, 2021
- "El proceso judicial como *ultima ratio*: de la alternatividad a la obligatoriedad de los "medios adecuados de solución de conflictos", en *Un modelo de justicia para el siglo XXI: Justicia alternativa, Justicia negociada, Justicia informal,* dirigido por el Prof. Roca Martínez, J.M., Ed. Tirant lo blanch, Valencia, 2021
- "El realismo mágico de la nueva Justicia civil", *Revista de la Asociación de profesores de Derecho procesal de las Universidades españolas* nº 2, Ed. Tirant lo blanch, 2021.
- "Ya llegan los medios adecuados de solución de controversias en vía no jurisdiccional: cuanta más desjudicialización, mejor", *Actualidad Civil* n.º 6, junio 2022, Nº 6, 1 de jun. de 2022, Editorial Wolters Kluwer

CALAZA LÓPEZ, S y FONTESTAD PORTALÉS, L., "Lo mejor es enemigo de lo bueno: Potenciación del templo de la concordia -win/win- frente al templo de la Justicia -win/lose o lose/lose", en *Justicia en REDefinición: Inteligencia artificial en los métodos adecuados de resolución de controversias* bajo la dirección de Leticia Fontestad Portalés y Sonia Calaza López; bajo la coordinación de Paulo Ramón Suárez Xavier e Ixusko Ordeñana Gezuraga, Ed. Dykinson, Madrid, 2023.

CARRETERO MORALES, E., "El modelo de «obligatoriedad mitigada» de los MASC", *Diario LA LEY,* Nº 10256, Marzo de 2023, *Editorial LA LEY*

COLMENERO GUERRA, J. A., "La necesidad de una ley de resolución alternativa de conflictos en materia de consumo", *LA LEY mediación y arbitraje*, Nº 12, Julio de 2022, Editorial LA LEY

FERNÁNDEZ DE BUJÁN, A., "La Ley 8/2021, para el apoyo a las personas con discapacidad en el ejercicio de su capacidad jurídica: un nuevo paradigma de la discapacidad", Diario *La Ley* nº 9961, 2021.

FUENTES GÓMEZ, J. C., *«El vértigo de la mediación obligatoria», Actualidad Civil,* N. 7-8, julio-Agosto 2019, Wolters Kluwer (LA LEY 9087/2019).

GALDOS, A. y SANZ, M., "Los abogados ante los MASC: el Anteproyecto de Ley de medidas de eficiencia procesal", *Actualidad Jurídica Aranzadi* num.977/2021

GUTIÉRREZ SANZ, M.R., "El divorcio a través del proceso colaborativo: ¿esperanza o experiencia de una fórmula mejor?", *LA LEY mediación y arbitraje,* Nº 14, Enero de 2023, *Editorial LA LEY*

LORENZO AGUILAR, J., "Análisis global de los medios de solución de controversias en el Anteproyecto de Ley de Medidas de Eficiencia Procesal", *Práctica de Tribunales,* Nº 153, Noviembre de 2021, Editorial Wolters Kluwer

LÓPEZ SÁNCHEZ, J., "El carácter general del requisito de procedibilidad de haber acudido a un «medio adecuado de solución de controversias»: a propósito del proceso monitorio", *Revista General de Derecho Procesal* 55 (2021)

LÓPEZ YAGÜES, V.,

- "La inserción de la mediación en un sistema integrado de Justicia civil para España y Europa. El modelo italiano", en *Nuevos debates en relación con la mediación penal, civil y mercantil,* Santiago de Compostela, 2018.
- "Mediación y proceso judicial. Instrumentos complementarios en un sistema integrado de Justicia civil", *Práctica de Tribunales* nº 137, 2019.
- "Mediación y otros MASC", *Habilidades y procedimientos de Mediación,* Ed. Aranzadi, Navarra, 2022.
- "Mediación y otros MASC: ¿Hacia la ampliación y mejora del acceso a la Justicia o la sola consecución de la eficiencia procesal?", *Meditaciones sobre Mediación (MED+),* ed. por BARONA VILAR, S., Ed. Tirant lo Blanch, Valencia, 2022.
- "La potencialidad de los MASC, en general, y de la mediación en particular en ámbitos conflictuales complejos que afectan a personas o empresas", *MASC o el camino de la eficiencia en la gestión de controversias jurídicas de personas y empresas,* bajo la dirección de Sonia Calaza López, Ixusko Ordeñana Gezuraga y Verónica López Yagües, Ed. La Ley, Madrid, 2023.

LÓPEZ YAGÜES, V. y UZQUEDA, A., "Fórmula de innovación en la enseñanza de mediación", *Innovación docente en la universidad: los MASC como último elemento de la ciencia procesal y su enseñanza-aprendizaje mediante métodos innovadores,* bajo la dirección de Sonia Calaza López e Ixusko Ordeñana Gezuraga, Ed. Dykinson, Madrid, 2023.

LLORENTE SÁNCHEZ-ARJONA, M.,

- "Justicia restaurativa. El derecho a la reparación. Especial referencia a las víctimas de violencia de género", en el monográfico *Dignificación de la Justicia penal de familia, Derecho de Familia* nº 34, 2022.

- "Justicia restaurativa en violencia de género. Más allá de los límites de la pena", *Justicia en red para la Paz,* bajo la dirección de Leticia Fontestad Portalés y Sonia Calaza López, Ed. Dykinson, Madrid, 2023.

MARTÍN DIZ, F.,

- "Nuevos escenarios para impulsar la mediación en derecho privado: ¿conviene que sea obligatoria?", *Práctica de Tribunales: Revista de derecho procesal civil y mercantil,* no 137, 2019.
- "Mediación y sistema de justicia: a propósito de las reformas legislativas para la eficiencia procesal de la administración de justicia y la incorporación de los denominados «medios adecuados de solución de controversias», *LA LEY mediación y arbitraje,* Nº 12, Julio de 2022, *Editorial LA LEY*

MARTÍNEZ DE SANTOS, A., "La mediación intrajudicial y el nuevo art. 415 LEC: el intento de solución extrajudicial de la controversia", *Práctica de Tribunales,* Nº 153, Noviembre de 2021, *Editorial Wolters Kluwer*

MARTÍNEZ PALLARÉS, J. I., "Negociación, proceso y procedibilidad. Métodos, herramientas y conexiones funcionales", *Revista General de Derecho Procesal* 55 (2021)

MERINO MERCHÁN, J. F., "Apuntes sobre el Proyecto de Ley de eficiencia procesal", *LA LEY mediación y arbitraje,* Nº 14, Enero de 2023, *Editorial LA LEY*

NIEVA-FENOLL, J. «*Mediación y arbitraje: ¿una ilusión decepcionante?*». *Revista General de Derecho Procesal* nº 39, 2016.

ORDEÑANA GEZURAGA, I.,

- "Sobre la mejora de la justicia o su concepción en el marco del derecho jurisdiccional diversificado", *Derecho y proceso: liber Amicorum del profesor Francisco Ramos Méndez,* Vol. 3, Ed. Atelier, Barcelona 2018.
- "Contribuciones al debate sobre la necesidad de constitucionalizar las técnicas extrajurisdiccionales de conflictos en el ordenamiento jurídico español", *en El impacto de la oportunidad sobre los principios procesales clásicos: Estudios y diálogos,* Ed. IUSTEL, 2021.
- "¿Quién le pone el cascabel al gato? O sobre la necesidad de constitucionalizar las técnicas extrajurisdiccionales en nuestro ordenamiento jurídico y una propuesta abierta al debate", en *Revista Vasca de Derecho Procesal y Arbitraje,* 2018-3, volumen 30, pp. 523 y ss.
- "Y tuvo que venir una pandemia para demostrar la necesidad de reforzar la resolución extrajudicial de los conflictos jurídicos. Una propuesta para su constitucionalización en el marco del derecho jurisdiccional diversificado", *¿Cuarentena de la administración de justicia?,* bajo la dirección del Prof. Vicente Pérez Daudí, Ed. Atelier, Barcelona, 2021.
- "Educación para la desjudicialización o una experiencia piloto de coordinación entre el equipo docente y la tutoría de un centro asociado dirigido a fomentar las competencias necesarias para la investigación jurídica mediante el empleo de metodologías activas", en *Externalización de la justicia civil, penal, contencioso-administrativa y laboral,* Tirant lo blanch, Valencia 2022.

- "Renovar o morir: sobre la necesidad de reconfigurar la mediación intercultural en nuestro ordenamiento jurídico", *LA LEY mediación y arbitraje* Nº 10, Enero de 2022, *Editorial Wolters Kluwer España*
- "Examen crítico del nuevo "sistema estatal de resolución de conflictos": el (cuestionado) rol de los Medios Adecuados de Resolución de Conflictos y la centralidad del Poder judicial en el mismo. Sobre su relación y aportación al conjunto", *MASC o el camino de la eficiencia en la gestión de controversias jurídicas de personas y empresas,* bajo la dirección de Sonia Calaza López, Ixusko Ordeñana Gezuraga y Verónica López Yagües, Ed. La Ley, Madrid, 2023.
- "Estudio crítico de la negociación en su triple dimensión: la negociación como fundamento de todos los mecanismos extrajudiciales, la negociación como mecanismo autónomo y la negociación como técnica" *MASC o el camino de la eficiencia en la gestión de controversias jurídicas de personas y empresas,* bajo la dirección de Sonia Calaza López, Ixusko Ordeñana Gezuraga y Verónica López Yagües, Ed. La Ley, Madrid, 2023.
- "El futuro es hoy o la renovación de las tutorías del Grado en Derecho: una intervención para trabajar los medios alternativos de resolución de conflictos (MASC) mediante metodologías activas", *Innovación docente en la universidad: los MASC como último elemento de la ciencia procesal y su enseñanza-aprendizaje mediante métodos innovadores,* Directores: Sonia Calaza López e Ixusko Ordeñana Gezuraga, Ed. Dykinson, Madrid, 2023.

PÉREZ DAUDÍ, V.,

- "La imposición de los ADR *ope legis* y el derecho a la tutela judicial efectiva», *InDret* 2/2019.
- *De la Justicia a la Ciberjusticia,* Ed. Atelier, Barcelona, 2022.
- "Los MASC y el proceso civil. Propuestas de reforma del Proyecto de Ley de Eficiencia Procesal", *Diario La Ley,* Nº 10121, Septiembre de 2022, *Editorial Wolters Kluwer*

PÉREZ MARTELL, R., «Reflexiones sobre los MASC en el Anteproyecto de Ley de Medidas de Eficiencia Procesal del Servicio Público de Justicia», en *Eficiencia Procesal. Modernización de la Justicia* (obra coordinada por Rosa Pérez Martell), Editorial Bosch, Barcelona, 2021

ORTUÑO MUÑOZ, P., *Justicia sin Jueces. Métodos alternativos a la Justicia tradicional,* Ed. Ariel, 2018.

PICÓ JUNOY, J., "MASC y costas procesales en el futuro proceso civil: ¿La cuadratura del círculo?", *Diario La Ley,* Nº 9801, Marzo de 2021, *Editorial Wolters Kluwer*

SIGÜENZA LÓPEZ, J.,

- *Mediación extrajudicial y proceso civil,* Ed. Thomson Reuters Aranzadi, Cizur Menor (Navarra), 2018.
- "¿Justicia sin jueces?: los llamados «medios adecuados de solución de controversias en vía no jurisdiccional»", *Revista General de Derecho Procesal* nº. 60, 2023
- "Porque creemos en la mediación, no a la mediación obligatoria", en *Horizonte Justicia 2030. Reflexiones críticas sobre los proyectos de eficiencia del Servicio*

Público de Justicia (obra dirigida por M.ª Paula Díaz Pita), Editorial Tecnos, Madrid, 2023.

- "Los tres pilares que favorecen que una mediación sea eficiente y el proyecto de ley de medidas de eficiencia procesal: algunas dudas, posibles soluciones y propuestas para tener en consideración", *De los ADR (Alternative Dispute Resolution) a los CDR (Complementary Dispute Resolution) en la Jurisdicción Civil*, dirigida por los Profres. Sonia Calaza López, Ixusko Ordeñana Gezuraga y Julio Sigüenza López, Ed. Tirant lo blanch, Valencia, 2023.
- ¿Una nueva forma de entender los conflictos jurídicos? luces y sombras del proyecto de ley de medidas de eficiencia procesal del servicio público de Justicia?", *MASC o el camino de la eficiencia en la gestión de controversias jurídicas de personas y empresas*, bajo la dirección de Sonia Calaza López, Ixusko Ordeñana Gezuraga y Verónica López Yagües, Ed. La Ley, Madrid, 2023.

VIDAL LECA, F., *Si queremos agilizar la Justicia, digitalicemos los MASC*, https://cincodias.elpais.com/cincodias/2022/10/05/legal/1665002887_525734.html.

VILLARRUBIA, M. y REQUEIJO, A., «Los medios adecuados de solución de controversias (MASC)», en https://www.hayderecho.com/2021/09/03/los-medios-adecuados-de-solucion-de-controversias-masc/

VV.AA., *Justicia algorítmica y neuroderecho. Una mirada multidisciplinar*, ed. por BARONA VILAR, S., Ed. Tirant lo Blanch, Valencia, 2021.

VV.AA. "Diálogos para el futuro judicial LI. La mediación civil. 10 años de la Ley 5/2012", bajo la coordinación e introducción de Alvaro Perea González; Autores: Carme Guil Román; Blas Piñar Guzmán; Sonia Calaza López; Mercedes Farrán Arizón ; y José Ignacio Martínez Pallarés, en Diario La Ley, Nº 10141, Sección Plan de Choque de la Justicia / Encuesta, 29 de Septiembre de 2022.

VV.AA., *Meditaciones sobre Mediación (MED+)*, ed. por BARONA VILAR, S., Ed. Tirant lo Blanch, Valencia, 2022.

VV.AA., "Externalización de la Justicia civil, penal, contencioso-administrativa y laboral", Directores Sonia Calaza López e Ixusko Ordeñana Geruzaga, Ed. Tirant lo blanch, Valencia, 2022.

VV.AA., *De los ADR (Alternative Dispute Resolution) a los CDR (Complementary Dispute Resolution) en la Jurisdicción Civil*, dirigida por los Profres. Sonia Calaza López, Ixusko Ordeñana Gezuraga y Julio Sigüenza López, Ed. Tirant lo blanch, Valencia, 2023.

VV.AA., *Justicia colaborativa online: mediación digital*, bajo la dirección de Leticia Fontestad Portalés y Sonia Calaza López, Ed. Dykinson, Madrid, 2023.

VV.AA., *Justicia en red para la Paz*, bajo la dirección de Leticia Fontestad Portalés y Sonia Calaza López, Ed. Dykinson, Madrid, 2023.

VV.AA., *Innovación docente en la universidad: los MASC como último elemento de la ciencia procesal y su enseñanza-aprendizaje mediante métodos innovadores*, Directores: Sonia Calaza López e Ixusko Ordeñana Gezuraga, Ed. Dykinson, Madrid, 2023.

VV.AA., *Justicia en REDefinición: Inteligencia artificial en los métodos adecuados de resolución de controversias*, bajo la dirección de Leticia Fontestad Portalés y Sonia Calaza López; bajo la coordinación de Paulo Ramón Suárez Xavier e Ixusko Ordeñana Gezuraga, Ed. Dykinson, Madrid, 2023.

VV.AA., *Alternative Justice: Arbitraje 5.0,* bajo la dirección de Sonia Calaza López y Leticia Fontestad Portalés; bajo la coordinación de Ixusko Ordeñana Gezuraga y Paulo Ramón Suárez Xavier, Ed. Dykinson, Madrid, 2023.

VV.AA., *MASC o el camino de la eficiencia en la gestión de controversias jurídicas de personas y empresas,* bajo la dirección de Sonia Calaza López, Ixusko Ordeñana Gezuraga y Verónica López Yagües, Ed. La Ley, Madrid, 2023.

Capítulo V

*El intento de arreglo amistoso como presupuesto de procedibilidad**

JUAN F. HERRERO PEREZAGUA
Catedrático de Derecho Procesa
Universidad de Zaragoza

SUMARIO: I. Razón y propósito de erigir el intento de arreglo amistoso como presupuesto de procedibilidad. II. Compatibilidad con el derecho a la tutela judicial efectiva: exigencias y respuesta de los proyectos normativos. III. La opción por la obligatoriedad. IV. El tratamiento procesal. V. Bibliografía

I. RAZÓN Y PROPÓSITO DE ERIGIR EL INTENTO DE ARREGLO AMISTOSO COMO PRESUPUESTO DE PROCEDIBILIDAD

1. La mediación no ha tenido éxito. Cuando menos, han quedado lejos las aspiraciones que animaron su implantación y que llevaron al legislador a articular una ordenación general de este medio de solución de controversias a través de la Ley 5/2012, de 6 de julio, de mediación en asuntos civiles y mercantiles (en adelante LMed). Concebida como un instrumento complementario de la Administración de Justicia —tal y como se expresaba en su preámbulo—, no solo pretendía proporcionar una eficaz fórmula de autocomposición para la resolución de conflictos de naturaleza jurídico-privada, sino coadyuvar a la reducción de la carga de trabajo de los tribunales. El objetivo no se consiguió: así vino a reconocerlo, en su exposición de motivos, el Anteproyecto de Ley de impulso a la mediación de 2019 y así se reitera en el Proyecto de Ley de medidas de eficiencia pro-

* Este trabajo ha sido realizado en el marco del Proyecto «El proceso desigual: razón, diagnóstico y propuestas de intervención» (PID2022-139585OB-I00), financiado por la Agencia Estatal de Investigación (Ministerio de Ciencia e Innovación, Gobierno de España), y del Grupo de Investigación de Referencia «De Iure» (S26_23R), financiado por el Gobierno de Aragón.

cesal del servicio público de Justicia de 2022 (en adelante, PLMEP) con unas mismas palabras: «desde la entrada en vigor de la ley, el 27 de julio de 2012, no se ha conseguido desarrollar la potencialidad augurada desde su gestación». Entre los obstáculos que han dificultado el avance pretendido de esta herramienta, se encuentra, sin duda, una cultura ajena a esta forma de resolver los conflictos. Revertir tal situación exige un esfuerzo prolongado en el tiempo y extendido en sus ámbitos de actuación[1].

2. Pero, a la espera de que ese cambio se produzca, o incluso como factor que lo promueva, lo estimule y lo acelere, el legislador viene estimando oportuno introducir modificaciones que inciden en el régimen procesal de las actuaciones cuando el conflicto se plantea ante los tribunales; una de las más señaladas consiste en erigir el intento de arreglo amistoso —del que la mediación sería una modalidad más, aunque con más predicamento que otras— en presupuesto de procedibilidad.

En nuestro ordenamiento, esta tendencia aún no se ha incorporado a la Ley de Enjuiciamiento Civil, pero han sido varios los intentos de hacerlo —como evidencian los dos textos antes citados (que, al disolverse las Cortes, no culminaron su tramitación) y los trabajos y propuestas que precedieron a la LMed—; encontramos, asimismo, manifestaciones sectoriales de esta tendencia (en materia de cláusulas abusivas y de reclamaciones en el ámbito del transporte aéreo de viajeros[2]) y recomendaciones provenientes de diversas instancias de la Unión Europea que, en los ordenamientos de otros Estados miembros, se han plasmado en normas similares a las que se han pretendido incorporar, hasta el momento sin éxito, en el nuestro. Ya no se trata tan solo de potenciar la mediación y otros medios negociales de

---

1 Al respecto, Dalla Bontà «El coste de la Justicia consensual», en *La Justicia tenía un precio* (dirs.: Herrero Perezagua y López Sánchez), Barcelona, Atelier, 2023, pgs. 51 y 52 (accesible en https://atelierlibrosjuridicos.com/libreria-juridica/la-justicia-tenia-un-precio/) señala dos esferas en las que incidir; de un lado, el compromiso de educación y formación (no solo información) de toda la comunidad desde las etapas más tempranas y, de otro, la preparación y cualificación de los mediadores, negociadores y abogados que asisten a las partes en la resolución autónoma de conflictos.

2 La doctrina se ha ocupado con intensidad de estos ámbitos sectoriales. Como muestra, dos trabajos: Moreno García, «La inconstitucionalidad (parcial) del Real Decreto-Ley 1/2017, de 20 de enero, de medidas urgentes de protección de consumidores en materia de cláusulas suelo», en *Diario La Ley*, núm. 9956, 19 de noviembre de 2021, y Nadal Gómez, «La resolución alternativa de litigios en el transporte aéreo», en *La resolución alternativa de litigios en materia de consumo* (dirs.: Ariza Colmenarejo y Fernández-Fígares Morales, Thomson-Aranzadi, 2018, pgs. 225-275.

solución de controversias, sino, principalmente, de reducir el flujo se asuntos que ingresan en los tribunales. Si las partes no están convencidas de que pueden arreglar sus diferencias y obtener una razonable satisfacción de sus pretensiones sin acudir al proceso, el sistema reacciona obligándolas a intentarlo y cerrando las puertas de acceso hasta que acrediten haberlo hecho. Transitar esa vía reducirá los pleitos porque, a buen seguro, habrá acuerdos, en mayor o menor porcentaje; si a ello se añade la posibilidad de sufrir consecuencias económicas desfavorables (por el incremento de costes y por la reducción de las expectativas de recuperarlos), la incoación de un pleito se verá sometida a un notable factor disuasorio.

3. Este legítimo objetivo de disminuir procesos y recursos —con el acento puesto especialmente en la primera instancia— y, parejamente, reducir la carga de los tribunales se reviste, en cambio, de unos fundamentos que no dejan de ser cuestionables, aunque se presenten, con mayor o menor intensidad, como ideas comúnmente aceptadas. Me refiero a estos: la litigiosidad es excesiva; el concepto de Justicia no puede quedar reducido a la Administración de Justicia; la Justicia debe ser entendida como un servicio público.

4. La litigiosidad es un indicador y, como tal, con una carga neutra; indica, sencillamente, el número de asuntos registrados ante los tribunales en un determinado período de tiempo. El término —como el concepto que expresa— no tiene, no debe tener, una connotación negativa. Si los asuntos que ingresan son muchos es una afirmación que requiere un punto de referencia: muchos respecto del número de jueces, muchos respecto de su capacidad de respuesta, muchos respecto del número de habitantes, muchos respecto de lo que se observa en otros países… Pero aun sosteniendo que sean muchos, no por ello ha de deducirse automáticamente, que la litigiosidad es excesiva, que es tanto como afirmar que va más allá de lo razonable[3]. El índice de litigiosidad pone de manifiesto que hay controversias y

---

3 A este respecto, el profesor DÍEZ-PICAZO GIMÉNEZ, «Discurso inaugural; los retos actuales del proceso civil», en *Logros y retos de la Justicia civil en España* (dirs.: Jiménez Conde, Banacloche Palao, y Gascón Inchausti; coord.: Schumann Barragán). Valencia, Tirant lo Blanch, 2023, pg. 29, señala este entre los retos que debe afrontar el proceso civil: «Combatir lo que Andrés de la Oliva suele llamar los "tópicos corrosivos". Enfrentar los tópicos que nos corroen y que se van extendiendo como si fueran eslóganes que nadie puede poner en duda. Hay uno que, últimamente, suelo traer a colación: el "exceso de litigiosidad", porque si cambiamos la palabra "litigiosidad" por "acceso a la justicia", cambia el panorama. A nadie se le ocurriría decir que hay un "exceso de acceso a la justicia", como no se oye decir que

que sus protagonistas deciden resolverlas ante los tribunales ejercitando su derecho a la tutela judicial efectiva. Cuestión distinta es que se considere que la conflictividad alcanza unas cotas que, ahora sí, van más allá de lo razonable, en el sentido de que incide negativamente en la convivencia ciudadana y en el tráfico jurídico. Pero, si se llega a esa conclusión, lo que se impone es analizar las causas de la conflictividad (la resistencia a la ley, la calidad de la ley, la incerteza del Derecho, la crisis económica...) y actuar sobre ellas antes de hacerlo restringiendo uno de los modos de resolverla y precisamente aquel que supone el ejercicio de un derecho.

5. En el afán de potenciar la mediación y, en general, los medios negociales que, mediante el acuerdo, pongan fin a la controversia, se ha abierto paso la idea de que la Justicia no es tan solo la Administración de Justicia y de que la tutela de los derechos no se limita a la tutela de los tribunales. Así, frente a una Justicia administrada se habla de una Justicia deliberativa y, con un propósito comprensivo de una y otra, de una Justicia integral, como nuevo paradigma de la Justicia. La Exposición de Motivos del PL-MEP de 2022 constituye una buena muestra de esa tendencia. En ella se destaca que la Justicia «no es únicamente la "administración de la justicia contenciosa". Es todo un sistema de lo que la filosofía del derecho denomina la justicia deliberativa, que no es monopolio de los cuerpos judiciales ni de la abogacía, sino que pertenece a toda la sociedad civil». Ahí sitúa el fundamento teórico de la potenciación de los medios negociales con una doble intención: por un lado, para escapar de posibles reproches que la regulación de estos medios pudiera recibir por no garantizar debidamente el acceso a la Justicia; por otro, para extraer consecuencias de la solución acordada que impidan —o dificulten en un alto grado— que la controversia se reactive ante los tribunales y que, a su vez, disfrute de la misma eficacia que una resolución judicial (en particular, la eficacia ejecutiva). Lo que para algunos es una ampliación o mutación del concepto de Justicia es, a mi parecer, una degradación o una desviación; los avances de la ciencia jurídica —como de la ciencia, en general— comportan una depuración de los conceptos a través de los correspondientes matices que permiten deslindar realidades distintas que, aun cuando presenten elementos comunes, no deben reducirse a la unidad sin riesgo de confusión o simplificación. Procurar la solución de una controversia a través del diálogo, la negociación y el acuerdo tiene sus ventajas, sin duda. Entender que la solución de

haya un "exceso de prestación sanitaria" o un "exceso de prestación educativa" en ninguno de sus niveles. Sin embargo, automáticamente, en cuanto hay muchas controversias, la tutela judicial es excesiva, lo cual me parece un sinsentido».

conflictos por esa vía es una forma de hacer Justicia, no solo incurre en esa confusión, sino que tiene sus peligros[4]. Que las partes de una controversia decidan ponerle fin de forma pactada puede obedecer a diversas causas que confluyen en una expresión de voluntad: la solución alcanzada es la solución querida. Pero la justicia (la actuación del Derecho) solo puede fundarse en la norma jurídica y solo puede dispensarse mediante el ejercicio de la función jurisdiccional, esto es, a través del proceso y por los tribunales[5]. Conviene recordar estos postulados para no dejar de advertir que el derecho a la tutela judicial efectiva, que es un derecho de prestación, solo puede ser satisfecho por el Estado a través de sus órganos jurisdiccionales. Y conviene recordarlo, asimismo, para ponderar, en su caso, si ese derecho fundamental —y, especialmente, en su manifestación de acceso a los tribunales— puede resultar condicionado o, eventualmente, obstaculizado al imponer con carácter obligatorio y previo a la demanda haber intentado una solución negociada[6].

6- En todo caso, esta idea de una Justicia integral no era la razón principal que animó la regulación y el cambio que proponía el PLMEP. La motivación basilar estaba anunciada en su título y reafirmada en la Exposición de Motivos: la eficiencia. Parece oportuno detenerse en ello, sobre todo teniendo en cuenta que la nota que adorna el derecho a la tutela judicial es la de efectividad.

---

4 Como señaló la profesora Barona Vilar, «"Justicia integral" y "Access to Justice". Crisis y evolución del "paradigma"», en *Mediación, arbitraje y jurisdicción en el actual paradigma de Justicia*, Madrid, Thomson-Civitas, 2016, pg. 55, este nuevo paradigma de la justicia integral o justicia compartida —en el que conviven los sistemas judiciales estatales y los medios complementarios— presenta un aspecto bifronte: la bondad del modelo radica en que «un sistema de comunicación recíproca debería conllevar que a más ADR, mejora de los sistema judiciales, amén de que insufla a los ciudadanos una gran dosis de ejercicio de libertad»; la maldad «puede encontrarse en el impulso nacional y supranacional por buscar medios "más económicos" que la justicia estatal, liberando gastos públicos y favoreciendo una cultura de la economía por encima de la idea de justicia que los ciudadanos requieren. Y ello favorece una suerte de privatización del papel del Estado en la Justicia».

5 Herrero Perezagua, *Lo jurisdiccional en entredicho*. Cizur Menor (Navarra), Thomson-Aranzadi, 2014, pg. 17).

6 Peiteado Mariscal, «Consideraciones sobre la relación entre el derecho a la tutela judicial efectiva y la mediación obligatoria», en *Estudios de Deusto* vol. 66/2, julio-diciembre 2018, pgs. 291-295).

La efectividad, en relación con las normas jurídicas, hace referencia a la aplicación y consecución del resultado esperado (porque los destinatarios de la norma realizan lo que la norma dispone y porque los tribunales, la aplican). Su medida, por tanto, reside en el grado de cumplimiento, del respeto que se observa y de la tutela que se dispensa cuando se infringe. La eficacia del Derecho, consiguientemente, tiene como uno de sus indicadores la eficacia de la Justicia, la de la Administración de Justicia, la de los juzgados y tribunales.

Pero la expresión Administración de Justicia —identificada pacíficamente con el sistema judicial como entramado orgánico y con la función desempeñada por sus integrantes (los juzgados y tribunales)— ha venido contaminándose de las connotaciones propias del primero de sus términos, considerado de forma aislada, y, en especial, la que se refiere a la prestación de servicios. Así, ha ido abriéndose paso paulatinamente la idea de la Administración de Justicia como un servicio público[7] que, como tal, desarrolla una actividad que atiende un interés general y lleva a cabo las correspondientes actuaciones para la satisfacción de un derecho, un interés o una necesidad. Aunque atendido por órganos públicos, no excluye que lo pueda ser por agente privados. Y esta caracterización conduce a la mutación de la función; de la actuación o realización del Derecho a la solución de controversias que ya no tiene por qué ser la solución ajustada a Derecho, sino la solución querida, aceptada o convenida. Así las cosas, el servicio no solo ha de ser eficaz —capaz de alcanzar el propósito que lo alimenta (en este caso: la solución de controversias)—, sino también eficiente —que utilice y aproveche apropiadamente los recursos para el logro de ese objetivo—. Y la eficiencia se liga, en consecuencia, a procurar el alivio de la carga de trabajo de los tribunales —y, con él, del esfuerzo presupuestario correspondiente— al sostener que el fin al que sirven estos puede alcanzarse por otros medios a los que, por ello y consecuentemente, se los califica de adecuados (medios adecuados para la solución de controversias, los MASC).

7. Estos otros medios adecuados —el proceso jurisdiccional no deja de serlo[8]— aumentan la eficiencia del servicio en la medida en que este

---

[7] Una crítica a la conceptuación de la Justicia como servicio público puede verse en PÉREZ ESTRADA, «La Justicia: ¿un servicio público?», en *Revista General de Derecho Procesal* 57 (2022).

[8] A este respecto, el PLMEP mejoró la redacción del Anteproyecto. Este último dejaba al proceso fuera del concepto que ofrecía de los medios adecuados de solución de controversias (ligado a cualquier tipo de actividad negocial, en su art.1.1) y de la relación de tales medios contenida en el apartado tercero de ese mismo

experimente un freno y una disminución del número de asuntos que tengan que ser tramitados y resueltos, es decir, en la medida en que no sigan creciendo y, a ser posible, se rebajen los índices de litigiosidad. Con la llamada a la responsabilidad ciudadana, se pretende que las partes de la controversia se impliquen en la búsqueda de la solución, esto es, de una solución negociada y, así, eviten el pleito. Y el modo que el legislador ha considerado apropiado para conseguirlo en los últimos intentos normativos —que, previsiblemente, encontrarán continuidad en el futuro— ha sido doble: por un lado, imponer como presupuesto de procedibilidad el intento de un arreglo amistoso y, por otro, introducir elementos que disuadan de acudir al proceso y sancionen el abuso (algo, esto último, que sin una formulación precisa presenta indudables riesgos[9]). Al primero de esos aspectos se presta atención en las páginas que siguen.

---

artículo. El art. 1 PLMEP mantuvo en lo esencial la definición recogida en el Anteproyecto, pero su rúbrica precisaba que se trataba del concepto y caracterización de los medios adecuados de solución de controversias en vía no jurisdiccional. Aun reconociendo el acierto de esta corrección, FUENTES SORIANO, «La rebaja de las costas como medida (cuestionable) de la eficiencia procesal», en *La Justicia tenía un precio* (dirs.: Herrero Perezagua y López Sánchez), Barcelona, Atelier, 2023, pg111 (accesible en https://atelierlibrosjuridicos.com/libreria-juridica/la-justicia-tenia-un-precio/) no deja de mostrarse crítica al respecto porque la referencia al proceso como medio adecuado se construye tácitamente y en negativo y porque no se reconoce al arbitraje como un medio tan adecuado como los demás. A SIGÜENZA LÓPEZ, «¿Justicia sin jueces?: los llamados "medios adecuados de solución de controversias en vía no jurisdiccional"», en *Revista General de Derecho Procesal* 60, 2023, pg. 7, aunque participa del parecer de que convendría matizar que los medios enunciados no son los únicos adecuados, la exclusión del arbitraje le parece razonable puesto que no conlleva actividad negociadora alguna; en cambio, le resulta reprochable que no se consideren adecuado aquellos medios que no se encuentren debidamente rulados por una ley.

9 Como señalé en su momento [HERRERO PEREZAGUA, «El coste del proceso al servicio de la eficiencia», en *La Justicia tenía un precio* (dirs.: Herrero Perezagua y López Sánchez). Barcelona, Atelier, 2023, pg. , pg. 84 (accesible en https://atelierlibrosjuridicos.com/libreria-juridica/la-justicia-tenia-un-precio/)] se pueden identificar algunos casos que podríamos encajar en el abuso del servicio público y no en la temeridad o mala fe. Sería el supuesto, por ejemplo, en que el actor utiliza el proceso con el único propósito de obtener una condena en costas del contrario: su pretensión se estima, por lo que no cabe decir que pleiteó con conciencia de que no le asistía la razón, pero hizo un uso desviado del proceso. En esas mismas páginas anoté que el Informe del CGPJ sobre el Anteproyecto de Ley de medida de eficiencia procesal del servicio público de Justicia (22 de julio de 2021) advirtió de la necesidad de concretar el concepto de abuso del servicio público de la Justicia y delimitarlo frente a la temeridad, la mala fe, el abuso del derecho y el fraude procesal. En cuanto a los

II. COMPATIBILIDAD CON EL DERECHO A LA TUTELA JUDICIAL EFECTIVA: EXIGENCIAS Y RESPUESTA DE LOS PROYECTOS NORMATIVOS

8. La cuestión[10] puede entenderse superada desde hace ya algún tiempo. La obligatoriedad de intentar una solución negociada con carácter previo a la presentación de la demanda como condicionante de su admisión no vulnera, por sí misma, el derecho de acceso a los tribunales. Ningún sujeto ni ninguna materia pueden resultar excluidos de su examen por los tribunales; no hay margen para el legislador a este respecto. Tampoco de modo indirecto —estableciendo requisitos que solo puedan sortearse con gran dificultad o aplicando criterios formalistas o desproporcionados— puede producirse ese resultado sin lesión del derecho fundamental. Pero eso no significa que el acceso a la jurisdicción no pueda estar sometido a la observancia de ciertas condiciones. El derecho se vulnera si el acceso es imposible o muy gravoso. Las limitaciones que, a este respecto, se establezcan han de ser necesarias, responder efectivamente a objetivos de interés general o a la necesidad de protección de los derechos y libertades de los demás y respetar el principio de proporcionalidad (art. 52.1 CDFUE). En esa misma dirección se inscribe la doctrina del Tribunal Constitucional expresada en la STC 140/2016, de 21 de julio.

9. Este planteamiento general ha tenido su concreción en lo que respecta a la obligatoriedad de la mediación o la conciliación —que cabría extender a otros medios negociales de solución[11]— en dos conocidas sentencias del TJUE: la STJUE de 18 de marzo de 2010 (C317/08, C318/08, C319/08 y C320/08, Alassini) y la STJUE de 14 de junio de

---

riesgos, podemos trasladar a este ámbito la observación que, respecto del régimen de las acciones colectivas, formuló LÓPEZ SÁNCHEZ *El sistema de las «class actions» en los Estados Unidos de América*. Granada, Comares, 2011, pg. 155): si el criterio para determinar la existencia del abuso es lo factible y no lo procedente en Derecho, puede desembocar en un deterioro de la Justicia.

10 Al respecto, véase PÉREZ DAUDÍ, «La imposición de los ADR *ope legis* y el derecho a la tutela judicial efectiva», en *InDret* 2/2019.

11 En el asunto Menini, así lo expresó el apartado 55 de la sentencia: «Como indicó el Abogado General en el punto 81 de sus conclusiones, aunque la sentencia de 18 de marzo de 2010, Alassini y otros (C-317/08 a C-320/08, EU:C:2010:146), versa sobre un procedimiento de conciliación, el razonamiento seguido por el Tribunal de Justicia en el contexto de dicha sentencia puede aplicarse a las legislaciones nacionales que estipulen la obligatoriedad de otros procedimientos alternativos, tales como el procedimiento de mediación de que se trata en el procedimiento principal».

2017 (C75/16, Menini y Rampanelli). En la primera se trataba de la obligatoriedad de un procedimiento de conciliación; en la segunda, de una mediación obligatoria, examinada a la luz de las Directivas 2008/52[12] y 2013/11 y respeto de la cual afirma que son aplicables lo pronunciamientos que ya se contenían en Alassini. En la sentencia Menini, se ofrece la interpretación —o reinterpretación— del concepto voluntariedad que, aunque referido a la mediación, es extensible a otros medios:

—el carácter voluntario de la mediación reside no en la libertad de las partes de recurrir o no a este proceso, sino en el hecho de que las partes se responsabilizan de él y pueden organizarlo como lo deseen y darlo por terminado en cualquier momento (apartado 50);

—lo que tiene importancia no es el carácter obligatorio o facultativo del sistema de mediación, sino que se preserve el derecho de las partes de acceder al sistema judicial (apartado 51).

10. Partiendo de esta base, cabe señalar, por un lado, los postulados que, por su carácter general, han de observarse y tomarse en consideración en el caso de que el legislador opte por la obligatoriedad de un procedimiento extrajudicial y previo dirigido a alcanzar una solución consensuada de la controversia; y, por otro, por su carácter específico, los requisitos que han de concurrir para que la regulación concreta que se disponga en el ordenamiento correspondiente se estime conforme con las exigencias del derecho a la tutela judicial efectiva.

11. Los postulados generales enunciados en las sentencias antes reseñadas son los que siguen:

a) Los derechos fundamentales, puesto que no constituyen prerrogativas absolutas, pueden ser objeto de restricciones; ahora bien, esas restricciones, desde un punto de vista positivo, han de guardar la debida correspondencia con los objetivos de interés general que les sirven de fundamento y, desde un punto de vista negativo, no han de implicar una intervención desmesurada e intolerable que afecta a la propia esencia de los derechos.

---

12 Aunque el apartado 35 de la sentencia concluye que la Directiva 2008/52 no es aplicable a un litigio como el que es objeto del procedimiento principal, se acude a ella como refuerzo interpretativo de las consideraciones efectuadas acerca del carácter obligatorio de la mediación que pueda disponer la legislación nacional y de su significado y alcance (en especial, apartados 49, 50 y 51).

b) Se consideran objetivos legítimos de interés general (1) la aspiración a lograr una solución más rápida y menos costosa de las controversias y (2) una disminución de la carga de trabajo de los tribunales.

c) La imposición de un procedimiento de solución extrajudicial ha de resultar proporcionada, lo que equivale a decir que debe existir un equilibrio entre los objetivos generales y los inconvenientes ocasionados por la obligatoriedad de transitar por esa etapa adicional para el acceso a la justicia.

Parece conveniente atender a lo que disponía el Proyecto de Ley de Medidas de Eficiencia Procesal del Servicio Público de Justicia (PLMEP) que, aunque decaído por la disolución de las cámaras, presentaba una clara opción por la obligatoriedad, fue objeto de numerosos comentarios doctrinales y creo que no es aventurado afirmar que marca una línea de actuación legislativa que está lejos de abandonarse. No parece que haya reproche a lo que en él se propone en relación con los postulados antes mencionados: hay correspondencia con los objetivos de interés general y proporcionalidad en la medida en que su imperatividad no comporta una exigencia especialmente gravosa para el justiciable.

12. Hay que descender, por tanto, a los condicionantes concretos que el TJUE enumera para entender que la obligatoriedad del procedimiento extrajudicial y previo es respetuosa con el derecho a la tutela judicial y el principio de efectividad (que en la práctica no hace imposible ni excesivamente difícil el ejercicio de los derechos que el ordenamiento europeo confiere). Y, al describirlos, se impone su contraste con el texto que propone el PLMEP para verificar el grado de concordancia o detectar, en su caso, las divergencias que pudieran resultar problemáticas. Los requisitos que, según la doctrina del TJUE, deben concurrir en el procedimiento previo y obligatorio hacen referencia a los siguientes aspectos: el carácter vinculante del resultado, la incidencia temporal en el ejercicio de la acción, los efectos sobre la prescripción, los gastos que comporta el desarrollo del procedimiento, la modalidad por la que se lleve a cabo y la posibilidad de adoptar medidas provisionales.

13. El primero de los requisitos para sostener la conformidad del procedimiento regulado por el ordenamiento nacional con lo dispuesto en el Derecho europeo es que el resultado no sea vinculante para las partes ni, por tanto, afecte a su derecho a un recurso judicial. Si dirigimos la mirada al PLMEP, comprobaremos que su art. 12 establece la vinculación y que la reafirma al disponer que las partes no podrán presentar demanda con igual objeto. Y señala que contra lo convenido solo podrá ejercitarse la acción de nulidad por las causas que invalidan los contratos, (reprodu-

ce los términos en que se expresa el art. 148.1 de la Ley de Jurisdicción Voluntaria con referencia al acto de conciliación). A este respecto, conviene formular algunas consideraciones:

1ª) Tal y como apunta la profesora Peiteado[13], «si el TJUE considera conforme a la tutela judicial efectiva un procedimiento obligatorio en el que necesariamente se alcanza un acuerdo, siempre que este no sea vinculante, con mayor razón lo hará respecto de procedimientos en los que ni siquiera es necesario alcanzar un acuerdo».

2ª) Que las partes no puedan presentar demanda con igual objeto es la adaptación del proyecto al reproche que recibió el anteproyecto cuyo artículo 10 establecía que «[e]l acuerdo alcanzado tendrá el valor de cosa juzgada para las partes, no pudiendo presentar demanda con igual objeto». En su informe, el CGPJ se expresó con rotundidad a este respecto: «el acuerdo tiene un valor netamente contractual y no puede atribuírsele el valor propio de un pronunciamiento jurisdiccional firme, Contrato y sentencia son realidades jurídicas que no deberían confundirse»[14]. El proyecto, como fácilmente se advierte, elimina el primer inciso; pero el mantenimiento del segundo —que. al fin y al cabo, persigue igual finalidad— no deja de ser objetable. A mi parecer, si una de las partes presentara una demanda en que pretendiera algo contrario a lo acordado, la respuesta del tribunal no debiera ser la inadmisión que, por otro lado, comportaría que el juzgador tuviera conocimiento del acuerdo, lo que resulta ampliamente improbable en el estado inicial del procedimiento y a la vista exclusivamente de la alegaciones de la parte actora; pero, puesta de relieve la existencia del acuerdo por el demandado, la respuesta tampoco debiera ser el sobreseimiento. No nos encontramos ante la alegación de un óbice procesal, sino ante el ejercicio de la *exceptio pacti* que, en buena técnica, habría de conducir a una sentencia absolutoria en el fondo.

3ª) Si el acuerdo goza de fuerza ejecutiva, el art. 12.1 PLMEP deja a salvo la oposición que pueda plantearse en el proceso de ejecución. Habrá que distinguir, por tanto, si las causas de oposición son las establecidas en el art. 556 LEC (ejecución de resoluciones procesales —como el decreto o auto con que concluye un acto de conciliación—, arbitrales o acuerdos

---

13 Peiteado Mariscal, «Consideraciones…», cit., pg. 307.

14 Informe aprobado por acuerdo del 22 de julio de 2021 (apartado 76). Accesible en https://www.poderjudicial.es/cgpj/es/Poder-Judicial/Consejo-General-del-Poder-Judicial/Actividad-del-CGPJ/Informes/Informe-al-Anteproyecto-de-Ley-de-medidas-de-eficiencia-procesal-del-Servicio-Publico-de-Justicia

de mediación) o las más amplias del art. 557 LEC (ejecución fundada en títulos no judiciales ni arbitrales, como la escritura pública que formalice la conciliación realizada ante notario, art. 83.1de la Ley del Notariado).

14. El procedimiento negocial no ha de implicar, en condiciones normales, un retraso sustancial a efectos del ejercicio de una acción judicial (segundo requisito). A este respecto, el art.9.4 PLMEP establece los plazos en los que, al no haberse alcanzado un acuerdo, determinan la conclusión del procedimiento[15]: treinta días naturales si, recibida la propuesta, no se ha mantenido la primera reunión o contacto dirigido a alcanzar un acuerdo o no se obtenga respuesta por escrito; tres meses, desde la celebración de la primera reunión, sin que haya alcanzado un acuerdo. Transcurrido ese tiempo, queda expedito el camino para la interposición de la demanda sin que sea objetable su admisibilidad. Los plazos se mueven en una horquilla que ni el Consejo ni los tribunales han considerado excesiva.

Este requisito hay ponerlo en relación con otra disposición, como es la contenida en el art. 4.2 PLMEP. Si la propuesta inicial de acuerdo no tiene respuesta o el proceso negociador concluye sin acuerdo, el precepto indicado establece un plazo de un año[16] para formular la demanda; si esta se presenta transcurrido ese tiempo, el intento de alcanzar una solución acordada se entenderá caducado y, consiguientemente, deberá llevarse a cabo otro para cumplir con el presupuesto de procedibilidad. El plazo de un año responde a las indicaciones contenidas en el Informe del CGPJ que invitaban a ampliar el de tres meses que disponía el anteproyecto.

15. El procedimiento previo debe interrumpir la prescripción (tercer requisito). El art. 6.1 PLMEP establece tal efecto junto con el de la suspensión de la caducidad y precisa el *dies a quo* tanto del momento de la interrupción o suspensión (la fecha en la que conste el intento de comunicación a la parte requerida de la solicitud de iniciar un procedimiento negociador) como del reinicio o reanudación, respectivamente, del cómputo (treinta días naturales desde la recepción de la propuesta por la parte requerida si no se mantiene la primera reunión o no se obtiene respuesta por escrito).

---

15 También se entiende concluido si cualquiera de las partes se dirige por escrito a la otra dando por terminadas las negociaciones.

16 El plazo se contaría, respectivamente, desde la fecha de recepción de la propuesta por la parte requerida o, en su caso, desde la fecha de terminación del proceso de negociación sin acuerdo. Y recuérdese que el art. 9.4 PLMEP, ya referido, establece cuándo se entiende producida la terminación del procedimiento sin acuerdo.

En esta misma línea, la disposición final sexta da nueva redacción al art. 4 LMed. Se refiera la interrupción de la prescripción y la suspensión de la caducidad con mejor técnica que el texto vigente (que emplea el verbo *suspenderá* para referirse a una y otra). Mantiene el *dies a quo* en la fecha de recepción de la solicitud por el mediador o del depósito ante la institución de mediación. Y establece el *dies a quo* del reinicio o reanudación en los mismos términos que el art. 6.1 PLMEP, antes apuntados.

16. El procedimiento previo y obligatorio no puede tener como único cauce de acceso y celebración la vía electrónica (cuarto requisito). El TJUE señala, a este respecto, que, si únicamente pudiera accederse al procedimiento por vía electrónica, podría hacerse imposible en la práctica o excesivamente difícil para algunos justiciables, en particular para aquellos que no disponen de acceso a internet (y, cabría añadir, también para aquellos que, por edad o formación, se desenvuelven con mucha dificultad en el uso de los medios telemáticos). El art. 7 PLMEP abre la puerta a que las actuaciones del procedimiento negociador —algunas o todas— se lleven a cabo por medios telemáticos y muestra su preferencia a que estos sean los empleados cuando el objeto de la controversia sea una reclamación de cantidad no superior a 600 euros[17]. Nos encontramos ante una norma habilitante: el carácter preferente excluye la imposición imperativa; por si ello no fuera bastante, expresamente deja a salvo de la tramitación electrónica aquellos casos en que el empleo de tales medios no sea posible para alguna de las partes. La norma proyectada es respetuosa con las exigencias del TJUE.

17. Para respetar el principio de efectividad, la sentencia Alassini exige también que el procedimiento previo permita la adopción de medidas provisionales en aquellos supuestos excepcionales en que la urgencia de la situación lo exija (quinto requisito). El PLEMP, para satisfacer esta exigencia, da nueva redacción al art. 722 LEC y abre la posibilidad, en lo que ahora interesa, de pedir al tribunal medidas cautelares a quien acredite haber iniciado un intento de solución extrajudicial a través de un medio adecuado de solución de controversias y a quien sea parte en él, tanto si ese procedimiento se sigue en España como si se desarrolla en otro país[18]. Nada se dice, en cambio, de la situación consistente en que al tiempo de solicitar

---

[17] El art. 7 PLMEP generaliza para todos los MASC lo que el art. 24 LMed dispone en la actualidad para este concreto medio.

[18] Acompaña a esta modificación la del art. 724 LEC al objeto de determinar el tribunal competente para acordar las medidas: será el del lugar en que el acuerdo deba

la medida cautelar no se haya iniciado el procedimiento extrajudicial. No me parece inconveniente en tales casos —en el marco de un régimen de obligatoriedad del intento de solución negociada— seguir condicionando la admisión de la demanda a la acreditación de ese intento[19] (el intento podría servir tanto a quien lo promovió como a quien fue requerido): ciertamente, la estimación o desestimación de la medida puede reforzar la posición negociadora de quien haya obtenido un pronunciamiento favorable a sus intereses —especialmente si la resolución tiene como fundamento principal la apreciación de la concurrencia o no concurrencia del *fumus boni iuris*, no tanto si, por ejemplo, no se acuerda la medida por no haberse acreditado el *periculum in mora* o no se ejecuta por no haber prestado la caución—; pero esta circunstancia, aunque evidencia posiciones desiguales, no provoca una negociación en desigualdad de condiciones. Haber obtenido el amparo del derecho —aun con carácter provisional o cautelar— o haberlo visto denegado con igual carácter es un dato que puede servir para fomentar el acuerdo y, con ello, evitar el pleito. Eso sí, se echa a faltar una disposición que establezca la suspensión del plazo para presentar la demanda.

18. El procedimiento previo no ha de ocasionar gastos o, si los ocasiona, han de ser escasamente significativos para las partes (sexto requisito). En la enumeración de requisitos que llevan a cabo las sentencias Alassini y Menini, este antecede a otros expuestos anteriormente. Aquí se pospone por el propósito de dedicarle un más amplio tratamiento. Conforme a lo dispuesto en el art. 5 PLMEP, la asistencia letrada en el procedimiento extrajudicial y previo no es preceptiva; solo lo será cuando se utilice como medio adecuado de solución de controversias la formulación de una oferta vinculante siempre que la cuantía del asunto controvertido supere los 2000 euros y no haya una norma especial que disponga lo contrario[20]. En consonancia con ello, el art. 10 PLMEP establece que las partes que acudan al proceso negociador asistidas por sus abogados habrán de abonar los respectivos honorarios. El carácter facultativo, por tanto, no impide, a quien

---

ser ejecutado o, subsidiariamente, el del lugar donde las medidas deban producir su eficacia.

19 En contra, LÓPEZ SÁNCHEZ, «El carácter general del requisito de procedibilidad de haber acudido a un "medio adecuado de solución de controversias": a propósito del proceso monitorio», en *Revista General de Derecho Procesal* 55 (2021), pg. 66.

20 El art. 7 del Testo Refundido de la Ley sobre responsabilidad civil y seguro en la circulación de vehículos a motor no exige la asistencia letrada en el procedimiento que regula de reclamación extrajudicial y oferta motivada de indemnización

así lo quiera, valerse de los citados servicios profesionales; ahora bien, si lo hace, debe comunicarlo a la otra parte para que pueda obrar de igual modo. La cláusula de cierre a este respecto se encuentra en la disposición final tercera PLMEP que añade un nuevo apartado 11 al art. 6 de la Ley de Asistencia Jurídica Gratuita, es decir, el precepto que enumera las prestaciones comprendidas en el derecho a litigar gratis. Según lo que en él se recoge, el derecho a la asistencia gratuita incluirá los honorarios de los abogados que hubieran asistido a las partes en el procedimiento negocial si su intervención en él fuera preceptiva o cuando, no siéndolo, su designación fuera necesaria para garantizar la igualdad de las partes (inciso este último que invita a pensar en aquellos casos en que una parte decide actuar asesorada por un abogado y la otra, a la que se le comunica tal circunstancia, carece de recursos económicos para hacer lo propio). Hasta aquí nada que objetar: las normas proyectadas se avienen con la doctrina del TJUE.

El proyecto, en cambio, guarda silencio —salvo alguna tímida excepción—sobre el coste que supone el desarrollo del procedimiento negocial, principalmente la intervención del tercero (mediador, conciliador, experto independiente) o el que corresponda abonar a la institución a la que se acuda a tal efecto y en el que, en todo caso, habrá que incluir los gastos de tramitación, las copias de documentos, las comunicaciones, etc. El art. 15 LMed establece que su coste, concluya con acuerdo o no[21], se dividirá por igual entre las partes, salvo pacto en contrario; y del art. 19.1.3) de ese mismo texto normativo se colige la obligación del mediador de informar del coste de la mediación o las bases para su determinación, con el debido desglose de las partidas que lo integran (los honorarios del mediador y otros posibles gastos). Por su parte, el PLEMP se limita, en su disposición adicional a primera —y en referencia a la posibilidad de atender con cargo a fondos públicos el coste de la intervención del tercero neutral—, a recoger una norma de contenido impreciso y vago alcance pues todo lo confía a la estimación de lo que las Administraciones tengan por conveniente y a su disponibilidad presupuestaria dentro de unos márgenes de amplia

---

21 Como señala Lafuente Torralba, «La formación del mediador y el coste de la mediación: dos aspectos cruciales aunque menospreciados por la Ley 5/2012, de 6 de julio», en *Il Diritto patrimoniale di fronte alla crisi económica in Italia e in Spagna* (dir.: Murga Fernández y Tomás Tomás). Milano, Wolters Kluwer-CEDAM, 2014, pg. 391, es lógico que así se disponga puesto que el mediador garantiza una determinada actividad, no un resultado; que haya acuerdo o no depende de las propias partes en conflicto.

discrecionalidad (puesto que tendrán que concretar qué se va a sufragar, en qué porcentaje y respecto de qué sujetos)[22].

Adviértase que salvo la conciliación regulada en los arts. 139 y siguientes de la Ley de Jurisdicción Voluntaria, todos los demás medios comportan un coste para las partes. Podría decirse que quien quiera verlos reducidos debe elegir el medio más económico; pero recuérdese que, según establece el art.4.4 PLMEP si todas las partes planearan acudir a un medio adecuado de solución de controversias y no existiera acuerdo sobre cuál de ellos utilizar, se empleará aquel que se haya propuesto antes temporalmente. Lo cierto es que el coste del medio empleado puede ser significativo, y lo cierto también es que nada se prevé a este respecto en el proyecto, como tampoco hay previsión alguna de modificación de la Ley de Asistencia Jurídica Gratuita.

19. A cuanto antecede se ha de añadir una ulterior consideración. Si el procedimiento previo concluye sin acuerdo y se incoa el correspondiente proceso jurisdiccional, el coste que aquel le haya ocasionado a quien resulta favorecido por el pronunciamiento sobre costas no podrá incluirse en estas. Conforme a las normas vigentes, la conclusión cobra sentido: siendo la mediación un medio de solución de controversias confiado a la exclusiva voluntad de las partes, la eventual inclusión de su coste en el derecho al reembolso del beneficiario de la condena en costas desincentivaría acudir a ella, justo lo contrario de lo pretendido por el legislador. Pero la atribución del carácter obligatorio pretendida por el proyecto no puede, precisamente por ello, participar de tal razonamiento[23]. Los costes del procedimiento

[22] Dice así la disposición: «Para los casos en que la utilización del medio adecuado de resolución de controversias sea requisito de procedibilidad antes de acudir a los tribunales de justicia y para aquellos otros en que la intervención del tercero neutral se produzca por derivación de dichos tribunales una vez iniciado el proceso, las Administraciones con competencias en materia de Justicia podrán establecer, en su caso, cuanto tengan por conveniente para sufragar el coste de la intervención de dicho tercero neutral, en todo o en parte, con cargo a fondos públicos y para aquellas personas en quienes concurran los requisitos que se establezcan a tal efecto, en la medida en que los medios adecuados de solución de controversias permitan reducir tanto la litigiosidad como sus costes, siempre de acuerdo con las disponibilidades presupuestarias»

[23] Como señalé en otro lugar [HERRERO PEREZAGUA, «El coste del proceso al servicio de la eficiencia», en *La Justicia tenía un precio* (dirs.: Herrero Perezagua y López Sánchez). Barcelona, Atelier, 2023, pg. 97)], los gastos con los que todo litigante habrá de pechar por tener que acudir a un procedimiento previo «actúan como un factor de impulso del acuerdo, en la medida en que, si este no se consigue,

previo destinado a alcanzar un acuerdo que no se consigue pueden ser *significativos* (por utilizar el término del que hace uso la sentencia Menini) y aquel que en el proceso posterior vea reconocida su pretensión carece de expectativa alguna de reintegro. Me parece que el silencio que guarda el proyecto en esta cuestión debería ser colmado en el sentido que acabo de indicar o al menos con alguna modulación.

20. En estrecha relación con lo anterior, conviene no olvidar una línea roja señalada por la sentencia Menini. En ella se censura la norma nacional que establecía que los consumidores solo pueden retirarse de un procedimiento de mediación si demuestran que concurre una causa justificada, so pena de ser sancionados en el proceso jurisdiccional ulterior. La sentencia considera esta limitación restrictiva del derecho de las partes de acceder al sistema judicial y, en tal sentido, concluye: «la eventual retirada del consumidor del procedimiento de resolución alternativa no debe tener consecuencias desfavorables para este en el contexto del procedimiento jurisdiccional relativo al litigio que haya sido, o hubiera debido ser, objeto del procedimiento de resolución alternativa». Obviemos la cuestión de la posible extensión de esta doctrina a otros ámbitos distintos de la protección del consumidor (que bien podría propugnarse). El PLMEP, sin embargo, acude a la *justa causa* en diversos preceptos reguladores de la condena en costas —al dar nueva redacción a los arts. 394 y 395 LEC— para anudar, en todo caso, efectos desfavorables: no obtendrá la condena del contrario a pesar del vencimiento quien, *sin justa causa*, hubiera rehusado participar en un medio adecuado de solución de controversias al que hubiese sido efectiva convocado; será condenado, a pesar de darse una estimación parcial o de allanarse antes de contestar a la demanda, quien no hubiese acudido *sin justa causa* a un intento de mediación u otro de los medios adecuados de solución de controversias. Lo que sancionan las normas proyectadas no es la retirada del procedimiento (que es a lo que se refiere la sentencia Menini), sino la inasistencia inicial. Esta interpretación permite entender que las disposiciones referidas se acomodan a las exigencias de la doctrina del TJUE.

---

será necesario un gasto mayor, sin posibilidad de recuperar el anterior: el gasto efectuado habrá sido inútil».

III. LA OPCIÓN POR LA OBLIGATORIEDAD

21. Conforme a lo expuesto, cabe concluir que la obligatoriedad de acudir a la mediación, la conciliación o algún otro medio negocial previo al proceso no vulnera el derecho a la tutela judicial efectiva. Si la norma interna desarrolla una norma europea, el parámetro de la tutela judicial efectiva será el del ordenamiento europeo. Si no es así, su concordancia se examinaría conforme a la Constitución, pero sin perder vista que ese examen utilizaría como criterio hermenéutico la jurisprudencia del Tribunal de Justicia de la Unión Europea. El juicio, en definitiva, que hagamos sobre esta opción legislativa que propugna la obligatoriedad de un procedimiento extrajudicial previo —en los términos en que se proponga o, finalmente, se adopte— será un juicio de conveniencia.

22. Ahora bien, la experiencia demuestra que este tipo de cambios, si se quiere que se consoliden, es mejor que se hagan de forma gradual: los resultados pueden tanto aconsejar como desaconsejar su extensión a otro tipo de asuntos. Si, como es comúnmente reconocido, existe para su aceptación un problema ligado a nuestra cultura jurídica, parece que esta solo será permeable a su recepción de modo progresivo.

Esta vía fue la elegida tanto por el Anteproyecto de la Ley de Mediación de 2010, como por el Anteproyecto de Ley de impulso a la mediación de 2019. En el primero se preveía la modificación de los arts. 437 y 439 LEC para otorgar carácter preceptivo al intento de mediación en determinados juicios verbales por razón de la cuantía. En el segundo se incluía un listado de catorce materias (medidas en procesos matrimoniales, responsabilidad por negligencia profesional, división de patrimonios, propiedad horizontal, reclamaciones de cantidad inferiores a 2000 € que no traigan causa de un acto de consumo, etc.) en las que no haber intentado la mediación conducía a la inadmisión de la demanda; asimismo, se recogía una modificación de la Ley de Asistencia Jurídica Gratuita para introducir la mediación entre las prestaciones de este derecho. El PLMEP, en cambio, opta por establecer la obligatoriedad con carácter general (art. 4.1) y por enumerar las excepciones a la regla (art. 4.2): tutela judicial de derechos fundamentales, adopción de las medidas del art. 158 CC, internamiento forzoso por razón de trastorno psiquiátrico, determinadas tutelas sumarias y protección de menores.

23. A este respecto, se observa una evolución en las consideraciones recogidas por los respectivos informes del CGPJ:

a) Por lo que refiere al Anteproyecto de Ley de Mediación de 2010, el Consejo se mostraba especialmente crítico al estimar dudoso que el recurso obligatorio a la mediación o a la conciliación redundara por sí solo en una auténtica reducción de la litigiosidad; antes bien corría el riesgo, señalaba, de acabar convirtiéndose en una suerte de formalidad cumplimentada de forma rutinaria y, en definitiva, en una traba para el acceso al sistema judicial (e invocaba la experiencia anterior que condujo a la eliminación del preceptivo acto de conciliación previo a la demanda en la reforma de 1984).

b) Al examinar el Anteproyecto de Ley de impulso a la mediación de 2019, el Consejo, aun recordando lo que había dicho en el anterior, dulcificaba sus afirmaciones al señalar que este sistema de obligatoriedad mitigada de la mediación no debería convertirse en un mero trámite y, por ello, alentaba la eliminación de rigideces y automatismos (sin mayor concreción), que se propiciara que el intento de mediación se produjera dentro de los espacios o edificios judiciales y que, por vía reglamentaria, se establecieran criterios comunes de actuación para las sesiones informativas. Respecto del catálogo de asuntos, es destacable cómo el Consejo se mostró especialmente crítico con la exclusión de la mediación —tanto la extrajudicial como la derivada— en la ejecución de títulos no judiciales, incluyendo la ejecución hipotecaria, y también la de títulos judiciales, sobre todo en aquellos procesos de ejecución derivados de procedimientos de técnica monitoria.

c) Al respecto del Anteproyecto de Ley de Medidas de Eficiencia Procesal —antecedente inmediato del PLEMP—, el Consejo señala cómo la opción por establecer con carácter general la obligatoriedad de un intento de solución extrajudicial y previa carece de antecedentes en el ámbito de la Unión Europea. Aunque reconoce que el juicio de idoneidad de esta opción «implica un pronóstico de aptitud de la medida para el que, ciertamente, el Gobierno cuenta con un amplio margen de valoración», concluye que «este juicio de oportunidad no cuenta con base suficiente de experiencia en el que sustentarse». Por ello, y partiendo de la naturaleza diversas de los conflictos propios del ámbito del proceso civil y por razones de prudencia, se inclina por el establecimiento de «un modelo de obligatoriedad mitigada en relación con aquellas materias que por su naturaleza pueden ser más susceptibles de transacción o acuerdo a través de aquellos medidos adecuados de solución de controversias más idóneos, por su desarrollo e institucionalización para lograr resultados».

24. Además de lo apuntado, me parece oportuno, antes de formular algunas observaciones de carácter técnico, manifestar una de carácter previo y que se refiere al núcleo esencial de la opción tomada por el PLEMP: generalizar la exigencia de negociación para todas las controversias puede conducir a relajar la exigibilidad de la norma; por mucho que esté definido su contenido —los derechos y obligaciones—, lo preceptuado deja de imponerse a sus destinatarios, lo que no invita a su observancia, sino que se toma como referencia para la negociación y el acuerdo[24].

25. Las observaciones de carácter técnico se reconducen a dos apartados: por un lado, el listado tasado de medios y, por otro, la inclusión o exclusión de asuntos en los que cabe cuestionarse la conveniencia o inconveniencia de exigir un intento previo de negociación.

26. Por lo que respecta al primero, es de señalar que el art.1 PLMEP opta por una relación cerrada. El art. 1 ofrece el concepto y caracterización de los MASC: «se entiende por medio adecuado de solución de controversias cualquier tipo de actividad negociadora, *tipificada en esta u otras leyes*, a la que las partes de un conflicto acuden de buena fe con el objeto de encontrar una solución extrajudicial al mismo, ya sea por sí mismas o con la intervención de un tercero neutral»[25] (la cursiva es mía). Algo que se confirma en el art. 13.1 cuando señala que, a los efectos de cumplir el requisito de procedibilidad, «las partes podrán acudir a cualquiera de las modalidades de negociación previa reguladas en este capítulo, a la mediación regulada en la Ley 5/2012, de 6 de julio, de mediación en asuntos civiles y mercantiles, o a cualquier otro medio adecuado de solución de controversias previsto en otras normas» que el propio art. 13 específica para tres casos concretos: la Ley del Notariado, para la conciliación ante notario, la Ley Hipotecaria, para la conciliación ante el registrador, y la Ley de Jurisdicción Voluntaria, para la conciliación ante el letrado de la Administración de Justicia. La disposición adicional quinta, a su vez, alude, en su párrafo primero, a los medios previstos en la legislación especial en materia de consumo, y, en el párrafo segundo, a la resolución de las reclamaciones presentadas por usuarios de los servicios financieros

---

24 En este sentido, López Sánchez, «El carácter general del requisito de procedibilidad...», cit., pg. 4.

25 Los medios que expresamente recoge el PLMEP son estos: la negociación directa entre los interesados o a través de sus abogados (art. 13.1), la mediación y la conciliación (con remisión a las leyes a las que señalo en el texto y a las que se añade la conciliación privada de la que se ocupa el art. 14), la formulación de una oferta vinculante confidencial y la opinión de un experto independiente.

ante el Banco de España, la Comisión Nacional del Mercado de Valores y la Dirección General de Seguros y Fondos de Pensiones en los términos establecidos por la Ley 44/2002, de 22 de noviembre (de medidas de reforma del sistema financiero) o ante la entidad que se cree en virtud de lo que establece la Ley 7/2017, de 2 de noviembre, por la que se incorpora a nuestro ordenamiento la Directiva relativa a la resolución alternativa de litigios en materia de consumo. Si bien se mira, en estos casos no hay propiamente actividad negociadora (recordemos, uno de los elementos definidores del concepto que ofrece el art. 1). Lo relevante es que se haya dado ocasión a resolver la controversia con carácter previo. La disposición adicional sexta —en relación con el nuevo apartado 5 que se pretende incorporar al art. 439 LEC— regula un procedimiento de reclamación extrajudicial para los casos de pretensiones de devolución de las cantidades indebidamente insatisfechas por el consumidor en aplicación de las cláusulas que se consideren abusivas en contratos de préstamo o crédito garantizados con hipoteca inmobiliaria.

Es de destacar el cambio que, en este particular, introdujo el proyecto respecto del anteproyecto: en el primero se incluye algo que estaba ausente en el texto precedente, que la actividad negociadora ha de estar «tipificada en esta u otras leyes»[26]. Conclusión: si no lo están, no podrán considerarse medios adecuados, de modo que la demanda que se presente después de haber transitado por esa vía atípica incurrirá en un defecto de procedibilidad y no podrá ser admitida. La ventaja de disponer así las cosas es clara: facilita el examen liminar que se ha de llevar a cabo por el tribunal para dar curso al proceso.

27. Por lo que respecta a la inclusión o exclusión de asuntos en los que cabe cuestionarse la conveniencia o inconveniencia de exigir un intento previo de negociación, los límites impuestos y autoimpuestos a la extensión de este trabajo exigen seleccionar las observaciones que el texto del

---

[26] El art. 1.3 del anteproyecto establecía que se consideraría cumplido el requisito (sic) de procedibilidad «si se acude previamente a la mediación, a la conciliación o a la opinión neutral de un experto independiente, si se formula una oferta vinculante confidencial o si se emplea *cualquier otro tipo de actividad negocial no tipificada legalmente* pero que cumpla lo previsto en el apartado anterior y permita dejar constancia de la recepción por la parte requerida, así como de su fecha, contenido e identidad de la parte proponente» (la cursiva es mía). A título de ejemplo de medio atípico el precepto citaba la actividad negocial desarrollada directamente por las partes asistidas de sus abogados cuando su intervención sea preceptiva.

PLMEP suscita. Estas irán referidas exclusivamente a los siguientes casos: las tutelas sumarias; el proceso monitorio; la tasación de costas.

1°) En lo que atañe a las tutelas sumarias, ya ha habido ocasión de advertir que el art. 4.2 PLMEP excluye de la obligatoriedad de intentar una actividad negociadora previa algunas de ellas (las tutelas posesorias ante el despojo o la perturbación que persiguen la retención o recuperación de la cosa y la que consiste en la demolición o derribo de la obra o cosa ruinosa). Lo que caracteriza a un proceso sumario es la cognición limitada del juzgador, de modo que el enjuiciamiento que lleva a cabo no puede comprender todos los aspectos de la relación jurídica deducida. Las limitaciones no se disponen solo respecto del conocimiento del juez, sino, en buena lógica, también de los fundamentos de la pretensión actora y de las excepciones oponibles por el demando, así como, habitualmente, de los medios de prueba de los que pueden valerse las partes. Tales restricciones obedecen a un claro propósito: proporcionar una rápida tutela. La celeridad es el estímulo que la norma ofrece, en estos casos, a costa de la provisionalidad (que puede no ser tal). Exigir una previa actividad negocial priva de ese estímulo y provoca la paradoja de que lo que ofrece una norma (la reguladora de la sumariedad) lo diluye otra (la que impone intentar un arreglo antes de incoar el proceso). Por ello, participo del parecer[27] de que la obligatoriedad debería quedar excepcionada en todos los casos de tutelas sumarias. Y la excepción debería extenderse a los procesos plenarios subsiguientes a los sumarios, es decir, en los que se discuta, ahora ya sin limitaciones, lo que se discutió y decidió en el sumario que por esta razón —contar ya con un pronunciamiento— no animará al acuerdo a quien satisfizo la resolución si no es en los términos establecidos en esta.

2°) En relación con el proceso monitorio —que, en modo alguno, puede ser considerado como una preparación del proceso ni, por tanto, como un medio adecuado de solución de controversias— debería distinguirse —y aclarar su respectivo régimen— entre el propio proceso monitorio y el declarativo que eventualmente le siga provocado por la oposición del deudor. Por lo que al primero respecta, la obligatoriedad del intento previo de solución acordada debería excluirse. Al margen de consideraciones formales que no pueden considerarse concluyentes —la petición inicial no recibe el nombre de demanda y, por tanto, escaparía a la sanción de inadmisibilidad—, debe repararse en que la reclamación que se articula

---

[27] De esta opinión, LÓPEZ SÁNCHEZ, «El carácter general del requisito de procedibilidad…», cit., pg. 64.

en el monitorio no obedece a la existencia de una controversia, sino a la resistencia del deudor a su cumplimiento: no hay una pretensión discutida, sino resistida . Lo que busca el monitorio es la constitución de un crédito no controvertido en título ejecutivo. Si el crédito es controvertido, entonces el monitorio decae y tiene que encauzarse a través de un juicio ordinario o un juicio verbal[28].

Ahora bien, respecto del declarativo posterior, no hay razón para no exigir el presupuesto de procedibilidad. Pero, en tal caso, la regulación actual del monitorio conduce a una paradoja:

—Si el juicio a seguir fuera el ordinario, el actor habrá de interponer demanda en el plazo de un mes y, por tanto, en ese plazo, intentar una solución consensuada; o sea, el monitorio ha podido iniciarse sin ese intento y, sin embargo, este despliega sus efectos como presupuesto de procedibilidad en la demanda que le sigue.

—Si el juicio a seguir es un verbal, no necesita el acreedor formular nueva demanda: el proceso se transforma, sigue por otra vía que, por regla, exigiría el intento previo de negociación que, sin embargo, no se ha producido.

La solución debería venir por una doble vía, como propone López Sánchez[29]:

—Debería unificarse la regulación de modo que tanto si el proceso a seguir es un ordinario como un verbal se dispusiera que la oposición del deudor pone fin al monitorio y en ambos casos el acreedor que quisiera seguir haciendo valer su pretensión tuviera que presentar la correspondiente demanda.

—Para conciliar el carácter obligatorio del procedimiento negocial previo y el plazo establecido para presentar la demanda, la ley debiera prever la suspensión del plazo y considerar la negativa del deudor a la suspensión un rechazo a la oferta de negociación.

3º) Respecto de la tasación de costas, ha de recordarse con carácter previo que el intento de una solución negociada solo se exige como presu-

---

28 Con mayor extensión y detalle sobre todos los extremos referidos a la aplicabilidad del óbice de procedibilidad al proceso monitorio, López Sánchez, «El carácter general del requisito de procedibilidad...», cit., *passim.*

29 López Sánchez, «El carácter general del requisito de procedibilidad...», cit., pg. 68.

puesto de procedibilidad en los procesos declarativos. Al fin y al cabo, los medios negociales se presentan como una alternativa al proceso de declaración para dar solución a una controversia. La ejecución no da solución a una controversia, sino que actúa el título ejecutivo[30]. En el caso de la tasación de costas, nos encontramos en la antesala de la ejecución una vez que ya se ha transitado el proceso de declaración; concluido este con un pronunciamiento de condena (en costas), no se puede abrir aquella sin liquidarlas. ¿Por qué es necesaria la tasación? Porque no se produce el pago voluntario del condenado a su reembolso. ¿Y cuál es la razón de esa falta de abono: la resistencia al cumplimiento, la discrepancia en su cuantificación, el hábito o la estrategia de pagar solo cuando el letrado de la Administración de Justicia las haya tasado? El legislador se muestra proclive a la reducción del importe a pagar —como no pocas tasaciones practicadas en los juzgados— e, incluso, a su exoneración. La coherencia en la búsqueda de soluciones pactadas y en la evitación de actuaciones ante los tribunales me parece que aconsejaría no solo que a la tasación precediera un intento de acuerdo, sino que se tuviera en cuenta la actitud del obligado y, en su caso, la puesta a disposición del beneficiario de la condena de las cantidades no discutidas.

[30] Por ello, no deja de ser objetable lo que el CGPJ sugirió en su Informe al Anteproyecto de Ley de impulso a la mediación (apartados 108-110). Allí animaba al prelegislador a que tomara en consideración «la eficacia de la mediación en la ejecución de títulos no judiciales, tanto de la extrajudicial –previa al despacho de la ejecución- como en la derivación judicial, una vez iniciado el procedimiento. Y del mismo modo, debería considerar la eficacia de la mediación en las ejecuciones de títulos judiciales, sobre todo en aquellos casos en los que el pronunciamiento que se ha de llevar a efecto puede ser fuente de nuevos conflictos, pues no siempre se identifica la resolución del pleito con la resolución del conflicto subyacente, para lo cual la mediación puede resultar, también en fase de ejecución, el instrumento más adecuado». A mi parecer, partiendo, como he anotado en el texto, de que la ejecución no da solución a una controversia, sino que actúa el título ejecutivo, la mediación que se propugna en este ámbito debería ceñirse, en su caso, a la mediación derivada y no con el objeto de resolver una controversia, sino de atender a situaciones en que el cumplimiento de la prestación no es posible por la carencia de medios del deudor, lo que debería inscribirse en un marco más general como es el de los mecanismos de segunda oportunidad o de reducción del pasivo insatisfecho.

IV. EL TRATAMIENTO PROCESAL

28. Reiteradamente se ha señalado en las páginas precedentes que el propósito del PLMEP es elevar a presupuesto de procedibilidad haber acudido a alguno de los medios negociales que se establecen en él o en otras normas del ordenamiento, Desde el punto de vista del tratamiento procesal esto significa:

a) que a la demanda habrá de acompañarse el documento que acredite haberse intentado la actividad negociadora previa a la vía judicial (conforme a la redacción que el PLMEP da al art. 264.4º LEC);

b) que ese documento será expedido por el tercero que haya intervenido en tal actividad (el mediador o la institución administradora de la mediación, el profesional o sociedad profesional a quien se haya encargado la conciliación, el experto independiente a quien las partes hubieran solicitado que emitiese una opinión no vinculante respecto a la materia objeto de conflicto); si no hubiera intervenido un tercero neutral, el documento acreditativo habrá de ir firmado por ambas partes o por sus respectivos abogados;

c) que el documento deje constancia de la identidad del tercero y de las partes, del objeto de la controversia, de la fecha de las reuniones mantenidas, de que las partes han intervenido de buena fe y. si alguna parte no hubiera comparecido, de la forma y fecha en que se le citó o de la comunicación que esta hizo en que daba por terminadas las negociaciones;

d) que no aportar el documento señalado, en la forma y con el contenido antes descritos, comporta la inadmisión de la demanda (conforme a la redacción que el PLMEP da al art. 403.2 LEC), respecto de lo cual sería aconsejable que la ley especificara su carácter subsanable y que la subsanación comprendiera no solo la falta de acreditación del intento de negociación, sino también de su falta de realización;

e) que la demanda reconvencional está sujeta al mismo régimen.

29. Para entender cumplido el presupuesto de procedibilidad tiene que existir una identidad entre el objeto de la negociación y el objeto del proceso. Bien puede ocurrir que el actor, al expresar en su demanda la tutela judicial que solicita, reduzca las pretensiones o su cuantía respecto de lo que señaló como objeto en el procedimiento elegido para intentar una solución acordada. Nada que objetar a este respecto. Pero también puede suceder que se produzca una ampliación: si esta obedece a un incremento de la cuantía reclamada por el vencimiento de nuevos plazos

derivados de una misma obligación o de una relación continuada en el tiempo, como el suministro de determinados productos, tampoco habría de tropezar con obstáculo alguno para su tramitación. En cambio, otro sería la consideración que merecería el caso en que se sume a lo que pretendía solucionar mediante el correspondiente acuerdo una nueva acción; conforme a la legislación vigente, esta eventualidad no está sujeta a filtro alguno; en cambio, si el intento de negociación se erige en presupuesto de procedibilidad como pretende —o pretendía— el PLMEP, habría que aplicar el tratamiento procesal establecido para los supuestos de indebida acumulación de acciones.

30. Respecto de la reconvención, deberían recogerse en el art. 406 LEC las previsiones procedentes a este respecto. Así, atendiendo a la coherencia del sistema, su admisibilidad debería quedar condicionada a la acreditación de que su objeto lo ha sido también del correspondiente procedimiento negocial previo, que puede ser el mismo intentado por el actor u otro distinto, siempre que no se haya superado el plazo de caducidad (un año) que establece el art. 6.2 PLMEP.

31. La aportación del documento que acredite la identidad de objeto entre el procedimiento negocial y el proceso exige alguna reflexión vinculada al principio de confidencialidad, proclamado en el art. 8 PLMEP, cuyo texto es en buena parte coincidente con lo que establece el vigente art. 9 LMed[31]. La confidencialidad se afirma respecto del propio procedimiento negociador, de la documentación utilizada y de la información que el tercero interviniente en el procedimiento y las partes hubieran podido obtener derivada de él. El examen de la admisibilidad deberá, por tanto, poner especial atención sobre estos extremos, es decir, no solo para inadmitir la demanda a la que no se acompañe el documento que acredite que se ha acudido a un medio adecuado de solución de controversias, sino para filtrar —inadmitir la demanda, excluir un determinado documento, dar ocasión de subsanar— los excesos en que pudiera incurrir la documentación presentada con quebranto de la debida confidencialidad.

32. El intento o el comienzo del procedimiento y su conclusión se erigen en factor condicionante para la incoación del proceso y son de indudable importancia para su prosecución y, en su caso, para el pronunciamiento sobre las costas. Solo con la aportación de esa información podrá

[31] Abordé esta cuestión en HERRERO PEREZAGUA, «La quiebra en el proceso civil de la confidencialidad debida en la mediación», en *Revista Asociación de Profesores de Derecho Procesal de las Universidades Españolas* núm. 6-2022.

el juez examinar y decidir sobre la inadmisión de la demanda, una información que, asimismo, incidirá en la calificación de la conducta de quien desatiende la invitación. Conviene advertir que la confidencialidad no se ciñe exclusivamente al proceso que, con un objeto total o parcialmente coincidente, sigue al procedimiento negociador concluido sin éxito. Puede extenderse a un proceso con un objeto conexo al que, incluso, haya procedido la correspondiente actividad negociadora. Y, por tanto, la aportación y admisión de la documentación referente a ese otro procedimiento quedará sujeta a los límites que fija el principio de confidencialidad.

33. Es preciso, en consecuencia y a los efectos de delimitar el marco de control que se ha de llevar a cabo en esta fase liminar del proceso, determinar qué hechos manifestados en el procedimiento negociador tienen cerrado el paso en el proceso. Ofrezco estos criterios:

a) respecto de los hechos conocidos en el procedimiento negociador a causa de lo declarado por una de las partes o de las informaciones aportadas por ella —unos hechos que la otra parte no hubiera podido conocer—, no se veda la posibilidad de alegarlos y probarlos en el proceso;

b) lo que no podrá hacer la parte que conoce los hechos que antes ignoraba es sostener en el proceso que la otra parte los ha puesto de manifiesto durante el procedimiento negociador, puesto que, en tal caso, los estaría revelando ilícitamente;

c) las partes podrán probar en el proceso los hechos alegados en el procedimiento negociador, pero no pueden servirse como prueba de lo manifestado en este último; cada parte es libre de repetir en el proceso las propias declaraciones: el muro que pueden derribar las partes es el de la propia reserva, no el de la ajena;

d) hay que distinguir entre los hechos que han dado lugar a la controversia y los hechos del propio procedimiento negociador; estos últimos son lo que quedan excluidos de la prueba: por ejemplo, que en el procedimiento se ha reconocido por las partes tal o cual cosa, o que en la mediación (si este ha sido el medio al que se ha acudido) se ha aportado por una de las partes tal o cual documento, o que dentro de ella se había alcanzado tal o cual acuerdo parcial sobre un determinado aspecto de la cuestión controvertida;

e) en cuanto a los hechos que han dado lugar a la controversia, no hay otra limitación que la de no utilizar las fuentes de prueba procedentes del procedimiento negociador utilizado; si las pruebas se obtienen por otras vías, estas no tendrán cerrado el paso al proceso.

34. Buena parte de estos criterios desplegarán sus efectos en el procedimiento probatorio. Mi propuesta es que también se extraigan de ellos las oportunas consecuencias para la fase de admisión y que, consiguientemente, se introduzcan los cambios normativos oportunos para aplicarlas. Se trata, en definitiva, de evitar que el documento acreditativo de haber intentado el procedimiento negocial previo incorpore informaciones y manifestaciones que no deberían acceder al proceso ni, por tanto, incorporarse a los autos. Es lo que podría acontecer, por ejemplo, si el documento presentado por el actor a este respecto no solo dejara constancia del intento de negociación, sino también de la propuesta que se le hizo llegar durante su desarrollo a la parte contraria y que esta no aceptó; o si el tercero neutral que hubiera gestionado la actividad negociadora —al que el art. 9.3 le encomienda que haga constar la declaración de que las dos partes han intervenido de buena fe— manifestara en ese documento que una no lo hizo así por haberse echado atrás en un acuerdo parcial previamente aceptado. A mi parecer, la norma procesal debería formularse sobre las siguientes premisas:

a) si el tribunal advierte que el documento acreditativo del intento de negociación presentado por el actor recoge contenidos que vulneran el principio de confidencialidad, dará ocasión al demandante —señalando plazo para ello— a que lo reemplace por otro en el que no consten tales contenidos que deberán ser identificados en la resolución que posibilita la subsanación del defecto;

b) otro tanto se dispondrá cuando el vicio se advirtiera en algún otro documento aportado por cualquiera de las partes que hiciera referencia al previo procedimiento negociador;

c) la falta de subsanación conducirá a tener el documento por no aportado, de modo que, si este fuera el que tiene por finalidad acreditar el intento de negociación, se inadmitirá la demanda.

V. Bibliografía

—BARONA VILAR, Silvia: «"Justicia integral" y "Access to Justice". Crisis y evolución del "paradigma"», en *Mediación, arbitraje y jurisdicción en el actual paradigma de Justicia*, Madrid, Thomson-Civitas, 2016, pgs. 31-56.

—DALLA BONTÀ, Silvana: «El coste de la Justicia consensual», en *La Justicia tenía un precio* (dirs.: Herrero Perezagua y López Sánchez), Barcelona, Atelier, 2023, pgs. 39-54. Accesible en https://atelierlibrosjuridicos.com/libreria-juridica/la-justicia-tenia-un-precio/

—Díez-Picazo Giménez, Ignacio: «Discurso inaugural; los restos actuales del proceso civil», en *Logros y retos de la Justicia civil en España* (dirs.: Jiménez Conde, Banacloche Palao, y Gascón Inchausti; coord.: Schumann Barragán). Valencia, Tirant lo Blanch, 2023, pgs. 21-30.

—Fuentes Soriano, Olga: «La rebaja de las costas como medida (cuestionable) de la eficiencia procesal», en *La Justicia tenía un precio* (dirs.: Herrero Perezagua y López Sánchez). Barcelona, Atelier, 2023, pgs. 81-104. Accesible en https://atelierlibros-juridicos.com/libreria-juridica/la-justicia-tenia-un-precio/

—Herrero Perezagua, Juan F.: *Lo jurisdiccional en entredicho*. Cizur Menor (Navarra), Thomson-Aranzadi, 2014.

—Herrero Perezagua, Juan F.: «La quiebra en el proceso civil de la confidencialidad debida en la mediación», en *Revista Asociación de Profesores de Derecho Procesal de las Universidades Españolas* núm. 6-2022, pgs. 47-70.

—Herrero Perezagua, Juan F.: «El coste del proceso al servicio de la eficiencia», en *La Justicia tenía un precio* (dirs.: Herrero Perezagua y López Sánchez). Barcelona, Atelier, 2023, pgs. 81-104. Accesible en https://atelierlibrosjuridicos.com/libreria-juridica/la-justicia-tenia-un-precio/

—Lafuente Torralba, Alberto José: «La formación del mediador y el coste de la mediación: dos aspectos cruciales aunque menospreciados por la Ley 5/2012, de 6 de julio», en *Il Diritto patrimoniale di fronte alla crisi económica in Italia e in Spagna* (dir.: Murga Fernández y Tomás Tomás). Milano, Wolters Kluwer-CEDAM, 2014, pgs. 385-398.

—López Sánchez, Javier: *El sistema de las «class actions» en los Estados Unidos de América*. Granada, Comares, 2011.

—López Sánchez, Javier: «El carácter general del requisito de procedibilidad de haber acudido a un "medio adecuado de solución de controversias": a propósito del proceso monitorio», en *Revista General de Derecho Procesal* 55 (2021), pgs. 1-74.

—Moreno García, Lucía: «La inconstitucionalidad (parcial) del Real Decreto-Ley 1/2017, de 20 de enero, de medidas urgentes de protección de consumidores en materia de cláusulas suelo», en *Diario La Ley*, núm. 9956, 19 de noviembre de 2021

—Nadal Gómez, Irene: «La resolución alternativa de litigios en el transporte aéreo», en *La resolución alternativa de litigios en materia de consumo* (dirs.: Ariza Colmenarejo y Fernández-Fígares Morales, Cizur Menor (Navarra), Thomson-Aranzadi, 2018, pgs. 225-275

—Peiteado Mariscal, Pilar: «Consideraciones sobre la relación entre el derecho a la tutela judicial efectiva y la mediación obligatoria», en *Estudios de Deusto* vol. 66/2, julio-diciembre 2018, pgs. 283-322.

—Pérez Daudí, «La imposición de los ADR *ope legis* y el derecho a la tutela judicial efectiva», en *InDret* 2/2019.

—Pérez Estrada, Miren Josune: «La Justicia: ¿un servicio público?», en *Revista General de Derecho Procesal* 57 (2022), pgs. 1-22

—Sigüenza López, Julio: «¿Justicia sin jueces?: los llamados "medios adecuados de solución de controversias en vía no jurisdiccional"», en *Revista General de Derecho Procesal* 60, 2023, pgs. 1-30.

Capítulo VI

Los ADR como requisito de procedibilidad

VICENTE PÉREZ DAUDÍ
Catedrático de Derecho Procesal
Universitat de Barcelona

SUMARIO: I. INTRODUCCIÓN. II. El DERECHO A LA TUTELA JUDICIAL EFECTIVA Y SU RELACIÓN CON OTROS DERECHOS. 1. La doctrina del Tribunal de Justicia de la Unión Europea.- 2. La doctrina del Tribunal Constitucional español.- 3. Conclusión. III. LA OBLIGACIÓN DE ACUDIR A UN ADR ANTES DE ACCEDER AL PROCESO JUDICIAL. 1. La imposición legislativa. 2. Acuerdo de las partes. IV. TRATAMIENTO PROCESAL DE LA FALTA DE INTENTO DE LA MEDIACIÓN PREVIA AL INICIO DEL PROCESO. BIBLIOGRAFÍA CITADA

I. INTRODUCCIÓN.

El artículo 117.3 de la Constitución Española prevé que "el ejercicio de la potestad jurisdiccional en todo tipo de procesos, juzgando y haciendo ejecutar lo juzgado, corresponde exclusivamente a los Juzgados y Tribunales determinados por las leyes, según las normas de competencia y procedimiento que las mismas establezcan". El Estado, al asumir la función jurisdiccional, se compromete a regular de forma eficiente el acceso a los Tribunales y regular unos procesos, de conformidad con lo previsto con los principios procesales, que sean eficaces para la resolución de los conflictos.

La realidad es que se tiene la percepción de que el poder judicial no es eficiente[1]. Esta situación es común a los Estados de nuestro entorno. Así se explica que desde la Unión Europea se haya potenciado los ADR como "respuesta a las dificultades de acceso a la justicia a las que se enfrentan muchos países. Estas dificultades se explican por el hecho de que los litigios

---

1 Sobre la efectividad de la Justicia son de gran interés las reflexiones de Ramos Méndez, que lamenta como hemos asumido la inefectividad de la Justicia (en "Tutela efectiva: un eslogan que pega bien en el foro", en *Ita ius esto, chequeo a la tutela efectiva prometida*, ed. Atelier, Barcelona, 2021, pp. 31 y ss., en especial pp. 37 y ss.

ante los tribunales se multiplican, los procedimientos tienden a alargarse y los gastos inherentes a dichos procedimientos tienden a aumentar"[2].

Una de las consecuencias de la ineficiencia de la justicia es el intento de huida de esta, que se realiza procesal o extraprocesalmente.

Desde la perspectiva procesal el legislador regula procesos especiales o aprueba nuevas normas procesales que se integran en los procedimientos ordinarios ya existentes en un intento de huir de la aplicación de la normativa procesal general[3]. Con ello pretende que el proceso se tramite de forma sumaria, entendida no solo como una limitación del conocimiento del juez sino como celeridad en el tiempo. Históricamente se optaba por crear un proceso específico para resolver esta contienda o remitirse a un procedimiento ya regulado estableciendo modificaciones procedimentales que pudieran contribuir a agilizarlo. La LEC actualmente vigente optó por derogar todos los procesos especiales que se regulaban en leyes materiales, pero integraba los ya existentes al juicio verbal estableciendo especialidades procesales.

La segunda opción es regular mecanismos de resolución de conflictos alternativos o complementarios al proceso judicial. Me refiero a los ADR, que pueden ser vinculantes, como el arbitraje, o no vinculantes, como la mediación o la conciliación[4]. Su regulación se relaciona la gestión del conflicto entre particulares o entre empresarios y consumidores para superar

---

2 Pf. 5 del Libro Verde sobre las modalidades alternativas de solución de conflictos en el ámbito civil y mercantil, COM (2002), 196, 19 de abril de 2002.

3 A modo de ejemplo la ley 5/2018, de 11 de junio, de modificación de la ley 1/2000, de 7 de enero, de Enjuiciamiento Civil, en relación con la ocupación ilegal de las viviendas que regula unas especialidades procesales para lograr una mayor celeridad en los procedimientos donde se solicita la recuperación de la posesión de la vivienda frente al que la ocupa sin título. Ver ampliamente el análisis que realizo en "Especialidades procesales del desalojo de una vivienda ocupada ilegalmente", en *Revista General de Derecho Procesal*, número 46, septiembre 2018.

4 Tal como afirma MARTIN DIZ el contenido del derecho a la tutela judicial efectiva debe adaptarse a las fórmulas extrajudiciales que se están asentando en la realidad social (en *Mediación en el ámbito contencioso-administrativo*, edit. Thomson Reuters-Aranzadi, Pamplona, 2018, p. 42. En las páginas 46 y siguientes desarrolla las bases del derecho a la tutela efectiva de la Justicia, el concepto y la estructura material del derecho a la tutela judicial efectiva integrando las opciones extraprocesales o ADR en el concepto.

la situación de desigualdad que existe en estos últimos[5]. Pero lo que pretende el legislador es evitar que las partes acudan a la justicia ordinaria para resolver el conflicto.

Finalmente, existe una tercera opción legislativa que consiste en administrativizar la resolución de los conflictos que surgen en sectores regulados. A título de ejemplo las disposiciones adicionales primera y segunda de la Ley 7/2017, de 2 de noviembre, relativa a la resolución alternativa de litigios en materia de consumo, remiten a un ADR que debe ser resuelto por un órgano administrativo la resolución de determinados conflictos en el ámbito de la intermediación financiera y del transporte aéreo o la reforma que ha efectuado la Ley 12/2023, de 24 de mayo, por el derecho a la vivienda para regular la obligación de acudir a un procedimiento administrativo de intermediación ante las autoridades competentes en materia de vivienda cuando concurran determinadas circunstancias

Las causas de la huida se centran en la ineficacia de la Justicia, pero también se argumenta en otras cuestiones:

- Desde el punto de vista del proceso judicial se pretende potenciar los ADR para que se interpongan menos procesos judiciales[6] y así dotar de mayor efectividad a los recursos humanos y económicos que ya existen[7]. Desde esta perspectiva es habitual relacionar la difusión de los ADR con la crisis de la jurisdicción estatal y se relaciona el tiempo

---

5 En este sentido se pronuncian expresamente los votos particulares de la Sentencia del Tribunal Constitucional 1/2018, de 11 de enero.

6 El Informe sobre la aplicación de la Directiva sobre la mediación en los Estados miembros, su impacto en la mediación y su aceptación por los Tribunales (2011/2026 (INI)), Comisión de Asuntos Jurídicos, de 15 de julio de 2011, afirma en su conclusión 10, al analizar el impacto de la regulación italiana que "la mediación obligatoria parece alcanzar el objetivo de descongestionar los tribunales; no obstante, subraya que la mediación debe promocionarse como una alternativa viable, económica y rápida de justicia, no como un aspecto obligatorio del procedimiento judicial"

7 Resulta significativo que las disposiciones adicionales 1 y 2 prevean la creación de un ADR en materia de transporte aéreo y de servicios financieros, teniendo en el primer caso carácter obligatorio y vinculante para las compañías aéreas y en el segundo quedando indeterminado legalmente. P.

de duración de uno y otro[8]. BARONA VILAR relaciona la difusión de los ADR con la inoperancia del poder judicial.[9].

- Desde una perspectiva económica se afirma que el proceso judicial es caro[10]. Además del coste público del mantenimiento del poder judicial[11], hay que añadir el de las partes que acuden a un proceso

---

8 SIRENA afirma que "la difusión de los sistemas de ADR, en la sociedad contemporánea, al menos en Europa, es hoy debida a la crisis de la jurisdicción estatal y a la desesperada necesidad de encontrar una solución a los defectos de la justicia civil ordinaria, los cuales son la irrazonable duración de los procesos, del formalismo exagerado del procedimiento, de los costes excesivos a cargo de las partes..." (en *I sistema di ADR nel settore bancario e finanziario,* en La nuova Giurisprudenza Civile Commentata, número 9/2018, p. 1372.

9 Afirma que la "presencia omnicomprensiva de los Tribunales de Justicia y el Poder Judicial, fue llevando a una inoperancia del modelo de Justicia del siglo XX, como consecuencia de heterogéneos factores, culturales, económicos, sociales, sociológicos, tecnológicos, ... etc, que han incidido en la judicialización de la vida de los ciudadanos, obstaculizando, cuando no haciendo imposible, la función tuitiva del Estado a través de los Tribunales" (en *Nociones y principios de las ADR -solución extrajurisdiccional de conflictos-*, edit. Tirant lo Blanch, Valencia, 2018, p. 24).

10 ARASTEY afirma que el coste medio de un proceso judicial en España es de 8.500 € (en, "Mediación: tutela judicial efectiva. Marco legal", versión digital consultado en www.coam.org el 7 de diciembre de 2018). En el año 2003 PASTOR PRIETO, afirmaba que el coste por sentencia en el año 2000 se situaría entre 100.000 y 120.000 pesetas en primera instancia y entre 150.000 y 180.000 pesetas en apelación, calculando la sentencia del Tribunal Supremo en el doble (en "Dilación, eficiencia y Costes. Foro sobre la reforma y gestión de la Justicia", *Fundación BBVA,* 2003, p. 98). MARTIN DIZ afirma que el coste medio de una primera instancia en el orden jurisdiccional civil ascendería a unos 8.500 € (en "Mediación en la administración de justicia: balance actual y perspectivas de futuro", en *Mediación en la Administración de Justicia. Implantación y desarrollo,* edit. Andavira, A Coruña, 2017, p. 71). HERRERA DE LAS HERAS establece el coste medio de un proceso judicial en España en 8.015 € (en "la mediación obligatoria para determinados asuntos civiles y mercantiles", en *Indret,* 1/2017, enero 2017, p. 11 de la versión digital). Más recientemente ver ALONSO-CUEVILLAS SAYROL, *Eficiencia del sistema judicial español en el contexto europeo: análisis comparativo y propuestas de mejora,* edit. J.M. Bosch, Barcelona, 2017.

11 Realmente es muy complicado con los datos estadísticos realizar un cálculo del coste de un proceso judicial. AYUSO y GUILLÉN afirman que en Catalunya en el año 2009 el gasto por asunto resuelto por sentencia era de 910,74 €, por auto 219,21 y el gasto por asunto resuelto 342,30 € (en "la mediación dentro de la pirámide de litigiosidad en Cataluña: análisis de costes", en *El libro blanco de la mediación en Cataluña,* Generalitat de Catalunya, Barcelona, 2011, p. 915, tabla 10. En la tabla 11 realiza un calculo de la malla de porcentaje del presupuesto liberado

judicial[12]. Consecuentemente la opción por un sistema de ADR implica un ahorro importante al Estado y que justifica la promoción de estos por parte del legislador.

- Una última perspectiva es la relación futura entre las partes[13]. En ocasiones cometemos el error de considerar que en un proceso subyace un litigio, pero en realidad existe un conflicto entre partes

---

por la reducción de los asuntos resuelto en la justicia ordinaria, tomando como referencia los autos (tabla 11) y las sentencias (tabla 12).
SANTOS PASTOR calculaba el coste por asunto resuelto en el año 2012 en 440 €, incluyendo en el cálculo el presupuesto de Tribunales, Fiscalía, Consejo General del Poder Judicial, Tribunal Constitucional y Justicia Gratuita. Si se aplicaba a sentencias el Coste era de 2.410 € en el año 2012 (en *Análisis de la Justicia y Reforma Judicial*, edit. Tirant lo Blanch, Valencia, 2015, p. 338 (al ser una obra póstuma este capítulo fue revisado y completado por Jesús Robledo Monasterio).
Según La justicia dato a dato de 2022, elaborado por el Consejo General del Poder Judicial, el Presupuesto del Poder Judicial (sumando los presupuestos del Ministerio de Justicia, Comunidades Autónomas con competencia en justicia y el poder judicial) fue de 4.726.712.191 €. Durante el año 2022 se resolvieron 6.460.255 declarativos y 11.184.397 procesos de ejecución. Partiendo de los números anteriores tomaré como referencia los asuntos resueltos. El coste por proceso resuelto es de 618,30 €.

12 El coste de las partes en el proceso judicial no es uniforme ya que al ser la abogacía una profesión liberal no hay unos criterios reglados. Una referencia pueden ser los honorarios aprobados por los Colegios de la Abogacía para cuantificarlos cuando se les solicita un dictamen pericial en la impugnación por excesivos de la tasación de costas (art. 246.1 LEC) y aun así son muy dispares. Tomaré como referencia los publicados cuando se podía indicar la cuantía del pleito ya que la Comisión Nacional de Defensa de la Competencia ha prohibido que los Colegios de la Abogacía marquen cuantías por procedimiento.
A modo de ejemplo si aplicamos los Criterios del Ilustre Colegio de la Abogacía de Barcelona aprobados el 21 de diciembre de 2009 los honorarios de un abogado por la tramitación en primera instancia de un procedimiento ordinario de cuantía indeterminada son de 5.800 € más IVA. El mismo procedimiento aplicando los criterios del Ilustre Colegio de la Abogacía de Madrid los honorarios serían de 3.520 € más IVA (la diferencia viene determinada porque mientras el Ilustre Colegio de la Abogacía de Barcelona cuantifica un procedimiento de cuantía indeterminada en 30.000 €, el de Ilustre Colegio de la Abogacía de Madrid lo hace en 18.000 €, si tomamos esta cuantía en Barcelona los honorarios serían de 3.900 € más IVA). Sin embargo, en Valencia, aplicando los criterios del Ilustre colegio de Valencia, los honorarios serían de 1.800 € más IVA.

13 Los presidentes de los Tribunales Superiores de Justicia reclamaron en la reunión anual celebrada en el 2009 que se potenciase la mediación en las separaciones y divorcios contenciosos, en los procedimientos sucesorios, en consumidores, en

puede derivar en una multitud de procesos. Al margen del factor económico, desde un punto de vista psicológico para las partes implica un enfrentamiento. Lo que implica que ante cualquier discrepancia se inicie un proceso judicial. Por ello es conveniente que cuando entre ellas vaya a existir una relación posterior se fomente la posibilidad de resolverlo a través de un ADR[14].

A continuación, analizaré el tratamiento procesal de los ADR obligatorios al inicio del proceso judicial, realizando un análisis previo de su constitucionalidad al limitar el derecho de acceso a los Tribunales.

II. EL DERECHO A LA TUTELA JUDICIAL EFECTIVA Y SU RELACIÓN CON OTROS DERECHOS.

Un aspecto esencial que debe ser tenido en cuenta para valorar la posibilidad y conveniencia de imponer un ADR obligatorio es la relación con el derecho a la tutela judicial efectiva. Este está reconocido como fundamental por la totalidad de los textos constitucionales y tratados internacionales relacionados con los Derechos Humanos. Así se regula en el artículo 24 de la Constitución Española, en el artículo 47 de la Carta de Derechos Fundamentales de la Unión Europea y en el artículo 6 del Convenio Europeo de Derechos Humanos. Sin embargo, el mismo no tiene carácter absoluto y así lo han declarado la totalidad de los Tribunales que han interpretado este derecho fundamental que afirman que se puede restringir el derecho a la tutela judicial efectiva ya que no es un derecho absoluto[15]. Lo que hay

---

tráfico y relaciones de vencidad, incluidos los procedimientos relativos a propiedad horizontal.

14 En este sentido se pronuncia la conclusión 14 del Informe sobre la aplicación de la Directiva sobre la mediación en los Estados miembros, su impacto en la mediación y su aceptación por los Tribunales (2011/2026 (INI)), Comisión de Asuntos Jurídicos, de 15 de julio de 2011.

15 Así lo ha declarado el TEDH en el párrafo 33 de la Sentencia de 21 de noviembre de 2001, asunto Fogarty contra el Reino Unido, añadiendo en el párrafo 43 que "el Tribunal debe determinar primero si la limitación persigue un objetivo legítimo". Esta doctrina la reitera en el párrafo 99 de la Sentencia de 14 de diciembre de 2006, caso Markovic y otros contra Italia.
El Tribunal de Justicia de la unión Europea se ha pronunciado en el mismo sentido en el párrafo 75 de la Sentencia de 15 de junio de 2006, asunto, C-28/05. Del mismo modo lo ha hecho el Tribunal Constitucional español en las sentencias 220/1993, de 30 de junio, fundamento jurídico 2.

que analizar es cuáles son los derechos o intereses implicados y realizar un juicio de ponderación[16] aplicando el principio de proporcionalidad. Éste implica el control de idoneidad para analizar: si sirve para alcanzar la finalidad de la regulación; el control de necesidad que determina que la intervención es imprescindible; y el control de que la medida sea equilibrada por implicar más beneficios o ventajas para el interés general que perjuicios sobre otros bienes o valores en conflictos[17].

La imposición legislativa de un ADR previo obligatorio previo al inicio del proceso judicial implica una limitación del derecho a la tutela judicial efectiva en su perspectiva de acceso a los Tribunales, que integra su contenido esencial. La regulación de los ADR ha provocado que se plantee ante los Tribunales la legitimidad de la restricción.

1. La doctrina del Tribunal de Justicia de la Unión Europea.

El TJUE se ha pronunciado en dos ocasiones sobre si la obligación legal de acudir a un intento de mediación o de conciliación antes de iniciar un proceso judicial se adecúa o no al Derecho de la Unión.

La primera fue en la sentencia de 18 de marzo de 2010, que resuelve las cuestiones prejudiciales acumuladas la C-317/08, 318/08, 319/08 y 320/08, asunto Alassini y en ellas los jueces italianos plantean si la regulación italiana que establecía el intento obligatorio de conciliación en materia de comunicaciones electrónicas previo al inicio del proceso judicial (Decreto Legislativo número 259, de 1 de agosto de 2003, relativo al Código de las comunicaciones electrónicas) era contraria al principio de

---

16 Tal como afirma BARNES el principio tiene carácter relativo, "del que no se desprenden prohibiciones abstractas o absolutas, sino sólo por referencia al caso, según la relación de medio a fin de que, eventualmente, guarde el límite o gravamen de la libertad, con los bienes, valores o derechos que pretenda satisfacer" (en "el principio de proporcionalidad. Estudio preliminar", en *Cuadernos de Derecho Público,* número 5, septiembre-diciembre 1998, p. 17).

17 Ver (GAVARA, en "el principio de proporcionalidad como elemento de control de la constitucionalidad de las restricciones de los Derechos Fundamentales", en *Repertorio Aranzadi del Tribunal Constitucional,* número 16/2003, BIB 2003\1386, p. 11 de la versión digital) y GONZALEZ BEILFUSS (*El principio de proporcionalidad en la jurisprudencia del Tribunal Constitucional,* edit. Aranzadi, Pamplona, 2015. En el capítulo III analiza la introducción del test alemán de proporcionalidad a mediados de la década de los noventa y en su apartado 2 los elementos, que son los indicados en el texto).

tutela judicial efectiva, alegando la aplicación del artículo 6.1 del Convenio Europeo de Derechos Humanos y el artículo 47 de la Carta de Derechos Fundamentales de la Unión Europea.

Esta resolución recuerda con carácter previo recuerda la autonomía procesal de los Estados miembros para configurar la regulación procesal (pf. 47) y en la cuestión planteada exige que no haga imposible en la práctica ni excesivamente difícil el ejercicio de los derechos que la Directiva confiere a los justiciables (pf. 53). A continuación, nos indica los requisitos que deben concurrir de conformidad con el derecho de la Unión, que son:

- Que el resultado del procedimiento, que en este caso era la conciliación, no sea vinculante para las partes, y que por lo tanto no afecte a su derecho a un recurso judicial (pf. 54).
- Que el adr no implique un retraso sustancial a efectos del ejercicio de una acción judicial (pf. 55).
- Que se interrumpa la prescripción (pf. 56).
- Que los gastos que generen los adr no sean significativos (pf. 57).
- Que se permite el ejercicio de los derechos conferidos, incluso para aquellos justiciables que no dispongan de acceso a internet, con lo que exige que se pueda acudir a la conciliación por otro medio que no sea el electrónico (pf. 58).
- Plantea la posibilidad de que se puedan adoptar medidas provisionales en los supuestos excepcionales en que la urgencia lo exija (pf. 60).

Finalmente concluye en el pf. 60 que “la normativa nacional de que se trata en el procedimiento principal respeta el principio de efectividad, siempre y cuando la vía electrónica no constituya el único medio de acceder al procedimiento de conciliación y sea posible adoptar medidas provisionales en aquellos supuestos excepcionales en que la urgencia de la situación lo exija”.

A continuación, analiza el principio de la tutela judicial efectiva y reconoce que es un principio general de la Unión, tanto por resultar de las tradiciones constitucionales comunes a los Estados miembros, como por haber sido consagrado por los artículos 6 y 13 del CEDH y 47 de la Carta de Derechos Fundamentales de la Unión Europea (pf. 61). Siendo importante este reconocimiento, es esencial que recuerde que los derechos fundamentales no tienen carácter absoluto, sino que pueden ser objeto de restricciones “siempre y cuando éstas respondan efectivamente a objetivos de interés general perseguidos por la medida en cuestión y que no impliquen una intervención desmesurada e intolerable que afecte a la propia esencia de los derechos así garantizados (pf. 63).

En el caso concreto el TJUE declara en el pf. 65 que no resulta desproporcionada la exigencia de acudir a una conciliación previa al inicio del proceso judicial porque "por una parte (...) no existe una alternativa menos severa a la aplicación de un procedimiento obligatorio, puesto que el establecimiento de un procedimiento de solución extrajudicial meramente facultativo no constituye un medio igualmente eficaz para alcanzar dichos objetivos. Por otra parte, no existe una desproporción manifiesta entre tales objetivos y los inconvenientes eventualmente ocasionados por el carácter obligatorio del procedimiento de conciliación extrajudicial".

Esta doctrina jurisprudencial fue posteriormente reiterada por el TJUE en la Sentencia de 14 de junio de 2017, asunto Menini, C-75/16. Esta sentencia resuelve una cuestión prejudicial que planteó el Tribunal Ordinario de Verona en el que preguntaba sobre la interpretación de la Directiva 2013/11/UE, del Paralmento Europeo y del Consejo, de 21 de mayo de 2013, relativa a la resolución alternativa de litigios en materia de consumo y la obligación de intentar la mediación antes de iniciar un proceso judicial cuando nos hallemos ante un contrato de servicios.

En esta resolución el TJUE recuerda que "lo que tiene importancia no es el carácter obligatorio o facultativo del sistema de mediación, sino que se preserve el derecho de las partes de acceder al sistema judicial" (pf. 51). A continuación, reitera que "los derechos fundamentales no constituyen prerrogativas absolutas, sino que pueden ser objeto de restricciones".

A modo de conclusión se puede afirmar que el TJUE ha declarado que se adecúa al derecho de la Unión Europea una norma procesal de un Estado miembro, que en el ámbito de su autonomía procesal, obligue a las partes a intentar un sistema alternativo de resolución de conflictos de carácter no vinculante antes de iniciar un proceso judicial. Esta previsión no es contraria ni a las normas de protección del consumidor de la UE ni al derecho fundamental a la tutela judicial efectiva. Si bien exige que el intento no implique un retraso sustancial a la posibilidad de acudir al proceso judicial ni un coste sustancial, además de permitir la adopción de medidas provisionales cuando las circunstancias del caso justifiquen un peligro que las haga necesarias.

Para finalizar este apartado quiero matizar que el TJUE interpreta que se adecúa la obligación de acudir a un adr con resultado no vinculante como es la conciliación o la mediación. Sin embargo, no se pronuncia expresamente en el caso en el que éste fuera vinculante como es el caso del arbitraje. En mi opinión en esta hipótesis la sentencia del TJUE hubiera sido contraria ya que expone la ratio decidendi de la cuestión prejudicial afirma que "lo que tiene importancia no es el carácter obligatorio o facultativo del sistema de mediación, sino que se preserve el derecho de las partes de acceder al sistema judicial"[18]

2. La doctrina del Tribunal Constitucional Español.

En España se planteó ante el Tribunal Constitucional por la aprobación del art. 8 de la Ley 20/2014, del 29 de diciembre, de modificación de la ley 22/2010, del 20 de julio, del Código de consumo de Catalunya, para la mejora de la protección de las personas consumidoras en materia de créditos y préstamos hipotecarios, vulnerabilidad económica y relaciones de consumo, publicado en el Diario Oficial de la Generalitat de Catalunya de 31 de diciembre de 2014, añade el artículo 132-4, que lo titula como créditos o préstamos hipotecarios. En el apartado tercero preveía que:

> "las partes en conflicto, antes de interponer cualquier reclamación administrativa o demanda judicial, deben acudir a la mediación o pueden acordar someterse a arbitraje. Una vez transcurrido el término de ese mes a contar desde la notificación del acuerdo de inicio de la mediación sin haber conseguido un acuerdo satisfactorio, cualquiera de las partes puede acudir a la reclamación administrativa o a la demanda judicial".

Con la adición del artículo 132-4 del Código de Consumo de Catalunya el legislador introducía la obligación de acudir a la mediación en las reclamaciones relacionadas con créditos y préstamos hipotecarios antes de acudir a la reclamación administrativa o presentar una demanda judicial. El texto legal preveía que las partes no podían presentar la demanda judicial hasta que transcurra el plazo de tres meses a contar de la notificación del acuerdo de inicio de la mediación[19].

Este precepto fue impugnado ante el Tribunal Constitucional por el Gobierno a través del recurso de Inconstitucionalidad 5459-2015. La Sentencia del pleno 54/2018, de 24 de mayo declaró inconstitucional este precepto motivándolo en que regulaba un presupuesto procesal y "resulta in-

---

[18] Pf. 31 de la Sentencia del TJUE de 14 de junio de 2017, asunto Menini, cuestión prejudicial C-75/16.

[19] Ver el análisis que efectúe en "la mediación en el proceso de ejecución hipotecaria", en Justicia, 2017-1, pp. 263 y ss.

compatible con el orden constitucional de distribución de competencias, al invadir la competencia estatal en materia de legislación procesal (art. 149.1.6 CE)" (fundamento jurídico 7).

Más allá de esta declaración de inconstitucionalidad debo hacer dos precisiones:

- Una es que en el auto 72/2016, de 12 de abril, el Tribunal Constitucional alzó la suspensión de este precepto al considerar que "Ni el perjuicio así enunciado, que resulta meramente hipotético, ni la dilación en el acceso a la jurisdicción que pueda implicar el plazo de tres meses, frente a la posibilidad de una más pronta solución del conflicto por vía extrajudicial, constituyen elementos que justifiquen el mantenimiento de la suspensión".
- Por otro que si bien es cierto que el artículo 132-4 del Código de Consumo de Catalunya ha sido declarado inconstitucional, sigue en vigor el artículo 132-2 del mismo texto legal que prevé la posibilidad de que las partes de mutuo acuerdo acudan a mediación para resolver los conflictos de consumo.

La limitación del derecho a la tutela judicial efectiva por la imposición de un arbitraje a una de las partes se planteó en los votos particulares de la Sentencia del Tribunal Constitucional 1/2018, que resuelve la cuestión de inconstitucionalidad planteada por la Sala de lo Civil y Penal del Tribunal Superior de Justicia sobre la obligación de sumisión a arbitraje de la entidad aseguradora si el asegurador en el contrato de seguro de defensa jurídica así lo decidía, previsto en el artículo 76 e de la Ley del Contrato de Seguro.

En relación con el control de idoneidad los votos particulares de la Sentencia del Tribunal Constitucional 1/2018, de 11 de enero, lo analizan y entienden que la imposición de un arbitraje obligatorio compensa la desigualdad existente entre la entidad aseguradora y el consumidor en el seguro de defensa jurídica. En mi opinión el mecanismo para compensar la desigualdad de las partes se ha articulado en el proceso judicial a través de las Sentencias del Tribunal de Justicia de la Unión Europea y las reformas de la LEC como consecuencia de estas resoluciones. Así en el proceso en el que una de las partes es un consumidor se han ampliado las facultades del Tribunal pudiendo apreciar excepciones que benefician al consumidor de oficio o pudiendo admitir prueba no propuesta por las partes, además de que no se aplica la preclusión de alegaciones a la parte más débil.

3. Conclusión.

La imposición legal de un adr a las partes implicaría una restricción del derecho a la tutela judicial efectiva del artículo 24 de la Constitución Española y del artículo 47 de la Carta de Derechos Fundamentales de la Unión Europea.

Tal como he expuesto en los dos apartados anteriores el TJUE y el TC han negado esta posibilidad salvo que se permita la revisión judicial posterior. Así se pronuncia expresamente el TC español en las sentencias, 147/1995, de 23 de noviembre 119/2014, de 16 de julio, 8/2015, de 22 de enero, y 1/2018, de 11 de enero y el TJUE de forma indirecta al analizar la imposición del intento de mediación o conciliación como obligatorio antes de iniciar un proceso judicial en las Sentencias de 18 de marzo de 2010, asuntos C-317/08, C-318/08, C-319/08, C-320/08 y de 14 de junio de 2017, C-75/16.

Por ello la primera opción sería que se impusiera el ADR, vinculante o no, como obligatorio siempre que se permita la revisión judicial posterior del contenido de este. Es decir, si lo que se impone legislativamente es un arbitraje debería reformarse la acción de anulación del laudo arbitral, ampliando las causas a la revisión del fondo del asunto por un órgano judicial[20]. En el caso de un ADR no vinculante no se produce este problema ya que por un lado el mismo deberá ser aceptado voluntariamente por las partes y en todo caso siempre podrán acudir a un proceso judicial instando la nulidad del acuerdo por cualquier causa aplicable a los contratos[21].

Por otro lado no se puede afirmar que un ADR, por el sólo hecho de articularse como obligatorio y vinculante, beneficie a la parte más débil del contrato[22]. Puede ser un argumento válido en aquellas reclamaciones de

---

20 Sobre la regulación actual ver por todos ORMAZABAL SANCHEZ, Guillermo, en *el control judicial sobre el fondo del laudo*, edit. Marcial Pons, Madrid, 2017.

21 El artículo 23 de la Ley de Mediación en Asuntos Civiles y Mercantiles prevé que "contra lo convenido en el acuerdo de mediación sólo podrá ejercitarse la acción de nulidad por las causas que invalidan los contratos". Una regulación idéntica realiza el artículo 148 de la Ley 15/2015, de 2 de julio, de Jurisdicción Voluntaria para los convenido en el acto de conciliación, si bien regula un plazo de 15 días desde que se celebró la conciliación para interponer la acción.

22 La instauración de la mediación o un adr vinculante para contrarrestar la desigualdad material de las partes, como por ejemplo el consumidor, tampoco sería la solución. Tal como advierte OTEIZA "en la tensión de fuerzas que supone el conflicto la parte más débil encontrará una menor protección ante sistemas de

ínfima cuantía que pueden provocar que el consumidor no reclame debido al coste del proceso, pero no en aquellas de mayor cuantía económica[23]. Además, en los ADR no se ha articulado ningún mecanismo de protección el consumidor similar al de los órganos jurisdiccionales dotando a los terceros de mayores facultades de dirección del proceso para compensar la desigualdad real de las partes[24]. Así es significativo que tanto el Parlamento Europeo[25] como la Red Europea de Consejos de Justicia (RECJ)[26] adviertan que deben establecerse garantías para la protección de la parte más débil.

---

solución distintos al judicial en los cuales sus desventajas no pueden ser compensadas adecuadamente" (en "Punto de Vista: MARC/ADR y diversidad de culturas: el ejemplo latinoamericano", en *Revista iberoamericana de Derecho Procesal,* año V, 2005, número 8, p. 11 de la versión digital). En el mismo sentido se pronuncia GIANINI, en "la desigualdad material de las partes es destacada en general como debilidad de todo mecanismo alternativo de resolución de conflictos", en *La Ley,* Argentina, tomo 2014-A, año LXXVIII número 25, nota 28; y en *La mediación en Argentina,* edit. Rubitzal-Luzconi, Buenos Aires, 2015, p. 161.

23 Sobre el acceso a la justicia y el coste del proceso ver RAMOS MÉNDEZ, "el umbral económico de la litigiosidad", en Elogio de la Nada Procesal, edit. Atelier, Barcelona, 2017, pp. 297 y ss.). En el mismo sentido ARMENTA DEU (en "Deriva de la justicia: una reflexión abierta", en *El cronista del Estado Social y Democrático de Derecho,* número 66-67, pp. 18 y ss.) y HERRERO PEREZAGUA (en "la incertidumbre del proceso civil", en *Revista General de Derecho Procesal,* 42, 2107, p. 7 de la versión digital).

24 En este sentido ORDEÑANA GEZURAGA afirma que "solo se puede impartir justicia con control judicial, quedando en manos de éste la protección del valor social justicia, aunque sea sin su intervención o actuación directa" (en ¿Quién le pone el cascabel al gato? O sobre la necesidad…", cit., p. 22 de la versión digital).

25 En el informe del Parlamento Europeo sobre la aplicación de la Directiva 2008/52/CE del Parlamento Europeo y del Consejo, de 21 de mayo de 2008, sobre ciertos aspectos de la mediación en asuntos civiles y mercantiles, directiva sobre la mediación, 2016/2066(INI), de 27 de junio de 2017, el ponente sostiene que "deben establecerse garantías adecuadas en los procedimientos de mediación a fin de limitar el riesgo de que las partes más débiles, como los consumidores y las partes no representadas, se vean privadas de su derecho a una resolución judicial independiente o tengan la percepción de que así sea. En este sentido, es de suma importancia que aquellos que recomienden, requieran o faciliten servicios de mediación velen por que las partes más débiles no resuelvan un litigio sin haber tomado conocimiento de los derechos que las asisten por ley y por que las partes más fuertes no empleen procedimientos rápidos de resolución de litigios, como la mediación, para eludir sus obligaciones legales o adquirir una ventaja jurídica en detrimento de otras partes".

26 Informe de la RECJ 2016-2017, Resolución alternativa de litigios en el ámbito judicial, aprobado por la Asamblea General en París, el 9 de junio de 2017.

Finalmente, para que un ADR obligatorio y vinculante sea compatible con el derecho a la tutela judicial efectiva es necesario que permita el acceso a los Tribunales de Justicia, lo que implica un coste adicional con lo que la razón de ser de permitir las reclamaciones de ínfima cuantía ya no sería válida como justificación.

III. LA OBLIGACIÓN DE ACUDIR A UN ADR ANTES DE ACCEDER AL PROCESO JUDICIAL.

Una de las cuestiones que se plantea en torno a los ADR es si es posible y conveniente o no imponerlo de forma obligatoria antes de iniciar el proceso judicial o como alternativa al mismo. Las opciones son que se imponga legislativamente o que se pacte por las partes.

1. La imposición legislativa.

En el proceso civil ya existía un ADR, como es la conciliación, que se debía intentar de forma previa al inicio del proceso judicial. Esta se regulaba en la LEC de 1881 y se imponía su intento ante el Secretario Judicial antes de iniciar un proceso judicial. En la práctica se convirtió en un formalismo y fue suprimida su carácter obligatorio en 1984 por la reforma de la LEC por la ley 34/1984, de 6 de agosto, de reforma urgente de la Ley de Enjuiciamiento Civil. La exposición de motivos lo justificaba en que había "dado resultados poco satisfactorios".

Este antecedente legislativo debe ser tenido en cuenta como referente en la regulación de los ADR previos al inicio del proceso judicial.

La aprobación de la Ley de Enjuiciamiento Civil por la ley 1/2000, de 7 de enero, optó por no regular la conciliación, que en ese momento era junto al arbitraje el único ADR previsto en la LEC, remitiendo su regulación a una futura ley de Jurisdicción Voluntaria que no se aprobó hasta el año 2015, manteniéndola como facultativa.

La transposición de la Directiva 2008/52/E, sobre ciertos aspectos de la mediación en asuntos civiles y mercantiles, se realizó de una manera caótica provocada por la urgencia en su aprobación y en mitad de un cambio de gobierno. Así en un primer momento se aprobó el proyecto de ley de mediación en asuntos civiles y mercantiles por el Consejo de Ministros el 8 de abril de 2011, que fue remitido al Congreso y publicado en el BOCG el 29 de abril de 2011, pero que decayó como consecuencia de la disolución de las Cortes Generales debido a la convocatoria de las elecciones generales que se celebraron el 20 de noviembre de 2011.

Una vez celebradas y constituido el nuevo Gobierno se aprobó el Real Decreto Ley 5/2012, de 5 de marzo, de mediación en asuntos civiles y mercantiles porque ya había transcurrido el plazo de transposición. Finalmente se aprobó la Ley 5/2012, de 6 de julio, de mediación en asuntos civiles y mercantiles.

Afirmo que la aprobación fue caótica porque cambió la filosofía del legislador en este iter legislativo. En el primer proyecto legislativo, que decayó, se imponía el intento de mediación como obligatorio antes del iniciar un proceso de reclamación de cantidad inferior a a 6.000 Euros. Esta obligatoriedad desaparece y se convierte en facultativa en el Real Decreto 5/2012 y en la Ley 5/2012. Lo que se mantiene es la regulación del tratamiento procesal de la falta de mediación previa cuando tuviera carácter preceptivo.

Posteriormente diversas propuestas de reforma legislativa establecían la mediación o el ADR previo al proceso judicial como obligatorio. El primero fue el Anteproyecto de Ley de Fomento de la Mediación, que fue aprobado por el Consejo de ministros el 11 de enero de 2019, pero que no llegó a presentarse como proyecto de ley al convocarse el 15 de febrero de 2019 las elecciones generales que se celebraron el 28 de abril de 2019. En este texto se regulaba la obligación de acudir a un intento de mediación obligatorio en los seis meses previos a la interposición de la demanda en un número tasado de materias, entre las que se encuentran pequeñas reclamaciones de cantidad, herencias o asuntos de familia[27].

---

[27] La reforma del Código Civil y de la LEC a través de la ley 15/2005 introdujo el apartado 7 del artículo 770 de la LEC que prevé que "las partes de común acuerdo podrán solicitar la suspensión del proceso de conformidad con lo previsto en el artículo 19.4 de esta Ley, para someterse a mediación". Sobre esta el Protocolo para la implantación de la mediación familiar intrajudicial en los Juzgados y Tribunales que conocen del proceso de familia, aprobado por el Consejo General del Poder Judicial en mayo de 2008, prevé la posibilidad de derivarlo tanto en el proceso declarativo como de ejecución, efectuando recomendaciones sobre los momentos adecuados para derivar el litigio a mediación en función del momento procesal en el que nos encontremos (consultado el 15 de junio de 2010 en www.poderjudicial.es).

Sin embargo, en el ámbito del derecho de familia se están planteando iniciativas proponiendo que las partes deban acudir necesariamente a la sesión informativa de la mediación. En este sentido el Seminario sobre instrumentos auxiliares en

El Consejo de ministros aprobó el 12 de abril de 2022 el proyecto de ley de medidas de eficiencia procesal del servicio público de Justicia, que implantaba el ADR (en el proyecto se denominaban MASC, acrónimo de Medios Adecuados de Solución de Conflictos), de forma general antes de iniciar un proceso judicial en el orden civil. Este fue remitido al Congreso de los Diputados, pero decayó en un estado avanzado de tramitación debido a que el 29 de mayo de 2023 se convocaron elecciones generales que se celebraron el 23 de julio de 2023.

Además de estos intentos generales de implantar la mediación, o un adr, previo obligatorio al inicio de un proceso judicial se ha aprobado una normativa sectorial:

- La ley 12/2023, de 24 de mayo, por el derecho a la vivienda, modifica la LEC para obligar a acudir a la parte demandante a una intermediación ante la Administración Pública competente en materia de vivienda antes de iniciar un proceso judicial que implique el lanzamiento de la parte demandada de su vivienda cuando concurran unos requisitos en las partes. Su incumplimiento determina la inadmisión de la demanda.
- La ley 7/2017, de 2 de noviembre, de resolución alternativa de litigios en materia de consumo, incorpora al ordenamiento jurídico español la Directiva 2013/11/UE. En las disposiciones adicionales primera y segunda incorpora unos procedimientos alternativos al proceso judicial en el ámbito de la actividad financiera y del transporte aéreo. Estos se configuran como optativos para el consumidor o usuario del servicio y como obligatorios para la entidad financiera o la compañía de transporte aéreo.

El primero no ha entrado en vigor porque en el momento de la convocatoria de las elecciones generales que se celebraron el 23 de julio de

---

el ámbito del derecho de familia celebrado en el CGPJ los días 17, 18 y 19 de febrero de 2010 aprobó una conclusión que proponía "la introducción de modelos obligatorios de mediación imponiendo la obligatoriedad de acudir a una sesión informativa de mediación a las partes en litigio sin perjuicio de la voluntariedad del proceso de mediación por cuanto solo después de conocer en qué consiste la mediación, las partes en litigio se encontrarán en disposición de decidir de forma voluntaria si inician o no el proceso de mediación". Al respecto ver por todos VILLAGRASA ALCAIDE, en "Nuevas aplicaciones del procedimiento de mediación familiar en el Libro Segundo del Código Civil de Cataluña", en *El proceso de familia en el Código Civil de Catalunya,* coord..V. Pérez Daudí, Barcelona, 2011, pp. 99 y ss.

2023 estaba tramitándose en el Senado el proyecto de ley por la que se crea la Autoridad Administrativa Independiente de Defensa del Cliente Financiero para la resolución extrajudicial de conflictos entre las entidades financieras y sus clientes. El segundo ha entrado en vigor porque el 10 de mayo de 2023 se publicó en el BOE la orden TMA/469/2023, de 17 de abril, por la que se acredita a AESA (Agencia Estatal de Seguridad Aérea) como entidad de resolución alternativa de litigios en el ámbito del transporte aéreo, regulándose el mismo por la Orden TMA/201/2022, de 14 de marzo, por la que se regula el procedimiento de resolución alternativa de litigios de los usuarios de transporte aéreo sobre los derechos reconocidos en el ámbito de la Unión Europea en materia de compensación y asistencia en caso de denegación de embarque, cancelación o gran retraso, así como en relación con los derechos de las personas con discapacidad o movilidad reducida.

Este debate se ha ampliado a la imposición legislativa de los ADR vinculante, como el arbitraje, para alguna de las partes. Así la Sentencia del Tribunal Constitucional 1/2018, de 11 de enero, declara inconstitucional y nulo el artículo 76 e) de la Ley 50/1980, de 8 de octubre, de Contrato de Seguro que impone el arbitraje en el seguro de defensa jurídica a la entidad aseguradora si el tomador decide acudir a este ADR. El Tribunal Constitucional adopta su decisión por mayoría, pero en tres votos particulares, suscritos por cuatro magistrados, se plantea la constitucionalidad de la norma[28].

4. Acuerdo de las partes.

Otra alternativa a establecer el carácter preceptivo de un ADR es que las partes lo pacten. Habitualmente en el comercio internacional se incluye una cláusula de cierre en la que se incluye una sumisión a los tribunales de un Estado determinado o a arbitraje. Es posible que en la misma también se incorpore la previsión de que en caso de que surja un conflicto se intente con carácter previo la mediación entre las partes.

En el ámbito de los negocios entre iguales, bien sean particulares o empresas, no se planteará ningún problema salvo que nos hallemos ante un contrato de adhesión. Es decir, aquellos que han sido redactados e impuestos unilateralmente por una de las partes a la otra y que ésta se ha

---

28 Ver el análisis que efectúo en el apartado II.2 de este trabajo.

visto obligado a aceptar sin haber negociado y aceptado individualmente las cláusulas del contrato[29]. Siendo uno de los caracteres esencial de la mediación la voluntariedad, si las partes la aceptan libre y voluntariamente la cláusula será válida. Por el contrario, si la misma ha sido impuesta unilateralmente por una de ellas es nula por la aplicación de la Ley de Condiciones Generales de la Contratación[30].

En este contexto el artículo 6.2 de la ley de Mediación prevé que "cuando exista un pacto por escrito que exprese el compromiso de someter a mediación las controversias surgidas o que puedan surgir, se deberá intentar el procedimiento pactado de buena fe, antes de acudir a la jurisdicción o a otra solución extrajudicial. Dicha cláusula surtirá estos efectos incluso cuando la controversia verse sobre la validez o existencia del contrato en el que conste"[31]. Es decir, tomando como punto de referencia la voluntariedad de la mediación, la parte que entienda que la cláusula es nula tendrá la obligación de acudir al procedimiento de mediación, pero en la primera sesión podrá manifestar que se retira porque considera que la misma es nula.

También se plantea si es necesario que la parte actúe de conformidad con la previsión legal y las consecuencias procesales. Es decir, si la parte, que no está conforme con la validez de la cláusula de mediación no comparece a la reunión informativa, qué efecto tendrá. El artículo 18.2 del

---

29 En este sentido ARIAS RODRIGUEZ advierte que "mayores dificultades presentan las cláusulas contractuales de recurso a la mediación… pero no siempre el sometimiento contractual de mediación es fruto de la libertad concorde de ambas partes, ya que bien puede ser que una la que inserte dicha cláusula de sumisión en un contrato de adhesión, sin haber sido negociada individualmente". A continuación, critica que la Directiva no se haya pronunciado sobre la validez de las mismas, proponiendo que "tal vez, la vía a seguir pases por concederlas valor jurídico, pero condicionándolo a que colme determinados presupuestos que garanticen indubitadamente que la cláusula ha sido pactada individualmente, destacándose así separadamente en el contrato, como así la aceptación expresa por las partes contratantes" (en "Reflexiones acerca de la directiva 2008/52/CE sobre ciertos aspectos de la mediación en asuntos civiles y mercantiles", en Revista del Poder Judicial, número 88, 2009, , pp. 159 y 160).

30 Sobre este tema, pero aplicado al convenio arbitral, ver ampliamente mi artículo "La nulidad del convenio arbitral incluido en los contratos de adhesión", en *Revista Jurídica de Catalunya* 2007-4, pp. 77 y ss.

31 Ver el análisis que realizan sobre las claúsuals de mediación GINEBRA y TARABAL, en "la obligatoriedad de la mediación derivada de la voluntad de las partes: las cláusulas de mediación", en *Indret. Revista para el anáisis del derecho,* 4/2013, octubre.

Proyecto de Ley de Mediación de 2011 preveía que "en los supuestos de mediación obligatoria, se podrá tener por intentada la mediación y cumplida la obligación legal justificando la asistencia de al menos una de las partes". En la Ley de Mediación aprobada este precepto desapareció, pero entiendo que de conformidad con lo previsto en el artículo 17.1 de la Ley de Mediación debe entenderse que se ha desistido de la mediación solicitada. La única repercusión negativa que podría derivar sería la imposición del coste de la mediación si finalmente se le impusieran las costas en el proceso judicial.

IV. TRATAMIENTO PROCESAL DE LA FALTA DE INTENTO DE LA MEDIACIÓN PREVIA AL INICIO DEL PROCESO.

Uno de los aspectos fundamentales de la regulación de la mediación son sus repercusiones procesales. La directiva desarrolla la mediación en los conflictos transfronterizos y regula parcialmente los efectos procesales de la mediación. Concretamente establece criterios generales sobre el carácter ejecutivo de los acuerdos resultantes de la mediación (artículo 6), el tratamiento procesal de la confidencialidad del mediador (artículo 7) y los efectos sobre los plazos de caducidad y prescripción (artículo 8)[32].

Derivado del carácter necesario surge el tratamiento procesal que se da a la no realización del intento de mediación. Las opciones legislativas son dos:

- Entender que es un requisito procesal previo a la interposición de la demanda e inadmitirla si no se justifica documentalmente.
- Asimilarlo a la sumisión a arbitraje y obligar a que sea la parte adversa la que lo alegue en la forma procesalmente adecuada.

Estas dos opciones son las que han adoptado las distintas legislaciones que ya han traspuesto la directiva. Así la ley de Mediación opta por el segundo, a diferencia del proyecto de ley de mediación de 2011 que lo hacía por el primero.

---

32 En mi opinión desde la perspectiva procesal los aspectos fundamentales que deben regularse son aquellos en los cuales existe una relación entre la mediación y el proceso judicial. Concretamente serían la imposición de intento de mediación de forma obligatoria, los efectos de la mediación previa al inicio del proceso, el tratamiento procesal de la confidencialidad del proceso de mediación y la eficacia e impugnación del acuerdo de mediación

El Proyecto de ley de mediación en asuntos civiles y mercantiles modificaba los artículos 403.3, 437.3 y 439.2 LEC previendo la no admisión a trámite de la demanda a la que no se acompañe acta final acreditativa del intento de mediación en los seis meses anteriores a su interposición. El legislador no había previsto la posibilidad de subsanarlo, pero el derecho al libre acceso a los Tribunales debe permitirlo.

La ley de Mediación modifica la previsión del proyecto de ley. Los apartados segundo y tercero de la disposición final 3ª modifican los artículos 39 y 63.1 de la LEC previendo que el demandado pueda denunciar mediante declinatoria la sumisión a mediación de la controversia.

Cuando el intento de mediación tuviera carácter preceptivo antes de iniciar el proceso judicial y no se hubiera realizado el demandado deberá proponerla ante el mismo Tribunal que esté conociendo del proceso en el plazo de los diez primeros días para contestar a la demanda, teniendo el efecto de suspender el plazo para contestar y el curso del procedimiento principal. Una vez admitida a trámite se da traslado al resto de litigantes para que realicen las alegaciones que estimen oportunas. También puede solicitar al Tribunal que practique cualquier actuación de aseguramiento de prueba o adopción de medidas cautelares de cuya dilación pudieran seguirse perjuicios irreparables, pudiendo el demandado evitar la adopción de estas últimas si presta caución bastante para responder de los daños y perjuicios que derivaran de la tramitación de una declinatoria desprovista de fundamento.

Si el Tribunal la decide mediante auto. Si estima que no se ha intentando la mediación siendo preceptiva se abstendrá de conocer y sobreseerá el proceso, pudiendo interponerse recurso de apelación. Si la desestima seguirá conociendo del proceso y se alzará la suspensión del proceso principal, pudiendo interponerse recurso de reposición, pudiendo alegar la falta de este presupuesto procesal en la apelación contra la sentencia definitiva.

La solución legislativa no está exenta de problemas ya que las partes pueden desistir de la mediación en cualquier momento (art. 22 del Real Decreto Ley de Mediación). Ello implica que habiéndose interpuesto la declinatoria la parte actora solicite el inicio del procedimiento de mediación y, a continuación, desista del mismo. De esta forma entiendo que la declinatoria queda sin objeto ya que la mediación se ha intentado, por lo que ha habido una satisfacción extraprocesal que implica la terminación del incidente, de conformidad con lo previsto en el artículo 22 LEC. Ello pone de manifiesto la insatisfactoria regulación legal derivada de la asimilación del procedimiento de mediación a la solución jurisdiccional como es el proceso judicial ante los órganos jurisdiccionales estatales o el arbitraje. La parte que interpone una demanda a pesar de la existencia de un pacto de sumisión a mediación está desistiendo tácitamente de esta solución, por lo que hubiera sido conveniente optar por esta solución legislativa o bien conceder un plazo para intentar la mediación. Y todo ello sin perjuicio de entender que el no intento de la mediación pactada pueda tener una repercusión en la imposición de las costas del proceso judicial o en justificar una posible reclamación de los daños y perjuicios por el incumplimiento de la obligación contractual de intentar la mediación.

Si la mediación previa al proceso es obligatoria se plantean problemas derivados de la relación entre mediación y proceso. En principio el objeto y los sujetos intervinientes deben ser los mismos, pero se pueden plantear distintas hipótesis.

En relación con el objeto de la mediación obligatoria puede suceder que no coincida con la demanda posteriormente presentada. Esto puede suceder en aquellos casos en los que se incorpora una nueva obligación a la demanda que no pudo ser objeto de la mediación al no haber vencido. Habrá que analizar el caso concreto, pero en mi opinión no se puede imponer de nuevo al demandante la obligación de acudir al intento de mediación previo cuando tengan una conexión directa. Además, debe tenerse en cuenta que ya se ha intentado en relación con otra pretensión y no se ha llegado a ningún tipo de acuerdo.

En Italia se ha planteado si el demandado está sometido a esta obligación cuando ejercite una demanda reconvencional y no haya intentado previamente la mediación[33]. Yo añadiría a este supuesto si plantea la excepción reconvencional de compensación y alegue una pretensión que las partes han sometido a una mediación previa. Entiendo que no puede exigírsele haber intentado la mediación que se le estaría impidiendo ejercitar la pretensión en un proceso ya iniciado.

Otro problema es si puede demandarse en el proceso a otras personas que no fueron parte en el procedimiento de mediación[34]. La solución no

---

33 Ver CUOMO ULLOA, op. cit., pp. 121 y ss., en especial p. 124. Para la interpretación que se ha realizado en el proceso laboral, donde recordemos que la tentativa de conciliación tiene carácter obligatorio, ver especialmente pp. 122 y 123.

34 Ver CUOMO ULLOA, op. cit., pp. 126 y ss. la solución que plantea es una interpretación restrictiva de la obligación y no extenderla a aquellos casos en los que se ha producido una intepretación posterior de la controversia a terceros (op. cit., p. 127).

es sencilla y dependerá de las circunstancias del caso concreto. En mi opinión debe distinguirse en función del tipo de vinculación que tenga el demandado excluido de la mediación con el que sí que intervino. Si estamos ante pretensiones distintas que se han acumulado a un mismo proceso, existe la obligación de intentar previamente la mediación. Sin embargo, si el tercero es demandado porque existe un vínculo litisconsorcial puede defenderse la no necesidad. Yo me inclino por entender que la parte excluida del intento de mediación puede plantear la declinatoria, cuyo éxito determinaría el sobreseimiento del proceso. La parte actora para evitarlo puede subsanar el defecto procesal o bien desistir de la pretensión respecto del demandado que no intervino en la mediación previa.

En los ADR sectoriales la solución no es uniforme. La Ley 14/2023, de 24 de mayo, por el derecho a la vivienda, que impone la obligación de acudir a una intermediación ante la Administración competente cuando concurran una serie de requisitos en la parte actora y demanda en los procesos que impliquen el lanzamiento del domicilio habitual del demandado, la solución legislativa es inadmitir la demanda cuando no se haya intentando de forma previa al inicio del proceso. La solución legislativa no está exenta de problemas ya que no contempla la subsanación del requisito de procedibilidad, que recuerdo que integra el derecho a la tutela judicial efectiva porque afecta al principio pro actione y de acceso a los Tribunales.

En el ADR previsto en el ámbito de protección de usuarios del transporte aéreo el pasajero tiene la posibilidad de retirarse en cualquier momento de este e iniciar un proceso judicial. El artículo 10 de la Orden Ministerial Orden TMA/201/2022, de 14 de marzo, del Ministerio de Transportes, Movilidad y Agenda Urbana prevé que es causa de inadmisión de la reclamación ante AESA que el pasajero hubiera presentado demanda judicial, salvo que el proceso se hubiera suspendido para plantearla.

Bibliografía citada.

ALONSO-CUEVILLAS SAYROL, Jaume. *Eficiencia del sistema judicial español en el contexto europeo: análisis comparativo y propuestas de mejora*, edit. J.M. Bosch, Barcelona, 2017.

ARASTEY, Lourdes. "Mediación: tutela judicial efectiva. Marco legal", versión digital consultado en www.coam.org el 7 de diciembre de 2018.

ARIAS RODRÍGUEZ, José Manuel. Reflexiones acerca de la directiva 2008/52/CE sobre ciertos aspectos de la mediación en asuntos civiles y mercanitles", en Revista del Poder Judicial, número 88, 2009, pp. 133 y ss.

ARMENTA DEU, Tereas. "Deriva de la justicia: una reflexión abierta", en *El cronista del Estado Social y Democrático de Derecho*, número 66-67, pp. 18 y ss

ARMONE, Giovanni. "Mediazione e processo nelle controversia civii e commerciali: risoluzione negoziale delle liti e tutela giudiziale dei diritti", en *Le Società*, 5/2010, pp. 622 y ss.

AYUSO GUTIÉRREZ, Mercedes y GUILLÉN, Montserrat. "la mediación dentro de la pirámide de litigiosidad en Cataluña: análisis de costes", en *El libro blanco de la mediación en Cataluña*, Generalitat de Catalunya, Barcelona, 2011, pp. 985 y ss.

BARNES, Javier. "El principio de proporcionalidad. Estudio preliminar", en *Cuadernos de Derecho Público*, número 5, septiembre-diciembre 1998, p. 16.

BARONA VILAR, Silvia. "La incorporación de la mediación en el nuevo modelo de Justicia", en Estudios jurídicos en homenaje a Vicente L. Montés Penadés, coord.. Francisco de Paula Blasco Gascó, vol. 1, edit. Tirant lo Blanch, Valencia, 2011, pp. 227 y ss.

BARONA VILAR, Silvia. Nociones y principios de las ADR (solución extrajurisdiccional de conflictos), edit. Tirant lo Blanc, Valencia, 2018.

BATTAGLIA, Gino. *La mediazione nelle controversia civile e commerciale*, coordinado por CASTEGNOLA e DELFINI, editorial CEDAM.

BOGGIO, Luca. "la disciplina generale de la mediazione e della conciliazione nell'ordinamento italiano", en en *La mediazione nella lite civile e mercantile*, Milán, 2011.

BOVE, Mauro. *La mediazione por la composizione delle controversie civili e* commerciali, edit. CEDAM, Milán, 2010.

CAPONI, Remo. "La mediazione obbligatoria a pagamento: profili di costituzionalità", en www.juidicium.it.

COMBA, Diego, en *La mediazione nella lite civile e mercantile*, Milán, 2011.

CUBERO MARCOS, José Ignacio. "La vis expansiva de los derechos fundamentales y su incidencia en la configuración y exigibilidad de los derechos sociales", en *Revista Española de Derecho Constitucional*, vol. 110, 2017.

CUESTA SAEZ, José María. "Contractualidad del arbitraje (a propósito de la STC 147/1995, de 23 de noviembre", en *Derecho Privado y Constitución*, número 9, mayo-agosto 1996, pp. 315 y ss.

CUOMO ULLOA, Francesca. La mediazione nel processo civile riformato, edti. Zanichelli, Turín, 2011.

DALFINO, Domenico. *Mediazione civile e commerciale*, edit. Zanichelli, Turín, 2016.

DE PALO, Giussepe, D'URSO, Leonardo, GABELLINI, Rachelle. *Il ruolo dell'avvocato nella mediazione, procedura e tecniche*, Milán, 2011.

ESCALER BASCOMPTE, Ramón. "¿Hacía una desjudicialización obligatoria en sectores del ordenamiento plenamente disponibles? ¿Supone la STC 352/2006, de 14 de diciembre, un reconocimiento implícito de la posibilidad en cuanto al arbitraje?", en *Justicia*, 2007, pp. 161 y ss.

ESCALER BASCOMPTE, Ramón. el arbitraje y su legitimidad constitucional", en *El arbitraje en las distintas áreas del Derecho*, Lima, 2007.

FISS, Owen. "Contra la conciliación", en El Derecho como razón pública, edit. Marcial Pons, Madrid, 2007.

GAVARA DE CARA, Juan Carlos. "El principio de proporcionalidad como elemento de control de la constitucionalidad de las restricciones de los Derechos Fundamentales", en *Repertorio Aranzadi del Tribunal Constitucional*, número 16/2003, BIB 2003\1386.

GIANINI, Leandro. "la desigualdad material de las partes es destacada en general como debilidad de todo mecanismo alternativo de resolución de conflictos", en *La Ley*, Argentina, tomo 2014-A, año LXXVIII número 25.

GIANINI, Leandro. *La mediación en Argentina*. Edit. Rubitzal-Luczoni, Buenos Aires, Santa Fé, 2015.

GINEBRA MOLINS, Esperanza, y TARABAL BOSCH, Jaume. "La obligatoriedad de la mediación derivada de la voluntad de las partes: las cláusulas de mediación", en *Indret. Revista para el análisis del derecho*, 4/2013, octubre.

GONZALEZ BEILFUSS, Markus. *El principio de proporcionalidad en la jurisprudencia del Tribunal Constitucional*, edit. Aranzadi, Pamplona, 2015.

GONZÁLEZ GARCÍA, Jesús. "Arbitraje obligatorio y tutela judicial efectiva: el arbitraje no es un negocio jurídico unilateral", en *Derecho y Proceso. Liber amicorum del profesor Francisco Ramos Méndez*, vol. II, edit. Atelier, Barcelona, 2018, p. 1105 y ss.

HERRERA DE LAS HERAS, Ramón. "la mediación obligatoria para determinados asuntos civiles y mercantiles", en *Indret*, 1/2017, enero 2017.

HERRERO PEREZAGUA, Juan. "la incertidumbre del proceso civil", en *Revista General de Derecho Procesal*, 42, 2107.

MANDRIOLI, Crisanto, y CARRATTA, Antonio. *Diritto Processuale Civile*, tomo III, Turín, 2011.

MARTIN DIZ, Fernando. "Mediación en la administración de justicia: balance actual y perspectivas de futuro", en *Mediación en la Administración de Justicia. Implantación y desarrollo*, edit. Andavira, A Coruña, 2017.

MARTIN DIZ, Fernando. *Mediación en el ámbito contencioso-administrativo*, edit. Thomson Reuters-Aranzadi, Pamplona, 2018.

NADAL GOMEZ, Irene. "La resolución alternativa de litigios en materia de transporte aéreo", en La resolución alternativa de litigios en materia de consumo, edit. Aranzadi, Pamplona, 2018, pp. 226 y ss.

ORDEÑANA GEZURAGA, Ixusko. "¿Quién le pone el cascabel al gato? O sobre la necesidad de constitucionalizar las técnicas extrajurisdiccionales en nuestro ordenamiento jurídico y una propuesta abierta al debate", en *Revista Vasca de Derecho Procesal y Arbitraje*, 2018-3, volumen 30, pp. 523 y ss.

ORMAZABAL SANCHEZ, Guillermo, en *el control judicial sobre el fondo del laudo*, edit. Marcial Pons, Madrid, 2017.

OTEIZA, Eduardo. "Punto de Vista: MARC/ADR y diversidad de culturas: el ejemplo latinoamericano", en *Revista iberoamericana de Derecho Procesal*, año V, 2005, número 8.

PEREZ DAUDÍ, Vicente. "Especialidades procesales del desalojo de una vivienda ocupada ilegalmente", en *Revista General de Derecho Procesal*, número 46, septiembre 2018.

PÉREZ DAUDÍ, Vicente. "La nulidad del convenio arbitral incluido en los contratos de adhesión", en *Revista Jurídica de Catalunya* 2007-4, pp. 77 y ss.

PÉREZ DAUDÍ, Vicente, "la mediación en el proceso de ejecución hipotecaria", en Justicia, 2017-1, pp. 263 y ss.

PÉREZ DAUDÍ, Vicente. *La protección procesal del consumidor y el orden público comunitario,* edit. Atelier, Barcelona, 2018

PÉREZ MORIONES, Aranzazu. "Hacia la consolidación de la resolución alternativa de conflictos en el ámbito del transporte aéreo", *Diario La Ley* número 9298, sección doctrina, 14 de noviembre de 2018.

RAMOS MÉNDEZ, Francisco. "el umbral económico de la litigiosidad", en Elogio de la Nada Procesal, edit. Atelier, Barcelona, 2017, pp. 297 y ss..

SÁNCHEZ PÉREZ, Luis. "La nueva entidad de resolución alternativa den el ámbito de la actividad financiera", en *La resolución alternativa de litigios en materia de consumo,* edit. Aranzadi, Pamplona, 2018, pp. 207

SÁNCHEZ-VENTURA MORER, Inés. "Dos modelos de control administrativo de las cláusulas abusivas: España y Reino Unido", en *Revista de Derecho Civil,* vol. V, número 2, abril-junio 2018, pp. 243 y ss.

SANTOS PASTOR, Prieto. *Análisis de la Justicia y Reforma Judicial,* edit. Tirant lo Blanch, Valencia, 2015.

SCARSELLI, Giuliano. "l'incostituzionalità della mediazione di cui al d. leg. 28/10", en *Foro Italiano,* 2011, V, pp. 54 y ss.

SIRENA, Pietro. *I sistema di ADR nel settore bancario e finanziario,* en La nuova Giurisprudenza Civile Commentata, número 9/2018, pp. 1370 y ss.

VILLAGRASA ALCAIDE, Carlos. "Nuevas aplicaciones del procedimiento de mediación familiar en el Libro Segundo del Código Civil de Cataluña", en *El proceso de familia en el Código Civil de Catalunya,* coord..V. Pérez Daudí, Barcelona, 2011, pp. 99 y ss.

Capítulo VII

Los medios autocompositivos de solución de controversias como presupuesto procesal: una propuesta de regulación

ANAMARÍA CASTELLANOS ARTUNDUAGA
Catedrática de Derecho Probatorio, Universidad Externado de Colombia
IGNASI GAY QUINZÁ
Profesor asociado de Derecho Mercantil, Universidad de Valencia

ÍNDICE: I. INTRODUCCIÓN. II. ESTADO DEL ARTE. 1.- Formas de regulación de los MASC. 2.- Clasificación de las regulaciones. 3.- Tipos de MASC. III. PROPUESTAS DE LEGE FERENDA. 1.- Sistema multipuertas. 2.- Obligatoriedad mitigada. 3. Obligatoriedad hasta primera sesión exploratoria. 4. Acreditación del cumplimiento del presupuesto procesal y valoración de la participación de las partes. 5. Subsanabilidad del presupuesto procesal. 6. Otras medidas IV. EL PAPEL DE LAS CLÁUSULAS DE MEDIACIÓN O MULTI-NIVEL. V CONCLUSIONES. VI. BIBLIOGRAFÍA

I. INTRODUCCIÓN

El contexto en el que nace el presente trabajo es el de un escaso uso de los MASC (entendidos como "medios autocompositivos de solución de controversias"). Pese a que el prelegislador español ha utilizado el concepto de MASC como "Medios Adecuados de Solución de Controversias), lo cierto es que, como han señalado algunos autores, los MASC no siempre son "adecuados"[1], ya que dependerá del MASC y de la disputa[2].

---

1 Banacloche Palao, J., "La reforma de los procesos civiles prevista en el Proyecto de Ley de eficiencia procesal (disposiciones generales, juicio ordinario y juicio verbal)". *Diario LA LEY, Sección Plan de Choque de la Justicia / Tribuna*, septiembre, 2022. Ed. Wolters Kluwer.

2 Además, existe una razón adicional para restringir el término "MASC" a los medios autocompositivos a efectos de este trabajo. Dado que una de las preguntas que vamos a tratar de responder en este trabajo va a ser si el establecimiento de los

En el caso de España, desde el año 2012 existe una ley de mediación en asuntos civiles y mercantiles que, sin embargo, no ha impedido que el número de asuntos nuevos que reciben los tribunales continúe incrementándose año tras año.

Ante esta realidad, surgen diversas preguntas: ¿se fomenta realmente el uso de los MASC estableciéndolos como presupuesto procesal?[3] Si la respuesta fuera afirmativa, ¿es conveniente que el presupuesto procesal afecte a la generalidad de los asuntos civiles o es preferible establecer un catálogo de materias afectadas? ¿existe el riesgo de que el recurso al MASC previo al procedimiento judicial se convierta en un mero trámite burocrático? Y si fuera así, ¿cómo se podría reducir ese riesgo? Finalmente, ¿cuál sería la mejor manera de regular ese presupuesto procesal?

Así las cosas, procederemos a proponer una serie de medidas que consideramos las más idóneas para fomentar e impulsar el uso de los MASC, haciendo la salvedad de que las enunciaciones que plantearemos son herramientas que muchos han formulado, incluyendo la propia legislación, pero que no se han acogido en su totalidad y que consideramos de adoptarse serían beneficiosas para todos.

MASC como presupuesto procesal en el proceso civil es una medida que puede resultar útil para impulsar su utilización, creemos que es lógico restringir el ámbito de la investigación a los medios autocompositivos, puesto que no parece posible que un medio heterocompositivo pueda imponerse como presupuesto procesal (dado que los heterocompositivos, por su propia naturaleza, son sustitutivos de la jurisdicción).

3 Nótese que, pese a que el Proyecto de Ley de Medidas de Eficiencia Procesal -decaído como consecuencia de la disolución de las Cortes Generales ordenado mediante Real Decreto 400/2023, de 29 de mayo- y otros instrumentos legislativos en España hablen de "requisito de procedibilidad", esta terminología es incorrecta, pues como ha señalado BANACLOCHE PALAO, J. ("Las reformas en el proceso civil previstas en el Anteproyecto de Ley de Medidas de Eficiencia Procesal: ¿una vuelta al pasado? *Diario La Ley*, Nº 9814, Sección Plan de Choque de la Justicia / Tribuna, Ed. Wolters Kluwer, 2021), se trata de un presupuesto procesal, es decir, una circunstancia que debe concurrir para que pueda admitirse a trámite la demanda, que puede ser detectado de oficio y que impide el inicio del procedimiento. En cambio, el requisito de procedibilidad no es apreciable de oficio y no tiene por qué impedir el inicio del procedimiento (CALAZA LÓPEZ, S., "Ya llegan los medios adecuados de solución de controversias en vía no jurisdiccional: Cuanta más desjudicialización, mejor". *Actualidad Civil, Nº 6, Sección Persona y derechos / A fondo, junio-junio 2022, Ed.* Wolters Kluwer). Por ello, en el presente trabajo utilizaremos la terminología "presupuesto procesal".

II. ESTADO DEL ARTE

Los MASC son procesos altamente adaptables a diferentes culturas y necesidades, lo que puede hacer que su regulación sea un reto complejo[4]. Por ello, el mayor desafío a la hora de regular los MASC es encontrar el punto de equilibrio entre la flexibilidad y la seguridad jurídica: el llamado *diversity–consistency dilemma*[5]. En última instancia, una regulación efectiva requerirá lograr un equilibrio adecuado entre estos dos aspectos[6].

1. Formas de regulación de los MASC

La regulación de los MASC es muy diversa, puesto que no está estrechamente ligada al concepto clásico de ley o a la noción positivista del derecho. La regulación puede derivar del Estado -es la concepción clásica en países como España y Colombia-, pero lo cierto es que la regulación también se puede derivar de la autogestión a través de contratos o normas industriales y del mercado. Esta concepción concibe diversas formas de regulación más allá de la legislación, incluyendo aspectos como la contratación privada (por ejemplo, acuerdos para mediar y cláusulas de MASC) y las normas de sector o industria (por ejemplo, códigos de conducta, normas de práctica y normas de acreditación).

Desde esta perspectiva, existe la creencia de que los MASC han estado fuera del marco regulatorio y, en nuestra opinión, esto no es cierto. De una u otra forma, directa o indirectamente, los MASC han tenido presencia en las jurisdicciones y regulaciones. Es por ello que la doctrina ha considerado que existen cuatro formas o formatos de regulación en esta cuestión[7], a saber: (i.) la regulación del mercado, (ii.) la autorregulación, (iii.) el marco formal, y (iv.) el enfoque legislativo formal.

En ese sentido, por regla general, cualquiera podría suscribir cualquier tipo de acuerdo de servicios de MASC sujeto a las leyes de la oferta y la

---

4 Kirkham, R., *Regulating ADR: Lessons from the UK*. Oxford, Oxford University Press, 2016.

5 Alexander, N. M., "Mediation and the Art of Regulation". *Law & Justice Journal*, 2008.

6 Hopt, K. J., y Steffek, F., "Mediation: Comparison of Laws, Regulatory Models, Fundamental Issues". En Hopt, K. J., y Steffek, F. (Eds.), *Mediation: Principles and Regulation in Comparative Perspective*". Oxford, Oxford Academic, 2013.

7 Alexander, N. M., "Mediation and the Art of Regulation", cit.

demanda, y del contrato privado, pues las cláusulas de mediación son cada vez más habituales en los contratos[8]. La autorregulación individual a través de contratos privados se aborda en este enfoque[9], es a ello que se refiere el primer formato: la regulación del mercado. Este enfoque está basado en conceptos de libre mercado y derecho contractual y se deriva de valores como la libertad del individuo, la elección y la competencia.

La autorregulación hace referencia a iniciativas reguladoras colectivas, comunitarias y/o dirigidas por determinada industria. En este enfoque encajan las iniciativas basadas en la comunidad que adoptan procesos de colaboración, consulta y reflexión. Uno de los ejemplos más interesantes es el *Consultation Paper Alternative Dispute Resolution*–Compromiso CPR ADR firmado por más de 5500 empresas y bufetes de abogados estadounidenses[10]. También podríamos mencionar el esfuerzo que se presentó en Japón en su sector financiero para regular los ADR[11].

Como tal, el enfoque del marco formal también se podría denominar corregulación. En este enfoque se suele adoptar la forma de instrumentos legislativos o ejecutivos, como convenios internacionales, directivas, legislación y leyes modelo. Establece parámetros formales y legalmente reconocidos y son más eficaces cuando un único organismo, como el Tribunal de Justicia de la Unión Europea ("TJUE"), está facultado para interpretar y hacer cumplir la normativa a medida que se plantea. Aunque también se pueden ver caso por industria como el que se estudia en el derecho de los consumidores a nivel global[12].

---

8 MOFFIT, M. L., "The Four Ways to Assure Mediator Quality (and Why None of Them Work)" *SSRN*, 2008: http://dx.doi.org/10.2139/ssrn.1117765 (fecha de consulta: 8 de mayo de 2023).

9 WALZ, A., FELLER, C., ZIGANN, M., PICHT, P. GEORG Y R., PROBST. "ADR Case Management Guidelines". *Max Planck Institute for Innovation & Competition Research Paper* No. 18-19, 2018.

10 Law Reform Commission. *Consultation Paper on Alternative Dispute Resolution, 2008. https://www.lawreform.ie/_fileupload/consultation%20papers/cpADR.pdf* (fecha de consulta: 1 de junio de 2023).

11 MAEDA, T. Y PARDIECK, A. "ADR in Japan's Financial Markets & the Rule of Law", *SSRN*, 2017: http://dx.doi.org/10.2139/ssrn.2911273 (fecha de consulta: 8 de mayo de 2023).

12 PLATO-SHINAR, R., Y WEBER, R. H. "Consumer Protection through Soft Law in an Era of Global Financial Crisis". *SSRN*, 2015 https://ssrn.com/abstract=2761734 (fecha de consulta: 8 de mayo de 2023).

Por último, la regulación legislativa formal se basa principalmente en la legislación respaldada por instituciones formales, como el poder judicial. Podría decirse que es una manifestación del pensamiento tradicional del derecho civil, el enfoque legislativo formal se centra en nociones positivas del derecho.

2. Clasificación de las regulaciones

En términos generales, las distintas regulaciones pueden clasificarse en cuatro categorías: (i.) leyes desencadenantes; (ii.) leyes procesales; (iii.) estándares de la profesión; y (iv.) obligaciones y derechos de los intervinientes dentro del sistema[13].

Las leyes desencadenantes o leyes de activación son leyes que efectivamente activan el proceso, es decir, regulan cómo se llega al proceso (por ejemplo, cláusulas compromisorias, leyes que establecen los MASC como presupuesto procesal o regulan la mediación intrajudicial o protocolos de derivación de los tribunales). Así, por ejemplo, algunas jurisdicciones, como Argentina y Colombia, han adoptado regulaciones que imponen un MASC como un requisito previo a la presentación de una demanda judicial en la mayoría de los asuntos civiles. Esta normativa requiere que se presente con la demanda un certificado de mediación o conciliación al acudir a los tribunales.

Igualmente, se pueden encontrar leyes desencadenantes en forma de cláusulas de mediación en contratos comerciales, que obligan a las partes a intentar la mediación antes de recurrir a los tribunales. En estos casos, la cláusula podría ser reconocida por los tribunales, y se verificará si las partes han intentado la mediación antes de presentar una demanda. En algunos casos, estas cláusulas pueden ser objeto de interpretación por parte de los tribunales para determinar si se han redactado adecuadamente y si son legalmente ejecutables, por lo que es posible encontrar cláusulas que resulten técnicamente imposibles de ejecutar. Sin embargo, su existencia resulta altamente efectiva para fomentar el uso de la mediación, puesto que, pese a no ser ejecutables pueden llegar a desencadenar el proceso de mediación.

---

13 Alexander, N. M. y Steffek, F. "Corporation, International Finance. "Making Mediation Law"". *Research Collection School of Law*, 2016.

Las leyes procesales se encuentran en la legislación o en las instrucciones prácticas de los tribunales y normalmente se centran en lo que ocurre en el propio proceso, es decir, cómo se gestiona, cómo se regula, etc.

En muchas ocasiones, las normas de los MASC suelen centrarse en un proceso flexible, y se regulan mediante el acuerdo de acudir a un MASC, que suele incorporar las directrices o normas de una institución o de una organización. Por ejemplo, en Australia, el sector de las franquicias tiene su propio conjunto de normas de mediación, y en países como Argentina[14] y Colombia[15], la mediación comunitaria tiene un modelo particular. Algunas reglas institucionales son más estrictas que otras, pero es importante que se establezca con claridad desde el principio el proceso de MASC que se pretende seguir, qué ocurrirá durante el proceso, cuándo inicia y cómo sabremos que ha terminado. En la mayoría de los países, si no hay ley que lo especifique y se omite esta información en el acuerdo y se dice simplemente que se va a mediar, sin explicar en qué consiste el proceso, es posible que el acuerdo no sea ejecutable. Cada país regula de manera diferente, por lo que los ejemplos que se mencionan son los más comunes.

Los estándares de la profesión, también llamados estatuto del mediador[16] regulan lo relacionado con los requisitos para desempeñar el papel de tercero neutral. Esta tercera categoría se refiere a las leyes que establecen normas para los mediadores y se encuentran en la legislación de algunos países, pero también en fuentes de derecho indicativo, por ejemplo, reglas de instituciones o de la industria.

En este ámbito, encontramos grandes diferencias entre países de *Common Law*, como Inglaterra, EE.UU., Canadá, Australia, o Nueva Zelanda y los países de tradición de derecho civil. Las diferencias pueden verse reflejadas en mínimos y máximos de horas de formación necesarias, restricciones a ciertos títulos profesionales o límites de edad. Por ejemplo, en Austria se requiere tener al menos 28 años para poder ejercer como

---

14 https://www.datos.gob.ar/dataset (fecha de consulta: 16 de mayo de 2023).

15 *Ministerio de Justicia de Colombia. Guía para la implementación de la mediación comunitaria. https://www.minjusticia.gov.co/: https://www.minjusticia.gov.co/programas-co/caja-herramientas-mrc/Documents/assets/3.1.1.-gu%C3%ADa-para-la-implementaci%C3%B3n-de-la-mediaci%C3%B3n-comunitaria—versi%C3%B3n-final.pdf* (fecha de consulta: 16 de mayo de 2023).

16 CARRETERO MORALES, E. *La mediación civil y mercantil en el sistema de Justicia.* [Tesis doctoral, Universidad Carlos III de Madrid], 2013. E-Archivo. http://hdl.handle.net/ 10016/18482. (fecha de consulta: 8 de mayo de 2023).

mediador, mientras que en algunos países, como España, se requiere tener un título universitario.

Finalmente, en la categoría de obligaciones y derechos de los intervinientes dentro del sistema encontramos temas relacionados con la imparcialidad o el deber de explicar a las partes cómo comportarse, incluyendo la obligación de participar en la mediación de buena fe y con un genuino esfuerzo para resolver el conflicto. Estas obligaciones están estrechamente relacionadas con los derechos de las partes, incluyendo el derecho a la aplicación del acuerdo de mediación o a impugnarlo en caso de fraude o tergiversación por parte de la otra parte.

En países de derecho consuetudinario, esta categoría suele ser considerada como la más importante. El deber de imparcialidad y trato justo a las partes es un ejemplo de las obligaciones, pero ¿qué implica exactamente esto? ¿Cómo afecta esto si el mediador decide asesorar a las partes? Esta cuestión ha generado diversas opiniones y preguntas entre los expertos en MASC. En algunas jurisdicciones, se requiere que los abogados asesoren a sus clientes sobre la posibilidad de mediación antes de acudir a ella.

Aunado a ello, esta categoría va mucho más allá de determinar si existe el deber de asesorar a las partes sobre los detalles del acuerdo y sus implicaciones en caso de incumplimiento. Sin ir más lejos, no deben olvidarse los derechos y obligaciones en relación con la confidencialidad y, más concretamente, respecto de la admisibilidad o no de las pruebas de los MASC en un eventual procedimiento judicial o arbitral posterior.

3. Tipos de MASC

Si bien encontramos que la mediación es el MASC más conocido, en algunos países la conciliación es el mecanismo más utilizado. En este trabajo, agruparemos los diferentes mecanismos en tres categorías fundamentales de MASC[17]: facilitador, consultivo y determinante, que a su vez agruparemos en dos grupos: autocompositivos y heterocompositivos.

Los MASC facilitadores se centran en la resolución consensuada de la disputa, al reunir a las partes en conflicto con un tercero imparcial o un profesional capacitado para fomentar el diálogo y la negociación entre

---

[17] ALEXANDER, N. M. *Global Trends in Mediation*. Singapore Management University, 2006.

ellas. Los procesos de mediación, facilitación o negociación facilitada son ejemplos comunes de esta categoría.

Por otro lado, los MASC consultivos se caracterizan por contar con un profesional especializado en resolución de litigios que escucha a las partes, evalúa los problemas y proporciona asesoramiento sobre los hechos y la legislación aplicable. A diferencia de los MASC facilitadores, este profesional también puede sugerir soluciones para que las partes puedan alcanzar resultados favorables. La conciliación es el tipo de MASC consultivo más común, aunque otros procedimientos consultivos incluyen la peritación y la evaluación de casos.

Ambas categorías se incardinan a su vez en la tipología de medios autocompositivos, en los que son las propias partes quienes resuelven su controversia a través de un acuerdo que en ningún caso viene impuesto por un tercero.

Finalmente, los MASC determinativos se refieren a un medio en el que un profesional de la resolución de conflictos evalúa y decide sobre un desacuerdo. Este tipo de MASC refleja el proceso jurídico formal, que incluye la presentación de pruebas formales y declaraciones jurídicas por parte de las partes en conflicto. El arbitraje, el juicio privado (o *mini trial*) y la determinación de expertos son ejemplos de MASC determinativos. Los MASC determinativos son medios heterocompositivos, ya que la solución viene impuesta por un tercero ajeno a las partes.

III. PROPUESTAS DE LEGE FERENDA

1. Sistema multipuertas

Creemos que el fomento de los medios autocompositivos y, especialmente, de la mediación, es un objetivo que debe perseguir el legislador. Para ello, nos parece que "*la configuración de la obligación de acudir a la sesión informativa antes de iniciar el proceso judicial es una buena iniciativa para dar a conocer la mediación*"[18]. Ello sin abandonar medidas clásicas como el fomento a través de campañas de difusión.

---

[18] RUIZ DE LA FUENTE, C. "Mediación: ¿Alternativa al proceso o traba de acceso? Análisis de las consecuencias jurídico-procesales a la luz del Anteproyecto de Ley de Medidas de Eficiencia Procesal del Servicio Público de Justicia". I*nDret*, nº 2, 2022.

Nos parece muy interesante la propuesta de crear un sistema multi-door o multipuertas en el que usuarios y operadores jurídicos deban valorar, con carácter previo a iniciar cualquier procedimiento, qué MASC de todo el catálogo disponible es el más adecuado para su disputa, de tal forma que el recurso a los tribunales sea verdaderamente el último remedio[19]. Para ello, resulta esencial el papel de la abogacía como pieza del sistema multipuertas, que aconseje al cliente el medio más adecuado para cada disputa, para lo cual será primordial su formación en MASC. En este sentido, se ha señalado que "*es responsabilidad de la dirección letrada de las partes optar por el MASC más adecuado para resolver el conflicto*"[20].

No obstante, el "triaje" (por utilizar un símil sanitario) no debería acabar ahí. Los tribunales también deberían ser un eslabón en esa cadena "multipuerta", analizando si el asunto debe tener acceso a la jurisdicción en ese primer momento o, por el contrario, resulta procedente derivar a un MASC con carácter previo. Es decir, que "*el órgano judicial pudiera determinar si antes de la admisión a trámite debiera intentarse la mediación*", lo que evidentemente requeriría un "*cambio profundo en el sistema judicial*"[21].

Se convertiría así en el "*gestor del conflicto*", decidiendo "*el MASC al que deben acudir las partes*"[22]. También se ha sugerido que esta labor la lleven a cabo unidades especiales creadas *ad hoc* y cuyo rol sea decidir cuál es el medio más adecuado para resolver cada controversia, proponiéndose "*la creación de un servicio común, dirigido por un Letrado de la Administración de Justicia*" que se encargue de "*la asistencia y orientación de los ciudadanos a la hora de decantarse por una u otra opción de resolución de los conflictos*"[23].

---

19 Sánchez Valle, Mª d.R. "¿Mediación voluntaria o preceptiva?: reflexiones a la luz del proyecto de ley de medidas de eficiencia procesal del servicio público de justicia". *Bol. Colegio Registradores,* nº 103, 2022.

20 Pérez Daudi, V. "Los MASC y el proceso civil. Propuestas de reforma del Proyecto de Ley de Eficiencia Procesal". *Diario LA LEY, nº 10121, Sección Plan de Choque de la Justicia / Tribuna,* septiembre. Ed. Wolters Kluwer, 2022.

21 Ruiz de la Fuente, C. "Mediación: ¿Alternativa al proceso o traba de acceso? Análisis de las consecuencias jurídico-procesales a la luz del Anteproyecto de Ley de Medidas de Eficiencia Procesal del Servicio Público de Justicia", cit.

22 Pérez Daudi, V. "Los MASC y el proceso civil. Propuestas de reforma del Proyecto de Ley de Eficiencia Procesal", cit.

23 Avilés Navarro, M., "Reflexiones sobre el anteproyecto de ley impulsando la mediación". *Diario LA LEY,* nº 9352, febrero de 2019. Ed. Wolters Kluwer.

2. Obligatoriedad mitigada

Los MASC no son la panacea, dado que hay casos en los que no son recomendables (por ejemplo, cuando existe mala fe por parte de uno de los intervinientes o en caso de conflictos jurídicos o técnicos). Así, compartimos la visión de que imponer los MASC como presupuesto procesal en la generalidad de los procesos civiles puede llegar a resultar desproporcionado e inútil[24].

Estamos de acuerdo, por tanto, con aquellos autores que han señalado que la obligatoriedad debe circunscribirse siempre a aquellos "**ámbitos y sectores concretos, donde se viene demostrando que la mediación es especialmente aconsejable y exitosa**"[25], pues no debe perderse de vista la idea de que no toda disputa es susceptible de ser resuelta a través de medios autocompositivos.

Esta idea nos lleva a sostener que establecer un presupuesto procesal con carácter general para todos los asuntos civiles puede llegar a resultar contraproducente. Compartimos, por tanto, opiniones que han señalado que esta opción podría "*dilatar innecesariamente la respuesta judicial y la solución del conflicto*"[26]. Como mínimo, habría que excluir el presupuesto procesal respecto de algunas acciones con el propósito de no perjudicar la urgencia y eventualmente su buen fin (como, por ejemplo, las acciones ejecutivas, el juicio cambiario o las medidas cautelares).

De la misma manera, nos parece una buena idea establecer un *numerus apertus* de MASC para así dotar de una mayor flexibilidad a las partes a la hora de cumplir el presupuesto procesal para acceder a la jurisdicción. Aunque, se ha sugerido la conveniencia de que la ley contenga una orientación mínima sobre qué medio puede resultar más adecuado a cada controversia (i.e. la mediación para disputas en las que las partes quieran o deban mantener una relación duradera en el tiempo, la conciliación para conflictos de carácter jurídico y el dictamen de experto independiente para

---

24 BANACLOCHE PALAO, J., "La reforma de los procesos civiles prevista en el Proyecto de Ley de eficiencia procesal (disposiciones generales, juicio ordinario y juicio verbal)", op. cit.

25 RUIZ DE LA FUENTE, C. "Mediación: ¿Alternativa al proceso o traba de acceso? Análisis de las consecuencias jurídico-procesales a la luz del Anteproyecto de Ley de Medidas de Eficiencia Procesal del Servicio Público de Justicia", cit.

26 RUIZ DE LA FUENTE, C. "Mediación: ¿Alternativa al proceso o traba de acceso? Análisis de las consecuencias jurídico-procesales a la luz del Anteproyecto de Ley de Medidas de Eficiencia Procesal del Servicio Público de Justicia", cit.

conflictos de índole técnica)[27], creemos que dicha valoración no compete al legislador, sino a las partes o al órgano que, en su caso, se cree si se llega a implementar algo similar a un sistema multipuertas.

Sin embargo, no han faltado voces que han tratado de poner en valor la mediación distinguiéndola del resto de MASC, afirmando que su equiparación con "*cualquier otra actividad negocial*" en el PLMEP supone un "*evidente retroceso*", ya que no se puede equiparar la mediación con otros sistemas "*que no tienen ningún tipo de tradición, arraigo o praxis en nuestro ordenamiento*"[28]. En relación con estas críticas, no creemos que sea necesario ni conveniente dejar de regular el resto de figuras distintas a la mediación, como la conciliación, aunque quizá sí tendría sentido contemplar únicamente aquellos medios en los que intervenga un tercero neutral, excluyendo la actividad negociadora[29].

Tampoco la distinción por cuantías nos parece convincente. En este sentido, algunos autores han sugerido que el presupuesto procesal de acudir a un MASC afecte a las reclamaciones por debajo de una determinada cuantía (por ejemplo, Magro Servet[30] propone que se fije la mediación como presupuesto procesal para todas las reclamaciones de cantidad inferiores a 25.000 euros). Es cierto que puede ser interesante evitar la jurisdicción y los gastos que conlleva cuando estamos ante reclamaciones de escasa cuantía.

Empero, no existe consenso en si los asuntos de cuantía reducida son un buen supuesto en el que imponer el recurso obligatorio a los MASC. En este sentido, nos parece acertada la crítica que señala que dicha medida conllevaría la "*promoción de una justicia a diversas velocidades*"[31].

---

27 Pérez Daudi, V. "Los MASC y el proceso civil. Propuestas de reforma del Proyecto de Ley de Eficiencia Procesal". cit.

28 Carretero Morales, E., El modelo de "obligatoriedad mitigada" de los MASC. *Diario LA LEY,* nº 10256, marzo de 2023. Ed. Wolters Kluwer.

29 Hinojosa Segovia, R., "Los medios adecuados de solución de controversias en el Proyecto de Ley de medidas de eficiencia procesal del servicio público de justicia". *LA LEY mediación y arbitraje,* nº 11, Sección Novedades de ADR, Ed. Wolters Kluwer, 2022.

30 Magro Servet, V., "La Ley de mediación obligatoria para resolver los conflictos civiles ante la crisis originada por el Coronavirus" *Diario LA LEY,* nº 9618, de 22 de abril de 2020. Ed. Wolters Kluwer.

31 Martínez Pallarés, J. I. "Voluntariedad versus mandatory mediation. Redireccionando para reiniciar la mediación". *Práctica de Tribunales,* nº 142, enero de 2020. Ed. Wolters Kluwer.

Además, no debe soslayarse que "*el coste de este paso previo en proporción a la cuantía del pleito podría convertirse en un desincentivo para las partes*", en lugar de en un revulsivo[32].

3. Obligatoriedad hasta primera sesión exploratoria

Por otra parte, para que el recurso al MASC previo al procedimiento judicial no se convierta en un mero trámite burocrático, como sucedió con la conciliación en la Ley de Enjuiciamiento Civil de 1881, debe fomentarse la existencia de un intento real de autocomposición. Para ello, si hablamos de mediación, el problema de que la obligatoriedad se limite únicamente a la sesión informativa es que se incrementan las posibilidades de que se convierta en un mero trámite burocrático[33]. Así, en la línea del Anteproyecto de Ley de impulso a la mediación (2019), para cumplir el presupuesto procesal debería asistirse también una sesión exploratoria del conflicto.

4. Acreditación del cumplimiento del presupuesto procesal y valoración de la participación de las partes

Otro de los puntos importantes es cómo acreditar el intento de MASC a los efectos de entender cumplido el presupuesto procesal para la admisión de la demanda.

Cuando intervenga una tercera persona neutral, será ésta quien certifique la participación de las partes. Aquí surgen dos problemas.

En primer lugar, el deber de confidencialidad del mediador impide que este pueda certificar la participación activa o de buena fe de las partes en el proceso, lo que a su vez dificulta que el juez lo pueda valorar.

Para superar los obstáculos derivados del deber de confidencialidad que tiene la persona mediadora, algunos autores han sugerido que exista una "*cierta supervisión judicial de las sesiones informativas*" para que le juez tenga más herramientas a la hora de sancionar posteriormente a quien no haya querido

---

32 RUIZ DE LA FUENTE, C. "Mediación: ¿Alternativa al proceso o traba de acceso? Análisis de las consecuencias jurídico-procesales a la luz del Anteproyecto de Ley de Medidas de Eficiencia Procesal del Servicio Público de Justicia", cit.

33 RUIZ DE LA FUENTE, C. "Mediación: ¿Alternativa al proceso o traba de acceso? Análisis de las consecuencias jurídico-procesales a la luz del Anteproyecto de Ley de Medidas de Eficiencia Procesal del Servicio Público de Justicia", cit.

participar en el MASC. También que sean las partes las que "*dejen constancia de las razones por las que no deciden iniciar una mediación*"[34]. No obstante, creemos que es más conveniente que sean las propias partes las que dispensen al mediador de su deber de confidencialidad. Al contrario de lo que han señalado algunos autores, consideramos necesario "*abrir la discusión judicial sobre la actitud que han tenido las partes dentro del procedimiento de mediación*"[35].

En segundo lugar, se plantea el interrogante de cómo llevar a cabo la valoración de si se ha cumplido adecuadamente el presupuesto procesal o, dicho de otro modo, quién y cómo valora si las partes han participado de forma activa y de buena fe en el proceso, no solo a efectos de entender cumplido el presupuesto para la admisión de la demanda, sino también para imponer una serie de medidas dirigidas a desincentivar la vía judicial haciéndola más costosa (como tasas judiciales, condena en costas, multas, etc) y que en buena medida dependerán de la actitud de las partes en el MASC previo. Así, incentivos como la condena en costas se utilizan de forma exitosa en Inglaterra y Gales para promover el uso de la mediación. De esta forma se conseguiría también evitar "*la práctica de algunos despachos de abogados de instar pleitos a precio de salgo con la idea de cobrarse con la condena en costas del contrario, en vez de intentar acuerdos pre procesales*"[36].

Pues bien, se ha señalado que puede ser desaconsejable otorgar demasiado poder de valoración para el mediador, debiendo limitarse aquél a certificar la mera inasistencia[37]. No obstante, no compartimos esa crítica, ya que nos parece esencial que el juez cuente con la mayor información posible a la hora de valorar la actitud de las partes en el MASC previo al proceso judicial.

Cuando no intervenga ninguna tercera persona neutral (como es el caso de la negociación directa), la acreditación del cumplimiento del presupuesto procesal deviene más difícil, puesto que la acreditación quedará

---

34 Fuentes Gómez, J.C. "El vértigo de la mediación obligatoria". *Actualidad Civil* nº 7, julio-agosto de 2019. Ed. Wolters Kluwer.

35 Ruiz de la Fuente, C. "Mediación: ¿Alternativa al proceso o traba de acceso? Análisis de las consecuencias jurídico-procesales a la luz del Anteproyecto de Ley de Medidas de Eficiencia Procesal del Servicio Público de Justicia", cit.

36 Banacloche Palao, J., "La reforma de los procesos civiles prevista en el Proyecto de Ley de eficiencia procesal (disposiciones generales, juicio ordinario y juicio verbal)", op. cit.

37 Martínez Pallarés, J. I. "Voluntariedad versus mandatory mediation. Redireccionando para reiniciar la mediación", cit.

en manos de las partes. Así, no puede exigirse un documento firmado por todas las partes, pues ¿qué pasaría si una de ellas se negase a firmar? Además, solicitar a la otra parte que firme este documento es lo mismo que anunciar la interposición de la demanda. En su lugar, debería ser suficiente simplemente con acompañar documentación acreditativa de la negociación, por lo que las partes deberán preocuparse desde el inicio de la negociación por dejar el máximo rastro documental posible.

5. Subsanabilidad del presupuesto procesal

Otra de las cuestiones susceptibles de regulación es la subsanabilidad de los actos omitidos. Es decir, ¿qué sucede si se interpone una demanda civil sin haber acudido previamente a un MASC?

En ese caso, parece que, en lugar de inadmitir sin más la demanda, el principio *pro actione* exige que se conceda a la parte demandante la posibilidad de subsanación[38].

Por otra parte, también se ha sugerido que, en ese momento, en lugar de requerir para subsanar, el Letrado de la Administración de Justicia pueda "*optar por remitir al medio que estime más oportuno o derivar a la parte demandante al Centro de Resolución de Conflictos* [...] *que actuará como gestor de conflictos y que tendrán la formación específica para determinar el medio de negociación más adecuado*"[39].

6. Otras medidas

Finalmente, también resulta aconsejable introducir incentivos económicos directos que hagan los MASC más atractivos a priori que el procedimiento judicial (por ejemplo, a través de deducciones específicas en el Impuesto sobre la Renta de las Personas Físicas o en el Impuesto de Sociedades, según corresponda).

Tampoco podemos dejar de referirnos a aquellas medidas que tengan por objeto fomentar la calidad de las terceras personas neutrales, pues ello resulta esencial para que la ciudadanía y la abogacía recurran cada

---

38 PÉREZ DAUDI, V. "Los MASC y el proceso civil. Propuestas de reforma del Proyecto de Ley de Eficiencia Procesal". cit.

39 PÉREZ DAUDI, V. "Los MASC y el proceso civil. Propuestas de reforma del Proyecto de Ley de Eficiencia Procesal". cit.

vez más a estos medios. A estos efectos, no creemos que sea estrictamente necesario recurrir a un registro público, pero sí elaborar un estatuto de la tercera persona neutral que, entre otros aspectos, contenga un código de buenas prácticas aplicable a estas personas en su intervención en el MASC correspondiente.

IV. EL PAPEL DE LAS CLÁUSULAS DE MEDIACIÓN O MULTI-NIVEL

Nos parece conveniente fomentar la inclusión de cláusulas de mediación en los contratos, en la medida en que estas pueden constituir un incentivo para la autocomposición una vez surgida la disputa.

Dado que existe el miedo a aparentar debilidad si se propone la mediación una vez ya ha surgido la controversia, se ha destacado el papel psicológico que pueden llegar a desempeñar estas cláusulas, ya que pueden ayudar a "*evitar la impresión de que la parte que propone a la otra esta forma de resolver la controversia*" una vez ésta ya ha surgido "*está en situación de inferioridad o piensa que perdería un pleito*"[40].

Las cláusulas de mediación están reconocidas en la Ley de Mediación (art. 6.2). Su contenido puede incluir: (i) delimitación de las posibles controversias sometidas a mediación; (ii) tipo de mediación -*ad hoc* o institucional, con designación de la institución, en su caso; (iii) lugar e idioma; (iv) designación del mediador; (v) reglas de procedimiento; (vi) plazo máximo del procedimiento; y (vii) ley aplicable al procedimiento y al acuerdo.

En este sentido, las principales instituciones de mediación ofrecen cláusulas tipo para incluir en los contratos.

Por otro lado, tenemos las cláusulas escalonadas o multi-nivel, que prevén un procedimiento inicial de mediación y un posterior procedimiento de arbitraje para el caso de que la mediación no concluya mediante acuerdo. En estos casos, es recomendable: (i) fijar un plazo máximo de mediación a contar desde un hecho que muestre la clara intención de mediar; (ii) utilizar una redacción que deje claro que el posterior procedimiento de arbitraje no es opcional; y (iii) no prever la posibilidad de que el mediador actúe, posteriormente, como árbitro.

El incumplimiento de estas cláusulas puede denunciarse mediante declinatoria, a pesar de que no conllevan en sí mismas una renuncia a la

---

40 Fuentes Gómez, J.C., "El vértigo de la mediación obligatoria", cit.

jurisdicción[41]. Gracias a la cláusula, una de las partes puede optar, sin necesidad de lograr el consentimiento de la otra, por someter la disputa a mediación (puesto que la otra parte ya dio su consentimiento para ello al suscribir la cláusula).

Sin embargo, a diferencia de lo que sucede con las cláusulas de sumisión a arbitraje, no parece que tenga mucho sentido obligar a las partes a iniciar un procedimiento de mediación de manera forzosa, pues lo que está claro es que no se les puede obligar a llegar a un acuerdo ni a permanecer en el proceso de mediación contra su voluntad, ya que pueden abandonarlo en cualquier momento sin alegar ningún tipo de causa. Entonces, ¿a qué obliga la cláusula? Pues obliga a intentar el MASC que se haya pactado y a participar de buena fe, la negociación. Por tanto, retrasa el acceso a jurisdicción o al arbitraje, pero en ningún caso lo excluye.

Podría pensarse, entonces, que la cláusula es inútil. No obstante, la mera asistencia a la sesión informativa puede contribuir a que las partes tomen conciencia de las ventajas de la mediación. Por tanto, la declinatoria puede llegar a incentivar a que las partes resuelvan su conflicto de manera autocompositiva[42]. De esta forma, el retraso que pueda producirse en acceder a la jurisdicción si finalmente la mediación no culmina en un acuerdo queda compensado por el incremento de posibilidades de autocomposición.

En consecuencia, para dar cumplimiento a la cláusula únicamente sería necesario acudir a la sesión informativa y expresar la voluntad de no alcanzar un acuerdo[43] ¿Se puede pactar la obligación de asistir a un número mínimo de sesiones? Se trata de una cuestión delicada, porque ello podría llegar a interpretarse como un impedimento al libre desistimiento o como una imposición de un retraso excesivo en el acceso a la jurisdicción. En todo caso, la obligación comprende el deber de acudir (por lo menos a la sesión informativa) e intentar llegar a un acuerdo, pero nunca de concluirlo.

Más complicado es el denominado incumplimiento "pasivo", en la que la parte acude a la mediación, pero no actúa de buena fe (es decir, boicotea

---

41 RUIZ DE LA FUENTE, C. "Mediación: ¿Alternativa al proceso o traba de acceso? Análisis de las consecuencias jurídico-procesales a la luz del Anteproyecto de Ley de Medidas de Eficiencia Procesal del Servicio Público de Justicia", cit.

42 GINEBRA MOLINS, M. E. y TARABAL BOSCH, J. "La obligatoriedad de la mediación derivada de la voluntad de las partes: las cláusulas de mediación", *InDret,* nº 4, 2013.

43 SÁNCHEZ VALLE, Mª D.R. "¿Mediación voluntaria o preceptiva?: reflexiones a la luz del proyecto de ley de medidas de eficiencia procesal del servicio público de justicia", cit.

el proceso). En estos casos, debe habilitarse un cauce en el posterior proceso judicial para que esta circunstancia pueda ser tenida en cuenta por el Juez (por ejemplo, a los efectos de la condena en costas)[44]. De nuevo, surge el problema de cómo acreditar la participación de buena fe, lo que como hemos visto resulta complejo.

Para estos casos, es recomendable, con el objeto de disuadir a las partes de esta actitud e incentivar la participación de buena fe, incluir una cláusula penal que prevea una indemnización en caso de incumplimiento de ese deber de participar de buena fe en el MASC correspondiente[45], lo que además incluye la prohibición de utilizar la mediación como instrumento dilatorio[46].

V. CONCLUSIONES

A continuación, trataremos de dar respuesta a las preguntas que nos hemos planteado al inicio del presente trabajo.

1. Establecer algún tipo de obligatoriedad en el uso de MASC ¿es una buena medida para impulsar su utilización?

Nuestra conclusión es que sí lo es. No es, sin embargo, una medida suficiente por sí misma. Es necesario, además, dar a conocer los MASC a sus potenciales usuarios (pues nadie va a acudir voluntariamente a algo que no conoce) y generar una cultura de la autocomposición. Ahora bien, su necesidad viene justificada por la dificultad de provocar un cambio cultural, que, sin esa medida, no sería factible. En este sentido, se ha constatado que en aquellas jurisdicciones en las que se configura el uso de los MASC

---

44 Ginebra Molins, M. E. y Tarabal Bosch, J. "La obligatoriedad de la mediación derivada de la voluntad de las partes: las cláusulas de mediación", cit.

45 Ruiz de la Fuente, C. "Mediación: ¿Alternativa al proceso o traba de acceso? Análisis de las consecuencias jurídico-procesales a la luz del Anteproyecto de Ley de Medidas de Eficiencia Procesal del Servicio Público de Justicia", cit. También Sánchez Valle, Mª d.R. "¿Mediación voluntaria o preceptiva?: reflexiones a la luz del proyecto de ley de medidas de eficiencia procesal del servicio público de justicia", cit.

46 Ginebra Molins, M. E. y Tarabal Bosch, J. "La obligatoriedad de la mediación derivada de la voluntad de las partes: las cláusulas de mediación", cit.

como algo totalmente voluntario (como España), su uso es prácticamente residual, por lo que el sistema de voluntariedad no funciona.

Ello sin perder de vista otras medidas como fomentar la inclusión de cláusulas de mediación o multi-nivel en los contratos, o introducir mecanismos incentivadores a través de deducciones fiscales o sancionatorios a través de las costas procesales que tan buen resultado han dado en algunas jurisdicciones como Italia o Inglaterra y Gales.

2. *¿Es conveniente que el presupuesto procesal afecte a la generalidad de los asuntos civiles o es preferible establecer un catálogo de materias afectadas?*

Nuestra conclusión es que no toda disputa es susceptible de ser resuelta a través de medios autocompositivos. Por ello, extender el presupuesto procesal a todos los asuntos civiles puede resultar contraproducente.

En este sentido, optamos por un modelo de obligatoriedad mitigada en el que solo se obligue a intentar un MASC en aquellas materias que, por su naturaleza, resulten verdaderamente adecuadas para ser resueltas a través de estos medios (como, por ejemplo, aquellas controversias eminentemente fácticas en las que exista una relación contractual de larga duración entre las partes).

3. *¿Cómo reducir el riesgo de que el presupuesto procesal se convierta en un mero trámite burocrático?*

Además de las necesarias medidas de difusión y concienciación a la ciudadanía y a los operadores jurídicos, consideramos que debe fomentarse la participación activa y de buena fe de las partes en el MASC más allá de una primera sesión informativa, debiendo incluirse también la asistencia a una sesión exploratoria del conflicto. Además, consideramos necesario dotar al tercero neutral de las herramientas necesarias para valorar si las partes han participado de forma activa y de buena fe en el proceso, dispensándole de su deber de confidencialidad a estos solos efectos.

4. *¿Cómo regular el presupuesto procesal?*

Creemos que la flexibilidad a la hora de cumplir con el presupuesto procesal es esencial. Por ello, nos parece recomendable que el catálogo de MASC a los que puedan acudir las partes no sea una lista cerrada, aunque limitándolos únicamente aquellos medios en los que intervenga un tercero neutral, excluyendo la actividad negociadora, que no debería calificarse como MASC.

De esta forma, las partes deberían valorar, con carácter previo a iniciar cualquier procedimiento, qué MASC de todo el catálogo disponible es el más adecuado para su disputa (lo que se asimila a un sistema multi-door o multipuerta).

Además, debería dejarse claro que, como presupuesto procesal, se trata de un requisito subsanable, por lo que su incumplimiento no debe conllevar, sin más, la inadmisión a trámite de la demanda, debiendo establecerse expresamente la posibilidad de subsanación.

VI. Bibliografía

ALEXANDER, N. M. *Global Trends in Mediation.* Singapore Management University, 2006.

ALEXANDER, N. M., "Mediation and the Art of Regulation". *Law & Justice Journal*, 2008.

ALEXANDER, N. M. Y STEFFEK, F. "Corporation, International Finance. "Making Mediation Law"". *Research Collection School of Law*, 2016.

AVILÉS NAVARRO, M., "Reflexiones sobre el anteproyecto de ley impulsando la mediación". *Diario LA LEY*, nº 9352, febrero de 2019. Ed. Wolters Kluwer.

BANACLOCHE PALAO, J., "La reforma de los procesos civiles prevista en el Proyecto de Ley de eficiencia procesal (disposiciones generales, juicio ordinario y juicio verbal)". *Diario LA LEY, Sección Plan de Choque de la Justicia / Tribuna*, septiembre, 2022. Ed. Wolters Kluwer.

BANACLOCHE PALAO, J. "Las reformas en el proceso civil previstas en el Anteproyecto de Ley de Medidas de Eficiencia Procesal: ¿una vuelta al pasado? *Diario La Ley*, Nº 9814, Sección Plan de Choque de la Justicia / Tribuna, Ed. Wolters Kluwer, 2021.

CALAZA LÓPEZ, S., "Ya llegan los medios adecuados de solución de controversias en vía no jurisdiccional: Cuanta más desjudicialización, mejor". *Actualidad Civil, Nº 6, Sección Persona y derechos / A fondo, junio-junio 2022, Ed.* Wolters Kluwer.

CARRETERO MORALES, E., El modelo de "obligatoriedad mitigada" de los MASC. *Diario LA LEY*, nº 10256, marzo de 2023. Ed. Wolters Kluwer.

CARRETERO MORALES, E. *La mediación civil y mercantil en el sistema de Justicia.* [Tesis doctoral, Universidad Carlos III de Madrid], 2013. E-Archivo. http://hdl.handle.net/10016/18482. (fecha de consulta: 8 de mayo de 2023).

FUENTES GÓMEZ, J.C. "El vértigo de la mediación obligatoria". *Actualidad Civil* nº 7, julio-agosto de 2019. Ed. Wolters Kluwer.

GINEBRA MOLINS, M. E. Y TARABAL BOSCH, J. "La obligatoriedad de la mediación derivada de la voluntad de las partes: las cláusulas de mediación", *InDret*, nº 4, 2013.

HINOJOSA SEGOVIA, R., "Los medios adecuados de solución de controversias en el Proyecto de Ley de medidas de eficiencia procesal del servicio público de justicia". *LA LEY mediación y arbitraje,* nº 11, Sección Novedades de ADR, Ed. Wolters Kluwer, 2022.

HOPT, K. J., Y STEFFEK, F., "Mediation: Comparison of Laws, Regulatory Models, Fundamental Issues". En HOPT, K. J., Y STEFFEK, F. (Eds.), *Mediation: Principles and Regulation in Comparative Perspective*". Oxford, Oxford Academic, 2013.

KIRKHAM, R., *Regulating ADR: Lessons from the UK.* Oxford, Oxford University Press, 2016.

MAEDA, T. Y PARDIECK, A. "ADR in Japan's Financial Markets & the Rule of Law", *SSRN,* 2017: http://dx.doi.org/10.2139/ssrn.2911273 (fecha de consulta: 8 de mayo de 2023).

MAGRO SERVET, V., "La Ley de mediación obligatoria para resolver los conflictos civiles ante la crisis originada por el Coronavirus" *Diario LA LEY,* nº 9618, de 22 de abril de 2020. Ed. Wolters Kluwer.

MARTÍNEZ PALLARÉS, J. I. "Voluntariedad versus mandatory mediation. Redireccionando para reiniciar la mediación". *Práctica de Tribunales,* nº 142, enero de 2020. Ed. Wolters Kluwer.

MOFFIT, M. L., "The Four Ways to Assure Mediator Quality (and Why None of Them Work)" *SSRN,* 2008: http://dx.doi.org/10.2139/ssrn.1117765 (fecha de consulta: 8 de mayo de 2023).

PÉREZ DAUDI, V. "Los MASC y el proceso civil. Propuestas de reforma del Proyecto de Ley de Eficiencia Procesal". *Diario LA LEY, nº 10121, Sección Plan de Choque de la Justicia / Tribuna,* septiembre. Ed. Wolters Kluwer, 2022.

PLATO-SHINAR, R., Y WEBER, R. H. "Consumer Protection through Soft Law in an Era of Global Financial Crisis". *SSRN,* 2015 https://ssrn.com/abstract=2761734 (fecha de consulta: 8 de mayo de 2023).

RUIZ DE LA FUENTE, C. "Mediación: ¿Alternativa al proceso o traba de acceso? Análisis de las consecuencias jurídico-procesales a la luz del Anteproyecto de Ley de Medidas de Eficiencia Procesal del Servicio Público de Justicia". I*nDret,* nº 2, 2022.

SÁNCHEZ VALLE, Mª D.R. "¿Mediación voluntaria o preceptiva?: reflexiones a la luz del proyecto de ley de medidas de eficiencia procesal del servicio público de justicia". *Bol. Colegio Registradores,* nº 103, 2022.

Capítulo VIII

Aquí o allí o la globalidad y la localidad en las técnicas ADR. Sobre sus bondades en el contexto global, social y digital con control y auxilio judicial

IXUSKO ORDEÑANA GEZURAGA

Profesor Derecho procesal UPV/EHU

I. SOBRE LO IDÓNEO DE LA CUESTIÓN "MASC TO BE OR NOT TO BE?" EN LA COYUNTURA POLÍTICO-ECONÓMICA Y SOCIAL ACTUAL Y ELEMENTOS A ABORDAR. II. SOBRE POR QUÉ NO ES ADECUADO HABLAR DE LOS MEDIOS ADECUADOS DE SOLUCIÓN DE CONFLICTOS (MASC). NUESTRA APUESTA POR EL TÉRMINO "MEDIOS COMPLEMENTARIOS DE SOLUCIÓN DE CONFLICTOS" (MCSC). III. EL DEBATE JURÍDICO-PROCESAL DE SIEMPRE ACTUALIZADO: ¿CÓMO OBTENER UNA JUSTICIA MÁS EFICIENTE? 1. La discusión imperecedera. 2. Nueva formulación del debate y sobre por qué no se debe medir la eficiencia de la justicia. IV. EL SISTEMA DE JUSTICIA ADECUADO (QUE NO EFICIENTE) DEL SIGLO XXI. 1.El matrimonio perfecto Poder Judicial-MCSC. 2. ¿Es adecuado imponer una técnica extrajudicial como requisito de procedibilidad para acudir a la jurisdicción? V. SOBRE LAS BONDADES DE LOS MEDIOS COMPLEMENTARIOS DE SOLUCIÓN DE CONFLICTOS EN EL CONTEXTO GLOBAL, SOCIAL Y DIGITAL. 1. Las de siempre con especial vigilancia a la no pérdida de su esencia y con una gran condición. 2. La globalidad y la localidad de los mecanismos extrajudiciales *2.1. Presentación 2.2. Movimiento global y globalizante. 2.3. La localidad de los mecanismos extrajudiciales o sobre su facultad de adaptación al conflicto jurídico concreto. Referencia a las Oficinas de Justicia en los Municipios.* 3. El carácter social de los mecanismos extrajudiciales. 4. La digitalización de la justicia y de los mecanismos extrajudiciales. VI. ÚLTIMA REFLEXIÓN DE CONJUNTO. VII. BIBLIOGRAFÍA

I.SOBRE LO IDÓNEO DE LA CUESTIÓN "MASC TO BE OR NOT TO BE?" EN LA COYUNTURA POLÍTICO-ECONÓMICA Y SOCIAL ACTUAL Y ELEMENTOS A ABORDAR

A día de hoy (octubre, 2023), en un mundo global y globalizado, digital, con cada vez más presencia de la inteligencia artificial, en todos los campos de la vida social, y también, el Derecho, es, sin duda, el momento para preguntarse si "las técnicas extrajudiciales tienen que ser o no ser" parte de nuestro ordenamiento jurídico. La evolución de la vida económica y social de todos los países del mundo, y del nuestro, en particular, requieren una reflexión, al respecto. La pregunta y consideración pertinente no tiene que limitarse a si es necesaria su existencia; debe extenderse, en su caso, a su rol en un sistema de justicia del siglo XXI, que responda las necesidades de los y las justiciables coetáneos. La coyuntura política estatal, especialmente, el Plan Justicia 2030 (en adelante, PJ 2030)[1] y el proyecto de ley de Eficiencia Procesal del Servicio Público de Justicia (en adelante, PLEPSPJ)[2] animan y condicionan la reflexión. Este es el ejercicio que nos impuso la Maestra Barona Vilar, madre doctrinal de la solución extrajudicial de conflictos, en España -desde que en su obra *Solución extrajurisdiccional del conflicto: "Alternative dispute Resolution" (ADR y Derecho procesal)*[3] planteó, por primera vez, en nuestro ordenamiento jurídico, de forma sistemática, científica y pedagógica, la relación entre el Poder Judicial y los mecanismos extrajudiciales, apostando por el desarrollo de los últimos para mejorar el funcionamiento de los tribunales patrios- en el Congreso Internacional "MASC, to be or not to be?", celebrado, en Valencia, a finales de octubre de este año 2023.

---

1 Plan presentado por el Ministerio de Justicia, en mayo de 2021, que recoge un programa de trabajo, a 10 años, para impulsar el Estado de Derecho y el acceso a la justicia, en cuanto "palancas de transformación del País", al tiempo que concreta el "Plan de Recuperación, Transformación y Resiliencia para el Servicio Público de Justicia". Explicamos críticamente su contenido, ORDEÑANA GEZURAGA, I., *La justicia de paz: nuevos tiempos, ¿nuevas(infra)estructuras? Disquisiciones ante la creación de las Oficinas de Justicia en los municipios en lugar de los Juzgados de Paz,* JM Bosh, Madrid, 2023, pp. 78 y ss.

2 Proyecto que, en implementación del PJ 2030, reconoce perseguir tres objetivos, anudados con los tres bloques de medidas que presenta: (1) la introducción y potenciación, en nuestro ordenamiento jurídico, de Medios Adecuados de Solución de Conflictos (en adelante, MASC), diferentes a la jurisdicción, (2) la reforma de la legislación vigente, para agilizar los procesos judiciales, mejorando su eficacia, con las máximas garantías, en los cuatro órdenes jurisdiccionales, con el fin de permitir a los juzgados y tribunales atender, en tiempo razonable, la tutela judicial que exige la ciudadanía y (3) la ordenación de las medidas imprescindibles para la transformación digital del servicio público de justicia, aspirando la aceleración de la adaptación de la legislación española a las nuevas tecnologías de la información y comunicación. Exponemos sus líneas básicas, ORDEÑANA GEZURAGA, I., "Tres tristes tigres... o haciendo luz en relación a la negociación en el nuevo marco jurídico del sistema estatal de resolución de conflictos. La negociación como eje de todos los medios adecuados de resolución de conflictos, como mecanismo autónomo y como técnica", *Revista vasca de derecho procesal y arbitraje,* núm. 1/2023.

3 BARONA VILAR, S., *Solución extrajurisdiccional del conflicto: "Alternative dispute Resolution" (ADR y Derecho procesal),* Tirant lo Blanch, Valencia 1999.

En las siguientes líneas se pretende recoger las ideas vertidas por el autor en aquél, concretamente, en la mesa "MASC en el contexto global, social y digital". Dos fueron sus tesis principales, aquéllas que se defenderán, a continuación: (1) un claro TO BE o imprescindibilidad de los mecanismos extrajudiciales, configurados siempre con auxilio y control del Poder Judicial, condición ésta que identificamos como la "línea roja" en la materia, y (2) la defensa de que las bondades o fortalezas de estos mecanismos responden magníficamente a las necesidades de la sociedad global y digital actual. Para su desarrollo y detalle, se va a incidir, en primer lugar, en una precisión terminológica, mostrando nuestros reparos al término "Medios Adecuados de Solución de Conflictos" (MASC). A continuación, y para justificar la razón de ser de los mecanismos extrajudiciales, vamos a aludir a la discusión que siempre ha acompañado al estudio de nuestra materia (el Derecho procesal): ¿cómo mejorar la actividad judicial? En este marco, haremos especial hincapié en la eficiencia de la justicia, requisito y objetivo que se exige a aquélla, en el contexto del PJ 2030. Mostraremos, al tiempo, la que es -desde hace años- nuestra fórmula para la mejora de la justicia española, que -como hace, ahora el prelegislador en el PLEPSPJ-, configuramos como "sistema" que vincula e integra, tanto el Poder Judicial, como los mecanismos extrajudiciales, en los términos que explicaremos y que son esenciales en nuestra teorización. En este contexto y, al hilo de la decisión del prelegislador en el PLEPSPJ, nos cuestionaremos si es adecuado imponer el uso de una técnica extrajudicial, como requisito de recurribilidad, para poder acudir a sede judicial. Avanzando en el estudio, mostraremos las fortalezas de los mecanismos extrajudiciales, condicionadas siempre por su uso adecuado -conforme a la libertad de las partes y su buena fe- y por la "línea roja" en la materia: todo procedimiento extrajudicial debe tener el auxilio y control judicial, en cuanto la realización del valor supremo justicia (art. 1 Constitución española -en adelante, CE-), que "emana del pueblo", "se administra en nombre del Rey por Jueces y Magistrados integrantes del poder judicial" (art. 117.1 CE). Al respecto, ahondaremos, en general, en las bondades de los mecanismos extrajudiciales, remarcando, especialmente, que responden a las necesidades globales y locales, si bien mostrando nuestra apuesta por su organización local, en el entender de que permiten una mejor respuesta al justiciable en el ámbito en el que más conflictos jurídicos se producen. Destacaremos, al tiempo, el carácter social de estas técnicas, que fueron creadas para garantizar el acceso a la justicia de toda la ciudadanía y deben, también, actualmente, obligatoriamente caracterizarse por este mismo elemento, siempre -reiteramos- con el auxilio y control judicial. Cerraremos la investigación adentrándonos en lo que se ha llamado el *On Line Dispute Resolution* (ODR), reflejo de que las técnicas extrajudiciales están sobradamente preparadas para estos tiempos de digitalización de la justicia.

II.SOBRE POR QUÉ NO ES ADECUADO HABLAR DE LOS MEDIOS ADECUADOS DE SOLUCIÓN DE CONFLICTOS (MASC). NUESTRA APUESTA POR EL TÉRMINO "MEDIOS COMPLEMENTARIOS DE SOLUCIÓN DE CONFLICTOS" (MCSC).

Los mecanismos extrajudiciales, aquéllos llamados originariamente *Alternative Dispute Resolution* (ADR), y caracterizados por surgir y desarrollarse conforme a la voluntad de las partes, para solventar los conflictos jurídicos fuera de los tribunales, con beneficio para ambas partes y evitando las debilidades de la jurisdicción,[4] son denominados, por el prelegislador español, en el PLEPSPJ, "Medios Adecuados de Resolución de Conflictos" (con el acrónimo, MASC) y definidos como "cualquier tipo de actividad negocial a la que las partes de un conflicto acuden de buena fe con el objeto de encontrar una solución extrajudicial al mismo, ya sea por sí mismas o con la intervención de un tercero neutral" (art. 1). Cierto es que, en el entorno anglosajón, la evolución de las técnicas extrajudiciales y, especialmente, su implementación en el contexto judicial -dando lugar, como veremos, a lo que se denomina *Court-annexed ADR* o *Court-related*

---

4 Nos gusta la definición que de los mismos ofrecieron, originariamente, LIBERMN, J.K., HENRY, J.F., "Lessons from te Alternative Dispute Resolution movement", *University Chicago Law Review*, núm. 53/1986, "ADR is a set of practices and techniques that aim to permit legal disputes to be resolved outside the courts for the benefit of all disputants; to reduce the cost of conventional litigation and the delays to wich it is ordinarily subject; or to prevent legal disputes that would otherwise likely be brought in courts" (en castellano, "un conjunto de prácticas y técnicas dirigidas a posibilitar la solución de los conflictos al margen de los tribunales en beneficio de todas las partes implicadas; a reducir el coste y la dilación en relación al proceso judicial y a prevenir conflictos jurídicos que estarán probablemente destinados a ser llevados ante los tribunales"). Desglosamos la definición, exponiendo los distintos elementos de las técnicas ADR, y las típicas que existen, sin perjuicio de que la flexibilidad que les caracteriza también se puede extender a su creación o configuración, ORDEÑANA GEZURAGA, I., *Análisis crítico del arbitraje laboral y su entorno en el ordenamiento jurídico español*, Civitas-Thomson Reuters, Pamplona 2009, pp. 29 y ss.

ADR[5]- llevó a algún autor a defender una nueva designación -*Adequate Dispute Resolution*- aprovechando las siglas tradicionales (ADR)[6], sin embargo, la propuesta no se consolidó. Es más, en buena lógica, atendiendo a su relación con el Poder Judicial, a su configuración y empleo en el marco del ejercicio de la función jurisdiccional, en su cuna, preponderó el término de *Complementary Dispute Resolution* (CDR)[7], alterando las siglas iniciales. Ello, porque las técnicas extrajudiciales no son siempre adecuadas para resolver los conflictos; simplemente, porque no se pueden utilizar -por ejemplo, en los conflictos indisponibles- o porque las partes, libremente, conforme a su autonomía de la voluntad, no las quieren utilizar[8]. Además,

---

5 Refiriéndose, con la expresión, a las técnicas extrajudiciales empleadas en el contexto judicial, es decir, a punto de iniciarse un proceso o una vez iniciado éste. En la doctrina, por todos, REUBEN, R.C., "Constitucional gravity: a unitary theory of alternative dispute resolution and public civil justice", *UCLA Law Review*, núm. 47/2000 y BABER, C.L., "Alternative Dispute Resolution in the United States District Court for the Northern District of Oklahoma", *Tulsa Law Journa*l, vol. 36/2001.

6 Lo atestiguan, AAVV (Ed. FRIED SCHNITMAN, D.), *Nuevos paradigmas en la resolución de conflictos. Perspectivas y prácticas,* Granica, Barcelona, 2000, p. 162 y SCHIFFRIN, A., "La mediación aspectos generales", AAVV (Coor. GOTTHEIL, J., SCHIFFRIN, A.), *Mediación: una transformación en la cultura,* Paidós, Buenos Aires 1996, p. 39. En el mismo sentido, en España, SASTRE IBARRECHE, R., "Técnicas e instancias mediadoras en la resolución de los conflictos de trabajo", *Revista General de Derecho del Trabajo y de la Seguridad Social,* núm. 11/2006 y MARTÍN NÁJERA, M.T., "La mediación intrajudicial", *Cuadernos de Derecho Judicial,* vol. 5/2005.

7 Habiendo surgido servicios u oficinas de "Complementary Dispute Resolution". Por ejemplo, en New Yersey: https://www.aboutrsi.org/library/new-jersey-office-of-complementary-dispute-resolution. Como apuntaremos, más adelante, ya la configuración del multidoor court-house de FRANK SAENDER bebía de esta idea. En su ponencia originaria presentada en la famosa Conferencia Pound ("Varieties of Dispute Processing") y en posteriores trabajos (por ejemplo, SANDER, F.E.A. "Alternative methods of dispute resolution: an overview", AAVV (Ed. FREEMAN, M.), *Alternative Dispute Resolution,* Sidney, Darmouth, 1995, p. 97), el propio profesor de Harvard postulaba que los Tribunales de Justicia debían convertirse en "Centros de Resolución de Conflictos", para ofrecer el mecanismo adecuado al conflicto jurídico determinado, marcando la complementariedad entre jurisdicción y técnicas extrajudiciales. En este sentido, en la actualidad, en España, CALAZA LÓPEZ, S., en el prólogo de AAVV (Dres. CALAZA LÓPEZ, S., ORDEÑANA GEZURAGA, I, SIGÜENZA LÓPEZ, J.), *De los ADR (Alternative Dispute Resolution) a los CDR (Complementary Dispute Resolution) en la jurisdicción civil,* Tirant lo Blanch, Valencia, 2023.

8 Si la libertad es el alfa y omega de todos los mecanismos ADR (de especial importancia en el arbitraje, en cuanto mecanismo heterónomo), nada más contrario a

es indudable -como incidiremos, sin solución de continuidad- que los mecanismos extrajudiciales son fórmulas complementarias a la jurisdicción o Poder Judicial, a la que vienen a mejorar, para ofrecer un mejor servicio de justicia a la ciudadanía, en un sistema de justicia integrado por el Poder Judicial y por los mecanismos extrajurisdiccionales. Ahondaremos en este "sistema de justicia", en próximas líneas, en este apartado, quede clara nuestra preferencia por el término "Medios Complementarios de Solución de Conflictos" (con su acrónimo, MCSC), para referirnos a las ADR, sin desmerecer -en absoluto- este último, que es el genuino y mundialmente conocido, presuponiendo siempre que, en un Estado de Derecho[9], todo mecanismo extrajudicial es complementario de la vía judicial, cuyo auxilio y control requiere, para ser eficaz.

III. EL DEBATE JURÍDICO-PROCESAL DE SIEMPRE ACTUALIZADO: ¿CÓMO OBTENER UNA JUSTICIA MÁS EFICIENTE?

1. *La discusión imperecedera*

La reflexión sobre los mecanismos ADR -ahora mal llamados MASC-, en el contexto global, social y digital, debe ir precedido obligatoriamente por la alusión a su razón de ser: los y las procesalistas llevamos años hablando y escribiendo sobre cómo mejorar la justicia en España, concibiendo ésta exclusivamente como la actividad y, consiguiente resultado, del Poder Judicial. Polarizando las posiciones, dos son las posturas principales, al respecto: (1) la de los que apuestan por los mecanismos extrajudiciales, desjudicializando -en los términos que expondremos, con matizaciones muy importantes- la resolución de los conflictos jurídicos[10] y (2) la de los que mantienen que se han de destinar más recursos materiales y personales a

---

los mismos, que su imposición. En este sentido, en relación al arbitraje, pero con aplicación general a todos los mecanismos ADR, ORDEÑANA GEZURAGA, I., "La desnaturalización del arbitraje o sobre el arbitraje obligatorio en el ordenamiento jurídico español: con referencia expresa al arbitraje laboral", AAVV (Ed. BARONA VILAR, S.), *Psicoanálisis del arbitraje: solución o problema en el actual paradigma de justicia*, Tirant lo blanch, Valencia, 2020, pp. 107-133.

9 Obviamente, España lo es (art. 1 CE).

10 Entre otros, ya hace más de dos décadas, vehemente, RAMOS MÉNDEZ, F., "Medidas alternativas a la resolución de conflictos por vía judicial en el ámbito civil patrimonial", *Justicia: revista de derecho procesal*, núm. 4/1994

la jurisdicción, renegando, al tiempo, de la introducción y/o reforzamiento de las técnicas ADR, en nuestro ordenamiento jurídico[11]. Sobra decir que nosotros somos de la segunda postura, atendiendo a la relación Poder Judicial-técnicas extrajudiciales y a las bondades de estas últimas, entre otras, las que se quieren poner de relieve -aunque sea sucintamente-, en este estudio: las referentes a su globalidad y localidad y a su adaptabilidad al contexto social y a la digitalización.

2. Nueva formulación del debate y sobre por qué no se debe medir la eficiencia de la justicia

Actualmente, en el marco del PJ 2030, la mejora de la justicia -entendida, repetimos, como la actividad y resultado exclusivamente jurisdiccional-, y el debate correspondiente (¿cómo conseguirlo?) se anuda con la eficiencia. Llamativamente, se ha superado el anhelo y obligación de la tutela judicial "efectiva", que se centra en la satisfacción de los derechos del justiciable o la justiciable que acude a los tribunales[12], y se refuerza la "eficiencia"

---

11 Entre muchos otros, hace mucho tiempo, con la misma vehemencia, RAMOS MÉNDEZ, F., "La eficacia del proceso", *Justicia: revista de derecho procesal* núm. 2/1982.

12 Constitucionalizada en el art. 24 CE, que ordena el derecho a la tutela judicial efectiva, entendemos por acción o derecho de acción, el conjunto de derechos que se reconoce a la ciudadanía frente o ante la jurisdicción. Como apunta la jurisprudencia del TC, "la primera nota del derecho a la tutela judicial consiste en la libre facultad que tiene el demandante para incoar el proceso y someter al demandado a los efectos del mismo" (literal, STC 65/1985, de 23 de mayo). Así, este derecho es el *prius* lógico para poder ejercer el resto de los que integran la acción. Lo apuntan, enfatizando su carácter esencial para la eficacia del derecho de acción: STC 19/1981, de 8 de junio, STC 111/2000, de 5 de mayo y STC 11/2001, de 29 de enero. Son parte de este derecho, igualmente, la prohibición de la indefensión, el derecho a una resolución, el derecho a la ejecución de la misma, el derecho a los recursos y el derecho a la tutela cautelar. La acción requiere, a mayor abundancia, que en todo caso se respeten la ley y las garantías que ésta reconoce a las partes del proceso. Reconoce otras garantías para la ciudadanía, en el ámbito jurisdiccional, la propia CE en su art. 24.2: el derecho al juez ordinario predeterminado por la ley, el derecho a la defensa y asistencia de letrado, el derecho de los justiciables a ser informados de la acusación formulada contra ellos, el derecho a un proceso público sin dilaciones indebidas y con todas las garantías, el derecho a utilizar los medios de prueba pertinentes para su defensa, el derecho a no declarar contra sí mismo y a no confesarse culpable y el derecho a la presunción de inocencia. La mayoría de estos se prevén para el proceso penal, mostrando el

de la justicia, entendida ésta como prestación social (el servicio público de justicia), que sufragamos toda la ciudadanía y que se audita, reparando en los resultados concretos, a partir de su coste[13]. Luego, ahora, preguntarse por la mejora de la justicia, supone cuestionarse cómo obtener un servicio público de justicia más eficiente. Vaya, por adelantado, que no compartimos el planteamiento, por dos razones principales. Por un lado, porque el concepto de "eficiencia", parámetro típico de la empresa, es relativo, y por otro, porque, compartiendo la configuración de la justicia como servicio público[14], creemos que su mera existencia ya es un valor incalculable, por lo que aporta al bien común, a la paz social y orden público, sin que sea

---

legislador una protección especial de los ciudadanos que concurren en el mismo. Los tratamos con profusión, ORDEÑANA GEZURAGA, I., *El Estatuto jurídico de la víctima en el Derecho jurisdiccional penal español*, Instituto Vasco de Administración Pública, Oñati 2014, pp. 39-60.

13 Repárese que las tres leyes principales que prevé el PJ 2030 son relativas a la *eficiencia* organizativa, *eficiencia* procesal y *eficiencia* digital

14 Ya el pacto de Estado para la Justicia, suscrito el 28 de mayo de 2001 por el PSOE y el PP configuraba la justicia como «un servicio público capital», sin olvidar la dimensión de Poder de la justicia, pero haciendo hincapié en su carácter instrumental. Lo enfatiza, SÁNCHEZ MORÓN, M., «El pacto de Estado para la reforma de la justicia», *Justicia administrativa: Revista de derecho administrativo*, núm. 13/2001. Justificaba, antes, CANALES ALIENDE, J.M., «El servicio público de la justicia: actualidad y perspectivas», *Política y sociedad*, núm. 20/1995, la utilización de la nueva configuración por tres razones: (1) por entender que la problemática de la justicia no es algo aislado, debiendo incluirse en el contexto más amplio de la modernización del Estado y de sus instituciones, «lo que implica una mejor calidad en las prestaciones y servicios públicos»; (2) porque es común identificar la justicia, personalizándola y patrimonializándola, con uno de sus actores (los jueces y las juezas), que, aunque importante, no es el único («con el injusto olvido de muchos otros actores intervinientes en el proceso»), y (3) porque el poder judicial y la justicia no es un fin en sí mismo, sino un medio, resultando, en última instancia, su justificación y finalidad, «como la de cualquier otro servicio público, la satisfacción de las demandas de los ciudadanos». En contra de su consideración como servicio público, OLIVEROS ROSELLO, M.J., «Sobre el "servicio público de justicia"», *Diario La Ley*, núm. 9888/2021. La autora postula «el carácter de mito» que tiene la denominación de servicio público «de difícil entendimiento pues confronta un eslogan político-social revestido de un alto grado de idealización, e instrumentación (…) que es marchamo de una lucha cronológica entre dos cabezas del poder, el ejecutivo y el judicial». A su juicio, «el servicio público no es una categoría dominante y menos la noción clave en torno a la que construir la Justicia». Antes, con argumentación parecida y poniendo al Poder Judicial en el centro del sistema judicial, FAIRÉN GUILLÉN, V., «"La justicia no es un servicio público": examen provisional del proyecto de reforma procesal. (En situación

tan trascendental cuantificar la cantidad de ocasiones en las que hacen uso de la misma los ciudadanos y las ciudadanas[15]. Consideramos que, igual que valoramos unos buenos servicios sanitarios públicos -con el coste consiguiente- y queremos utilizarlos lo menos posible[16], requerimos un servicio público adecuado de justicia para quien lo requiera y que el resto de los y las justiciables tengamos la tranquilidad de su existencia, para el caso de que lo necesitemos. No en vano, este servicio de justicia es la fuente suprema de la seguridad jurídica que persigue todo ordenamiento jurídico.

IV. EL SISTEMA DE JUSTICIA ADECUADO (QUE NO EFICIENTE) DEL SIGLO XXI

1.El matrimonio perfecto Poder Judicial-MCSC.

Frente a todas las fortalezas que presenta la vía jurisdiccional, en cuanto sistema de resolución de conflictos, aparecen sus debilidades. Fueron sus taras, precisamente, las que hicieron surgir modernamente, en EEUU, el movimiento global y globalizante *Alternative Dispute Resolution* (ADR)[17]. En el contexto ideológico-práctico autodenominado *Critical Legal Studies* de la Universidad de Harvard, que reivindicó la vuelta al realismo jurídico,[18] se

---

parlamentaria de "enmiendas"), *Anales de la Real Academia de jurisprudencia y legislación,* núm. 39/2009.

15 En nuestro apoyo, aludiendo a «la contribución preventiva del sistema de justicia», DOMÍNGUEZ MARTÍNEZ, J.M., RUEDA LÓPEZ, N., «¿Cómo debe medirse la producción del servicio de justicia?», *eXtoikos,* núm. 12/2013.

16 Sin perjuicio de que, con ello, no se amortice el gasto realizado por el Estado.

17 Dos factores principales explican la cuna de este movimiento o ideología: (1) la Federación de Estados norteamericana es la sociedad más conflictiva del mundo, en la que la jurisdicción nunca ha sido el sistema de resolución de conflictos más utilizado; y (2) esta doctrina, aunque bebe de la práctica de grupos religiosos y étnicos de inmigrantes, también se alimenta de su propia tradición comercial y laboral. Incidimos en estos elementos, ORDEÑANA GEZURAGA, I., *La conciliación y la mediación en cuanto instrumentos extrajurisdiccionales para solventar el conflicto laboral,* Comares, Granada 2009, pp. 79-89.

18 Postulando la inserción de la realidad social en el Derecho, vinculando a éste, esencialmente, el conflicto jurídico y su solución. Advertidos los óbices de la jurisdicción, con carácter antiformalista y socialmente crítico, proclamaron la necesidad de reforzar los mecanismos extrajurisdiccionales para la resolución de conflictos jurídicos. Contextualizamos el movimiento ADR, ORDEÑANA GEZU-

celebró, en mayo de 1976, con ocasión del septuagésimo aniversario del discurso pronunciado por Roscoe Pound, la famosa Conferencia Pound. Representantes de los diversos estamentos jurídicos -jueces incluidos- abordaron las causas de la insatisfacción popular con la Administración de Justicia (*The causes of popular dissatisfaction with the Administration of Justice*), mostrando todas las debilidades del sistema jurisdiccional: las consecuencias del principio de dualidad de posiciones y la naturaleza adversativa; el colapso; lentitud; su carestía; tecnicismo;... especialmente, se destacaron su ineficacia e incapacidad intrínseca para garantizar a la ciudadanía el acceso a la justicia[19]. Luego, quedaron patentes los males endémicos de la jurisdicción, aquéllos derivados de su propia configuración y concepción que, en aquel momento, ya se delataban y que todavía existen. Y, fue entonces y allí, donde de forma solemne y organizada, por primera vez, juristas del entorno y seno de la Administración de Justicia apuntaron la necesidad de crear y utilizar técnicas privadas o extrajudiciales de resolución de conflictos[20], foráneas a la jurisdicción, basadas en la autonomía de la voluntad de las partes (*consensus decisión making*)[21], que funcionen siguiendo reglas flexibles e informales, que garanticen a toda la ciudadanía el acceso a la justicia, superando los defectos de la jurisdicción y solventando los conflictos con beneficios para ambas partes (*win-win*)[22]. Quede claro que, en este acto concreto y en el marco del movimiento ADR, nunca se cuestionó la indispensabilidad de la jurisdicción. Más precisamente, se planteó la necesidad de diversificar los procedimientos de resolución de conflictos, reservando el ejercicio de la función jurisdiccional -y sus recursos limitados- para los conflictos en los que su intervención no fuera ineficaz. Se entendía esta salida como pieza, al tiempo, para mejorar la propia jurisdicción.

Pero si este primer elemento -su contexto (*el Critical Legal Studies*) y el evento concreto (la famosa Conferencia Pound)-, resultaron un hito en el

---

RAGA, I., *Análisis crítico del arbitraje laboral y su entorno en el ordenamiento jurídico español*, *op.cit.*, pp. 22-29.

19 Reúnen sus actas, AAVV (Ed. LEVIN-WHELLER), *The Pound Conference: Perspectives of Justice in future*, Minnesota, Saint Paul 1979 y SANDER, FRANK E.A., *Conference on causes of popular dissatisfaction with the Administration of Justice*, Washington, National Center for State Courts, 1976.

20 Se utilizan, en sentido similar, otras denominaciones: medios, mecanismos, instancias, formas, métodos, instrumentos, procedimientos o vías.

21 La libertad, como alfa y omega de las técnicas extrajurisdiccionales, a la que nos referíamos líneas atrás.

22 Configuración originaria de las técnicas ADR, como apuntábamos.

desarrollo de nuestra disciplina, mayor importancia aún adquiere la evolución de los mecanismos privados de resolución en EEUU. Tenemos que referirnos, así, a lo que en aquélla Federación se denomina *Court-annexed* o *related ADR* y que no es otra cosa más que la utilización de los mecanismos privados en el ámbito jurisdiccional para hacer mejor justicia. Estamos ante una construcción que ya se presentó en la mentada Conferencia Pound y que teorizó el profesor SANDER de la Facultad de Derecho de Harvard, con el que tuvimos ocasión de trabajar. Se refirió, concretamente, al tribunal multipuertas (*multidoor court-house*), integrado por una pluralidad de mecanismos de resolución (puertas) -la propia jurisdicción y los mecanismos ADR-, en el que, cuando el justiciable presenta su conflicto, un funcionario le aconseja sobre el mecanismo más adecuado para su resolución, pudiendo aquél elegir el que más le convenga en el caso, circunstancias y necesidades concretas[23]. En la senda de la implementación de esta cimentación -para nosotros totalmente inspiradora[24]-, en la actualidad, en EEUU, es habitual, en el entorno jurisdiccional, el empleo de técnicas ADR, bien porque lo pactan las propias partes, en ejercicio de su autonomía de la voluntad (*private contract o contractual ADR*), bien porque así lo impone una disposición del parlamento o del gobierno (*legislative or administrative mandated or imposed ADR*)[25], o, incluso, porque la ordena un juez (*court ordered ADR*). Obviamente, en los dos últimos supuestos, en cuanto la libertad es el alfa y omega de todo mecanismo extrajudicial, es obligatorio el intento de acuerdo, no su consecución. En este escenario, definitivamente, los denominados mecanismos *alternativos* de resolución de conflictos, han dejado de ser alternativos, para convertirse en *complementarios* de la jurisdicción.

Bebiendo de esta inspiración, levantamos, la que, a nuestro juicio, es la última fase en la evolución de nuestra disciplina: el *Derecho jurisdiccional diversificado*. Englobamos en esta rama del Derecho todos los mecanismos,

---

23 Defendió la idea el mentado profesor en su ponencia en la Conferencia Pound ("Varieties of Dispute Processing") y la describe SANDER, FRANK E.A., "Alternative methods of dispute resolution: an overview", *op.cit.*, p. 97. Confesó el propio autor, en otra obra, GOLBERG, S.B., GREEN, E.D., SANDER, F.E.A., *Dispute Resolution*, Little, Brown and Company, Boston 1985, p. 515, que este "multidoor courthouse" es una idea fácil de describir, pero difícil de implementar.

24 En ella basamos lo que denominamos *Derecho jurisdiccional diversificado*.

25 Marcó un hitó la Ley de reforma de la Justicia Civil, otorgada por el Congreso Norteamericano en 1990, instando a todos los Juzgados Federales de Distrito a que diseñaran e implementaran mecanismos extrajurisdiccionales en combinación con la función jurisdiccional.

técnicas o procedimientos que ofrece el Estado para resolver los conflictos jurídicos -para hacer justicia, en definitiva, garantizado el orden público, la paz social y el bien común-: la jurisdicción y las técnicas tradicionalmente llamadas alternativas[26]. Se ha de reconocer a los justiciables o partes en conflicto la libertad para elegir el mecanismo que más les convenga en el supuesto en el que se ven envueltos[27]; incluso, en el ámbito de las técnicas extrajudiciales, y conforme a la flexibilidad que les caracteriza, la posibilidad de configurar el mecanismo que más les convenga en el caso concreto, siempre que se guarden unas garantías mínimas[28]. La garantía más importante del sistema estatal de resolución de conflictos (del servicio público justicia, que es uno, sin perjuicio de que se utilice un mecanismo ADR o la propia jurisdicción) es la propia jurisdicción o Poder Judicial que, además de actuar como elemento auxiliador de las técnicas privadas, controla su desarrollo. Y sólo desde la centralidad de la jurisdicción y de sus funciones de auxilio y control, se puede entender el Derecho jurisdiccional diversificado, configurándolo como la forma adecuada (eficiente y eficaz, si se quiere) de resolución de conflictos, en un Estado moderno y desarrollado en el que la libertad de las partes (valor supremo de nuestro ordenamiento jurídico) determina el mecanismo de resolución concreto, garantizando la justicia (también valor supremo de nuestro ordenamiento jurídico). Obviamente, en este esquema, jurisdicción y mecanismos extrajurisdiccionales se configuran como instrumentos complementarios y no excluyentes en el marco del sistema estatal de resolución de conflictos.

---

26 Previamente, en sentido similar, ha hablado del "Derecho de los medios de tutela del ciudadano", BARONA VILAR, S., "De cómo la incorporación de las ADR convierte el derecho procesal en derecho de los medios de tutela del ciudadano", AAVV (Coor. GÓMEZ COLOMER, J.L., BARONA VILAR, S., CALDERÓN CUADRADO, P.), *El Derecho procesal español del siglo XX a golpe de tango,* Tirant lo Blanch, Valencia, 2012, p. 219.

27 Siempre que se base en el empleo exclusivo de la razón en cuento método, quedando, en el marco del Estado social y democrático de Derecho, que consagra la CE, prohibido el uso de la fuerza (arts. 455 y 172 Ley Orgánica 10/1995, de 23 de noviembre, del Código Penal), al efecto. Por ello, se utiliza la expresión "medios pacíficos de resolución de conflictos". Argumenta que el uso de la fuerza, como método de resolución, destruye el Estado de Derecho, RAMOS MÉNDEZ, F., "La quiebra de la justicia", *Justicia: revista de derecho procesal,* núm. 1/1982.

28 A nuestro juicio, insistimos, vetadas las vías irracionales e incivilizadas para solventar las discrepancias, el Estado debe ofrecer a la ciudadanía formas o métodos pacíficos, además de la jurisdicción, para ello; cuantos más, mejor. Es la fórmula para contribuir a evitar la excesiva judicialización que se da hoy en día y que convierte en ineficaz la función jurisdiccional.

Del mismo modo, aunque hablamos de la eficiencia o eficacia del sistema, no utilizamos el término específicamente en términos económicos (como en el PJ 2030); más allá, queremos, con ello, apuntar que el Estado ofrece al justiciable el mecanismo adecuado para solventar su conflicto jurídico, aquél que, a consideración del ciudadano o ciudadana afectado, mejor responde a sus necesidades. De ahí que preferenciemos el uso del término "sistema de justicia adecuado" al de "sistema de justicia eficiente".

Totalmente vinculado a la libertad de las partes para elegir el mecanismo de resolución de su conflicto jurídico, y a la necesidad de que éste satisfaga a los justiciables, conocidas las virtudes y taras de la jurisdicción, no podemos omitir que, aquéllas que han sido consideradas las fortalezas de los mecanismos extrajurisdiccionales (su concepción privatista e individualista basada en el consenso; flexibilidad en la estructuración y desarrollo; confidencialidad; rapidez; bajo coste;...), también se han predicado como sus inconvenientes.[29] Luego, en el caso concreto, han de ser los justiciables afectados los que, valorando sus ventajas e inconvenientes, elijan el método para obtener justicia.

2. ¿Es adecuado imponer una técnica extrajudicial como requisito de procedibilidad para acudir a la jurisdicción?

En este contexto, nuestra configuración del sistema de justicia estudiado por el Derecho jurisdiccional diversificado, en el que consideramos la libertad el alfa y omega de todo mecanismo extrajudicial, se encuentra con que el PLEPSPJ recoge una alteración novedosa de la estructuración del proceso civil: prevé, en cuanto condición para su inicio, la obligatoriedad

---

[29] Entre todas las debilidades que se les achaca, podemos señalar las siguientes: que asentándose en una concepción privatista e individualista del conflicto jurídico, no protegen el interés social; que no contribuyen al desarrollo del Derecho; que sus resultados no son consistentes; que no buscan la verdad material; que no sirven para solventar toda clase de conflictos (en los indisponibles es imprescindible la jurisdicción); que no existen criterios para conocer en qué casos acudir a los mecanismos extrajurisdiccionales y en cuáles a la jurisdicción; que no protegen la igualdad de las partes; que posibilitan la impartición de justicia sin ley y garantías; la falta de imparcialidad y neutralidad del tercero; su alta formalización e institucionalización; la falta de coordinación entre las distintas técnicas extrajudiciales,...Profundizamos en todas ellas y en otras, con soporte doctrinal, ORDEÑANA GEZURAGA, I., *Análisis crítico del arbitraje laboral y su entorno en el ordenamiento jurídico español, op.cit.*, pp. 64 y ss.

de acudir a un MASC para que se pueda admitir la demanda del juicio civil. Conviene aclarar que la nueva propuesta de regulación[30] fija este requisito como norma general, previendo, al tiempo, excepciones. Así, no se requiere en los siguientes supuestos: tutela judicial civil de derechos fundamentales; las medidas civiles que se pueden adoptar para proteger a menores (art. 158 Real Decreto de 24 de julio de 1889 por el que se publica el Código Civil); la solicitud de autorización para el internamiento forzoso por razón de trastorno psíquico (art. 763 Ley 1/2000, de 7 de enero, de Enjuiciamiento Civil -en adelante, LEC-); la tutela sumaria de la tenencia o de la posesión de una cosa o derecho por quien haya sido despojado de ellas o perturbado en su disfrute; la pretensión consistente en que el tribunal resuelva, con carácter sumario, la demolición o derribo de obra, edificio, árbol, columna o cualquier otro objeto análogo en estado de ruina y que amenace causar daños a quien demanda; ingreso de menores, con problemas de conducta, en centros de protección específicos, de entrada en domicilios y restantes lugares para la ejecución forzosa de medidas de protección de menores o de restitución o retorno de menores en los supuestos de sustracción internacional y, por último, para la iniciación de expedientes de jurisdicción voluntaria (arts. 4.2 y 3).

En este contexto, vamos a fijarnos, en primer lugar, en la normativa prevista, al efecto, por el legislador, para terminar con una valoración subjetiva de la misma.

Sirven para cumplir este requisito o presupuesto procesal[31] todos los MASC reconocidos por la ley, tanto el PLMEPSPJ, como cualquier ley sectorial. Discrepando con el legislador, consideramos *lege ferenda* que sirve cualquier (mal llamado) MASC que *actúe* conforme a ley, pudiendo las partes configurar -por qué no decirlo, inventar- el mecanismo concreto[32]. En todo caso, debe existir identidad entre el objeto de la negociación en la técnica extrajudicial y el objeto del litigio "aun cuando las pretensiones que pudieran ejercitarse, en su caso, en vía judicial sobre dicho objeto pu-

---

30 Recuérdese que el PLEPSPJ es un mero proyecto, cuyo futuro, al día de la fecha, se desconoce.

31 Término utilizado, por la doctrina, en el entender de que es una circunstancia que debe concurrir para la eficacia de un acto posterior: la admisión de la demanda. Por todos, BANACLOCHE PALAO, J., "Las reformas en el proceso civil previstas en el Anteproyecto de Ley de Medidas de Eficiencia Procesal: ¿una vuelta al pasado?", *Diario la Ley*, núm. 9814/2021.

32 En un elemento claro de nuestra configuración del sistema de justicia, estudiado por el Derecho jurisdiccional diversificado.

dieran variar" (art. 4.1 PLMEPSPJ). Sin negar lo complicado de esta redacción, por intentar trasladar la terminología propiamente jurisdiccional al ámbito extrajurisdiccional de los MASC[33], debemos interpretar que los hechos objeto del conflicto jurídico deben ser iguales en el mecanismo extrajudicial y en el posterior pleito civil, pudiendo, *sensu contrario*, modificarse los fundamentos jurídicos o consecuencias que se derivan de los mismos[34].

Se puede acudir a las técnicas extrajudiciales llamadas a cumplir el requisito de procedibilidad, a instancia de una de las partes o de las dos de común acuerdo. Una vez iniciado el proceso civil también se podrá acudir a un MASC -aunque ya no cumplirá el requisito que nos ocupa- por derivación de un/a juez/a o letrado/a Administración de Justicia, siempre, con consenso, al respecto, de ambas partes, pues lo contrario, a día de hoy, vulneraría el derecho a la tutela judicial efectiva (art. 24 CE).

El legislador prevé el supuesto de que ambas partes estén de acuerdo en acudir a un MASC, pero no a cuál: "se empleará aquel que se haya propuesto antes temporalmente"[35] (art. 4.4 II PLMEPSPJ).

Al mismo tiempo, y muestra de la relación jurisdicción-mecanismos extrajudiciales, en el nuevo sistema estatal de resolución de conflictos jurídicos, se prevé que la solicitud de una de las partes a la otra para iniciar una técnica ADR interrumpe la prescripción o suspende la caducidad de las acciones judiciales desde la fecha en la que conste el intento de comunicación de dicha solicitud a la parte requerida en el domicilio personal o lugar de trabajo que le conste al solicitante, o bien a través del medio de comunicación electrónico empleado por las partes en sus relaciones previas. La interrupción o suspensión se extiende hasta la fecha de la firma del acuerdo o, en su caso, hasta que se termine la negociación sin aquél. Se dispone, asimismo, el reinicio o reanudación de los plazos de prescripción o caducidad en el plazo de 30 días naturales, a contar desde la recepción

---

33 Así, CASTILLEJO MANZANARES, R., "Los métodos adecuados de solución de conflictos según el Anteproyecto de Eficacia Procesal", AAVV (Dras. CASTILLEJO MANZANARES, R., RODRÍGUEZ ÁLVAREZ, A., Coors. ALONSO SALGADO, C., VALIÑO CES, A.), *Debates jurídicos de Actualidad*, Thomson Reuters Aranzadi, Cizur Menor 2021, p. 359.

34 En nuestro apoyo, MARTIN DIZ, F., "Mediación y sistema de justicia: a propósito de las reformas legislativas para la eficiencia procesal de la administración de justicia y la incorporación de los denominados «medios adecuados de solución de controversias»", *La Ley. Mediación y Arbitraje*, núm. 12/2022.

35 Luego, se opta por el criterio de *prior in tempore*.

de la propuesta por la parte requerida, si no se mantiene la primera reunión dirigida a alcanzar un acuerdo o no se obtiene respuesta por escrito (art. 6.1 PLMEPSPJ).

Se prevé, igualmente, el tiempo para instar la demanda civil pertinente en caso de fracaso del MASC y cumplido el requisito de procedibilidad: el plazo de 1 año, que se cuenta desde la fecha de recepción de la propuesta por la parte requerida o, en su caso, desde la fecha de terminación del MASC sin acuerdo (art. 6.2.I PLMEPSPJ).

Se recoge una norma especial para el caso en el que al tiempo que se intenta un MASC se solicita tutela cautelar judicial[36]: se debe interponer la demanda civil ante el mismo órgano judicial al que se hubieran solicitado la tutela cautelar en los 20 días siguientes a la terminación de la técnica extrajudicial yerma o desde la fecha de recepción de la propuesta por la parte requerida en caso de que la propuesta inicial de acuerdo no obtenga respuesta (art. 6.2.II PLMEPSPJ).

Pero, ¿cuándo se dan por finalizadas, de forma estéril, las técnicas ADR? En busca de la seguridad jurídica, el legislador identifica tres casos (art. 9.4 PLMEPSPJ): (1) cuando transcurridos 30 días naturales desde la fecha de recepción de la propuesta, por la parte requerida, no se hubiera mantenido la primera reunión dirigida a la obtención de un acuerdo o no se hubiera obtenido respuesta por escrito, (2) cuando transcurran 3 meses desde la fecha de celebración de la primera reunión sin obtener acuerdo, sin perjuicio de que las partes pueden continuar, de mutuo acuerdo, negociando, por sí o con ayuda de un tercero neutral, más allá de dicho plazo y (3) cuando cualquiera de las partes se dirija a la otra, por escrito, dando por terminado el procedimiento negociador, "quedando constancia del intento de comunicación de ser esa su voluntad".

Ordena, asimismo, la nueva regulación la acreditación de uso de un MASC, que no fructifica en acuerdo, a los efectos de cumplimiento del requisito que nos ocupa, diferenciando, al respecto, la negociación pura del resto de técnicas extrajudiciales (art. 9 PLMEPSPJ). En ambos casos, se ha de recoger documentalmente, si bien en el primer caso -negociación pura, sin intervención de *third neutral*-, sirve cualquier documento, firmado por ambas partes, en el que quede constancia de la identidad de las mismas -señalando específicamente la parte/s que formuló/aron propuestas

---

36 Supuesto posible que viene a acreditar la función de auxilio del Poder Judicial respecto a los MASC.

iniciales-, la fecha y el objeto de la controversia. En el resto de técnicas extrajudiciales, el tercero que haya auxiliado a las partes en el procedimiento negociador, debe expedir, a petición de cualquiera de ellas, un documento en el que han de constar (1) la identidad del tercero, además de su cualificación, colegio profesional, institución a la que pertenece o registro en el que esté inscrito, (2) la identidad de las partes, (3) el objeto de la controversia, (4) la fecha de la reunión o reuniones mantenidas, y (5) la declaración solemne de que las dos partes han intervenido de buena fe en el procedimiento, para que surta efectos ante la autoridad judicial correspondiente.

Se dispone expresamente que, cuando la parte requerida no comparezca o rehúse a la invitación para acudir en el MASC, se tiene que apuntar la forma en la que se ha realizado la citación, la justificación de haber sido realizada y la fecha de recepción de la misma. Igualmente, se ha de consignar expresamente la inasistencia de la parte que instó la técnica extrajudicial.

Es importante remarcar que, en cuanto forma de reforzar los MASC como requisito de procedibilidad, se dispone que cuando resultan ineficaces, los tribunales deben tener en cuenta "la colaboración de las partes respecto a la solución amistosa y el eventual abuso del servicio público de justicia" cuando deciden sobre las costas (art. 6.3).

Terminamos la exposición de la normativa referente a las técnicas extrajudiciales como requisito de procedibilidad, apuntando que, fracasadas aquéllas, en la demanda civil posterior se ha de hacer constar la descripción del procedimiento de negociación previo llevado a cabo[37], manifestando, al tiempo, los documentos que justifiquen que se ha acudido a aquél (art. 399.3 LEC). En coherencia, se modifica el art. 403.2 LEC, para justificar que no se admitirán las demandas si no se cumple lo preceptuado en el art. 399.3 LEC.

¿Cómo valoramos la normativa existente? Acorde con nuestra formulación del Derecho jurisdiccional diversificado que regula el sistema estatal de resolución de conflictos, explicada líneas atrás, aplaudimos la iniciativa legislativa, leyéndola como una verdadera opción por las técnicas ADR, en cuanto instrumento de mejora de la jurisdicción que al tiempo legitima socialmente y dota de eficacia y sostenibilidad al servicio público de justicia. En defensa de nuestra postura es necesario remarcar

---

[37] Es decir, el MASC concreto.

dos elementos. Por una parte, que no se obliga a los justiciables a obtener un acuerdo, si no a intentarlo. Luego, se coarta la libertad (alfa y omega de todo mecanismo extrajudicial) solo en parte, justificado por el interés común de extender la cultura de la solución extrajudicial de los conflictos y todas sus bondades en nuestro ordenamiento jurídico. Totalmente anudado, es importante abogar por el uso adecuado de las técnicas extrajudiciales, si realmente queremos que cumplan su función. Al respecto, es crucial la "buena fe" que requiere el diálogo de las partes, en todo el desarrollo de los MASC para que -como apunta la Exposición de Motivos del PLMEPSPJ- "no se degraden ni transformen en meros requisitos burocráticos".

Frente a nuestro optimismo, percibimos una corriente contraria a emplear las técnicas extrajudiciales como "puerta de entrada a la vía judicial". Son abundantes los argumentos que se esgrimen, al efecto. Se recuerda, así, la historia procesal española, destacándose, especialmente, que la LEC de 1881 exigía una conciliación previa ante el propio órgano judicial que terminó convirtiéndose en facultativa, por sus "resultados poco satisfactorios"[38]. Se señala, además, la falta de cultura transaccional que caracteriza nuestro ordenamiento[39]. Se alude, asimismo, a la infracción o debilitamiento al derecho a la tutela judicial efectiva, en cuanto supone un retraso en el acceso a los tribunales, convirtiéndose, en muchas ocasiones, en un mero trámite burocrático[40]. Hay quien, incluso, apela al coste de las técnicas extrajudiciales, en cuanto los y las justiciables, conforme a la nueva regulación, deben abonar los horarios del tercero neutral y, en su caso, de sus letrados o letradas[41].

---

38 Lo destaca, BANACLOCHE PALAO, J., "Las reformas en el proceso civil previstas en el Anteproyecto de Ley de Medidas de Eficiencia Procesal: ¿una vuelta al pasado?", *op.cit.* Incide en ello, también, FERNÁNDEZ PÉREZ, A., "Los métodos alternativos de resolución del litigio como requisito de Procedibilidad", *La Ley. Mediación y Arbitraje*, núm. 10/2022.

39 Muy crítico, en este sentido, BUENDÍA CÁNOVAS, A., "Los MASC: la última ocurrencia del legislador para desatascar la Administración de Justicia", *Economist & Jurist*, 8 marzo 2021.

40 Contundente, al respecto, en relación a la mediación, pero con postulados aplicables a cualquier MASC, MARTÍN DIZ, F., «Nuevos escenarios para impulsar la mediación en derecho privado: ¿conviene que sea obligatoria?», *Práctica de Tribunales: revista de derecho procesal civil y mercantil*, núm. 137/2019.

41 Por todos, BUENDÍA CÁNOVAS, A., "Los MASC: la última ocurrencia del legislador para desatascar la Administración de Justicia", *op.cit.*

V. SOBRE LAS BONDADES DE LOS MEDIOS COMPLEMENTARIOS DE SOLUCIÓN DE CONFLICTOS EN EL CONTEXTO GLOBAL, SOCIAL Y DIGITAL.

1. Las de siempre con especial vigilancia a la no pérdida de su esencia y con una gran condición o "línea roja".

Como hemos apuntado, las técnicas ADR, en su origen -como teoría, en general, y como práctica de cada uno de los mecanismos-, basadas en la autonomía de la voluntad de las partes (*consensus decision making*), se configuran para mejorar las debilidades de la implementación de la función jurisdiccional; funcionan, en coherencia, siguiendo reglas flexibles e informales, que garantizan a toda la ciudadanía el acceso a la justicia, solventando los conflictos jurídicos con beneficios para ambas partes (*win-win*)[42], de forma rápida, confidencial, creativa -adaptándose al caso y necesidades concretas- y pedagógica, al tiempo que enseñan a los y las justiciables a resolver sus conflictos -haciéndoles protagonistas del mecanismo utilizado[43], al efecto- y a evitar futuros. Todo ello, mediante un procedimiento, diseñado para llegar al acuerdo que solvente la disputa, que depende del consenso de las partes, quienes determinan, desde su lugar y tiempo de celebración, hasta la manera de desarrollarse. Aquéllas configuran, asimismo, el procedimiento y marcan su ritmo, contando con absoluta libertad para relatar su visión de los hechos, cuestionar las dudas que les asolan… luego, es un procedimiento marcado por la conveniencia y protagonismo de ambas partes, en el que se mina la publicidad en aras de la confidencialidad y en el que se confeccionan soluciones creativas, adecuadas al caso y circunstancias concretas, con las que nadie pierde del todo y ambas partes salen ganando. Del mismo modo, y en cuanto el resultado es fruto del

---

[42] Al respecto, se dice que solventan los conflictos de "manera productiva". Así, PRATT, S.J., JONES, R., CUPP. A., "Alternative Dispute Resolution as a means of addressing agricultural pollution", *Hamline Law Review*, vol. 20/1996. Se destaca especialmente la aportación de las técnicas ADR a garantizar el acceso a la justicia a toda la ciudadanía, en beneficio y con ventajas para ambas partes protagonistas del conflicto, con reducción de todo tipo de costes (económicos, psíquicos,…) y mejora en la calidad de las resoluciones, a la vez que contribuyen a poner fin al colapso de las sedes judiciales

[43] En este sentido, cambia el "*Alternative* Dispute Resolution" por el "*Active* Dispute Resolution", PICKER, B.G., "ADR. New challegenges, new roles and new oportunities", *Dispute Resolution Journal*, núm. febrero-abril 2021.

consenso de las partes, estamos ante acuerdos propios a cumplir, no ante imposiciones, por lo que las propias partes son corresponsables de las soluciones adoptadas. Se logra, de esta guisa, un mecanismo de resolución de conflictos que facilita el acceso a la justicia a toda la ciudadanía; que economiza, no solo dinero, sino también los costes emocionales y los tiempos de solución; que consigue el mantenimiento de las relaciones jurídicas entre los protagonistas del conflicto y que descubre las causas de éstos, posibilitando, así, su transformación en resultados positivos, al tiempo que prevé conflictos futuros[44]. Todo ello, con una finalidad pedagógica, persiguiendo el aprendizaje del sentido de la comunidad y la convivencia, y asimilando el respeto al adversario, a quien no se ha escogido como enemigo, logrando, por consiguiente, "desconflictivizar" la sociedad[45].

Todos los objetivos y virtudes de los mecanismos extrajudiciales se relacionan con la esencia de su método: estas técnicas se basan en el abandono del espíritu adversativo que guía la vía jurisdiccional y en la profundización de la cooperación entre las partes. Apartada la confrontación, el enfado y la revancha que, de ordinario, abanderan la solución jurisdiccional, se va a intentar mejorar los canales de comunicación y clarificar malentendidos entre las partes[46].

---

44 En este sentido, como señalan varios autores patrios -GONZÁLES-POSADA MARTÍNEZ, E., "La caracterización del conflicto colectivo de trabajo y los instrumentos para su solución", *Relaciones Laborales*, núm. 7/2000 y DUEÑAS HERRERO, L., "La autonomía colectiva y la solución extrajudicial de los conflictos laborales: su expresión en la negociación sectorial de Castilla y León", *Información Laboral (legislación y convenios colectivos)*, núm. 28/2000-, el ADR parte de una máxima basada en la idea de que, en la solución de un conflicto, resulta más operativo entender las causas que juzgarlas. Se repara, asimismo, en el hecho de que, en muchas ocasiones, el fallo judicial es motivo de conflictos posteriores y distintos de aquél por el que se acudió a sede judicial, lamentable efecto que pretenden evitar las técnicas extrajudiciales. En este sentido, en la doctrina, MARTÍNEZ DE MURGUÍA, B., *Mediación y resolución de conflictos. Una guía introductoria*, Paidós, Barcelona 1999, p. 43 y FLOYER ACLAND, A., "Simply negotiation with knobs on", *Legal Action*, núm. noviembre 1995.

45 En España, recogen excelentemente el espíritu didáctico del ADR, VINYAMATA CAMP, E., *Conflictología: teoría y práctica en la resolución de conflictos*, Marcial Pons, Barcelona 2001, p. 58 y BARONA VILAR, S., "ADR en materia de consumo en la Unión Europea", AAVV (Dr. LORCA NAVARRETE, A.M.), *Temas actuales de consumo: la resolución de conflictos en materia de consumo*, Instituto Vasco de Derecho Procesal, Donostia-San Sebastián, 2002, p. 66.

46 Para ello, los mecanismos extrajudiciales "sientan a las partes en la misma mesa". Dicen en inglés "ADR brings affeted parties "to the table"", EHRMAN,

Del mismo modo, la buena fe en el inicio y desarrollo de las técnicas extrajudiciales es esencial para que éstas no se desvirtúen[47]. Estamos ante una condición esencial si se quieren imponer como requisito de procedibilidad en un proceso judicial.

Por último, en cuanto mecanismos de resolución de conflictos, es decir, en su objetivo de asegurar justicia a la ciudadanía, están sometidas a la que consideramos "línea roja" en el sistema estatal de justicia: todo mecanismo extrajudicial de resolución de conflictos debe contar con el apoyo y control del Poder Judicial. O es así, o no es. No puede ser de otra forma en un Estado de Derecho como el nuestro.

2. La globalidad y la localidad de los mecanismos extrajudiciales

2.1. Presentación

La intervención de la que traen causa estas líneas, pretendía que el ponente disertara sobre los MASC en el contexto global. Al respecto, sin negar que los mecanismos extrajudiciales, en cuanto idea y realidad, son globales, y, por ende, sirven para solventar conflictos jurídicos, públicos y privados, -luego, no sólo entre Estados, sino, también, entre los habitantes de los mismos (personas físicas y jurídicas)-, destacó la importancia de las técnicas extrajudiciales en cada uno de aquéllos, y su respectivo ordenamiento jurídico, por su gran versatilidad o capacidad de adaptarse a las situaciones y necesidades determinadas, no sólo de las partes concretas en conflicto, si no de los territorios concretos. En este sentido, proclamamos el carácter local de las técnicas ADR. Desarrollamos ambas ideas sucintamente, en el escaso espacio que nos queda.

J.R., STINSON, B.L., "Human Health Impact assessmenet (HHIA): the link with Alternative Dispute Resoltuion", *Environmental Impact Assessmenet Review*, núm. 14/1994. En el mismo sentido, SIX, J.F., *Dinámica de la mediación*, Paidós, Barcelona, 1997, p. 12, describe las técnicas ADR como el paso de una cultura de confrontación a otra de comunicación.

47 Lo remarcaron, en sus orígenes, entre otros, HENRY, J.F., "Alternative Dispute Resolution for executive lawsuits", *The Corporate Board*, núm. enero-febrero 1996 y TARPEY, J., "ADR Forum: One step in a envolving process", *The Colorado Lawyer*, vol. 30/2001.

2.2. Movimiento global y globalizante.

Aunque, como decíamos, tradicionalmente, se ha considerado EEUU la cuna del ADR, no es menos cierto que, desde siempre, la negociación entre las partes en conflicto, en cuanto base para la solución pacífica (extrajudicial) de los conflictos jurídicos, con ayuda de un tercero neutral (*third neutral*) o sin ella, se ha utilizado en todos los países del mundo, en cuanto formula natural, al efecto[48]. Del mismo modo, es innegable que la corriente ADR, entendida como la teorización sobre la materia y la implementación práctica de los mecanismos extrajudiciales, es global y globalizante, extendiéndose a todo el planeta[49].

Sin perjuicio de ello, como apuntábamos, las características de los mecanismos extrajudiciales hacen que éstas sean, también, adecuadas para configurar "justicia a la carta" (siempre, con apoyo y control judicial) en conflictos jurídicos con elementos internacionales, bien públicos, bien privados. Los problemas o debilidades de la jurisdicción se agrandan cuando entran en juego dos ordenamientos jurídicos y sus respectivas Administraciones o ciudadanía. Ello hace que mecanismos extrajudiciales, como la mediación o el arbitraje, sean especialmente adecuados para solventar estas controversias, impregnando, en su solución, las bondades que emanan de su utilización[50].

---

48 En nuestro apoyo, TARUFFO, M., "La justicia civil: ¿Opción residual o alternativa posible?", AAVV (Ed. ANDRÉS IBÁÑEZ, P.), *Corrupción y Estado de Derecho. El papel de la Jurisdicción*, Trotta, Madrid 1996, p. 145.

49 Excelente, BARONA VILAR, S., *Solución extrajurisdiccional del conflicto: "Alternative dispute Resolution" (ADR y Derecho procesal), op.cit.*, p. 42.

50 Por todos, en relación a la mediación entre personas de distintos Estados, DUTREY GUANTES, Y., "Mediación y derecho internacional privado", AAVV (Dir. CHICO DE LA CÁMARA, P.), *Las medidas alternativas de resolución de conflictos (ADR) en las distintas esferas del ordenamiento jurídico*, Tirant lo Blanch, Valencia, 2018, pp. 197-214. Analiza la mediación aplicable, tanto a personas de distintos Estados, como a conflictos entre éstos, ANDRÉS SÁENZ DE SANTAMARÍA, P., "El auge de la mediación como procedimiento de arreglo: rasgos de una tendencia común al derecho internacional público y privado", AAVV (Ed. ÁLVAREZ GONZÁLEZ, S., ARENAS GARCÍA, R., DE MIGUEL ASENSIO, P.A., SÁNCHEZ LORENZO, S., STAMPA CASAS, G.), *Relaciones transfronterizas, globalización y derecho: Homenaje al prof. Dr. José Carlos Fernández Rozas*, Thomson-Reuters Civitas, Madrid, 2020, pp. 987-1004. Sobre el arbitraje, en conflictos entre Estados, COLLANTES GONZÁLEZ, J.L., "Arbitraje y derecho internacional público", AAVV, *El arbitraje en las distintas áreas del derecho*, Palestra-Estudio Mario Castillo Freyre, Lima, 2007, pp. 223-244. En su aplicación, también a personas (físicas y jurídicas) privadas,

2.3. La localidad de los mecanismos extrajudiciales o sobre su facultad de adaptación al conflicto jurídico concreto.

No es contradictorio con lo anterior, la defensa de la utilización de los mecanismos ADR en el ámbito local, en cuanto es indudable, que las relaciones jurídicas se configuran y desarrollan en entornos concretos y conforme a realidades determinadas colectivas (ámbitos rurales, industriales, marineros, más o menos homogéneos,...). De este modo, las técnicas extrajudiciales se adaptan a las necesidades de cada lugar y cada momento, expandiendo sus potencialidades, ya expuestas, a los casos concretos que las requieren. Es, por ello, que somos firmes defensores de que todas las técnicas, en aplicación a conflictos privados, como públicos, se organicen desde la cercanía. Al respecto, postulamos la importancia del rol de entes y Administraciones locales y cuerpos y servicios de cercanía relacionados (policía, trabajadores y trabajadoras sociales, escuelas,...)

Especial, aunque breve, mención conviene hacer a los juzgados de paz que, tradicionalmente, vienen desarrollando funciones conciliadoras, en el marco del entramado judicial y en ámbito local. La cercanía del juez o jueza del paz a los habitantes del municipio es considerada un factor esencial para ayudar a la composición pacífica del conflicto jurídico[51]. Es más, incluso, las futuras Oficinas de Justicia en los municipios, que vienen a sustituir a aquéllos, conforme a la propuesta del Proyecto de Ley de Eficiencia Organizativa del Servicio Público de Justicia, que desarrolla el PJ 2030, en materia de organización judicial, parecen querer potenciar el servicio relativo a la solución extrajudicial de conflictos. Lo hace, sin embargo, mediante una estructura administrativizada, plenamente desjudicializada, fatalmente ordenada, en la que no hay lugar para el juez o la jueza de paz[52].

OLAVO BAPTISTA, L., "Arbitraje internacional, público y privado", AAVV, *Liber amicorum en homenaje al profesor Dr. Didier Opertti Badán*, Fundación de cultura universitaria, Madrid, 2005, pp. 61-78.

51 Ahondamos en ello, ORDEÑANA GEZURAGA, I., "Propuesta de futuro para la justicia de paz en España", *Revista General de Derecho Procesal*, núm. 44/2018.

52 Un estudio completo sobre el tema, ORDEÑANA GEZURAGA, I., *La justicia de paz: nuevos tiempos, ¿nuevas (infra) estructuras?*, JM Bosch, Barcelona, 2023.

3. El carácter social de los mecanismos extrajudiciales

Social es el origen de los mecanismos ADR, en cuanto -como vimos en líneas precedentes-, surgieron y, solo así, se pueden entender y justificar, en la actualidad, para garantizar un mejor acceso a la justicia a la ciudadanía, superando las debilidades de la jurisdicción y respondiendo mejor que el Poder Judicial a sus necesidades, a partir del diálogo y la cooperación en la resolución del conflicto jurídico. Conviene destacar, al respecto, que se configuran, además, como técnicas empleables por todos los y las justiciables, sin perjuicio de su capacidad o potencial económico.

Este carácter social se ha de entender sin perjuicio, -por enésima vez- de que las técnicas extrajudiciales únicamente se pueden configurar y desarrollar en el marco jurisdiccional, con auxilio y control del Poder Judicial, último garante del valor social justicia que impregna nuestro ordenamiento jurídico (art. 1 CE).

No se puede olvidar, asimismo, que la eficiencia -que ahora se propugna como objetivo principal del sistema de justicia y que nosotros condenamos, como tal- es objetivo configurador de los mecanismos extrajurisdiccionales en esencia, que persiguen un *win-win*, de la forma más rápida y menos costosa para las partes, solventando los conflictos jurídicos de forma creativa y pedagógica, evitando futuros, al tiempo que se descongestiona la jurisdicción.

4. La digitalización de la justicia y de los mecanismos extrajudiciales

En estos tiempos que, en España, tanto se habla de la digitalización de la justicia, de la mano, principalmente, del Proyecto de Ley de Medidas de Eficiencia Digital del Servicio Público de Justicia, en desarrollo del mentado PJ 2030, conviene recordar que las potencialidades o bondades de los mecanismos extrajudiciales se potencian, mediante su uso digital. No es nuevo, al efecto, la formulación o evolución de los mecanismos ADR en el entorno digital, dando lugar a los *On Line Dispute Resolution* (ODR), denominando con ello, tanto a la posibilidad de solventar, mediante los mecanismos extrajudiciales, los conflictos surgidos en el tráfico jurídico *on line* -cada vez más frecuente-, como a la posibilidad de practicar *on line* cualquier técnica extrajudicial. En este segundo supuesto, se puede solventar todo tipo de conflicto jurídico, bien los acaecidos en el tráfico jurídico ordinario, bien los surgidos en operaciones jurídicas *on line*, rompiendo todos los límites espaciales[53].

---

[53] Así, como apuntábamos, en ORDEÑANA GEZURAGA, I., *Análisis crítico del arbitraje laboral y su entorno en el ordenamiento jurídico español*, *op.cit.*, p. 64, es posible que

VI. ÚLTIMA REFLEXIÓN DE CONJUNTO.

Conforme a lo apuntado, y en el marco de la discusión "MASC: to be or not to be?", nuestra postura es tajante y clara: to be! No entendemos el sistema de justicia del siglo XXI sin la aportación y complementariedad de los MCSC al Poder Judicial, integrando ambos el servicio público de justicia. Recordar, al efecto, únicamente, dos elementos esenciales: (1) las técnicas extrajudiciales se deben configurar y practicar a partir de la libertad de las partes -sin perjuicio de que, en estos momentos de la historia procesal española, justifiquemos su empleo como requisito de procedibilidad, en los términos expuestos- y conforme a la buena fe de las partes. Igualmente, (2) solo se pueden configurar e implementar con el auxilio y control del Poder judicial, verdadera "línea roja" en la materia.

VII. Bibliografía

AAVV (Ed. FRIED SCHNITMAN, D.), *Nuevos paradigmas en la resolución de conflictos. Perspectivas y prácticas,* Granica, Barcelona, 2000.

AAVV (Ed. LEVIN-WHELLER), *The Pound Conference: Perspectives of Justice in future,* Minnesota, Saint Paul 1979.

ANDRÉS SÁENZ DE SANTAMARÍA, P., "El auge de la mediación como procedimiento de arreglo: rasgos de una tendencia común al derecho internacional público y privado", AAVV (Ed. ÁLVAREZ GONZÁLEZ, S., ARENAS GARCÍA, R., DE MIGUEL ASENSIO, P.A., SÁNCHEZ LORENZO, S., STAMPA CASAS, G.), *Relaciones transfronterizas, globalización y derecho: Homenaje al prof. Dr. José Carlos Fernández Rozas,* Thomson-Reuters Civitas, Madrid, 2020.

BABER, C.L., "Alternative Dispute Resolution in the United States District Court for the Northern District of Oklahoma", *Tulsa Law Journa*l, vol. 36/2001.

BANACLOCHE PALAO, J., "Las reformas en el proceso civil previstas en el Anteproyecto de Ley de Medidas de Eficiencia Procesal: ¿una vuelta al pasado?", *Diario la Ley,* núm. 9814/2021.

---

una de las partes del conflicto este en Dallas, la otra en Singapur y el mediador en Madrid. Recogen ambas vertientes en la aplicación de los mecanismos extrajudiciales, ya hace más de dos décadas, KATSH, E., RIFKIN, J., *OnLine Dispute Resolution. Resolving conflicts in cyberspace,* Josey-Bass, San Francisco, 2001, p. 2, FRIEDMAN, G.H., "Alternative Dispute Resolution and emerging online technologies: challenges and opportunities",Hastings Commnications and Entertaiment Law Journal, vol. 19/1997, CONA, F.A., "Application of online Systems in Alternative Dispute Resolution", *Buffalo Law Review,* vol. 45/1997 y NEY, P.H., "The internet offers Alternative Dispute Resolution Options", *The Colorado Lawyer,* vol. 29/2000.

BARONA VILAR, S., *Solución extrajurisdiccional del conflicto: "Alternative dispute Resolution" (ADR y Derecho procesal),* Tirant lo Blanch, Valencia 1999.

BARONA VILAR, S., "ADR en materia de consumo en la Unión Europea", AAVV (Dr. LORCA NAVARRETE, A.M.), *Temas actuales de consumo: la resolución de conflictos en materia de consumo,* Instituto Vasco de Derecho Procesal, Donostia-San Sebastián, 2002.

BARONA VILAR, S., "De cómo la incorporación de las ADR convierte el derecho procesal en derecho de los medios de tutela del ciudadano", AAVV (Coor. GÓMEZ COLOMER, J.L.,

BARONA VILAR, S., CALDERÓN CUADRADO, P.), *El Derecho procesal español del siglo XX a golpe de tango,* Tirant lo Blanch, Valencia, 2012.

BUENDÍA CÁNOVAS, A., "Los MASC: la última ocurrencia del legislador para desatascar la Administración de Justicia", *Economist & Jurist,* 8 marzo 2021.

CALAZA LÓPEZ, S., en el prólogo de AAVV (Dres. CALAZA LÓPEZ, S., ORDEÑANA GEZURAGA, I, SIGÜENZA LÓPEZ, J.), *De los ADR (Alternative Dispute Resolution) a los CDR (Complementary Dispute Resolution) en la jurisdicción civil,* Tirant lo Blanch, Valencia, 2023.

CANALES ALIENDE, J.M., «El servicio público de la justicia: actualidad y perspectivas», *Política y sociedad,* núm. 20/1995.

CASTILLEJO MANZANARES, R., "Los métodos adecuados de solución de conflictos según el Anteproyecto de Eficacia Procesal", AAVV (Dras. CASTILLEJO MANZANARES, R., RODRÍGUEZ ÁLVAREZ, A., Coors. ALONSO SALGADO, C., VALIÑO CES, A.), *Debates jurídicos de Actualidad,* Thomson Reuters Aranzadi, Cizur Menor 2021

COLLANTES GONZÁLEZ, J.L., "Arbitraje y derecho internacional público", AAVV, *El arbitraje en las distintas áreas del derecho,* Palestra-Estudio Mario Castillo Freyre, Lima, 2007

CONA, F.A., "Application of online Systems in Alternative Dispute Resolution", *Buffalo Law Review,* vol. 45/1997.

DOMÍNGUEZ MARTÍNEZ, J.M., RUEDA LÓPEZ, N., «¿Cómo debe medirse la producción del servicio de justicia?», *eXtoikos,* núm. 12/2013.

DUEÑAS HERRERO, L., "La autonomía colectiva y la solución extrajudicial de los conflictos laborales: su expresión en la negociación sectorial de Castilla y León", *Información Laboral (legislación y convenios colectivos),* núm. 28/2000.

DUTREY GUANTES, Y., "Mediación y derecho internacional privado", AAVV (Dir. CHICO DE LA CÁMARA, P.), *Las medidas alternativas de resolución de conflictos (ADR) en las distintas esferas del ordenamiento jurídico,* Tirant lo Blanch, Valencia, 2018.

EHRMAN, J.R., STINSON, B.L., "Human Health Impact assessmenet (HHIA): the link with Alternative Dispute Resoltuion", *Environmental Impact Assessmenet Review,* núm. 14/1994.

FAIRÉN GUILLÉN, V., «"La justicia no es un servicio público": examen provisional del proyecto de reforma procesal. (En situación parlamentaria de "enmiendas"), *Anales de la Real Academia de jurisprudencia y legislación,* núm. 39/2009.

FERNÁNDEZ PÉREZ, A., "Los métodos alternativos de resolución del litigio como requisito de Procedibilidad", *La Ley. Mediación y Arbitraje,* núm. 10/2022.

FLOYER ACLAND, A., "Simply negotiation with knobs on", *Legal Action*, núm. noviembre 1995.

FRIEDMAN, G.H., "Alternative Dispute Resolution and emerging online technologies: challenges and opportunities",Hastings Commnications and Entertaiment Law Journal, vol. 19/1997.

GOLBERG, S.B., GREEN, E.D., SANDER, F.E.A., *Dispute Resolution*, Little, Brown and Company, Boston 1985.

GONZÁLES-POSADA MARTÍNEZ, E., "La caracterización del conflicto colectivo de trabajo y los instrumentos para su solución", *Relaciones Laborales*, núm. 7/2000

HENRY, J.F., "Alternative Dispute Resolution for executive lawsuits", *The Corporate Board*, núm. enero-febrero 1996.

KATSH, E., RIFKIN, J., *OnLine Dispute Resolution. Resolving conflicts in cyberspace*, Josey-Bass, San Francisco, 2001.

LIBERMN, J.K., HENRY, J.F., "Lessons from te Alternative Dispute Resolution movement", *University Chicago Law Review*, núm. 53/1986.

MARTÍN DIZ, F., «Nuevos escenarios para impulsar la mediación en derecho privado: ¿conviene que sea obligatoria?», *Práctica de Tribunales: revista de derecho procesal civil y mercantil*, núm. 137/2019.

MARTIN DIZ, F., "Mediación y sistema de justicia: a propósito de las reformas legislativas para la eficiencia procesal de la administración de justicia y la incorporación de los denominados «medios adecuados de solución de controversias»", *La Ley. Mediación y Arbitraje*, núm. 12/2022.

MARTÍN NÁJERA, M.T., "La mediación intrajudicial", *Cuadernos de Derecho Judicial*, vol. 5/2005.

MARTÍNEZ DE MURGUÍA, B., *Mediación y resolución de conflictos. Una guía introductoria*, Paidós, Barcelona 1999.

NEY, P.H., "The internet offers Alternative Dispute Resolution Options", *The Colorado Lawyer*, vol. 29/2000.

OLAVO BAPTISTA, L., "Arbitraje internacional, público y privado", AAVV, *Liber amicorum en homenaje al profesor Dr. Didier Opertti Badán*, Fundación de cultura universitaria, Madrid, 2005.

OLIVEROS ROSELLO, M.J., «Sobre el "servicio público de justicia"», *Diario La Ley*, núm. 9888/2021.

ORDEÑANA GEZURAGA, I., *Análisis crítico del arbitraje laboral y su entorno en el ordenamiento jurídico español*, Civitas-Thomson Reuters, Pamplona 2009.

ORDEÑANA GEZURAGA, I., *La conciliación y la mediación en cuanto instrumentos extrajurisdiccionales para solventar el conflicto laboral*, Comares, Granada 2009.

ORDEÑANA GEZURAGA, I., *El Estatuto jurídico de la víctima en el Derecho jurisdiccional penal español*, Instituto Vasco de Administración Pública, Oñati 2014.

ORDEÑANA GEZURAGA, I., "Propuesta de futuro para la justicia de paz en España", *Revista General de Derecho Procesal*, núm. 44/2018.

ORDEÑANA GEZURAGA, I., "La desnaturalización del arbitraje o sobre el arbitraje obligatorio en el ordenamiento jurídico español: con referencia expresa al arbitraje laboral", AAVV (Ed. BARONA VILAR, S.), *Psicoanálisis del arbitraje: solución o problema en el actual paradigma de justicia,* Tirant lo blanch, Valencia, 2020.

ORDEÑANA GEZURAGA, I., *La justicia de paz: nuevos tiempos, ¿nuevas(infra)estructuras? Disquisiciones ante la creación de las Oficinas de Justicia en los municipios en lugar de los Juzgados de Paz,* JM Bosh, Madrid, 2023.

ORDEÑANA GEZURAGA, I., "Tres tristes tigres... o haciendo luz en relación a la negociación en el nuevo marco jurídico del sistema estatal de resolución de conflictos. La negociación como eje de todos los medios adecuados de resolución de conflictos, como mecanismo autónomo y como técnica", *Revista vasca de derecho procesal y arbitraje,* núm. 1/2023.

PICKER, B.G., "ADR. New challegenges, new roles and new oportunities", *Dispute Resolution Journal,* núm. febrero-abril 2021.

PRATT, S.J., JONES, R., CUPP. A., "Alternative Dispute Resolution as a means of addressing agricultural pollution", *Hamline Law Review,* vol. 20/1996.

RAMOS MÉNDEZ, F., "La eficacia del proceso", *Justicia: revista de derecho procesal* núm. 2/1982.

RAMOS MÉNDEZ, F., "La quiebra de la justicia", *Justicia: revista de derecho procesal,* núm. 1/1982.

RAMOS MÉNDEZ, F., "Medidas alternativas a la resolución de conflictos por vía judicial en el ámbito civil patrimonial", *Justicia: revista de derecho procesal,* núm. 4/1994

REUBEN, R.C., "Constitucional gravity: a unitary theory of alternative dispute resolution and public civil justice", *UCLA Law Review,* núm. 47/2000

SÁNCHEZ MORÓN, M., «El pacto de Estado para la reforma de la justicia», *Justicia administrativa: Revista de derecho administrativo,* núm. 13/2001

SANDER, F.E.A., *Conference on causes of popular dissatisfaction with the Administration of Justice,* Washington, National Center for State Courts, 1976.

SANDER, F.E.A. "Alternative methods of dispute resolution: an overview", AAVV (Ed. FREEMAN, M.), *Alternative Dispute Resolution,* Sidney, Darmouth, 1995

SASTRE IBARRECHE, R., "Técnicas e instancias mediadoras en la resolución de los conflictos de trabajo", *Revista General de Derecho del Trabajo y de la Seguridad Social,* núm. 11/2006

SCHIFFRIN, A., "La mediación aspectos generales", AAVV (Coor. GOTTHEIL, J., SCHIFFRIN, A.), *Mediación: una transformación en la cultura,* Paidós, Buenos Aires 1996.

SIX, J.F., *Dinámica de la mediación,* Paidós, Barcelona, 1997.

TARPEY, J., "ADR Forum: One step in a envolving process", *The Colorado Lawyer,* vol. 30/2001.

TARUFFO, M., "La justicia civil: ¿Opción residual o alternativa posible?", AAVV (Ed. ANDRÉS IBÁÑEZ, P.), *Corrupción y Estado de Derecho. El papel de la Jurisdicción,* Trotta, Madrid 1996.

VINYAMATA CAMP, E., *Conflictología: teoría y práctica en la resolución de conflictos,* Marcial Pons, Barcelona 2001.

Capítulo IX

Instrumentos de justicia restaurativa en conflictos familiares

MAR ARANDA JURADO
Profesora Contratada Doctora Acreditada
Universidad Católica de Valencia San Vicente Mártir

SUMARIO: I. INTRODUCCIÓN. IDONEIDAD DE LOS MÉTODOS ALTERNATIVOS DE SOLUCIÓN DE CONFLICTOS (MASC) EN LA JUSTICIA DEL SIGLO XXI. II. PARTICULARIDADES DE LOS CONFLICTOS FAMILIARES. ESPECIAL REFERENCIA A LOS SUPUESTOS DE RUPTURA MATRIMONIAL -O ANÁLOGA-. III. RESPUESTA JUDICIAL A LAS RUPTURAS FAMILIARES EN ESPAÑA. IV. MÉTODOS ALTERNATIVOS O COMPLEMENTARIOS DE SOLUCIÓN DE CONFLICTOS FAMILIARES. 1. MEDIACIÓN. 2. CONCILIACIÓN. 4. ARBITRAJE. V. LA MEDIACIÓN COMO FÓRMULA ESPECIALMENTE IDÓNEA PARA LA SOLUCIÓN DE CONFLICTOS EN EL ENTORNO FAMILIAR. 1. DEFINICIÓN Y FINES DE LA MEDIACIÓN FAMILIAR. 2. REGULACIÓN DE LA MEDIACIÓN FAMILIAR EN ESPAÑA. 3. VENTAJAS DE LA MEDIACIÓN FAMILIAR RESPECTO AL PROCESO JUDICIAL Y OTROS MASC. 4. PRÁCTICA DE LA MEDIACIÓN FAMILIAR EN LOS JUZGADOS ESPAÑOLES. VI. BIBLIOGRAFÍA.

I. INTRODUCCIÓN. IDONEIDAD DE LOS MÉTODOS ALTERNATIVOS DE SOLUCIÓN DE CONFLICTOS (MASC) EN LA JUSTICIA DEL SIGLO XXI

Desde hace varias décadas se ha hecho patente la necesidad de incluir en nuestro sistema de justicia el “paradigma de la adecuación”[1], intentando poner a disposición del ciudadano, junto con la jurisdicción, otras formas de gestionar los conflictos con el fin de que cada controversia sea procesada de acuerdo con el sistema que mejor se adecúe tanto a las características del conflicto como a las de los interesados.

---

[1] CGPJ, Memoria sobre el estado, funcionamiento y actividades del CGPJ y de los Juzgados y Tribunales en el año 2022, p. 259.

Es por ello que, llevamos varios años asistiendo al desarrollo por los Estados miembros de la Unión Europea, de las modalidades llamadas alternativas de solución o de resolución de conflictos[2], pese a que el origen de estos sistemas es muy antiguo[3] aplicado al ámbito de las relaciones familiares.

El interés por la implantación de estas formas de resolver conflictos en los distintos ordenamientos jurídicos nacionales, se sustenta en la evidente necesidad de incorporar otras maneras –extraprocesales o no-, que traten de paliar la crisis de eficacia de los sistemas de justicia actuales.

En este sentido, en España se están incrementando las acciones por parte del CGPJ para la potenciación del arbitraje, la mediación y otros métodos alternativos de solución de conflictos -en adelante, MASC-, conocidos en su origen en Estados Unidos como *Alternative Dispute Resolution*[4] -en adelante, ADR- en torno a 3 ejes fundamentales: acción, formación y divulgación.

Así, en lo que se refiere a la potenciación de la mediación –como MASC con mayor arraigo en nuestro país-, el CGPJ sigue con la formalización de acuerdos marco de colaboración con el Ministerio con competencias en materia de Justicia y las CCAA[5]; con la implementación del control de la

---

2 COMISIÓN EUROPEA, *Libro Verde sobre las modalidades alternativas de solución de conflictos en el ámbito del derecho civil y mercantil, COM(2002) 196 final*, Bruselas, 2002, p. 6.

3 La mediación familiar se inició, en la segunda mitad de los años 70, en Estados Unidos, extendiéndose posteriormente a otros países.

4 En la década de los 70 surge en Estados Unidos el movimiento ADR que trató de configurar un nuevo modelo de justicia civil estadounidense, ante la insatisfacción que los ciudadanos tenían de su Administración de Justicia. Su popularidad y divulgación al resto del mundo se le reconoce, en gran medida, al discurso pronunciado por Frank E.A. Sander, Profesor de Derecho en la Universidad de Harvard y precursor de las ADR, en la Pound Conference de 1976. En esta intervención el Profesor Sander propone la innovadora tesis del *multi-door courthouse,* para un sistema de justicia más eficiente.

5 Según los últimos datos publicados por el CGPJ, en el año 2022 se firmaron tres importantes convenios: 1) El Convenio Marco de colaboración entre el Consejo General del Poder Judicial y la Junta de Andalucía para el impulso, promoción y divulgación de la Mediación, el día 26 de mayo de 2022; 2) El Convenio Marco de colaboración entre el Consejo General del Poder Judicial y el Ministerio de Justicia para la promoción de la mediación, el 10 de octubre de 2022; 3) El Convenio entre el Consejo General del Poder Judicial y el Colegio de Abogados de Valencia para aplicar la mediación intrajudicial penal, con fecha de 26 de mayo de 2022.

calidad de la actividad que se está llevando a cabo, a través de la creación de las correspondientes comisiones de seguimiento que permitan dotar de contenido estos convenios[6]; mediante la formación de Jueces y Magistrados y, por último, con acciones de divulgación a la sociedad.

Los MASC -tanto los que se producen al margen del proceso judicial como los que se realizan, una vez iniciado éste-, se inscriben plenamente en el contexto de las políticas sobre la mejora del acceso a la justicia[7] . Esto es, se perfilan como complementarios a los procedimientos jurisdiccionales, ya que, en ocasiones, los procedimientos específicos de estos responden mejor al carácter concreto de los litigios. Consecuencia de esto es que los MASC pueden permitir a las partes mantener un encuentro dialogado, que no tiene cabida en otros procesos, además de otorgar a las partes la capacidad de pactar libremente lo que consideren beneficioso para ambas.

Del análisis del Libro Verde sobre las modalidades alternativas de solución de conflictos en el ámbito del Derecho civil y mercantil de la Comisión Europea -en adelante, el Libro Verde-, podemos extraer dos particulares de los MASC que consideramos fundamentales en el ámbito del Derecho de familia.

En primer lugar, resulta esencial destacar el papel de los MASC como instrumento al servicio de la paz social[8] -y también de la paz jurídica[9], como tendremos ocasión de ver más adelante-.

También, según la misma fuente, se han dado los pasos precisos para consensuar el clausulado de otro importante Convenio, de justicia restaurativa, con los Ministerios de Justicia y de Interior, y con la Comunidad autónoma de Cataluña. (Vid. CGPJ, Memoria sobre el estado, funcionamiento y actividades del CGPJ y de los Juzgados y Tribunales en el año 2022).

6 En este sentido, destaca la creación de la Comisión de Seguimiento del Convenio celebrado entre el CGPJ y el Grupo Europeo de Magistrados por la Mediación GEMME ESPAÑA, acompañada, además, de la creación de un grupo de trabajo. CGPJ, “Memoria sobre el estado, funcionamiento y actividades del CGPJ y de los Juzgados y Tribunales en el año 2022”, cit., p. 256.

7 COMISIÓN EUROPEA, “Libro Verde sobre las modalidades alternativas de solución de conflictos en el ámbito del derecho civil y mercantil”, cit., p. 9.

8 Ibíd.

9 Terminología empleada en la Ley 5/2012, de 6 de julio, de mediación en asuntos civiles y mercantiles, Preámbulo.

Así, en aquellas formas de MASC en las que el tercero imparcial no decide el acuerdo, las partes no se sitúan en un plano adversarial, no se enfrentan, sino que comienzan un proceso de aproximación manteniendo un papel más activo en la búsqueda de la solución que más les conviene, asistidas por el facilitador. Esta función de los MASC es especialmente importante en aquellos conflictos que nacen entre personas que están unidas por una relación de continuidad, como puede ser la familiar, vecinal, laboral o comercial.

En segundo lugar, el carácter flexible de los MASC, que no debe referirse únicamente a la capacidad del procedimiento de adaptarse a las circunstancias concretas de los participantes o del objeto del litigio, sino a la libertad de las partes para decidir acudir a una modalidad u otra de MASC, a elegir el momento de realizar este intento de solución del conflicto, y/o de determinar su resultado.

Con esta incorporación, se daría respuesta a la propuesta ideal de tribunal que realizó el Profesor Fran E.A. Sander en 1976 del *multi-door couthouse* -en adelante, MDC-, para integrar nuevas formas de solucionar conflictos, alternativas o complementarias al proceso, que atienda de una mejor manera las necesidades de las partes.

En este capítulo vamos a analizar las diferentes fórmulas alternativas y complementarias al proceso judicial que, en nuestra opinión, mejor atienden las especificidades propias de los conflictos que surgen en el entorno familiar, especialmente en los supuestos de ruptura matrimonial o de pareja, y que los hace merecedores de un tratamiento específico.

El relevante número de separaciones y divorcios que se producen cada año en España junto con la internacionalización creciente de las relaciones familiares -y los problemas específicos asociados a este fenómeno[10]–junto con la necesidad de que las partes afectadas por el conflicto asuman su responsabilidad tanto en su solución como en el cumplimiento de lo pactado, fundamentan la realización de este trabajo.

---

[10] ROMANO, C., *La mediación familiar internacional*, Madrid, Centro de Estudios Jurídicos. Ponencia, 2017.
En: https://www.fiscal.es/documents/20142/100691/Ponencia+Cinthia+Romano.pdf/94bef19d-5294-0ca0-8a15-529824e533c9?t=1531205056810

II. PARTICULARIDADES DE LOS CONFLICTOS FAMILIARES. ESPECIAL REFERENCIA A LOS SUPUESTOS DE RUPTURA MATRIMONIAL -O ANÁLOGA-

Los conflictos que se originan en el contexto familiar, tienen unas características determinadas que, precisamente por su especificidad, necesitan de un tratamiento singular. Las principales diferencias de los conflictos familiares[11] con respecto al resto de controversias son:

1. Los conflictos familiares tienen como protagonistas a personas que tienen relaciones interdependientes, que continuarán en el tiempo.
2. Los conflictos familiares surgen en un contexto emocional dificultoso, que los agrava.
3. En los supuestos de ruptura matrimonial –o análoga- el impacto trasciende a todos los miembros de la familia extensa, con especial repercusión en los hijos menores o mayores dependientes.

Así, en la génesis y desarrollo de estos conflictos, se hace presente un alto componente psicológico y una gran carga emocional que, ni los cauces procesales ni la preparación de los abogados y jueces que intervienen en estos casos, suelen ser apropiados, debido a que siguen el patrón previsto en el sistema de justicia para los litigios cuyo objeto –dar respuesta a las pretensiones procesales de las partes- nada tienen que ver con aquéllos[12].

María Jesús Mardomingo, experta psiquiatra infantil, afirma que "es probable que la conmoción que representa el divorcio no pueda compararse en complejidad e implicaciones con ninguna otra crisis de la vida del adulto y de la vida del niño, y los cambios vitales que preceden y que le siguen jugarán un papel determinante en el futuro emocional y personal de padres y de hijos[13]".

---

[11] Recomendación Nº R (98)1 del Comité de Ministros a los Estados Miembros sobre la mediación familiar, aprobada por el Consejo de Ministros el 21 de enero de 1998, a partir de la 616 reunión de los Delegados de los Ministros, núm. 5.

[12] ORTUÑO MUÑOZ, P., "Los conflictos de derecho de la persona y la familia y la TJ ". En WEXLER, D.B., FARIÑA RIVERA, F., MORALES QUINTERO, L.A. y COLÍN SOTO, S.P., "Justicia terapéutica: experiencias y aplicaciones", II Congreso Iberoamericano de Justicia Terapéutica, 4-6 de diciembre de 2014, Puebla, México, Instituto Nacional de Ciencias Penales (INACIPE), 2014. p. 47.

[13] MARDOMINGO SANZ, M.J.: "Rupturas parentales y psicopatología de los hijos. Medidas de prevención y tratamiento", *Foro gallego: Revista Xurídica, Nº 206 (enero-junio),* 2019, p. 145.

De las cuatro categorías de crisis familiares que establece Pittman[14], la ruptura conyugal pertenece a las llamadas crisis de desarrollo, esto es, que forman parte de la evolución normal de cada familia (matrimonio, nacimientos de hijos, etc) que exige una adaptación a la nueva situación y que, una vez superada, debería colocar a la familia en un punto más avanzado de su desarrollo[15]. Desgraciadamente, esto no ocurre en todas las rupturas de pareja y, muchas de ellas, en las que el conflicto conyugal se reactiva periódicamente cada vez que es necesario adoptar una decisión, solo les queda recurrir constantemente a las intervenciones judiciales, que ponen a prueba la eficacia de la Justicia en estas crisis psicosociales[16].

En las rupturas de pareja en las que existen hijos menores, se les exige a los cónyuges un especial esfuerzo de separar la relación conyugal, de la relación paterno-filial -recíproca y para ambos progenitores- que debe seguir manteniéndose por el bien de los hijos, aunque no siempre son capaces de conseguirlo.

Y es que la carga emocional de la ruptura junto con el estrés, la depresión, sentimientos de odio, de rencor o de culpa, la ansiedad por el fracaso de la relación y la incertidumbre por el futuro próximo, impide una aceptación serena de la ruptura del compromiso conyugal que entorpece la posibilidad del nacimiento de una nueva relación, un nuevo modelo de familia basado en el respeto mutuo, para salvaguardar el bienestar de los hijos menores y dependientes.

Es obvio que los jueces no pueden atender este tipo de cuestiones psicoemocionales que, sin embargo, alteran las posiciones de las partes en el proceso judicial, ya que se vuelven especialmente beligerantes conforme avanza el proceso con la correspondiente repercusión negativa que tiene para una adecuada relación entre los cónyuges.

---

14 Pittman categoriza las crisis familiares en: desgracias inesperadas, crisis de desarrollo, crisis estructurales y crisis de desvalimiento. PITTMAN, F.S., *Momentos decisivos: Tratamiento de familias en situaciones de crisis.* Barcelona, Paidós, 1990.

15 BOLAÑOS, I., "Conflicto familiar y ruptura matrimonial. Aspectos psicolegales". En MARRERO, J.L. (Comp.) *Psicología Jurídica de la familia,* Madrid, Fundación Universidad Empresa, Retos jurídicos en las Ciencias Sociales, 1998.
En: https://www.ucm.es/data/cont/media/www/pag-50196/documentos/IB-Rupturas.pdf

16 Ibíd.

La Psicología Jurídica[17], partiendo del concepto de conflicto pisco-jurídico[18], introduce el término proceso psico-jurídico al referirse a los procesos de separación o divorcio, del tipo que sean, definiéndolos como "conjunto de las interacciones entre el procedimiento legal y el psicosocial, quienes, influyéndose mutuamente, transcurren conectados durante un periodo de tiempo limitado, desligándose cuando se ha conseguido definir una nueva realidad legalmente legitimada y psicosocialmente funcional"[19].

La dimensión cuantitativa de los datos sobre casos de separación, divorcio y nulidad en España, hace necesario presentar a la sociedad, fórmulas de autocomposición que, con todas las garantías, sean capaces de atender mejor sus necesidades y que contribuyan al bienestar psico-emocional tanto de los ex-cónyuges como del resto de familiares, especialmente de los hijos comunes.

III. RESPUESTA JUDICIAL A LAS RUPTURAS FAMILIARES EN ESPAÑA

Las estadísticas oficiales, determinan que en el año 2022 existe un alto índice de litigiosidad en materia matrimonial, y que las soluciones pactadas -tanto en los divorcios consensuados que disminuyen en un 3,6% con respecto al año anterior como en la separaciones de mutuo acuerdo, que rozan el -4% (-3,9%):

2022	Nulidades matrimoniales	Divorcios consensuados	Divorcios no consensuados	Separaciones de mutuo acuerdo	Separaciones contenciosas
TOTAL	**65**	**55.123**	**36.250**	**2.581**	**1.174**
Evolución respecto a 2021	-7,1%	**-3,6%**	-0,2%	**-3,9%**	-1,1%

Fuente. CGPJ[20]

[17] BELLIDO, C., BOLAÑOS, I., GARCIA, C. y MARTIN, M., "El proceso psicojurídico de separación y divorcio". *Actas del II Congreso Oficial del Colegio de Psicólogos*, Área 9, Valencia, 1990.

[18] ORTUÑO MUÑOZ, P., "Los conflictos de derecho de la persona y la familia y la TJ"., cit. .p, 47.

[19] BELLIDO, C., BOLAÑOS, I., GARCIA, C. y MARTIN, M., "El proceso psicojurídico de separación y divorcio", cit, p.35.

[20] CGPJ, "Memoria sobre el estado, funcionamiento y actividades del Consejo General del Poder Judicial y de los juzgados y tribunales en el año 2022", cit., p. 434.

Por su parte, las modificaciones de medidas matrimoniales consensuadas que, según datos aportados por el CGPJ, entre 2006 y 2019 se cuadriplicaron, son superadas por las no consensuadas en un porcentaje de entre el 24,28 % (del año 2003) y el 37,67% (del año 2020):

Año	Consensuadas	No consensuadas	
2003	2.219	9.138	+ 24,28%
2004	2.585	9.843	+ 26,26 %
2005	2.596	10.096	+ 25,71%
2006	2.722	10.423	+ 26,11%
2007	3.303	12.107	+ 27,28%
2008	3.691	14.069	+ 26,23%
2009	4.183	17.043	+ 24,54%
2010	4.996	19.393	+ 25,76%
2011	6.013	22.932	+ 26,22%
2012	6.915	28.367	+ 24,37%
2013	7.943	30.511	+ 26,03%
2014	9.109	33.183	+ 27,45%
2015	9.805	34.248	+ 28,62%
2016	10.214	34.017	+ 30,02%
2017	10.617	34.100	+ 31,13%
2018	11.369	33.666	+ 33,76%
2019	12.166	34.949	+ 34,81%
2020	11.329	30.070	+37,67%

Fuente. CGPJ. Datos de Justicia – Cuarenta años de la Ley del Divorcio-junio 2021.

La tendencia se mantiene en el año 2022, donde en relación a la solicitud de modificación de medidas matrimoniales, respecto al año 2021, hay una disminución del porcentaje de consenso –2,1%- y las no consensuadas, aumentan levemente -0,3%-.

Respecto a las demandas de modificación de medidas no matrimoniales -guarda, custodia y alimentos-, la evolución es del -8,1% y del -0,3%, respectivamente:

	Modificación medidas consensuadas	Modificación medidas no consensuadas	Guarda, custodia o alimentos consensuados	Guarda, custodia o alimentos no consensuados
TOTAL	12.686	32.247	22.077	26.466
Evolución respecto a 2021	-2,1%	0,3%	-8,1%	-0,3%

Fuente. CGPJ[21]

En cuanto a las ejecuciones[22] registradas en los juzgados de familia en 2022 se presentaron un total de 19.514 demandas, de las cuales 26.263 fueron resueltas quedando en trámite al final del año 53.156[23].

A los efectos de este trabajo, consideramos conveniente destacar la duración media de los procesos más relevantes en los Juzgados de Familia, con el fin de poner de manifiesto una de las ventajas de los MASC, menor duración del proceso[24] y, por ende, del conflicto. Según datos del CGPJ, la evolución de la duración media en meses de los siguientes procesos planteados en los Juzgados de familia y en las Audiencias provinciales son los siguientes:

	2022	2021	2020	2019	2018
Nulidades	11,8	13,6	13,6	12,4	13,2
Divorcios consensuados	2,2	2,2	2,3	2,0	2,1
Divorcios no consensuados	10,2	11,2	10,9	9,8	9,9
Separación mutuo acuerdo	3,4	3,5	3,4	2,9	3,2
Separaciones contenciosas	10,6	11,1	10,6	9,5	9,6

Fuente: CGPJ[25]

---

21 CGPJ, "Memoria sobre el estado, funcionamiento y actividades del Consejo General del Poder Judicial y de los juzgados y tribunales en el año 2022", cit., p. 444 y ss.

22 En este sentido, hay que entender las ejecuciones como los procesos por los que se materializa lo decidido en una sentencia o en cualquier otro título judicial o extrajudicial que, por imperativo legal, tenga aparejada ejecución.

23 CGPJ, "Memoria sobre el estado, funcionamiento y actividades del Consejo General del Poder Judicial y de los juzgados y tribunales en el año 2022", cit., p. 445.

24 Una de las principales ventajas que la Recomendación Nº R(98) 1 del Comité de Ministros a los Estados Miembros destaca sobre la práctica de la mediación familiar, es precisamente, la menor duración del procedimiento y, por ende, de la situación conflictual.

25 CGPJ, "Memoria sobre el estado, funcionamiento y actividades del Consejo General del Poder Judicial y de los juzgados y tribunales en el año 2022", cit., p. 460 y ss.

En las Audiencias Provinciales se ha observado un incremento de las duraciones de los recursos civiles en materia de familia:

Recursos de familia	2022	2021	2020	2019	2018
	6,9	6,9	7,8	7,3	7,0

Fuente: CGPJ[26]

Estos datos, que revelan un alto nivel de conflictividad en las rupturas matrimoniales, y el elevado número de solicitudes de modificación de medidas no consensuadas -matrimoniales o paterno-filiales-, pone de manifiesto que la respuesta tradicional del sistema de justicia es insuficiente para resolver los conflictos familiares, especialmente cuando la conflictividad entre los progenitores es muy elevada[27]. Es decir, pese a que el proceso judicial se ha manifestado como el medio más eficaz y seguro para solventar las controversias y constituye, además, el instrumento de realización del derecho a la tutela judicial efectiva del art. 24 CE[28] no parece ser la forma más idónea para las partes que acuden a él en busca de la solución de su controversia, en una ruptura conyugal, esperando la imposición de una sentencia fundada en Derecho. Y esto se debe, como ya hemos mencionado, a la complejidad de los conflictos familiares, relacionados con la esfera más íntima de la persona y a que su judicialización, lejos de alcanzar soluciones consensuadas, produce una escalada del conflicto, produciendo en los implicados una sensación de frustración e insatisfacción, además del coste económico y emocional de todos los miembros de la familia, especialmente de los hijos y que va a marcar la naturaleza vindicativa de las relaciones futuras.

En definitiva, dentro de las insuficiencias estructurales que viene padeciendo nuestro sistema de Justicia, que perjudica el ejercicio del derecho constitucional a la tutela judicial de los ciudadanos (art. 24 CE), hay que destacar, en relación al objeto de este trabajo, la necesidad de introducir en nuestro ordenamiento jurídico, junto con el proceso, otros medios adecuados de solución de controversias en vía no jurisdiccional,

---

26 Ibíd, p. 462.

27 BLANCO CARRASCO, M., *Las responsabilidades parentales en situaciones de crisis familiar: mediación, puntos de encuentro y coordinación de parentalidad*, Barcelona, Editorial Reus, 2020, p. 8.

28 OTERO OTERO, B., "La ruptura de pareja en tiempos del Covid-19", *Diario La Ley*, 1374/2020. En: https://diariolaley.laleynext.es/dll/2020/05/05/la-ruptura-de-pareja-en-tiempos-del-covid-19

ya consolidados en el derecho comparado, ofreciendo a los ciudadanos la vía más adecuada para gestionar su problema. En algunos casos será el proceso judicial, la fórmula que mejor se ajuste a las necesidades de las partes, pero en otras muchas ocasiones, los implicados deberían valorar de entre un catálogo de métodos alternativos de resolución de conflictos, el que mayor satisfacción les reporta, sin renuncia a un posible ulterior proceso judicial.

El legislador español ha ido avanzando en el sentido de introducir y potenciar medios adecuados de solución de controversias alternativos al proceso, con la iniciación del trámite parlamentario del *non nato* Proyecto de Ley de medidas de eficiencia procesal del servicio público de Justicia de 2021 -en adelante, PLMEP-, para los asuntos civiles y mercantiles, incluidos los transfronterizos, promocionando el principio de autonomía privada en el desarrollo de estos métodos alternativos[29]. Dentro de las diferentes modalidades de negociación previa a la vía jurisdiccional que contempla, con una técnica legislativa mejorable, el PLMEP trata la promoción de la mediación -remitiéndose a lo previsto en la Ley 5/2012-, la negociación directa o a través de sus abogados, la conciliación privada (arts. 14 y 15), oferta vinculante confidencial (art. 16) y la opinión de experto independiente (art. 17).

Debido a la suspensión del trámite legislativo de aprobación del PLMEP y, ante la incertidumbre de si se volverá a retomar dicha reforma, debemos abordar en este epígrafe qué respuestas consensuadas existe en nuestro ordenamiento jurídico para resolver las controversias en el ámbito civil.

Nos referimos a la mediación, la conciliación y el arbitraje -este último lo abordaremos en el seguiente epígrafe-, haciendo una clara apuesta por la mediación como fórmula más idónea para la solución de conflictos familiares. Cabe matizar que existen también los llamados sistemas híbridos que combinan distintas ADR, aunque no están muy asentados en España, entre los que destacan Med-arb, Arb-med y otras variantes de ADR como *Minitrial* o *Early Neutral Evaluation.*

---

[29] Cabe recordar que la previsión de incorporar los métodos adecuados de solución de controversias alternativas al proceso en el Proyecto de Ley de medidas de eficiencia procesal del servicio público de Justicia, se configura como requisito de procedibilidad (art. 4) acreditando la parte actora el intento de negociación y la terminación del mismo sin acuerdo.

IV. MÉTODOS ALTERNATIVOS O COMPLEMENTARIOS DE SOLUCIÓN DE CONFLICTOS FAMILIARES

A continuación, y de manera muy sucinta, exponemos la definición y principales características de los MASC que pueden ser aplicados en España, para la resolución de conflictos familiares.

1. Mediación

Atendiendo al concepto de justicia terapéutica que, en nuestra opinión, tiene especial sentido en los casos de controversias familiares –del tipo que sean-, tanto los jueces, -por su capacidad de derivar a mediación una vez iniciado el proceso-, como los abogados que pueden superar la posición vindicativa de su cliente y aconsejarles acudir a la mediación -mediación extrajudicial- o a otro tipo de fórmula autocompositiva de resolución del conflicto, sería un ejemplo de responsabilidad social[30] que redundaría en el bien de los litigantes así como de sus respectivas familias, especialmente de los hijos a su cargo.

A esta labor de los jueces, de contribuir a la solución del conflicto –más allá del litigio- colaborando con psicólogos y mediadores, que está en relación con la denominada justicia terapéutica, es definido por Pascual Ortuño como el nuevo concepto de "coparentalidad y ejercicio conjunto de las funciones y sistemas de distribución de la responsabilidad parental"[31], no limitándose a conceder, por ejemplo, la custodia compartida de los hijos dependientes como aplicación de un criterio abstracto reconocido en la Ley 15/2005, de 8 de julio y carente de regulación específica y detallada -y por tanto, basada la actuación de los Juzgados y Tribunales y la Sala Primera del tribunal Supremo, en una doctrina que han ido elaborando a lo largo de los últimos años referida al modo en que debe ser aplicada[32]-, sino permitiendo la cooperación entre los progenitores que pueden definir con mayor acierto cuál es el interés mejor de sus propios hijos.

---

30 ORTUÑO MUÑOZ, P., "Los conflictos de derecho de la persona y la familia y la TJ"., cit. p, 48.

31 Ibíd, p. 52.

32 BIEZMA LÓPEZ, J.M.y FARIÑA RIVERA, F., "Impacto psicológico de la ruptura de la pareja sobre los miembros de la familia". En MARTÍNEZ DE CAREAGA GARCÍA, C. et al. (Coord.), *Guía de criterios de actuación judicial en materia de custodia compartida,* CGPJ, 2020, p. 17.

En un sentido similar, Ganancia afirma que los cimientos sobre los que la mediación construyó su especificidad, son dos: el ideal de la corresponsabilidad paternal más allá de la ruptura conyugal, y la autonomía de las personas a decidir sobre su vida privada[33].

En España, en los supuestos de disoluciones matrimoniales –nulidades, separaciones y divorcios- que no requieren de una causa concreta para romper el contrato matrimonial desde 2005[34] sino que basta la voluntad de uno de los cónyuges de no continuar casado, se observa una dicotomía específica de este tipo de conflictos. Por un lado, nos encontramos con la relativa facilidad legal para poner fin a la convivencia y al vínculo matrimonial, pero por otro, nace una periodo de desvinculación afectiva y reestructuración familiar doloroso[35] y heterogéneo que, paradójicamente, exige a los ex-cónyuges a entablar un mínimo nivel de comunicación[36] para la adopción de medidas de la nueva organización familiar.

Como afirma Blanco, para el menor, lo peor no es la ruptura, sino el conflicto continuado de sus padres[37], que se agrava considerablemente durante el proceso contencioso y con la noticia de la sentencia, en la que uno se siente ganador y otro perdedor, cuando no ambos perdedores.

En este sentido habría que diferenciar, la ruptura legal de la ruptura emocional, -en la que fácilmente ambos cónyuges están en un plano asimétrico- y los conflictos que generan no solo escalan sino que se pueden hacer crónicos.

Diversos estudios llevados a cabo desde la Psicología, la Sociología o el Derecho, han puesto de manifiesto que el poder judicial no es capaz de "desconflictualizar", esto es, las partes en situación de ruptura no son capaces de encontrar en el Juzgado una solución que se adapte a los conflictos que son esencialmente de orden afectivo, emocional, psicológico

---

33 GANANCIA D., "La médiation familiale internationale: la diplomatie du cœur dans les enlèvements d'enfants", Ramonville Saint-Agne, Erès, 2007.

34 La entrada en vigor de la Ley 15/2005, de 8 de julio, por la que se modifica el Código Civil y la Ley de Enjuiciamiento Civil modifica la separación y el divorcio facilitando este trámite a los cónyuges, eliminado además la necesidad de que la existencia previa de una separación para obtener el divorcio.

35 BLANCO CARRASCO, M., "Las responsabilidades parentales en situaciones de crisis familiar", cit., p. 7.

36 Ibíd.

37 Ibíd.

y relacional[38], lo que tiene como consecuencia directa en el plano del sistema de justicia, con la constante interposición de demandas cruzadas derivadas del incumplimiento de la sentencia o iniciando un procedimiento judicial de modificación de medidas[39].

Esto es consecuencia de que con la sentencia, el juez, atendiendo al principio dispositivo, trata de resolver el litigio con la foto fija de la situación conyugal y familiar reflejada por las partes en el momento de interposición de la demanda. Pero, como es obvio, las circunstancias personales y familiares cambian con el transcurso del tiempo, especialmente en lo relativo al ámbito económico y a la situación personales, especialmente de los menores o mayores dependientes, por lo que las medidas económicas, patrimonilaes y familiares adoptadas por el Juez, necesitarán ser alteradas.

En el caso de que los ex-cónyuges no tengan la capacidad para alcanzar un acuerdo que adapte las medidas acordadas en el convenio regulador o en la sentencia, a las nuevas circunstancias -variación en la pensión de alimentos, modificación o extinción de la pensión compensatoria, ampliación del régimen de visitas, modificación en el tipo de custodia, modificación del uso del domicilio familiar, entre otras-, solo queda, de nuevo, que el ex-cónyuge que se sienta perjudicado inicie esta solicitud con un nuevo procedimiento de modificación de medidas por vía contenciosa.

Como tendremos ocasión de poner de manifiesto más adelante, por sus principios rectores de voluntariedad, neutralidad, imparcialidad y confidencialidad, la mediación se presenta ante la familia como un "recurso que abre nuevas vías para fomentar, desde el mutuo respeto, la autonomía y la libre capacidad de las personas para decidir su futuro"[40]. Es una herramienta que, si bien, está centrada en la solución del conflicto, su mayor potencialidad es la gestión del mismo, de forma que, aunque no se consiga alcanzar un acuerdo, el mismo procedimiento llevado a cabo ha

---

38 Ibíd.

39 El Tribunal Supremo considera que procede una modificación de las medidas que se fijaron en sentencia cuando ha habido un cambio cierto de las circunstancias (permanente, imprevisible y no buscado por quien solicita la modificación), de rigor y con cierta relevancia (SSTS de 17 de enero de 2019 y 17 de febrero de 2019).

40 Ley 7/2001, de 26 de noviembre, reguladora de la mediación familiar, en el ámbito de la Comunidad Valenciana, Preámbulo (Ley derogada por la vigente Ley 24/2018, de 5 de diciembre, de mediación de la Generalitat Valenciana.

logrado una desescalada del mismo y una recuperación del diálogo entre las partes, que favorecerá tanto a las partes como a sus familiares y les ayudará en los siguientes pasos judiciales. No obstante, hay que diferenciarla de otras herramientas, de naturaleza estrictamente psicológica, como la terapia familiar o la orientación familiar, así como de otros MASC, que definimos a continuación.

2. Conciliación

La conciliación es una institución ampliamente conocida y muy extendida en el proceso de familia y en el social, que comparte con la mediación algunas características como el carácter de alternativa -concilición preprocesal- o complemento -conciliación intraprocesal- al proceso judicial, con un importante ahorro de costes -económicos y emocionales-.

Sin embargo, debemos hacer una distinción entre la conciliación previa al proceso en el orden civil, que es facultativa para el interesado y carente de "un componente directamente causal sobre la admisión de la demanda litigiosa" -STC 155/2011, de 15 de noviembre, FJ 1, de la conciliación preprocesal en el ámbito social -regulada en la Ley 36/2011, de 10 de octubre, reguladora de la jurisdicción social (arts. 63 y ss.)- cuyo trámite es preceptivo.

Por el objeto de este trabajo nos interesa centrarnos, únicamente en la conciliación preprocesal en el ámbito civil, regulada en los artículos 139 a 148 de la LJV, estableciéndose en su número segundo, los supuestos que no pueden ser objeto de conciliación, entre el que destacamos aquellos procesos en los que estén interesados los menores y las personas con discapacidad con medidas de apoyo para el ejercicio de su capacidad jurídica -art.139.2, 1°, LJV-, lo que limita su práctica a las cuestiones concretas, dentro de un conflicto familiar, en las que intervienen menores y personas con discapacidad en el sentido de la Ley 8/2021, de 2 de junio[41].

---

41 Ley 8/2021, de 2 de junio, por la que se reforma la legislación civil y procesal para el apoyo a las personas con discapacidad en el ejercicio de su capacidad jurídica, se sustituyó en este precepto la expresión "personas con discapacidad con medidas de apoyo para el ejercicio de su capacidad jurídica" por "personas con capacidad modificada judicialmente para la libre administración de sus bienes".

Son competentes para conocer del expediente de jurisdicción voluntaria de conciliación el Letrado de la Administración de Justicia -en adelante, LAJ- del Juzgado de Primera Instancia, el Juez de Paz o el Juzgado de lo Mercantil del domicilio del demandado en conciliación -art. 140.1, LJV-, pero además el Notario o Registrador, en determinadas materias y efectos limitados, siendo este tipo de conciliación de naturaleza extrajudicial. Cabe la conciliación notarial -no la registral por estar circunscrita a su ámbito de actuación- en los conflictos de naturaleza familiar pero no en las cuestiones en las que se encuentren interesados los menores -art. 81.2, Ley 28 de mayo de 1862, Orgánica del Notariado.

En segundo lugar, una vez iniciado el proceso judicial, y, aunque puede llevarse a cabo un acto de conciliación en cualquier momento del procedimiento, con el fin de llegar a un acuerdo que ponga fin al proceso, está prevista la conciliación en la fase de audiencia y en el inicio del proceso, para el juicio ordinario y el juicio verbal, respectivamente. Está regulada en el artículo 415 de la LEC, tiene carácter facultativo para las partes y supondrá la suspensión del proceso hasta que termine el acto de conciliación, igual que ocurre con la mediación intrajudicial. Alcanzado el acuerdo en conciliación, será homologado por el tribunal y producirá los efectos que la ley contempla para la transacción judicial, pudiendo ser ejecutado.

Con carácter general, la conciliación se distingue de la mediación fundamentalmente por el papel que desempeña el tercero imparcial y neutral, llamado conciliador que, sin llegar a imponer una decisión, desarrolla las habilidades propias de la negociación, llegando a proponer a las partes los términos del acuerdo.

Si bien el mediador tiene como fin la dinamización del procedimiento de mediación y debe garantizar el equilibro de poder de las partes, evitando una desigualdad que pudiera afectar al diseño del acuerdo -utilizando técnicas como el *self-empowerment-* así como procurar que las partes abandonen sus pretensiones, en el sentido estrictamente procesal, para atender sus necesidades reales, el conciliador desarrolla un papel distinto.

El conciliador tiene como propósito que el acuerdo se alcance, teniendo un protagonismo relevante en el diseño del mismo que se acerca más a la figura genérica del facilitador o del negociador. Pese a este papel más intervencionista del conciliador, la conciliación tiene naturaleza de método autocompositivo ya que, pese a que pueda proponer los términos del acuerdo, en ningún caso puede imponerlos, como haría el juez o el árbitro.

Por último, comparte con la mediación los principios rectores de voluntariedad, flexibilidad, imparcialidad, neutralidad y profesionalidad del tercero y eficiencia, convirtiendo este MASC en una fórmula adecuada para la resolución de conflictos familiares en los que las partes están más cómodas manteniendo una posición más pasiva o menos creativa, en cuanto al diseño del acuerdo.

3. Arbitraje

El arbirtraje comparte la naturaleza de fórmula heterocompositiva de resolución de controversias, junto con el proceso judicial, esto es, las partes voluntariamente deciden someterse a la decisión de un tercero imparcial y experto -árbitro- quien, tras escuchar las alegaciones de estas y realizarse el procedimiento de prueba, emitirá una resolución llamado laudo arbitral, con efectos equivalentes a una sentencia judicial.

Sin embargo se aleja del proceso judicial, en primer lugar por el sistema de libre elección del árbitro por las partes, quienes deciden de mutuo acuerdo a quién designar como árbitro. También se distingue del proceso en que la vista en el arbitraje es menos formal, convirtiéndolo en un procedimiento más ágil, económico y flexible.

Cabe señalar que este sistema de resolución de controversias se aplica, fundamentalmente, en el ámbito empresarial, ofreciendo a las empresas una herramienta atractiva de resolver sus disputas, que se adaptan a sus necesidades.

Comparte con otros MASC las notas de imparcialidad y neutralidad del árbitro; las voluntariedad de las partes para elegir este MASC así como la designación del árbitro encargo de dictar el laudo; la flexibilidad de su procedimiento con normas procedimentales menores rígidas que el proceso judicial y adaptadas a las circunstancias concretas del caso, lo que es especialmente útil, en una economía cada vez más compleja y globalizada; y la profesionalidad del árbitro, que convierte a esta forma de resolver las disputas empresariales o comerciales, en una fórmula más eficiente que el proceso judicial.

El arbitraje está regulado en España en la Ley 60/2003, de 23 de diciembre, de Arbitraje, que trata de fomentar la práctica del arbitraje sobre todo en el comercio internacional al mismo ritmo que el tráfico jurídico, -LA, Exposición de motivos-.

V. LA MEDIACIÓN COMO FÓRMULA ESPECIALMENTE IDÓNEA PARA LA SOLUCIÓN DE CONFLICTOS EN EL ENTORNO FAMILIAR

1. *Definición y fines de la mediación familiar*

Existen diferentes definiciones de mediación que confluyen en los elementos esenciales de esta institución. En efecto, desde que el Consejo Europeo, en su reunión de Tampere de 15 y 16 de octubre de 1999, hiciera un llamamiento a los Estados miembros a establecer procedimientos alternativos de carácter extrajudicial con el fin de asegurar el principio de acceso a la justicia, son varias las normas internacionales, europeas y nacionales y que la definen.

La hoy derogada Ley valenciana de mediación familiar de 2001[42], una de las pioneras en España, la define como "un procedimiento voluntario que persigue la solución extrajudicial de los conflictos surgidos en su seno, en el cual uno o más profesionales cualificados, imparciales, y sin capacidad para tomar decisiones por las partes asiste a los miembros de una familia en conflicto con la finalidad de posibilitar vías de diálogo y la búsqueda en común del acuerdo" (art. 1.1, Ley 7/2001).

Así la mediación puede explicarse como un procedimiento al que voluntariamente acceden dos o más personas que mantienen un conflicto, en las que interviene un tercero imparcial y neutral llamado mediador, cuya misión es facilitar el diálogo entre aquéllas y utilizar las técnicas necesarias para que sean capaces de diseñar un acuerdo –total o parcial, sobre el objeto de la controversia-, con el que todos los participantes se consideren beneficiados.

En este sentido, la mediación es una fórmula autocompositiva eficaz para la resolución de controversias cuando el conflicto jurídico afecta a derechos subjetivos de carácter disponible[43].

---

42 Ley 7/2001, de 26 de noviembre, reguladora de la mediación familiar, en el ámbito de la Comunidad Valenciana, derogada por la vigente Ley 24/2018, de 5 de diciembre, de mediación de la Generalitat de la Comunidad Valenciana.

43 Ley 5/2012, de 6 de julio, de mediación en asuntos civiles y mercantiles, Preámbulo, II.

Como hemos dicho *supra,* la mediación aplicada en supuestos de disputas familiares, constituye una herramienta útil que contribuye no solo a poner fin a la controversia jurídica (o litigio, si ya se ha iniciado el proceso judicial) –paz jurídica–[44] sino también es el cauce para que se produzca la desescalada del conflicto necesaria para que las partes sustituyan sus posiciones por sus necesidades –y las de los terceros implicados, especialmente los menores–, y encuentren la fórmula para poder relacionarse, aunque sea de una manera distinta, y afrontar posibles desavenencias futuras por sí solas –paz social–[45].

Definida así, la mediación –aplicada a cualquier controversia– tendría una doble virtualidad:

1. Se convierte en un "hábil coadyuvante[46]" para reducir la carga de los juzgados y tribunales en este sector del ordenamiento jurídico y los sitúa como el último recurso –*la ultima ratio*– en el caso de que no sea posible componer la situación por la mera voluntad de las partes.
2. Se configura como un camino de búsqueda de soluciones de autocomposición adaptadas a las necesidades de las partes, y no solo una estrategia de negociación.

En definitiva, la mediación familiar como instrumento en la búsqueda de soluciones y resolución de conflictos familiares persigue dos objetivos: bien la preservación de la unidad familiar, bien la minimización de los efectos negativos de una crisis en el seno de la familia[47].

2.Regulación de la mediación familiar en España

El origen de la mediación aplicado al Derecho de familia lo encontramos con la aprobación de la Ley 15/2005, de 8 de julio, por la que se modifican el Código Civil y la Ley de Enjuiciamiento Civil en materia de se-

---

[44] Terminología adoptada en la Ley 5/2012, de 6 de julio, de mediación en asuntos civiles y mercantiles, Preámbulo, II.

[45] Terminología adoptada en el Libro Verde sobre las modalidades alternativas de solución de conflictos en el ámbito del derecho civil y mercantil, cit, p. 6.

[46] Ley 5/2012, de 6 de julio, de mediación en asuntos civiles y mercantiles, Preámbulo, II.

[47] Ley 7/2001, de 26 de noviembre, reguladora de la mediación familiar, en el ámbito de la Comunidad Valenciana (derogada), Preámbulo.

paración y divorcio[48] –en adelante, Ley 15/2005-, que fundamentada en el artículo 32 en relación con el 10.1 de la Constitución española, configura el derecho a contraer matrimonio ampliando el ámbito de libertad de los cónyuges en lo relativo al ejercicio de la facultad de solicitar la disolución de la relación matrimonial y establece la separación y el divorcio como dos opciones basadas en el principio de libertad de los cónyuges en el matrimonio, pues tanto la continuación de su convivencia como su vigencia depende de la voluntad constante de ambos[49].

En lo que al objeto de este capítulo se refiere, la Ley 15/2005, posibilita que las partes soliciten al juez, en cualquier momento, la suspensión de las actuaciones judiciales para acudir a la mediación familiar (art. 19.4) –introduciendo una nueva regla 7ª al art. 770 La Ley 1/2000, de 7 de enero, de Enjuiciamiento Civil-, y tratar de alcanzar una solución consensuada en los temas objeto de litigio, reservándose la intervención judicial cuando haya sido imposible el pacto, o bien cuando el contenido de lo acordado lesione los intereses de los hijos a cago o a uno de los cónyuges, y las partes no hayan atendido a su requerimiento de modificación[50].

Además, la Ley 15/2005, define la mediación como "un recurso voluntario alternativo de solución de los litigios familiares por vía de mutuo acuerdo con la intervención de un mediador, imparcial y neutral"[51], que presenta tres principales ventajas: a) reducir las consecuencias derivadas de una separación o divorcio para todos los miembros de la familia; b) mantener la comunicación y el diálogo; c) garantizar la protección del interés superior del menor.

Pues bien, la propia Ley 15/2005, en su Disposición final tercera, exhorta al Gobierno a remitir a las Cortes un proyecto de ley sobre mediación que se basen en las disposiciones de la Unión Europea, "y en todo caso en los de voluntariedad, imparcialidad, neutralidad y confidencialidad y en el respeto a los servicios de mediación creados por las Comunidades Autónomas".

Esta obligación junto con la de incorporar a nuestro Ordenamiento jurídico la Directiva 2008/52/CE, llevó al legislador a aprobar primero el Real Decreto-Ley 5/2012 –como recurso de urgencia para poner fin al retraso en el cumplimiento de la obligación prevista en el Directiva- y después, la

---

48 BOE núm. 163, de 9 de julio de 2005.

49 Ley 15/2005, de 8 de julio, Exposición de motivos.

50 Ibíd.

51 Ibíd.

Ley 5/2012, de 6 de julio, de mediación en asuntos civiles y mercantiles[52], con una regulación más extensa que la establecida en la Directiva que traspone, disponiendo un régimen general aplicable a toda mediación que tenga lugar en España y pretenda tener un efecto jurídico vinculante, si bien circunscrita al ámbito de los asuntos civiles y mercantiles.

La Ley 5/2012, que establece el marco para el ejercicio de la mediación, sin perjuicio de las disposiciones que dicten las Comunidades Autónomas en el ejercicio de sus competencias, la define con las siguientes virtualidades:

1. Define la mediación como instrumento eficaz para la resolución de controversias cuando el conflicto jurídico afecta a derechos subjetivos de carácter disponible[53].
2. Establece sus principios rectores: el principio de voluntariedad y libre disposición, el de imparcialidad, el de neutralidad y el de confidencialidad[54].
3. Dispone las directrices que han de guiar la actuación de las partes en el procedimiento de mediación: buena fe y el respeto mutuo, así como su deber de colaboración y apoyo al mediador[55].
4. Instituye el estatuto mínimo del mediador, con la determinación de los requisitos que deben cumplir y de los principios de su actuación, siguiendo el modelo del Código de conducta europeo para mediadores[56].
5. Afirma la flexibilidad del procedimiento, que permite que sean los sujetos implicados en la mediación los que determinen libremente sus fases fundamentales[57].
6. Asimila el procedimiento de ejecución de los acuerdos alcanzados en mediación, a lo previsto en el Derecho español, exigiéndose su elevación a escritura pública como requisito para ser considerado título ejecutivo[58].

---

52 BOE núm. 162, de 7 de julio de 2012.

53 Ley 5/2012, de 6 de julio, de mediación en asuntos civiles y mercantiles, Preámbulo, II.

54 Ibid, Título II.

55 Ibíd.

56 Ibíd, Título III.

57 Ibíd, Título IV.

58 Ibíd, Título V.

Respecto a la regulación de la mediación familiar en España, hay que destacar el relevante papel que han tenido las Comunidades Autónomas -en adelante, CCAA- amparándose bien en su Derecho foral, bien por estar en el ámbito de su competencia en materia de asistencia social -art. 148.1.20ª CE-. Las primeras CCAA que legislaron sobre mediación familiar en España fueron en 2001 Cataluña, Galicia y Comunidad Valenciana, a las que le siguieron el resto de Autonomías. No obstante, la tendencia legislativa autonómica en materia de mediación es la de extender su ámbito de aplicación al Derecho privado, excediendo del estrictamente familiar, como han hecho Cataluña, Comunidad Valenciana, Castilla La Mancha o Cantabria[59], llegando incluso, novedosamente, a incluir la mediación penal como práctica de justicia restaurativa, como sucede con la reciente Ley Foral de la Comunidad Navarra, 4/2023, de 9 de marzo, de justicia restaurativa, mediación y prácticas restaurativas comunitarias.

3. Ventajas de la mediación familiar respecto al proceso y otros MASC

La Recomendación Nº R (98)1 del Comité de Ministros a los Estados Miembros sobre la mediación familiar, considera este instrumento de Justicia restaurativa, como el "medio más apropiado de resolución de los conflictos familiares[60]".

Además, del análisis de este instrumento normativo europeo, podemos extraer las ventajas que presenta la mediación familiar respecto del proceso judicial, como consecuencia de una serie de principios rectores que afectan a la figura del mediador. Así, en relación a la imparcialidad y neutralidad del mediador, éste respetará mantendrá una posición respetuosa con los puntos de vista de las partes y no impondrá ningún tipo de solución al conflicto. En este sentido, el mediador es un verdadero facilitador del diálogo que velará por el cumplimiento de los principios que rigen el procedimiento de mediación, teniendo especialmente en cuenta el bienestar de la familia, especialmente los menores, alentando a los padres a priorizar

---

59 En este sentido: Ley 15/2009, de 22 de julio, de mediación en el ámbito del derecho privado -Cataluña-; Ley 24/2018, de 5 de diciembre, de mediación de la Generalitat de la Comunidad Valenciana; Ley 1/2015, de 12 de febrero, del Servicio Regional de Mediación Social y Familiar de Castilla-La Mancha y la Ley 1/2011, de 28 de marzo, de mediación de la Comunidad Autónoma de Cantabria.

60 Recomendación Nº R(98) 1 del Comité de Ministros a los Estados Miembros sobre la mediación familiar, núm. 11.II.

las necesidades del niño frente a las propias, apelando a la responsabilidad de los padres[61].

Por otro lado, por la propia forma flexible de su procedimiento, que permite adaptarse a las circunstancias concretas de los intervinientes junto con la profesionalidad del mediador y el respeto a las garantías legales -que no impide la asistencia letrada a las partes por sus letrados antes y durante la práctica de la medición-, la hace idónea para que de lugar a acuerdos amistosos y ajustados a las necesidades de las partes, asegure la continuidad de las relaciones personales, reduzca los costes económicos y sociales de la separación y del divorcio para los implicados -y los Estados- y reduce el tiempo necesario para la solución de los conflictos.

Por último, junto con los clásicos principios rectores del procedimiento de mediación: voluntariedad, confidencialidad, neutralidad, bilateralidad y buena fe, flexibilidad, profesionalidad y garantías legales[62], hay que tener en cuenta las especialidades del Derecho de familia en el que rige el principio del interés superior del menor -art. 39.4 CE-, que deberá ser tenido en cuenta de manera prioritaria a la hora de alcanzar acuerdos -tanto en los acuerdos privados como en las resoluciones judiciales-. En este sentido, debemos recordar el Convenio Europeo sobre el Ejercicio de los Derechos del Niño, firmado el 25 de enero de 1996 y entrado en vigor el 1 de noviembre de 2003, especialmente su artículo 13, que tiene el objeto de promover los derechos de los niños, de concederles derechos procesales y facilitar el ejercicio de estos derechos.

4. La práctica de la mediación familiar en los Juzgados españoles

Con el objetivo de asegurar un mejor acceso a la justicia, como parte de la política de la UE encaminada a establecer un espacio de libertad, seguridad y justicia, la Directiva 2008/52/CE del Parlamento Europeo y del Consejo de 21 de mayo de 2008[63] –en adelante, Directiva 2008/52/CE- , cuya finalidad principal es promover el recurso a la mediación en los Estados miembros, dispone cinco normas sustantivas de este instrumento jurídico:

---

61 Ibíd, III-.

62 CGPJ, *Guía para la práctica de la mediación intrajudicial*, Madrid, CGPJ, 2016, p. 51.

63 Directiva 2008/52/CE del Parlamento Europeo y del Consejo de 21 de mayo de 2008 sobre ciertos aspectos de la mediación en asuntos civiles y mercantiles.

1. Obligación de los Estados miembros de promover la formación de mediadores para garantizar una práctica de la mediación de calidad (Considerando 16).
2. Faculta a los jueces a derivar a las partes en conflicto a mediación, si lo considera adecuado a las circunstancias del caso (Considerando 12).
3. Dispone el carácter ejecutivo de los acuerdos resultantes de la mediación, si las partes lo solicitan, mediante la aprobación del acuerdo por el órgano jurisdiccional o elevándolo a documento público por un Notario (art. 6).
4. Garantiza la confidencialidad en el proceso de mediación (art. 7).
5. Establece la garantía de que las partes no pierdan la ocasión de acudir a juicio como consecuencia del tiempo dedicado a la mediación, por haber vencido los plazos de caducidad o prescripción durante el procedimiento de mediación (art. 8), con el propósito de eliminar posibles desincentivos y evitar que la mediación pueda producir efectos jurídicos no deseados.

En relación a la práctica de la mediación intrajudicial civil, según datos del CGPJ[64], en el año 2022 se derivaron a mediación un total de 868 asuntos civiles, un 4,8% menos que el año anterior. De las mediaciones derivadas y finalizadas, el 18,8% fueron con avenencia.

En los juzgados con competencia en materia de Derecho de familia se derivaron a mediación familiar un total de 3.037, un 7,6% menos que en 2021. El número avenencias fue de 336 -un 1,8 % menos que en 2021- y las finalizadas con avenencia registradas fue de 1.471 -un 13,9% menos respecto del año anterior[65]-, representando el número de mediaciones finalizadas con avenencia el 18,59% respecto del total de mediaciones realizadas en el año 2022.

Consideramos relevante, observar la tendencia que ha experimentado la mediación intrajudicial en los Juzgados de Primera Instancia y Juzgados de Primera Instancia e Instrucción, en los últimos 10 años, explicitando las tres variables -número de derivaciones realizadas; mediaciones finalizadas con avenencia y mediaciones finalizadas sin avenencia-:

---

64 CGPJ, Memoria sobre el estado, funcionamiento y actividades del Consejo General del Poder Judicial y de los juzgados y tribunales en el año 2022, cit., p. 446.

65 Ibíd, p. 447 y ss.

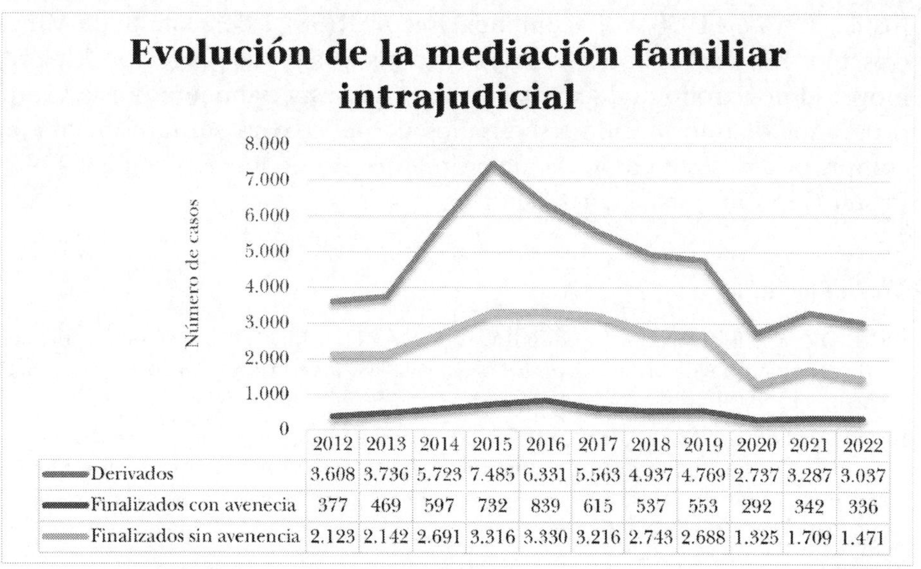

	2012	2013	2014	2015	2016	2017	2018	2019	2020	2021	2022
Derivados	3.608	3.736	5.723	7.485	6.331	5.563	4.937	4.769	2.737	3.287	3.037
Finalizados con avenecia	377	469	597	732	839	615	537	553	292	342	336
Finalizados sin avenencia	2.123	2.142	2.691	3.316	3.330	3.216	2.743	2.688	1.325	1.709	1.471

Fuente. Estadística Judicial. CGPJ.

Como se puede observar, pese a la insistencia del CGPJ por dar impulso a la mediación[66], obviando los datos distorsionados del año 2020 por las circunstancias excepcionales vividas por la pandemia, se produce un elevado número de derivaciones en el año 2015 -teniendo que ver la aprobación y entrada en vigor de Ley 15/2015, de 2 de julio, de la Jurisdicción Voluntaria- que repercute en un incremento también de las avenencias logradas, y a partir de ese momento se produce una tendencia a la baja en todas las variables analizadas, que pese al incremento del año 2021, los datos del año 2022, vuelve a corroborar.

En este sentido, es necesario poner de manifiesto la necesidad de acciones de divulgación desde el CGPJ en colaboración con operadores jurídicos y distintas entidades públicas y privadas así como una adecuada formación e información de los mismos que acerque a los ciudadanos a la

---

66 En este sentido cabe señalar la actividad de la Sección de Mediación del CGPJ que, durante el año 2022, ha continuado con la línea de años anteriores articulada en tres objetivos básicos: a) Consolidación de la mediación intrajudicial como sistema de solución de conflictos complementario de la jurisdicción; b) Formación de los integrantes de la Carrera judicial en materia de mediación; c) Velar por la calidad de los proyectos de implantación. CGPJ, Memoria sobre el estado, funcionamiento y actividades del Consejo General del Poder Judicial y de los juzgados y tribunales en el año 2022, cit., p. 255.

Justicia[67]. Ya en 1998, la Recomendación Nº R(98) 1 del Comité de Ministros a los Estados Miembros, establecía a los Estados la obligación "de promover el desarrollo de la mediación familiar, especialmente por la vía de programas de información dispensados al público para permitir una mejor compresión de este modo de acuerdo amistoso de litigios familiares" -VI. Promoción y acceso a la mediación-.

VI. Bibliografía

BELLIDO, C., BOLAÑOS, I., GARCIA, C. y MARTIN, M., "El proceso psicojurídico de separación y divorcio". *Actas del II Congreso Oficial del Colegio de Psicólogos,* Área 9, Valencia, 1990.

BIEZMA LÓPEZ, J.M.y FARIÑA RIVERA, F., "Impacto psicológico de la ruptura de la pareja sobre los miembros de la familia". En MARTÍNEZ DE CAREAGA GARCÍA, C. et al. (Coord.), *Guía de criterios de actuación judicial en materia de custodia compartida,* CGPJ, 2020, pp. 17-40.

BLANCO CARRASCO, M., *Las responsabilidades parentales en situaciones de crisis familiar: mediación, puntos de encuentro y coordinación de parentalidad,* Barcelona, Editorial Reus, 2020.

BOLAÑOS, I., "Conflicto familiar y ruptura matrimonial. Aspectos psicolegales". En MARRERO, J.L. (Comp.) *Psicología Jurídica de la familia,* Madrid, Fundación Universidad Empresa, Retos jurídicos en las Ciencias Sociales, 1998.En: https://www.ucm.es/data/cont/media/www/pag-50196/documentos/IB-Rupturas.pdf

CGPJ, Memoria sobre el estado, funcionamiento y actividades del CGPJ y de los Juzgados y Tribunales en el año 2022.

COMISIÓN EUROPEA, *Libro Verde sobre las modalidades alternativas de solución de conflictos en el ámbito del derecho civil y mercantil, COM(2002) 196 final,* Bruselas, 2002.

---

67 Cabe señalar al respecto, la iniciativa de la Comisión Permanente del Consejo General del Poder Judicial a propuesta de la Comisión de Igualdad para la redacción de la "Guía de instrumentos auxiliares del Juzgado de Familia" cuyo trabajo finalizó el 19 de diciembre de 2022 -iniciativa ya realizada con la Comisión de elaboración de la Guía de criterios de actuación judicial en materia de custodia compartida- con el fin de poner de manifiesto los diferentes servicios de naturaleza auxiliar de la jurisdicción de familiar (Puntos de Encuentro Familiar, Equipos Psicosociales, entidades públicas de protección de menores, etc...). La idea es dar a conocer tanto a los operadores jurídicos como a la sociedad, las competencias y funciones de estos instrumentos auxiliares para el adecuado desempeño del servicio público de la Justicia, así como su utilidad, con el fin de acercar la Justicia de familia a los operadores jurídicos y a la ciudadanía en general. CGPJ, Memoria sobre el estado, funcionamiento y actividades del Consejo General del Poder Judicial y de los juzgados y tribunales en el año 2022, cit., p. 97.

MARDOMINGO SANZ, M.J.: "Rupturas parentales y psicopatología de los hijos. Medidas de prevención y tratamiento", *Foro gallego: Revista Xurídica, Nº 206 (enero-junio),* 2019, pp. 143-159.

ORTUÑO MUÑOZ, P., "Los conflictos de derecho de la persona y la familia y la TJ ". En WEXLER, D.B., FARIÑA RIVERA, F., MORALES QUINTERO, L.A. y COLÍN SOTO, S.P., "Justicia terapéutica: experiencias y aplicaciones", II Congreso Iberoamericano de Justicia Terapéutica, 4-6 de diciembre de 2014, Puebla, México, Instituto Nacional de Ciencias Penales (INACIPE), 2014. pp. 47-56.

OTERO OTERO, B., "La ruptura de pareja en tiempos del Covid-19", *Diario La Ley,* 1374/2020. En: https://diariolaley.laleynext.es/dll/2020/05/05/la-ruptura-de-pareja-en-tiempos-del-covid-19

PITTMAN, F.S., *Momentos decisivos: Tratamiento de familias en situaciones de crisis.* Barcelona, Paidós, 1990.

ROMANO, C., *La mediación familiar internacional,* Madrid, Centro de Estudios Jurídicos. Ponencia, 2017 En: https://www.fiscal.es/documents/20142/100691/Ponencia+Cinthia+Romano.pdf/94bef19d-5294-0ca0-8a15-529824e533c9?t=1531205056810

Capítulo X

Medios adecuados de solución de conflictos online: ¿es necesario limitarlos?

MARÍA JOSÉ CATALÁN CHAMORRO
Profa. Ayudante Doctor de Derecho Procesal
Universidad de Córdoba

Sumario: I. introducción. II. Conceptualización. 1. La negociación. 1.1. Negociación online en España. 1.2.Tipos de negociación online. 2. La mediación online. 3. La conciliación online. 4. Oferta vinculante confidencial. 5. Opinión de persona experta independiente. III. Límites técnicos. IV. Límites éticos. 1.Brecha digital. 2. Asistencia informática al ciudadano. v. Conclusiones.

I. INTRODUCCIÓN

En España el Proyecto de Ley de medidas de eficiencia procesal del servicio público de Justicia removió toda la doctrina en torno a los tradicionalmente llamados ADR dándoles un nuevo apelativo, medios adecuados de solución de controversias, es decir MASC. Como podemos ver a lo largo de esta obra colectiva los medios adecuados de solución de conflictos tienen aún un arduo camino por recorrer en nuestro territorio debido a la singularidad y flexibilidad de estos procedimientos[1].

Por un lado, la falta de una cultura de paz, del acuerdo y de la justicia restaurativa en los diferentes órdenes jurisdiccionales de nuestro país merman la capacidad de instaurar el uso de estos métodos como preferentes para la solución de nuestras controversias. Y, por otro lado, la idea primigenia del Ejecutivo de establecer estos MASC como requisito de procedibilidad para la introducción de un amplio abanico de causas

1 Trabajo realizado en el marco de los proyectos de investigación: Proyectos I+D+i» 2020 Ref. PID2020-117872RB-I00 y Proyecto de I+D+i "Claves para una Justicia digital y algorítmica con perspectiva de género", PID2021-123170OB-I00, financiado por MCIN/AEI/10.13039/501100011033/.

civiles en los juzgados y tribunales de nuestro país, no plantean a priori el mejor caldo de cultivo que precisaríamos para la promoción y el éxito de los MASC.

No obstante, debemos trabajar con las herramientas que el legislativo nos proporciona, aunque no tengamos todos los elementos suficientes para maximizar una buena implementación de estos medios adecuados de solución de controversias. Es labor por tanto de la doctrina apuntar todos aquellos déficits atisbados en la norma para así en una futura implementación poder mejorarlos, modificarlos e incluso eliminarlos.

El iter legislativo de la norma no ha sido sencillo, ni tampoco rápido, pero sí ha sido ampliamente debatido. Todo este debate interno y externo, tanto dentro de las cámaras legislativas como con multitud de congresos y artículos emitidos por la doctrina han ayudado a que el texto final pueda salir con las mayores garantías posibles. Si bien esta norma ha puesto el acento en una materia hasta ahora levemente recogida en nuestro ordenamiento jurídico cómo es la resolución alternativa de conflictos online o de celebración de las actuaciones por medios telemáticos. En sus inicios el anteproyecto legislativo estableció un límite económico preferente para el desarrollo de estos procedimientos de manera telemática y así, rezaba en el texto "Cuando el objeto de controversia sea una reclamación de cantidad que no exceda de 600 euros se desarrollará preferentemente por medios telemáticos, salvo que el empleo de éstos no sea posible para alguna de las partes". Sin embargo, durante la tramitación parlamentaria desapareció este límite económico. Esta situación nos pone sobre la pista de si realmente debemos plantear límites económicos, sociales, de edad, sectoriales, etcétera a los procedimientos de resolución alternativa de conflictos celebrados telemáticamente o si por el contrario deben ser los contendientes los que fijen estos límites.

Si bien, debemos plantearnos sí ante contendientes con diferentes capacidades se debe imponer a la parte contraria el uso de estos medios telemáticos. Así también debemos reflexionar sobre la necesidad de instaurar un organismo público destinado a facilitar el acceso a la justicia alternativa o no alternativa telemática para aquellas personas que no cuenten con los recursos suficientes para poder acceder a estos medios.

Sin duda la necesidad de establecer límites a este tsunami tecnológico es uno de los paradigmas a los que se debe enfrentar la sociedad. Ya que, por un lado, el uso de medios telemáticos para la resolución de conflictos nos ahorra tiempo, esfuerzo y por lo tanto se dibuja como más eficiente.

Pero, por otro lado, el uso de estos medios puede estar dejando atrás a toda una generación que por edad no se apellida tecnológica, así como dejando atrás a un sector de la población, que aun contando con acceso a internet no tiene las habilidades suficientes como para enfrentarse a estos medios para solventar sus conflictos de manera online, sin un asesoramiento experto para este tipo de procedimientos especializados.

II. CONCEPTUALIZACIÓN

En teoría podemos asemejar los medios adecuados de solución de conflictos con los ODR. Si bien, los ODR en ocasiones comprenden también formas híbridas que combinan diferentes tipos de procedimientos de resolución de conflictos. Por ello, en el presente trabajo nos vamos a limitar a estudiar y detallar los denominados MASC, descritos por el Proyecto de Ley de medidas de eficiencia procesal del servicio público de Justicia, y qué sería de ellos desarrollados en el ámbito online. Si bien, el Proyecto aclara que los MASC descritos en el mismo son a modo ejemplificativo, ya que no existe un numero clausus de estos.

1. La negociación

Sorprendentemente en el Proyecto de Ley que regulará los MASC en España le da una especial prevalencia a la negociación. Este método es ampliamente mencionado en el preámbulo y detallado en el articulado. No obstante, la negociación como un método de resolución alternativa de conflictos en sí mismo no precisa a priori de normas o requisitos que la regulen, pues de alguna manera, nacemos con la capacidad innata de negociar entre nosotros.

Otro detalle que nos llama poderosamente la atención es la alusión durante el preámbulo de la norma a la falta de negociación en la actualidad por parte de la abogacía. Es decir, el Proyecto alega una inexistencia de diálogo entre los abogados de las partes previo a la introducción de las demandas civiles en los juzgados y tribunales de nuestro país. Cuestión que nos parece más que discutible, ya que en la práctica diaria sí existe generalmente un intercambio de pareceres entre los representantes legales y defensores técnicos de las partes antes de la interposición de acciones legales en sede judicial. Si bien, en el texto prelegislativo, esta negociación es entendida tanto la celebrada entre las partes, cómo celebrada entre los representantes legales de las mismas, es decir con asistencia letrada.

No obstante, también puede llevarnos a la confusión las múltiples ocasiones donde en este proyecto se describe a los MASC cómo cualquier tipo de actividad negociadora, y donde incluye el resto de las fórmulas de solución adecuadas de conflictos recogidos en la misma.

Además, se introduce un concepto jurídico nuevo en nuestro ordenamiento como es el proceso de derecho colaborativo, sin aclarar exactamente qué es. La pre-norma indica que este facilita la negociación estructurada de las partes asistidas por sus respectivas abogadas y abogados y que permite, de una forma natural y orgánica, integrar en el equipo, si se considerase oportuno, a terceras personas expertas neutrales. Asimismo, se indica que se rige por los principios fundamentales de la buena fe, la negociación sobre intereses, la transparencia, la confidencialidad, el trabajo en equipo —entre las partes, sus abogadas y abogados y las terceras personas expertas neutrales que pudieran, en su caso, participar—. Además de requerir la renuncia de acceder a los tribunales por parte de los y las profesionales de la abogacía que hayan intervenido en el procedimiento colaborativo, caso de no conseguir una solución, total o parcial, de la controversia.

1.1. Negociación online en España

Con estos elementos, el ejecutivo debería poner en marcha al menos una plataforma online, fruto de la colaboración público-privada para la puesta en marcha de este tipo de procedimientos colaborativos de negociación, mejorando así el acceso a la justicia. De esta manera se promocionaría la autotutela directa de las partes, sin necesidad incluso de contratar defensores técnicos para defender sus intereses. No obstante, este tipo de plataformas deberán contar con un buen respaldo de trabajadores públicos detrás que puedan resolver las dudas que los contendientes puedan tener a lo largo del procedimiento. Estos asistentes no deberían ser los llamados chatboots, ya que como veremos, en ocasiones dificultan más la tarea que se está llevando a cabo. De modo que se deberá ofrecer ayuda o asistencia al ciudadano tanto vía telemática, como telefónica y presencial, para no dejar a nadie atrás en este tipo de avances. Solo de esta manera merecerá la pena avanzar en la justicia electrónica.

Por lo tanto, en nuestra opinión para validar este tipo de negociaciones para el acceso a los juzgados y tribunales deben estar amparadas bajo el halo de las autoridades públicas.

1.2. Tipos de negociación online

Cuando hablamos de negociación en ocasiones se nos viene a la mente situaciones tensas, incómodas y estresantes. Sin embargo, poder realizar estas negociaciones tras una pantalla nos hace menos vulnerables a esos sentimientos negativos. Hoy en día es una obviedad que todos somos más valientes tras una pantalla que en el cara a cara. Por ello las negociaciones online además de que permiten una mayor disponibilidad del tiempo de cada una de las partes, ya que no suelen ser síncronas, permiten a las partes pensar con claridad las posibilidades para la resolución de su conflicto.

La negociación está principalmente indicada para conflictos sencillos de resolver y que no contengan una solución muy complicada. Fundamentalmente se utiliza ante conflictos en los que aun asumiendo cada parte sus culpas no se llega a un acuerdo respecto de las cantidades rescisorias. Así, podemos ver como en otros países de nuestro entorno se utiliza la negociación online para resolver conflictos de tráfico, de indemnizaciones laborales, de pensiones de alimentos o de responsabilidad civil derivada de hechos contractuales y extracontractuales.

Este tipo de negociaciones pueden ser dirigidas por plataformas telemáticas automáticas, es decir, sin intervención de ningún humano tercero y en el que el humano tercero solamente aparezca en caso de problemas puramente técnicos.

En ese contexto, una buena solución para aquellos conflictos enconados tan solo en el ámbito económico son los sistemas de *blind bidding* o de pujas a ciegas. Estos sistemas llamados de negociación permiten a las partes hacer una oferta o puja de manera anónima e incluir además en esa oferta un rango o porcentaje por el cual cada una de las partes aceptaría un acuerdo. También se podrá acordar el número de intentos de acuerdo que se van a permitir. No obstante, en este mecanismo no es posible discutir más términos o razones que la simple y llana cantidad monetaria.

Sin embargo, podemos articular plataformas electrónicas aptas para la negociación algo más complejas y que permitan a los ciudadanos más interacción. En este punto, podemos articular una plataforma que, previamente a la puja, sea capaz de diagnosticar el conflicto que las partes presentan. Este tipo de plataformas suelen ser sectoriales y están especialmente desarrolladas en el ámbito de las reclamaciones de consumo. Así por ejemplo si nos acercamos a la plataforma de reclamaciones de Amazon podremos visualizar una serie de preguntas, programadas en diagrama de árbol, identifican el problema concreto y las soluciones limitadas que se otorgan al respecto. Así por ejemplo ante la entrega de un producto defectuoso se le ofrecerá al consumidor reemplazarle el producto, obtener un descuento en la próxima compra o devolverle su dinero.

No obstante, en principio el legislador de español tan solo contempla la negociación directa o, en su caso, a través de sus abogados o abogadas, así como a través de un proceso de derecho colaborativo. Aunque no hay evidencia de la imposibilidad de que esto se dé a través de medios online o telemáticos. Cuestión que sería altamente positiva para la ciudadanía española siempre que se cumplan los límites éticos y sociales que plantearemos en este trabajo.

2. *La mediación online*

En el caso de la mediación, el proyecto indica que se regirá por lo dispuesto en la Ley 5/2012, de 6 de julio, de mediación en asuntos civiles y mercantiles, y, en su caso, por la legislación autonómica que resulte de aplicación. Por ende, entendemos que esto dará lugar a la posibilidad de incluir la mediación online como método preceptivo para la resolución de conflictos civiles. Así en nuestra ley de mediación ya se prevé en su artículo 24 la posibilidad de que las actuaciones desarrolladas por medios electrónicos. Además, nuestra ley de 2012 también contempla la igualdad en el acceso a este tipo de mediaciones por parte de las personas con discapacidad.

Es importante recordar que la disposición final séptima de nuestra Ley de mediación ya se preveía la creación de una plataforma por parte del Ministerio de Justicia que establecería un procedimiento de mediación simplificado para las reclamaciones de cantidad, que se desarrollaría exclusivamente por medios electrónicos. Donde las pretensiones de las partes se limitan a la discusión de cantidades monetarias y que en ningún caso se podrían referir a la confrontación de derecho. Todo ello realizado a través de formularios de solicitud del procedimiento y su contestación que el mediador o la institución de mediación facilitarían a los interesados. Contemplando para todo ello una duración máxima de un mes, a contar desde el día siguiente a la recepción de la solicitud y será prorrogable por acuerdo de las partes. Sin embargo, doce años después de esta previsión normativa aún no se ha desarrollado este procedimiento simplificado que facilitaría tanto el acceso a la justicia de la ciudadanía en general.

3. La conciliación online

La conciliación en nuestro país está ampliamente contemplada en el ordenamiento jurídico. En el proyecto de Ley en cuanto a MASC se reconoce la conciliación ante notario regida por lo dispuesto en el Capítulo VII del Título VII de la Ley del Notariado; la conciliación ante el registrador regida por lo dispuesto en el título IV BIS de la Ley Hipotecaria y finalmente, una de las más importantes la conciliación ante el letrado o letrada de la Administración de Justicia regida por lo establecido en el título IX de la Ley 15/2015, de 2 de julio, de la Jurisdicción Voluntaria. Asimismo, además de la conciliación donde el tercero sea un funcionario público con capacidad para otorgar fe pública, lo que le puede dar una mayor estabilidad al acuerdo, también se reconoce la conciliación privada donde este tercero puede ser cualquier persona a la que las partes voluntariamente la envisten de autoritas.

En el proyecto, el legislador matiza las funciones del conciliador, con capacidad de formular directamente a las partes posibles soluciones, e incluso proponer la posibilidad en cualquier momento de poder emitir una opinión escrita no vinculante e invitar a las partes a que formulen posibles propuestas de solución que construyan un eficaz acuerdo común. A diferencia de lo que ocurre con la mediación, donde el mediador solamente está capacitado para dirigir el dialogo del conflicto, pero que en ningún momento debe proponer soluciones u opiniones sobre el conflicto.

En este método de resolución adecuada de conflictos no está prevista legislativamente ninguna especialidad para el caso de celebrarse vía online o lo que es lo mismo a través de medios electrónicos. Esto no obsta a que no se puedan utilizar estos medios, que podrán ser utilizados de un modo similar a como se hace en mediación. Es decir, a través del uso de correo electrónico y videoconferencias, siempre que se pueda garantizar la seguridad de las comunicaciones y la autenticidad de la identidad de las partes. Y nuevamente huelga decir, con el respeto a los derechos respecto las diferentes brechas y dificultades que puedan encontrar los distintos colectivos vulnerables de nuestro país.

4. Oferta vinculante confidencial

En el artículo 16 del proyecto referenciado en este trabajo se dibuja como medio adecuado de solución de conflictos la oferta vinculante confidencial. En este caso, personalmente no lo asemejaría ni en calidad, ni en cualidades a los anteriores métodos analizados ya que carece prácticamente de procedimiento. Si bien cuenta con unas características óptimas para desarrollarse a través del medio electrónico, ya que la forma de remisión tanto de la oferta como de la aceptación han de permitir dejar constancia de la identidad del oferente, de su recepción efectiva por la otra parte y de la fecha en la que se produce dicha recepción, así como de su contenido que tendrá carácter confidencial. Todo ello, se puede garantizar perfectamente con la utilización de medios electrónicos y/o telemáticos.

Así, se entiende por oferta vinculante confidencial a la propuesta que cualquier persona involucrada en un conflicto y que constituya parte del mismo, con ánimo de dar solución a una controversia, formule una oferta vinculante a la otra parte. Esta quedará naturalmente obligada a cumplir la obligación que asume, en caso de que la parte a la que va dirigida la acepte de manera irrevocable.

Para el uso de este medio será preceptiva la asistencia letrada a las partes, excepto cuando la cuantía del asunto controvertido no supere los 2.000 euros o bien cuando una ley sectorial no exija la intervención de letrado o letrada para la realización o aceptación de la oferta.

5. Opinión de persona experta independiente.

Y finalmente, el artículo 17 del citado proyecto que introduce la opinión de una persona experta independiente como método adecuado de solución de controversia. Lo que hasta ahora había sido un perito aportado en sede judicial, ahora se convierte en la persona sobre la que recae el cien por cien de la decisión final.

Así se detallan algunas características propias que debe tener esta opinión del experto independiente como por ejemplo que debe ser acordado de mutuo acuerdo entre las partes o que estas se obligan poner a disposición de este experto toda la información y pruebas que obren en poder de las partes. Asimismo, se vuelve a incidir en la importancia de la confidencialidad de las actuaciones e informaciones, igual que en el resto de los MASC aquí citados. Y siempre esta opinión debe ser emitida respecto a los especiales conocimientos que este tenga sobre el objeto de la controversia. Una vez que se emita el dictamen por parte del experto las partes podrán alegar -durante 10 días-, en forma de recomendaciones, observaciones o propuestas con el fin de mejorar la opinión emitida o simplemente aceptarla.

En caso de aceptarse la opinión emitida tendrá la misma validez y reconocimiento que cualquier otro de los MASC analizados en este trabajo, haciéndose constar el acuerdo en un acta, susceptible de elevación a escritura pública si así lo estiman las partes. En el caso contrario, es decir en caso de que el acuerdo no haya sido aceptado por una o por ambas partes, el experto emitirá una certificación en la que se indique que se ha intentado llegar a un acuerdo por esta vía, a los efectos de tener por cumplido el requisito de procedibilidad. Se podría haber dejado para un desarrollo reglamentario posterior las características que deben reunir la persona experta, pero el proyecto ha querido resaltar que esta experta deberá acreditar que está en posesión de los títulos oficiales que garanticen los conocimientos técnicos sobre la materia objeto de su informe, que su actuación deberá ser diligente y seguir los estándares propios de la actuación profesional que le haya sido encomendada. Así mismo en el informe deberá constar juramento o promesa de decir la verdad y que ha actuado o que actuará, con la mayor objetividad posible, tomando en consideración, tanto lo que pueda favorecer, como lo que sea susceptible de causar perjuicio a cualquiera de las partes.

Este MASC adquiere una especial relevancia para su desarrollo en el ámbito online ya que permite a las partes obtener una respuesta adecuada y especializada sin necesidad de desplazamientos y gestionada desde el domicilio de cada una de las partes, lo que conllevará una consecuente reducción del coste total del litigio.

A modo de ejemplo podemos ver el portal Official Injury Claim que se presenta como un servicio gratuito e independiente, prestado en nombre del Ministerio de Justicia británico para que las personas con lesiones leves[2] en un accidente de tráfico puedan reclamar una indemnización sin ayuda legal y de forma online. Los requisitos mínimos son ser mayor de 18 años, que el accidente ocurra en Inglaterra o Gales y haya ocurrido a partir del 31 de mayo de 2021, es necesario que el reclamante estuviese dentro de un vehículo, que crea que el accidente no fue su culpa y que la reclamación de la lesión sea por un valor inferior a £5,000.

Una vez se informe a través del formulario web de dónde y cuándo ocurrió el accidente, qué lesiones hay como resultado y los vehículos involucra-

---

2 Este servicio es competente para tramitar reclamaciones por lesiones leves personales relacionadas con accidentes de tráfico entendiéndose estas las cuantificables de hasta £5.000, y de hasta un total de £10.000 para pérdidas patrimoniales relacionadas con el accidente, como la pérdida de ingresos o daños del automóvil.

dos, además de indicar quién cree que fue el responsable, la plataforma lo enviará a la compañía de seguros que cubrió al conductor que cree que fue responsable. La propia plataforma le facilitará el contacto con un experto médico, quien evaluará su lesión o lesiones y redactará un informe médico.

Una vez que la aseguradora haya resuelto quién fue el responsable del accidente y haya proporcionado pruebas de sus pérdidas o lesiones, esta deberá ofrecer una compensación por su reclamación, que el reclamador podrá optar por aceptar o impugnar.

Si bien, la intervención de la plataforma no se queda ahí ya que cuando se acepte la oferta, la aseguradora se comunicará con el reclamador para organizar el pago. Y será la propia plataforma la que deberá verificar el progreso de toda la reclamación hasta su cierre[3].

III. LIMITES TÉCNICOS

La cantidad y variedad de métodos adecuados de solución de conflictos no queda limitada a la lista ofrecida por el proyecto de ley, sino que pueden ser tan variados como la imaginación permita crear métodos que solventen conflictos fuera de los juzgados fruto de los pactos. Y así de la misma manera actúa la tecnología, que parece ser imparable en la formulación de software que automaticen estos MASC. Prácticamente todo lo que imaginemos puede llegar a hacerlo la máquina. Sin embargo, si dudamos de que sean tan eficaces estos softwares como una persona que bien sea la encargada de resolver el conflicto o bien asiste a las partes en la utilización de este tipo de software.

Estos softwares, a priori tan facilitadores del acceso a la justicia alternativa, en muchas ocasiones se pueden convertir en un atolladero sin salida para muchas personas. En primer lugar, cada vez es más difícil poder garantizar que la persona que se encuentra al otro lado de la pantalla es quien realmente dice ser. Así podemos ver cómo por inteligencia artificial se pueden copiar facciones, gestos e incluso voces. A través de filtros, que están al alcance de cualquiera hoy todos podemos ponerle voz al presidente de Estados Unidos, ponernos en la piel del Papa o hacer creer que una presentadora de televisión ha sido detenida por la comisión de un delito grave. Hasta ahora este tipo de filtros sobre todo han tenido

---

3 Ver mas en: https://www.officialinjuryclaim.org.uk/make-a-claim/, visitado el día 8 de octubre de 2023.

inferencia en el ámbito de la comunicación, a través de las fake news. Sin embargo, actualmente con la compra y venta de datos a través de la dark web es posible comprar no solamente nuestro nombre, dirección o correo electrónico, sino que los datos van mucho más allá, con la consecuente compra de nuestro tono de voz, de nuestra imagen e incluso de nuestros gestos faciales más característicos.

Por lo tanto, la fragilidad de nuestros datos, unido a los avances tecnológicos y la ingente cantidad de delincuentes informáticos al acecho. Nos van a hacer cada vez más complicada la labor de acreditar y garantizar que la persona que se encuentra al otro lado de la pantalla sea quien realmente dice ser.

De la misma manera otro de los riesgos y límites tecnológicos a los que nos enfrentamos con este tipo de herramientas son las posibles fugas de información y que por lo tanto se quiebre el principio máximo de confidencialidad en que se amparan todos los métodos de resolución alternativa de conflictos. Los llamados gusanos informático y los continuos correos de phishing que nos hacen confiar en datos obrantes falsificados o nos hacen clicar en enlaces que nos redirigen a lugares donde nos roban todos nuestros datos y además los usan en futuros contra nosotros mismos.

Aunque pensemos que la confidencialidad de nuestros datos no es interesante, pues no somos personajes públicos, la realidad es que nuestros conflictos tienen mucho interés comercial. Incluso también si llega a unas manos inadecuadas, interés criminal, donde podríamos llegar a ser chantajeados con enviar nuestros datos a personas de nuestro círculo cercano y que estos nos puedan dejar en evidencia.

Todos los avances tecnológicos no solo pueden afectar a la identidad de la persona que está detrás de la pantalla, a la confidencialidad de las comunicaciones intercambiadas a través del medio online sino también a la protección de los datos amparados legislativamente. No todos los datos son iguales, existen datos más y menos sensibles. Pero siempre que hablamos de un conflicto podemos decir que estamos ante datos altamente sensibles, comparables solamente con los datos bancarios y los datos de salud de las personas.

Por lo tanto, podemos decir que no existe actualmente la posibilidad de ofrecer métodos de resolución alternativa de conflictos de modo online con el cien por cien de las garantías existentes para este tipo de procesos. Hasta aquí hemos hablado de riesgos y por lo tanto estos riesgos limitan posibilidad de acudir a métodos de resolución alternativa online.

Pues bien, de estos riesgos, deben nacer los límites tecnológicos, de los que somos mayoritariamente conscientes, ya que todos hemos conocido casos de robo de datos, con la consecuente pérdida de confidencialidad de los mismos, así como de fake news provenientes fundamentalmente de imágenes trucadas a través de la inteligencia artificial. Por ejemplo, en China se realizan unas máscaras de silicona que permite imitar a la perfección la cara de otra persona a efectos de reconocimientos faciales por dispositivos electrónicos. Sin embargo, en el otro lado de la balanza encontramos cómo en España se permite a efectos de localización preventiva de personas incursas en procesos penales, el uso de una aplicación informática para smartphone. A través de la misma se permite que el presunto culpable de fe de su localización, sin tener que acudir a un juzgado o comisaría cercana para dar fe de su localización exacta.

Así las cosas, vemos como estos límites, palpables y tangibles no lo son tal para la actual administración de Justicia ordinaria. Por ello, dejándose llevar por este tsunami tecnológico, vemos como para el actual Ejecutivo han pesado más las novedades tecnológicas, que los límites y riesgos de estas inclusiones. Si bien, debemos plantearnos si esto es lo correcto, sí lo que pretendemos es seguir avanzando a pesar de los riesgos y los límites que pueden dañar la tutela efectiva de los ciudadanos, que parece ser la línea que se está siguiendo en todos los sectores. O si, por el contrario, es mejor frenar en seco, no dejarnos llevar obnubiladamente por estos avances tecnológicos y mantenernos firmes en los principios y garantías que deben regir en todo momento los procesos tanto judiciales como extrajudiciales.

IV. LÍMITES ÉTICOS

Si como acabamos de ver, ya resulta complicado que los riesgos derivados del apoyo excesivo en los medios tecnológicos limiten el uso de los mismos, en una sociedad como la actual. Aún va a ser mucho más complicado que sea limitado el uso de los MASC por motivos puramente éticos, es decir con una falta de limitación jurídica. Y es que, en este caso, no podemos hablar de derechos, ya que la tutela judicial efectiva no es aplicable. La justicia alternativa tiene muchos beneficios, pero al ser una justicia no ordinaria no está amparada por los derechos constitucionales y del proceso debido contenidos en el ordenamiento jurídico español. Si las situaciones de previsible indefensión jurídica que relataremos en el presente apartado se diesen en la justicia ordinaria podríamos impugnar los procesos e incluso recurrir al Tribunal Constitucional en amparo.

1. Brecha digital

La brecha digital es un término en inespecífico, desarrollado principalmente por los medios de comunicación, que, al no tener una descripción específica y tampoco estar contemplada legislativamente, nos lleva a una situación de indefensión total frente a la misma. Esta brecha no se da solamente en personas afectadas por motivos de edad o por capacidades cognitivas o volitivas mermadas, sino también por situación geográfica desfavorable, por motivos culturales e incluso de género. Por lo tanto, es una problemática transversal en nuestra sociedad.

La brecha digital es una realidad y junto al vertiginoso desarrollo tecnológico en el que vivimos, crean un caldo de cultivo que ensancha esta brecha para millones de personas en nuestro país en diversos ámbitos de la vida cotidiana. Y por supuesto el ámbito de la justicia no iba a ser menos. Como es sabido, el artículo 24 de la CE reconoce a todas las personas, es decir, de manera universal, el derecho a obtener la tutela efectiva de jueces y tribunales en el ejercicio de sus derechos e intereses legítimos[4] pero ¿podríamos llegar al punto de no obtener la tutela judicial efectiva por impedimentos tecnológicos?

Hasta el momento, la brecha digital ha sido tímidamente estudiada en nuestro país con respecto al acceso a la justicia ordinaria[5], aunque ha sido mas comentada por la doctrina de los países latinoamericanos[6] y sobre todo respecto a las personas mayores[7]. Sin embargo, poco o nada

---

4 MONTERO CARO, M.L. y CASTELLANOS CLARAMUNT, J., "Perspectiva constitucional de las garantías de aplicación de la inteligencia artificial: la ineludible protección de los derechos fundamentales", *IUS ET SCIENTIA* 2020, Vol. 6, Nº 2, pp. 78-80.

5 GRANIZO PALOMEQUE, M., "Diálogos para el futuro judicial. LXVII. Los retos de la Justicia en la legislatura XV ", *Diario LA LEY*, Nº 10336, Sección Justicianext, 26 de Julio de 2023.

6 BECERRA CHINCHILLA, R., "El reconocimiento de la brecha digital para garantizar el acceso efectivo a la administración de justicia civil", *Precedente*, 2023, Vol.23, pp.11-35 y SEGURA, R., "Inteligencia artificial y administración de justicia: desafíos derivados del contexto latinoamericano", *Revista de Bioética y Derecho*, 2023 (58), p.45-72.

7 LETELIER LOYOLA, E., "Acceso a la justicia y brecha digital en los adultos mayores. Informe sintético sobre la cuestión en Chile", *Trayectorias humanas trascontinentales*, 2019 (5) o BENAVIDES ROMÁN, A. M. Y CHIPANA FERNÁNDEZ, Y.M.M., "Competencias digitales en adultos mayores y acceso a la justicia: una revisión sistemática", *Revista De Derecho*, 2021, Vol.6 (1), p.182-194.

se ha dicho respecto de las dificultades de acceso a la justicia alternativa. Cuestión que adquiere una relevancia mayor al albor del impulso de los MASC por parte de los diferentes gobiernos autonómicos y central de nuestro país.

En este punto, obviamos dar los datos ofrecidos por el INE, ya que estos se centran en detallar qué porcentaje de ciudadanos tienen acceso a internet, lo usan a diario o como mucho si hacen o no compras online[8]. Sin embargo, los que nos hemos enfrentado a algún procedimiento telemático de resolución alternativa de conflictos, sabemos que los conocimientos necesarios para adentrarnos en este tipo de procedimientos van mas allá de la simple conexión a internet. Ya que por conexión a internet se entiende la simple y llana emisión de un mensaje por la aplicación WhatsApp.

La brecha digital en la justicia ordinaria está aproximadamente limitada, ya que aquellos trámites que se ofrecen en la actualidad de manera telemática también pueden ser ejercitados por el ciudadano de manera presencial en los juzgados y tribunales de nuestro país. Cuestión que no es así para los profesionales por el uso obligatorio de la aplicación LexNet desde enero de 2016 para los actos de comunicación con los juzgados y tribunales. Esto sobre todo se debe al amparo del artículo 24 de la CE que comentábamos previamente y que podría dar lugar a nulidades de sentencias y de procesos completos. Si bien, no corre la misma suerte la justicia alternativa, que al tener como base el acuerdo entre las partes y dejar siempre abierta la vía de la justicia ordinaria, no cuenta con normas imperativas que proteja a las personas que no pueda acceder a estos medios, generalmente privados, por la imposibilidad de realizar trámites telemáticos por sí mismos.

Si bien el riesgo no acaba aquí, ya que muchos ciudadanos que usualmente utilizan su smartphone con acceso a internet pueden pensarse capaces de seguir este tipo de procedimientos a través del mismo. Sin embargo, en ocasiones una vez acordada la iniciación y tramitación del procedimiento del MASC a través de la vía online se dan cuenta de la complejidad del mismo. En otras ocasiones la problemática puede venir dada por el mal entendido dentro del procedimiento, ya sea por desconocimiento del lugar de las notificaciones -que puede ser vía correo electrónico a través de una

---

8 Ver estadísticas en: https://www.ine.es/ss/Satellite?L=es_ES&c=INESeccion_C&cid=1259925528782&p=1254735110672&pagename=ProductosYServicios%2FPYSLayout, visitado el día 17 de octubre de 2023.

carpeta cifrada-y por lo tanto hacer caso omiso a las instrucciones que la propia entidad encargada del MASC realiza. Esto puede dar lugar a la continuación del procedimiento en perjuicio de la parte que menos controle el ámbito telemático.

Esta brecha afecta un porcentaje muy alto de la población sí contamos con las personas mayores en una sociedad visiblemente envejecida. Y sí también contamos con la España vaciada a la que llega muy débilmente la conexión a internet. Si además hacemos auditoría de las pocas entidades que gestionan MASC online y tienen programas de accesibilidad para personas con discapacidad sensorial. Y, si somos conscientes del resto de discapacidades psíquicas que no están contempladas para ser asistidas. Todo ello, unido a colectivos especialmente desconocedores de estos MASC por motivos educacionales o culturales, derivados de motivos étnicos o migratorios, donde además de la barrera digital encontramos otras como la barrera lingüística o la social. Y finalmente, como broche de cierre las diferencias de género en el ámbito de la resolución de conflictos, materia que ha sido tradicionalmente atribuida al padre de familia, quedando la mujer relegada a otros asuntos domésticos y por lo tanto ahora pasa a tomar partido no solo de los conflictos derivados de la vida diaria, sino que además debe estar preparada para hacerlo en el ámbito online.

2. Asistencia informática al ciudadano

Es un hecho palpable, en la sociedad actual, el exponencial crecimiento del individualismo. Aceptándose de manera natural el egoísmo, el yoismo o la falta de consideración con el otro. Esto, lejos de hacernos más libres, nos hace infinitamente más débiles como sociedad. Acudiendo al sabio refranero, el divide y vencerás es un éxito que debemos otorgarle a aquellos que son más fuertes cuanto más débiles somos como grupo. Como señala SANTOS, "el hombre tecnológico convertido en individualista y capitalista, queriéndolo o no utiliza las posibilidades que le otorga la comunicación, y se sirve del capitalismo, ejerce de comunicador y mercenario, a través de una vida que otorga más posibilidades de hacer, pero no necesariamente mejor…hombre aislado, individualista en el fondo y colectivista en las formas; esto es, tremendamente comunicado, pero poco comunicativo"[9]. Y que ha venido a formar lo que HAN denomina

---

9 SANTOS, J. A., "El hombre tecnológico como fetiche de la modernidad ampliada", Un diálogo con la postmodernidad como resistencia de Jesús Ballesteros",

el enjambre digital, la nueva masa que consta de individuos aislados[10]. Y como no, debemos de hacer referencia a la siempre tan acertada en sus reflexiones BARONA, en torno a los algoritmos pero que también es aplicable a los sistemas de ODR "Sus bondades pueden generar paz y bienestar social; sus maldades pueden propulsar discriminación, desigualdad, perversión del sistema y aniquilación de las libertades y garantías. Solo desde la capacidad del ser humano y de la mirada jurídica seremos capaces de conseguir la humanización de los algoritmos y no la algoritmización de los humanos"[11].

Pero lejos de hacer una crítica filosófica o sociológica que no compete en este trabajo, si debemos centrarnos en la respuesta a este tsunami tecnológico y a los límites que debemos imponer. Ya no por imperativo legal, que como hemos visto no son aplicables ante el uso de las formas alternativas de justicia online, sino por el mantenimiento de las garantías que asisten a estas fórmulas alternativas de conflictos. Por ello, debemos volver a lo básico, a la asistencia, pero no en el sentido de mendicidad que proclama la RAE como acción de prestar socorro, favor o ayuda. Sino como elemento básico, esencial y presupuesto por los ciudadanos que se deben acercar a estos MASC online, con la confianza que los poderes públicos deben proveerles de la seguridad y el confort suficiente para ejecutar cualquiera de los trámites telemáticos que deban realizar para cualquier acto de su vida cotidiana.

De esta manera, convendría crear una institución pública, cercana al ciudadano, a imagen semejante a como se instauraron las Oficinas Municipales de Información al Consumidor (OMIC), presentes en la inmensa mayoría de pueblos y ciudades de nuestro territorio nacional. Pero en este caso para prestar asistencia informática al ciudadano, con lugares habilitados para la asistencia suficiente a la ciudadanía que no cuente con los medios informáticos, ofimáticos o telemáticos para realizar trámites de forma segura. Asistidos por profesionales que no solo ayuden, sino

---

Pensar el tiempo presente. Tomo II. Homenaje al profesor Jesús Ballesteros Llompart, Valencia, Tirant lo Blanch, 2018, pp. 1227-1228.

10 BARONA VILAR, S., *Algoritmización del Derecho y de la justicia De la Inteligencia Artificial a la Smart Justice*, Valencia, Tirant lo Blanch, 2021, p. 79

11 BARONA VILAR, S., "Una justicia "digital" y "algorítmica" para una sociedad en estado de mudanza", *Justicia algorítmica y neuroderecho: una mirada multidisciplinar*, Tirant lo Blanch, Valencia, 2021, p. 59.

también formen a los ciudadanos como mejor manera de luchar contra la brecha digital.

Visto que la digitalización de los procedimientos, de una manera más o menos manifiesta, va a pasar a ser una imposición por parte del Estado, éste deberá garantizar el acceso de forma segura y asistir a los ciudadanos ante las nuevas necesidades que se abren ante sí.

V. CONCLUSIONES

Tanto constitucionalistas, como procesalistas se han hecho eco de las implicaciones que tiene la dificultad de acceder a la justicia, por parte de grupos vulnerables y sobre todo cuando esta dificultad viene de la mano de la brecha digital y sus peligros.

Sin embargo, vemos como los MASC en su vertiente online, que cada vez tienen un mayor peso en nuestra sociedad y que más pronto que tarde van a ser requisito sine qua non para acceder a la justicia ordinaria, no están en el punto de mira de la doctrina. Si los MASC llegan a convertirse en un requisito de procedibilidad, veremos cómo, sobre todo por motivos económicos, primará el uso de estos en su modalidad online. Y será entonces cuando los potenciales riesgos de acceso a la justicia se harán patentes si no ponemos remedio con la mirada humanista necesaria,

Además, dentro de esta reflexión final, deberíamos plantearnos si las dificultades de acceso a la justicia alternativa online deben ser contempladas en una interpretación extensa o extensiva del artículo 24 de la CE. Sobre todo, cuando estos MASC sean -si llegan a ser- requisito de procedibilidad para acceder a la justicia ordinaria.

VI. Bibliografía

BARONA VILAR, S., “Una justicia “digital” y “algorítmica” para una sociedad en estado de mudanza”, *Justicia algorítmica y neuroderecho: una mirada multidisciplinar,* Tirant lo Blanch, Valencia, 2021.

BARONA VILAR, S., *Algoritmización del Derecho y de la justicia De la Inteligencia Artificial a la Smart Justice,* Valencia, Tirant lo Blanch, 2021.

BECERRA CHINCHILLA, R., “El reconocimiento de la brecha digital para garantizar el acceso efectivo a la administración de justicia civil”, *Precedente,* 2023, Vol.23.

BENAVIDES ROMÁN, A. M. Y y CHIPANA FERNÁNDEZ, Y.M.M., “Competencias digitales en adultos mayores y acceso a la justicia: una revisión sistemática”, *Revista De Derecho,* 2021, Vol.6 (1), p.182-194.

GRANIZO PALOMEQUE, M., "Diálogos para el futuro judicial. LXVII. Los retos de la Justicia en la legislatura XV ", *Diario LA LEY*, Nº 10336, Sección Justicianext, 26 de Julio de 2023.

LETELIER LOYOLA, E., "Acceso a la justicia y brecha digital en los adultos mayores. Informe sintético sobre la cuestión en Chile", *Trayectorias humanas trascontinentales*, 2019 (5).

MONTERO CARO, M.L. y CASTELLANOS CLARAMUNT, J., "Perspectiva constitucional de las garantías de aplicación de la inteligencia artificial: la ineludible protección de los derechos fundamentales", *IUS ET SCIENTIA* 2020, Vol. 6, Nº 2.

SANTOS, J. A., "El hombre tecnológico como fetiche de la modernidad ampliada", *Un diálogo con la postmodernidad como resistencia de Jesús Ballesteros", Pensar el tiempo presente. Tomo II. Homenaje al profesor Jesús Ballesteros Llompart*, Valencia, Tirant lo Blanch, 2018, pp. 1227-1228.

SEGURA, R., "Inteligencia artificial y administración de justicia: desafíos derivados del contexto latinoamericano", *Revista de Bioética y Derecho*, 2023 (58).

Capítulo XI

La irrupción de la tecnología en los MASC

MIREN JOSUNE PÉREZ ESTRADA
Prof. Agregada de Derecho Procesal (acred. Titular)
Universidad del País Vasco. UPV/EHU

Sumario.- I. IMPACTO DE LA TECNOLOGÍA EN EL ACCESO A LA JUSTICIA. II. SURGIMIENTO DE LOS MASC EN LÍNEA Y PLATAFORMAS DE RESOLUCIÓN DE CONFLICTOS JURÍDICOS. 1. El modelo institucional de la Plataforma europea online de resolución de conflictos. 2. Incorporación de nuevas tecnologías en la Plataforma europea online de resolución de conflictos. III. APLICACIÓN DE INTELIGENCIA ARTIFICIAL (IA) EN ODR (ON LINE DISPUTE RESOLUTION). 1. Herramientas de Inteligencia Artificial (IA) en ODR (On line Dispute Resolution). 2. I-arbitraje o I-mediación. IV. LA PROTECCIÓN DE LOS DATOS PERSONALES EN EL ENTORNO ODR (ON LINE DISPUTE RESOLUTION). V. BIBLIOGRAFÍA.

I. IMPACTO DE LA TECNOLOGÍA EN EL ACCESO A LA JUSTICIA

La tecnología está teniendo un impacto significativo en el acceso a la Justicia. Ha democratizado el acceso a la información jurídica, por lo que las personas pueden buscar recursos en línea para comprender mejor sus derechos, obligaciones, examinar opciones legales ante un determinado hecho o conflicto jurídico e, incluso, acceder a plataformas digitales para su resolución. Estos recursos permiten a las personas tomar decisiones más rápidas, sobre cómo abordar sus problemas jurídicos o los resuelven con mayor celeridad.

Precisamente, la incorporación de las nuevas tecnologías en el proceso judicial[1] está caracterizando la Justicia de estas primeras décadas del siglo XXI. Junto a esta evolución, el otro gran fenómeno que se está desarrollando a una velocidad vertiginosa es el crecimiento de las soluciones de litigios (MASC), que complementan, de manera eficiente, la resolución tradicional del conflicto jurídico que ofrece el sistema judicial.

---

1 PÉREZ ESTRADA, M. J., *Fundamentos jurídicos para el uso de la inteligencia artificial en los órganos judiciales"*, Tirant lo Blanch, Barcelona, 2023.

Este tipo de soluciones se han adelantado al proceso judicial en la incorporación de nuevas tecnologías y, en la actualidad, es posible acceder, en determinadas materias, a la solución de un litigio de forma, totalmente, telemática, son las ODR (acrónimo en inglés, On line Dispute Resolution). Cumpliendo, de esta manera, con los postulados que demanda nuestra sociedad digital, referidos a mayor accesibilidad, rapidez y eficiencia.

Ciertamente, las características propias de las ODR (evolución tecnológica de las ADR-MASC, soluciones inicialmente alternativas y, posteriormente, adecuadas de solución de conflictos[2]), como lo son, entre otras, la universalidad y flexibilidad, coadyuvan y encuentran en la tecnología la aliada perfecta para realizarse en una sociedad globalizada cuyos elementos transnacionales están presentes en determinados conflictos jurídicos, como puede ser el ámbito del transporte[3], o la esfera de los consumidores generadoras, ambas, de enorme litigiosidad.

Por lo expuesto, la combinación de soluciones extrajudiciales de resolución de conflictos jurídicos con la tecnología y disponibilidad en línea va a transformar, si no lo está haciendo ya, de facto, la forma en que se accede y se resuelven los litigios pudiendo, además, aliviar la sobrecarga de los tribunales y ofrecer a la ciudadanía una mayor participación en la resolución de sus conflictos jurídicos, como expresión de libertad individual o desarrollo del tradicional principio de autonomía de la voluntad[4].

La Justicia moderna se presenta con enorme complejidad, como una entidad polifacética en la que la ciudadanía puede elegir el enfoque, la herramienta o el sistema que mejor se adapte a sus necesidades y preferencias.

---

2 Al cambio de paradigma, a la "mutación de la piel de la Justicia", como refiere BARONA VILAR, S., "Métodos alternativos de resolución de conflictos en la sociedad digital y global del Siglo XXI", *Diario La Ley*, núm. 9924, 2021, asistimos con las ODR que, como expresa la autora, son el resultado de la evolución tecnológica de las ADR-MASC, que "más allá de tratarse de nuevos cauces o procedimientos, suponen un cambio de modus operandi, con nuevos protagonistas y nuevos principios."

3 La solución alternativa del conflicto jurídico en el sector del transporte la estudia FONTESTAD PORTALÉS, L., "Plataformas de resolución de litigios en línea: opciones para la solución extrajudicial de litigios en el sector del transporte aéreo", en *Vías emergentes de solución extrajudicial de litigios en la Sociedad digital*, FONTESTAD PORTALÉS, L. (dir.) y SUÁREZ XAVIER, P. R. (coord.), Thomson Reuters Aranzadi, Pamplona, 2022.

4 Reflexiona sobre esta cuestión MARTÍN DIZ, F., "Justicia digital post-covid19: El desafío de las soluciones extrajudiciales electrónicas de litigios y la inteligencia artificial", en *Revista de Estudios Jurídicos y Criminológicos*, núm. 2, 2020, pp. 41-74.

II. SURGIMIENTO DE LOS MASC EN LÍNEA Y PLATAFORMAS DE RESOLUCIÓN DE CONFLICTOS JURÍDICOS

El surgimiento de los Métodos Adecuados de Resolución de Conflictos (MASC) en línea (ODR) y las plataformas de resolución de disputas son un fenómeno notable en los últimos años. Estos avances tecnológicos están transformando la forma en que las personas y las empresas resuelven sus conflictos jurídicos. La innovación en esta materia va a ser una constante y aunque estas herramientas tecnológicas presentan ventajas, como un más fácil acceso y una mayor rapidez en la resolución del conflicto jurídico, conllevan, a la vez, enormes desafíos que afectan a la transparencia en su desarrollo y a la suficiente protección de los datos personales que acceden a estos sistemas en línea.

Las ODR son procesos de resolución de conflictos jurídicos que incorporan el uso de Internet y otras tecnologías para abordar controversias, ya sea en línea o fuera de línea[5]. En los últimos treinta años, el potencial de las ODR ha superado a los sistemas tradicionales de resolución de conflictos, como el ADR (Alternative Dispute Resolution), y se han diversificado con la introducción de la tecnología blockchain en contratos inteligentes[6].

1. El modelo institucional de la Plataforma europea online de resolución de conflictos

Precisamente, la plataforma europea de resolución de conflictos en línea representa el modelo institucional paradigmático de los avances en el uso de las nuevas tecnologías en los MASC.

---

5 Una definición de las ODR puede ser "procesos de resolución de controversias que se desarrollan en el ámbito extrajudicial y/o parajudicial y que incorporan el uso de internet o cualquier otro tipo de tecnología de la información y/o comunicación (TIC) similar, para la prevención o resolución de controversias, las cuales puede haberse generado on-line u off-line" en KATSH, E.; RULE, C., "What we know about Online Dispute Resolution". *South Carolina, Law Review*, vol. 67, núm. 2, 2016, pp. 329-344.

6 CALAZA LÓPEZ, S., "Blockchain y Smart contracts: ¿un ecosistema digital seguro al margen de la ley?", en *Uso de la información y de los datos personales en los procesos los cambios en la era digital*, COLOMER HERNÁNDEZ, I. (dir.), CATALINA BENAVENTE, M. A. y OUBIÑA BARBOLLA, S. (coords.*)*, Thomson Reuters Aranzadi, Pamplona,2022, pp. 229-258.

Los consumidores y los comerciantes pueden utilizar la plataforma para resolver litigios cuando tengan un problema con un producto o servicio que hayan adquirido en la Unión Europea; lo que permite a consumidores y vendedores resolver disputas de manera extrajudicial dentro del alcance del Reglamento (UE) nº 524/2013 del Parlamento Europeo y del Consejo, de 21 de mayo de 2013, sobre resolución de litigios en línea en materia de consumo y por el que se modifica el Reglamento (CE) nº 2006/2004 y la Directiva 2009/22/CE[7]. La plataforma tiene el doble propósito de facilitar la tramitación en línea de los asuntos que acceden a través de ella y proporcionar información relevante.

Los consumidores podrán utilizar la plataforma para resolver litigios cuando tengan un problema con un producto o servicio que hayan adquirido en la Unión Europea y estas reclamaciones se comunican al comerciante implicado. Si ambas partes están de acuerdo, la disputa se remite a uno de los puntos de contacto de la red de resolución de litigios en línea de un estado miembro, que será el órgano encargado de la mediación del asunto[8].

La plataforma ODR destaca por su uso avanzado de la tecnología de la información y la comunicación (TIC), lo que refleja una tendencia global hacia la incorporación de la TIC en la resolución de conflictos jurídicos. Esto es especialmente relevante dado el crecimiento del mercado interior europeo en línea, donde los tribunales de justicia tradicionales pueden resultar insuficientes.

2. Incorporación de nuevas tecnologías en la Plataforma europea online de resolución de conflictos

La plataforma ODR ha introducido, desde el 24 de junio de 2019, dos nuevas herramientas, la conversación directa y la autoevaluación. La importancia de estas dos nuevas aplicaciones estriba en la conveniencia de que la Comisión Europea avance en el desarrollo de la Plataforma con la utilización de nuevas tecnologías, con la finalidad de conseguir una mejor optimización de los procesos.

---

7 DO L 165 de 18.6.2013.

8 BOUZZO HAURI, S., "El uso de las nuevas tecnologías como forma de disminuir las barreras de acceso a la justicia del consumidor en Chile", en *Universitas Jurídica,* Vol. 72, 2023. Disponible en: https://revistas.javeriana.edu.co/files-articulos/VJ/72(2023)/6722545018/index.html, acceso el 29 de octubre de 2023.

Respecto de la primera de las herramientas, la de conversación directa, la Comisión Europea, busca mejorar el diálogo entre consumidores y vendedores para resolver sus conflictos jurídicos sin necesidad de recurrir a una entidad de resolución alternativa de disputas. El segundo sistema, el de autoevaluación, ayuda a los usuarios a identificar la forma más adecuada de resolver su conflicto jurídico, ofreciendo al consumidor diversas opciones, como la plataforma ODR europea, los centros europeos del consumidor, entidades de resolución alternativa de disputas, la red FIN-NET[9], las organizaciones nacionales de consumidores y la posibilidad de acudir a un operador jurídico.

A pesar de los avances de la Comisión Europea por la mejora de la plataforma con la incorporación de estas nuevas herramientas, la plataforma aún tiene margen para aprovechar plenamente las nuevas tecnologías, como la negociación asistida o automatizada y la utilización de sistemas expertos, que están teniendo un notable auge y se están incorporando con rapidez en el sector privado. La próxima etapa en el desarrollo de la resolución de disputas en línea implica la integración de inteligencia artificial para anticipar soluciones o adelantar las posibilidades de éxito de la reclamación; la implementación de estos sistemas inteligentes tiene la finalidad de facilitar la negociación entre las partes[10].

En resumen, la plataforma ODR es una valiosa herramienta para la resolución de disputas de consumo en línea, pero todavía tiene margen para mejorar con la incorporación de tecnologías avanzadas, al objeto de optimizar los procesos de resolución de conflictos.

III. APLICACIÓN DE INTELIGENCIA ARTIFICIAL EN ODR

La inteligencia artificial puede desempeñar un papel importante en sistemas ODR de arbitraje y la mediación. Sus aplicaciones pueden abarcar diferentes niveles que van desde ayudar en la selección del tercero que participa en la resolución de conflictos hasta el manejo de datos y predicciones que guían decisiones y acciones en el proceso

---

9 Acerca de la Red para la resolución de litigios financieros: https://finance.ec.europa.eu/consumer-finance-and-payments/retail-financial-services/financial-dispute-resolution-network-fin-net_es, acceso el 29 de octubre de 2023.

10 BOUZZO HAURI, S., "El uso de las nuevas tecnologías como forma de disminuir las barreras de acceso a la justicia del consumidor en Chile", cit., p. 10-12.

arbitral o de mediación. Sin embargo, otorgar a la inteligencia artificial la capacidad de tomar decisiones en estos procesos todavía es una cuestión controvertida.

La evolución tecnológica puede llevar a que la inteligencia artificial sea útil en la evaluación de la conveniencia de un arbitraje o una mediación[11], proporcionando información sobre tendencias, costos y ventajas en comparación con la vía jurisdiccional. En un principio, la IA podría desempeñar un papel estratégico y pre-litigioso al ayudar en la elección de la vía más adecuada para resolver un asunto. También podría ser valiosa para las partes y sus operadores jurídicos al determinar la orientación del caso en el arbitraje o la mediación, así como para el procesamiento y análisis de datos, documentos y precedentes[12].

La inteligencia artificial podría incluso ayudar en la selección y designación del árbitro o mediador, basándose en criterios o recomendaciones de las partes para lograr objetividad y transparencia.

Finalmente, en la etapa de conclusión de un proceso de resolución de conflictos en línea (ODR), ya sea arbitraje o mediación electrónica, la inteligencia artificial podría asistir a los árbitros o mediadores en la preparación, redacción y estructuración del laudo o acuerdo, asegurando que aborden adecuadamente el objeto del litigio y cumplan con las normativas legales.

Para que estas aplicaciones sean efectivas, habría que realizar modificaciones legislativas que se adapten a la realidad jurídica, social y tecnológica del momento. En definitiva, las ODR deben poder garantizar las mismas normas y principios generales que sus versiones presenciales o fuera de línea, ie., atender a las exigencias procedimentales básicas como lo son los derechos y obligaciones del tercero neutral (árbitro o mediador)[13].

---

11 BUENO DE MATA, F., "Mediación electrónica e inteligencia artificial", en *Actualidad Civil, núm. 1, 2015.*

12 PAISLEY, K., Y SUSSMAN, E., "Artificial Intelligence Challenges and Opportunities for International Arbitration", *NYSBA NY Dispute Resolution Lawyer,* núm., 1, 2018.

13 En este sentido MARTÍN DIZ, F., "Justicia digital post-covid19: el desafío de las soluciones extrajudiciales electrónicas de litigios y la inteligencia artificial", cit., pp. 62-62, propone, incluso, la "modificación legislativa en los arts. 15 de la Ley de Arbitraje y 16.1.a) de la Ley de Mediación en asuntos civiles y mercantiles, como un ejercicio de adaptación a la realidad jurídico-social y tecnológica del momento".

1. Herramientas de Inteligencia Artificial en ODR

El uso de la inteligencia artificial en la resolución de conflictos jurídicos en línea cambia la dinámica del procedimiento al permitir que la información sea gestionada por un software, en lugar de depender exclusivamente del mediador o árbitro. Esto ha llevado a la identificación de un nuevo actor en el proceso, denominado la "cuarta parte", que viene referido al desempeño por la tecnología de un papel destacado en la búsqueda de soluciones al conflicto[14]. Además de las dos partes en conflicto y el tercero neutral, la "tecnología", como cuarta parte, opera de manera independiente y paralela al tercero neutral. La cuarta parte comprende una serie de capacidades y, aunque a veces puede reemplazar a la tercera parte, generalmente se utiliza como una herramienta del tercero neutral para facilitar la resolución de disputas. En resumen, la inteligencia artificial como cuarta parte es un elemento poderoso que modifica el modelo tradicional de resolución de conflictos jurídicos de dos partes enfrentadas y un tercero imparcial.[15]

Existen, en la actualidad, varias tecnologías relacionadas que ayudan en los procesos de mediación, conciliación y arbitraje. Una de estas tecnologías es la "negociación electrónica asistida" que muestra potencial para abordar los conflictos de los consumidores y usuarios de manera efectiva. La comunicación temprana y constante es esencial para prevenir confrontaciones más intensas. Los sistemas automatizados utilizan principios de la Escuela de Harvard, como intereses, opciones y compromisos, para recopilar información y facilitar la comunicación entre las partes. Algunos sistemas permiten que las partes negocien, directamente, sin la intervención de algoritmos o individuos. Estos sistemas pueden utilizarse en diversas transacciones, no solo limitadas al pago, y son comunes en las resoluciones de problemas en compras en línea[16].

Otra de las tecnologías que sirve a estos procesos es la "negociación automatizada", que implica el uso de software para resolver conflictos jurí-

---

14 CORTÉS, P., "El acceso a la justicia del consumidor inglés a través de las comunicaciones electrónicas", en *Justicia digital, mercado y resolución de litigios de consumo. Innovación en el diseño del acceso a la justicia,* ESTEBAN, F. (dir.), MORENO, G. y OLARIU, O. (coords.), Aranzadi, Pamplona, 2021.

15 CATALÁN CHAMORRO, M. J., *El acceso a la justicia de consumidores: los nuevos instrumentos del ADR y ODR de consumo,* Tirant Lo Blanch, Valencia, 2019.

16 ARLEY, A., *Resolución electrónica de disputas (ODR): acceso a justicia digital,* Tirant Lo Blanch, Valencia, 2021.

dicos mediante el método "blind bidding" u "ofertas a ciegas". Cada parte propone una oferta sin conocer la oferta de la otra. Si las ofertas están dentro de un rango predeterminado, se calcula el promedio y se llega a un acuerdo. Si las ofertas están fuera del rango, el conflicto no se resuelve y las cantidades no se revelan. Este enfoque se usa, comúnmente, en conflictos sobre cuantías de dinero reconocidas, como reclamaciones de seguros. En estos casos, las partes reconocen el hecho por el que se reclama la cantidad, pero no se ponen de acuerdo sobre la cantidad económica[17].

Otra herramienta tecnológica para la resolución de conflictos jurídicos en línea es el "aviso de conflicto masivo" que consiste en notificar a las autoridades competentes cuando la plataforma detecta un gran número de reclamaciones sobre un producto o servicio, en particular. El software puede alertar automáticamente a las autoridades para que realicen inspecciones y tomen medidas para detener los daños y aplicar sanciones en caso de conducta ilícita[18].

2. I-arbitraje o I-mediación

La integración de ODR con herramientas de inteligencia artificial plantea desafíos significativos, especialmente cuando se trata de otorgar funciones decisorias a las herramientas tecnológicas en el arbitraje o la mediación, en lugar de que la resolución del conflicto jurídico dependa de personas. Esto podría llevar a la creación de robots o avatares diseñados para asumir funciones jurídicas, lo que genera preocupaciones sobre la posible superación de la eficiencia por parte de las máquinas en perjuicio de las personas y en detrimento de los derechos humanos.[19]

---

17 MONTESINOS GARCÍA, A, "Inteligencia artificial y ODR", en *Justicia algorítmica y neuroderecho, una mirada multidisciplinar,* BARONA VILAR, S. (dir.), Tirant Lo Blanch, Valencia, 2021.

18 CATALÁN CHAMORRO, M. J., *El acceso a la justicia de consumidores: los nuevos instrumentos del ADR y ODR de consumo,* cit., p. 338.

19 LARSON, D.A., "Artificial Intelligence: Robots, Avatars, and the Demise of the Human Mediator", *Ohio State Journal on Dispute Resolution,* núm. 1, 2010, pp. 105-163. Como nos avanza BARONA VILAR, S. "Maximización de la eficiencia y búsqueda de la celeridad en el arbitraje: entre el mito, la sublimación y la cuarta revolución industrial (4.0.), en *Revista de Arbitraje Comercial y de inversiones,* núm. 1, Vol. XI, 2018, p. 24, "…quizá en el futuro, la inteligencia artificial supere el pensamiento humano crítico, sus imperfecciones, y sea capaz de equilibrar eficiencia con derechos. De momento, genera una cierta inquietud ese paso de la creación de las má-

Los medios extrajudiciales de resolución de litigios como ODR, ofrecen una gran flexibilidad y están evolucionando hacia soluciones tecnológicas más avanzadas al incorporar herramientas de inteligencia artificial. La combinación de sistemas extrajudiciales en línea y la toma de decisiones por inteligencias artificiales, en herramientas de mediación o arbitraje es lo que conocemos como "i-arbitraje" o "i-mediación," y corroboran, precisamente, esta característica de flexibilidad, pudiendo ser herramientas útiles en un mundo donde la tecnología se ha vuelto esencial.

Sin embargo, existen barreras y desafíos. La tecnología no es infalible, y pueden surgir problemas técnicos o errores en la programación. La eficacia de la inteligencia artificial también se mide en términos de satisfacción de las partes involucradas en una disputa, y la comodidad de los usuarios con sistemas exclusivamente gestionados por inteligencia artificial es una consideración importante. Además, es fundamental que las inteligencias artificiales sean capaces de adaptarse a la complejidad y especificidades de cada caso, así como a los cambios normativos y sociales que puedan afectar la disputa[20].

IV. LA PROTECCIÓN DE LOS DATOS PERSONALES EN EL ENTORNO ODR

El uso de nuevas tecnologías, la digitalización y la inteligencia artificial presentan ventajas significativas, pero también conllevan riesgos, especialmente en lo que respecta a la seguridad del usuario. Estas tecnologías dependen en gran medida del acceso a datos personales, lo que podría exponer a los usuarios a la obtención indebida o perjudicial de sus datos por parte de terceros.

Los datos digitales se consideran un activo esencial para la innovación y el crecimiento, y se habla de una economía impulsada por los datos[21]. Como resultado, se están desarrollando normativas en todo el mundo para regular los datos digitales como activos, abordando cuestiones como

---

quinas con pensamiento humano a la conformación de los humanoides, a saber, de crear máquinas que creen su propio pensamiento y, por ende, su capacidad sui generis de resolver".

20 MARTÍN DIZ, F., "Justicia digital post-covid19: El desafío de las soluciones extrajudiciales electrónicas de litigios y la inteligencia artificial", cit., pp. 66-68.

21 ÁLVAREZ ROBLES, T., "El Estado digital: ¿Es internet una condición necesaria para garantizar los derechos digitales?", en *Derecho digital y nuevas tecnologías,* MADRID, A. y ALVARADO, L.(dirs.), Thomson Reuters, Navarra, 2022.

la propiedad de los datos, su uso, su función social, su valor económico y su seguridad. Estas regulaciones se debaten entre la necesidad de fomentar el uso de datos digitales para impulsar la economía digital y la necesidad de limitar su uso para garantizar una economía digital segura, democrática y justa[22].

El uso de nuevas tecnologías tiene ventajas claras, pero también conlleva riesgos, como la vulnerabilidad de la seguridad del usuario. El aumento del acceso en línea a datos personales puede hacer que terceros los obtengan y los utilicen de manera indebida o perjudicial para el consumidor.

La protección de datos desde el diseño y por defecto, regulada en el artículo 25 del Reglamento General de Protección de Datos 2016/679 de 27 de abril de 2016, relativo a la protección de las personas físicas en lo que respecta al tratamiento de datos personales y a la libre circulación de estos datos y por el que se deroga la Directiva 95/46/CE (RGPD)[23], establece medidas para asegurar la seguridad de los datos en los procesos de tratamiento. En el RGPD, se detalla que estas medidas deben aplicarse tanto al determinar cómo se tratan los datos como durante el propio tratamiento. También menciona el RGPD ejemplos específicos de medidas a doptar para proteger los datos personales, como la seudonimización de los datos. En cuanto al deber de protección de los datos personales, se establece una "protección por defecto", ie., el RGPD establece la obligación de que los datos personales no sean accesibles sin el consentimiento de los interesados, garantizando, de esta manera, la privacidad sin que los usuarios tengan que realizar ninguna actividad para protegerla.

En este contexto, es importante tener en cuenta la advertencia de la Unión Europea a través de una Resolución del Parlamento Europeo, de responsabilidad civil en materia de inteligencia artificial, de fecha 20 de octubre de 2020[24]. Esta resolución contiene importantes recomendaciones dirigidas a la Comisión sobre el marco ético de la inteligencia artificial, la

---

22 LÓPEZ-LAPUENTE, L., "La nueva regulación europea de los datos: cómo dar forma al futuro digital de Europa", en *Actualidad Jurídica Uría Menéndez*, núm. 61, 2023, pp. 50-71.

23 DOUE de 4 de mayo de 2016.

24 Resolución del Parlamento Europeo, de 20 de octubre de 2020, con recomendaciones destinadas a la Comisión sobre un régimen de responsabilidad civil en materia de inteligencia artificial (2020/2014(INL). DOUE de 6 de octubre de 2021.

robótica y tecnologías relacionadas. En dicha resolución, se mencionan las preocupaciones éticas y sociales en relación con estas tecnologías.[25]

Hay que destacar la importancia de proteger los datos personales de los usuarios en los procedimientos extrajudiciales (del mismo modo, que en los judiciales), considerándolos como un activo valioso, puesto que los procedimientos virtuales pueden plantear más riesgos para la privacidad de los consumidores al exponer, de forma indiscriminada, sus datos personales. Dado que el manejo de documentos y datos en estos ámbitos es masivo, y algunos de estos datos son de naturaleza personal y protegidos por la ley, se sugiere que se deben establecer sistemas de responsabilidad clara para garantizar la seguridad de estos datos, con limitaciones de acceso según la sensibilidad de la información.[26]

En el contexto de la administración de justicia, donde la gestión de documentos y datos es extensa, incluyendo información personal protegida por la ley, es imperativo considerar requisitos de seguridad y garantías al diseñar un sistema que facilite el acceso a la justicia para los consumidores, tanto en procedimientos judiciales como extrajudiciales. Esto implica establecer una clara responsabilidad en la custodia de estos datos, con restricciones de acceso según la sensibilidad de la información almacenada.

Una protección adecuada debe regular el acceso electrónico de ciudadanos y partes interesadas en procedimientos judiciales, definiendo límites sin menoscabar las facultades de los profesionales, quienes deben poder ejercer su trabajo con plena confidencialidad y facilitar el acceso a

---

[25] La Resolución del Parlamento Europeo, de 20 de octubre de 2020, con recomendaciones destinadas a la Comisión sobre un régimen de responsabilidad civil en materia de inteligencia artificial (2020/2014(INL), en sus considerandos, señala la importancia de la protección de las redes de inteligencia artificial y robótica interconectadas, para lo que pide que se adopten medidas sólidas para evitar las vulneraciones de la seguridad, las fugas y la intoxicación de datos, los ciberataques y los usos indebidos de los datos personales, lo que exigirá que las instituciones, órganos y organismos pertinentes, tanto a escala de la Unión como nacional, trabajen juntos y en cooperación con los usuarios finales de estas tecnologías; pide a la Comisión y a los Estados miembros que velen por la observancia permanente de los valores de la Unión y el respeto de los derechos fundamentales a la hora de desarrollar y desplegar tecnologías de inteligencia artificial, a fin de garantizar la seguridad y la resiliencia de la infraestructura digital de la Unión.

[26] CERDA, J. I., *El uso de medios electrónicos en la Administración de Justicia*, Tirant Lo Blanch, Valencia, 2018.

la información sin restricciones excesivas a fin de que no afecte al derecho de defensa[27].

Sin embargo, no debemos pasar por alto que el principio de publicidad de los procedimientos judiciales es uno de los principios básicos en nuestro sistema actual. Sin embargo, es necesario cuestionar cómo se aplica en un entorno en el que las nuevas tecnologías dependen del uso de datos. En este sentido, surge la pregunta sobre si el principio de publicidad afecta la protección de datos personales y si el principio de interés legítimo podría contribuir a establecer límites adecuados en la divulgación de datos personales en documentos públicos.

Cuando diseñamos y desarrollamos un modelo de justicia en línea debemos aprender de la actual experiencia, que se caracteriza por su vulnerabilidad. Esto se debe a que el sistema de tramitación electrónica facilita el acceso y procesamiento de datos personales y sensibles, estando disponibles en expedientes virtuales del poder judicial las 24 horas del día sin restricciones ni límites en las búsquedas diarias.

Dadas las vulnerabilidades del sistema actual es necesario replantear la preponderancia del principio de publicidad. Esto implica considerar diferentes alternativas, como el principio de interés legítimo en la protección de datos personales, junto con la posibilidad de anonimizar datos personales en documentos, resoluciones y sentencias.

Es importante tener en cuenta los dos tipos de acceso que existen; el primero referido a profesionales, que deben tener acceso completo a todo el expediente, salvo en casos, expresamente, establecidos por la ley. El segundo acceso implica la disociación y anonimización de datos personales, a discreción del responsable, y se aplicaría a ciudadanos que sean parte en el procedimiento y a terceros que puedan demostrar un interés legítimo en el asunto.[28]

Como conclusión, se debe tener en cuenta que la tecnología puede ser una herramienta valiosa para mejorar la eficiencia y la accesibilidad a la Justicia, pero nunca debe reemplazar la importancia de la empatía, la

---

27 GUERRERO GUERRERO, B., "Protección de datos personales en el Poder Judicial: una nueva mirada al principio de publicidad", Vol. 9, núm. 2, en *Revista Chilena de Derecho y Tecnología*, 2020, pp. 33-56.

28 PÉREZ ESTRADA, M. J.," La protección de los datos personales en los órganos judiciales", en *Nuevos postulados de la cooperación judicial en la Unión Europea: libro homenaje a la Prof.ª Isabel González Cano,* MORENO CATENA, V. y ROMERO PRADAS, M. I. (dirs.), Tirant lo Blanch, Valencia, 2021, pp. 895-916.

ética y la toma de decisiones fundamentadas en principios legales y éticos. La colaboración entre lo humano y lo tecnológico puede ser efectiva y ayudar en la resolución de los conflictos jurídicos en una sociedad en constante cambio.

V. Bibliografía

ÁLVAREZ ROBLES, T., "El Estado digital: ¿Es internet una condición necesaria para garantizar los derechos digitales?", en *Derecho digital y nuevas tecnologías*, MADRID, A. y ALVARADO, L.(dirs.), Thomson Reuters, Navarra, 2022.

ARLEY, A., *Resolución electrónica de disputas (ODR): acceso a justicia digital*, Tirant Lo Blanch, Valencia, 2021.

BARONA VILAR, S. "Maximización de la eficiencia y búsqueda de la celeridad en el arbitraje: entre el mito, la sublimación y la cuarta revolución industrial (4.0.), en *Revista de Arbitraje Comercial y de inversiones*, núm. 1, Vol. XI, 2018.

BARONA VILAR, S., "Métodos alternativos de resolución de conflictos en la sociedad digital y global del Siglo XXI", *Diario La Ley*, núm. 9924, 2021.

BOUZZO HAURI, S., "El uso de las nuevas tecnologías como forma de disminuir las barreras de acceso a la justicia del consumidor en Chile, en *Universitas Jurídica*, Vol. 72, 2023. Disponible en: https://revistas.javeriana.edu.co/files-articulos/VJ/72(2023)/6722545018/index.html

BUENO DE MATA, F., "Mediación electrónica e inteligencia artificial", en *Actualidad Civil*, núm. 1, 2015.

CALAZA LÓPEZ, S., "Blockchain y Smart contracts: ¿un ecosistema digital seguro al margen de la ley?", en *Uso de la información y de los datos personales en los procesos los cambios en la era digital*, COLOMER HERNÁNDEZ, I. (dir.), CATALINA BENAVENTE, M. A. y OUBIÑA BARBOLLA, S. (coords.), Thomson Reuters Aranzadi, Pamplona, 2022.

CATALÁN CHAMORRO, M. J., *El acceso a la justicia de consumidores: los nuevos instrumentos del ADR y ODR de consumo*, Tirant Lo Blanch, Valencia, 2019.

CERDA, J. I., *El uso de medios electrónicos en la Administración de Justicia*, Tirant Lo Blanch, Valencia, 2018.

CORTÉS, P., "El acceso a la justicia del consumidor inglés a través de las comunicaciones electrónicas", en *Justicia digital, mercado y resolución de litigios de consumo. Innovación en el diseño del acceso a la justicia*, ESTEBAN, F. (dir.), MORENO, G. y OLARIU, O. (coords.), Aranzadi, Pamplona, 2021.

FONTESTAD PORTALÉS, L., "Plataformas de resolución de litigios en línea: opciones para la solución extrajudicial de litigios en el sector del transporte aéreo", en *Vías emergentes de solución extrajudicial de litigios en la Sociedad digital*, FONTESTAD PORTALÉS, L. (dir.) y SUÁREZ XAVIER, P. R. (coord.), Thomson Reuters Aranzadi, Pamplona, 2022.

GUERRERO GUERRERO, B., "Protección de datos personales en el Poder Judicial: una nueva mirada al principio de publicidad", Vol. 9, núm. 2, en *Revista Chilena de Derecho y Tecnología*, 2020.

KATSH, E.; RULE, C., "What we know about Online Dispute Resolution". *South Carolina, Law Review*, vol. 67, núm. 2, 2016.

LARSON, D.A., "Artificial Intelligence: Robots, Avatars, and the Demise of the Human Mediator", *Ohio State Journal on Dispute Resolution*, núm. 1, 2010.

LÓPEZ-LAPUENTE, L., "La nueva regulación europea de los datos: cómo dar forma al futuro digital de Europa", en *Actualidad Jurídica Uría Menéndez*, núm. 61, 2023.

MARTÍN DIZ, F., "Justicia digital post-covid19: El desafío de las soluciones extrajudiciales electrónicas de litigios y la inteligencia artificial", en *Revista de Estudios Jurídicos y Criminológicos*, núm. 2, 2020.

MONTESINOS GARCÍA, A, "Inteligencia artificial y ODR", en Justicia algorítmica y neuroderecho, una mirada multidisciplinar, BARONA VILAR, S. (dir.), Tirant Lo Blanch, Valencia, 2021.

PAISLEY, K., Y SUSSMAN, E., "Artificial Intelligence Challenges and Opportunities for International Arbitration", *NYSBA NY Dispute Resolution Lawyer*, núm., 1, 2018.

PÉREZ ESTRADA, M. J., *Fundamentos jurídicos para el uso de la inteligencia artificial en los órganos judiciales*, Barcelona, Tirant lo Blanch, 2023.

PÉREZ ESTRADA, M.J.," La protección de los datos personales en los órganos judiciales", *Nuevos postulados de la cooperación judicial en la Unión Europea: libro homenaje a la Prof.ª Isabel González Cano*, MORENO CATENA, V. y ROMERO PRADAS, M. I. (dirs.), Tirant lo Blanch, Valencia, 2021.

Capítulo XII

La mediación en materia civil y mercantil y su codificación en europa: 10 años después

GUILLERMO PALAO MORENO*

Sumario: I. INTRODUCCIÓN. II. NOVEDADES POR SECTORES. 1. Propiedad intelectual. 2. Derecho de familia. 3. Consumo y comercio electrónico. III. A MODO DE CONCLUSIÓN. IV. BIBLIOGRAFÍA CITADA.

I. INTRODUCCIÓN

En 2012 tuve el honor de participar en la obra colectiva en homenaje al Prof. Juan Montero Aroca, donde pude constatar el significativo y legítimo interés que había despertado en el legislador europeo –entendido en sentido amplio y englobando, por consiguiente, tanto a la Unión Europea (UE), como al Consejo de Europa- el recurso a la mediación –junto a otros Mecanismos Alternativos de Solución de Conflictos (MASC), complementarios a la justicia estatal-, en la resolución de las controversias de naturaleza privada[1].

En dicho estudio, entre otros, se puso de manifiesto el origen y el impulso que el recurso a este tipo de medios había tenido en el viejo continente, así como su papel estratégico en el ámbito de creación de un

---

* Catedrático de Derecho Internacional privado, Universitat de València. Miembro de su Grupo I+D MedArb. Trabajo realizado en el marco de los Proyectos I+D: PID2021-123170OB-I00 ("Claves para una justicia digital y algorítmica con perspectiva de género") y TED2021-129307A-I00 ("Hacia una transición digital centrada en la persona en la Unión Europea"). E-mail: Guillermo.palao@uv.es.

1 PALAO MORENO, G., "La mediación y su codificación en Europa: aspectos de Derecho Internacional privado", en GÓMEZ COLOMER, J.L., BARONA VILAR, S. y CALDERÓN CUADRADO, P. (Coords.), *El Derecho Procesal del Siglo XX a golpe de tango. Juan Montero Aroca. Liber Amicorum, en homenaje y para celebrar su LXX cumpleaños*, Valencia, Tirant lo Blanch, 2012, pp. 1337-1352.

espacio europeo de Justicia civil; destacando la importancia en este proceso y como marco normativo general de la Directiva núm. 2008/52/CE, sobre ciertos aspectos de la mediación en asuntos civiles y mercantiles[2]; incorporada en España por medio de la Ley 5/2012, de 6 de julio, de mediación en asuntos civiles y mercantiles[3].

Ahora bien, han pasado ya 10 años desde entonces. Una década preñada de acontecimientos con un innegable alcance para esta materia y donde este interés regulador por parte de las instituciones europeos, no sólo no ha disminuido, sino que han buscado relanzar el empleo de la mediación –así como de otros MASC-; siguiendo de este modo la senda global de su, cada vez mayor, integración en el nuevo paradigma de Justica[4]. Algo que se habría llevado a cabo de modo sucesivo y en relación a diversos ámbitos especializados. De ahí que, a lo visto de este impulso legislativo, haya decidido retomar el análisis realizado en su momento, para dar cuenta de lo acontecido en estos dos lustros; centrando mi atención principal en las iniciativas legislativas adoptadas en el seno de la UE en materia de mediación y, más en particular, llevarlo a cabo desde una perspectiva *ius privatista.*

En este sentido, llegados a este punto y como se acaba de señalar, entiendo que resulta ciertamente oportuno hacer mención, antes de pasar a esta exposición de las distintas iniciativas legislativas y del estado de la cuestión en la UE, a distintos acontecimientos -internos y externos a la UE-, que han incidido y siguen condicionando el esfuerzo e impulso regulador desarrollado en el marco de las instituciones europeas a favor de la mediación –como también habría sucedido con el resto de MASC-.

---

2 *DO* L núm. 136, de 24.5.2008. Sobre la Directiva núm. 2008/52/CE, por todos, ESPLUGUES, C., IGLESIAS, J.L. y PALAO, G. (Eds.), *Civil and Commercial Mediation in Europe. National Mediation Rules and Procedures,* Cambridge, Intersentia, 2013, Vol. I; ESPLUGUES MOTA, C. (Ed.), *Civil and Commercial Mediation in Europe. Cross-Border Mediation,* Cambridge, Intersentia, 2013, Vol. II.

3 *BOE* nº 162, de 7.7.2012. Entre otros, los comentarios de: BARONA VILAR, S., *Mediación en asuntos civiles y mercantiles en España. Tras la aprobación de la Ley 5/2012, de 6 de julio,* Valencia, Tirant lo Blanch, 2013; CASTILLEJO MANZANARES, R. (Dir), *Comentarios a la Ley 5/2012, de Mediación en asuntos civiles y mercantiles,* Valencia, Tirant lo Blanch, 2013.

4 Así, BARONA VILAR, S., "Integración de la mediación n el moderno concepto de *Access to Justice*", *InDret* núm. 4, 2014, pp. 1-29; *id.*, "Mutación de la justicia en el siglo XXI. Elementos para una mirada poliédrica de la tutela de la ciudadanía", en BARONA VILAR, S. (Ed.), *Justicia poliédrica en periodo de mudanza (Nuevos conceptos, nuevos sujetos, nuevos instrumentos y nueva intensidad),* Valencia, Tirant lo Blanch, 2022, pp. 31-62, pp. 43-48.

a) Para empezar y por lo que hace los factores externos a la UE, puede hacerse mención a dos principales. Por un lado, a la crisis sanitaria mundial provocada por el COVID-9, que derivó en un mayor empleo de los MASC, así como a su creciente digitalización, desde una perspectiva comparada y con alcance global[5]. Un impulso que, a su vez, habría ido acompañando de un esfuerzo legislativo en sede estatal –como se aprecia de forma particular, por lo que hace a nuestros entorno y además de las consecuencias que ha desplegado la Directiva núm. 2008/52/CE en los Estados miembros de la UE, desde una perspectiva iberoamericana[6]-; así como también habría podido incidir en el impulso y aprobación del primer instrumento normativo de *Hard Law* convencional que (desde la Organización de Naciones Unidas) ordena la mediación transfronteriza. Esto es, la Convención de las Naciones Unidas sobre los acuerdos de transacción internacionales resultantes de la mediación (la conocida como Convención de Singapur), aprobada mediante Resolución de su Asamblea General, de 20 de diciembre 2018 y en vigor desde el 12 de septiembre 2020[7].

b) De otro lado, desde una perspectiva intra-europea, no han sido pocos los elementos que podrían ser mencionados y que han incidido en esta materia. Para empezar, sobresale la propia apreciación interna de que el marco normativo general relativo a la mediación –esto es, la propia Directiva núm. 2008/52/CE- no estaba funcionando de forma correcta y eficiente –esto es, la conocida como "paradoja" de la mediación en la UE-, así como la conveniencia de su reconsideración –esto es, su "re-inicialización"-[8]. Junto a ello, igualmente hay que dejar constancia del efecto que supuso la

---

5 SARASA VILLAVERDE, E., PEÑA HERREROS, P. y ANIZ SÁNCHEZ, M., "Capítulo 37. Mediación y crisis COVID-19: impulso legal y reflexiones desde la práctica", en LUQUIN BERGARECHE, R. (Dir.), *Covid 19: conflictos jurídicos actuales y desafíos,* Madrid, Wolters Kluwer, 2020, pp. 679-696.

6 ESPLUGUES MOTA, C., *Mediación Civil y Comercial. Regulación Internacional e Iberoamericana,* Valencia, Tirant lo Blanch, 2019, pp. 22-28.

7 A/RES/73/198. Sobre el mismo, con carácter general, PALAO, G. (Dir.), *The Singapore Convention on Mediation. A Commentary on the United Nations Convention on International Settlement Agreements Resulting from Mediation,* Cheltenham, Edward Elgar, 2022.

8 Al respecto, destaca los análisis y conclusions alcanzadas en los estudios: *Rebooting' the mediation Directive: assessing the limited impact of its implementation and proposing measures to increase the number of mediations in the EU,* Bruselas, Parlamento Europeo, 2014; *The implementation of the Mediation Directive. Workshop 29 November 2016,* Bruselas, Parlamento Europeo, 2016. En un sentido similar, AZCÁRRAGA MONZONÍS, C., "El (limitado) impacto de la Directiva sobre mediación en asuntos civiles y mercantiles y la mediación obligatoria como medida de promoción",

culminación del Brexit, siendo el Reino Unido uno de los grandes valedores y paradigmas en relación con la práctica de los MASC en el continente europeo[9]. Igualmente, habría que hacer mención a la profundización en el "Mercado Único Digital" europeo[10], y la apuesta que se hace a favor de la gestión legal de los conflictos que pudieran producir en este contexto digital por parte de los MASC.

II. NOVEDADES POR SECTORES

Pues bien, en atención a los mencionados condicionantes y circunstancias, la primera constatación que puede hacerse es el decidido interés que, 10 años después, siguen demostrando las instituciones europeas para favorecer el recurso a la mediación –como a los MASC en su conjunto- en el ámbito de la Justicia civil. Una atención que, tras el impulso horizontal y general que supuso la Directiva núm. 2008/52/CE, se habría visto orientado por la especialización y el particularismo en esta materia.

Así tras un breve repaso de la evolución legislativa en este ámbito, así como del estado de la cuestión de la regulación de estos medios en el seno de la UE, confirman esta apreciación. Para ello, seguidamente se hará mención de los desarrollos normativos que se han ido sucediendo en este ámbito en la UE durante el mencionado periodo temporl. Un ejercicio que, con un propósito ejemplificador, se llevará a cabo al respecto de tres materias distintas: el Derecho de la propiedad intelectual, el Derecho de familia, así como el Derecho de consumo y comercio electrónico

---

en BARONA VILAR, S. (Ed.), *Mediación, arbitraje y jurisdicción en el actual paradigma de la Justicia*, Pamplona, Aranzadi, 2016, pp. 103-117.

9 PALAO MORENO, G., "BREXIT and international litigation in Europe in times of COVID-19: Quiet dawn or perfect storm", en: *Eurasian challenges to International Economic Law. New developments after Brexit in the context of the Covid-19*, Bruselas, Peter Lang, 2022, pp. 159-170, pp. 166-167.

10 Con carácter principal, la Decisión (UE) núm. 2022/2481 del Parlamento Europeo y del Consejo, de 14.12.2022 por la que se establece el programa estratégico de la Década Digital para 2030 (*DO* L núm. 323 de 19.12.2022); así como el Reglamento (UE) núm. 2021/694 del Parlamento Europeo y del Consejo, de 29.4.2021, por el que se establece el Programa Europa Digital y por el que se deroga la Decisión (UE) 2015/2240 (*DO* L núm. 166 de 11.5.2021).

1. Propiedad intelectual

Por lo que respecta al sector de la gestión de los conflictos en el ámbito de la propiedad intelectual –entendida en sentido amplio o *latu sensu*–, resulta evidente como la mediación ha ido ganando importancia en las últimas décadas[11]. Tal y como se aprecia, de forma paradigmática, en la importancia que se le han concedido al empleo de la mediación por parte de la UE en la gestión de los conflictos vinculados a los derechos de autor en el contexto digital. Y ello se constata, para empezar, al respecto de las Directivas (UE) **núm.** 2019/789 del Parlamento europeo y del Consejo de 17 de abril de 2019 por la que se establecen normas sobre el ejercicio de los derechos de autor y derechos afines aplicables a determinadas transmisiones en línea de los organismos de radiodifusión y a las retransmisiones de programas de radio y televisión, y por la que se modifica la Directiva núm. 93/83/CEE; y la núm. 2019/790 del Parlamento europeo y del Consejo de la misma fecha, sobre los derechos de autor y derechos afines en el mercado único digital y por la que se modifican las Directivas núm. 96/9/CE y núm. 2001/29/CE[12]

a) Por una parte y por lo que respecta a la Directiva (UE) núm. 2019/789, sobresale el hecho de que en su artículo 6 se dispone que los Estados miembros habrán de garantizar el recurso a la mediación en algunos supuestos conflictivos. Tal y como serían, como expone el propio precepto, los casos relacionados con la autorización para la retransmisión en línea de emisiones en los que no se hubiera celebrado acuerdo alguno entre la entidad de gestión colectiva y el operador de un servicio de retransmisión, o entre el operador de un servicio de retransmisión y el organismo de radiodifusión, resulte viable contar con la asistencia de uno o más mediadores para atender a los eventuales conflictos que pudieran surgir entre tales sujetos.

Un claro apoyo a favor del recurso a la mediación que, según dispone el mencionado artículo, se relaciona con lo establecido en el artículo 11 de la Directiva núm. 93/83/CEE del Consejo, de 27.9.1993, sobre Coordinación de determinadas disposiciones relativas a los derechos de autor y derechos

---

11 Al respecto, las distintas contribuciones contenidas en: MARGELLOS, T., BONNE, S., HUMPHREYS, G., STÜRMANN, S. (Eds.), *Mediation: Creating Value in International Intellectual Property Disputes,* La Haya, Kluwer Law International, 2018.

12 Ambas en *DO* L núm. 130, 17.5.2019. Vid. DE MIGUEL ASENSIO, P.A., "Mercado único digital y propiedad intelectual las Directivas 2019/789 y 2019/790", *La Ley Unión Europea,* núm. 71, 2019, pp. 1-16.

afines a los derechos de autor en el ámbito de la radiodifusión vía satélite y de la distribución por cable[13]. Un precepto donde se contempla que los mediadores puedan tanto colaborar en las negociaciones y presentar propuestas a las partes (apartado 2), al igual que exige que se adopten las medidas en su selección para que actúen con independencia e imparcialidad (apartado 4).

b) Por otra parte, el artículo 21 de la Directiva (UE) núm. 2019/790, titulado "Procedimiento alternativo de resolución de litigios", dispone que los Estados miembros han de disponer en su normativa interna que aquellos litigios relativos a la obligación de transparencia –tal y como se encuentra prevista en su artículo 19- sí como relativos al mecanismo de adaptación de los contratos -que se ve establecido en su artículo 20- sean susceptibles de someterse a un "*procedimiento alternativo de resolución de litigios de carácter voluntario*". De tal modo que Estados miembros cuentan con la obligación de tener que garantizar que los organismos que representan a los autores y los artistas intérpretes o ejecutantes tengan la capacidad de iniciar tales procedimientos, ya fuera a petición expresa de uno o de varios autores o de los artistas intérpretes o ejecutantes.

Una disposición que, como se aclara en su Considerando 79, responde al hecho al hecho de que habitualmente autores y artistas, intérpretes o ejecutantes, se muestran reacios a hacer valer sus derechos ante los órganos jurisdiccionales frente a sus socios contractuales. De ahí que se obligue a los Estados miembros a regular en sus ordenamientos: tanto un procedimiento alternativo de resolución de conflictos que –sin excluir la posibilidad de acudir a la vía judicial- atendiera a los conflictos que pudieran surgir entre ellos -tal y como sucede con aquellos que surjan por sus reclamaciones vinculadas a las obligaciones de transparencia y al mecanismo de adaptación del contrato[14]-; como la creación de un organismo o mecanismo –o acudir a uno ya existente y que atienda a los requisitos dispuestos en la mencionada Directiva- que podría contar con una naturaleza sectorial o público, incluidos los que forme parte de su sistema judicial nacional[15].

---

13 *DO* L núm. 248, 6.10.1993.

14 Cuestiones que se ven abordadas en los artículos 19 y 20 de la Directiva (UE) núm. 2019/790.

15 Por lo que respecta a nuestro país, en particular, la transposición de la Directiva núm. 2019/79 se realizó en España por medio del Real Decreto-ley 24/2021, de 2 de noviembre, por el cual se produjo la modificación del artículo 194.5.c) del Real Decreto Legislativo 1/1996, de 12 de abril, por el que se aprueba el texto refundido de la Ley de Propiedad Intelectual (*BOE* núm. 263, de 3.11.2021). Como

Junto a ello y desde una perspectiva transfronteriza[16], hay que tener en consideración que la previsión contenida en su artículo 21, al respecto de los procedimientos alternativos de resolución de litigios –al igual que lo previsto en materia de adaptación de los contratos y las exigencias de transparencia-, posen una naturaleza imperativa para las partes de tales contratos, como se subraya en el Considerando 81. Por lo que, entre otros efectos, y en atención a los previsto en el artículo 3.4 del Reglamento (CE) núm. 593/2008 del Parlamento Europeo y del Consejo, de 17.6.2008 , sobre la ley aplicable a las obligaciones contractuales (Roma I)[17], en aquellos supuestos de elección expresa de ley relacionados con las cuestiones mencionadas y si "*todos los demás elementos pertinentes de la situación en el momento de la elección se encuentren localizados en uno o varios Estados miembros*", la eventual elección de una ley que no fuera la de un Estado miembro "*se entenderá sin perjuicio de la aplicación de las disposiciones del Derecho comunitario, en su caso, tal como se apliquen en el Estado miembro del foro, que no puedan excluirse mediante acuerdo*"[18]. Una previsión que, por lo que hace a esta materia, implica la prevalencia de lo previsto en el artículo 21 también en relación con las situaciones de naturaleza internacional.

Asimismo, en otro orden de ideas, igualmente se aprecia una apuesta por la mediación al respecto de la gestión de los conflictos que pudieran surgir relacionados con los derechos de propiedad industrial, como se aprecia en el Reglamento (UE) núm. 2017/1001 del Parlamento Europeo y del Consejo, de 14.6.2017, sobre la marca de la Unión Europea[19]. En este sentido, se aprecia claramente la importancia que se le atribuye a este mecanismo de resolución de conflictos para esta materia, si se toma en consideración lo establecido en sus artículos 151.3 y 170. Y ello, como subraya su Considerando 35, con el fin de que este tipo de "se resuelvan de manera amistosa, rápida y eficiente".

---

resultado de esta incorporación le fueron atribuidas nuevas competencias de mediación y arbitraje a la Sección Primera de la Comisión de Propiedad Intelectual. Vid.: https://www.culturaydeporte.gob.es/cultura/areas/propiedadintelectual/mc/s1cpi/inicio.html. Al respecto, MONTESINOS GARCÍA, A., "El protagonismo de la Comisión de la Propiedad Intelectual, a la luz de la reforma del Texto Refundido de la Ley de Propiedad Intelectual", *InDret* núm. 4, 2014, pp. 1-28.

16 Ámbito al que se refiere el artículo 9 de la Directiva (UE) núm. 2019/790.

17 *DO* L núm. 177, 4.7.2008.

18 Al respecto, MANKOWSKI, P., "Article 3", en: MAGNUS, U./ MANKOWSKI, P. (Eds.), *Rome I Regulation*, Colonia, Otto Schmidt, 2017, pp. 87-263, pp. 234-243.

19 *DO* L núm. 154, de 16.6.2017.

Para ello, se contempla que la Oficina de Propiedad Intelectual de la Unión Europea (EUIPO), pueda "prestar servicios de mediación con carácter voluntario, con el fin de ayudar a las partes a alcanzar un arreglo amistoso" (artículo 151.3), por medio del establecimiento de un centro de mediación a tales efectos (artículo 170.1) –también para los litigios que pudieran surgir en el marco del Reglamento (CE) núm. 6/2002 del Consejo, de 12.12.2001, sobre los dibujos y modelos comunitarios[20]. En este sentido, en los numerales 3 a 15 del artículo 170 se detallan externos como: la posibilidad de que las partes puedan solicitar conjuntamente una mediación, el efecto de este procedimiento en la suspensión de los plazos de los que se encuentren en curso, el nombramiento del mediador, sus obligaciones e imparcialidad, así como la posibilidad de cooperación, así como el carácter confidencial de la mediación u otros extremos como el lingüístico[21].

2. Derecho de familia

La posibilidad de recurrir a la mediación para atender conflictos en material de familia no resulta algo novedoso en la normativa de la UE[22]. De este modo, con posibilidad de ser incluidos en el ámbito de la Directiva núm. 2008/52/CE, siempre y cuando no se trate de "*derechos y obligaciones que no estén a disposición de las partes en virtud de la legislación pertinente*" (artículo 1.2)[23], su recurso se encontraba ya previsto en materia de cooperación entre autoridades en determinados casos en la etapa previa a la este análisis.

a) Así, de un lado, en los casos relacionados con la responsabilidad parental, esto se apreciaba en el artículo 55.1 el Reglamento (CE) núm. 2201/2003 del Consejo, de 27.11.2003, relativo a la competencia, el reconocimiento y la

---

20 *DO* L núm. 3, de 5.1.2002.

21 Vid.: https://euipo.europa.eu/ohimportal/es/adr-service.

22 PALAO MORENO, G., "La Mediación Familiar Internacional", en *Estudios sobre la Ley valenciana de mediación familiar*, Valencia, Editorial Práctica de Derecho, 2003, pp. 61-88.

23 ESPLUGUES MOTA, C., "El Reglamento Bruselas III ter y el recurso a los MASC en materia de responsabilidad parental y sustracción internacional de menores", *Cuadernos de Derecho Transnacional*, Vol. 13, Núm. 2, 2021, pp. 132-173, pp. 149-153. Al respecto de la posibilidad de inclusión de los conflictos familiares, en relación con el artículo 2 de la Ley 5/2012, BARONA VILAR, S., *Mediación en asuntos civiles y mercantiles en España, cit.*, pp.124-128; MERINO ORTIZ, C. y LASHERAS HERRERO, P., "Artículo 2. Ámbito de aplicación", en CASTILLEJO MANZANARES, R. (Dir), *cit.*, pp. 31-43, pp. 33-38.

ejecución de resoluciones judiciales en materia matrimonial y de responsabilidad parental, por el que se deroga el Reglamento (CE) núm.1347/2000[24]. Y ello al señalar, con total claridad, en su letra e), que las autoridades adoptarán las medidas oportunas con el fin de "*facilitar la celebración de acuerdos entre los titulares de la responsabilidad parental a través de la mediación o por otros medios, y facilitar con este fin la cooperación transfronteriza*".

b) De otro lado, igualmente se favorece su empleo en el artículo 51.2 –en relación con el 56- del Reglamento (CE) núm. 4/2009 del Consejo, de 18.12.2008 , relativo a la competencia, la ley aplicable, el reconocimiento y la ejecución de las resoluciones y la cooperación en materia de obligaciones de alimentos[25], donde se consigna que las autoridades centrales tomarán las medidas que consideren ajustadas al respecto del cobro de alimentos para, entre otros, "*d) promover las soluciones amistosas a fin de obtener el pago voluntario de los alimentos, recurriendo cuando sea apropiado a la mediación, la conciliación o mecanismos análogos*".

Pues bien, esta buena disposición por el empleo de la mediación se ha visto a su vez mantenido e incluso reforzada en el período objeto de análisis, como se aprecia en el Reglamento (UE) núm. 2019/1111 del Consejo, de 25.6.2019, relativo a la competencia, el reconocimiento y la ejecución de resoluciones en materia matrimonial y de responsabilidad parental, y sobre la sustracción internacional de menores (versión refundida)[26]. Así, el nuevo Reglamento Bruselas II ter –que sustituye al Reglamento (CE) núm. 2201/2003- dispone de diversos preceptos de interés para esta materia, con el que ha relanzado la apuesta europea por el empleo de la mediación en materia de familia. Y ello, "Habida cuenta de la importancia creciente de la mediación y otros métodos alternativos de resolución de litigios"[27].

a) Por un lado, en su artículo 25 (titulado "Formas alternativas de resolución de litigios"), contenido en el Capítulo III dedicado a la sustracción internacional de menores, se aprecia una clara postura favorable al recurso a la mediación en tales supuestos litigiosos. Así, su tenor es claro al señalar

---

24 *DO* L núm. 338, de 23.12.2003. Al respecto, ESPLUGUES MOTA, C., "El Reglamento Bruselas III ter…", *cit.*, pp. 154-156. Vid. igualmente, PALAO MORENO, G., "Crisis matrimoniales internacionales y autonomía de la voluntad", *Cursos de Derecho Internacional y Relaciones Internacionales de Vitoria-Gasteiz,* 2013, pp. 451-531, pp. 480-481.

25 *DO* L núm. 7, de 10.1.2009

26 *DO* L núm. 178, de 2.7.2019. ESPLUGUES MOTA, C., "El Reglamento Bruselas III ter…", *cit.*, pp. 156-172.

27 Considerando 35.

que: "*Lo antes posible y en cualquier fase del procedimiento, el órgano jurisdiccional invitará a las partes, directamente o, si procede, con la asistencia de las autoridades centrales, a que consideren si están dispuestas a recurrir a la mediación o a otra vía alternativa de resolución de litigios, a menos que ello sea contrario al interés superior del menor, no sea adecuado en el caso particular o conlleve un retraso indebido del procedimiento*"[28].

b) Por otro lado y de forma similar al instrumento precedente, al tratar la materia de cooperación en materia de responsabilidad parental en el Capítulo V del Reglamento Bruselas II ter, se establece en su artículo 79,g), al referirse a las tareas específicas de las autoridades centrales requeridas que éstas "*adoptarán, ya sea directamente o por conducto de los órganos jurisdiccionales, las autoridades competentes u otros organismos, todas las medidas adecuadas, para: (...) g) facilitar la celebración de acuerdos entre los titulares de la responsabilidad parental a través de la mediación o por otros medios alternativos de resolución de litigios, y facilitar con este fin la cooperación transfronteriza*"[29]. Y es que, como se subraya en su Considerando 43, al respecto de los casos "que afecten a menores, y en particular en los asuntos de sustracción internacional de menores", los órganos jurisdiccionales han de prever el recurso a la "mediación u otros medios apropiados", siempre que con ello no se prolongue indebidamente el procedimiento de restitución, no resultando siempre apropiado en situaciones de violencia sobre la mujer en el curso de un procedimiento de restitución[30].

c) Junto a lo expuesto, también cabría hacer referencia en este ámbito a la posibilidad de aplicar lo previsto en el artículo 65 en materia de reconocimiento, a los acuerdos de mediación alcanzados en el contexto del Reglamento Bruselas II ter[31] –siempre que estos se entiendan como cubier-

---

28 Ibid. Al respecto, DIAGO DIAGO, P., "Artículo 25. Formas alternativas de resolución de conflictos", en PALAO MORENO, G. (Dir.), *El nuevo marco europeo en materia matrimonial, responsabilidad parental y sustracción de menores. Comentarios al Reglamento (UE) núm. 2019/111,* Valencia, Tirant lo Blanch, 2022, pp. 283-295; GONZÁLEZ MARIMÓN, M., *La sustracción internacional de menores en el espacio jurídico europeo,* Valencia, Tirant lo Blanch, 2022, pp. 265-280.

29 Sobre el mismo, PALAO MORENO, G., "Artículo 79. Tareas específicas de las autoridades centrales requeridas", en PALAO MORENO, G. (Dir.), *El nuevo marco europeo en materia matrimonial..., cit.,* pp. 645-648.

30 Vid también Considerando 75

31 CARRIÓN GARCÍA DE PARADA, P., "Artículo 65. Reconocimiento y ejecución de los documentos públicos y de los acuerdos", en PALAO MORENO, G. (Dir.), *El nuevo marco europeo en materia matrimonial..., cit.*, pp. 535-578.

tos por la definición que contienen el artículo 2.2.3[32]. Y ello, debido a que en tales casos se les asimilará a las "resoluciones", tal y como se definen en el artículo 2.1[33]. En esta línea, mientras que en el apartado 1° del artículo 65 1. Se consigna que los acuerdos sobre separación legal y divorcio –en aquellos casos en los que tengan efecto jurídico vinculante en el Estado miembro de origen- "*se reconocerán en otros Estados miembros sin que se requiera ningún procedimiento especial*", en el numeral 2° se dispone que tales acuerdos -cuando se refieran a la materia de responsabilidad parental y siempre que tengan efecto jurídico vinculante y tengan fuerza ejecutiva en el Estado miembro de origen- "*se reconocerán y ejecutarán en otros Estados miembros sin que se requiera ninguna declaración de fuerza ejecutiva*".

3. Consumo y comercio electrónico

Uno de los ámbitos donde el legislador de la UE ha apostado de forma más decidida por el recurso a la mediación –como por el resto de MASC-como mecanismo de resolución de litigios en esta etapa, ha sido el ámbito de la contratación de consumo, más aún en el contexto del comercio electrónico. De este modo, han sido diversos los instrumentos europeos que, en este concreto ´ámbito, se han ido sucediendo desde el 2012.

1) En este sentido, en primer lugar, destaca el paquete normativo que constituyen la Directiva núm.2013/11/UE del Parlamento Europeo y del Consejo, de 21.5.2013, relativa a la resolución alternativa de litigios en materia de consumo y por la que se modifica el Reglamento (CE) núm. 2006/2004 y la Directiva núm. 2009/22/CE (Directiva sobre resolución alternativa de litigios en materia de consumo o sencillamente Directiva RAL)[34], así como el Reglamento (UE) núm. 524/2013 del Parlamento Eu-

---

32 ESPLUGUES MOTA, C., "El Reglamento Bruselas III ter…", *cit.*, pp. 162-168. El citado apartado 3° define acuerdo como "*un documento que no es un documento público, que ha sido firmado por las partes en materias que entran en el ámbito de aplicación del presente Reglamento y que ha sido registrado por una autoridad pública comunicada a la Comisión con este fin por un Estado miembro*".

33 Considerando 70.

34 *DO* L núm. 165, de 18.6.2013; corrección de errores, *DO* L núm. 348, de 4.12.2014. Modificada parcialmente por el Reglamento (UE) 2017/2394 del Parlamento Europeo y del Consejo, de 12.12.2017, e la cooperación entre las autoridades nacionales responsables de la aplicación de la legislación en materia de protección de los consumidores y por el que se deroga el Reglamento (CE) núm. 2006/2004 (*DO* L núm. 345, 27.12.2017). La Directiva se ha incorporado al ordenamiento

ropeo y del Consejo, de 21.5.2013, sobre resolución de litigios en línea en materia de consumo y por el que se modifica el Reglamento (CE) núm. 2006/2004 y la Directiva núm. 2009/22/CE (Reglamento sobre resolución de litigios en línea en materia de consumo o directamente Reglamento RLL)[35].

Sin lugar a dudas, se trata de dos significativos instrumentos con una destacada repercusión en la gestión legal de los conflictos en materia de consumo –incluido el comercio electrónico- en la UE[36], donde se fomenta el recurso a los MASC –definidos ampliamente en sus artículos 2 y 4.1, g)-. Aunque igualmente es cierto que los mismos no habrían dado los resultados esperados cuando se elaboraron. Sobre todo, si tomamos en consideración las expectativas puestas en el recurso a la Plataforma de Resolución de Litigios en Línea (Plataforma RLL) que se impulsó desde la UE -cuya constitución y funcionamiento estaban previstos en el Reglamento RLL-, y se compara con el uso efectivo que la misma ha tenido en la práctica[37].

(i) Por un lado, por medio de la Directiva RAL se persiguió armonizar la dispar normativa de los Estados miembros en este singular ámbito[38], bus-

---

español por medio de la Ley 7/2017, de 2 de noviembre, por la que se incorpora al ordenamiento jurídico español la Directiva núm. 2013/11/UE, del Parlamento Europeo y del Consejo, de 21 de mayo de 2013, relativa a la resolución alternativa de litigios en materia de consumo (*BOE* núm. 268, de 4.11.2017). El 17.10.2023 se ha publicado una propuesta de Directiva dirigida a modificar la vigente (COM (2023) 649).

35 *DO* L núm. 165, de 18.6.2013. El 17.10.2023 se ha publicado una propuesta de Reglamento dirigido a sustituir al vigente (COM (2023) 647).

36 Sobre los mismos, CATALÁN CHAMORRO, M.J., *El acceso a la Justicia de consumidores: los nuevos instrumentos del ADR y ODR de consumo,* Valencia, Tirant lo Blanch, 2019; PALAO MORENO, G., "Cross-Border Consumer Redress after the ADR Directive and the ODR Regulation", en CORTES, P. (Ed.), *The New Regulatory Framework for Consumer Dispute Resolution,* Oxford, Oxford University Press, 2016, pp. 393-405; así como las contribuciones en la obra colectiva PALAO MORENO, G. (Dir.), *Los nuevos instrumentos europeos en materia de conciliación, mediación y arbitraje de consumo. Su incidencia en España, Irlanda y el Reino Unido,* Valencia, Tirant lo Blanch, 2016.

37 Vid. https://ec.europa.eu/consumers/odr/main/?event=main.home2.show.

38 Dando lugar, por lo que respecta a España, a la Ley 7/2017, de 2 de noviembre, por la que se incorpora al ordenamiento jurídico español la Directiva núm. 2013/11/UE, del Parlamento Europeo y del Consejo, de 21.5.2013, relativa a la resolución alternativa de litigios en materia de consumo (*BOE* núm. 268, de 4.11.2017).

cando contribuir "*a través de un alto nivel de protección del consumidor, al buen funcionamiento del mercado interior, garantizando que los consumidores puedan, si así lo desean, presentar reclamaciones contra los comerciantes ante entidades que ofrezcan procedimientos de resolución alternativa de litigios (…) que sean independientes, imparciales, transparentes, efectivos, rápidos y justos*" (artículo 1). Para ello, se enfrentó a cuestiones de alcance como el acceso y los requisitos que debían cumplir las entidades y los procedimientos de resolución alternativa en este ámbito (Capítulo II), las obligaciones de información y de cooperación de comerciantes y tales entidades (Capítulo III), así como las funciones que asumían las autoridades estatales competentes y la Comisión para cumplir con los fines señalados (Capítulo IV).

(ii) Por otro lado, la finalidad fundamental del Reglamento RLL se centró en proporcionar desde la UE de una plataforma de resolución de litigios en línea que diseñada para facilitar "la resolución extrajudicial de litigios entre consumidores y comerciantes en línea de forma independiente, imparcial, transparente, eficaz y equitativa". Un objetivo que, como se ha indicado, únicamente se ha cumplido de modo limitado. En todo caso, el Reglamento RLL regula con gran detalle la mencionada Plataforma RLL en su Capítulo II -artículos 5 a 15-, ordenando cuestiones como su establecimiento, estructura, principios aplicables y funcionamiento, así como la presentación, tramitación y resolución de las controversias.

b) En segundo lugar y en otro orden de ideas, igualmente se recurre a la resolución extrajudicial de litigios en artículo 25 de la Directiva (UE) núm. 2018/1972 del Parlamento Europeo y del Consejo de 11.12.2018, por la que se establece el Código Europeo de las Comunicaciones Electrónicas (versión refundida)[39]. Así las cosas, nos encontramos nuevamente ante un instrumento normativo armonizador[40] que, con el objetivo de logra la realización de un mercado interior de redes y servicios de comunicaciones electrónicas que, como se prevé sus artículos 1 y 2, busca establecer un régimen europeo relativo a las redes de comunicaciones electrónicas, los servicios de comunicaciones electrónicas, los recursos y servicios asociados y algunos aspectos de los equipos terminales. La Directiva se enfrenta, en este sentido, tanto a la resolución de controversias entre empresarios (artículos 26 y 27), como los litigios entre proveedores y consumidores derivados de presente Directiva y relacionados con la ejecución de contratos

---

39 *DO* L núm. 321 de 17.12.2018.

40 En el caso de España, por medio de la Ley 11/2022, de 28 de junio, General de Telecomunicaciones (*BOE* núm. 155, de 29.6.2022).

(artículo 25). Así, por lo que hace a esta segunda dimensión consumerista, y con base en las previsiones contenidas en la Directriva RAL, exige de los Estados miembros que faciliten el recurso a este tipo de mecanismos, en los supuestos internos y de carácter intra-europeo.

c) En tercer lugar, se fomenta igualmente el recurso a los mecanismos extrajudiciales de resolución de controversias y, de modo particular a la mediación, en el Reglamento (UE) núm. 2019/1150 del Parlamento Europeo y del Consejo, de 20.6.2019, sobre el fomento de la equidad y la transparencia para los usuarios profesionales de servicios de intermediación en línea[41].

En esta línea, en este instrumento europeo y con la finalidad de favorecer el correcto funcionamiento del mercado interior, el legislador europeo establece una serie de normas para garantizar que se conceden opciones apropiadas de transparencia, de equidad y de reclamación a los usuarios profesionales de servicios de intermediación en línea y a los usuarios de sitios web corporativos en relación con los motores de búsqueda en línea (artículo 1). Para ello, se apuesta por la resolución de las posibles controversias que pudieran surgir en este contexto por medio del recurso a mecanismos de carácter extrajudicial[42]; incluyendo un mecanismo interno de tramitación de reclamaciones (artículo 11) y el recurso a mecanismos extrajudiciales de resolución de litigios, apostando por el empleo de la mediación (artículo 12), por medio de mediadores especializados (artículo 13).

En particular, en el artículo 12.1 (titulado "Mediación") se establece la obligación a los proveedores de servicios de intermediación de designar mediadores ya en sus condiciones generales[43], que habrán de cumplir con los requisitos que consigna el párrafo 2° -entre las que destacan su independencia e imparcialidad, su carácter asequible y conocimientos lingüísticos, así como su celeridad y eficacia al conocer la materia objeto de disputa-. Un recurso que se prevé como voluntario como recuerda el numeral 3°, por lo que no podrá excluir la posibilidad de acudir a los órganos jurisdiccionales como subraya el apartado 5°. Por su parte, mientras el numeral 4° se refiere a los costes de la mediación, el numeral 5° contienen obligaciones de información sobre el propio mecanismo de la mediación y su funcionamiento.

---

41 *DO* L núm. 186, 11.7.2019.

42 Considerando 5.

43 Como se destaca en su numeral 7°, siempre que no se trate de empresas pequeñas, en el sentido del anexo de la Recomendación núm. 2003/361/CE de la Comisión, de 6.5.2003, sobre la definición de microempresas, pequeñas y medianas empresas (*DO* L núm. 124, 20.5.2003).

d) En cuarto lugar y como propuesta más reciente, cabe hacerse eco de la previsión que a favor del recurso a los MASC se hace en el Reglamento (UE) núm. 2022/2065 del Parlamento Europeo y del Consejo, de 19.10.2022, relativo a un mercado único de servicios digitales y por el que se modifica la Directiva núm. 2000/31/CE (Reglamento de Servicios Digitales)[44]. En este caso, como ya había sucedido con su precedente –el artículo 17 de la Directiva núm. 2000/31/CE del Parlamento Europeo y del Consejo, de 8.6.2000, relativa a determinados aspectos jurídicos de los servicios de la sociedad de la información, en particular el comercio electrónico en el mercado interior (Directiva sobre el comercio electrónico)[45], el artículo 21 del Reglamento (UE) núm. 2022/2065 lleva por título simplemente "Resolución extrajudicial de litigios"[46].

Este precepto se relaciona con la obligación impuesta en el artículo 20 a los prestadores de plataformas en línea frente a los destinatarios del servicio, de establecer un sistema interno de gestión de reclamaciones, que les permita actuar contra la eventual decisión adoptada por este prestador en supuestos en los considere que la información proporcionada por los destinatarios del servicio constituye un contenido ilícito o incompatible con sus condiciones generales. Pues bien, como consigna el artículo 21, en su apartado 1°, tales destinatarios tendrán derecho a –sin perjuicio de su derecho de acudir a un órgano jurisdiccional[47]- elegir cualquier órgano de resolución extrajudicial de litigios independencia, los medios y los conocimientos necesarios para desarrollar sus actividades con equidad, rapidez y eficacia en términos de costes[48] –siempre de que se trate de un órgano de los certificados de acuerdo con lo establecido en su numeral 3° -por

---

44 *DO* L núm. 277, de 27.10.2022.

45 *DO* L núm. 178, de 17.7.2000.

46 Al respecto, LLOPIS NADAL, P., "Plataformas en línea y decisiones sobre contenidos: el sistema interno de reclamación y la resolución extrajudicial de litigios como vías de impugnación reguladas en la Ley de Servicios Digitales", en *La responsabilidad civil por servicios de intermediación prestados por plataformas digitales*, Madrid, Colex, 2023, pp. 140-173, pp. 168-172. En relación con la propuesta de Reglamento, CASTELLÓ PASTOR, J.J., "Mediación en los conflictos derivados de los servicios digitales en la Unión Europea", en BARONA VILAR, S. (Ed.), *Meditaciones sobre mediación (MED+)*, Valencia, Tirant lo Blanch, 2022, pp. 357-380; WIMMERS, J., "The Out-of–court dispute settlement mechanism in the Digital Services Act", en *JIPITEC* núm. 5, 2021, pp. 381-401.

47 De conformidad a lo dispuesto en el artículo 47 de la Carta Europea de Derechos Humanos (CEDH), como recuerda el Considerando 59.

48 Ibid.

parte del coordinador de servicios digitales del Estado miembro donde éste estuviera establecido[49]-. Y ello, con la finalidad de resolver los posibles litigios que surjan al respecto de tales decisiones, con inclusión de aquéllas no resueltas a través del sistema interno de tramitación de reclamaciones[50].

A este respecto, y sin ánimo de exhaustividad, los distintos numerales del artículo 21 (1 a 9) establecen los elementos y obligaciones esenciales de las partes y del órgano de resolución extrajudicial de litigios, así como de éste último con respecto al coordinador de servicios digitales que lo hubiera certificado (apartado 2 a 4), así como se enfrenta a cuestiones significativas como la relativa a los honorarios (apartado 5) que, en todo caso, habrán de ser "razonables, accesibles, atractivos, poco costosos para los consumidores y proporcionados, y deben valorarse caso por caso"[51]. Para ello, por lo que hace a este estudio, prevé un mecanismos establece más parecido a una conciliación que a una mediación (un término que evita nombrar)[52], que ordena en sus elementos básicos y sin perjuicio de lo dispuesto en de la Directiva RAL, como subraya en su apartado 9º[53].

III. A MODO DE CONCLUSIÓN

En este breve repaso del estado de la cuestión sobre el impulso de la mediación –en general y los MASC- por parte de las instituciones Europas desde 2012 hasta 2023, destaca principalmente el gran interés estratégico que poseen estos mecanismos para la UE. El cual, no sólo responde a los propios objetivos del mercado interior, sino que se justifica por los propios beneficios y ventajas que se derivan de su empleo para las personas y el buen funcionamiento de la Justicia. Algo que, como se ha puesto de manifiesto con relación a la materia civil y mercantil, ha dado a lugar a una

49 En relación con la figura del coordinador y sus funciones al respecto del órgano mencionado, téngase en cuenta lo previsto en los apartados 6 a 9.

50 Sin embargo, como dispone el Considerando 59, hay que tener presente que los prestadores de plataformas en línea tienen la potestad de negarse a iniciar este tipo de procedimientos de resolución extrajudicial de litigios si la reclamación interpuesta ya hubiera sido dirimida por el órgano jurisdiccional con competencia o por otro órgano de resolución extrajudicial de litigios, al igual que si fuera objeto de un procedimiento en curso ante tales órganos.

51 Considerando 59.

52 LLOPIS NADAL, P., *cit.*, pp. 170-171.

53 Considerando 60.

significativa actividad regulatoria que habría derivado en la publicación de una pluralidad de instrumentos legislativos –en forma tanto de Directivas, como de Reglamento- vinculados a una gran diversidad de ámbitos –entre la propiedad intelectual, el Derecho de familia, el Derecho de consumo y el comercio electrónico-.

Una significativa atención que, sin embargo, contrasta con el limitado empleo de la mediación –como resto de MASC- en la práctica en el interior de la UE. Por lo que se pone de manifiesto, entre otros, que las medidas de corte legislativo que se han ido elaborando durante los últimos años -aunque imprescindibles y especialmente bienvenidas-, no resultan suficientes como para garantizar el fomento del recurso a este mecanismo en el contexto de la UE. Un resultado que pon de manifiesto que no cabe duda de que a este esfuerzo legislativo ha de verse acompañado de otro tipo de medidas de fomento e impulso de los MASC –de carácter no sólo normativo, sino también de naturaleza informativa e formativa- en relación con todos los actores implicados en su práctica –desde sus propios usuarios a las instituciones mediadoras, pasando por los empresarios y resto de actores jurídicos- que favorezcan su difusión y promuevan su uso. En consecuencia, confiemos en que en la década que nos encontramos en estos momentos, no sólo se profundice y culmine el marco normativo relativo a la mediación –como del resto de MASC-, sino que igualmente se pueda apreciar que su uso se multiplique de modo efectivo en el interior de la UE.

IV. Bibliografía citada

—AZCÁRRAGA MONZONÍS, C., "El (limitado) impacto de la Directiva sobre mediación en asuntos civiles y mercantiles y la mediación obligatoria como medida de promoción", en BARONA VILAR, S. (Ed.), *Mediación, arbitraje y jurisdicción en el actual paradigma de la Justicia,* Pamplona, Aranzadi, 2016, pp. 103-117.

—BARONA VILAR, S., "Integración de la mediación n el moderno concepto de *Access to Justice*", *InDret* núm. 4, 2014, pp. 1-29.

—BARONA VILAR, S., "Mutación de la justicia en el siglo XXI. Elementos para una mirada poliédrica de la tutela de la ciudadanía", en BARONA VILAR, S. (Ed.), *Justicia poliédrica en periodo de mudanza (Nuevos conceptos, nuevos sujetos, nuevos instrumentos y nueva intensidad),* Valencia, Tirant lo Blanch, 2022, pp. 31-62, pp. 43-48.

—BARONA VILAR, S., *Mediación en asuntos civiles y mercantiles en España. Tras la aprobación de la Ley 5/2012, de 6 de julio,* Valencia, Tirant lo Blanch, 2013.

—CARRIÓN GARCÍA DE PARADA, P., "Artículo 65. Reconocimiento y ejecución de los documentos públicos y de los acuerdos", en PALAO MORENO, G. (Dir.), *El nuevo marco europeo en materia matrimonial, responsabilidad parental y sustracción de menores. Comentarios al Reglamento (UE) núm. 2019/111,* Valencia, Tirant lo Blanch, 2022, pp. 535-578.

—CASTELLÓ PASTOR, J.J., "Mediación en los conflictos derivados de los servicios digitales en la Unión Europea", en BARONA VILAR, S. (Ed.), *Meditaciones sobre mediación (MED+),* Valencia, Tirant lo Blanch, 2022, pp. 357-380.

—CASTILLEJO MANZANARES, R. (Dir), *Comentarios a la Ley 5/2012, de Mediación en asuntos civiles y mercantiles,* Valencia, Tirant lo Blanch, 2013.

—CATALÁN CHAMORRO, M.J., *El acceso a la Justicia de consumidores: los nuevos instrumentos del ADR y ODR de consumo,* Valencia, Tirant lo Blanch, 2019.

—DE MIGUEL ASENSIO, P.A., "Mercado único digital y propiedad intelectual las Directivas 2019/789 y 2019/790", *La Ley Unión Europea,* núm. 71, 2019, pp. 1-16.

—DIAGO DIAGO, P., "Artículo 25. Formas alternativas de resolución de conflictos", en PALAO MORENO, G. (Dir.), en PALAO MORENO, G. (Dir.), *El nuevo marco europeo en materia matrimonial…, cit.,* pp. 283-295.

—ESPLUGUES MOTA, C. (Ed.), *Civil and Commercial Mediation in Europe. Cross-Border Mediation,* Cambridge, Intersentia, 2013, Vol. II.

—ESPLUGUES MOTA, C., "El Reglamento Bruselas III ter y el recurso a los MASC en materia de responsabilidad parental y sustracción internacional de menores", *Cuadernos de Derecho Transnacional,* Vol. 13, Núm. 2, 2021, pp. 132-173.

—ESPLUGUES MOTA, C., *Mediación Civil y Comercial. Regulación Internacional e Iberoamericana,* Valencia, Tirant lo Blanch, 2019.

—ESPLUGUES, C., IGLESIAS, J.L. y PALAO, G. (Eds.), *Civil and Commercial Mediation in Europe. National Mediation Rules and Procedures,* Cambridge, Intersentia, 2013, Vol. I.

—GONZÁLEZ MARIMÓN, M., *La sustracción internacional de menores en el espacio jurídico europeo,* Valencia, Tirant lo Blanch, 2022, pp. 265-280.

—LLOPIS NADAL, P., "Plataformas en línea y decisiones sobre contenidos: el sistema interno de reclamación y la resolución extrajudicial de litigios como vías de impugnación reguladas en la Ley de Servicios Digitales", en *La responsabilidad civil por servicios de intermediación prestados por plataformas digitales,* Madrid, Colex, 2023, pp. 140-173, pp. 168-172.

—MANKOWSKI, P., "Article 3", en: MAGNUS, U./ MANKOWSKI, P. (Eds.), *Rome I Regulation,* Colonia, Otto Schmidt, 2017, pp. 87-263, pp. 234-243.

—MARGELLOS, T., BONNE, S., HUMPHREYS, G., STÜRMANN, S. (Eds.), *Mediation: Creating Value in International Intellectual Property Disputes,* La Haya, Kluwer Law International, 2018.

—MERINO ORTIZ, C. y LASHERAS HERRERO, P., "Artículo 2. Ámbito de aplicación", en CASTILLEJO MANZANARES, R. (Dir), *cit.,* pp. 31-43, pp. 33-38.

—MONTESINOS GARCÍA, A., "El protagonismo de la Comisión de la Propiedad Intelectual, a la luz de la reforma del Texto Refundido de la Ley de Propiedad Intelectual", *InDret* núm. 4, 2014, pp. 1-28.

—PALAO MORENO, G., "Artículo 79. Tareas específicas de las autoridades centrales requeridas", en PALAO MORENO, G. (Dir.), *El nuevo marco europeo en materia matrimonial…, cit.,* pp. 645-648.

—PALAO MORENO, G., "BREXIT and international litigation in Europe in times of COVID-19: Quiet dawn or perfect storm", en: *Eurasian challenges to International Economic Law. New developments after Brexit in the context of the Covid-19*, Bruselas, Peter Lang, 2022, pp. 159-170, pp. 166-167.

—PALAO MORENO, G., "Crisis matrimoniales internacionales y autonomía de la voluntad", *Cursos de Derecho Internacional y Relaciones Internacionales de Vitoria-Gasteiz*, 2013, pp. 451-531, pp. 480-481.

—PALAO MORENO, G., "Cross-Border Consumer Redress after the ADR Directive and the ODR Regulation", en CORTES, P. (Ed.), *The New Regulatory Framework for Consumer Dispute Resolution*, Oxford, Oxford University Press, 2016, pp. 393-405; PALAO MORENO, G. (Dir.), *Los nuevos instrumentos europeos en materia de conciliación, mediación y arbitraje de consumo. Su incidencia en España, Irlanda y el Reino Unido*, Valencia, Tirant lo Blanch, 2016.

—PALAO MORENO, G., "La Mediación Familiar Internacional", en *Estudios sobre la Ley valenciana de mediación familiar*, Valencia, Editorial Práctica de Derecho, 2003, pp. 61-88.

—PALAO MORENO, G., "La mediación y su codificación en Europa: aspectos de Derecho Internacional privado", en GÓMEZ COLOMER, J.L., BARONA VILAR, S. y CALDERÓN CUADRADO, P. (Coords.), *El Derecho Procesal del Siglo XX a golpe de tango. Juan Montero Aroca. Liber Amicorum, en homenaje y para celebrar su LXX cumpleaños*, Valencia, Tirant lo Blanch, 2012, pp. 1337-1352.

—PALAO, G. (Dir.), *The Singapore Convention on Mediation. A Commentary on the United Nations Convention on International Settlement Agreements Resulting from Mediation*, Cheltenham, Edward Elgar, 2022.

—SARASA VILLAVERDE, E., PEÑA HERREROS, P. y ANIZ SÁNCHEZ, M., "Capítulo 37. Mediación y crisis COVID-19: impulso legal y reflexiones desde la práctica", en LUQUIN BERGARECHE, R. (Dir.), *Covid 19: conflictos jurídicos actuales y desafíos*, Madrid, Wolters Kluwer, 2020, pp. 679-696.

—WIMMERS, J., "The Out-of–court dispute settlement mechanism in the Digital Services Act", en *JIPITEC* núm. 5, 2021, pp. 381-401.

Capítulo XIII

ADR/MASC: reflexiones en torno a su existencia, regulación y destino en Chile

SUMARIO: PRESENTACIÓN.LAS ADRS O MASC EN CHILE. 1. AVENIMIENTO. 2. LA TRANSACCIÓN. 3 LA CONCILIACIÓN. 4. LA MEDIACIÓN. 4.1. CONCEPTO LEGAL DE MEDIACIÓN FAMILIAR. 4.2.LAS Y LOS MEDIADORES. 4.3. PRINCIPIOS DE LA MEDIACIÓN. 4.4. TÉRMINO DE LA MEDIACIÓN Y MEDIACIÓN FRUSTRADA. 4.5. LA MEDIACIÓN EN EL ÁMBITO LABORAL. 5.- EL ARBITRAJE EN CHILE. CONSIDERACIONES PRÁCTICAS RESPECTO DE LAS ADR/MASC EN CHILE. CONCLUSIONES.

ALEJANDRO CHAPARRO URIBE*

PRESENTACIÓN.

Quizás, reconociendo el desafío que significa instalar una estructura de administración de justicia en un territorio tan extenso como el chileno y que responda a los requerimientos de justicia de la población o conociendo las dificultades presupuestarias que tal función significan para el Estado o, lisa y llanamente, por progresismo procesal (o tal vez por todas las razones antes indicadas), el legislador chileno ha sido generoso en establecer y regular dentro del ordenamiento jurídico nacional un número importante de instituciones de autocomposición, conocidas en doctrina como Alternative Dispute Resolution (ADR) o Mecanismos Alternativos de Solución de Conflictos (MASC).

Lo anterior es mérito del poder ejecutivo. La Constitución de 1980, a partir del artículo 32, y todas Cartas Magnas anteriores, han establecido en dicho poder del Estado la conducción de los procesos legislativos, concediéndole el monopolio del impulso de las reformas de ciertas y determinadas materias, particularmente las que guardan relación con la estructura administrativa y de patrimonio fiscal, el establecimiento de las velocidades de la tramitación de los proyectos, la posibilidad de modificar el contenido de las materias que se están tramitando e incluso vetarlas, entre otras funciones, con todas las bondades y dificultades que esto conlleva[1]. Así, el poder ejecutivo ha sido el principal impulsor de los cambios legislativos nacionales que han llevado al establecimiento de los institutos de autocomposición en el derecho chileno[2].

Aunque en forma desordenada, podemos sostener que la mayoría de procedimiento regulatorios judiciales de conocimiento y resolución de conflictos en Chile, cuentan con mecanismo autocompositivos dentro de su estructura, tal como estudiaremos.

Se ha establecido por la doctrina mayoritaria[3] que la utilización de esta clase de mecanismos de solución de controversias, posee una serie de ven-

---

* Profesor y Licenciado en Historia, Abogado; Diplomado en Gestión Pública UDM/CL, en Planificación Estratégica UPLA/CL, en Impactos de la tecnología y el derecho UANDES/CL y en Inteligencia Artificial y Derecho, Universidad de Salamanca/ España. Master In Business Law (MBL) UAI/CL. Postítulo en Gestión de Empresas PUCV/CL, Master in Business Administration (MBA) PUCV/CL. Máster en Derecho, Empresa y Justicia de la Universidad de Valencia/España. Candidato a Doctor en Derecho, Ciencias Políticas y Criminología, Universidad de Valencia/España. Académico de la Facultad de Ciencias Económicas y Administrativas de la Universidad de Valparaíso/ Chile. Director del Estudio Jurídico Chaparro y Asociados (www.estudiochaparro.cl), director del Diario Electrónico La Región Hoy (www.laregionhoy.cl) y socio de la Consultora y Organismo Técnico de Capacitación (OTEC) Sextante SpA. (www.sextantecapacitacion.cl).

1 BRONFMAN VARGAS, ALAN. "*Presidencialismo y el poder presidencial en el proceso legislativo chileno*". Revista chilena de derecho N°*43, T.2.* agosto 2016. Pág. 369-400.

2 Así, podemos ver que la transacción fue establecida en el Código Civil Chileno en el año 1856, el arbitraje en Código Orgánico de Tribunales en julio de 1943, la conciliación, como trámite esencial, mediante la Ley 19.334 de octubre de 1994, la mediación obligatoria en materia de familia, mediante la Ley 20.286 de septiembre de 2008 y, finalmente, la mediación laboral por la Ley 20.940 de septiembre de 2016.

3 BARONA VILAR, SILVIA.: "*Las ADR en la justicia del siglo XXI, en especial la mediación*". Revista de Derecho Universidad Católica del Norte, Año 18–N° 1, 2011. Pág. 185-211, SAN CRISTÓBAL REALES, SUSANA.: "*Sistemas alternativos de resolución de conflictos: negociación, conciliación, mediación, arbitraje, en el ámbito civil y mercantil*". Anuario Jurídico y Económico Escurialense, XLVI, 2013. Pág. 39-62, NAVA GONZALEZ, WENDOLYNE; BRECEDA PEREZ, JORGE ANTONIO.: "*Mecanismos alternativos de resolución de conflictos: un acceso a la justicia consagrado como derecho humano en la Constitución mexicana*". Cuestiones Constitucionales dic. 2017. Ciudad de México N°37. Pág. 203-228; CARNEVALI R., RAÚL.:" Mecanismos *alternativos de solución de conflictos en materia penal en Chile. Una propuesta de lege ferenda*". Ius et Praxis, Talca, V. 25, N° 1 abr. 2019. Pág.415-438, LAGOS OCHOA, MARÍA SOLEDAD "*Resolución de conflictos en chile a 50 años de la propuesta del sistema multipuertas*

tajas: primeramente, les permite a las partes interactuar en forma personal y directa en el proceso buscando la solución del conflicto, manteniendo el control del procedimiento y acordando una decisión que deja a ambas partes satisfechas. Me ha tocado ser testigo durante mis años de ejercicio profesional, en los cuales he combinado la actividad docente con la litigación, que muchas personas que llegan a Tribunales lo hacen motivados por distintos factores y que, muchas veces, se sienten satisfechos, en su necesidad de justicia, no con una sentencia como lógicamente se esperaría, si no con un gesto de la contraparte, con un acto de reparación personal, con una medida que le garantice seguridad individual o familiar, etc. La utilización de estos métodos se traduce en una mayor satisfacción de las partes y, consecuencialmente, en un mayor compromiso con las soluciones alcanzadas, ya que estas se basan en los propios intereses, permitiendo que ellas puedan preservar sus relaciones, a lo que se suma mayor complacencia por la mayor rapidez y menor costo en la solución de los conflictos para los interesados, sin olvidar el abaratamiento para el Estado en los gastos de la administración de justicia que significan esta clase de acuerdos.

Con todo, nos son pocos los que resaltan sus desventajas. Sostienen, por ejemplo, que el legislador nacional ha establecido la mediación en forma excesiva e indiscriminada en materia de familia, tal como lo veremos más adelante[4]. Critican que el juez puede intervenir poco en los acuerdos a que arriban las partes, lo que tiene incidencia directa en la falta de calidad de éstos. Se sostiene que se han utilizados los mecanismos alternativos para intentar resolver las deficiencias de la administración de justicia, descuidando el mejoramiento constante que debe tener el sistema y el sentido final que debe cumplir la función jurisdiccional[5]. Pero la mayor crítica que se hace a la utilización de estos mecanismos es aquella que sostiene que éstos no aseguran la solución al conflicto, generando la posibilidad de una mayor interacción entre las partes, lo que en situaciones de conflicto puede ser peligroso. Se indica, finalmente, que el legislador ha impuesto esta clase de mecanismos y que en la práctica se han transformado en un trámite

---

de Frank Sander". Revista de Derecho, Editada por el Consejo de Defensa del Estado N° 37, 2017. Pág. 117, entre otros autores.

4 PAREDES ZIEBALLE, ALEJANDRO.: "*La mediación familiar obligatoria: una crítica a la regulación y funcionamiento en Chile*". Revista Chilena de Derecho y Ciencia Política 2012, Vol. 3, N°2. Pág.189-224.

5 BORDALI SALAMANCA, ANDRÉS.: "*Justicia privada*". Revista de derecho, julio 2004, Valdivia 2004, V. 16. Pág. 165-186.

más que las partes deben cumplir, sin que exista una intención real de ellas por intentar llegar a acuerdo[6].

Soy de la idea, tal como lo veremos más adelante, que en determinadas circunstancias podemos encontrar situaciones como las que describen los críticos a la aplicación de los mecanismos en estudio, pero la cantidad de ventajas que traen aparejadas justifican de plena forma su utilización.

Es por lo anterior que nos haremos cargo de las principales críticas que se formulan a los mecanismos autocompositivos y nos atrevemos a formular algunas sugerencias de solución para revertir los aspectos críticos en la aplicación de estas instituciones de autocomposición, no sin antes hacer una breve descripción de estos mecanismos. Principiaremos por esta tarea.

LAS ADRS O MASC EN CHILE.

DÍAZ los define como "*mecanismos o procesos de comunicación interpersonales, que enfatizan el diálogo y la colaboración entre las partes por sobre el debate adversarial y en los cuales la solución a la que se arribe se acerca a los reales intereses y necesidades de las personas involucradas, más que a lo que prescribe la norma legal*"[7].

Atreviéndonos a dar un concepto de ADR/MASC, sostenemos que son aquellas formas de solución de controversias que se funda en la búsqueda de acuerdos mediante procedimientos predeterminados y que tiene como base la actitud colaborativa de las partes, permitiendo que una disputa de intereses se pueda solucionar por vías distintas a la decisión judicial de un tercero.

A continuación, formularemos un breve análisis de cada uno de ellos.

1. AVENIMIENTO:

Se denomina avenimiento al pacto, ya sea de carácter total o parcial, a que arriban las partes, por el cual disponen de todo o parte de sus intereses con el objetivo de llegar a un acuerdo y que pone término a un proceso

---

6 FUENTES MAUREIRA, C., GARCIA ODGERS, R., & ROMERO RODRIGUEZ, S.: "*La conciliación en la práctica judicial chilena: elementos para una reflexión acerca de su evolución y potencial impacto en los procedimientos chilenos*". Revista De Ciencias Sociales, Universidad de Valparaíso N°82, 2023. Pág. 55–118.

7 DIAZ GUDE, ALEJANDRA.: "*Mecanismos colaborativos: nuevos paradigmas y rol del Juez*", Academia Judicial Santiago de Chile 2020. Pág. 4.

judicial pendiente solucionando la controversia objeto del litigio. Si bien es cierto no existe una definición legal, recibe su amparo legislativo en el artículo 434 N°3 del CPC.

El profesor CORRAL sostiene que el avenimiento "*es también una forma de poner término a un juicio que ya se ha iniciado y se encuentra pendiente por un acuerdo de las partes. Se distingue de la conciliación en que no se hace ante el juez ni éste tiene en él el papel de amigable componedor. No es, por tanto, un acto procesal, si bien el avenimiento debe ser presentado ante el juez del pleito para que lo dé por finalizado. En el fondo, es una forma de transacción realizada por las partes durante la tramitación del litigio*" [8].

Las particularidades y características de este mecanismo son las siguientes:

a) Para que exista la posibilidad de que las partes lleguen a un avenimiento es imprescindible la existencia de un procedimiento judicial en curso, principal diferencia con la transacción.

b) El avenimiento se puede alcanzar tanto en procedimientos escritos u orales de distinta naturaleza.

c) Al avenimiento al que se arriba puede ser total o parcial.

d) Este debe ser aprobado por el tribunal que conoce de la controversia. Es por esto que cada vez que se llega a un avenimiento entre las partes, estas lo someten a aprobación del juez, el cual puede rechazarlo por ser contrario a derecho. La resolución que aprueba el avenimiento, una vez que se encuentre firme y ejecutoriada, goza del carácter de sentencia judicial para todos los efectos legales.

e) La ley permite a las partes conceder la facultad para que los abogados celebren, en nombre y representación de las partes estos acuerdos, pero para celebrarlos los letrados debemos estar expresamente facultados para tal efecto (Artículo 7 del CPC).

2. TRANSACCIÓN:

El Código Civil chileno (CC) define la transacción en el artículo 2.446 como "*un contrato en que las partes terminan extrajudicialmente un litigio pendiente, o precaven un litigio eventual*".

---

8 CORRAL TALCIANI, HERNÁN.: "*Conciliación, avenimiento y transacción*". De su blog: https://corraltalciani.blog/2013/05/19/conciliacion-avenimiento-y-transaccion/

Algunas características de este mecanismo son las siguientes:

a) Cuenta con regulación positiva a partir del artículo 2.446 y siguientes del Código Civil (CC).

b) Está definido como un contrato y, consecuencialmente, se le aplica todo el régimen de regulación de esta clase de acuerdos que establece el legislador nacional.

c) Es un mecanismo que puede operar tanto en sede judicial como extrajudicial, y en este caso genera efectos en un proceso que se tramita.

d) Tiene como finalidad el poner término a un litigio que sostienen las partes en un proceso judicial o precave un litigio eventual entre ellos.

e) Es un contrato de carácter bilateral y, consecuencialmente, genera obligaciones reciprocas para las partes.

f) En orden procesal, cada vez que un abogado celebre un contrato de transacción por su mandante, requiere que se le faculte especialmente para dicho fin, tal como lo consagra el artículo 7 del CPC, en concordancia con el artículo 2.448 del CC.

g) De tratarse de un asunto que resuelve una cuestión sometida al conocimiento de un Tribunal, ya sea total o parcialmente, este contrato debe allegarse al juicio y debe ser aprobada por el tribunal. La resolución que aprueba la transacción, al igual que en el avenimiento, una vez que se encuentre firme y ejecutoriada, goza del carácter de sentencia judicial y, consecuencialmente, de cosa juzgada (artículo 2.460 del CC).

h) De acuerdo al objeto, la regla general es que se puede transigir sobre todos los bienes susceptibles de disponerse, vale decir, sobre todos aquellos bienes que se encuentran en el comercio humano. Sin perjuicio de lo anterior, el legislador ha establecido expresamente ciertas prohibiciones o derechos que no pueden ser objeto de transacción, como son por ejemplo las acciones penales (artículo 2.449 CC), los alimentos futuros de las personas a quienes se deben por ley (artículo 2.451 CC), el estado civil (artículo 2.450 CC), entre otras.

i) Finalmente, respecto de la formalidad con que deben contar este tipo de acuerdos, si bien es cierto pueden celebrar por escritura privada, la regla general es que estos se realizan por escritura pública, cumpliendo las formalidades establecidas en el artículo 403 y siguientes del CPC.

3. CONCILIACIÓN:

Este es un trámite esencial en algunos procedimientos civiles, laborales y de familia en que es admisible la transacción, de carácter no adversarial y auto compositivo, por el cual el juez que está a cargo de la tramitación del juicio o quién lo subrogue, propone las bases de arreglo a que podrían arribar las partes, las cuales, luego de un proceso de negociación, la aceptan o sobre esta base arriban a la propia, poniendo término al conflicto.

Del análisis de los artículos 262 y siguientes, 698, 711 y 795 todos del CPC, artículo 61 N° 5 de la Ley 19.968, que crea los Tribunales de Familia y artículo 453 del Código del Trabajo, son particularidades de este mecanismo las siguientes:

a) Es un acto jurídico procesal esencial, cuando es de carácter obligatorio, o es facultativo, en cierta y determinadas materias. Es obligatorio en los juicios ordinarios de mayor cuantía, en los procedimientos de menor y mínima cuantía, en los procedimientos sumario, en algunos procedimientos de familia, como es el procedimiento de divorcio, en los juicios laborales, de policía local, entre otros.

b) Como acto procesal que es trae aparejada la actividad del Tribunal, el cual tiene la obligación de citar a las partes mediante una resolución judicial, a una audiencia para tales fines y luego, como una manifestación del principio de inmediación, debe proponer las bases de acuerdo y conducir el proceso para que este tenga éxito.

c) Con todo, no basta la intervención judicial para que la conciliación tenga éxito, es más, muchas veces la propuesta del Tribunal es desechada, por lo cual, para que los litigantes arriben a un acuerdo debe concurrir necesariamente su voluntad, siendo fundamental el conocimiento del Juez de las pretensiones que ellas han señalado en el juicio.

d) El llamado a conciliación puede ser efectuado por el Juez de Letras cuestión que resulta más corriente por estar regulado dentro de los procesos de primera instancia, pero también puede ser efectuado por la Corte de Apelaciones, cuando está conociendo en un procedimiento especial, e incluso por la Corte Suprema.

e) Respecto de la oportunidad para realizar el llamado a conciliación debemos distinguir cuando:

1.- El llamado es obligatorio:

i. En sede Civil, los casos de los juicios ordinario de mayor cuantía: cuando se han agotados los tramites de discusión entre las partes y antes de que se dicte la resolución que recibe la causa a prueba.

ii. En los juicios tramitados en procedimientos sumario, también civil, la oportunidad es en la audiencia de estilo de contestación.

iii. En los juicios de Familia y Laboral, la oportunidad es la audiencia preparatoria, en la cual el juez conoce de las pretensiones de las partes y antes del ofrecimiento de la prueba, el juez debe proponer las bases del acuerdo y llamar a las partes a la conciliación.

2.- Cuando el llamado a conciliación es voluntario, el Juez lo puede efectuar en cualquier etapa del juicio, incluso en la etapa de cumplimiento de la sentencia.

Si no se produce la conciliación, el procedimiento continúa, debiendo iniciarse la etapa probatoria del juicio y el juez continúa conociendo de la contienda ya que no se inhabilita su actuación por el hecho de haber intervenido u opinado en ella (artículo 453 N°2 del Código del Trabajo).

4.- MEDIACIÓN

En Chile la mediación se encuentra circunscrita específicamente a la judicatura de familia a partir de su implementación en el año 2008 y, recientemente, al ámbito laboral, desde el año 2016, en particular a la mediación en proceso de negociación colectiva, regulada en los artículos 377 bis y siguientes del Código del Trabajo. Por lo anterior, el mayor desarrollo "muscular" que ha tenido la institución es en el derecho de familia, por lo cual ahí centraremos nuestras reflexiones.

4.1. Concepto legal de mediación familiar:

El artículo 103 de Ley 19.968, que crea los Tribunales de Familia, establece que "*se entiende por mediación aquel sistema de resolución de conflictos en el que un tercero imparcial, sin poder decisorio, llamado mediador, ayuda a las partes a buscar por sí mismas una solución al conflicto y sus efectos, mediante acuerdos*".

La profesora Dra. Barona sostiene que la mediación es *"un medio a través del cual interviene un tercero, ajeno al conflicto, asume la función de reunir a las partes y ayudar a resolver sus desacuerdos. Su éxito pasa por un intercambio de información, asumiendo que, por regla general, se inicia la negociación desde la desconfianza, debiéndose limar poco a poco por el mediador, haciéndoles cada vez más partícipes de la técnica mediadora, desbrozando el problema, creando opciones, e instándoles a que propongan soluciones, asumiendo que la decisión debe ser el resultado de una participación de las partes que aceptan su posición y toman un acuerdo como solución a su conflicto. Su figura dependerá en muchas ocasiones que se aminore la hostilidad recíproca o unilateral presente*"[9].

4.2. Las y los mediadores

Las y los mediadores son profesionales (especialmente abogados, sicólogos, asistentes sociales, sociólogos, profesores, entre otras) con estudios de al menos 8 semestres universitarios, expertos en la utilización de los modelos y técnicas de los procesos de mediación.

El artículo 112 de la Ley 19.968 crea el Registro de Mediadores, el cual es llevado por el Ministerio de Justicia a través de las Secretarías Regionales Ministeriales respectivas, con las formalidades establecidas en el reglamento dictado al rigor, y establece la obligatoriedad de que las personas que forman parte de dicho registro, junto con los requisitos de formación, no deben haber sido condenados por delitos que merezca pena aflictiva, o por alguno de los delitos contemplados en los artículos 361 a 375 del Código Penal, ni por actos constitutivos de violencia intrafamiliar.

Esta inscripción podrá ser dejada sin efecto por el Ministerio de Justicia, en caso de fallecimiento o renuncia de la persona inscrita o en caso de pérdida de los requisitos exigidos para la inscripción o por la cancelación de la misma, decretadas por la Corte de Apelaciones competente por incumplimiento grave de sus obligaciones o abuso en el desempeño de sus funciones.

4.3. Principios de la mediación

El artículo 105 de la ley 19.968 consagra una serie de principios que deben estar presentes al momento en que aplica este método alternativo de solución de conflictos. Los analizaremos brevemente a continuación:

---

9 BARONA VILAR, SILVIA.: "*Las ADR en la justicia del siglo XXI, en especial la mediación*". Ob. Cit.

a) Igualdad: Es condición *sine qua non* para el desarrollo de la mediación el hecho de que el mediador se cerciore de que los participantes se encuentran en igualdad de condiciones para adoptar acuerdos y en caso de no estarlo deberá proponer o adoptar, en su caso, las medidas necesarias para que se obtenga ese equilibrio, empoderando a alguna de las partes si fuese necesario, declarando terminada la mediación si no es posible lograr esta igualdad.

b) Voluntariedad: Para las partes la participación es siempre voluntaria y ellos podrán retirarse de la mediación en el momento que estimen pertinente, no existiendo la posibilidad de forzar la continuación de su participación.

c) Confidencialidad: El mediador, en atención al secreto profesional, deberá guardar reserva de todo lo escuchado o visto durante el proceso y estará amparado por dicho secreto para todos los efectos legales. La violación de dicha reserva constituye un delito y se castiga con la sanción prevista en el artículo 247 del Código Penal, salvo que durante dicho proceso tome conocimiento de la existencia de situaciones de maltrato o abuso en contra de niños, niñas, adolescentes o discapacitados, lo cual debe ser previamente expresado por el profesional.

d) Imparcialidad: Como correlato al principio de igualdad, debe existir por parte de los mediadores la correspondiente imparcialidad en relación con los participantes, estableciéndose la obligatoriedad de abstenerse de realizar conductas o actuaciones que comprometan dicha condición.

e) Interés superior del niño: Este es un principio general del derecho que atraviesa todo el ordenamiento jurídico y, como es lógico, también se encuentra presente en la mediación. Por lo anterior, el mediador deberá velar siempre para que el interés superior del niño, niña o adolescente, en su caso, debe estar presente en todo el proceso, pudiendo citarlos inclusive, pero considerando sólo si su presencia es estrictamente indispensable para el desarrollo de la mediación.

f) Opiniones de terceros: La mediación es un mecanismo cuyo sentido apunta a la búsqueda de la solución integral del conflicto de las partes a través del acuerdo directo y en igualdad de condiciones entre ellos. Así, el mediador velará para que se consideren las opiniones de los terceros relevantes para la solución del conflicto y que no hubieren sido citados a la audiencia, a los cuales también podrá citar para escuchar su opinión.

4.4. Término de la mediación y mediación frustrada

El objetivo de la mediación es que esta concluya positivamente y resuelva el conflicto que tienen las partes.

Desafortunadamente, no todos concluyen de esa forma y para tal efecto la Ley 19.968, en su artículo 111, ha establecido que, si las partes no llegan a un acuerdo, el mediador deberá redactar un acta donde debe establecer que la mediación resultó frustrada, la cual es firmada por los involucrados y remitida al tribunal correspondiente. Este documento en la práctica forense se denomina "mediación frustrada".

La norma también consagra situaciones en las cuales la mediación se puede declarar como frustrada, como por ejemplo si alguno de los participantes, citado por dos veces, no concurriere a la sesión inicial, ni diere justificación de su inasistencia o si, habiendo concurrido a las sesiones, manifiesta en forma posterior, de alguna forma, su voluntad de no perseverar en la mediación y, en general, en cualquier momento en que el mediador adquiera la convicción de que no se alcanzará acuerdos, tal como lo señala el inciso final de la norma precitada. Al respecto es acá donde se produce a mi juicio, la mayor cantidad de vicios que tergiversan la aplicación correcta del modelo, tal como veremos.

4.5.- La mediación en el ámbito laboral

De acuerdo a la información entregada por la Dirección del Trabajo la mediación laboral "*es un modelo de solución de conflictos laborales colectivos en que las partes involucradas buscan generar soluciones auxiliadas por un tercero imparcial, quien actúa como moderador para facilitar la comunicación*[10]".

Esta se encuentra regulada por el Código del Trabajo a partir del artículo 377 bis y siguiente, luego de la modificación legal implementada por la Ley N° 21.327, que establece la modernización de la Dirección Del Trabajo, órgano fiscalizador chileno de las normas laborales.

Tal como lo destaca el órgano laboral, este método se distancia de la conciliación individual que también entrega la Dirección del Trabajo, ya que esta se formula al término de las relaciones individuales de trabajo, cuando el trabajador considera que se han vulnerado sus derechos consagrados en el contrato de trabajo o en la Ley. En cambio, mediación laboral,

---

[10] Dirección del Trabajo (www.dt.gob.cl)

se ofrece en el contexto de los conflictos laborales colectivos y cuando la relación laboral de los trabajadores aún está vigente.

Las características de la mediación laboral, son las siguientes:

a) Se desarrolla en un ambiente de respeto mutuo entre las partes del contrato colectivo, haciendo que disminuyan las consecuencias negativas del conflicto.

b) Es un proceso voluntario: esta se funda en la libertad y autonomía que tienen las partes de solicitarla y de mantenerse o no en el proceso.

c) Es de carácter flexible: ya que permite que a las partes y al mediador establecer las reglas del proceso, salvo determinadas normas esenciales.

d) Es un proceso gratuito tanto a las empresas como a los trabajadores, lo que para este letrado es injusto ya que las empresas se encuentran en condiciones de financiar un proceso como éste.

e) Promueve la autocomposición en el conflicto ya que permite el protagonismo de los actores laborales en la búsqueda participativa de sus propias soluciones.

5.- EL ARBITRAJE EN CHILE

Los árbitros han sido definidos por el legislador chileno en el artículo 222 del Código Orgánico de Tribunales (COT), el cual indica "*se llaman árbitros los jueces nombrados por las partes, o por la autoridad judicial en subsidio, para la resolución de un asunto litigioso*". Por su parte, juicio arbitral, tal como lo indica AYLWIN, sería "*aquel a que las partes concurren de común acuerdo o por mandato del legislador y que se verifica ante tribunales especiales, distintos de los establecidos permanentemente por el Estado, elegido por los propios interesados o por la autoridad judicial en subsidio o por un tercero en determinadas ocasiones*[11]."

Siguiendo a MATURANA[12], Los árbitros presenten las siguientes características de acuerdo al concepto legal:

---

11 AYLWIN AZÓCAR, PATRICIO.: "*El juicio arbitral*". Santiago. Editorial Jurídica de Chile. Santiago, Chile. 2005. Pág. 11.

12 MATURANA MIQUEL, CRISTIÁN.: "*Tribunales, árbitros y auxiliares de la administración de justicia*", Facultad de Derecho, Universidad de Chile. Mayo 2015. Pág. 172 a 274.

a) Poseen la calidad de Juez por disponerlo así la Ley.

b) Tienen su origen en la voluntad de las partes o en la decisión de la autoridad judicial, en subsidio.

c) Como todo juez su principal objetivo es la solución de un conflicto que las partes de común acuerdo someten a su conocimiento. La excepción a esto es el arbitraje forzoso, donde ha sido el legislador quien ha determinado la materia que debe conocer.

De acuerdo lo dispone el artículo 223 del COT, existen tres clases de arbitraje:

a) El árbitro de derecho, que es aquel que fallará los asuntos sometidos a su conocimiento con arreglo a la ley y se someterá, tanto en la tramitación del proceso como en el pronunciamiento de la sentencia definitiva, a las reglas establecidas para los jueces ordinarios, según la naturaleza de la acción deducida.

b) Árbitros arbitradores, es aquel que fallará de acuerdo a su prudencia y la equidad y, tanto en el procedimiento como en el fallo, aplicará las reglas que las partes le hayan expresado en el acto constitutivo del compromiso y, en su silencio, a las que se establecen para este caso en el CPC.

c) Árbitros mixtos. La Ley consagra la posibilidad de que al árbitro de derecho se le concedan facultades de arbitrador en cuanto al procedimiento, limitándose al pronunciamiento de la sentencia definitiva la aplicación estricta de la ley.

El arbitraje, en atención a las materias en que esta recae, se puede clasificar en:

1.- Arbitraje facultativo. Las partes, a través de la cláusula compromisoria, pueden someter voluntariamente a arbitraje todos sus asuntos que el legislador no lo hubiere expresamente prohibido o respecto de los que el legislador ha establecido obligatoriamente que deben ser sometidos a arbitraje.

2.- Arbitraje forzoso u obligatorio. El legislador ha establecido diversas materias son de arbitraje obligatorio, en atención al tiempo que debe dedicarse para la solución de la controversia, a su complejidad, ya que comprenden no sólo la aplicación del derecho, sino que también la liquidación de patrimonios mediante la celebración de uno o varios actos de administración y de disposición de bienes para liquidar activos, saldando deudas, liquidando patrimonios y pagando los derechos a quienes concurren a éste, etc.

3.- Arbitraje prohibido. Por tratarse de asuntos de orden público el legislador ha excluido la posibilidad de sustraerse por las partes ciertos asuntos del conocimiento de los tribunales ordinarios y especiales. Algunas materias de arbitraje prohibidos son: las cuestiones que versen sobre alimentos, la separación de bienes entre marido y mujer, las causas criminales, entre otras.

CONSIDERACIONES PRÁCTICAS RESPECTO DE LAS ADR/MASC EN CHILE.

Revisando los antecedentes estadísticos judiciales del Instituto Nacional de Estadística chileno[13] vemos que durante el año 2022 ingresaron 891.171 causas civiles de las cuales solo 10.430 terminaron por conciliación y 23.771 causas, por otros motivos, dentro de las cuales se encuentra la transacción. Así, menos del 5 % terminó por la utilización de algún método alternativo de solución de conflictos. Los datos no mienten: el avenimiento, la conciliación y la transacción en sede civil no están funcionando.

La principal razón es que el llamado a conciliación en los procesos judiciales en que se aplica se terminó burocratizando. En efecto, con la Ley 19.334 de octubre de 1994 se modificó la estructura del proceso judicial civil, particularmente del procedimiento declarativo, en sus distintas modalidades, y enclavó en la mitad de ellos un trámite esencial denominado "audiencia de conciliación". Así, concluida la fase de discusión y antes de iniciar la de prueba, el tribunal debe llamar a las partes a una audiencia, tal como lo establece el artículo el artículo 262 del CPC, proponiendo las bases para un posible acuerdo y actuando como amigable componedor.

En mis años de ejercicio profesional en muy pocas ocasiones he visto, en sede civil, a un magistrado intervenir directamente en el llamado a conciliación, proponiendo bases de acuerdo e instando a las partes a arribar a una conciliación. Por el contrario, la regla general es que esta clase de audiencias las toma un funcionario del Tribunal, el cual deja constancia de cual parte compareció a la audiencia, ya que no es obligatoria su asistencia, y de que estas no llegaron a acuerdo. Hoy se ha perdido toda la esencia de los que se buscaba con la reforma.

---

13 Para conocer estos antecedentes estadísticos invitamos visitar: https://www.ine.gob.cl/estadisticas/sociales/seguridad-publica-y-justicia/estadisticas-policiales-y-judiciales

Soy de la idea de mantener esta instancia procesal, pero con modificaciones. La primera, que no requiere modificación legal, es el exigir del cumplimiento del juez de su rol en la audiencia, esto es actuando como amigable componedor y proponiendo base de acuerdo para la conciliación. Esta intervención puede quedar regulada a través de un auto acordado[14] dictada por la Corte Suprema. La segunda, que requiere modificación legal, es el establecer la facultad legal del juez que está dirigiendo la audiencia de conciliación, frente a la posibilidad real y seria de que las partes arriben a un acuerdo y existiendo la imposibilidad, por razones de tiempo, de conducir el proceso, para que éste pueda derivar a las partes a mediación, suspendiendo el proceso y fijando las condiciones para una pronta respuesta.

Una cosa muy distinta ocurre en sede laboral. Revisando las estadísticas del INE que ya hemos citado y en que hemos basado este análisis, durante el año 2022 se dedujeron 329.585 acciones de esta naturaleza, de las cuales 101.645 concluyeron en conciliación, 66.500 en avenimiento y, por otras causales, que incluye la transacción, terminaron 8.387 causas; es decir, utilizando un método alternativo de controversias se puso término al litigio en un 53,5% de los casos.

¿Y que explica esta diferencia? A mi juicio, la razón principal es la oralidad de los procedimientos laborales que traen aparejado la inmediatez judicial y la mayor intervención de los magistrados en los asuntos que se ventilan en sus tribunales.

La norma procesal laboral establece que, en la audiencia preparatoria o única, dependiendo del tipo de proceso en que nos encontremos, el magistrado debe efectuar un llamado a las partes a conciliación y proponer las bases e instar a llegar a un arreglo. Como la audiencia es oral y el magistrado se encuentra presente en la audiencia, las partes pueden comprender de mejor forma los fundamentos que otorga el magistrado para proponer las bases de acuerdo, moderando las pretensiones de las partes, ajustando sus expectativas e instándolos a un acuerdo. Como litigante puedo sostener que si bien es cierto muchas veces los representantes de los empleadores sostienen que los magistrados realizan una presión desmedida en contra

---

14 Según el Profesor BASCUÑAN, "*los autos acordados constituyen cuerpos de normas generales y abstractas dictadas generalmente por los tribunales colegiados, con el objeto de imponer medidas o impartir instrucciones dirigidas a velar por el más expedito y eficaz funcionamiento del servicio judicial*". SILVA BASCUÑAN, ALEJANDRO.: "*Tratado de Derecho Constitucional*", Tomo VIII, Ed. Jurídica de Chile. Pág. 156

de sus mandantes por llegar a acuerdo, no es menos cierto que la intervención del juez nos solo sirve para poner término anticipado el conflicto, sino que es un importante ahorro para dicha parte que, por regla general, es la que termina siendo condenada.

Respecto de las causas de familia, encontramos un fenómeno diverso. Tal como se indicó anteriormente, el legislador chileno, por medio de la Ley 20.286, ha establecido para ciertas y determinadas materias, las más demandadas, tales como alimentos, cuidado personal, relación directa y regular, etc., la concurrencia obligatoria de las partes a mediación.

Si bien es cierto esta medida ayudó a descomprimir, en un comienzo, los recién creados Tribunales de Familia, con el correr de los años la mediación se ha convertido en un trámite que las partes deben cumplir para interponer la acción, más que en un mecanismo que cumpla una función coadyuvante a la prestación de servicios jurídicos por parte del Estado. Gran parte de los responsables de esto somos los propios abogados que recurrimos a los mediadores para que nos otorguen el "certificado de mediación frustrada" que ya hemos señalado y, así, concurrir a la presentación de la demanda, lo que ha creado una verdadera industria de formulación de dichos instrumentos.

Propongo al respecto no la eliminación de la mediación como diligencia previa al conocimiento del asunto sometido al Juez de Familia, sino que un necesario control judicial de dicho trámite, mediante una modificación legal. En efecto, si ponemos la derivación a mediación una vez que se ha interpuesto la demanda y ésta ha sido acogida a trámite, para ser luego derivada al mediador y le exigimos al profesional un informe respecto de las gestiones realizadas para intentar lograr el objeto de resolver mediante este método el conflicto y, además, se crean los mecanismo legales para que las partes objeten el trabajo realizado por éste, tengo la impresión que esa supervisión judicial hará que los mediadores realicen en forma más eficiente su trabajo, especialmente, si junto con estas medidas, el poder judicial comienza a llevar estadísticas de los resultados de las gestiones del mediador.

Por otro lado, durante el año 2022, del acuerdo a las estadísticas que lleva el INE y que hemos citado previamente, se interpusieron 95.573 acciones en materia de familia, de los cuales, a pesar de que las partes previamente pasaron por mediación, 17.322 juicios terminaron por avenimiento, conciliación o transacción, es decir un 18,1% de las causas. Esto acredita, por una parte, que la mediación previa y necesaria como se ha establecido en Chile está fallando y, por otra parte, que existe margen dentro del proceso para reutilizar este mecanismo o los otros para una solución amigable de los conflictos, siempre que se cumpla con el requisito de la supervisión y el control judicial del mecanismo.

CONCLUSIONES.

1.- Del análisis efectuado a los métodos alternativos de solución de conflictos, podemos sostener que Chile cuenta con una buena cantidad de ADR/MASC en nuestro ordenamiento jurídico y que nuestro legislador ha efectuado una adecuada regulación de dichos mecanismos, pero que hoy urge una revisión de la forma como se han ido aplicando por parte de nuestros Tribunales de Justicia, toda vez que con los años han perdido la eficacia como métodos coadyuvantes, ya que las partes y, especialmente, los abogados, hemos perdido la perspectiva de lo que se pretende con estos institutos procesales y de su importancia.

2.- Sostenemos que las ADR/ MASC hoy más que nunca son un mecanismo eficiente y eficaz para la solución de conflicto y así lo ha entendido el legislador al incluir en la última reforma a la tramitación en los Tribunales de Justicia nacionales (con ocasión de la pandemia del COVID 19) en la Ley 21.394 de fecha 30 de noviembre de 2021, el artículo 3 bis del CPC, el cual reza "*Es deber de los abogados, de los funcionarios de la administración de justicia y de los jueces, promover el empleo de métodos autocompositivos de resolución de conflictos, como la conciliación, la mediación, entre otros. Estos métodos no podrán restringir, sustituir o impedir la garantía de tutela jurisdiccional*".

3.- Para el éxito en la aplicación de las ADR/MASC en nuestro país, tal como pareciera ser el espíritu del legislador en su reciente reforma al CPC a que hemos hecho referencia y teniendo en vista los resultados de los estos métodos en sede laboral y de familia, es fundamental el control judicial en la aplicación de los ADR/MASC. Para tal efecto, es necesario que nuestros jueces se convenzan de las bondades de los resultados que se pueden obtener al utilizar estos métodos y, además, se involucren de mayor forma en estos procesos, especialmente en sede civil donde el juez no tiene la adecuada inmediatez con las partes, por ser aún de tramitación escriturada. Creemos que la voluntad, esa potencia del alma que te lleva a hacer las cosas, junto a una adecuada reforma procesal, son las claves para obtener mejores resultados y brindar la anhelada mejor justicia que la gente en Chile requiere y reclama.

Bibliografía.

AYLWIN AZÓCAR, PATRICIO. "El juicio arbitral". Santiago. Editorial Jurídica de Chile. Santiago, Chile. 2005.

BARONA VILAR, SILVIA.: "Las ADR en la justicia del siglo XXI, en especial la mediación". Revista de Derecho Universidad Católica del Norte, Año 18–N° 1, 2011.

BORDALI SALAMANCA, ANDRÉS.: "Justicia privada". Revista de derecho, julio 2004, Valdivia 2004, V. 16.

BRONFMAN VARGAS, ALAN. "Presidencialismo y el poder presidencial en el proceso legislativo chileno". Revista chilena de derecho N°43, T.2. agosto 2016.

CARNEVALI R., RAÚL.:" Mecanismos alternativos de solución de conflictos en materia penal en Chile. Una propuesta de lege ferenda". Ius et Praxis, Talca, V. 25, N° 1 abr. 2019.

CORRAL TALCIANI, HERNÁN.: "Conciliación, avenimiento y transacción". Blog personal.

DIAZ GUDE, ALEJANDRA.: "Mecanismos colaborativos: nuevos paradigmas y rol del Juez", Academia Judicial Santiago de Chile, 2020.

FUENTES MAUREIRA, C., GARCIA ODGERS, R., & ROMERO RODRIGUEZ, S. (2023).: "La conciliación en la práctica judicial chilena: elementos para una reflexión acerca de su evolución y potencial impacto en los procedimientos chilenos". Revista De Ciencias Sociales, Universidad de Valparaíso N°82, 2023.

LAGOS OCHOA, MARÍA SOLEDAD "Resolución de conflictos en chile a 50 años de la propuesta del sistema multipuertas de Frank Sander". Revista de Derecho, Editada por el Consejo de Defensa del Estado N° 37, 2017.

MATURANA MIQUEL, CRISTIÁN.: "Tribunales, árbitros y auxiliares de la administración de justicia", Facultad de Derecho, Universidad de Chile. Mayo 2015.

NAVA GONZALEZ, WENDOLYNE; BRECEDA PEREZ, JORGE ANTONIO.: "Mecanismos alternativos de resolución de conflictos: un acceso a la justicia consagrado como derecho humano en la Constitución mexicana". Cuestiones Constitucionales dic. 2017. Ciudad de México N°37.

PAREDES ZIEBALLE, ALEJANDRO.: "La mediación familiar obligatoria: una crítica a la regulación y funcionamiento en Chile". Revista Chilena de Derecho y Ciencia Política 2012, Vol. 3, N°2.

SAN CRISTÓBAL REALES, SUSANA.: "Sistemas alternativos de resolución de conflictos: negociación, conciliación, mediación, arbitraje, en el ámbito civil y mercantil". Anuario Jurídico y Económico Escurialense, XLVI, 2013.

SILVA BASCUÑAN, ALEJANDRO.: "Tratado de Derecho Constitucional", Tomo VIII, Ed. Jurídica de Chile.

Capítulo XIV

Tendencias y transformaciones en la resolución de conflictos: un enfoque global de la mediación, capítulo Ecuador

DANIEL PEÑAHERRERA TOAPAXI[1]

SUMARIO: I. El trayecto de la mediación en Ecuador. II. Entre palabras y soluciones: la mediación en detalle. 1. Los principios de la mediación: la libertad y la voluntariedad; Igualdad de las partes; Neutralidad e imparcialidad; Confidencialidad; Procedimiento informal y flexibilidad; Lealtad, buena fe, respeto mutuo a las partes y colaboración con el mediador. 2. La autocomposición, la jurisdicción y el conflicto.

I. EL TRAYECTO DE LA MEDIACIÓN EN ECUADOR

En el Ecuador el desarrollo de los Métodos Alternativos de Resolución de Conflictos (MASC) se retrotrae a hitos normativos ocurridos varias décadas atrás. La existencia de modelos alternos a la justicia formal tradicional tiene como propósito entregar a esta última elementos

---

1 Miembro del Instituto Ecuatoriano de Derecho Procesal; Abogado por la Universidad Central del Ecuador; Especialista Superior en Derecho Procesal por la Universidad Andina Simón Bolívar; Máster en Derecho, Empresa y Justicia por la Universidad de Valencia; Máster en Derechos Fundamentales en Perspectiva Nacional, Supranacional y Global por la Universidad de Granada; Estudiante de Doctorado en Derecho, Ciencia Política y Criminología de la Universidad de Valencia, España.

de apoyo en descongestión[2] y "justicia restaurativa"[3], tras la ruptura de la armonía social, propia del conflicto. Gracias a este legítimo accionar, los MASC se han entrelazado en el entendimiento jurídico de la nación. La legislación procesal civil se convirtió en el escenario propicio para incorporar a la conciliación como etapa obligatoria de todo proceso, especialmente en aquellos de conocimiento en los que se destaca su complejidad y tiempos extendidos de tramitación. Este temprano reconocimiento de la conciliación estableció los cimientos para la posterior evolución normativa[4] de otros diversos métodos alternativos de disputas en Ecuador, entre ellos la mediación.

El surgimiento de la mediación en territorio ecuatoriano, como en muchos otros casos de países de la región, es eco de factores extraterritoriales.

---

2 Resulta conveniente destacar el derecho a la justicia como derecho fundamental reconocido en abundantes instrumentos supranacionales, entre ellos, el contenido del artículo 6 del Convenio Europeo de Protección de Derechos Humanos y de las Libertades Fundamentales y el artículo 47 de la Carta de Derechos Fundamentales de la Unión Europea. Este derecho impone la observancia del principio de plazo razonable. Justamente con el propósito de hacer frente a este inconveniente surge la idea de los MASC como un elemento de despeje de las cargas laborales a las que se ven sometidos los tribunales. Lo dicho no implica que los MASC sean necesariamente legado de un sistema judicial ineficiente, sino al contrario, estos instrumentos son propios de una justicia sólida que cuenta con una democratización del acceso a la justicia y una garantía estatal, en forma de mandato, de cumplimiento a la tutela judicial efectiva. Esta necesaria simbiosis entre la justicia tradicional y los Métodos Alternativos de Resolución de Conflictos provocó su reconocimiento tanto en las legislaciones internas, que en el caso español lo encontramos en la Ley 5/2012, de Mediación en Asuntos Civiles y Mercantiles y la Ley 60/2003, de Arbitraje de 23 de diciembre; así como en instrumentos supranacionales como la Ley Modelo de la CNUDMI sobre Mediación Comercial de 2018, entre otros.

3 GORJÓN GÓMEZ, F. Y SÁNCHEZ VÁZQUEZ, R.: "Los métodos alternos de solución de controversias como herramientas de paz" en *Métodos Alternos de Solución de Conflictos. Herramientas de paz y modernización de la justicia*, SÁNCHEZ GARCÍA, A. (coord.), Madrid, Dykinson-Universidad Rey Juan Carlos, 2011, p. 29.

4 La referencia a la evolución normativa no pretende desconocer la existencia de las diversas formas de solución de conflictos anteriores a su positivización que están ligadas a las interacciones sociales y que forman parte de las reglas de conducta y control social, presentes en diferentes etapas de la historia, desde los niveles más incipientes de las sociedades en las que el conflicto no estaba judicializado, sino que hace alusión a la incorporación en el ejercicio legislativo del estado. GARCIA, R.: "Aproximación a los mecanismos alternativos de resolución de conflictos en América Latina" *EL OTRO DERECHO*, No. 26, 2002, p. 155.

El primer antecedente surgió en 1937 tras la promulgación del Decreto Supremo No. 34[5], por el cual el Ecuador se adhirió al Tratado Interamericano de Buenos Oficios y Mediación celebrado en la Conferencia Interamericana de Consolidación de la Paz, que tuvo lugar el 23 de diciembre de 1936 en Buenos Aires, Argentina.

Tiempo después el Ecuador pasaría a adoptar varios tratados que consolidaron el compromiso internacional de abordar diversas cuestiones vinculadas a la resolución de conflictos por medios alternativos. Algunos de estos tratados fueron: la Carta Constitutiva de las Naciones Unidas[6], el Convenio Constitutivo de la Carta de la Organización de Estados Americanos[7] y la Convención Única de 1961 sobre Estupefacientes[8]. Dentro de estos instrumentos internacionales se empezaron a evidenciar algunos de los procedimientos integrantes de los MASC, como la negociación, mediación, conciliación y el arbitraje.

Dentro de la normativa interna las disposiciones referentes a la mediación las encontramos en el Código de Comercio de 1960, donde se definió al mediador como un tercero imparcial con capacidad de intervenir dentro de un conflicto. El término que la referida norma les entregó a los

5 Decreto Supremo 34, Registro Oficial del Ecuador No. 545 de 21 de julio de 1937.

6 Art. 33 "Las partes en una controversia cuya continuación sea susceptible de poner en peligro el mantenimiento de la paz y la seguridad internacionales tratarán de buscarle solución, ante todo, mediante la negociación, la investigación, la mediación, la conciliación, el arbitraje, el arreglo judicial, el recurso a organismos o acuerdos regionales u otros medios pacíficos de su elección". Carta Constitutiva de las Naciones Unidas, Registro oficial del Ecuador,18 de diciembre de 1945.

7 Art. 25 "Son procedimientos pacíficos: la negociación directa, los buenos oficios, la mediación, la investigación y conciliación, el procedimiento judicial, el arbitraje y los que especialmente acuerden, en cualquier momento, las Partes." Decreto Ejecutivo 1941, Carta de la Organización de Estados Americanos, Registro Oficial No. 716 del 18 de enero de 1951.

8 Art. 48 "Si surge entre dos o más Partes una controversia acerca de la interpretación o de la aplicación de la presente Convención, dichas Partes se consultarán con el fin de resolver la controversia por vía de negociación, investigación, mediación, conciliación, arbitraje, recurso a órganos regionales, procedimiento judicial u otros recursos pacíficos que ellas elijan" Convención única sobre Estupefacientes, Registro Oficial No. 320 del 27 de agosto de 1964.

mediadores fue de "corredores"[9], quienes tenían el propósito de facilitar la firma de contratos entre comerciantes[10].

A esta norma le siguió la promulgación de la Ley de Arbitraje Comercial de 1963[11]. En esta codificación se reguló los conflictos de origen mercantil, por medio de un sistema arbitral regulado. Lamentablemente, pese a su importancia, careció de difusión y aplicación, a causa de una ausente sociabilización y limitado conocimiento de sus múltiples beneficios.

Por otro lado, el Código de Trabajo de 1978 empezó a regular las relaciones entre empleadores y trabajadores, tras la reforma de 21 de noviembre de 1991, incluyó expresamente un artículo destinado exclusivamente a la mediación laboral obligatoria[12].

En los años noventa surgió la más significativa transformación y promoción de los MASC, tras la injerencia de organismos bilaterales y multilaterales de crédito[13], quienes promovieron una acción del gobierno y de la Función Judicial ecuatoriana. En 1995 se presentó un estudio denominado "Plan Integral para la Modernización de la Administración de Justicia", que se convirtió en el eje central de la reforma procesal ecuatoriana. Este plan, entre una de sus virtudes, promovió la promulgación de la Ley de Arbitraje y Mediación (LAM) de 1997[14], en la que se abordaron los conceptos comparativos y doctrinarios de mayor relevancia en la materia. La LAM fijó un punto de inflexión en la promoción y formalización de los MASC.

---

9 NARVÁEZ CALDERÓN, M.: "La mediación y su impacto en época de coronavirus, caso Ecuador", *revista Polo de Conocimiento*, No. 57, 2021, p. 925.

10 "Art. 74. Los corredores son agentes reconocidos por la Ley para dispensar su mediación a los comerciantes y facilitarles la conclusión de sus contratos". Código de Comercio, Registro Oficial Suplemento No. 1202 del 20 de agosto de 1960.

11 Decreto Supremo No. 735 de 23 de octubre de 1963, Registro Oficial No. 90 de 28 de octubre de 1963.

12 "Art. 465-A. Mediación Obligatoria. Si no hubiere contestación o si ésta no fuere enteramente favorable a las peticiones de los trabajadores, el Inspector del Trabajo remitirá todo lo actuado a la Dirección o Subdirección de Mediación Laboral respectiva, para que a través de sus funcionarios convoque a las partes cuantas veces considere necesarias, con veinte y cuatro horas de anticipación por lo menos, a fin de que procuren superar las diferencias existentes, dentro del término de quince días contados desde la fecha de inicio de su intervención. Este término podrá ampliarse a petición conjunta de las partes." Código de Trabajo, Registro Oficial 650 de 16 de agosto de 1978.

13 Banco Mundial (BIRF) y el Banco Interamericano de Desarrollo (BID).

14 Registro Oficial No.145 de 4 de septiembre de 1997.

El 11 de octubre de 2002 el Ecuador firmó un Convenio de Donación con el Banco Internacional de Reconstrucción y Fomento (BIRF)[15]. Esta alianza tuvo como propósito el fortalecimiento institucional de la Procuraduría General del Estado. Específicamente impulsó la reapertura de los Centros de Mediación de la Procuraduría. Los centros abrieron sus puertas en el año 2005 con sedes en las principales ciudades del país (Quito y Guayaquil). De la mano a la reapertura de estos centros, se implementaron cursos para la formación de mediadores.

Con la intención de desarrollar las actividades de mediación a cargo de la Procuraduría y siguiendo los criterios de una consultoría independiente, a través de la Resolución No. 096, surgió el Centro Nacional de Mediación de la Procuraduría General del Estado, inscrito ante el Consejo Nacional de la Judicatura, con número de registro No 4 del 27 de julio de 1999[16]. Este centro se afianzó como una entidad especializada en la resolución de conflictos en los que se veía involucrado el estado, directamente o por intereses estatales, con personas naturales o jurídicas.

A la ley de 1997 le siguió la Ley de Arbitraje y Mediación de 2006[17] y el Instructivo de Registro de Centros de Mediación aprobado mediante Resolución 026-2018 del 20 de febrero de 2018[18]. Un aspecto relevante es el contenido del artículo 34 del Instructivo de Registro que impone una obligación a todos los Centros de Mediación inscritos y habilitados de enviar al Consejo de la Judicatura, como ente rector, un informe semestral en el que se detalle el número de causas atendidas y el resultado obtenido ya sea por actas de imposibilidad, acuerdos totales o parciales.

Gracias a esta imposición de registro se ha facilitado llevar datos estadísticos sobre la efectividad y aplicabilidad de los procesos de mediación en la cultura ecuatoriana. Según los reportes entregados por el Centro Nacional de Mediación de la Función Judicial, desde el año 2014 hasta el año 2019, la incidencia de la mediación marcó una tendencia ascendente, pasando de 35.557 causas de mediación (71.57% por solicitud directa y 28.43% por derivación judicial) a 54.554 (78.23% por solic-

---

15 POVEDA CAMACHO, G.: *Medios alternativos de solución de conflictos en Ecuador: la mediación,* Quito, Universidad Andina Simón Bolívar, 2006, p.11.

16 Resolución de la Procuraduría General del Estado 37, Registro Oficial 673 de 20 de enero del 2016.

17 Registro Oficial No. 417 de 14 de diciembre de 2006

18 Resolución 026-2018 del 20 de febrero de 2018, publicada en el Suplemento 209 del Registro Oficial del 27 de marzo de 2018.

itud directa y 21.77% por derivación judicial) de este número de causas sometidas al procedimiento de mediación 31.301 casos alcanzaron acuerdos, en 2019[19].

En el 2020 existió un decrecimiento en las causas con un total de procesos de mediación de 25.336, de las cuales apenas 13.461 alcanzaron acuerdos. Los datos obtenidos son preocupantes si los correlacionamos con el número de causas ingresadas en los diferentes tribunales. En el año 2018 el número de demandas ingresadas ascendió a 602.457, en el año 2019 a 641.110[20], en 2020 a 573.768, en 2021 a 750.362[21] y 2022 a 716.776, en este último año, el total de causas resueltas ascendió a 688.122[22].

La positivización de la mediación en la normativa interna terminó por impregnarse, en los textos constitucionales ecuatorianos[23], el primero de ellos, aquel que entró en rigor en 1998. En el artículo 191 de esta Carta Magna[24] se reconoció expresamente al arbitraje, mediación y otros métodos alternativos de solución de conflictos. Este dato, de mayor importancia,

---

19 CENTRO NACIONAL DE MEDIACIÓN DE LA FUNCIÓN JUDICIAL, Datos Estadísticos de Gestión Centro Nacional de Mediación de la Función Judicial, acceso electrónico: https://www.funcionjudicial.gob.ec/mediacion/index.php/2015-04-13-21-21-55/datos-estadisticos#ingreso-de-causas-2019. último acceso: 19 de octubre de 2022.

20 DIRECCIÓN NACIONAL DE ESTUDIOS JURIMÉTRICOS Y ESTADÍSTICA JUDICIAL DEL CONSEJO DE LA JUDICATURA, Informe Estadístico Jurisdiccional Anual, 2019.

21 DIRECCIÓN NACIONAL DE ESTUDIOS JURIMÉTRICOS Y ESTADÍSTICA JUDICIAL DEL CONSEJO DE LA JUDICATURA, Informe Estadístico Jurisdiccional Anual, 2021.

22 DIRECCIÓN NACIONAL DE ESTUDIOS JURIMÉTRICOS Y ESTADÍSTICA JUDICIAL DEL CONSEJO DE LA JUDICATURA, Informe Estadístico Jurisdiccional Anual, 2022.

23 Tal como lo reconoce Alejandro Villanueva Turnes, en algunos estados se ha optado por incluir los MASC, dentro de la norma superior, a causa de su eficacia y proliferación. En los países latinoamericanos esta causa se cierne a la tardanza y falta de personal adecuado en el poder judicial, lo que ha propiciado que las personas opten por la utilización de los métodos alternativos. VILLANUEVA TURNES, A.: "La constitucionalización de la mediación: El caso de Ecuador", *Derecho y Ciencias Sociales,* No. 20, 2019, p. 91. Esta inclusión ha generado que la mediación en el ecuador no sea un "simple mecanismo de tipo jurídico", sino que además sea considerado de trascendencia constitucional y de principal atención estatal.

24 Constitución Política de la República del Ecuador, Registro Oficial 1 de 11 de agosto de 1998

le entregó a los MASC una nueva relevancia y dimensión frente a las formas tradicionales de resoluciones de disputas e incluso fomentó su difusión.

El reconocimiento de la mediación continúo en la constitución predecesora de 2008[25], ampliando su enfoque. El artículo 97 facultó a las organizaciones sociales el desarrollo de los MASC como ejercicio de su derecho al "buen vivir", así como elemento de reivindicación social y cultural, encaminado al bienestar general. Por otro lado, el artículo 190 resaltó que el espectro de los MASC está delimitado a los procedimientos establecidos por la ley, imponiendo un deber legislativo de adecuación normativa que propulsó su aplicación y vigencia.

II. ENTRE PALABRAS Y SOLUCIONES: LA MEDIACIÓN EN DETALLE

La mediación ha recibido una serie de definiciones, todas ellas destacan sus funciones esenciales y naturaleza. Algunos autores caracterizan a la mediación como una "negociación asistida"[26] en virtud del cual un tercero cumple una función trascendental mediante la facilitación del abordaje del conflicto o controversia en aras de encontrar una solución definitiva que favorezca a las partes. Este enfoque destaca la función de la mediación en el empoderamiento de los involucrados, permitiéndoles arribar a acuerdos voluntarios y mutuamente aceptables.

La mediación es un "procedimiento autocompositivo"[27], de gestión de disputas en el que dos partes, por su propia voluntad, se esfuerzan en alcanzar un acuerdo, por medio de la ayuda de un tercero ajeno al conflicto,

---

[25] Constitución de la República del Ecuador, Registro Oficial 449 de 20 de octubre de 2008.

[26] Bustamante, X., *El acta de mediación,* Quito, Editorial Cevallos, 2009, p. 23.

[27] BARONA VILAR, S., *Nociones y principios de las ADR: solución extrajurisdiccional de conflictos,* Valencia, Tirant lo Blanch, 2018, p. 67. Este criterio es compartido por Karen Grover Duffy, James W. Grosch, Paul V. Olczak, quienes citando a Folberg & Taylor, agregan que la mediación, al ser producto de la decisión de los contendientes genera mayor grado de satisfacción y, por lo tanto, mayores porcentajes de cumplimiento de los acuerdos arribados, por lo que parece casi universal el hecho de que las terceras partes neutrales prefieren la mediación por encima de otros métodos, incluso del arbitraje. GROVER DUFFY, K., GROSCH, J. Y OLCZAK, P., *la mediación y sus contextos de aplicación: una introducción para profesionales e investigadores,* Barcelona, Paidos Ibérica, 1996, p.29

encargado de abrir canales de diálogo. La mediación implica la creación de opciones que les permita explorar a las partes posibles soluciones que atiendan sus necesidades. A diferencia de un proceso judicial en el que el juez está legitimado para imponer decisiones, el procedimiento de mediación se limita a recrear escenarios de acercamiento voluntario, mediante la proposición de una resolución colaborativa de conflictos, con enfoque en la autonomía.

Estas definiciones resaltan la naturaleza no coercitiva de la mediación y enfatizan en su rasgo catalizador que promueve la toma voluntaria de decisiones. Asimismo, realzan su valor como enfoque consensual y efectivo, en la forma de arrojar soluciones en una variedad nutrida de contextos.

La función del tercero llamado mediador se caracteriza por ser imparcial, técnica y neutral[28]. La actividad del mediador se centra en la asistencia a las partes a fin de que, en ejercicio de su libre voluntad, desde sus intereses y necesidades, elaboren los términos del acuerdo. Con ese panorama el papel que juega el mediador es trascendental para asegurar el éxito de la negociación mediante el diálogo constructivo. Las actuaciones de este tercero imparcial requieren de un marco normativo que brinde los lineamientos y regulaciones propias de su actividad, así como los requisitos y condiciones mínimas para quienes aspiran ser mediadores, además de un catálogo de obligaciones y derechos inherentes a su labor[29].

En el caso español, como ejemplo, la norma regulatoria la encontramos en la Ley 5/2012 de 6 de julio[30], en virtud de la cual se reguló la mediación civil y mercantil. Dentro de esta ley se logró acertadamente un equilibrio

---

28 ARANDI VIÑAMAGUA, A. F., DURÁN CHÁVEZ, C. E., ÉGÜEZ VALDIVIESO, E., Y YANCHA RUIZ, M. V.: "Catálogo de materias y asuntos transigibles en mediación en la República del Ecuador", *Revista Metropolitana de Ciencias Aplicadas*, No. 3, 2020, p. 74.

29 El mediador debe reunir varias cualidades que son imperativas en el desarrollo del proceso de mediación, estas habilidades involucran la habilidad de ser un buen oyente, que le permite prestar atención a las necesidades de las partes y desde este punto partir hacia una comunicación efectiva. La percepción le permitirá captar las sutilezas del conflicto e identificar posibles soluciones y estrategias de solución. La confiabilidad es fundamental para crear un ambiente de apertura y colaboración. La paciencia permite que las partes tomen un ritmo propio en el ámbito de la negociación. El sigilo fomenta un escenario de seguridad y confidencialidad de las discusiones y acuerdos. La creatividad y flexibilidad le permitirá al mediador adaptarse a las dinámicas del conflicto desde una postura de neutralidad.

30 «BOE» núm. 162, de 7 de julio de 2012.

entre los elementos esenciales de la autonomía y flexibilidad del mediador, con los aspectos nucleares de la mediación. Lo dicho implica una garantía de calidad y competencia de los profesionales de esta área, a cambio de una compensación justa por sus servicios.

Más allá del estado de situación de la mediación en la legislación ecuatoriana, la creciente importancia de la que gozan los MASC, se debe a las manifestaciones de la metamorfosis del contexto social y legal. La mediación ha probado ser suficientemente competente en la solución de conflictos en tiempos reducidos, permitiendo la descompresión del sistema judicial convencional. Más aún ante los constantes cambios que nos ofrece el panorama global, plagado de circunstancias desafiantes e imprevisibles, que orillan a la sociedad a la imperiosa necesidad de adaptarse a realidades inusitadas.

Esta evolución adaptativa se traduce en la adecuación normativa de los MASC tanto a nivel global, como nacional. No es una novedad que la evolución de los parámetros normativos es una constante en la historia de toda organización social, lo que sorprende es el ritmo que adquirió en estos tiempos de constante evolución. No cabe duda de que la mediación ideada por la escuela de Harvard, allá en la década de los años sesenta del siglo XX, la escuela circular narrativa de Sara Coob o la escuela transformativa de Baruch y Folger[31], también han sufrido cambios en el último siglo, especialmente en torno al grado de habituación de solución a los diferentes tipos de conflicto[32], lo que les ha permitido probar la efectividad de los principios que rigen la mediación, que se han mantenido incólumes.

---

31 BARONA VILAR, S., *Nociones y principios de las ADR: solución extrajurisdiccional de conflictos,* cit., pp. 85-88.

32 Una de las circunstancias más desafiantes de las últimas décadas para la administración de justicia fue el impacto de la COVID-19. La crisis sanitaria requirió de acciones normativas urgentes a fin de establecer medidas que permitan combatir las consecuencias jurídicas y económicas de la pandemia, así como fomentar la reactivación de las economías. En este oscuro capítulo, la mediación emergió como alternativa de atención a estos conflictos. En el caso ecuatoriano se promulgó la Ley Orgánica de Apoyo Humanitario, en virtud de la cual se promovió el uso de la mediación para evitar el colapso judicial y se establecieron medidas de mediación obligatoria en procesos preconcursales vinculantes para todos los acreedores siempre que se llegue a un acuerdo de al menos el 51% de ellos y al que se debía acompañar planes de reestructuración financiera, ello permitió dinamizar la economía y salvaguardar abundantes fuentes de empleo. En el caso español desde el Consejo General de la Abogacía se impulsó la mediación como instrumento para mitigar el incremento de causas judiciales provocada por el cierre de tribu-

En esta época esencialmente temporal, en la que todo se mide conforme las manecillas del reloj, el tiempo ha tomado una importancia insólita. En el ámbito jurídico todo ello implicó una reevaluación de la normativa existente y una actualización vía reformas procesales encaminadas a brindar respuestas rápidas y efectivas -a cualquier costo-. Tal como lo reconoce Silvia Barona Vilar, el modelo procesal decimonónico, cumplió su función y dio paso a un ámbito legal vinculado a metas que persiguen la optimización de recursos y reducción de costos y dinero[33]. La creación de estos nuevos enfoques procesales encontró en los Métodos Alternativos de Resolución de Conflictos, un importante socio, particularmente en la mediación y en el arbitraje.

En el ámbito internacional existe un consenso mayormente homogéneo entorno a la redefinición de las normas que permiten la implementación de los MASC como elementos de estabilidad y progreso de la comunidad global. Con esta intención los estados emprendieron un ajuste del marco

---

nales. Por otro lado, el Consejo del Poder Judicial elaboró las "Directrices para la elaboración de un Plan de Choque en la Administración de Justicia tras el Estado de Alarma", lo que estimuló el uso de la mediación en la resolución extrajudicial de conflictos. Se evidencia entonces, que el uso de este instrumento fue trascendental no solo desde el punto de vista jurídico, sino además en la recuperación económica y en la atención de grupos vulnerables. Ana Isabel González Fernández, citando a Vicente Magro Servet resalta que en esas circunstancias llegó "el momento de recurrir de forma perceptiva y obligatoria a la mediación extrajudicial en el orden civil. Pero, además, como medida para evitar el colapso judicial en el orden jurisdiccional, como forma oportuna y no oportunista, de demostrar la eficacia de la mediación civil como solución alternativa judicial en la resolución de conflictos". GONZÁLEZ FERNÁNDEZ, A, I.: "El impacto de la COVID-19 en la administración de justicia. La necesidad de impulsar la mediación en el ámbito civil", *Revista de Mediación*, No. 13, 2020, pp. 2-3

33 "La búsqueda de la eficiencia se ha venido anudando al alcance de una serie de metas: menos tiempo, menos formas, menos costes. Todo ello bajo la idea de la mayor optimización de recursos. De ahí, la prolija actividad reformadora de las legislaciones que, si bien ciertamente tratan de aproximarse a la realidad moderna del Siglo XXI, asumen como uno de sus estandartes la búsqueda de la celeridad y con ella de la optimización del modelo procesal, como componente lógico de ese camino hacia la eficiencia. Es indudable que el modelo procesal decimonónico, escrito, lento, tedioso, con enormes tecnicismos, muy costoso y generador de enormes insatisfacciones para ambas partes cumplió su papel en el momento en que suponía una revolución". BARONA VILAR, S., "A la búsqueda de la eficiencia y la celeridad, claves de la Justicia Civil del Siglo XXI", en Libro Homenaje al Prof. Fábrega, Panamá, Instituto colombo-panameño de Derecho Procesal, 2019, p. 667.

normativo para situarse acorde a los principios de administración eficiente de justicia, sin descuidar la resolución pacífica de los diferentes conflictos.

1. Los principios de la mediación

Los principios para Robert Alexy poseen un carácter *prima facie* que implica que "algo debe ser realizado en la mayor medida posible"[34] tomando en cuenta las circunstancias factuales y jurídicas. Por ende, si bien no contienen mandatos imperativos, si implican guías de observancia sujetas a la ponderación dadas las circunstancias específicas de cada caso en concreto. Los principios gozan de adaptabilidad y flexibilidad, lo que refleja su capacidad de proporcionar directrices a diferentes situaciones.

Como herramientas hermenéuticas, los principios contextualizan la toma de decisiones jurídicas y consiente a los encargados de su aplicación, la consideración de múltiples factores previo a determinar su aplicabilidad y alcance.

Para Dworkin los principios contienen un estándar normativo de cumplimiento "porque es una exigencia de la justicia, la equidad o alguna otra dimensión de la moralidad"[35]. Además, agrega que: "Sólo las normas imponen resultados, pase lo que pase. Cuando se ha alcanzado un resultado contrario, la norma ha sido abandonada o cambiada. Los principios no operan de esa manera; orientan una decisión en un sentido, aunque no en forma concluyente, y sobreviven intactos aun cuando no prevalezcan"[36].

Las directrices que emanan de los principios influyen en la interpretación de los derechos en el ámbito local e internacional y desempeñan un papel central en la resolución de conflictos. La mediación, se sustenta en principios esenciales que fundamentan su acción y establecen una base sólida del procedimiento que orienta a las partes a la obtención de soluciones equitativas y con altos índices de satisfacción.

Los principios que coadyuvan a la mediación como un método alternativo de resolución de conflictos, en la legislación ecuatoriana los encontramos en el contenido de la Ley de Arbitraje y Mediación de 2006[37]. Empero,

---

34 ALEXY, R., *Teoría de los Derechos Fundamentales,* Madrid, Editorial Centro de Estudios Constitucionales, 1993, p. 99.

35 DWORKIN, R., *Los derechos en serio,* Barcelona, Editorial Ariel, 1984, p. 72.

36 *Ídem,* p. 89

37 Registro Oficial No. 417 de 14 de diciembre de 2006

resulta más adecuado su abordaje conforme la clasificación realizada por Silvia Barona Vilar, quien los agrupa de la siguiente forma: 1) la libertad y la voluntariedad; 2) Igualdad de las partes; 3) Neutralidad e imparcialidad; 4) Confidencialidad; 5) Procedimiento informal y flexibilidad; y, 6) Lealtad, buena fe, respeto mutuo a las partes y colaboración con el mediador[38].

1.1. La libertad y voluntariedad.

A la luz del principio de voluntariedad todos cuantos intervienen en un proceso de mediación tienen la libertad plena de decidir participar o no en el procedimiento. Trinidad Bernal Samper, destaca que esta autonomía involucra tres elementos, el primero implica la decisión de informarse sobre la mediación previo a formar parte de ella; el segundo implica la decisión de permanecer en ella; y el tercero el de concluir con acuerdos[39], conforme sus necesidades. Además, el principio se constituye en una prohibición de coerción en virtud de la cual la negociación se desarrolla de forma libre y con asistencia de un tercero neutral[40].

1.2. Igualdad de las partes.

Este principio otorga un equilibrio de posiciones y promueve el respeto recíproco de las partes involucradas, entre las diferentes posiciones, perspectivas y opiniones, independientemente de sus condiciones económicas o sociales. La igualdad no implica una acción de compensación por parte del mediador, entre desiguales, sino una paridad en términos relativos a la toma de decisiones. Lo dicho conlleva que cada parte tiene derecho a expresar sus intereses, necesidades y que estas sean abordadas con seriedad.

---

38 BARONA VILAR, S., *Nociones y principios de las ADR: solución extrajurisdiccional de conflictos*, cit., pp. 71-75. Esta clasificación también es concordante con el contenido de la "Ley 24/2018, de 5 de diciembre, de mediación de la Comunitat Valenciana" «BOE» núm. 23, de 26 de enero de 2019.

39 BERNAL SAMPER, T. *La mediación, una solución a los conflictos de pareja*, Madrid, Editorial Colex, 2008, p. 134.

40 "El mediador, al no tener poder para resolver por sí el asunto sometido a mediación, no puede obligar a las partes a perseverar en un proceso en que son ellas las llamadas a encontrar la solución al conflicto" TARUD ARAVENA, C.: "El principio de voluntariedad en la legislación de mediación familiar, en Chile", *Opinión Jurídica*, No. 23, 2013, p. 119.

Este espacio de dialogo sin temor a la desigualdad o discriminación propicia el entendimiento mutuo en la búsqueda de soluciones.

La igualdad en materia de mediación no guarda proporción con la igualdad en el entendimiento de otros campos del derecho, pues en este caso, los rasgos diferenciadores de las partes son asumidos en lugar de ser excluidos. Fruto de este rasgo característico, conlleva el uso de la equipotencia, entendida como la igualdad en la capacidad de actuar; la equivalencia que implica que las partes tengan el mismo valor; y la equifonia, que aborda la igualdad en las intervenciones verbales[41].

1.3. Neutralidad e imparcialidad.

La imparcialidad conlleva la capacidad del mediador de mantener una posición equidistante, evitando inclinarse en dirección de alguna de las posiciones que asuman las partes y garantizando el equilibrio y el derecho de igualdad a lo largo del procedimiento[42]. Se traduce con el manejo del conflicto más allá de todo prejuicio o preferencias, que pueden llegar a perturbar la capacidad de ayudar a los intervinientes a encontrar una solución pacífica.

La neutralidad impone una actitud limitativa al mediador y en consecuencia le impide imponer soluciones. Implica un respeto a la posición de

---

41 A lo referido se agrega que "Quien realiza la mediación tendrá que prestar atención a estas tres dimensiones para cumplir con el principio de igualdad. Cumplir con el principio de igualdad no implica cambiar en profundidad una realidad de poder dada, que viene desde el «afuera» de la mediación, sino que por el contrario implica tenerla en cuenta para observar como este poder opera para tomar decisiones en el proceso. También implica utilizar recursos de legitimación, empoderamiento y reconocimiento para equilibrar la balanza, en la medida de las posibilidades; asegurar que las voces de todas las personas que intervienen sean oídas y tenidas en cuenta, sin presiones (...) Si el desequilibrio entre las personas que participan persiste, a pesar del uso de éstos y otros recursos, y se observa que esa desigualdad opera en contra de la autodeterminación, se deberá dar por terminado el proceso porque la mediación es un proceso colaborativo, basado en la buena fe" DEFENSORÍA DE VECINAS Y VECINOS DE MONTEVIDEO, *Mediación comunitaria con perspectiva de género y derechos humanos*, Montevideo, UNESCO, 2017, p. 3-4.

42 GARCÍA VILLALUENGA, L.: "La mediación a través de sus principios. Reflexiones a la luz del Anteproyecto de Ley de mediación en asuntos civiles y mercantiles", *Revista general de legislación y jurisprudencia*, No., 4, 2010, p. 727.

las partes y orienta el lugar que debe ocupar el mediador en el conflicto[43]. Este principio promueve la autonomía de las partes y robustece su capacidad en la toma de decisiones independientes, informadas y consensuadas.

1.4. Confidencialidad.

La confidencialidad en el ámbito de la mediación es imperativa para todos los intervinientes del proceso, sin exclusión alguna. Esta rigurosidad de reserva involucra las posturas, pronunciamientos, documentos e información generada en el procedimiento o derivada de él. Esta salvaguarda fomenta la confianza de las partes, la sensibilidad de los asuntos y crea el ambiente propicio para el dialogo sincero y abierto. La vigencia y efectividad de este mandato está sujeto además a los parámetros de responsabilidad, por lo que su trasgresión podría generar acciones de daños y perjuicios. Por ello su prevalencia no es prerrogativa individual de los asistentes o del mediador.

Lo que sí que es verdad, es que este principio no es absoluto pues admite, que, vía ley, se dibujen los horizontes de su aplicabilidad. Precisamente en determinadas circunstancias la norma prevé excepciones a la confidencialidad de la mediación. En el caso ecuatoriano esta excepción la encontramos en el contenido del artículo 50 de la Ley de Arbitraje y Mediación, que establece que las partes pueden voluntariamente renunciar a la confidencialidad. En el caso español desde la Ley de Mediación en Asuntos Civiles y Mercantiles y las regulaciones de las Comunidades Autónomas, además de lo consagrado en la ley ecuatoriana -que resulta por demás escueta-, ha establecido ciertos casos de exclusión al principio de confidencialidad: 1) la consulta de los datos con fines estadísticos[44]; 2) cuando la información obtenida en la mediación no sea personalizada y se

---

[43] Ídem, p.730

[44] Artículo 11.2 literal c) de la Ley 4/2001, de 31 de mayo, reguladora de la Mediación Familiar, Comunidad Autónoma de Galicia, «DOG» núm. 117, de 18/06/2001, «BOE» núm. 157, de 02 de julio de 2001; Artículo 8.2 de la Ley 1/2015, de 12 de febrero, del Servicio Regional de Mediación Social y Familiar de Castilla-La Mancha, Comunidad Autónoma de Castilla-La Mancha, «BOE» núm. 148, de 22 de junio de 2015; artículo 8.6 de la Ley 24/2018, de 5 de diciembre, de mediación de la Comunitat Valenciana, Comunitat Valenciana, «DOGV» núm. 8439, de 07 de diciembre de 2018 «BOE» núm. 23, de 26 de enero de 2019.

usa con fines de investigación[45] o formación[46]; 3) cuando la información implica una amenaza a la vida o integridad de una persona[47]; 4) hechos delictivos de acción pública[48]; 5) cuando se hace valer el acuerdo ante los tribunales por incumplimiento de alguna de las partes[49]; 6) la información obtenida en diálogos públicos en procesos de participación ciudadana[50]; 7) por resolución judicial motivada solicitada por jueces de la jurisdicción penal[51]. Merece la pena aclarar que en el caso de la mediación penal no son admisibles las excepciones al principio de confidencialidad, pues implicaría la obtención de una prueba ilícita.

1.5. Procedimiento informal y flexibilidad.

La mediación goza de una intrínseca capacidad de adaptabilidad y acoplamiento a la diversidad de circunstancias presentes en cada caso, por ello se puede llegar a afirmar, que no existen dos procedimientos de mediación idénticos, cada uno maneja matices propios, ya sea por las características del conflicto o por las personas involucradas. La flexibilidad se caracteriza en el manejo de diversos métodos, enfoques y estrategias que las partes y el mediador pueden manejar para garantizar

---

45 Artículo 7.4 literal a) de la Ley 15/2009, de 22 de julio, de Mediación en el Ámbito del Derecho Privado, Comunidad Autónoma de Cataluña, «DOGC» núm. 5432, de 30 de julio de 2009 «BOE» núm. 198, de 17 de agosto de 2009; artículo 10.13 de la Ley 1/2006, de 6 de abril, de mediación familiar de Castilla y León, Comunidad de Castilla y León, «BOE» núm. 105, de 3 de mayo de 2006.

46 Artículo 16 literal h) segundo inciso de la Ley 1/2009, de 27 de febrero, reguladora de la Mediación Familiar en la Comunidad Autónoma de Andalucía, Comunidad Autónoma de Andalucía, «BOE» núm. 80, de 2 de abril de 2009. Para el uso de esta información se debe hacerlo de forma anónima y con autorización expresa de los intervinientes incluso los niños mayores de 12 años.

47 Artículo 7.4 literal b) de la Ley 15/2009, de 22 de julio, de Mediación en el Ámbito del Derecho Privado, Comunidad Autónoma de Cataluña, cit.

48 Ídem, artículo 7.5.

49 Artículo 22.2 de la Ley 1/2008, de 8 de febrero, de Mediación Familiar, Comunidad Autónoma del País Vasco, «BOE» núm. 212, de 3 de septiembre de 2011.

50 Artículo 7.4 literal c) de la Ley 15/2009, de 22 de julio, de Mediación en el Ámbito del Derecho Privado, Comunidad Autónoma de Cataluña, cit.

51 Artículo 9.2 literal b) de la Ley 5/2012, de 6 de julio, de mediación en asuntos civiles y mercantiles, «BOE» núm. 162, de 07 de julio de 2012.

la efectividad de la mediación[52]. Esta flexibilidad no se ve perturbada por los límites establecidos en la ley, pues estos deberán entenderse como parámetros mínimos con fines únicamente orientadores de una actividad regida por la autonomía de la voluntad de las partes.

1.6. Lealtad, buena fe, respeto mutuo a las partes y colaboración con el mediador.

Por principio general del derecho la mala fe no se presume. Empero, uno de los principios de mayor complejidad en su definición es el principio de buena fe, puesto que puede concebirse al menos dentro de tres criterios: como interpretación de las situaciones jurídicas; como espíritu de lealtad, sinceridad y honestidad presente en el proceso de todo acto jurídico; y finalmente como una creencia errada en una determinada situación jurídica[53]. La Corte Internacional de Justicia dentro del asunto *Nuclear Tests* (Australia vs. Francia), consideró que la buena fe es uno de los principios base que presiden la ejecución y creación de todas las obligaciones jurídicas, sin importar su fuente[54].

La mediación, no es ajena a la presencia de la buena fe que impone un trato leal en el marco del respeto recíproco de las partes, con actuaciones honestas y colaborativas; oponiéndose a toda intención de generar

---

52 Tal como lo reconoce Esther Linares Bernabéu, los mediadores, gracias a suposición en el manejo del conflicto desempeñan un papel relevante pues están en la posición de conocer la personalidad de los interlocutores y actuar como catalizadores que reduzcan las emociones que distancian las posturas como la ira o el rencor. LINARES BERNABÉU, E.: "El humor verbal en situaciones comunicativas de mediación informal: un análisis socio pragmático en la conversación coloquial", *Anuari de filologia estudis de lingüística,* No. 12, 2022, p. 280

53 DÍAZ ALBÓNICO, R.: "La buena fe y el proceso de mediación", *Revista chilena de derecho,* No. 1, 1982, p. 86.

54 "One of the basic principles governing the creation and performance of legal obligations, whatever their source, is the principle of good faith. Trust and confidence are inherent in international co-operation, in particular in an age when this CO-operation in many fields is becoming increasingly essential. Just as the very rule of pacta sunt servanda in the law of treaties is based on good faith, so also is the binding character of an international obligation assumed by unilateral declaration. Thus, interested States may take cognizance of unilateral declarations and place confidence in them, and are entitled to require that the obligation thus created be respected". Nuclear Tests (Australia c. Francia), opinión disidente del juez Castro, 1974, sentencia del 20 de diciembre de 1974, párrafo 46.

perjuicio o fraude en las diversas etapas de la negociación, enfocadas en encontrar soluciones satisfactorias y de cumplimiento previsible.

Con fundamento en el principio de buena fe, tal como lo recoge Santiago Benadava en referencia al caso arbitral del Lago Lanoux (España vs. Francia, 1957), se debe expulsar de toda negociación actuaciones encaminadas a la ruptura injustificada de conversaciones, el desprecio por el procedimiento, el rechazo sistemático de las proposiciones y los plazos anormales[55].

2. La autocomposición, la jurisdicción y el conflicto.

En el contexto de la mediación se hacen presentes tres conceptos que, si bien son independientes, interconectados representan aspectos que revelan la forma en que la sociedad asimila los conflictos y les brinda soluciones legales. Por ello, bien conviene analizarlos desde sus características nucleares.

2.1. La autocomposición.

La autocomposición implica la concurrencia de partes enfrentadas, quienes abordan un conflicto y buscan entregar soluciones que satisfaga intereses mutuos. Estos fines se alcanzan principalmente mediante dos modalidades; la primera por medio de una negociación directa entre las partes involucradas y la segunda con la intervención de un tercero imparcial, neutral y facilitador de la negociación. Dentro de estos se sitúan: la mediación, la conciliación, la negociación y la figura del defensor del pueblo. La mediación, actúa mediante el entendimiento de las partes en disputa y generando una participación de estas; quedándole vedada la posibilidad al mediador de imponer soluciones o posiciones.

En este contexto, la mediación sobrepasa al ámbito judicial tradicional y busca que las partes interactúen directamente en la solución de sus diferencias. Sobre los métodos autocompositivos, Silvia Barona Vilar, resalta que "resulta interesante que su estudio y análisis sí que ha venido formando parte de la disciplina del "derecho procesal", aun cuando no fuere proceso propiamente dicho. El gran procesalista italiano Carnelutti se refería a los

---

55 BENADAVA, S.: "Las cuestiones de interés general en el caso del Lago Lanoux", *Revista De Derecho Público,* No. 5, 1966, p. 138.

medios autocompositivos como equivalentes jurisdiccionales, no porque se ejerciera en ellos la función que ejercen los jueces en el proceso, empero sí porque sirven a los mismos fines que el proceso jurisdiccional, esto es, alcanzar la solución del conflicto, favoreciendo la pacificación social"[56].

No resulta extraño afirmar que los métodos autocompositivos coadyuvan a la garantía de orden social y promueven la vigencia de los poderes estatales. Algunas de las características que enaltecen su eficacia es el sometimiento voluntario de los sujetos al acceso, permanencia y culminación del procedimiento. Otro rasgo característico es el grado de eficacia de los acuerdos celebrados fruto de su aplicación, que si bien, generalmente es contractual, admite excepciones según el ordenamiento de cada estado. En el caso español, por ejemplo, el contenido del artículo 23.3 de la Ley 5/2012, de 6 de julio, de mediación en asuntos civiles y mercantiles[57], faculta la elevación del acuerdo de mediación a escritura pública con el objeto de configurar un título ejecutivo. En el caso ecuatoriano la ley ha ido un paso más allá, le ha entregado al acta de mediación y a la transacción intra y extraprocesal, la categoría de títulos de ejecución con efecto de cosa juzgada, al igual que una sentencia ejecutoriada[58], limitando la actuación judicial en caso de requerirse su cumplimiento coercitivo a la mera "realización o aplicación concreta de lo establecido en el título de ejecución"[59].

El reconocimiento normativo de este método autocompositivo y tras el efecto que se le otorga al acta de mediación -de ejecución en el caso ecuatoriano y ejecutivo en España -, conlleva el surgimiento de, una especie de inquietud, sobre una posible afectación del principio de unidad jurisdiccional.

---

56 BARONA VILAR, S.: "Claves vertebradoras del modelo de justicia en el siglo xxi", *Rev. Boliv., de Derecho*, No. 32, 2021, p. 26.

57 «BOE» núm. 162, de 07 de julio de 2012.

58 "Art. 363. Títulos de ejecución. Son títulos de ejecución los siguientes: 1. La sentencia ejecutoriada. (...) 3. El acta de mediación. (...) 6. La transacción, aprobada judicialmente, en los términos del artículo 235 del presente Código. 7. La transacción, cuando ha sido celebrada sin mediar proceso entre las partes Las y los juzgadores intervendrán directamente en la ejecución de los laudos arbitrales y de las actas de mediación. Además, ejecutarán las providencias preventivas ordenadas por los tribunales de arbitraje nacionales o internacionales". Código Orgánico General de Procesos, Registro Oficial Suplemento 506, 22 de mayo de 2015.

59 Ídem, artículo 364.

2.2. La jurisdicción.

Comencemos el abordaje de la jurisdicción, intentando solventar la inquietud que nos planteamos en el párrafo precedente.

La unidad jurisdiccional[60] implica, como expresión de la separación de poderes, que la facultad de administrar justicia ordinaria es competencia exclusiva del órgano jurisdiccional establecido en la Constitución. Este principio es una condición *sine qua non* para garantizar la independencia y autonomía del poder judicial, así como un sistema judicial imparcial y justo e implica una salvaguarda de los derechos y las libertades de los ciudadanos.

El término jurisdicción es relativo, del cual a decir de Alfredo Di Iorio, “no se puede dar una definición absoluta para todos los pueblos”[61]. Con el afán de entregarle un concepto apropiado, si nos es lícito, nos adherimos al criterio de Juan Montero Aroca, quien considera que la jurisdicción involucra “la potestad dimanante de la soberanía del Estado, ejercida exclusivamente por los juzgados y tribunales, integrados por jueces y magistrados independientes de realizar el derecho en el caso concreto, para juzgar de modo irrevocable y ejecutar lo juzgado”[62].

Esta potestad implica un “poder-deber”. El poder hace referencia al monopolio jurisdiccional estatal, que deviene en una “fuerza de mando jurídicamente vinculante a terceros”[63] que garantiza la supremacía de sus decisiones y el respeto irrestricto de la facultad legislativa y su alcance a las vicisitudes humanas, en consecuencia.

El poder estatal siguiendo los principios de soberanía y autonomía de los pueblos, implica una función de delegación de una fuente superior,

---

60 Garantizado en el artículo 117.5 de la Constitución española y 168.3 de la Constitución ecuatoriana.

61 DI IORIO, A., *Temas de derecho procesal,* Buenos Aires, Editorial Depalma, 1985, pp. 7-8. En similares términos se ha Pronunciado Juan Monroy Gálvez quien considera que la validez del término jurisdicción debe ser valorado a la luz de un determinado espectro jurídico en lugar de buscar un concepto abstracto y universal porque es el derecho objetivo de cada estado el que le entrega un perfil definitivo según un momento histórico determinado MONROY GÁLVEZ J.F., *Teoría general del proceso,* Lima, Editorial Communitas, 2021, p. 400.

62 MONTERO AROCA, J., *Introducción al derecho procesal,* Madrid, Tecnos, 1976, pp. 53-54.

63 GIMENO SENDRA, V., *Fundamentos de derecho procesal,* Madrid, Civitas, 1981, p. 32.

anterior al nacimiento del estado. Según la organización de los estados, el cargo de administrar justicia viene dado a nombre del rey, jefe de estado o por el pueblo[64], según los términos expresados en la constitución como norma suprema que recoge la voluntad de auto sometimiento de los individuos a cambio del bienestar común. A consecuencia de este apoderamiento se impone al poder jurisdiccional el deber de responder a las necesidades de los ciudadanos de tutela judicial efectiva, inclusive de oficio en los casos que, según la materia, tenga persecución oficiosa, generalmente atribuible a la sede penal; para lograr paz social, en justicia.

El nivel de conflictividad y la modernización de la justicia ha generado que las personas demanden mayor agilidad del poder jurisdiccional en la solución de conflictos. Desde esta postura se rechaza cualquier rasgo de burocracia judicial que torna tortuoso y lento el sendero del derecho a la justicia. Como solución a estas exigencias sociales los estados han encontrado en los MASC algunas respuestas, especialmente, en su más destacado integrante: la mediación. Cabalmente la mediación se sitúa en un "método alternativo y/o complementario de resolución de conflictos que aporta una forma diferente de abordar y resolver las disputas en aquellos casos en que exista una relación que vaya a perdurar en el tiempo o que sea legalmente complicada de resolver"[65].

La eficacia de la mediación como método complementario se afianza con el efecto que se entrega a los acuerdos contenidos en las actas. Este es el rasgo que en mayor medida evidencia la verdadera relación que existe con el concepto de jurisdicción. Es innegable que la actividad jurisdiccional se concreta siempre que el tratamiento del conflicto alcance un momento en el que concluya y adquiera un carácter definitivo[66]. El efecto que la ley entrega al acta de mediación, si bien resulta variado, según la legislación sujeta a estudio -ejecutivo en el caso español y de

---

64 En el caso español la fuente superior a nombre de quien se ejerce la actividad jurisdiccional la encontramos en el contenido del artículo 117.1 de la Constitución que menciona "La justicia emana del pueblo y se administra en nombre del Rey". «BOE» núm. 311, de 29 de diciembre de 1978. En el caso ecuatoriano bajo el contenido del artículo 167 de la Constitución "La potestad de administrar justicia emana del pueblo". Registro Oficial 449 de 20-oct-2008.

65 COBAS COBIELLA, M.E., VALERO LLORCA, J. Y BARAT TREJO, J., "Modernización de la justicia y mediación. una visión desde la ley valenciana", *Revista de derecho civil Valenciano,* núm. 10, 2011, p. 4.

66 MONROY GÁLVEZ J.F., *Teoría general del proceso,* cit., pp. 411-412.

ejecución en caso ecuatoriano-, guarda un rasgo común, esto es que a través de este mecanismo se finaliza al conflicto gracias a la participación de los intervinientes.

2.3. El conflicto.

La presencia de la mediación se correlaciona con la existencia del conflicto, a una suerte de relación simbiótica y de coexistencia. El conflicto es una manifestación de la condición humana y se manifiesta con una gran variedad de matices dentro de las dinámicas sociales y se entreteje a la cotidianidad de las diferentes relaciones de diversa índole, quizá por ello, a lo largo de los años se ha ido transformando en un fenómeno complejo y multifacético.

Las situaciones percibidas como conflicto son aquellas en las que los intereses, derechos o expectativas chocan y son asumidas como incompatibles[67]. Folberg y Taylor consideran al conflicto como: "un conjunto de propósitos o conductas divergentes, donde el grado de divergencia determina la seriedad y duración del conflicto, y afecta la probabilidad de una resolución exitosa"[68]. Estas divergencias pueden alcanzar diferentes escalas según su naturaleza y magnitud. En este punto la mediación se presenta como una alternativa de gran valía para desvirtuar las dinámicas adversariales.

El fin último de la mediación es justamente prestar ayuda en la resolución de los intereses enfrentados y que se asumen como opuestos e irreconciliables. La ausencia de una situación conflictiva conlleva la impertinencia de la mediación[69]. Siendo aquel el fundamento que vincula el conflicto con este Método Alternativo de Resolución de Conflictos.

---

67 FOLBERG, J. Y TAYLOR A, *Mediación resolucion de confilctos sin litigio*, México D.F., Editorial Limusa, 1992, p. 32.

68 Ídem, p. 39.

69 PÉREZ FUENTES, G., COBAS COBIELLA M. E.: "Mediación y jurisdicción voluntaria en el marco de la modernización de la justicia. una aproximación a la legislación española", *Boletín Mexicano de Derecho Comparado*, núm. 137, 2013, p. 660-661.

Bibliografía

ALEXY, R., *Teoría de los Derechos Fundamentales*, Madrid, Editorial Centro de Estudios Constitucionales, 1993.

ARANDI VIÑAMAGUA, A. F., DURÁN CHÁVEZ, C. E., ÉGÜEZ VALDIVIESO, E., Y YANCHA RUIZ, M. V.: "Catálogo de materias y asuntos transigibles en mediación en la República del Ecuador", *Revista Metropolitana de Ciencias Aplicadas*, No. 3, 2020, pp. 71-81.

BARONA VILAR, S., "A la búsqueda de la eficiencia y la celeridad, claves de la Justicia Civil del Siglo XXI", en Libro Homenaje al Prof. Fábrega, Panamá, Instituto colombo-panameño de Derecho Procesal, 2019, pp. 661-685.

BARONA VILAR, S., *Nociones y principios de las ADR: solución extrajurisdiccional de conflictos*, Valencia, Tirant lo Blanch, 2018.

BARONA VILAR, S.: "Claves vertebradoras del modelo de justicia en el siglo xxi", *Rev. Boliv., de Derecho*, No. 32, 2021, pp. 14-45

BENADAVA, S.: "Las cuestiones de interés general en el caso del Lago Lanoux", *Revista De Derecho Público*, No. 5, 1966, pp. 127–146.

BERNAL SAMPER, T. *La mediación, una solución a los conflictos de pareja*, Madrid, Editorial Colex, 2008.

Bustamante, X., *El acta de mediación*, Quito, Editorial Cevallos, 2009.

Carta Constitutiva de las Naciones Unidas, Registro oficial del Ecuador,18 de diciembre de 1945.

CENTRO NACIONAL DE MEDIACIÓN DE LA FUNCIÓN JUDICIAL, Datos Estadísticos de Gestión Centro Nacional de Mediación de la Función Judicial, acceso electrónico: https://www.funcionjudicial.gob.ec/mediacion/index.php/2015-04-13-21-21-55/datos-estadisticos#ingreso-de-causas-2019. último acceso: 19 de octubre de 2022.

COBAS COBIELLA, M.E., VALERO LLORCA, J. Y BARAT TREJO, J., "Modernización de la justicia y mediación. una visión desde la ley valenciana", *Revista de derecho civil Valenciano*, núm. 10, 2011, pp. 1-7

Código de Comercio, Registro Oficial Suplemento No. 1202 del 20 de agosto de 1960.

Código de Trabajo, Registro Oficial 650 de 16 de agosto de 1978.

Código Orgánico General de Procesos, Registro Oficial Suplemento 506, 22 de mayo de 2015.

Constitución de la República del Ecuador, Registro Oficial 449 de 20 de octubre de 2008.

Constitución española, «BOE» núm. 311, de 29 de diciembre de 1978.

Constitución Política de la República del Ecuador, Registro Oficial 1 de 11 de agosto de 1998

Convención única sobre Estupefacientes, Registro Oficial No. 320 del 27 de agosto de 1964.

Decreto Ejecutivo 1941, Carta de la Organización de Estados Americanos, Registro Oficial No. 716 del 18 de enero de 1951.

Decreto Supremo 34, Registro Oficial del Ecuador No. 545 de 21 de julio de 1937.

Decreto Supremo No. 735 de 23 de octubre de 1963, Registro Oficial No. 90 de 28 de octubre de 1963.

DEFENSORÍA DE VECINAS Y VECINOS DE MONTEVIDEO, *Mediación comunitaria con perspectiva de género y derechos humanos*, Montevideo, UNESCO, 2017.

DI IORIO, A., *Temas de derecho procesal*, Buenos Aires, Editorial Depalma, 1985.

DÍAZ ALBÓNICO, R.: "La buena fe y el proceso de mediación", *Revista chilena de derecho*, No. 1, 1982, pp. 85-90.

DIRECCIÓN NACIONAL DE ESTUDIOS JURIMÉTRICOS Y ESTADÍSTICA JUDICIAL DEL CONSEJO DE LA JUDICATURA, Informe Estadístico Jurisdiccional Anual, 2019.

DIRECCIÓN NACIONAL DE ESTUDIOS JURIMÉTRICOS Y ESTADÍSTICA JUDICIAL DEL CONSEJO DE LA JUDICATURA, Informe Estadístico Jurisdiccional Anual, 2021.

DIRECCIÓN NACIONAL DE ESTUDIOS JURIMÉTRICOS Y ESTADÍSTICA JUDICIAL DEL CONSEJO DE LA JUDICATURA, Informe Estadístico Jurisdiccional Anual, 2022.

DWORKIN, R., *Los derechos en serio*, Barcelona, Editorial Ariel, 1984.

FOLBERG, J. Y TAYLOR A, *Mediación resolucion de confilctos sin litigio*, México D.F., Editorial Limusa, 1992.

GARCÍA VILLALUENGA, L.: "La mediación a través de sus principios. Reflexiones a la luz del Anteproyecto de Ley de mediación en asuntos civiles y mercantiles", *Revista general de legislación y jurisprudencia*, No., 4, 2010, pp. 717-756.

GARCIA, R.: "Aproximación a los mecanismos alternativos de resolución de conflictos en América Latina" *EL OTRO DERECHO*, No. 26, 2002, pp. 149-177.

GIMENO SENDRA, V., *Fundamentos de derecho procesal*, Madrid, Civitas, 1981.

GONZÁLEZ FERNÁNDEZ, A, I.: "El impacto de la COVID-19 en la administración de justicia. La necesidad de impulsar la mediación en el ámbito civil", *Revista de Mediación*, No. 13, 2020, pp.1-7.

GORJÓN GÓMEZ, F. Y SÁNCHEZ VÁZQUEZ, R.: "Los métodos alternos de solución de controversias como herramientas de paz" en *Métodos Alternos de Solución de Conflictos. Herramientas de paz y modernización de la justicia*, SÁNCHEZ GARCÍA, A. (coord.), Madrid, Dykinson-Universidad Rey Juan Carlos, 2011, pp. 29-40

GROVER DUFFY, K., GROSCH, J. Y OLCZAK, P., *la mediación y sus contextos de aplicación: una introducción para profesionales e investigadores*, Barcelona, Paidos Ibérica, 1996.

Ley 1/2006, de 6 de abril, de mediación familiar de Castilla y León, Comunidad de Castilla y León, «BOE» núm. 105, de 3 de mayo de 2006.

Ley 1/2008, de 8 de febrero, de Mediación Familiar, Comunidad Autónoma del País Vasco, «BOE» núm. 212, de 3 de septiembre de 2011.

Ley 1/2009, de 27 de febrero, reguladora de la Mediación Familiar en la Comunidad Autónoma de Andalucía, Comunidad Autónoma de Andalucía, «BOE» núm. 80, de 2 de abril de 2009.

Ley 1/2015, de 12 de febrero, del Servicio Regional de Mediación Social y Familiar de Castilla-La Mancha, Comunidad Autónoma de Castilla-La Mancha, «BOE» núm. 148, de 22 de junio de 2015.

Ley 15/2009, de 22 de julio, de Mediación en el Ámbito del Derecho Privado, Comunidad Autónoma de Cataluña, «DOGC» núm. 5432, de 30 de julio de 2009 «BOE» núm. 198, de 17 de agosto de 2009.

Ley 24/2018, de 5 de diciembre, de mediación de la Comunitat Valenciana, Comunitat Valenciana, «DOGV» núm. 8439, de 07 de diciembre de 2018 «BOE» núm. 23, de 26 de enero de 2019.

Ley 4/2001, de 31 de mayo, reguladora de la Mediación Familiar, Comunidad Autónoma de Galicia, «DOG» núm. 117, de 18/06/2001, «BOE» núm. 157, de 02 de julio de 2001.

Ley 5/2012, de 6 de julio, de mediación en asuntos civiles y mercantiles, «BOE» núm. 162, de 07 de julio de 2012.

Ley de Arbitraje y Mediación (LAM) de 1997, Registro Oficial No.145 de 4 de septiembre de 1997.

Ley de Arbitraje y Mediación de 2006, Registro Oficial No. 417 de 14 de diciembre de 2006

Ley de mediación de la Comunitat Valenciana, «BOE» núm. 23, de 26 de enero de 2019.

Ley de Mediación en Asuntos Civiles y Mercantiles, «BOE» núm. 162, de 7 de julio de 2012.

LINARES BERNABÉU, E.: "El humor verbal en situaciones comunicativas de mediación informal: un análisis socio pragmático en la conversación coloquial", *Anuari de filologia estudis de lingüística,* No. 12, 2022, pp. 275-294.

MONROY GÁLVEZ J.F., *Teoría general del proceso,* Lima, Editorial Communitas, 2021, p. 400.

MONTERO AROCA, J., *Introducción al derecho procesal,* Madrid, Tecnos, 1976.

NARVÁEZ CALDERÓN, M.: "La mediación y su impacto en época de coronavirus, caso Ecuador", *revista Polo de Conocimiento,* No. 57, 2021, pp. 922-940.

Nuclear Tests (Australia c. Francia), opinión disidente del juez Castro, 1974, sentencia del 20 de diciembre de 1974.

PÉREZ FUENTES, G., COBAS COBIELLA M. E.: "Mediación y jurisdicción voluntaria en el marco de la modernización de la justicia. una aproximación a la legislación española", *Boletín Mexicano de Derecho Comparado,* núm. 137, 2013, pp. 647-677.

POVEDA CAMACHO, G.: *Medios alternativos de solución de conflictos en Ecuador: la mediación,* Quito, Universidad Andina Simón Bolívar, 2006.

Resolución 026-2018 del 20 de febrero de 2018, publicada en el Suplemento 209 del Registro Oficial del 27 de marzo de 2018.

Resolución de la Procuraduría General del Estado 37, Registro Oficial 673 de 20 de enero del 2016.

TARUD ARAVENA, C.: "El principio de voluntariedad en la legislación de mediación familiar, en Chile", *Opinión Jurídica,* No. 23, 2013, pp.115-132.

VILLANUEVA TURNES, A.: "La constitucionalización de la mediación: El caso de Ecuador", *Derecho y Ciencias Sociales,* No. 20, 2019, p. 91. pp. 88-97.

Capítulo XV

Reflexiones en torno a la revitalización de los MASC por los ODS[1]

ANA ISABEL BLANCO GARCÍA
Titular de Derecho Procesal
Universitat de València

Sumario: I. A MODO DE PUNTO DE PARTIDA: ¿POR QUÉ MASC?.- II. LA AGENDA 2030 Y LOS ODS: HACIA EL REFUERZO DE LA CULTURA DE PAZ.- 1. La Agenda 2030 y sus 17 ODS.- 2. Triple eje de acción para la Cultura de paz.- III. ACCESO A LA JUSTICIA Y MASC: HACIA UN PARADIGMA DE JUSTICIA INTEGRAL.- 1. El Derecho a la tutela judicial efectiva.- 2. ODS, MASC y Justicia integral.- 3.- Los retos de los MASC en el paradigma de Justicia integral.- IV. A MODO DE CIERRE: UNA REFLEXIÓN FINAL.- V. BIBLIOGRAFÍA CITADA.- 1. Doctrina.- 2. Jurisprudencia.

I. A MODO DE PUNTO DE PARTIDA: ¿POR QUÉ MASC?

Mucho se ha cuestionado y debatido sobre la existencia, capacidad, eficiencia e incardinación de los Medios Adecuados de Solución de Conflictos (en adelante, MASC) en nuestro modelo de Justicia. Ya DÍEZ-PICAZO afirmó que "La ciencia del derecho es una ciencia de resolver litigios. El litigio es el fenómeno jurídico patológico. Y el derecho es la ciencia o el arte de curar litigios"[2].

Entonces, ¿por qué limitar la Justicia solo al ámbito judicial? ¿por qué no entender -de una vez- que los MASC son imprescindibles como medios

---

1 Capítulo resultado de la vinculación con la Cátedra Institucional para la Cultura de la Mediación UV-GVA, así como con el Proyecto de Investigación "Digitalización, acceso a la justicia y vulnerabilidad de las personas mayores" (CIGE/2022/104) y del Proyecto de I+D+i "Claves para una Justicia digital y algorítmica con perspectiva de género", PID2021-123170OB-I00, financiado por MCIN/AEI/10.13039/501100011033/

2 DÍEZ-PICAZO, L. y PONCE DE LEÓN, L.: *El arbitrio de un tercero en los negocios jurídicos*, Barcelona, Bosch, 1957, p. 78.

garantes de tutela? ¿por qué no reforzar los MASC en la realidad y no solo en la teoría? ¿por qué esa reticencia a la pacificación de los conflictos y desjudicialización de la sociedad y del litigio?

Creemos haber dejado clara nuestra postura acerca de estos procedimientos de tutela y de solución pacífica de los conflictos, de los MASC, que deben ser, estar y existir en nuestro ordenamiento para mejorar y asegurar el derecho de acceso a la justicia, y más aún en una sociedad globalizada, con muchos retos sociales por delante y altamente digitalizada, cuyo progreso y avance está ligado a las metas de la Agenda 2030 y a los Objetivos de Desarrollo Sostenible (en adelante, ODS).

Este capítulo recoge las reflexiones sobre el necesario impulso de los MASC en nuestro sistema jurídico que avanza hacia un nuevo paradigma más inclusivo. Reflexiones que son resultado de la experiencia y trabajo realizado en el seno de la Cátedra Institucional para la Cultura de la Mediación UV-GVA, que ha permitido extender la cultura del acuerdo en el ámbito autonómico y conocer las dificultades que toda mejora e impulso de medios extrajurisdiccionales de solución de conflictos conlleva en una sociedad, como decía BAUMAN, líquida.

II. LA AGENDA 2030 Y LOS ODS: HACIA EL REFUERZO DE LA CULTURA DE PAZ

En la búsqueda de ese nuevo paradigma de Justicia han interferido sobremanera las políticas recogidas en la Agenda 2030[3] y sus ODS[4], que abre su Preámbulo con manifestaciones tan expresivas y clarificadoras del futuro del sistema de Justicia, pero también de la sociedad. Así, señala que "es un plan de acción en favor de las personas, el planeta y la prosperidad.

---

3 Documento disponible en: https://www.fundacioncarolina.es/wp-content/uploads/2019/06/ONU-Agenda-2030.pdf
Esta Agenda fue concebida como un instrumento de *soft law*, sin carácter vinculante ni efectos jurídicos directos pero, sin embargo, con una proyección global, influenciando el avance y progreso no solo del Derecho Internacional, sino también nacional. Se convirtió, así, en un hito tras la expiración de uno de los proyectos más ambiciosos para mejorar la calidad de vida, concretados en la publicación de los Objetivos de Desarrollo del Milenio (ODM), concebidos en el año 2000.

4 El contenido de cada uno de los ODS establecidos en la Agenda 2030 se puede consultar en el siguiente enlace: https://www.un.org/sustainabledevelopment/es/2015/09/la-asamblea-general-adopta-la-agenda-2030-para-el-desarrollo-sostenible/

También tiene por objeto fortalecer la paz universal dentro de un concepto más amplio de la libertad. Estamos resueltos a liberar a la humanidad de la tiranía de la pobreza y las privaciones, y a sanar y proteger nuestro planeta. También se pretende hacer realidad los derechos humanos de todas las personas y alcanzar la igualdad entre los géneros y el empoderamiento de todas las mujeres y niñas". Por tanto, "la Agenda 2030, en tanto agenda integral de desarrollo, universal y transformadora, es una agenda orientada a la paz positiva"[5], entendida como el conjunto de "actitudes, instituciones y estructuras que crean y sostienen sociedades pacíficas. Está conceptual y empíricamente relacionada con muchos aspectos constructivos del desarrollo social y puede utilizarse en múltiples contextos"[6].

1. La Agenda 2030 y sus 17 ODS

Esta Agenda 2030 está construida sobre 17 Objetivos, con 169 metas y 230 indicadores de carácter integrado e indivisible, abarcando las esferas económica, social y ambiental.

Los diecisiete grandes objetivos que completan el plan de acción son, literalmente, los siguientes:

1. El fin de la pobreza
2. El hambre cero
3. Una vida saludable y promover el bienestar universal
4. Educación de calidad
5. La igualdad de género
6. La disponibilidad y la gestión sostenible del agua y el saneamiento para todos
7. Energía asequible, segura, sostenible y moderna para todos

---

5 SANAHUJA, J. A., "Paz, Seguridad y Gobernanza: el ODS 16 y la Agenda 2030 de Desarrollo Sostenible", en *Objetivos de desarrollo sostenible y Derechos Humanos: paz, justicia e instituciones sólidas / Derechos Humanos y empresas*, Instituto de Estudios Internacionales y Europeos Francisco de Vitoria de la Universidad Carlos III de Madrid, Colección Electrónica, núm. 9, 2018, p. 33.

6 INSTITUTE FOR ECONOMICS & PEACE, *Positive Peace Report 2022: Analysing the factors that build, predict and sustain peace*, IEP, Sydney, 2022, p. 4. Documento disponible en el siguiente enlace: http://visionofhumanity.org/resources

8. Trabajo decente y crecimiento económico
9. Infraestructuras resilientes, promover la industrialización inclusiva y sostenible y fomentar la innovación
10. La reducción de las desigualdades en los países y entre ellos
11. Ciudades y los asentamientos humanos sean inclusivos, seguros, resilientes y sostenibles
12. Modalidades de consumo y producción sostenibles
13. Combatir el cambio climático y sus efectos
14. Conservar y utilizar sosteniblemente los océanos, los mares y los recursos marinos para el desarrollo sostenible
15. Gestionar sosteniblemente los bosques, luchar contra la desertificación, detener e invertir la degradación de las tierras y detener la pérdida de biodiversidad
16. La paz, justicia e instituciones sólidas para promover sociedades pacíficas e inclusivas para el desarrollo sostenible, facilitar el acceso a la justicia para todos y construir a todos los niveles instituciones eficaces e inclusivas que rindan cuentas
17. Fortalecer los medios de implementación y revitalizar la Alianza Mundial para el Desarrollo Sostenible

Se observa que todos estos ODS guardan una estrecha relación con la efectiva realización de los Derechos humanos. Se busca, en definitiva, dar ese impulso necesario para asegurar que las personas viven y conviven en igualdad y, para ello, el avance y progreso de la sociedad debe asumir como conceptos interrelacionados todos los anteriores, pues el éxito de uno depende del éxito del resto y, por ende, un Objetivo en particular no podrá ser alcanzado si no se logran los demás ODS.

Efectivamente, la implementación de esta Agenda puso de relieve la transversalidad de los Derechos humanos, así como la necesidad de que su defensa se hiciera bajo un prisma integral, no por carriles o vías separadas como hasta entonces. Solo así se logrará la efectiva defensa de Derechos humanos tan importantes como el acceso universal e igualitario a la Justicia.

2. *Triple eje de acción para la Cultura de paz*

La apuesta por la paz positiva repercute sobre el modelo de Justicia, que debe adoptar los medios y las políticas necesarias para su garantía. Si bien es cierto que todos los ODS cumplen, directa o indirectamente, esta finalidad, no lo es menos que, en lo que aquí interesa (tutela del derecho de acceso a la Justicia) son tres los objetivos que debemos atender: educación, igualdad e inclusión.

En primer lugar, el ODS número 4, que insta a "garantizar una educación inclusiva, equitativa y de calidad y promover oportunidades de aprendizaje durante toda la vida para todos". Este ODS está focalizado en la garantía de una educación inclusiva, equitativa y de calidad para todas las personas, puesto que se entiende que este tipo de educación deviene esencial para la comprensión de los derechos, de las leyes y de los sistemas jurídicos, a la par que empodera a las personas para participar activamente en la sociedad y en la construcción de una justicia más integral.

Su Meta 4.7 confirma este extremo al marcar como objetivo "asegurar que todos los alumnos adquieran los conocimientos teóricos y prácticos necesarios para promover el desarrollo sostenible, entre otras cosas mediante la educación para el desarrollo sostenible y los estilos de vida sostenibles, los derechos humanos, la igualdad de género, la promoción de una cultura de paz y no violencia, la ciudadanía mundial y la valoración de la diversidad cultural y la contribución de la cultura al desarrollo sostenible". Vemos que no solo la cultura de paz integra las políticas que subyacen del mismo, sino también la protección de la igualdad y de los derechos humanos, relacionados con otros ODS como el número 5.

Precisamente, el ODS número 5 es el segundo ODS interesante en lo que respecta al acceso a la Justicia, pues definido bajo el lema "Lograr la igualdad entre los géneros y empoderar a todas las mujeres y las niñas", está íntimamente ligado al ODS 16 y su Meta 16.b) y al artículo 14 de nuestra Carta Magna. La igualdad no solo es un derecho, sino un principio básico y estructural del Derecho, pero lo cierto es que nos encontramos bastante lejos de la igualdad real entre las personas, a todos los niveles, no solo el judicial, lo que permite vislumbrar el largo camino por recorrer para alcanzarlo.

Finalmente, en tercer lugar, debemos atender al ODS número 16, rubricado como "paz, justicia e instituciones sólidas", y cuya prioridad es el acceso universal a la justicia y la construcción de instituciones responsables y eficaces a todos los niveles. Desde la perspectiva jurídica resulta de especial interés en tanto en cuanto su cumplimiento contribuye también al de los restantes ODS, por cuanto la mejora de la justicia coadyuva al "fin de la pobreza", al "hambre cero", a la "salud y bienestar", a la "educación de calidad", a la "igualdad de género", al "trabajo decente y crecimiento económico" y a la "reducción de las desigualdades", entre otros fines[7].

Este ODS se articula sobre tres ejes, a saber: la promoción de sociedades pacíficas e inclusivas; la universalidad del acceso a la Justicia; y la construcción de instituciones sólidas, eficaces e inclusivas. Ejes que se concretan en las siguientes 12 metas:

16.1 Reducir significativamente todas las formas de violencia y las correspondientes tasas de mortalidad en todo el mundo

16.2 Poner fin al maltrato, la explotación, la trata y todas las formas de violencia y tortura contra los niños

16.3 Promover el estado de derecho en los planos nacional e internacional y garantizar la igualdad de acceso a la justicia para todos

16.4 De aquí a 2030, reducir significativamente las corrientes financieras y de armas ilícitas, fortalecer la recuperación y devolución de los activos robados y luchar contra todas las formas de delincuencia organizada

16.5 Reducir considerablemente la corrupción y el soborno en todas sus formas

16.6 Crear a todos los niveles instituciones eficaces y transparentes que rindan cuentas

16.7 Garantizar la adopción en todos los niveles de decisiones inclusivas, participativas y representativas que respondan a las necesidades

16.8 Ampliar y fortalecer la participación de los países en desarrollo en las instituciones de gobernanza mundial

16.9 De aquí a 2030, proporcionar acceso a una identidad jurídica para todos, en particular mediante el registro de nacimientos

---

7 Así se pronuncia también el Dossier "Justicia 2030. Transformando el ecosistema" elaborado por el Ministerio de Justicia del Servicio Público de Justicia sostiene que "el acceso en condiciones de igualdad a la Justicia permite la implementación de mecanismos para lograr resultados en políticas de salud, educación, igualdad de género, empleo o vivienda. El acceso efectivo es fundamental para garantizar la eficacia del Estado de Derecho, la buena gobernanza pública y el diseño de políticas públicas. Los sistemas de justicia sólidos y con seguridad jurídica impiden la corrupción y la mala gestión en el sector público. Por eso, el acceso a la Justicia se encuentra en el centro de las estrategias de crecimiento inclusivo y sostenible". Documento disponible en el siguiente enlace: https://cpage.mpr.gob.es/producto/justicia-2030/

16.10 Garantizar el acceso público a la información y proteger las libertades fundamentales, de conformidad con las leyes nacionales y los acuerdos internacionales

16.a Fortalecer las instituciones nacionales pertinentes, incluso mediante la cooperación internacional, para crear a todos los niveles, particularmente en los países en desarrollo, la capacidad de prevenir la violencia y combatir el terrorismo y la delincuencia

16.b Promover y aplicar leyes y políticas no discriminatorias en favor del desarrollo sostenible

Se observa, a la vista de la rúbrica de este ODS 16 y de sus 12 metas, que está construido centrando su atención en dos dimensiones o aspectos jurídicos de vital importancia. Por un lado, la reducción de la violencia en todas sus formas (16.1 y 16.2), emplazando a los Estados a fortalecer las instituciones mediante la cooperación internacional que permita combatir la criminalidad (16.a). Por otro lado, la promoción y el fortalecimiento del Estado de Derecho para garantizar la igualdad (16.3), promulgando, cuando sea preciso, un régimen jurídico antidiscriminatorio (16.b).

La referencia del buen gobierno o buena gobernanza "no es otra que la de fortalecer el Estado de Derecho, insistiendo en la relevancia del principio de legalidad o imperio de la ley que en la actualidad se conecta con el principio de constitucionalidad. Por otro lado, se habla de instituciones inclusivas desde una dimensión también polisémica. En este sentido, la inclusión apela tanto a la confianza ciudadana en las instituciones y el sometimiento de estas al principio de legalidad, la división de poderes y la interdicción de la arbitrariedad, cuanto a una exigencia anclada en el Estado social y en la igualdad material y equidad que lo caracterizan"[8].

En este sentido, "Paz", "Institucionalidad focalizada en promover el Estado de Derecho" y "Justicia"[9] son las tres dimensiones del ODS 16, donde la Paz debe ser concebida en términos de estabilidad social y de seguridad (que vendría concretado en las metas relativas a la erradicación de la violencia en todas

8 SOLANES CORELLA, A., "ODS 16: No discriminación y organismos de igualdad de trato en la Unión Europea", en *Paz, Justicia e Inclusión. Objetivos de Desarrollo Sostenible en Derechos Humanos,* Tirant lo Blanch, Valencia, 2023, p. 102.

9 RODRÍGUEZ GARCÍA, N. y PAHUL ROBREDO, M., "El ODS 16 en América Latina: condicionantes, retos y materiales para su estudio comparado", en *Los Objetivos de Desarrollo Sostenible y la Inteligencia Artificial en el proceso judicial,* Tirant lo Blanch, Valencia, 2022, pp.164-166.

sus formas). La Institucionalidad alude a la necesidad de involucrar en todo este proceso a las instituciones, porque solo así se logrará el fortalecimiento del Estado de Derecho y la verdadera inclusión. Finalmente, Justicia en términos de equidad, que garantice un Poder Judicial sólido, estable e inclusivo.

Por último, es importante remarcar que la meta 16.b) "Promover y aplicar leyes y políticas no discriminatorias en favor del desarrollo sostenible" conecta con otros ODS con la finalidad de reducir la exclusión en el sistema de Justicia, en especial con los ODS 5, relativo a la igualdad de género, y el ODS 10, sobre reducción de las desigualdades. Solamente garantizando la igualdad real y de oportunidades de las personas será posible garantizar un acceso a la Justicia y una Justicia equitativa.

III. ACCESO A LA JUSTICIA Y MASC: HACIA UN PARADIGMA DE JUSTICIA INTEGRAL

La interacción de los ODS y los MASC obedece a un objetivo claro: la expansión y refuerzo de la Cultura de paz, que no se construye sobre la afirmación de ganador y perdedor, de vencedor y vencido, sino de igualdad, de satisfacción, de diálogo, de comprensión mutua y de disolución de las diferencias.

Unas diferencias que siempre van a estar ahí por cuanto el conflicto y la disparidad son consustanciales a la sociedad, por lo que en este contexto se evidencia la necesidad de prevención, donde dicha cultura de paz actúa como eje transversal de todos los ODS, con especial incidencia en el modelo de Justicia.

1. El Derecho a la tutela judicial efectiva

Hablar de acceso a la Justicia implica referirnos al derecho a la tutela judicial efectiva consagrado en el artículo 24 de la Constitución Española, máxima de todo Estado de Derecho y que establece que "[T]odas las personas tienen derecho a obtener la tutela efectiva de los Jueces y Tribunales en el ejercicio de sus derechos e intereses legítimos, sin que, en ningún caso, pueda producirse indefensión", sin distinción entre la naturaleza o nacionalidad de las personas[10]. Es más, el Tribunal Constitucional lo ha

---

10 SÁNCHEZ BARRIOS, M. I., "La acción como derecho a la tutela judicial efectiva", *Justicia: Revista de Derecho Procesal*, núm. 1, 2010, pp- 173-174.

definido como "el derecho a obtener la tutela efectiva de Jueces y Tribunales en el ejercicio de sus derechos e intereses legítimos, derecho cuyo primer contenido, en un orden lógico y cronológico, es el acceso a la jurisdicción, que se concreta en el derecho a ser parte en un proceso y, como ha declarado este Tribunal Constitucional, poder promover la actividad jurisdiccional que desemboque en una decisión judicial sobre las pretensiones deducidas"[11].

Por tanto, "el acceso a la justicia es un proceso y un objetivo y es crucial para las personas que desean beneficiarse de otros derechos procesales y de fondo"[12], por lo que "su ejercicio y prestación están supeditados a la concurrencia de los presupuestos y requisitos que, en cada caso, haya establecido el legislador, que no puede, sin embargo, fijar obstáculos o trabas arbitrarios o caprichosos que impidan la tutela judicial garantizada constitucionalmente"[13].

Este derecho consagra y exige la igualdad y no discriminación que, a su vez, implica la igualdad de armas y recursos en el marco de un proceso a la par que excluye la posibilidad de una desigualdad de trato de carácter discriminatorio (igualdad formal y material). El Tribunal Constitucional ha tenido que precisar, en relación con el derecho de acceso a la justicia en condiciones de igualdad que "el art. 14 C.E. ampara en efecto la igualdad ante la ley y en la aplicación de la ley, pero no se extiende directamente a la igualdad de las partes dentro del proceso. La necesidad de que ambas partes concurran al proceso en régimen de igualdad, con igualdad de armas y medios procesales y con posibilidad de contradicción, constituye una garantía que integra el propio art. 24 C.E., en cuanto que, interpretado a la luz del art. 10 de la Declaración Universal de los Derechos Humanos, del art. 14 del Pacto de Nueva York, del art. 6 del Convenio Europeo de Derechos Humanos y del propio art. 14 C.E., reconoce el derecho a un proceso informado por el principio de igualdad entre las partes"[14].

---

11 STC, Sala Primera, núm. 115/1984, de 3 de diciembre, F.J. 1º (ECLI:ES:TC:1984:115).

12 AGENCIA DE LOS DERECHOS FUNDAMENTALES DE LA UNIÓN EUROPEA Y DEL CONSEJO DE EUROPA (FRA), *Manual sobre el Derecho europeo relativo al acceso a la Justicia,* Luxemburgo, Oficina de Publicaciones de la Unión Europea, 2016, p. 16.

13 STC, Sala Primera, núm. 185/1987, de 18 de noviembre, F.J. 2º (ECLI:ES:TC:1987:185).

14 STC, Sala Primera, núm. 125/1995, de 24 de julio, F.J. 2º (ECLI:ES:TC:1995:125).

Estamos ante una concepción tradicional de la Justicia, donde la justicia solamente es obtenida a través de los juzgados y tribunales quienes se erigen como máxima autoridad para resolver cualquier litigio y, con ello, tutelar efectivamente los derechos e intereses que hubieran podido ser vulnerados. No obstante, y como veremos a continuación, se ha producido una apertura de esta clásica concepción de la justicia para albergar no solo a la jurisdicción, sino también a otros mecanismos de solución de conflictos que contribuyan a la pacificación y desjudicialización de la sociedad.

2. ODS, MASC y Justicia integral

La universalidad del acceso a la Justicia es indispensable para el desarrollo sostenible, crucial para el cumplimiento del ODS 16 “Paz, justicia e instituciones sólidas”, que busca “promover sociedades pacíficas e inclusivas para el desarrollo sostenible, facilitar el acceso a la justicia para todos y crear instituciones eficaces, responsables e inclusivas a todos los niveles”. En concreto, la Meta 16.3 relativa a la promoción del Estado de Derecho, para lo que entiende imprescindible hacer garantizar una efectiva igualdad de acceso a la justicia.

Un derecho, el de igualdad de acceso a la Justicia, garantizado no solo en nuestra Constitución -*ex* artículo 24-, sino también en instrumentos internacionales, entre los que destacamos las Reglas de Brasilia, que dedican los Capítulos II y III a regular las diferentes acciones y medidas que los Estados deben acometer para garantizar un efectivo acceso a la Justicia[15].

Estas Reglas parten de la necesidad de promover todas las condiciones necesarias para que la tutela judicial de los derechos sea efectiva (Regla 25), haciendo hincapié en la importancia de la formación jurídica. A tal

---

15 Las Reglas de Brasilia nacen en el marco de la XIV Cumbre Judicial Iberoamericana celebrada los días 4 a 6 de marzo de 2008 en Brasilia (Brasil), y han sido actualizadas en 2018 en el marco de la Asamblea Plenaria de la XIX Cumbre Judicial Iberoamericana celebrada los días 18 al 20 de abril de 2018 en San Francisco de Quito (Ecuador), afectando la modificación a 73 de las 100 Reglas. La finalidad de esta actualización es la adaptación de las Reglas a los avances, nuevos conceptos y procedimientos en el ámbito de acceso a la Justicia. Un completo y exhaustivo análisis del articulado de estas disposiciones puede encontrarse en DELGADO MARTÍN, J., “Guía comentada de las Reglas de Brasilia”, *Herramientas Eurosocial,* núm. 23, 2019, pp. 1-186.

fin, debe contar con recursos materiales y humanos para la formación, información y divulgación de los derechos que garantice un efectivo acceso a la Justicia (Reglas 26 y 27), la promoción de la asistencia técnico jurídica a la persona en condición de vulnerabilidad (Reglas 28 y 29), la asistencia de calidad, especializada y gratuita (Reglas 30 y 31), el derecho a intérprete (Regla 32), la necesidad de revisar las reglas de procedimiento para facilitar el acceso a las personas en condiciones de vulnerabilidad (Reglas 33-37) y medidas de organización y gestión judicial para que la propia forma de organización del sistema judicial facilite el acceso a la justicia de las personas en condiciones de vulnerabilidad (Reglas 38-42). Asimismo, incluye en este bloque de medidas para hacer efectiva la tutela de los derechos la promoción de los MASC, donde tenga cabida la mediación, la conciliación, el arbitraje (Reglas 43-49).

Ello responde a una realidad, a una sociedad actual en constante transformación y modernización, con sus desafíos y sus retos derivados de la masividad de relaciones jurídicas, que ha hecho que dejemos de pensar en clave individual para centrarnos en la colectividad, en sus derechos e intereses y en su protección y tutela. De igual forma, la sociedad también está trasladando su interés a ámbitos como el consumo, el medio ambiente o el patrimonio histórico, que deben encontrar refugio y protección a través del Derecho, no siendo suficiente su reflejo en la norma sustantiva, sino que el Derecho procesal debe hacer su aparición para que dicha tutela sea efectiva.

"En ese nuevo escenario también las coordenadas, los sujetos, los medios, las estructuras y la visión de la Justicia se muestra diversa. Diríamos que, frente a lo que fue propiciado en la era de la modernidad como el paradigma estatal de la "Justicia", los nuevos vientos presentan numerosas quiebras de ese modelo paradigmático para incorporar, más allá del monopolio procesal, otros instrumentos que pretenden responder a ese constante reclamo de tutela efectiva"[16].

Así es, si en sus inicios la Constitución vigente de 1978 consagró el Derecho a la tutela judicial efectiva en su artículo 24, confiriendo exclusividad en el ejercicio de la función jurisdiccional a los jueces y magistrados integrados en el Poder Judicial, con lo que se configuraba un derecho y la vía para su cumplimiento[17], y donde los Juzgados y Tribu-

---

16 BARONA VILAR, S., "Justicia integral y tutela sin proceso", en *Las transformaciones del proceso civil,* Cizur Menor, Thomson Reuters Aranzadi, 2016, p. 19.

17 *Ídem.*

nales actuaban "en garantía de cualquier derecho" (artículo 2 de la Ley Orgánica del Poder Judicial) con una "vocación garantista", consagrada en el artículo 24.2 de la Constitución, donde "todos tienen derecho (...) a un proceso público (...) con todas las garantías", tanto constitucionales como procesales; hoy en día vivimos y nos desenvolvemos en unas coordenadas diferentes.

Como acertadamente señala BARONA, estamos ante una "crisis del paradigma de Justicia que se presentaba como garantista y velador de los derechos de los ciudadanos, con unas claras coordenadas diferenciadoras según los ámbitos del derecho, impulsadas desde la era de la globalización y que traen consigo un cambio, una evolución, una transformación y estamos igualmente presenciando una metamorfosis"[18].

Efectivamente, transitamos hacia un nuevo modelo de Justicia más integrador, más propio de un derecho de acceso a la tutela efectiva de la justicia, entendida como tutela jurídica en toda su amplitud, formada tanto por el plano judicial o jurisdiccional como por el extrajurisdiccional, donde otras formas consensuales, que son una alternativa también eficiente y menos costosa que la tradicional vía judicial, también tengan cabida. Coincidimos con DE LUIS GARCÍA en "rechazar la clásica afirmación según la cual el acceso a la justicia debía ser necesariamente garantizado a través de la jurisdicción, pues otros mecanismos van a poder coexistir pacíficamente con los tradicionales sistemas estatales de justicia"[19].

Como señala MARTÍN DIZ, "La Constitución, ha de progresar hacia un derecho fundamental a justicia, a que los sujetos, cuando haya pluralidad de opciones de obtener una solución justa a una disputa, dispongan de un derecho integral"[20]. Se podría hablar, entonces, de un derecho a la tutela efectiva de la Justicia[21] en lugar de un derecho a la tutela judi-

---

18 BARONA VILAR, S., «Capítulo I. "Justicia integral" y "Access to Justice". Crisis y evolución del "paradigma"», en *Mediación, arbitraje y jurisdicción en el actual paradigma de Justicia,* Cizur Menor, Aranzadi, 2016, pp. 48-49.

19 DE LUIS GARCÍA, E., *Arbitraje de Derechos Humanos y Empresas,* Valencia, Tirant lo Blanch, 2022, p. 58.

20 MARTÍN DIZ, F., "El Derecho Fundamental a Justicia: Revisión Integral e Integradora del Derecho a la Tutela Judicial Efectiva", *Uned, Revista De Derecho Político,* núm. 106, 2019, p. 17.

21 MARTÍN DIZ, F., "Del derecho a la tutela judicial efectiva hacia el derecho a una tutela efectiva de la Justicia", *Revista Europea de Derechos Fundamentales,* núm. 23, 2014, pp. 161-176.

cial efectiva, que cumpliría igualmente con las exigencias del artículo 6 del Convenio Europeo de Protección de los Derechos Humanos y de las Libertades Fundamentales (CEDH)[22], así como con el artículo 47 de la Carta de Derechos Fundamentales de la Unión Europea[23].

Denominación que nos parece más acertada por cuanto reflejaría la nueva y realista concepción de lo que hoy se considera incluido en la parcela del Derecho Procesal, dada la progresiva superación del monopolio del proceso judicial como medio para obtener la tutela, enfocándonos hacia un concepto de Justicia integrador. De ahí que el logro de un proceso de efectiva tutela tenga una proyección esencialmente funcional, pero ya no jurisdiccional o atinente a la existencia de una potestad jurisdiccional que es tan solo garantía de la existencia de un Poder Judicial. En palabras de BARONA, "el derecho a la tutela judicial efectiva no supone que la vía del Estado-Juez-Proceso sea obligatoria, ni tampoco que sea la única vía para la resolución de los conflictos; de este modo, el particular puede bien acudir a esta vía u optar por otros cauces diferentes que pueden ir desde las fórmulas autocompositivas hasta el arbitraje, que responde a los mismos parámetros de heterocomposición que el propio proceso judicial"[24]

Estos MASC, antes llamados *Alternative Dispute Resolution mechanisms* (ADR), fueron incluidos en la tercera ola de las reformas del acceso a la Justicia por CAPELETTI y GARTH[25]. En palabras de CAPPELLETTI, son "mecanismos que intentan resolver disputas, principalmente al margen de los tribunales o mediante medios no judiciales"[26].

---

22 BOE núm. 243, de 10 de octubre de 1979.

23 DOCE C 364, de 18 de diciembre de 2000.

24 BARONA VILAR, S., *Solución extrajurisdiccional de conflictos. Alternative Dispute Resolution (ADR) y Derecho Procesal,* Valencia, Tirant lo Blanch, 1999, p. 186.

25 CAPELETTI, M. y GARTH, B., "Access to Justice: the newest wave in the world-wide movement to make rights effective", *Buffalo Law Review,* vol. 27, 1977, p. 222.

26 CAPPELLETTI, M., "Alternative Dispute Resolution Processes within the framework of the world-wide access to Justice Movement", *Modern Law Review,* 1993, p. 282.

Vieron la luz por primera vez en la década de los años 30 en Estados Unidos[27], en el marco del llamado derecho de acceso a la justicia[28]. Este movimiento se extendió rápidamente por otros ordenamientos jurídicos, -Australia y Nueva Zelanda-, desarrollándose también en toda Europa[29], puesto que "las ventajas inherentes a estas modalidades de justicia privada y la crisis de eficacia de los sistemas judiciales suscitaron un interés renovado hacia estos métodos de apaciguamiento de los conflictos más consensuales que el recurso al juez o a un árbitro"[30].

En esta línea, cuando se conjuga el derecho de acceso a la justicia, los ODS y la necesaria pacificación de la sociedad, podemos afirmar que los sistemas de resolución de controversias alternativos, complementarios, adecuados o integrados de la jurisdicción suponen un avance en la mejora de la convivencia y de la paz social. Se toma así conciencia, cada vez más, de la necesidad de contar con una justicia eficaz, más allá de lo procesal y de los tribunales[31]. Se está dejando de hablar de justicia como

---

27 Sobre la evolución del movimiento de las ADR en Estados Unidos y de las tres fases en las que se puede distinguir, véase, BARONA VILAR, S., "Fomento de las ADRS en España. (Hacia un sistema de tutela plural del ciudadano que permita la desconflictivización y la búsqueda de la paz social)", *Revista Seqüencia*, núm. 51, 2005, pp. 176-177. La autora, en las páginas siguientes, analiza la evolución en España de las principales técnicas ADR. En concreto estudia la mediación, la conciliación y el arbitraje, aunque también analiza el desarrollo de mecanismos mixtos como el Med-Arb (Mediación y Arbitraje), participativos de las funciones autocompositiva y heterocompositiva.

28 Este derecho viene reconocido en el Convenio Europeo de Protección de los Derechos Humanos de Roma de 4 de noviembre de 1950. Posteriormente fue recogido en el Libro Verde sobre el acceso de los consumidores a la Justicia, COM 576 final, de 16-11-1993.

29 Hay autores que señalan que el proceso de adopción en Europa de este movimiento resultó complejo dado su origen anglosajón, a excepción del Reino Unido, debido a su afinidad cultural y jurídica con Estados Unidos. Al respecto, véanse, CARULLA BENÍTEZ, P., "La mediación: una alternativa eficaz para resolver conflictos empresariales", *Anuario de Justicia Alternativa*, núm. 1, 2001, p. 2 y BARONA VILAR. S., "Las ADR en la justicia del siglo XXI, en especial la mediación", *Revista de Derecho Universidad Católica del Norte*, año 18, núm. 1, 2011, pp. 190-191.

30 Libro verde sobre las modalidades alternativas de solución de conflictos en el ámbito del derecho civil y mercantil. COM (2002) 196 final.

31 BARONA VILAR, S., "Integración de la mediación en el moderno concepto de Access to Justice", *InDret*, 2014, p. 6.

jurisdicción para adoptar un nuevo concepto de acceso a la Justicia, donde coexisten todos estos procedimientos y que se ha venido a denominar *The multi-rooms Justice System*[32].

Este impulso de los MASC como vías adecuadas, eficientes y útiles de solución de conflictos, también plantea retos, precisamente por la morfología de la sociedad, cada vez más global y digital, donde las respuestas a los problemas con repercusión jurídica deben adaptarse y adecuarse a dicha realidad.

3.- Los retos de los MASC en el paradigma de Justicia integral

Se habla, se argumenta y se incide en que la transformación de la Justicia pasa por la eficiencia, aunque en ocasiones (mal) entendida en términos de agilidad y celeridad, y no de garantía, de tutela y de salvaguarda de los Derechos fundamentales. Así parece desprenderse de la estrategia legislativa de los últimos tiempos, donde la eficiencia se ha convertido en el eje sobre el que deben pivotar todas las normas -véanse, a título ejemplificador, los tres Proyectos de Ley que promueven la digitalización en la organización y gestión procesal del sistema judicial que constituyen la base del Plan Justicia 2030[33], a saber: primero, el Proyecto de Ley de Medidas de Eficiencia Procesal del Servicio Público de Justicia, que actualiza la Ley 18/2011 y dedica el título III a la transformación digital; segundo, el Proyecto de Ley de Medidas de Eficiencia Digital del Servicio Público de Justicia, que pretende instaurar un marco jurídico que apueste por la digitalización de la Justicia; tercero, el Proyecto de Ley de Eficiencia Organizativa del Servicio Público de Justicia-. La tramitación de estos proyectos quedó en suspenso tras la disolución de las Cortes Generales, pero destaca en todos ellos que la "eficiencia" se haya erigido como el denominador común, sin olvidarnos de la aparición e irrupción de la Inteligencia Artificial (en adelante, IA) -y todos sus desafíos-.

Uno de estos retos a los que deberemos enfrentarnos en caso de se aprueben tales instrumentos legales refiere del requisito de procedibilidad

[32] BARONA VILAR, S., "Retrato de la justicia civil en el siglo XXI: ¿caos o una nueva estrella fugaz?, *Revista Boliviana de Derecho,* núm. 25, 2018, p. 438 y MARTÍN DIZ, F., "Del derecho a la tutela judicial efectiva hacia el derecho a una tutela efectiva de la Justicia", *op. cit.,* p. 171.

[33] Toda la información relativa a este Plan Justicia 2030 se encuentra recogida en el siguiente enlace: https://www.justicia2030.es/

de los MASC en el orden jurisdiccional civil, en especial de la mediación[34], por el Proyecto de Ley de Medidas de Eficiencia Procesal del Servicio Público de Justicia en el Plan Justicia 2030[35]. La intencionalidad del prelegislador de fomentar este tipo de cauces pacíficos de resolución de conflictos, dando cumplimiento así, también, al ODS 16, queda patente por el establecimiento del requisito de procedibilidad de la mediación (*ex* artículo 4), donde se indica que, “en el orden jurisdiccional civil, con carácter general, para que sea admisible la demanda se considerará requisito de procedibilidad acudir previamente a algún medio adecuado de solución de controversias”. En consecuencia, se potenciará la consolidación de este tipo de mecanismos en el orden civil.

Un requisito (de procedibilidad) que obedece, de conformidad con lo manifestado en su Exposición de Motivos, a la “necesidad coyuntural de introducir mecanismos eficientes que resultan imprescindibles para acoger el previsible incremento de la litigiosidad en los próximos tiempos y para recuperar el pulso de la actividad judicial, al compás de la recuperación económica y social tras la terminación del estado de alarma declarado como consecuencia de la pandemia COVID-19, sin perjuicio de las reformas en las leyes procesales que se introducen en el presente texto legal como medidas de agilización de los procedimientos en los distintos órdenes jurisdiccionales, vinculadas en alguna ocasión a las correlativas y necesarias modificaciones en leyes sustantivas”.

Estamos ante un criterio compatible con el principio de tutela judicial efectiva, conclusión a la que ha llegado el Tribunal de Justicia de la Unión Europea, pero siempre que “dicho procedimiento no conduce a una decisión vinculante para las partes, no implica un retraso sustancial a efectos del ejercicio de una acción judicial, interrumpe la prescripción de los correspondientes derechos y no ocasiona gastos u ocasiona gastos escasamente significativos para las partes, y siempre y cuando la vía electrónica no constituya el único medio de acceder a ese procedimiento de conciliación y sea posible adoptar medidas provisionales en aquellos supuestos excepcionales en que la urgencia de la situación lo exija”[36].

---

34 Sobre el particular, véase la obra completa de BARONA VILAR, S. (ed.), *Meditaciones sobre mediación (MED+)*, Tirant lo Blanch, Valencia, 2022.

35 Documento disponible en: https://www.congreso.es/public_oficiales/L14/CONG/BOCG/A/BOCG-14-A-97-1.PDF

36 STJUE, Sala Primera, de 14 de junio de 2017, *Livio Menini, Maria Antonia Rampanelli y Banco Popolare Società Cooperativa,* C75/16, (ECLI:EU:C:2017:457),

En este sentido, y con la finalidad de evitar la desnaturalización de la propia mediación, se deberían adoptar medidas para que no se convierta en un mero trámite o requisito burocrático, evitando dilaciones innecesarias y excesivas en el acceso a este procedimiento, perdiéndose su esencia y degradando su eficacia y utilidad en la pacificación, pero también como medida de prevención de futuros conflictos. En todo caso, este requisito no afecta en absoluto al derecho a la tutela judicial efectiva, por cuanto la obligación de que las partes deban intentar un tipo de solución amistosa y consensuada no implica que no puedan, posteriormente, acudir a los tribunales si así lo estiman oportuno.

En segundo lugar, otro de los grandes desafíos de la Justicia actual es la digitalización, clave en el acercamiento de estos mecanismos a la ciudadanía y a la resolución de los problemas a través de plataformas o incluso mediante procedimientos automatizados, pero puede transformarse en una barrera para algunos colectivos de personas como el de las personas mayores que acucian la brecha digital. Una brecha digital que puede deberse, bien a la ausencia de conocimientos y competencias tecnológicas que son necesarias para participar de una Justicia digital, bien por la carencia de medios tecnológicos por merma de sus capacidades mentales o físicas o de medios económicos que les permitan adquirir dispositivos tecnológicos[37].

La solución pasaría por adoptar medios que faciliten el conocimiento y acceso a la Justicia por parte de la ciudadanía. Pensamos, sin embargo, que estas medidas de actuación serían más propias del *soft law,* donde la cooperación entre los poderes públicos, los agentes sociales y los entes privados permitiera avanzar en la mejora del sistema. Como líneas de actuación concretas, se podría arbitrar mecanismos de comunicación con la Justicia analógicos o, en caso de no ser viables, ofrecer servicios

---

apartado 61 y de 18 de marzo de 2010, *Alassini y otros,* C317/08 a C320/08, (ECLI:EU:C:2010:146), apartado 67.

37 Precisamente, la UNESCO ya mencionaba en 2005 la importancia de reducir la brecha digital para "que las nuevas tecnologías contribuyan al desarrollo y propicien el surgimiento de auténticas «sociedades del conocimiento». El desarrollo en el ámbito de la información no descansa exclusivamente en mecanismos económicos, sino que obedece en gran parte a decisiones políticas. La reducción de la brecha digital constituye un desafío de tal envergadura que los gobiernos no podrán afrontarlo solos. Será necesaria una estrecha cooperación entre los poderes públicos, las organizaciones internacionales, el sector privado, el sector asociativo y la sociedad civil" (BINDÉ, J. (dir.), *Hacia las sociedades del conocimiento,* París, UNESCO, 2005, pp. 36-37).

de apoyo e información (gratuitos) para garantizar su participación en la Justicia. Igualmente, se deberían reforzar iniciativas de alfabetización, tanto financiera como digital, de forma que pudieran desarrollarse las competencias necesarias para una gestión adecuada de los recursos económicos y tecnológicos, a las que sumar políticas de divulgación utilizando un lenguaje sencillo y menos técnico[38].

Si no resolvemos problemas relacionados con la analfabetización digital, con la incapacidad de accesibilidad por motivos económicos a los dispositivos tecnológicos o incluso la accesibilidad por razones geográficas, no lograremos extender la mediación o cualquier otro MASC y estaríamos vulnerando el derecho de acceso a la Justicia de las personas.

Aunado a ello, este desafío se torna aún más complejo cuando introducimos herramientas de IA en los MASC, como está sucediendo en el arbitraje. La automatización de algunas tareas jurídicas es solo una de las aportaciones de la introducción de la IA en el ámbito del Derecho, con una gran proyección y con las implicaciones que ello conlleva y los retos y desafíos de la algoritmización de la Justicia para analizar las posibilidades de desarrollar y, en su caso, articular, nuevos procedimientos automatizados, métodos para asistir en la toma de decisiones o, incluso, herramientas capaces de emitir decisiones jurídicas prescindiendo del factor humano.

La llamada Justicia algorítmica y predictiva, que constituye la cuarta revolución industrial[39], ha supuesto un paso adelante en el proceso de digitalización de la Justicia. Entendemos oportuno abordar los desafíos que la algoritmización de las decisiones[40], el reconocimiento de patrones y la interpretación de las correlaciones entre variables e indicadores conllevan en la administración de justicia, esto es, en la tutela de los derechos de la ciudadanía, especialmente para evitar la introducción o replicación de sesgos.

---

38 ARRABAL PLATERO, P., "La necesaria eficacia y modernización de la justicia para el cumplimiento de los Objetivos de Desarrollo Sostenible", en *Modernización, eficiencia y aceleración del proceso,* Aranzadi, Cizur Menor (Navarra), 2022, p. 322.

39 BARONA VILAR, S., "Cuarta revolución industrial (4.0) o ciberindustria en el proceso penal: revolución digital, inteligencia artificial y el camino hacia la robotización de la justicia", *Revista Jurídica Digital UANDES,* vol. 3, núm. 1, 2019, p. 2.

40 Lectura imprescindible sobre la Justicia algorítmica y todas las cuestiones y aristas que derivan de los mismos en BARONA VILAR, S., *Algoritmización del Derecho y de la Justicia. De la Inteligencia Artificial a la Smart Justice,* Tirant lo Blanch, Valencia, 2021.

El debate sobre los retos y desafíos se centra en la salvaguarda de las garantías o de la eficiencia. Debemos decantarnos siempre por la protección de las garantías por encima de la eficiencia, "por su afectación a derechos humanos y a derechos procesales fundamentales, consideramos absolutamente prioritario el asentamiento de la inteligencia artificial y su aplicación al ámbito del derecho procesal con garantías por delante de su eficiencia, más aún cuando por su innegable grado de avance tecnológico"[41].

En consecuencia, entendemos que reviste de gran importancia la necesidad de asentar los cimientos y andamiaje de estos sistemas inteligentes par poder desarrollar un entorno confiable, y debemos velar por asegurar que dicha herramienta solo desarrolle funciones asistenciales del tercero neutral e imparcial, que no reproduzcan sesgos y, en definitiva, que no se vulneren los derechos fundamentales, entre ellos, el derecho a una tutela efectiva.

IV. A MODO DE CIERRE: UNA REFLEXIÓN FINAL

La Agenda 2030 y sus 17 ODS están guiando nuestro crecimiento como sociedad haca un modelo más sostenible, donde destacamos el refuerzo del derecho de acceso a la Justicia desde un enfoque holístico, que está marcado por la pauta de la transformación de nuestro paradigma de Justicia en clave de universalidad, de inclusión -y consiguiente igualdad- y de integralidad.

No habrá desarrollo sostenible ni cultura de paz sin compromiso social, sin colaboración de agentes sociales, económicos o políticos, sin medidas públicas adecuadas, sin la creación de sinergias entre las distintas esferas, dimensiones y estrategias de la sostenibilidad, los ODS y sus metas.

Nos encontramos irremediablemente abocados a un modelo de Justicia sólido, inclusivo y sostenible, donde la interconexión de los desafíos de la sociedad -desigualdad, pobreza, degradación, inaccesibilidad- obliga a la consideración conjunta de las distintas esferas social, económica y ambiental, donde la colaboración de múltiples actores permitirá trabajar para aportar soluciones integrables.

---

41 MARTÍN DIZ, F., "Inteligencia artificial y proceso: Garantías frente a eficiencia en el entorno de los derechos procesales fundamentales", en *Justicia: ¿garantías versus eficiencia?*, Valencia, Tirant lo Blanch, 2019, p. 819.

Respecto de la dimensión de la Justicia, debemos repensar el alcance, concepción y vocación del derecho de acceso a la misma, donde la motivación por la búsqueda y consecución de una cultura de paz ha contribuido a la revitalización de los MASC. pero este impulso jurídico debe ir de la mano de una buena educación en todos los niveles enfocada al diálogo y al acuerdo. Solo de esta manera lograremos una auténtica concienciación de la ciudadanía en la cultura del pacto y la pacificación de los conflictos, a la par que se abre el abanico de MASC como garantía de un acceso a la Justicia integral e inclusiva, que ya no descansa exclusivamente sobre el plano judicial. Sin la sinergia entre lo jurídico y lo formativo no conseguiremos la transición del actual derecho a la tutela judicial efectiva al de tutela efectiva e integral de la Justicia.

V. Bibliografía citada

1. Doctrina

AGENCIA DE LOS DERECHOS FUNDAMENTALES DE LA UNIÓN EUROPEA Y DEL CONSEJO DE EUROPA (FRA), *Manual sobre el Derecho europeo relativo al acceso a la Justicia,* Luxemburgo, Oficina de Publicaciones de la Unión Europea, 2016.

ARRABAL PLATERO, P., "La necesaria eficacia y modernización de la justicia para el cumplimiento de los Objetivos de Desarrollo Sostenible", en *Modernización, eficiencia y aceleración del proceso,* Aranzadi, Cizur Menor (Navarra), 2022.

BARONA VILAR, S. (ed.), *Meditaciones sobre mediación (MED+),* Tirant lo Blanch, Valencia, 2022.

BARONA VILAR, S., "Capítulo I. "Justicia integral" y "Access to Justice". Crisis y evolución del "paradigma"", en *Mediación, arbitraje y jurisdicción en el actual paradigma de Justicia,* Cizur Menor, Aranzadi, 2016.

BARONA VILAR, S., "Cuarta revolución industrial (4.0) o ciberindustria en el proceso penal: revolución digital, inteligencia artificial y el camino hacia la robotización de la justicia", *Revista Jurídica Digital UANDES,* vol. 3, núm. 1, 2019.

BARONA VILAR, S., "Fomento de las ADRS en España. (Hacia un sistema de tutela plural del ciudadano que permita la desconflictivización y la búsqueda de la paz social)", *Revista Seqüencia,* núm. 51, 2005.

BARONA VILAR, S., "Integración de la mediación en el moderno concepto de Access to Justice", *InDret,* 2014

BARONA VILAR, S., "Justicia integral y tutela sin proceso", en *Las transformaciones del proceso civil,* Cizur Menor, Thomson Reuters Aranzadi, 2016.

BARONA VILAR, S., "Retrato de la justicia civil en el siglo XXI: ¿caos o una nueva estrella fugaz?, *Revista Boliviana de Derecho,* núm. 25, 2018.

BARONA VILAR, S., *Algoritmización del Derecho y de la Justicia. De la Inteligencia Artificial a la Smart Justice,* Tirant lo Blanch, Valencia, 2021.

BARONA VILAR, S., *Solución extrajurisdiccional de conflictos. Alternative Dispute Resolution (ADR) y Derecho Procesal,* Valencia, Tirant lo Blanch, 1999.

BARONA VILAR. S., "Las ADR en la justicia del siglo XXI, en especial la mediación", *Revista de Derecho Universidad Católica del Norte,* año 18, núm. 1, 2011.

BINDÉ, J. (dir.), *Hacia las sociedades del conocimiento,* París, UNESCO, 2005.

CAPELETTI, M. y GARTH, B., "Access to Justice: the newest wave in the world-wide movement to make rights effective", *Buffalo Law Review,* vol. 27, 1977.

CAPPELLETTI, M., "Alternative Dispute Resolution Processes within the framework of the world-wide access to Justice Movement", *Modern Law Review,* 1993.

CARULLA BENÍTEZ, P., "La mediación: una alternativa eficaz para resolver conflictos empresariales", *Anuario de Justicia Alternativa,* núm. 1, 2001.

DE LUIS GARCÍA, E., *Arbitraje de Derechos Humanos y Empresas,* Valencia, Tirant lo Blanch, 2022.

DELGADO MARTÍN, J., "Guía comentada de las Reglas de Brasilia", *Herramientas Eurosocial,* núm. 23, 2019, pp. 1-186.

DÍEZ-PICAZO, L. y PONCE DE LEÓN, L.: *El arbitrio de un tercero en los negocios jurídicos,* Barcelona, Bosch, 1957.

INSTITUTE FOR ECONOMICS & PEACE, *Positive Peace Report 2022: Analysing the factors that build, predict and sustain peace,* IEP, Sydney, 2022. Documento disponible en el siguiente enlace: http://visionofhumanity.org/resources

MARTÍN DIZ, F., "Del derecho a la tutela judicial efectiva hacia el derecho a una tutela efectiva de la Justicia", *Revista Europea de Derechos Fundamentales,* núm. 23, 2014.

MARTÍN DIZ, F., "El Derecho Fundamental a Justicia: Revisión Integral e Integradora del Derecho a la Tutela Judicial Efectiva", *Uned, Revista De Derecho Político,* núm. 106, 2019.

MARTÍN DIZ, F., "Inteligencia artificial y proceso: Garantías frente a eficiencia en el entorno de los derechos procesales fundamentales", en *Justicia: ¿garantías versus eficiencia?,* Valencia, Tirant lo Blanch, 2019.

RODRÍGUEZ GARCÍA, N. y PAHUL ROBREDO, M., "El ODS 16 en América Latina: condicionantes, retos y materiales para su estudio comparado", en *Los Objetivos de Desarrollo Sostenible y la Inteligencia Artificial en el proceso judicial,* Tirant lo Blanch, Valencia, 2022.

SANAHUJA, J. A., "Paz, Seguridad y Gobernanza: el ODS 16 y la Agenda 2030 de Desarrollo Sostenible", en *Objetivos de desarrollo sostenible y Derechos Humanos: paz, justicia e instituciones sólidas / Derechos Humanos y empresas,* Instituto de Estudios Internacionales y Europeos Francisco de Vitoria de la Universidad Carlos III de Madrid, Colección Electrónica, núm. 9, 2018.

SÁNCHEZ BARRIOS, M. I., "La acción como derecho a la tutela judicial efectiva", *Justicia: Revista de Derecho Procesal,* núm. 1, 2010.

SOLANES CORELLA, A., "ODS 16: No discriminación y organismos de igualdad de trato en la Unión Europea", en *Paz, Justicia e Inclusión. Objetivos de Desarrollo Sostenible en Derechos Humanos,* Tirant lo Blanch, Valencia, 2023.

2. Jurisprudencia

STC, Sala Primera, núm. 115/1984, de 3 de diciembre (ECLI:ES:TC:1984:115).

STC, Sala Primera, núm. 125/1995, de 24 de julio (ECLI:ES:TC:1995:125).

STC, Sala Primera, núm. 185/1987, de 18 de noviembre (ECLI:ES:TC:1987:185).

STJUE, Sala Primera, de 14 de junio de 2017, *Livio Menini, Maria Antonia Rampanelli y Banco Popolare Società Cooperativa,* C75/16, (ECLI:EU:C:2017:457).

STJUE, Sala Primera, de 18 de marzo de 2010, *Alassini y otros,* C317/08 a C320/08, (ECLI:EU:C:2010:146).

Capítulo XVI

Justicia de proximidad y MASC en la comunidad valenciana: principales retos[*]

ANA BELTRÁN MONTOLIU
Profra Titular de Derecho Procesal, Universitat Jaume I
beltrana@uji.es

Índice: I. Justicia de proximidad: consideraciones generales. II. Operadores jurídicos. III. El juez de paz: Pasado, presente y futuro. IV. Modelos: breve aproximación al Derecho comparado. V. Especial referencia a la Comunidad Valenciana.

I. JUSTICIA DE PROXIMIDAD: CONSIDERACIONES GENERALES

Cuando se analiza la justicia de proximidad[1], debemos ser conscientes de que estamos ante uno de los temas más interesantes en el panorama nacional e internacional[2] y que se trata de un fenómeno multifacético[3].

---

* Capítulo realizado en el marco del Proyecto de Investigación "La mejora del acceso a la Justicia de la ciudadanía a través de una judicatura más cercana (JusProx) (AICO 2021/272)", Generalitat Valenciana, Consellería de Educación, Investigación y Cultura.

1 Vid *Pacto de Estado para la Reforma de la Justicia,* 28 de mayo de 2001, punto 4 Mapa Judicial donde se establece que "se aprobará un nuevo mapa judicial que permita agilizar y acercar la Justicia al ciudadano. El nuevo mapa judicial se establecerá con criterios que permitan ajustar la organización a la carga de trabajo existente en cada parte del territorio nacional. Se potenciará la Justicia de Proximidad, de manera que haya Juzgados más cercanos al ciudadano."

2 Hay que tener presente que bajo la fórmula "justicia de proximidad" se encuentran comprendidas diferentes experiencias y proyectos modernizadores que no siempre son homogéneos, pero que comparten la convicción de que es necesario incrementar el número de órganos jurisdiccionales, así como eliminar las distancias entre los jueces y los ciudadanos. En este sentido, BARRIERA, D.G.: "Justicia de proximidad: pasado y presente, entre la historia y el derecho", en *Historia Política e Historia del Derecho, PolHis,* núm. 10, 2012, p. 51.

3 GUZMAN FLUJA, V. C.: "Justicia de proximidad: Un desafío necesario a repensar", en *Justicia de proximidad,* Pamplona, Aranzadi, 2006, p. 17-18. Enfatiza este

Aparece esta justicia como una respuesta a las necesidades del ciudadano ante los juzgados y tribunales, suponiendo un verdadero reto[4] para el legislador[5]. El principal objetivo será precisamente lograr el acercamiento de la justicia al ciudadano, siendo una de las piezas clave garantizar el derecho de acceso a la justicia[6], de modo que sea imprescindible eliminar los obstáculos que vayan apareciendo o que impidan al justiciable la posibilidad de solucionar su conflicto o controversia (dilación, coste, incomprensión, etc.).

Esta idea de justicia de proximidad, no es la primera vez que aparece en el panorama español[7]. En el año 2006, podemos señalar el *Proyecto de Ley 121/000071 Orgánica de modificación de la Ley 6/1985, de 1 de julio, del Poder*

---

autor que se configura la justicia de proximidad como instrumento llamado a contribuir a la mejora de la administración de justicia, a la mejora del servicio de la justicia y, en consecuencia, llamado a instaurar un sistema de relación fluida con los ciudadanos destinatarios de dicho servicio público.

4 A favor del proyecto de ley de 2006 ASENCIO MELLADO, J. Mª.: "La justicia de proximidad. Un reto y un acierto", en *Práctica de tribunales: revista de derecho procesal civil y mercantil*, núm. 25, 2006, pp. 3-4.

5 Tal y como advierte ARMENTA DEU, la justicia de proximidad puede desarrollarse con dos orientaciones bien diferentes, según opere a través de métodos alternativos de resolución de conflictos o lo haga en el seno de la jurisdicción, ARMENTA DEU, T., *Justicia de proximidad*, Ed. Marcial Pons, Barcelona, 2006, p.9.

6 El concepto de acceso a la justicia debe someterse a continua revisión, de modo que se vaya adaptando a los cambios que aparecen en la sociedad y de ese modo garantizar la efectividad de los derechos, ante los juzgados y tribunales, pero sin perder de vista otros mecanismos de resolución de conflictos como pueden ser el arbitraje, la mediación o conciliación. Así pues, hay que poner de relieve que el acceso a la justicia debe considerar diferentes dimensiones (jurídica, económica, sociológica, política, etc). Así lo indican CAPELLETTI, M. Y GARTH, B., *El Acceso a la justicia: movimiento mundial para la efectividad de los derechos: informe general*, México, Fondo de Cultura Económica, 1996, p. 19 y ss. Se debe garantizar en todo caso que el acceso a la justicia debe regirse siempre respetando el derecho al proceso debido. GÓMEZ COLOMER, J.L.: "El principio: «Due Process of Law», en *Introducción al proceso penal federal de los Estados Unidos de Norteamérica*, Valencia, Tirant lo Blanch, 2013, pp. 109-126.

7 La obsesiva preocupación del legislador español por acertar durante los últimos cuarenta años el logro de la celeridad y simplificación procesales es constatable en la justificación esgrimida en los Preámbulos y Exposiciones de Motivos de todas las reformas procesales. PEDRAZ PENALVA, E.: "Los jueces de proximidad (sobre el Anteproyecto de Ley Orgánica de Modificación de la Ley Orgánica 6/1985, de 1 de julio, del Poder Judicial, en materia de Organización Territorial de la Administración de Justicia)", en *Revista jurídica de Castilla y León*, núm. 8, 2006, p.16.

Judicial, en materia de justicia de proximidad y Consejos de Justicia[8]. Se trató de una iniciativa que no prosperó, pero que, como antecedente normativo, puede servirnos de mucha utilidad.

Sin perjuicio de las diferentes propuestas legislativas que han ido surgiendo en el ordenamiento jurídico español, es preciso no olvidar que, para lograr esa aproximación, habrá que tener en cuenta las distintas perspectivas[9] al respecto. Así aparece la proximidad geográfica o territorial, la temporal y, la relacional o afectiva.

En primer lugar, esa proximidad geográfica o territorial se refiere a la dotación de espacios, instalaciones, edificios, etc. que favorezcan puntos de conexión entre los ciudadanos y la justicia, de modo que se garantice la cercanía entre los mismos[10].

En segundo lugar, otro aspecto fundamental será el elemento temporal para garantizar la agilidad en los litigios promovidos ante esta clase de justicia. Naturalmente no hay que perder de vista que esa agilización debe siempre y en todo momento venir acompañada de un riguroso cumplimiento y respeto de las garantías procesales. A tales fines, se deberá reforzar de forma significativa, la cooperación y colaboración de todos los operadores jurídicos implicados.

Por último, se debe integrar una aproximación relacional, fundamentalmente orientada a lograr la cercanía de los jueces a los justiciables, de modo que se habiliten mecanismos que permitan una mayor comprensión mutua y que, por consiguiente, el ciudadano entienda mejor y de forma más completa el funcionamiento del sistema judicial[11].

II. OPERADORES JURÍDICOS

Otra de las decisiones fundamentales que hay que adoptar en la implementación de un modelo de justicia de proximidad es la determinación del órgano u órganos concretos a quienes se les encomendará la función

---

8 BOCG, Congreso de los Diputados, núm 71-1, de 27 de enero de 2006.

9 GUZMAN FLUJA, V.: "Justicia de proximidad…cit, p. 26-28.

10 Así, por ejemplo, como apunta GUZMAN FLUJA en el ámbito del Derecho comparado podemos mencionar las experiencias llevadas a cabo en Francia con las "maisons de justice et du droit" Más información en https://www.maisondejustice.fr/

11 WYVEKENS, A. Y FAGET, J., *La justice de proximité en Europe: pratiques et enjeux*, Toulouse, Erès, 2001, p. 88.

primordial de actuar como principales protagonistas en la actividad judicial en este contexto.

Los distintos antecedentes normativos que existen en la materia y que no llegaron a fructificar en el pasado, apuntaban a diferentes fórmulas. Así, por ejemplo, en el año 2006 la propuesta se dirigía hacia la configuración de una nueva categoría judicial: el juez de proximidad[12]. Se concebía esta figura con el propósito de impulsar la mejora de la justicia en el primer escalón de la organización judicial. Se pretendía introducir en la arquitectura judicial los juzgados de proximidad. Esta posibilidad, entendida en parte[13] como un modo de resucitar los Juzgados de Distrito[14], no tuvo

---

12 Se introducía en materia de justicia de proximidad y Consejos de Justicia el Artículo 97 bis con la siguiente redacción: «1. En los municipios donde exista Juzgado de primera instancia e instrucción, y tengan régimen municipal especial o se cumplan las exigencias del artículo 121.1 de la Ley de Bases de Régimen local, se crearán los juzgados de proximidad. Estos juzgados extenderán su jurisdicción a todo el término municipal y, en su caso, al partido judicial correspondiente.2. Los Juzgados de Proximidad, en el orden civil, conocerán de la sustanciación en primera instancia, fallo y ejecución de los procesos, y de las funciones de conciliación y mediación, que expresamente les atribuya la ley. En el orden penal, tendrán atribuida la competencia en primera instancia del conocimiento, fallo y ejecución de los juicios de faltas, con exclusión de aquellas que corresponden a los Juzgados de violencia sobre la mujer. Y en el orden contencioso administrativo conocerán de los recursos que se deduzcan frente a sanciones impuestas por las Entidades locales que expresamente les atribuya la ley.». Teniendo en cuenta esta competencia, no parecía ser coherente con lo indicado en la EM donde se atribuye a estos jueces "asuntos de menor entidad y escasa complejidad". Así lo pone de manifiesto CARRETERO GONZÁLEZ, C.: "Origen y requisitos de la nueva justicia de proximidad en la Ley Orgánica del Poder Judicial", en *Alcalibe: Revista Centro Asociado a la UNED Ciudad de la Cerámica*, núm. 6, 2006, p. 61.

13 Conviene matizar que justicia de distrito y justicia de proximidad, si bien pueden coincidir en algunas cosas, sus presupuestos conceptuales son diametralmente distintos, así lo advierte JIMÉNEZ ASENSIO, R. "La justicia de proximidad: Propuestas normativas y soluciones institucionales, en *Justicia de proximidad*, Pamplona, Aranzadi, 2006, p.49.

14 Creados por Real Decreto 2104/1977, de 29 de julio, por el que se aprueba el texto articulado parcial de la Ley de Bases 42/1974, de 28 de noviembre, Orgánica de la Justicia, en virtud de la autorización contenida en el Real Decreto-ley 24/1976, de 26 de noviembre. (BOE núm. 193, de 13 de agosto de 1977); suprimidos por la LOPJ de 1985 y desaparecidos con la aplicación de la Ley de Demarcación y Planta Judicial de 1988 y el Real Decreto 122/1989.

continuidad[15] y las dos iniciativas legislativas[16] posteriores se refirieron a los Tribunales de Instancia (2011), y a los Tribunales Provinciales de Instancia (2014), para terminar en el Proyecto de Ley de Eficiencia Organizativa (PLEO)[17] de 2022 con la configuración de los Tribunales de Instancia por un lado, y la transformación de los Juzgados de Paz en Oficinas de Justicia como solución más viable y mejor adaptada a las necesidades de la sociedad actual, por otro[18].

Conviene tener presente que, cuando hablamos de justicia de proximidad, pueden aparecer distintos modelos que tienen un fundamento común como es dotar al ordenamiento jurídico de una justicia más cercana, rápida y eficaz, pero que pueden tener muy diferentes planteamientos[19]. En primer lugar, una primera opción sería la inclusión de medidas estrictamente judiciales, mediante la reedición de un primer escalón de la organización judicial; Una segunda vertiente, que aboga por su incorporación como consecuencia

---

15 El CGPJ en su preceptivo informe disponía: "La intervención política en la selección, la inamovilidad de esos jueces, su no pertenencia a la Carrera Judicial, la existencia de una justicia a disposición de ayuntamientos, el panorama de un mapa judicial diferente en función de los intereses de cada territorio, etc. arrojan el texto informado a un mar de dudas constitucionales de tal calibre que lo aconsejable es su abandono", CGPJ, *Informe sobre el Anteproyecto de Ley Orgánica de modificación de la Ley 6/1985, de 1 de julio, del Poder Judicial, en materia de organización de la Administración de Justicia,* 5 de octubre de 2005. En detalle, sobre los aspectos esenciales de esta reforma, vid. YLLANES SUÁREZ, J.P.: "La justicia de proximidad: aspectos esenciales de la reforma, en *Revista Vasca de Administración Pública,* núm. 77, 2007, pp. 75-86.

16 En el proyecto de 2011 la creación de los Tribunales de Instancia no era similar en todo el territorio, ya que se mantenían los Juzgados Centrales, así como los Juzgados de Paz, siendo la demarcación territorial de los Tribunales de Instancia el partido judicial. Por su parte, en la iniciativa de 2014, se optaba por un planteamiento más ambicioso y se proponía crear Tribunales Provinciales de Instancia y se proponía la desaparición de los Juzgados de Paz.

17 Proyecto de Ley Orgánica de eficiencia organizativa del servicio público de Justicia, por la que se modifica la Ley Orgánica 6/1985, de 1 de julio, del Poder Judicial, para la implantación de los Tribunales de Instancia y las Oficinas de Justicia en los municipios (BOCG Congreso de los diputados, Serie A, núm. 98-1, de 22 de abril de 2022).

18 Una visión general resumida y de derecho comparado se puede consultar en https://www.congreso.es/docu/docum/ddocum/dosieres/sleg/legislatura_14/spl_48/dosier_sl_48_eficiencia_organizativa_justicia_transparencia.pdf

19 REQUERO IBÁÑEZ, J.L.: "Jueces de proximidad", en *Justicia de proximidad,* Pamplona, Aranzadi, 2006, pp. 115- 122 sobre estos tres modelos.

de las nuevas tendencias municipalistas[20]; y, por último, como una evolución de la conocida "Justicia de Barrio"[21]. En este trabajo, nos concentraremos en el primer modelo, sin perjuicio de indicar, cuando sea procedente, aquellos aspectos que puedan resultar de interés de los otros dos señalados.

---

20 Tal y como apunta REQUERO IBÁÑEZ: "Existe un compendio normativo relevante a tener en cuenta: La *Carta Europea de Autonomía Local, 15 de octubre de 1985* (BOE núm. 47, de 24/02/1989); Recomendación (2001) 19, Del Consejo de Ministros a los Estados Miembros sobre la participación de los ciudadanos en la vida pública en el nivel local Libro Blanco para la Reforma del Gobierno Local en España (10 de enero de 2005), la Conferencia sobre La democracia local en los albores del siglo XXI, celebrada en Riga en mayo de 2001, organizada por el Consejo de Europa o la Carta de Valencia de 25 de noviembre de 2004, de la FEMP. De estos antecedentes y en el ámbito europeo, respecto de los poderes locales se viene hablando de devolución de poderes hacia lo local –la llamada *devolution powers*-, de Pacto Local, del municipio como primer escalón del poder estatal, de segunda descentralización, de nuevos horizontes de la autonomía local, etc. Todo este proceso ya ha tenido concretas plasmaciones normativas como, por ejemplo, la reforma de la Ley Orgánica del Tribunal Constitucional por LO 7/99, de 21 de abril, la reforma de la Ley de Bases de Régimen Local por Ley 57/2003, de 16 de diciembre, la refundición de la normativa de Haciendas Locales, etc". *Ibidem*, p. 120. Por otra parte, la implementación de la Justicia de Proximidad resulta congruente con los movimientos municipalistas que en Europa reivindican un rol emergente de las colectividades locales en el gobierno de los asuntos que conciernen a los ciudadanos, que incluye la atribución a los Ayuntamientos de competencias de acción pública en materia de justicia, BRANDÉS SÁNCHEZ-CRUZAT, J.M.: "El desafío democrático de la justicia de proximidad", en *Jueces para la democracia*, núm. 48, 2003, p. 88.

21 Este enfoque responde más bien a una tendencia presente tanto en las enmiendas al Proyecto de LOPJ de marzo de 1980 como en el Borrador de Anteproyecto de la LOPJ elaborado por el Ministerio de Justicia en la V Legislatura. En ambos supuestos, esta Justicia, entendida más allá de la justicia de Distrito o de Paz, se inspiraba en los arts. 23 y 125 de la CE como forma de participación ciudadana en el ejercicio de cargos judiciales. Su máxima aspiración es que se proceda a la elección de los jueces directamente por los vecinos. Este modelo resurge de nuevo en la *Carta Europea de salvaguarda de los Derechos Humanos en la Ciudad*, texto basado en el llamado Compromiso de Barcelona, de 17 de octubre de 1998 fruto de la Conferencia Europea Ciudades por los Derechos Humanos. Se trataría no tanto de crear un sistema orgánico-judicial de Justicia de Proximidad –aunque se emplee esa nomenclatura- como de crear un sistema judicial paralelo al estatal, una Justicia alternativa. REQUERO IBÁÑEZ, J.L.: "Jueces de proximidad"…cit., p.122.

Por otra parte, el sistema de selección de los jueces[22] u otro personal que desempeñen sus funciones en este ámbito va a ser fundamental desde una doble perspectiva. Por un lado, porque repercutirá directamente en la calidad de la justicia y, por otro, ya que puede afectar a la independencia judicial como elemento esencial de la función jurisdiccional[23].

III. EL JUEZ DE PAZ: PASADO, PRESENTE Y FUTURO

Como punto de partida, debemos recordar que la figura del juez de paz, con esta denominación, surge[24] por primera vez en el ordenamiento jurí-

---

22 Tanto en la selección de los jueces en general y de los jueces a los que se les encomiende la justicia de proximidad en particular. En este sentido vid. YEBRA-PIMENTEL VILAR, P. "Proyectos normativos en la política de selección de jueces: especial referencia a la justicia de proximidad", en *Dereito: Revista xuridica da Universidade de Santiago de Compostela,* vol. 17, núm. 2, 2008, pp. 209-251. Esta autora realiza un recorrido histórico de los distintos sistemas de selección de jueces que hemos tenido en el ordenamiento jurídico español, así se analizan entre otras, la Constitución de 1931 y el origen de la Justicia Municipal, pasando por la actual LOPJ. Asimismo, se analizan los acuerdos del CGPJ sobre la materia.

23 Así lo pone de relieve TESO GAMELLA: "Es precisa de una justicia de calidad que los ciudadanos ponderen y valoren positivamente. El sistema de selección tiene una importancia decisiva al respecto, pues una justicia sin calidad es una justicia vacía y arbitraria, que se resiente cuando conocemos de resoluciones judiciales que pura y simplemente ignoran el ordenamiento jurídico que han de aplicar, prescinden de su vinculación a la ley y, desprecian los principios que deben regir la interpretación y aplicación de las normas", TESO GAMELLA, P.: "Justicia de Proximidad", en *Justicia de proximidad,* Pamplona, Aranzadi, 2006, p. 152.

24 Hay que tener en cuenta que en España la Constitución de 1812 en su artículo 282, dispuso que el alcalde de cada pueblo ejerciera el oficio de conciliador. Más adelante en 1834, por Real Decreto de 21 de abril se crean los partidos judiciales y se establecen los jueces letrados, si bien los alcaldes continúan con sus funciones. El reglamento provisional para la Administración de Justicia de 26 de septiembre de 1935, dispuso que el alcalde y los tenientes de alcalde ejercían el oficio de juez de paz o conciliadores. Sobre los antecedentes históricos de la justicia de paz y su posterior evolución vid, entre otros. MONTERO AROCA, J., "La justicia municipal", en *Estudios de Derecho Procesal,* Barcelona, Bosch, 1981, pp. 73-128; POLO PÉREZ, A., "Justicia de paz: un pasado glorioso y un futuro incierto", en *Presente y futuro de la justicia de paz en el ordenamiento jurídico español,* Bilbao, Universidad del País Vasco, 2013, pp. 21-36; COBOS GAVALA, *El Juez de Paz en la organización jurisdiccional española,* Madrid, Ministerio de Justicia, 1989, pp. 70- 234; SERRATS PALAU, J., "La administración de Justicia Penal en los juzgados de Paz", en *Boletín del Ministerio de Justicia,* año 56, núm. 1910, 2002, pp. 289-332.

dico español con la aprobación de la Ley de Enjuiciamiento Civil de 1855. Estos jueces originariamente[25] tenían atribuidas competencias jurisdiccionales que hasta ese momento desempeñaban los alcaldes[26], fundamentalmente la resolución de controversias de escasa cuantía en materia civil, y del enjuiciamiento en el ámbito penal. Como más adelante comentaremos, la función que actualmente ejercen los jueces de paz ha quedado muy reducida en la actualidad en comparación con su concepción originaria en el siglo XIX. No obstante, se aprecia y reconoce de forma indiscutible que los Juzgados de Paz han desarrollado una función esencial durante todo este tiempo, suponiendo su labor la extensión de la Administración de Justicia a todos los territorios[27].

En relación con el marco normativo que regula los Juzgados de Paz, podemos indicar que en la CE no hallamos mención expresa a estos órganos. Conviene tener presente que el estatuto de los jueces y magistrados se encuentra previsto especialmente en los arts. 117, 122 y 127 CE. En este sentido, interesa destacar que nuestro ordenamiento ha optado por un modelo de justicia profesionalizada, que se encomienda a unos jueces y magistrados integrantes de un único cuerpo, la carrera judicial. Este aspecto choca en cierto modo con el estatus[28] del juez de paz que se

---

25 En la organización judicial musulmana durante su dominación de parte de la península Iberia, se encuentran unos jueces denominados Alkadis, que administraban justicia en los pueblos de escaso vecindario. Más adelante, se asimiló por el castellano como alcalde, POLO PÉREZ, A., "Justicia de paz: un pasado glorioso... cit., p.23-24.

26 Son los alcaldes, quienes durante mucho tiempo administran justicia, la justicia local, aunque el término se haya empleado para designar durante siglos a todo aquel que ejercía funciones judiciales. Así lo aclara, DAMIÁN MORENO, J. *Los Jueces de Paz: antecedentes históricos y perspectivas actuales*, Madrid, UNED, 1987.

27 CGPJ, *Informe APLEO*, p.79, pár. 287.

28 Teniendo presente que la Constitución no menciona este órgano judicial, será la LOPJ la norma de mayor rango que se encarga de regular el juez de paz (arts. 99 a 103) donde se contemplan preceptos definidores de su estatus y régimen jurídico. Asimismo, hay que señalar que el art. 298.2 LOPJ regula las excepciones a la carrera judicial como conjunto de jueces y magistrados profesionales. De otra parte, la LDYPJ dedica varias disposiciones a determinar de forma más precisa la organización interna de los órganos jurisdiccionales, las demarcaciones territoriales y la planta judicial (arts. 49 a 52). No podemos olvidar el Reglamento del CGPJ 3/1995, de 7 de junio, de los jueces de paz que contiene 32 artículos que desarrollan y precisan con más detalle el estatus de los jueces de paz, su selección y nombramiento, condiciones que se requieren para desempeñar el cargo, régimen de compatibilidad, derechos y deberes y responsabilidad. Por último, hay que

caracteriza esencialmente por dos notas: a) juez lego, no experto en Derecho y b) órgano judicial que ocupa el primer nivel en la organización judicial española.

En cuanto al estatus jurídico de los Jueces de Paz, a continuación, iremos apuntando todos aquellos aspectos que le afectan, con indicación de las cuestiones más problemáticas:

1) Para poder ser designado como Juez de Paz, se deberán cumplir una serie de *condiciones*[29]: Ser español, mayor de edad[30] y no estar incurso en ninguna de las causas de incapacidad (art. 303 LOPJ) o incompatibilidad[31] (art. 389 LOPJ). Asimismo, tampoco podrá incurrir en ninguna de las prohibiciones previstas a tales efectos (art. 393 y 395 LOPJ). En este sentido es relevante destacar que en el ordenamiento jurídico español

---

considerar el Real Decreto 257/1993, de 19 de febrero por el que se regulan las Agrupaciones de Secretarías de Juzgados de Paz.

29 Art. 102 LOPJ, arts.12 y 13 Reglamento CGPJ 3/1995.

30 No existe condicionamiento especial por razón de la edad, salvo la remisión a la mayoría de edad. A partir de ahí, no se impone ni exige una edad determinada. En nuestra opinión, quizá sería conveniente ampliar o incrementar el límite de edad mínima, de forma superior habida cuenta del carácter honorario de su cargo, así como de las principales funciones en materia de conciliación. Así por ejemplo en Italia el juez de paz es un licenciado en Derecho, con experiencia, que debe haber superado el examen de Estado para el acceso a la abogacía. Para poder desempeñar esta función, deben tener al menos 30 años. TESO GAMELLA, P.: "Justicia de Proximidad… cit., p. 154. Tampoco existen límites de edad superiores, el art. 13 Reglamento CGPJ 3/1995 establece expresamente que el haber alcanzado ya la edad de jubilación (70 años en los jueces y magistrados de carrera) no es obstáculo para ser elegido Juez de Paz, siempre que la edad no suponga impedimento físico o psíquico para el cargo.

31 En cualquier caso, en el art. 14 Reg CGPJ 3/1995, se efectúa expresa mención a la compatibilidad para el ejercicio de las siguientes actividades: a) La dedicación a la docencia o a la investigación jurídica. b) El ejercicio de actividades profesionales o mercantiles que no impliquen asesoramiento jurídico de ningún tipo y que, por su naturaleza, no sean susceptibles de impedir o menoscabar su imparcialidad o independencia ni puedan interferir en el estricto cumplimiento de los deberes judiciales."

se opta por configurar este juez de paz como lego[32] en Derecho[33]. Esta opción, puede ser criticada[34], en el sentido de que, teniendo en cuenta su competencia en el ámbito civil y penal, sería más aconsejable que tuvieran esa profesionalización[35].

2) En cuanto a su *designación*[36], los Jueces de Paz serán nombrados por un período de cuatro años[37] por la Sala de Gobierno del Tribunal Superior correspondiente. El respectivo Ayuntamiento es quien elegirá a las personas. Este es uno de los aspectos más delicados a nuestro parecer ya que no

---

32 Tal y como indica FAIREN GUILLÉN la elección de un sistema de jueces profesionales técnicos o legos es capital para la organización de los Tribunales. Existen tanto ventajas como desventajas de llamar al desempeño de funciones judiciales a personas legas en Derecho. Como argumento a su favor se dice, entre otros, que, puesto que todo ciudadano está directamente interesado en la vida jurídica de la sociedad, lógicamente se le debe de dar la oportunidad de intervenir en la aplicación concreta del derecho. Por contra, la misión de los Tribunales, es la de aplicar las normas jurídicas a los casos concretos, para lo cual es preciso que los jueces conozcan previamente de dichas normas. La vida jurídica moderna ofrece enormes complicaciones que no se pueden resolver justamente de acuerdo con la simple equidad. FAIREN GUILLEN, V., *Temas del ordenamiento procesal, t. I. Historia. Teoría general*, Ed. Madrid, Tecnos, 1969, p. 475-479.

33 Sin embargo, en la práctica, especialmente en localidades de mayor densidad de población, puede ser frecuente encontrar Licenciados/as en Derecho en el desempeño de su cargo.

34 Advertimos de que no está contemplado por la legislación ninguna clase de formación ni inicial ni continuada. En cuanto a la formación inicial, no hay ningún periodo de aprendizaje de las funciones básicas del juez de paz, esto supone que comienza a desempeñar sus funciones jurisdiccionales, así como otras de auxilio judicial que también tienen atribuidas estos órganos, una persona que puede desconocer por completo su significado, alcance y modo de proceder en este contexto. Desde el punto de la formación continuada, tampoco se prevé la participación de los Jueces de Paz en los programas y cursos que a tal fin prepara el CGPJ. Únicamente se contempla la organización a nivel autonómico de encuentros anuales de Jueces de Paz para abordar materias que no son objeto de su competencia. GASCÓN INCHAUSTI, F., "La figura del juez de paz en la organización judicial española", *Reforma Judicial. Revista Mexicana de Justicia*, núm. 8, julio-diciembre 2006, p. 7.

35 Así, MONTERO AROCA concluye: "Los jueces deberán ser, sin excepciones, técnicos y funcionarios. Las razones prácticas que aconsejaron el establecimiento de los Juzgados de Paz, confiados a personal lego, no subsisten en la actualidad, porque deben ser suprimidos en una futura ley orgánica de tribunales", MONTERO AROCA, J., "La Justicia Municipal" cit, p. 128.

36 Arts. 101 LOPJ, arts. 4 a 12, 20 y 21 Reglamento CGPJ 3/1995.

37 Art. 101.1 LOPJ y art. 4, art. 20.3 y 28.1 a) Reglamento CGPJ 3/1995.

consideramos oportuno este sistema de elección que puede tener un carácter altamente politizado[38]. Es verdad que, de forma subsidiaria, en ciertos supuestos[39], está previsto que la designación corresponda a la Sala de Gobierno del TSJ de la Comunidad Autónoma y que para paliar ese riesgo se exige una mayoría absoluta de los miembros del Pleno del Ayuntamiento a la hora de proceder. Aunque el riesgo pueda diluirse algo con esta medida, lo cierto es que en ningún caso llega a desaparecer, pudiéndose poner en peligro la imagen de la independencia judicial que debería cualificar también a estos jueces.[40]

---

38 En este sentido, FAIREN apunta: "de entre las soluciones de Derecho comparado podría quizás escogerse la de que los Ayuntamientos, en proporción al número de vecinos, elevasen una propuesta de varios candidatos (lo que la LOPJ no prevé); pero nada de candidato único, que es donde está el peligro con sus respectivos curricula, con méritos numerados." FAIREN GUILLÉN, V., *Comentarios a la Ley Orgánica del Poder Judicial de 1 de julio de 1985*, Madrid, Edersa,1986, p. 114. Vid. asimismo, en detalle FAIREN GUILLEN, V., *Doctrina general del Derecho Procesal, Hacia una Teoría y Ley Procesal Generales*, Barcelona, Bosch, 1990, pp. 178-183.

39 Estos supuestos se encuentran recogidos en los arts. 9 y 10 del Reglamento CGPJ 3/1995: 1) Cuando, una vez oído el Ministerio Fiscal, la Sala de Gobierno estime que la persona o personas propuestas por el Ayuntamiento no reúnen las condiciones exigidas por la Ley; 2) Cuando, pasados tres meses desde que se produjo la vacante en un Juzgado de Paz, el Ayuntamiento correspondiente no ha efectuado la propuesta; 3) Cuando el Ayuntamiento haya formulado únicamente la propuesta a Juez o Jueza de Paz sin incluir al sustituto o la sustituta. En este caso, lo nombrará directamente. En estos casos, la designación no es automática, sino que conlleva el desarrollo de un procedimiento de selección: Se anunciará de nuevo la existencia de la vacante, publicándola en el Boletín Oficial de la provincia, así como por edictos en los tablones del Ayuntamiento, del Juzgado de Paz, del Juzgado de Primera Instancia e Instrucción (o del Juzgado Decano) y en el propio TSJ. La Sala de Gobierno valorará los méritos de los solicitantes y designará al que estime más idóneo. Si no hubiera solicitantes, o si no reúnen las condiciones legales, la Sala de Gobierno designará libremente a quienes, a su juicio, reúnan los requisitos de idoneidad y se hallen dispuestos a aceptar el cargo A tal fin, la Sala de Gobierno recabará información a través del Juzgado de Primera Instancia e Instrucción del partido o del Juez Decano. En todos estos casos, los acuerdos de nombramiento de Jueces de Paz formulados por las Salas de Gobierno, son susceptibles de recurso ante el Pleno del CGPJ. Vid. Más detalles en RUIZ GARCÍA, B., "El Estatuto Jurídico del Juez y la Jueza de Paz", en *Presente y futuro de la justicia de paz en el ordenamiento jurídico español*, cit., p. 57-58.

40 Compartimos este punto de vista con GASCÓN INCHAUSTI, F., "La figura del juez de paz en la organización judicial española"...cit. p. 7.

3) En lo relativo a la *duración*[41] de su mandato se extiende a 4 años computándose desde la fecha de publicación de su nombramiento en el Boletín Oficial de la Provincia. Si bien es cierto que no se permite prórroga[42], es posible que, la persona que estaba en el cargo vuelva a formular solicitud para ocupar la vacante provocada por el agotamiento de su mandato anterior y sea reelegida por el Ayuntamiento. En definitiva, no cabe prórroga desde el punto de vista formal, pero sí que es factible una sucesión indefinida de reelecciones (que dependen únicamente de que cumpla con los requisitos legales y obtenga el voto favorable de la mayoría del Pleno del Ayuntamiento, de modo que la Sala de Gobierno del TSJ correspondiente no puede impedir sucesivos nombramientos).

4) En coherencia con este sistema actual, hay que apuntar que el *cese*[43] en sus funciones se producirá por el transcurso del mandato y por las mismas causas que los Jueces de carrera en cuanto les sean de aplicación.

5) En términos generales se dispone por la normativa vigente que los Jueces de Paz tienen los mismos derechos y deberes que están previstos en la LOPJ respecto de los Jueces y Magistrados de carrera, con sus propias especialidades derivadas de su singularidad como jueces legos y con un mandato temporal. Por un lado, en cuanto a los derechos destacan: a) inamovilidad, mientras dure su cargo; b) derecho a carné acreditativo de su condición[44]; c) en el ámbito protocolario, tendrán el mismo tratamiento y precedencia reconocido a los Jueces de Primera Instancia e Instrucción; d) Retribución por el desempeño de sus funciones[45] ; e) régimen de licencias y permisos previstos para los Jueces y Magistrados de Carrera, con las excepciones que se deriven de la naturaleza de su cargo y de su carácter

---

41 Art. 101.1 LOPJ y arts. 4. 20.3, Reg CGPJ 3/1995.

42 Es posible que, agotado el mandato del Juez de Paz, la Sala de Gobierno del TSJ correspondiente lo prorrogue hasta la toma de posesión del nuevo Juez de Paz (art. 28.1 a) Reglamento CGPJ 3/1995).

43 Art. 103.2 LOPJ.

44 Art. 22 Reg CGPJ 93/1995.

45 Art. 103.1 LOPJ. De este modo, también se concreta un poco más en el art. 49 LDYPJ al disponer: "Los Jueces de Paz percibirán una retribución con arreglo a los módulos que se fijen en la Ley de presupuestos Generales del Estado en función del número de habitantes de derecho de la localidad.2. La percepción a que se refiere el apartado anterior de este artículo será compatible con las percepciones ordinarias obtenidas por el interesado en el ejercicio de actividades profesionales o mercantiles. En ningún caso supondrá reconocimiento de dependencia alguna con respecto al Ayuntamiento."

no profesional. Por otro, en relación a los deberes hay que tener en consideración: a) Deber de residencia en la población donde tenga su sede el Juzgado de Paz, pero la Sala de Gobierno del TSJ puede autorizarle por causas justificadas la residencia en un lugar distinto, siempre que sea compatible con el exacto cumplimento de los deberes propios de su cargo; b) Establecer horario de audiencia, con la correlativa publicidad; c) Deber de confidencialidad o secreto, no pudiendo revelar los hechos o noticias referentes a personas físicas o jurídicas de los que haya tenido conocimiento en el ejercicio de sus funciones.

6) Organización: Cuestión clave es cómo se estructura cada Juzgado de Paz. Pieza esencial en este contexto será la Secretaría u Oficina Judicial, al frente de la cual estará un Secretario, y que estará compuesta asimismo, por el número de funcionarios que resulte adecuado a la carga de trabajo existente. La realidad con la que nos encontramos, especialmente en el ámbito rural y en pequeños municipios, con muy poca población, es que no es sostenible en estos casos una Oficina Judicial para cada Juzgado, de ahí que la ley permita que exista una sola Oficina Judicial para varios Juzgados de Paz (art. 99.2 LOPJ) lo que ha dado lugar al fenómeno de las denominadas "Agrupaciones de Secretarias de Juzgados de Paz"[46] que implica la aparición de un conjunto funcionarial único al servicio de varios Juzgados de Paz de municipios limítrofes y de ese modo también esto significa que comparten gastos. En este sentido también hay que diferenciar el número de habitantes de las diferentes poblaciones que se verán afectadas[47]. De ese modo, en poblaciones de más de 7.000 habitantes, las Secretarías estarán desempeñadas por un/a Oficial de la Administración de Justicia. Por su parte, en los Juzgados de Paz de inferior población, la Secretaria/o se nombra por el Ayuntamiento respectivo que lo nombrará al Ministerio de Justicia. Por último, en general son los Ayuntamientos los que se hacen cargo de las instalaciones y demás medios instrumentales del Juzgado de Paz[48], aunque en casos concretos, pueda hacerse cargo el Estado o la Comunidad

---

[46] Se pueden consultar todas las actuales Agrupaciones de secretarias de juzgados de Paz en https://www.mjusticia.gob.es/es/servicio-justicia/organizacion-justicia/cartografia-judicial/secretarias-agrupaciones

[47] Art. 51.2 LDYPJ: "No obstante, en los Juzgados de Paz de poblaciones de más de 7.000 habitantes y en aquellos otros Juzgados de Paz en los que la carga de trabajo lo justifique prestarán servicio funcionarios de los Cuerpos al servicio de la Administración de Justicia, con arreglo a las plazas que se prevean en la plantilla de dichos Cuerpos".

[48] Art. 51.3 LDYPJ.

Autónoma, si bien se prevé consignar en los Presupuestos Generales del Estado créditos para subvencionar a los Ayuntamientos por la carga que se le impone, en función del número de habitantes de derecho[49].

7) Responsabilidad. En el ejercicio de la potestad jurisdiccional los jueces de paz también deben ser responsables, en los mismos términos que los jueces y magistrados de carrera. De modo que pueden incurrir en tres clases de responsabilidad (civil, arts. 292 a 297 y 411 a 413 LOPJ; penal, arts. 405 a 410 LOPJ; disciplinaria, arts. 414 a 427 LOPJ).

8) Por último, debemos considerar la *competencia* que tienen atribuida los Juzgados de Paz. Es importante destacar que tienen competencias[50] (art. 100 LOPJ) en el orden civil[51] (de la sustanciación en primera instancia, fallo y ejecución de los procesos que la ley determine y cumplirán también las demás funciones que la ley les atribuya) y en el orden penal[52]

---

49 Art. 52 LDYPJ.

50 En detalle vid, ETXEBERRIA BEREZIARTU, E., "Las competencias del juez y la jueza de paz en general y su actuación", en *Presente y futuro de la justicia de paz*...cit., pp. 63-111; ETXEBERRIA ESTANKONA, K., "La competencia de los Juzgados de Paz en materia civil", en *Presente y futuro de la justicia*...cit., pp. 112-141; BONET NAVARRO, J., *Justicia de Paz y Alternativa,* Madrid, Dykinson, 2014, pp. 85- 130.

51 Hay que tener en cuenta que desde el 22 de julio de 2014 por la Ley Orgánica 8/2011, de 21 de julio, complementaria de la Ley del Registro Civil, por la que se modifica la Ley Orgánica 6/1985, de 1 de julio, del Poder Judicial, los Juzgados de Paz ya no tienen competencias relacionadas con el Registro Civil. Sobre la situación anterior y la labor que realizaban los Juzgados de Paz en este ámbito vid. PÉREZ ESTRADA, M.J., "EL Registro Civil: función de los Juzgados de Paz. Hacia un nuevo Registro Civil", en *Presente y futuro de la justicia de paz*... cit, pp. 142-154.

52 Téngase en cuenta que, al desaparecer las faltas en el año 2015, actualmente el conocimiento y fallo de los juicios por delito leve, le corresponde al Juez de Instrucción, salvo que la competencia corresponda al Juez de Violencia sobre la Mujer (art. 87.1 c) LOPJ). Vid. *Disposición final segunda de Ley Orgánica 1/2015, de 30 de marzo, por la que se modifica la Ley Orgánica 10/1995, de 23 de noviembre, del Código Penal.* Se realiza esta observación ya que en el art. 100 LOPJ se mantiene todavía la versión anterior a esta reforma al establecer que los Juzgados de Paz "En el orden penal, conocerán en primera instancia de los procesos por faltas que les atribuya la ley". Esta referencia debe considerarse derogada desde la Ley 1/2015 indicada.

(podrán intervenir, igualmente, en actuaciones penales de prevención, o por delegación, y en aquellas otras que señalen las leyes)[53].

Con estas breves pinceladas sobre el significado y alcance de los Juzgados de Paz en el ordenamiento jurídico[54], debemos ser conscientes, de que, obviamente, las necesidades que propiciaron la creación de estos juzgados, ya no persisten en la actualidad[55]. Es evidente, que su mayor carga de trabajo reside en practicar exhortos en el orden jurisdiccional penal y civil. Tal y como indica ESPARZA LEIBAR, "parece razonable proponer un mejor empleo, una potenciación de dicho instrumento por parte de la legislación, lo que redundaría en una mayor eficiencia del sistema y, con casi toda probabilidad, en una mayor satisfacción por parte de la ciudadanía, cuyos conflictos debe- en un Estado de Derecho- resolver la institución del Poder Judicial"[56]. Parece indiscutible que, a la vista del análisis efectuado, se hace preciso reflexionar sobre la necesidad de estos órganos y una mejor organización[57]. Así, lo sensato será aprovechar

---

53 Diligencias que adquirirán gran importancia en materia de la cooperación jurisdiccional que se contempla en el artículo 273 LOPJ, en relación a actuaciones que hayan de practicarse fuera de la circunscripción del tribunal, o fuera del término municipal en que tenga su sede el tribunal que las haya ordenado.

54 Vid. CGPJ, *Libro Blanco de la Justicia* 1998. Capítulo quinto, donde se hace referencia especial a la justicia de paz. En este documento ya se apuntaban los distintos problemas que se apreciaban.

55 Sostiene GASCÓN INCHAUSTI: "Es evidente que los Juzgados de Paz, en tanto que órganos jurisdiccionales, están infrautilizados o más llanamente no existen... No son, pues, órganos que ejerciten realmente la potestad jurisdiccional, pues es prácticamente irrelevante su labor de aplicación del Derecho al caso concreto", "La figura del juez de paz en la organización judicial española", en *Reforma Judicial. Revista Mexicana de Justicia*, núm. 8, julio-diciembre 2006, p.29.

56 ESPARZA LEIBAR, I.: "Sobre el potencial de la justicia de paz en España, en relación con el reforzamiento de la eficiencia y la correlativa legitimación social del Poder Judicial" en *Presente y futuro de la justicia de paz en el ordenamiento jurídico españo*l, Bilbao, UPV, 2013, p. 39.

57 CASTILLEJO MANZANARES, R., "Más allá de la figura actual de los jueces y juezas de paz", en *Presente y futuro de la justicia de paz en el ordenamiento jurídico español...* cit., p. 182 y 183. Esta autora insiste en la necesidad de dotar al personal que esté a cargo de la justicia de paz de adecuada formación para que ésta revierta a la ciudadanía usuaria de los mismos.

la experiencia de los jueces de paz para reforzar institucionalmente la solución extrajurisdiccional[58] de los conflictos jurídicos[59].

IV. MODELOS: BREVE APROXIMACIÓN AL DERECHO COMPARADO

Desde el punto de vista comparado, debemos resaltar que existen diferentes modelos de justicia de proximidad, de modo que a continuación, hemos seleccionado aquellos aspectos que, desde nuestro punto de vista, pueden contribuir a un mejor entendimiento de esta justicia de proximidad, y al mismo tiempo pueden ayudarnos a identificar los puntos fuertes y débiles fruto de la experiencia de otros ordenamientos jurídicos.

En cuanto al *origen o antecedentes* en otros sistemas jurídicos, debemos poner de relieve que Inglaterra y Gales, cuentan con un sistema que tradicionalmente[60] ha apostado decididamente por encomendar la justicia a jueces legos, pudiendo incluso afirmarse que es el sistema legal con mayor experiencia en este sentido[61]. Por su parte, en Francia, la justicia de proximidad no se configura como un modelo tan consuetudinario, pero también cuenta con una gran tradición histórica, fruto de su aproximación

---

58 No podemos olvidar si las Oficinas de Justicia que se presentan en el PLEO como una evolución de los Juzgados de Paz, no ofrece servicios propiamente jurisdiccionales, sino de apoyo a los mismos. Tal y como señala ORDEÑANA es incuestionable que pasamos de una "ventanilla" jurisdiccional a una "ventanilla" administrativa. ORDEÑANA GEZURAGA, I., *La Justicia de Paz: nuevos tiempos, ¿nuevas (infra) estructuras?*, Barcelona, Bosch, 2023, p.468-469.

59 Así lo pone de manifiesto ORDEÑANA, I.: "¿Qué va a ser de la justicia de paz en España? Una salida para los actuales jueces y juezas de paz de acuerdo con los nuevos tiempos, en *Presente y futuro de la justicia de paz…*, cit.p. 206.

60 Los orígenes de los jueces de paz se remontan a la proclamación real de 1195, por la cual se crea la figura de los caballeros de la paz, con el fin de apoyar la labor del sheriff a la hora de aplicar la ley. Si bien es cierto que inicialmente su naturaleza fue eminentemente administrativa, a partir del siglo XIV asumieron funciones judiciales, en gran parte por el deterioro de los tribunales locales y la incapacidad de los *assizes* para frenar el incremento de la delincuencia. ZEBALLOS MAUDO, I.: "La justicia de paz en Inglaterra y Gales", en *Presente y futuro de la justicia de paz en el ordenamiento jurídico español…*cit, 2013, p. 285.

61 OROMÍ VALL-LLOVERA, S.: "La justicia de proximidad en Europa (estudio de derecho comparado", en *Revista de Derecho Procesal*, núm. 1, 2006, p. 567.

desde la Revolución Francesa[62]. En cuanto a Italia[63] y Portugal[64] tienen unos jueces de paz similares en su origen a los españoles, distinguiéndose en sus competencias, pues en el caso de Portugal se limitan al ámbito civil y las comparten con mediadores especializados. Estos dos países comparten asimismo la particularidad de que la creación de una justicia no profesional es mucho más reciente 1991 en Italia y 2001 en Portugal[65].

Respecto a las *competencias* hay que recalcar, que todos los modelos de justicia de proximidad coinciden en que la competencia del juez de proximidad debe limitarse a cuestiones civiles de poca entidad o cuantía, y en su caso, a infracciones penales menores. Ahora bien, dependiendo del sistema, no siempre se interpreta del mismo modo lo que

---

62 La Justicia de Paz nace en Francia con la finalidad de ofrecer a todos los ciudadanos una justicia basada en la pacificación y conciliación. Con este objetivo, la reorganización de 1790 creó la figura del juez de paz, como hombre de bien, amigo de la justicia, que ejercía sus funciones basándose principalmente en su conocimiento de las costumbres locales y del carácter de los habitantes, con fundamento en su experiencia y en el buen sentido, apartándose así de las formas complejas impuestas por el derecho. En 1958 fueron creados los tribunales de Instancia para reemplazar a los Juzgados de Paz. Es la Ley nº 2002-1138 de 9 de septiembre de 2002, D´*Orientation et de Programmation pour la Justice*, la norma que introduce las bases para la instauración de la llamada justicia de proximidad. OTAZUA ZABALA, G., "La justicia de paz en Francia", en *Presente y futuro de la justicia de paz …cit*, p. 267. Todo el marco normativo de la justicia de proximidad en Francia está disponible en la web del Ministerio de Justicia. https://www.justice.gouv.fr/grands-dossiers/justice-proximite

63 En Italia la Ley n. 374/1992 creó los Juzgados de Paz, acogiendo mediante esta figura la justicia de proximidad en su sistema judicial. Tras la reforma del poder judicial por el DECRETO LEGISLATIVO 13 luglio 2017, n. 116, Riforma organica della magistratura onoraria e altre disposizioni sui giudici di pace, nonche' disciplina transitoria relativa ai magistrati onorari in servizio, a norma della legge 28 aprile 2016, n. 57. (17G00129), las figuras del juez honorario y el juez de paz se han fusionado en la figura única del juez de paz honorario. Toda la información actualizada sobre Il Giudice di Pace se puede encontrar disponible en https://www.altalex.com/guide/giudice-di-pace#par1

64 Sobre los orígenes de los juzgados de paz en Portugal, vid. EXTEBERRIA GURIDI, J.F., "El modelo portugués de Juzgados de Paz y la mediación", en *Presente y futuro de la justicia de paz…* cit, pp. 227-231. Este autor explica que el art. 2.1 de la Ley 78/2001 consagra como uno de los principios caracterizadores de la Justicia de Paz, el de participación ciudadana, en contraposición a la justicia que se imparte en los restantes tribunales judiciales.

65 Se pueden consultar las iniciativas en este sentido en https://dgpj.justica.gov.pt/Planeamento-e-Politica-Legislativa/Modernizacao-da-Justica/Plano-Justica-Proxima

debe entenderse por "poca entidad o cuantía". En el modelo francés, hay que tener en cuenta que la *Ley orgánica de 23 de marzo de 2019 sobre el fortalecimiento de la organización de los tribunales* [66] ha supuesto un cambio significativo al crear los denominados Tribunales de Proximidad[67] que tendrán competencia en el orden civil para conocer de los asuntos cuya cuantía no exceda de los 10.000 euros[68] y antes de acudir a esta vía, debe intentarse una solución amistosa de la disputa[69]. En Italia, por su parte,

---

66 Para simplificar los procedimientos judiciales y adaptarse a los nuevos desarrollos digitales, a partir del 1 de enero de 2020 en Francia se ha implantado una reforma judicial sobre la organización y el funcionamiento de los tribunales. Los tribunales de instancia y de *Grande Instance* que existían en una misma ciudad se agrupan en una sola jurisdicción: el tribunal judicial, *tribunal judiciarie.* El tribunal de instancia ubicado en un municipio diferente de un tribunal de *grande instance* se convierte en una instalación separada de este tribunal, llamado *tribunal* de proximité. Esta nueva organización garantiza un mantenimiento de justicia de proximidad local ya que no ha sido eliminado ningún sitio judicial. Vid. *LOI organique* n° 2019-221 du 23 mars 2019 relative au *renforcement de l'organisation des juridictions,*

67 Art. L212-8 *Code de L´Organisation Judiciaire: " Le tribunal judiciaire peut comprendre, en dehors de son siège, des chambres de proximité dénommées "tribunaux de proximité", dont le siège et le ressort ainsi que les compétences matérielles sont fixées par décret.Ces chambres euvent se voir attribuer, dans les limites de leur ressort, des compétences matérielles supplémentaires, par une décision conjointe du premier président de la cour d'appel et du procureur général près cette cour, après avis des chefs de juridiction et consultation du conseil de juridiction concernés."*

68 Conocerán de disputas en el ámbito civil que no superen los 10.000 euros, entre otras cuestiones, vid. Art. 212-19 Code de L´Organisation Judiciaire, en la tabla IV del anexo se establece que conocerán de los siguientes asuntos: "*les affaires civiles dont la valeur en litige ne dépasse pas 10 000 euros6 (sauf dispositions contractuelles ou consentement volontaire ou tacite des parties comme en dispose l'article 41 du CPC);les litiges relatifs aux crédits à la consommation ;le surendettement dont le contentieux est réparti entre quatorze tribunaux d'instance selon le décret no 2011-981 du 23 août 2011 ;la saisie et la cession des rémunérations du travail ;certains litiges en cas de contestations en matière d'élections politiques et d'élections professionnelles, de nominations syndicales au sein des entreprises.Le tribunal de proximité a pour rôle de tenter de concilier les parties et à défaut de rendre un jugement. La conciliation peut* être *déléguée à un conciliateur qui officie gratuitement*". Toda la información sobre los Tribunales de proximidad, https://www.service-public.fr/particuliers/vosdroits/F35125

69 Así en Francia, podemos señalar como experiencia interesante en el ámbito de proximidad y la mediación las actuaciones que se están llevando a cabo en este sentido en Beziers, Vid- FULLEDA, A.: "Justicia de proximidad y mediación en Beziers", *RES: Revista de Educación Social,* núm. 2, 2004 (Ejemplar dedicado a: Mediación, disponible en https://eduso.net/res/revista/2/experiencias/justicia-de-proximidad-y-mediacion-en-beziers

el principal protagonismo se centra en la resolución de disputas que surgen entre particulares en la vida cotidiana tanto en el orden jurisdiccional civil como en el penal[70]. En Portugal, sin embargo, solo tienen competencias en las causas declarativas civiles de menor complejidad o valor[71], pero son mucho más amplias que las de sus homólogos españoles. La determinación de las competencias de los magistrados legos ingleses abarca el ámbito civil[72] y penal[73], aunque se concede más relevancia a este último.

No menos interesante es el aspecto relacionado con los *requisitos* que se exigen para poder ser juez de proximidad. Por lo general, se suelen establecer unos requisitos para ejercer como juez de proximidad y se determina la necesidad de proceder a una especialización para lograr su adecuada formación. Así en el sistema inglés, se seleccionan teniendo en cuenta una serie de cualidades personales, pero no se exigen conocimientos legales específicos[74]. En Italia por su parte, se requiere además de la ciudadanía italiana y el ejercicio de los derechos civiles y políticos, que el candidato tenga buena aptitud física y psíquica para el desempeño del cargo, tener una conducta incensurable y tener entre veintisiete y setenta años de edad, así como el título de abogado[75]. Más diferente es el

---

70 En el ámbito civil art. 113 *Codice di procedura civile* y Decreto Legislativo 28 agosto 2000, n. 274 "Disposizioni sulla competenza penale del giudice di pace, a norma dell'articolo 14 della legge 24 novembre 1999, n. 468".

71 En relación con la competencia objetiva, la ley 78/2001 diferencia competencia por razón de la cuantía (art. 8) cuando no exceda de 15.000 euros, y por razón de la materia (art. 9) en el orden civil (por ejemplo, entre otras acciones de entrega de cosas muebles, acciones relativas al arrendamiento urbano, excepto las acciones de desahucio, etc) y en la indemnización civil cuando no haya sido ejercitada acción criminal o después de haber desistido de la misma (pej entre otras, de ofensas corporales simples, ofensas a la integridad física por negligencia, difamación, injurias, hurto simple)

72 Family Court, https://www.judiciary.uk/you-and-the-judiciary/going-to-court/family-law-courts/

73 Son los denominados *Magistrates Courts*, https://www.judiciary.uk/you-and-the-judiciary/going-to-court/magistrates-court/

74 Esas cualidades son: Buen carácter, compromiso y fiabilidad, conciencia social, buen juicio, comprensión y comunicación, madurez y temperamento sano, https://www.magistrates-association.org.uk/about-magistrates

75 El nombramiento es por un periodo de cuatro años renovable una sola vez por igual tiempo, sin perjuicio de que, transcurridos cuatro años desde el último nombramiento, puedan ser elegidos de nuevo siempre que no hayan cumplido los 75 años.

caso portugués, donde hay coincidencia en cuanto a todos los requisitos de acceso ya mencionados, pero además se exige adicionalmente, estar en posesión de la licenciatura en Derecho y tener una edad superior a los treinta años[76].

Entendemos que aquellos ordenamientos internos que han fijado una edad concreta, persiguen asegurar, en mayor medida, que la persona candidata tiene mayor grado de madurez.

En todos los aspectos que hemos mencionado, podemos observar que si bien existen ciertas diferencias en el origen, las competencias o los requisitos para poder ser jueces de proximidad, todos tienen como común denominador el objetivo de crear unos tribunales que ocupan el primer escalón en la pirámide judicial y persiguen dar una respuesta ágil y efectiva a los ciudadanos respecto a sus controversias en el ámbito fundamentalmente civil (aunque también penal en algunos sistemas) que tienen ese componente de cotidianeidad.

V. ESPECIAL REFERENCIA A LA COMUNITAT VALENCIANA

En el panorama de la Comunidad Valenciana debemos mencionar el proyecto denominado "Justicia Próxima"[77] que persigue transformar los juzgados de paz de los 96 municipios de más de 7.000 habitantes (cuyo funcionamiento depende de la Consellería) en oficinas de orientación jurídica y mediación[78]. En estas oficinas se dará a la ciudadanía una respuesta rápida a sus dudas de carácter jurídico y a sus necesidades de tramitación administrativa sin necesidad de desplazarse a las localidades que son cabeza de partido judicial[79]. En este sentido, se pretende conceder

---

76 Art. 23. B y c) Ley 78/2001.

77 Toda la información sobre el proyecto de justicia próxima y el servicio de orientación jurídica de proximidad se encuentra disponible en https://www.cvca.es/el-proyecto-justicia-proxima-el-servicio-de-orientacion-juridica-de-proximidad/

78 GVA, La nueva cara de la Justicia, Plan de infraestructuras judiciales de la Comunitat Valenciana, https://cjusticia.gva.es/documents/19318332/166156026/LA+NUEVA+CARA+DE+LA+JUSTICIA_ES.pdf/b452f1c3-d0c2-476b-9934-00b9ddf42510

79 GVA, Noticias, "Bravo explica a los ayuntamientos el proyecto que transformará los juzgados de paz en oficinas de orientación jurídica y mediación"

un especial protagonismo[80] a los MASC[81] en coherencia con lo previsto en el proyecto de *Ley de medidas de eficiencia procesal del servicio público de Justicia*[82], de 22 de abril de 2022.

Este ambicioso plan gira en torno a 4 ejes distintos y actuaciones con el objetivo de mejorar la justicia entendida como un servicio público para los

---

28/07/2021, https://www.gva.es/es/inicio/area_de_prensa/not_detalle_area_prensa?id=969852

80 Tal y como destaca BARONA VILAR, las ADR_MASC plantean numerosas cuestiones que merecen de una reflexión en profundidad: "1) Nuevos operadores jurídicos (registradores, notarios, procuradores, administradores de fincas.. etc). 1.No podemos olvidar que los jueces siguen siendo una pieza esencial para que estos métodos funcionen; 2. Los MASC son asimétricos, heterogéneos y plurales, de modo que habrá que estudiar detalladamente cada tipología conflictual y adaptarla a las necesidades de las personas en conflicto; 3. Hay que tener en cuenta las guías de actuación que existen a nivel internacional y europeo; 4. Convergencia entre ADR y tecnología, dando lugar a las ODR (*On line Dispute Resolution*) con todo lo que ello implica. BARONA VILAR, S.: "Métodos alternativos de resolución de conflictos en la sociedad digital y global del Siglo XXI", en *Diario La Ley,* núm. 9924, 2021. En detalle, BARONA VILAR, S.: "Medios de solución de conflictos no judiciales ni procesales: De la negociación a la mediación", en *Introducción al Derecho Procesal, Derecho Procesal I,* Valencia, Tirant lo Blanch, 2023, pp. 345-384.

81 Véase al respecto, entre otros, CALAZA LÓPEZ, S.: "Ya llegan los medios adecuados de solución de controversias en vía no jurisdiccional: cuanta más desjudicialización, mejor", en *Actualidad civil,* núm. 6, 2022; MARCOS FRANCISCO, D.: "La incidencia de los MASC en las costas procesales en la proyectada Ley de medidas de eficiencia procesal", en *Revista General de Derecho Procesal,* núm. 57, 2022; MARCOS FRANCISCO, D.: "Reflexiones en torno a los MASC en el Anteproyecto de Ley de medidas de eficiencia procesal", en *Meditaciones sobre mediación (MED+),* Valencia, Tirant lo Blanch, 2022, pp. 63-96; LÓPEZ YAGÜES, V., "La mediación y otros MASC", en *Habilidades y procedimientos en la mediación: de la teoría a la práctica de los MASC,* Pamplona, Aranzadi, 2022, pp. 139-224; VÁZQUEZ DE CASTRO, E.: "Contextualización de la situación de los MASC y la mediación", en *Habilidades y procedimientos en la mediación: de la teoría a la práctica de los MASC,* Pamplona, Aranzadi, 2022, pp. 17-33.

82 En detalle, https://www.congreso.es/docu/docum/ddocum/dosieres/sleg/legislatura_14/spl_49/dosier_sl_49_eficiencia_procesal_servicio_publico_justicia_transparencia.pdf

ciudadanos mediante la modernización e innovación de las infraestructuras actuales[83] para convertirlo en más eficiente[84]

En primer lugar, se aborda la modernización del entorno tecnológico especialmente en los juzgados de paz (99 en 2022). Estas mejoras repercuten en los siguientes ámbitos[85]:

a) Dotaciones de equipos informáticos

b) Acceso a la Red Justicia GVA

   1) Acceso a Intranet, Nómina y Cronos

   2) Utilización de aplicaciones del punto neutral judicial

   3) Empleo de la cita previa

   4) Comunicación telemática por medio de la aplicación corporativa de vídeo conferencia

   5) Práctica de actos judiciales que faciliten a la ciudadanía su interrelación con los órganos judiciales.

En segundo lugar, hay que hacer referencia a Justiprop[86], que consiste en un servicio de orientación, asesoramiento e información jurídica,

---

83 Así se persigue conseguir un servicio público gratuito, próximo y de calidad que, tal y como GARCÍA AÑÓN señala: "Mejora la cohesión de la Comunidad y reduce la brecha territorial acercando los servicios públicos de justicia a la ciudadanía, con independencia del lugar en el cual se habite; Reduce la brecha digital modernizando tecnológicamente los juzgados de paz de municipios de más de 7000 habitantes; Proporciona información y asesoramiento jurídico previo al inicio del procedimiento judicial y ofrece información sobre mediación como alternativa al litigio judicial", en Acceso a la Justicia y el "programa de justicia próxima" en la Comunitat Valenciana, Seminario Justicia Próxima: ¿Una realidad posible?, 5 de octubre de 2023, Universitat Jaume I.

84 Tal y como apunta BARONA VILAR el modelo judicial actual implica la Justicia en busca de la eficiencia y ello lleva aparejada la profusión legislativa y huidas de la Justicia. Entre las consecuencias que se derivan de esta realidad, menciona las siguientes: reducir procedimientos ya existentes; aparición de nuevos operadores jurídicos que participan de esa tutela judicial efectiva y se ha truncado el monopolio procesal. BARONA VILAR, S.: "Retrato de la justicia civil en el siglo XXI: ¿caos o una nueva estrella fugaz?", en *Revista Boliviana de Derecho*, núm. 25, 2018, p. 431-432.

85 *Ibidem.*

86 Toda la información respecto a las Oficinas Justiprop se encuentra disponible en https://cjusticia.gva.es/es/web/reformas-democraticas-y-acceso-a-la-justicia/justiprop

financiado por la Generalitat Valenciana y prestado por profesionales de la abogacía en las dependencias que los ayuntamientos ponen a disposición de la ciudadanía[87].La función que desempeñan estos servicios de orientación se concreta en las siguientes actuaciones[88]:

a) Información a la ciudadanía sobre servicios que prestan la administración de la Generalitat y otras administraciones y organismos públicos en materia de acceso a la justicia, mediación, asistencia a las víctimas del delito, protección de derechos y mecanismo de segunda oportunidad y reducción de la carga financiera; ubicación y datos de contacto de sedes judiciales, Oficinas de Asistencia a las Víctimas del Delito, Oficinas de Denuncias y de Asistencia a las Víctimas de Violencia de Género, Servicios de Orientación y Mediación (SOM); colegios profesionales de la abogacía y de la procura; centros sociales; Registro Civil y cualquier otra entidad que preste servicios relacionados con dichas materias.

b) Información a la ciudadanía sobre recursos públicos o privados a los que acudir para la protección y defensa de sus derechos e interese legítimos.

c) Asesoramiento y orientación jurídicos previos al proceso para las personas que pretendan reclamar la tutela judicial de sus derechos e intereses, cuando tengan por objeto evitar el conflicto judicial o analizar la viabilidad de la pretensión.

d) Información sobre trámites administrativos ante los Registros civil, mercantil y de la propiedad.

e) Apoyo a la ciudadanía para realizar consultas electrónicas de trámites judiciales o administrativos en materia de justicia y/o administración de justicia, en particular en materia de justicia gratuita, colaborando

---

87 En el ejercicio 2021, con el fin de aproximar la justicia a la ciudadanía, se instauró el servicio de orientación jurídica de proximidad en aquellos municipios de más de 7.000 habitantes que contaban con juzgados de paz asistidos por personal de la administración de justicia, y que manifestaron su interés. En el ejercicio 2022, el servicio se extiende a las poblaciones cabeceras de partido judicial.

88 Vid. Disposición Común Quinta de la RESOLUCIÓN de 24 de febrero de 2023, de la *consellera de Justicia, Interior y Administración Pública, de concesión y gestión de la subvención destinada al Consejo Valenciano de Colegios de Abogados para indemnizar las actuaciones realizadas por las personas profesionales de la abogacía derivadas de la prestación de los servicios de orientación jurídica de proximidad y de orientación jurídica en materia de emergencia social y energética recogida en la Ley 9/2022, de 30 de diciembre, de presupuestos de la Generalitat para el ejercicio 2023.* [2023/2891]

con los Servicios de Orientación Jurídica (facilitando las solicitudes a las personas interesadas, ayudándoles a cumplimentarlas y a remitirlas al SOJ correspondiente junto con la restante documentación presentada, etc), acceder a los registros en los que tenga la condición de persona interesada, previa autorización.

f) Información, asesoramiento y orientación jurídica en materia de emergencia social y energética.

Hay que tener en cuenta que este servicio se prestará en las sedes que dependan de cualquiera de las entidades locales o corporaciones de derecho público que muestren su interés, así como en las sedes de la Administración de la Generalitat[89].

En relación a cómo se organiza Justiprop, los servicios cuentan con la estrecha colaboración del colegio profesional respectivo, quien designará el profesional o profesionales que deben prestar servicios en dicha oficina. Asimismo, se establece un horario estándar de un día a la semana con un total de 4 horas diarias en horario de mañana o tarde que puede ser susceptible de cambios en función del incremento o disminución de las actuaciones realizadas[90].

Por otra parte, estas actuaciones que desempeñan los abogados que designa el respectivo colegio profesional se encuentran subvencionadas por parte de la Conselleria de Justicia, Interior y Administración Pública conforme a las resoluciones dictadas a tales efectos en el año 2022 y 2023[91].

Para poder lograr el mejor servicio posible de los profesionales que presten el correspondiente asesoramiento está prevista la realización de actividades destinadas a mejorar la formación de los implicados. Asimismo, será preciso que los colegios proporcionen a estos profesionales la información sobre las actividades que han de realizar y de forma periódica se

---

89 A fecha 20 de septiembre de 2023 hay 25 oficinas en Alicante, 12 en Castellón y 26 en Valencia https://cjusticia.gva.es/documents/162330279/0/2023+09+20+Mapa+JustiPROP+CV+cas.pdf/2fc88248-8eb5-0d2d-5ded-29d5b4824f0e?t=1695205680967

90 GVA, Proyecto Justiprop, p. 3.

91 Ambas resoluciones disponibles en https://cjusticia.gva.es/es/web/reformas-democraticas-y-acceso-a-la-justicia/justiprop

procederá a efectuar la correspondiente evaluación con encuestas efectuadas a los propios usuarios y respectivos colegios de la abogacía[92].

En este sentido, para poder averiguar si está teniendo éxito este servicio podemos contrastar que en tan solo un año el incremento de personas a las que se les ha prestado asistencia ha sido muy significativo tal y como se deprende de la información que aparece reflejada en los siguientes gráficos[93]:

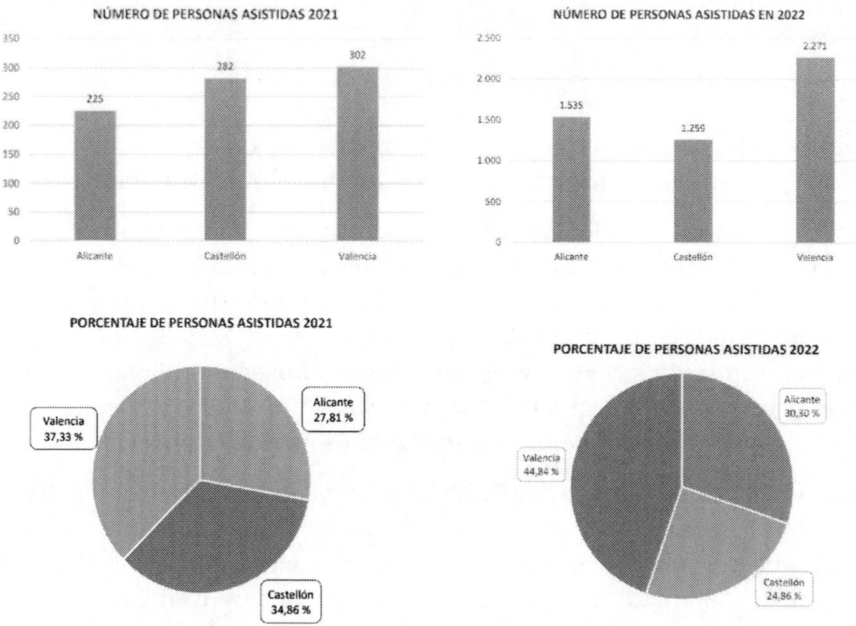

Fuente: Generalitat Valenciana, Datos estadísticos.

Otro de los datos interesantes es el que afecta a la atención recibida por los colectivos vulnerables, siendo las personas mayores y los migrantes el número más representativo en el año 2022:

---

92 Véase en detalle GVA, *Protocolo del Servicio de Orientación Jurídica de Proximidad* (JUSTIPROP).

93 Fuente:https://cjusticia.gva.es/es/web/reformas-democraticas-y-acceso-a-la-justicia/datos-estadisticos/justiprop

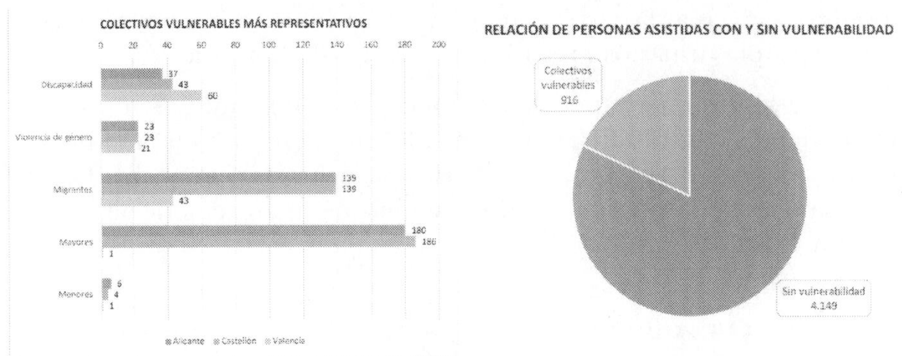

Fuente: Generalitat Valenciana, Datos estadísticos.

En tercer lugar, aparece como otro pilar esencial en este contexto, Mediaprop[94], entendido como un servicio de mediación de proximidad.

En la Comunidad Valenciana[95], el marco normativo en el que se encuentra la mediación es la *Ley 24/2018, de 5 de diciembre, de la Generalitat, de mediación de la Comunitat Valenciana*[96], en el ámbito de sus competencias y de acuerdo con la normativa estatal prevista en la *Ley 5/2012, de 6 de julio, de mediación en asuntos civiles y mercantiles.* Como novedad o elemento diferenciador respecto a la legislación a nivel estatal apuntada, la mediación a nivel autonómico se prevé en todos los ámbitos jurisdiccionales.

Por otra parte, el *Decreto 55/2021, de 23 de abril del Consell,* aprueba el *Reglamento de mediación de la Comunitat Valenciana*[97] que complementa o desarrolla aspectos fundamentales de la regulación legal, como la formación de la persona mediadora, los Registros de Personas y Entidades Mediadoras de la Comunitat Valenciana, estatuto jurídico de los mediadores, la posibilidad de efectuar una mediación por medios electrónicos, informáticos y telemáticos y otras cuestiones contempladas en la ley 24/2018 con el objetivo de dotar a los ciudadanos de mecanismos seguros y eficaces en la resolución de conflictos con todas las garantías y respeto a sus derechos.

---

94 Toda la información sobre las oficinas de Mediaprop se puede encontrar en https://cjusticia.gva.es/es/web/reformas-democraticas-y-acceso-a-la-justicia/que-es-mediaprop

95 Puede consultarse PARDO IRANZO, V., *Aspectos fundamentales de la Mediación civil y mercantil. Especial referencia a la mediación en la Comunitat Valenciana,* Pamplona, Aranzadi, 2021, *passim.*

96 «BOE» núm. 23, de 26 de enero de 2019.

97 DOGV núm. 9076 de 05 de mayo de 2021.

Teniendo en cuenta esta legislación debemos señalar que, para poder realizar mediaciones, se han habilitado espacios adecuados en las sedes judiciales de Alicante, Elche, Castellón y Valencia[98] para llevar a cabo sesiones informativas y, en su caso, mediaciones intrajudiciales y extrajudiciales. Igualmente se permitirá la intervención de la persona mediadora en los procedimientos de mediación extrajudicial. Las mediaciones por lo tanto se van a poder realizar en los SOM (Servicios de Orientación y Mediación) que cuentan con espacios a disposición de las entidades mediadoras (ESPAI MEDIEM) y con otras instalaciones para efectuar sesiones de mediación (ESPAI TROBEM).

Asimismo, en aquellos ayuntamientos que dispongan del servicio de mediación de proximidad, denominada como ya hemos apuntado MEDIAPROP[99], se podrán celebrar mediaciones. Como aspecto atractivo para los ciudadanos es interesante tener en consideración el carácter gratuito de este servicio en los ayuntamientos, de modo que puede resultar más conveniente que acudir a los espacios previstos en las sedes judiciales donde la sesión informativa no se cobra, pero sí el resto de actuaciones.

La finalidad que se persigue mediante la dotación de estas instalaciones, ya sea en sede judicial, ya sea en los ayuntamientos, es promocionar y dar difusión a este mecanismo alternativo de resolución de conflictos. Hasta la fecha, en cuanto a la evolución del resultado de las derivaciones de mediaciones intrajudiciales, si bien es cierto que no se observan significativos incrementos, debemos ser conscientes de que, para poder evaluar proporcionadamente este dato, será necesario esperar unos años más, pues la creación de estos centros es muy reciente y aun no ha transcurrido el tiempo suficiente para poder evaluar si efectivamente estos mecanismos van a constituir una alternativa al sistema judicial[100] con resultados positivos:

---

98 Se pueden consultar las direcciones en https://cjusticia.gva.es/es/web/reformas-democraticas-y-acceso-a-la-justicia/que-es-mediaprop

99 A fecha 28 de marzo de 2023 existen 20 ayuntamientos en Alicante, 5 en Castellón y 26 en Valencia que cuentan con estos servicios. Se puede consultar el listado en el enlace Oficinas MEDIAPROP (ubicación y horarios) https://cjusticia.gva.es/es/web/reformas-democraticas-y-acceso-a-la-justicia/que-es-mediaprop

100 Estadísticas disponibles en https://cjusticia.gva.es/es/web/reformas-democraticas-y-acceso-a-la-justicia/datos-estadisticos/mediacion

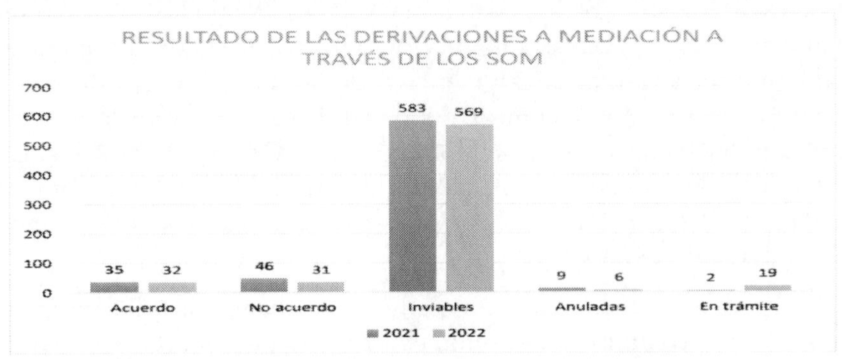

Fuente: Generalitat Valenciana, Datos estadísticos.

En relación a las derivaciones a mediación por jurisdicción parece evidente que es familia, seguido de la jurisdicción civil, donde hay una mayor predisposición para encauzar la resolución del conflicto mediante fórmulas autocompositivas.

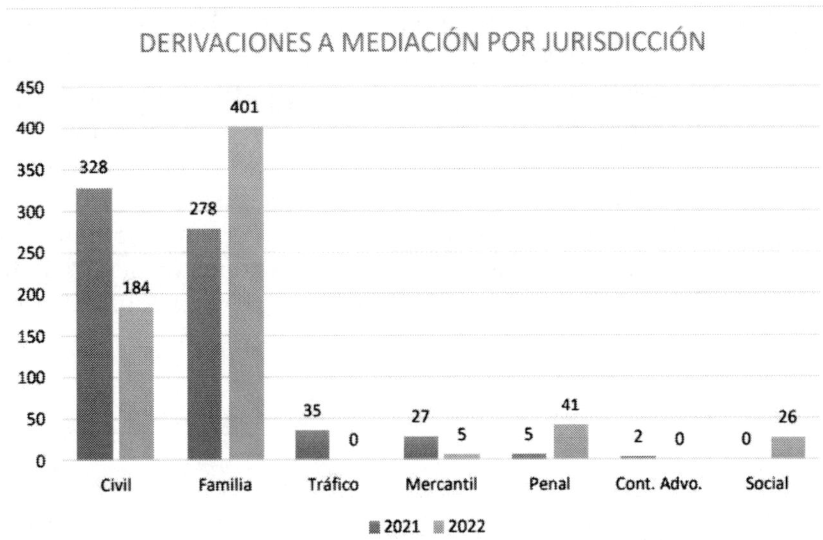

Fuente: Generalitat Valenciana, Datos estadísticos.

En último lugar, hay que resaltar que también se ha mejorado el acceso de los ciudadanos a la justicia especialmente mediante la Red de

Oficinas[101] de la Generalitat de Asistencia a las Víctimas del Delito[102], creando unas oficinas de enlace que permiten que las víctimas no tengan que desplazarse a la cabecera del partido judicial donde se encuentran ubicadas.

Bibliografía

ARMENTA DEU, T., *Justicia de proximidad*. Barcelona, Marcial Pons, 2006.

ASENCIO MELLADO, J. Mª.: "La justicia de proximidad. Un reto y un acierto", en *Práctica de tribunales: revista de derecho procesal civil y mercantil*, núm. 25, 2006, pp. 3-4.

BARONA VILAR, S.: "Medios de solución de conflictos no judiciales ni procesales: De la negociación a la mediación", en *Introducción al Derecho Procesal, Derecho Procesal I*, Valencia, Tirant lo Blanch, 2023, pp. 345-384.

BARONA VILAR, S.: "Métodos alternativos de resolución de conflictos en la sociedad digital y global del Siglo XXI", en *Diario La Ley*, núm. 9924, 2021.

BARONA VILAR, S.: "Claves vertebradoras del modelo de justicia en el siglo XXI", en *Revista Boliviana de Derecho*, núm. 32, 2021, pp. 14-45.

BRANDÉS SÁNCHEZ-CRUZAT, J.M.: "El desafío democrático de la justicia de proximidad", en *Jueces para la democracia*, núm. 48, 2003, pp. 88-95.

CALAZA LÓPEZ, S.: "Ya llegan los medios adecuados de solución de controversias en vía no jurisdiccional: cuanta más desjudicialización, mejor", en *Actualidad civil*, núm. 6, 2022.

CAPELLETTI, M. Y GARTH, B., *El Acceso a la justicia: movimiento mundial para la efectividad de los derechos: informe general*, México, Fondo de Cultura Económica, 1996.

CARRETERO GONZÁLEZ, C.: "Origen y requisitos de la nueva justicia de proximidad en la Ley Orgánica del Poder Judicial", en *Alcalibe: Revista Centro Asociado a la UNED Ciudad de la Cerámica*, núm. 6, 2006, pp. 51-64.

CASTILLEJO MANZANARES, R.: "Más allá de la figura actual de los jueces y juezas de paz", en *Presente y futuro de la justicia de paz en el ordenamiento jurídico español*, Bilbao, Universidad del País Vasco, 2013, pp. 176-186.

COBOS GAVALA, *El Juez de Paz en la organización jurisdiccional española*, Madrid, Ministerio de Justicia,1989.

DE LAMO RUBIO, J., ORTEGA CIFUENTES, J.A Y MANGAS MORALES, S., *Guía Práctica de la Justicia de Paz*, Barcelona, Bosch, 1999.

DAMIÁN MORENO, J. *Los Jueces de Paz*, Madrid, UNED,1987.

ESPARZA LEIBAR, I.: "Sobre el potencial de la justicia de paz en España, en relación con el reforzamiento de la eficiencia y la correlativa legitimación social del Poder

101 La Red de Oficinas se puede consultar mediante un mapa interactivo en https://oficinavictimas.gva.es/es/red-de-oficinas

102 Toda la información disponible en https://oficinavictimas.gva.es/va/

Judicial" en *Presente y futuro de la justicia de paz en el ordenamiento jurídico españo*l, Bilbao, UPV, 2013, pp. 38-44.

ETXEBERRIA BEREZIARTU, E.: "Las competencias del juez y la jueza de paz en general y su actuación", en *Presente y futuro de la justicia de paz en el ordenamiento jurídico español,* Bilbao, Universidad del País Vasco, 2013, pp. 63-111.

ETXEBERRIA ESTANKONA, K.: "La competencia de los Juzgados de Paz en materia civil", en *Presente y futuro de la justicia de paz en el ordenamiento jurídico español,* Bilbao, Universidad del País Vasco, 2013, pp. 112-141.

EXTEBERRIA GURIDI, J.F.: "El modelo portugués de Juzgados de Paz y la mediación", en *Presente y futuro de la justicia de paz en el ordenamiento jurídico español,* Bilbao, Universidad del País Vasco, 2013, pp. 226-265.

FAIREN GUILLÉN, V., *Comentarios a la Ley Orgánica del Poder Judicial de 1 de julio de 1985,* Madrid, Edersa,1986.

FAIREN GUILLEN, V., *Doctrina general del Derecho Procesal, Hacia una Teoría y Ley Procesal Generales,* Barcelona, Bosch, 1990.

FULLEDA, A.: "Justicia de proximidad y mediación en Beziers", *RES: Revista de Educación Social,* núm. 2, 2004 (Ejemplar dedicado a: Mediación), disponible en https://eduso.net/res/revista/2/experiencias/justicia-de-proximidad-y-mediacion-en-beziers

GARATE ZUBIZARRETA, I.: "Competencias penales de los juzgados de paz", en *Presente y futuro de la justicia de paz en el ordenamiento jurídico español,* Bilbao, Universidad del País Vasco, 2013, pp.155-174.

GASCÓN INCHAUSTI, F., "La figura del juez de paz en la organización judicial española", en *Reforma Judicial. Revista Mexicana de Justicia,* núm. 8, julio-diciembre 2006, pp. 183-213.

GÓMEZ COLOMER, J.L.: "El principio: «Due Process of Law», en *Introducción al proceso penal federal de los Estados Unidos de Norteamérica,* Valencia, Tirant lo Blanch, 2013, pp. 109-126.

GUZMAN FLUJA, V. C., "Justicia de proximidad: Un desafío necesario a repensar", en *Justicia de proximidad,* Pamplona, Aranzadi, 2006, pp. 17-47.

JIMÉNEZ ASENSIO, R. "La justicia de proximidad: Propuestas normativas y soluciones institucionales, en *Justicia de proximidad,* Pamplona, Aranzadi, 2006, pp.49-95.

LÓPEZ YAGÜES, V., "La mediación y otros MASC", en *Habilidades y procedimientos en la mediación: de la teoría a la práctica de los MASC,* Pamplona, Aranzadi, 2022, pp. 139-224.

MARCOS FRANCISCO, D.: "La incidencia de los MASC en las costas procesales en la proyectada Ley de medidas de eficiencia procesal", en *Revista General de Derecho Procesal,* núm. 57, 2022.

MARCOS FRANCISCO, D.: "Reflexiones en torno a los MASC en el Anteproyecto de Ley de medidas de eficiencia procesal", en *Meditaciones sobre mediación (MED+),* Valencia, Tirant lo Blanch, 2022, pp. 63-96.

MITHIEUX, M.: "Justicia de proximidad en Francia", en *Documenta laboris: serie de trabajos y estudios de investigación de la Escuela de Graduados,* núm. 4, 2002 (Ejemplar dedicado a: Perspectivas sobre la prevención del delito), pp. 155-168.

MONTERO AROCA, J., "La justicia municipal", en *Estudios de Derecho Procesal*, Barcelona, Bosch, 1981, pp. 73-128.

NIEVA FENOLL, J.: "La justícia de proximitat", en *El Clip*, 2006, https://www.gencat.cat/drep/iea/pdfs/c37.pdf

ORDEÑANA GEZURAGA I.: "¿Qué va a ser de la justicia de paz en España? Una salida para los actuales jueces y juezas de paz de acuerdo con los nuevos tiempos, en *Presente y futuro de la justicia de paz en el ordenamiento jurídico español*, Ed. Universidad del País Vasco, 2013, pp. 187-208.

ORDEÑANA GEZURAGA, I., *La Justicia de Paz: nuevos tiempos, ¿nuevas (infra) estructura?*, Barcelona, Bosch, 2023.

OROMÍ VALL-LLOVERA, S.: "La justicia de proximidad en Europa (estudio de derecho comparado)", en *Revista de Derecho Procesal*, núm. 1, 2006, pp. 563-600.

OTAZUA ZABALA, G.: "La justicia de paz en Francia", en *Presente y futuro de la justicia de paz en el ordenamiento jurídico español*, Bilbao, Universidad del País Vasco, 2013, pp. 266-282.

PARDO IRANZO, V., *Aspectos fundamentales de la Mediación civil y mercantil. Especial referencia a la mediación en la Comunitat Valenciana*, Pamplona, Aranzadi, 2021.

PEDRAZ PENALVA, E.: "Los jueces de proximidad (sobre el Anteproyecto de Ley Orgánica de Modificación de la Ley Orgánica 6/1985, de 1 de julio, del Poder Judicial, en materia de Organización Territorial de la Administración de Justicia)", en *Revista jurídica de Castilla y León*, núm. 8, 2006, pp. 13-68.

POLO PÉREZ, A.: "Justicia de paz: un pasado glorioso y un futuro incierto", en *Presente y futuro de la justicia de paz en el ordenamiento jurídico español*, Bilbao, Universidad del País Vasco, 2013, pp. 21-36.

REQUERO IBÁÑEZ, J.L.: "Jueces de proximidad", en *Justicia de proximidad*, Pamplona, Aranzadi, 2006, pp. 115- 144.

RUIZ GARCÍA, B., "El Estatuto Jurídico del Juez y la Jueza de Paz", en *Presente y futuro de la justicia de paz en el ordenamiento jurídico español*, Ed. Universidad del País Vasco, 2013, pp. 54-62.

TESO GAMELLA, P., "Justicia de Proximidad", en *Justicia de proximidad*, Pamplona, Aranzadi, 2006, pp. 145-163.

VÁZQUEZ DE CASTRO, E.: "Contextualización de la situación de los MASC y la mediación", en *Habilidades y procedimientos en la mediación: de la teoría a la práctica de los MASC*, Pamplona, Aranzadi, 2022, pp. 17-33.

WYVEKENS, A. Y FAGET, J., *La justice de proximité en Europe: pratiques et enjeux*, Toulouse, Erès, 2001.

YEBRA-PIMENTEL VILAR, P.: "Proyectos normativos en la política de selección de jueces: especial referencia a la justicia de proximidad", en *Dereito: Revista xuridica da Universidade de Santiago de Compostela*, Vol. 17, núm. 2, 2008, pp. 209-251.

YLLANES SUÁREZ, J.P.: "La justicia de proximidad: aspectos esenciales de la reforma, *Revista Vasca de Administración Pública*, núm. 77, 2007, pp. 75-86.

ZEBALLOS MAUDO, I., "La justicia de paz en Inglaterra y Gales", en *Presente y futuro de la justicia de paz en el ordenamiento jurídico español*, Bilbao, Universidad del País Vasco, 2013, pp. 283-292.

Capítulo XVII

MASC y vulnerables en situaciones transfronterizas: ¿un binomio posible?

MARÍA GONZÁLEZ MARIMÓN
Prof. Ayudante Doctora de Derecho Internacional privado
Universidad de Valencia

SUMARIO. I. INTRODUCCIÓN: LA PROTECCIÓN DE GRUPOS VULNERABLES EN SITUACIONES TRANSFRONTERIZAS. II. LOS AVANCES EN LA INCLUSIÓN DE LA FIGURA DE LA MEDIACIÓN EN CASOS RELATIVOS A NIÑOS, NIÑAS Y ADOLESCENTES: EL EJEMPLO DE LA SUSTRACCIÓN INTERNACIONAL DE MENORES. 1. La introducción expresa de la mediación y otras vías de resolución de disputas en el nuevo Reglamento Bruselas II ter. 2. Algunas cuestiones pendientes para la circulación de los acuerdos de mediación en la UE. 2.1. La homologación de acuerdos de mediación y el fraccionamiento de la competencia judicial internacional. 2.2. La eficacia extraterritorial de los acuerdos de mediación. III. UN RETO PENDIENTE: LA REFLEXIÓN SOBRE EL PAPEL DE LOS MASC EN LA PROTECCIÓN DE ADULTOS VULNERABLES EN SITUACIONES TRANSFRONTERIZAS. 1. Punto de partida: la difusa categoría de los adultos vulnerables. 2. ¿Tienen los MASC cabida en la protección de adultos vulnerables en situaciones transfronterizas? 2.1. La problemática de mediar en supuestos de adultos vulnerables. 2.2. Una breve aproximación a la legislación española. 2.3. Las escasas menciones a la mediación en las normas de Derecho Internacional privado relativas a la protección de adultos vulnerables. 2.3.1. El Convenio de La Haya del 2000. 2.3.2. La Propuesta de la UE sobre protección de adultos vulnerables en situaciones transfronterizas. IV. ¿UN BINOMIO POSIBLE? V. BIBLIOGRAFÍA.

I. INTRODUCCIÓN: LA PROTECCIÓN DE GRUPOS VULNERABLES EN SITUACIONES TRANSFRONTERIZAS

La revolución tecnológica ha traído como una de sus consecuencias más visibles y directas a la movilidad. Vivimos en un mundo sin fronteras y esta ausencia de barreras afecta también a las familias. Este movimiento se hace especialmente patente en la Unión Europea (en adelante UE), en la que la consolidación de un espacio integrado de libertad, seguridad y justicia favorece la movilidad de personas y familias en su seno[1].

---

1 La Comisión Europea habla así de la existencia actualmente de aproximadamente 16 millones de parejas internacionales en la UE. Información disponible en

La circulación de personas implica, de forma ineludible, el traslado de personas necesitadas de una especial protección. Por ello, crecientemente se está focalizando la atención no solo en la movilidad de personas, sino también, en proporcionar un marco jurídico adecuado para la movilidad de personas pertenecientes a grupos vulnerables.

Esta idea se remonta a la etapa de internacionalización, europeización y constitucionalización de los derechos humanos que, desde su surgimiento, ha estado en constante evolución, incrementando paulatinamente su capacidad de influencia en el resto del ordenamiento jurídico. Lo que con el tiempo desencadenará un proceso de concreción o especificación de los derechos humanos, de auténtica especialización finalista, que desembocará en la articulación de normas específicas tendentes a explicitar y garantizar el respeto de los derechos humanos de las personas pertenecientes a distintos colectivos potencialmente vulnerables, y, por tanto, requeridos de una protección reforzada.

Toda esta evolución se ha visto igualmente plasmada en la disciplina de Derecho Internacional privado (en adelante DIPr)[2], en la que se ha reivindicado la necesidad de reorientar los objetivos y la función del Derecho Internacional privado de forma que se opte por "unos fundamentos que permitan, no sólo reforzarlo, sino convertirlo en una herramienta ética de prevención y solución de muchos de los conflictos actuales"[3]. Llegando a hablar, incluso, de una "función protectora colectiva de DIPr."[4], la cual impulse la defensa de determinados intereses vulnerables que vayan más allá del individuo, y que se centren en el resultado más que en la norma en sí[5].

Junto con esta tendencia, la UE ha venido manteniendo desde hace años una posición marcadamente propicia al fomento de las ADRs o MASC como vías para resolver las controversias que puedan surgir en el espacio

---

https://ec.europa.eu/info/policies/justice-and-fundamental-rights/civil-justice/family-law/overview-family-matters_en#crossborderimplicationsinfamilylaw, último acceso el 15.10.2023.

2 Sobre la conexión entre los derechos humanos y el Derecho Internacional privado, vid., entre otros, BARATTA, R., "Derechos fundamentales y Derecho internacional privado de familia", *Anuario español de Derecho Internacional privado,* t. XVI, 2016, pp. 103-126.

3 ESPINOSA CALABUIG, R., "Derecho Internacional privado europeo y protección de grupos vulnerables", *Revista General de Derecho Europeo,* n.º 54, 2021, p. 2.

4 *Ibídem.*

5 *Ibídem.*

jurídicamente integrado que conforma la Unión[6]. Y ello, en el contexto una tendencia global favorable a la exploración de vías alternativas a los Tribunales estatales[7]. En efecto, el impulso de los medios alternativos de resolución de controversias ha sido constante en los últimos años[8].

El presente Capítulo pretende combinar estos dos binomios, vulnerables en situaciones transfronterizas y métodos alternativos de solución de conflictos, a través del ejemplo de las recientes iniciativas que se han llevado en el Derecho Internacional privado de la UE en materia de sustracción internacional de menores y en materia de adultos vulnerables. Con estos dos ejemplos se pretende reflexionar sobre las líneas de futuro que va a seguir este binomio que necesariamente acompañará de forma creciente a las sociedades posmodernas en las que vivimos.

II. LOS AVANCES EN LA INCLUSIÓN DE LA FIGURA DE LA MEDIACIÓN EN CASOS RELATIVOS A NIÑOS, NIÑAS Y ADOLESCENTES: EL EJEMPLO DE LA SUSTRACCIÓN INTERNACIONAL DE MENORES

La sustracción internacional de menores se presenta en nuestros días como un ejemplo paradigmático de la complejidad de los asuntos transfronterizos en los que se ven involucrados niños, niñas y adolescentes, en los que debe primar el principio del interés superior del menor[9], y,

---

6 En este sentido PALAO MORENO, G., "Cross-border mediation in Spain", en AA.VV. (coords.), *Entre Bruselas y La Haya: Estudios sobre la unificación internacional y regional del Derecho internacional privado. Liber amicorum Alegría Borrás,* Marcial Pons, Madrid, 2013, p. 641.

7 Vid. BARONA, S. y ESPLUGUES, C., "ADR Mechanisms and Their Incorporation into Global Justice in the Twenty-First Century: Some Concepts and Trends", en ESPLUGUES, C. y BARONA, S.: *Global Perspectives on ADR,* Intersentia, Cambridge, 2014, pp. 7-16.

8 Como ejemplo paradigmático de ello, el art. 81 del Tratado de Funcionamiento de la Unión Europea, Versión Consolidada del Tratado de Funcionamiento de la Unión Europea, *DO* C 326/47, de 26.10.2012, reconoce el papel trascendente que estos mecanismos poseen en el entramado de justicia civil europeo.

9 Sobre la interpretación de este principio en casos de sustracción internacional de menores vid., por todos, GONZÁLEZ MARIMÓN, M., "El principio del interés superior del menor en supuestos de sustracción ilícita internacional: la jurisprudencia del TJUE y del TEDH", en GARCÍA GARNICA, M.C. y MARCHAL ESCA-

además, concurren realidades con múltiples aristas[10]. Máxime en unos momentos en que se reivindica una redefinición del marco normativo de la sustracción internacional de menores y la búsqueda de una clarificación de sus fuentes y de su interacción[11].

La respuesta jurídica frente a la sustracción internacional de menores en la UE muestra una pluralidad de fuentes legales que buscan desincentivar este fenómeno. Principalmente, se trata de un marco jurídico tripartito conformado por el juego entre el Reglamento (UE) 2019/1111 del Consejo, de 25 de junio de 2019, relativo a la competencia, el reconocimiento y la ejecución de resoluciones en materia matrimonial y de responsabilidad parental, y sobre la sustracción internacional de menores[12] (en adelante Reglamento Bruselas II ter o Reglamento 2019/1111) y el Convenio de La Haya de 25 de octubre de 1980 sobre aspectos civiles del secuestro internacional de menores[13] (en adelante, Convenio de La Haya de 1980)[14]. Recientemente, este marco normativo ha sido reformado con la aprobación del nuevo Reglamento Bruselas II ter, el cual entró en aplicación el 1 de agosto de 2022[15], y que viene a sustituir al Reglamento (CE) nº. 2201/2003 del Consejo de 27 de noviembre de 2003 relativo a la competencia, el reconocimiento y la ejecución de resoluciones judiciales en materia matrimonial y de responsabilidad parental, por el que

---

LONA, N. (dirs.), *Aproximación interdisciplinar a los retos actuales de protección de la infancia dentro y fuera de la familia*, Aranzadi, Madrid, 2019, pp. 637- 658.

10 En este sentido vid. PARLAMENTO EUROPEO, "40 Years of The Hague Convention on Child Abduction: Legal and Societal Changes in the Rights of a Child", *Policy Department for Citizens' Rights and Constitutional Affairs Directorate-General for Internal Policies*, 2020. Versión *on line* disponible en https://www.europarl.europa.eu/RegData/etudes/IDAN/2020/660559/IPOL_IDA(2020)660559_EN.pdf, último acceso el 2.10.2023.

11 Sobre la evolución del sistema de fuentes en materia de sustracción internacional de menores vid., por todos, BORRÁS, A., "La sustracción internacional de menores: del Convenio de La Haya de 1980 al Reglamento Bruselas II ter", en AA.VV., *El Derecho Internacional privado entre la tradición y la innovación. Libro homenaje al Profesor Doctor José María Espinar Vicente*, Iprolex, Madrid, 2020, pp. 159-174.

12 *DO* L 178, de 2.7.2019.

13 *BOE* de 24.8.1987, corr. errores *BOE* de 30.6.1989, y *BOE* de 24.1.1996.

14 Que queda complementado por la interacción puntual del Convenio de La Haya de 19 de octubre de 1996 relativo a la competencia, la ley aplicable, el reconocimiento, la ejecución y la cooperación en materia de responsabilidad parental y de medidas de protección de los niños, *BOE*, de 2.10.2010.

15 Vid. art. 100.1 del Reglamento Bruselas II ter.

se deroga el Reglamento (CE) nº. 1347/2000[16] (en adelante Reglamento Bruselas II bis).

Precisamente, como una de las novedades de las reformas introducidas en materia de sustracción internacional de menores, el Reglamento Bruselas II ter fomenta el empleo de la medicación u otras formas de resolución de litigios como una vía eficaz para la resolución de estos supuestos[17]. En este contexto, el presente apartado tiene por objeto el análisis de la nueva regulación de la mediación y otras vías de resolución de litigios en el Reglamento Bruselas II ter[18].

1. La introducción expresa de la mediación y otras vías de resolución de disputas en el nuevo Reglamento Bruselas II ter

En este contexto de impulso de las ADR por parte de las instituciones de la UE, el antiguo Reglamento Bruselas II bis, tan solo realiza una mención tangencial respecto a su utilización[19]. En efecto, en su artículo 55, menciona que a petición de una autoridad central de otro Estado miembro o de un titular de la responsabilidad parental, las autoridades centrales cooperarán en asuntos concretos con el fin de cumplir los objetivos del Reglamento[20].

---

16 *DO* L 338, de 23.12.2003.

17 En profundidad sobre las reformas introducidas en el Reglamento Bruselas II ter en materia de sustracción internacional de menores vid. GONZÁLEZ MARIMÓN, M., "La regulación de la sustracción internacional de menores en el Reglamento Bruselas II ter y sus principales novedades: hacia una mejor protección del interés superior del menor", *Cuadernos de Derecho Transnacional*, 2022, v. 14, n.º 1, pp. 286-312.

18 En efecto, abundante doctrina se refiere al empleo de la mediación como una vía eficaz de resolución de supuestos de sustracción internacional de menores. Entre otros vid. GONZÁLEZ BEILFUSS, C., "La sustracción de menores en el nuevo Reglamento 2019/1111", en AA.VV., *Relaciones transfronterizas, globalización y Derecho. Homenaje al Prof. Dr. José Carlos Fernández Rozas, Civitas-Thomson Reuters*, Cizur Menor (Navarra), 2020, p. 397; AZCÁRRAGA MONZONÍS, C., "Sustracción internacional de menores: vías de actuación en el marco jurídico vigente", *Revista Boliviana de Derecho*, n.º 20, julio 2015, pp. 192-213; SOTO RODRÍGUEZ, M.L.: "La mediación en la sustracción internacional de menores en la Unión Europea", *Revista de Estudios Europeos*, n.º 71, 2018, pp. 149-170.

19 Al respecto vid., por todos, CHÉLIZ INGLÉS, M.C., *La sustracción internacional de menores y la mediación. Retos y vías prácticas de solución*, Valencia, Tirant Lo Blanch, 2019.

20 Al respecto vid. GONZÁLEZ MARIMÓN, M., "El fomento de la mediación en casos de sustracción internacional de menores en el Reglamento Bruselas II ter", en

Frente a este limitado marco jurídico, el Reglamento Bruselas II ter supone un paso adicional en el fomento de la mediación, y cualquier otro medio de resolución alternativa de disputas[21]. Y ello porque el legislador de la UE asume que en todos los asuntos que afecten a menores, y en particular en los asuntos de sustracción internacional de menores, "*los órganos jurisdiccionales deben contemplar la posibilidad de llegar a una solución a través de la mediación u otros medios apropiados, con la ayuda, cuando corresponda, de las redes y estructuras de apoyo existentes para la mediación en las controversias transfronterizas en materia de responsabilidad parental*" [22].

En primer lugar, el citado Reglamento reproduce en su artículo 79 la referencia a la adopción por las autoridades centrales requeridas, ya sea de forma directa o por conducto de los órganos jurisdiccionales, de las medidas adecuadas para "*g) facilitar la celebración de acuerdos entre los titulares de la responsabilidad parental a través de la mediación o por otros medios alternativos de resolución de litigios, y facilitar con este fin la cooperación transfronteriza*".

En segundo lugar, se avanza en la aceptación de partida del recurso a los mecanismos ADR como forma de resolver las disputas en materia de responsabilidad parental al incorporar un precepto, el artículo 25 del Reglamento Bruselas II ter que aborda, específicamente, el supuesto de la mediación intrajudicial[23]. Este precepto se sitúa dentro del Capítulo III, relativo, específicamente a la regulación de la sustracción internacional de menores, constituyendo, por tanto, una de las grandes novedades en esta materia.

BARONA VILAR, S. (Ed.), *Meditaciones sobre mediación (Med+)*, Tirant Lo Blanch, Valencia, 2022, pp. 399 y ss.

21 La Conferencia de La Haya de Derecho Internacional privado también fomenta el uso de la mediación, como muestra el desarrollo de una Guía de buenas prácticas. HCCH, "Guía de Buenas Prácticas en virtud del Convenio de La Haya de 25 de octubre de 1980 sobre los Aspectos Civiles de la Sustracción Internacional de Menores. Mediación", 2012. Versión *on line* disponible en https://assets.hcch.net/docs/b9315187-a07c-4f4f-a6c4-f764701bd80a.pdf, último acceso el 10.10.2021.

22 Considerando 43 del Reglamento Bruselas II ter. Asumiendo, sin embargo, que puede haber supuestos en que la referencia a la mediación no siempre resulta apropiada: tal sería el caso, "*en especial*" de los supuestos de violencia sobre la mujer.

23 Al respecto vid. DIAGO DIAGO, P., "Artículo 25 Formas alternativas de resolución de conflictos", en PALAO MORENO, G. (Dir.), *El nuevo marco europeo en materia matrimonial, responsabilidad parental y sustracción de menores Comentarios al Reglamento (UE) nº 2019/1111*, Tirant Lo Blanch, Valencia, 2022, pp. 283 y ss.

En concreto, el artículo 25 del nuevo Reglamento 2019/1111 señala de forma explícita que lo "*antes posible*" y "*en cualquier fase del procedimiento*", el órgano jurisdiccional que conozca de la eventual disputa en materia de responsabilidad parental "*invitará a las partes, directamente o, si procede, con la asistencia de las autoridades centrales, a que consideren si están dispuestas a recurrir a la mediación o a otra vía alternativa de resolución de litigios*". Con ello, se atribuye a los Tribunales de un papel activo en la búsqueda de un acuerdo entre las partes, claro reflejo del cambio de filosofía y enfoque del nuevo Reglamento en la materia[24]. Esta opción, que discurre paralela a la posibilidad que tienen, siempre las partes, de acudir a la mediación extrajudicial, será aceptable a "*menos que ello*", señala el artículo:1) "*sea contrario al interés superior del menor*"; 2) "*no sea adecuado en el caso particular o*"3) "*conlleve un retraso indebido del procedimiento*"[25].

A pesar de la novedad de este precepto, sin embargo, se ha advertido del carácter escaso de su formulación en el nuevo texto reglamentario, al no detallarse el procedimiento a seguir y las garantías necesarias para su desarrollo debido, quizá, a las divergencias entre los Estados miembros en la materia[26]. A este respecto, el texto finalmente adoptado dista de las propuestas presentadas por el Parlamento Europeo[27] durante el proceso de elaboración del texto reglamentario. En efecto, el Parlamento Europeo enmendó considerablemente el Considerando 28 de la Propuesta de la

---

[24] ESPLUGUES MOTA, C., "El Reglamento Bruselas II ter y el recurso a los MASC en materia de responsabilidad parental y sustracción internacional de menores", *Cuadernos de Derecho Transnacional*, v. 13, n.º 2, 2021, p. 159.

[25] En relación precisamente con este último requisito, el Considerando 43 del Reglamento, al aproximar la búsqueda de un acuerdo por las partes señala, a modo de ejemplo, que "*tales esfuerzos no deben prolongar indebidamente el procedimiento de restitución en virtud del Convenio de La Haya de 1980*". Además, de estos supuestos, cabe volver a incidir en el hecho de que el Considerando 43 del Reglamento Bruselas II ter expresamente señala que la mediación puede no resultar apropiada en todos los supuestos, mencionando, en particular, los casos de violencia sobre la mujer.

[26] En esta línea RODRÍGUEZ PINEAU, E., "La refundición del Reglamento Bruselas II bis: de nuevo sobre la función del Derecho Internacional privado europeo", *Revista Española de Derecho Internacional*, v. 69, n.º 1, 2017, p. 144.

[27] PARLAMENTO EUROPEO, "Resolución legislativa del Parlamento Europeo sobre la propuesta de Reglamento del Consejo relativo a la competencia, el reconocimiento y la ejecución de resoluciones en materia matrimonial y de responsabilidad parental, y sobre la sustracción internacional de menores (refundición)", [COM(2016)0411 – C8-0322/2016 – 2016/0190(CNS)], Bruselas, 18.1.2018.

Comisión de 2016[28] –relativo a la mediación– recalcando la importancia de la mediación como vía de resolución de los litigios en materia de responsabilidad parental y sustracción internacional de menores[29].

Más allá de la quizás no especialmente sofisticada formulación del recurso a la mediación introducida en el Reglamento Bruselas II ter, es evidente que este precepto supone, en definitiva, una manifestación con vocación didáctica, de la voluntad del legislador europeo de fomentar el recurso a las ADR en el seno de la Unión. Se resalta, así, que en todo proceso de restitución deberá considerarse, de forma obligada, la mediación como alternativa al proceso judicial, otorgándose, especialmente a este instituto, un papel complementario de especial transcendencia en el texto reglamentario como vía para la resolución de este tipo de conflictos y evitando, en todo caso, que pueda tener un efecto dilatorio[30].

2. Algunas cuestiones pendientes para la circulación de los acuerdos de mediación en la UE

A pesar del evidente avance que supone la inclusión expresa de la mediación o cualquier vía alternativa de resolución de conflictos en el artículo 25 del Reglamento Bruselas II ter, lo cierto es que subsisten grandes problemas de fondo de enorme trascendencia en la práctica, y que no son exclusivos de la materia tratada.

2.1. La homologación de acuerdos de mediación y el fraccionamiento de la competencia judicial internacional

Un primer problema susceptible de producirse en estos casos es la fragmentación de la competencia judicial internacional para la homologación de un acuerdo de mediación cuando dicho acuerdo se alcanza no solo

---

28 COMISIÓN EUROPEA, "Propuesta de Reglamento del Consejo relativo a la competencia, el reconocimiento y la ejecución de resoluciones en materia matrimonial y de responsabilidad parental, y sobre la sustracción internacional de menores (refundición)" {SWD(2016) 207 final} {SWD(2016) 208 final}, Bruselas, 30.6.2016, COM(2016) 411 final 2016/0190 (CNS).

29 Vid. PARLAMENTO EUROPEO, "Resolución legislativa ...", *cit.*, enmienda 14.

30 GONZÁLEZ BEILFUSS, C., "La sustracción de menores...", *cit.*, p. 396.

sobre la restitución o no del menor, sino también, en materia de la responsabilidad parental del menor[31].

En efecto, en dicho caso, los órganos jurisdiccionales del Estado miembro en el que se encuentra ilícitamente el menor ostentarán competencia tan solo para decidir en torno al retorno o no del menor, pero no en cuanto al fondo, esto es, en materia de responsabilidad parental[32].

Una de las novedades introducidas en materia de sustracción internacional de menores es la referencia recogida en el artículo 9 del Reglamento Bruselas II ter, relativo al foro especial en caso de un traslado o retención ilícita, a "*sin perjuicio del artículo 10*", esto es, al nuevo precepto dedicado a la elección del órgano jurisdiccional. Esta mención, que no se encuentra presente en el texto de Bruselas II bis abre la posibilidad de que los progenitores pacten el foro en materia de responsabilidad parental, en los términos del apuntado artículo 10 del Reglamento Bruselas II ter. La prórroga de la competencia en un contexto de sustracción de menores puede ser muy útil, precisamente, en aquellas ocasiones en las que las partes hayan llegado a un acuerdo amistoso que requiera la homologación por parte del órgano jurisdiccional competente sobre el fondo[33]. Concretamente, en el caso en el que el acuerdo se haya llevado a cabo en el Estado en el que se encuentra ilícitamente el menor.

2.2. La eficacia extraterritorial de los acuerdos de mediación

En segundo lugar, subsiste un problema de base en relación con la circulación de los acuerdos de mediación en el seno de la UE y que se refiere

---

31 Igualmente, si en el acuerdo también se incluyeran otras cuestiones, en los casos de los denominados "*package agreements*" por ejemplo, en materia de alimentos, o incluso otras cuestiones patrimoniales entre los progenitores, el problema de la fragmentación de la competencia judicial internacional y la ejecución del acuerdo también se produciría respecto a estas cuestiones. En profundidad sobre este problema vid. CHÉLIZ INGLÉS, M.C., "La ejecución de los acuerdos resultantes de mediación familiar: el conflicto de los "package agreements" en materia de sustracción internacional de menores", en AZCÁRRAGA MONZONÍS, C. y QUINZÁ REDONDO, P. (eds.), *Tratado de mediación. Tomo III. Mediación en conflictos de familia*, Tirant Lo Blanch, Valencia, 2017, pp. 43-66.

32 En profundidad sobre esta cuestión vid. GONZÁLEZ MARIMÓN, M., *La sustracción internacional de menores en la Unión Europea*, Valencia, Tirant Lo Blanch, 2022.

33 En este sentido GONZÁLEZ BEILFUSS, C., "La sustracción de menores ...", *cit.*, p. 389.

a la naturaleza del acuerdo alcanzado y la necesidad de que venga dotado de fuerza ejecutiva. Algo que no ocurre, recordemos en Europa, donde el acuerdo cuenta de forma generalizada con una naturaleza puramente contractual. Y, por tanto, la necesidad de su homologación judicial o elevación a escritura pública como requisito previo a su posterior circulación en el seno de la Unión como un título ejecutivo.

A partir de esta premisa, que limita severamente los pasos dados por el Reglamento en esta materia, el nuevo modelo de eficacia extraterritorial en materia de responsabilidad parental del Reglamento Bruselas II ter beneficiará a la circulación de los acuerdos de mediación, una vez dotados de la necesaria fuerza ejecutiva[34]. En efecto, como una de las novedades fundamentales del Reglamento Bruselas II ter, se elimina el *exequátur* para todas las resoluciones en materia de responsabilidad parental[35].

Adicionalmente, el legislador de la UE, como ocurre en el resto de los instrumentos europeos de Derecho Internacional privado, equipara el tratamiento de la eficacia de los documentos públicos y acuerdos en materia de responsabilidad parental[36] al existente en relación con el régimen de las resoluciones judiciales. En consonancia con ello, el nuevo Reglamento Bruselas II ter tampoco exige de una declaración de fuerza ejecutiva previa a la ejecución para los documentos públicos y acuerdos en materia de responsabilidad parental que tengan efecto jurídico vinculante y cuenten con fuerza ejecutiva en el Estado miembro de origen[37].

Finalmente, en relación con la circulación de acuerdos el Reglamento Bruselas II ter introduce una novedosa figura en el artículo 2 del Reglamento Bruselas II ter, el cual considera por acuerdo, a efectos del Capítulo IV del Reglamento, "*un documento que no es un documento público, que ha sido firmado por las partes en materias que entran en el ámbito de aplicación del presente Reglamento y que ha sido registrado por una autoridad pública comunicada a la Co-*

34 En profundidad sobre el nuevo régimen de eficacia extraterritorial de resoluciones y documentos públicos en materia de responsabilidad parental vid., por todos, GONZÁLEZ MARIMÓN, M., *Menor y responsabilidad parental en la Unión Europea,* Tirant Lo Blanch, Valencia, 2021, pp. 331 y ss.

35 En este sentido vid. el art. 34 del Reglamento Bruselas II ter.

36 El art. 64 exige, eso sí, que se trate de "*documentos públicos que hayan sido formalizados o registrados, y a los acuerdos que hayan sido registrados en un Estado miembro que ejerza su competencia con arreglo al capítulo II*", que, recordemos, fija las normas de competencia en materia matrimonial y de responsabilidad parental.

37 Art. 65.2 Reglamento Bruselas II ter.

misión con este fin por un Estado miembro de conformidad con el artículo 103" del texto reglamentario. Queda por analizar cuál será la futura aplicación de esta cláusula en la práctica, ya que ya se han manifestado ciertas dudas en cuanto a su aplicación práctica en materia de responsabilidad parental[38].

III. UN RETO PENDIENTE: LA REFLEXIÓN SOBRE EL PAPEL DE LOS MASC EN LA PROTECCIÓN DE ADULTOS VULNERABLES EN SITUACIONES TRANSFRONTERIZAS

El segundo ejemplo que se va a analizar se centra en la preocupación del legislador de la UE por la protección de los derechos fundamentales de los adultos vulnerables en situaciones transfronterizas[39]. De forma que, el pasado 31 de mayo de 2023, se publicó la "Propuesta de Reglamento del Parlamento Europeo y del Consejo relativo a la competencia, la ley aplicable, el reconocimiento y la ejecución de medidas y la cooperación en asuntos relacionados con la protección de los adultos", elaborada por la Comisión Europea (en adelante Propuesta de Reglamento sobre la protección de adultos)[40]. En ella, la Comisión identifica los problemas a los que se enfrentan los adultos vulnerables en situaciones transfronterizas debido, principalmente, a las profundas divergencias en las legislaciones de los Estados miembros de la UE, tanto respecto a las normas sustantivas como a las normas de Derecho Internacional privado. Y, sobre la base del ya existente Convenio de La Haya sobre protección internacional de adultos, de 13 de enero de 2000[41] (en adelante Convenio de La Haya del 2000),

---

38 Al respecto vid. ESPLUGUES MOTA, C., "El Reglamento…", *cit.*, pp. 165 y ss.

39 Vid. COMISIÓN EUROPEA, "Commission Staff Working Document. Impact Assessment Report", *cit.* p. 1.

40 COMISIÓN EUROPEA, "Proposal for a Regulation of the European Parliament and of the Council on jurisdiction, applicable law, recognition and enforcement of measures and cooperation in matters relating to the protection of adults", COM(2023) 280 final, 2023/0169 (COD), 31.5.2023. Disponible en: https://eur-lex.europa.eu/legal-content/EN/TXT/?uri=CELEX:52023PC0280, última consulta el 5.6.2023. Sobre la Propuesta vid., por todos, GONZÁLEZ MARIMÓN, M., "Hacia una Unión Europea "de" las personas: sobre la Propuesta de la Comisión Europea sobre la protección de adultos vulnerables en situaciones transfronterizas", *Cuadernos de Derecho Transnacional*, v. 15, n. 2. 2023, pp. 420-445.

41 Sobre este Convenio vid., por todos, BORRÁS, A., "Una nueva etapa en la protección internacional de adultos", *Geriatrianet (Revista Electrónica de Geriatría)*, v. 2, n.º 1, 2000; LAGARDE, P., "La convention de La Haye du 13 janvier 2000 sur la

ofrecer un marco jurídico garantista que solucione los problemas de los adultos vulnerables en situaciones transfronterizas.

1. Punto de partida: la difusa categoría de los adultos vulnerables

El incesante incremento de los adultos vulnerables en las sociedades contemporáneas es una realidad presente y futura[42]. Este aumento es una consecuencia directa de los importantes cambios demográficos y sociales acontecidos en los países desarrollados[43]. Y, en consecuencia, el potencial incremento de personas susceptibles de encontrarse en situaciones de vulnerabilidad en algún momento de su trayectoria vital, debido a un deterioro de sus facultades[44].

En este contexto, se habla crecientemente de "adultos vulnerables", concepto genérico que engloba a aquellas personas mayores de 18 años que no están en condiciones de velar por sus intereses financieros o personales, debido a una disminución o insuficiencia de sus facultades personales[45]. Para evidenciar la amplitud de la noción cabe citar textualmente la elocuente frade de H. Fulchiron al señalar que "nosotros somos todos

---

protection internationale des adultes", *Revue Critique de Droit International privé,* n.º 2, 2000.

42 Se prevé que una quinta parte de la población de la UE tenga algún tipo de discapacidad de aquí a 2050. CONSEJO DE LA UE, "Conclusiones sobre la protección de los adultos vulnerables en el conjunto de la Unión Europea", Bruselas, 27.5.2021, *DO C* 330 I/2, de 17.8.2021, p. 7.

43 Que encuentran como máximos exponentes el gran reto del envejecimiento progresivo de la población y la prolongación de la esperanza de vida; el desarrollo de enfermedades ligadas a la edad, como la demencia o el Alzheimer; o la constatación de la mayor presencia de personas con discapacidad de todas las edades.

44 COMISIÓN EUROPEA, "Commission Staff Working Document. Executive Summary of the Impact Assessment Report", Bruselas, 31.5.2023, SWD(2023) 156 final. Disponible en: https://ec.europa.eu/info/law/better-regulation/have-your-say/initiatives/12965-Civil-judicial-cooperation-EU-wide-protection-for-vulnerable-adults_en. última consulta el 5.6.2023, p. 2.

45 Traducción libre, tomada del texto: "Vulnerable adults are people above 18 who are not in a position to protect their financial or personal interests because of an impairment or insufficiency of their personal faculties". Vid. COMISIÓN EUROPEA, "Commission Staff Working Document. Executive Summary…", *cit.*, p. 2. La Comisión toma como referencia, a su vez, la definición contenida en el artículo 1 del Convenio de La Haya del 2000.

adultos vulnerables. Al menos potencialmente"[46]. Vulnerabilidad que es susceptible de ser originada por varios factores como, por ejemplo, impedimentos mentales o físicos que afectan a su capacidad de tomar decisiones, o de evaluar sus implicaciones[47].

Personas que, en consecuencia, requieren de una protección legal en ciertas situaciones[48], ya que pueden ser dependientes al llevar a cabo acciones o decisiones relativas a su salud y bienes, y/o a su propiedad. Por tanto, si no se organizan con antelación -fundamentalmente, a través de poderes de representación-, su protección implica la adopción de medidas de protección por parte de un órgano jurisdiccional o una autoridad administrativa que les proporcionen el apoyo necesario para ejercer su capacidad legal[49]. Evitando, con ello, los significativos riesgos a los que se enfrentan estas personas, como la influencia indebida o la negligencia[50].

La concienciación sobre la necesidad de ofrecer una respuesta jurídica adecuada a este colectivo no se limita a las situaciones internas, sino que, necesariamente, este reto se enmarca en la sociedad global e interconectada en la que vivimos.

La situación de inseguridad en la que viven actualmente los adultos vulnerables en situaciones transfronterizas tiene el potencial riesgo de limitar sus derechos fundamentales. Entre otros, el derecho a la autonomía, el acceso

---

46 FULCHIRON, H., "Acerca de la vulnerabilidad y de las personas vulnerables", en BASSET, U. *et. al.* (Dirs.), *Tratado de la vulnerabilidad*, La Ley, Buenos Aires, 2017, p. 9.

47 Vid. "Glosary" en COMISIÓN EUROPEA, "Commission Staff Working Document. Impact Assessment Report", *cit.*

48 El glosario del Documento de Impacto de la Comisión desarrolla la definición precisando lo siguiente: *En la práctica, hay varias situaciones que desencadenan la necesidad de protección legal, en particular: a) discapacidad cognitiva; b) discapacidad física que impida al adulto expresar su opinión; c) enfermedad física temporal que impide al adulto expresar su opinión y d) enfermedad mental temporal que requiere que el adulto sea sometido a una medida de protección (fase de crisis en una enfermedad psiquiátrica como la esquizofrenia o la paranoia)*". Traducción libre, texto original en inglés. "Glosary" en COMISIÓN EUROPEA, "Commission Staff Working Document. Impact Assessment Report", *cit.*

49 Algunos ejemplos que da la Comisión son: la firma de contratos de alquilar, la apertura de cuentas bancarias o el consentimiento de tratamientos médicos. Vid. COMISIÓN EUROPEA, "Commission Staff Working Document. Impact Assessment Report", *cit.* p. 1.

50 Vid. COMISIÓN EUROPEA, "Commission Staff Working Document. Impact Assessment Report", *cit.* p. 1.

a la justicia, el derecho de propiedad, o la libertad de movimiento. Por estos motivos, frente al olvido de este colectivo, en la actualidad se reivindica la necesidad urgente de mejorar su protección en contextos transfronterizos, como una cuestión ligada al respeto de sus derechos humanos[51].

En efecto, es imprescindible que las normas de DIPr incluyan el cambio de paradigma en la protección de los adultos vulnerables, y que protagoniza la Convención sobre los Derechos de las Personas con Discapacidad y Protocolo Facultativo, hecha en Nueva York el 13 de diciembre de 2006[52] (en adelante, Convenio sobre los Derechos de las Personas con Discapacidad o CDPD). Y, en concreto, se debe asegurar que los derechos contenidos en dicho instrumento sean también adecuadamente tutelados en situaciones transfronterizas, de forma particular, el derecho a la autonomía, el acceso a la justicia o el derecho a la propiedad.

2. *¿Tienen los MASC cabida en la protección de adultos vulnerables en situaciones transfronterizas?*

En este marco, se viene reivindicando la necesidad de propiciar un cambio del sistema que se adapte a esta realidad emergente. En este sentido, una de las vías que se ha venido explorando por la doctrina es el empleo de la mediación u otras formas alternativas de resolución de conflictos, sobre todo, en el marco de la denominada rama del ordenamiento jurídico “Elder law”[53].

---

51 DIAGO DIAGO, P., “La nueva regulación de la protección de adultos en España en situaciones transfronterizas e internas”, *Diario La Ley*, n.º 9779, 2021, p. 7; ANTÓN JUÁREZ, I., “Viejos problemas y nuevas soluciones en torno a la protección internacional del adulto: el certificado europeo de poderes de representación”, *Anuario Español de Derecho Internacional Privado*, t. XIX, 2019-2020, p. 247; EUROPEAN ASSOCIATION OF PRIVATE INTERNATIONAL LAW, “Position paper in response to the European Commission’s public consultation on an EU-wide protection for vulnerable adults”, 2022. Disponible en: https://ec.europa.eu/info/law/better-regulation/have-your-say/initiatives/12965-Civil-judicial-cooperation-EU-wide-protection-for-vulnerable-adults_en, última consulta 7.6.2023, p. 11; EUROPEAN LAW INSTITUTE, “The Protection of Adults in International Situations. Report of the European Law Institute”, 2020. Disponible en: https://www.europeanlawinstitute.eu/fileadmin/user_upload/p_eli/Publications/ELI_Protection_of_Adults_in_International_Situations.pdf, última consulta 7.6.2023, p. 8.

52 *BOE* n.º 96, de 21.4.2008.

53 Disciplina que ha venido desarrollándose, sobre todo, en el mundo anglosajón. Algunos trabajos que hablan de la mediación en este sector son LARSEN, R. Y

Y, dentro de la misma, un sector de la doctrina se refiere a la "elder mediation"[54], una disciplina emergente que tiene como objetivo buscar una nueva fórmula para gestionar los conflictos con personas mayores, especialmente aquellos que surgen como resultado de las dinámicas propias de las familias disfuncionales, de forma que se eviten situaciones de abuso y se resuelva el conflicto procedimientos legales más formales[55]. Se considera que esta tipología de mediación tiene como objetivo promover la autonomía de la persona mayor, su auto-determinación, su independencia, su dignidad y su participación en el proceso de toma de decisiones que le vayan a afectar[56]. Y, en definitiva, de una mejora del derecho de acceso a la justicia de los adultos vulnerables[57]. A pesar de ello, se es consciente de que, como en cualquier otra forma de mediación, es imprescindible tener en cuenta las desigualdades que pueden afectar negativamente al proceso[58].

2.1. La problemática de mediar en supuestos de adultos vulnerables

Una de las problemáticas centrales al hablar del binomio MASC y adultos vulnerables consiste en delimitar la tipología de supuestos que se quieren estudiar.

Así, en primer lugar, estaría el primer grupo de casos en los que una de las partes involucradas en el proceso es un adulto vulnerable. Aquí la problemática central se situaría en buscar un equilibrio entre el respeto de los principios básicos de la mediación y una adecuada protección de los derechos fundamentales del adulto vulnerable implicado. Dentro de esta tipología de casos, la mediación podría versar sobre diferentes supuestos, desde crisis matrimoniales o de pareja, extinción y liquidación del régimen económico matrimonial, conflictos en el ejercicio de la responsabilidad parental – patria potestad, tutela u otra forma de protección-[59].

THORPE, C., "Elder mediation: optimizing major family transitions", *Marquette's Elder Advisor*, v. 7, n. 2, 2006, pp. 293-312.

54 Sobre este concepto, vid., por todos, BARRY L., "Elder mediation: what's in a name?", *Conflict Resolution Quarterly*, v. 32, n. 4, 2015, pp. 435-442.

55 LEWIS, B., CLOUGH, B. MACKIE, K., *The Human Rights of Older Persons A Human Rights-Based Approach to Elder Law*, Singapore, Springer, 2020, pp. 195-196.

56 *Ibíd*, p. 196.

57 *Ibíd*, p. 27.

58 *Ibíd*, p. 196.

59 En esta línea vid. CORVO LÓPEZ, F. M., "Mediación y discapacidad", en TORRES GARCÍA T. F. (dir.), *Construyendo la igualdad: la feminización del derecho privado: Carmona III*, Tirant Lo Blanch, Valencia, 2017, pp. 1053-1077, pp. 1022-1023.

Ahora bien, aumentando el nivel de complejidad, un segundo de grupo de supuestos serían aquellos en los que la mediación versa, precisamente, sobre el adulto vulnerable, y más en concreto, sobre las propias medidas de protección de esta persona. Aquí la complejidad crece exponencialmente, de entrada, por la tradicional naturaleza indisponible de este tipo de procesos en nuestro sistema[60]. Ahora bien, se ha planteado en la doctrina que, a pesar de que la cuestión principal es indisponible, cabría la posibilidad de someter a mediación los conflictos accesorios que se derivan de tal situación[61].

Son este segundo grupo de supuestos los que serían susceptibles de entrar en el ámbito de aplicación de los instrumentos de Derecho Internacional privado en el ámbito internacional – tanto el Convenio de La Haya del 2000 como la Propuesta de Reglamento de la UE-, ya que ambas iniciativas se refieren a las medidas adoptadas en materia de protección de adultos vulnerables[62].

Y es necesario hacer referencia aquí a la profunda diversidad existente en materia de protección de adultos vulnerables la legislación de los Estados miembros[63]. Por tanto, un primer ejercicio que debería realizarse es

---

60 En efecto, el artículo 1814 del Código Civil establece que "*no se puede transigir sobre el estado civil de las personas, ni sobre las cuestiones matrimoniales, ni sobre alimentos futuros*". Y, en la misma línea, el artículo 751 de la Ley de Enjuiciamiento Civil excluye las materias sobre las que rige procesalmente la indisponibilidad del objeto del proceso, en concreto, la capacidad de las personas y la filiación (art. 770.7 de la LEC).

61 Así, Corvo López cita como ejemplos: "designación del tutor, disputas sobre la conveniencia de ingresar a una persona en un centro residencial o por la forma de distribuir los gastos que genera la atención de sus cuidados, por las medidas a adoptar en relación a la administración y disposición del patrimonio del incapaz, por la constitución o no de un patrimonio protegido, o por los cuidados de naturaleza afectiva que necesita el enfermo y su distribución entre personas que pueden haber roto su relación precisamente por sus diferencias a la hora de hacer frente a estos problemas". CORVO LÓPEZ, F. M., "Mediación y discapacidad", *cit.*, pp. 1022-1023.

62 Vid. art. 3 del Convenio de La Haya del 2000 y art. 2 de la Propuesta del Reglamento.

63 El estudio realizado por la Comisión Europea en 2021 concluye que las medidas de protección previstas en la legislación de cada Estados miembro divergen de forma considerable. En profundidad sobre esta cuestión vid. COMISIÓN EUROPEA, *et. al.*, "Study on the cross-border legal protection of vulnerable adults in the EU", *Dirección General de Justicia y Consumidores*, 2021. Disponible en: https://op.europa.eu/en/publication-detail/-/publication/facf667c-99d6-11ec-83e1-

un estudio comparado entre la naturaleza disponible o indisponible de las medidas de protección de adultos vulnerables en los distintos sistemas y la posibilidad de recurrir a mediación u otras formas alternativas de resolución de conflictos en cada uno de ellos.

2.2. Una breve aproximación a la legislación española

A pesar de las nuevas tendencias descritas en el estudio de la posibilidad de emplear la mediación en la resolución de conflictos en los que se ven involucrados los adultos vulnerables, en la legislación española se encuentran escasas referencias a esta posibilidad.

Para empezar, la reciente Ley 8/2021, de 2 de junio, por la que se reforma la legislación civil y procesal para el apoyo a las personas con discapacidad en el ejercicio de su capacidad jurídica[64], no contiene referencia alguna a los métodos alternativos de resolución de conflictos. Quizá se podría haber aprovechado el importante cambio de paradigma que se ha realizado en nuestro sistema en relación con la capacidad de las personas vulnerables, y haber recogido esta nueva fórmula de gestión de conflictos, sus cauces de acción y sus límites y garantías para asegurar la protección de los derechos fundamentales de los adultos vulnerables implicados.

En cambio, en la Ley 5/2012, de 6 de julio, de mediación en asuntos civiles y mercantiles[65], sí encontramos la exigencia de que los procedimientos de mediación garanticen la igualdad de oportunidades para las personas con discapacidad, y en especial, "*se deberá garantizar la accesibilidad de los entornos, la utilización de la lengua de signos y los medios de apoyo a la comunicación oral, el braille, la comunicación táctil o cualquier otro medio o sistema que permita a las personas con discapacidad participar plenamente del proceso*"[66]. Por el contrario, no se hace ninguna referencia a los menores de edad.

A lo anterior habría que añadir algunas leyes autonómicas en materia de mediación que sí recogen algunas previsiones en relación con las personas con discapacidad o personas dependientes o en situación de

---

01aa75ed71a1/language-en/format-PDF/source-253031377, última consulta 6.6.2023, pp. 29 y ss.

64 *BOE* n. 132, de 3.6.2021.

65 *BOE* n.162, de 7.7.2012.

66 Vid. disposición adicional cuarta de la Ley 5/2012.

dependencia[67]. A título de ejemplo, la Ley 24/2018, de 5 de diciembre, de mediación de la Comunitat Valenciana[68], hace referencia a la legitimación de las personas con la capacidad modificada judicialmente[69], y a la obligación de las personas mediadoras de asegurar que los acuerdos alcanzados respeten el interés superior de las personas menores de edad y de las personas con capacidad modificada judicialmente[70].

2.3. Las escasas menciones a la mediación en las normas de Derecho Internacional privado relativas a la protección de adultos vulnerables

Pasaremos ahora a analizar cómo han reflejado los instrumentos internacionales la posibilidad de acudir a la mediación en casos de adultos vulnerables en situaciones transfronterizas.

2.3.1. El Convenio de La Haya del 2000

El artículo 31 Convenio de La Haya del 2000 establece que "*Las autoridades competentes de un Estado contratante podrán fomentar, directamente o a través de otros organismos, el uso de la mediación, de la conciliación o de otros medios similares para conseguir acuerdos amistosos la protección de la persona o de los bienes del adulto en las situaciones a las que se aplica el Convenio*".

Tal y como se recoge en el Informe Lagarde, durante la elaboración del Convenio, en una de sus versiones iniciales, se hablaba de "facilitar" la mediación, la conciliación o cualquier otro procedimiento análogo, que resultara en acuerdos amistosos para la protección de la persona o de los bienes del adulto en las situaciones en las que se aplicara el Convenio. No obstante, esta primera redacción fue sustituida por la mera expresión de

---

67 En profundidad sobre esta cuestión vid. CORVO LÓPEZ, F. M., "Mediación y discapacidad", *cit.*, pp. 1013 y ss.

68 *DOGV* n. 8439, de 7.12.2018, *BOE* n. 23, de 26.1.2019.

69 Art. 22.2 de la Ley 24/2018: "Las personas menores de edad y las personas con capacidad modificada judicialmente podrán intervenir en los procedimientos de mediación en la medida en que según la normativa vigente tengan capacidad para disponer del objeto del conflicto. En su defecto, podrán intervenir a través de sus legales representantes".

70 Vid. art. 28 h) de la Ley 24/2018.

"fomento" que finalmente ha quedado recogida en el artículo 31 del citado texto convencional[71].

Adicionalmente, en el Informe Lagarde se puede encontrar una breve mención a los casos en los que se podrían celebrar dichos intentos de mediación, o mejor dicho, entre qué personas podrían darse. Así, se cita como posibles ejemplos los intentos de mediación entre el tutor y otras personas con respecto al destino del adulto o de sus bienes; así como entre el adulto y las personas que ostenten su guarda, cuando estos intenten que acepte una medida que les parece buena para él o ella[72].

Finalmente, la segunda y última referencia que encontramos a la mediación en el Informe Lagarde relativo al Convenio de La Haya del 2000 se hace en relación con los gastos previstos en el artículo 36 del texto convencional. A tal efecto, el citado Informe cita la "organización de mediaciones o acuerdos amistosos" dentro del catálogo de gastos incluidos que deben cubrir los Estados en el marco del funcionamiento de los mecanismos de cooperación del Convenio[73].

2.3.2. La Propuesta de la UE sobre protección de adultos vulnerables en situaciones transfronterizas

Si pasamos ahora a analizar el texto de la Propuesta de Reglamento sobre protección de adultos vulnerables, la respuesta no es mucho más esperanzadora. En efecto, en la misma línea que el Convenio de La Haya del 2000, la única referencia a la mediación se encuentra en el capítulo relativo a la cooperación entre las autoridades, y se ubica como una de las tareas o funciones a desarrollar por las autoridades centrales[74]. En concreto, el artículo 28 de la Propuesta de Reglamento, bajo la rúbrica de "mediación y medios alternativos de resolución conflictos", establece que las autoridades centrales y las autoridades competentes de los Estados miembros fomentarán, bien directamente bien a través de otros órganos, el uso de la mediación u otras formas alternativas de resolución de conflictos para conseguir

---

71 LAGARDE, P., "Informe Explicativo Convenio de 13 de enero de 2000 sobre Protección Internacional de los Adultos", Conferencia de La Haya de Derecho Internacional Privado, 2017. Disponible en: https://www.hcch.net/es/publications-and-studies/details4/?pid=2951&dtid=3, última consulta el 25.10.2023, p. 89.

72 *Ibíd,* p. 89.

73 *Ibíd,* p. 92.

74 Capítulo VI de la Propuesta de Reglamento.

soluciones acordadas sobre la protección de los adultos vulnerables o sus bienes, en las situaciones que se aplique la Propuesta de Reglamento[75].

Si se hace una comparación respecto a lo visto en el apartado anterior en relación con la evolución de la inclusión de la mediación en los casos de sustracción internacional de menores, se puede observar como la Propuesta de Reglamento sigue la misma línea que se recogía en el Reglamento Bruselas II bis. Es decir, su inclusión genérica como una mera tarea o facultad de las autoridades centrales[76]. Por ello, quizá una manera de fomentar en mayor medida la mediación en estos supuestos sería seguir los pasos del Reglamento Bruselas II ter e incorporar un precepto relativo a la mediación u otros medios alternativos de solución de conflictos en el propio Capítulo de competencia, de forma similar a lo que hemos visto en relación con los casos de sustracción internacional de menores en el Reglamento Bruselas II ter[77].

Ahora bien, en el caso de la Propuesta de Reglamento sobre protección de adultos vulnerables en situaciones transfronterizas se ha detectado una limitación aún mayor, en relación con la circulación de los posibles acuerdos de mediación que se celebren en un Estado miembro en relación con la protección de adultos vulnerables. Y es que en la Propuesta de Reglamento no se hace ninguna mención al reconocimiento o ejecución de documentos públicos en materia de protección de adultos vulnerables.

En el Capítulo dedicado a los documentos públicos[78], la única alusión que encontramos en relación con los documentos públicos se refiere a la "aceptación de documentos públicos"[79]. En efecto, el artículo 16 de la Propuesta establece que un documento público establecido en un Esta-

---

75 Art. 28 de la Propuesta de Reglamento:
"*Mediation and alternative dispute resolution*
Central Authorities and competent authorities of Member States shall encourage, either directly or through other bodies, the use of mediation or other means of alternative dispute resolution, to achieve agreed solutions for the protection of the person or property of an adult in situations to which this Regulation applies".

76 Vid. art. 55 del Reglamento Bruselas II bis.

77 Vid. art. 25 del Reglamento Bruselas II ter.

78 Vid. Capítulo V de la Propuesta, relativo a los documentos públicos.

79 El Art. 3.5 de la Propuesta define de la contiene la definición de document público: "'*authentic instrument' means a document in a matter of protection of an adult which has been formally drawn up or registered as an authentic instrument in a Member State and the authenticity of which:*
(a) relates to the signature and the content of the authentic instrument; and

do miembro deberá tener los mismos efectos probatorios en otro Estado miembro de los que tendría en el Estado miembro de origen, los efectos más comparables, siempre que no sea manifiestamente contrario al orden público del Estado miembro en cuestión[80].

Ahora bien, como se ha indicado, el legislador de la UE no ha contemplado la circulación de documentos públicos relativos a la protección de adultos vulnerables en el seno de la Unión. Y, en consecuencia, un eventual acuerdo de mediación en alguna materia relacionada con la protección de adultos vulnerables elevado a escritura pública en un Estado miembro no gozaría de una eficacia extraterritorial reconocida por una norma institucional, sino que debería acudirse a las legislaciones internas de los Estados miembros. Si realmente la UE quiere avanzar hacia un cambio de paradigma en la protección de los adultos vulnerables, quizá, cuanto menos debería barajar la posibilidad de asegurar una libre circulación de estos acuerdos.

Por tanto, en el caso de que de conformidad con la legislación de un Estado contratante del Convenio o de un Estado miembro una de las medidas de apoyo del adulto vulnerable fuera susceptible de someterse a mediación, el acuerdo resultante debería homologarse judicialmente posteriormente para que dicha decisión judicial sí gozara del sistema de reconocimiento y ejecución bien del régimen convencional bien del institucional – en el caso de que la Propuesta llegue a adoptarse-[81].

En definitiva, es evidente que el legislador de la UE no ha considerado seriamente la mediación como herramienta útil para fomentar y reforzar los derechos fundamentales de los adultos vulnerables en situaciones

---

(b) has been established by a public authority or other authority empowered for that purpose by the Member State of origin;"

80 Art. 16 de la Propuesta de Reglamento de la UE sobre protección de adultos vulnerables:
Article 16 Acceptance of authentic instruments
1. An authentic instrument established in a Member State shall have the same evidentiary effects in another Member State as it has in the Member State of origin, or the most comparable effects, provided that this is not manifestly contrary to public policy in the Member State concerned.
2. The authentic instrument produced shall satisfy the conditions necessary to establish its authenticity in the Member State of origin.

81 Las normas de competencia judicial internacional están contenidas en el Capítulo II del Convenio de La Haya del 2000, e igualmente, en el Capítulo II de la Propuesta de Reglamento.

transfronterizas. Ya que una de las razones fundamentales que el propio legislador de la UE ha empleado para legislar en esta materia ha sido el respeto de los citados derechos fundamentales de los adultos vulnerables, quizá hubiera sido una buena oportunidad para implementar, asimismo, el nuevo paradigma de justicia, con una apuesta más clara por la mediación[82].

IV. ¿UN BINOMIO POSIBLE?

En el presente Capítulo se han podido analizar algunas líneas de acción que se están desarrollando en la Unión para favorecer la movilidad de grupos vulnerables involucrados en situaciones transfronterizas. Ahora bien, si dentro de esta materia nos planteamos cuál debe ser el papel de los MASC, la respuesta es muy desigual.

Así, por un lado, en materia de sustracción internacional de menores sí que hemos visto una clara manifestación de la voluntad del legislador europeo de fomentar el recurso a las ADR, sin por ello desconocer algunos retos pendientes de afrontar. Mientras que, en el otro extremo, es evidente que el legislador de la UE no ha considerado seriamente la mediación como herramienta útil para fomentar y reforzar los derechos fundamentales de los adultos vulnerables en situaciones transfronterizas. Ya que una de las razones fundamentales que el propio legislador de la UE ha empleado para legislar en esta materia ha sido el respeto de los citados derechos fundamentales de los adultos vulnerables, quizá hubiera sido una buena oportunidad para implementar, asimismo, el nuevo paradigma de justicia, con una apuesta más clara por los MASC. Sin por ello desconocer los importantes interrogantes que presenta el empleo de los MASC en relación con la protección de adultos vulnerables, sobre todo, debido a la tradicional naturaleza indisponible de este tipo de procesos. En todo caso, queda patente que será una de las líneas de futuro sobre las que tendremos que seguir planteándonos interrogantes y posibles cauces de acción.

---

82 Coinciden con la necesidad de que la UE adopte medidas para fomentar la mediación en materia de protección de adultos vulnerables, EUROPEAN LAW INSTITUTE, "The Protection of Adults…", *cit.*, p. 48.

V. Bibliografía

ANTÓN JUÁREZ, I., "Viejos problemas y nuevas soluciones en torno a la protección internacional del adulto: el certificado europeo de poderes de representaci6n", *Anuario Español de Derecho Internacional Privado,* t. XIX, 2019-2020, pp. 245-276.

AZCÁRRAGA MONZONÍS, C., "Impulso de la mediación en Europa y España y ejecución de acuerdos de mediación en la unión europea como documentos públicos con fuerza ejecutiva ", *Revista Electrónica de Estudios Internacionales,* n. 25, 2013, pp. 1-35.

AZCÁRRAGA MONZONÍS, C., "Sustracción internacional de menores: vías de actuación en el marco jurídico vigente", *Revista Boliviana de Derecho,* n. 20, 2015, pp. 192-213.

BARATTA, R., "Derechos fundamentales y Derecho internacional privado de familia", en *Anuario español de Derecho Internacional privado,* t. XVI, 2016, pp. 103-126.

BARONA, S. y ESPLUGUES, C., "ADR Mechanisms and Their Incorporation into Global Justice in the Twenty-First Century: Some Concepts and Trends", en ESPLUGUES, C. y BARONA, S.: *Global Perspectives on ADR,* Intersentia, Cambridge, 2014, pp. 7-16.

BARRY L., "Elder mediation: what's in a name?", *Conflict Resolution Quarterly,* v. 32, n. 4, 2015, pp. 435-442.

BORRÁS, A., "La sustracción internacional de menores: del Convenio de La Haya de 1980 al Reglamento Bruselas II ter", en AA.VV., *El Derecho Internacional privado entre la tradición y la innovación. Libro homenaje al Profesor Doctor José María Espinar Vicente,* Iprolex, Madrid, 2020, pp. 159-174.

BORRÁS, A., "Una nueva etapa en la protección internacional de adultos", *Geriatrianet (Revista Electrónica de Geriatría),* v. 2, n.º 1, 2000.

CHÉLIZ INGLÉS, M.C., "La ejecución de los acuerdos resultantes de mediación familiar: el conflicto de los "package agreements" en materia de sustracción internacional de menores", en AZCÁRRAGA MONZONÍS, C. y QUINZÁ REDONDO, P. (eds.), *Tratado de mediación. Tomo III. Mediación en conflictos de familia,* Tirant Lo Blanch, Valencia, 2017, pp. 43-66.

CHÉLIZ INGLÉS, M.C., *La sustracción internacional de menores y la mediación. Retos y vías prácticas de solución,* Valencia, Tirant Lo Blanch, 2019.

COMISIÓN EUROPEA, "Propuesta de Reglamento del Consejo relativo a la competencia, el reconocimiento y la ejecución de resoluciones en materia matrimonial y de responsabilidad parental, y sobre la sustracción internacional de menores (refundición)" {SWD(2016) 207 final} {SWD(2016) 208 final}, Bruselas, 30.6.2016, COM(2016) 411 final 2016/0190 (CNS).

COMISIÓN EUROPEA, *et. al.*, "Study on the cross-border legal protection of vulnerable adults in the EU", *Dirección General de Justicia y Consumidores,* 2021. Disponible en: https://op.europa.eu/en/publication-detail/-/publication/facf667c-99d6-11ec-83e1-01aa75ed71a1/language-en/format-PDF/source-253031377, última consulta 6.6.2023.

CORVO LÓPEZ, F. M., "Mediación y discapacidad", en TORRES GARCÍA T. F. (dir.), *Construyendo la igualdad: la feminización del derecho privado: Carmona III,* Tirant Lo Blanch, Valencia, 2017, pp. 1013-1037.

DIAGO DIAGO, P., "Artículo 25 Formas alternativas de resolución de conflictos", en PALAO MORENO, G. (Dir.), *El nuevo marco europeo en materia matrimonial, responsabilidad parental y sustracción de menores Comentarios al Reglamento (UE) nº 2019/1111*, Tirant Lo Blanch, Valencia, 2022, pp. 283-296.

DIAGO DIAGO, P., "La nueva regulación de la protección de adultos en España en situaciones transfronterizas e internas", en *Diario La Ley*, n.º 9779, 2021, pp- 1-22.

ESPINOSA CALABUIG, R., "Derecho internacional privado europeo y protección de grupos vulnerables", *Revista General de Derecho Europeo*, nº 54, 2021, pp. 1-18.

ESPLUGUES MOTA, C., "El Reglamento Bruselas II ter y el recurso a los MASC en materia de responsabilidad parental y sustracción internacional de menores", *Cuadernos de Derecho Transnacional*, v. 13, n. 2, 2021, pp. 132-173.

EUROPEAN ASSOCIATION OF PRIVATE INTERNATIONAL LAW, "Position paper in response to the European Commission's public consultation on an EU-wide protection for vulnerable adults", 2022. Disponible en: https://ec.europa.eu/info/law/better-regulation/have-your-say/initiatives/12965-Civil-judicial-cooperation-EU-wide-protection-for-vulnerable-adults_en, última consulta 7.6.2023.

EUROPEAN LAW INSTITUTE, "The Protection of Adults in International Situations. Report of the European Law Institute", 2020. Disponible en: https://www.europeanlawinstitute.eu/fileadmin/user_upload/p_eli/Publications/ELI_Protection_of_Adults_in_International_Situations.pdf, última consulta 7.6.2023.

FULCHIRON, H., "Acerca de la vulnerabilidad y de las personas vulnerables", en BASSET, U. *et. al.* (Dirs.): *Tratado de la vulnerabilidad*, La Ley, Buenos Aires, 2017, pp. 3-14.

GONZÁLEZ BEILFUSS, C., "La sustracción de menores en el nuevo Reglamento 2019/1111", en AA.VV., *Relaciones transfronterizas, globalización y Derecho. Homenaje al Prof. Dr. José Carlos Fernández Rozas, Civitas-Thomson Reuters*, Cizur Menor (Navarra), 2020, pp. 383- 398.

GONZÁLEZ MARIMÓN, "El fomento de la mediación en casos de sustracción internacional de menores en el Reglamento Bruselas II ter", en BARONA VILAR, S. (Ed.), *Meditaciones sobre mediación (Med+)*, Tirant Lo Blanch, Valencia, 2022, pp. 399-418.

GONZÁLEZ MARIMÓN, M., "El principio del interés superior del menor en supuestos de sustracción ilícita internacional: la jurisprudencia del TJUE y del TEDH", en GARCÍA GARNICA, M.C. y MARCHAL ESCALONA, N. (dirs.), *Aproximación interdisciplinar a los retos actuales de protección de la infancia dentro y fuera de la familia*, Aranzadi, Madrid, 2019, pp. 637- 658.

GONZÁLEZ MARIMÓN, M., "Hacia una Unión Europea "de" las personas: sobre la Propuesta de la Comisión Europea sobre la protección de adultos vulnerables en situaciones transfronterizas", *Cuadernos de Derecho Transnacional*, v. 15, n. 2. 2023, pp. 420-445.

GONZÁLEZ MARIMÓN, M., "La regulación de la sustracción internacional de menores en el Reglamento Bruselas II ter y sus principales novedades: hacia una mejor protección del interés superior del menor", *Cuadernos de Derecho Transnacional*, 2022, v. 14, n.º 1, pp. 286-312.

GONZÁLEZ MARIMÓN, M., *La sustracción internacional de menores en la Unión Europea*, Valencia, Tirant Lo Blanch, 2022.

GONZÁLEZ MARIMÓN, M., *Menor y responsabilidad parental en la Unión Europea,* Tirant Lo Blanch, Valencia, 2021.

LAGARDE, P., "Informe Explicativo Convenio de 13 de enero de 2000 sobre Protección Internacional de los Adultos", Conferencia de La Haya de Derecho Internacional Privado, 2017. Disponible en: https://www.hcch.net/es/publications-and-studies/details4/?pid=2951&dtid=3, última consulta el 25.10.2023.

LAGARDE, P., "La convention de La Haye du 13 janvier 2000 sur la protection internationale des adultes", *Revue Critique de Droit International privé,* n.º 2, 2000.

LARSEN, R. Y THORPE, C., "Elder mediation: optimizing major family transitions", *Marquette's Elder Advisor,* v. 7, n. 2, 2006, pp. 293-312. Disponible en https://scholarship.law.marquette.edu/cgi/viewcontent.cgi?referer=&httpsredir=1&article=1072&context=elders

LEWIS, B., CLOUGH, B. Y MACKIE, K., *The Human Rights of Older Persons A Human Rights-Based Approach to Elder Law,* Springer, Singapore, 2020.

PALAO MORENO, G., "Cross-border mediation in Spain", en AA.VV. (coords.), *Entre Bruselas y La Haya: Estudios sobre la unificación internacional y regional del Derecho internacional privado. Liber amicorum Alegría Borrás,* Marcial Pons, Madrid, 2013, pp. 641-653.

PARLAMENTO EUROPEO, "40 Years of The Hague Convention on Child Abduction: Legal and Societal Changes in the Rights of a Child", *Policy Department for Citizens' Rights and Constitutional Affairs Directorate-General for Internal Policies,* 2020. Versión *on line* disponible en https://www.europarl.europa.eu/RegData/etudes/IDAN/2020/660559/IPOL_IDA(2020)660559_EN.pdf, último acceso el 27.10.2023.

PARLAMENTO EUROPEO, "Resolución legislativa del Parlamento Europeo sobre la propuesta de Reglamento del Consejo relativo a la competencia, el reconocimiento y la ejecución de resoluciones en materia matrimonial y de responsabilidad parental, y sobre la sustracción internacional de menores (refundición)", [COM(2016)0411 – C8-0322/2016 – 2016/0190(CNS)], Bruselas, 18.1.2018.

RODRÍGUEZ PINEAU, E., "La refundición del Reglamento Bruselas II bis: de nuevo sobre la función del Derecho Internacional privado europeo", *Revista Española de Derecho Internacional,* v. 69, n.º 1, 2017, pp.139-165.

SOTO RODRÍGUEZ, M.L., "La mediación en la sustracción internacional de menores en la Unión Europea", *Revista de Estudios Europeos,* n.º 71, 2018, pp. 149-170.

Capítulo XVIII

Últimas voluntades digitales y conflictos post mortem: la mediación como MASC preferente

FEDERICO BUENO DE MATA

Catedrático de Derecho Procesal. Universidad de Salamanca

SUMARIO: I. LA GESTIÓN DE LAS ÚLTIMAS VOLUNTADES DIGITALES COMO ORIGEN DE CONFLICTOS. II. BASES LEGALES APLICABLES A LA GESTIÓN DE ACTIVOS DIGITALES *POST MORTEM*: EL IMPULSO DE LA MEDIACIÓN A TRAVÉS DE LA NORMATIVA CATALANA. III. LA CONVENIENCIA DE APLICAR LOS MASC EN LA GESTIÓN DE LAS ÚLTIMAS VOLUNTADES DIGITALES. 3.1. Líneas maestras de los MASC en el Proyecto de Ley de Eficiencia Procesal. 3.2. Especial alusión a los MASC por medios electrónicos. 3.3. Reflexiones acerca de la conveniencia de utilización de e-MASC en la resolución de disputas vinculadas a últimas voluntades digitales. IV. CONCLUSIÓN

I. LA GESTIÓN DE LAS ÚLTIMAS VOLUNTADES DIGITALES COMO ORIGEN DE CONFLICTOS

Actualmente, nos encontramos en una sociedad marcada por la transformación digital, donde la mayoría de las personas, salvo las afectadas por la brecha digital, utilizan de manera continua entornos y plataformas digitales para gestionar diferentes aspectos de su vida profesional. Podemos afirmar que un mundo cada vez más conectado y dependiente de la tecnología, nuestros perfiles en redes sociales, cuentas de correo electrónico, archivos en la nube u otros activos digitales forman parte integral de nuestras vidas, y, por ende, conforman nuestra identidad y nuestras posesiones, aunque aludamos a cuestiones propiamente intangibles.

Derivado de lo anterior, podemos afirmar que este entorno se convierte en el escenario en el que comenzamos a gestionar una especie de nueva identidad, la identidad digital, al tiempo que vamos albergando casi sin darnos cuenta una riqueza considerable de archivos y contenidos de naturaleza electrónica. Podemos decir que nos encontramos ante un escenario caracterizado por la coexistencia de la identidad física y digital[1], cuyas fronteras se desdibujan en un mundo esencialmente binario y donde el derecho se enfrenta al complejo desafío de abordar la gestión de todos estos activos cuando la persona titular de los mismos muere.

Es por ello por lo que, al fallecer una persona, estos activos digitales se transforman en una parte esencial y duradera de su legado en el mundo digital, lo que conecta así con atender jurídicamente a los deseos y voluntades de aquellos que han fallecido acerca de la gestión que quisieron darles a los mismos[2]. Hablamos así de un patrimonio que puede estar compuesto tanto por cuestiones personales, que conforman nuestra identidad digital, pero también por activos de naturaleza económica como pueden ser los criptoactivos, los NFTs, o los servicios en línea adquiridos.

En este sentido, autores como GINEBRA MOLINS hablan de un "rastro digital" donde "puedan verse involucrados tanto aspectos de carácter netamente personal como patrimonial, determina que la aproximación al "rastro digital" dejado por la persona al fallecer pueda hacerse: o bien desde

---

1 GARCÍA HERRERA indica que "La identidad digital se construye, de forma activa, incorporando textos, imágenes, videos y audios a Internet, en definitiva, participando del mundo web. En los sitios de redes sociales dicha identidad se construye a partir del perfil del usuario, que con frecuencia se enlaza a los perfiles de otros usuarios o contactos. Existen diversas herramientas online, gratuitas y accesibles en la red, que contribuyen a la construcción de la identidad digital: blogs, microblogs, portales de noticias y sitios webs, redes sociales genéricas", Vid. GARCÍA HERRERA, V, "La disposición sucesoria del patrimonio digital", *Actualidad civil*, Nº 7-8, 2017. En el mismo sentido, focalizado en redes sociales y metaverso; Vid. GALLARDO RODRÍGUEZ, A., "Identidad digital y responsabilidad civil de las plataformas digitales: de las redes sociales al metaverso", *Actualidad Jurídica Iberoamericana*, Número 18, 2023; o incluso hablando de identidad digital como nuevo derecho podemos encontrar a BATUECAS CALETRIO, A., "Anuario de derecho civil, ISSN 0210-301X, Vol. 75, Nº 3, 2022, pps. 923-986.

2 Desde la óptica civilista, existe amplia doctrina que ha tratado el tema, pero en nuestro estudio centraremos el tema en la base legal para solucionar los posibles conflictos derivados de esta situación. Para el tratamiento propio desde el derecho sustantivo, entre otros, Vid. CÁMARA LAPUENTE, S., "La sucesión "mortis causa" en el patrimonio digital", *Anales de la Academia Matritense del Notariado*, Tomo 59, 2019, pp. 375-432; TORAL LARA, E. "Protección y gestión *post mortem* de datos personales y archivos digitales", *Fodertics 10.0: estudios sobre derecho digital*, 2022, pps. 253-272; APARICIO VAQUERO, J.P., "El régimen mortis causa de los datos personales y de los contenidos de los usuarios de redes sociales y otros servicios de la sociedad de la información", *Algunos desafíos en la protección de datos personales*, Granada, 2018, pps. 171-217.

una perspectiva eminentemente patrimonial-sucesoria, de la gestión y/o el destino del patrimonio digital; o bien desde una perspectiva eminentemente personal, de la protección *post mortem* de la intimidad/privacidad y/o de los datos personales tanto del fallecido como de terceros[3]"; a lo que añade BASTANTE GRANELL que "habrá que preguntarse qué sucede con la identidad, el rastro y el patrimonio de la persona en el entorno online[4]".

En el núcleo de esta cuestión se encuentra evidentemente el testamento, una expresión fundamental de la voluntad individual, mediante la cual un individuo decide el destino de sus bienes, derechos y patrimonio después de su fallecimiento. Esta práctica, que ha perdurado desde la época de la Antigua Roma, es considerada uno de los actos unilaterales y voluntarios más significativos en la vida de una persona, pues ya Quintiliano, el retórico ilustre, indicaba con acierto: "¿Cómo podemos negar a un individuo aquello que puede constituir su único consuelo en sus últimos momentos?". Esta voluntad tiene también su reflejo en el plano virtual al hablar de manera concreta de "últimas voluntades digitales" y de cómo alguien cuando va a fallecer puede decidir quién y cómo maneja o ejerce el control sobre determinados aspectos en el ámbito digital una vez que el titular de los mismos ha fallecido, lo que puede generar a su vez diferentes tipos de conflictos.

Los conflictos más comunes en esta área suelen surgir entre los herederos, o entre los herederos y el albacea designado para ejecutar las últimas voluntades del fallecido. Sin embargo, también es factible que se produzcan disputas entre estas mismas partes y las plataformas electrónicas que almacenan la información digital en cuestión por no permitir su gestión y control. Es esencial entender la magnitud de este desafío, ya que a menudo estas plataformas albergan una cantidad significativa de activos y la administración de los mismos pueden ser un asunto delicado y complicado.

Por lo tanto, es de suma importancia que las personas consideren cuidadosamente cómo desean que se manejen sus activos digitales después de su fallecimiento, ya sea mediante la designación de herederos digitales, la especificación de instrucciones claras o la utilización de servicios y herramientas que faciliten esta gestión, y de manera correlativa, desde el derecho procesal, ofrecer vías distintas de solución tanto heterocompositivas

---

3 GINEBRA MOLINS, M.E., "Voluntades digitales en caso de muerte", *Cuadernos de Derecho Transnacional* (marzo 2020), Vol. 12, Nº 1, pps. 908-929.

4 BASTANTE GRANELL, V., "Menor de edad y últimas voluntades digitales", *Revista de Derecho Civil*, vol. IX, núm. 4 (octubre-diciembre, 2022) Estudios, pps. 51-135.

como autocompositivas para resolver los potenciales conflictos que en su caso se pudieran derivar.

A continuación, expondremos la base normativa que podría ser aplicable a este tipo de disputas, para posteriormente decantarnos y argumentar el método de resolución que en nuestra opinión pudiera ser más efectivo y eficaz en estos casos.

II. BASES LEGALES APLICABLES A LA GESTIÓN DE ACTIVOS DIGITALES *POST MORTEM*: EL IMPULSO DE LA MEDIACIÓN A TRAVÉS DE LA NORMATIVA CATALANA

Es asombroso que en un mundo donde nuestra interacción con proveedores de servicios digitales es tan habitual y constante en nuestra vida cotidiana, los acuerdos y políticas que rigen esta relación pocas veces aborden de manera específica y exhaustiva el destino de nuestros activos digitales en situaciones de fallecimiento o cuando se enfrenta a una modificación judicial de nuestra capacidad legal. Este vacío recurrente en las políticas de privacidad de muchas plataformas digitales provoca un estado de incertidumbre que genera preocupaciones para los familiares y seres queridos del fallecido y titular de los activos digitales, pues muchas veces no se sabe a dónde acudir o por dónde empezar. Al constituir valores digitales cuya traducción procesal podría ir categorizada como una especie de "prueba de datos[5]" en aplicación de la concepción dada desde hace unos años por la UE, lo primero que se nos podría plantear es si el RGPD nos ofrece alguna solución al tratamiento jurídico de esta cuestión y a cómo se deben resolver los conflictos derivados del mismo.

Nada más lejos de la realidad, puesto que concretamente el considerando 27 indica expresamente que "El presente Reglamento no se aplica a la protección de datos personales de personas fallecidas. Los Estados miembros son competentes para establecer normas relativas al tratamiento de los datos personales de estas", lo que recalca en su número 158: "El presente Reglamento también debe aplicarse al tratamiento de datos personales realizado con fines de archivo, teniendo presente que no debe ser de aplicación a personas fallecidas", y también en el 160: "El presente Reglamento

---

5 Vid. https://www.consilium.europa.eu/es/press/press-releases/2023/06/27/council-adopts-eu-laws-on-better-access-to-electronic-evidence/ (Fecha de consulta: 28 de septiembre de 2023).

debe aplicarse asimismo al tratamiento datos personales que se realiza con fines de investigación histórica. Esto incluye asimismo la investigación histórica y la investigación para fines genealógicos, teniendo en cuenta que el presente Reglamento no es de aplicación a personas fallecidas".

En resumen, el RGPD no regula esta cuestión y cede su regulación a los Estados miembros, lo que ahonda en una falta de claridad legal armonizada sobre qué sucede con nuestros activos digitales después de la muerte en un mundo en el que de por sí todos estos activos tienen un claro componente trasnacional al ir vinculado con plataformas que no radican en nuestro país, lo que puede desembocar en una fuente significativa de conflictos jurídicos a través de qué regulación se debe aplicar y cual es propiamente el derecho aplicable.

Si nos atenemos a lo dispuesto en el RGPD y ahondamos en la regulación nacional sobre la materia, debemos acudir a la Ley Orgánica 3/2018, de 5 de diciembre, de Protección de Datos Personales y Garantía de los Derechos Digitales[6], el cual constituye un esfuerzo legislativo encaminado a abordar una problemática cada vez más relevante en la era digital. Dentro de su marco normativo, dos preceptos destacan por su importancia en la regulación de este ámbito complejo y en constante evolución.

Por un lado, el artículo 3 de dicha ley aborda el tratamiento y la gestión de los datos o identidad digital de las personas fallecidas. En este sentido, en el caso de individuos que mantuvieron vínculos familiares o de hecho con la persona fallecida, así como sus herederos, se les concede la posibilidad de dirigirse al responsable o encargado del tratamiento de datos para solicitar el acceso a la información personal de la persona difunta. Además, se les permite solicitar la rectificación o eliminación de dichos datos, por lo que nos encontramos ante una posibilidad de ejercer los denominados Derechos ARCO (Acceso, Rectificación, Cancelación y Oposición).

No obstante, existe una excepción a esta regla: estas personas mencionadas anteriormente no tendrán acceso a los datos del fallecido ni podrán solicitar su modificación o eliminación si la persona fallecida lo hubiera prohibido expresamente o si una ley lo establece de esa manera, atendiendo así a sus últimas voluntades digitales. Igualmente, cabe destacar que esta prohibición no afecta al derecho de los herederos de acceder a los datos de naturaleza patrimonial del fallecido, con lo que vemos que solo se aplicaría

---

6 https://www.boe.es/eli/es/lo/2018/12/05/3/con (Fecha de consulta: 22 de septiembre de 2023).

a los datos personales que conformen la identidad digital de la persona, pero que si podría aplicarse propiamente al tema de propiedades como criptoactivos o NFTs.

Si bien, esta situación legislativa sigue estando incompleta, pues el propio precepto indica que la validez y vigencia de estas designaciones e instrucciones, así como su registro, serán establecidos mediante un Real Decreto que determinará los requisitos, instrucciones y condiciones necesarios para su acreditación, norma que no se ha publicado a fecha de redacción del presente artículo, lo que sigue planteando ciertos flecos sin resolver. Este precepto es además completado con lo regulado propiamente en el art. 96 de dicha ley, conocido como el "derecho al testamento digital", el cual se ocupa de cuestiones relacionadas con el patrimonio digital y replica lo apuntado en el artículo precedente, incorporando a su vez cuestiones vinculadas a la figura del albacea como gestor y, por tanto, posible solucionador de conflictos entre herederos que se puedan derivar en la gestión de estas últimas voluntades[7].

Al finalizar este artículo, y en espera del RD de desarrollo y las posibles modificaciones para el CC, la Ley del Notariado o la LECiv que pudieran conllevar; el apartado cuarto indica a su vez que "lo establecido en este artículo en relación con las personas fallecidas en las comunidades autónomas con derecho civil, foral o especial, propio se regirá por lo establecido por estas dentro de su ámbito de aplicación", por lo que vemos que desde la norma europea se nos reconduce a la normativa nacional, y de la nacional a una posible norma autonómica o foral en caso de que la hubiese.

Curiosamente esta situación nos lleva a hablar de una normativa catalana, concretamente, de la Ley 10/2017, de 27 de junio, de las voluntades digitales y de modificación de los libros segundo y cuarto del Código civil de Cataluña[8]. Un texto anterior a la modificación de la LOPDD y en cuyo preámbulo establece que está concebida para "gestionar la huella en los entornos digitales cuando la persona muere o cuando tiene la capacidad

---

7 Vid. NAVAS NAVARRO, S., "Herencia y protección de datos de personas fallecidas: a propósito del mal denominado "testamento digital"", *Revista de derecho privado,* Año Nº 104, Mes 1, 2020, pps. 59-88; OTERO CRESPO, M., "El derecho de sucesiones en clave digital: Algunas consideraciones a propósito del "testamento digital" y de la "herencia digital" en el ámbito del derecho común", *Declaración de voluntad en un entorno virtual,* Navarra, 2021, pps. 367-378.

8 https://www.boe.es/buscar/doc.php?id=BOE-A-2017-8525 (Fecha de consulta: 22 de septiembre de 2023).

judicialmente modificada y para evitar daños en otros derechos o intereses tanto de la propia persona como de terceros, la presente ley establece que las personas pueden manifestar sus voluntades digitales para que el heredero, el legatario, el albacea, el administrador, el tutor o la persona designada para su ejecución actúen ante los prestadores de servicios digitales después de su muerte o en caso de tener la capacidad judicialmente modificada".

La ley indica que mediante las voluntades digitales, las personas que tengan plena capacidad para testar están facultadas para que, en caso de que ellas fallezcan, aquellos que tengan vínculos familiares, de afecto o amistad, puedan gestionar tanto su imagen como diversos elementos que ellos determinen dentro de un entorno digital, lo que alude por tanto a una concepción amplia de activos digitales, tanto con cariz personal como material.

Es decir, nos encontramos ante un instrumento destinado a planificar las instrucciones y deseos del difunto en relación con sus activos digitales y su presencia en línea una vez fallezca, al tiempo que dichas disposiciones también son de aplicación para personas con la capacidad judicialmente modificada o en caso de menores. De manera concreta, la conceptualización se introduce por medio de la adición de un precepto, el 411-10, al capítulo I del título I del libro cuarto del Código civil de Cataluña, con el siguiente texto: «Artículo 411-10. Voluntades digitales en caso de muerte. 1. Se entiende por voluntades digitales en caso de muerte las disposiciones establecidas por una persona para que, después de su muerte, el heredero o el albacea universal, en su caso, o la persona designada para ejecutarlas actúe ante los prestadores de servicios digitales con quienes el causante tenga cuentas activas.

En este caso, la novedad a nivel testamentario radica en que las voluntades digitales se pueden ordenar, por supuesto, mediante testamento, codicilo o memorias testamentarias, a lo que se le suma un nuevo instrumento registral de carácter "administrativo" (entrecomillamos debido a la interpretación que ahora plantea el TC) creado con el objetivo de facilitar e incrementar las vías disponibles para dejar constancia de las voluntades digitales, el cual puede inscribirse en el Registro Electrónico de Cataluña.

En definitiva, dichas voluntades digitales ya no solo pueden establecerse a través de instrumentos testamentarios tradicionales, sino también mediante este nuevo documento, lo que hace incorporar una disposición adicional al Código Civil de Cataluña que establece la regulación básica del Registro Electrónico de Voluntades Digitales, lugar concreto donde deben inscribirse los documentos de voluntades digitales, al tiempo que se detalla la forma de acceso y emisión de certificados. Por ello, podemos decir que la legislación catalana es un claro reflejo de la creciente importancia de los activos digitales en nuestras vidas y la necesidad de una normativa adecuada para abordar los desafíos que plantea la herencia digital en la era moderna.

Si bien esta Ley 10/2017 añade una particularidad relativa al método de resolución de conflictos en aplicación de la misma, ya que de manera concreta en su DA 1° se hace una referencia a la mediación como manera recomendada de solución del siguiente modo: "Las controversias que surjan en aplicación de la presente ley pueden someterse a mediación entre las personas físicas o jurídicas afectadas para que lleguen a un acuerdo. Con la misma finalidad, la autoridad judicial puede remitirlas a una sesión informativa sobre mediación". Por tanto, vemos como para los conflictos derivados de todo lo relativo a la gestión de últimas voluntades es preferible acudir a la mediación, e incluso se facultad al juez a la derivación previa a mediación en todo caso.

Pues bien, el 17 de enero de 2019 el Tribunal Constitucional decide estimar un recurso de inconstitucionalidad presentada desde la Presidencia del Gobierno, en base a que se apuntaba que la Comunidad Autónoma de Cataluña carece de competencia para configurar legislativamente un registro jurídico[9], de derecho privado, como lo es el Registro electrónico de voluntades digitales creado por el art. 10 de la Ley 10/2017, y por tanto, tampoco puede dictar una normativa de desarrollo reglamentario de ese precepto legal, que resulta inconstitucional por invadir la competencia reservada al Estado por el art. 149.1.8 CE.

Es decir, el argumento descansa principalmente en que no nos encontramos propiamente ante un registro administrativo, sino ante un registro propiamente jurídico, y en tal sentido, el TC en su fallo, declara la inconstitucionalidad y nulidad de los siguientes preceptos "1°) Del art. 6, en cuanto a la redacción dada al art. 411.10.3, letra b), del libro cuarto del Código Civil de Cataluña ("Si la persona no ha otorgado disposiciones de última

[9] Sentencia 7/2019, de 17 de enero de 2019. Recurso de inconstitucionalidad 4751-2017. Interpuesto por el Presidente del Gobierno en relación con diversos preceptos de la Ley del Parlamento de Cataluña 10/2017, de 27 de junio, de las voluntades digitales y de modificación de los libros segundo y cuarto del Código civil de Cataluña. «BOE» núm. 39, de 14 de febrero de 2019, páginas 14535 a 14552, disponible en: https://www.boe.es/buscar/doc.php?id=BOE-A-2019-2033 (Fecha de consulta: 28 de septiembre de 2023).

voluntad, un documento que debe inscribirse en el Registro electrónico de voluntades digitales"). 2°) Del art. 8, en cuanto a la redacción dada al art. 421.24.1 del libro cuarto del mismo Código, en el inciso "y, en defecto de estos instrumentos, en un documento de voluntades digitales, el cual necesariamente debe especificar el alcance concreto de su actuación. Este documento debe inscribirse en el Registro electrónico de voluntades digitales". 3°) Del art. 10, que incorpora a dicho Código la disposición adicional tercera del libro cuarto. 4°) Del art. 11, que añade al mismo Código la disposición final quinta del libro cuarto. 5°) De la disposición final primera".

Podemos decir así que gran parte de la Ley queda sin efectos jurídicos, pero no existe declaración alguna de inconstitucionalidad sobre el uso de la mediación como manera de resolución de este tipo de conflictos

Por dicha razón, y a pesar del silencio normativo existente a nivel nacional, a continuación, expondremos la conveniencia y las razones concretas de utilizar este tipo de MASC a la hora de resolver conflictos en los que se ven involucrados activos digitales, y por qué creemos que nos encontramos ante una buena solución planteada por la ley catalana para este tipo de conflictos que creemos podría y debiera extrapolarse al resto del territorio español.

III. LA CONVENIENCIA DE APLICAR LOS MASC EN LA GESTIÓN DE LAS ÚLTIMAS VOLUNTADES DIGITALES

3.1 Líneas maestras de los MASC en el Proyecto de Ley de Eficiencia Procesal

El término MASC, Medios Adecuados de Solución de Conflictos, fue introducido por el Anteproyecto de Ley de Medidas de Eficiencia Procesal del Servicio Público de Justicia, en adelante ALMEP, que posteriormente acabo siendo Proyecto de Ley en abril de 2022 y que quedó sin aprobación final tras el adelanto de las elecciones generales realizado en julio de 2023.

Con independencia de su no aprobación, el ALMEP dejó claro que se pretendía dar un cierto impulso a la figura de los MASC en el ámbito de la solución de controversias sobre bienes jurídicos disponibles, y más concretamente en los conflictos de derecho privado, lo que conecta con lo apuntado en la DA 1° respecto a la aplicación preferente de la mediación de la ley catalana, y por tanto, podría ser un mecanismo aplicable a la solución de conflicto derivado de la gestión de últimas voluntades digitales.

En dicho sentido, en la exposición de motivos del ALMEP se indica que la justicia no debería entenderse únicamente desde un punto de vista contencioso, sino más bien como un sistema de justicia deliberativa que debe ser impulsada no solo por los distintos operadores jurídicos, sino adicionalmente por la sociedad, máxime cuando hablamos de conflictos en el ámbito privado. Es muy importante como se presenta en este punto inicial el texto, puesto que parte de que nos encontramos ante una sociedad marcada por la cultura del conflicto, en la que no tenemos arraigada una cultura de mediación y en la que vivimos sumidos en llevar la manifestación del principio de contradicción procesal a su extremo[10].

El impulso de los MASC ha sido demandado desde múltiples sectores durante las dos últimas décadas. Un tema delicado dentro del mundo de la abogacía, pues se parte de que los abogados piensan que métodos como la mediación no aportan nada nuevo y que responden a dar cabida a nuevas profesiones y nichos de mercado que hagan que en el mercado exista mayor competencia. Muchos profesionales piensan que llevan toda la vida mediando, cuando realmente sus métodos responden a una pura negociación previa.

Además, en el ámbito de derecho privado, y concretamente en los conflictos vinculados a últimas voluntades digitales, podemos indicar que acudir a los MASC no afectaría al derecho a la tutela judicial efectiva, puesto que se enmarcan en el ámbito del derecho privado, de los derechos disponibles por los ciudadanos, que por tanto son libres para buscar una solución adecuada a la protección de estos derechos. Además, la STC, Sala Pleno, de 16 de febrero de 2012 , que viene a destacar que "*la ley podrá establecer límites al ejercicio del derecho fundamental que serán constitucionalmente válidos si, respetando su contenido esencial, están dirigidos a preservar otros derechos, bienes o intereses constitucionalmente protegidos y guardan la adecuada proporcionalidad con la naturaleza del proceso y la finalidad perseguida*", es decir, debe buscarse un uso adecuado del proceso , y, en caso contrario, existe la posibilidad de establecer los límites oportunos para evitar un uso fraudulento.

Por otro lado, no compartimos con el prelegislador que este impulso de los MASC venga fundamentado en "evitar una posición de abuso de Derecho". Según la RAE "abuso de derecho" significa: ejercicio de un derecho en sentido contrario a su finalidad propia y con perjuicio ajeno. Esta situación puede llegar al malinterpretarse por la ciudadanía, pues se puede

10 Una visión detallada sobre el ALMEP en BUENO DE MATA, F. *Hacia un proceso civil eficiente: transformaciones judiciales en un contexto pandémico*, Valencia, 2021.

generar un recelo o una desconfianza ante el administrado. Para ello, debemos descargar de toda culpa al ciudadano, pues seguramente parta de un mal asesoramiento previo por parte de determinados profesionales, no tenga la cultura de paz necesaria para entender la finalidad de estos medios o directamente se encuentre con que la contraparte no es partidaria de los mismos. No podemos situar el problema y el origen en negativo. Un concepto demasiado brusco con el que justificar la necesidad de potenciar los MASC que realmente no responde a la realidad. Para intentar concretar conceptualmente el "abuso de derecho", el legislador recurre a una serie de modificaciones que va realizando en la LECiv en base de incentivos en relación con las costas y que se pueden observar en las reformas pretendidas de los arts. 32.5 o 245 a 247[11]. En ellas se habla de utilizar estos medios desde la buena fe procesal e incorporar a las costas los honorarios de los profesionales vinculados a los MASC que han terminado sin éxito y cuya opinión previa haya coincidido notablemente con la posterior tomada por el legislador. En estos casos incluso se permitirá que la persona que propuso ir a un MASC con un acuerdo vinculante se exonere del pago de costas o las rebaje si la opinión del negociar coincidía con la del juez, pues se vería de alguna forma que se ha recurrido al poder judicial cuando alguien ya había dado una opinión parecida al respecto.

Esta opción podría interpretarse doblemente. Por un lado, podría casi parecer tendencioso ver que esto podría constituir hasta una especie de misil hacia la función jurisdiccional, por entender que hay profesionales que piensan igual que los jueces sin serlo, debilitando la propia labor del juez. Por otra, la cual creemos que es el sentir del legislador,

---

[11] El nuevo apartado tercero del art. 246 LECiv indica que: "Si la impugnación fuere totalmente desestimada, se impondrán las costas del incidente al impugnante si hubiera obrado con abuso del sistema público de Justicia. Si fuere total o parcialmente estimada, se impondrán, también en el caso de que hubiera obrado con abuso del sistema público de Justicia, al abogado o al perito cuyos honorarios se hubieran considerado excesivos"; al igual que la reforma del apartado tercero art. 247 LECiv: "Si los tribunales estimaren que alguna de las partes ha actuado conculcando las reglas de la buena fe procesal o con abuso del servicio público de Justicia, podrán imponerle, en pieza separada, mediante acuerdo motivado, y respetando el principio de proporcionalidad, una multa que podrá oscilar de ciento ochenta a seis mil euros, sin que en ningún caso pueda superar la tercera parte de la cuantía del litigio". Un análisis en profundidad sobre esta cuestión en: PICÓ I JUNOY, J., "MASC y costas procesales en el futuro proceso civil: ¿La cuadratura del círculo?", *Diario La Ley*, N.º 9801, Sección Plan de Choque de la Justicia / Tribuna, 2 de marzo de 2021.

es dar a entender que hay situaciones que no son necesarias que sean conocidas en el proceso y que pueden quedar al margen de la actividad propiamente jurisdiccional, llegando a un acuerdo entre las partes que se encamine a lo que hubiera dictaminado el mismo juzgador. Sin duda, nos resulta curioso que el legislador atisbe que el ciudadano, educado en una cultura del conflicto, pueda siquiera llegar a imaginar que lo que le indique alguien ajeno al juzgado, tenga la misma eficacia y validez.

Realmente, no implica que el ciudadano acuda a un juzgado porque piense en abusar del sistema; más bien esta potencial e hipotética conducta se basa en un déficit de educación y de falta de publicidad de los MASC en sentido amplio. Esta situación además resulta más nueva para los administrados ya que estos medios pasan de considerarse alternativos a convertirse en un requisito de procedibilidad para acudir a juicio, a través de la futurible reforma del art. 403 LECiv con relación a las nuevas condiciones para la admisión y casos excepcional de inadmisión de la demanda. Estaríamos hablando de atribuir al ciudadano un presunto uso incorrecto e indebido del derecho de acción, por acudir a los MASC sin justificación suficiente o como mera estrategia dilatoria. La Exposición de Motivos llega más allá e indica que podríamos estar ante una especie de mala fe procesal en el uso irracional o dilatorio del propio derecho a la tutela judicial efectiva ¿Realmente podremos apreciar esa intencionalidad siempre en la parte actora? A nuestro juicio rotundamente no.

Por último, haciendo alusión, a la terminología empleada, también debemos manifestar nuestras dudas, puesto que el ALMEP los califica más que cómo “métodos alternativos”, como “métodos adecuados”. El término “adecuado” según el DRAE es un adjetivo que significa “apropiado para alguien o algo”, mientras que la palabra “adecuar” significa “adaptar algo a las necesidades o condiciones de una persona o de una cosa”. Pensamos que el proceso no debe sufrir una adaptación como tal, sino que estos medios deben actuar como una especie de filtro para que no todos los casos tengan que ser conocidos por el órgano jurisdiccional. Cuestión distinta es decir que realmente sea el método adecuado, puesto que resta efectividad al proceso y distorsiona la finalidad en sí mismo. Al fin y al cabo, estamos ante un paso previo, un requisito de procedibilidad, que en ningún caso debe acabar con un acuerdo obligado o un uso coercitivo de este método de solución. Por tanto, estamos en contra de la terminología de “adecuados”, pues los posiciona por encima del proceso, cuando lo que aportan es una posibilidad más y previa que se deberá acreditar. Realmente tendremos que atender caso a caso y evitar este tipo de generalidades.

Creemos así, que el impulso de los MASC debe ir potenciado como una posibilidad preferente pero siempre en sentido positivo. En confrontación, la ley de últimas voluntades digitales catalanas apuesta de una manera no preceptiva, pero si preferente y aconsejable por la mediación, dando incluso la posibilidad al juez de derivar este asunto. Creemos que este es el enfoque acertado para fomentar una cultura de paz real, que no ponga el foco en el abuso del derecho y que en definitiva haga descansar el uso de los medios autocompositivos en los ciudadanos por medio del principio matriz que les debe regir: la voluntariedad, principio que ha sido opacado o desvirtuado a nuestro parecer a través del impulso del último Proyecto de Ley y que esperamos que en el futuro, sea de nuevo ponderado por el legislador si se impulsa nuevas iniciativas legales que aborden la materia a nivel nacional.

3.2. Especial alusión a los MASC por medios electrónicos

En la actualidad, nos encontramos en una fase caracterizada por la creciente influencia de las nuevas tecnologías en diversos ámbitos de la sociedad, incluyendo el ámbito legal. De manera gradual, observamos cómo la revolución tecnológica está impactando también en los métodos extrajudiciales para resolver conflictos Así, los MASC parecen estar especialmente preparados para aprovechar el impacto de la tecnología o, en muchos casos, ser terrenos deliberadamente utilizados por legisladores como experimentales para testar su progresivo uso, explorando la flexibilidad de los principios y garantías procesales, y amparándose en el principio de voluntariedad. El propósito subyacente de tales experimentos es, si los resultados son favorables, implementar esta modernización de manera integral en el propio proceso judicial tras usar el campo extrajudicial como escenario de pruebas al ver cómo tecnologías actúan como una herramienta atractiva para agilizar los procedimientos y conferirles mayor eficacia práctica y real.

En este sentido, Internet se erige como un impulsor fundamental de los sistemas de mediación, relegando al mediador físico a un papel más ejecutivo en muchas ocasiones y haciendo que nazcan nuevos e-MASC como la mediación o el arbitraje electrónicos, así como procedimientos más automatizados en los que incluso comienza a hacer su aparición la inteligencia artificial[12]. Por ello, en el contexto actual la resolución de conflictos,

---

12 MARTIN DIZ, F., "Inteligencia artificial y ADR: evolución en el arbitraje y la mediación", *La Ley. Mediación y arbitraje,* Nº. 2, 2020; BARONA VILAR, S., "La media-

especialmente aquellos relacionados con cuestiones tecnológicas como pueden ser los derivados de las últimas voluntades digitales, se podrían ver beneficiados de manera significativa por distintos e-MASC, como es el caso propio de su mediación en su versión electrónica. Estos mecanismos son útiles especialmente en conflictos mercantiles y civiles transfronterizos o con componente internacional, como son muchas veces los que nos ocupan, pues hablamos de cuestiones vinculadas a la identidad como a activos digitales con valor monetario, datos electrónicos que dependen de plataformas digitales radicadas en países extranjeros, y que generan dudas sobre qué legislación es aplicable y bajo qué jurisdicción quedaría el conocimiento del asunto. Este problema además se agranda en fase de ejecución, pues tendríamos que ver de qué manera llevar a cabo la decisión tomada y cómo implementarla en el país del que procede cada una de las partes.

Por supuesto, esta modalidad sería únicamente accesible a los ciudadanos con cierta familiaridad con el mundo de las nuevas tecnologías, lo que nos llevaría a un debate muy recurrente, como es el relativo a la brecha digital. Lo prioritario en este sentido es garantizar la igualdad entre las partes, es decir, que las dos dispongan al menos de un acceso al medio *on line* y cierta familiaridad de uso.

Ante esta situación, ¿cuenta España con una base legal para aplicar este tipo de herramientas a conflictos vinculados a la gestión de últimas voluntades digitales?

La respuesta es afirmativa, puesto que tanto España como en la Unión Europea el fenómeno de las e-MASC en general, y de la mediación electrónica en particular[13], se ha consolidado gracias a diversas. Si nos centramos en nuestro país, hoy en día vemos como las e-MASC han dejado atrás su infancia y han llegado a su juventud gracias a una serie de textos normativos entre los que destacan en España la Ley 5/2012 de aplicación de mediación a asuntos civiles y mercantiles, así como el RD 980/2013 por el que se desarrollan algunos aspectos claves de la mediación, entre ellos,

ción y su espacio en el hábitat de la justicia integral, global, algorítmica: ¿más o menos protagonismo?", *Meditaciones sobre mediación (MED+),* Valencia, 2022, pps. 31-62.

13 Vid. MARTIN DIZ, F., "Litigiosidad extrajudicial en sedes electrónicas: planteamientos y nuevas realidades", *La globalización del Derecho Procesal,* Valencia, 2019, págs. 419- 454; Vid. VILALTA NICUESA, A.E., *Mediación y Arbitraje electrónicos,* Navarra, 2013.

los propiamente electrónicos. De igual modo, en el ALMEP, también se refuerza esta perspectiva tecnológica expondremos a continuación.

Si tuviéramos que conceptualizar los e-MASC, podríamos decir que los mismos serían la forma de llegar a una solución de una determinada controversia por un método alternativo, o adecuado y previo, al sistema judicial mediante la inclusión de la tecnología en el procedimiento de solución, afectando al modo de interactuación entre las partes y el negociador; y creando de este modo un "espacio virtual" para la resolución de una disputa. Por tanto, se dejaría de lado la mediación "cara a cara" para pasar a un sistema llevado a cabo a distancia y de forma virtual. La tecnología en este caso aportaría un nuevo contexto en la realización del procedimiento, implicando cambios sustanciales con respecto a los aspectos espaciales y temporales. A su vez establecería nuevas posibilidades y ventajas que analizaré con posterioridad, pero entre las que podría destacar dar un plus de rapidez y un bajo costo aún superior a los sistemas clásicos de ADR. En este sentido se crearía un sistema de resolución e-MASC, un procedimiento documentado, que gracias a la acción decisoria de una persona que negocie o medie, actuando por la solicitud de una de las dos partes, invita a la contraparte a responder o bien por la decisión conjunta de acudir a una tercera persona desde un primer momento.

Volviendo al ALMEP, podemos ver como su art. 5 hace referencia clara a que los MASC pueden desarrollarse tanto por modalidad física como electrónica. Concretamente se habla de "Actuaciones desarrolladas por medios telemáticos", aunque se habla de que mediante el principio de voluntariedad y de acuerdo, las partes opten por intentar solucionar las controversias "por medios telemáticos, por videoconferencia u otro medio análogo de transmisión de la voz o la imagen, siempre que quede garantizado el respeto a las normas previstas en este título y, en su caso, a la normativa de desarrollo específicamente contemplada para la mediación". Esto quiere decir que estaríamos ante una referencia clara a la aplicación de mediación online, según lo regulado tanto en la ya vetusta ley 5/2012, como en el RD 980/2013 y que se aplicarían todos los conceptos básicos para hablar de mediación online aquí como al resto de e-MASC.

Respecto a la tipología, la normativa lo deja completamente abierto. Podemos decir que tendríamos dos tipos de métodos para llevar a cabo la mediación online: Síncronos: requieren de la coincidencia en el mismo espacio de tiempo de los agentes que se comunican. Por ejemplo: video, chat, conversaciones de audio, etc.; y asíncronos: No requieren de la coincidencia en el mismo espacio de tiempo de los agentes que se comunican.

Por ejemplo: mensajes de video, mensajes de texto, mensajes de audio de audio, etc. En España, los procedimientos de mediación electrónica que ahora mismo están en auge después de la etapa pandémica son: el envío telemático de correos electrónicos entre las partes la existencia de mediaciones realizadas en "salas virtuales" o *chatrooms*, en las que puede estar presente un mediador vía online o incluso sin la existencia de un mediador humano a través de sistemas de inteligencia artificial. Por tanto, podríamos sumar a los canales de comunicación simultánea-sincrónica (videoconferencias) y sucesiva-asíncrona (mediación mediante correo electrónico), un nuevo "procedimiento simplificado de mediación", que incluso abriría las puertas al uso de inteligencia artificial en este sentido y que a nuestro parecer se configuraría como un tipo autónomo. Además, el art.5.2 del ALMEP indica que :"Cuando el objeto de controversia sea una reclamación de cantidad que no exceda de 600 euros se desarrollará preferentemente por medios telemáticos, salvo que el empleo de éstos no sea posible para alguna de las partes"; lo que vuelve a conectar de nuevo con las posibilidades ofrecidas en la legislación española para hablar de procedimiento simplificado de mediación por medios electrónicos y que podrían aplicarse también a activos digitales vinculados a últimas voluntades digitales tasadas que no superaran esta cantidad.

Concretamente, esta situación ya encuentra regulación en la Ley 5/2012, ya en su art. 24.2 y en su disposición final cuarta realiza una referencia a la utilización preferente de medios electrónicos en determinados supuestos basados en reclamación de determinadas cantidades. Concretamente, si esa cantidad fuera inferior a 600 euros expone que siempre que las partes tengan conocimientos y soportes tecnológicos, se deberá priorizar la vía electrónica. Cierto que esto podría atender a una visión basada en asemejar de manera extrajudicial la solución de disputas en el ámbito de los procesos monitorios de escasa cuantía, a través de un traslado mediante este tipo de mecanismos[14]. A pesar de ello, la opción del consumo quedaba vedada al final de la misma ley, por lo que regulaba esta variante, pero virtualmente en la práctica era difícilmente trasladable a la empresa.

Posteriormente, este precepto y esta disposición encuentran su desarrollo legislativo a través del fallido Proyecto de Real Decreto por el que se regula la Mediación en asuntos civiles y mercantiles a través de

---

[14] Estas ideas ya han sido expuestas de manera ampliada por el autor en: BUENO DE MATA, F., "Mediación electrónica e inteligencia artificial", *Actualidad civil*, Nº 1, 2015.

medios electrónicos, de 27 de noviembre de 2012 que finalmente no vio la luz. Concretamente este proyecto hablaba de "sistema simplificado de mediación", y ofrecía una explicación de lo que suponía este sistema en el punto 3 de su Preámbulo. En él se dice que "El procedimiento simplificado será de aplicación a las reclamaciones de cantidad que no excedan de seiscientos euros. En este caso, se producirá una negociación automática que ofrecerá una propuesta, también automática, a las partes. La duración máxima de este procedimiento no podrá ser mayor de un mes". Del mismo modo, esta definición se completaba con un artículo, concretamente el número 16, en el que se definía lo que se entendía por "negociación automática". De esta forma el citado precepto lo definía así "en caso de que, una vez recibidas las posiciones de las partes, haya acuerdo sobre la cantidad reclamada, el sistema electrónico les ofrecerá de forma automática una propuesta de acuerdo para su aceptación. De ser rechazada por alguna de las partes la propuesta económica o la propuesta del acuerdo final, ambas efectuadas por el sistema electrónico, se podrá solicitar al sistema una nueva propuesta con el límite de ofertas que establezcan las reglas de la institución de mediación". De esta forma no solo se reconoce que no estamos ante una mediación, sino ante una negociación automática, que será llevada a cabo por un "sistema electrónico", lo que nos encaminaría hacia el uso de sistemas automatizados de resolución de conflictos mediante inteligencia artificial.

Pues bien, con la llegada del Real Decreto 980/2013, de 13 de diciembre, por el que se desarrollan determinados aspectos de la Ley 5/2012, de 6 de julio, de mediación en asuntos civiles y mercantiles, se opta por eliminar la palabra "automática" del texto, pero por mantener el concepto de "sistema simplificado de mediación", que no solo no desaparece si no que cobra protagonismo al ser utilizado para poner nombre a todo un capítulo del citado texto. Nos volvemos a topar de nuevo con un texto marcado por una excesiva simplificación y flexibilidad que opta por un nivel de abstracción difícil de digerir; cuestión que nos recuerda soberanamente a lo iniciado en el año 2011 con la ley de aplicación de nuevas tecnologías a la Administración de Justicia al hablar de "sistemas automatizados" o "sistemas simplificados".

Aun así, entendemos que al mantener la expresión "sistema simplificado de mediación" y al no cambiar el ámbito de aplicación del mismo, el legislador se está refiriendo claramente a lo expresado de forma mucho más clara en el Proyecto de Real Decreto, pues de lo contrario se hubiera referido de forma concreta a mediaciones electrónicas en sentido amplio y no hubiera realizado menciones a plataformas electrónicas ni a registros automáticos de actividad[15].

Incluso, ya en la ley 5/2012, en su DF 7ª, se nombran los procedimientos simplificados de mediación como algo automático para el que se usarán formularios tipo de inicio y contestación al regular que "las pretensiones de las partes, que en ningún caso se referirán a argumentos de confrontación de derecho, quedarán reflejadas en los formularios de solicitud del procedimiento y su contestación", por lo que se evita ya con esta normativa el contacto directo de las partes con un mediador físico, teniendo que exponer sus pretensiones a través de formularios estandarizados y abriendo el paso hacia la figura del mediador electrónico[16].

Con todo ello podríamos decir que desde hace ya más de una década en España se cuenta con una cobertura jurídica para el desarrollo de distintos e-MASC que van desde las negociaciones electrónicas por mediador electrónico, mediación online e incluso el uso de sistemas simplificados o automatizados electrónicos en casos de que nos encontráramos ante valores cuantificables en menos de 600 euros. Es por todo ello, que una vez que queda claro que contamos con una base legal y con una seguridad jurídica plena para su aplicación en nuestro país a conflictos sobre bienes jurídicos disponibles, solo nos cabe indicar por qué creemos que estas fórmulas autocompositivas en su modalidad electrónica podrían ser aplicables de manera preferente a dilucidar conflictos vinculados a la gestión de últimas voluntades digitales.

---

15 Así se habla de "plataformas electrónicas" en el art. 31.1 y de "mecanismos de registro de actividad de sistemas de mediación electrónica" en el art. 31.4. De igual modo, Vid. BUJOSA VADELL, L.; PALOMO VÉLEZ, D., "Mediación electrónica: Perspectiva Europea", *Ius et Praxis,* ISSN 0717-2877, Vol. 23, Nº. 2, 2017, págs. 51-78.

16 SÁNCHEZ BARRIOS, I., "The figure of e-mediators in the European Union. Key problems," *Electronic mediation: a comparative perspective,* Granada, 2016, pps. 181- 190.
DEL POZO PÉREZ, M., "Legal status of e-mediators in Spanish law," *Electronic mediation and e-mediator: proposal for the European Union,* Granada, 2016, pps.185-194.

3.3. Reflexiones acerca de la conveniencia de utilización de e-MASC en la resolución de disputas vinculadas a últimas voluntades digitales

Llegados a este punto, vamos a plantear los argumentos por los que creemos beneficioso la aplicación de los MASC, concretamente en su versión electrónica, y de manera específica la mediación online, para resolver conflictos relacionados con activos digitales y últimas voluntades digitales en una herencia.

Debemos partir de la idea de que la gestión de los conflictos derivados de las últimas voluntades digitales pueden tomar dos enfoques o perspectivas. Por un lado, conflictos entre particulares por la gestión de la herencia digital, lo que hace alusión tanto a la relación entre herederos, legitimarios o los albaceas, y por otro los conflictos derivados de la gestión de los activos digitales entre los herederos y las plataformas electrónicas donde se alojan los mismos. En ambos casos, los medios alternativos de resolución de conflictos van a plantear ventajas sobre el proceso, y más en su modalidad electrónica, por lo que apostaríamos por la línea introducida por la ley catalana de intentar remediar los conflictos derivados en este escenario a través de dichos medios, y de manera más concreta a través de la mediación en su modalidad en línea cuando la disputa se realice entre particulares, así como de optar por formas más cercanas al arbitraje o a la negociación online si en el conflicto estuviera presente una plataforma electrónica. Pero ¿cuáles serían los principales beneficios de aplicar este tipo de método electrónico de resolución de conflictos en esta situación?

En primer lugar, la mediación en línea permite que las partes involucradas en el conflicto, incluso si están ubicadas en diferentes partes del mundo, puedan participar en el proceso de resolución sin la necesidad de desplazarse físicamente. Esto facilita, en caso de gestión de últimas voluntades digitales, la participación de herederos y beneficiarios que pueden estar geográficamente dispersos, pero no solo esta situación es aplicable propiamente a las personas, sino a los activos digitales intangibles que de por sí pueden estar alojados o depender de servidores ubicados en diferentes puntos geográficos.

De igual modo, la facilidad de comunicación otorgada, tanto en su modalidad síncrona como asíncrona, a través de distintas herramientas en línea como videoconferencias y correos electrónicos, facilitan la comunicación entre las partes y el mediador, lo que da mayor flexibilidad y menor coste, al tiempo que pueden llevar aparejado un nivel de privacidad y confidencialidad en comparación con las reuniones presenciales, donde las partes pueden discutir asuntos delicados relacionados con activos digitales y últimas voluntades sin la preocupación de ser observados por terceros, generando un entorno virtual cerrado.

Por otro lado, la propia naturaleza electrónica del e-MASC hace que sea un medio idóneo para manejar documentación digital, ya que las plataformas y sistemas de mediación en línea permiten compartir fácilmente documentos digitales, lo que facilita la revisión y discusión de la información clave durante la resolución y tomas de acuerdo. Por supuesto, tal y como se ha apuntado previamente, sería esencial contar con un mediador con experiencia en cuestiones legales y tecnológicas para garantizar un procedimiento más eficaz.

Si bien, hay que tener en cuenta que si estos métodos son eficaces para aplicar a disputas entre particulares, el recurso a los e-MASC cobra especial sentido por el acceso y solución global que podría ofrecerse a los conflictos entre herederos y empresas tecnológicas, máxime cuando hablamos de componentes transfronterizos del conflictos que pueden estar relacionados con activos digitales alojados en plataformas virtuales en otros países, lo que podría en ocasiones a originar conflictos jurisdiccionales aparejados en la gestión de los mismos, por lo que la vía de utilizar el proceso como método heterocompositivo de resolución de conflictos, a la hora de reclamar por ejemplo el acceso o la gestión de datos en determinadas redes sociales puede ocasionar problemas normativos que podrían encontrar una solución más armonizada a través de métodos extrajudiciales y voluntarios.

En este sentido, hay que tener en cuenta que en ocasiones el uso de datos almacenados en servidores o plataformas electrónicas dependen de un contrato de adhesión que implica que los usuarios deben aceptar una serie de términos y condiciones antes de poder acceder a los servicios ofrecidos, con los que otorgamos a los proveedores de servicios electrónicos una serie de derechos y permisos para acceder, almacenar y utilizar nuestros datos personales. De igual modo, dentro de estos términos puede que estemos aceptando también un método concreto de resolución de conflictos como son los e-MASC promovidos desde las propias empresas, ya que cada vez es más habitual encontrar plataformas de mediación, negociación o arbitraje online que puedan ser gestionados desde las mismas webs en las que se ofrecen el servicio para evitar acudir, en caso de conflicto, a la vía judicial.

IV. CONCLUSIÓN

La gestión de activos digitales *post mortem* se ha convertido un desafío creciente en la sociedad actual, siendo ésta una actividad para la que existe una regulación incompleta, tanto a nivel europeo como nacional que aún está en desarrollo.

De manera concreta, hemos podido apuntar como a nivel europeo, el RGPD no aborda directamente la gestión de activos digitales de personas fallecidas, dejando esta cuestión paraque sea regulada por cada Estado miembros. En España, la Ley Orgánica 3/2018 de España trata algunos aspectos como el derecho al testamento digital, pero no establece mecanismos de resolución cuando en el conflicto existen activos digitales de naturaleza personal y patrimonial, cuestión que podría recogerse en un futurible RD que hoy en día no se encuentra publicado.

En este sentido, la Ley 10/2017 de Cataluña, que regula las "voluntades digitales", es un ejemplo de un enfoque visionario para abordar esta problemática desde el punto de vista de posibles métodos de resolución de conflictos derivados de esta situación. Dejando a un lado los preceptos declarados inconstitucionales por chocar frontalmente con competencias exclusivas de todo el Estado, dicha normativa permite a las personas expresar sus deseos sobre sus activos digitales después de su muerte, incluso a través de un nuevo instrumento registral denominado Registro Electrónico de Voluntades Digitales, al tiempo que promueve la mediación como método predilecto resolver disputas relacionadas con la gestión de activos digitales *post mortem.*

Así, la mediación emerge como método recomendado para resolver disputas y proteger los derechos y deseos de quienes han fallecido en el ámbito digital, por lo que creemos que la experiencia catalana podría servir como ejemplo para una regulación más amplia y efectiva en toda España. En este sentido, el fallido ALMEP destacó, a través de la propuesta de regulación de los MASC, la necesidad de impulsar una cultura de paz y resolución de conflictos en la sociedad española, donde aún prevalece la cultura del litigio sobre la cultura dl acuerdo.

Con independencia de esta nueva terminología, discutida y muy debatible de los MASC, la mediación, y concretamente su modalidad electrónica, cuentan con una base legal para su aplicación desde hace más de diez años en nuestro país. Por ello, unido a la apuesta por la mediación de la ley catalana, nos mostramos firmemente a favor de potenciar el uso de los e-MASC, ya sea mediación, arbitraje, negociación o procedimientos simplificados, como método fundamental para abordar conflictos generados en entornos virtuales.

Para finalizar, pensamos que de manera global tendremos que acudir de manera preferente hacia métodos autocompositivos para resolver este tipo de conflictos de naturaleza digital siempre que afecten a bienes jurídicos disponibles, con el fin de evitar el colapso del sistema judicial ya que aventuramos que estas disputas crecerán exponencialmente en los años venideros.

Bibliografía

APARICIO VAQUERO, J.P., "El régimen mortis causa de los datos personales y de los contenidos de los usuarios de redes sociales y otros servicios de la sociedad de la información", *Algunos desafíos en la protección de datos personales,* Granada, 2018, pps. 171-217.

BARONA VILAR, S., "La mediación y su espacio en el hábitat de la justicia integral, global, algorítmica: ¿más o menos protagonismo?", *Meditaciones sobre mediación (MED+),* Valencia, 2022, pps. 31-62.

BASTANTE GRANELL, V., "Menor de edad y últimas voluntades digitales", *Revista de Derecho Civil,* vol. IX, núm. 4 (octubre-diciembre, 2022) Estudios, pps. 51-135.

BATUECAS CALETRIO, A., "Anuario de derecho civil, ISSN 0210-301X, Vol. 75, Nº 3, 2022, pps. 923-986

BUENO DE MATA, F. *Hacia un proceso civil eficiente: transformaciones judiciales en un contexto pandémico,* Valencia, 2021.

BUENO DE MATA, F., "Mediación electrónica e inteligencia artificial", *Actualidad civil,* Nº 1, 2015.

BUJOSA VADELL, L.; PALOMO VÉLEZ, D., "Mediación electrónica: Perspectiva Europea", *Ius et Praxis,* ISSN 0717-2877, Vol. 23, Nº. 2, 2017, pps. 51-78.

CÁMARA LAPUENTE, S., "La sucesión "mortis causa" en el patrimonio digital", *Anales de la Academia Matritense del Notariado,* Tomo 59, 2019, pps. 375-432.

DEL POZO PÉREZ, M., "Legal status of e-mediators in Spanish law," *Electronic mediation and e-mediator: proposal for the European Union,* Granada, 2016, pps. 185-194.

GALLARDO RODRÍGUEZ, A., "Identidad digital y responsabilidad civil de las plataformas digitales: de las redes sociales al metaverso", *Actualidad Jurídica Iberoamericana,* Número 18, 2023.

GARCÍA HERRERA, V, "La disposición sucesoria del patrimonio digital", *Actualidad civil,* Nº 7-8, 2017.

GINEBRA MOLINS, M.E., "Voluntades digitales en caso de muerte", *Cuadernos de Derecho Transnacional* (marzo 2020), Vol. 12, Nº 1, pps. 908-929.

MARTIN DIZ, F., "Inteligencia artificial y ADR: evolución en el arbitraje y la mediación", *La Ley. Mediación y arbitraje,* Nº. 2, 2020.

MARTIN DIZ, F., "Litigiosidad extrajudicial en sedes electrónicas: planteamientos y nuevas realidades", *La globalización del Derecho Procesal,* Valencia, 2019, pps. 419- 454.

MONTESINOS GARCÍA, A., *Arbitraje y Nuevas Tecnologías*. Aranzadi, Navarra, 2007,

NAVAS NAVARRO, S., "Herencia y protección de datos de personas fallecidas: a propósito del mal denominado "testamento digital"", *Revista de derecho privado,* Año Nº 104, Mes 1, 2020, pps. 59-88.

OTERO CRESPO, M., "El derecho de sucesiones en clave digital: Algunas consideraciones a propósito del "testamento digital" y de la "herencia digital" en el ámbito del derecho común", *Declaración de voluntad en un entorno virtual,* Navarra, 2021, pps. 367-378.

PICÓ I JUNOY, J., "MASC y costas procesales en el futuro proceso civil: ¿La cuadratura del círculo?", *Diario La Ley,* N.º 9801, Sección Plan de Choque de la Justicia / Tribuna, 2 de marzo de 2021.

SÁNCHEZ BARRIOS, I., "The figure of e-mediators in the European Union. Key problems," *Electronic mediation: a comparative perspective,* Granada, 2016, pps. 181- 190.

TORAL LARA, E. "Protección y gestión *post mortem* de datos personales y archivos digitales", *Fodertics 10.0: estudios sobre derecho digital,* 2022, pps. 253-272.

VILALTA NICUESA, A.E., *Mediación y Arbitraje electrónicos,* Navarra, 2013.

Capítulo XIX

Soluciones extrajudiciales de controversias marítimas ante notario

LETICIA FONTESTAD PORTALÉS
Profesora Titular de Derecho Procesal
Universidad de Málaga
Consejera Académica GUERRERO ABOGADOS

Sumario: I. INTRODUCCIÓN. II. DESJUDICIALIZACIÓN DE LOS EXPEDIENTES DE JURISDICCIÓN VOLUNTARIA EN EL COMERCIO MARÍTIMO. III. ¿JURISDICCIÓN VOLUNTARIA EN DERECHO MARÍTIMO? IV. BIBLIOGRAFÍA.

I. INTRODUCCIÓN

Consideramos innecesario incidir de nuevo sobre las causas por las que, sin lugar a duda, resulta necesario replantearse el sistema judicial español pues, como ya sabemos, son muchos los motivos que justifican la necesaria transformación de nuestro modelo judicial en aras de lograr una Justicia eficiente y eficaz. En este trabajo, nos vamos a centrar en una de las soluciones por las que, desde hace décadas, aboga la Unión Europea[1] y, de

* Este trabajo de investigación es resultado del Proyecto de investigación de I+D+I en el marco del programa operativo FEDER 2014-2020 (Universidad de Málaga) sobre "Mediación y derecho colaborativo: vías emergentes de solución extrajudicial de litigios en la Sociedad digital" (UMA20-FEDERJA-043), siendo Investigadora Principal la Dra. Fontestad Portalés así como de los Proyectos estratégicos "Transición Digital de la Justicia" orientado a la transición ecológica y a la transición digital del Plan Estatal de investigación científica, técnica y de innovación 2021-2023, en el marco del Plan de Recuperación, Transformación y Resiliencia, Ministerio de Ciencia e Innovación, financiado por la Unión Europea: Next Generation UE, con REF. RED 2021-130078B-100, siendo los IPs, la Dra. Calaza López y el Dr. Muinelo Cobo y "Marco jurídico para la competencia dinámica en mercados digitales y para la innovación a través de Inteligencia Artificial" (REF.

unos años a esta parte, nuestro legislador[2], para descongestionar la carga de trabajo de nuestros tribunales que no es otra que la de regular normativamente un elenco de métodos alternativos (o adecuados[3]) de solución conflictos[4]. Y, concretamente, centraremos nuestra atención en la que nos parece una de las soluciones extrajudiciales[5] que, desde esta perspectiva -la extrajudicial-, menos interés ha suscitado entre nuestra doctrina a pesar

---

PID2021-122536OB-I00 MCIN/AEI/10.13039/501100011033. "NextGenerationEU"/PRTR), siendo el IP. el Dr. Olmedo Peralta.

1 Directiva 2008/52/CE del Parlamento Europeo y del Consejo de 21 de mayo de 2008, que establece el conjunto de normas mínimas encaminadas a fomentar la mediación en litigios transfronterizos en asuntos civiles y mercantiles (DOUE núm. 136, de 24 de mayo de 2008).

2 En este sentido, *Vid.* VALLESPÍN PÉREZ, D., "Los nuevos desafíos constitucionales del proceso civil", *Revista General de Derecho Procesal,* núm. 59, 2023.

3 Sobre los medios "adecuados" de solución de controversias, *Vid.* MARTIN DIZ, F., "Mediación y sistema de justicia: a propósito de las reformas legislativas para la eficiencia procesal de la administración de justicia y la incorporación de los denominados «medios adecuados de solución de controversias»", *La Ley. Mediación y arbitraje,* núm. 12 (Julio-Septiembre), 2022.

4 Baste a modo de ejemplo, la Ley 5/2012, de 6 de julio, de mediación en asuntos civiles y mercantiles que incorpora la directiva anterior (BOE núm. 162, de 7 de julio 2012) y el Proyecto de Ley de medidas de eficiencia procesal del servicio público de Justicia (Boletín de las Cortes Generales de 22 de abril de 2022. Disponible en https://www.congreso.es/public_oficiales/L14/CONG/BOCG/A/BOCG-14-A-97-1.PDF. Último acceso, 28.08.2023). Sobre las ADR en general, *Vid.* BARONA VILAR, S., "Las ADR en la justicia del siglo XXI, en especial la mediación", *Revista de derecho,* Vol. 18, núm. 1, 2011, pp. 185-211 y "Fomento de las ADRS en España (Hacia un sistema de tutela plural del ciudadano que permita la desconflictivización y la búsqueda de la paz social)", *Seqüência: estudos jurídicos e políticos,* Vol. 26, núm. 51, 2005, pp. 169-202. De imprescindible lectura resulta igualmente la obra de BARONA VILAR, S., *Nociones y principios de las ADR: (solución extrajurisdiccional de conflictos),* Valencia, Ed. Tirant lo Blanch, 2018.

5 Sobre el paralelismo entre la mediación y la jurisdicción voluntaria en cuanto a origen, sujetos que intervienen, funciones de cada uno, principios que identifican a cada una para establecer las diferencias conceptuales entre las funciones de mediación y jurisdicción voluntaria, *Vid.* PÉREZ FUENTES, G.M y COBAS COBIELLA, M.E., "Mediación y Jurisdicción Voluntaria en el marco de la modernización de la justicia. Una aproximación a la legislación española", *Boletín Mexicano de Derecho Comparado,* Volumen 46, mayo–agosto 2013, pp. 647-677. Sobre mediación en el transporte marítimo de mercancías, *Vid.* FONTESTAD PORTALÉS, L., "Derecho marítimo y mediación: un camino por recorrer", en *Mediación en la administración de justicia: implantación y desarrollo,* F. Martín Diz (dir.); A. Carrizo González-Castell (coord.), Santiago de Compostela, Ed. Andavira, 2017, pp. 115-144.

de que tradicionalmente ha estado presente en la anterior Ley de Enjuiciamiento Civil[6] de 1881, en adelante LEC1881. Nos referimos a la jurisdicción voluntaria como método extrajudicial de solución de controversias y, específicamente, en uno de los sectores menos explorados por los procesalistas: los conflictos marítimos[7].

Los expedientes de jurisdicción voluntaria en el ámbito del comercio marítimo – si bien es cierto que, en general, se encaminan, como bien se ha afirmado desde sus definiciones más clásicas hasta la actual, al reconocimiento y promoción de situaciones que se caracterizan por la ausencia de controversia que deba sustanciarse en un proceso contencioso[8]-, se encuentran regulados al margen de la Ley de la Jurisdicción Voluntaria[9] (en adelante LJV) que, como sabemos, solo regula los expedientes competencia del correspondiente órgano jurisdiccional[10], así como del Letrado de la Administración de Justicia, en adelante LAJ[11]. Aun cuando estos expedientes de jurisdicción voluntaria en el ámbito del derecho marítimo son competencia – como veremos a continuación- del notario, tampoco se encuentran regulados en la Ley del Notariado[12] -que hubiera sido lo lógico,

---

6 *Vid.* Libro III dedicado a la Jurisdicción Voluntaria del Real Decreto de 3 de febrero de 1881 por el que se aprueba el proyecto de reforma de la Ley Enjuiciamiento civil (Gaceta de Madrid núm. 36, de 5 de febrero de 1881).

7 En el ámbito de las controversias marítimas, *Vid.* FONTESTAD PORTALÉS, L., "En busca de nuevas soluciones procesales y extraprocesales en el transporte marítimo de mercancías, *Revista de derecho del transporte: Terrestre, marítimo, aéreo y multimodal,* núm. 26, 2020, págs. 103-146.

8 Así se establece en el artículo 1.2 LJV, según el cual, "Se consideran expedientes de jurisdicción voluntaria a los efectos de esta Ley todos aquellos que requieran la intervención de un órgano jurisdiccional para la tutela de derechos e intereses en materia de Derecho civil y mercantil, sin que exista controversia que deba sustanciarse en un proceso contencioso".

9 Ley 15/2015, de 2 de julio, de la Jurisdicción Voluntaria (BOE núm. 158, de 3 de julio de 2015).

10 Juzgados de Primera Instancia o los Juzgados de lo Mercantil, según tengan atribuida la competencia objetiva necesaria para conocer y resolver el asunto. Así se establece en el artículo 2.1 LJV que regula la *Competencia en materia de jurisdicción voluntaria. Vid.* artículo 85.2 LOPJ que reconoce la competencia objetiva de los juzgados de primera instancia para conocer de los actos de jurisdicción voluntaria. Los artículos 86, 86 bis y 86 ter LOPJ, por su parte, regulan la competencia objetiva de los juzgados de lo mercantil.

11 *Vid.* artículo 2.3 LJV y artículo 456.6 b) LOPJ.

12 Ley del Notariado de 28 de mayo de 1862 (Gaceta de Madrid núm. 149, de 29 de mayo de 1862).

siguiendo el criterio del legislador según se afirma en el Preámbulo de la LJV[13], sino en la Ley de Navegación Marítima[14], cuyo Título X los denomina: *Certificación pública de determinados expedientes de derecho marítimo.*

Dado que, atendiendo a las características de la obra, resulta imposible analizar cada una de estas soluciones extrajudiciales de conflictos marítimos ante notario, dedicaremos estas líneas a un análisis general de estos expedientes que, desde nuestro punto de vista, no dejan de ser actos de jurisdicción voluntaria de carácter extrajudicial.

II. DESJUDICIALIZACIÓN DE LOS EXPEDIENTES DE JURISDICCIÓN VOLUNTARIA EN EL COMERCIO MARÍTIMO

Antes de entrar en el estudio de las certificaciones de los expedientes de derecho marítimo como soluciones extrajudiciales de conflictos marítimos ante notario o como alternativa al sistema judicial, debemos hacer

---

13 "El criterio que se sigue es, por razones de sistemática legislativa, el de extraer de su articulado la regulación de todos aquellos expedientes cuya tramitación se mantiene fuera de la Administración de Justicia, con la consecuencia de que tan sólo se regularán en su seno los actos de la competencia del Juez o del Secretario judicial. Por su lado, los expedientes encargados a Notarios y a Registradores se regulan respectivamente en la legislación notarial e hipotecaria". *Vid.* apartado X del Preámbulo de la LJV. Criterio que fue cambiando durante el desarrollo legislativo tanto de la LJV como, de la Ley de Navegación Marítima (en adelante LNM). De hecho, hasta el Anteproyecto de Ley de Jurisdicción Voluntaria de 2005 se incluía un título IX dedicado a la "Jurisdicción voluntaria en materia de derecho marítimo" pues se entendía que la coherencia formal del texto sobre jurisdicción voluntaria y la propia naturaleza jurídica de los procedimientos, entre otros, constituían argumentos de mayor peso que el de la mayor funcionalidad práctica para los operadores jurídicos del tráfico marítimo de tener en el mismo texto legal toda la normativa sustantiva y la procesal sobre la materia. *Cfr.* Boletín de Información del Ministerio de Justicia, de 15 octubre de 2005. *Vid.* Anteproyecto de Ley de Jurisdicción Voluntaria de 2005 y Titulo X del Proyecto de Ley de Jurisdicción Voluntaria de 2006 (BOCG de 27 de octubre de 2006). Sobre el Proyecto de Ley de Jurisdicción Voluntaria de 20 de octubre de 2006. *Vid.* FERNÁNDEZ DE BUJAN Y FERNÁNDEZ, A., "Observaciones al proyecto de ley de jurisdicción voluntaria de 20 de octubre de 2006", en *Revista General de Derecho Procesal*, núm. 11 y "La reforma en curso de la jurisdicción voluntaria en España", *Revista Auctoritas Prudentium*, núm. 13, 2015, pp. 5-15.

14 Ley 14/2014, de 24 de julio, de Navegación Marítima (BOE núm. 180, de 25 de julio de 2014).

referencia a la idea de desjudicialización que impera en la, relativamente nueva, regulación normativa de la jurisdicción voluntaria y que no ha estado exenta de críticas.

Aun cuando las razones que justificaron la desjudicialización de los actos de la jurisdicción voluntaria versaban sobre la incuestionable necesidad de mitigar el volumen de trabajo de los órganos jurisdicciones para, así, facilitarles su principal función, esto es, el ejercicio de la función jurisdiccional, el nuevo régimen de la LJV no tuvo una aceptación pacífica en absoluto.

Es cierto que, en la desaparecida LEC1881, la competencia para conocer de los actos de jurisdicción voluntaria recaía, fundamentalmente, en los órganos jurisdiccionales -sin olvidar que ya en el Libro III de la LEC1881, a pesar de que en el artículo 1811 se definían los actos de jurisdicción voluntaria como "aquellos en que sea necesaria, o se solicite la intervención del Juez...", también se reconocía la competencia para determinados actos de jurisdicción voluntaria al, entonces, Secretario judicial, a los Notarios, a los Registradores e, incluso, a los Cónsules[15]. Sin embargo, la razón por la que los órganos jurisdicciones se encargaban de la jurisdicción voluntaria no era otra que la inexistencia, en los orígenes de esta institución, de otro fedatario público[16]. Es más adelante cuando el legislador, con el fin de desjudicializar, redistribuir y racionalizar las competencias en materia de jurisdicción voluntaria, atribuye competencia a los secretarios judiciales, hoy Letrados de la Administración de Justicia[17].

Esta decisión legislativa no encuentra oposición por parte de la doctrina que entiende que los órganos jurisdiccionales cuando resuelven actos de jurisdicción voluntaria no ejercen su función jurisdiccional en sentido estricto, ya que no juzgan ni hacen ejecutar lo juzgado atendiendo a lo

---

15 Por ejemplo, *Vid.* Artículo 2110 LEC1881 para los actos de jurisdicción voluntaria en negocios de comercio.

16 *Vid.* GOMEZ ORBANEJA, E. y HERCÉ QUEMADA, V., *Derecho Procesal Civil,* 3° edición, Madrid 1951, Vol. I, pág. 727.

17 *Vid.* FERNÁNDEZ DE BUJAN, A., "Notariado y jurisdicción voluntaria", en *Revista jurídica de la Universidad Autónoma de Madrid,* núm. 15, enero 2007, pp. 91-107. Resultan de especial interés las reflexiones referidas a la necesaria reforma de la jurisdicción voluntaria en general en RAMOS MÉNDEZ, F., "¿Cuánta dosis de jurisdicción voluntaria necesitamos?", *Revista de Derecho Procesal: Justicia,* núms 3 y 4, 2006, pp. 7-26.

previsto en el artículo 117.3 CE[18], sino que estarían desempeñando otras actividades a las que hace referencia el artículo 117.4 CE[19]. En este sentido, no parece que exista obstáculo alguno para descargar de trabajo a los Jueces atribuyendo la competencia para resolver determinados expedientes de jurisdicción voluntaria, como fedatarios públicos judiciales, a los Letrados de la Administración de Justicia quedando esta materia en la esfera de la Administración de Justicia[20].

Estando, por tanto, de acuerdo con la desjudicialización de los expedientes de jurisdicción voluntaria y que por utilidad práctica y oportunidad política se encomiende a otros órganos públicos, siempre que no afecte a Derechos Fundamentales ni a intereses de menores o personas especialmente protegidas, sin embargo, nos sigue costando descifrar los motivos que, con el objetivo de descargar de trabajo a los jueces, han

---

18 En relación a la función del Secretario Judicial y su consideración como parte integrante del órgano jurisdiccional *Vid.* MORENO CATENA, V., "La Fe Pública Judicial y la publicidad en la LOPJ", en *Revista Justicia*, 87, 1, pp. 70 y ss; SEOANE CACHARRÓN, J., "El Secretario Judicial ante la Ley 13/2009, de 3 de noviembre, de Reforma de la Legislación Procesal (civil y penal) para la Implantación de la Nueva Oficina Judicial", en *Diario La Ley*, núm. 7561, de 3 Feb. 2011, (LA LEY 15708/2010); HERCÉ QUEMADA, V., *El Secretario Judicial*, Madrid 1949, pág. 42 y ss y GÓMEZ ORBANEJA, E. y HERCÉ QUEMADA, V., *Derecho procesal civil*, 3a. ed., Madrid, 1951, vol. I, p. 727.

19 Es en la Exposición de Motivos del Proyecto de Ley de la Jurisdicción Voluntaria de 2006 cuando el legislador reconoce expresamente que *"tal como aparece configurada en la presente ley, la jurisdicción voluntaria encuentra su amparo en el artículo 117.4 de la Constitución, como función expresamente atribuida a los Juzgados y Tribunales en garantía de derechos que se ha considerado oportuno sustraer de la tutela judicial que otorga el proceso contencioso, claramente amparado en el artículo 117.3"*. Criterio que mantiene el legislador en la propuesta de Anteproyecto de 2012. No obstante, debemos indicar que este reconocimiento expreso del legislador desaparece tanto en el Proyecto de Ley de Navegación marítima de 2014 como en la propia Ley 15/2015 de la Jurisdicción Voluntaria, en las que el legislador ya no es tan explícito en cuanto a la naturaleza de la jurisdicción voluntaria. En cuando a la innecesaridad del reconocimiento expreso de la naturaleza jurídica de esta institución *Vid.* DE PRADA GONZÁLEZ, J.M., "La urgencia de publicar una Ley de Jurisdicción Voluntaria", en *El notario en el Siglo XXI*, núm. 25 (mayo-junio), 2009, pág. 17.

20 SERRA DOMÍNGUEZ reconoce que, en el ejercicio de esta actividad, el juez no ejerce junción jurisdiccional, sino que interviene como funcionario público, de modo que lo verdaderamente relevante es la intervención de un funcionario público, pero no necesariamente la intervención del juez. *Cfr.* SERRA DOMINGUEZ, M., *Estudios de Derecho Procesal*, Barcelona, Ed. Ariel, Barcelona 1969, pp. 634 y 635.

llevado al legislador a no confiar en exclusiva la competencia de estos expedientes, que podríamos denominar desjudicializados, al Letrado de la Administración de Justicia, repartiéndolos, en cambio, entre éstos y los Notarios, como fedatarios públicos aunque al margen de la Administración de Justicia, y los Registradores, de la Propiedad y Mercantiles, por su conocimiento directo y especializado en el ámbito del derecho de propiedad y en el mercantil, tal y como se reconoce en el propio Preámbulo de la LJV[21].

Debemos reconocer que el tan criticado criterio del legislador a la hora de distribuir la competencia de los actos de jurisdicción voluntaria desjudicializados entre los LAJ y los notarios y registradores no supuso novedad alguna pues, como advertíamos al comienzo, ya en la LEC1881 se seguía este criterio al repartir la competencia entre los operadores jurídicos que dan Fe pública, no solo judicial, sino también fuera de la Administración de Justicia[22]. Ello no obsta a que nos cuestionemos si, tal vez, no hubiera sido más aconsejable encomendar el conocimiento de esta materia en exclusiva al Letrado de la Administración de justicia que, aunque no ostenta potestad jurisdiccional, es el fedatario público judicial, en lugar de ampliar considerablemente las competencias de Notarios y Registradores en esta materia en detrimento de aquéllos[23].

¿No hubiera sido suficiente atribuir la competencia de aquellos expedientes que no afecten a derechos fundamentales, intereses públicos o personas con discapacidad a los Letrados de la Administración de Justicia cuya

---

21 En este sentido, *Vid.* SEOANE CACHARRÓN, J., “El Proyecto de Ley de Navegación Marítima discrimina a los secretarios judiciales en perjuicio de los ciudadanos”, *Diario La Ley*, núm. 8205, 2013.

22 En esta línea se expresaba también la Dirección General de los Registros y del Notariado en una Resolución de 8 de mayo de 1995 (*Revista La Ley* 13276/1995).

23 No nos resistimos a recordar al lector que la idea de la que partía el legislador era la contraria. Pero no en el sentido de encomendar en exclusiva estas competencias al LAJ, sino todo lo contrario, lo que se pretendía en el Proyecto de Ley de Jurisdicción Voluntaria del año 2014, que dejaba de lado como norma general este sistema de alternatividad, era encomendar en exclusiva esta tarea a los Notarios y Registradores. Finalmente, el legislador modificó este sistema con la ampliación de las competencias del Letrado de la Administración de Justicia estableciendo un sistema de alternatividad en casi todos los expedientes que estaban reservados a los notarios y registradores. *Vid.* Proyecto de Ley Jurisdicción voluntaria para facilitar y agilizar la tutela y garantía de los derechos de la persona y en materia civil y mercantil de 27 de octubre de 2006 (BOCG 121/000109 núm. 109-1) y de 5 de septiembre de 2014 (BOCG 121/000112 núm. 112-1).

principal función es precisamente la de dar Fe Pública judicial? O, dicho de otro modo, ¿era necesario encomendar asuntos que tradicionalmente habían estado encomendadas al Juez[24], a los Notarios y Registradores? Todo ello sin entrar, dado que no nos afecta en el ámbito de las certificaciones públicas de expedientes de derecho marítimo cuya competencia recae siempre en el notario[25], en el sistema de concurrencia de competencias entre el Letrado de la Administración de Justicia y el Notario, que ha sido admitido por la doctrina partidaria de que la jurisdicción voluntaria debía haberse mantenido en la órbita judicial[26].

Ahora bien, una cosa es asumir el criterio elegido por el legislador a la hora de modernizar, desjudicializar, redistribuir y racionalizar las competencias en materia de jurisdicción voluntaria entre los citados operadores jurídicos tanto en la esfera judicial como extrajudicial y otra muy distinta es equipararlos, como parece que se desprende del Preámbulo de la LJV, pues aunque todos sean servidores públicos, el Letrado de la Administración de Justicia lo es en el ámbito de la Administración de Justicia mientras que los Notarios y Registradores se encuentran fuera de aquélla.

Efectivamente, como ya manifestábamos en un trabajo anterior[27], el Consejo General del Poder Judicial, en su informe sobre el Anteproyecto

---

24 Materias, eso sí, que el propio Preámbulo de la LJV reconoce expresamente que son "*...supuestos de jurisdicción voluntaria sin contenido jurisdiccional, en los que predominan los elementos de naturaleza administrativa*".

25 *Vid.* artículo 501 de la Ley 14/2014, de 24 de julio, de Navegación Marítima. Sin menoscabo, lógicamente, del derecho a la tutela judicial efectiva para los supuestos en los que exista desacuerdo con el acta o el documento público y se quiera proceder a su impugnación ante el juez de lo mercantil. *Vid.* Artículo 86 ter 2.c) LOPJ.

26 *Cfr.* LIEBANA ORTIZ, J.R., "La hora de la jurisdicción voluntaria", en *Diario La Ley*, número 7968, de 20 de noviembre de 2012. En esta misma línea DE PRADA GONZÁLEZ, J.M., "Problemas que plantea la regulación de la jurisdicción voluntaria", *Actualidad Civil*, núm. 14, 2009, pp. 1614-1640 y COBAS COBIELLA, M.E., "Jurisdicción voluntaria y modernización de la justicia: algunos apuntes sobre el tema", *Revista Aranzadi de Derecho Patrimonial*, núm. 29, 2012, pp. 153-172.

27 *Cfr.* FONTESTAD PORTALÉS, L., "Expediente notarial para el depósito y venta de mercancías y equipajes en el transporte marítimo: entre la jurisdicción voluntaria y el proceso monitorio", *Derecho y proceso: liber Amicorum del profesor Francisco Ramos Méndez*, Vol. 2, Barcelona, Ed. Atelier, 2018, pág. 858.

de Ley de Jurisdicción Voluntaria[28] reconocía *"que el Notario no es una Autoridad Pública"*.

En estos casos, no existe la independencia necesaria del órgano que debe controlar la legalidad de la documentación presentada, pues debe tener en cuenta no solo los intereses de su cliente (el acreedor que lo ha designado), sino también los intereses del deudor.

Igualmente, el Tribunal de Justicia de la Unión Europea, en Sentencia de 24 de mayo de 2011[29], ya se pronunció afirmando que el Notario ejerce funciones en régimen de competencia y ello no es propio del poder público puesto que su competencia en este tipo de procedimientos se desencadena por voluntad del acreedor que, a su vez, es el que designa al Notario que, además, lo tramita en régimen de competencia con el resto de los notarios.

En cualquier caso, nuestro legislador se refiere a los mencionados operadores jurídicos, en general, como servidores públicos defendiendo, así, el sistema de alternatividad entre ellos para determinadas materias específicas siempre que, lógicamente, sean de las que se encuentran excluidas de la esfera de la autoridad judicial[30].

Lógicamente, los actos de jurisdicción voluntaria en el ámbito del comercio marítimo o la jurisdicción voluntaria en materia de derecho marítimo, como se denominaba tanto en el Anteproyecto como en el Proyecto de Ley de Jurisdicción Voluntaria, no han escapado a dicho proceso de desjudicialización, siendo así que la competencia para conocer de las certificaciones públicas de expedientes de derecho marítimo se atribuye con carácter exclusivo, como advertíamos con anterioridad, a los notarios.

---

28 *Cfr.* Informe del Consejo General del Poder Judicial de 27 de febrero de 2015, pág. 269, disponible en http://www.poderjudicial.es/cgpj/es/Poder-Judicial/Consejo-General-del-Poder-Judicial/Actividad-del-CGPJ/Informes/Informe-al-Anteproyecto-de-Ley-de-Jurisdiccion-voluntaria.

29 Asunto C-61/08.

30 A lo largo del desarrollo normativo de la LJV, el legislador ha ido cambiando de criterio. Así, el criterio primigenio descansaba sobre la idea de atribuir la competencia para cada materia al operador jurídico que por cercanía material o por facilidad para garantizar una respuesta más pronta al ciudadano, resultara más aconsejable que asumiera su conocimiento; o a aquél al que, en virtud de la naturaleza del interés o del derecho en juego, le fuera constitucionalmente exigible encargarse de la tramitación de dicha materia. *Vid.* Preámbulo de la Ley de la Jurisdicción Voluntaria, punto VI.

De los actos de jurisdicción voluntaria que regulaba la LEC1881 como jurisdicción voluntaria en negocios de comercio[31], a saber, *De la calificación de las averías y de la liquidación de la gruesa y contribución a la misma*[32]; *De la descarga, abandono e intervención de efectos mercantiles, y de la fianza de cargamentos*[33]; *De la enajenación y apoderamiento de efectos comerciales en casos urgentes, y de la recomposición de naves*[34], tras el proceso, no solo de desjudicialización de estos expedientes, sino también como consecuencia de la actualización del régimen general aplicable al tráfico marítimo[35], en el Título X de la Ley de Navegación Marítima se han eliminado aquellos expedientes de jurisdicción voluntaria que ya no tenían sentido, como es el caso de la autorización para la descarga del buque, las obligaciones derivadas del contrato de transporte marítimo o la apertura de escotillas[36].

Como resultado, en el Titulo X de la LNM se regulan los expedientes sobre la protesta de mar e incidencias del viaje[37]; la liquidación de la avería gruesa[38]; el depósito y venta de mercancías y equipajes en el transporte marítimo[39]; la enajenación de efectos mercantiles alterados o averiados[40]; y, como novedad, se introduce el expediente relativo al extravío, sustracción o destrucción del conocimiento de embarque[41]. La tramitación y resolución se

---

31 Cuyas disposiciones generales se regulaban en los artículos 2119 a 2127 LEC1881. Para profundizar en el estudio de esta materia, *Vid.* RAMOS MENDEZ, F., *La jurisdicción voluntaria en negocios de comercio,* Ed. Civitas, Madrid 1978.

32 *Vid.* Artículos 2131 a 2146 LEC1881.

33 *Vid.* Artículos 2147 a 2160 LEC1881.

34 *Vid.* Artículo 2161 LEC1881.

35 Actualización que vuelve a ser necesaria, aunque no en relación con el objeto actual de nuestro estudio, sino en relación a la necesaria adaptación de la legislación marítima a las tecnologías de inteligencia artificial en el transporte marítimo. Sobre esta materia se puede consultar, FONTESTAR PORTALÉS, L., *Navegando hacia el futuro: propuestas de reformas procesales en la LNM y el impacto de la inteligencia artificial en el transporte marítimo,* Cizur Menor, Ed. Aranzadi, 2021.

36 Los expedientes de jurisdicción voluntaria no respondían al tipo de navegación marítima actual donde, aunque sea solo por los avances tecnológicos, determinadas actuaciones, por ejemplo, del capitán del buque, carecían ya de sentido.

37 *Vid.* Artículos 504-505 LNM.

38 *Vid.* Artículos 506-511 LNM.

39 *Vid.* Artículos 512-515 LNM.

40 *Vid.* Artículos 523-524 LNM.

41 *Vid.* Artículos 516-522 LNM.

atribuye, como ya sabemos, a los notarios y pasan a denominarse certificaciones públicas de expedientes de Derecho marítimo[42].

III. ¿JURISDICCIÓN VOLUNTARIA EN DERECHO MARÍTIMO?

La pregunta que nos hacemos, y que sirve de título a este epígrafe, encuentra su razón de ser en las dudas que ha generado la que parece ser una nueva concepción de la jurisdicción voluntaria que solo incluye aquellos expedientes que han quedado encomendados al órgano jurisdiccional[43].

Si, efectivamente, partimos de esta premisa, nuestro epígrafe quedaría vacío de contenido, pues no nos quedaría más remedio que contestar negativamente a nuestra pregunta y negar, por tanto, la existencia de actos de jurisdicción voluntaria en relación con el tráfico marítimo.

Ahora bien, ante esta negativa, la pregunta que nos haríamos sería otra. Si no existe jurisdicción voluntaria en derecho marítimo, ¿qué son las certificaciones públicas de expedientes de derecho marítimo que regula la LNM?

Para aquellos que no habían estudiado apenas las líneas generales de la jurisdicción voluntaria hasta la entrada en vigor de la LJV, la respuesta lógica ha sido negar la existencia de una jurisdicción voluntaria extrajudicial, en general. Todo aquello que no encuentre regulación en la LJV, serán expedientes administrativos o llamémosle como queramos, pero no Jurisdicción voluntaria porque Jurisdicción voluntaria son únicamente aquellos actos que, regulados en la LJV, son competencia del juez o del LAJ.

Para justificar, además, esta postura se hace referencia a la propia definición de Jurisdicción voluntaria que se recoge en el artículo 1 LJV, según el cual, "…se consideran expedientes de jurisdicción voluntaria a los efectos de esta ley todos aquellos que requieran la intervención de un órgano jurisdiccional para la tutela de derechos e intereses en materia de Derecho civil y mercantil, sin que exista controversia que deba sustanciarse en un proceso contencioso".

Por el contrario, aquellos que han venido estudiando a lo largo de los años esta institución y que, además, han seguido el desarrollo legislativo de la LJV junto al *iter* legislativo de la, también afectada, LNM, no encuentran motivo alguno para negar la existencia de una jurisdicción voluntaria

---

42 Cuyas Disposiciones generales se regulan en los artículos 501 a 503 LNM.

43 Así se pone de manifiesto tanto en el Preámbulo de la LJV como en el de la LNM.

extrajudicial y, por ende, para negar la consideración de actos de jurisdicción voluntaria a las certificaciones públicas de derecho marítimo. Y ello es así, en primer lugar, por lo que nos parece más obvio y fácil de entender que no es otra que la escasa diferencia entre la definición de Jurisdicción Voluntaria contenida en el artículo 1 LJV con la definición de la misma que contenía el derogado artículo 1811 LEC1881, según el cual, "Se considerarán actos de jurisdicción voluntaria todos aquellos en que sea necesaria, o se solicite la intervención del Juez sin estar empeñada, ni promoverse cuestión alguna entre partes conocidas y determinadas".

Como podemos observar, ambas normativas -la actual y la derogada-, en la definición de esta institución, hacen referencia a la necesaria intervención judicial. Ahora bien, con la anterior regulación de la LEC1881 nadie dudaba de la existencia de actos de jurisdicción voluntaria al margen de la actuación judicial y esto es así porque en la LEC1881 se regulaban tanto los actos de jurisdicción voluntaria en los que intervenía el Juez como aquéllos competencia del Notario, el Registrador o el Cónsul español en el extranjero.

Por tanto, al margen de la definición del artículo 1811 LEC1881, el ámbito de la jurisdicción voluntaria alcanzaba tanto a los expedientes judiciales como extrajudiciales. Y muestra de ello es que la primera idea del legislador en el desarrollo legislativo de la LJV fue la de continuar regulando conjuntamente en una única ley todos los actos de jurisdicción voluntaria con independencia del operador jurídico competente para resolverlo: el juez, el LAJ, el notario o el registrador[44]. Uno de los objetivos esenciales del legislador era, precisamente, poner fin a la dispersión normativa que existía en materia de Jurisdicción Voluntaria. Es por ello,

---

[44] En el Título IX del Anteproyecto de Ley de Jurisdicción Voluntaria de 2005 se regulaba la "Jurisdicción voluntaria en materia de derecho marítimo". (*Cfr.* Boletín de Información del Ministerio de Justicia, de 15 octubre de 2005, disponible en http://www.mjusticia.gob.es). Titulo X que se mantenía en el Proyecto de Ley de Jurisdicción Voluntaria de 2006 (BOCG de 27 de octubre de 2006). Sobre los Proyectos de Jurisdicción voluntaria se pueden consultar, SEOANE CACHARRÓN, J., "El Proyecto de Ley de Navegación Marítima discrimina a los secretarios judiciales en perjuicio de los ciudadanos", *Diario La Ley*, núm. 8205, 2013. Sobre el Proyecto de Ley de Jurisdicción Voluntaria de 20 de octubre de 2006. *Vid.* FERNÁNDEZ DE BUJAN Y FERNÁNDEZ, A., "Observaciones al proyecto de ley de jurisdicción voluntaria de 20 de octubre de 2006", cit. Para un análisis detallado del Proyecto de Ley General de Navegación Marítima de 15 de diciembre de 2006 se puede consultar la página web del Ministerio de justicia (http://www.mjusticia.gob.es).

en lo que a nosotros nos interesa, que las ahora denominadas Certificaciones públicas de determinados expedientes de derecho marítimo, se pretendían regular en el mismo cuerpo legal que el resto de los actos de jurisdicción voluntaria, esto es, en la LJV.

Tanto es así, que la tramitación de la reforma de la LJV coincidió con el desarrollo legislativo de la, por entonces, Ley General de la Navegación Marítima (en adelante, LGNM) y, posteriormente, Ley de Navegación Marítima[45] de tal modo que, como podemos comprobar, los expedientes de jurisdicción voluntaria en negocio de comercios que se regulaban en el Título IX del Anteproyecto de LGNM dedicado a las "Normas procesales"[46], desaparecieron del Título IX dedicado a las "Especialidades procesales" del Proyecto de LGNM[47]. La justificación a este cambio en cuanto al cuerpo normativo en el que regular los expedientes de jurisdicción voluntaria en derecho marítimo no es otra que la de reunir en un único texto normativo la regulación de todos los actos de jurisdicción voluntaria. Así, los expedientes de derecho marítimo fueron trasladados del citado anteproyecto de LGNM al Título X del Anteproyecto de Ley de Jurisdicción Voluntaria de 2006[48] rubricado, precisamente, Jurisdicción voluntaria en materia de Derecho Marítimo.

En el Preámbulo del Anteproyecto de Ley de la Jurisdicción Voluntaria, se afirmaba que "En el Título X («Jurisdicción voluntaria en materia de Derecho Marítimo») se ha pretendido dar una cobertura legal más actualizada a los expedientes que afectan a la navegación marítima, prescindiendo de aquéllos que hoy carecen de utilidad práctica y de los que no se ajustan a las tendencias que están inspirando las últimas iniciativas legislativas en esta materia. De tal modo, los expedientes de jurisdicción voluntaria

---

45 Sobre la evolución legislativa de la LNM, *Vid.* FUENTES GOMÉZ, J.C., "El largo proceso de elaboración de la Ley de Navegación Marítima", en *Comentarios a la Ley de Navegación Marítima,* Madrid, Ed. Dykinson, 2015, pág. 29-44.

46 Anteproyecto de LGNM que se puede consultar en https://www.mjusticia.gob.es/es/AreaTematica/ActividadLegislativa/Documents/1292430803125-Anteproyecto_de_ley_general_de_la_navegacion_maritima_Articulado.PDF (último acceso, 29.08.2023).

47 BOCG. Congreso de los Diputados, serie A, núm. 111-1, de 10 de noviembre de 2006 (disponible en https://www.iustel.com/diario_del_derecho/noticia.asp?ref_iustel=1019946. Último acceso, 29.08.2023).

48 Boletín Oficial de las Cortes Generales, Congreso de los Diputados, serie A, núm. 109-1, de 27 de octubre de 2006 (Disponible en https://www.congreso.es/public_oficiales/L8/CONG/BOCG/A/A_109-01.PDF. Último acceso, 29.08.2023).

relativos al derecho marítimo quedan reducidos en este Título a la protesta de mar e incidencias del viaje, a la liquidación de la avería gruesa y al depósito y venta de mercancías y equipajes en el transporte marítimo...".

Como podemos ver, para la determinación de la ubicación de estos expedientes de jurisdicción voluntaria en el ámbito marítimo, ambas normativas encontraban argumentos a favor de incluirlos en su respectivo articulado, dado que el legislador, en el anteproyecto de LGNM, entendía adecuado incluir la regulación de dichos expedientes con el fin de lograr una regulación unitaria de todas las cuestiones relacionadas con la navegación marítima, proponiendo, por tanto, una regulación conjunta de las normas procesales y sustantivas acerca de la navegación marítima que facilitara el conocimiento de esta materia a los operadores jurídicos del ámbito marítimo.

La Exposición de Motivos de la propuesta de LJV 2005, como acabamos de ver, abogaba por la regulación conjunta de todos los expedientes de jurisdicción voluntaria en atención a su idéntica naturaleza jurídica. Criterio que finalmente no fue el que adoptó el legislador pues, en la versión definitiva de la LJV, se incluyeron únicamente los expedientes de jurisdicción voluntaria de carácter judicial, es decir, aquellos expedientes cuya competencia se mantenían en la esfera judicial por recaer su competencia en los órganos jurisdiccionales y en los Letrados de la Administración de Justicia. Como consecuencia, se deja en manos de la correspondiente norma de Derecho sustantivo la regulación de los procedimientos cuya competencia recae en los Notarios y Registradores.

Ante este escenario, los expedientes de derecho marítimo se vuelven a trasladar a la Ley de Navegación marítima en cuyo Título X, como ya sabemos, se regulan las Certificaciones públicas de determinados expedientes de derecho marítimo, es decir, lo que en la LEC1881 se denominaba *De los actos de jurisdicción voluntaria en negocios de comercio*. Que el legislador ha dejado claro que, a partir de ahora, el ámbito de la LJV alcanza exclusivamente a los expedientes con intervención judicial, no genera ningún tipo de duda. Así, además, lo reconoce incluso la Ley de Navegación Marítima, que es del año 2014, es decir anterior a la LJV, y que en su exposición de motivos afirma que el legislador en su objetivo de poner al día los expedientes de jurisdicción voluntaria eliminando los que habían perdido su razón de ser como, por ejemplo, la apertura de escotillas, también se encuentra el ánimo de restringir el ámbito de la jurisdicción voluntaria, incluyendo en este concepto únicamente los expedientes que han quedado en manos de los tribunales. Y es que debemos reconocer que en el último cambio de ubicación de estos expedientes de derecho marítimo de la LJV a la LNM, también se incluía otro cambio: la competencia para resolverlos. Efectivamente, cuando los mencionados expedientes se trasladan a la LNM, los LAJ pierden su competencia para resolverlos pues, a partir de ese momento, estas certificaciones públicas de determinados expedientes de derecho marítimo son competencia exclusiva del notario[49].

Aun cuando, como acabamos de reconocer, estos expedientes en el ámbito del derecho marítimo salen de la esfera judicial cuando se regulan definitivamente en la LNM, consideramos que conservan, al igual que el resto de los expedientes de jurisdicción voluntaria desjudicializados con la LJV, su naturaleza jurídica. Es decir, consideramos que siguen siendo actos o expedientes de jurisdicción voluntaria a pesar de haber cambiado su ubicación normativa y haber quedado excluidos de la LJV que solo regula los expedientes de jurisdicción voluntaria de naturaleza judicial.

Y esto es así porque consideramos que sería absurdo hacer depender la naturaleza jurídica de cualquier institución, en este caso, de las certificaciones públicas de determinados expedientes de derecho marítimo de la ubicación normativa elegida por el legislador que no responde a otras razones que razones de política legislativa, como así se refleja en los Preámbulos de las normas estudiadas.

Resultaría del todo ilógico, desde nuestro punto de vista, afirmar que dichos expedientes -ahora, notariales- de derecho marítimo hubieran conservado, sin ningún género de duda, su consideración de actos de jurisdicción voluntaria si el legislador se hubiera mantenido fiel a su idea original de regular conjuntamente en un único cuerpo legal, la Ley de la Jurisdicción Voluntaria, con el fin de acabar con la dispersión normativa que existía en relación con esta materia. Y, por el contrario, sería

---

49 Mientras que el Anteproyecto de Ley de la Jurisdicción Voluntaria atribuía como regla general al, entonces secretario judicial (hoy, LAJ) los expedientes de jurisdicción voluntaria en el derecho marítimo excepto para el expediente de depósito y venta de mercancías y equipajes en el transporte marítimo para el que "... Además del Secretario judicial, se reconoce .... competencia al Notario para administrarlo", el Artículo 501 LNM que regula la competencia de estos expedientes, atribuye la competencia en exclusiva al notario. Sobre el expediente de depósito y venta de mercancías y equipajes en el transporte marítimo, *Vid.* FONTESTAD PORTALÉS, L., "Expediente notarial para el depósito y venta de mercancías y equipajes en el transporte marítimo: entre la jurisdicción voluntaria y el proceso monitorio", *cit.*, pp. 871-896.

absurdo afirmar que pierden dicha condición[50] por el mero hecho de que el legislador ha optado por el criterio de regular esta materia en la correspondiente norma de Derecho sustantivo cuando la competencia recae en los notarios y registradores.

Es decir, que, si el legislador hubiera optado por una regulación única, resultaría incuestionable la calificación como actos de jurisdicción voluntaria de todos aquellos expedientes desjudicializados que por ello han quedado fuera del ámbito de aplicación de la LJV. Así, tendríamos una jurisdicción voluntaria judicial, cuando la competencia recayera en manos del órgano jurisdiccional o del LAJ, y una jurisdicción voluntaria extrajudicial, cuando el órgano encargado de resolver dicho expediente fuera el Notario o el Registrador. Sin embargo, como el legislador ha descartado el criterio unificador[51], se pretende negar la categoría de jurisdicción voluntaria a todos los expedientes de jurisdicción voluntaria que han quedado desjudicializados y, por tanto, han quedado excluidos del ámbito de aplicación de la LJV, que solo regula los actos de jurisdicción voluntaria en los que interviene el juez o el LAJ.

Si siguiéramos la teoría que ahora criticamos, nos veríamos en el absurdo de tener que afirmar que aquellos actos que siempre han sido considerados actos de jurisdicción voluntaria, han dejado de serlo por el mero hecho de haber atribuido la competencia para resolverlo a un operador jurídico distinto o, peor aún, se daría la circunstancia en la que sin existir modificación alguna en cuanto al operador jurídico competente para resolverlo -porque ya tuviera atribuida su competencia, por ejemplo, el notario-, dado que con la LJV la regulación normativa de este tipo de expedientes cambia de ubicación,–del Anteproyecto de LJV a la LNM o a la LN, por ejemplo-, dicho acto pierde automáticamente y sin más, su condición de acto de jurisdicción voluntaria.

---

50 Sobre la polémica acerca de la naturaleza jurídica de la Jurisdicción Voluntaria tras la nueva regulación en la Ley 15/ 2015, *Vid.* por todos SÁNCHEZ GÓMEZ, R., "La naturaleza jurídica de la jurisdicción voluntaria según la delimitación prevista en la Ley 15/2015, de 2 de julio, de la Jurisdicción Voluntaria", en *Diario La Ley*, núm. 8623, de 13 de octubre de 2015 (Ref. D-370).

51 FERNANDEZ DE BUJAN Y FERNÁNDEZ considera que el objetivo del legislador con esta nueva LJV ha sido separar los actos de jurisdicción voluntaria atribuidos a los Jueces y a los Letrados de la Administración de Justicia, de los actos administrativos atribuidos a los Notarios y Registradores. *Vid.* FERNÁNDEZ DE BUJAN Y FERNÁNDEZ, A., *La reforma de la Jurisdicción Voluntaria. Textos prelegislativos, legislativos y tramitación parlamentaria,* Madrid, Ed. Dykinson, 2015, pp. 65 y ss.

Más irracional resultaría esta afirmación si atendemos al sistema de alternatividad por el que ha optado el legislador entre diferentes profesionales en determinadas materias que, igualmente, han quedado al margen del ámbito competencial de la Autoridad Judicial. Así, nos preguntamos si deberíamos entender que la naturaleza jurídica de la actividad cambia en función de quién resuelva el expediente, el Letrado de la Administración de Justicia o un Notario.

Baste pensar en el acto de conciliación, donde existe, además, una concurrencia de competencias del notario con, incluso, el órgano jurisdiccional. Así, los artículos 138 a 149 LJV regulan la conciliación judicial, en cambio en los artículos 81 a 83 LN se regula la posibilidad de llevar a cabo una conciliación ante notario. Siguiendo el criterio de la inexistencia de la jurisdicción voluntaria extrajudicial porque todos los expedientes de jurisdicción voluntaria se encuentran regulados en la LJV, en primer lugar, tendríamos que reconocer que la conciliación ante notario no es, en ningún caso, jurisdicción voluntaria porque está regulada en la LN y es competencia del notario. Sin embargo, el intento de conciliación ante, por ejemplo, el LAJ sería un acto de jurisdicción voluntaria regulado en la LJV. Todo ello sin entrar en el hecho de que, precisamente, la jurisdicción voluntaria se caracteriza por la ausencia de controversia y la conciliación tiene como objetivo "alcanzar un acuerdo con el fin de evitar un pleito" según determina el artículo 139.1 LJV.

Sin lugar a dudas consideramos estas afirmaciones del todo ilógicas, puesto que si fuera así se estaría reconociendo que la naturaleza del acto de conciliación cambia en función del operador jurídico competente, de tal manera que si se tramita ante el LAJ sería un acto de Jurisdicción Voluntaria, pero si se tramita ante el Notario[52] ya no podríamos seguir hablando de jurisdicción Voluntaria dado que se trata de un expediente que se regula en la LN[53]. En definitiva, se estaría afirmando que el carácter procesal de las normas depende del cuerpo legal en el que éstas se regulan en lugar de atender al carácter procesal o extraprocesal de sus efectos. Como reconoce PRIETO-CASTRO Y FERRANDIZ, la inclusión de una disposición en un

---

52 Regulado en los artículos 82, 83, 87,89. 90 y 107.2 Cc; 54 LN y 61 LRC. Todos ellos reformados por la LJV.

53 Máxime cuando, como todos sabemos, el objetivo en ambos casos: alcanzar un acuerdo. *Vid.* artículo 139.1 LJV y 81 LN.

cuerpo legal puede obedecer, como es este caso, a causas de oportunidad, conveniencia o, incluso, de comodidad legislativa[54].

Como conclusión, aunque suponemos que ha quedado suficientemente clara nuestra postura, consideramos que, con independencia de que el legislador por razones de política legislativa decidiera regular en la LJV todos los expedientes de jurisdicción voluntaria competencia del juez o del LAJ, los demás expedientes objeto de desjudicialización regulados, por tanto, en diferentes normas sustantivas, como en nuestro caso en concreto las Certificaciones públicas de determinados expedientes de derecho marítimo regulados en la LNM, mantienen su naturaleza jurídica y, por tanto, son actos de jurisdicción voluntaria.

IV. Bibliografía

BARONA VILAR, S., *Nociones y principios de las ADR: (solución extrajurisdiccional de conflictos),* Valencia, Ed. Tirant lo Blanch, 2018.

BARONA VILAR, S., "Las ADR en la justicia del siglo XXI, en especial la mediación", *Revista de derecho,* Vol. 18, núm. 1, 2011.

BARONA VILAR, S., "Fomento de las ADRS en España (Hacia un sistema de tutela plural del ciudadano que permita la desconflictivización y la búsqueda de la paz social)", *Seqüência: estudos jurídicos e políticos,* Vol. 26, núm. 51, 2005.

COBAS COBIELLA, M.E., "Jurisdicción voluntaria y modernización de la justicia: algunos apuntes sobre el tema", *Revista Aranzadi de Derecho Patrimonial,* núm. 29, 2012.

DE PRADA GONZÁLEZ, J.M., "Problemas que plantea la regulación de la jurisdicción voluntaria", *Actualidad Civil,* núm. 14, 2009.

DE PRADA GONZÁLEZ, J.M., "La urgencia de publicar una Ley de Jurisdicción Voluntaria", en *El notario en el Siglo XXI,* núm. 25 (mayo-junio), 2009.

FERNÁNDEZ DE BUJAN Y FERNÁNDEZ, A., "La reforma en curso de la jurisdicción voluntaria en España", La reforma en curso de la jurisdicción voluntaria en España, *Revista Auctoritas Prudentium,* núm. 13, 2015.

FERNÁNDEZ DE BUJAN Y FERNÁNDEZ, A., *La reforma de la Jurisdicción Voluntaria. Textos prelegislativos, legislativos y tramitación parlamentaria,* Ed. Dykinson, Madrid 2015.

FERNÁNDEZ DE BUJAN Y FERNÁNDEZ, A., "Notariado y jurisdicción voluntaria", en *Revista jurídica de la Universidad Autónoma de Madrid,* núm. 15, enero 2007.

FERNÁNDEZ DE BUJAN Y FERNÁNDEZ, A., "Observaciones al proyecto de ley de jurisdicción voluntaria de 20 de octubre de 2006", en *Revista General de Derecho Procesal,* núm. 11.

---

54 PRIETO-CASTRO Y FERRÁNDIZ, L., *Derecho Procesal Civil,* Ed. Tecnos, 4ª edición, Madrid 1988, pág. 48.

FONTESTAD PORTALÉS, L., *Navegando hacia el futuro: propuestas de reformas procesales en la LNM y el impacto de la inteligencia artificial en el transporte marítimo,* Cizur Menor, Ed. Aranzadi, 2021.

FONTESTAD PORTALÉS, L., "En busca de nuevas soluciones procesales y extraprocesales en el transporte marítimo de mercancías, *Revista de derecho del transporte: Terrestre, marítimo, aéreo y multimodal,* núm. 26, 2020.

FONTESTAD PORTALÉS, L., "Expediente notarial para el depósito y venta de mercancías y equipajes en el transporte marítimo: entre la jurisdicción voluntaria y el proceso monitorio", *Derecho y proceso: liber Amicorum del profesor Francisco Ramos Méndez,* Vol. 2, Barcelona, Ed. Atelier, 2018.

FONTESTAD PORTALÉS, L., "Derecho marítimo y mediación: un camino por recorrer", en *Mediación en la administración de justicia: implantación y desarrollo,* F. Martín Diz (dir.); A. Carrizo González-Castell (coord.), Santiago de Compostela, Ed. Andavira, 2017,

FUENTES GOMÉZ, J.C., "El largo proceso de elaboración de la Ley de Navegación Marítima", en *Comentarios a la Ley de Navegación Marítima,* Ed. Dykinson, Madrid 2015.

GOMEZ ORBANEJA, E. y HERCÉ QUEMADA, V., *Derecho Procesal Civil,* 3° edición, Madrid 1951, Vol. I.

HERCÉ QUEMADA, V., *El Secretario Judicial,* Madrid 1949.

LIEBANA ORTIZ, J.R., "La hora de la jurisdicción voluntaria", en *Diario La Ley,* número 7968, de 20 de noviembre de 2012.

MARTIN DIZ, F., "Mediación y sistema de justicia: a propósito de las reformas legislativas para la eficiencia procesal de la administración de justicia y la incorporación de los denominados «medios adecuados de solución de controversias»", La Ley. Mediación y arbitraje, núm. 12 (Julio-Septiembre), 2022.

MORENO CATENA, V., "La Fe Pública Judicial y la publicidad en la LOPJ", en *Revista Justicia,* 87, 1.

PÉREZ FUENTES, G.M y COBAS COBIELLA, M.E., "Mediación y Jurisdicción Voluntaria en el marco de la modernización de la justicia. Una aproximación a la legislación española", *Boletín Mexicano de Derecho Comparado,* Volumen 46, mayo–agosto 2013.

PRIETO-CASTRO Y FERRÁNDIZ, L., *Derecho Procesal Civil,* Ed. Tecnos, 4ª edición, Madrid 1988.

RAMOS MÉNDEZ, F., "¿Cuánta dosis de jurisdicción voluntaria necesitamos?", *Revista de Derecho Procesal: Justicia,* núms 3 y 4, 2006.

RAMOS MENDEZ, F., *La jurisdicción voluntaria en negocios de comercio,* Ed. Civitas, Madrid 1978.

SÁNCHEZ GÓMEZ, R., "La naturaleza jurídica de la jurisdicción voluntaria según la delimitación prevista en la Ley 15/2015, de 2 de julio, de la Jurisdicción Voluntaria", en *Diario La Ley,* núm 8623, de 13 de octubre de 2015 (Ref. D-370).

SEOANE CACHARRÓN, J., "El Secretario Judicial ante la Ley 13/2009, de 3 de noviembre, de Reforma de la Legislación Procesal (civil y penal) para la Implantación de la Nueva Oficina Judicial", en *Diario La Ley,* núm. 7561, de 3 Feb. 2011, (LA LEY 15708/2010).

SEOANE CACHARRÓN, J., "El Proyecto de Ley de Navegación Marítima discrimina a los secretarios judiciales en perjuicio de los ciudadanos", *Diario La Ley*, núm. 8205, 2013. Sobre el Proyecto de Ley de Jurisdicción Voluntaria de 20 de octubre de 2006.

SERRA DOMINGUEZ, M., Estudios de Derecho Procesal, Barcelona, Ed. Ariel, Barcelona 1969.

VALLESPÍN PÉREZ, D., "Los nuevos desafíos constitucionales del proceso civil", *Revista General de Derecho Procesal*, núm. 59, 2023.

Capítulo XX

Los MASC en el ámbito universitario

ANA MARÍA RODRÍGUEZ TIRADO
Profesora Titular de Universidad
Universidad de Cádiz

SUMARIO: I. INTRODUCCIÓN. EL SERVICIO PÚBLICO DE JUSTICIA Y LOS MASC. 1. El servicio público de Justicia. 2. Los medios adecuados de solución de conflictos (MASC). II. LOS CONFLICTOS DE CONVIVENCIA EN LA UNIVERSIDAD Y LOS MASC. 1. Conflictos y controversias en el ámbito universitario. 2. Aplicación de los MASC en el ámbito universitario. III. MODELO CONSOLIDADO DE DEFENSORÍAS UNIVERSITARIAS. MODELO EMERGENTE DE COMISIONES DE CONVIVENCIA. III. CONCLUSIONES. IV. BIBLIOGRAFÍA.

I. INTRODUCCIÓN. EL SERVICIO PÚBLICO DE JUSTICIA Y LOS MASC

1. El servicio público de Justicia.

Si hablamos de Justicia, nuestra Constitución de 1978[1] (en adelante, CE) proclama que "la Justicia emana del pueblo", que es administrada por jueces y magistrados investidos de potestad jurisdiccional (art. 117 CE). Además, se instaura la Administración de Justicia (art. 122 CE), previéndose personal a su servicio a fin de que jueces y magistrados cumplan con la función jurisdiccional, aparte de aquellas expresamente atribuidas por las

---

1 "La aprobación de la Constitución de 1978 supuso un punto de inflexión en la consagración del Poder Judicial. Era imprescindible la norma política, que desde la construcción ideológica del Estado ofreciera a la ciudadanía un modelo de Justicia creíble, fiable, sólido, garantista y duradero. Los ciudadanos y las ciudadanas encontraron en la Constitución el soporte social y democrático para una Justicia adecuada a la sociedad moderna del momento" (BARONA VILAR, S., "El título VI de la Constitución, «Poder judicial», desde una mirada en el siglo XXI", en *Corts: Anuario de derecho parlamentario,* núm. Extra 31, 2018, p. 489, (https://ssrn.com/abstract=3510316) (Último acceso: 29/10/2023).

leyes en defensa de algún derecho (art. 117.1 y 3 CE). La Justicia se propugna, asimismo, como uno de los valores superiores del ordenamiento jurídico (art. 1.1 CE).

Por su parte, el art. 24.1 CE proclama el derecho a obtener la tutela judicial efectiva de jueces y tribunales que tienen todas las personas en el ejercicio de sus derechos e intereses legítimos sin que se produzca indefensión. Derecho que se comienza a interpretar en un sentido laso e integrador con los MASC, sin perder la perspectiva de la garantía jurisdiccional establecida en nuestra Carta Magna.

En la Ley Orgánica 6/1985, de 1.° de julio, del Poder Judicial (en adelante, LOPJ) se utiliza la terminología de "Administración de Justicia", en lugar de servicio público, y de "administración de justicia" en dos acepciones diversas, y la de estar al "servicio de la Justicia"[2].

En el siglo XXI, se tiende a la actualización de la referencia a la Justicia como al servicio público de Justicia que el Estado ha de prestar dentro del marco constitucional. En este sentido, para MARTÍN DIZ, "el derecho a la tutela efectiva de la justicia ha de ser un derecho fundamental constitucional, con carácter de derecho prestacional de configuración legal y que demandaría que los poderes públicos dispongan un sistema público de Administración de la Justicia integrado por todas aquellas opciones legalmente establecidas para la resolución jurídica de conflictos destinadas a tutelar los derechos e intereses legítimos de los ciudadanos en cuanto realización de la justicia"[3]. Así, argumenta que "el derecho a la tutela efectiva de la Justicia se consolidaría como la disponibilidad del ciudadano, mediante el sistema público de Administración de la Justicia, para resolver sus asuntos jurídicamente, y no en la versión, en cierto modo limitativa, que actualmente le remite al acceso a los tribunales en el ejercicio del derecho a la tutela

---

2 Art. 401 LOPJ, en cuanto al desarrollo del derecho de libre asociación profesional de jueces y magistrados, establece como segunda regla para su ejercicio: "Podrán tener como fines lícitos la defensa de los intereses profesionales de sus miembros en todos los aspectos y la realización de actividades encaminadas al servicio de la Justicia en general".

3 "Desde esta definición el derecho a la tutela efectiva de la justicia encajaría perfectamente con las exigencias 19 del art. 6 del Convenio Europeo de Protección de los Derechos Humanos y de las Libertades Fundamentales, así como con el art. 47 de la Carta de Derechos Fundamentales de la Unión Europea" ("Del derecho a la tutela judicial efectiva hacia el derecho a una tutela efectiva de la justicia", en *Revista Europea de Derechos Fundamentales*, primer semestre 2014-23, p. 169).

judicial efectiva, no en vano, y aquí suscribimos plenamente la posición de RAMOS MÉNDEZ, administrar justicia no es únicamente decidir casos"[4].

Este autor considera que "la intensidad de la exigencia subjetiva que se reconoce al ciudadano para excitar la actividad jurisdiccional en cumplimiento del vigente derecho a la tutela judicial efectiva, debería ser rebajada en cuanto a que el derecho a la tutela efectiva de la justicia debería garantizar que el Estado debe estructurar y mantener la disponibilidad para el ciudadano de mecanismos legales y garantistas de tutela jurídica de sus derechos e intereses legítimos, dicha disponibilidad se cumpliría con desarrollar legalmente su implantación y funcionamiento así como la accesibilidad en condiciones de igualdad para todo ciudadano, sin obstáculos ni requisitos desproporcionados y arbitrarios"[5].

---

4 "Desde esta definición el derecho a la tutela efectiva de la justicia encajaría perfectamente con las exigencias 19 del art. 6 del Convenio Europeo de Protección de los Derechos Humanos y de las Libertades Fundamentales, así como con el art. 47 de la Carta de Derechos Fundamentales de la Unión Europea", en "Del derecho a la tutela judicial efectiva hacia el derecho a una tutela efectiva de la justicia", *op. cit.*, pp. 169-170.

5 "Entre otros argumentos que utiliza, "el derecho a la tutela efectiva de la Justicia se asienta, entre otras razones, en el ejercicio de la autonomía de la voluntad de los ciudadanos a la hora de elegir la vía legal que consideren más adecuada para la tutela jurídica de sus derechos e intereses legítimos. [...] El art. 1.1 de la Constitución Española establece con meridiana claridad como valores superiores del ordenamiento jurídico a la libertad y a la propia Justicia, conjunción por tanto, que en nuestro caso, se asocia perfectamente a esta idea nuclear que elaboramos de que el ciudadano tenga la opción de acceder a la Justicia, y administrarla a sus asuntos, desde la libertad de elección, para lo cual se requiere, a nuestro entender, de un derecho fundamental integrador, que vaya más allá de la tutela «judicial» efectiva, y por tanto acoja, explícita o implícitamente, otras posibilidades además de la jurisdiccional, y que también estén implementadas legalmente con la finalidad de defender y tutelar jurídicamente los derechos e intereses de los ciudadanos. [...] "El derecho a la tutela efectiva de la Justicia podría incluso llegar a considerarse como un desdoblamiento ampliado del actual derecho a la tutela judicial efectiva, ofreciendo de una parte el tradicional marco de protección jurisdiccional de los derechos, en la versión ya conocida del derecho a la tutela judicial efectiva, y de otra parte concediendo habilitación constitucional —indirectamente amparada por el art. 1.1 de la Constitución al proclamar la libertad como valor superior de nuestro ordenamiento jurídico— a que los ciudadanos en el ejercicio de su autonomía de la voluntad utilicen para la tutela de sus derechos otras soluciones legales no jurisdiccionales integradas en la Administración de la Justicia (arbitraje, mediación, conciliación u otras nuevas alternativas que puedan surgir fruto del progreso jurídico, económico, social o tecnológico)" (MARTÍN DIZ, F., "Del

Compartiendo la argumentación del derecho a la tutela efectiva de la justicia[6] que MARTÍN DIZ desarrolla minuciosamente, consideramos que lo esencial es compaginar el derecho de autonomía de la voluntad cuando se trate de materia disponible para las partes con el control jurisdiccional[7]

---

derecho a la tutela judicial efectiva hacia el derecho a una tutela efectiva de la justicia", *cit.*, pp. 169-172).

6 "Consideramos que respecto al derecho a la tutela judicial efectiva, y en vista de que la Administración de la Justicia no va a descansar en exclusiva en el Estado aunque mantendrá siempre unas indelegables atribuciones al menos en relación a la estructuración como servicio público para el ciudadano, se va a producir una reconfiguración, sobre las ideas que estamos apuntando, y que va a dar lugar a la creación del «derecho a la tutela efectiva de la Justicia». Un derecho más amplio y menos formalista y estricto que el derecho a la tutela judicial efectiva, en cuanto éste último se vincula en exclusiva al proceso judicial. Un derecho menos entroncado con el Estado como facilitador, a través del Poder Judicial, de la Justicia al ciudadano y más próximo a la posición individual del ciudadano como sujeto que dispone el cómo y el cuándo quiere tutelar sus derechos e intereses y con ello resolver sus conflictos en un contexto amplio de acceso a la Justicia pero simultáneamente de realización de la Justicia. [...] La apuesta por los medios extrajudiciales de resolución de conflictos son un indicador de que algo está cambiando en el modelo de Administración de la Justicia y con ello, algo debe cambiar, en los derechos fundamentales procesales vinculados a la Justicia y el justiciable. Al fin y al cabo el resultado final debe ser el mismo: hacer Justicia, esto es, dar o reconocer a cada uno lo que legalmente le corresponde" (MARTÍN DIZ, F., "Del derecho a la tutela judicial efectiva hacia el derecho a una tutela efectiva de la justicia", *cit.*, p. 168).

7 Desde la doctrina administrativa, AGUDO GONZÁLEZ, J., considera que, a partir de la doctrina constitucional que él mismo analiza, "es una expresión del sentido funcional y finalista de un sistema de justicia administrativa clásico. Sin embargo, esa misma concepción adolece de una visión reduccionista en la medida en que atribuye en exclusiva la posibilidad de proveer justicia a los órganos judiciales. A mi juicio, este planteamiento limita las posibilidades de irradiación de la provisión de justicia en el contexto jurídico-administrativo a otras formas de control de legalidad. El control jurisdiccional, conectando los artículos 24.1 y 106.1 con el artículo 117, todos de la Constitución española, se corresponde con la expresión optimizada del control de legalidad, poniendo de manifiesto la conexión entre justicia, jurisdicción y tutela judicial . Sin embargo, no se puede aceptar que el control jurisdiccional excluya otras formas de control con fines similares. [...] lo que se pretende mostrar en este trabajo es que no es incompatible con nuestro sistema constitucional la configuración de mecanismos administrativos de control efectivos, plenos, adaptados y, en todo caso, no excluyentes o impeditivos del control jurisdiccional, que puedan ser tan eficaces en términos de provisión de justicia en el caso concreto como el control judicial. Es más, la configuración de mecanismos administrativos de control en los términos expresados no solo es

que ha de quedar garantizado: por ejemplo, del recurso de nulidad del laudo o del acuerdo de mediación. O quedar expedita la vía jurisdiccional en caso de que la voluntad de las partes no permitan la solución de la controversia o conflicto o para acceder al proceso de ejecución en caso de incumplimiento del acuerdo o solución alcanzado voluntariamente por las partes.

Hemos sostenido que "es difícil hablar de eficiencia con una estructura y organización judicial trasnochada, pensada para un sistema socioeconómico y tecnológico diferente al actual. Causa cierto sonrojo que algunos procesos se dilaten en el tiempo -y no hablamos de dilación de varios días o de varios meses -, lo que dependerá del orden jurisdiccional, de la clase de órgano judicial y de su circunscripción territorial, del tipo de procedimiento seguido y de los asuntos tratados". En 2022 y como meros ejemplos, los procesos concursales tuvieron una duración media de 33,6 meses mientras que la de los procesos por delitos leves fue de 3,2 meses. Los asuntos resueltos por la Sala I de lo Civil del Tribunal Supremo tuvieron una duración media de 24,3 meses, lo que contrasta con los 8,8 meses de duración media de los asuntos resueltos por su Sala II de lo Penal[8]. La Estadística Judicial contiene los datos oficiales de duraciones medias de acuerdo con algunos de los parámetros anteriores[9].

Estamos de acuerdo con BUJOSA VADELL cuando afirma que "la jurisdicción, al fin y al cabo, está para garantizar las necesidades de protección del individuo y de los grupos y, desde luego, no es el único cauce para obtenerla, pero sí debería seguir siendo el instrumento de cierre en que

---

compatible con la Constitución, sino que es, además, necesaria como complemento del control atribuido a los órganos jurisdiccionales, para que estos ejerzan su función constitucional descargados de asuntos que, en la gran mayoría de las ocasiones, podrían ser resueltos con todas las garantías sin alzarse a sede judicial con el consecuente ahorro en costes de todo tipo (económicos, personales y emocionales de las partes) ("Un sistema de justicia administrativa al servicio de los ciudadanos. Propuestas para una reforma", en *Revista Digital de Derecho Administrativo,* núm. 28, segundo semestre/2022, pp. 13 y 14).

8 RODRÍGUEZ TIRADO, A.M., "Presentación", en *Revista de Estudios Jurídicos y Criminológicos,* núm. 7, Universidad de Cádiz, 2023, DOI: https://doi.org/10.25267/REJUCRIM.2023.i7.01, pp. 9 y 10).

9 https://www.poderjudicial.es/cgpj/es/Temas/Transparencia/Estimacion-de-los-tiempos-medios-de-duracion-de-los-procedimientos-judiciales/ (Último acceso: 25/10/2023).

la libertad y la igualdad encuentren con la imprescindible certeza el mejor equilibrio posible”[10].

Atendiendo a la nueva configuración de la realidad, la apuesta por otras vías para solución de controversias o conflictos distinta de la jurisdiccional es un avance, ya que aquella no responde con la eficiencia requerida dada su duración[11] y, en ocasiones, los asuntos sujetos a la autonomía de la voluntad pudieran resolverse con mayor efectividad por ellos mismos o con ayuda de terceros a través medios autocompositivos o, incluso, heterocompositivos diversos al proceso. Hoy por hoy, si se trata de comisión de delitos, ha de actuar la maquinaria jurisdiccional con poco margen a la autonomía de la voluntad sin desmerecer los avances en justicia restaurativa[12] y, en

---

10 BUJOSA VADELL, L.M., “Sobre la insoportable levedad de la jurisdicción”, en La globalización del Derecho Procesal, dir. L. FONTESTAT PORTALÉS, Valencia, Tirant lo Blanch, 2019, p. 22.

11 A modo de ejemplo, aun siendo consciencias de que es un estudio de 2012, cabe citar DOMÍNGUEZ MARTÍNEZ, J.M., RUEDA LÓPEZ, N., “El servicio de justicia en España: una aproximación mediante indicadores”, en *ExToikos*, núm. 12, 2013, pp. 63-65, quien concluyen que “el examen del proceso de producción de un servicio público no podrá ser completo si se prescinde de la valoración de sus usuarios. Según un reciente sondeo de opinión [...], sólo el 2,2% de la población española considera que uno de los tres primeros problemas actuales de España radica en el ámbito de la administración de justicia. Sin embargo, más de las tres cuartas partes (78%) consideran que el servicio de justicia funciona poco o nada bien. Finalmente, algo menos de la mitad (47%) cree que el Estado dedicada muy pocos recursos a la justicia, un 33% entiende que se destinan los adecuados y un 6%, demasiados” (utiliza datos del CIS, 2013) (p. 65).
No obstante, en 2023, entre los principales problemas que existen actualmente en España, entre julio de 2023, la Administración de Justicia ocupa el puesto número 30, con una preocupación de 1,7 frente al primero, la crisis económica (los problemas de índole económica), que representa el 36,6 (https://www.cis.es/cis/export/sites/default/-Archivos/Marginales/3400_3419/3413/es3413mar.pdf) (Último acceso: 29/10/2023). En enero-marzo, ocupaba el puesto 25.

12 *Vid., v.gr.*, RODRÍGUEZ TIRADO, A.M., “Los servicios de justicia restaurativa y la mediación penal. Efectos en el sistema procesal penal español”, en *Cuestiones actuales de Derecho Procesal. Reformas procesales. Mediación y arbitraje*, coord. A.M. RODRÍGUEZ TIRADO, Valencia, Tirant lo Blanch, 2017, pp. 311 y ss.; BARONA VILAR, S., “«Restorative Justice», víctima y mediación. Tres conceptos en el nuevo paradigma de la entrópica justicia penal”, en *Pensar el tiempo presente: homenaje al profesor Jesús Ballesteros Llompart*, coord. J. DE LUCAS MARTÍN, E.J. VIDAL GIL, E. FERNÁNDEZ RUIZ-GÁLVEZ, V. BELLVER CAPELLA, Valencia, Tirant lo Blanch, vol. 1, 2018, pp. 53 y ss.

concreto, en la introducción de la mediación penal[13] como complementaria al proceso, por los que se ha de seguir apostando.

2. Los medios adecuados de solución de conflictos (MASC).

Como antecedentes inmediatos de los MASC, nacidos como medios alternativos de solución de conflictos, se ha desarrollado ampliamente los ADR (*Alternative Dispute Resolution*) y los ODR (*On line Dispute Resolution*) en los ámbitos internacional y europeo, que se han fomentado en la última década en nuestro sistema jurídico y son ampliamente abordados por la doctrina procesalista. En esta línea, BARONA VILAR entiende que "la irrupción de las soluciones extrajurisdiccionales de conflictos, las denominadas en el mundo anglosajón ADR (*Alternative Dispute Resolution*) obligan a considerar que hay Justicia más allá de los jueces y del Poder Judicial, lo que debe tener reflejo en la Constitución española, en cuanto favorecer la tutela efectiva de los y las ciudadanos/as, a través de medios plurales, unos judiciales y procesales, otros procesales pero arbitrales, otros no judiciales ni procesales como la negociación, la mediación y la conciliación, empero con efectos jurídicos indudables en la consecución de acuerdos y en la eficacia de los mismos"[14].

En el final de la anterior legislatura, en concreto, en 2022, comenzó la tramitación de un proyecto de ley que repercute en la potenciación de los MASC, conceptuados como medios adecuados de solución de conflictos, sustituyendo "alternativos" por "adecuados" (en los que se incluye los tradicionales). En concreto, la tramitación caducada fue del Proyecto de Ley de medidas de eficiencia procesal del servicio público de Justicia[15]. En su

---

13 *Vid., v.gr.,* RODRÍGUEZ GARCÍA, N., "Presente y futuro de la mediación penal", en *Cuestiones actuales de Derecho Procesal. Reformas procesales. Mediación y arbitraje*, coord. A.M. RODRÍGUEZ TIRADO, Valencia, Tirant lo Blanch, 2017, pp. 269 y ss.; PLANCHADELL GARGALLO, A., "La mediación penal: análisis y perspectivas tras la reforma del Código Penal y la valoración del estatuto de la víctima del delito", en Revista de Derecho y Proceso Penal, núm. 39, 2015, pp. 199 y ss.; BARONA VILAR, S., "Mediación penal: un instrumento para la tutela penal", en *Revista del Poder Judicial*, núm. 94, 2012, pp. 23 y ss.; BARONA VILLAR, S., *Mediación penal: fundamento, fines y régimen jurídico*, Valencia, Tirant lo Blanch, 2011.

14 BARONA VILAR, S., "El título VI de la Constitución, «Poder judicial», desde una mirada en el siglo XXI", *cit.*, p. 491.

15 Proyecto 121/000097, en BOCCGG, Congreso de los Diputados, Serie A, núm. 97-4, Informe de la Ponencia, 8 de junio de 2023. Se trae a colación el último trámite antes de la disolución de las Cortes Generales.

Exposición de Motivos, justificaba la introducción de los MASC atendiendo a varias razones, entre ellas, "la necesidad coyuntural de introducir mecanismos eficientes que resultan imprescindibles para acoger el previsible incremento de la litigiosidad en los próximos tiempos y para recuperar el pulso de la actividad judicial" (parágrafo I)[16].

Para RODRÍGUEZ ROBLERO, el desglose de las siglas MASC está bien utilizado en el indicado Proyecto de Ley. Así, afirma que "se trata de medios adecuados de resolución de conflictos, porque son métodos que serán adecuados para un asunto y unas partes concretas. En algunos casos serán alternativos a la vía judicial y en otros serán complementarios a ella, ya que en ocasiones los problemas no son simples y no se resuelven por una sola vía y se requieren varios caminos o vías para su total resolución"[17].

Las vías alternativas o complementarias han de tener un marco normativo regulador que prevea los principios y reglas de juego básicas para garantizar la igualdad y contradicción de las partes, así como la homologación del acuerdo que resuelve una controversia o un conflicto de índole jurídica, en su caso, para insuflarle eficacia, de modo que, cuando no haya posterior cumplimiento voluntario por las partes, quede expedito el proceso de ejecución.

El Objetivo 16 de los Objetivos de Desarrollo Sostenible[18] pretende "promover sociedades justas, pacíficas e inclusivas" a fin de que los conflictos, la inseguridad, las instituciones débiles y el acceso limitado a la justicia no

---

16 "Si, tal como se establece constitucionalmente, la Justicia emana del pueblo, la ley ha de propiciar e impulsar la participación de la ciudadanía en el sistema de Justicia. Ya se hace en el ámbito penal con la institución del jurado, y es conveniente también abrir la Justicia civil, social e inmediatamente después la contencioso-administrativa a los ciudadanos para que se sientan protagonistas de sus propios problemas y asuman de forma responsable la solución más adecuada de los mismos, especialmente en terminados casos en los que es imprescindible buscar soluciones pactadas que garanticen, en lo posible, la paz social y la convivencia" (Exposición de Motivos del Proyecto 121/000097, parágrafo I).

17 RODRÍGUEZ ROBLERO, M.I., "El fomento de la responsabilidad de los Ciudadanos a través de los métodos adecuados de resolución de controversias. Referencia al Proyecto de ley de medidas de eficiencia procesal del servicio público de Justicia", en *Revista Boliviana de Derecho*, núm. 36, 2023, p. 650.

18 *Vid., v.gr.*, GONZALO QUIROGA, M., "La mediación como herramienta de los Objetivos de Desarrollo Sostenible en la naciente Ley de Convivencia Universitaria: Propuesta UNIMEDIA", en *Revista Educación y Derecho*, número extraordinario, octubre 2021, pp. 281 y ss.

sigan siendo una grave amenaza para el desarrollo sostenible, como se explica. Desde la concepción amplia de Justicia, permite apostar por mecanismos e instrumentos que faciliten la pacífica solución de conflictos o controversias con garantía de la igualdad de acceso a cualquiera de dichos medios como se ha señalado, sin olvidar que la garantía jurisdiccional se consagra constitucionalmente. Si aludimos al ámbito universitario y los conflictos que en él surgen, podrían encajar, quizás, en las metas 16.3[19], 16.6, 16.10 y 16.b de dicho Objetivo.

El objetivo de este trabajo es analizar la viabilidad de los MASC en el ámbito universitario sin obviar las propias limitaciones de la legislación administrativa vigente en su aplicación actual, pero existiendo un considerable margen de mejora, dada la eficacia cuestionada del sistema de recursos administrativos y, en su caso, de la justicia tardía contencioso-administrativa[20]. Somos conscientes de que el art. 2.2 de la Ley 5/2012, de 6 de julio, de mediación en asuntos civiles y mercantiles excluye de su ámbito de aplicación la mediación con las Administraciones públicas, pero no obsta a que pueda existir mediación en el ámbito administrativo en el que se incluyen las universidades públicas. *De iure*, el art. 112.2 de la Ley 39/2015, de 1 de octubre, del Procedimiento Administrativo Común de las Administraciones Públicas (en adelante, LPAC)[21] prevé la posibilidad de sustituir el recurso de alzada o el recurso de reposición por medios adecuados de solución de

---

19 Como uno de los indicadores del Objetivo 16.3, se ha establecido el indicador 16.3.3: Proporción de la población que se ha visto implicada en alguna controversia en los dos últimos años y ha accedido a algún mecanismo oficial u oficioso de solución de controversias, desglosada por tipo de mecanismo. Aún no hay datos disponibles para este indicador (https://www.ine.es/dyngs/ODS/es/objetivo.htm?id=5252) (Último acceso: 29/10/2023).
Con respecto al Objetivo 16.6, se ha establecido, entre otros, el indicador 16.6.2: Proporción de la población que se siente satisfecha con su última experiencia de los servicios públicos. El INE dispone de datos relativos a este indicador (https://www.ine.es/dyngs/ODS/es/objetivo.htm?id=5252) (Último acceso: 29/10/2023).

20 *Vid.* AGUDO GONZÁLEZ, J., "Un sistema de justicia administrativa al servicio de los ciudadanos. Propuestas para una reforma", *cit.*, pp. 13 y ss.

21 Art. 112.2 LPAC: "Las leyes podrán sustituir el recurso de alzada, en supuestos o ámbitos sectoriales determinados, y cuando la especificidad de la materia así lo justifique, por otros procedimientos de impugnación, reclamación, conciliación, mediación y arbitraje, ante órganos colegiados o Comisiones específicas no sometidas a instrucciones jerárquicas, con respeto a los principios, garantías y plazos que la presente Ley reconoce a las personas y a los interesados en todo procedimiento administrativo.

conflictos como la conciliación, la mediación y el arbitraje mediante ley en supuestos o ámbitos sectoriales determinados como podría ser el universitario. También el Real Decreto Legislativo 5/2015, de 30 de octubre, por el que se aprueba el texto refundido de la Ley del Estatuto Básico del Empleado Público del Estatuto del Empleado Público (en adelante, LEBEP) abre las puertas a la aplicación de sistemas solución extrajudicial de conflictos colectivos, entre ellos, la mediación y el arbitraje en su art. 45 LEBEP[22].

En relación con este trabajo y su mera aproximación inicial al estudio de los MASC en el ámbito universitario, nos sumamos a las palabras de BARONA VILAR sobre la tercera misión de la misión, la investigación, "que está siendo mermada" en la Universidad actual. La frenética necesidad de ofrecer resultados más cuantitativos que cualitativos en el que nos vemos inmersos tanto jóvenes como -añadiría- seniors es manifiesta, lo que tiene que ver, en buena medida, con las exigencias en la carrera universitaria en las agencias de acreditación del profesorado o la concurrencia a convocatorias públicas de ayudas, subvenciones y programas de formación o cualificación[23].

En las mismas condiciones, el recurso de reposición podrá ser sustituido por los procedimientos a que se refiere el párrafo anterior, respetando su carácter potestativo para el interesado.

La aplicación de estos procedimientos en el ámbito de la Administración Local no podrá suponer el desconocimiento de las facultades resolutorias reconocidas a los órganos representativos electos establecidos por la Ley".

22 Con independencia de las atribuciones fijadas por las partes a las comisiones paritarias previstas en el artículo 38.5 para el conocimiento y resolución de los conflictos derivados de la aplicación e interpretación de los Pactos y Acuerdos, las Administraciones Públicas y las organizaciones sindicales a que se refiere el presente capítulo podrán acordar la creación, configuración y desarrollo de sistemas de solución extrajudicial de conflictos colectivos, entre ellos, la mediación y el arbitraje. Tendrán como particular que los acuerdos alcanzados serán impugnables, puesto que los acuerdos alcanzados a través de la mediación o el arbitraje tendrán la misma eficacia de los Pactos y Acuerdos alcanzados en la negociación (art. 45 LEBEP).

23 "La tercera misión es la de la investigación, que está siendo mermada. Las acreditaciones de los jóvenes universitarios exigen mucha investigación, pero con peor calidad y ausente de las bases teóricas dogmáticas fundamentales que permiten tener una solidez en las respuestas científicas que se den en la investigación. El no infrecuente recurso al sistema de cortar y pegar -obviamente sin generalizar-, reduce la calidad científica de las reflexiones pausadas a las que anteriormente nos obligaban los viejos maestros del siglo XX" (BARONA VILAR, S., "La misión de la universidad en la sociedad digital del siglo XXI", en *Revista Justicia & Derecho,* Universidad Au-

II. LOS CONFLICTOS DE CONVIVENCIA EN LA UNIVERSIDAD Y LOS MASC.

1. Conflictos y controversias en el ámbito universitario.

La Ley de Convivencia Universitaria utiliza la expresión de "conflictos de convivencia". El Proyecto de Ley de medidas de eficiencia procesal del servicio público de Justicia utiliza la de controversias. Por su parte, la Ley de Mediación en asuntos civiles y mercantiles alude a conflictos. Si nos acercamos al ámbito universitario, se ha de tener en cuenta que no siempre que existe una controversia o un conflicto ha de tener carácter jurídico. Por ejemplo, la falta de entendimiento de dos profesores de la misma Área no tiene por qué afectar a la aplicación de norma jurídica alguna, pero puede afectar a la normal convivencia dentro del departamento o del grupo de investigación. Puede deberse a discrepancias que no tienen trascendencia jurídica, pero sí emocional. También existen conflictos que se plantean sobre funcionamientos de servicios universitarios o sobre actos administrativos, previéndose el sistema de recursos administrativos para su impugnación. En ocasiones, la posibilidad de suspender el plazo de recurso y la aplicación de otra vía alternativa o complementaria de solución de conflictos podría tener mayor eficacia como propuesta a futuro. No obstante, no se prevé, en particular, la suspensión de plazos y la eficacia del acuerdo o la solución alcanzada, con la salvedad de los expedientes disciplinarios dirigidos contra estudiantes en el marco de la Ley de Convivencia Universitaria.

Según la RAE, "controversia" significa "discusión de opiniones contrapuestas entre dos o más personas"[24], mientras que "conflicto" puede entenderse, figurativamente, como "combate, lucha, pelea" o "problema, cuestión, materia de discusión", quizás, las más ajustadas de las varias aceptaciones encontradas[25]. Desde la perspectiva psicológica, se habla de conflicto y de la gestión de conflictos[26]. Así, BARRANCO NAVARRO señala

---

tónoma de Chile, volumen 5, núm. 1, 2022, p. 4, https://revistas.uautonoma.cl/index.php/rjyd/article/view/1-5/1252) (Último acceso: 29/10/2023).

24 Https://dle.rae.es/controversia (Último acceso: 29/10/2023).

25 https://dle.rae.es/conflicto?m=form (Último acceso: 29/10/2023).

26 BARRANCO NAVARRO, J., "Empatía y asertividad para la gestión del conflicto", en *Los conflictos en ámbito universitario,* ed. A.M. LOZANO MARTÍN, Madrid, Dykinson SL, 2020, p. 49.

que, tradicionalmente, "el conflicto ha sido considerado como un elemento indeseable y negativo y su significado se asocia con pelea, lucha, combate... [...] En la actualidad esta visión acerca del conflicto ha cambiado: los conflictos se producen en cualquier relación interpersonal y proceden de muchas causas"[27].

Desde la perspectiva del conflicto universitario, LOZANO MARTÍN y RONDÓN GARCÍA entienden el conflicto como "un proceso natural de las relaciones humanas, y puede ser un factor positivo para el cambio, para el crecimiento personal e interpersonal o un factor negativo de destrucción, según la forma de regularlo"[28]. Se vincula a las relaciones interpersonales y, por ende, a las relaciones de convivencia que pueden generar, precisamente, conflictos de convivencia, sin que, como hemos advertido, necesariamente produzcan conflictos de intereses jurídicos socialmente relevantes.

En la disciplina procesal, se parte de los conflictos de intereses jurídicos socialmente relevantes en relación con los conceptos básicos del Derecho Procesal[29].

---

27 BARRANCO NAVARRO, J., "Empatía y asertividad para la gestión del conflicto", *cit.,* p. 49. Este autor destaca que los conflictos son inevitables, por lo que sería adecuado "aceptarlos como algo natural y aprender a gestionarlos de forma asertiva". Destaca dos factores relevantes en la gestión del conflicto como son la asertividad y la empatía ("Empatía y asertividad para la gestión del conflicto", cit., pág. 50). Este autor concluye afirmando que "si una situación de conflicto no se resuelve de forma dialogada, especialmente porque haya escasa cultura de aceptación del conflicto, los desencuentros se perpetúan y se establece una dinámica de relaciones competitivas donde predominan las actitudes *Ganar/Perder,* y donde cada una de las partes buscar ganar a costa de lo que pierda la otra, sin importarle sus derechos, necesidades o sentimientos" (*ibídem,* p. 61).

28 LOZANO MARTÍN, A.M., RONDÓN GARCÍA, L.M., "Estrategias para la solución de conflictos en el ámbito universitario: la mediación como sistema no adversarial", *cit.,* p. 84. Estos autores añaden que el conflicto "no es algo específico del sistema educativo, se presenta en cualquiera de las esferas sociales, donde existan relaciones humanas, vida social" (*ibídem*).

29 El conflicto de intereses surge, con carácter general, cuando hay una necesidad no satisfecha y existe una pretensión de satisfacerla. Para MONTERO AROCA, J., lo relevante para que actúe la jurisdicción no es la existencia de un conflicto de intereses (porque, en ocasiones, no se produce), sino la existencia de una pretensión y de una resistencia (*Derecho Jurisdiccional I,* Valencia, Tirant lo Blanch, 2012, t. I, p. 116).

"Ciertamente, el proceso es un método jurisdiccional de solución de conflictos al servicio exclusivamente de la jurisdicción, estando integrado el derecho de acce-

Sobre el conflicto universitario, se ha trabajado desde ámbitos diversos como la Psicología, la Sociología, el Trabajo Social o el Derecho[30].

Podemos hablar de conflictos sociales en el ámbito universitario como una categoría general, de los cuales los habrá que afecten a intereses jurídicamente relevantes. Por ejemplo, VERA MARTÍNEZ, siguiendo a MOORE, categoriza los conflictos universitarios en conflictos de relación entre las personas, conflictos de información, conflictos de intereses, conflictos estructurales y conflictos de valores[31].

2. Aplicación de los MASC en el ámbito universitario.

La Ley 3/2022, de 24 de febrero, de Convivencia Universitaria (en adelante, LCU) ha pasado a establecer un marco común y general para las universidades españolas en relación con el espacio de convivencia y de respeto de derechos básicos como son los derechos a la libertad ideológica y religiosa, libertad de expresión, libertad de enseñanza, libertad de cátedra y los derechos de reunión, asociación y manifestación y a la educación. Se atribuye a las universidades en el marco del ejercicio de su autonomía universitaria la posibilidad de "desarrollar con mayor intensidad medidas y actuaciones que favorezcan y estimulen la convivencia activa y la corresponsabilidad entre todos los miembros de la comunidad universitaria. Asimismo, las universidades pueden potenciar el uso de medios alternativos de resolución de conflictos, como la mediación, que puedan

---

so a la jurisdicción en el contenido del derecho fundamental a la tutela judicial efectiva. [...] Ahora bien, esto no quiere decir que, cuando surja un conflicto de intereses jurídicos socialmente relevantes, la solución del mismo exija necesariamente el acceso a la jurisdicción y su resolución a través del proceso. Dependerá del margen que se deje a la autonomía de la voluntad de las partes y a la naturaleza de la controversia producida, intersubjetiva u origina entre el infractor de la norma penal y la sociedad" (RODRÍGUEZ TIRADO, A.M., "Los servicios de justicia restaurativa y la mediación penal. Efectos en el sistema procesal penal español", *cit.*, pág. 316).

30 *Vid., v.gr.*, ROSALES ÁLAMO, M., GARCÍA VILLALUENGA, L., FARIÑA RIVERA, F. (coords.), *Implementación y desarrollo de la convivencia y la mediación en las universidades,* Santiago de Compostela, Andavira Editora SL, 1.ª ed., 2022, pp. 45 y ss.; LOZANO MARTÍN, A.M. (ed)., *Los conflictos en el ámbito universitario,* Madrid, Dykinson SL, 2020.

31 VERA MARTÍNEZ, J.J., "Actualizar y mejorar los sistemas internos de resolución de conflictos en la Universidad", informe del Defensor Universitario de la Universidad de Murcia de 10 de octubre de 2023, p. 4.

resultar más eficaces para afrontar determinadas conductas y conflictos entre miembros de la comunidad universitaria pertenecientes al mismo o a diferente sector”[32].

A este respecto, la Ley de Convivencia se erige como la norma que establece unas bases “que cada universidad deberá trasladar a sus propias Normas de Convivencia, de obligado cumplimiento para toda la comunidad universitaria, y cuyo contenido mínimo también se especifica” en la misma[33]. Así, considera que tales Normas “serán instrumento fundamental para favorecer el entendimiento, la convivencia pacífica y el pleno respeto a los derechos fundamentales y las libertades públicas en el ámbito universitario”.

Aun cuando el Preámbulo de la Ley de Convivencia Universitaria anuncia que su Título Preliminar establecerá los conceptos fundamentales sobre los que se asientan los mecanismos alternativos, el Título I es el que “emplaza” a las universidades a desarrollar medios alternativos de solución de conflictos, dedicando un solo precepto a tal efecto (art. 5). Dicho Preámbulo es más generoso al fomentar la convivencia en la comunidad universitaria más allá del régimen disciplinario, no pudiendo afrontarse “al menos exclusiva ni preferentemente, mediante el mismo”[34].

En efecto, los medios alternativos de solución de conflictos, lamentablemente, sólo se vinculan directamente al procedimiento disciplinario en el articulado de esa Ley. Así, el art. 5 LCU impone a las universidades que desarrollen en sus Normas de Convivencia “medios alternativos de solución de los conflictos de la convivencia basados en la mediación, para ser aplicados antes y durante el procedimiento disciplinario”.

Queda regulado expresamente en la Ley de Convivencia Universitaria la aplicación de la mediación como alternativa al procedimiento disciplinario cuando la infracción sea atribuible a un estudiante. En caso de que se trate de comportamientos o conductas del personal docente e investigador (PDI) y del personal técnico, de gestión y de administración y servicios

---

32 Parágrafo I del Preámbulo de la Ley 3/2022, de 24 de febrero, de convivencia universitaria. En adelante, LCU.

33 Parágrafo II del Preámbulo de la Ley 3/2022, de 24 de febrero, de convivencia universitaria.

34 “[…] Asimismo, las universidades pueden potenciar el uso de medios alternativos de resolución de conflictos, como la mediación, que pueden resultar más eficaces para afrontar determinadas conductas y conflictos entre miembros de la comunidad universitaria pertenecientes al mismo o diferente sector” (Parágrafo II del Preámbulo de la Ley 3/2022, de 24 de febrero, de convivencia universitaria).

(PTGAS) que pudieran ser constitutivos de falta disciplinaria, no cabrá acudir a medios alternativos de solución de conflictos diferentes del propio procedimiento disciplinario.

A nuestro juicio, ello responde a la falta de previsión en la regulación del régimen disciplinario aplicable a PDI y PTGAS, por lo que sería una apuesta importante por el legislador futuro su incorporación con las excepciones o limitaciones oportunas en atención a la gravedad o al tipo de falta disciplinaria o en caso de tratarse de hechos que pudieran ser constitutivos de delito.

Nuestra experiencia en el ámbito universitario y, en especial, en la gestión universitaria, nos hace considerar que no siempre un expediente disciplinario resuelve el conflicto de fondo, sino que, lejos de eliminarlo, puede enquistarlo aún más, por ejemplo, en conflictos interpersonales de convivencia. Para estos casos de conflictos sociales, interpersonales o colectivos de convivencia, podría ser de relevancia apostar por la aplicación de medios adecuados de solución de conflictos diferentes del expediente disciplinario antes o durante su tramitación, extensible además de al estudiantado, al PDI y al PTGAS.

No hay una cultura concreta en el ámbito universitario al respecto, pero lo cierto es que la mediación informal o la intermediación se han venido utilizando por distintos estadios en la estructura universitaria según el ámbito concreto en que se produce. Los directores de departamentos y decanos o directores de centro, a modo de ejemplo, actúan, en primera instancia en no pocas ocasiones como mediadores informales para evitar la escalada de conflictos de convivencia que pueden resolverse mediante el diálogo y la empatía.

En una buena parte de los conflictos de convivencia que afloran, no suele existir hechos que pudieran constituir faltas disciplinarias o tipificables como delito, al menos, *a priori*. No obstante, pueden alterar la pacífica convivencia e, incluso, afectar al normal desarrollo de la docencia, investigación o transferencia. Precisamente, en estos casos, la utilización de MASC se hace conveniente[35] como alternativos, complementarios, preventivos o, sencillamente, óptimos para recuperar la paz universitaria. Téngase en

---

[35] LOZANO MARTÍN, A.M., RONDÓN GARCÍA, L.M., entienden que "la Universidad es una comunidad con una identidad definida en la que se desarrollan relaciones personales diarias con roles determinados. En cualquier relación pueden surgir fricciones entre las partes al intentar conciliar intereses personales, laborales y académico; es ahí donde se sitúa la mediación universitaria como espacio de intervención" ("Estrategias para la solución de conflictos en el ámbito universita-

cuenta que un conflicto inicial si no se soluciona a tiempo sí puede escalar y afectar a intereses jurídicos de ambas partes.

La Ley de Convivencia Universitaria pierde una importante oportunidad de desarrollar medios de solución de conflictos, más que alternativos, adecuados de solución de conflictos sin vincularlos únicamente al incumplimiento de normas que deriven en la infracción de una norma disciplinaria. Además, se alude a medios alternativos "basados en la mediación", quizás limitando otras posibilidades. Hubiera sido deseable apostar por la mediación universitaria o intrauniversitaria como un medio propio y diferenciado de la mediación civil y mercantil, para resolución de controversias o conflictos sin que estos necesariamente tengan que revestir carácter jurídico propiamente dicho.

Al respecto, se propone partir de la consideración de la mediación como método autocompositivo y voluntario de solución de conflictos, que permite la intervención de un tercero -independiente, neutral e imparcial- que facilite el acercamiento de posturas, previa identificación del conflicto, entre las partes a fin de que alcancen, de forma voluntaria y a través del diálogo, una solución al conflicto o que lleguen a un entendimiento, en su caso, mediante acuerdo. Así, de acuerdo con la normativa vigente, la mediación será medio alternativo de solución de conflictos cuando el conflicto afecte a normas de convivencia cuya vulneración lleve aparejada responsabilidad disciplinaria. En el resto de los casos, será previo o preventivo y el cumplimiento del acuerdo quedará sujeto al compromiso de las partes de cumplirlo.

No obstante, la atribución a las universidades para que desarrollen las disposiciones relativas a la organización y funcionamiento de la Comisión de Convivencia permite que pueda conferir a la misma funciones en relación a la designación o nombramiento de mediadores, por ejemplo, en el caso de que surjan problemas de convivencia que no lleven, necesariamente, aparejado la comisión de una falta disciplinaria.

Dentro de la cultura de paz, el art. 2.7 Ley 27/2005, de 30 de noviembre, de fomento de la educación y la cultura de la paz atribuye al Gobierno "promover la formación especializada de hombres y mujeres en técnicas de resolución conflictos, negociación y mediación", lo que extensible que se haga en el foro universitario como una oportunidad de extender otras formas de solución de conflictos más amigables y empáticas.

---

rio: la mediación como sistema no adversarial", en *Los conflictos en ámbito universitario,* ed. A.M. LOZANO MARTÍN, Madrid, Dykinson SL, 2020, p. 84).

III. MODELO CONSOLIDADO DE DEFENSORÍAS UNIVERSITARIAS. MODELO EMERGENTE DE COMISIONES DE CONVIVENCIA.

La derogada Ley Orgánica 6/2001, de 21 de diciembre, de Universidades introdujo, por primera vez, en las universidades españolas la institución del Defensor Universitario (Disposición adicional decimocuarta) que, con el devenir del tiempo, se ha consolidado en el ámbito universitario. Está investido de *auctoritas,* respetada, en buena medida, en la comunidad universitaria, aun cuando las resoluciones que pudiera adoptar carezcan de carácter vinculante.

En relación con el estudiantado, el art. 46 del Estatuto del Estudiante Universitario le atribuye como función velar por la garantía de sus derechos cuando proceda. Así, este Estatuto dispone que "los Defensores Universitarios podrán asumir tareas de mediación, conciliación y buenos oficios, conforme a lo establecido en los Estatutos de las Universidades y en sus disposiciones de desarrollo, promoviendo especialmente la convivencia, la cultura de la ética, la corresponsabilidad y las buenas prácticas" (art. 46.2 EEU). Además, les corresponde asumir la función de asesorar a "los estudiantes de los procedimientos administrativos existentes para la formulación de sus reclamaciones, sin perjuicio de las competencias de otros órganos administrativos" (art. 46.3 EEU). A tal efecto, los estudiantes podrán acudir a la Defensoría Universitaria "cuando sientan lesionados sus derechos y libertades en los términos establecidos por los Estatutos de las universidades y sus disposiciones de desarrollo" (art. 46.4 EEU). En correspondencia con esta función de asesoramiento al alumnado, el apartado 5 del art. 46 prevé que los estudiantes colaboraren con esta institución de forma individual o de manera colectiva a través de sus representantes según se regule en la respectiva universidad.

La vigente Ley Orgánica 2/2023, de 22 de marzo, del Sistema Universitario incorpora la Defensoría Universitaria como una unidad básica dentro de la estructura de las universidades públicas. Deja de estar en una disposición adicional como optó el legislador de 2001 al incluirla en la Disposición Adicional decimocuarta de la LOU. Su función prioritaria será la de "velar por el respeto de los derechos y las libertades del profesorado, estudiantado y personal técnico, de gestión y de administración y servicios, ante las actuaciones de los diferentes órganos y servicios universitarios, pudiendo asumir tareas de mediación, conciliación y buenos oficios. Sus actuaciones vendrán regidas por los principios de independencia, autonomía y confidencialidad. Corresponde a los Estatutos de la universidad establecer el régimen de funcionamiento y estructura de la Defensoría Universitaria, cuyo máximo cargo podrá ser un órgano unipersonal o colegiado, así como el procedimiento para su elección por el Claustro Universitario" (art. 43.4 LOSU).

En suma, la Ley Orgánica del Sistema Universitario prevé que pueda asumir tareas de mediación, conciliación y buenos oficios con carácter general, extensible a los tres sectores de la comunidad universitaria.

No se trata de una instancia administrativa más dentro de la organización universitaria, por lo que las resoluciones que pudiera dictar no tendrán carácter vinculante ni podrán ser objeto de recurso alguno. Sí podrá efectuar sugerencias o recomendaciones que considere convenientes al órgano, servicio o unidad afectados cuando aprecie, a la vista de sus actuaciones, un área susceptible de mejora y/o en caso de afectar a derechos de los miembros de la comunidad universitaria. En esta línea, a través de los asuntos ingresados, puede detectar disfunciones y, con ello, cumplir con el cometido de velar por la mejora de la calidad en la universidad.

La Defensoría Universitaria es un institución independiente con herramientas para contribuir a la recuperación de la paz social con la restauración de la pacífica convivencia cuando se altere por algún miembro de la comunidad universitaria en algún tipo de conflicto de convivencia. Interviene, principalmente, a través de la conciliación, la mediación y los buenos oficios -esa intermediación informal[36]- propiciando el diálogo y la empatía, el acercamiento de posturas en aras de conseguir acuerdos satisfactorios para ambas partes.

Es un modelo consolidado al que se suma el modelo emergente representado por la Comisión de Convivencia, cuya andadura dependerá de las funciones que cada universidad le asigne en su normativa interna. Sería un modelo a explorar para consolidar a través de ella la mediación universitaria o intrauniversitaria en general allende la mediación vinculada a los expedientes disciplinarios dirigidos contra estudiantes.

Las funciones de la Comisión de Convivencia respetan el ámbito competencial de la Defensoría Universitaria en la gestión de conflictos de convivencia, pues ambos órganos están llamados a coordinarse en el ejercicio de sus funciones.

---

[36] La mediación informal, esos buenos oficios, no sólo se emplea como método para abordar conflictos de convivencia interpersonales (individuales o colectivos), sino también para resolver algunas quejas de insatisfacción con la actuación de un servicio, unidad u órgano.

Estas actuaciones quedan sujetas a los principios de confidencialidad, autonomía e independencia.

Con la entrada en vigor de la Ley de Convivencia Universitaria, la institución de la Defensoría Universitaria está llamada a participar activamente en la gestión de conflictos y en su solución, siempre con la salvaguarda de su independencia y consolidándose como garante de la convivencia universitaria desde la perspectiva ética y de convivencia, junto con la Comisión de Convivencia, en la puesta en marcha de mecanismos alternativos, complementos o previos/preventivos de solución de conflictos.

IV. CONCLUSIONES.

A nuestro juicio, los MASC tienen plenamente cabida en el ámbito universitario, si bien adaptadas al mismo a tenor de la naturaleza de los conflictos que se generan. Los conflictos universitarios podemos entenderlos como conflictos sociales, de los cuales los habrá que afecten a intereses jurídicamente relevantes.

Uno de los medios de solución de conflictos a consolidar sería la mediación universitaria o intrauniversitaria como categoría propia, sin perjuicio de trabajar en otros medios previos, alternativos o complementarios que se adecuen a la idiosincrasia universitaria.

El modelo implantado de las Defensorías Universitarias está consolidado, que tiene un concreto ámbito de aplicación, cuyas funciones se adentran en los MASC. El modelo emergente de las Comisiones de Convivencia aún está por desarrollar y en el que se debería apostar en las universidades para el desarrollo de la mediación universitaria o intrauniversitaria con carácter general, sin que quede vinculada exclusivamente a expedientes disciplinarios extensible a estudiantado, PDI y PTGAS.

Se ha de seguir trabajando en la incorporación de los MASC como alternativos o complementarios en la resolución de conflictos jurídicos en el ámbito universitario en la línea con la previsión limitada del art. 112.2 LPAC.

Se ha de apostar por la cultura de los MASC, entendidos como adecuados, para trabajar diferentes opciones en la solución de conflictos (jurídicos o no) en el ámbito universitario desde la vía de recursos administrativos y los expedientes disciplinarios a las vías alternativas, complementarias o previa/preventivas.

V. Bibliografía

AGUDO GONZÁLEZ, J., "Un sistema de justicia administrativa al servicio de los ciudadanos. Propuestas para una reforma", en *Revista Digital de Derecho Administrativo*, núm. 28, segundo semestre/2022.

BARONA VILLAR, S., *Mediación penal: fundamento, fines y régimen jurídico*, Valencia, Tirant lo Blanch, 2011.

BARONA VILAR, S., "Mediación penal: un instrumento para la tutela penal", en *Revista del Poder Judicial*, núm. 94, 2012.

BARONA VILAR, S., "El título VI de la Constitución, «Poder judicial», desde una mirada en el siglo XXI", en *Corts: Anuario de derecho parlamentario*, núm. Extra 31, 2018 (https://ssrn.com/abstract=3510316).

BARONA VILAR, S., "«Restorative Justice», víctima y mediación. Tres conceptos en el nuevo paradigma de la entrópica justicia penal", en *Pensar el tiempo presente: homenaje al profesor Jesús Ballesteros Llompart*, coord. J. DE LUCAS MARTÍN, E.J. VIDAL GIL, E. FERNÁNDEZ RUIZ-GÁLVEZ, V. BELLVER CAPELLA, Valencia, Tirant lo Blanch, vol. 1, 2018.

BARONA VILAR, S., "La misión de la universidad en la sociedad digital del siglo XXI", en *Revista Justicia & Derecho*, Universidad Autónoma de Chile, volumen 5, núm. 1, 2022 (https://revistas.uautonoma.cl/index.php/rjyd/article/view/1-5/1252).

BARRANCO NAVARRO, J., "Empatía y asertividad para la gestión del conflicto", en *Los conflictos en ámbito universitario*, ed. A.M. LOZANO MARTÍN, Madrid, Dykinson SL, 2020.

BUJOSA VADELL, L.M., "Sobre la insoportable levedad de la jurisdicción", en La globalización del Derecho Procesal, dir. L. FONTESTAT PORTALÉS, Valencia, Tirant lo Blanch, 2019.

DOMÍNGUEZ MARTÍNEZ, J.M., RUEDA LÓPEZ, N., "El servicio de justicia en España: una aproximación mediante indicadores", en *ExToikos*, núm. 12, 2013.

GONZALO QUIROGA, M., "La mediación como herramienta de los Objetivos de Desarrollo Sostenible en la naciente Ley de Convivencia Universitaria: Propuesta UNIMEDIA", en *Revista Educación y Derecho*, número extraordinario, octubre 2021.

LOZANO MARTÍN, A.M. (ed)., *Los conflictos en el ámbito universitario*, Madrid, Dykinson SL, 2020.

LOZANO MARTÍN, A.M., RONDÓN GARCÍA, L.M., "Estrategias para la solución de conflictos en el ámbito universitario: la mediación como sistema no adversarial", en *Los conflictos en ámbito universitario*, ed. A.M. LOZANO MARTÍN, Madrid, Dykinson SL, 2020.

MARTÍN DIZ, F., Del derecho a la tutela judicial efectiva hacia el derecho a una tutela efectiva de la justicia", en *Revista Europea de Derechos Fundamentales*, primer semestre 2014-23.

MONTERO AROCA, J., *Derecho Jurisdiccional I* (con otros), Valencia, Tirant lo Blanch, 2012, t. I.

PLANCHADELL GARGALLO, A., "La mediación penal: análisis y perspectivas tras la reforma del Código Penal y la valoración del estatuto de la víctima del delito", en Revista de Derecho y Proceso Penal, núm. 39, 2015.

RODRÍGUEZ GARCÍA, N., "Presente y futuro de la mediación penal", en *Cuestiones actuales de Derecho Procesal. Reformas procesales. Mediación y arbitraje,* coord. A.M. RODRÍGUEZ TIRADO, Valencia, Tirant lo Blanch, 2017.

RODRÍGUEZ ROBLERO, M.I., "El fomento de la responsabilidad de los Ciudadanos a través de los métodos adecuados de resolución de controversias. Referencia al Proyecto de ley de medidas de eficiencia procesal del servicio público de Justicia", en *Revista Boliviana de Derecho,* núm. 36, 2023.

RODRÍGUEZ TIRADO, A.M., "Los servicios de justicia restaurativa y la mediación penal. Efectos en el sistema procesal penal español", en *Cuestiones actuales de Derecho Procesal. Reformas procesales. Mediación y arbitraje,* coord. A.M. RODRÍGUEZ TIRADO, Valencia, Tirant lo Blanch, 2017.

RODRÍGUEZ TIRADO, A.M., "Presentación", en *Revista de Estudios Jurídicos y Criminológicos,* núm. 7, Universidad de Cádiz, 2023, DOI: https://doi.org/10.25267/REJUCRIM.2023.i7.01.

ROSALES ÁLAMO, M., GARCÍA VILLALUENGA, L., FARIÑA RIVERA, F. (coords.), *Implementación y desarrollo de la convivencia y la mediación en las universidades,* Santiago de Compostela, Andavira Editora SL, 1.ª ed., 2022.

VERA MARTÍNEZ, J.J., "Actualizar y mejorar los sistemas internos de resolución de conflictos en la Universidad", informe del Defensor Universitario de la Universidad de Murcia de 10 de octubre de 2023.

Capítulo XXI

*La mediación como herramienta de prevención, gestión y resolución de los conflictos derivados de la violencia en el deporte de base**

ESTHER PILLADO GONZÁLEZ
Catedrática de Derecho Procesal
Universidad de Vigo
BLANCA OTERO OTERO
Profesora Ayudante Doctora de Derecho Procesal
Universidad de Vigo

Sumario: I. LA CONFLITIVIDAD EN EL DEPORTE.–1. Aproximación al concepto de conflicto deportivo; 2. Tipología de conflictos deportivos; 3. La violencia en el deporte.–II. LA GESTIÓN Y RESOLUCIÓN DE LOS CONFLICTOS DEPORTIVOS.–III. DEPORTE DE BASE Y VIOLENCIA.–IV. LA MEDIACIÓN EN EL DEPORTE DE BASE: 1. La mediación como mecanismo de gestión y resolución de conflictos; 2. La mediación como herramienta de prevención de la violencia.–V. BIBLIOGRAFÍA.

* Este trabajo se enmarca en el proyecto de investigación «Respuesta jurídica y socioeducativa a la violencia de género ejercida por menores. Protección de la víctima e intervención con el menor agresor», subvencionado por el Ministerio de Ciencia e Innovación, Proyectos de I+D+I dentro de los Programas Estatales de Generación de Conocimiento y Fortalecimiento Científico y Tecnológico del Sistema de I+D+I orientado a los Retos de la Sociedad en la convocatoria de 2019 (Ref. PID2019-106700RB-I00).

I. LA CONFLITIVIDAD EN EL DEPORTE

1. Aproximación al concepto de conflicto deportivo

Hablar de conflicto significa referirnos a uno de los procesos inherentes al ser humano como individuo social, ya que los conflictos surgen en el proceso de las relaciones humanas como consecuencia de las múltiples situaciones que se desarrollan y de la forma de interactuar que los individuos o los grupos ejercen con otros individuos o grupos en la sociedad[1]. Siendo el deporte un fenómeno social, inevitablemente, se producen controversias que pueden estar referidas tanto a la organización de la actividad deportiva como a la práctica del deporte[2]. Se trata de conflictos que pueden ser muy variados y complejos, debido tanto a que la disputa puede afectar a gran cantidad de personas y entidades como a su tipología ya que el conflicto puede referirse al deporte aficionado o amateur y al profesional; y, además, no se puede olvidar que, en muchas ocasiones, se añade el elemento transnacional al conflicto. A modo de ejemplo, en el deporte aficionado, pueden surgir controversias entre los jugadores ante los malos resultados del equipo al no estar conformes alguno/os con el rendimiento de otro/s; o entre los padres y el entrenador al considerar que sus hijos no disputan los minutos que se merecen y, por tanto, no son valorados de forma adecuada.

Cuando el deporte es profesional, los conflictos tienen mayor complejidad (al involucrar a deportistas, entrenadores, familias, clubs, federaciones...) y pueden venir acompañados por otros vinculados a la actividad económica que rodea, cada vez con mayor intensidad, a todo el quehacer deportivo[3] (entre otros, los relativos a los derechos de imagen, derechos televisivos de los eventos deportivos o el traspaso de jugadores).

---

1 Sobre una visión general del conflicto, vid. GARCIANDÍA GONZÁLEZ, P. M., *Materiales para la Práctica de la Mediación*, Cizur Menor (Navarra), Aranzadi Thomson Reuters, 2013, pp. 15-26.

2 RUBIO SÁNCHEZ, F., "La mediación como herramienta de gestión", en MILLÁN GARRIDO, A., BLANCO PEREIRA, E. (Coords.) *Marco legal y retos de la gestión deportiva*, Madrid, Ed. Reus, 2022, pp. 499-513, p. 503.

3 GARCÍA CABA, M.M., "La mediación y su aplicación en el fútbol. Elementos teóricos y prácticos", *Revista Aranzadi de Derecho de Deporte y Entretenimiento*, núm. 80, 2023, p.3.

2. Tipología de conflictos deportivos

Son diversas las clasificaciones que se manejan de los conflictos que surgen en el mundo del deporte; de todas ellas, quizás la más clarificadora es la que diferencia entre las controversias de índole civil-mercantil, laboral, penal y administrativo[4]; sin ánimo de exhaustividad, se exponen a continuación los conflictos deportivos que se presentan con mayor frecuencia en la práctica.

Las controversias más habituales son las de carácter civil-mercantil, que pueden surgir entre distintos protagonistas; así, federaciones deportivas, ligas profesionales, clubes, sociedades anónimas deportivas, fundaciones deportivas, deportistas (y sus representantes legales, en el caso de deportistas menores de edad), técnicos y entrenadores, jueces o árbitros deportivos, directivos de las entidades deportivas o consejos de administración de las sociedades anónimas deportivas, socios, proveedores, patrocinadores y empresas de gestión de eventos deportivos, etc. Ejemplo de ello, son los conflictos que puedan surgir en relación con la explotación económica de las competiciones deportivas, o sobre el cumplimiento de los contratos celebrados por los agentes privados en relación con la ejecución de competiciones, por el uso común de instalaciones deportivas, por el traspaso de jugadores de diferentes categorías o de distintos equipos, por las salidas y entradas de nuevos socios en una entidad deportiva o sobre los derechos y deberes de los socios y/o abonados, por la publicidad de los eventos deportivos, derechos de imagen de los deportistas, derechos de televisión, contratos de patrocinio y merchandising, patentes y marcas deportivas, etc.

---

4 BERMEJO, J. y BONET, A., "Justicia deportiva y fórmulas de mediación, arbitraje y conciliación en el deporte aragonés" en *Estudio sistemático de la ley del deporte de Aragón: Ley de Aragón 4/1993 de 16 de marzo.* Zaragoza: Cortes de Aragón, 1998, pp. 215-245.
Una clasificación interesante es también la que distingue entre conflictos intradeportivos, que son aquellos que surgen entre las entidades deportivas y los profesionales que trabajan en ellas; los supradeportivos que incluyen los relativos a la celebración de eventos deportivos entre los propios aficionados de distintos clubes, o entre aficionados y los árbitros de un partido; y finalmente los intermedios que tienen lugar entre "los familiares-aficionados. Vid. CAMPOS SÁNCHEZ, J., "Mediación en el mundo del deporte. Uso de la mediación para eliminar la violencia en el deporte", 2016 (http//:abogados-campos-sanchez-murcia.es/, última consulta: 29/10/2023).

Una segunda tipología del conflicto es la laboral, que incluye todas aquellas disputas relacionadas con los contratos laborales firmados entre las entidades deportivas y los profesionales que trabajan en ellas, especialmente, entrenadores y deportistas, pero también el personal técnico y médico. Entre otros conflictos, se pueden destacar las destituciones de los entrenadores durante la temporada, la rescisión del contrato por parte de los jugadores, especialmente en lo que respecta a la negociación de la cláusula de rescisión, los impagos de salarios o de complementos retributivos por objetivos, etc.

En tercer lugar, los conflictos penales más frecuentes son los relativos a las agresiones, lesiones, atentados al honor de las personas como consecuencia de críticas y descalificaciones de miembros de federaciones y clubes, con especial incidencia en los miembros de los comités disciplinarios[5]. También pueden darse supuestos de responsabilidad penal de las distintas personas físicas o jurídicas que comentan algún delito relacionado con la gestión y organización del deporte. Asimismo, no debe dejar de mencionarse la violencia en el deporte, aunque no siempre genera la comisión de un delito, tal como se expondrá en el apartado siguiente.

Por último, en el mundo del deporte también es posible que se produzcan conflictos de carácter administrativo como los derivados de los convenios firmados entre las Administraciones Públicas y los clubes para la realización de actividades deportivas, los relativos a la concesión de subvenciones o en materia de licencias, entre otros.

3. La violencia en el deporte

A lo largo de los años, el fenómeno de la violencia en el deporte ha ido en aumento en nuestra sociedad, generándose tanto a nivel externo, a través de los comportamientos violentos de hinchas o seguidores de equipos deportivos; así, los insultos, lanzamientos de objetos al campo o la invasión del terreno de juego incitando el contacto violento y poniendo en peligro tanto a los deportistas como a los seguidores de los dos equipos. Como también a nivel interno, entre los propios deportistas, en cuanto, en ocasiones, una

---

5 MONTESINOS MUÑOZ, O., "Mediación Deportiva", en *Revista Mediación,* Año 5, núm. 10, 2º semestre, pp. 6-11, pp. 6-7.

excesiva competitividad o una elevada motivación por conseguir una meta pueden suscitar comportamientos agresivos tanto física como verbalmente[6].

Estas situaciones de violencia, sobre todo la de carácter interno, hacen que la actividad deportiva se aleje de los valores que le son propios; porque el deporte supone confrontación, desafío, rivalidad y competición y, en ese contexto, pueden surgir disputas, pero no se puede olvidar que el deporte representa nobleza, compañerismo, estímulo y motivación, lo que,

---

[6] En el Anuario estadístico del Ministerio del Interior se recoge un apartado específico y cuantificado sobre la violencia en el deporte, donde se hace una distinción, entre las infracciones imputadas a los organizadores de competiciones y espectáculos deportivos en diferentes temporadas y, las imputadas a particulares. A modo de ejemplo, se debe señalar que en las últimas temporadas registradas (2021/2022 y 2022/2023) las infracciones imputadas a los organizadores supusieron un total de 49 infracciones, entre ellas las que destacan: la falta de adopción de medidas que impidan la introducción de bengalas o material pirotécnico, así como la invasión de los terrenos de juego; permitir el tránsito incontrolado de espectadores en las gradas; el incumplimiento grave de las medidas de seguridad; la alteración del aforo del recinto deportivo; desobediencia a las disposiciones del coordinador de seguridad o el apoyo a grupos violentos y radicales, entre otras. Por otra parte, y en lo que se refiere a las infracciones imputadas a particulares, representaron un total de 1464 infracciones, entre otras las siguientes: la participación en altercados, peleas o desórdenes públicos; insultos, amenazas o agresiones contra aficionados; lanzamiento de objetos; introducción o encendido de bengalas o material pirotécnico; desobediencia y resistencia a la autoridad; incitación a la violencia en redes sociales; insultos, amenazas o agresiones contra agentes; amenazas o agresiones contra jugadores o trío arbitral o insultos o expresiones sexistas. Vid. Anuario Estadístico del Ministerio de Interior de 2022 (https://www.interior.gob.es/opencms/es/archivos-y-documentacion/documentacion-y-publicaciones/anuarios-y-estadisticas/anuarios-estadisticos-anteriores/anuario-estadistico-de-2022/, última consulta: 29/10/2023).
Por su parte, en el marco del proyecto europeo Child Abuse in Sport: European Statistics (CASES) Prevalencia y características de la violencia interpersonal contra la infancia y adolescencia (IVAC), dentro y fuera del deporte en seis países europeos, se ha concluido que la violencia interpersonal contra niños y adolescentes en el ámbito del deporte es una realidad en las sociedades europeas. La prevalencia de la violencia interpersonal en el deporte es muy similar en todos los contextos nacionales, siendo la experiencia más común la violencia psicológica (65%- 70%). Para el caso concreto de España la experiencia más común de violencia interpersonal fue la violencia psicológica (70%), seguida por violencia física (43%), violencia sexual sin contacto (36%), negligencia (34%), y violencia sexual con contacto (20%). Child Abuse in Sport: European Statistics (CASES) 2021 (https://sites.edgehill.ac.uk/cpss/projects/child-abuse-in-sport-european-statistics-cases/).

sin lugar a dudas, entra en contradicción con la idea de violencia. Pero, en el caso de producirse, lo que debería ser algo excepcional, debemos ser capaces de gestionar de forma positiva ese conflicto, visto más como una oportunidad de aprendizaje que refuerce los auténticos valores deportivos, que como un problema; ha de tenerse presente que el deporte debe ser tolerancia, integración, cooperación, esfuerzo y respeto mutuo[7].

La idea de que el deporte pueda ser considerado un promotor de valores parece ser algo bastante extendido en la sociedad, entendiendo por valor, ante la dificultad de definición, y de acuerdo con uno de los significados que nos ofrece el Diccionario de la Real Academia de la Lengua Española, el "grado de utilidad o aptitud de las cosas para satisfacer las necesidades o proporcionar bienestar o deleite o alcance de la significación o importancia de una cosa, acción, palabra o frase"[8].

Aunque, debe tenerse en cuenta que, pese que a nivel social parece clara esa vinculación entre deporte y valores, en la doctrina no existe una total unanimidad, puesto que, para algunos, se considera que el deporte no es generador de valores positivos ni negativos[9], mientras que, para otros, el deporte, ya sea o no de competición, transmite valores[10]. Independiente-

---

7 PILLADO GONZÁLEZ, E. y ALONSO BARBOSA, S. "Mediación como medio de solución de conflictos deportivos", en SOLETO MUÑOZ, H. (Dir.) *Mediación y resolución de conflictos: técnicas y ámbitos,* Madrid, Tecnos, 2017, pp. 737-752, p. 737.

8 Para determinar en mayor medida qué se entiende por "valores", SCHWARTZ y BILSKY ("Toward A Universal Psychological Structure of Human Values" *Journal of Personality and Social Psychology,* 1987, Vol. 53, núm. 3, pp. 550-562, p. 551, https://doi.org/10.1037/0022-3514.53.3.550, última consulta: 22/09/2023), señalan que los rasgos comunes que se presentan en la mayor parte de las definiciones sobre valores, son los siguientes: "los valores son (a) conceptos o creencias, (b) sobre estados finales deseables o comportamientos deseables, (c) que trascienden situaciones específicas, (d) guían la selección o evaluación de comportamientos y acontecimientos, y (e) se ordenan según su importancia relativa".

9 Vid. HEINEMANN, K., "Los valores del deporte. Una perspectiva sociológica", *Apunts. Educación física y deportes,* 2001, Vol. 2, núm. 64, pp. 17-25, p. 17 (https://raco.cat/index.php/ApuntsEFD/article/view/301943, última consulta: 22/09/2023); DURÁN, J. E., y PARDO, R., "Valores que transmite el deporte espectáculo en relación con el género y los medios de comunicación". *Tándem: Didáctica de la educación física,* 2006, núm. 21, pp. 17-27.

10 Vid. GINESTA PORTET, X., "Los valores en el deporte: una experiencia educativa a través del Barça- Madrid", en *Comunicar, Revista Científica de Comunicación y Educación,* núm. 28, 2007, pp. 148-156, p. 150; FRAILE, A. y DE DIEGO, R., "Motivaciones de los escolares europeos para la práctica del deporte esco-

mente de la postura inicial, se entiende que, en función del uso que se le dé al deporte, se permitirá o no esa transmisión de valores, pudiendo ser considerada positiva, neutra o negativa.

Así, en primer lugar, podría considerarse que el deporte es neutro, dado que no podemos suponer que de las competiciones deportivas se desprendan por sí solas, valores; es decir, en la actualidad nadie duda de la misión moralmente buena del deporte, pero no educa de forma automática, sino que dependerá del uso que se dé por parte del contexto social[11]. No se puede obviar, en segundo término, que, en muchas ocasiones, en el actual deporte de competición, donde prima el resultado, se reducen las conductas de compañerismo, lo que influye negativamente en esos valores transmitidos por el deporte, llegando incluso a vincularse con los contravalores o los valores negativos que transmite[12]. En tercer y último lugar, los valores positivos sí parecen vinculados al deporte de iniciación, con un claro componente educativo y social[13].

La promoción de valores por el deporte aparece reflejada en diferentes textos legales; en la Unión Europa, el *Tratado de Lisboa* en su artículo 165 recoge de forma expresa la función social y educativa del deporte; en el ámbito del Consejo de Europa, el artículo 7 de la *Carta Europea del Deporte* de 13 de octubre de 2021, que lleva como rúbrica "Educación en valores a través de la ética deportiva", señala en su apartado primero que "la ética deportiva es un concepto positivo que guía el comportamiento humano. Se define como una forma de pensar, y no solo como una forma de actuar. Es la base de la integridad en el deporte, la igualdad, la honestidad, la excelencia, el compromiso, el coraje, el espíritu de equipo, el respeto por las reglas y las leyes, el respeto por el medioambiente, el

---

lar. Un estudio realizado en España, Italia, Francia y Portugal". *Revista internacional de sociología,* Vol. 64, núm. 44, 2006, pp. 85-109. (https://revintsociologia.revistas.csic.es/index.php/revintsociologia/article/view/29/29, última consulta: 22/09/2023).

11 GINESTA PORTET, X., "Los valores en el deporte: una experiencia educativa a través del Barça- Madrid" ..., cit., p. 151.

12 RUIZ LLAMAS y CABRERA SUÁREZ ("Los valores del deporte", en *Revista de educación,* núm. 335, 2004, pp. 9-19, p.10) hacen alusión a las voces discrepantes en relación con el deporte como vía de promoción y desarrollo de valores, "poniendo en tela de juicio su aspecto formativo en lo referente fundamentalmente a los valores éticos".

13 GINESTA PORTET, X., "Los valores en el deporte: una experiencia educativa a través del Barça- Madrid" ..., cit., p. 149.

respeto por uno mismo y por los demás, el espíritu de comunidad, la tolerancia y la solidaridad"[14]. Por su parte, la *Carta Internacional de la Educación Física, la Actividad Física y el Deporte* de 21 de noviembre de 1978 de la UNESCO destaca, en su preámbulo, que la oferta de educación física, actividad física y deporte de calidad es esencial para cumplir plenamente su potencial de promoción de valores.

Del mismo modo, a nivel nacional, tal y como viene recogido en la Exposición de motivos de la reciente *Ley 39/2022, de 30 de diciembre, del Deporte* (en adelante LD) se dispone que "Los poderes públicos deberán desarrollar políticas públicas deportivas para la promoción de la paz y la concordia en el deporte, preservando el juego limpio, la convivencia y la integración en una sociedad democrática y pluralista, así como los valores humanos que se identifican con el deporte, y que están directamente vinculados a la erradicación de la violencia, el racismo, la intolerancia y la xenofobia en el deporte".

En coherencia con su preámbulo, a lo largo del articulado de la LD, el deporte, considerado como una actividad esencial a la que todas las personas tienen derecho de forma libre y voluntaria (artículo 2 LD), está vinculado de forma directa con "la promoción de valores esenciales en la sociedad como la igualdad, la inclusión, la participación, la ética y el juego limpio, la competitividad razonable y ordenada, la mejora de la salud física, mental y social y la superación personal" (artículo 3 LD).

Pese a lo que refleja la normativa tanto nacional como internacional, son frecuentes los comportamientos agresivos y violentos tanto física como verbalmente entre los deportistas, incluso en el deporte de iniciación; y esto último genera gran preocupación porque la práctica deportiva de base tiene como objetivo formar al niño, niña o adolescente (en adelante, NNA) en una serie de capacidades necesarias para su desarrollo integral, además de prepararlos para adaptarse mejor al mundo de la competición en caso de continuar con su carrera deportiva. Es decir, no sólo se hace necesario trabajar las cualidades físicas, técnicas y tácticas de los futuros

---

14 Recomendación CM/Rec (2021)5 del Comité de Ministros a los Estados miembros sobre la Carta Europea del Deporte Revisada, aprobada por el Comité de Ministros, el 13 de octubre de 2021 en la 1414ª reunión de los Delegados de los Ministros.

deportistas, sino también transmitir los valores educativos y sociales vinculados al deporte[15].

A lo largo de las páginas que siguen, se analizará la mediación como herramienta no sólo de prevención de la violencia en el deporte entre los NNA, sino también como herramienta de gestión y resolución de los conflictos derivados de los comportamientos violentos en edades tempranas para la recuperación y fortalecimiento de los valores deportivos. Con carácter previo, se hará un breve recorrido por los mecanismos que, con carácter general, se prevén para la gestión y resolución de las controversias que surgen en el ámbito del deporte.

II. LA GESTIÓN Y RESOLUCIÓN DE LOS CONFLICTOS DEPORTIVOS

Aunque la tipología de conflictos que surgen en el ámbito del deporte es muy variada, tal como se ha adelantado, la judicialización de esas controversias no siempre es la solución más adecuada, ya que se precisa una respuesta rápida que permita reducir, en la medida de lo posible, el efecto negativo que pueda producir en la competición deportiva en curso; además, en todos aquellos casos en que se trate de un conflicto entre varios deportistas de un equipo o de un club, o de una federación, es preciso buscar una solución no solo ágil, sino también satisfactoria para los implicados que les permita continuar, con normalidad, la actividad deportiva dentro del equipo. En este contexto, en gran cantidad de ocasiones, la clave del éxito en el deporte pasa por saber gestionar de forma adecuada las controversias dentro del grupo para que sigan unidos en la consecución de un objetivo común.

Las particulares características del conflicto deportivo han propiciado que éste sea un contexto idóneo para la implementación de fórmulas de resolución de conflictos que eviten la vía judicial, larga y costosa económica y personalmente. Por ese motivo, el arbitraje ha sido un mecanismo muy utilizado, más que el proceso judicial, para solventar gran parte de las disputas surgidas; muestra de ello es el Tribunal de Arbitraje Deportivo (TAS o CAS, por sus siglas en francés e inglés), que se ha convertido en la máxima instancia de la justicia deportiva a nivel

---

15 GINESTA PORTET, X., "Los valores en el deporte: una experiencia educativa a través del Barça- Madrid" ..., cit., p. 149.

internacional; o, en el ámbito interno, el Tribunal Español de Arbitraje Deportivo (TEAD). Incluso las federaciones internacionales de las distintas modalidades deportivas cuentan con organismos de resolución de conflictos específicos, como puede ser la Federación Internacional de Fútbol (FIFA).

A nivel normativo, ya la *Ley 10/1990, de 15 de octubre, del Deporte* introdujo por primera vez la vía de la conciliación y el arbitraje para la resolución de las cuestiones litigiosas de naturaleza jurídico-deportiva que puedan plantearse entre deportistas, técnicos, jueces o árbitros, clubes deportivos, asociados, federaciones deportivas españolas, ligas profesionales y demás partes en los términos y bajo las condiciones de la legislación del Estado sobre la materia (artículo 87). A tal efecto, su artículo 88 señala que las normas estatutarias de los clubes deportivos, federaciones deportivas españolas y ligas profesionales podrán prever un sistema de conciliación o arbitraje que deberá ajustarse a las previsiones contenidas en el citado precepto[16].

La apuesta por los medios extrajudiciales de resolución de conflictos deportivos se manifiesta de forma clara en la LD, en cuyo preámbulo ya se anuncia la inclusión de "un título relativo a la solución de conflictos más desarrollado que el de su antecesora"; en concreto, en el Título VIII LD, el artículo 119 obliga a las federaciones deportivas españolas y a las ligas profesionales al establecimiento, en sus estatutos o reglamentos, o mediante acuerdos de la asamblea general, de un sistema común de carácter extrajudicial de solución de conflictos; para ello, será necesario que el Consejo Superior de Deportes establezca reglamentariamente los requisitos de dicho sistema, que siempre tendrá carácter voluntario y gratuito

16 En concreto, señala el citado precepto que "como mínimo, figurarán las siguientes reglas: a) Método para manifestar la inequívoca voluntad de sumisión de los interesados a dicho sistema; b) Materias, causas y requisitos de aplicación de las fórmulas de conciliación o arbitraje; c) Organismos o personas encargadas de resolver o decidir las cuestiones a que se refiere este artículo; d) Sistema de recusación de quienes realicen las funciones de conciliación o arbitraje, así como de oposición a dichas fórmulas; e) Procedimiento a través del cual se desarrollarán estas funciones, respetando, en todo caso, los principios constitucionales y, en especial, los de contradicción, igualdad y audiencia de las partes. f) Métodos de ejecución de las decisiones o resoluciones derivadas de las funciones conciliadoras o arbitrales".

para las personas deportistas[17]. También se hace referencia a la solución de conflictos en el artículo 96 f) LD cuando dispone que, en los convenios entre la federación deportiva y la liga profesional para la organización de competiciones profesionales, se debe prever "un sistema de solución de conflictos que pudieran darse tanto en la interpretación como en la ejecución del convenio"[18].

Habrá que esperar al desarrollo reglamentario del sistema común de carácter extrajudicial de solución de conflictos mencionado en el artículo 119 LD[19] para conocer su concreta configuración, pero es importante resaltar que ese sistema se configura como imperativo para las federaciones deportivas y clubes, en contraste con el carácter voluntario que el sistema de conciliación y arbitraje tenía para esas entidades en la Ley 10/1990. Además, en lo que respecta a la mediación, aunque la LD no la menciona de forma expresa, debe entenderse incluida en los métodos extrajudiciales de solución de conflictos, lo que supone un avance frente a la Ley 10/1990 que sólo aludía a la conciliación y el arbitraje en su articulado.

Otro aspecto destacable de la LD, de gran interés para la determinación del ámbito de aplicación de estos medios extrajudiciales de resolución de conflictos, es la distinción que se realiza entre los actos de naturaleza privada y los actos administrativos susceptibles de recurso en las formas establecidas en la legislación sobre el procedimiento administrativo común[20]. Así, conforme a lo dispuesto en el artículo 116.1 LD, revisten naturaleza

---

17 Añade este mismo precepto que "si fuera un sistema de carácter internacional se establecerá, expresamente, una forma para la ejecución de los laudos o acuerdos que puedan adoptarse, sin perjuicio de lo establecido en la Ley 60/2003, de 23 de diciembre, de Arbitraje, y en la Ley 5/2012, de 6 de julio, de mediación en asuntos civiles y mercantiles".

18 No se puede olvidar además la normativa en esta materia de las comunidades autónomas, en cuanto muchas de ellas han regulado también la posibilidad de acudir a medios extrajudiciales de resolución de conflictos, incluida la mediación, para las controversias de naturaleza privada. A modo de ejemplo, vid. Ley 2/2011, de 22 de marzo, del Deporte y la Actividad Física de la Comunitat Valenciana; la Ley 5/2016, de 19 de julio, del Deporte de Andalucía o la Ley 3/2012, de 2 de abril, del deporte de Galicia.

19 El adelanto de las elecciones generales ha impedido al gobierno el cumplimiento del mandato de desarrollo reglamentario en 6 meses que se contiene en la disposición transitoria 3ª LD.

20 Intentando resolver la indeterminación jurídica existente, en la que no se deslindaba con concreción entre ambas tipologías de actos; vid. GARCÍA CABA, M.M., "La mediación y su aplicación en el fútbol, elementos teóricos y prácticos" ..., cit. p. 9.

administrativa y, por tanto, quedarían excluidos de la aplicación de un sistema extrajudicial de solución de conflictos, "aquellos actos dictados por cualquiera de los órganos del Consejo Superior de Deportes en el ejercicio de potestades o competencias públicas previstas en la presente ley o en cualesquiera otras disposiciones" y las resoluciones que adopte "el Tribunal Administrativo del Deporte en el ejercicio de las competencias que le reconoce el título VII". En cambio, tienen naturaleza privada y, en consecuencia, son susceptibles de someterse a un sistema de carácter extrajudicial de solución de conflictos, todas las materias recogidas de forma expresa en el artículo 117 LD; entre todas esas materias se incluyen "Las actuaciones relativas a la organización de la competición, inscripciones, descensos, ascensos y cualesquiera otras derivadas de las mismas, incluidos los elementos disciplinarios ligados a la práctica, organización y desarrollo de la competición y las responsabilidades derivadas de las mismas de acuerdo con lo dispuesto en el artículo 97.2"[21].

De esta forma se resuelve cualquier duda que pudiera existir sobre el ámbito de aplicación de los medios extrajudiciales de resolución de conflictos, incluida la mediación, en el ámbito del deporte.

III. DEPORTE DE BASE Y VIOLENCIA

Como ya se ha adelantado, el fenómeno de la violencia en el deporte resulta cada vez menos ajeno al deporte de base, de tal manera que los comportamientos violentos que se producen en el ámbito profesional en muchos terrenos de juego o entre los propios deportistas también se refleja en la práctica deportiva de iniciación, lo que hace que el deporte pierda su valor educativo para los NNA.

---

[21] El artículo 97.2 LD señala que "Se entiende por régimen disciplinario el establecido, en su caso, por las federaciones deportivas españolas en sus propios estatutos y reglamentos y referido a la infracción de las reglas de juego o competición, su aplicación y la organización de las competiciones.
Son infracciones de las reglas del juego o competición, a los efectos de esta ley y de la delimitación del régimen disciplinario, las acciones u omisiones que, durante el curso del juego o competición, vulneren, impidan o perturben su normal desarrollo.
A estas infracciones les serán de aplicación los principios de tipicidad, responsabilidad, proporcionalidad, audiencia y demás elementos que conforman los principios generales del Derecho sancionador."

El deporte de base es concebido en muchas ocasiones como competición en los mismos términos que el profesional o de élite y, en consecuencia, se observa un excesivo grado de tensión competitiva entre los NNA que lo practican. El deporte a esas edades no debería ser considerado como un espectáculo; un mal entendimiento de las características del deporte puede generar frustración en el menor por no conseguir la victoria, odio al rival o incluso situaciones de intolerancia hacia los propios compañeros o rivales[22]. El compañerismo, aprender a perder, a competir o entender qué es la tolerancia deberían situarse por encima de la competición y del ganar a toda costa. En definitiva, "deportividad en el deporte", entendida como respeto por las normas escritas que rigen cada deporte y el respeto por las normas y reglas morales[23].

Por otra parte, las situaciones de violencia entre los deportistas no es la única forma de violencia observable en el deporte de base. En este sentido, cada vez son más frecuentes los episodios de agresividad que se viven en muchas de las gradas por parte de los espectadores, que en estos niveles deportivos suelen estar ocupadas por los progenitores y familiares de los NNA que compiten[24].

Estas manifestaciones de violencia en el deporte de base claramente confrontan con esa transmisión de valores del deporte analizados previamente y vienen a indicar de forma evidente la falta de calidad en la formación y práctica deportiva; la consecuencia de todo ello es la presencia de numerosas situaciones conflictivas que acaban agravándose y generando episodios más graves en edades adultas.

Se trata, como señala el Preámbulo de la *Ley 19/2007, de 11 de julio, contra la violencia, el racismo, la xenofobia y la intolerancia en el deporte*, de un "fenómeno complejo que supera el ámbito propiamente deportivo" y, sin duda, obliga a las instituciones públicas a la adopción de medidas que fo-

---

22 ADAM, A. "La violencia en del deporte de base. Una reflexión sobre su etiología", en *Gaceta Internacional de Ciencias Forenses,* núm. 23, abril-junio, 2017, pp. 10-14, p.10.

23 Vid. SÁENZ IBÁÑEZ, A., GIMENO MARCO, F., GUTIÉRREZ PABLO, H. y GARAY IBÁÑEZ DE ELEJALDE, B. "Prevención de la agresividad y la violencia en el deporte en edad escolar: Un estudio de revisión", en *Cuadernos de Psicología del Deporte,* vol. 12, 2, 2012, pp. 57-72.

24 Como refiere ADAM ("La violencia en del deporte de base. Una reflexión sobre su etiología" ..., cit., p. 12) "Los problemas habituales entre padres y entrenadores llevó a crear programas preventivos de este tipo de violencia y actitudes agresivas en países como España y Portugal, como el programa "Entrenando a padres y madres" o "Juego limpio en el deporte base, entre otros".

menten primeramente la prevención y, en su caso, en la sanción de los comportamientos violentos.

Tal como se expone en el apartado siguiente, la mediación se presenta como un instrumento idóneo de prevención, gestión y resolución del conflicto deportivo derivado de la violencia entre los NNA que permitirá la transmisión de los valores positivos del deporte.

IV. LA MEDIACIÓN EN EL DEPORTE DE BASE

1. La mediación como mecanismo de gestión y resolución de conflictos

Debe partirse aquí de una premisa clara ya que conforme a la nueva LD no existe duda alguna sobre la posibilidad de utilizar el mecanismo de la mediación ante los conflictos que puedan surgir en materia disciplinaria en relación con la práctica, organización y desarrollo de la competición deportiva.

Por tanto, las partes implicadas en alguno de los conflictos de naturaleza privada anteriormente mencionados podrán someterse de forma voluntaria a la mediación, entendida como un sistema extrajudicial de solución de conflictos.

Con la actual LD se abre la puerta a la posibilidad de mediar incluso los elementos disciplinarios ligados a la práctica, organización y desarrollo de la competición y las responsabilidades derivadas de las mismas, cuando esté implicado un menor de edad, siempre teniendo en cuenta la obligación de proteger de forma especial los derechos y necesidades de los NNA, tal y como dispone el artículo 7 LD[25]. Debe aquí recordarse que, de acuerdo con la *LO 1/1996, de 15 de enero, de Protección Jurídica del Menor,* cualquier decisión que se adopte en relación con una persona menor de edad, tanto

---

[25] Artículo 7.1 LD "La práctica deportiva por parte de menores de edad, sus derechos y necesidades, serán objeto de especial protección por parte de los poderes públicos. Las entidades deportivas sujetas a esta ley deberán garantizar el cumplimiento de las normas de protección y tutela de aquellas personas, de conformidad con lo previsto en los artículos 47 y 48 de la Ley Orgánica 8/2021, de 4 de junio, de protección integral a la infancia y la adolescencia frente a la violencia (...)"

en el ámbito público como privado, deberá tener en cuenta su interés superior como primordial.

La mediación se presenta como un instrumento adecuado para el supuesto de una infracción o posible infracción cometida por un NNA. Es así que, el órgano disciplinario correspondiente, al abrir el oportuno expediente disciplinario podrá instar en un primer momento un procedimiento de mediación con el NNA. Esta mediación tiene como objetivo canalizar de una forma más adecuada la gestión y resolución del conflicto, y apoyar al NNA en función de sus circunstancias y necesidades.

Al darles a los NNA la oportunidad de participar en un procedimiento de tales características, "se les hará ver que no estarán a la merced de la sanción que se les imponga, debiendo esperar a que ésta pase, sino que podrán trabajar activamente en reparar el daño causado a la competición, al mismo tiempo que mejorarán su aportación al deporte"[26].

Del mismo modo, la mediación se presenta como un mecanismo adecuado para resolver muchos de los conflictos interpersonales en el deporte de base. Porque este método de resolución de conflictos permite que las personas en conflicto participen activamente en cada una de las sesiones, lo que hace que sea mucho más probable la aceptación de la solución acordada, alcanzando un mayor grado de cumplimiento en los acuerdos, y mayor satisfacción con la propia mediación. Además, es un procedimiento que promueve el aprendizaje de habilidades sociales, enseñando a los individuos a asumir su responsabilidad personal en el conflicto y a responsabilizarse de sus acciones permitiéndoles reparar los daños causados[27]. Por tanto, por un lado, favorece el protagonismo de los NNA, al poder trabajar activamente en la resolución de sus propios conflictos, reparando los daños causados; por ejemplo, a un compañero, a un rival o a la propia competición; y, al mismo tiempo, contribuye a su formación y aprendizaje, reforzándose así los auténticos valores positivos deportivos y evitándose los posibles contravalores o valores negativos que se puedan asociar a la forma de gestionar y resolver una situación conflictiva.

---

26 QUINTANILLA VELA, R. y BOIERO, V. "Implementación de la mediación como alternativa en el sistema disciplinario de menores en el deporte" en *Revista Aranzadi de Derecho de Deprote y Entretenimiento,* núm. 80, 2023, p. 19.

27 Vid. RAMOS CORPAS, M. J., *Violencia y victimización en adolescentes escolares.* (Tesis doctoral). Universidad de Pablo Olavide, Sevilla, 2008.

En esta misma línea, haciendo una analogía entre la mediación en ámbitos educativos -escolar o universitaria- y la mediación aplicada al deporte de base, se fortalecen las capacidades de los alumnos o deportistas y del entorno educativo o deportivo para prevenir, saber analizar y resolver los conflictos personales y sociales, mejorándose así el clima de convivencia en las diferentes comunidades educativas o en el propio ámbito deportivo[28].

Es decir, las características de la mediación en ámbitos educativos son perfectamente extrapolables a este nivel de la práctica deportiva, teniendo en cuenta las relaciones entre iguales que se generan entre alumnos o deportistas o las relaciones en las cuales se puede percibir un cierto desequilibrio inicial; a saber, entrenador-jugador en iguales términos que entre profesor-alumno; unido todo ello a la necesidad de generar nuevas y diferentes dinámicas de intervención ante los conflictos. Estamos ante "contextos donde lo organizacional, lo educativo, lo laboral y hasta lo familiar, se entrelazan y demandan una respuesta global"[29].

De esta forma, hablar de gestión y resolución de conflictos en el deporte de base al igual que acontece en las comunidades educativas, es tener en cuenta diferentes puntos de vista, ideas, creencias y sensibilidades, que confunden aún más una forma de afrontar los problemas que no solamente tiene que ser eficaz, sino que tiene su base en dar el protagonismo a quien tiene el problema y la necesidad de resolverlo, y no a quien desde la autoridad ha propuesto la solución sin tener en cuenta los intereses de las partes[30].

Los beneficios de la utilización de la mediación en el ámbito del deporte de base en aras de la gestión, solución o minimización de los efectos y consecuencias del conflicto son evidentes, teniendo en cuenta el potencial

---

28 Vid. *LO 3/2022, de 24 de febrero, de convivencia universitaria* que en su Exposición de Motivos (apartado II) afirma la utilización preferente de las modalidades alternativas al sistema disciplinarios para la resolución de los conflictos que afecten a la convivencia o impidan el normal desarrollo de las funciones de docencia, investigación o transferencia de conocimiento.

29 GARCÍA VILLALUENGA, L., "Mediation in university communities: the experience of the universidad complutense", en *Journal of Conflictology*, núm. 1, 2009, pp. 75-81, p. 80.

30 DE LA HOZ PÉREZ, C. "Mediación escolar: un proceso de resolución de conflictos y prevención de bullying en centros educativos", en *Familia: Revista de ciencias y orientación familiar*, núm. 57, 2019, pp. 177-186, p. 179.

y la posible carrera deportiva de muchos de estos menores y las implicaciones futuras de todo procedimiento disciplinario.

2. La mediación como herramienta de prevención de la violencia

El gran potencial educativo de la mediación hace que se presente no solamente como un medio de resolución de controversias, sino también como un instrumento de gestión de conflictos que trata de ofrecer a los distintos colectivos diferentes herramientas, competencias y estrategias que permitan evitar los conflictos o minimizar sus efectos[31].

Este aspecto preventivo y formativo tiene especial relevancia en la prevención de la violencia en el ámbito del deporte de base puesto que trata de introducir la cultura de paz en la práctica deportiva y de recuperar valores del deporte como la igualdad, la participación, el juego limpio, el bienestar emocional, el compañerismo, la colaboración y la concordia que rechazan la violencia en cualquiera de sus manifestaciones. Y todo ello dentro del marco general de la *Ley 27/2005 de 30 de noviembre, de Fomento de la Educación y de la Cultura de Paz*, que, amparándose en el punto a.2 del Programa de Acción sobre una Cultura de la Paz, aprobada por la Asamblea General de las Naciones Unidas en 1999, introduce una serie de medidas de carácter educativo para establecer la cultura de paz en nuestra sociedad; así, a lo largo de su articulado, plasma el mandado de potenciar la educación para la paz, la no violencia y los derechos humanos a través de la promoción del diálogo como práctica de gestión y transformación de los conflictos.

En coherencia con ello, si desde la base del deporte se desarrollan espacios de mediación donde se forme y eduque en herramientas de comunicación eficaz, en habilidades de gestión positiva del conflicto y en valores para prevenir las controversias, se evitarían muchos de los conflictos, su polarización y escalada y, por tanto, episodios de violencia[32].

Tomando nuevamente como referencia la mediación en ámbitos educativos, su aplicación al deporte de base requiere trabajar desde la preven-

---

31 Vid. PILLADO GONZÁLEZ, E. y FARIÑA RIVERA, F., *Mediación familiar: una nueva visión de la gestión y resolución de conflictos familiares desde la justicia terapéutica*, Tirant lo Blanch, 2015.

32 SANTANA DELGADO, M., RUBIO SÁNCHEZ, F. y MARROQUÍN ROMERA, C., "El espacio de mediación deportiva. Una nueva perspectiva en la gestión y resolución de los conflictos deportivos", *Revista Aranzadi de derecho de deporte y entretenimiento*, núm.70, 2021, p.16.

ción y el equilibrio; prevención para intervenir antes de que un conflicto se polarice y sea demasiado tarde para actuar entre las personas en disputa y, equilibrio, no sólo para alcanzar acuerdos sino para trabajar en la adquisición de habilidades que mejoren las relaciones y así evitar o minimizar situaciones de violencia[33]. En definitiva, mediación preventiva que sirva para reducir el nivel de violencia en el deporte de base.

Para ello, es imprescindible contar con mediadores especializados, ya que la persona mediadora debería contar con una formación de origen del ámbito jurídico-psicosocial, y además una formación específica en mediación; en este sentido, el mediador debe tener conocimientos específicos sobre derecho deportivo, conocimientos sobre sociología y psicología del deporte; debe conocer y saber manejar el conflicto y las emociones, más cuando estamos ante conflictos de alta intensidad emocional e igualmente, debe tener una formación específica en violencia e igualdad. Además, teniendo en cuenta el ámbito de la mediación en el deporte de base, la persona mediadora debe estar formada y entrenada en entrevistas con NNA, para así saber guiar y encauzar la participación en la misma de todos los implicados.

Debe ser experto en relaciones interpersonales y tener habilidades de comunicación, conocer y saber utilizar las competencias, técnicas, estrategias y herramientas de mediación, debe conocer los distintos ADR, poder entender y diferenciar el rol de la persona mediadora de otros roles profesionales, aprender a mediar según las tres escuelas y desde un punto de vista ético. El mediador debe, además, conocer los códigos de conducta de los mediadores y las buenas prácticas en mediación, dado que es responsable de mostrarse imparcial y de asegurar que las partes conozcan qué es la mediación, las reglas que la rigen y las implicaciones y consecuencias de su participación en el procedimiento.

Y, por último, en relación con la calidad de las mediaciones y de las funciones del mediador las Conclusiones del Grupo de trabajo PNPM sobre Calidad y Código de Buenas Prácticas de la Mediación de GEMME mencionan la supervisión práctica del mediador, señalando que la supervisión es un tipo de trabajo orientado a analizar la práctica profesional de los mediadores realizado por un profesional capacitado para tal fin. Permite aclarar prácticas profesionales y aprender de la propia experiencia incorporando

---

33 DE LA HOZ PÉREZ, C. "Mediación escolar: un proceso de resolución de conflictos y prevención de bullying en centros educativos" ..., cit., p. 180.

los cambios en las sucesivas prácticas[34]. La práctica de la supervisión y la práctica reflexiva de la mediación reportan garantías de desarrollo de buenas prácticas porque permite identificar y afrontar los conflictos individuales y las dificultades que el mediador traslada y vive en el marco de sus mediaciones, permite desarrollar estrategias concretas de afrontamiento de las propias dificultades en el ejercicio de la mediación, así como descubrir las fortalezas y puntos fuertes del mediador y facilita el autocuidado personal del mediador, que se traducirá indirectamente en el mantenimiento de buenas prácticas en las mediaciones presentes y futuras[35].

Asimismo, resulta imprescindible realizar labores de difusión y promoción de la mediación entre instituciones y estamentos deportivos, medios de comunicación, federaciones, clubes, asociaciones, escuelas bases, etc., equipo técnico y directivos, deportistas y aficionados a fin de dar a conocer este procedimiento de prevención, gestión y resolución de conflictos en el ámbito deportivo.

Ahora bien, toda esta labor de mediación debe venir complementada con programas de formación y prevención de la violencia en el deporte de base en los que también participen los progenitores. Tal y como se ha señalado, es evidente la dificultad de conciliar la manera en la cual se enseña la práctica deportiva con el modo en el que muchos progenitores entienden y transmiten su papel en el desarrollo deportivo de sus hijos menores de edad.

De ahí la necesidad de integrar lo que se viene conociendo como "familia del deporte"[36] y trabajar de forma transversal con todos sus miembros, a fin de prevenir cualquier manifestación de violencia a nivel global, lo que contribuiría a construir desde la base unos cimientos sólidos que claramente tendrían una repercusión en el deporte profesional o de élite.

---

34 Sección I. Apdo. II relativa a la formación del mediador, "Conclusiones del Grupo de trabajo PNPM sobre Calidad y Código de Buenas Prácticas de la Mediación", GEMME, 2013, p. 4. (https://mediacionesjusticia.com/, última consulta: 23/10/2023).

35 Como concluye CAMPOS VIDAL ["La supervisión de la mediación, un instrumento para la calidad" *Revista Actualidad Civil*, N.º 6, Wolters Kluwer, 2014, pp. 1-9, p. 8 (https://revistas.laley.es, última consulta: 23/10/2023)] "En nuestro mundo circundante, la supervisión de la práctica es sinónimo de calidad de los servicios personales. Si deseamos proporcionar a nuestros conciudadanos servicios de calidad y garantías de eficacia, la supervisión puede facilitarnos esta tarea".

36 SANTANA DELGADO, M., RUBIO SÁNCHEZ, F. y MARROQUÍN ROMERA, C., "El espacio de mediación deportiva. Una nueva perspectiva en la gestión y resolución de los conflictos deportivos" ..., cit., p. 2.

En definitiva, a la vista de lo expuesto, y sobre todo para la prevención de la violencia en el deporte de base, la nueva regulación debería haber contemplado y fomentado la mediación de una manera más decidida. Es este sentido, se debería haber introducido la promoción de la educación para la mediación y la cultura de la paz en las escuelas deportivas de todos los niveles, así como en centros universitarios encargados de la formación en actividad física y deporte como forma de gestión, resolución y prevención[37].

La relación entre deporte, educación en valores y mediación preventiva permite gestionar de manera positiva los conflictos, al mismo tiempo que contribuye a la recuperación de valores positivos tanto para el deporte en sí mismo como para la sociedad.

V. Bibliografía

ADAM, A. "La violencia en del deporte de base. Una reflexión sobre su etiología", en *Gaceta Internacional de Ciencias Forenses,* núm. 23, 2017, pp. 10-14.

BERMEJO, J., BONET, A., "Justicia deportiva y fórmulas de mediación, arbitraje y conciliación en el deporte aragonés" en *Estudio sistemático de la ley del deporte de Aragón: Ley de Aragón 4/1993 de 16 de marzo.* Zaragoza: Cortes de Aragón, 1998, pp. 215-245.

CAMPOS VIDAL, J.F., "La supervisión de la mediación, un instrumento para la calidad" *Revista Actualidad Civil,* núm. 6, Wolters Kluwer, 2014, pp. 1-9. (https://revistas.laley.es).

CAMPOS SÁNCHEZ, J., "Mediación en el mundo del deporte. Uso de la mediación para eliminar la violencia en el deporte", 2016 (http//:abogados-campos-sanchez-murcia.es/).

DE LA HOZ PÉREZ, C. , "Mediación escolar: un proceso de resolución de conflictos y prevención de bullying en centros educativos", en *Familia: Revista de ciencias y orientación familiar,* núm. 57, 2019, pp. 177-186.

DURÁN, J. E., PARDO, R., "Valores que transmite el deporte espectáculo en relación con el género y los medios de comunicación". *Tándem: Didáctica de la educación física,* 2006, núm. 21, pp. 17-27.

FRAILE, A., DE DIEGO, R., "Motivaciones de los escolares europeos para la práctica del deporte escolar. Un estudio realizado en España, Italia, Francia y Portugal". *Revista internacional de sociología,* Vol. 64, núm. 44, 2006, pp. 85-109. (https://revintsociologia.revistas.csic.es/index.php/revintsociologia/article/view/29/29).

GARCÍA CABA, M.M., "La mediación y su aplicación en el fútbol. Elementos teóricos y prácticos", *Revista Aranzadi de Derecho de Deporte y Entretenimiento,* núm. 80, 2023.

---

37 Vid. Aportes de GEMME España al Anteproyecto de Ley del Deporte al objeto de impulsar la Mediación Deportiva, pp. 1-8, p. 5 (https://mediacionesjusticia.com/aportes-gemme-ald, última consulta: 23/10/2023).

GARCÍA VILLALUENGA, L., "Mediation in university communities: the experience of the universidad complutense", en *Journal of Conflictology*, núm.1, 2009, pp. 75-81.

GARCIANDÍA GONZÁLEZ, P. M., *Materiales para la Práctica de la Mediación*, Cizur Menor (Navarra), Aranzadi Thomson Reuters, 2013.

GINESTA PORTET, X., "Los valores en el deporte: una experiencia educativa a través del Barça- Madrid", en *Comunicar, Revista Científica de Comunicación y Educación*, núm. 28, 2007, pp. 148-156.

HEINEMANN, K., "Los valores del deporte. Una perspectiva sociológica", *Apunts. Educación física y deportes*, 2001, Vol. 2, núm. 64, pp. 17-25 (https://raco.cat/index.php/ApuntsEFD/article/view/301943).

MONTESINOS MUÑOZ, O., "Mediación Deportiva", en *Revista Mediación*, Año 5, núm. 10, 2º semestre, pp. 6-11.

PILLADO GONZÁLEZ, E., ALONSO BARBOSA, S. "Mediación como medio de solución de conflictos deportivos", en SOLETO MUÑOZ, H. (Dir.) *Mediación y resolución de conflictos: técnicas y ámbitos*, Tecnos, Madrid, 2017, pp. 737-752.

PILLADO GONZÁLEZ, E., FARIÑA RIVERA, F., *Mediación familiar: una nueva visión de la gestión y resolución de conflictos familiares desde la justicia terapéutica*, Tirant lo Blanch, 2015.

QUINTANILLA VELA, R., BOIERO, V. "Implementación de la mediación como alternativa en el sistema disciplinario de menores en el deporte" en *Revista Aranzadi de Derecho de Deporte y Entretenimiento*, núm. 80, 2023.

RAMOS CORPAS, M. J., *Violencia y victimización en adolescentes escolares.* (Tesis doctoral). Universidad de Pablo Olavide, Sevilla, 2008.

RUBIO SÁNCHEZ, F., "La mediación como herramienta de gestión", en MILLÁN GARRIDO, A., BLANCO PEREIRA, E. (Coords.) *Marco legal y retos de la gestión deportiva*, Madrid, Ed. Reus, 2022, pp. 499-513.

RUIZ LLAMAS, G., CABRERA SUÁREZ, D., "Los valores del deporte", en *Revista de educación*, núm. 335, 2004, pp. 9-19.

SÁENZ IBÁÑEZ, A., GIMENO MARCO, F., GUTIÉRREZ PABLO, H., GARAY IBÁÑEZ DE ELEJALDE, B., "Prevención de la agresividad y la violencia en el deporte en edad escolar: Un estudio de revisión", en *Cuadernos de Psicología del Deporte*, vol. 12, núm. 2, 2012, pp. 57-72.

SANTANA DELGADO, M., RUBIO SÁNCHEZ, F., MARROQUÍN ROMERA, C., "El espacio de mediación deportiva. Una nueva perspectiva en la gestión y resolución de los conflictos deportivos" en *Revista Aranzadi de Derecho de Deporte y Entretenimiento*, núm. 70, 2021.

SCHWARTZ, S.H. y BILSKY, W., "Toward A Universal Psychological Structure of Human Values" *Journal of Personality and Social Psychology*, 1987, Vol. 53, núm. 3, pp. 550-562 (https://doi.org/10.1037/0022-3514.53.3.550).

SOLETO MUÑOZ, H., "Presente y futuro de la resolución de conflictos", en SOLETO MUÑOZ, H. (Dir.), *Mediación y resolución de conflictos: Técnicas y ámbitos*, Tecnos, Madrid, 2013, pp. 31-44.

Capítulo XXII

El proyecto de ley de medidas de eficiencia procesal del servicio público de justicia: especial referencia a la opinión del experto independiente[1]

ANA ISABEL LUACES GUTIÉRREZ

Profesora Titular de Derecho Procesal

I. EL PROYECTO DE LEY DE MEDIDAS DE EFICIENCIA PROCESAL. II. LOS MEDIOS ADECUADOS DE SOLUCIÓN DE CONTROVERSIAS (MASC). 2.1. Concepto, características y clasificación. 2.2. Ámbito de aplicación. 2.3. La obligatoriedad de los MASC como requisito de procedibilidad. 2.4 Asistencia Letrada, honorarios de los profesionales que intervienen y asistencia jurídica gratuita. 2.5. Confidencialidad y protección de datos. 2.6. Efectos de la apertura del proceso de negociación y terminación sin acuerdo. 2.7. Acreditación del intento de negociación y terminación del proceso sin acuerdo. 2.8. Formalización y validez del acuerdo. III. LA OPINIÓN DEL EXPERTO INDEPENDIENTE. IV. BIBLIOGRAFÍA.

[1] Este trabajo se enmarca en el Proyecto "Transición Digital de la Justicia", con referencia: RED 2021-130078B-100, que tiene como entidad financiadora, a la Unión Europea: Next Generation UE, de Concesión de ayudas públicas a proyectos estratégicos orientados a la transición ecológica y a la transición digital, del Plan Estatal de Investigación Científica, Técnica y de Innovación para el período 2021-2023, en el marco del Plan de Recuperación, Transformación y Resiliencia. Ministerio de Ciencia e Innovación. PROYECTOS DE I+D+i - CONVOCATORIA 2021. Orden CIN/1360/2021, de 3 de diciembre. (Identificador Base de Datos Nacional de Subvenciones: 598843), con una financiación de Setenta y un mil trescientos euros (71.300 €) y una duración de (2 años) DESDE: 01/12/ 2022 HASTA: 01/12/2024, y cuyos investigadores principales son la Catedrática de Derecho Procesal de la UNED Dra. Dª. Sonia Calaza López y el Profesor Titular de Filosofía del Derecho de la UNED Dr. D. José Carlos Muinelo. Cobo.

I. EL PROYECTO DE LEY DE MEDIDAS DE EFICIENCIA PROCESAL DEL SERVICIO PÚBLICO DE JUSTICIA

El Proyecto de Ley de Medidas de Eficiencia Procesal del Servicio Público de Justicia (en adelante PLMEP), impulsado por el Ministerio de Justicia, fue aprobado por el Consejo de Ministros el 12 de abril de 2022 y publicado en el Boletín Oficial de las Cortes Generales, de 22 de abril de 2022[2].

El Proyecto constituye un nuevo instrumento integrado en la nueva arquitectura jurídica dentro del Plan de Justicia 2030[3], enmarcado y conectado con el Plan de Recuperación, Transformación y Resiliencia y el Plan de la Unión Europea *Next Generation*[4].

El Proyecto consta de una Exposición de Motivos, tres Títulos conformados por veintidós artículos, ocho Disposiciones adicionales, cuatro Disposiciones transitorias, una Disposición derogatoria y diez Disposiciones finales.

---

2 El texto del Proyecto puede consultarse en el Boletín Oficial de las Cortes Generales.

3 Según señaló el Ministro de Justicia en su comparecencia en la Comisión de Justicia de 17 de febrero de 2020, "este plan tiene como objetivos consolidar los derechos y garantías de los ciudadanos, promover una mayor eficiencia del servicio público y garantizar el acceso a la Justicia en todo el territorio. El Plan comprende un programa de medidas ambicioso con un horizonte temporal de 10 años para transformar el sistema de justicia en un auténtico servicio público. El Plan Justicia 2030, aspira a desterrar la lógica del incrementalismo como único eje de las políticas de Justicia", para incidir en una mayor eficiencia, articulando instrumentos de cooperación y coordinación entre instituciones y eliminando solapamientos. El Plan Justicia 2030 está vertebrado en tres ejes estratégicos: 1) Acceso a la Justicia. Consolidación de garantías y derechos; 2) Promover la eficiencia operativa del servicio público de la Justicia; 3) La transformación digital, incrementando la cohesión y coordinación territorial. En este Plan se enmarcan, reformas importantes en materia de derechos y garantías como es el texto de la futura Ley Orgánica del Derecho de Defensa, la reforma de la Ley de Enjuiciamiento Criminal, el fortalecimiento en la atención a las víctimas de los delitos, especialmente, a las mujeres víctimas de violencia de género, en el marco del Pacto de Estado contra la Violencia de Género y del Convenio de Estambul, así como la tramitación de la Ley Orgánica de Protección Integral a la Infancia y la Adolescencia frente a la violencia de género o abusos sexuales, aumentando el plazo de prescripción de estos delitos.

4 Hace referencia al fondo de Recuperación que aprobó el Consejo Europeo, el pasado 21 de julio de 2020. El objetivo del Fondo de Recuperación es ayudar a los Estados miembro, para una mejor recuperación de la crisis del COVID-19. Véase, Plan de Recuperación, Transformación y Resilencia, Preguntas y Respuestas, en *Plena Inclusión España,* Madrid, 2020.

Para alcanzar los objetivos propuestos, el Proyecto introduce una serie de novedades legislativas a través de tres Títulos, mediante los cuales se agrupan las reformas en función de su naturaleza, de la siguiente manera:

El Título I del Proyecto está dedicado a los llamados medios adecuados de solución de controversias en vía no jurisdiccional (MASC), potenciando su utilización en nuestro ordenamiento jurídico.

Se divide en tres Capítulos, con el contenido que se señala a continuación:

El Capítulo I, contiene las disposiciones generales (artículos 1 a 10), relativas al concepto y características de estos medios y a su ámbito de aplicación. También se regula el principio de autonomía privada en el desarrollo de los mismos, así como la necesidad de acudir a alguno de ellos como requisito de procedibilidad para que sea admitida la demanda; la asistencia letrada a las partes cuando acudan a los MASC; todo lo relativo a los efectos de la apertura del proceso negociador y su posible terminación sin acuerdo; la posibilidad de realizar las actuaciones de negociación por medios telemáticos; el principio de confidencialidad que es común a todos los MASC; el tratamiento y protección de datos de carácter personal de las personas físicas; el intento de negociación a los efectos de cumplir con el necesario requisito de procedibilidad, y finalmente, los honorarios de los profesionales que intervienen en el procedimiento negociador.

En el Capítulo II, se contempla la regulación de la actividad negociadora (artículos 11 y 12), en cuanto a la formalización del acuerdo entre las partes y su posible elevación a escritura pública u homologación judicial, según los casos, así como lo relatico a la eficacia y validez del acuerdo.

El Capítulo III, recoge las diferentes modalidades de negociación (artículos 13 a 17). El texto comprende la negociación privada, estableciendo los requisitos para intervenir como conciliador y las funciones de la persona conciliadora, también la oferta vinculante confidencial y a opinión del experto independiente.

El Título II del Proyecto, lo conforma la reforma de las leyes procesales, una iniciativa que afecta a todos los órdenes jurisdiccionales (penal, civil, contencioso-administrativo y laboral):

En el orden penal, con la reforma se pretende garantizar la agilización de los procesos judiciales y la mejora de su eficacia con las máximas garantías. Todo ello, permitirá que los Juzgados y Tribunales atiendan en un tiempo razonable la tutela judicial que exige la ciudadanía (artículo 18 del proyecto)[5].

En cuanto al orden civil, se modifican varios aspectos de la Ley 1/2000, de 7 de enero, de Enjuiciamiento Civil, en el artículo 20 del Proyecto, con el propósito de adaptar su regulación a las necesidades actuales, para poder agilizar alguno de sus trámites, reforzar las garantías de sus procesos y adaptarla tanto a las necesidades de la sociedad actual como a las de la propia Administración de Justicia[6].

Respecto al orden contencioso-administrativo, se modifica la Ley 29/1998, de 13 de julio, reguladora de la Jurisdicción Contencioso-Administrativa con el objeto, en línea con el general del Proyecto, de introducir las medidas de agilización procesal necesarias para ofrecer a Juzgados y Tribunales de este orden los instrumentos procesales óptimos para facilitar y hacer más ágil tanto la tramitación de los pleitos como su resolución, sin merma de las garantías del justiciable (artículo 19 del proyecto).

Respecto al orden social, se producen modificaciones en la Ley 36/2011, de 10 de octubre, reguladora de la Jurisdicción Social (en adelante LJS), en el artículo 21 del proyecto. Las mismas se centran principalmente, en incentivar la oralidad de las sentencias, con la finalidad de agilizar no solo el dictado sino también la notificación y declaración de firmeza. Asimismo, se regula la implantación de los procedimientos testigo y la extensión de efectos, comunes a los que se introducen en el orden civil y contencioso-administrativo. En definitiva, los ejes sobre los que pilota la reforma en este orden jurisdiccional. se centran, principalmente, en la agilización de los procedimientos, la sostenibilidad de los recursos existentes y la potenciación de acuerdos a través de la labor de los Letrados y las Letradas de la Administración de Justicia, posibilitando la anticipación de la conciliación.

---

5 Para un estudio más completo de la reforma en el orden jurisdiccional penal, véase, BANACLOCHE PALAO, J., "El proyecto de ley de eficiencia procesal y el proceso penal: una reflexión crítica sobre las innovaciones propuestas", *Diario la Ley*, nº. 10103, Sección Plan de choque de la justicia, Tribuna 5, 26 de junio de 2022, pp. 1-15.

6 Sobre las reformas en el proceso civil, véase, BANACLOCHE PALAO, J., "Las reformas en el proceso civil previstas en el Proyecto de Ley de Medidas de Eficiencia Procesal (disposiciones generales, juicio ordinario y juicio verbal", en *Diario la Ley*, nº. 10140, Sección Plan de choque de la Justicia, Tribuna, 28 de septiembre de 2022, pp. 1-15

El Título III del Proyecto, se refiere a las reformas procesales para la transformación digital[7]. Este avance evitará desplazamientos a las sedes judiciales, reduciendo los costes económicos, ambientales y territoriales. Y permitirá que toda la tramitación sea mucho más ágil.

Se introduce la regulación de los sistemas de identificación y autenticación para adaptar nuestra legislación a la europea y se generaliza la celebración de vistas y declaraciones por videoconferencia[8]. Del mismo modo, se impulsará un Registro electrónico de apoderamientos *apud acta*, que permitirá el otorgamiento telemático.

En resumen, todas estas medidas mejoran la Administración de Justicia, respondiendo a las recomendaciones de la Unión Europea, que las fija como un elemento en la valoración de la calidad para los sistemas de Justicia. Del mismo modo, sitúa el Servicio Público de Justicia de España dentro de los estándares de calidad y eficacia europeos e internacionales, constatándolo en el Marcador de Justicia Europeo (EU *Justice Scoreboard*) de 2022[9].

---

7 Según proclama la propia Exposición de Motivos, "Para dar respuesta a la contradicción existente entre la obligatoriedad de relacionarse por medios electrónicos con la Administración de Justicia que tienen las personas jurídicas y la previsión establecida en la Ley 1/2000, de 7 de enero de Enjuiciamiento Civil, de que, en todo caso, la primera comunicación con las partes aún no personadas deba hacerse por remisión al domicilio de los litigantes, se han introducido modificaciones en los artículos que establecían esta última obligación. De esta forma se da cabida a la doctrina establecida por el Tribunal Constitucional y se facilita la notificación a las personas jurídicas y otras entidades en la Dirección Electrónica Habilitada, lo que permitirá reducir enormemente los tiempos de espera en los emplazamientos. El ahorro de tiempo en el emplazamiento a través de exhortos y el hecho de poder remitir por vía electrónica de forma auditada, verificada e integra la documentación del procedimiento, supondrá la forma más segura, rápida y eficaz de emplazar a las partes…". La reforma trata de dar respuesta a la jurisprudencia establecida, entre otras, en la STC 47/2019, de abril y posteriores, que parece puede ser aplicable a los demás órdenes jurisdiccionales.

8 Vid. MAGRO SERVET, V., "Hacia el uso habitual de la videoconferencia en las vistas judiciales. Aprovechando las enseñanzas del coronavirus", en *Diario La Ley*, nº. 9696, 2020, pp. 1 y ss.

9 La Comisión Europea publica el Cuadro de indicadores de la justicia en la UE de 2020, que ofrece un análisis comparativo de la eficiencia, la calidad y la independencia de los sistemas judiciales de todos los Estados miembros de la UE. El cuadro de indicadores del año 2020 muestra una mejora continua de la eficiencia de los sistemas judiciales en un gran número de Estados miembros. Véase, Comunicación de la Comisión al Parlamento Europeo, al Consejo, al Banco Central

II. LOS MEDIOS ADECUADOS DE SOLUCIÓN DE CONTROVERSIAS (MASC)

Con la introducción de los MASC se pretende dotar al Servicio Público de Justicia de medidas orientadas a introducir estos medios adecuados de solución de controversias en vía no jurisdiccional, y fomentar su utilización en nuestro ordenamiento jurídico.

El objetivo de los MASC es recuperar la capacidad negociadora de las partes, con la introducción de mecanismos que rompan la dinámica de la confrontación y la crispación que invade en nuestros tiempos las relaciones sociales[10].

Para ello, es necesario introducir medidas eficaces que no se desvirtúen ni transformen en meros requisitos burocráticos[11]. Con este fin se ha de potenciar la mediación en todas sus formas e introducir otros mecanismos de acreditada experiencia en el derecho comparado, como son, por ejemplo, la oferta vinculante o el experto independiente.

El Proyecto regula la implantación de los MASC en los asuntos civiles y mercantiles, sin perjuicio de que en el futuro puedan extenderse a otros ámbitos. Para potenciar de manera decidida su utilización, se ha establecido que habrá de acompañarse a la demanda el documento que acredite haberse intentado la actividad negocial previa a la vía judicial como *requisito de procedibilidad*, sin perjuicio de las correspondientes excepciones (en materia de derechos fundamentales, la adopción de las medidas previstas en el artículo 158 del Título VII del Código Civil, relativo a las relaciones paternofiliales, etc.)[12].

Europeo, al Comité Económico y Social Europeo y al Comité de las Regiones. Cuadro de indicadores de justicia de la UE 2020, en Comisión Europea. COM (2020) 306 final, Bruselas, 10.7.2020.

10 Vid. HINOJOSA SEGOVIA, R., "Los medios adecuados de solución de controversias en el Proyecto de Ley de Medidas de Eficiencia Procesal del Servicio Público de Justicia", en *La Ley Mediación y Arbitraje*, Nº. 11, Sección Novedades de ADR, 2022, pp. 1-5.

11 Vid. LORENZO AGUILAR, J., "Análisis global de los medios de solución de controversias en el Anteproyecto de Ley de Medidas de Eficiencia Procesal", en *Práctica de Tribunales*, nº. 153, Sección Estudios, Noviembre 2021.

12 Sobre la constitucionalidad de la obligatoriedad de los MASC, véase, PÉREZ DAUDÍ, V., La imposición de los ADR *ope legis* y el derecho a la tutela judicial efectiva", *In Dret*, 2/2019, p. 26. A favor de la constitucionalidad de los MASC, resulta interesante, a la conclusión que llegan recientemente diferentes operadores jurídicos

Los MASC que podrán utilizar las partes, se establecen en un catálogo amplio que favorece la libre elección a los mismos. En ese sentido se contemplan siete modalidades de negociación previa a la vía jurisdiccional: primera, la mediación, en los términos de la Ley 5/2012, de 6 de julio, de Mediación en asuntos civiles y mercantiles; segunda, la conciliación judicial, notarial y registral, regulada en la Ley 15/2015, de 2 de julio, de la Jurisdicción Voluntaria; tercera, la negociación directa entre las partes o a través de sus Abogados; cuarta, la negociación privada; quinta, la opinión neutral de un experto independiente; sexta la oferta vinculante confidencial; séptima, la reclamación extrajudicial previa en los casos de acciones individuales promovidas por consumidores o usuarios frente a empresas o profesionales con los que hubieran contratado, siendo suficientes a estos efectos las resoluciones de las reclamaciones presentadas por los usuarios de los servicios financieros ante el Banco de España, la Comisión Nacional del Mercado de valores y la Dirección general de Seguros y Fondos de Pensiones[13].

Estos medios también pueden desarrollarse por medios telemáticos de conformidad con lo dispuesto en el artículo 7 del PLMEP[14]. La utilización de estas tecnologías en el campo de la mediación viene realizándose desde hace ya casi dos décadas. Los ODR (*online dispute resolution*), son mecanismos

---

(Magistrados, Abogados, Letrados de la Administración de Justicia y Mediadores), en respuesta a la pregunta ¿Cómo encaja la exigibilidad de los MASC en el derecho a la tutela judicial efectiva del artículo 24 y la doctrina del Tribunal Constitucional?, en "Diálogos para el futuro judicial XIX: Medios Adecuados de Solución de Controversias", *Diario La Ley*, nª 9788, de 10 de febrero de 2021. Véase también, BARONA VILAR, S., "Psicoanálisis de las ADR. Retos en la sociedad global del siglo XXI", en *La Ley. Mediación y arbitraje*, nº 1, 2020, p. 8; MAGRO SERVET, V., "La ley de mediación obligatoria para resolver los conflictos civiles ante la crisis originada por el Coronavirus", en *Diario La Ley*, nº. 9614, 2020, p. 15.

13 Vid. Disposición Adicional Quinta del Proyecto de Ley.

14 Artículo 7 del Proyecto. "*Actuaciones desarrolladas por medios telemáticos: 1. Las partes podrán acordar que todas o algunas de las actuaciones de negociación en el marco de un medio adecuado de solución de controversias, se lleven a cabo por medios telemáticos, por videoconferencia u otro medio análogo de transmisión de la voz o la imagen, siempre que quede garantizada la identidad de los intervinientes y el respecto a las normas previstas en este título y, en su caso, a la normativa de desarrollo específicamente contemplada para la mediación. 2. Cuando el objeto de controversia sea una reclamación de cantidad que no exceda de 600 euros se desarrollará preferentemente por medios telemáticos, salvo que el empleo de éstos no sea posible para alguna de las partes*".

tradicionales adaptados a la tecnología, como el arbitraje, mediación o negociación, que transforman un medio físico en uno virtual[15].

Una de las grandes novedades es que la validez que tendrá el acuerdo alcanzado a través del MASC es exactamente el mismo que si es resuelto por un juez. El acuerdo alcanzado tendrá el valor de cosa juzgada para las partes, no pudiendo presentar demanda con igual objeto. Para que tenga valor de título ejecutivo, el acuerdo habrá de ser elevado a escritura pública o bien homologado judicialmente cuando proceda[16].

2.1. Concepto, caracteres y modalidades

Se entiende por medio adecuado de solución de controversias, de conformidad con el PLMEP "cualquier tipo de actividad negociadora, tipificada en esta u otras Leyes, a la que las partes de un conflicto acuden de buena fe con el objeto de encontrar una solución extrajudicial al mismo, ya sea por sí mismas, o con la intervención de un tercero neutral".

Como puede observarse el legislador utiliza el término "adecuados", y no términos como el de "alternativos", "complementarios" o "extrajudiciales", y parece que ello obedece, a la idea de dotarlos de autonomía y autosuficiencia en el nuevo escenario procesal.

En cuanto a los caracteres de los MASC, los mismos se pueden sintetizar en los que se relacionan a continuación:

En primer lugar, su heterogeneidad, la reforma contempla una pluralidad y heterogeneidad de MASC[17] pero, sin embargo, no prevé la posibilidad de pactos previos, de sumisión a un MASC determinado, lo que lleva a pensar que la intención del legislador, ante la ausencia de una regulación

---

15 Vid. BARONA VILAR, S., "El movimiento de las ADR en el derecho comparado", en CASTILLEJO MANZANARES, R. (Dir.). y CATALINA BENAVENTE, Mª. A. (Coord.), *Violencia de género, justicia restaurativa y mediación*, Madrid, LA LEY, 2011, pp. 455-499.

16 Respecto a los MASC, véase, PICÓ I JUNOY, J., "MASCS y costas procesales en el futuro proceso civil: ¿La cuadratura del círculo?", en *Diario La Ley*, nº 9801, Sección Plan de Choque de la Justicia, Tribuna, 2 de marzo de 2021, pp. 1 y ss.

17 Para un estudio más pormenorizado de su caracterización, véase, CALAZA LÓPEZ, S., "Ya llegan los medios adecuados de solución de controversias en vía no jurisdiccional cuanta más desjudicialización mejor", en *Actualidad Civil*, Nº 6, Sección Persona y derechos/ A fondo, junio 20221, pp. 8-9.

específica respecto de un pacto previo de sumisión expresa a un MASC determinado, es la plena libertad de elección, atendiendo caso por caso.

En segundo lugar, se trata de medios que proporcionan cobertura a cualquier actuación negociadora, por lo que puede deducirse, aunque sea de manera tácita, que se excluye el arbitraje, pues una vez acordada la expresa sumisión al mismo, los intervinientes en la desavenencia han de aceptar, el laudo que dicte el árbitro, sin que les quede capacidad negociadora, ni mucho menos decisoria en lo referente a su contenido.

En tercer lugar, se trata de medios que las partes deben afrontar con una actitud y aptitud regida por el principio de la buena fe, es decir, deben tener capacidad de adaptación en aras de solucionar el conflicto y para ello, ofrecer una o varias soluciones encaminadas a solventar el enfrentamiento.

En cuarto lugar, es preciso señalar, que estamos ante medios extrajudiciales, aunque se pretenda soslayar en la denominación del PLMEP.

En quinto lugar, son medios que facilitan a las partes la posibilidad de lograr un acuerdo en un escenario proclive a la negociación, a una solución pactada, bien sea por ellos mismos, o bien con la intervención de un tercero neutral, donde se ofrecen soluciones concretas a las personas implicadas en la controversia[18].

En sexto y último lugar, y aunque no aparezca de una manera clara en el concepto que se da de los MASC, son medios donde, por el momento, siempre interviene un tercero (mediador, conciliador, experto o Abogado) pues no se ha articulado ningún MASC de negociación directa entre las

---

18 QUINTANA GARCÍA, A., no ve adecuada la equiparación que se hace en el PLMEF en cuanto al concepto de tercero neutral respecto de distintos profesionales y así señala que "me parece arriesgado hablar de tercero neutral en general, cuando en realidad los únicos neutrales son los mediadores, al tener vedado opinar, sugerir, orientar, etc., cosas que sí puede hacer un experto independiente, un negociador o un conciliador, por ejemplo. Creo que se confunde imparcialidad y neutralidad. Por último, me gustaría que se recogieran sistemas de garantías o control ante posibles malas prácticas, pues corremos el riesgo de que la acreditación de haber intentado el acuerdo con un MASC sea un mero trámite vacío de contenido y acabe percibiéndose como un requisito burocrático, más que como una oportunidad de solucionar rápidamente el conflicto", en Diálogos para el futuro judicial XIX. Medios Adecuados de Solución de Controversias (MASC), *Diario La Ley*, Nº. 9793, Sección Plan de Choque de la Justicia, 17 de febrero de 2021, p. 5.

partes sin la asistencia, en distinta medida, de un tercero, excepto en el caso, de la "negociación directa" que aparece de manera velada, mediante una simple alusión a la misma pero carente de desarrollo normativo.

En cuanto a su clasificación los MASC, en principio, se configuran *como numerus apertus*, ahora bien, esta ampliación de los existentes hoy en día, a saber, negociación, mediación, conciliación, opinión de experto independiente y oferta vinculante, está reglada, ya que el PLMEP contempla la posibilidad de añadir otros posibles medios pero condiciona la ampliación de "cualquier otra actividad negociadora" a que la misma se encuentre en esta (cabe entender que es la Ley de Eficiencia Procesal) u otras Leyes.

2.2. Ámbito de aplicación

El ámbito de aplicación de los MASC es relativamente amplio, se extiende a los asuntos civiles y mercantiles, incluidos los conflictos transfronterizos, quedando excluidas, por lo que al ámbito de aplicación de esta ley se refiere, las materias concursal[19] y laboral[20], en cuya normativa reguladora ya se prevén instrumentos en los que se contemplan soluciones pactadas adecuadas a la naturaleza y particularidades de aquellas materias.

También queda fuera el proceso penal, en el que no rige el principio dispositivo, sin perjuicio del derecho de las víctimas a acceder a los servicios de justicia restaurativa del delito cuando se den los requisitos estable-

---

19 En lo relativo a la mediación concursal, la Ley 14/2013, de apoyo a los emprendedores y su internacionalización, ya la prevé. En virtud de la misma se modifican determinados aspectos de la Ley Concursal, entre ellos el relativo a la facilitación de acuerdos extraconcursales entre determinados tipos de deudores y sus acreedores mediante un sistema denominado "acuerdo extrajudicial de pagos" y protagonizado por el mediador concursal. Para un estudio más exhaustivo, véase, CASTILLEJO MANZANARES, R., "La figura del mediador concursal en el acuerdo extrajudicial de pagos", en *Cuaderno electrónico de estudios Jurídicos*, 2013, pp. 19-36

20 En cuanto a la mediación laboral, la misma se encuentra regulada en la Ley 36/2011, de 10 de octubre, reguladora de la Jurisdicción Social. Concretamente, en los artículos 63 a 68 contempla la regulación de la conciliación previa al procedimiento laboral incluyendo de manera expresa la mediación, y estableciendo el carácter ejecutivo de los acuerdos alcanzaos en ella sin necesidad de ratificación judicial.

cidos legalmente, tal y como se recoge en la Ley 4/2014, de 27 de abril, del Estatuto de la Víctima del Delito[21].

Del mismo modo, quedan excluidos los asuntos de cualquier naturaleza en los que una de las partes sea una entidad perteneciente al Sector Público, y ello a la espera de la futura regulación de estos mismos medios de solución de controversias en el ámbito administrativo y en el orden jurisdiccional contencioso-administrativo, lo que precisa de un instrumento legislativo propio y diferenciado.

Ahora bien, las partes podrán convenir o transigir sobre sus derechos e intereses en asuntos civiles y mercantiles a través de cualesquiera de estos medios, siempre que lo acordado no sea contrario a la Ley, a la buena fe ni al orden público.

2.3. La obligatoriedad de pasar por los MASC como requisito de procedibilidad

En el PLMEP se exige como preceptivo, con carácter general, el que se haga constar en la demanda la descripción del proceso de negociación previo llevado a cabo y se pongan de manifiesto los documentos que justifiquen que se ha acudido a un MASC, salvo en los supuestos exceptuados en la Ley de este requisito de procedibilidad (art. 399.3, párrafo segundo LEC, modificado por el Proyecto).

En consonancia con lo anterior, el artículo 403, apartado 2 de la LEC (modificado por el Proyecto), dispone que *"No se admitirán las demandas cuando no se acompañen a ellas los documentos que la Ley expresamente exija para la admisión de aquellas, cuando no se hagan constar las circunstancias a las que se refiere el segundo párrafo del apartado 3 del art. 399 en los casos en que se haya acudido a un medio adecuado de solución de controversias por exigirlo la ley como requisito de procedibilidad, o cuando no se hayan efectuado los requerimientos, reclamaciones o consignaciones que se exijan en casos especiales"*.

Para dar cumplimiento a estos fines, habrá de acompañarse a la demanda en asuntos civiles y mercantiles, el documento que acredite haberse intentado la actividad negocial previa a la vía judicial como requisito de procedibilidad (art. 264 LEC, modificado por el Proyecto).

---

21 Vid. Artículo 15 del Estatuto de la víctima del delito.

De este modo, se entiende cumplido el requisito, según el art. 4.1, párrafo segundo del PLMEP, si se acude previamente a la mediación, a la conciliación o a la opinión neutral de un experto independiente, si se formula una oferta vinculante confidencial o si se emplea cualquier tipo de actividad negociadora, tipificada en dicha norma u otras, pero que cumpla lo previsto en los capítulos I y II, del Título I del Proyecto o en una ley sectorial. Y añade que, singularmente, se considerará cumplido el requisito cuando la actividad negociadora se desarrolle directamente por las partes, asistidas de sus abogados cuando su intervención sea preceptiva de acuerdo con el Título I del PLMEP.

Así bien, establecido como requisito de procedibilidad el acudir a cualquiera que sea la actividad negocial, se incluye, por un lado, la posibilidad de cumplir con él a través de la negociación directa entre partes o, en su caso, a través de los abogados.

También exige el artículo 4 del Proyecto, que tiene que existir una identidad entre el objeto de la negociación y el objeto del litigio, aun cuando las pretensiones que pudieran ejercitarse, en su caso, en vía judicial sobre dicho objeto pudieran variar[22].

En cualquier caso, se excluye expresamente en el PLMEP de ser sometidos a MASC, incluso en supuestos de derivación judicial, los conflictos que afecten a derechos y obligaciones que no estén a disposición de las partes en virtud de la legislación aplicable, ni los que versen sobre alguna de las materias excluidas de la mediación conforme a lo dispuesto en el artículo 87 ter LOPJ, esto es, violencia de género, sin perjuicio de la posible aplicación de los MASC a los efectos y medidas previstos en los artículos 102 y 103 del Código Civil, medidas provisionales por demanda de nulidad, separación y divorcio.

Por otro lado y además, no se exige actividad negocial previa como requisito de procedibilidad, cuando se pretenda iniciar un procedimiento para la tutela judicial civil de derechos fundamentales; para la adopción de las medidas previstas en el art. 153 CC, relativas a las medidas paterno-filiales, y cuando se solicite autorización para el internamiento forzoso por razón de trastorno psíquico conforme a lo dispuesto en el art. 763 LEC;

---

22 Para un estudio más amplio de este aspecto, véase, CASTILLEJO MANZANARES, R., "Los métodos adecuados de solución de conflictos según el Proyecto de Eficiencia Procesal", en CALAZA LÓPEZ, S Y ORDEÑANA GEZURAGA, I. (Dirs.), *Externalización de la justicia civil, penal, contencioso-administrativa y laboral*, Valencia, Tirant Lo Blanch, 2022, pp. 309-313.

tampoco cuando se pretenda la tutela sumaria de la tenencia o posesión de una cosa o derecho por quien haya sido despojado de ellas o perturbado en su disfrute; o en la pretensión de que el Tribunal resuelva, con carácter, sumario, la demolición o derribo de obra, edificio, árbol, columna o cualquier otro objeto análogo en estado de ruina y que amenace con causar daños a quien demande; o finalmente de ingreso de menores con problemas de conducta en centros de protección específicos, de entrada en domicilios y restantes lugares para la ejecución forzosa de medidas de protección de menores ni de restitución o retorno de menores en los supuestos de sustracción internacional. Tampoco será preciso acudir a un MASC para la iniciación de expedientes de jurisdicción voluntaria.

La iniciativa de acudir a los MASC puede proceder de una de las partes, de ambas de común acuerdo o bien por una decisión judicial o del Letrado de la Administración de Justicia de derivación de las partes a este tipo de medios[23].

Si todas las partes plantearan acudir a un MASC y no hubiera acuerdo sobre cuál de ellos utilizar, se empleará aquel que se haya propuesto antes temporalmente.

2.4. Asistencia Letrada, honorarios de los profesionales y asistencia jurídica gratuita

Las partes pueden acudir a cualquiera de los MASC asistidas de Letrados o Letradas. La asistencia letrada será preceptiva cuando se utilice como MASC la formulación de una oferta vinculante, excepto cuando la cuantía del asunto objeto de controversia no supere los 2000 euros o bien cuando una ley sectorial no exija la intervención de Letrado o Letrada para la realización o aceptación de la oferta[24].

En los supuestos en que la asistencia letrada no es preceptiva, pero cualquiera de las partes pretenda hacer uso de la misma, lo debe hacer constar así en el requerimiento o en el plazo de tres días dese la fecha

---

23 SOLETO MUÑOZ, E., "Tutela judicial y alternativas al proceso: Instrumentos adecuados para la protección de los derechos de las personas mayores", en *Anuario de la Facultad de Derecho de la Universidad Autónoma de Madrid*, nº. 25, 2021, pp. 424-328.

24 Véase, PÉREZ DAUDÍ, V., "Los MASC y el proceso civil. Propuestas de reforma del Proyecto de Ley de Eficiencia Procesal", en CALAZA LÓPEZ, S y ORDEÑANA GEZURAGA, I. (Dirs.), *Externalización de la justicia civil, penal, contencioso-administrativa y laboral*, cit., p. 473,

de recepción de la propuesta por la parte requerida. En ambos casos, se deberá comunicar esta circunstancia a la otra parte para que pueda decidir valerse también de la asistencia letrada en el plazo de los tres días siguientes a la recepción de la notificación (art. 5 PLMEP).

Respecto a los honorarios de los profesionales que intervienen, las partes cuando acudan asistidas de estos deberán abonar sus respectivos honorarios. En el caso de que intervenga un tercero neutral, sus honorarios profesionales serán objeto de un acuerdo previo entre las partes. Si la parte requerida para participar en el proceso negociador no acepta la intervención del tercero neutral designado unilateralmente, deberá ser ésta la que abone íntegramente, de haberlos, los honorarios que se hayan devengado hasta ese momento por el tercero neutral.

Finalmente, el PLMEP prevé en su disposición final tercera una modificación de la Ley 1/1996, de 10 de enero, de asistencia jurídica gratuita, a fin de permitir que queden cubiertos, obviamente cuando se reúnan los requisitos exigidos legalmente, los honorarios de los abogados o abogadas que hubieren asistido a las partes cuando acudir a dichos medios adecuados de solución de controversias sea presupuesto procesal para la admisión de la demanda.

No obstante, no se conoce aún, como se organizará la "asistencia letrada del negociante o del negociado, en caso de tener reconocido el derecho a la asistencia jurídica gratuita, es decir, si se va a establecer un turno de oficio de nueva creación, en el que se designe un primer letrado o letrada de oficio que lleve a cabo el procedimiento negociador y, de no alcanzarse el acuerdo, se designará un segundo letrado o letrada, distinto del anterior, que se encargaría de la vía judicial[25].

2.5. Confidencialidad y protección de datos

Todo el desarrollo procedimental de la negociación, así como la documentación aportada en el mismo son confidenciales, con la sola excepción de la imprescindible información relativa a si las partes acudieron o no al intento de negociación previa y al objeto de la controversia.

---

25 Vid. ABELLÁN ALBERTOS, A., "Intervención del abogado en los medios de solución de conflictos en el texto legal de medidas de eficiencia procesal", en *Práctica de Tribunales*, nº. 153, noviembre-diciembre, de 2021, p. 8.

Esta confidencialidad se extiende, como es lógico, no sólo a las partes intervinientes, sino también, en su caso al tercero neutral que intervenga quien quedará sujeto al deber y derecho de secreto profesional, de modo que ninguno de ellos podrá revelar la información que hubiera podido conocer durante el proceso de negociación.

Como consecuencia de lo anterior, las partes intervinientes y el tercero neutral no podrán declarar o aportar documentación derivada del proceso de negociación o que guarde relación con el mismo, ni ser obligados a ello en un procedimiento judicial o en un arbitraje, excepto: a) Cuando todas las partes de manera expresa y por escrito se hayan dispensado recíprocamente o el tercero neutral del deber de confidencialidad; b) Cuando se esté tramitando la impugnación de la tasación de cotas o solicitud de exoneración o moderación de las mismas según lo previsto en el artículo 245 LEC y a esos únicos fines, sin que pueda utilizarse para otros diferentes ni en procesos posteriores; c) Cuando, mediante resolución judicial motivada, sea solicitada por los Jueces del orden jurisdiccional penal; d) Cuando sea necesario por razones de orden público, en particular cuando así lo requiera la protección del interés superior del menor o la prevención de daños a la integridad física o psicológica de una persona.

En consecuencia, y salvo las excepciones anteriormente señaladas, si se pretendiese por alguna de las partes la aportación como prueba en el proceso de la información confidencial, la misma no será admitida por los Tribunales de conformidad con lo dispuesto en el artículo 283.3 LEC.

La infracción del deber de confidencialidad generará responsabilidad en los términos previstos en el ordenamiento jurídico[26].

En lo concerniente a la protección de datos, los tratamientos de datos de carácter personal de las personas físicas se realizarán con estricta sujeción a lo dispuesto en el Reglamento (UE) 2016/679 del Parlamento Europeo y del Consejo, del 27 de abril de 2016, relativo a la protección de las personas físicas en lo que respecta al tratamiento de datos personales y a la libre circulación de estos datos y por el que se deroga la Directiva 95/46/CE (Reglamento general de protección de datos), y en la Ley Orgánica 3/2018, de 5 de diciembre, de Protección de Datos Personales y garantía de los derechos digitales.

---

26 Al respecto, véase, Sentencia de la Audiencia Provincial de Barcelona, de 17 de septiembre de 2020, Sentencia 500/2020, que trata el tema de la confidencialidad de los abogados en un caso de mediación familiar.

2.6. Apertura del proceso de negociación y terminación sin acuerdo

La solicitud de una de las partes dirigida a la otra para iniciar un procedimiento de negociación a través de un MASC, en el que se defina adecuadamente el objeto de la negociación, provocará la interrupción de la prescripción o suspenderá la caducidad de acciones desde la fecha en la que conste el intento de comunicación de dicha solicitud a la parte requerida, bien en el domicilio personal o lugar de trabajo que conozca el solicitante, o bien a través del medio de comunicación electrónico empleado por las partes en sus relaciones previas, reiniciándose o reanudándose respectivamente el cómputo de los plazos en el caso de no mantenerse la primera reunión dirigida a alcanzar un acuerdo o no se obtenga respuesta por escrito, en el plazo de treinta días naturales contados desde la fecha de recepción de la propuesta por la parte requerida. La interrupción o la suspensión se prolongará hasta la fecha de la firma del acuerdo o cuando termine el proceso de negociación sin acuerdo[27].

Si a respuesta inicial de acuerdo no obtiene respuesta o bien el proceso negociador finaliza sin acuerdo, las partes deberán formular la demanda dentro del plazo de un año a contar respectivamente, desde la fecha de recepción de la propuesta por la parte requerida o, en su caso, desde la fecha de terminación del proceso de negociación sin acuerdo, a efectos de tener por cumplido el requisito de procedibilidad.

Si se hubieran acordado medidas cautelares, las partes deberán formular la demanda ante el mismo Tribunal que conoció de aquellas en los veinte días siguientes, contados desde la terminación del proceso negociador sin acuerdo o desde la fecha de recepción de la propuesta por la parte requerida en caso de que la propuesta inicial de acuerdo no obtenga respuesta.

Para el caso, de iniciarse un proceso judicial con el mismo objeto, que el de la actividad negociadora que se intentó pero que finalizó sin acuerdo, los Tribunales deberán tener en consideración la colaboración de las partes respecto a la solución amistosa y el eventual abuso del servicio público de justicia al pronunciarse sobre las costas o su tasación, y también para la imposición de las multas y sanciones previstas en la LEC.

---

27 Véase, GISBERT POMATA, M., "El impulso y fortalecimiento de los medios adecuados de solución de controversias alternativos al proceso civil", en CALAZA LÓPEZ, S Y ORDEÑANA GEZURAGA, I. (Dirs.), *Externalización de la justicia civil, penal, contencioso-administrativa y laboral*, cit., p. 335.

2.7. Acreditación del intento de negociación y terminación del proceso sin acuerdo

Si no se lograra dicho acuerdo, a los efectos de poder acreditar que se ha intentado una actividad negociadora previa y que se ha cumplido con el requisito de procedibilidad, dicha actividad negociadora deberá ser plasmada documentalmente, de conformidad con el artículo 9 PL-MEP. Si no hubiera intervenido un tercero neutral, la acreditación podrá cumplirse mediante cualquier documento firmado por ambas partes en el que se deje constancia de la identidad de las mismas, la fecha, el objeto de la controversia, y la determinación de la parte o partes que formularon propuestas iniciales.

En el caso de que haya intervenido un tercero neutral, la acreditación podrá cumplirse mediante cualquier documento firmado por ambas partes en el que se deje constancia de la identidad de las mismas, la fecha, el objeto de la controversia, y la determinación de la parte o partes que formularon propuestas iniciales.

En el caso de que haya intervenido un tercero neutral gestionando la actividad negociadora, este deberá expedir, a petición de cualquiera de las partes, un documento en el que deberá hacer constar: a) La identidad del tercero, su cualificación, colegio profesional, institución a la que pertenece, o registro en el que esté inscrito; b) La identidad de las partes; c) El objeto de la controversia; d) La fecha de la reunión o reuniones mantenidas; e) La declaración solemne de que las partes han intervenido de buena fe en el proceso, para que surta efecto ante la autoridad judicial correspondiente[28].

En el caso de que la parte requerida no hubiese comparecido o hubiese rehusado la invitación a participar en la actividad negociadora, se consignará también la forma en la que se ha realizado la citación efectiva, la justificación de haber sido realizada, y la fecha de recepción de la misma. Si quien no compareciese fuese la parte que promovió la actividad negociadora se consignará tal circunstancia.

Se entenderá que se ha producido la terminación del proceso sin acuerdo: a) Si transcurren treinta días naturales a contar desde la fecha

---

28 Vid. MARTÍN DIZ, F., "Mediación y sistema de justicia: a propósito de las reformas legislativas para la eficiencia procesal de la administración de justicia y la incorporación de los denominados "medios adecuados de solución de controversias", en *LA LEY*, Mediación y Arbitraje, nº. 12, julio-septiembre 2022, pp. 8-9.

de recepción de la propuesta por la parte requerida y no se mantuviera la primera reunión o contacto dirigido a alcanzar un acuerdo o no se obtenga respuesta por escrito; b) Si transcurrieran tres meses desde la fecha de celebración de la primera reunión sin que se hubiera alcanzado un acuerdo. No obstante, las partes tienen derecho a continuar de mutuo acuerdo con la actividad negociadora más allá de dicho plazo; c) Si cualquiera de las partes se dirige por escrito a la otra dando por terminadas las negociaciones, quedando constancia del intento de comunicación de ser esa su voluntad.

2.8. El acuerdo: Formalización y validez

El acuerdo deberá formalizarse por escrito. En el documento donde se recoja el acuerdo se harán constar de forma obligatoria, los siguientes extremos: a) La identidad y domicilio de las partes; b) El lugar y la fecha en que se suscribe; c) Las obligaciones que cada parte asume y que se ha seguido un procedimiento de negociación ajustado a las previsiones de la Ley.

Como puede observarse, la identidad del tercero neutral no es requisito obligatorio, cuando es quien tiene que acreditar la existencia del procedimiento de negociación.

El acuerdo habrá de firmarse por las partes o sus representantes y cada una de ellas tendrá derecho a obtener una copia. Si interviene un tercero neutral, éste entregará un ejemplar a cada una de las partes y deberá reservarse otro ejemplar para su conservación.

Las partes podrán exigirse recíprocamente que el acuerdo se eleve a escritura pública, siendo los gastos notariales sufragados según lo acordado por ellas. En defecto de acuerdo sobre quien debe asumir los gastos, serán sufragados por la parte que solicite la elevación a escritura pública, sin perjuicio de la repercusión que, en su caso, pudiera producirse en el proceso de ejecución en materia de costas, de conformidad con los artículos 241.6º y 539 LEC.

Si la parte requerida no atiende la solicitud de elevación del acuerdo alcanzado a escritura pública, podrá otorgarse de manera unilateral por la parte solicitante, debiendo realizarse la solicitud por medio del Notario autorizante del instrumento público dejando constancia del mismo.

No será necesaria la presencia del tercero neutral en el acto de otorgamiento de la escritura. Para llevar a cabo la elevación a escritura pública del acuerdo, el Notario deberá verificar el cumplimiento de los requisitos exigidos por la ley y que su contenido no es contrario a derecho.

Si el acuerdo se tiene que ejecutar en otro Estado, además de la elevación a escritura pública, se deberán cumplir los requisitos que, en su caso, puedan exigir los convenios internacionales en que España sea parte y las normas de la Unión Europea.

Cuando lo exija la Ley o el acuerdo se hubiera alcanzado en un procedimiento de negociación al que se hubiera derivado por el Tribunal en el seno del proceso judicial, las partes podrán solicitar al Tribunal su homologación.

El acuerdo puede versar sobre una parte o sobre la totalidad de las materias sometidas a negociación. El acuerdo alcanzado será vinculante para las partes, por ello, no podrán presentar demanda con idéntico objeto. Lo convenido en el acuerdo solo podrá atacarse con base en las normas generales del Código Civil que regulan la nulidad de los contratos, sin perjuicio de la oposición que se pueda plantear en el proceso de ejecución.

Para que tenga valor de título ejecutivo el acuerdo alcanzado, deberá elevarse a escritura pública, o ser homologado judicialmente cuando proceda, o bien constar en la certificación prevista en el artículo 103 bis de la Ley Hipotecaria, si es consecuencia de una conciliación registral.

III. LA OPINIÓN DEL EXPERTO INDEPENDIENTE

Las partes, con objeto de resolver una controversia, podrán designar de mutuo acuerdo un concreto especialista para que emita una opinión no vinculante respecto a la materia objeto de conflicto (artículo 17 del PLMEP).

En consonancia con lo anteriormente expuesto, las partes estarán obligadas a entregar al experto toda la documentación y pruebas de que dispongan sobre el objeto controvertido.

Se trata de una figura intermedia entre el *Early Neutral Evalutation* (ENE)[29] y *Fact Finding* de los modelos anglosajones de ADR, dentro de los sistemas denominados evaluatorios, y que han tenido, hasta el momento, poco impacto

---

29 DE LORENZO APARICI, O., "Seguridad del paciente y métodos adecuados de solución de conflictos (MASC) en responsabilidad profesional sanitaria", en *Revista Derecho y Salud,* volumen 31, extraordinario, 2021, pp. 1-9.

en nuestro país[30]. Si bien, la opinión de un experto independiente, en un conflicto en el que el objeto de debate presente un marcado carácter técnico, parece un medio idóneo para evitar un futuro proceso judicial[31].

De conformidad con lo preceptuado en el PLMEP, el dictamen que elabora el experto independiente podrá versar sobre cuestiones jurídicas o sobre cualquier otro aspecto técnico relacionado con la capacitación profesional del experto. Dicho dictamen, ya se emita antes de iniciarse un proceso judicial o durante la tramitación del mismo, tendrá carácter confidencial.

Emitido el dictamen o la opinión no vinculante del experto, las partes dispondrán de un plazo de diez días hábiles desde su comunicación para hacer recomendaciones, observaciones o propuestas de mejora con el fin de aceptar la opinión escrita propuesta por el experto.

En el caso de que las conclusiones del dictamen fuesen aceptadas por todas las partes, el acuerdo se consignará en los términos contemplados en el artículo 11 del Proyecto y tendrá los efectos dispuestos en el artículo 12, ya señalados anteriormente.

En los casos en los que no se haya aceptado el dictamen por alguna de las partes o por ninguna de ellas, el experto designado extenderá a

---

30 En la actualidad, en nuestro ordenamiento jurídico, sólo encontramos esta figura en el Reglamento del Registro Mercantil, cuyo artículo 340 dispone que "dentro de los quince días siguientes al de la fecha del asiento de presentación, el Registrador designará, conforme a las normas que se dicten y, en ausencia de éstas, a su prudente arbitrio, la designación de un experto independiente que se hará entre las personas físicas o jurídicas que pertenezcan a profesión directamente relacionada con los bienes objeto de valoración o que se hallen específicamente dedicadas a valoraciones o prestaciones".

31 Vid. SOLETO MUÑOZ, H., "Tutela judicial y alternativas al proceso: Instrumentos adecuados para la protección de los derechos de las personas mayores", *cit*, p. 429, para la autora "este es un procedimiento que suele llevarse a cabo antes de presentar la demanda o poco después de que un caso ha sido presentado ante los tribunales. El caso se entrega a un tercero, que puede ser un abogado, magistrado retirado, o un experto en determinada materia, a quien se le pedirá que proporcione una evaluación equilibrada y objetiva de la controversia. Las partes o bien presentan observaciones por escrito o se reúnen en persona con el experto. El experto identifica los puntos fuertes y débiles de cada una de las partes y valora el probable resultado del juicio Esta evaluación puede ayudar a las partes a sopesar su caso y puede propiciar una solución. El formato recuerda a un híbrido entre el informe pericial y la conciliación, y en países anglosajones se desarrolla en formato vinculante o no vinculante".

cada una de las partes una certificación de que se ha intentado llegar a un acuerdo por esta vía a los efectos de tener por cumplido el requisito de procedibilidad[32].

Lo cierto, es que la figura del experto independiente, tal y como aparece configurada en el Proyecto, presenta una regulación un tanto escueta que no permite vislumbrar todas las posibilidades y potencialidades que puede tener, pero parece que podría convertirse si los especialistas en la resolución de controversias científicas, artísticas o técnicas ponen su empeño, en un modelo de negocio, comenzando por la misma persona a la que se le encomienda dicha resolución, que podrá ser una persona física o jurídica y terminando por la introducción de técnicas predictivas de Inteligencia artificial en la propuesta de soluciones ofrecida en el informe[33].

IV. Bibliografía

ABELLÁN ALBERTOS, A., "Intervención del abogado en los medios de solución de conflictos en el texto legal de medidas de eficiencia procesal", en Práctica de Tribunales, nº. 153, noviembre-diciembre, 2021.

BANACLOCHE PALAO, J., "El proyecto de ley de eficiencia procesal y el proceso penal: una reflexión crítica sobre las innovaciones propuestas", *Diario la Ley*, nº. 10103, Sección Plan de choque de la justicia, Tribuna 5, 26 de junio de 2022.

BANACLOCHE PALAO, J., "Las reformas en el proceso civil previstas en el Proyecto de Ley de Medidas de Eficiencia Procesal (disposiciones generales, juicio ordinario y juicio verbal", en *Diario la Ley*, nº. 10140, Sección Plan de choque de la Justicia, Tribuna, 28 de septiembre de 2022.

BARONA VILAR, S., "El movimiento de las ADR en el derecho comparado", en CASTILLEJO MANZANARES, R. (Dir.). y CATALINA BENAVENTE, Mª. A. (Coord.), *Violencia de género, justicia restaurativa y mediación*, Madrid, La Ley, 2011.

BARONA VILAR, S., "Psicoanálisis de las ADR. Retos en la sociedad global del siglo XXI", en *La Ley. Mediación y arbitraje*, nº 1, 2020.

---

[32] Vid. CASTILLEJO MANZANARES, R., "Los métodos adecuados de solución de conflictos según el Proyecto de Eficiencia Procesal", *cit.*, p. 301, para la autora "esta figura tal y como se halla prevista, no se puede comprender como un medio adecuado de solución de conflictos, entendido como actividad negocial, en tanto en cuanto, se trata de recabar la opinión de un experto, y es por ello que no se cumple así el requisito de procedibilidad que exige aquélla. Serviría, no obstante, como actuación preliminar, preparatoria o incluso complementaria, siendo muy útil en prácticas de derecho colaborativo".

[33] Vid. CALAZA LÓPEZ, S., "Ya llegan los medios adecuados de solución de controversias en vía no jurisdiccional cuanta más desjudicialización mejor", *cit.*, p. 26.

CALAZA LÓPEZ, S., "Ya llegan los medios adecuados de solución de controversias en vía no jurisdiccional cuanta más desjudicialización mejor", en *Actualidad Civil,* Nº 6, Sección Persona y derechos/A fondo, junio 2021.

CASTILLEJO MANZANARES, R., "La figura del mediador concursal en el acuerdo extrajudicial de pagos", en *Cuaderno electrónico de estudios Jurídicos,* 2013.

CASTILLEJO MANZANARES, R., "Los métodos adecuados de solución de conflictos según el Proyecto de Eficiencia Procesal", en CALAZA LÓPEZ, S., y ORDEÑANA GEZURAGA, I. (Dirs.), *Externalización de la justicia civil, penal, contencioso-administrativa y laboral,* Valencia, Tirant Lo Blanch, 2022.

DE LORENZO APARICI, O., "Seguridad del paciente y métodos adecuados de solución de conflictos (MASC) en responsabilidad profesional sanitaria", en *Revista Derecho y Salud,* volumen 31, extraordinario, 2021.

GISBERT POMATA, M., "El impulso y fortalecimiento de los medios adecuados de solución de controversias alternativos al proceso civil", en CALAZA LÓPEZ, S., y ORDEÑANA GEZURAGA, I. (Dirs.) *La externalización de la justicia civil, penal contencioso-administrativa y laboral,* Tirant Lo Blanch, Valencia, 2022.

HINOJOSA SEGOVIA, R., "Los medios adecuados de solución de controversias en el Proyecto de Ley de Medidas de Eficiencia Procesal del Servicio Público de Justicia", en *La Ley Mediación y Arbitraje,* Nº. 11, Sección Novedades de ADR, 2022.

LORENZO AGUILAR, J., "Análisis global de los medios de solución de controversias en el Anteproyecto de Ley de Medidas de Eficiencia Procesal", en *Práctica de Tribunales,* nº. 153, Sección Estudios, Noviembre 2021.

MAGRO SERVET, V., "La ley de mediación obligatoria para resolver los conflictos civiles ante la crisis originada por el Coronavirus", en *Diario La Ley,* nº. 9614, 2020.

MAGRO SERVET, V., "Hacia el uso habitual de la videoconferencia en las vistas judiciales. Aprovechando las enseñanzas del coronavirus", en *Diario La Ley,* nº. 9696, 2020.

MARTÍN DIZ, F., "Mediación y sistema de justicia: a propósito de las reformas legislativas para la eficiencia procesal de la administración de justicia y la incorporación de los denominados "medios adecuados de solución de controversias", en *LA LEY,* Mediación y Arbitraje, nº. 12, julio-septiembre 2022.

ORTUÑO MUÑOZ, P., "Comentarios al Anteproyecto de Ley de Eficiencia Procesal", en *LA LEY,* Mediación y Arbitraje, nº. 7, Sección Tribuna, Abril-Junio, 2021.

PÉREZ DAUDÍ, V., "La imposición de los ADR *ope legis* y el derecho a la tutela judicial efectiva", *In Dret,* 2/2019.

PICÓ I JUNOY, J., "MASCS y costas procesales en el futuro proceso civil: ¿La cuadratura del círculo?", en *Diario La Ley,* nº. 9801, Sección Plan de Choque de la Justicia, Tribuna, 2 de marzo de 2021.

QUINTANA GARCÍA, A., "Diálogos para el futuro judicial XIX. Medios Adecuados de Solución de Controversias (MASC)", *Diario La Ley,* Nº. 9793, Sección Plan de Choque de la Justicia, 17 de febrero de 2021.

SERRANO PÉREZ, M. Á., "La oferta vinculante confidencial y su configuración como un MASC", en PÉREZ MARTELL, R. (Coord.), LORCA NAVARRETE, A. M. (pr), GONZÁLEZ GARCÍA, J. M. (pr), *Eficiencia procesal: modernización de la justicia,* J. M. Bosch, Barcelona, 2021.

SOLETO MUÑOZ, E., “Tutela judicial y alternativas al proceso: Instrumentos adecuados para la protección de los derechos de las personas mayores”, en *Anuario de la Facultad de Derecho de la Universidad Autónoma de Madrid*, nº. 25, 2021.

VALIÑO CES, A., “Reseña del Proyecto de Ley de Medidas de Eficiencia Procesal del Servicio Público de Justicia”, en *Revista General de Derecho Procesal*, nº. 58, 2022.

Capítulo XXIII

La resolución de controversias sobre nombres de dominio ante la Organización Mundial de la Propiedad Intelectual

JUAN ALEJANDRO MONTORO SÁNCHEZ

Profesor Ayudante Doctor[1]

Universidad Pablo de Olavide de Sevilla

SUMARIO: I.- LOS NOMBRES DE DOMINIO: ASPECTOS BÁSICOS DE UNA HERRAMIENTA ESENCIAL PARA EL DESARROLLO DE INTERNET. 1. Entramado de agentes participantes en el sistema de asignación y gestión de los nombres de dominio. 2. Los nombres de dominio como extensión del signo marcario y sus disputas jurídicas más frecuentes. II.- EL MARCO JURÍDICO PARA LA RESOLUCIÓN DE CONTROVERSIAS: LA POLÍTICA UNIFORME DE RESOLUCIÓN DE DISPUTAS DE NOMBRES DE DOMINIO (UDRP). 1. Las normas procesales: el Reglamento para una política uniforme de resolución de disputas sobre nombres de dominio (PURC). III.- CONCLUSIONES. IV.- BIBLIOGRAFÍA.

I. LOS NOMBRES DE DOMINIO: ASPECTOS BÁSICOS DE UNA HERRAMIENTA ESENCIAL PARA EL DESARROLLO DE INTERNET

En la actual era de la información, en la que no únicamente el acceso, sino la presencia en internet de cualquier agente que intervenga en el tráfico económico es prácticamente una realidad cuando no una necesidad impuesta por el contexto económico-social, es díficil imaginarse a dicha red de redes sin la existencia de los nombres de dominio. Aunque no siempre seamos conscientes de ello, cada vez que nos servimos de alguno de los múltiples servicios que se prestan en línea hacemos uso de los nombres de dominio y, por tanto, estamos beneficiándonos de las bondades que nos

1 Trabajo realizado en el seno del Proyecto PID2022-137826NB-I00 financiado por FEDER/ Ministerio Ciencia e Innovación-Agencia Estatal de Investigación sobre "Datos personales e información en la era digital: desafíos en su obtención y uso en los procesos judiciales y en los procedimientos sancionadores (DATER)".

brinda el sistema técnico sobre el que pivota su funcionamiento: el Domain Name System (DNS) o Sistema de Nombres de Dominio[2].

En cualquier caso, para comprender el trascendente y utilísimo papel que juega esta tecnología en la arquitectura de la red, es necesario hacer una breve mención a las bases de su funcionamiento. Cuando hablamos de internet, nos refereimos a la red informática mundial, descentralizada y formada por la conexión directa de millones de equipos informáticos mediante un protocolo especial de comunicación, el conocido por sus siglas TCP/IP –Transmission Control Protocol / Internet Protocol o Protocolo de Control de Transmisión / Protocolo de Internet-[3].

Este protocolo es el que en realidad permite la clasificación, la transmisión y el enrutamiento de los paquetes de datos – la información- que se intercambian entre todos los equipos y sistemas conectados a la red. En virtud de dicho estándar, a cada uno de los dispositivos o sistemas informáticos que se unen a la red se le asigna un identificador numérico único conocido como dirección IP, que está conformado por cuatro conjuntos de tres dígitos cuyo rango varía entre el 0 y el 255. De este modo, si un usuario quisiera acceder a la página web de un comercio electrónico o de una red social, siguiendo las normas de dicho protocolo debería ingresar en el navegador como dirección web, la dirección IP que le hubiera sido asignada por su proveedor de servicios. Un ejemplo podría ser el siguiente: http://125.211.1.96.

Como puede comprobarse, dicho sistema es totalmente inoperativo para el usuario medio, puesto que obligaría a memorizar complejas cadenas de números para navegar por cualquier página o para realizar cualquier otra acción en línea. Afortunadamente, dicha problemática desapareció completamente gracias a la implantación del sistema de servidores DNS. Esta herramienta nos permite diriginos y conectarnos con un servicio introduciendo en su lugar un código alfanumérico denominado nombre

---

2 Sobre este sistema, desde un punto de vista técnico se recomienda la lectura de MOCKAPETRIS, P. V. Y DUNLAP, K. J., "Development of the Domain Name System" en *Computer Communication Review*, núm. 4, 1988, pp. 123–133.

3 Para conocer más de este protocolo tanto desde una perspectiva técnica como jurídica pueden consultarse respectivamente: FEIT, S., *TCP/IP: arquitectura, protocolos e implementación con IPV6 y seguridad de IP*, McGraw-Hill, Madrid, 1998 y VILLAR PALASÍ, J. L., "Nombres de dominio y Protocolo de Internet", en CREMADES, J., FERNÁNDEZ ORDÓÑEZ, M. Á. e ILLESCAS ORTIZ (coords.), *Régimen jurídico de Internet*, La Ley, Madrid, 2002, pp. 393-406.

de dominio. Es decir, en definitiva los servidores DNS eliminan la necesidad de que los usuarios memoricemos las direcciones IP asignadas a un equipo conectado en la red, puesto que se encargan de localizarla e interconectarse de forma automatizada a través del nombre de dominio que se le vincula. De hecho, la labor que cumplen los gestores DNS no es otra que localizar en una base de datos la dirección IP asociada a un nombre de dominio y posibilitar la conexión directa de los equipos que establecen la comunicación electrónica[4].

En consecuencia, los nombres de dominios no dejan de ser una dirección asignada al usuario de un ordenador integrado en Internet constituida por grupos de letras, acrónimos o palabras, que se estructuran en, al menos, dos niveles diferenciados[5]. En un primer nivel se situarían los dominios de nivel superior o Top Level Domain –TLDs-, y, en un segundo nivel, los nombres de dominio secundarios o Secondary Level Domain –SLDs-.

Los nombres de dominio de nivel superior son aquellos que constituyen la base del sistema. Están conformados por, al menos, dos letras, existiendo un número de categorías limitado. En este grupo se encuadran los conocidos dominios genéricos o Generic Top Level Domains (gTLDs)[6], y los dominios de ámbito territorial o Country Code Top Level Domains (ccTLDs). En los primeros encontramos las más usuales categorías de dominios que suelen vincularse, aunque no necesariamente, a concretas actividades. Los dominios ".com" para actividades comerciales, ".net"

---

4 De Miguel Asensio, P. A., "Mecanismos internacionales de solución de controversias sobre dominios de Internet: interacción con las jurisdicciones estatales" en *Anuario Hispano Luso Americano de Derecho internacional (AHLADI)*, vol. XIX, 2009, p. 251.

5 Por tanto, los dominios no dejan de ser mecanismos técnicos de identificación en internet, como pudiera ser un número teléfonico. *Vid.* Carbajo Cascón, F., "Localización, identificación y distinción en la Red. La problemática entre signos distintivos y nombres de dominio de Internet" en Echebarría Sáenz, J.A. (coord.), *El Comercio electrónico,* Edisofer, Madrid, 2001, pp. 357-408.

6 También existe otra categoría de nombres de dominio de creación reciente, los New gTLD, que se vinculan con regiones o zonas geográficas específicas o con una comunidad, marca o actividad particular. Como ejemplos cercanos podemos encontrar a los dominios ".cat" asociados a Cataluña, los dominios ".lgtb" vinculados a dicha comunidad y los dominios ".bmw" que representan a dicha marca comercial de vehículos. Una particularidad de dichos dominios es la posibilidad de uso de caracteres pertenecientes a otros alfabetos distintos del latino, lo cual no se permite en ninguna de las categorías principales.

para proveedores de servicios online u ".org" para organizaciones, son algunos de los ejemplos más representantivos de dominios genéricos. Por el contrario, los dominios de ámbito territorial asocian a su titular con un concreto Estado[7]. Es el caso de los dominios ".es" para España, ".eu" para la Unión Europea[8] o ".it" para Italia.

A su vez, es necesario destacar la necesaria existencia de los nombres de dominio de segundo nivel o SLDs, que asociados en todo caso a un dominio de primer nivel, son los que se permiten registrar a los usuarios finales para el desarrollo de sus actividades comerciales o personales, o incluso a las Administraciones Públicas u organizaciones. Este registro confiere la facultad de uso con exclusividad a nivel global. Sirvan de ejemplo de dominios de segundo nivel, el de la compañía Amazon "amazon.com" o el de la Universidad Pablo de Olavide de Sevilla "upo.es".

---

7 Según ARIAS POU, estos nombres de domionio aportan la ubicación geográfica del prestador de servicios de la sociedad de la información. *Vid.* Arias Pou, M., "Resolución de conflictos en materia de nombres de dominio" en *Revista de la Contratación Electrónica,* núm. 76, 2006, p. 9. Los códigos de país que se emplean para representar el nombre de dominio de primer nivel de cada Estado se determinan en función de la norma ISO 3166-1. Es necesario precisar que mientras la regulación y administración de los dominios gTLD se efectúa a nivel global por la ICANN, la gestión de los segundos se atribuye a los correspondientes Estados que representan. En el caso de España, la autoridad de asignación y de gestión del registro de nombres de dominio ".es" se atribuye a la Entidad Pública Empresarial Red.es. La Entidad Pública Empresarial Red.es es la Autoridad de Asignación a la que corresponde la gestión del registro de los nombres y direcciones de dominio de internet bajo el código de país correspondiente a España ".es", de acuerdo con lo establecido en la Disposición Adicional Sexta de la Ley 34/2002, de 11 de julio, de servicios de la sociedad de la información y de comercio electrónico y la Orden ITC/1542/2005, de 19 de mayo, que aprueba el Plan Nacional de nombres de dominio de Internet bajo el código de país correspondiente a España («.es»). Para un estudio del régimen nacional de asignación de dominios pueden consultarse: Ramos Herranz, I. "Régimen jurídico para el registro de nombres de dominio de Internet bajo .es" en *Revista de la Contratación Electrónica,* núm. 61, 2005, pp. 31-44 y Lobato García-Miján Árbol, M., "Nombres de Dominio y extensión del derecho de marca" en *Revista jurídica Universidad Autónoma de Madrid,* núm. 5, 2001, pp. 101-137.

8 Estos dominios se regulan de modo específico por el Reglamento (UE) 2019/517 del Parlamento Europeo y del Consejo, de 19 de marzo de 2019, sobre la aplicación y el funcionamiento del nombre de dominio de primer nivel «.eu», por el que se modifica y se deroga el Reglamento (CE) n.° 733/2002 y se deroga el Reglamento (CE) n.° 874/2004 de la Comisión.

1. Entramado de agentes participantes en el sistema de asignación y gestión de los nombres de dominio

En el sistema de asignación y gestión de los nombres de dominio participa un conglomerado de distintos operadores que es imprescindible conocer, siquiera sucintamente, para comprender su funcionamiento.

En primer lugar, debemos hacer mención al organismo rector del sistema de nombres de dominio, la Internet Corporation for Assigned Names and Number (en adelante, ICANN). Fundada en 1998, la ICANN es una organización privada[9] sin fines de lucro que opera a nivel internacional, con una comunidad integrada por participantes de todo el mundo[10]. Es la entidad a la que se atribuye la capital función de establecer los criterios técnicos básicos para el desarrollo de internet. Es, a su vez, la responsable de asignar las direcciones numéricas IP a nivel global así como de administrar y supervisar el funcionamiento del sistema de nombres de dominio de primer nivel. Por tanto, compete a esta organización determinar las concretas categorías de nombres de dominio de primer nivel que existen y adoptar las reglas fundamentales que rigen su asignación[11].

El sistema cuenta con un segundo grupo de agentes denominados operadores de registro. Estos cumplen el trascendental rol de mantener actualizada la base de datos maestra de todos los nombres de dominio registrados en cada dominio de alto nivel (TLD) y generar el documento que permite a los equipos informáticos de todo el mundo encaminar el tráfico hacia y desde los TLD. No obstante, estos operadores también desempeñan la importante labor de aceptar en, última instancia, las solicitudes de

---

9 Como afirman, gracias a la autorregulación de las entidades privadas, se ha alejado en cierta medida la intervención estatal, que en otro estadio hubiera sido inevitable. De hecho, expresa el autor que la ICANN es posiblemente el ejemplo más importante de colaboración entre diferentes miembros de la comunidad de Internet, basada en el principio de autorregulación aplicado en la economía de alta tecnología 187-188.

10 Se configura en realidad como una peculiar organización privada en la que los Estados sólo desempeñan un papel consultivo, en particular mediante el llamado Comité Asesor Gubernamental, en el que participan representantes de los Estados. *Vid.* De Miguel Asensio, P. A. , "Mecanismos internacionales de solución de controversias sobre dominios de Internet: interacción con las jurisdicciones estatales, *op. cit.*, p. 247.

11 De Miguel Asensio, P. A. , "Mecanismos internacionales de solución de controversias sobre dominios de Internet: interacción con las jurisdicciones estatales", *op. cit.*, p. 248.

registro de nombres de dominio que formulen los registradores con motivo de las peticiones de los usuarios finales.

En un nivel inferior se ubican los registradores, entidades acreditadas por la ICANN y certificadas por los operadores de registro para comercializar al público los nombres de dominio. Para el desarrollo de esta función se precisa que estos agentes suscriban con la ICANN el respectivo Acuerdo de Acreditación de Registradores (RAA), que es el contrato que recoge los estándares y condiciones exigibles para el desempeño de las funciones propias de esta figura[12]. Entre las principales responsabilidades que asumen los registradores destacan el mantenimiento de los datos de WHOIS de los dominios en cuyo registro participen y el aseguramiento de la custodia de los datos de los registratarios. Igualmente, es destacable la indispensable participación de estos agentes en los procedimientos ADR para garantizar su desarrollo y, la posible efectividad de su fallo.

No obstante, la comercialización al público de nombres de dominio también puede desarrollarse a través de la figura del revendedor. Los revendedores son entidades privadas que previo acuerdo con los registradores y sin requerir la acreditación de la ICANN, suelen comercializar junto al registro de nombres de dominio, servicios complementarios tales como el alojamiento web o el correo electrónico. En cualquier caso, la intervención de los revendedores no altera la el régimen de responsabilidad que asume el registrador con la ICANN y los adquirentes.

Finalmente encontramos a los últimos operadores del sistema: los registratarios. Estos son las personas, organizaciones o entidades que registran un nombre de dominio para su uso exclusivo, con el fin de destinarlo al desarrollo de su actividad, sus competencias públicas o para su mero uso personal. Se trata, en definitiva, de la persona o entidad que ostenta la titularidad de un concreto dominio de segundo nivel. Para adquirir un nombre de dominio, el registratario debe remitir su solicitud a un registrador, o en su defecto al revendedor de su elección. La solicitud

---

12 Especial mención de hacerse a la obligación de los registradores de incorporar en sus respectivas condiciones contractuales que empleen en sus acuerdos finales con los solicitantes de nombres de dominios, el sometimiento expreso de éstos a la Política uniforme de solución de controversias en materia de nombres de dominio y su Reglamento de desarrollo, documentos en los que se establecen las condiciones para la solución extrajudicial de controversias que se pudieran suscitar entre el titular de un dominio y un tercero, y que es objeto de estudio en este trabajo.

se completará siempre y cuando el nombre de dominio no haya sido registrado previamente por otro usuario, ya que en su asignación rige el denominado principio "*first come, first served*" o de prioridad temporal[13]. Ello implica que el registrador completará el registro del dominio con la única condición de que esté disponible, sin necesidad de examinar que el solicitante detente o sea titular de la marca o de un derecho de propiedad intelectual que pueda vincularse al nombre solicitado[14].

Además de efectuar el correspondiente pago de la tarifa correspondiente y de aceptar las condiciones contractuales establecidas por el registrador sobre las que pueda disponer, el registratario se obliga necesariamente a asumir otra serie de condiciones impuestas por la ICANN, entre las que destacan:

- La designación de los datos de contacto del registratario a efectos administrativos, técnicos y de facturación–y su debida actualización, en caso de modificación futura-, para que respondan en todo momento fielmente a su realidad. Obligación esencial de cara a las posibles notificaciones que puedan tener lugar como consecuencia de la iniciación de una disputa, hasta el punto, de que en caso de no ser fructífera, a efectos procedimentales se podrá tener cumplimentada la notificación. Igualmente, aunque no es obligatorio el envío de documentación acreditativa de dichos datos, el registrador puede llevar a cabo una averiguación autónoma para comprobar su exactitud, estando facultado para rechazar o incluso cancelar el registro en caso de que los mismos no sean exactos .
- El cumplimiento de un determinado código de conducta respecto al registro y uso del nombre de dominio, el cual incluye una manifestación expresa de no transgresión de derechos de propiedad intelectual, industrial o de cualquier otra naturaleza de terceros.
- La aceptación y sometimiento a las cláusulas y condiciones de la Política uniforme de solución de controversias en materia de nombres de dominio de la ICANN y a su Reglamento de desarrollo.

---

13 DÁVARA RODRÍGUEZ, M. A., "Contenido económico de los nombres de dominio en Internet: la ciberocupación" en *Actualidad Jurídica Aranzadi*, núm. 554, 2002, p. 2.

14 Como expresa LOBATO, el principio de prioridad se refiere exclusivamente al registro ante la autoridad competente para la asignación de nombres de dominio y obviamente no tiene en cuenta la preexistencia de signos distintivos. *Vid.* LOBATO GARCÍA-MIJÁN ÁRBOL, M., "Nombres de Dominio y extensión del derecho de marca", *op. cit.*, p. 126.

2. Los nombres de dominio como extensión del signo marcario y sus disputas jurídicas más frecuentes

A pesar de que los nombres de dominio se idearon como elementos sobre los que pivotaría el sistema Domain Name System, con el objeto de desplegar la función meramente técnica de facilitar a los usuarios de la red el acceso a los servicios electrónicos más habituales, es indudable que se han acabado erigiendo en una extensión de los signos y distintivos marcarios de empresas y corporaciones en la red, que les permiten promover sus actividades comerciales y posibilitan la identificación del titular de un sitio web y de los productos y servicios que se ofrecen en el mismo[15]. Por tanto, la institución de los nombres de dominio ha trascendido al ámbito del derecho de la propiedad industrial, hasta el punto de que, en el caso español, el art. 34.3.f) Ley de Marcas confiere al titular de un signo marcario como parte de su contenido esencial, el derecho a usar el signo en redes de comunicación telemáticas y como nombre de dominio. De ahí, que en la actual era de la información, las empresas titulares de un signo marcario estén interesadas no sólo en conseguir el registro del nombre de dominio asociado a su marca o nombre comercial, sino de protegerlo frente a posibles usos y conductas de terceros que puedan comprometer su reputación o impedir el desarrollo de las importantes funciones asociadas.

Sin embargo, debemos tener en cuenta que el sistema de asignación y registro de nombres de dominio funciona de manera totalmente desvinculada al de la protección marcaria. Mientras el primero funciona a nivel global, bajo el principio de prioridad temporal y sin requerir la acreditación de título o derecho alguno sobre el nombre pretendido, el segundo, opera únicamente a nivel territorial y sobre determinadas clases o familias de productos y servicios. Circunstancias que multiplican las posibilidades de que se produzcan conductas dolosas de infracción de signos marcarios, y otra serie de situaciones que pueden provocar tensiones entre empresas y terceros. Piénsese que un nombre de dominio únicamente admite un titular y su asociación a un sitio web, impidiéndose su

---

15 Como expresan LÓPEZ JIMÉNEZ y CASTILLO GIRÓN, los nombres de dominio cumplen las funciones tradicionalmente atribuidas a los signos distintivos en las redes de comunicaciones electrónicas: distinción de competidores, atribución de la calidad, representación del goodwill empresarial y labor publicitaria. *Vid.* LÓPEZ JIMÉNEZ. D. Y CASTILLO GIRÓN, V. M., "En torno al conflicto entre nombres de dominio y otros signos distintivos de las empresas: la política uniforme de solución de controversias", *op. cit.*, p. 193.

utilización por varios sujetos de forma simultánea para diversos fines, a pesar de que todos ellos, pudieran ostentar algún derecho sobre la marca representativa del dominio.

En los primeros albores de internet, cuando la presencia de las empresas, incluso de las grandes corporaciones internacionales no era tan frecuente, algunos usuarios aprovecharon tal ausencia para registrar con ánimo de lucro y sin autorización, los nombres de dominio coincidentes con los signos marcarios renombrados y protegidos por la legislación marcaria. Apareció la práctica denominada como ciber ocupación o *cybersquatting*, con el objetivo habitual de obtener una alta contraprestación económica del titular del signo marcario a cambio de la transferencia de la titularidad del dominio. Incluso era habitual que con el objeto de presionar al titular a efectuar el pago pretendido, el registratario habilitara la página web asociada al nombre de dominio incluyendo contenido pornográfico o ilícito.

Otro supuesto conflictivo, aunque menos frecuente en la práctica lo constituyen los casos en los que una empresa registra un nombre de dominio asociado a un nombre comercial o marca de productos de otra empresa competidora para impedir su presencia en la red o perjudicarle en su actividad, por ejemplo, mediante el redireccionamiento a su propia página web o a través de la creación de un portal web aparentemente del titular, dónde se ofrecen productos del propietario del dominio. No obstante, en la actualidad, estas prácticas no son tran frecuentes, habida cuenta de la presencia generalizada de las grandes marcas en la red, y la prevención de comprobación de la disponibilidad del nombre de dominio y de la marca con carácter previo al lanzamiento del producto o servicio. En su lugar han aparecido otras estrategias para lucrarse con los nombres de dominios, como son las asociadas al *typosquatting*.

Bajo esta denominación se encuadran una serie de prácticas que persiguen aprovecharse de múltiples formas de los errores tipográficos que cometen los usuarios de internet al intentar acceder a un sitio web para adquirir bienes o servicios de un concreto proveedor. Así, se registran nombres de dominio muy similares a los del empresario o sus marcas registradas con la intención de inducir a error al usuario y bien llevar a cabo prácticas fraudulentas de phising o de infección de virus y troyanos, de comercialización de imitaciones de productos o de monetización del tráfico[16]. Ejemplos de esta

---

16 Para un mayor detalle sobre dichas prácticas puede consultarse: LOBATO GARCÍA-MIJÁN ÁRBOL, M., "Nombres de Dominio y extensión del derecho de marca" en *Revista jurídica Universidad Autónoma de Madrid*, núm. 5, 2001, pp. 119-121 y LASTI-

conducta sería el registro de los dominio "amaz0n.com", "wwwamazon.com" o "amason.com".

II. EL MARCO JURÍDICO PARA LA RESOLUCIÓN DE CONTROVERSIAS: LA POLÍTICA UNIFORME DE RESOLUCIÓN DE DISPUTAS DE NOMBRES DE DOMINIO (UDRP)

Ante la necesidad de ofrecer una solución eficaz y accesible a los distintos y crecientes fenómenos conflictivos surgidos en torno a los nombres de dominio, y muy particularmente al *cybersquatting*, la ICANN, siguiendo las recomendaciones proporcionadas por la Organización Mundial de la Propiedad Intelectual (en adelante OMPI), aprobó en agosto de 1998 la denominada Política uniforme de solución de controversias en materia de nombres de dominio[17] (en adelante UDRP). Instrumento con el que se sentaron las bases de un novedoso mecanismo ADR al que los titulares de marcas y otros derechos que se consideraran perjudicados por el registro o la utilización de un nombre de dominio, pudieran acudir para obtener una solución eficaz y ágil, sin tener que recurrir a la compleja, lenta y costosa litigación – que frecuentemente exigiría ser de carácter transfronteriza-[18].

RI SANTIAGO, M., *La naturaleza jurídica del nombre de dominio: su papel como atributo de la personalidad y bien jurídico digital* (tesis doctoral), Universidad Carlos III de Madrid, 2013, pp. 108-113.

17 El texto de la Política se encuentra disponible en castellano a través del sitio web: https://www.icann.org/resources/pages/policy-2012-02-25-es (última consulta: 24 de octubre de 2023).

18 Entre sus objetivos principales persigue dos grandes fines. Por un lado, atajar el registro abusivo de marcas como nombres de dominio con el fin de ofrecerlas, posteriormente, a sus titulares legítimos a cambio de una contraprestación económica -generalmente muy elevada-. Y, por otro lado, resolver las controversias que se planteen en ese ámbito. LÓPEZ JIMÉNEZ Y CASTILLO GIRÓN, V., "En torno al conflicto entre nombres de dominio y otros signos distintivos de las empresas: la política uniforme de solución de controversias", *op. cit.*, p. 212. La UDRP está formada por nueve cláusulas o artículos que establecen bajo qué condiciones se resolverán los conflictos que puedan surgir entre el registrante de un nombre de dominio y un tercero con relación al registro y uso del nombre de dominio de Internet registrado. *Vid.* LASTIRI SANTIAGO, M., *La naturaleza jurídica del nombre de dominio: su papel como atributo de la personalidad y bien jurídico digital* (tesis doctoral), Universidad Carlos III de Madrid, 2013, p. 154.

El procedimiento extrajudicial instaurado por la UDRP se califica por el ICANN como un procedimiento administrativo[19] de carácter obligatorio para el titular del nombre de dominio[20]. Los principales rasgos que presenta este sistema son su ámbito de cognición limitada, la irrecurribilidad de la resolución obtenida, la no atribución de eficacia de cosa juzgada y su ejecución oficiosa por el registrador. Con su configuración se ha pretendido la obtención de una solución en un plazo sorprendentemente rápido[21] y a un coste particularmente bajo[22]. Factores que además de evidenciar sus indudables ventajas frente al tradicional proceso judicial, son los que han propiciado su notable éxito en la práctica[23].

El cuanto al ámbito de aplicación, la UDRP se circunscribe exclusivamente a los conflictos que se planteen respecto a los nombres de dominio genéricos y a los geográficos, si bien, en este último supuesto, únicamente

---

19 No se trata propiamente de una cláusula de sumisión a arbitraje, sino relativa a un "procedimiento administrativo obligatorio" ideado para situaciones que cumplan unas características muy determinadas. *Vid.* De Miguel Asensio, P. A. , "Mecanismos internacionales de solución de controversias sobre dominios de Internet: interacción con las jurisdicciones estatales", *op. cit.*, p. 261.

20 Se trata de un procedimento plenamente obligatorio para el titular del dominio frente al que se dirige el procedimiento, sin que exista posibilidad de sustraerse al mismo. Como advierten LÓPEZ JIMÉNEZ y CASTILLO GIRÓN, la obligatoriedad deriva de la sumisión del titular a la UDRP como presupuesto previo imprescindible para consumar el registro, de la que se deriva su compromiso a aceptar la posibilidad de que un demandante opte por esta vía para reclamar posibles derechos. Vid. López Jiménez y Castillo Girón, V., "En torno al conflicto entre nombres de dominio y otros signos distintivos de las empresas: la política uniforme de solución de controversias", *op. cit.*, p. 214.

21 El procedimiento medio seguido ante la OMPI presenta una duración aproximada de sesenta días, entre la presentación de la demanda y la obtención del fallo.

22 Aunque las tasas varían dependiendo del proveedor, el coste del procedimiento seguido ante la OMPI bajo un único experto y para un conflicto que puede abarcar hasta a cinco nombres de dominio asciende a 1500 dolares. Si por el contrario se desarrolla bajo un panel de tres expertos, la tasa aumenta hasta los 4000 dolares. Para demandas relativas a una horquilla de entre seis y diez dominios, las anteriores cifras se elevan a 2000 y 5000 dolares respectivamente. En todo caso, en las tasas citadas no se incluyen los honorarios que las partes puedan abonar a los abogados abogado que representen a una parte en el procedimiento administrativo.

23 *Vid.* De Miguel Asensio, P. A. , "Mecanismos internacionales de solución de controversias sobre dominios de Internet: interacción con las jurisdicciones estatales", *op. cit.*, p. 260.

cuando las autoridades gestoras hubieran asumido esta vía[24]. Por tanto, quedan excluidos del ADR articulado en la UDRP los conflictos que se susciten en torno a los nombres de dominio New gTLD[25].

No obstante, no cualquier controversia que surja en torno a una de las categorías de dominios anteriormente citadas pueden ser sometidas al sistema ADR de la ICANN. Tan sólo es posible recurrir a esta vía extrajudicial cuando las disputas presenten rasgos de abusividad o ilicitud en la conducta del registratario, lo que acontecerá, según el propio art. 4 UDRP, cuando concurran acumuladamente los siguientes presupuestos[26]:

---

24 Cada Registro de ccTLD está investido de autoridad para determinar qué procedimiento ADR adopta para la resolución de las controversias que se susciten sobre los dominios que alberga. La mayoría de los Estados se han acogido específicamente a la UDRP, aunque algunos otros utilizan procedimientos inspirados en dicha norma. En el caso español, dicho procedimiento se establece en la Instrucción del Director General de la Entidad Pública Empresarial RED.ES, de 7 de noviembre de 2005, por la que se establece el reglamento del procedimiento de resolución extrajudicial de conflictos para nombres de dominio bajo el código de país correspondiente a España (".es"). Para una visión completa de dicho procedimiento se pueden consultar: VIDAL PORTABALES ÁRBOL, J. I., "El reglamento del procedimiento de resolución extrajudicial de conflictos para nombres de dominio bajo el código de país correspondiente a España (".es") de 7 de noviembre de 2005" en *Actas de derecho industrial y derecho de autor*, núm. 28, 2007-2008, pp. 655-665 y POMARES CABALLERO, M., "El procedimiento de resolución extrajudicial de conflictos para los dominios ".es": análisis de las resoluciones emitidas durante el primer año de funcionamiento" en *Revista de Sociales y Jurídicas*, núm. 2, 2007, págs. 220-234.

25 Las disputas que se generen en torno a estas nuevas categorías de nombres de dominio se dilucidan a través del Sistema Uniforme de Suspensión Rápida (URS Procedure) de 1 de marzo de 2013 y el Reglamento del Sistema Uniforme de Suspensión Rápida (URS Rules) de 28 de junio de 2013. Para un mayor detalle de este procedimiento y sus condiciones específicas puede consultarse los trabajos de: JIMÉNEZ GÓMEZ, B. S., "Evolución de los mecanismos de solución de controversias sobre nombres de dominio" en *Arbitraje: Revista de arbitraje comercial y de inversiones*, núm. 2, 2015, pp. 379–412 y LASTIRI SANTIAGO, M., "La nueva política de nombres de dominio. El Uniform Rapid Suspension System: caso FACEBOOK" en *La Ley Mercantil*, núm. 2, 2014, pp. 30-41.

26 Tales presupuestos necesarios, se erigen a su vez en los hechos constitutivos que la parte demandante deberá no solo alegar conjuntamente en su escrito de demanda, sino acreditar individualmente si pretende obtener un fallo estimatorio del panel de expertos encargados de resolver la disputa. De hecho, la reunión en el escrito de demanda de tales elementos se constituye en un requisito de procedibilidad, toda vez que la ausencia, siquiera de uno de ellos, puede derivar en su inadmisión a trámite. Igualmente, que el ámbito de dicho ADR se limite

1) Que el nombre de dominio registrado sea idéntico o similar, hasta el punto de poder confundir, a una marca de productos o de servicios sobre los cuales el demandante tiene derechos[27].

2) Que el titular del dominio carezca de derechos o intereses legítimos sobre el nombre de dominio controvertido. A tal efecto, el art. 4.c) UDRP relaciona sin carácter de *numerus clausus,* una serie defensas que el titular del dominio puede alegar en su contestación para desvirtuar la pretensión del demandante.

   - Que antes de recibir la notificación de la demanda el titular ha utilizado o ha efectuado preparativos demostrables para utilizar el nombre de dominio o un nombre correspondiente al nombre de dominio en relación con una oferta de buena fe de productos o servicios.

   - Que el titular sea conocido comúnmente por el nombre de dominio, aunque no haya adquirido los derechos de marca correspondientes. Factor que puede ser extensible igualmente a los productos o servicios con los que comercie.

---

los conflictos que presenten tales elementos supone que cualquier otro conflicto deba resolverse entre las partes afectadas a través de un tribunal u otro sistema de solución de conflictos alternativo.

27 Debe advertirse que la comparativa debe realizarse entre el nombre de dominio y la marca registrada por el demandante, con independencia de los productos o servicios que ésta pueda cubrir. Igualmente es de reseñar que no se precisa una identidad total entre ambos elementos, siendo suficiente para cubrir este requisito un nivel de similitud del que pueda derivarse la confusión de los usuarios. En todo caso, como advierten LÓPEZ JIMÉNEZ y CASTILLO GIRÓN, este elemento es el que presenta menor relevancia de los tres de cara a una posible estimación de la reclamación. *Vid.* D. LÓPEZ JIMÉNEZ Y CASTILLO GIRÓN, V., "En torno al conflicto entre nombres de dominio y otros signos distintivos de las empresas: la política uniforme de solución de controversias", *op. cit.*, p. 213. Por otro lado, debe advertirse que el panel de expertos, deberá comprobar que el demandante ostenta la titularidad de un derecho previo al registro del dominio y que se encuentra en vigor en el momento de la interposición de la reclamación. *Vid.* LOBATO GARCÍA-MIJÁN ÁRBOL, M., "Nombres de Dominio y extensión del derecho de marca", *op. cit.*, p. 130. Por tanto, en el caso de que no se tenga una marca, si no un mero nombre comercial o una denominación social, no existiría posibilidad de acudir a este remedio judicial, quedando como alternativa la vía judicial. *Vid.* POMARES CABALLERO, M., "El procedimiento de resolución extrajudicial de conflictos para los dominios ".es": análisis de las resoluciones emitidas durante el primer año de funcionamiento", *op. cit.*, p. 229.

- Que el titular haga uso legítimo no comercial o un uso leal del nombre de dominio, sin intención de confundir a los consumidores o empañar la marca de los productos o servicios en cuestión con ánimo de lucro. Lo que puede suceder, por ejemplo, cuando emplee una marca registrada en un país distinto al del demandante, para comerciar productos pertenecientes a categorías distintas.

3) Que el nombre de dominio haya sido registrado y esté siendo utilizado de mala fe[28]. Por su compleja prueba, el art. 4.c) recoge un listado de presunciones[29], que de acreditarse satisfactoriamente por la actora en el procedimiento, constituirán prueba suficiente de tal presupuesto.

   - Que el objetivo principal que motivó la adquisición del nombre de dominio fue vender, alquilar o ceder de cualquier otro modo el registro de dicho nombre de dominio al demandante titular de la marca o a un competidor por un valor superior a su coste[30].
   - El obtener el registro de dominio con el fin de impedir al titular de la marca de producto o de servicio reflejar la marca en el nombre de dominio.

---

28 Literalmente, el texto de la Política exige que el tanto el registro del dominio como su posterior uso estén impregnados de mala fe. No obstante, LOBATO critica que algún panel de expertos haya estimado la concurrencia de este factor atendiendo únicamente a la mala fe del registro. En su opinión debe seguirse el tenor de la norma para encuadrar un conflicto bajo el sistema de ADR de la Política, requiriendo adicionalmente al registro de mala fe, un uso posterior del dominio bajo tal circunstancia. En otro caso, la solución queda porque la parte afectada recurra a los tribunales ordinarios para encontrar la tutela de sus derechos. Vid. LOBATO GARCÍA-MIJÁN ÁRBOL, M., "Nombres de Dominio y extensión del derecho de marca", *op. cit.*, p. 133.

29 A pesar de que en la UDRP contempla exclusivamente dichas circunstancias como evidencias de la mala fe del titular, lo cierto es que no se trata de un listado *numerus clausus*, permitiéndole esgrimir otras distintas que igualmente reflejen dicha conducta abusiva o ilícita.

30 Se ha estimado la mala fe por esta circunstancia en asuntos dónde el demandado solicitó una cantidad de dinero al titular del signo marcario. Así por ejemplo, en el caso de la OMPI "bugatti.es", núm 2006-0010, se apreció mala fe por exigir una contraprestación de 82.000 € más IVA por la cesión del nombre de dominio. Asimismo se ha validado la mala fe cuando en el sitio web del demandado aparecía la leyenda "Dominio en venta".

- Que el objetivo principal del registro del dominio fue obstaculizar la actividad comercial de un competidor.
- El intento de atraer, con ánimo de lucro, usuarios de Internet al sitio web del titular del nombre de dominio o cualquier otro lugar en línea, creando confusión con la marca del demandante[31].

Una de las particularidades más notables de este sistema ADR es la limitación de las pretensiones que la actora puede instar del panel de expertos encargados de resolver el litigio, ya que únicamente podrá optar entre la transferencia del nombre del dominio a su favor y su cancelación[32]. Ello significa que de obtener una resolución estimatoria, en el primero de los casos la actora conseguirá la titularidad del dominio a través de su traspaso[33], mientras en el segundo caso, meramente se anulará el registro, quedando nuevamente libre y pudiendo ser objeto de un nuevo registro por cualquier tercero[34]. Por lo tanto, quedan al margen de este procedimiento otras posibles acciones por violación del derecho de propiedad industrial, como la posible indemnización de daños y perjuicios por los daños sufridos

---

31 LOBATO señala, con fundamento en la jurisprudencia de la OMPI, que puede apreciarse mala fe cuando se emplea el dominio con el único fin de redigirilo a otra página o cuando se utiliza la web alojada en el dominio controvertido para difundir contenidos pornográficos, racistas o ilícitos. Vid. LOBATO GARCÍA-MIJÁN ÁRBOL, M., "Nombres de Dominio y extensión del derecho de marca", *op. cit.*, p. 133.

32 Afirma ASENSIO que esta limitación a las pretensiones que deduzca el titular puede plantear dificultades en situaciones en las que una pluralidad de personas o entidades puedan tener un interés legítimo en el uso de un nombre de domionio. Ello genera la posibilidad de que se excluya a interesados o afectados de la reclamación, al tener prioridad el primero que acuda al sistema de ADR. *Vid.* DE MIGUEL ASENSIO, P. A. , "Mecanismos internacionales de solución de controversias sobre dominios de Internet: interacción con las jurisdicciones estatales", *op. cit.*, p. 262.

33 Esta es, sin duda alguna, la medida más efectiva para garantizar que no se puede volver a comter una infracción sobre el derecho de marca a través del nombre de dominio. D. LÓPEZ JIMÉNEZ Y CASTILLO GIRÓN, V., "En torno al conflicto entre nombres de dominio y otros signos distintivos de las empresas: la política uniforme de solución de controversias", *op. cit.*, p. 208

34 La efectividad de las decisiones adoptadas por los paneles de expertos en el marco del ADR de la ICANN se debe al control que ésta ejerce de los recursos de internet y sobre los agentes que intervienen en la asignación y gestión de los dominios, lo que les permite ejecutar las resoluciones sin depender de la voluntad de los implicados ni de autoridades públicas. *Vid.* DE MIGUEL ASENSIO, P. A. , "Mecanismos internacionales de solución de controversias sobre dominios de Internet: interacción con las jurisdicciones estatales", *op. cit.*, p. 262.

o la acción de cesación pertinente para evitar la prolongación de su violación, por otras posibles conductas del demandado[35].

Otro de los elementos singulares de la UDRP es el de ofrecer al actor la posibilidad de presentar la demanda ante cualquiera de los distintos proveedores de solución de controversias acreditados por la ICANN[36]. Decisión que consecuentemente implicará que el proveedor elegido por la demandante sea el que resuelva la disputa hasta la obtención de una resolución definitiva, sin que se reconozca alguna vía al titular del dominio para la oposición o impugnación de esta elección[37]. Éste quedaría sometido de forma automática e inexpugnable al fuero del proveedor elegido por el demandante en base a la aceptación y sometimiento a la Política en el momento en que registró del dominio[38].

La UDRP también contempla que la tasa del procedimiento, la cual se establece libremente por el proveedor, sea sufragada exclusivamente por el demandante, con independencia del resultado del litigio, ya que no se prevé una eventual condena en costas para la parte vencida. Regla que únicamente se altera cuando el demandado opte porque el jurado de expertos

---

35 DE MIGUEL ASENSIO, P. A. , "Mecanismos internacionales de solución de controversias sobre dominios de Internet: interacción con las jurisdicciones estatales", *op. cit.*, p. 254.

36 En la actualidad los proveedores acreditados son: la Asian Domain Name Dispute Centre, el National Arbitration Forum, la Czech Arbitration Court, el Arbitration Center for Internet Disputes, el Arab Center for Domain Name Dispute Resolution y la Organización Mundial de la Propiedad Intelectual, entidad que condensa el mayor número de resolución de disputas en la materia. Según las últimas estadísticas, desde que se implantara el sistema a noviembre de 2023, ha conocido más de 48000 litigios referidos a 66437 nombres de dominio. Estadísticas disponibles en https://www.wipo.int/amc/en/domains/statistics/languages_yr.jsp?year= (última consulta: 24 de octubre de 2023).

37 Se ha criticado dicha posibilidad por cierto sector de la doctrina por favorecer el forum shopping, ya que existe una inercia a decantarse por los proveedore, cuyos paneles de expertos suelen posicionarse a favor del demandante. *Vid.* DE MIGUEL ASENSIO, P. A. , "Mecanismos internacionales de solución de controversias sobre dominios de Internet: interacción con las jurisdicciones estatales", *op. cit.*, p. 264.

38 La única excepción a esta elección vinculante del foro se halla en los supuestos de simultaneidad de conflictos latentes entre las partes litigiosas, pues se prevé en el art. 4.f) UDRP la posibilidad de que cualquiera de las partes solicite la acumulación de los asuntos– consolidación en los términos de la norma- ante el panel de expertos que conoció el primer asunto. Decisión que quedará, en todo caso, bajo el arbitrio y discrecionalidad de dicho jurado.

que conozca el asunto se amplíe de uno a tres miembros. En tal caso, las tasas se abonarán por mitad entre ambas partes.

1. Las normas procesales: el Reglamento para una política uniforme de resolución de disputas sobre nombres de dominio (PURC)

Los ODR para la resolución de disputas conforme a la UDRP se rigen procesalmente por dos instrumentos adicionales. Uno principal, que establece el grueso de las normas procedimentales en toda su extensión, que es el Reglamento para una política uniforme de resolución de disputas sobre nombres de dominio[39], aprobado también en el seno de la ICANN y cuya última versión data de septiembre de 2013. Y otro instrumento complementario, adoptado por cada proveedor, que prevé una serie de reglas específicas sobre cuestiones meramente formales o aspectos procedimentales de segundo orden, cómo pueden ser la definición de las tasas, la metodología para el nombramiento del panel de expertos, los requisitos formales de los escritos de parte y los medios para la realización de notificaciones. En cualquier caso, estas últimas normas no pueden contravenir ni a la UDRP ni al PURC. En el caso de la OMPI, el instrumento que recoge estas previsiones es el Reglamento Adicional de la OMPI relativo a la política uniforme de solución de controversias en materia de nombres de dominio[40].

Lo primero que hay que indicar, es que el diseño de las reglas procesales del PURC persigue favorecer una tramitación rápida y ágil del proceso, al alejarse de rígidos formalismos y prever el uso preeminente de la vía electrónica en todas sus fases[41]. El procedimiento inicia con la presentación por vía electrónica de la demanda ante un proveedor acreditado, en la sede habilitada a tales efectos, normalmente en el sitio web de éste. Ésta puede instarse personalmente por cualquier tercero persona física o jurídica público o privada, o a través de un representante voluntario,

---

39 El texto del Reglamento es accesible, en su versión redactada en castellano, a través de la página web: https://www.icann.org/resources/pages/udrp-rules-2015-03-12-es (última consulta: 24 de octubre de 2023).

40 El cual se encuentra en vigor a partir del 31 de julio de 2015. Se puede acceder al mismo, en su versión en castellano, a través de: https://www.wipo.int/amc/es/domains/supplemental/eudrp/newrules.html (última consulta: 24 de octubre de 2023).

41 *Vid.* De Miguel Asensio, P. A. , "Mecanismos internacionales de solución de controversias sobre dominios de Internet: interacción con las jurisdicciones estatales", *op. cit.*, p. 262.

que puede ser abogado o no. En cualquier caso, la postulación técnica es meramente facultativa para la parte actora. El PURC exige un contenido mínimo del escrito, debiendo destacarse la identificación de las partes junto a la dirección postal, electrónica y telefónica; la elección respecto al número de miembros del panel de expertos[42]; la identificación del registrador, de los nombres de dominio afectados y de los signos marcarios respecto a los que ostenta derechos o intereses; la descripción de los fundamentos de la demanda, que incluirá necesariamente el análisis de la concurrencia de los tres elementos que determinan la aplicación de la UDRP; la pretensión interesada; la declaración de sometimiento a una jurisdicción mutua ante posibles acciones que se ejercitaran ulteriormente y, en su caso, la identificación de cualquier proceso legal que penda o haya concluido, que verse sobre los nombres de dominio que son objeto de reclamación. La demanda debe ir debidamente firmada por el solicitante o su representante y podrá adjuntarse todo el arsenal probatorio en formato documental que se pretenda emplear para acreditar los hechos constitutivos[43].

Habida cuenta del probable carácter transnacional del litigio, cobra especial importancia la determinación del idioma en que no solo debe redactarse la demanda, sino en el que se tramitará el procedimiento. El PURC prevé que, a no ser que las partes lo acuerden de modo específico, el idioma en que se desarrollarán todos los actos procedimentales será el del acuerdo de registro, que será coincidente con el establecido por el registrador en sus términos y condiciones aplicables al usuario final. Si bien se prevé la posibilidad de que el panel de expertos, atendiendo a las circunstancias concurrentes, acuerde su modificación por otro distinto, aunque en este caso, no deberá de afectar a los escritos alegatorios de las partes.

La primera acción que debe realizar el proveedor tras la recepción de la demanda, será remitirla al registrador que participó en el registro del dominio para que verifique que su titularidad corresponde efectivamente al demandado y, acto seguido, proceda a su bloqueo a fin de evitar que

---

42 Y en el caso de que se elija a un panel de expertos compuesto por tres miembros, debe incluirse la identificación de los tres posibles candidatos a ocupar uno de los puestos, de entre toda la bolsa de expertos habilitada por el proveedor de resolución de litigios.

43 Especial mención cobran aquí los títulos jurídicos que acrediten los derechos de propiedad intelectual o industrial que entran en colisión con el dominio afectado.

durante la pendencia del procedimiento pueda transferirse a un tercero, frustrando la ejecución que correspondiera a una potencial estimación.

Tras cumplimentar el anterior trámite, el proveedor examinará que la demanda reuna todos los requisitos exigidos en el PURC y particularmente que se han abonado las tasas correspondientes[44]. De confirmar estos extremos, procederá a notificar la demanda al titular del dominio tanto por vía electrónica como por vía postal.

Notificada la demanda al titular del dominio, éste dispondrá de veinte días naturales para su contestación[45], que deberá remitirse en formato y por vía electrónica, tanto al proveedor como a la parte actora. El contenido exigible a este escrito alegatorio es análogo al de la demanda. Tan sólo si el demandado opta por un panel de expertos de tres juristas, deberá de abonar la mitad de las tasas y proponer el nombre de tres posibles candidatos de su elección para la designación de uno de sus miembros. Sobra decir que la falta de contestación, siempre que no se deba a circunstancias excepcionales, no impedirá el pronunciamiento del panel de expertos y la posible ejecución de oficio de la resolución desfavorable que pudiera obtenerse.

En el supuesto de que la demanda sea notificada al titular en el domicilio y/o por vía electrónica y no conteste, o cuando no sea posible localizarlo con los datos ofrecidos al registrador al momento de adquirir el nombre de dominio, el proceso proseguirá sin que sea necesario ningún trámite previo. No obstante, como sucede en el proceso civil, la rebeldía no supone ni el reconocimiento de hechos ni el allanamiento, debiendo acreditar la actora los hechos constitutivos para que pueda obtener una resolución favorable del panel de expertos[46].

---

44 De estimar alguna deficiencia, lo pondrá en conocimiento de la parte actora para que proceda en un plazo máximo de cinco días naturales a subsanarlas, bajo advertencia de archivo del procedimiento, el cual no impedirá la iniciación de uno nuevo posterior. En tal caso, se notificará dicha circunstancia al registrador para que levante el bloqueo del dominio.

45 Si bien el demandado podrá solicitar un plazo adicional de cuatro días, que se concederá de forma automáticamente, sin necesidad de justificar las circunstancias que motivan la extensión del plazo.

46 Véase al respecto la resolución de la OMPI en el asunto "aspirina.es", núm. DES2006-0016, en la que el panel de expertos concluyó que *"El hecho de que el Demandado no haya contestado a la demanda no libera a la Demandante de la carga de la prueba (…) En el presente caso, no habiendo contestado en tiempo y forma el Demandado, se consideran como incontrovertidos determinados datos fácticos aportados por la Deman-*

Una fase esencial del procedimiento que sigue a la anterior, es la designación del o de los miembros del panel de juristas que conocerán y resolverán el litigio. Cabe mencionar que cada proveedor mantiene un listado de reputados y expertos juristas de todas las regiones del mundo, que se publicita en sus respectivos sitios web, junto a su perfil profesional, país de procedencia y los idiomas conocidos. Su publicación no solo está destinada a fomentar la transparencia del sistema de ADR, sino a facilitar a las partes la proposición de candidaturas en los casos en los que intervenga un panel de tres expertos. En todo caso, la designación final compete al propio proveedor, que debe elegir en el plazo de cinco días a dos miembros, de entre la terna de candidatos propuestos por las partes, quedando el último a su libre discrecionalidad, pero garantizando un equilibrio atendiendo a las circunstancias concurrentes. En el caso de que la controversia sea conocida por un solo experto, también será el proveedor el que lo seleccione libremente, sin necesidad de propuesta o condicionante alguno, más allá que el idioma.

Sobra decir, que los panelistas que intervengan en un litigio deberán de ser plenamente imparciales respecto a la causa y a las partes y actuar en todo caso con plena independencia. Aunque no se prevé un incidente de recusación en sentido estricto, en caso de advertir, bien en el momento de la designación, bien con posterioridad, algún tipo de circunstancia que pueda comprometer su imparcialidad[47], los expertos afectados deberán de ponerlo de manifiesto inmediatamente al proveedor a fin de valorar si procede el nombramiento de un sustituto.

Una vez designado el panel, el proveedor remitirá el expediente conformado por los escritos de demanda y, en su caso, de contestación, junto a la documentación anexa al panel de juristas designado para conocer el asunto. Ahora bien, el PURC no prevé los subsiguientes trámites a seguir hasta la finalización del procedimento extrajudicial, sino que otorga un amplio margen de flexibilidad al panel para decidir las actuaciones a desarrollar hasta la obtención de una resolución definitiva. Las únicas exigencias que impone este instrumento es que el procedimiento se lleve a cabo

---

dante, sin perjuicio de la valoración de los mismos que compete al Experto". Disponible en https://www.wipo.int/amc/es/domains/search/case.jsp?case_id=9457 (última consulta: 26 de octubre de 2023).

47 Se prevé expresamente en el PURC que ninguna de las partes podrá por sí mismas o mediante persona interpuesta, mantener una comunicación unilateral con los miembros del panel, si no a través de un administrador designado *ad hoc* por el proveedor para cada caso, de conformidad con sus reglas adicionales específicas.

con celeridad, que las partes sean tratadas con equidad y que se les ofrezca la oportunidad de defender su posicionamiento, si bien, no se prevé un trámite específico de conclusiones. Por tanto corresponde al panel, según las circunstancias concretas del caso, adoptar las decisiones oportunas sobre la tramitación que permitan cohonestar de la forma más adecuada y respetuosa con el derecho de defensa los mencionados factores.

Las únicas referencias a trámites facultativos que se prevén en el PURC tienen por objetivo atribuir al panal de expertos la facultad de decidir sobre la celebración de vista, lo cual se plantea en términos excepcionales[48], y solicitar a las partes que aporten información o documentación adicional a la incorporada inicialmente junto a los escritos alegatorios para resolver adecuadamente la controversia.

Con todos los elementos sobre la mesa, el panel deberá de pronunciarse, dictando la respectiva resolución escrita que ponga fin a la controversia en el plazo de los catorce días siguientes a su designación definitiva[49]. Para alcanzar una conclusión en relación a los hechos, deberá de valorar la prueba aportada por las partes, que como bien se ha reflejado con anterioridad, se limita, salvo circunstancias excepcionales a los medios de prueba de naturaleza documental. Esta valoración es totalmente libre, si bien, deberá de ceñirse a los cánones y estándares de razonabilidad y convicción. Con relación al derecho, el panel cuenta con vía libre para acudir a la normativa o principios jurídicos que considere aplicables, de modo que podrá recurrir a las normas convencionales sobre la materia, a la legislación sobre la materia del Estado de las partes cuando ambas tengan el mismo origen e incluso a la propia jurisprudencia previa de la OMPI. Igualmente, el panel deberá atender a las reglas de la carga de la prueba de los hechos constitutivos e impeditivos que se prevén en el art. 4 de la UDRP, cuya reunión se exige acreditar para que tenga éxito la reclamación o la oposición. Cuando el panel sea colegiado, la resolución deberá adoptarse por mayoría, permitiéndose al experto disidente la formulación de un voto concurrente en el que plasmar las razones de su discrepancia con la decisión mayoritaria.

---

48 El PURC es tajante al prever que no se prevean audiencias presenciales, incluidas las celebradas por vía telemática, a menos que el penal de expertos determine, a su sola discreción y como caso excepcional, que dicho acto es necesario para llegar a una decisión sobre la petición.

49 Este plazo únicamente podrá ser objeto de ampliación por el panel de expertos cuando concurran razones excepcionales, en aras de no dilatar la obtención de una resolución definitiva.

Como ya adelantamos con anterioridad, la resolución puede estimar o desestimar la petición formulada por el tercero que considera perturbado su derecho marcario. En el primero de los casos, que se dará cuando el panel entienda probados los tres requisitos de la demanda, el panel de expertos deberá acordar de acuerdo con la pretensión deducida por el demandante en su escrito de demanda, o bien la transferencia del dominio al demandante, o bien su cancelación. En el segundo supuesto, meramente declarará el rechazo de la pretensión del actor, por no haber probado la concurrencia de los tres requisitos exigibles en la demanda establecidos en el art. 4 PURC. Asimismo, cuando el panel estime que la reclamación se presentó con mala fé, efectuará una declaración al efecto, exponiendo las razones por las que considera su carácter abusivo, sin que se prevea algún tipo de consecuencia específica por tal razón.

Dictada la resolución, el proveedor la notificará a las partes, al registrador implicado y al ICANN en un plazo máximo de tres días hábiles, sin que se prevea la posibilidad de recurso o impugnación. Recibida ésta, el proveedor notificará a todos los operadores implicados la fecha en la que ejecutará de oficio la decisión acordada por el panel y el proveedor publicará en acceso abierto la decisión en su repertorio jurisprudencial[50]. No obstante, el registrador debe dejar transcurrir un plazo de, al menos díez días hábiles, con carácter previo a ejecutar la decisión y cancelar o ceder del dominio a la actora, con la finalidad de que la parte perjudicada pueda acreditar fehacientemente el inicio de acciones judiciales[51] frente a la actora ante una jurisdicción competente[52]. En tal caso, se suspenderá la

---

50 La PURP prevé que se publiciten y estén accesibles en abierto para su consulta por cualquier interesado todas las resoluciones adoptadas por los proveedores acreditados por la ICANN, lo cual se antoja como un factor positivo de cara a la transparencia, que a su vez, permite conocer los criterios y tendencias en la aplicación e interpretación de las normas. *Vid.* DE MIGUEL ASENSIO, P. A. , "Mecanismos internacionales de solución de controversias sobre dominios de Internet: interacción con las jurisdicciones estatales", *op. cit.*, p. 264.

51 El acceso a la jurisdicción en tales supuestos no puede catalogarse, en modo alguno, como un medio impugnatorio o recurso frente a la resolución de la OMPI, sino que se trata del ejercicio de acciones fundadas en la legislación de propiedad intelectual u otro derecho sectorial *Vid.* DE MIGUEL ASENSIO, P. A., "Mecanismos internacionales de solución de controversias sobre dominios de Internet: interacción con las jurisdicciones estatales", *op. cit.*, p. 276.

52 Coincidimos con ASENSIO, en que el plazo de diez días de espera para accionar y lograr la suspensión de la ejecución de la resolución se estima muy breve e insuficiente, e incluso de muy difícil logro, máxime cuando la acción deba instarse

ejecución hasta que se vuelva a comunicar alguno de los siguientes hitos: una transacción alcanzada por las partes de mutuo acuerdo en cualquier sentido o el pronunciamiento judicial que acuerde la desestimación, al haberse denegado el el derecho a seguir utilizando dicho nombre de dominio controvertido.

En último lugar, cabe mencionar que es posible que durante la pendencia del ADR, alguna de las partes pueda iniciar acciones judiciales. En tal caso, además de ser obligatorio comunicarlo al panel de expertos, este cuenta con la facultad de decidir si suspender la tramitación del procedimiento extrajudicial o si por el contrario continuar hasta el dictado de una resolución definitiva. Lo práctica habitual es que opte por esta última opción con el objeto de evitar los perjuicios que se derivan para las partes del transcurso del tiempo necesario para obtener una resolución judicial firme. En todo caso, ello no empecería la eficacia de la sentencia, habida cuenta de que su decisión no sería vinculante para el tribunal[53], y además, el objeto del proceso pueda ser más extenso y abordar aspectos que quedan al margen del procedimiento ADR.

III. CONCLUSIONES

El sistema de nombres de dominio ha facilitado sin duda alguna la presencia de las empresas y corporaciones en la red y el ofrecimiento de sus productos y servicios a nivel global. Sin embargo, pese a que la legislación marcaria permite una protección de los signos y distintivos marcarios a nivel territorial, no es factible una protección a nivel global que alcance a los nombres de dominio de forma efectiva, por tratarse de distintas instituciones regidas por órdenes normativos de distinta naturaleza y alcance.

---

en un foro extranjero, lo que conllevará la imposibilidad del demandado de mantener el nombre de dominio, hasta en su caso, obtener una resolución judicial estimatoria y firme. *Vid.* De Miguel Asensio, P. A. , "Mecanismos internacionales de solución de controversias sobre dominios de Internet: interacción con las jurisdicciones estatales", *op. cit.*, p. 277.

53 La jurisprudencia menor española ha sido enérgica al confirmar el rechazo a la vinculación de las decisiones adoptadas por la OMPI o por cualquier otro proveedor de resolución de litigios, con base en el procedimiento ADR de la ICANN. Pueden verse al respecto las sentencias de la Audiencia Provincial de Madrid, de 6 de octubre de 2005 y de 20 de abril de 2006, y la de la Audiencia Provincial de Barcelona de 26 de abril de 2007.

Los conflictos y tensiones que pueden surgir entre signos marcarios y nombres de dominio son susceptibles de resolverse, no sin grandes problemas y limitaciones, en sede jurisdiccional, habitualmente a través de costosos, dilatados y, en muchas ocasiones, transfronterizos litigios. Sin embargo, a través del mecanismo de resolución de conflictos en línea promovido por la ICANN, en colaboración con los distintos proveedores habilitados, se permite a los perjudicados una vía, rápida, económica y efectiva para la resolución de los conflictos en los que se presente un componente de abusividad o mala fe por parte del titular de un dominio frente al titular de un signo distintivo, con independencia del ámbito territorial de protección que goce.

Son múltiples y patentes las limitaciones que presenta este sistema de ADR, sin embargo, la experiencia ha demostrado que en un ámbito tan particular y concreto como es el de los nombres de dominio, dónde una entidad privada y autorregulada gestiona su asignación a nivel global, los sistemas de heterocomposición alternativos a la justicia pueden constituirse en vías eficaces para obtener una solución a las disputas que se suscitan, bajo el paraguas de un modelo que garantiza la igualdad y contradicción de las partes y la intervención de un árbitro experto en la materia.

No obstante, sería deseable que el sistema de la PUPR creado en 1998 se actualizara con mejoras que permitieran afrontar, no sólo los conflictos más novedosos que surgen en la materia, sino los aspectos más conflictivos que presenta el modelo procedimental, como son los referidos a garantizar el resarcimiento de los gastos al litigante ganador o la garantía de uniformidad de criterios aplicables a casos análogos. Con ello se conseguiría un modelo que no solo mejoraría la seguridad jurídica, sino la impartición de una solución más justa materialmente, sin perjuicio en todo caso, del mejor criterio que podría obtenerse en sede judicial cuando la resolución obtenida no satisfaciera a alguna de las partes implicadas.

IV. Bibliografía

ARIAS POU, M., "Resolución de conflictos en materia de nombres de dominio" en *Revista de la Contratación Electrónica*, núm. 76, 2006, pp. 3-41.

CARBAJO CASCÓN, F., "Localización, identificación y distinción en la Red. La problemática entre signos distintivos y nombres de dominio de Internet" en ECHEBARRÍA SÁENZ, J.A. (coord.), *El Comercio electrónico*, Edisofer, Madrid, 2001, pp. 357-408.

DÁVARA RODRÍGUEZ, M. A., "Contenido económico de los nombres de dominio en Internet: la ciberocupación" en *Actualidad Jurídica Aranzadi*, núm. 554, 2002, pp. 1-5.

De Miguel Asensio, P. A., "Mecanismos internacionales de solución de controversias sobre dominios de Internet: interacción con las jurisdicciones estatales" en *Anuario Hispano Luso Americano de Derecho internacional (AHLADI)*, vol. XIX, 2009, pp. 247-285.

Feit, S., *TCP/IP: arquitectura, protocolos e implementación con IPV6 y seguridad de IP*, McGraw-Hill, Madrid, 1998.

Jiménez Gómez, B. S., "Evolución de los mecanismos de solución de controversias sobre nombres de dominio" en *Arbitraje: Revista de arbitraje comercial y de inversiones*, núm. 2, 2015, pp. 379–412.

Lastiri Santiago, M., *La naturaleza jurídica del nombre de dominio: su papel como atributo de la personalidad y bien jurídico digital* (tesis doctoral), Universidad Carlos III de Madrid, 2013

Lastiri Santiago, M., "La nueva política de nombres de dominio. El Uniform Rapid Suspension System: caso FACEBOOK" en *La Ley Mercantil*, núm. 2, 2014, pp. 30-41.

Lobato García-Miján Árbol, M., "Nombres de Dominio y extensión del derecho de marca" en *Revista jurídica Universidad Autónoma de Madrid*, núm. 5, 2001, pp. 101-137.

López Jiménez. D. y Castillo Girón, V. M., "En torno al conflicto entre nombres de dominio y otros signos distintivos de las empresas: la política uniforme de solución de controversias" en *Revista de estudios económicos y empresariales*, núm. 24, 2012, pp. 183-217.

Mockapetris, P. V. y Dunlap, K. J., "Development of the Domain Name System" en *Computer Communication Review*, núm. 4, 1988, pp. 123–133.

Pomares Caballero, M., "El procedimiento de resolución extrajudicial de conflictos para los dominios ".es": análisis de las resoluciones emitidas durante el primer año de funcionamiento" en *Revista de Sociales y Jurídicas*, núm. 2, 2007, págs. 220-234

Ramos Herranz, I. "Régimen jurídico para el registro de nombres de dominio de Internet bajo .es" en *Revista de la Contratación Electrónica*, núm. 61, 2005, pp. 31-44.

Vidal Portabales Árbol, J. I., "El reglamento del procedimiento de resolución extrajudicial de conflictos para nombres de dominio bajo el código de país correspondiente a España (".es") de 7 de noviembre de 2005" en *Actas de derecho industrial y derecho de autor*, núm. 28, 2007-2008, pp. 655-665.

Villar Palasí, J. L., "Nombres de dominio y Protocolo de Internet", en Cremades, J., Fernández ordóñez, M. Á. e Illescas Ortiz (coords.), *Régimen jurídico de Internet*, La Ley, Madrid, 2002, pp. 393-406.

Capítulo XXIV

Los ADR en el reglamento de servicios digitales

ROSA PLA ALMENDROS

Derecho Internacional Privado, Universitat de Valéncia

Sumario. I. INTRODUCCIÓN. II. UN BREVE REPASO POR LOS INSTRUMENTOS COMUNITARIOS REGULADORES DE ADR Y ODR. 1. La Directiva 2000/31/CE, de comercio electrónico. 2. Directiva 2008/52/UE, de mediación. 3. Directiva 2013/11/UE y Reglamento 524/2013. 4. ADR y ODR en otros sectores específicos. III. LOS ADR Y ODR EN EL REGLAMENTO DE SERVICIOS DIGITALES. 1. Obligaciones de diligencia debida para ciertas plataformas en línea. 2. Alternatividad y subsidiariedad de los medios de impugnación de los arts. 20 y 21. 3. Concepto y formas de detectar el contenido ilícito. IV. EL SISTEMA INTERNO DE GESTIÓN DE RECLAMACIONES (Art. 20). 1. Decisión impugnable. 2. Legitimación activa y plazo de interposición de la reclamación. 3. Procedimiento y decisión resolutoria de la reclamación. V. LA RESOLUCIÓN EXTRAJUDICIAL DE LITIGIOS (Art. 21). 1. Decisión impugnable, legitimación activa y plazo de impugnación de la decisión. 2. Órgano de resolución extrajudicial. 3. Procedimiento y resolución extrajudicial. VI. CONCLUSIONES.

I. INTRODUCCIÓN

Hoy en día, el comercio electrónico constituye una realidad más que consolidada que no para de crecer[1], especialmente en la Unión Europea ("UE"), la que, con el objetivo de fortalecer su mercado interior, puso desde el principio gran empeño en reducir y mitigar los obstáculos que en él podía hallar el comercio electrónico.

En este sentido, además del estorbo que suponía la disparidad de legislaciones en la materia –superada en gran medida gracias a las directivas que la UE ha ido emitiendo para aproximarlas[2]–, una de las principales

---

1 EIDENMULLER, H. y ENGEl, M., "Against false settlement: designing efficient consumer rights enforcement systems in Europe", en *Ohio State Journal on Dispute Resolution,* 261, 2014, pp. 1-27, p. 2. http://dx.doi.org/10.2139/ssrn.2290654

2 PALAO MORENO, G., "Mercado único digital y arbitraje de consumo internacional en España", en PÉREZ VERA, E. (ed. Lit) et al., *El derecho internacional privado entre la tradición y la innovación: libro homenaje al profesor doctor José María Espinar Vicente.* Madrid, Iprolex, 2020, pp. 477-495, p. 477.

trabas a las que se enfrentó el comercio electrónico en sus inicios fue la falta de *e-confidence* o confianza de la sociedad en el comercio electrónico. La razón era sencilla: por mucho que los participantes del comercio electrónico tuvieran reconocidos derechos en las normas de derecho sustantivo, no contaban con medios adecuados para solucionar las controversias surgidas en transacciones electrónicas que pudieran garantizar la efectividad de esos derechos[3]. Y es que, aunque tenían la puerta abierta a los tribunales, sus procesos lentos y costosos[4] no siempre eran la mejor forma de resolver disputas generadas en el entorno online, normalmente de carácter transfronterizo[5] y escaso valor económico[6].

Es más, el problema se agravaba en los (múltiples)[7] casos en los que la transacción electrónica se producía entre un comerciante y un consumidor que, dada la situación de desigualdad existente entre ellos[8], exige la aplicación de reglas especiales de protección del consumidor[9].

Así las cosas, consciente de la necesidad de incrementar la confianza en el entorno digital[10] para desarrollar el comercio electrónico y robustecer el

---

3 BARRAL VIÑALS, I., "La mediación de consumo y las demás ADR ante la Ley 7/2017 de resolución de conflictos con consumidores: ¿más retos o más oportunidades?", en *Revista Doctrinal Aranzadi Civil-Mercantil,* 4. Pamplona, Aranzadi, 2018, pp. 57-92.

4 VINYAMATA CAMP, E., "Justícia cívica", en VINYAMATA CAMP, E., FERNÁNDEZ SEIJO, J.M., y FERRAN, E., *Justícia ciutadana.* Barcelona, Editorial UOC, 2013, pp. 7-10, p. 7.

5 CARRETERO MORALES, E., "Comentarios al anteproyecto de ley de mediación en asuntos civiles y mercantiles", en *Revista internacional de Estudios de Derecho Procesal y Arbitraje,* 1, 2011, pp. 1-62, p. 6.

6 NAVA GONZÁLEZ, W., "Los mecanismos extrajudiciales de resolución de conflictos en línea: su problemática en el derecho internacional privado", en *Anuario Colombiano de Derecho Internacional,* 13. Bogotá, 2019, pp. 187-208, p. 193. http://dx.doi.org/10.12804/revistas.urosario.edu.co/acdi/a.

7 PALAO MORENO, G., "Mercado único digital y arbitraje de consumo internacional en España", cit. p. 478.

8 RICHARD GONZÁLEZ, M., Los procedimientos electrónicos de resolución alternativa de conflictos (on-line dispute resolution). *Diario La Ley,* 8360. Madrid, Wolters Kluwer España, 2014.

9 BARRAL VIÑALS, I., Conflictes amb consumidors: dissenyant eines eficients. En VINYAMATA CAMP, E., FERNÁNDEZ SEIJO, J.M., y FERRAN, E., *Justícia ciutadana.* Barcelona, Editorial UOC, 2013, pp. 11-21, p. 18.

10 COM(2019) 425 final, p. 1.

mercado interior, la UE –entre otros organismos[11]– empezó a promover los medios adecuados de solución de conflictos con el fin de que el consumidor pudiera resolver sus conflictos nacidos en el mercado online de forma rápida, flexible, económica[12] y hecha "a medida" [13].

En concreto, la UE primero buscó fomentar los *Alternative Dispute Resolution* ("ADR") a través del Libro Verde de 1993[14], las posteriores Recomendaciones 98/257/CE[15] y 2001/310/CE[16] y el Libro Verde de 2002[17], entre otros. Más tarde, quiso al mismo tiempo dar un impulso a los *Online Dispute Resolution* ("ODR") que, frente a los ADR, conseguirían que los consumidores pudieran resolver las controversias surgidas a raíz de una transacción en línea de esta misma manera –esto es, en línea–, aportándoles así más accesibilidad, inmediatez, eficiencia y agilidad[18]. El

---

11 UNCITRAL también ha orientado parte de su trabajo a mecanismos alternativos de resolución de conflictos en el contexto de las controversias online. Sin embargo, los frutos de estos trabajos no han ido más allá de una propuesta de Reglamento. En este sentido, *vid.* PALAO MORENO, G., "Mercado único digital y arbitraje de consumo internacional en España", cit., p.480.

12 En contra, hay quien opina que los ADR y ODR no tienen tantos beneficios para los consumidores como suele afirmarse, pues es posible que no protejan tanto sus derechos como los tribunales. En este sentido, *vid.* RÜHL G., "Alternative and Online Dispute Resolution for (Cross-Border) Consumer Contracts: a Critical Evaluation of the European's Legislature's Recent Efforts to promote Competitiveness and Growth in the Internal Market", en *Journal of Consumer Policy,* 38. Springer, 2015, p. 17.

13 ESPLUGUES MOTA, C., "General Report: New Developments in Civil and Commercial Mediation – Global Comparative Perspectives", en ESPLUGUES, C. (Ed.) and MARQUIS, L. (Ed.) *New Developments in Civil and Commercial Mediation – Global Comparative Perspectives.* Springer, 2015, vol. 6, pp. 1-88, p. 6.

14 Libro Verde de acceso de los consumidores a la justicia y solución de litigios en materia de consumo en el mercado único. COM(93) 576 final.

15 Recomendación de la Comisión de 30 de marzo de 1998 relativa a los principios aplicables a los órganos responsables de la solución extrajudicial de los litigios en materia de consumo (Texto pertinente a los fines del EEE)

16 Recomendación de la Comisión, de 4 de abril de 2001, relativa a los principios aplicables a los órganos extrajudiciales de resolución consensual de litigios en materia de consumo (Texto pertinente a efectos del EEE)

17 Libro Verde sobre modalidades alternativas de solución de conflictos en el ámbito del derecho civil y mercantil. COM(2002) 196 final.

18 MARTÍNEZ RODRÍGUEZ, N., "Un paso adelante en la protección del consumidor en el comercio electrónico: la resolución de litigios en línea", en *Revista Doctrinal Aranzadi Civil-Mercantil,* 1. Pamplona, Aranzadi, 2018.

primer instrumento clave en la promoción de los ODR fue la Comunicación 161/2001[19].

Desde entonces, la UE no ha cesado en la emisión de iniciativas que se incardinan dentro del objetivo de consolidar los ADR y, en especial, los ODR en el contexto electrónico: es el caso de la Agenda Digital para Europa (2010)[20], el Acta del Mercado Único (2011)[21], la Agenda del Consumidor Europeo para impulsar la confianza y el crecimiento (2012)[22], la Estrategia para el Mercado Único Digital (2015)[23] y la Estrategia Europa (2020)[24].

Sentado lo anterior, el objetivo de este capítulo es mostrar cómo la UE ha ido progresivamente favoreciendo e introduciendo mecanismos alternativos de solución de controversias que, especialmente en un contexto de transacciones en línea, permitan resolver las disputas por medios electrónicos. En particular, se analizarán cronológicamente los instrumentos comunitarios más destacados en la materia antes de entrar en el verdadero objeto del capítulo: el análisis de los ADR recientemente introducidos por el Reglamento de Servicios Digitales.

---

19 Comunicación de la Comisión relativa a "la mejora de acceso de los consumidores a mecanismos alternativos de solución de litigios". COM(2001) 161 final.

20 Comunicación de la Comisión al Parlamento Europeo, al Consejo, al Comité Económico y Social Europeo y al Comité de las Regiones Una Agenda Digital para Europa. COM(2010) 245 final.

21 Comunicación de la Comisión al Parlamento Europeo, al Consejo, al Comité Económico y Social Europeo y al Comité de las Regiones. COM(2011) 206 final.

22 Comunicación de la Comisión al Parlamento Europeo, al Consejo, al Comité Económico y Social Europeo y al Comité de las Regiones. Agenda del Consumidor Europeo para impulsar la confianza y el crecimiento. COM(2012) 225 final.

23 Comunicación de la Comisión al Parlamento Europeo, al Consejo, al Comité Económico y Social Europeo y al Comité de las Regiones. Una Estrategia para el Mercado Único Digital de Europa. COM(2015) 192 final.

24 Comunicación de la Comisión. Europa 2020. Una Estrategia para un crecimiento inteligente, sostenible e integrador. COM(2010) 2020 final.

II. UN BREVE REPASO POR LOS INSTRUMENTOS COMUNITARIOS REGULADORES DE ADR Y ODR

Desde hace ya más de veinte años, la UE apostó por el desarrollo de los ADR a través de medios electrónicos para facilitar el acceso a la justicia y fomentar la confianza de los consumidores en el comercio electrónico[25]. Esta apuesta se materializó por primera vez en el ámbito del comercio electrónico, si bien más tarde esta tendencia se fue expandiendo a otros sectores y a la generalidad de asuntos civiles y mercantiles.

1. La Directiva 2000/31/CE, de comercio electrónico[26]

El primer instrumento comunitario *hard law* que se refirió al posible desarrollo de los ADR a través de medios electrónicos fue la todavía vigente Directiva 2000/31/CE ("Directiva de comercio electrónico"). En concreto, su art. 17 (y cdo. 51) exige a los Estados Miembros que "su legislación no obstaculice la utilización de los medios de solución extrajudicial, (...), incluso utilizando vías electrónicas adecuadas". En el mismo sentido se pronuncia el art. 32.2 de la ley española de transposición –es decir, la Ley 34/2002[27] ("LSSI")–, que permite someter los conflictos que surjan entre el prestador y el destinatario de servicios de la sociedad de la información a distintos medios de solución extrajudicial de conflictos que hagan uso de medios electrónicos.

A la luz de estos preceptos no es difícil darse cuenta de que la regulación que ofrecen de los mecanismos de resolución es altamente deficitaria. Y es que, en realidad, el objetivo de ambas normas (Directiva y ley) no es tanto regular los ADR y ODR, como reconocer en el contexto del comercio electrónico un conjunto de derechos básicos al consumidor[28]. A pesar de ello, la referencia que los dos instrumentos realizan a los métodos alternativos de

---

25 PALAO MORENO, G., "Mercado único digital y arbitraje de consumo internacional en España", cit., p. 480.

26 Directiva 2000/31/CE del Parlamento Europeo y del Consejo, de 8 de junio de 2000, relativa a determinados aspectos jurídicos de los servicios de la sociedad de la información, en particular el comercio electrónico en el mercado interior (Directiva sobre el comercio electrónico). DOUE-L-2000-81295.

27 Ley 34/2002, de 11 de julio, de servicios de la sociedad de la información y de comercio electrónico. BOE-A-2002-13758

28 MARTÍNEZ RODRÍGUEZ, N., "Un paso adelante en la protección del consumidor...", cit.

solución de litigios es trascendental, pues sientan los dos elementos esenciales en los que la UE se focaliza para desarrollarlos[29]: la utilización de los ADR previstos en las legislaciones nacionales y los medios electrónicos.

2. *Directiva 2008/52/UE, de mediación*[30]

El siguiente instrumento comunitario que aborda los ADR a través de medios electrónicos es la Directiva 2008/52/CE, que en su cdo. 9[31] deja claro que es posible la utilización de las nuevas tecnologías de comunicaciones en los procedimientos de mediación. En la Ley española de transposición (Ley 5/2012[32]), son los arts. 5.2, 24 y la DF 7ª los que se refieren "mediación electrónica"[33]. Es más, la ley española da un paso más y otorga preferencia a la mediación electrónica para resolver las reclamaciones dinerarias de pequeña cuantía (art. 24.2).

La realidad, sin embargo, es que ni la Directiva ni la Ley de mediación van más allá de la "posibilidad" de introducir la mediación electrónica. Ahora bien, ello no quiere decir que con esta normativa la UE se desvinculara de su línea de incentivar los ODR, sino que optó por seguir una implantación gradual, a la espera de comprobar los resultados[34]. De hecho, es destacable que la Directiva no restringe el uso de la mediación electrónica al comercio electrónico, ampliándolo a cualquier tipo de asunto civil

---

29 BARRAL VIÑALS, I., "Tecnología y conflictos en la era de Internet: la utilidad de las Online Dispute Resolution", en *Revista jurídica de Catalunya,* 1. Cataluña, 2016, pp. 45-69, p. 48.

30 Directiva 2008/52/CE del Parlamento Europeo y del Consejo, de 21 de mayo de 2008 , sobre ciertos aspectos de la mediación en asuntos civiles y mercantiles. DOUE-L-2008-80899

31 Cdo. 9: *La presente Directiva no debe impedir en modo alguno la utilización de las nuevas tecnologías de comunicaciones en los procedimientos de mediación.*

32 Ley 5/2012, de 6 de julio, de mediación en asuntos civiles y mercantiles. BOE-A-2012-9112

33 FRANCO CONFORTI, O. D., "Mediación electrónica (e-Mediación)", en *Diario La Ley,* 8519. Madrid, Wolters Kluwer España, 2015.

34 IGLESIAS BUHIGUES, J.L. y CALDERÓN CUADRADO, M.P., "Acceso a la justicia y mediación en asuntos civiles y mercantiles. Cuatro tópicos, tres problemas y una doble precisión", en *Cooperación judicial civil y penal en el nuevo escenario de Lisboa.* Lisboa, 2011, pp. 3-60, p. 9.

y mercantil[35]. De esta manera, los ODR dejan de utilizarse tan solo en las reclamaciones nacidas en Internet, para usarse también en los conflictos civiles y mercantiles nacidos fuera de línea[36].

3. Directiva 2013/11/UE[37] y Reglamento 524/2013[38]

Con la normativa hasta ahora promulgada, la UE fracasó en su intento de promover el uso de los ADR y ODR[39], principalmente por dos motivos. De un lado, una proporción considerable de consumidores y comerciantes desconocía este tipo de mecanismos[40]. De otro lado, aquellos que los conocían optaban en muchas ocasiones por no utilizarlos porque no funcionaban de

---

35 En un principio, tanto la Directiva (cdo. 11) como la ley española de mediación (art. 2.d)) excluían de su ámbito de aplicación a los conflictos derivados del ámbito de consumo por considerar que se trataba de una materia específica que requería de regulación propia. Sin embargo, la Ley 7/2017, de transposición de la Directiva 2013/11/UE, modificó la ley interna suprimiendo el art. 2.d) para aplicarla también al ámbito de consumo. En este sentido, *vid.* GUTIÉRREZ SANZ, M. R., "La mediación de consumo a la luz de la Ley 7/2017 relativa a la resolución alternativa de litigios en materia de consumo", en *Revista de Derecho Privado,* 3, 2018, pp. 3-32, p. 12.

36 BARRAL VIÑALS, I., "Tecnología y conflictos en la era de Internet...", cit., pp. 45-69.

37 Directiva 2013/11/UE del Parlamento Europeo y del Consejo, de 21 de mayo de 2013, relativa a la resolución alternativa de litigios en materia de consumo y por la que se modifica el Reglamento (CE) nº 2006/2004 y la Directiva 2009/22/CE (Directiva sobre resolución alternativa de litigios en materia de consumo). DOUE-L-2013-81187

38 Reglamento (UE) nº 524/2013 del Parlamento Europeo y del Consejo, de 21 de mayo de 2013, sobre resolución de litigios en línea en materia de consumo y por el que se modifica el Reglamento (CE) nº 2006/2004 y la Directiva 2009/22/CE (Reglamento sobre resolución de litigios en línea en materia de consumo). DOUE-L-2013-81182

39 Prueba de ello es que, desde la promulgación de la Directiva en 2008, la mediación –electrónica o no– en asuntos civiles y mercantiles se había utilizado en menos de un 1% de los casos intracomunitarios. Para más información, vid. European Parliament, Directorate-general for internal policies of the Union, "*Rebooting*" *the mediation directive: assessing the limited impact of its implementation and proposing measures to increase the number of mediations in the EU.* European Parliament, 2014, https://www.europarl.europa.eu/RegData/etudes/etudes/join/2014/493042/IPOL-JURI_ET(2014)493042_EN.pdf

40 MARTÍNEZ RODRÍGUEZ, N., "Un paso adelante en la protección del consumidor...", cit.

forma satisfactoria o, en las controversias intracomunitarias, por el temor a que los ADR y ODR de otros países fueran de baja calidad, dadas las diferencias de regulación de estos mecanismos en los distintos EEMM[41].

Con el fin de sortear la situación, la UE emitió dos instrumentos llamados a actuar de forma complementaria: la Directiva 2013/11/UE –Directiva ADR– y el Reglamento 524/2013 –Reglamento ODR–, que constituyen dos hitos en la integración de los ADR en la UE[42] y permiten avanzar en la consolidación de los métodos extrajudiciales electrónicos como mejor forma de resolver los litigios nacidos online[43].

El Reglamento crea una plataforma europea de ODR sencilla, rápida y económica[44] a la que los consumidores pueden acudir a modo de "ventanilla única" cuando quieren resolver en línea sus controversias nacidas en el entorno online. De forma complementaria, la Directiva asegura que todas las entidades de resolución que resuelvan litigios a través de la plataforma cumplan un conjunto de requisitos de calidad mínima. Asimismo, impone obligaciones de información a los comerciantes para avivar el conocimiento de los ADR y ODR entre los consumidores.

En definitiva, ni la Directiva ni el Reglamento crean formas autónomas de resolver litigios[45], sino que mantienen intactos los mecanismos de solución extrajudicial de cada EEMM –mediación, arbitraje o cualquier otro en el que intervenga un tercero distinto a las partes[46]–; aunque ahora con la garantía de que las entidades que los resuelven

---

41 GUTIÉRREZ SANZ, M. R., "La mediación de consumo a la luz de…", cit., p. 4. Ahora bien, también hay quien opina que las diferencias entre los ADR de los distintos países no influyen significativamente en la decisión de realizar transacciones online transfronterizas. En esta línea, *vid.* RÜHL G., "Alternative and Online Dispute Resolution…", cit., p. 10.

42 STEFFEK, F., "The Relationship between Mediation and Other Forms of Alternative Dispute Resolution", en European Parliament, Directorate-General for Internal Policies of the Union, *The implementation of the Mediation Directive – Workshop 29 November 2016 – Compilation of in-depth analysis,* European Parliament, 2016, p. 51, https://data.europa.eu/doi/10.2861/49216.

43 El avance que representa esta regulación no quiere decir que esté exenta de crítica, al no regular cuestiones como la confidencialidad. En este sentido, *vid.* RÜHL G., "Alternative and Online Dispute Resolution…", cit., p. 28.

44 GUTIÉRREZ SANZ, M. R., "La mediación de consumo a la luz de…", cit., p. 5.

45 STEFFEK, F., "The Relationship between Mediation and…", cit., p. 55.

46 No incluye sin embargo sistemas de tramitación de reclamaciones de consumidores gestionados por el comerciante (art. 2.2.b)), ni tampoco otras formas de ADR

cumplen un conjunto de requisitos de calidad mínima y disponen de un espacio virtual necesario para que puedan tramitar en línea las disputas surgidas online entre comerciantes y consumidores[47], ya sea con carácter doméstico o intracomunitario.

4. ADR y ODR en otros sectores específicos

Con posterioridad al sector del comercio electrónico, y en paralelo a las anteriores iniciativas de ámbito general, la UE también ha promovido el uso de los medios de solución alternativa de conflictos a través de medios electrónicos en otros sectores. Los ejemplos más recientes son sectores relacionados con Internet y las tecnologías, como los servicios intermediarios de internet y motores de búsqueda[48], o las plataformas de intercambio de vídeos[49].

Otro de estos sectores es el relativo a los servicios digitales, en el que se incorporan *ad hoc* dos de esos medios de solución extrajudicial: un sistema interno de gestión de reclamaciones y una resolución extrajudicial de litigios.

---

relevantes como la opinión de un experto independiente. STEFFEK, F., "The Relationship between Mediation and…", cit., p. 51.

47 A pesar de que la Directiva y el Reglamento actúen de forma complementaria, difieren ligeramente en el ámbito de aplicación, pues la Directiva también incluye los litigios surgidos fuera de línea y los mecanismos de resolución extrajudicial de litigios offline. Este aspecto es criticado por parte de la doctrina. En este sentido, *vid.*, VALBUENA GONZÁNEZ, F., "La directiva europea sobre resolución alternativa de litigios (ADR) en materia de consumo", en *Justicia,* 2. Lugar, Editorial JM Bosch, 2014, pp. 409-443, p. 443.

48 Arts. 11 y 12 Reglamento (UE) 2019/1150 del Parlamento Europeo y del Consejo, de 20 de junio de 2019, sobre el fomento de la equidad y la transparencia para los usuarios profesionales de servicios de intermediación en línea. DOUE-L-2019-81157

49 Art. 28 ter Directiva (UE) 2018/1808 del Parlamento Europeo y del Consejo, de 14 de noviembre de 2018, por la que se modifica la Directiva 2010/13/UE sobre la coordinación de determinadas disposiciones legales, reglamentarias y administrativas de los Estados miembros relativas a la prestación de servicios de comunicación audiovisual (Directiva de servicios de comunicación audiovisual), habida cuenta de la evolución de las realidades del mercado. DOUE-L-2018-81889

III. LOS ADR Y ODR EN EL REGLAMENTO DE SERVICIOS DIGITALES

La transformación digital a la que asiste la sociedad ha traído consigo nuevos servicios de la sociedad de la información –como las redes sociales o las plataformas en línea– y ha obligado a la UE a actualizar la regulación que de estos servicios ofrecía la Directiva 2000/31/CE mediante la reciente aprobación del Reglamento de Servicios Digitales[50] (en adelante, "RSD"), que no se aplicará –en su mayoría– hasta el próximo 17 de febrero de 2024 (art. 93).

En comparación con la Directiva de comercio electrónico, el RSD de un lado, actualiza y amplía la regulación relativa a un tipo de servicios de la sociedad de la información, esto es, los servicios intermediarios[51] (mera transmisión, memoria caché y alojamiento de datos), y, de otro lado, incrementa sus objetivos, al añadir el de crear un entorno en línea seguro y fiable que proteja los DDFF de la Carta (art. 1 y cdo. 9).

Para alcanzar este nuevo fin, una de las principales líneas de actuación del RSD es proteger a los usuarios de los contenidos ilícitos accesibles en línea a través de un tipo de prestadores de servicios de alojamiento de datos: las plataformas en línea –p.ej. *Facebook, Instagram*–. Estas se encargan no solo de almacenar un contenido proporcionado por terceros y a petición de estos –como haría cualquier otro prestador de servicio de alojamiento de datos–, sino que, además, lo difunden a un número potencialmente ilimitado de personas, también llamado público (arts. 3.i) y k) RSD). Conociendo su función, es fácil darse cuenta de que las plataformas en línea cuentan con un gran potencial para luchar contra el contenido ilícito, pues son estas las que pueden controlar el contenido que se difunde online –precisamente, a través de ellas–.

A propósito de la lucha contra el contenido ilícito, el RSD ha instaurado distintas vías para facilitar su detección. Cuando por cualquiera de ellas

---

50 Reglamento (UE) 2022/2065 del Parlamento Europeo y del Consejo de 19 de octubre de 2022 relativo a un mercado único de servicios digitales y por el que se modifica la Directiva 2000/31/CE (Reglamento de Servicios Digitales). DOUE-L-2022-81573.

51 Los servicios intermediarios son, sencillamente, un tipo de servicio de la sociedad de la información que permiten prestar el resto de servicios de la sociedad de la información. En este sentido, *vid.* Letra b) del Anexo LSSI. Los servicios intermediarios pueden ser de tres tipos, a saber: mera transmisión, memoria caché y alojamiento de datos (art. 3.g) RSD).

el prestador de una plataforma en línea tenga conocimiento efectivo de algún contenido ilícito almacenado y/o difundido por un destinatario a través de su plataforma, debe adoptar una decisión atacándolo –p.ej. retirándolo– para poder eximirse de responsabilidad por un contenido que, aunque ha sido proporcionado por terceros, es difundido a través de él (art. 6.1.b) y cdo. 22[52]).

Sin duda, el impulso a la detección del contenido ilícito constituye un paso más hacia la consecución de un entorno en línea seguro. No obstante, el RSD también quiere proteger los DDFF (art. 1 y cdo. 51[53]), y lo cierto es que la decisión que ataca el contenido ilícito puede ofender también derechos, por ejemplo, la libertad de expresión del destinatario que proporcionó el contenido ilícito.

Pues bien, con el fin de conciliar un entorno en línea seguro y libre con la protección de los derechos, el RSD crea *ex novo* y pone a disposición del afectado por la decisión relativa al contenido ilícito dos medios de impugnación de conflictos que constituyen obligaciones de diligencia debida para el prestador de la plataforma en línea: un sistema interno de gestión de reclamaciones (art. 20) y un método de resolución extrajudicial de litigios (art. 21).

No obstante, antes de profundizar en ellos, es preciso efectuar algunas consideraciones previas comunes a ambos.

---

52 Cdo. 22: *Para poder acogerse a la exención de responsabilidad de los servicios de alojamiento de datos, el prestador debe, en el momento en que tenga conocimiento efectivo o consciencia de actividades o contenidos ilícitos, actuar de manera diligente para retirar dichos contenidos o bloquear el acceso a ellos.* De no actuar así, el prestador de la plataforma en línea no podrá eximirse de responsabilidad (art. 6.1.b)). Ahora bien, ello no comporta necesariamente que la plataforma sea responsable, puesto que ese extremo deberá ser determinado por el derecho de la UE o nacional que resulte aplicable (cdo. 17).

53 Cdo. 51: *Dada la necesidad de tener debidamente en cuenta los derechos fundamentales garantizados por la Carta de todas las partes afectadas, toda acción emprendida por un prestador de servicios de alojamiento de datos a raíz de la recepción de una notificación debe estar estrictamente orientada, es decir, debe servir para retirar los elementos de información concretos que se consideren contenidos ilícitos o para bloquear el acceso a ellos, sin afectar indebidamente a la libertad de expresión y de información de los destinatarios del servicio. (…).*

1. Obligaciones de diligencia debida para ciertas plataformas en línea

De la ubicación sistemática de los arts. 20 y 21 (Sección 3 del Capítulo III) se desprende que ambos medios de impugnación tan solo se ofrecen a los destinatarios de los servicios de las plataformas en línea, pero no a los destinatarios de otros servicios intermediarios, incluyendo el resto de los servicios de alojamiento de datos. Estos últimos, aunque no difunden información al público, sí la alojan de forma no solo temporal, de manera que si detectan que es ilícita deberán tomar una decisión contra ella para eximirse de responsabilidad (art. 6.1.b)). Frente a esta eventual decisión se podrá acudir a los órganos judiciales, pero no a los medios de impugnación de los arts. 20 y 21.

En esta misma línea, tampoco las decisiones de todas las plataformas en línea podrán ser impugnadas a través de estos mecanismos. Así, para evitar cargas desproporcionadas (art. 19 y cdo. 57), ninguno de los dos medios de resolución de controversias puede ser utilizado cuando la decisión es adoptada por un prestador de plataforma en línea que sea microempresa o pequeña empresa[54] o que lo haya sido durante los doce meses anteriores, salvo que haya sido designado como plataforma en línea de muy gran tamaño en virtud del art. 33[55].

---

54 Según la Recomendación 2003/361/CE, las microempresas son aquellas que cuentan con menos de diez trabajadores y un volumen de negocios anual o balance general inferior a 2 millones de euros. Por su parte, las empresas pequeñas cuentan con menos de cincuenta asalariados y un volumen de negocios anual o balance general inferior a 10 millones de euros.

55 Las plataformas en línea de muy gran tamaño son aquellas que, teniendo un promedio mensual de destinatarios del servicio activos en la UE igual o superior a 45 millones, sea designada como tal por la Comisión Europea (art. 33). Como el criterio para determinar cuándo una plataforma es de muy gran tamaño es distinto al criterio para determinar si se trata de una empresa pequeña o microempresa, es posible que coincidan, esto es, que una empresa pequeña o microempresa sea de muy gran tamaño por contar con más de 45 millones de destinatarios activos. Sin embargo, la probabilidad de que ello ocurra es pequeña. De hecho, el pasado 25 de abril de 2023 la Comisión Europea designó las primeras plataformas de muy gran tamaño (fueron 15), y entre ellas no figura ninguna empresa pequeña o microempresa (son algunas como Facebook, Booking.com, Zalando, TikTok, Twitter, Wikipedia o Youtube).

En estos casos excepcionales[56], salvo que la plataforma voluntariamente decidiera someterse en sus condiciones generales a estos u otros mecanismos alternativos de resolución de conflictos (cdo. 57)[57], el único remedio para impugnar la decisión sería el recurso a los órganos judiciales. Indudablemente, la mayoría de los destinatarios preferirán no impugnar la decisión.

2. *Alternatividad y subsidiariedad de los medios de impugnación de los arts. 20 y 21*

Los dos medios de impugnación de los arts. 20 y 21 son alternativos respecto de los órganos judiciales, de manera que los destinatarios del servicio pueden elegir impugnar la decisión a través del sistema interno de gestión de reclamaciones, de la resolución extrajudicial de litigios o de los órganos judiciales –a los que se puede acudir en cualquier momento en consonancia con el derecho a la tutela judicial efectiva (cdo. 55)–[58].

---

56 No obstante, hay quien considera que el criterio tenido en cuenta para excluir a las plataformas en línea de esta obligación no debería ser el tamaño, sino la evaluación del riesgo, puesto que hay plataformas en línea que, aun siendo microempresas o pequeñas empresas, pueden facilitar la circulación de contenidos ilícitos en línea. En este sentido, vid. SAGAR, S., y HOFFMAN, T., "Intermediary liability in the EU Digital Common Market – from the E-Commerce Directive to the Digital Services Act", en *IDP: Revista d'internet, dret y política*, 34. Barcelona, Editorial UOC, 2021, pp. 1-12, p. 8. https://doi.org/10.7238/IDP.V0I34.387691

57 En este sentido, Patricia Llopis propone que incluyan mediadores especializados o un sistema de gestión interna de reclamaciones que se base exclusivamente en decisiones automatizadas. LLOPIS NADAL, P., "Plataformas en línea y decisiones sobre contenidos: el sistema interno de reclamación y la resolución extrajudicial de litigios como vías de impugnación reguladas en la Ley de Servicios Digitales", en HERNÁNDEZ SAINZ, E., MATE SATUÉ, L. C. y ALONSO PÉREZ, M. T., *La responsabilidad civil por servicios de intermediación prestados por plataformas digitales*. A Coruña, Editorial Colex, S.L., 2023, pp. 140-173, p. 149.

58 Aunque se acuda a los órganos judiciales después de acudir a cualquiera de los medios de impugnación de los arts. 20 y 21, en ningún caso se entenderá que se está "recurriendo" la resolución en sentido procesal, sino que los tribunales la están conociendo por primera vez. DE MIGUEL ASENSIO, P., "Reglamento de Servicios Digitales (IV): obligaciones de todas las plataformas en línea", en *Pedro de Miguel Asensio*. 21 de noviembre de 2022. Accesible en: https://pedrodemiguelasensio.blogspot.com/2022/11/reglamento-de-servicios-digitales-iv.html

Por otra parte, la relación entre el sistema interno de gestión de reclamaciones y la resolución extrajudicial de litigios es alternativa y subsidiaria. Así, ambos mecanismos se pueden utilizar alternativamente para impugnar las mismas decisiones, esto es, las del art. 20.1 (cdo. 59) (relación de alternatividad) y, al mismo tiempo, si se decide acudir primero al sistema interno de gestión de reclamaciones, y no se obtiene respuesta o esta es contraria a la pretensión solicitada[59], se podrá posteriormente acudir al sistema de resolución extrajudicial de conflictos, aunque no del revés (relación de subsidiariedad).

3. Concepto y formas de detectar el contenido ilícito

Sin perjuicio de que más tarde se concreten, basta ahora con aclarar que las decisiones impugnables adoptadas por la plataforma en línea pueden referirse a un contenido ilícito o a uno incompatible con las condiciones generales de la plataforma (art. 20.1). En la medida en la que estas condiciones son distintas para cada una de las plataformas, solo las decisiones relativas al contenido ilícito serán aquí objeto de estudio. Por ello, es conveniente preguntarse qué se entiende por contenido ilícito y cómo la plataforma en línea puede detectarlo.

En este sentido, el RSD pretende considerar como contenido ilícito en el entorno online aquel contenido que sea ilícito en el entorno offline (cdo. 12). Para lograrlo, el art. 3.h) define el contenido ilícito como *toda información que, por sí sola o en relación con una actividad (…) incumpla el Derecho de la UE o el Derecho de cualquier Estado Miembro (…)*. De aquí se puede inferir que, en realidad, el Reglamento no define el contenido ilícito, sino que se remite al derecho de la UE o al derecho nacional para que lo hagan. A lo sumo, el Reglamento ofrece algunos ejemplos de contenido ilícito: intercambio de imágenes que representen abusos sexuales de menores o acoso en línea, entre otros (cdo. 12).

Por su parte, en relación con las formas mediante las cuales el prestador de la plataforma en línea puede detectar el contenido ilícito, es preciso mencionar que el RSD no impone a los prestadores de las plataformas en línea una obligación de buscar activamente hechos o circunstancias que indiquen la existencia de actividades o contenidos ilícitos llevadas a cabo o difundidos por terceros destinatarios a través de sus servicios (art. 8 y

59 LLOPIS NADAL, P., "Plataformas en línea y decisiones sobre contenidos…", cit., p. 166.

cdo. 30), probablemente para evitar prácticas arbitrarias de censura[60] que puedan lesionar los DDFF.

Dicho esto, son dos las formas mediante las que la plataforma en línea puede detectar el contenido ilícito. En primer lugar, puede llevar a cabo investigaciones de manera voluntaria para detectar contenidos ilícitos por iniciativa propia (art. 7), siendo frecuente que para ello utilice sistemas de moderación de contenidos (art. 3.t)[61]. Para incentivar esta actividad, el RDS se preocupa por dejar claros dos extremos (cdo. 26). Por una parte, establece que las investigaciones voluntarias no permiten asumir que el prestador de la plataforma en línea es conocedor del contenido ilícito que pueda haber en su servicio. Por otra parte, a través de la conocida como "cláusula del buen samaritano"[62], dispone que cualquier prestador de plataforma en línea debe poder acogerse a la exención de responsabilidad del art. 6, con independencia de que lleve o no a cabo investigaciones voluntarias contra contenidos ilícitos[63].

En segundo lugar, el RDS ha impuesto a los prestadores de servicios de alojamiento de datos –entre ellos, las plataformas en línea– el deber de disponer de un mecanismo de notificación y acción (art. 16) para que

---

60 SANTISTEBAN GALARZA, M., Garantías frente a la moderación de contenidos en la Propuesta de Reglamento Único de Servicios Digitales. *Revista CESCO de Derecho de Consumo,* 41. Castilla La Mancha, 2022, pp. 159-179, p. 161. https://doi.org/10.18239/RCDC_2022.41.3103

61 La "moderación de contenidos" consiste en el conjunto de actividades –automatizadas o no– realizadas por los prestadores de servicios intermediarios para detectar, identificar y actuar contra contenidos ilícitos o información incompatible con sus condiciones generales, que los destinatarios del servicio hayan proporcionado. Este tipo de medidas pueden ser de dos tipos: (i) medidas que afecten a la disponibilidad, visibilidad y accesibilidad de dicho contenido ilícito o de dicha información, como la relegación, la desmonetización de la información, el bloqueo de esta o su supresión, y (ii) aquellas que afecten a la capacidad de los destinatarios del servicio de proporcionar dicha información, como la supresión o suspensión de la cuenta de un destinatario del servicio (art. 3.t)).

62 BULTEN, M. C., The Digital Services Act: From Intermediary Liability to Platform Regulation, *JIPITEC,* 12. 2021, pp. 361-380, p. 373.

63 No obstante, a este respecto De Miguel Asensio opina que cuando se trate de servicios de alojamiento de datos con riesgo de difusión de contenidos ilícitos –como ocurre en el caso de las plataformas en línea–, la adopción de este tipo de mecanismos debería ser obligatoria para que se pueda considerar que actúan de forma diligente y poder eximirle de responsabilidad. DE MIGUEL ASENSIO, P. A., *Manual de Derecho de las nuevas tecnologías. Derecho digital.* Pamplona, Aranzadi, 2023, p. 77.

cualquier persona, entidad o alertador fiable (art. 22)[64] pueda notificar al prestador que presenta en su servicio elementos de información concretos que considera presuntamente ilícitos[65]. En particular, los prestadores cuentan con dos obligaciones: establecer mecanismos electrónicos a través de los cuales se puedan presentar estas notificaciones, y tratar la notificación y adoptar una decisión al respecto[66].

El RSD no concreta cuál es el plazo para resolver la notificación, y tan solo se limita a exigir que las decisiones se adopten *en tiempo oportuno y de manera diligente* (art. 16). Se trata de una expresión cargada de cierta ambigüedad que debe interpretarse conjuntamente con el cdo. 52 y el art. 22, de los que se desprende que resolver "en tiempo oportuno" depende de dos circunstancias: el contenido ilícito que se notifica y el sujeto notificante. Así, el plazo de resolución deberá ser más corto si la notificación indica contenidos presuntamente ilícitos que supongan una amenaza para la vida o seguridad de las personas (cdo. 52), y si el notificante es un alertador fiable (art. 22).

---

64 Reciben la condición de alertador fiable aquellas entidades que, tras solicitar y haber recibido esta condición por cumplir un conjunto de requisitos (art. 22), se dedican a informar a las plataformas en línea –y a los prestadores de servicios de alojamiento de datos en general– de la existencia en sus servicios de contenidos ilícitos, sobre los que tienen conocimientos especializados. Para más información, *vid.* CASTELLÓ PASTOR, J.J., "Nuevo régimen de responsabilidad de los servicios digitales que actúan como intermediarios a la luz de la propuesta de Reglamento relativo a un mercado único de servicios digitales", en CASTELLÓ PASTOR, J.J. (Dir.), *Desafíos jurídicos ante la integración digital: aspectos europeos e internacionales*. Pamplona, Aranzadi Thomson Reuters, 2021, pp. 37-76, p. 64.

65 A diferencia de las investigaciones voluntarias, que permiten al prestador del servicio conocer la existencia de contenidos ilícitos o incompatibles con las condiciones generales, el mecanismo de notificación y acción solo permite comunicar la existencia de elementos de contenidos ilícitos, pero no incompatibles con las condiciones generales.

66 Si el prestador de la plataforma en línea no toma una decisión contestando a la notificación, estará incumpliendo una obligación de diligencia debida (art. 16.4), de manera que el notificante le podrá exigir una indemnización por daños y perjuicios (art. 54).

IV. EL SISTEMA INTERNO DE GESTIÓN DE RECLAMACIONES (ART. 20)

Una vez tomada la decisión relativa al contenido ilícito, el prestador de la plataforma en línea tiene la obligación –a su costa[67]– de poner a disposición del afectado por la misma un sistema interno de gestión de reclamaciones. Este sistema deberá posibilitar la presentación contra la decisión de reclamaciones –suficientemente precisas y fundamentadas[68]– por vía electrónica (arts. 20.1 y 20.3) deberá ser *de fácil acceso y manejo* (art. 20.3).

Al margen de lo anterior, la regulación que ofrece el RSD acerca del sistema interno de gestión de reclamaciones se reduce a tres extremos: decisión impugnable, legitimación activa y plazo de interposición de la reclamación, y procedimiento y decisión resolutoria de la reclamación.

1. Decisión impugnable

Las decisiones impugnables a través del sistema interno de gestión de reclamaciones serán aquellas que la plataforma adopte en relación al contenido ilícito proporcionado por tercero –pero almacenado y difundido a través de su plataforma–. Estas decisiones pueden ser adoptadas en dos sentidos distintos.

Por una parte, cuando el prestador de la plataforma en línea conozca el contenido ilícito a través de sus propias investigaciones, o considere ilícito el contenido que a través de una notificación del art. 16 le facilita un tercero, emitirá una decisión actuando contra el contenido para eximirse de responsabilidad (art. 6.1.b)). Esta decisión puede consistir en cuatro medidas distintas (art. 20.1), a saber: (i) retirar la información, bloquear su acceso o restringir su visibilidad, (ii) suspender o cesar la prestación del servicio total o parcialmente a los destinatarios, (iii) suspender o suprimir la cuenta de los destinatarios, y (iv) suspender, cesar o restringir la capacidad de monetizar la información proporcionada por los destinatarios.

---

[67] LLOPIS NADAL, P., "Plataformas en línea y decisiones sobre contenidos…", cit., p. 150.

[68] Ahora bien, esta obligación no permite que el prestador de la plataforma en línea pueda exigir requisitos formales como puedan ser las explicaciones jurídicas complejas (cdo. 58), que podrían obstaculizar la reclamación del afectado por la decisión.

Por otra parte, si el prestador de la plataforma en línea recibe una notificación de un tercero sobre contenidos presuntamente ilícitos y el prestador considera que a su juicio no son ilícitos, adoptará una decisión con medidas contrarias a las del caso anterior: (i) no retirar, bloquear o restringir la visibilidad de la información, (ii) no suspender o cesar la prestación del servicio a los destinatarios, (iii) no suspender ni suprimir la cuenta de los destinatarios, o (iv) no suspender, cesar ni restringir la capacidad de monetización de los destinatarios.

Por tanto, el objeto del sistema interno de gestión de reclamaciones –y de la resolución extrajudicial de litigios– tan solo es decidir si restringir o no el contenido en cuestión, de manera que la resolución de la reclamación tan solo podrá consistir en "deshacer" o no la decisión de la plataforma relativa[69].

Sea cual sea la decisión adoptada, se deberá notificar al notificante –en caso de que haya– (art. 16.5) y al destinatario que ha proporcionado el contenido –en el caso de que la decisión lo ataque– (art. 17 y cdo. 54).

2. Legitimación activa y plazo de interposición de la reclamación

El art. 20.1 establece que la legitimación activa para impugnar cualquiera de las decisiones expuestas con anterioridad corresponde a *los destinatarios del servicio, en particular a las personas físicas o entidades que hayan presentado una notificación.* En concreto, son tres los legitimados activos: aquella persona o entidad que haya notificado a la plataforma que en ella se aloja un contenido presuntamente ilícito –que lo harán cuando la plataforma considere que el contenido es lícito–, y los destinatarios del servicio que se vean afectados desfavorablemente por la decisión (cdo. 58), sea de forma directa o indirecta[70] –esto es, sea destinatario o no de la decisión o, dicho de otro modo, haya proporcionado o no el contenido ilícito–.

Por su parte, el plazo para poder interponer la reclamación deberá determinarlo la plataforma, pero no puede ser inferior a seis meses, a contar

---

69 HUSOVEC, M., "Certification of Out-of-Court Dispute Settlement Bodies under the Digital Services Act", en *London School of Economics.* Londres, 2023, pp. 1-12, p. 10 https://papers.ssrn.com/sol3/papers.cfm?abstract_id=4501726

70 LLOPIS NADAL, P., "Plataformas en línea y decisiones sobre contenidos...", cit., p. 151.

desde el día en que se notificó la decisión al destinatario del servicio (art. 20.2 y arts. 16.5 y 17)[71].

3. Procedimiento y decisión resolutoria de la reclamación

El RSD guarda completo silencio sobre el procedimiento a seguir para que el sistema interno de la plataforma resuelva la reclamación. De hecho, ni siquiera exige que este procedimiento sea claro y transparente[72], como sí requiere en relación con la resolución extrajudicial de litigios. La ausencia de directrices procedimentales puede conllevar la disparidad de los procedimientos de los sistemas internos de gestión de las distintas plataformas, resultando perjudicado el usuario[73], que deberá habituarse al de cada una de las plataformas.

Por el contrario, el Reglamento da más detalles sobre la decisión que pondrá fin a la reclamación. En este sentido, el prestador de la plataforma en línea deberá tratarla *en tiempo oportuno*[74] *y de manera no discriminatoria, diligente y no arbitraria* (art. 20.4). Además, la decisión deberá estar necesariamente supervisada por personal adecuadamente calificado y no dictarse

---

71 Este constituye el *dies a quo* del plazo de interposición de cualquier legitimado activo, incluyendo al afectado de forma indirecta por la decisión, esto es, a aquel afectado por la decisión, pero no destinatario de la misma. El problema es que este no tiene un derecho reconocido a que se le notifique la decisión (art. 17), de manera que puede tener dificultades para conocer el inicio del plazo. Es más, la desprotección es aún mayor si se tiene en cuenta que este sujeto no tiene legitimidad para acudir a la resolución extrajudicial de litigios del art. 21.

72 BARCELÓ COMPTE, R., "Las plataformas online y la resolución extrajudicial de litigios: cuestiones críticas", en ROMERO PRADAS, M. I. *Hacia una nueva tutela efectiva de consumidores y usuarios.* Valencia, Tirant lo Blanch, 2022, pp. 617-630, p. 618.

73 BARCELÓ COMPTE, R., Las plataformas online y la resolución extrajudicial…, cit., p. 620.

74 Más allá de que resuelva en un "tiempo oportuno", el RSD no concreta cuál es el plazo para resolver del sistema interno de gestión de reclamaciones, a diferencia de lo establecido en relación con la resolución extrajudicial de litigios. Ello podría ir en detrimento del carácter célere que se le presume al sistema interno de gestión de reclamaciones. En este sentido, *vid.* CASTELLÓ PASTOR, J. J., *Daños digitales y derechos de la personalidad: determinación del tribunal competente en conflictos internacionales originados en la red.* Pamplona, Aranzadi Thomson Reuters, 2022, p. 39.

por medios exclusivamente automatizados (art. 20.6)[75], en los que parece que la UE no confía en exceso[76].

La plataforma podrá dictar una decisión resolviendo la reclamación en dos sentidos[77]: revertir la decisión –sin dilación indebida– si estima la reclamación o, en el caso contrario, mantenerla (art. 20.4). En cualquiera de los casos, el prestador de la plataforma en línea deberá comunicar de forma electrónica[78] a los reclamantes, la decisión que ha adoptado para resolver la reclamación, así como las vías de recurso de que disponen contra ella, incluyendo la resolución extrajudicial de litigios (art. 20.5) y la vía judicial.

V. LA RESOLUCIÓN EXTRAJUDICIAL DE LITIGIOS (ART. 21)

Se hubiera acudido o no previamente al sistema interno de gestión de reclamaciones, el afectado por la decisión relacionada con el contenido ilícito puede someter a la plataforma en línea a un órgano de resolución extrajudicial de litigios, con el que la plataforma deberá colaborar con carácter general[79] y obligatorio (art. 21.2 y cdo. 59).

La regulación que el RSD ofrece respecto a este mecanismo de solución alternativa de controversias es más extensa que la relativa al medio de impugnación del art. 20.

---

75 Teniendo en cuenta que es habitual que las decisiones impugnables se dicten por medios exclusivamente automatizados (cdo. 54) es destacable que su revisión no pueda gozar del mismo carácter. Esta exigencia es acertada, pues la inteligencia artificial no siempre es la mejor herramienta para entender si un contenido es contrario al ordenamiento jurídico, ya que no tiene en cuenta ni el contexto ni la finalidad del autor. En esta línea, *vid.* SANTISTEBAN GALARZA, M., Garantías frente a la moderación de contenidos…", cit., p. 73.

76 En este sentido, CASTELLÓ PASTOR, J.J., "Nuevo régimen de responsabilidad…, cit., p. 25.

77 Nótese la necesidad de diferenciar entre esta decisión -que resuelve la reclamación interpuesta a través del sistema interno de gestión de reclamaciones- y la decisión del apartado 4.1 -dictada por la plataforma en línea contra el contenido ilícito, y que es precisamente objeto de reclamación-.

78 LLOPIS NADAL, P., "Plataformas en línea y decisiones sobre contenidos…", cit., p. 154.

79 Tan solo podrá negar la colaboración cuando el mismo litigio –misma información y motivos de legalidad– esté pendiente de resolver o haya sido resuelto por un órgano jurisdiccional competente o por otro órgano de resolución extrajudicial de litigios (art. 21.2 y cdo. 59).

1. Decisión impugnable, legitimación activa y plazo de impugnación de la decisión

Las decisiones impugnables a través de la resolución extrajudicial de litigios coinciden exactamente con las impugnables a través del sistema interno de gestión de reclamaciones (art. 21.1), lo cual resulta lógico, teniendo en cuenta el carácter alternativo de ambos medios de impugnación. Por tanto, se reproduce aquí todo lo dicho anteriormente allí.

A diferencia de ello, la legitimación activa no coincide exactamente, pues aquí se exige que el legitimado activo sea el destinatario de la decisión (*destinatarios del servicio, incluidas las personas físicas o entidades que hayan enviado notificaciones, a quienes vayan destinadas las decisiones*) (art. 21). Como consecuencia, aquí ya no hay tres, sino dos legitimados activos, excluyéndose a los destinatarios del servicio que, aun no siendo destinatarios de la decisión, se han visto afectados de forma indirecta por esta[80]. Estos solo podrán impugnarla a través del sistema interno de gestión de reclamaciones u órganos judiciales.

Sea como sea, para facilitar el acceso de los legitimados activos a la resolución extrajudicial, el art. 21.1 exige a los prestadores de plataformas en línea que informen al destinatario del servicio a través de su interfaz en línea, de forma clara y sencilla, sobre la posibilidad de acceder a la resolución extrajudicial de litigios. Este deber de información ha sido una novedad con respecto a la Propuesta de Reglamento, que era criticada precisamente por su ausencia[81].

Por último, es de extrañar que para este medio de impugnación el RSD no haya previsto un plazo –mínimo– de impugnación de la decisión[82]. En consecuencia, será la plataforma la que pueda determinarlo, si bien no parece lógico que este plazo pueda ser inferior a 6 meses –plazo mínimo durante el cual se puede acudir al sistema interno de gestión de reclamaciones–, teniendo en cuenta que la resolución extrajudicial es no solo alternativa, sino también subsidiaria a aquel sistema. Si el plazo que estableciera

---

80 Estos sujetos tendrán interés en impugnar por verse afectados por la decisión cuando esta resuelva no retirar la información. En este sentido, *vid.* Barceló Compte, R. (2022). Las plataformas online y la resolución extrajudicial de litigios…, cit., p. 620.

81 Barceló Compte, R. (2022). Las plataformas online y la resolución extrajudicial de litigios…, cit., p. 621.

82 HUSOVEC, M., “Certification of Out-of-Court Dispute…”, cit., p. 3.

la plataforma fuera inferior a 6 meses, podría darse la situación en la que una vez se haya acudido al sistema interno, no se pueda posteriormente acudir a la resolución extrajudicial por haber transcurrido el plazo para ello. Sin duda, esta opción vulneraría el carácter subsidiario del que el Reglamento dota a la resolución extrajudicial de litigios.

2. Órgano de resolución extrajudicial

Al legitimado activo se le concede el poder de elegir el órgano de resolución extrajudicial que quiere que resuelva la controversia (art. 21.1). Sin embargo, esta libertad de elección no es plena, pues está condicionada a que el órgano esté certificado según las disposiciones del Reglamento (art. 21.3).

Este órgano puede ser de carácter privado, público –si lo establece un Estado Miembro– o mixto –si el Estado Miembro colabora con un órgano de resolución extrajudicial certificado de carácter privado– (art. 21.6). La postura que adopta el RSD en relación con ellos es bien distinta: sobre los organismos públicos y mixtos, tan solo menciona la posibilidad –que no obligación (cdo. 59)– de que existan (art. 21.6). Sin embargo, el RSD detalla todo un régimen para que los organismos privados puedan ser certificados.

En este sentido, el órgano de resolución extrajudicial de carácter privado que quiera ser certificado debe solicitarlo al coordinador de servicios digitales del Estado Miembro[83] en el que esté establecido. Esta autoridad deberá comprobar que el órgano cumple las condiciones del art. 21.3, entre las que destacan la imparcialidad, independencia –también financiera–, conocimientos especializados en uno o varios ámbitos específicos de los contenidos ilícitos o la eficacia y eficiencia en la resolución.

Una vez comprobadas, el coordinador de servicios digitales competente emitirá un documento que certifique a la entidad por un periodo máximo pero renovable de cinco años (art. 21.3) y lo comunicará a la Comisión Europea con el fin de ser incluido en una lista comunitaria pública de órganos certificados de resolución extrajudicial de litigios (art. 21.8). Es indudable

[83] El coordinador de servicios digitales es el responsable de todas las materias relacionadas con la supervisión y garantía del cumplimiento del presente Reglamento. Cada Estado Miembro debe designar a un coordinador de servicios digitales para que efectúe esa función en su territorio (art. 49.2 RSD).

que la certificación por sí sola es válida para que un órgano certificado pueda ser elegido para resolver conflictos del Estado Miembro donde está establecido. Ahora bien, a la luz del cdo. 59, se discute si sería preciso, además, que el órgano quede incluido en la lista pública de la Comisión para poder resolver conflictos en cualquier Estado Miembro[84].

3. Procedimiento y resolución extrajudicial

Con la elección del órgano de resolución extrajudicial de conflictos por parte del reclamante comienza el procedimiento extrajudicial. Aparte de que sea claro, justo, accesible y conforme al derecho aplicable (art. 21.3.f)), es escasa la regulación que el RSD ofrece sobre el procedimiento. En concreto, únicamente señala los siguientes tres extremos.

En primer lugar, el plazo para resolver será "razonable", y en todo caso inferior a 90 días naturales, a contar desde la impugnación de la decisión (art. 20.4). Como mucho, el órgano de resolución puede, discrecionalmente, prorrogar el plazo por otros 90 días en caso de litigios de gran complejidad.

En segundo lugar, la resolución del órgano certificado no será vinculante para ninguna de las partes (art. 20.2). En otras palabras, dictada la resolución, su cumplimiento será voluntario para ambas partes, las cuales podrán acudir a los órganos judiciales en caso de disconformidad con la resolución (cdo. 59)[85]. Evidentemente, este extremo desincentiva a los legitimados activos a acudir a este ADR, pues aun obteniendo una decisión favorable a ellos, es posible que esta no se cumpla[86]. Ahora bien, el carácter no vinculante de las decisiones no puede implicar que las plataformas siempre las incumplan –sin justificación–, ya que en ese caso no estarían actuando "de buena fe", so pena de vulnerar el art. 21.2 RSD[87].

---

84 LLOPIS NADAL, P., "Plataformas en línea y decisiones sobre contenidos...", cit., p. 161.

85 Si ello ocurre, se cuestiona cuál sería el valor en el procedimiento judicial de la decisión del órgano certificado –que no constituye un título ejecutivo–. A este respecto, Patricia Llopis propone que, dado el conocimiento especializado de los órganos que resuelven, se trate como un informe elaborado por expertos, sin perjuicio de que se cite a declarar, como peritos, a las personas del órgano certificado que han resuelto el litigio. LLOPIS NADAL, P., "Plataformas en línea y decisiones sobre contenidos...", cit., p. 172.

86 DE MIGUEL ASENSIO, P.M., "Obligaciones de diligencia debida...", cit., p. 31.

87 HUSOVEC, M., "Certification of Out-of-Court Dispute...", cit., p. 6.

En tercer lugar, el RSD dedica los arts. 21.5 y 21.6 a la regulación del pago de costas y honorarios. Sin entrar en detalle, la norma es mucho más beneficiosa para el que impugna la decisión que para la plataforma en línea (p. ej. Si el litigio se resuelve a favor del que impugna, la plataforma deberá pagar todos los honorarios y gastos que aquel haya abonado en relación con la resolución del litigio, pero no ocurre lo contrario si el litigio se resuelve a favor de la plataforma).

El resto de elementos del procedimiento no están previstos específicamente en el RSD, de manera que deberán ser regulados por el órgano de resolución en consonancia con el derecho aplicable, generándose así un procedimiento único para cada órgano de resolución que, igual que en el sistema interno de gestión de reclamaciones, acaban perjudicando al impugnante.

VI. CONCLUSIONES

Desde principios de siglo, la UE comenzó a fomentar los ADR y ODR para facilitar el acceso de los consumidores a la justicia y aumentar así su confianza en el comercio electrónico. Ahora, más de veinte años después, la transformación digital a la que asiste la sociedad ha obligado a la UE a actualizar y mejorar la regulación de los medios alternativos de solución de controversias con el objeto de seguir logrando la *e-confidence.*

El instrumento que ha llevado a cabo esta labor en el marco de los servicios digitales ha sido el Reglamento de Servicios Digitales, que ha incorporado dos medios alternativos de resolución de conflictos en sus arts. 20 y 21, previstos para resolver de forma electrónica litigios relacionados con el contenido ilícito difundido a través de las plataformas en línea[88].

A pesar de que suponen un fuerte avance en la materia –la anterior Directiva 2000/31/CE tan solo se limitaba a fomentar los ADR a través de medios electrónicos–, la normativa sigue siendo deficitaria por distintas

88 Por el contrario, hay quien considera que, más allá del sistema interno de gestión de reclamaciones, la protección de derechos como la libertad de expresión debería atajarse incentivando y mejorando el acceso a los procedimientos judiciales, en vez de fomentar la resolución extrajudicial de litigios. En este sentido, *vid.* CAUFFMAN, C. Y GOANTA, C., "A new order: the Digital Services Act and Consumer Protection", en *European Journal of Risk* Regulation. Cambridge University Press, 2021, pp. 758-774. DOI: 10.1017/err.2021.8

razones. En primer lugar, la ausencia de regulación de los procedimientos de ambos medios de impugnación puede conllevar una disminución en su calidad[89] y una consecuente pérdida de confianza en estos ADR.

En segundo lugar, estos medios de impugnación tan solo están previstos para resolver disputas relacionadas con el contenido ilícito, pero no para dirimir cualquier otra que pueda surgir a raíz del Reglamento (p. ej. Indemnización de daños y perjuicios del art. 54)[90].

En tercer lugar, el uso real de estos medios de impugnación es cuestionable, por dos motivos. De un lado, el legitimado activo se puede ver desincentivado a acudir a estos medios de resolución dado el carácter no vinculante de la resolución, que la convierte en voluntaria para la plataforma. De otro lado, aunque se exige que ambos procedimientos sean de fácil acceso, e incluso en el caso de la resolución extrajudicial es imperativo que las plataformas informen sobre la existencia del procedimiento en su página web, es dudoso que estas medidas sean suficientes para dar a conocer estos medios de solución de conflictos. Sea como sea, habrá que esperar a la entrada en vigor del Reglamento el próximo febrero para comprobar su uso real en la práctica.

A pesar de estas críticas, es conveniente insistir en el gran avance que supone el RSD en la regulación de los ADR y ODR en el contexto de los servicios digitales, que debe ser aplaudido, especialmente por querer proteger los derechos de ambas partes: las plataformas en línea y sus destinatarios[91].

VI. Bibliografía citada

BARCELÓ COMPTE, R., "Las plataformas online y la resolución extrajudicial de litigios: cuestiones críticas". En ROMERO PRADAS, M. I. *Hacia una nueva tutela efectiva de consumidores y usuarios.* Valencia, Tirant lo Blanch, 2022, pp. 617-630.

BARRAL VIÑALS, I., Conflictes amb consumidors: dissenyant eines eficients. En VINYAMATA CAMP, E., FERNÁNDEZ SEIJO, J.M., y FERRAN, E., *Justícia ciutadana.* Barcelona, Editorial UOC, 2013, pp. 11-21.

---

89 WIMMERS, J., "The out-of-court dispute settlement mechanism in the digital services act. A disservice to its own goals", en *Journal of intellectual property, information technology and electronic commerce law,* 12, 2021, pp. 381-401, p. 382.

90 DE MIGUEL ASENSIO, P.M., "Obligaciones de diligencia debida y responsabilidad de los intermediarios: el Reglamento (UE) de servicios digitales", en *La Ley Unión Europea,* 109. Madrid, Wolters Kluwer España, 2022, pp. 1-47, p. 30.

91 SAGAR, S., y HOFFMAN, T., "Intermediary liability in the EU Digital Common Market…", cit., p.9.

BARRAL VIÑALS, I., "La mediación de consumo y las demás ADR ante la Ley 7/2017 de resolución de conflictos con consumidores: ¿más retos o más oportunidades?", en *Revista Doctrinal Aranzadi Civil-Mercantil.* Pamplona, Aranzadi, 2018, pp. 57-92.

BARRAL VIÑALS, I., "Tecnología y conflictos en la era de Internet: la utilidad de las Online Dispute Resolution", en *Revista jurídica de Catalunya.* Barcelona, 2016, pp. 45-69.

BULTEN, M. C., The Digital Services Act: From Intermediary Liability to Platform Regulation, *JIPITEC,* 12. 2021, pp. 361-380.

CARRETERO MORALES, E., "Comentarios al anteproyecto de ley de mediación en asuntos civiles y mercantiles", en *Revista internacional de Estudios de Derecho Procesal y Arbitraje,* 1, 2011, pp. 1-62.

CASTELLÓ PASTOR, J. J., *Daños digitales y derechos de la personalidad: determinación del tribunal competente en conflictos internacionales originados en la red.* Pamplona, Aranzadi Thomson Reuters, 2022.

CASTELLÓ PASTOR, J.J., "Nuevo régimen de responsabilidad de los servicios digitales que actúan como intermediarios a la luz de la propuesta de Reglamento relativo a un mercado único de servicios digitales", en CASTELLÓ PASTOR, J.J. (Dir.), *Desafíos jurídicos ante la integración digital: aspectos europeos e internacionales.* Pamplona, Aranzadi Thomson Reuters, 2021, pp. 37-76.

CAUFFMAN, C. Y GOANTA, C., "A new order: the Digital Services Act and Consumer Protection", en *European Journal of Risk* Regulation. Cambridge University Press, 2021, pp. 758-774. DOI: 10.1017/err.2021.8

DE MIGUEL ASENSIO, P. A., *Manual de Derecho de las nuevas tecnologías. Derecho digital.* Pamplona, Aranzadi, 2023.

DE MIGUEL ASENSIO, P.M., "Obligaciones de diligencia debida y responsabilidad de los intermediarios: el Reglamento (UE) de servicios digitales", en *La Ley Unión Europea,* 109. Madrid, Wolters Kluwer España, 2022, pp. 1-47.

DE MIGUEL ASENSIO, P., "Reglamento de Servicios Digitales (IV): obligaciones de todas las plataformas en línea", en *Pedro de Miguel Asensio.* 21 de noviembre de 2022. Accesible en: https://pedrodemiguelasensio.blogspot.com/2022/11/reglamento-de-servicios-digitales-iv.html

EIDENMULLER, H. y ENGEl, M., "Against false settlement: designing efficient consumer rights enforcement systems in Europe", en *Ohio State Journal on Dispute Resolution,* 261, 2014, pp. 1-27. http://dx.doi.org/10.2139/ssrn.2290654

ESPLUGUES MOTA, C., "General Report: New Developments in Civil and Commercial Mediation – Global Comparative Perspectives", en ESPLUGUES, C. (Ed.) and MARQUIS, L. (Ed.) *New Developments in Civil and Commercial Mediation – Global Comparative Perspectives.* Springer, 2015, vol. 6, pp. 1-88.

EUROPEAN PARLIAMENT, DIRECTORATE-GENERAL FOR INTERNAL POLICIES OF THE UNION, *"Rebooting" the mediation directive: assessing the limited impact of its implementation and proposing measures to increase the number of mediations in the EU.* European Parliament, 2014, https://www.europarl.europa.eu/RegData/etudes/etudes/join/2014/493042/IPOL-JURI_ET(2014)493042_EN.pdf

FRANCO CONFORTI, O. D., "Mediación electrónica (e-Mediación)", en *Diario La Ley*, 8519. Madrid, Wolters Kluwer España, 2015.

GUTIÉRREZ SANZ, M. R., "La mediación de consumo a la luz de la Ley 7/2017 relativa a la resolución alternativa de litigios en materia de consumo", en *Revista de Derecho Privado*, 3, 2018, pp. 3-32.

HUSOVEC, M., "Certification of Out-of-Court Dispute Settlement Bodies under the Digital Services Act", en *London School of Economics*. Londres, 2023, pp. 1-12, p. 10 https://papers.ssrn.com/sol3/papers.cfm?abstract_id=4501726

IGLESIAS BUHIGUES, J.L. y CALDERÓN CUADRADO, M.P., "Acceso a la justicia y mediación en asuntos civiles y mercantiles. Cuatro tópicos, tres problemas y una doble precisión", en *Cooperación judicial civil y penal en el nuevo escenario de Lisboa*. Lisboa, 2011, pp. 3-60.

LLOPIS NADAL, P., "Plataformas en línea y decisiones sobre contenidos: el sistema interno de reclamación y la resolución extrajudicial de litigios como vías de impugnación reguladas en la Ley de Servicios Digitales", en HERNÁNDEZ SAINZ, E., MATE SATUÉ, L. C. y ALONSO PÉREZ, M. T., *La responsabilidad civil por servicios de intermediación prestados por plataformas digitales*. A Coruña, Editorial Colex, S.L., 2023, pp. 140-173.

MARTÍNEZ RODRÍGUEZ, N., "Un paso adelante en la protección del consumidor en el comercio electrónico: la resolución de litigios en línea", en *Revista Doctrinal Aranzadi Civil-Mercantil*, 1. Pamplona, Aranzadi, 2018.

NAVA GONZÁLEZ, W., "Los mecanismos extrajudiciales de resolución de conflictos en línea: su problemática en el derecho internacional privado", en *Anuario Colombiano de Derecho Internacional*, 13. Bogotá, 2019, pp. 187-208, http://dx.doi.org/10.12804/revistas.urosario.edu.co/acdi/a.

PALAO MORENO, G., "Mercado único digital y arbitraje de consumo internacional en España", en PÉREZ VERA, E. (ed. Lit) et al., *El derecho internacional privado entre la tradición y la innovación: libro homenaje al profesor doctor José María Espinar Vicente*. Madrid, Iprolex, 2020, pp. 477-495.

RICHARD GONZÁLEZ, M., Los procedimientos electrónicos de resolución alternativa de conflictos (on-line dispute resolution). *Diario La Ley*, 8360. Madrid, Wolters Kluwer España, 2014.

RÜHL G., "Alternative and Online Dispute Resolution for (Cross-Border) Consumer Contracts: a Critical Evaluation of the European's Legislature's Recent Efforts to promote Competitiveness and Growth in the Internal Market", en *Journal of Consumer Policy*, 38. Springer, 2015, pp. 1-36.

SAGAR, S., y HOFFMAN, T., "Intermediary liability in the EU Digital Common Market – from the E-Commerce Directive to the Digital Services Act", en *IDP: Revista d'internet, dret y política*, 34. Barcelona, Editorial UOC, 2021, pp. 1-12. https://doi.org/10.7238/IDP.V0I34.387691

SANTISTEBAN GALARZA, M., Garantías frente a la moderación de contenidos en la Propuesta de Reglamento Único de Servicios Digitales. *Revista CESCO de Derecho de Consumo*, 41. Castilla La Mancha, 2022 pp. 159-179. https://doi.org/10.18239/RCDC_2022.41.3103

STEFFEK, F., "The Relationship between Mediation and Other Forms of Alternative Dispute Resolution", en European Parliament, Directorate-General for Internal Policies of the Union, *The implementation of the Mediation Directive – Workshop 29 November 2016 – Compilation of in-depth analysis,* European Parliament, 2016, https://data.europa.eu/doi/10.2861/49216, pp. 43-70.

VALBUENA GONZÁNEZ, F., "La directiva europea sobre resolución alternativa de litigios (ADR) en materia de consumo", en *Justicia,* 2. Lugar, Editorial JM Bosch, 2014, pp. 409-443.

VINYAMATA CAMP, E., "Justícia cívica", en VINYAMATA CAMP, E., FERNÁNDEZ SEIJO, J.M., y FERRAN, E., *Justícia ciutadana.* Barcelona, Editorial UOC, 2013, pp. 7-10.

WIMMERS, J., "The out-of-court dispute settlement mechanism in the digital services act. A disservice to its own goals", en *Journal of intellectual property, information technology and electronic commerce law,* 12, 2021, pp. 381-401.

Capítulo XXV

Arbitrajes obligatorios y control del laudo

IGNACIO COLOMER HERNÁNDEZ
Catedrático de Derecho Procesal
Universidad Pablo de Olavide

I. DELIMITACIÓN DE LA CUESTIÓN II. LOS ARBITRAJES OBLIGATORIOS A JUICIO DEL TRIBUNAL CONSTITUCIONAL III. REQUISITOS PARA ESTABLECER UN ARBITRAJE OBLIGATORIO IV. POSIBLES ARBITRAJES OBLIGATORIOS EN LA ACTUALIDAD 1. El arbitraje de las Juntas arbitrales de transporte terrestre 2. El arbitraje del Tribunal Arbitral del Deporte de Lausanne V. ALCANCE DEL CONTROL JURISDICCIONAL SOBRE LOS ARBITRAJES OBLIGATORIOS A LA LUZ DE LA STEDH DE 11 JULIO DE 2023 1. El Caso Caster Semenya versus Suiza (STEDH 11 julio 2023) 2. Alcance del control jurisdiccional en los arbitrajes obligatorios VI. BIBLIOGRAFÍA.

I. DELIMITACIÓN DE LA CUESTIÓN[1]

La posibilidad de establecer arbitrajes obligatorios en concretos sectores del tráfico jurídico, referencialmente en los conflictos de consumo[2], ha sido desde un tiempo atrás una de las posibles soluciones que se han planteado para intentar aliviar el retraso de la Justicia en nuestro país[3]. De hecho, se han sucedido distintos intentos de introducir procedimientos

---

1 Trabajo realizado en el seno del Proyecto PID2022-137826NB-I00 financiado por FEDER/Ministerio Ciencia e Innovación-Agencia Estatal de Investigación sobre "Datos personales e información en la era digital: desafíos en su obtención y uso en los procesos judiciales y en los procedimientos sancionadores (DATER)".

2 Al respecto, se puede ver, entre otros, ESCALER BASCOMPTE, R "¿Se puede proteger al consumidor sin atacar desproporcionadamente los elementos esenciales del arbitraje?: La conducta procesal de parte, la voluntariedad y la regla "kompetenz-kompetenz" como posibles límites", en *Revista vasca de derecho procesal y arbitraje,* Vol. 31, nº. 3, 2019, págs. 171-187; NIEVA FENOLL, J "La obligatoriedad vs. voluntariedad en el sistema arbitral de consumo", en *La Ley. Mediación y arbitraje,* nº. 4 octubre-diciembre, 2020.

3 Ver, ESCALER BASCOMPTE, R "¿Hacia una desjudicialización obligatoria en sectores del ordenamiento plenamente disponibles? ¿Supone la STC 352/2006, de

arbitrales en los que las partes se vean sometidas a la decisión de los árbitros al margen de la expresión de una específica y directa voluntad de sometimiento a este medio de solución de controversias[4]. Sin embargo, el principal escollo para la instauración de la figura de un arbitraje obligatorio ha estado, y sigue estando en la actualidad, en el necesario respeto de la indemnidad del derecho a la tutela judicial efectiva de los ciudadanos y, muy en particular, en la no afectación de la dimensión de acceso a la justicia que se integra en ese derecho fundamental. Es por ello que los procedimientos arbitrales que, en la actualidad, podemos considerar obligatorios en nuestro Derecho, esencialmente el arbitraje en materia deportiva ante el Tribunal Arbitral del Deporte (TAS) de Lausanne y el arbitraje ante las Juntas Arbitrales de Transporte terrestre, han tenido que irse perfilando de manera sucesiva para no traspasar el límite de la afectación o vulneración del derecho de acceso a los tribunales como manifestación del derecho a la tutela judicial.

El Tribunal Constitucional ha abordado, siquiera de forma tangencial, el problema de los arbitrajes obligatorios estableciendo su posibilidad siempre que a las partes en conflicto se les garantice la posibilidad de impetrar ante los tribunales el control jurisdiccional sobre el fondo de la decisión arbitral contenida en el laudo y no, simplemente, una mera acción anulación, como sucede en la actualidad bajo los motivos tasados que se enumeran en el artículo 41 de la Ley de Arbitraje.

Este cuadro que acabamos de describir, en el que hay un derecho fundamental reconocido a los ciudadanos de acceder a los tribunales para la defensa de sus derechos e intereses legítimos y en el que al tiempo existen algunos supuestos de arbitrajes obligatorios que se construyen, como luego veremos más en detalle, sobre la base de establecer una presunción de sometimiento derivada de una ausencia de voluntad en contra, en el caso del arbitraje de transporte terrestre, y de una voluntad dirigida a otro fin, la adquisición de la condición de deportista federado, se ha visto directamente afectado por la STEDH de 11 de julio de 2023 en el denominado Caso Caster Semenya vs Suiza.

---

14 de diciembre, un reconocimiento implícito de la posibilidad en cuanto al arbitraje?" en *Justicia: Revista de Derecho Procesal,* nº 1-2, 2007, págs. 161-180.

4 Sobre la posibilidad de prescindir de la voluntariedad en los instrumentos extrajudiciales de solución de controversia ver GONZÁLEZ FERNÁNDEZ, A I, "La supresión de la voluntariedad como principio de la mediación" en *Indret,* nº 3, 2021, págs. 247-266.

Por todo ello, en el presente trabajo se van a analizar las consecuencias que, a la luz de lo establecido en la mencionada Sentencia del Tribunal Europeo de Derechos Humanos, tiene la restricción o condicionamiento de las posibilidades de sostener arbitrajes obligatorios en nuestro Derecho, muy especialmente en relación con la denominada "justicia deportiva" que excluye para los deportistas la posibilidad de acudir a la jurisdicción ordinaria.

II. LOS ARBITRAJES OBLIGATORIOS A JUICIO DEL TRIBUNAL CONSTITUCIONAL

La posición del Tribunal Constitucional respecto a la posibilidad de establecer arbitrajes obligatorios, que consecuentemente impliquen la privación o exclusión del derecho de acceso a la jurisdicción para los justiciables, es con carácter general desfavorable. La razón que explica esta postura de rechazo hacia los arbitrajes obligatorios, esto es, hacia la posibilidad de que el conflicto sea conocido por unos árbitros sin que previamente las partes no hayan manifestado su voluntad expresa de sometimiento, se encuentra en la propia conceptuación del arbitraje como «*vía extrajudicial de resolución de las controversias existentes entre las partes es un "equivalente jurisdiccional", dado que las partes obtienen los mismos resultados que accediendo a la jurisdicción civil, es decir, una decisión al conflicto con efectos de cosa juzgada*»[5]. Por tanto, el arbitraje se configura como «*un medio heterónomo de arreglo de controversias que se fundamenta en la autonomía de la voluntad de los sujetos privados (art. 1.1 CE)*» (STC 176/1996) en el que, en principio, la voluntariedad de las partes para someterse resulta esencial[6].

---

5 Entre otras, las STC 15/1987 y la STC 62/1991.

6 La voluntariedad es «*lo que constitucionalmente le vincula con la libertad como valor superior del ordenamiento (art. 1.1 CE). De manera que no cabe entender que, por el hecho de someter voluntariamente determinada cuestión litigiosa al arbitraje de un tercero, quede menoscabado y padezca el derecho a la tutela judicial efectiva que la Constitución reconoce a todos. Una vez elegida dicha vía, ello supone tan sólo que en la misma ha de alcanzarse el arreglo de las cuestiones litigiosas mediante la decisión del árbitro y que el acceso a la jurisdicción —pero no su 'equivalente jurisdiccional' arbitral, SSTC 15/1989, 62/1991 y 174/1995— legalmente establecido será sólo el recurso por nulidad del Laudo Arbitral y no cualquier otro proceso ordinario en el que sea posible volver a plantear el fondo del litigio tal y como antes fue debatido en el proceso arbitral. Pues como ha declarado reiteradamente este Tribunal, el derecho a la tutela judicial efectiva no es un derecho de libertad, ejercitable sin más y directamente a partir de la Constitución, sino un derecho prestacional, sólo ejercitable*

De ahí que el Tribunal Constitucional haya considerado reiteradamente[7] que «*si bien el derecho a la tutela judicial efectiva (artículo 24.1 CE) tiene carácter irrenunciable e indisponible, ello no impide que pueda reputarse constitucionalmente legítima la voluntaria y transitoria renuncia al ejercicio de las acciones en pos de unos beneficios cuyo eventual logro es para el interesado más ventajoso que el que pudiera resultar de aquel ejercicio. A esos efectos, se ha incidido en que dicha renuncia debe ser explícita, clara, terminante e inequívoca y si bien, por la protección que se debe dispensar a la buena fe, se ha declarado que la renuncia puede inferirse de la conducta de los titulares del derecho, no es lícito deducirla de una conducta no suficientemente expresiva del ánimo de renunciar (por todas, STC 65/2009, de 9 de marzo, FJ 4)*»[8].

Por ello, con carácter general en la jurisprudencia constitucional se ha estimado «*contrario al derecho a la tutela judicial efectiva (art. 24.1 CE) la imposición obligatoria e imperativa del sometimiento a arbitraje (por todas, STC 174/1995, de 23 de noviembre, FJ 3)*»[9].

---

por los cauces procesales existentes y con sujeción a su concreta ordenación legal (SSTC 99/1985, 50/1990 y 149/1995, entre otras)» (STC 176/1996, de 11 de noviembre).

7 Como señala SCHUMANN BARRAGÁN analizando la STC 17/2021, de 15 de febrero «*la STC se integra y actualiza una constante jurisprudencia constitucional en relación con la naturaleza del arbitraje como una renuncia puntual al ejercicio del derecho a la tutela judicial efectiva. Su fundamento constitucional es la autonomía de la voluntad (arts. 1.1, 10.1 CE y 1255 CC) que se materializa en el convenio arbitral (art. 9.1 LA). La consecuencia de su anclaje constitucional es que todo arbitraje obligatorio vulnera el derecho a la tutela y que las garantías procesales que en él se proyecta no son las del art. 24 CE, sino las garantías procesales legales que el legislador incorpora en la LA*» (cfr. "Un análisis de las garantías procesales en el arbitraje desde una perspectiva nacional y europea a raíz de la STC 17/2021 de 15 de febrero" en *Revista Ítalo-Española de Derecho Procesal*, vol 1, 2021, pág. 29).

8 STC 1/2018, de 11 de enero.

9 «*La falta de la necesaria concurrencia de la voluntad de ambas partes litigantes para someterse a este mecanismo extrajudicial de resolución de conflictos y su imposición a una de ellas, en principio, no se compadece bien con el básico aspecto contractual del arbitraje y con el derecho fundamental a la tutela judicial efectiva que garantiza el derecho de acceso a los órganos jurisdiccionales (art. 24.1 CE). La razón estriba en que ha de entenderse que en el mecanismo arbitral, la renuncia al ejercicio del derecho fundamental proviene de la legítima autonomía de la voluntad de las partes, que, libre y voluntariamente, se someten a la decisión de un tercero ajeno a los tribunales de justicia para resolver su conflicto, y ello, correctamente entendido, no implica una renuncia general al derecho fundamental del artículo 24 CE, sino a su ejercicio en un determinado momento, no quebrantándose principio constitucional alguno (SSTC 174/1995, 75/1996 y 176/1996)*» (STC 1/2018, de 11 de enero).

Esta interpretación general acerca del arbitraje obligatorio como institución contraria y lesiva del derecho a la tutela judicial efectiva de los litigantes ha sido, sin embargo, objeto de cierta flexibilización en alguno de los pronunciamientos del Tribunal Constitucional[10]. En concreto, en las Sentencias 119/2014, de 16 de julio y 8/2015, de 22 de enero, cuya doctrina es posteriormente recogida en la STC 1/2018, de 11 de enero[11], se reconoce la posibilidad de que el establecimiento de un arbitraje obligatorio no sea contrario al derecho a la tutela judicial efectiva siempre y cuando se garantice a las partes en conflicto la posibilidad de obtener un control de fondo sobre la decisión contenida en el laudo[12].

En este sentido, el Tribunal Constitucional considera que «*el arbitraje obligatorio sí resulta compatible con el derecho reconocido en el art. 24.1 CE cuando el control judicial a realizar por los tribunales ordinarios no se restringe a un juicio externo, sino que alcanza también a aspectos de fondo de la cuestión sobre la que versa la decisión*» (STC 119/2014)[13].

---

10 A nivel europeo también se ha aceptado la posibilidad de arbitrajes obligatorios, aunque vinculada al respeto de los derechos y garantías procesales de un proceso justo. Al respecto, SCHUMANN BARRAGÁN señala que «*desde una perspectiva europea, se ha aceptado por el TEDH —e implícitamente por el TJUE— la validez de arbitrajes impuestos legal o contractualmente. Estos serán válidos siempre que en ellos se proyecten las garantías del art. 6 CEDH y art. 47 CDFUE. Aunque no es evidente si es una proyección material o una mera exigencia de incorporar legalmente a modo reflejo aquellas y cumplirlas, la validez de su imposición depende de ello. La proyección e incorporación de garantías procesales fundamentales al procedimiento arbitral es una construcción peligrosa y de difícil justificación técnica. Deja sin explicar cómo se relacionan la naturaleza de la institución arbitral, los derechos procesales fundamentales y la jurisdicción ratione materiae y personae de los tribunales encargados de su protección en última instancia*» (cfr. "Un análisis de las garantías…", op.cit, pág. 29).

11 Un análisis de esta sentencia se puede encontrar en SCHUMANN BARRAGÁN, G, "Comentario a la STC 1/2018, de 11 de enero (Pleno), sobre la inconstitucionalidad del art. 73.e) de la Ley del Contrato de Seguro" en *Foro, Nueva época*, vol. 21, núm. 1 (2018), págs. 395-420; VÉRGEZ SÁNCHEZ, M, "Reflexiones sobre la Sentencia del Tribunal Constitucional (Pleno) número 1/2018, de 11 de enero (RTC 2018, 1)", en *Revista de derecho mercantil*, nº 310, 2018, 12 págs.

12 La STC 119/2014 expresamente reconoce que «*de acuerdo con la doctrina de este Tribunal, el arbitraje obligatorio no resulta conforme al derecho a la tutela judicial efectiva cuando el control judicial sobre el laudo previsto en la ley se limita a las garantías formales o aspectos meramente externos, sin alcanzar al fondo del asunto sometido a la decisión arbitral (SSTC 174/1995, de 23 de noviembre, FJ 3; y 75/1996, de 30 de abril, FJ 2)*»

13 Sobre el alcance y límites del control de fondo de la decisión arbitral ver los trabajos de ORMAZABAL SÁNCHEZ, *El control judicial sobre el fondo del laudo*, Marcial Pons, Madrid, 2017. 150 págs; y "La revisión judicial sobre el fondo del laudo:

Es decir, la vía que permite aceptar la constitucionalidad de un sistema alternativo de solución de controversias que imponga de forma obligatoria el arbitraje pasa necesariamente por garantizar un control y revisión jurisdiccional del fondo del objeto en litigio, y no simplemente una revisión del procedimiento y de los presupuestos procesales del arbitraje (jurisdicción del tribunal arbitral, arbitrabilidad de la materia litigiosa, etc), como en la actualidad se hace a través de la acción de anulación del artículo 41 de la Ley de Arbitraje[14].

Por ello, en la STC 1/2018 expresamente se reconoce que «*un arbitraje obligatorio para una de las partes en la controversia resultaría plenamente compatible con el artículo 24.1 CE si "en ningún caso excluye el ulterior conocimiento jurisdiccional de la cuestión y su fin resulta proporcionado y justificado, ya que no es otro que 'procurar una solución extraprocesal de la controversia, lo cual resulta beneficioso tanto para las partes, que pueden resolver así de forma más rápida y acomodada a sus intereses el problema, como para el desenvolvimiento del sistema judicial en su conjunto, que ve aliviada su carga de trabajo' (STC 217/1991, de 14 de noviembre, FJ 6)". [SSTC 119/2014, FJ 5 B), y 8/2015, FJ 5 c)]*»[15].

¿hasta qué punto es lícito y conveniente llegar?" en *El enjuiciamiento civil y penal hoy*. Libro homenaje a Manuel Serra Domínguez, Manuel Cachón Cadenas (dir.), Vicente Pérez Daudí (dir.), 2019, págs. 157-178.

14 «*La acción de anulación debe ser entendida como un proceso de control externo sobre la validez del laudo que no permite una revisión del fondo de la decisión de los árbitros, "al estar tasadas las causas de revisión previstas en el citado art. 41, y limitarse estas a las garantías formales sin poderse pronunciar el órgano judicial sobre el fondo del asunto, nos hallamos frente a un juicio externo"*» (STC 46/2020, de 15 de junio).

15 En el concreto supuesto, que se analizaba en la STC 1/2018, el Tribunal Constitucional consideró que no resultaba constitucional por enervar el derecho a la tutela judicial efectiva el arbitraje que se establecía en el artículo 76.e de la Ley del Contrato de Seguro. El argumento para justificar esa decisión es muy ilustrativo cuando señala que «*la posible vulneración del artículo 24 CE no vendría dada tanto por el hecho de que el contrato de defensa jurídica haya de someterse inicialmente a un procedimiento arbitral, sino, más precisamente, por impedir su posterior acceso a la jurisdicción, ya que la impugnación del laudo arbitral es únicamente posible por motivos formales (arts. 40 y ss. de la Ley 60/2003, de 23 de diciembre, de arbitraje), con la consiguiente falta de control judicial sobre la cuestión de fondo. En este sentido, no cabe duda de que una mera revisión formal sólo puede ser compatible con las exigencias del artículo 24 CE cuando la decisión arbitral es consecuencia de un verdadero y real convenio arbitral, entendido éste como la manifestación expresa de la voluntad de ambas partes de someterse a él y en consecuencia al laudo que se obtenga. Así se afirmó en la STC 174/1995, FJ 3, y se reiteró en la STC 75/1996, FJ 2, "ese control excluye las cuestiones de fondo, ya que al estar tasadas las causas de revisión previstas en el citado art. 45, y limitarse éstas a las garantías formales*

La conclusión que se puede obtener es que el uso de un arbitraje obligatorio en relación con concretas materias y sectores de la actividad puede encontrar acomodo constitucional y puede considerarse que no vulnera, ni lesiona, el derecho a la tutela judicial efectiva, si se garantiza a las partes en litigio la posibilidad de acudir a los tribunales para el conocimiento del fondo del asunto.

III. REQUISITOS PARA ESTABLECER UN ARBITRAJE OBLIGATORIO

Una vez constatada la posibilidad de que en el diseño constitucional se puedan establecer arbitrajes obligatorios sin vulnerar el derecho a la tutela judicial efectiva, siempre y cuando se garantice a las partes en conflicto la posibilidad de acceso a los tribunales para el conocimiento y el control del fondo de la decisión contenida en el laudo, resulta preciso concretar aquellas exigencias adicionales que son necesarias para imponer un arbitraje obligatorio en las controversias de un determinado sector del tráfico jurídico.

En primer lugar, por lo que se refiere a las exigencias dirigidas a procurar la salvaguarda de la indemnidad del derecho a la tutela judicial efectiva de las partes hay una doble posibilidad de configurar un arbitraje obligatorio: de un lado, utilizar un modelo similar a la presunción de voluntad de sometimiento al arbitraje, en forma semejante a la contenida en el artículo 38.1 in fine de la LOTT y que ha sido convalidado en su constitucionalidad por la STC 352/2006; y de otro lado, proceder de acuerdo a lo previsto por la STC 119/2014 estableciendo la posibilidad para las partes de acudir a los tribunales para un conocimiento y control del fondo de la controversia resuelta en el arbitraje obligatorio al que se les haya sometido.

Ambas posibles vías para la instauración de un arbitraje obligatorio, en el que se prescinda de la voluntariedad para la sumisión respecto de las partes en conflicto, pueden implementarse de forma individualizada o conjuntamente.

---

sin poderse pronunciar el órgano judicial sobre el fondo del asunto, nos hallamos frente a un juicio externo (STC 43/1988 y Sentencias del Tribunal Supremo que en ella se citan) que, como tal, resulta insuficiente para entender que el control judicial así concebido cubre el derecho a obtener la tutela judicial efectiva que consagra el art. 24.1 CE"».

Hace bastantes años, justo después de la STC 352/2006 en la que se convalidaba la constitucionalidad de la sumisión presunta al arbitraje de la Juntas de transporte terrestre, surgieron opiniones contrarias a la posibilidad de extender ese modelo a otros ámbitos jurídicos, en concreto al arbitraje de consumo[16]. A mi juicio, en la actualidad la principal carencia que presentaría extender exclusivamente un sistema de sumisión presunta *ope legis* a los conflictos de otros concretos ámbitos jurídicos, similar al existente para las controversias de transporte, se encuentra en que no cumpliría con la exigencia establecida por la jurisprudencia constitucional de garantizar a las partes la posibilidad de un control jurisdiccional sobre el fondo del objeto resuelto en el laudo[17].

La segunda posibilidad, en la que junto a una presunción de voluntad de sometimiento *ope legis* se prevea que las partes puedan acudir a los tribunales para un control sobre el fondo de la decisión contenida en el laudo, es, sin duda, la opción más garantista respecto del derecho a la tutela judicial efectiva de las partes de la controversia.

En concreto, el principal problema que plantea el acceso a los tribunales para obtener una decisión de fondo del objeto que haya sido resuelto en un previo laudo arbitral se encuentra en determinar si el conocimiento por parte del órgano jurisdiccional será un "*novum iudicium*" [18] o simplemente

16 En concreto, DE LA CUESTA SÁENZ sostenía que «*una reforma que pretendiese convertir el arbitraje de consumo en un arbitraje ex lege semejante al consagrado por la LOTT, para determinadas cuantías, sería sencillamente mortal para el sistema, que no soportaría una expansión tan brutal sin perder todas sus cualidades, y probablemente desaparecería víctima de crecientes necesidades económicas*». (cfr. "De nuevo sobre la contractualidad del arbitraje" en *Derecho Privado y Constitución*, Núm. 21. Enero-diciembre 2007. Pág. 72).

17 El uso exclusivamente de la presunción de voluntad de sometimiento en forma similar al sistema arbitral de transportes, a pesar de haber sido convalidado en su constitucionalidad por la STC 352/2006, plantea alguna duda sobre si no puede resultar lesivo para el derecho a la tutela judicial efectiva de los sujetos, toda vez que al recaer sobre los mismos la carga de emitir una voluntad contraria al sometimiento a arbitraje antes del inicio del cumplimiento del contrato, lo que en la mayoría de los casos resulta difícil de realizar. De ahí que, parezca más adecuado que el sujeto en litigo tenga la posibilidad de solicitar que la solución contenida en el laudo, sin dejar de ser vinculante, pueda ser controlada en cuanto al fondo mediante una demanda ante los tribunales jurisdiccionales que dé lugar a un *novum iudicium*.

18 La dificultad que presenta la articulación de un sistema de control sobre el fondo de la decisión contenida en el laudo se encuentra en la configuración de ese *novum iudicium* que se ha de desarrollar ante el juez o tribunal. Y más en concreto en si debe existir alguna clase de limitación en relación con el objeto resuelto en

una "*revisio prioris* instantiae"[19]. La dificultad estriba sobre todo en que si se considera que la actuación del juez o tribunal se dirige a la revisión de lo que haya actuado y decidido el tribunal arbitral estaríamos en un supuesto de apelación limitada que, por esencia, en principio, no debería recaer sobre el laudo dictado en un arbitraje, ya que no habría efecto devolutivo frente a una resolución no jurisdiccional.

En segundo lugar, dejando a salvo el derecho a la tutela judicial efectiva, en la forma ya señalada, hay que tener presente las exigencias adicionales que deberá reunir un arbitraje obligatorio para garantizar la debida calidad requerida a un sistema de solución de controversias por la normativa europea y española.

En este sentido, parece imprescindible que en un eventual sistema de arbitraje obligatorio se garantice el derecho de información de las partes tras el surgimiento del conflicto. En concreto, dicha información debería de extenderse: de un lado, al carácter vinculante de la solución que se dicte en el procedimiento arbitral[20]; y de otro lado, a la posibilidad de acudir a los tribunales para solicitar el control del fondo de la decisión contenida en el laudo.

La importancia de satisfacer este imprescindible derecho de información se traduce sobre todo en dotar a las partes en litigio de un instrumento

---

el arbitraje y el que sea conocido por el órgano jurisdiccional (vg. ¿habrá prohibición de reforma peyorativa?, etc).

19 Sobre el alcance de esta distinción se puede ver COLOMER HERNÁNDEZ, I "La denominada "doble instancia" como garantía procesal: límites en la revisión del juicio de hecho y de derecho" en *El Cronista del Estado Social y Democrático de Derecho*, nº 99, 2022, págs. 5-14.

20 No se debe perder de vista que los tribunales consideran que en los casos de pactos de sumisión a arbitraje distintos del de consumo «*la proyección de los artículos 57.4 de la ya citada Ley, en relación con el artículo 90, en su Sentencia 83/2015, de 17 de noviembre, reiterada en la STSJM de 14 de noviembre de 2018 (ROJ: STSJ M 11440/2018) donde se pronuncia en torno a la posibilidad de establecer convenios de sumisión a arbitrajes distintos del de consumo siempre que se pacten una vez surgido el conflicto material o controversia entre las partes del contrato, salvo que se trate de la sumisión a órganos de arbitraje institucionales creados por normas legales o reglamentarias para un sector o un supuesto específico, sancionando con nulidad los convenios de arbitraje pactados contraviniendo esa disposición. En el bien entendido de que ese pacto de arbitraje distinto del de consumo, una vez surgida la controversia, había de ser negociado individualmente y/o consentido expresamente y no entrañar un desequilibrio importante en perjuicio del consumidor ex art. 82.1 LGDCU*» (Sentencia Tribunal Superior de Justicia. Sala de lo Civil y Penal Madrid nº 6988/2019, de 12 septiembre).

que les permita, de un lado, conocer el alcance de la sumisión que se producirá por la presunción de voluntad establecida *ope legis* como consecuencia directamente derivada de su no oposición expresa; y de otro lado, dar la oportunidad para manifestar su expresa oposición al sometimiento enervando la presunción legal sobre la que se apoyaría el arbitraje obligatorio, de forma similar a lo que sucede con el arbitraje de transporte en el artículo 38.1 in fine de la LOTT.

IV. POSIBLES ARBITRAJES OBLIGATORIOS EN LA ACTUALIDAD

En este epígrafe vamos a analizar los dos principales supuestos en los que se puede considerar que existe un arbitraje obligatorio para las partes en conflicto: el arbitraje de las Juntas arbitrales de Transporte Terrestre y el arbitraje deportivo ante el Tribunal Arbitral del Deporte (TAS) de Lausanne. Ambos casos se articulan sobre la base de estimar la existencia de una voluntad presunta de sometimiento, en el supuesto de las Juntas de Transporte por la no emisión de una voluntad contraria al sometimiento antes del inicio del transporte, y en el caso del arbitraje del TAS por la presunción de sometimiento derivada de la voluntad expresada por los deportistas al solicitar ser incluidos en las correspondientes federaciones.

Desde este momento inicial es importante dejar constancia que en ninguno de estos dos supuestos de arbitraje está previsto la existencia de un control jurisdiccional sobre el fondo que cumpla las exigencias establecidas por el Tribunal Constitucional para la aceptación de arbitrajes obligatorios en nuestro Derecho.

1. El arbitraje de las Juntas arbitrales de transporte terrestre

La Ley 16/1987, de 16 de julio, de Ordenación de los Transportes Terrestres prevé en su artículo 37 que «*como instrumento de protección y defensa de las partes intervinientes en el transporte se crean las Juntas Arbitrales del Transporte*»[21]. Entre las funciones que tienen asignadas las Juntas se

---

[21] Las Juntas arbitrales del transporte terrestre están compuestas por un miembro de la Administración que ejercerá la presidencia y por representantes de las empresas de transporte y representantes de los cargadores y usuarios. La concreta composición se puede ver en el artículo 8 del Real Decreto 1211/1990, de 28 de septiembre, por el que se aprueba el Reglamento de la Ley de Ordenación de los Transportes Terrestres (ROTT).

encuentra la de resolver mediante arbitraje las controversias de carácter mercantil surgidas en relación con el cumplimiento de los contratos de transporte terrestre[22], entre las que se encuentran los conflictos que puedan surgir entre los consumidores usuarios de los servicios de transporte y las empresas que transporten mercancías o viajeros.

En concreto, las características que presentan las controversias de las que conocen las Juntas arbitrales son: (i) ser conflictos de naturaleza civil y mercantil; (ii) ser conflictos de naturaleza dispositiva; (ii) ser conflictos derivados del cumplimiento de un contrato de transporte; (iv) ser conflictos en los que se ejercita una pretensión de condena al cumplimiento total o parcial.

De ahí que las pretensiones de condena que podrán someterse al conocimiento de las Juntas serán: (i) pretensiones por cumplimiento defectuoso de la obligación de pago (parcial, en moneda distinta de la pactada, etc); (ii) pretensiones por incumplimiento de la obligación de pago (impago); (iii) pretensiones por cumplimiento defectuoso de la obligación de transporte (daños en los efectos, perdida parcial, retraso, etc); (iv) pretensiones por el incumplimiento de la obligación de transporte (extravío o pérdida total de la cosa objeto del porte o no realización del viaje en el caso del transporte de viajeros).

Las pretensiones que constituyen el objeto del procedimiento arbitral ante las Juntas de transporte, por su naturaleza de condena, permiten que los consumidores estén legitimados activamente, en aquellos casos en los que se ventile el incumplimiento de la obligación de transporte o el cumplimiento defectuoso de la misma, y estén legitimados pasivamente, en relación con los conflictos derivados de un incumplimiento o de un cumplimiento defectuoso de la obligación del pago del transporte a la empresa transportista.

El sometimiento de las partes en litigio a la decisión de las Juntas arbitrales de transporte se produce de dos formas claramente diferenciadas en el artículo 38 LOTT. De un lado, mediante una sumisión expresa y voluntaria previa al nacimiento del conflicto[23]; y de otro lado, mediante

---

[22] Están, en todo caso, excluidas de la competencia de las Juntas las controversias de carácter laboral, penal o tributario (artículo 6.1.a ROTT).

[23] Sobre la posibilidad excepcional de que el acuerdo de sometimiento a arbitraje sea posterior al nacimiento del conflicto ver CORREA DELCASSO, JP. "Arbitraje Institucional y Consumidores: Comentario a la sentencia del Tribunal Superior

una sumisión presunta que opera *ope legis* cuando concurren las circunstancias previstas en el propio artículo 38. Es, en este segundo supuesto, en el que se produce un sometimiento a arbitraje que puede calificarse como obligatorio, toda vez que la presunción de aceptación del sometimiento al conocimiento de la Junta arbitral de transporte se produce no por la voluntad de las partes enfrentadas, sino directamente de la ley por la presunción de voluntad de someterse que se establece en la norma. En concreto, el artículo 38.1 in fine LOTT expresamente prevé que «*se presumirá que existe el referido acuerdo de sometimiento al arbitraje de las Juntas siempre que la cuantía de la controversia no exceda de 15.000 euros y ninguna de las partes intervinientes en el contrato hubiera manifestado expresamente a la otra su voluntad en contra antes del momento en que se inicie o debiera haberse iniciado la realización del transporte o actividad contratado*».

En estos supuestos se trata de una presunción de sometimiento que opera *ope legis*, directamente desde la previsión legal, y que se impone a los litigantes, salvo que hubiesen excluido el sometimiento al arbitraje de la Junta antes del inicio del cumplimiento del contrato de transporte[24]. Es decir, en estos casos el cargador de las mercancías, el viajero o el transportista estarán sometidos directamente por la norma al procedimiento arbitral salvo que previamente lo hayan excluido mediante una manifestación expresa de voluntad en contrario.

Hay que destacar que el Tribunal Constitucional ha aceptado la constitucionalidad de esta forma presunta de sumisión a arbitraje, que es de facto un arbitraje obligatorio, por considerar que no vulnera el derecho a la tutela judicial efectiva de los justiciables.

---

de Justicia de Madrid de 12 de septiembre de 2019" en *Revista del Club Español del Arbitraje*, nº 38, 2020. Págs. 57-68.

24 Al respecto, DE LA CUESTA SÁENZ señala que «*el Tribunal Constitucional se inclina por considerar que hay una vinculación válida, derivada del silencio ("vinculación por el silencio"), y lo hace, a fortiori, porque la norma cuestionada retrasa vinculación al arbitraje hasta el momento en que debiera iniciarse la prestación del servicio contratado. Se puede objetar el acierto de la calificación de presunción legal u ope legis, y también que la norma añada al silencio de las partes supuesto de hecho de la norma, cuando menos la exigibilidad de la prestación del contrato principal, puesto que en muchos contratos de transporte cuya prestación característica sea exigible inmediatamente, "desde luego" como reza el artículo 1.113 del Código civil por no estar sometido a plazo ni a condición, no se podrá acudir a la jurisdicción ordinaria sin exponerse a la declinatoria prevista por el artículo 39 de la LEC por falta de jurisdicción debida al sometimiento de la controversia a arbitraje*» (cfr. Op.cit, 69).

Vamos por eso a ocuparnos a continuación de analizar, siquiera sucintamente, los argumentos que ha manejado el supremo interprete constitucional en la STC 352/2006, de 14 de diciembre para aceptar que la presunción de voluntad derivada del silencio de las partes en litigio permite el sometimiento de la controversia de transporte al conocimiento de las Juntas arbitrales de transporte.

El punto de partida es delimitar el objeto de la cuestión de inconstitucionalidad que planteó la Sección Decimoquinta de la Audiencia Provincial de Barcelona dudando de la constitucionalidad del párrafo tercero del art. 38.1 de la Ley 16/1987, de 30 de julio, de ordenación de los transportes terrestres (LOTT), en la redacción dada por la Ley 13/1996, de 30 de diciembre, de medidas fiscales, administrativas y del orden social. En concreto el Tribunal Constitucional lo resume indicando que «*el Auto de planteamiento entiende que dicho precepto vulnera el derecho a la tutela judicial efectiva (art. 24.1 CE) y contradice la reserva jurisdiccional del art. 117.3 CE al sustituir esa tutela judicial por la resolución arbitral de las controversias. Dicha sustitución se lleva a cabo estableciendo la presunción legal de que el silencio de las partes de los contratos de transportes terrestres equivale a la existencia de un convenio arbitral en virtud del cual sus controversias se someten a las Juntas Arbitrales de Transportes, con exclusión de la jurisdicción, lo que se opone al principio de que la renuncia a la jurisdicción requiere el conocimiento y la voluntad expresa de las partes e invierte los términos al inferirla del silencio*». Frente a la cuestión de inconstitucionalidad planteada la Abogacía del Estado y la Fiscalía se manifestaron defendiendo la constitucionalidad del precepto por no limitar, ni excluir el derecho a la tutela judicial efectiva.

El Tribunal Constitucional examinó en primer lugar si la redacción dada al artículo 38 de la LOTT en la reforma de 1996 corregía o no los defectos que se apreciaban en su redacción anterior y que determinaron su declaración de inconstitucionalidad por la STC 174/1995, entendiendo que sí los había corregido al permitir que la voluntad expresa de una de las partes en litigio, rechazando el sometimiento a arbitraje, permitiese el acceso a los tribunales[25].

---

[25] Al respecto el Tribunal señala que «*el "legislador de la Ley 13/1996, al reformar el art. 38.1 LOTT, no hace más que seguir esta indicación que le da la Sentencia" 174/1995. A la vista de la ratio decidendi de ésta, el texto del precepto aquí cuestionado se expresa en unos términos dirigidos precisamente a alejarse de la redacción anterior, atendiendo a los criterios de la STC 174/1995:*

a) La norma entonces declarada inconstitucional "al exigir un pacto expreso para evitar el arbitraje y acceder a la vía judicial, estaba supeditando el ejercicio del derecho a la tutela

En segundo lugar, el Tribunal Constitucional se planteó el valor que debía darse al silencio de las partes o más específicamente «*si el efecto que el legislador atribuye al silencio de las partes -aplicabilidad del arbitraje- está constitucionalmente justificado*»[26]. Este era el problema medular que presentaba, desde el punto de vista de la constitucionalidad del sistema de sumisión a arbitraje de las Juntas, la reforma operada en la LOTT en 1996 para obviar la inconstitucionalidad que existía en la redacción anterior. La respuesta a tal interrogante fue considerar constitucional el efecto atribuido en la Ley al silencio de las partes que permitía la sumisión al procedimiento arbitral para la solución de las controversias derivadas del cumplimiento del contrato de transporte que fueran de cuantía reducida, en aquel momento 6000 euros[27], por cuanto dicho sometimiento a arbitraje puede ser excluido por la declaración expresa de cualquiera de las partes en conflicto[28].

judicial efectiva de una de las partes al consentimiento de la otra" y este "tener que contar con el consentimiento de la parte contraria para ejercer ante un órgano judicial una pretensión frente a ella" quebrantaba «la esencia misma de la tutela judicial», vulnerando así las exigencias del art. 24.1 CE en relación con el art. 117.3 CE.
b) En cambio, la redacción del precepto aquí cuestionado permite evitar el arbitraje y acceder a la vía judicial, ejercitando pretensiones frente a la otra parte, por la mera declaración unilateral del interesado, sin necesidad de pacto y de consentimiento de la otra parte» (cfr. STC 352/2006, 14 diciembre).

26 *Ibidem.*

27 No se debe perder de vista que la cuantía de 6.000 euros respecto a la que la STC 352/2006 consideró que el sometimiento *ope legis* al arbitraje no contravenía el derecho a la tutela judicial efectiva fue elevada posteriormente hasta los 15.000 euros, cantidad nada desdeñable, por la Ley 9/2013, de 4 de julio. Y por ello, uno de los argumentos que manejó el Tribunal Constitucional para aceptar el sistema de sumisión presunta *ope legis*, la reducida cuantía de las controversias, ha sido desactivado con el incremento notable de la cuantía de las pretensiones frente a las que se establece la presunción de voluntad de sometimiento a arbitraje, deducida legalmente de la inexistencia de una voluntad expresa de oponerse al arbitraje de las Juntas de transporte

28 En concreto, el Tribunal Constitucional consideró que «*hemos de concluir que la consecuencia jurídica cuestionada -sometimiento al arbitraje-, en cuanto puede ser excluida por la declaración de una sola de las partes, cuya formulación, además, puede producirse incluso después de la celebración del contrato, no resulta desproporcionada. De una parte, porque no merece tal calificación la vinculación por el silencio resultante de una disposición normativa referida a una actividad muy concreta (contratos de transporte terrestre) y en relación únicamente con las controversias de menor entidad económica. De otra, porque los contratantes no vienen obligados a formular aquella declaración en el momento mismo del perfeccionamiento o de la formalización del contrato sino que el dies ad quem para la expresión de su voluntad contraria a la intervención de las Juntas Arbitrales se pospone hasta el*

2. El arbitraje del Tribunal Arbitral del Deporte de Lausanne

La configuración del derecho deportivo como una rama específica del ordenamiento se ha basado en gran medida en la reclamación por parte de sus cultores de una autonomía propia de la disciplina, manifestada entre otros aspectos en un intento de evitar la intervención de la jurisdicción ordinaria a la hora de solventar sus controversias. De modo que el derecho deportivo ha ido generando mecanismos propios de solución de los conflictos al margen del recurso a los tribunales de justicia, hasta el punto de que se ha sostenido la existencia de una huida de la jurisdicción ordinaria por parte de esta rama jurídica[29].

Resulta necesario resaltar que esa tensión entre los defensores de la justicia deportiva, por lo general las federaciones, y los partidarios de la justicia ordinaria de los tribunales, casi siempre los deportistas, constituye una constante en el diseño e implementación de los instrumentos necesarios para la solución de las controversias en el deporte.

La imposición de un arbitraje obligatorio para los conflictos deportivos se está produciendo en la actualidad sobre la base de las prescripciones contenidas en los Estatutos de las Federaciones Internacionales de los distintos deportes. En concreto, en las normativas federativas se establece de manera obligatoria la posibilidad de recurrir ante el Tribunal Arbitral del Deporte (TAS) las resoluciones dictadas por los órganos de las propias federaciones internacionales, así como las dictadas por las

---

momento «en que se inicie o debería haberse iniciado la realización del servicio o actividad contratada» que es cuando ha de ponderarse especialmente la seguridad de las partes en la relación negocial, aquí en un aspecto tan relevante como es el mecanismo de resolución heterónoma de conflictos» (STC 352/2006, 14 diciembre).

29 Para una síntesis de cómo ha evolucionado el proceso de sometimiento a los tribunales de los conflictos deportivos se puede consultar (ESPARTERO CASADO, J "La necesaria ilicitud de las cláusulas estatutarias federativas prohibitivas del derecho a la tutela judicial efectiva" en *Revista Jurídica de Deporte y entretenimiento. Deportes, juegos de azar, entretenimiento y música.* Thomson- Aranzadi, nº 14, pág. 63-65; BERMEJO VERA, J "Fundamentos constitucionales y criterios básicos de la legislación del deporte en España" en *El Derecho Público a comienzos del Siglo XXI. Estudios en homenaje al Profesor Allan. R. Brewer Carías,* Tomo III, Thomson-Civitas, Madrid, 2003, pág. 2889-2891; RODRÍGUEZ MERINO, A "Los conflictos deportivos y sus formas de solución. Especial referencia al sistema disciplinario deportivo" en *Introducción al derecho del Deporte,* Dykinson, Madrid, 2004, pág. 231- 234).

federaciones nacionales miembro[30]. De manera que el deportista se verá obligado a acudir al TAS frente a las resoluciones dictadas por los órganos de las federaciones internacionales o nacionales desde el momento en que al obtener la licencia federativa queda sometido a la normativa deportiva, en particular, a los estatutos tanto de la federación nacional como a los de la internacional en la que se integra la de su país.

El fundamento que se aduce para justificar ese sometimiento a la jurisdicción se encuentra en considerar que el sometimiento a las normas federativas implica el consentimiento para el arbitraje del TAS[31].

La sumisión a arbitraje se ha de basar en la existencia de una voluntad libremente expresada por las partes en conflicto por la que someten su discrepancia a la decisión de un árbitro.

En este sentido, por lo que se refiere a la voluntad del deportista de someter la controversia a un colegio arbitral, resulta evidente que ésta carece de los requisitos esenciales que son necesarios para constituir válidamente un convenio arbitral, ya que no hay una voluntad libre y expresa. Y esto ocurre en todos aquellos casos, que constituyen una gran mayoría, en los que la sumisión a arbitraje para el deportista se le pretende imponer sobre la base de la voluntad manifestada al firmar y aceptar la licencia federativa. Es decir, en estos supuestos se intenta apoyar el hecho de la sumisión del conflicto al juicio de los árbitros sobre la base de una prescripción contenida en los estatutos, y asumida "voluntariamente" por el deportista al federarse.

---

30 Por ejemplo, el artículo 57 de los Estatutos de la FIFA establece respecto a la Jurisdicción «*1. Los recursos contra los fallos adoptados en última instancia por la FIFA, especialmente por sus órganos judiciales, así como contra las decisiones adoptadas por las confederaciones, las federaciones miembro o las ligas, deberán interponerse ante el TAS en un plazo de 21 días tras la recepción de la decisión*».

31 Y así lo considera el propio TAS cuando en varias de sus resoluciones aprecia consentimiento de los deportistas para someterse a su jurisdicción derivada de su voluntad de federarse expresada al solicitar la correspondiente licencia federativa. Así, por ejemplo, entre otras resoluciones, el TAS ha señalado que «*el hecho de solicitar una licencia valía como aceptación de la competencia del TAS, incluso en ausencia de una cláusula expresa a este efecto. La Formación considera que, solicitando una licencia a la RFEC, L. se ha sometido a la competencia del TAS, así como a los reglamentos de la UCI*» (TAS 2006/A/1119); «*El deportista dio su consentimiento al artículo 40.6 de la LO 3/2013 y al incorporado artículo 13.2.3 del CMA cuando solicitó y obtuvo una licencia para competir a nivel nacional*» (TAS 2019/A/6226).

Sin embargo, no debe perderse de vista que la voluntad manifestada por el deportista al federarse es similar a la que se expresa por la parte adherente en un contrato de adhesión[32]. Toda vez que el deportista carece de opción negociadora en relación con el contenido de los estatutos de la federación, puesto que se le aplica el criterio de "lo tomas o lo dejas", sin la más mínima posibilidad de modulación de su posición como federado. De manera que, por tanto, la validez de la voluntad del deportista, y del acto de federarse como convenio arbitral, va a depender de la normativa reguladora de los contratos de adhesión. Pues en efecto, el hecho de federarse supone para el deportista la prestación de una voluntad sometida a las condiciones fijadas por una las partes, en concreto la federación, asemejándose en su naturaleza a los contratos de adhesión.

Este paralelismo entre el acto de federarse y los contratos de adhesión permite aplicar la Ley 7/1998 de Condiciones Generales de la Contratación. Y en concreto, la previsión del artículo 8. 1 cuando expresamente considera nulas aquellas condiciones generales que contradigan en perjuicio del adherente lo dispuesto en una norma imperativa.

En este sentido, deben considerarse nulas todas aquellas cláusulas federativas en las que al federarse se imponga al deportista el deber de someterse a arbitraje deportivo para la solución de los problemas, ya que esta imposición de un arbitraje basado en la voluntad expresada al federarse supone para el deportista una renuncia al derecho fundamental de acceso al proceso.

Por tanto, la voluntad expresada al firmar la correspondiente licencia federativa no es una voluntad libre de la que se pueda deducir una real intención de suscribir un convenio arbitral, sino que la necesidad de federarse para la práctica de la modalidad deportiva funciona como elemento determinante de la prestación de la declaración de voluntad, pese a que de ningún modo el deportista haya querido libremente renunciar a su derecho

---

32 El Tribunal Supremo en el Caso Roberto Heras ha señalado que «*no consta que el recurrente haya prestado libremente su consentimiento a la sumisión al TAS, pues no se puede considerar que se ha otorgado libremente dicho compromiso si se exige como requisito sine qua non para ejercer su profesión, estando la cláusula compromisoria incluida en un documento de adhesión (la licencia federativa)*» (cfr. Sentencia del Tribunal Supremo. Sala de lo Contencioso administrativo de 11 de noviembre de 2012).

a la tutela judicial efectiva por el simple hecho de realizar la actuación (federarse) que le viene impuesta externamente para poder competir[33].

Así expresamente lo reconoce el Tribunal Europeo de Derechos Humanos cuando señala en la Sentencia del asunto Caster Semenya contra Suiza que «*la parte interesada no tenía otra elección nada más que recurrir ante el TAS con el fin de constatar la naturaleza, según ella, discriminatoria del reglamento DSD, teniendo en cuenta que, para poder participar en las pruebas organizadas por Worlds Athletics, ella debía firmar una cláusula de arbitraje excluyendo el uso de los tribunales ordinarios*»[34].

Desde otro punto de vista, la aceptación de los estatutos de la federación por parte del deportista al firmar la licencia federativa no constituye un ejemplo de voluntad expresa para someter a arbitraje los conflictos, como requiere el artículo 9.1 de la Ley 60/2003, 23 de diciembre de arbitraje cuando exige que el convenio arbitral "*deberá expresar la voluntad de las partes de someter a arbitraje todas o algunas de las controversias que hayan surgido o puedan surgir respecto de una determinada relación jurídica, contractual o no contractual*".

En efecto, el acto de federarse no contiene de manera expresa una declaración de sometimiento a arbitraje, sino que éste se apoya de manera indirecta en el contenido de los estatutos federativos. Razón por la que en los casos de deportistas federados no existe *estricto senso* una real voluntad de someterse al juicio de los árbitros, sino que este efecto se presume de forma accesoria a la remisión que la propia licencia federativa hace a los estatutos de la federación.

La consecuencia de esta forma de actuar las federaciones es clara: por la vía de prescindir de la exigencia de una voluntad expresa y directa se permite de facto que los deportistas sean compelidos a renunciar a su derecho a la tutela judicial en aras a poder competir en las competiciones organizadas

---

33 «*El Tribunal considera que la elección que se ofrecía a la requirente no era participar en una competición o en otra, en función de su aceptación o no aceptación de una cláusula de arbitraje (...) la única elección ofertada a la requirente era aceptar la cláusula de arbitraje y así poder ganarse la vida practicando su disciplina a nivel profesional, o no aceptarla y deber renunciar completamente a ganarse la vida practicando su disciplina a ese nivel. Teniendo en cuenta la restricción que la no aceptación de la cláusula de arbitraje habría supuesto a la vida profesional de la requirente, no se puede afirmar que esta última haya aceptado esa cláusula de manera libre y no equívoca*» (Cfr. STEDH de 2 de octubre de 2018, Caso Pechstein y Mutu contra Suiza).

34 Cfr. Parágrafo 171 de la STEDH de 11 de julio de 2023.

por la federación. Hay, pues, una evidente limitación de los derechos fundamentales de los deportistas que no queda justificada, en modo alguno, por la protección de ningún interés deportivo, ni de la competición.

En consecuencia, la existencia de un arbitraje obligatorio del Tribunal Arbitral del Deporte (TAS) sigue siendo una realidad que de facto obliga a los deportistas a acudir a arbitraje, para recurrir las decisiones y resoluciones de las federaciones internacionales y en algunos casos también de las nacionales, pero que de *iure* hay que considerar contraria a Derecho y consecuentemente nula por limitar de forma exorbitante el derecho a la tutela judicial efectiva de los deportistas.

En este momento es preciso realizar alguna consideración con relación a cómo ha quedado la solución de conflictos deportivos en la Ley 39/2022, de 30 de diciembre, del Deporte. En particular, en lo relativo a la posibilidad o no de dar cabida al arbitraje obligatorio del TAS frente a resoluciones o decisiones de las federaciones españolas, por supuesto al margen de la posibilidad ya analizada de la imposición del arbitraje al amparo de las previsiones contenidas en los estatutos de las federaciones internacionales.

Al respecto, la nueva Ley del Deporte distingue en el Título VIII, cuya rúbrica es "De la solución de conflictos en el deporte", dos clases de actos atendiendo a su naturaleza: de un lado, actos de carácter administrativo[35], y de otro, actuaciones de carácter privado[36]. Esta distinción entre los actos es el fundamento para establecer sistemas de solución de las controversias diversos atendiendo a la naturaleza jurídica del acto respecto del que se haya generado el conflicto. En este sentido, respecto de los actos administrativos

---

[35] Artículo 116.1 Ley 39/2022 del Deporte establece que «*tienen naturaleza administrativa aquellos actos dictados por cualquiera de los órganos del Consejo Superior de Deportes en el ejercicio de potestades o competencias públicas previstas en la presente ley o en cualesquiera otras disposiciones. Asimismo, tienen esta condición las resoluciones que adopte el Tribunal Administrativo del Deporte en el ejercicio de las competencias que le reconoce el título VII*». En el número 2 de ese mismo precepto se recoge un listado de actos que específicamente tienen carácter administrativo.

[36] El artículo 117 de la Ley 39/2022 del deporte contiene un listado de actuaciones de naturaleza privada relacionadas con materias que van desde las actuaciones relativas a licencias deportivas hasta los convenios y contratos que celebren agentes privados en relación con la ejecución de competiciones en edad escolar o universitaria. En todo caso, es importante destacar que el listado contenido en el precepto es un *numerus apertus*, y que se considerarán actuaciones privadas como establece la letra I) del precepto «*Cualesquiera otras actuaciones que no tengan atribuido carácter administrativo conforme a lo dispuesto en esta ley*».

la Ley del Deporte deja claramente explicitado que las controversias habrán de solucionarse mediante la impugnación de los actos administrativos a través de la Ley de Procedimiento Administrativo y a través de la impugnación ante algún órgano del orden contencioso-administrativo[37]. En consecuencia, en relación con los actos administrativos, esto es los dictados por cualquiera de los órganos del Consejo Superior de Deportes en el ejercicio de potestades o competencias públicas y los dictados por el Tribunal Administrativo del Deporte, no es posible la imposición a los deportistas de un sometimiento obligatorio al arbitraje del TAS.

En segundo lugar, por lo que se refiere a las actuaciones privadas, el artículo 119 de la Ley 39/2022 del deporte establece que «*los tribunales del orden civil serán competentes para conocer de las cuestiones relativas a cualesquiera actuaciones previstas en el artículo 117, salvo las relativas a la prevención de la insolvencia*». Esta previsión supone un expreso reconocimiento de jurisdicción a los tribunales civiles para el conocimiento de pretensiones derivadas de actuaciones privadas, excepción hecha de las relativas a la prevención de la insolvencia. Sin embargo, esta expresa atribución de jurisdicción a los órganos jurisdiccionales del orden civil debe ser complementada, para una adecuada interpretación del precepto y del sistema de solución de conflictos privados en el deporte, con lo establecido en los apartados 3 y 4 de ese precepto.

Así en el apartado 3 se impone a las federaciones deportivas españolas y a las ligas profesionales el deber de establecer en sus estatutos o reglamentos un sistema común de carácter extrajudicial de solución de conflictos. Este sistema extrajudicial podrá consistir en un arbitraje o una mediación que «*tendrá en todo caso carácter voluntario y gratuito para las personas deportistas, que deberán manifestar su aceptación expresa*» (artículo 119.3 Ley 39/2022).

De manera que, en principio, el eventual sometimiento de los deportistas a un arbitraje sobre alguna actuación privada de una federación deportiva española requerirá una manifestación de aceptación expresa y no bastará con el simple hecho de obtener la licencia federativa. Ahora bien, no debe perderse de vista que en la parte final de ese apartado 3 se prevé que el sistema extrajudicial, en nuestro caso el arbitraje, pueda tener carácter internacional siempre que se establezca en la remisión al mismo una

---

37 El artículo 118.1 Ley 39/2022 del deporte establece que «*los actos administrativos previstos en el artículo 116 de la presente ley podrán ser impugnados de conformidad con lo establecido en la Ley 39/2015, de 1 de octubre, y en la Ley 29/1998, de 13 de julio, reguladora de la Jurisdicción Contencioso-administrativa*».

forma para la ejecución de los laudos que puedan adoptarse, sin perjuicio de lo establecido en la Ley 60/2003, de 23 de diciembre, de Arbitraje. De manera que es posible que una federación española se remita al sistema extrajudicial de solución de conflictos que tenga la federación internacional en la que encuentre incluida, que, como hemos visto, puede contener una remisión obligatoria al arbitraje del TAS.

Por tanto, la situación que se puede generar de facto es que, aunque la Ley del deporte reconozca que el sometimiento a un arbitraje establecido por las federaciones españolas habrá de ser expresamente aceptado por el deportista, en los casos en los que las federaciones españolas se remitan a los sistemas extrajudiciales establecidos por las federaciones internacionales la necesidad de aceptación expresa quede diluida dentro de la obligatoriedad del arbitraje del TAS que las federaciones internacionales establecen.

En conclusión, hay que considerar que el arbitraje obligatorio del TAS en los conflictos deportivos aparece directamente impuesto en algunas federaciones internacionales y puede, eventualmente, venir impuesto indirectamente en los conflictos de los deportistas con las federaciones nacionales por vía de la eventual remisión al sistema extrajudicial de conflictos previsto en la federación internacional en la que se integre.

V. ALCANCE DEL CONTROL JURISDICCIONAL SOBRE LOS ARBITRAJES OBLIGATORIOS A LA LUZ DE LA STEDH DE 11 JULIO DE 2023

En los apartados anteriores se ha podido ver cuáles son los requisitos que el Tribunal Constitucional considera necesarios para la implementación de un arbitraje obligatorio para las partes en litigio y se han analizado dos de los casos que, en la actualidad, se pueden considerar, al menos de facto, arbitrajes obligatorios sobre la base de una presunción de voluntad de las partes.

En este momento procede analizar las consecuencias que la doctrina establecida en la STEDH de 11 de julio de 2023 (Asunto Caster Semenya vs Suiza)[38] en relación con el alcance que debe tener el control jurisdiccional de la decisión arbitral contenida en el laudo que se haya dictado en un sistema de arbitraje obligatorio.

---

[38] Sobre este caso ver RODRÍGUEZ, J "Justicia deportiva y derechos fundamentales: la sentencia TEDH sobre Semenya" en *IusSport*, 11 julio 2023 (consultado electrónicamente).

1. *El Caso Caster Semenya versus Suiza (STEDH 11 julio 2023)*

El caso resuelto por la Sentencia del Tribunal Europeo de Derechos Humanos de 11 de julio de 2023 ha sido el de la atleta sudafricana Caster Semenya, doble campeona olímpica y tres veces campeona del Mundo en la prueba de 800 metros. Las circunstancias concurrentes en el caso fueron que en una prueba de verificación de sexo se comprobó que la deportista tenía una tasa natural elevada de testosterona, por lo que tuvo que someterse a un tratamiento médico para bajar su nivel natural de esa hormona. El 23 de abril de 2018, la Asociación Internacional de Federaciones de Atletismo ("IAAF" hoy World Athletics) publicó un reglamento que le obligaba a seguir un tratamiento médico con efectos secundarios poco conocidos, para poder reducir su tasa natural de testosterona y participar en competiciones internacionales en la categoría femenina.

La Sra. Semenya recurrió ante el Tribunal Arbitral del Deporte (TAS) impugnando la validez de ese reglamento. El TAS el 30 de abril de 2019 dictó un laudo reconociendo que el reglamento era discriminatorio, pero que constituía un medio necesario, razonable y proporcionado para los fines perseguidos por la IAAF, es decir, para asegurar una competición justa, por lo que declaró válido el reglamento. Frente a la resolución del TAS la atleta presentó recurso ante la jurisdicción suiza y el laudo fue confirmado por el Tribunal Federal Suizo mediante Sentencia de 25 de agosto de 2020.

En el recurso presentado por la defensa de la atleta ante el TEDH se plantearon diversas cuestiones: (i) La posible afectación por parte del reglamento de la IAAF del derecho al respeto de la vida privada y familiar del artículo 8 CEDH y la determinación de si su contenido podía resultar discriminatorio y contravenir la prohibición de discriminación establecida en el artículo 14 CEDH; (ii) El respeto del derecho a un recurso efectivo del artículo 13 CEDH; (iii) El derecho al proceso debido del artículo 6.1 CEDH, en su dimensión de derecho al acceso a un tribunal.

A los efectos del presente trabajo lo que interesa es analizar la posición del TEDH en relación con el derecho a un recurso efectivo de la deportista, que se vio obligada a acudir a un arbitraje ante el TAS y que después sufrió un control jurisdiccional muy limitado por parte del Tribunal Federal Suizo de Derecho Civil. Al respecto, debe destacarse el hecho de que el TEDH en su sentencia aborda el examen de las posibilidades de recurso ante el Tribunal Federal Suizo de Derecho Civil tanto cuando se ocupa de analizar el vicio de discriminación y afectación de la vida privada (artículos 14 y 8 CEDH), como cuando se centra específicamente en apreciar la existencia o no de una vulneración del derecho a un recurso efectivo del artículo 13 CEDH.

En concreto, el TEDH cuando aborda la posible violación de los artículos 8 y 14 del CEDH incluye ya expresamente consideraciones en relación con el control ejercido por el Tribunal Federal Suizo, al considerarlo muy limitado y que se concreta exclusivamente en comprobar que el laudo del TAS es conforme con el orden público[39], lo que no permitió a la recurrente obtener una respuesta a las graves alegaciones de discriminación que formulaba[40].

Por otro lado, cuando el TEDH examina el respeto del derecho a un recurso efectivo aprecia de nuevo que el control del Tribunal Federal Suizo fue muy limitado[41], ya que se circunscribió solo a verificar si el laudo del

---

39 Parágrafo 200 «*Compte tenu de ce qui précède, la Cour conclut que, dans le cadre d'un arbitrage forcé qui privait la requérante de la possibilité de saisir les juridictions ordinaires, la seule voie qui était ouverte à l'intéressée était le TAS qui, en dépit d'un raisonnement très détaillé, n'a pas appliqué la Convention et a laissé planer des doutes considérables quant à la validité du Règlement DSD, notamment s'agissant des effets secondaires du traitement hormonal, de l'incapacité de satisfaire aux exigences du Règlement DSD dans laquelle les athlètes pouvaient se trouver, et des éléments prouvant l'avantage athlétique concret en faveur des athlètes 46 XY DSD dans les disciplines du 1 500 mètres et du mile. Par ailleurs, le contrôle exercé par le Tribunal fédéral, saisi d'un recours contre la sentence du TAS, était très restreint, à savoir limité à la conformité de la sentence arbitrale avec l'ordre public, et n'a en l'espèce pas permis de répondre aux préoccupations sérieuses exprimées par le TAS d'une manière conforme aux exigences de l'article 14 de la Convention*».

40 Parágrafo 201 «*La Cour estime, pour les raisons exposées ci-dessus (lettres β à ζ), que la requérante n'a pas bénéficié en Suisse des garanties institutionnelles et procédurales suffisantes qui lui auraient permis de faire valoir ses griefs de manière effective, d'autant qu'il s'agissait de griefs bien étayés et crédibles d'une discrimination subie à raison d'un taux de testostérone élevé provoqué par ses DSD. Dès lors, et en particulier eu égard à l'enjeu personnel significatif pour la requérante, à savoir la participation de celle-ci à des compétitions d'athlétisme au niveau international et donc l'exercice par elle de sa profession, la Suisse a outrepassé la marge d'appréciation réduite dont elle jouissait dans le cas d'espèce qui portait sur une discrimination fondée sur le sexe et les caractéristiques sexuelles, laquelle ne peut être justifiée que par des « considérations très fortes » (paragraphe 169 ci-dessus). L'enjeu significatif de l'affaire pour la requérante et la marge d'appréciation réduite de l'État défendeur auraient dû se traduire par un contrôle institutionnel et procédural approfondi, dont la requérante n'a pas bénéficié en l'espèce. Il s'ensuit que la Cour n'est pas en mesure d'affirmer que le Règlement DSD, tel qu'appliqué à l'égard de la requérante, peut être considéré comme une mesure objective et proportionnée au but visé*».

41 «235. *La Cour conclut à la violation du droit à un recours effectif au sens de l'article 13 de la Convention essentiellement pour les mêmes raisons que celles qui l'ont amenée à constater une violation de l'article 14 combiné avec l'article 8 de la Convention, à savoir l'absence de*

TAS era contrario o no al orden público, y considera que hubo una violación del artículo 13 CEDH[42].

De la lectura de los razonamientos expuestos por el TEDH en esta sentencia de 11 de julio de 2023 se desprende con claridad que el elemento fundamental para apreciar la adecuación de un sistema de arbitraje obligatorio como el deportivo a las exigencias derivadas de los derechos reconocidos en la CEDH se halla en el control jurisdiccional que exista respecto a los laudos del TAS. Y en este sentido el Tribunal entiende que un control limitado a verificar si el laudo del TAS es incompatible con el orden público suizo, tal como está previsto en el artículo 190.2 de la Ley Suiza de Derecho Internacional Privado de 18 de diciembre de 1987, no resulta suficiente para el examen de la decisión arbitral en un caso, como el arbitraje del TAS, que resulta obligatorio para los deportistas.

De manera que, el TEDH considera que, si el control muy limitado ejercido por el tribunal federal puede justificarse en el campo del arbitraje comercial, donde las empresas, que generalmente están en igualdad de condiciones, están de acuerdo en una base voluntaria para establecer sus disputas de esta manera, resulta más problemático en el arbitraje en el deporte, donde los deportistas se enfrentan a organizaciones deportivas a

---

garanties institutionnelles et procédurales suffisantes en Suisse. Elle rappelle à cet égard que, dans le contexte d'un arbitrage qui lui était imposé par les règlements sportifs pertinents et qui excluait le droit de saisir tout tribunal ordinaire, la requérante n'a pas eu d'autre choix que de s'adresser au TAS pour contester la validité du Règlement DSD. Or, en jugeant que celui-ci était certes discriminatoire mais qu'il constituait néanmoins un moyen nécessaire, raisonnable et proportionné d'atteindre les buts poursuivis par l'IAAF, le TAS n'a pas apprécié la validité du règlement en cause à la lumière des exigences de la Convention et, en particulier, n'a pas répondu aux allégations de discrimination à la lumière de l'article 14 de la Convention, et ce en dépit des griefs bien étayés et crédibles de la requérante.

236. *Quant au Tribunal fédéral, son pouvoir de contrôle était en l'espèce très restreint, puisqu'il s'agissait d'une question d'arbitrage en matière de sport, et se limitait donc à la question de savoir si la sentence attaquée était contraire à l'ordre public au sens de l'article 190 al. 2 e) de la LDIP*».

42 «239. *Or, comme le TAS avant lui, le Tribunal fédéral, notamment à raison de son pouvoir de contrôle très limité, n'a pas répondu de manière effective aux allégations étayées et crédibles, entre autres de discrimination, formulées par la requérante. La Cour conclut, dans le cadre de son rôle restreint de gardienne de l'ordre public européen, que, considérés dans leur ensemble et dans les circonstances particulières du cas d'espèce, les recours internes ouverts à l'intéressée ne sauraient passer pour effectifs au sens de l'article 13 de la Convention.*

240. *Au vu de ce qui précède, la Cour estime qu'il y eu violation de l'article 13 au regard de l'article 14 combiné avec l'article 8 de la Convention*».

menudo muy poderosas[43]. Y por ello, el TEDH expresamente indica que "*no ve por qué la protección judicial debería ser menos para los atletas profesionales para las personas que ejercen una profesión más convencional*" (Parágrafo 178).

2. Alcance del control jurisdiccional en los arbitrajes obligatorios

La importancia de la STEDH de 11 de julio de 2023 en relación con la determinación del alcance que ha de tener el control jurisdiccional de los arbitrajes, en particular de los que son obligatorios, se encuentra en que supone una concreción del control que debe desarrollarse para garantizar el derecho a un recurso efectivo del artículo 13 CEDH.

En este sentido, no debe perderse de vista que la previsión contenida en el artículo 190.2 de la Ley Federal Suiza de Derecho Internacional Privado[44] respecto a los motivos de impugnación de los laudos es muy similar a los motivos de anulación contenidos en el artículo 41 Ley 60/2003 de Arbitraje[45]. Y por ello si el TEDH considera que el control del Tribunal

---

43 «177. *La Cour estime que, si le contrôle très limité exercé par le Tribunal fédéral peut se justifier dans le domaine de l'arbitrage commercial, où des entreprises qui se trouvent généralement sur un pied d'égalité s'accordent sur une base volontaire pour régler leurs litiges de cette manière, il peut s'avérer plus problématique en matière d'arbitrage dans le sport, où les individus se voient confrontés à des organisations sportives souvent très puissantes. En effet, le Tribunal fédéral a lui-même reconnu dans son arrêt concernant la requérante que «le sport de compétition se caractérise par une structure très hiérarchisée, aussi bien au niveau international qu'au niveau national. Établies sur un axe vertical, les relations entre les athlètes et les organisations qui s'occupent des diverses disciplines sportives se distinguent en cela des relations horizontales que nouent les parties à un rapport contractuel» (considérant 9.4 de l'arrêt, paragraphe 33 ci-dessus)*».

44 «*An arbitral award may be set aside only:*
a. where the sole member of the arbitral tribunal was improperly appointed or the arbitral tribunal improperly constituted;
b. where the arbitral tribunal wrongly accepted or declined jurisdiction;
c. where the arbitral tribunal ruled beyond the claims submitted to it, or failed to decide one of the claims;
d. where the principle of equal treatment of the parties or their right to be heard in an adversary procedure were violated;
e. where the award is incompatible with public policy».

45 «*1. El laudo sólo podrá ser anulado cuando la parte que solicita la anulación alegue y pruebe:*
a) Que el convenio arbitral no existe o no es válido.
b) Que no ha sido debidamente notificada de la designación de un árbitro o de las actuaciones arbitrales o no ha podido, por cualquier otra razón, hacer valer sus derechos.

Federal Suizo resulta excesivamente limitado al circunscribirse a verificar si el laudo del TAS es conforme o no con el orden público suizo, resulta evidente que la pretensión de anulación de un laudo al amparo del motivo del artículo 41.1 f) Ley 60/2003, ser contrario al orden público, no supondrá un control jurisdiccional de la resolución arbitral lo suficientemente amplio para la salvaguarda del derecho a un recurso efectivo del artículo 13 CEDH.

Al mismo tiempo, debe tenerse en cuenta que el Tribunal Constitucional ha admitido la posibilidad de arbitrajes obligatorios siempre y cuando se garantice a las partes en conflicto la posibilidad de obtener un control de fondo sobre la decisión contenida en el laudo[46]. Es decir, hay que garantizar un control y revisión jurisdiccional del fondo del objeto en litigio, y no simplemente una revisión del procedimiento y de los presupuestos procesales del arbitraje (jurisdicción del tribunal arbitral, arbitrabilidad de la materia litigiosa, etc), como en la actualidad se hace a través de la acción de anulación del artículo 41 de la Ley de Arbitraje[47].

La STEDH de 11 de julio de 2023 contribuye a perfilar el alcance del control jurisdiccional que debe existir en relación con la validez de arbitrajes obligatorios, ya que permite, desde el punto de vista del derecho a un recurso eficaz, considerar insuficiente, por limitado, un control judicial circunscrito a comprobar la conformidad o no del laudo con el orden público.

La aplicación de esta exigencia al sistema arbitral que se establezca por las federaciones españolas para los conflictos deportivos que tengan por objeto actuaciones privadas de conformidad a lo previsto en el artículo 119 de la Ley 39/2022 del deporte refuerza la necesidad de voluntariedad y la aceptación expresa del deportista al sometimiento a arbitraje, que expresamente

---

c) Que los árbitros han resuelto sobre cuestiones no sometidas a su decisión.

d) Que la designación de los árbitros o el procedimiento arbitral no se han ajustado al acuerdo entre las partes, salvo que dicho acuerdo fuera contrario a una norma imperativa de esta Ley, o, a falta de dicho acuerdo, que no se han ajustado a esta ley.

e) Que los árbitros han resuelto sobre cuestiones no susceptibles de arbitraje.

f) Que el laudo es contrario al orden público».

46 En concreto, en las Sentencias 119/2014, de 16 de julio y 8/2015, de 22 de enero, cuya doctrina es posteriormente recogida en la STC 1/2018, de 11 de enero.

47 «*La acción de anulación debe ser entendida como un proceso de control externo sobre la validez del laudo que no permite una revisión del fondo de la decisión de los árbitros, "al estar tasadas las causas de revisión previstas en el citado art. 41, y limitarse estas a las garantías formales sin poderse pronunciar el órgano judicial sobre el fondo del asunto, nos hallamos frente a un juicio externo"*» (STC 46/2020, de 15 de junio).

impone el número 3 de ese precepto, dado que la posibilidad de impugnación de los laudos prevista en el número 4 conforme a los motivos del artículo 41 Ley 60/2003 de arbitraje no cumplirá con el estándar fijado por el TEDH para considerar indemne el derecho a un recurso efectivo ex artículo 13 CEDH en relación con eventuales arbitrajes obligatorios.

A modo de conclusión, por tanto, hay que confirmar que los arbitrajes obligatorios, que enervan para las partes en litigio la posibilidad de acceso a los tribunales para la defensa de sus derechos, sólo tienen cabida en nuestro Derecho cuando exista un control material y de fondo sobre la decisión adoptada, de acuerdo a lo exigido por el Tribunal Constitucional, y a estos efectos la existencia de un control limitado sobre la conformidad con el orden público del laudo arbitral no habilita la implementación de arbitrajes obligatorios en concretos sectores de la actividad jurídica.

VI. Bibliografía

BERMEJO VERA, J "Fundamentos constitucionales y criterios básicos de la legislación del deporte en España" en *El Derecho Público a comienzos del Siglo XXI. Estudios en homenaje al Profesor Allan. R. Brewer Carías,* Tomo III, Thomson-Civitas, Madrid, 2003.

COLOMER HERNÁNDEZ, I "La denominada "doble instancia" como garantía procesal: límites en la revisión del juicio de hecho y de derecho" en *El Cronista del Estado Social y Democrático de Derecho,* nº 99, 2022.

CORREA DELCASSO, JP. "Arbitraje Institucional y Consumidores: Comentario a la sentencia del Tribunal Superior de Justicia de Madrid de 12 de septiembre de 2019" en *Revista del Club Español del Arbitraje,* nº 38, 2020.

DE LA CUESTA SÁENZ, JM "De nuevo sobre la contractualidad del arbitraje" en *Derecho Privado y Constitución,* Núm. 21. Enero-diciembre 2007.

ESCALER BASCOMPTE, R "¿Se puede proteger al consumidor sin atacar desproporcionadamente los elementos esenciales del arbitraje?: La conducta procesal de parte, la voluntariedad y la regla "kompetenz-kompetenz" como posibles límites", en *Revista vasca de derecho procesal y arbitraje,* Vol. 31, nº. 3, 2019.

ESCALER BASCOMPTE, R "¿Hacia una desjudicialización obligatoria en sectores del ordenamiento plenamente disponibles? ¿Supone la STC 352/2006, de 14 de diciembre, un reconocimiento implícito de la posibilidad en cuanto al arbitraje?" en *Justicia: Revista de Derecho Procesal,* nº 1-2, 2007.

ESPARTERO CASADO, J "La necesaria ilicitud de las cláusulas estatutarias federativas prohibitivas del derecho a la tutela judicial efectiva" en *Revista Jurídica de Deporte y entretenimiento. Deportes, juegos de azar, entretenimiento y música.* Thomson- Aranzadi, nº 14.

GONZÁLEZ FERNÁNDEZ, A I, "La supresión de la voluntariedad como principio de la mediación" en *Indret,* nº 3, 2021.

NIEVA FENOLL, J "La obligatoriedad vs. voluntariedad en el sistema arbitral de consumo", en *La Ley. Mediación y arbitraje,* nº. 4 octubre-diciembre, 2020.

ORMAZABAL SÁNCHEZ, G, *El control judicial sobre el fondo del laudo*, Marcial Pons, Madrid, 2017.

ORMAZABAL SÁNCHEZ, G, "La revisión judicial sobre el fondo del laudo: ¿hasta qué punto es lícito y conveniente llegar?" en *El enjuiciamiento civil y penal hoy*. Libro homenaje a Manuel Serra Domínguez, Manuel Cachón Cadenas (dir.), Vicente Pérez Daudí (dir.), 2019.

RODRÍGUEZ, J "Justicia deportiva y derechos fundamentales: la sentencia TEDH sobre Semenya" en *IusSport*, 11 julio 2023.

RODRÍGUEZ MERINO, A "Los conflictos deportivos y sus formas de solución. Especial referencia al sistema disciplinario deportivo" en *Introducción al derecho del Deporte*, Dykinson, Madrid, 2004.

SCHUMANN BARRAGÁN, G, "Un análisis de las garantías procesales en el arbitraje desde una perspectiva nacional y europea a raíz de la STC 17/2021 de 15 de febrero" en *Revista Ítalo-Española de Derecho Procesal*, vol 1, 2021.

SCHUMANN BARRAGÁN, G, "Comentario a la STC 1/2018, de 11 de enero (Pleno), sobre la inconstitucionalidad del art. 73.e) de la Ley del Contrato de Seguro" en *Foro, Nueva época*, vol. 21, núm. 1 (2018).

VÉRGEZ SÁNCHEZ, M, "Reflexiones sobre la Sentencia del Tribunal Constitucional (Pleno) número 1/2018, de 11 de enero (RTC 2018, 1)", en *Revista de derecho mercantil*, nº 310, 2018.

Capítulo XXVI

Por qué los árbitros no deben ser reemplazados por sistemas de inteligencia artificial

ANA MONTESINOS GARCÍA*
Profª. Titular de Derecho Procesal, Universitat de València.

ÍNDICE: I. INTRODUCCIÓN. II. RAZONES QUE OBSTACULIZAN LA VIABILIDAD DE LOS I -ÁRBITROS. 1.- Insuficiencia de datos arbitrales. 2.- La difícil interpretación del lenguaje jurídico por la IA. 3.- La falta de motivación del laudo.4.- La imparcialidad del i-árbitro: los sesgos algorítmicos. 5.- La ausencia de empatía en la resolución del conflicto. III. CONCLUSIÓN. IV. BIBLIOGRAFÍA

I.- INTRODUCCIÓN

La irrupción de la inteligencia artificial (en adelante, IA) en el arbitraje se vislumbra como inevitable y, por ello, aun cuando la doctrina le está dedicando más atención al ámbito judicial, no podemos ignorar su impacto en este medio de resolución de conflictos. De manera que, superada la permisibilidad de la utilización de la tecnología para facilitar la comunicación entre las partes, gestionar el procedimiento arbitral o incluso practicar la prueba, nos cuestionamos en este estudio si se puede o se podrá en un futuro cercano recurrir a sistemas de IA para arbitrar determinadas disputas[1].

---

* Miembro del grupo de investigación MedArb de la UV. Este capítulo ha sido escrito en el marco del proyecto de investigación “Claves para una justicia digital y algorítmica con perspectiva de género”, PID2021-123170OB-I00. Su elaboración ha sido posible gracias a la realización de una estancia investigadora en la Facultad de Derecho de la Universidad de Leicester con el profesor Pablo Cortes, a quien desde aquí muestro mi más sincero agradecimiento.

1 La gran mayoría de instituciones arbitrales emplean medios electrónicos en sus arbitrajes. Pioneros fueron, entre otros, los proyectos *Netcase* de la Corte Internacional de arbitraje de la Cámara de Comercio Internacional (ICC), *Electronic Case Arbitration Facility* (ECAF) del Centro de Mediación y Arbitraje de la Organización

En los últimos años han surgido distintos sistemas de IA que están siendo aplicados en la práctica jurídica y que podrían trasladarse al ámbito del arbitraje[2]. A pesar de ser conscientes de la dificultad que entraña la falta de precedentes y la confidencialidad de los datos en este escenario, no olvidemos que estamos ante un mecanismo flexible, caracterizado por su base consensual y por la libertad y autonomía de la voluntad de las partes imperante en la configuración del proceso.

La forma en que la IA puede incidir en el arbitraje va a depender, entre otras, de la tecnología utilizada, las tareas que se le asignen y el nivel de supervisión e intervención humana[3]. Su incorporación en el proceso arbitral puede variar enormemente según sus aplicaciones, que pueden ir desde simples buscadores avanzados de jurisprudencia, pasando por herramientas que auxilien en la selección de los árbitros, investigación jurídica, asistencia en la redacción de cláusulas arbitrales, análisis predictivo, "chatbots" para informar a las partes litigantes, asistencia de intérpretes (simultáneos) o traducción de documentos, gestión de los casos, herramientas para la programación inteligente de reuniones, etc. hasta la completa resolución del litigio en línea. De manera que una gran cantidad de *softwares*, algunos de las cuales ya han salido al mercado mientras que otros se encuentran todavía en fase de gestación, prometen no solo agilizar la práctica totalidad de las fases del arbitraje, sino también transformar el *modus operandi* de este medio de resolución de conflictos.

Los sistemas de IA pueden limitarse a asistir a las partes y al árbitro (en la preparación del caso, en el cometido de sus funciones y en el desarrollo del proceso), o ir más allá y apropiarse de un rol decisorio. De ahí que se comparta que el empleo de IA en el arbitraje puede desempeñar dos

---

Mundial de la Propiedad intelectual (OMPI) y W*ebFile* de la Asociación Americana de Arbitraje (AAA)

2 De hecho, el empleo de sistemas de expertos, algoritmos y modelos computacionales en el asesoramiento, predicción y toma de decisiones judiciales es ya una realidad en el mundo jurídico. En este sentido, BARONA VILAR, S., "Cuarta revolución industrial (4.0.) o ciberindustria en el proceso penal: revolución digital, inteligencia artificial y el camino hacia la robotización de la justicia", en *Revista Jurídica Digital* UANDES 3/1, 2019, p. 1.

3 ABBOTT, R., y ELLIOTT, B.S., "Putting the Artificial Intelligence in Alternative Dispute Resolution: How AI Rules Will Become ADR Rules", en *Amicus Curiae*, series 2, vol 4, núm. 3, 2023, p. 688.

grandes funciones: asistencial o decisoria[4]. Por cuestiones de espacio solo vamos a analizar la segunda, la IA decisoria, esto es, el supuesto en el que la "máquina inteligente" resuelve la controversia, o lo que es lo mismo, el árbitro-robot, al que vamos a denominar i-árbitro. Sin lugar a dudas, la resolución de conflictos operada por i -árbitros es uno de los temas más espinosos y que más inquieta a los operadores jurídicos[5].

Aunque algunos autores entienden que la función arbitral es susceptible de automatización[6], la mayoría, entre la que me incluyo, considera que muchas de las tareas que desempeñan los árbitros no pueden ser totalmente automatizadas[7]. Los árbitros van a poder beneficiarse de la IA para mejorar su trabajo y complementar su actividad, pero no van a, en

---

4 MARTÍN DIZ, F., "Smart ODR: I-Arbitraje e I-Mediación. Integración de medios extrajudiciales de resolución de litigios e inteligencia artificial", *Justicia poliédrica en periodo de mudanza (Nuevos conceptos, nuevos sujetos, nuevos instrumentos y nueva intensidad),* (BARONA VILAR, ed.), Valencia, Tirant Lo Blanch, 2022. En el mismo sentido, CATALÁN CHAMORRO, M.J., "El salto definitivo del arbitraje electrónico a través de la inteligencia artificial", en *Psicoanálisis del arbitraje: solución o problema en el actual paradigma de justicia,* (BARONA VILAR, ed^{a}.), Valencia, Tirant Lo Blanch, 2020, pp. 434 y ss.

5 Al respecto, advierte BARONA VILAR, estamos ya asistiendo al uso instrumental de los algoritmos e IA en el mismo ejercicio de la función decisora, emergiendo la figura de los «robots» que no asisten, sino sustituyen al ser humano. Un nuevo estadio con máquina o robot inteligente que decide de acuerdo con unos criterios humanamente alimentados pero que camina imparablemente a la máquina-robot con capacidad *sui generis* de resolver por sí misma, a través de un modelo computacional que supere las falencias de la mente humana y que permita mejorar la capacidad de propuesta y/o decisión de la mente humana, incluso construyendo decisiones más justas. BARONA VILAR, S., "Psicoanálisis de las ADR. Retos en la sociedad global del siglo XXI", en *LA LEY Mediación y Arbitraje,* núm. 1, enero-marzo 2020, p. 16.

6 Entre otros, EIDENMOLLER, H. y VARESIS, F., "What is an arbitration? artificial intelligence and the vanishing human arbitrator", en *New york university journal of law & business,* vol. 17, núm. 1, 2020; RABINOVICH-EINY, O., y KATSH, E., "Access to Digital Justice: Fair and Efficient Processes for the Modern Age", en *Cardozo J. Conflict Reso*l, vol. 18, 2017. pp. 637-657. Por su parte, BENNET, KAROL y KUYAN entienden que, si no ya, pronto la IA va a ser entrenada hasta tal punto que pueda llegar a realizar las tareas del árbitro y emitir laudos, incluso supliendo las deficiencias del arbitraje, haciendo este método de resolución de conflictos altamente atractivo. "Artificial Intelligence and Arbitration: The Computer as an Arbitrator -Are We There Yet?", en *Dispute Resolution Journal,* vol. 74, núm. 4, oct. 2020.

7 SHAWANI, M., 'ADR and Artificial Intelligence: Boon or Bane?', 2020, https://lexforti.com/legal-news/adr-and-artificial-intelligence

modo alguno, verse desplazados ni sustituidos. Es cierto que algunas de sus actuaciones pueden automatizarse, pero otras muchas requieren la comprensión humana y determinadas habilidades que, con el estado de la IA actual[8], no pueden ser reproducidas con éxito por las máquinas[9].

La configuración de sistemas de IA que desarrollen las labores de los árbitros hasta el punto de reemplazarlos se enfrenta ante diversos escollos o limitaciones. A los que consideramos más relevantes vamos a dedicar las siguientes líneas.

II. RAZONES QUE OBSTACULIZAN LA VIABILIDAD DE LOS I ÁRBITROS

Antes de comenzar a analizar la viabilidad de que un sistema de IA pueda resolver un conflicto arbitral sin intervención humana, conviene muy someramente reflexionar acerca de si es posible designar a i -árbitros conforme a la ley, dado que, hoy por hoy, ninguna norma arbitral (hasta donde alcanza nuestro conocimiento) se pronuncia, en un sentido u otro, sobre ello.

La gran mayoría de textos normativos internacionales omite la referencia a que el árbitro sea humano, lo que, entendemos, se atribuye al hecho de que parecería redundante[10]. A título de ejemplo, el Convenio de Nueva

---

8 Un gran número de tareas en el arbitraje requieren tecnología de IA general, que todavía no existe. Hasta que esta no se desarrolle, no podrá equipararse a la inteligencia humana. Recordamos que, en el estado actual de la tecnología, la IA es estrecha o débil (*artificial narrow intelligence,* ANI) y sólo es capaz de resolver problemas concretos o realizar tareas específicas. Vid. CALO, R., "Artificial Intelligence Policy: A Primer and Roadmap ", *University of California, Davis Law rev.*, núm. 51, 2017, p. 405. Como señala GUZMÁN FLUJA, esto tiene un impacto directo en la posibilidad de que una IA pueda generar una resolución en la que decida materialmente un conflicto, en el caso que analizamos, un laudo arbitral. Ello es así porque, hoy por hoy, la llamada IA no es realmente sustitutiva de la inteligencia humana, falta la conciencia de sí misma y la capacidad de tener experiencias vitales. "Arbitraje y soluciones técnicas inteligentes: elementos para un debate", en *Justicia algorítmica y neuroderecho, Una mirada multidisciplinar,* (BARONA VILAR, edª.), Valencia, Tirant Lo Blanch, 2021, pp. 577 y 578.

9 Vid. LINDQUIST, D.H., y DAUTAJ, Y., 'AI in International Arbitration: Need for the Human Touch', en *Journal of Dispute Resolution,* vol. 2021, issue 1, art. 6, 2021, pp. 1-27.

10 GUILLERMO ARGERICH, J.G., "¿Hacia el determinismo arbitral? La inteligencia artificial en la toma de decisiones", en *LA LEY, SAIJ (Sistema argentino de información jurídica),* 14 de febrero de 2020, pp. 4-5.

York sobre reconocimiento y ejecución de sentencias arbitrales extranjeras no dice nada al respecto[11]. Por su parte, la Ley Modelo sobre Arbitraje Comercial Internacional de la CNUDMI tampoco exige de manera expresa la condición humana del árbitro, aunque así parece desprenderse de su articulado cuando se refiere al mismo[12]. Esto ha llevado a que parte de la doctrina considere válido al i- árbitro, por lo menos conforme a los textos internacionales mencionados que no aluden a la persona física, argumentando que lo que no está prohibido, está permitido y dependerá de que las partes estén de acuerdo en este sentido. Aunque sería oportuno modificar las normas para admitir o prohibir expresamente la IA[13]. En definitiva, como no se prohíbe, si las partes así lo pactan, será viable[14].

Sin embargo, distintas leyes arbitrales nacionales, como la española (Ley 60/2003, art. 13), francesa (Código de Procedimiento Civil, art. 1450), holandesa (Código de Procedimiento Civil, art. 1023) o portuguesa (Ley de Arbitraje Voluntario, art. 9), exigen que la condición de árbitro recaiga en una persona «natural» o en un «individuo»[15]. A la luz de estas normas, no parece, por tanto, permitida esta posibilidad.

---

11 El Convenio de Nueva York de 1958 se refiere a los árbitros en dos artículos, art. I (2) y art. V (1)(b), en los que no establece que estos deban ser humanos; lo que resulta lógico dado la época en la que se firmó, en la que no se pensaba en IA.

12 En este sentido, el art. 11(1) proclama que: "Ninguna persona estará impedida por razón de su nacionalidad para actuar como árbitro…", y el art. 12(1) dispone: "[c]uando se recurra a una persona en relación con su posible nombramiento como árbitro, deberá revelar cualquier circunstancia que pueda dar lugar a dudas justificadas acerca de su imparcialidad …".

13 GUILLERMO ARGERICH, J. J., "¿Hacia el determinismo arbitral? …", cit., pp. 4-5. Señala SIM que esta filosofía sería liberalmente "pro-elección": si las partes han elegido un robot para decidir su disputa, que así sea. Por lo tanto, es mucho más probable que la IA irrumpa en el arbitraje que en sede judicial, dado que las partes pueden permitir que los robots sustituyan a los árbitros en la resolución de su litigio, pero sólo el Estado puede sustituir a los jueces. "Artificial Intelligence and Arbitration", 'Will Artificial Intelligence Take over Arbitration?", en *Asian Journal of International Arbitration,* 2018, vol. 4, núm. 1, p. 3.

14 Aunque esto va a depender, en última instancia, de si los tribunales judiciales adoptan una postura pro- arbitraje a la hora de proceder a la ejecución de los laudos dictados por i- árbitros.

15 MARTÍN DIZ, F., "Smart ODR: I-Arbitraje e I-Mediación…", cit., p. 393. Véase la clasificación realizada por KASAP de las diferentes legislaciones en tres grupos: aquéllas que exigen explícitamente que el árbitro sea una persona física con plena capacidad; las que no establecen expresamente que los árbitros deban ser humanos, pero los conciben como tal al exigir normas que sólo un ser humano

Sea en un ámbito u otro (nacional o internacional), se prevea en la norma la condición de persona natural o no se diga nada al respecto, entendemos que la autonomía de las partes, eje del arbitraje, es un principio de crucial importancia que debe tenerse en cuenta a la hora de abordar esta materia. Con base en este principio, probablemente sea más factible aceptar la viabilidad de los i- árbitros en sede arbitral que la de los i-jueces en sede judicial[16]

No obstante, son numerosos los obstáculos con los que nos vamos a encontrar y a los que nos vamos a referir con detenimiento a continuación, entre los que destacamos: la carencia de datos suficientes en el arbitraje para alimentar el sistema de IA; la difícil comprensión del lenguaje jurídico por la IA cuando tengan que dictarse laudos en derecho; la falta de motivación de las decisiones emitidas por la máquina; las dudas acerca de la imparcialidad de los i árbitros y la ausencia de empatía en la resolución del conflicto[17].

---

puede cumplir o atribuyen características que son exclusivas de los humanos y, por último, las que ofrecen menos detalles sobre los árbitros y que, aunque también presuponen que el árbitro es una persona física, difieren en tanto que para actuar como tal, no exigen cualificaciones propias de los humanos, por lo que parecen ser más indulgentes y abren la posibilidad a que la IA actúe como árbitro en el futuro. "Can Artificial Intelligence ("AI") Replace Human Arbitrators? Technological Concerns and Legal Implications", en *Journal of Dispute Resolution*, Issue 2, article 5, 2021, pp. 239 y ss.

16 Aunque no se trate de una norma arbitral, conviene traer a colación el Reglamento europeo General de Protección de Datos (incorporado en nuestro país por medio de la LO 3/2018), cuyo artículo 22, manifiesta que "todo interesado tendrá derecho a no ser objeto de una decisión basada únicamente en el tratamiento automatizado, incluida la elaboración de perfiles, que produzca efectos jurídicos en él o le afecte significativamente de modo similar". Sin embargo, contempla a continuación tres excepciones, una de las cuales se refiere a que exista consentimiento explícito del interesado, en cuyo caso "el responsable del tratamiento adoptará las medidas adecuadas para salvaguardar los derechos y libertades y los intereses legítimos del interesado, como mínimo el derecho a obtener intervención humana por parte del responsable, a expresar su punto de vista y a impugnar la decisión". Trasladado al ámbito del arbitraje, podríamos concluir que, serán posibles las soluciones completamente automatizadas en el arbitraje si las partes así lo prevén en un convenio en el que acuerden explícitamente la automatización de la resolución de su conflicto. Ahora bien, para que esta opción resulte viable, habrá de garantizarse el derecho de las partes a obtener intervención humana, además de salvaguardar sus derechos y garantías.

17 El único ejemplo de arbitraje llevado a cabo por un sistema de IA del que tenemos conocimiento es el caso de *E-Court* de los Países Bajos puesto en funcionamiento

1.- Insuficiencia de datos arbitrales

El principal problema con el que nos topamos a la hora de configurar sistemas de IA en el arbitraje, reside en el difícil acceso a los laudos, expedientes y procedimientos arbitrales, debido a la confidencialidad que reina en este contexto. Sin una muestra suficiente, en tamaño y representatividad, de todos esos datos no parece viable el diseño con éxito de una herramienta que resulte verdaderamente fiable[18].

Como sabemos, los sistemas de IA "se alimentan" de datos. La disponibilidad de los datos es, por tanto, una condición esencial para su desarrollo[19]. Aunque no existe una regla sobre el tamaño necesario de la muestra, cuantos más datos (mayor sea su volumen), mejor funcionará la IA dado que podrá refinar en mayor medida los modelos de aprendizaje automático, mejorar su capacidad[20] y precisar el valor predictivo del mo-

---

en el año 2010. Sus sentencias las emitía con carácter exclusivo un programa de IA, aunque se dictaban en nombre de un juez humano (porque la legislación holandesa no contempla la posibilidad de un juzgador digital) y con posterioridad se solicitaba a los tribunales judiciales un "permiso de ejecución". Su funcionamiento fue muy criticado y muchos tribunales se negaron a conceder los títulos ejecutivos, lo que provocó su cierre en 2018. ULENAERS, J., "The Impact of Artificial Intelligence on the Right to a Fair Trial: Towards a Robot Judge?", *Asian Journal of Law and Economics,* vol. 11, issue2, 2020, pp. 12 y 13.

18 MARTIN DIZ, F., "Smart ODR: I-Arbitraje e I-Mediación…", cit., p. 398. En este sentido, consideran EIDENMÜLLER, y VARESIS que el factor que limita los sistemas de IA no son tanto los retos de desarrollo del *software,* sino la disponibilidad de los datos de entrenamiento del aprendizaje automático. "What is an Arbitration? …", cit., p. 69.

19 Cuanto mayor sea el conjunto de datos, más capaz será la IA. MANHEIM, K. y KAPLAN, L., "Artificial Intelligence: Risks to Privacy and Democracy", en *Yale J. L. & Tech,* núm. 21, 2019, p. 122.

20 Carta ética europea sobre el uso de la inteligencia artificial en los sistemas judiciales y su entorno adoptada por el CEPEJ, Estrasburgo, 3-4 de diciembre de 2018, p. 16. "Ningún conjunto de datos es completo, siempre hay espacio para información adicional". Elite Data Science, "Overfitting in Machine Learning: What It Is and How to Prevent It", 2019, https://elitedatascience.com/overfitting-in-machine-learning.
En consecuencia, las áreas con mayor número de laudos serán más adecuadas para los modelos de IA. Por ejemplo, en el arbitraje internacional de inversiones, aunque no existen estadísticas fiables, se calcula que se dictan al año alrededor de 60 laudos, lo que no da lugar a muestras especialmente grandes. SCHERER, M., "Artificial Intelligence and Legal Decision-Making: The Wide Open? Study on the

delo extraído[21]. Encontrar vastas cantidades de datos en el contexto del arbitraje es complicado por las razones que exponemos seguidamente[22].

En primer lugar, los laudos arbitrales rara vez se publican. Esto se debe a la naturaleza del propio arbitraje, que se caracteriza por su privacidad y confidencialidad, lo que se aprecia como una de las ventajas más atractivas de este instrumento. De manera que, en comparación con las sentencias judiciales, el acceso a los laudos y al material arbitral para su posterior análisis es muy limitado, por lo que la recopilación de grandes volúmenes de datos arbitrales supone todo un reto y, por ende, el diseño de una base de datos para configurar un modelo de IA se revela altamente complejo. Esto no quiere decir, sin embargo, que desarrollar sistemas de IA para el arbitraje sea imposible. Puede ser que con el tiempo se vayan obteniendo y recopilando más datos si tenemos en cuenta los siguientes aspectos:

1) Existe una tendencia en el arbitraje comercial internacional hacia la publicidad de los laudos y decisiones arbitrales[23]. En este sentido, diversas instituciones arbitrales han comenzado a publicar bien la totalidad o bien una selección de sus laudos[24]. Destaca en este sentido, la iniciativa llevada a

---

Example of International Arbitration", Queen Mary University of London, School of Law, en *Legal Studies Research Paper*, núm. 318, 2019, p. 16.

21 Los especialistas en datos a menudo se refieren a las cuatro V del Big Data: volumen, variedad, velocidad y veracidad como piedras angulares de los proyectos basados en datos. Al principio, la atención se centraba únicamente en las tres primeras (volumen, variedad y velocidad). HELVESTON, M., "Consumer Protection in the Age of Big Data", en *Wash. U. L. Rev.*, vol. 93, núm. 4, 2016, p. 867. La veracidad se añadió posteriormente. HU, M., "Small Data Surveillance v. Big Data Cybersurveillance", en *Pepperdine. Law Review,* vol. 42, núm. 4, issue 3, p. 795, 2015; VARE, T. y MATTIOLI, M., "Big Business, Big Government and Big Legal Questions", *Managing Intell. Prop*, núm. 243, 2014, p. 46.

22 KASAP, G.H., "Can Artificial Intelligence ("AI") ...", cit., p. 222; RHIM, Y. y PARK, K., *"The Applicability of Artificial Intelligence in International Law"*, en *J. East Asia & Int'l* L., vol. 12, núm. 1, 2019, pp. 7- 30.

23 Vid. KARTON, J., "A Conflict of Interests: Seeking a Way Forward on Publication of International Arbitral Awards", en *J. London Ct. Int'l Arb.* vol. 28, núm. 3, 2012, pp. 447- 486.

24 La ICC, ICDR, SIAC o la Cámara de Milán son algunas de las instituciones arbitrales que publican una selección de sus laudos (generalmente con el permiso de las partes, cuyos nombres excluyen), mientras que CIADI, CAS y SMA publican la totalidad de los mismos. Vid. las instituciones arbitrales que publican o no sus laudos en PAISLEY, K. y SUSSMAN, E., "Artificial Intelligence Challenges and Opportunities for International Arbitration", en *New York Dispute Resolution Lawyer*, vol. 11, núm. 1, 2018, p. 37.

cabo por la Corte de arbitraje de la Cámara de Comercio internacional para publicar sus laudos de forma periódica[25]. Y en ámbitos tales como el arbitraje de inversión (ante el CIADI), marítimo (ante la SMA), o deportivo (CAS) también se publican los laudos[26]. Además, si bien es cierto que la información pública en el contexto del arbitraje es escasa (sabemos relativamente poco de los árbitros y de los procedimientos arbitrales llevados a cabo), también lo es que existen algunos datos disponibles que contienen determinada información[27]. Por ejemplo, la herramienta *Arbitrator Intelligence*[28] proporciona información sobre los árbitros y la gestión de sus casos. Dicha información no incluye los nombres de las partes ni los de sus abogados, pero si datos clave como la fecha de presentación de la reclamación, la duración del proceso, el sector en el que surgió el litigio o la fecha del laudo[29].

---

25 Desde el año 2019 la ICC publica la mayoría de sus laudos con arreglo a las disposiciones contenidas en las "Note to Parties and Arbitral Tribunals on the Conduct of the Arbitration under the ICC Rules of Arbitration", 1 enero 2019, puntos 40-46, disponible en https://iccwbo.org/content/uploads/sites/3/2017/03/icc-note-to-parties-and-arbitral-tribunals-on-the-conduct-of-arbitration.pdf. Estas notas han sido actualizadas en el 2021, ampliando el ámbito de divulgación de la información.

Otro ejemplo es el de FINRA (Autoridad Reguladora de la Industria Financiera de EEUU), que publica sus laudos en línea, aunque no revela el material de apoyo, como las pruebas o los escritos presentados por las partes. Por otro lado, los laudos emitidos por los árbitros de la AAA en materia laboral están disponibles en *Lexis* y *Westlaw.* Esta última dispone de una biblioteca de laudos dictados por árbitros de seguros y otra de laudos internacionales, la mayoría de los cuales contienen el nombre del árbitro y el resultado alcanzado. *Bloomberg Law* también pone a disposición del público numerosos laudos internacionales. BENNETT MARROW, P., KAROL, M. y KUYAN, S., "Artificial Intelligence and Arbitration: ...", cit., p. 69.

26 EIDENMOLLER, H. y VARESIS, F., "What is an arbitration? ...", cit., p. 69.

27 Disponer de doctrina arbitral hoy en día no es realmente ningún problema (puede obtenerse, por ejemplo, fácilmente a través de bases de datos como *Lexis* o *Westlaw,* entre otras). Sin embargo, encontrar información sustantiva "real" sobre los detalles de los procedimientos arbitrales puede resultar sumamente difícil. Las audiencias se celebran a puerta cerrada y las transcripciones, si se realizan, son confidenciales, a menos que una de las partes solicite su anulación. BENNETT MARROW, P., KAROL, M. y KUYAN, S., "Artificial Intelligence and Arbitration...", cit., p. 69.

28 https://arbitratorintelligence.vercel.app/

29 Otras herramientas que proporcionan cierta información acerca de los árbitros son: *Global Arbitration Review* (GAR), (https://globalarbitrationreview.com/arbitrator-research-tool) y JusMundi (https://jusmundi.com/en).

2) Las leyes de arbitraje y las decisiones judiciales que las interpretan son públicas[30]. Por lo tanto, en la medida en que en el desarrollo y gestión del proceso arbitral deben observarse las leyes y reglamentos de arbitraje, el etiquetado debería ser factible. Por ejemplo, la Ley Modelo de la CNUDMI tiene su propia base de datos (sistema conocido como CLOUT), en donde recopila y difunde información sobre las resoluciones judiciales y laudos arbitrales relativos a los textos de la CNUDMI, que puede utilizarse como fuente de datos[31]. Algo similar ocurre con la jurisprudencia que interpreta y aplica el Convenio de Nueva York, que se recoge en una base de datos cada vez más amplia[32].

3) Aunque las instituciones arbitrales mantengan confidenciales los laudos, sin publicar, podrían recopilarlos, anonimizarlos (omitiendo la identificación de las partes y otros datos relevantes) y ponerlos a disposición del programa con el fin de desarrollar modelos de IA. En todo caso, la tensión entre la confidencialidad y la IA es manifiesta, y tal vez la pérdida de este rasgo tan valorado del arbitraje sea el precio que tengamos que pagar si queremos beneficiarnos de las herramientas inteligentes en este ámbito[33].

---

30 Tampoco olvidemos que los tribunales judiciales publican las resoluciones relativas a las peticiones de anulación de laudos. Sin embargo, considera al respecto BLANCO GARCIA, que los aspectos tratados en vía judicial son solo una parte de las cuestiones que pueden surgir en sede arbitral, siendo el papel del juez, además, limitado a la resolución de la acción de anulación, de la ejecución del laudo, de la determinación de responsabilidad del árbitro o de la revisión del laudo, pero en ningún caso se pronuncia sobre el fondo del asunto. En consecuencia, cuestiones clave del arbitraje no son objeto de debate en sede judicial y, por ende, no podrían nutrir una herramienta de IA que apoyara al árbitro en la toma de decisiones. "La Inteligencia Artificial en el Arbitraje. Reflexiones sobre los Retos que plantea", en *Modernización, eficiencia y aceleración del proceso,* (PEREIRA PUIGVERT, S., dirª.), Aranzadi, Cizur Menor, 2022, pp. 144-145.

31 *Case Law on UNCITRAL Texts* (CLOUT), https://www.uncitral.org/clout/. El sistema CLOUT incluye breves reseñas de los casos, conocidas como "resúmenes de la serie CLOUT" que, junto a determinada información básica, se publican en los seis idiomas oficiales de las Naciones Unidas, de acceso y consulta gratuita en todo el mundo.

32 http://www.newyorkconvention.org/court=decisions. También disponible en www.kluwerarbitration.com.

33 Refiere ESIS VILLARROEL, que el desafío para las instituciones administradoras del arbitraje consiste en permitir la publicidad de los laudos, siempre que medie el favorable acuerdo de las partes, sin hacer públicos ciertos datos sensibles del caso ni los involucrados, con el propósito de dar a conocer las decisiones arbitrales a la comunidad jurídica e interesados en la materia. Esto podría permitir la

Volviendo a las dificultades que conlleva encontrar datos para alimentar el sistema de IA, nos enfrentamos ante un segundo obstáculo. Suponiendo que los laudos arbitrales se encuentren disponibles y accesibles al público, el número de laudos (u otras decisiones arbitrales) no es lo suficientemente voluminoso como para considerarlo un candidato ideal para su automatización con IA[34]. El volumen de datos requerido conduce, por tanto, a una limitación de los programas de IA en el arbitraje.

Aunque, como ya hemos mencionado, no existe una regla sobre el tamaño necesario de la muestra para configurar la base de datos de un sistema de IA, se considera insuficiente tener solo unos cientos, o incluso unos miles. Si el tamaño de la muestra (en nuestro caso, de laudos arbitrales) no es lo suficientemente completo como para que el sistema descubra patrones y cree generalizaciones efectivas, será muy cuestionable la fiabilidad del resultado ofrecido.

En último lugar, suponiendo de nuevo hipotéticamente que los laudos arbitrales fueran públicos y que, algunos miles de laudos fueran suficientes para generar el conjunto de datos que va a nutrir al sistema de IA, surge un tercer problema: la variedad de las disputas arbitrales[35].

Cuanto más atípicos sean los *inputs* o no repetitivos sus patrones fácticos, a más dificultades se enfrentará el modelo de IA[36]. En el contexto jurídico la variedad no procede tanto de las distintas fuentes (ya que los datos de entrada probablemente se limiten a resoluciones anteriores), como del contenido abordado en las decisiones. Por ello, se ha entendido que los sistemas de IA serán más viables, a título de ejemplo, en el

---

creación de la data requerida para los modelos e IA. "La inteligencia artificial y el arbitraje comercial internacional: ¿Complemento o sustitución?", en *Inteligencia artificial y derecho: desafíos y perspectivas,* (AZUAJE, M. y CONTRERARAS, P., eds.), Valencia, Tirant Lo Blanch, 2021, p. 424.

34 A título orientativo, el número anual de casos de arbitraje internacional es de cuatro dígitos. Vid. ALTENKIRCH, M., y BOUSSIHMAD, M., "*International Arbitration Statistics 2018–Another busy year for Arbitral Institutions",* Global Arb. News, 2 julio 2019, disponible en: https://globalarbitrationnews.com/international-arbitration-statistics-2018-another-busy-year-for-arbitral-institutions/, en donde se recopila el número de solicitudes arbitrales, todos ellos de cuatro dígitos, que las principales instituciones arbitrales recibieron entre los años 2012 y 2018.

35 KASAP, G.H., "Can Artificial Intelligence ("AI") ...", cit., p. 223.

36 Debe tenerse en cuenta el hecho de que los procesos arbitrales no son repetitivos por naturaleza. GODOFA, I., "Artificial Intelligence and Its Future in Arbitration", en *Journal of cmsd,* vol. 4(1), 2020, p. 56.

arbitraje internacional de inversiones (escenario en el que, si bien no hay un número tan elevado de casos, los temas de debate suelen reiterarse) que en el arbitraje comercial internacional, que generalmente implica transacciones transfronterizas (que se rigen por distintas leyes) que a menudo reflejan complejas relaciones contractuales en una amplia variedad de materias especializadas[37]. Por un lado, esto es positivo para la creación de un sistema de IA, ya que la variedad posibilita a la IA hacer una gama más amplia de predicciones, lo que a su vez permite que estas sean más precisas. Por otro lado, sin embargo, la amplia diversidad de litigios conlleva que disminuya el número de laudos en esa materia, por lo que podría ser difícil obtener una muestra representativa.

En definitiva, para resolver con precisión las disputas arbitrales, lo deseable será contar con un conjunto de datos que incluya miles de transcripciones de procedimientos arbitrales, laudos, resoluciones judiciales sobre arbitraje, normas, estatutos y reglamentos arbitrales así como con toda la doctrina relevante sobre la materia[38]. Sin una base de datos completa que incluya una cantidad ingente de laudos, no podremos verdaderamente hablar de i -árbitros.

2.- La difícil interpretación del lenguaje jurídico por la IA

Otro de los principales desafíos de la IA en el arbitraje, especialmente cuando se resuelve en derecho, se encuentra en las dificultades que derivan de la propia especificidad del lenguaje jurídico y su interpretación por la máquina[39]. Como afirma BELLOSO MARTÍN, la

---

37 SCHERER, M., "Artificial Intelligence and Legal Decision-Making…", cit., pp. 555 y 556.

38 BENNETT MARROW, P., KAROL, M. y KUYAN, S., "Artificial Intelligence and Arbitration …", cit., p. 36. En la actualidad no existe ninguna base de datos de este tipo, pero incluso si se pusiera en marcha su desarrollo, la evolución inherente a nuestros sistemas jurídicos provocaría un permanente "*work in progress*", porque ninguna base de datos será capaz de contener toda esta información sobre la materia.

39 Obstáculo al que también hacen referencia PLANCHADELL-GARGALLO, A., "La justicia civil y penal ante el reto de la inteligencia artificial: una aproximación", en *Actualidad Penal, Instituto Pacífico,* núm. 81, marzo, 2021, nota 12 y GUZMÁN FLUJA, V., "Sobre la aplicación de la inteligencia artificial a la solución de conflictos (Reflexiones acerca de una transformación tan apasionante como compleja)", en *Justicia civil y penal en la era global,* (BARONA VILAR, edª.), Valencia, Tirant Lo Blanch, 2017, p. 79.

interpretación judicial (en nuestro caso, arbitral) no tiene un significado automático y/o mecánico, las respuestas no se obtienen de una mera deducción lógica. Además, la terminología jurídica es susceptible de diversas interpretaciones, por cuanto las decisiones se realizan en función de normas que no tienen un significado claro y unívoco, sino pluralidad de sentidos, que se aplican a las situaciones de la realidad social: hay términos jurídicos ambiguos, conceptos jurídicos indeterminados, múltiples excepciones, etc[40]. Esto difiere significativamente de la lógica matemática que prevalece en los sistemas de IA.

Por muy claros que sean los términos o palabras consignadas en el texto de una norma, estos deben relacionarse con el contexto, los antecedentes, la realidad social del tiempo en el que tienen que aplicarse, la *ratio* de la norma, etc[41]. Y esto es algo que difícilmente, por el momento, parece que pueda hacer la máquina[42]. A pesar de que los sistemas puedan tener la capacidad de gestionar una inmensa cantidad de datos en tiempo real, carecen de la compresión de conceptos axiológicos básicos propios de los procesos, tales como la equidad o la justicia[43].

Los árbitros no aplican la ley como una mera cuestión de lógica y silogismo jurídico ni se basan en patrones o probabilidades, que es cómo

---

40 BELLOSO MARTÍN, N., "Entre la ciencia y la técnica del derecho ¿hacia una hermenéutica telemática?", *Anales de la Cátedra Francisco Suárez*, núm. 47, 2013, p. 157.

41 En un sentido similar, BATTELLI, E., "La decisión robótica: algoritmos, interpretación y justicia predictiva", *Revista de Derecho Privado*, núm. 40, 2021, p. 58.

42 Desde una perspectiva iusfilosófica se podría argumentar que la sustitución por la IA podría apuntar al "fin de la interpretación". Esto se debe a que un algoritmo no sería capaz de interpretar un caso, sino únicamente asociar una respuesta al mismo. Aunque el sistema podría ser eficiente, el resultado jurídico podría ser incorrecto debido a la ausencia de un análisis de principios o contextual que "escapa" a los comandos predeterminados de la rutina. LIMBERGER, T., BECK DA SILVA GIANNAKOS, D. y SZINVELSKI, M., "Can Judges be Replaced by Machines? The Brazilian Case", en *Mexican Law Review*, vol. 14, núm. 2, 2022, p. 80.

43 MARTÍNEZ CONTI, M., "Aproximaciones sobre la utilización de inteligencia artificial en los procesos judiciales", XXX Congreso Nacional de Derecho Procesal "Nuevo sistemas de litigación", San Juan, 12-14 2018, p. 10, disponible en: https://www.acaderc.org.ar/wp-content/blogs.dir/55/files/sites/55/2020/09/Aproximaciones-sobre-la-utilizaci%C3%B3n.pdf
Esta carencia dificulta enormemente la emisión de laudos que deciden *ex aequo et bono*. De ahí que ANZALONE dude sobre la posibilidad de que la IA pueda arbitrar en equidad. "¿Robotización judicial? Breves reflexiones críticas", en *Journal of Ethics and Legal Technologies*, vol. 1(1), mayo 2019, p. 108.

funciona la IA[44]. Para resolver el conflicto, además de contextualizar la información aportada por las partes, van a tener que recurrir a la analogía, a la integración de lagunas o al ejercicio de la discrecionalidad y, "la IA no está en condiciones, actualmente, de emplear estas técnicas de forma "consciente", solo puede hacerlo imitando lo que el árbitro haya podido hacer en casos anteriores semejantes"[45].

Ya hemos advertido que la eficacia de un i -árbitro dependerá en gran medida de los datos que reciba, lo que representa un reto evidente en el ámbito arbitral. Sin embargo, incluso en el hipoteco caso de contar con un repertorio de laudos suficiente para nutrir la base de datos, vincular al i- árbitro a tales laudos, podría limitar la evolución misma de las orientaciones arbitrales. Como afirma BATELLI, el resultado sería no tener la posibilidad de considerar el cambio de las exigencias sociales y de la sensibilidad de la comunidad humana[46]. El i -árbitro únicamente puede tomar decisiones con base en la información contenida en su base de datos. En consecuencia, carecen de la capacidad de innovación y están limitados a emular patrones de pensamiento previamente existentes o combinarlos para producir lo que aparenta ser un resultado novedoso. Por el contrario, los árbitros (humanos) pueden replantearse las decisiones que han adoptado con anterioridad y operar con discrecionalidad a la hora de aplicar la ley que rige la controversia, siempre y cuando justifiquen sus decisiones de una manera razonada[47].

Precisamente, la resolución de un conflicto arbitral implica en muchas ocasiones cierta discreción por parte del árbitro, que puede tener en cuenta los valores de la comunidad, las características subjetivas de las partes o

---

44 Vid. SOURDIN, T. y CORNES, R., "*Do Judges Need to Be Human? The Implications of Technology for Responsive Judging*", en *The responsive judge. International perspectives* (SOURDIN y ZARISKI, eds.), Springer, 2018, p. 113, quienes opinan que la IA no podrá sustituir en un futuro próximo a la necesaria y esencial humanidad de los jueces.

45 GUZMAN FUJA, V., "Arbitraje y soluciones técnicas inteligentes…", cit., p. 592.

46 BATTELLI, E., "La decisión robótica: algoritmos…", cit., p. 61.

47 Como señala GUZMÁN FLUJA, la labor decisora de la IA no puede tener en la actualidad, carácter creativo o innovador, sino sólo conservador (sólo opta por una de entre las probabilidades que ya han sido generadas por el árbitro humano, decisiones ya tomadas) y eso puede suponer, en sentido negativo, una estandarización de las decisiones, caso éste que, se podrá corregir por el decisor humano si tiene él la última palabra en cuanto a la decisión. "Arbitraje y soluciones técnicas inteligentes…", cit., p. 599.

cualquier otra circunstancia circundante que pueda ser relevante[48]. Esta discrecionalidad es incompatible con la rigidez de los sistemas de IA, que funcionan sobre la base de la lógica, donde la información de entrada se procesa a través de algoritmos programados para llegar a un resultado predeterminado. No poseen, por tanto, la capacidad de pensar creativamente para, por ejemplo, explorar alternativas que busquen mantener sanas las relaciones comerciales futuras de las partes o mitigar las pérdidas que pueden sufrir en caso de perder el litigio[49].

3.- La falta de motivación del laudo

El deber de motivación del laudo viene contemplado en la mayoría de las leyes arbitrales nacionales; así lo hace nuestra ley arbitral en su artículo 37.2[50]. Las leyes arbitrales internacionales también regulan esta exigencia, si bien algunas de ellas prevén su excepción cuando las partes así lo convengan (art. 31.2 Ley Modelo de la CNUDMI). En la práctica, resulta sumamente inusual que se acuerde que los laudos no sean razonados. Por el contrario, las partes suelen exigir una motivación, aunque sea con el único propósito de evaluar las posibilidades de anulación del laudo o como medida de prevención frente a eventuales obstáculos en el proceso de reconocimiento y ejecución del laudo[51].

---

[48] SOURDIN, T., "Judge v Robot? Artificial Intelligence and Judicial Decision-Making", *UNSW Law Journal*, vol. 41, núm. 4, 2018, p. 1128. En este sentido, BATTELLI señala que cuando el legislador atribuye amplios poderes al juez, se precluye el empleo de modelos matemáticos. "La decisión robótica: algoritmos, interpretación ...", cit., p. 55.

[49] WEI, D. y MOSER, G., "Human arbitrators (the undisputed champion) v (the robots challenger)", en *Hong Kong L.J*, vol. 50, 2020, p. 229

[50] Nos recuerda, sin embargo, MARCOS FRANCISCO que, el Alto Tribunal español en resoluciones como la reciente Sentencia -Sala Segunda- 65/2021, de 15 de marzo, ha llegado a admitir que las partes pueden acordar que el laudo no debe motivarse (pese a que, como recuerda esta autora, el art. 37.4 de la Ley arbitral no dice "salvo acuerdo contrario de las partes" como sí hace dicha Ley en los apartados 1 y 2 del mismo precepto y, en igual o parecidos términos, a lo largo de todo su articulado). "Smart ODR y su puesta en práctica: el salto a la inteligencia artificial", en *Revista General de Derecho Procesal*, núm. 59, 2023, p. 27.

[51] SCHERER resalta la importancia de la obtención de un razonamiento para ayudar a entender a la parte perdedora por qué no ha vencido y, por ende, que la decision adoptada es legítima. "International Arbitration 3.0–How Artificial Intelligence Will Change Dispute Resolution", en *Austrian Yearbook on International*

La confianza que las partes depositan en el arbitraje reside en gran medida en la obtención de un razonamiento que detalle de manera exhaustiva los fundamentos fácticos y jurídicos (estos últimos, en el caso de un arbitraje en derecho) del laudo que resuelve el caso concreto. En modo alguno consideramos que las evaluaciones o razonamientos probabilísticos que emiten los sistemas de IA sean suficientes para garantizar el deber de motivación de los laudos[52]. Resulta a todas luces insatisfactorio que la decisión adoptada por un i-árbitro se limite a hacer referencia a los pasos científicos seguidos por un algoritmo para alcanzar la misma.

Es más, aunque aparentemente el sistema nos ofrezca una motivación, porque lo que ha hecho ha sido asumir la motivación de otras decisiones arbitrales previas de las que se ha nutrido (y que le han proporcionado el patrón que resulta más probable o estadísticamente recurrente[53]), se requiere que un árbitro humano contextualice la decisión adaptada a ese caso en concreto. Esto es algo que no puede hacer la máquina porque ni siquiera es capaz de proporcionar las razones que avalan sus propias decisiones de una manera fundamentada y en un lenguaje comprensible.

La imposibilidad de comprender el mecanismo interno del proceso de toma de decisiones de un i-árbitro puede frustrar la capacidad de las partes a la hora de identificar un fundamento o motivo válido para impugnar el laudo. Esta opacidad quebranta la legitimidad del arbitraje y puede conducir a su anulación[54]. Además, la inexplicabilidad de la decisión, con una alta probabilidad, llevará a los tribunales judiciales a rechazar la solicitud de ejecución de un laudo emitido por un i -árbitro[55].

Cuestión distinta es que el sistema de IA asista a los árbitros en la redacción de los laudos, además de proporcionarles orientación en el proceso de adopción de su decisión (con el suministro de datos, predicciones,

---

Arbitration 2019, Viena, Manz'sche Verlags und Universitats buchhandlung, 2019, p. 512.

52 EIDENMÜLLER, H. y VARESIS, F., "What is an Arbitration? …", cit., p. 72.

53 GUZMAN FLUJA, V., "Arbitraje y soluciones técnicas inteligentes…", cit., p. 599.

54 También se habla de la *black box* de los humanos, pero no consideramos que sea esta una razón suficiente para permitirla en el ámbito de la IA cuando esta funciona como una herramienta decisoria. Además, incluso si es cierto que los árbitros adoptan una decisión, por ejemplo, a través de la intuición, siguen recurriendo a las leyes, jurisprudencia u otros argumentos para justificar sus decisiones, contextualizarlas y proporcionar un razonamiento objetivo.

55 De hecho, los tribunales judiciales pueden anular (o incluso negarse a ejecutar) un laudo dictado por un árbitro (persona) por falta de motivación.

análisis legislativos, jurisprudenciales o doctrinales). De hecho, ya existen sistemas capaces de ofrecer argumentos legales o jurisprudenciales que pueden auxiliar de manera significativa al árbitro en la fundamentación de una decisión, brindando una valiosa ayuda en el proceso de motivación del laudo. Advertimos, sin embargo, que esto, a su vez, puede provocar el efecto inverso si el árbitro deja en manos de la máquina tan importante función, relajando la necesidad de motivación porque ya lo hace la IA y su criterio goza de una presunción de objetividad[56].

4- La imparcialidad del i árbitro: los sesgos algorítmicos

Los árbitros deben ser y permanecer independientes e imparciales durante todo el procedimiento con el fin de garantizar la neutralidad y objetividad en el desempeño de sus funciones[57]. Preservar la independencia de un i- árbitro nos resulta menos problemático, por lo que vamos a centrarnos exclusivamente en el análisis de la imparcialidad de los i árbitros que plantea mayores retos[58].

---

56 ARIZA COLMENAREJO, M.J., “Impugnación de las decisiones judiciales dictadas con auxilio de inteligencia artificial”, en *Inteligencia artificial legal y Administración de justicia,* (CALAZA LÓPEZ y LLORENTE SÁNCHEZ-ARJONA, dirs.), Aranzadi, Cizur Menor, 2022, p. 42.

57 BLANCO GARCÍA, A.I., Árbitro y partes: los peligros y entresijos de la prácti*ca del arbitraje,* Valencia, Tirant Lo Blanch, 2020, p. 53. La imparcialidad se refiere, como señala DE LUIS GARCÍA, a la ausencia de inclinación o favoritismo hacia alguna de las partes y, en consecuencia, al compromiso de servir a todas por igual. *Arbitraje de Derechos humanos y empresas,* Valencia, Tirant Lo Blanch, 2022, p. 120.

58 Garantizar la independencia de un i-árbitro parece menos difícil que la de un árbitro humano. De hecho, hay quienes afirman que los problemas derivados de la independencia del juez desaparecerán cuando se utilice la IA. BUOCZ, T.J., *Artificial Intelligence in Court: Legitimacy Problems of AI Assistance inthe Judiciary,* Retskraft–Copenhagen *J. Legal Stud.* vol. 2, núm. 1, 2018, p. 44. Aunque referido al juez robot, GÓMEZ COLOMER, considera más incisivos los ataques a la imparcialidad, que sufre probablemente los mayores embates. *El juez –robot, La independencia judicial en peligro,* Valencia, Tirant Lo Blanch, 2023, pp. 212 y 324
A diferencia de los humanos, el i árbitro adopta una decisión considerando únicamente los datos de los que se nutre a través de una inteligencia lógico-matemática. Carecen de la inteligencia emocional de los árbitros humanos, por lo que entendemos que estarán libres de presiones externas a la hora de adoptar sus decisiones. Además, siguen las mismas reglas sin tomar en consideración la identidad de las partes involucradas, a menos que el programa haya sido diseñado específicamente para favorecer a una de ellas. Esto pone de relieve la importancia del

A pesar de que las decisiones adoptadas por la IA tienden a ser más precisas que las tomadas por los seres humanos en casos similares, los i -árbitros podrían emitir resoluciones tildadas de parcialidad si sus sistemas contienen sesgos[59].

El origen de los sesgos proviene, principalmente, de los datos de entrada con los que se nutre el sistema. Esto engloba aquellos supuestos en los que los datos reflejan: a) prejuicios de quienes diseñan la base datos (que de manera voluntaria o no, introducen estereotipos), b) prejuicios ya existentes en la realidad social o, c) cuando la muestra de datos no es representativa de la de la realidad sobre la que debe pronunciarse[60]. De manera que, incluso si se programa a un i- árbitro para que sea neutral, podría, no obstante, emitir resultados sesgados si refleja los prejuicios contenidos en los datos de los que se alimenta[61]. En consecuencia, se hace imperativo cuestionar la presunta mayor objetividad y neutralidad de la toma de decisiones automatizada por los sistemas de IA[62], que compromete la imparcialidad del i -árbitro[63].

En resumen, los i-árbitros podrían verse condicionados por sesgos humanos y, como resultado, podrían terminar reproduciendo dichos sesgos e incluso acentuarlos, manteniéndolos como premisas "verdaderas" en sus

correcto diseño de los sistemas, así como de la necesidad ineludible de realizar auditorías y supervisiones de los mismos.

59 No olvidemos que el árbitro (humano) también puede proyectar sobre su decisión sus prejuicios, falta de empatía con una de las partes, etc. Pero el hecho de que existan sesgos en el sistema arbitral actual, no justifica que tengamos que aceptarlos – o reforzarlos- con el uso de los i- árbitros.

60 Tengamos en cuenta que la compleja y diversa naturaleza de las disputas que pueden derivarse al arbitraje puede ser un obstáculo a la hora de seleccionar una muestra equilibrada.

61 Un refrán muy conocido "Garbage in, garbage out" (si entra basura, sale basura), transmite la idea de que cualquier resultado algorítmico discriminatorio procede de prejuicios inyectados en los algoritmos por seres humanos. En otras palabras, y tal y como lo replantea MAYSON, *bias in, bias out.* "Bias In, Bias Out", en *Yale Law Journal,* núm. 128, pp. 2218- 2300.

62 SORIANO ARNANZ, A y SIMÓ SOLER, E., "Machine learning y Derecho: aprendiendo la (des) igualdad", en *Justicia algorítmica y neuroderecho,* (BARONA VILAR, S., edª). Valencia, Tirant Lo Blanch, 2021, p. 193.

63 PALAO MORENO, G., "El arbitraje comercial en línea en la era de la inteligencia artificial", en *Psicoanálisis del arbitraje: solución o problema en el actual paradigma de justicia,* (BARONA VILAR, edª), Valencia, Tirant Lo Blanch, 2020, p. 464.

laudos. Veamos algunos ejemplos con los que podríamos toparnos en el contexto arbitral.

En el ámbito del arbitraje de inversiones se han alzado voces que alertan que los tribunales arbitrales tienden a favorecer a los inversores[64]. Sin entrar en dicha discusión, si este fuera el caso, un sistema de IA basado en datos relativos a este tipo de arbitraje (de inversión), podría perpetuar tal presunción. De manera que el i -árbitro, al toparse con estos datos sesgados, con una alta probabilidad se inclinaría a favor de los inversiones y adoptaría soluciones en detrimento de los Estados[65]. Otro ejemplo podríamos encontrarlo en el ámbito del consumo, en el que los i –árbitros, alimentados por laudos anteriores que reflejan un patrón sesgado, favorecerían a las empresas que ostentan un historial de éxito en litigios arbitrales con mayor frecuencia, a expensas de los consumidores[66].

El incumplimiento de la garantía de imparcialidad del i-árbitro que reproduce sesgos humanos, podría conducir a la anulación del laudo o a la denegación de su ejecución. Sin embargo, la falta de trasparencia de los sistemas de IA dificulta enormemente la capacidad de las partes de demostrar que el i-árbitro no ha sido imparcial.

5.- La ausencia de empatía en la resolución del conflicto

En último lugar, pero no por ello menos importante, debemos abordar la falta de emociones o empatía de los i árbitros.

Una de las razones por las que se aboga por la justicia robótica y que suele esgrimirse a favor de su empleo, es la eliminación de la subjetividad de los jueces (en nuestro caso, árbitros). Es decir, se piensa que la solución proporcionada por la máquina va a ser más correcta y objetiva. En este sentido, la objetividad de los algoritmos se presenta como una garantía

---

64 EBERHARDT, P. y OLIVET, C., *Profiting from Injustice: How law firms, arbitrators and financiers are fuelling an investment arbitration boom,* Corporate Europe Observatory, 2012, disponible en: https://corporateeurope.org/en/international-trade/2012/11/profiting-injustice

65 En un sentido similar, SCHERER, M., "Artificial Intelligence and Legal …?", cit., p. 559.

66 Señala al respecto STERNLIGHT que, aunque los árbitros nieguen con vehemencia la acusación de parcialidad, los críticos sostienen que, consciente o inconscientemente, suelen inclinar la balanza a favor de las empresas. "Creeping Mandatory Arbitration: Is It Just?", *Stan. L. Rev,* vol. 57, 2005, p. 1650.

frente a la subjetividad del decisor (humano). Al respecto, compartimos con BARONA VILAR, que lejos de ser una bondad, podría discutirse, en cuanto decidir acerca de un litigio no solo supone la aplicación matemática del derecho al caso concreto, sino una identificación de componentes variables y en muchos casos con dosis de elementos subjetivos basados en las emociones, en las percepciones, que hoy por hoy ni la psicología ni la neurociencia aplicadas a la tecnología de última generación pueden extrapolar a la máquina[67]. De ahí que nos cuestionemos si realmente queremos prescindir de tales elementos subjetivos y si estos son necesarios en el razonamiento jurídico[68] .

Por el momento no se han desarrollado sistemas de IA con la capacidad de experimentar emociones. Estos programas carecen de la empatía necesaria para auxiliar a las partes a facilitar la resolución de sus disputas. Por ejemplo, no tienen las habilidades imprescindibles para llevar a cabo una mediación en el seno de un arbitraje donde el resultado "correcto" puede, sin embargo, no ser la mejor opción para ninguna de las partes[69]. Tampoco poseen la capacidad de pensar creativamente con imaginación o discernimiento como los humanos[70].

La empatía se considera crucial en el ámbito del arbitraje, ya que los árbitros deben "ponerse en la piel" de las partes para comprender sus preocupaciones, conflictos y expectativas. Sin perjuicio de que los árbitros se auxilien de herramientas de IA, entendemos que, en último lugar, un árbitro-humano debe ser el responsable de la toma de la decisión, a la que proporcionará ese "toque humano" del cual carecen las máquinas. Rasgos (humanos) como la empatía, las emociones o la experiencia vital pueden guiar a los árbitros a alcanzar una decisión más justa y equitativa.

Las partes en el arbitraje conceden gran importancia a las aptitudes interpersonales de los árbitros[71]. No es sorprendente que busquen un árbitro

---

67 BARONA VILAR, S., "Una justicia "digital" y "algorítmica" para una sociedad en estado de mudanza", en *Justicia Algorítmica y Neuroderecho. Una mirada multidisciplinar,* (BARONA VILAR, edª.), Valencia, Tirant Lo Blanch, 2021, p. 53.

68 PLANCHADELL GARGALLO, A., "La justicia civil y penal ante el reto de ...", cit., p. 146.

69 KWAN, J., NG, J. y KIU, B., "The use of artificial intelligence ...", cit., p. 2.

70 ARMOUR, J., PARNHAM, R., y SAKO, M., "Augmented Lawyering", European Corporate Governance Institute – Law, Working Paper 558/2020, 2020.

71 Así lo demuestra la encuesta que anualmente elabora la *School of International Arbitration* de Queen Mary, University of London, en colaboración con la firma White

que destaque por sus habilidades comunicativas y que muestre empatía, dos aspectos que, de manera inevitable, implican inteligencia emocional. Además, es importante tener en cuenta que el arbitraje no es necesariamente un proceso contencioso en su totalidad. En muchos casos, las partes pueden desear resolver su conflicto sobre la base de una negociación, lo que implica necesariamente comprender sus emociones y expectativas, y gestionarlas con destreza. Esto pone de relieve, una vez más, la importancia de la inteligencia emocional humana. De hecho, incluso en un arbitraje adversarial, con frecuencia se espera que los árbitros dirijan los procedimientos con las habilidades de un mediador competente.

Comienza a advertirse de la llegada de la "computación afectiva"[72]. El aprendizaje profundo (*deep learning*) está avanzando en la detección de emociones mediante el reconocimiento de imágenes y el procesamiento del lenguaje natural. Aunque parece que estos sistemas todavía no pueden ir más allá del mero reconocimiento emocional, actualmente estamos presenciando un crecimiento en el mercado de las máquinas empáticas[73]. Es importante tener en cuenta que la IA actual solo puede reconocer, identificar e imitar las reacciones emocionales, pero no posee sus emociones reales propias. Sin emociones propias, es incapaz de empatizar y adoptar la perspectiva de la persona con la que interactúa. Puede simular respuestas empáticas basadas en patrones y datos, pero estas respuestas no reflejan

---

and Case, *International Arbitration Survey: Choices in International arbitration* 2010, p. 25. http://www.arbitration.qmul.ac.uk/research/2010/. La encuesta define las competencias interpersonales como la capacidad de trabajar bien con los demás miembros del tribunal, las partes y sus abogados y, en general, adoptar un comportamiento conductual servicial y amistoso.

72 MARCOS FRANCISCO, D., "Smart ODR y su puesta en práctica: el salto a la inteligencia artificial", cit., p. 36. Vid. DORSEY, C., "Hypothetical AI arbitrators: a deficiency in empathy and intuitive decision-making", *Arbitration Law Review*, vol. 13, art. 12, 2021, pp. 1-32. El autor considera que el arbitraje requiere tanto juicio humano como empatía para que se resuelva eficazmente una disputa. Actualmente la IA no es capaz de empatizar, aunque la IA empática está en marcha. Se está desarrollando una IA emocionalmente consciente basada en la neurociencia y la psicología para comprender las emociones humanas. Esta IA se denomina computación afectiva o inteligencia emocional artificial y es un subconjunto de la IA que intenta desarrollar una IA que "mida, comprenda, simule y reaccione ante las emociones humanas". Vid, al respecto, SOMERS, M., "Emotion AI, Explained ", MIT Management, Sloan School, 8 marzo 2019, disponible en: https://mitsloan.mit.edu/ideas-made-to-matter/emotion-ai-explained.

73 Véanse como ejemplos, *Affectiva, Telemedicine Chatbots, Virtual Call Centre* y Tactron 2 de Google.

una verdadera comprensión emocional. Es decir, hoy por hoy un i- árbitro podría reconocer las emociones de ambas partes en una disputa arbitral mediante el reconocimiento facial y la tecnología de reconocimiento de voz. También podría imitar las emociones de una de las partes del litigio, por ejemplo, su tono de voz. Pero el mero reconocimiento e imitación no basta para que un árbitro empatice con las partes[74].

En definitiva, la cuestión de si los i -árbitros pueden reemplazar a los árbitros humanos requiere tener en cuenta la inteligencia emocional (humana)[75]. Un árbitro que carece de esta inteligencia no solo podría ser percibido como poco creíble por las partes, sino que también podría comprometer la integridad del propio proceso arbitral y minar la confianza de las partes en el mismo. Por lo tanto, es completamente comprensible que las partes muestren reticencias ante la idea de que un i árbitro, sin inteligencia emocional, ni capacidad de simpatizar, empatizar y razonar, resuelva sus disputas.

Hemos expuesto cinco razones que respaldan la decisión de no admitir la posibilidad de que una IA pueda emitir una resolución que resuelva un conflicto arbitral sin intervención humana. No obstante, existen otras razones a las que podríamos hacer referencia, como es la compleja cuestión del tratamiento de la personalidad del i árbitro y sus posibles responsabilidades. La discusión en torno a estos temas implica una consideración profunda que no podemos abordar debido a limitaciones de espacio[76].

---

74 Sin su propia identidad emocional y sin la IA general necesaria para empatizar con las partes en una disputa, las decisiones de un- i árbitro podrían verse limitadas. DORSEY, C., "Hypothetical AI arbitrators…", cit., pp. 1-32.

75 KASAP se refiere a la importancia del sentido común. Califica de ironía que la IA supere con creces la capacidad computacional humana en numerosos aspectos y, sin embargo, no pueda procesar información básica de sentido común que incluso los niños consideran evidente. La capacidad humana supera al aprendizaje automático cuando se trata de conocimientos y razonamientos de sentido común. La intuición, el juicio y la imaginación humana desempeñan un papel crucial en la resolución de problemas. Si los sistemas de IA en el arbitraje no son lo suficientemente capaces de utilizar el sentido común, es poco probable que puedan, entre otras, determinar los hechos del caso, decidir si se requiere prueba, si es necesario llamar a declarar a testigos, o adoptar cualquier otra medida para resolver el conflicto. "Can Artificial Intelligence ("AI") replace …", cit., pp. 247 y ss.

76 En nuestra opinión, la responsabilidad debe recaer siempre en una persona, ya sea física o jurídica, es decir, ya sea en un "árbitro supervisor" o en la institución arbitral que administra el arbitraje. Al respecto, algunos autores han llegado a plantear una eventual responsabilidad civil del algoritmo en tanto que árbitro-

III. CONCLUSIÓN

La IA ostenta el potencial de revolucionar la práctica del arbitraje. La creciente digitalización de este método de resolución de conflictos, junto con su naturaleza voluntaria y la libertad que las partes tienen para diseñar el proceso, favorece enormemente su recepción. Se vaticina que la IA será empleada en una amplia variedad de funciones, como puede ser: la selección de los árbitros, la predicción de los laudos, el auxilio en la redacción de escritos (incluido el convenio o el laudo arbitral), la revisión de documentos, la gestión de casos, la programación de audiencias, etc. Por lo que no podemos ni debemos renunciar a las nuevas oportunidades y ventajas que brinda al arbitraje. Tampoco concebirla como una amenaza, sino más bien como una herramienta altamente eficaz destinada a enriquecer la labor de los árbitros y la calidad de los procedimientos arbitrales, así como a aportar ahorros significativos de tiempo y recursos a las partes implicadas. Todo ello con la capacidad de alcanzar cuotas de celeridad, eficacia y eficiencia difícilmente superadas por los métodos hasta el momento empleados. Sin embargo, es importante subrayar que consideramos poco probable que se prescinda por completo de la intervención de los árbitros humanos.

Entendemos que funciones cruciales del árbitro, como la determinación de los hechos del caso, la aplicación de las normas de derecho sustantivo y procesales (ya sean estipuladas por las partes o impuestas por la ley), la habilidad para relacionar los hechos con la normativa pertinente, la capacidad de argumentar y motivar las decisiones, la valoración de pruebas, y el esfuerzo por facilitar un acuerdo entre las partes, entre otras, no pueden ser ejecutadas plenamente por un sistema de IA sin la intervención humana. Desgraciadamente (¡o por suerte, diría yo!), la tecnología de la IA aún no ha alcanzado un nivel de desarrollo que permita abordar estas funciones de manera totalmente autónoma.

---

robot. PALAO MORENO, G., "El arbitraje comercial en línea en la era de la inteligencia artificial", cit., p. 464. También se ha cuestionado si puede extrapolarse jurídicamente la consideración de persona, sus derechos y sus responsabilidades como a las personas humanas. BARONA VILAR, S., "Maximización de la eficiencia y búsqueda de la celeridad en el arbitraje: entre el mito, la sublimación y la cuarta revolución industrial (4.0.)", Revista de Arbitraje Comercial y de Inversiones, núm. 1, vol XI, 2018, p. 25. La mencionada autora se refiere así a la posible creación del "estatuto de la persona electrónica". BARONA VILAR, S., "Inteligencia Artificial o la algoritmización de la vida y de la justicia: solución o problema?", en *Revista Boliviana de Derecho*, núm. 28, 2019, p. 46.

En la actualidad, no existe ninguna aplicación general de IA capaz de gestionar y resolver íntegramente un proceso arbitral. Aunque la IA puede realizar tareas arbitrales rutinarias, se encuentra limitada cuando se trata de solventar problemas complejos o casos que presentan novedades, respecto de los cuales no hay datos preexistentes. Requiere un nivel de "inteligencia creativa" que va más allá de las capacidades actuales de la IA. Por estas razones, y por otras que hemos expuesto a lo largo de este trabajo, sostenemos que la IA no debería operar de manera totalmente autónoma en el arbitraje, sino que debe ser supervisada por árbitros (humanos). En definitiva, resulta crucial mantener la intervención humana en cada decisión arbitral dado que el árbitro robot todavía no puede suplantar al árbitro- persona.

A modo de conclusión, abrazamos y valoramos positivamente la incorporación de la IA asistencial en el arbitraje, pero no de la IA decisoria sin intervención humana. No estamos todavía preparados para ello y hay límites infranqueables que no debemos sobrepasar para no poner en peligro los principios y garantías del proceso arbitral. Quién sabe si dentro de unos años tendremos que rectificar esta afirmación porque la realidad sea distinta. Si llegara el momento, el despliegue de i árbitros sin un adecuado marco jurídico que regule su desarrollo, diseño y aplicación, podría desvirtuar el arbitraje. Por esta razón, abogamos por anticiparnos y realizar un análisis exhaustivo que evite precipitar la implantación prematura de tales sistemas.

IV. Bibliografía

ABBOTT, R., y ELLIOTT, B.S., "Putting the Artificial Intelligence in Alternative Dispute Resolution: How AI Rules Will Become ADR Rules", en *Amicus Curiae*, Series 2, vol 4, núm. 3, 2023, pp. 685-706.

ALTENKIRCH, M., y BOUSSIHMAD, M., "*International Arbitration Statistics 2018–Another busy year for Arbitral Institutions*", en *Global Arb. News*, 2 julio 2019.

ANZALONE, A., "¿Robotización judicial? Breves reflexiones críticas", en *Journal of Ethics and Legal Technologies*, vol. 1(1), mayo 2019.

ARIZA COLMENAREJO, M.J., "Impugnación de las decisiones judiciales dictadas con auxilio de inteligencia artificial", en CALAZA LÓPEZ y LLORENTE SÁNCHEZ-ARJONA, (dirs.), *Inteligencia artificial legal y Administración de justicia*, Aranzadi, Cizur Menor, 2022, pp. 29-54.

ARMOUR, J., PARNHAM, R., y SAKO, M., "Augmented Lawyering", European Corporate Governance Institute – Law, *Working Paper 558/2020*, 2020.

BARONA VILAR, S., "Maximización de la eficiencia y búsqueda de la celeridad en el arbitraje: entre el mito, la sublimación y la cuarta revolución industrial (4.0.)", en *Revista de Arbitraje Comercial y de Inversiones*, núm. 1, vol XI, 2018, pp. 17-53.

BARONA VILAR, S., "Cuarta revolución industrial (4.0.) o ciberindustria en el proceso penal: revolución digital, inteligencia artificial y el camino hacia la robotización de la justicia", en *Revista Jurídica Digital* UANDES 3/1, 2019, pp. 1-17.

BARONA VILAR, S., "Inteligencia Artificial o la algoritmización de la vida y de la justicia: solución o problema?", en *Revista Boliviana de Derecho,* núm. 28, 2019, pp. 18-49.

BARONA VILAR, S., "Psicoanálisis de las ADR. Retos en la sociedad global del siglo XXI", en *LA LEY Mediación y Arbitraje,* núm. 1, enero-marzo 2020.

BARONA VILAR, S., "Una justicia "digital" y "algorítmica" para una sociedad en estado de mudanza", en *Justicia Algorítmica y Neuroderecho. Una mirada multidisciplinar,* (BARONA VILAR, ed[a].), Valencia, Tirant Lo Blanch, 2021, pp. 21-63.

BATTELLI, E., "La decisión robótica: algoritmos, interpretación y justicia predictiva", en *Revista de Derecho Privado,* núm. 40, 2021, pp. 45-86.

BELLOSO MARTÍN, N., "Entre la ciencia y la técnica del derecho ¿hacia una hermenéutica telemática?", en *Anales de la Cátedra Francisco Suárez,* núm. 47, 2013, pp. 139-161.

BENNETT MARROW, P., KAROL, M. y KUYAN, S., "Artificial Intelligence and Arbitration: The Computer as an Arbitrator -Are We There Yet?", en *Dispute Resolution Journal.*, vol. 74, núm. 4, oct. 2020, pp. 35-76.

BLANCO GARCÍA, A.I., "La Inteligencia Artificial en el Arbitraje. Reflexiones sobre los Retos que plantea", en *Modernización, eficiencia y aceleración del proceso,* (PEREIRA PUIGVERT, S., dir[a].), Aranzadi, Cizur Menor, 2022, pp. 137- 156.

BLANCO GARCÍA, A.I., *Árbitro y partes: los peligros y entresijos de la práctica del arbitraje,* Valencia, Tirant Lo Blanch, 2020.

BUOCZ, T.J., "Artificial Intelligence in Court: Legitimacy Problems of AI Assistance in the Judiciary", en *Retskraft–Copenhagen J. Legal Stud.*, vol. 2, núm. 1, 2018, pp. 41 – 59.

CATALÁN CHAMORRO, M.J., "El salto definitivo del arbitraje electrónico a través de la inteligencia artificial", en *Psicoanálisis del arbitraje: solución o problema en el actual paradigma de justicia,* (BARONA VILAR, ed[a].), Valencia, Tirant Lo Blanch, 2020, pp. 429- 448.

CALO, R., "Artificial Intelligence Policy: A Primer and Roadmap", *University of California, Davis, law rev.*, núm. 51, 2017, pp. 399- 435.

DE LUIS GARCÍA, E., *Arbitraje de Derechos humanos y empresas,* Valencia, Tirant Lo Blanch, 2022, p. 120

DORSEY, C., "Hypothetical AI arbitrators: a deficiency in empathy and intuitive decision-making", *Arbitration Law Review,* vol. 13, art. 12, 2021, pp. 1-32.

EBERHARDT, P., y OLIVET, C.," Profiting from Injustice: How law firms, arbitrators and financiers are fuelling an investment arbitration boom", en *Corporate Europe Observatory,* 2012.

EIDENMOLLER, H. y VARESIS, F., "What is an arbitration? artificial intelligence and the vanishing human arbitrator", en *New york university journal of law & business,* vol. 17, núm. 1, 2020.

ESIS VILLARROEL, I. S., "La inteligencia artificial y el arbitraje comercial internacional: ¿Complemento o sustitución?", en *Inteligencia artificial y derecho: desafíos y perspectivas,* (AZUAJE, M. y CONTRERARAS, P., eds.), Valencia, Tirant Lo Blanch, 2021, pp. 4189- 433.

GODOFA, I., "Artificial Intelligence and Its Future in Arbitration", en *Journal of cmsd,* vol. 4(1), 2020.

GÓMEZ COLOMER, J.L., *El juez –robot, La independencia judicial en peligro,* Valencia, Tirant Lo Blanch, 2023.

GUILLERMO ARGERICH, J.G., "¿Hacia el determinismo arbitral? La inteligencia artificial en la toma de decisiones", en *LA LEY, SAIJ (Sistema argentino de información jurídica),* 14 de febrero de 202.

GUZMÁN FLUJA, V., "Arbitraje y soluciones técnicas inteligentes: elementos para un debate", en *Justicia algorítmica y neuroderecho, Una mirada multidisciplinar,* (BARONA VILAR, edª.), Valencia, Tirant Lo Blanch, 2021, pp. 553- 610.

GUZMÁN FLUJA, V., "Sobre la aplicación de la inteligencia artificial a la solución de conflictos (Reflexiones acerca de una transformación tan apasionante como compleja)", en *Justicia civil y penal en la era global,* (BARONA VILAR, edª.), Valencia, Tirant Lo Blanch, 2017, pp. 69 -124.

HELVESTON, M., "Consumer Protection in the Age of Big Data", en *Wash. U. L. Rev.,* vol. 93, núm. 4, 2016, pp. 859- 917.

HU, M., "Small Data Surveillance v. Big Data Cybersurveillance", en *Pepp. L. Rev.,* vol. 42, núm. 4, issue 3, 2015, pp. 773- 844.

KAPLAN, L., "Artificial Intelligence: Risks to Privacy and Democracy ", *Yale J. L. & Tech,* núm. 21, 2019, pp. 106-188.

KARTON, J., "A Conflict of Interests: Seeking a Way Forward on Publication of International Arbitral Awards", en *J. London Ct. Int'l Arb.* vol. 28, núm. 3, 2012, pp. 447- 486.

KASAP, G. H., "Can Artificial Intelligence ("AI") Replace Human Arbitrators? Technological Concerns and Legal Implications", en *Journal of Dispute Resolution,* Issue 2, article 5, 2021, pp. 209- 254.

KWAN, J., NG, J., KIU, B., "The use of artificial intelligence in international arbitration: where are we right now?", *International Arbitration Law Review,* 2019, vol. 22, núm. 1, pp. 19-26.

LIMBERGER, T., BECK DA SILVA GIANNAKOS, D., y SZINVELSKI, M., "Can Judges be Replaced by Machines? The Brazilian Case", en *Mexican Law Review,* vol. 14, núm. 2, 2022.

LINDQUIST, D.H., y DAUTAJ, Y., 'AI in International Arbitration: Need for the Human Touch', en *Journal of Dispute Resolution,* vol. 2021, issue 1, art. 6, 2021, pp. 1-27.

MARCOS FRANCISCO, D., "Smart ODR y su puesta en práctica: el salto a la inteligencia artificial", en *Revista General de Derecho Procesal,* núm. 59, 2023.

MARTÍN DIZ, F., "Smart ODR: I-Arbitraje e I-Mediación. Integración de medios extrajudiciales de resolución de litigios e inteligencia artificial", *Justicia poliédrica en periodo de mudanza (Nuevos conceptos, nuevos sujetos, nuevos instrumentos y nueva intensidad),* (BARONA VILAR, edª.), Valencia, Tirant Lo Blanch, 2022, pp. 381- 402.

MARTÍN DIZ, F., "Inteligencia artificial y medios extrajudiciales de resolución de litigios online (ODR): evolución de futuro en tiempos de pandemia global (Covid-19)", en *LA LEY Mediación y Arbitraje*, núm. 2, abril-junio 2020, pp. 41-74.

MARTÍNEZ CONTI, M., "Aproximaciones sobre la utilización de inteligencia artificial en los procesos judiciales", *XXX Congreso Nacional de Derecho Procesal "Nuevo sistemas de litigación"*, San Juan, 12-14 2018.

MAYSON, S. G., "Bias In, Bias Out", *Yale Law Journal*, núm. 28, 2018, pp. 2218- 2300.

MÉNDEZ ZAMORA, E., "Panorama actual y futuro de la inteligencia artificial en el arbitraje internacional: implementaciones, obstáculos y consideraciones jurídicas", *Revista Costarricense de Derecho Internacional*, núm. 1, 2018.

PAISLEY, K. y SUSSMAN, E., "Artificial Intelligence Challenges and Opportunities for International Arbitration", en *New York Dispute Resolution Lawyer*, vol. 11, núm. 1, 2018.

PALAO MORENO, G., "El arbitraje comercial en línea en la era de la inteligencia artificial", en *Psicoanálisis del arbitraje: solución o problema en el actual paradigma de justicia*, (BARONA VILAR, ed[a]), Valencia, Tirant Lo Blanch, 2020, pp. 449-470.

PLANCHADELL-GARGALLO, A., "La justicia civil y penal ante el reto de la inteligencia artificial: una aproximación", Actualidad Penal, Instituto Pacífico, núm. 81, marzo, 2021.

RABINOVICH-EINY, O. y KATSH, E., "Access to Digital Justice: Fair and Efficient Processes for the Modern Age", en *Cardozo J. Conflict Resol*, vol. 18, 2017. pp. 637-657.

RHIM, Y. y PARK, K., *"The Applicability of Artificial Intelligence in International Law"*, en *J. East Asia & Int'l* L., vol. 12, núm. 1, 2019, pp. 7-30.

SCHERER, M., "Artificial Intelligence and Legal Decision-Making: The Wide Open? Study on the Example of International Arbitration", Queen Mary University of London, School of Law, en *Legal Studies Research Paper*, núm. 318, 2019.

SCHERER, M., "International Arbitration 3.0–How Artificial Intelligence Will Change Dispute Resolution", *Austrian Yearbook on International Arbitration 2019*, Viena, Manz'sche Verlags und Universitats buchhandlung, 2019.

SHAWANI, M., "ADR and Artificial Intelligence: Boon or Bane?", 2020, https://lexforti.com/legal-news/adr-and-artificial-intelligence

SIM, C., "Artificial Intelligence and Arbitration", 'Will Artificial Intelligence Take over Arbitration?", en *Asian Journal of International Arbitration*, vol. 4, núm. 1, 2018.

SOMERS, M., "Emotion AI, Explained", MIT Management, Sloan School, 8 marzo 2019, disponible en: https://mitsloan.mit.edu/ideas-made-to-matter/emotion-ai-explained.

SORIANO ARNANZ, A y SIMÓ SOLER, E., "Machine learning y Derecho: aprendiendo la (des) igualdad", en J*usticia algorítmica y neuroderecho*, (BARONA VILAR, S., ed[a])., Valencia, Tirant Lo Blanch, 2021, pp.183- 207.

SOURDIN, T., y CORNES, R., "*Do Judges Need to Be Human? The Implications of Tech- nology for Responsive Judging", The responsive judge. International perspectives* (SOURDIN y ZARISKI, eds.), Springer, 2018, pp. 87- 119.

SOURDIN, T., "Judge v Robot? Artificial Intelligence and Judicial Decision-Making", *UNSW Law Journal*, vol. 41, núm. 4, 2018.

STERNLIGHT, J. R., "Creeping Mandatory Arbitration: Is It Just?", en *Stan. L. Rev*, vol. 57, 2005, pp. 1631- 1675.

ULENAERS, J.: "The Impact of Artificial Intelligence on the Right to a Fair Trial: Towards a Robot Judge?", *Asian Journal of Law and Economics,* vol. 11, issue 2, 2020.

VARE, T. y MATTIOLI, M., "Big Business, Big Government and Big Legal Questions", en *Managing Intell. Prop*, núm. 243, 2014, pp. 46- 48.

WEI, D., y MOSER, G., "Human arbitrators (the undisputed champion) v (the robots challenger)", en *Hong Kong L.J*, vol. 50, 2020, pp. 215- 241.

Capítulo XXVII

Usos y límites de la inteligencia artificial en el arbitraje comercial internacional

JOSÉ CARO CATALÁN
Doctor en Derecho. Profesor de Derecho Procesal
Universidad de Cádiz

SUMARIO: I. PLANTEAMIENTO. II. LA INTELIGENCIA ARTIFICIAL AL RESCATE DEL ARBITRAJE. III. USOS ACTUALES Y POTENCIALES DE LA INTELIGENCIA ARTIFICIAL EN EL ARBITRAJE. 1. Usos actuales. 1.1. Revisión, análisis y producción documenta. 1.2. Selección de árbitros. 1.3. Predicción de resultados. 2. Usos potenciales. IV. LÍMITES DE LA INTELIGENCIA ARTIFICIAL EN EL ARBITRAJE. 1. Tramitación y análisis de datos. 2. Enjuiciamiento. V. BIBLIOGRAFÍA.

I. PLANTEAMIENTO

El uso y la frecuencia con la que utilizamos la inteligencia artificial (en adelante, IA) está creciendo de manera exponencial en los últimos tiempos. Esta irrupción ha favorecido el surgimiento de estudios e investigaciones que analizan los posibles usos –y los riesgos asociados– de esta tecnología en diferentes sectores de la realidad. El mundo del derecho no se ha quedado al margen de este fenómeno, sino más bien todo lo contrario. Y es que, como ha apuntado BARONA VILAR, "la interacción Derecho-Tecnologías-IA es una realidad indiscutible, que ha llegado para quedarse, se retroalimentan mutuamente, como realidades vivas que son, tanto para su crecimiento como para la determinación de sus condicionantes o límites"[1].

Si atendemos a la práctica jurídica, lo cierto es que la irrupción de la IA es una realidad cada vez más evidente. El uso de programas informáticos con capacidad para asistir o, incluso, sustituir a los profesionales del derecho en determinadas tareas desempeñando funciones eminentemente

[1] BARONA VILAR, S., *Algoritmización del derecho y de la justicia: De la IA a la Smart justice,* Tirant lo Blanch, Valencia, 2021, p. 207.

humanas como la redacción de textos legales, el análisis y revisión documental o la capacidad para planear, se ha generalizado[2]. La implantación de este tipo de softwares lleva aparejado un ahorro importante de tiempo y dinero a los profesionales y empresas que desarrollan su actividad en el sector jurídico, en la medida en la que les permite realizar su trabajo de una forma más eficiente. Al mismo tiempo, la IA se ha adentrado en el ámbito de la justicia, percibiéndose por expertos y gobernantes como un elemento que puede contribuir a la mejora de sistema de justicia.

A este respecto, existen ya bastantes trabajos en los que se ha analizado la incidencia real y potencial de la IA en el proceso, así como sus ventajas e inconvenientes[3]. Sin embargo, estos trabajos no suelen prestar atención a la aplicación de la IA a los mecanismos de resolución alternativa de conflictos[4]. A pesar de que, por su naturaleza jurídica, pueden ser más receptivos con la tecnología que el proceso jurisdiccional y que cada vez desempeñan un papel más relevante en la administración de justicia. Por este motivo, en este trabajo nos proponemos analizar las aplicaciones actuales y potenciales de la IA en el arbitraje, identificando, además, sus posibles limitaciones.

II. LA INTELIGENCIA ARTIFICIAL AL RESCATE DEL ARBITRAJE

Es muy difícil tratar de diagnosticar la situación de arbitraje como institución jurídica. En primer lugar, porque, siguiendo a BARONA VILAR, no se puede sostener una visión "unidimensional" del arbitraje[5]. Desde un

---

2 IRAZABAL, E., "La inteligencia artificial ya es inevitable para la profesión jurídica", *Blog de innovación legal y nuevas tecnologías. Abogacía Española,* 6 de marzo de 2023. (https://www.abogacia.es/publicaciones/blogs/blog-de-innovacion-legal/la-inteligencia-artificial-ya-es-inevitable-para-la-profesion-juridica/; última consulta: 30/10/2023).

3 NIEVA FENOLL, J., *Inteligencia artificial y proceso judicial,* Marcial Pons, Barcelona, 2018.

4 No queremos decir con este que no se hayan realizado trabajos al respecto. Cabe destacar, por ejemplo: MARTÍN DIZ, F., "Justicia digital post-covid19: El desafío de las soluciones extrajudiciales electrónicas de litigios y la inteligencia artificial", *Revista de Estudios Jurídicos y Criminológicos,* núm. 2, 2020; BLANCO GARCÍA, A. I., "La inteligencia artificial en el arbitraje. Reflexiones sobre los retos que plantea", *Modernización, eficiencia y aceleración del proceso,* (dir. Silvia Pereira Puigvert y María Jesús Pesqueira Zamora), Aranzadi, Pamplona, 2022.

5 BARONA VILAR, S., "Psicoanálisis del arbitraje en la sociedad digital y líquida del siglo XXI. Entre la deconstrucción y la caquexia", *Psicoanálisis del arbitraje: solución*

punto de vista práctico, existen tantos arbitrajes como sectores en los que opera. Se celebran arbitrajes en materias tan dispares como el derecho de consumo, inversiones extranjeras o comercio internacional, por citar algunos de los ejemplos más representativos. Y, en segundo lugar, porque su relevancia práctica varía mucho de una jurisdicción a otra.

Pese a todo, el arbitraje comercial internacional destaca en el panorama arbitral posicionándose como punta de lanza de la disciplina. A fin de cuentas, el resurgimiento del arbitraje en la segunda mitad del pasado siglo está estrechamente vinculado al auge del comercio internacional. Por este motivo, el arbitraje *moderno* ha sentado sus bases en este ámbito, que es donde se han fraguado las principales innovaciones jurídicas –ej. principio *kompetenz-kompetenz,* adopción de medidas cautelares, procedimiento de emergencia, etc.–. No puede perderse de vista la influencia capital de la Ley Modelo de la CNUDMI sobre Arbitraje Comercial Internacional, aprobada en el seno de la Comisión de las Naciones Unidas para el Derecho Mercantil Internacional de las Naciones Unidas en 1986.

En términos generales, el arbitraje comercial internacional goza de buena salud. Al menos en ese sentido apuntan los resultados de la 2021 *International Arbitration Survey*[6]. Esta encuesta, que es la más reconocida en el mundo del arbitraje, indica que el arbitraje internacional es el método preferido por el 90 % de los encuestados para resolver litigios transfronterizos, ya sea de forma independiente o junto con otros ADR. Sin embargo, de la encuesta también se deduce la existencia de algunos problemas que están lastrando el desarrollo de esta institución. En concreto, la encuesta identifica que la mayor preocupación de los encuestados tiene que ver con el tiempo y el coste que suele invertir en estos procedimientos. Una circunstancia que contrasta con la creencia generalizada de que la celeridad es uno de los principales activos del arbitraje.

Como ha señalado la doctrina especializada, la difusión práctica del arbitraje ha venido acompañada de un incremento notable y constante de su duración y, correlativamente, de los costes generados para las partes[7]. Tal es así que una de las críticas que se le viene realizando en los últimos tiem-

---

o problema en el actual paradigma de la justicia (ed. Silvia Barona Vilar), Tirant lo Blanch, Valencia, 2020, pág. 37.

6 https://arbitration.qmul.ac.uk/research/2021-international-arbitration-survey/ (última consulta: 29 de octubre de 2023).

7 ESPLUGUES MOTA, C., "*Quo Vadis Arbitratio?*", *Mediación, Arbitraje y Jurisdicción en el actual paradigma de Justicia,* Aranzadi, Pamplona, 2016, p. 16.

pos es que se parece cada vez más al proceso jurisdiccional –*judicialization of international arbitration* – y que, por tanto, los "vicios" de la jurisdicción relativos a su ineficiencia a la hora de resolver los conflictos están siendo asumidos por este[8].

La comunidad arbitral es consciente de este problema. De hecho, la búsqueda de una mayor eficiencia del proceso arbitral se ha convertido en uno de los principales anhelos de aquellos que se dedican al arbitraje –ya sea en el plano práctico o académico–[9]. Al hilo de esta circunstancia se han implementado notables innovaciones jurídicas en las instituciones arbitrales más representativas. Llama especialmente la atención el establecimiento del árbitro de emergencia[10] o de los denominados procedimientos *Fast-Track*[11].

De forma paralela a estas innovaciones "jurídicas", el uso de la IA en los procedimientos arbitrales está desempeñando ya un papel fundamental[12]. En este sentido, MARTÍN DIZ ha apuntado que la IA es "el as de la baraja vital de nuestro tiempo"[13]. Y es que las características de esta tecnología in-

---

8 GERBAY, R., "Is the end nigh again? An empirical assessment of the "judicialization" of international arbitration", *The American review of international arbitration*, vol. 25, 2014. (recuperado en: https://papers.ssrn.com/sol3/papers.cfm?abstract_id=2656624).

9 *Vid.* TRAKMAN, L., MONTGOMERY, H., "The "Judicialization" of international commercial arbitration: pitfall or virtue?", *Leiden Journal of International Law*, vol. 30, Issue 2, 2017.

10 ÁLVAREZ ALARCÓN, A., "Algunas consideraciones sobre el árbitro de urgencia o de "emergencia", *Cuestiones actuales de derecho procesal: reformas procesales. Mediación y arbitraje*, (coord. Ana María Rodríguez Tirado), Tirant lo Blanch, 2017, pp. 183-200.

11 Sirva como ejemplo el caso del Tribunal Arbitral de Barcelona que lo implementó durante la pandemia del Covid-19. (https://tab.es/es/fast-track-via-de-resolucion-de-conflictos-entre-empresas-y-particulares-por-el-covid-19/; última visita: 29 de octubre de 2023).

12 *Vid.* "Artificial intelligence, a driver for efficiency in international arbitration –how predictive coding can change document production?", *Kluwer arbitration blog*, 23 de febrero de 2020 (http://arbitrationblog.kluwerarbitration.com.eur.idm.oclc.org/2020/02/23/artificial-intelligence-a-driver-for-efficiency-in-international-arbitration-how-predictive-coding-can-change-document-production/; última consulta: 16 de agosto de 2022).

13 MARTÍN DIZ, F., "Inteligencia artificial y medios extrajudiciales de resolución de litigios online (ODR): evolución de futuro en tiempos de pandemia global (Covid-19)", *La Ley. Mediación y arbitraje*, núm. 2, 2020, p. 3.

vitan a pensar en que puede revolucionar la forma en la que resolvemos los conflictos jurídicos, tanto en el plano procesal como en el extraprocesal.

III. USOS ACTUALES Y POTENCIALES DE LA INTELIGENCIA ARTIFICIAL EN EL ARBITRAJE

A primera vista, el arbitraje y la IA pertenecen a mundos diferentes. Sin embargo, el arbitraje presenta unas características que son muy favorables para la incorporación de esta tecnología. El arbitraje se fundamenta en el valor libertad y, por tanto, la autonomía de la voluntad de las partes tiene un papel fundamental en la configuración del proceso arbitral. Esta circunstancia dota al arbitraje de una flexibilidad y adaptabilidad que no tiene, por ejemplo, el proceso jurisdiccional. Al mismo tiempo, la naturaleza privada del arbitraje y de las instituciones arbitrales ha favorecido que exista actualmente un mercado del arbitraje donde los prestadores del servicio –árbitros e instituciones arbitrales– compiten por prestar el mejor servicio. En ese contexto, la adecuada implantación de la IA puede ser un factor diferencial. Esto explica que el arbitraje comercial internacional esté a la vanguardia en materia tecnológica.

1. Usos actuales

1.1. Revisión, análisis y producción documental

En este momento, la principal aplicación de la IA en el arbitraje es la de automatizar ciertas tereas relacionadas con la revisión y análisis de documentación. Existen softwares que, por ejemplo, son capaces de crear resúmenes precisos de documentos legales extensos, algo que facilita la labor de los abogados en procesos en los que la documentación suele ser ingente. Se dice incluso que estos informes pueden ser más precisos y coherentes que los producidos manualmente[14].

También se está desarrollando gradualmente las tecnologías basadas en la extracción y clasificación de datos de documentos legales, asociadas

---

14 VÁSQUEZ URRA, R., MONARDES GONZÁLEZ, M., "La incorporación de la inteligencia artificial en el arbitraje internacional. Un camino largo, pero no tortuoso", *La Ley. Mediación y Arbitraje,* núm. 16, julio de 2023, pág. 7.

a plataformas como *LexisNexis* o *Westlaw*. No obstante, esta tecnología encuentras en el arbitraje el escollo de la confidencialidad de los laudos, como comentaremos *infra*[15].

De entre todos los softwares disponibles actualmente en el mercado[16], cabe destacar *ROSS Intelligence*. Se trata de un *software* de investigación jurídica que utiliza la IA para analizar documentos, buscar jurisprudencia, identificar similitudes con otros casos o, incluso, responder a las preguntas jurídicas que se le formulen[17]. De este modo, es una herramienta que puede ser de utilidad a tanto a los abogados de las partes como a los propios árbitros, ya que puede facilitar la redacción del laudo y mejorar su calidad jurídica.

1.2. Selección de árbitros

Un tema fundamental en el arbitraje comercial internacional es el de la sección de árbitros. A fin de cuentas, la función arbitral tiene un componente personal muy marcado y, por tanto, el buen resultado del arbitraje depende en buena medida de la correcta elección de los árbitros. Tal es así que es un lugar común afirmar que "el arbitraje vale lo que vale el árbitro".

A la hora de proponer el nombramiento de un árbitro, las partes suelen utilizar el método tradicional. Esto es, el de basar su decisión en informaciones obtenidas a través del "boca a boca". Pero, como no es difícil de imaginar, este método tiene un margen de error muy importante. Ante esta situación, no es de extrañar que existan iniciativas como *Arbitrator Intelligence Questionnaire*. Este software pretende proveer a los operadores jurídicos de este tipo de información, pero obteniéndola a través de un método con el que se aspira a alcanzar resultados más confiables[18]. En concreto, los datos

---

15 TANG, O., "Think arbi: will artificial intelligence help or harm arbitration?", *Kluwer Arbitration Blog*, 22 de diciembre, 2021. (https://arbitrationblog.kluwerarbitration.com/2021/12/22/think-arbi-will-artificial-intelligence-help-or-harm-arbitration/; última consulta: 30/10/2023).

16 Un análisis de las diferentes opciones en: SOCORRO, A., "Are we ready for Artificial Intelligence to decide International Commercial Arbitration cases?", *Tilburg University*, Tesis de Máster, 2020, p. 20. (http://arno.uvt.nl/show.cgi?fid=155540; última consulta: 30/10/2023).

17 (https://www.rossintelligence.com/features; última consulta: 10/09/2022).

18 ROGERS, C. A., "Arbitrator Intelligence: From intuition to Data in Arbitrator Appointments", *New York Dispute Resolution Lawyer*, vol. 11, num. 1, 2018, p. 41.

se obtienen a través del análisis de los laudos arbitrales y, sobre todo, de unos cuestionarios que están a disposición de los usuarios del arbitraje[19]. Con estos datos, el sistema de IA emite un informe a fin de permitir a las partes tener un mejor criterio para tomar la decisión de elegir al árbitro que se va a encargar de resolver la controversia.

1.3. Predicción de resultados

No es desconocido que una de las principales utilidades –y que más interés general– de la IA en el ámbito legal es el del análisis predictivo. Como se ha apuntado, se trata de "un área de la minería de datos que combina *big data*, aprendizaje automático y modelos estadísticos al objeto de analizar la información disponible relativa a situaciones pretéritas, detectar tendencias y patrones de comportamiento y predecir posibles resultados en situaciones futuras"[20]. La principal aplicación de esta tecnología en el ámbito legal es la de calcular la probabilidad de éxito de una demanda, anticipando en términos probabilísticos el sentido de la sentencia[21].

Tener un cálculo aproximado de las probabilidades de éxito de una demanda permite a los abogados valorar la conveniencia de entablar la demanda o de alcanzar otro tipo de solución, así como trazar la estrategia más adecuada. Sin embargo, en el arbitraje, la implantación y desarrollo de esta tecnología se enfrenta a un obstáculo muy importante: los laudos, por regla general, son confidenciales. Los sistemas predictivos que se han desarrollado hasta el momento basan sus pronósticos fundamentalmente en la jurisprudencia[22]. Solo a través del análisis de un número considerable de resoluciones, la máquina es capaz de detectar patrones y realizar estimaciones.

---

19 Como se puede comprobar, el cuestionario no solo está disponible para las partes del arbitraje en sentido estricto, sino para cualquier que, de alguna u otra forma, haya participado en el arbitraje. (https://arbitratorintelligence.vercel.app/; última consulta: 30/10/2023).

20 SOLAR CAYÓN, J. I., "La IA jurídica: nuevas herramientas y perspectivas metodológicas para el jurista", *Journal for constitutional theory and philosophy of law*, núm. 41, 2020, p. 42.

21 *Ibidem*, p. 38.

22 Sirva como ejemplo el que han creado unos investigadores para las sentencias del Tribunal Europeo de Derechos Humanos. *Vid.* ALETRAS, N., TSARAPATSANIS, D., PREOTIUC-PIETRO, C., LAMPOS, V., "Predicting judicial decisions of the European Court of Human Rights: a Natural Language Processing perspective", *PeerJ Computer Science*, 2016.

Antes esta realidad, podríamos descartar de entrada el uso de esta tecnología en el arbitraje. Sin embargo, el enorme interés económico que suscita su implantación ha favorecido el surgimiento de iniciativas como *ArbiLex*[23].Esta *startup* surgida de la Facultad de Derecho de la Universidad de Harvard se centra en aplicar el aprendizaje automático bayesiano para ofrecer un modelo empírico y coherente que permite cuantificar las incertidumbres, reducir los errores y maximizar los resultados en el ámbito del arbitraje comercial internacional[24]. La peculiaridad de este sistema es que la información de la que se nutre no la obtiene de los laudos dictados sino de las opiniones informadas de expertos, a través de las cuales se puede realizar el cálculo probabilístico[25]. Está por ver si este método consigue los resultados esperados, pero, sin duda, es una alternativa que puede salvar el problema de la confidencialidad de los laudos.

En cualquier caso, aunque se haya dicho que esta tecnología permite a los árbitros dictar un laudo de "mejor calidad" y aumentar la aceptación y legitimidad de sus decisiones, creemos que este tipo de software están más orientados a asistir a las partes y a los abogados[26]. Por tanto, a diferencia de los anteriores, no es una herramienta que mejore la eficiencia de los arbitrajes, sino que está orientada a mejorar la posición de sus usuarios.

2. *Usos potenciales*

Si la IA se caracteriza por ser capaz de emular a la inteligencia humana, no es descabellado plantearse la posibilidad de que en un futuro no muy lejano un software dotado de esta tecnología pueda desempeñar la función arbitral[27]. De hecho, en el estado de cosas actual, ya es posible

---

23 (https://www.arbilex.co/welcome; última consulta: 12/09/2022).

24 VIJ, A., "Arbitrator-Robot: Is A(I)DR the future", *ASA Bulletin,* Mar., 2021, p. 131.

25 Para una explicación más detallada *vid.* DASO, F., "ArbiLex, A Harvard Law School Legal Tech Startup, Uses AI To Settle Arbitrations", *Forbes,* 4 de febrero de 2020 (https://www.forbes.com/sites/frederickdaso/2020/02/04/arbilex-a-harvard-law-school-legal-tech-startup-uses-ai-to-settle-arbitrations/?sh=1c9f8dd252c5; 30/10/2023).

26 EIDENMÜLLER, H., VARESIS, F., "What is an Arbitration? Artificial Intelligence and the Vanishing Human Arbitrator", (June 17, 2020). (https://ssrn.com/abstract=3629145, última consulta: 18/09/2022).

27 BLANCO GARCÍA, A. I., "La inteligencia artificial en el arbitraje. Reflexiones sobre los retos que plantea", *Modernización, eficiencia y aceleración del proceso,* (dir. Silvia Pereira Puigvert y María Jesús Pesqueira Zamora), Aranzadi, 2022.

que una *máquina* asuma el papel de tercero dirimente en una disputa, otra cuestión es que ofrezca un nivel de seguridad y confianza aceptable. En este sentido, ya existen *robots mediadores* que han sido capaces de resolver con éxito un procedimiento de mediación[28]. Por lo que no es de extrañar que pronto aparezcan iniciativas en este sentido.

Por el momento, las iniciativas más disruptivas no llegan a otorgar a la IA la responsabilidad de resolver el conflicto, sino que le relega a un papel asistencial. En esta línea, es interesante el caso de la Corte de Arbitraje de Guangzhou, donde ya se ha utilizado un *software* de este tipo para asistir a los árbitros en su labor. El *software* desarrollado es capaz de analizar los datos del juicio y enviar al tribunal arbitral un correo electrónico con una especie de dictamen no vinculante sobre el litigio. De este modo, como se anuncia en la nota de prensa, el asistente puede mejorar en casi cuatro veces la resolución de litigios al realizar tareas procesales como la aceptación de casos, la traducción en tiempo real, el reconocimiento de pruebas mediante *blockchain* y la introducción de vista y declaraciones[29]. Parece que con el avance y perfeccionamiento de la IA es solo cuestión de tiempo que surjan cada vez más iniciativas de este tipo y que, con el paso del tiempo, se le reconozca un papel más protagonista. Por este motivo, debemos estar preparados para afrontar los retos legales, éticos y filosóficos que se pueden plantear.

IV. LÍMITES DE LA INTELIGENCIA ARTIFICIAL EN EL ARBITRAJE

El avance de la técnica en los últimos años obliga a que nos detengamos a reflexionar sobre los límites que existen para su desarrollo. Aunque parezca que el avance de la IA no tiene límites, estos sí que existen. Ya sea porque lo imponen la propia realidad de las cosas –limitaciones fácticas– o porque deriven de la ley –limitaciones jurídicas–. En cualquier caso, es interesante identificarlos a fin de acotar el verdadero potencial de la IA en el ámbito arbitral.

---

28 HILBORNE, N., "Robot mediator settles first ever court case", *Legalfutures,* 19 de febrero de 2019. (https://www.legalfutures.co.uk/latest—news/robot-mediator-settles-first-ever-court-case; última consulta: 30/10/2023).

29 QUANLIN, Q., "AI arbitration used for dispute in Guangzhou", *Chinadaily,* 1 de septiembre de 2023 (https://www.chinadaily.com.cn/a/202309/01/WS64f13406a310d2dce4bb34ad.html; 30/10/2023).

A la hora de fijar estos límites, nos parece interesante la distinción que realiza NIEVA FENOLL. Según este autor, se debe distinguir "entre la tramitación y búsqueda de datos, por una parte, y la actividad mental que supone el enjuiciamiento por la otra"[30]. Aunque al hacer esta afirmación el autor se refiera al proceso jurisdiccional, creemos que es igualmente trasladable al proceso arbitral, donde también se produce esa dualidad de funciones.

1. Tramitación y análisis de datos

Tal y como hemos analizado en el epígrafe anterior, la IA es una herramienta que ha demostrado su utilidad para mejorar la eficiencia las tareas relacionadas con la tramitación y análisis de datos, que en el ámbito del arbitraje comercial internacional son muy demandantes. Este tipo de tecnologías se enfrentan, sin embargo, a una circunstancia que actúa como un límite a su desarrollo en el ámbito arbitral. Esta circunstancia no es otra que la dificultad para recopilar datos.

Como es sabido, las aplicaciones de IA que desempeñan funciones predictivas necesitan para su correcto desarrollo de un volumen importante de datos que además sean de calidad. A fin de cuentas, estos datos proporcionan el "material de entrenamiento original" sobre el que se sustenta la tecnología[31]. El arbitraje se caracteriza por su carácter confidencial, lo que impide, entre otras cosas, que existan repertorios de laudos arbitrales de los que las IA se puedan nutrir. Esta característica del proceso arbitral, que tradicionalmente se ha presentado como una de sus ventajas respecto del proceso jurisdiccional, puede suponer un *hándicap* importante en los próximos años.

Si la IA sigue avanzando al ritmo que lo está haciendo en el ámbito legal, es previsible que produzca cambios muy relevantes en la administración de justicia. Sin duda, su "algoritmización" y "robotización" puede mejorar la experiencia de usuario[32]. Entre otras cosas porque el desarrollo e implantación

---

30 NIEVA FENOLL, J., Inteligencia artificial y proceso judicial, cit. p. 31.

31 EIDENMÜLLER, H., VARESIS, F., "What is an Arbitration? Artificial Intelligence and the Vanishing Human Arbitrator", (June 17, 2020). (https://ssrn.com/abstract=3629145, última consulta: 30/11/2023)

32 BARONA VILAR, S., "Mutación de la justicia en el siglo XXI", *Mutación de la justicia en el siglo XXI. Elementos para una mirada poliédrica de la tutela de la ciudadanía* (edit.) Silvia Barona Vilar, Tirant lo Blanch, Valencia, 2022, p. 59.

las tecnologías basadas en el análisis predictivo puede aportar grandes dosis de certidumbre ante los conflictos jurídicos. Un factor que es muy apreciado en el ámbito de los negocios. En cambio, si el arbitraje se queda atrás en la implantación de la IA por la escasez de datos, es posible que este se presente como un método de solución de conflictos menos atractivo en términos comparativos.

Dicho esto, debemos precisar que la naturaleza confidencial del arbitraje no es inmutable. Aunque la mayoría de las legislaciones incorporan el principio de confidencialidad, las partes pueden pactar otra cosa, ya sea expresamente o por someterse a un reglamento arbitral que así lo disponga. De hecho, existen arbitrajes en los que no está vigente este principio. Es el caso, por ejemplo, de los arbitrajes inversor-Estado celebrados ante el Centro Internacional de Arreglo de Diferencias Relativas a Inversiones (CIADI)[33] o de los arbitrajes deportivos celebrados ante el Tribunal Arbitral del deporte (TAS)[34].

Aunque la tendencia parece estar cambiando[35], lo cierto es que la práctica arbitral mayoritaria sigue caracterizándose por su opacidad. Incluso cuando se adopta una política diferente, la información publicada suele ser muy restringida. Es habitual que no se incorpore la motivación completa y que se eliminen los nombres de todos los intervinientes, incluidos los árbitros. De esta forma, la cantidad y la calidad de los datos que ofrece la práctica arbitral es insuficiente para que los softwares de análisis predictivo puedan operar de forma satisfactoria, especialmente si se compara con la jurisdicción[36].

Teniendo en cuenta este panorama, es previsible que en los próximos años los legisladores y, sobre todo, las instituciones arbitrales, se esfuercen por mejorar la cantidad y la calidad de la información. Si quieren seguir

---

33 Se puede acceder a su base de datos a través del siguiente enlace: (https://icsid.worldbank.org/es/casos, última consulta: 30/10/2023).

34 Se puede acceder a su base de datos a través del siguiente enlace: (https://jurisprudence.tas-cas.org/Help/Home.aspx, última consulta: 30/10/2023).

35 Es muy representativo que la CCI adoptara en 2019 la decisión de incorporar al repertorio de *Jus Mundi* los laudos arbitrales dictados en sus procedimiento –siempre que las partes no expresen un deseo contrario–. (https://iccwbo.org/dispute-resolution-services/arbitration/publication-of-icc-arbitral-awards-with-jus-mundi/; 30/10/2023).

36 PAISLEY, K., SUSSMAN, E., "Artificial Intelligence Challenges and Opportunities for International Arbitration", *NYSBA New York Dispute Resolution Lawyer,* vol. 11, núm. 1, 2018 p. 38.

siendo competitivas, deberán encontrar fórmulas que, por un lado, les permitan "alimentar" de materia prima a los softwares de análisis predictivo y, por otro, garanticen un nivel de confidencialidad aceptable para sus usuarios. El reto no es menor.

En cuanto al régimen jurídico del arbitraje podemos afirmar que, en líneas generales, es muy favorable para la implantación de la IA. Y no decimos esto porque se trate de una regulación vanguardista sensible a los avances tecnológicos, sino simplemente porque dota de un valor preminente a la autonomía de la voluntad de las partes. A efectos prácticos, esto significa que no es necesario que la ley autorice el uso de la IA en el arbitraje. Mientras que las partes estén de acuerdo, en principio, no debe haber ningún impedimento. A fin de cuentas, el proceso arbitral no se somete a la rigidez del principio de legalidad que impera en el proceso jurisdiccional.

Ahora bien, como siempre ocurre, la autonomía de la voluntad está sometida a ciertos límites. Es muy elocuente en este sentido la Exposición de Motivos de la Ley de Arbitraje cuando señala que el principio de autonomía de la voluntad "establece como únicos límites al mismo y a la actuación de los árbitros el derecho de defensa de las partes y el principio de igualdad, que se erigen en valores fundamentales del arbitraje como proceso que es". Algo que, evidentemente, también afecta a la IA. De esta forma, por un lado, queda vedada cualquier utilización de la IA que impida o limite el derecho de las partes a alegar y probar el fundamento fáctico y jurídico de su posición procesal, así como a poder rebatir a la parte contraria. Por otro lado, también se prohíbe toda utilización de la IA que quiebre el principio de igualdad de armas. Esta regla entendemos que no afecta al uso "privado" que las partes puedan hacer de esta tecnología a la hora de preparar al caso –algo que, por otra parte, sería difícil de detectar–, sino a que los programas que intervengan en el proceso arbitral no sitúen en una posición de privilegio a ninguna de las partes. Por este motivo, en un momento como el actual en el que la desregulación es la regla, parece aconsejable que su uso por parte de árbitros e instituciones arbitrales se lleve a cabo tomando todas las precauciones necesarias e informando a las partes en todo momento.

2. *Enjuiciamiento*

Tal y como hemos desarrollado a la hora de analizar los usos potenciales de la IA en el arbitraje, es razonable plantarse la posibilidad de que un *software* remplace al árbitro en su función enjuiciadora –a esto se le ha denominado como "machine arbitration"[37] –. Con independencia de los límites legales existentes –que mencionaremos más adelante–, juzgar –o arbitrar– es una labor humana que requiere, por tanto, de habilidades que solo poseemos nosotros.

El juicio en derecho –mucho menos el de equidad– no es una labor mecánica. Enjuiciar es aplicar el derecho –o las reglas de la equidad– al caso concreto. Por tanto, para desempeñar esa función no solo se requiere conocer el ordenamiento jurídico –algo que sería asumible por la IA–, sino también determinar el "caso concreto", tomando en consideración las alegaciones formuladas por las partes y la prueba practicada. A nuestro modo de ver, esta última función difícilmente puede ser replicada por una máquina. Básicamente porque, como se ha dicho, no solo requiere de la inteligencia lógico-matemática –que es la que posee la IA–, sino también de la denominada inteligencia "emocional", que incluye, entre otras cosas, la empatía y las habilidades sociales[38]. Asimismo, como ha apuntado PANOV, el valor real del arbitraje es que las personas que participan en él utilizan sus propios antecedentes culturales, empresariales y jurídicos, así como su sentido de la equidad y de la justicia, para resolver el conflicto. Y esto es algo que una máquina, por muy sofisticada que llegue a ser, nunca podrá ofrecer.

Pero más allá de las limitaciones técnicas, el régimen jurídico del arbitraje impide que el árbitro pueda ser reemplazado por un software de IA. No es el lugar para realizar un análisis exhaustivo de esta cuestión, ya que excedería los límites de este trabajo. Sin embargo, sí consideramos oportuno dejar planteadas algunas de las ideas principales.

Desde un punto de vista positivista, el impedimento más evidente lo encontramos en el art. 13 de la Ley de Arbitraje. Según este precepto, solo "[p] ueden ser árbitros las personas naturales que se hallen en el pleno ejercicio de sus derechos civiles, siempre que no se lo impida la legislación a la que puedan estar sometidos en el ejercicio de su profesión". Es decir, solo pueden desempeñar esa función las personas físicas, quedando excluidas las

---

37 "Machine arbitrators: science-fiction or imminent reality?" (https://www.financierworldwide.com/machine-arbitrators-science-fiction-or-imminent-reality#.YyLuIHZBxD8, 30/10/2023).

38 HALIS KASAP, G., "Can Artificial Intelligence ("AI") Replace Human Arbitrators? Technological Concerns and Legal Implications", *Journal of Dispute Resolution,* vol. 2021, Issue 2, 2021, p. 234.

personas jurídicas y, por supuesto, cualquier software capaz de replicar esta función. No cabe otra interpretación.

Pero el principal impedimento no deriva de la literalidad de este artículo –que eventualmente podría alterarse–, sino de la propia naturaleza jurídica del arbitraje. El arbitraje, como equivalente jurisdiccional, se caracteriza por producir un resultado idéntico al del proceso. Esto es, una resolución definitiva e irrevocable del conflicto que, además, puede ser ejecutada de forma forzosa. De este modo, cuando las partes se someten a arbitraje otorgan al árbitro un poder *inter partes* que este debe ejercer guardando la debida imparcialidad e independencia frente a las partes en el arbitraje y respetando el convenio arbitral y el ordenamiento jurídico en su conjunto. Si no respeta estas condiciones en su ejercicio, puede incurrir en responsabilidad por los daños y perjuicios causados (art. 21 LA). Es decir, la otra cara de la función –o poder– que desempeña el árbitro es su responsabilidad. Son dos elementos que no se pueden disociarse. De este argumento se deduce que, aunque una IA puede llegar a desempeñar funciones decisorias, en última instancia siempre debe haber una persona física que asuma como propia esa decisión y, por tanto, se responsabilice de ella. Y ese, desde nuestro punto de vista, es un límite infranqueable.

V. Bibliografía

ALETRAS, N., TSARAPATSANIS, D., PREOTIUC-PIETRO, C., LAMPOS, V., "Predicting judicial decisions of the European Court of Human Rights: a Natural Language Processing perspective", *PeerJ Computer Science*, 2016.

ÁLVAREZ ALARCÓN, A., "Algunas consideraciones sobre el árbitro de urgencia o de "emergencia", *Cuestiones actuales de derecho procesal: reformas procesales. Mediación y arbitraje,* (coord. Ana María Rodríguez Tirado), Tirant lo Blanch, 2017, pp. 183-200.

BARONA VILAR, S., "Mutación de la justicia en el siglo XXI", *Mutación de la justicia en el siglo XXI. Elementos para una mirada poliédrica de la tutela de la ciudadanía* (edit.) Silvia Barona Vilar, Tirant lo Blanch, Valencia, 2022.

BARONA VILAR, S., "Psicoanálisis del arbitraje en la sociedad digital y líquida del siglo XXI. Entre la deconstrucción y la caquexia", *Psicoanálisis del arbitraje: solución o problema en el actual paradigma de la justicia* (ed. Silvia Barona Vilar), Tirant lo Blanch, Valencia, 2020.

BARONA VILAR, S., *Algoritmización del derecho y de la justicia: De la IA a la Smart justice,* Tirant lo Blanch, Valencia, 2021.

BLANCO GARCÍA, A. I., "La inteligencia artificial en el arbitraje. Reflexiones sobre los retos que plantea", *Modernización, eficiencia y aceleración del proceso,* (dir. Silvia Pereira Puigvert y María Jesús Pesqueira Zamora), Aranzadi, Madrid, 2022.

EIDENMÜLLER, H., VARESIS, F., "What is an Arbitration? Artificial Intelligence and the Vanishing Human Arbitrator", (June 17, 2020). (https://ssrn.com/abstract=3629145, última consulta: 30/11/2023)

ESPLUGUES MOTA, C., "*Quo Vadis Arbitratio?*", *Mediación, Arbitraje y Jurisdicción en el actual paradigma de Justicia,* Aranzadi, Pamplona, 2016, p. 16.

GERBAY, R., "Is the end nigh again? An empirical assessment of the "judicialization" of international arbitration", *The American review of international arbitration,* vol. 25, 2014.

HALIS KASAP, G., "Can Artificial Intelligence ("AI") Replace Human Arbitrators? Technological Concerns and Legal Implications", *Journal of Dispute Resolution,* vol. 2021, Issue 2, 2021.

HILBORNE, N., "Robot mediator settles first ever court case", *Legalfutures,* 19 de febrero de 2019. (https://www.legalfutures.co.uk/latest—news/robot-mediator-settles-first-ever-court-case; última consulta: 30/10/2023).

IRAZABAL, E., "La inteligencia artificial ya es inevitable para la profesión jurídica", *Blog de innovación legal y nuevas tecnologías. Abogacía Española,* 6 de marzo de 2023. (https://www.abogacia.es/publicaciones/blogs/blog-de-innovacion-legal/la-inteligencia-artificial-ya-es-inevitable-para-la-profesion-juridica/; última consulta: 30/10/2023).

MARTÍN DIZ, F., "Inteligencia artificial y medios extrajudiciales de resolución de litigios online (ODR): evolución de futuro en tiempos de pandemia global (Covid-19)", *La Ley. Mediación y arbitraje,* núm. 2, 2020.

MARTÍN DIZ, F., "Justicia digital post-covid19: El desafío de las soluciones extrajudiciales electrónicas de litigios y la inteligencia artificial", *Revista de Estudios Jurídicos y Criminológicos,* núm. 2, 2020.

PAISLEY, K., SUSSMAN, E., "Artificial Intelligence Challenges and Opportunities for International Arbitration", *NYSBA New York Dispute Resolution Lawyer,* vol. 11, núm. 1, 2018.

QUANLIN, Q., "AI arbitration used for dispute in Guangzhou", *Chinadaily,* 1 de septiembre de 2023 (https://www.chinadaily.com.cn/a/202309/01/WS64f13406a310d2dce4bb34ad.html; 30/10/2023).

ROGERS, C. A., "Arbitrator Intelligence: From intuition to Data in Arbitrator Appointments", *New York Dispute Resolution Lawyer,* vol. 11, num. 1, 2018

SOLAR CAYÓN, J. I., "La IA jurídica: nuevas herramientas y perspectivas metodológicas para el jurista", *Journal for constitutional theory and philosophy of law,* núm. 41, 2020.

TANG, O., "Think arbi: will artificial intelligence help or harm arbitration?", *Kluwer Arbitration Blog,* 22 de diciembre, 2021. (https://arbitrationblog.kluwerarbitration.com/2021/12/22/think-arbi-will-artificial-intelligence-help-or-harm-arbitration/; última consulta: 30/10/2023).

TRAKMAN, L., MONTGOMERY, H., "The "Judicialization" of international commercial arbitration: pitfall or virtue?", *Leiden Journal of International Law,* vol. 30, Issue 2, 2017.

VÁSQUEZ URRA, R., MONARDES GONZÁLEZ, M., "La incorporación de la inteligencia artificial en el arbitraje internacional. Un camino largo, pero no tortuoso", *La Ley. Mediación y Arbitraje,* núm. 16, julio de 2023.

Capítulo XXVIII

Consumer arbitration system: ¿son los i-árbitros una opción?

DIANA MARCOS FRANCISCO[1]

Profesora Titular de Derecho Procesal

Universidad Católica de Valencia "San Vicente Mártir"

SUMARIO: I. INTRODUCCIÓN. II. ¿SON JURÍDICAMENTE POSIBLES LOS I-ÁRBITROS EN EL SISTEMA ARBITRAL DE CONSUMO? III. ¿RESULTAN CONVENIENTES LOS I-ÁRBITROS EN EL SISTEMA ARBITRAL DE CONSUMO? IV. REFLEXIONES. V. BIBLIOGRAFÍA.

I. INTRODUCCIÓN

Es indiscutible que los *Alternative Dispute Resolution* (en adelante, ADR) integran nuestro actual modelo de justicia, siendo éste un "modelo poliédrico, que incorpora medios de tutela estatales, con personal y medios públicos, con otros medios de tutela de naturaleza privada o incluso cuasi-privada"[2], bien lejos de la tradicional justicia del pasado siglo concebida en torno a los conceptos de jurisdicción, acción y proceso: estamos ante un nuevo paradigma de justicia en el siglo XXI. En efecto, existe una tendencia a la irrupción e introducción de los ADR en general en el ámbito del Derecho privado y, en particular, en el ámbito del Derecho de consumo (ámbito en el que fundamentalmente han irrumpido las tecnologías de la información y la comunicación -TIC-), tanto con ocasión de iniciativas llevadas a cabo por organizaciones internacionales[3] o por los

---

1 Este Capítulo ha sido redactado en el marco del proyecto de investigación "Claves para una justicia digital y algorítmica con perspectiva de género" (expediente: PID2021-123170OB-I00) financiado por MCIN/ AEI /10.13039/501100011033.

2 Barona Vilar, S.: "Claves vertebradoras del modelo de Justicia en el siglo XXI", *Revista Boliviana de Derecho,* 2021, núm. 32, p. 35.

3 Para más detalles sobre el particular puede verse nuestra obra "Medidas internacionales de acceso a una justicia alternativa y digital en materia de consumo:

propios países como con ocasión de medidas implementadas por entidades o empresas privadas.

En particular los *Online Dispute Resolution* o -en su conocida sigla- ODR (ADR desarrollados por medios electrónicos) cada vez se usan y fomentan más, siendo probablemente *eBay* la plataforma con un sistema de ODR más conocida y siendo también muy conocido el importante salto dado por la Unión Europea con la creación de la plataforma de resolución de litigios en línea en materia de consumo. Si hablamos de "ODR de primera generación" estamos hablando de ODR que fueron fruto de la Tercera Revolución Industrial, que ya hace años -en la década de 1950- comenzaba a transformar paulatinamente la sociedad analógica en digital. En este sentido llegaron medidas como la sustitución del documento en papel por el documento electrónico, los convenios y laudos arbitrales electrónicos, las comunicaciones por correo electrónico, la práctica de pruebas mediante videoconferencia e, inclusive, la celebración completa de vistas virtuales telemáticas o *virtual hearings* -algo que en principio era impensable y que, como consecuencia del COVID-19, pasó a ser casi la regla en los tribunales españoles[4]-.

Pero no podemos perder de vista que ya es una realidad la incorporación de inteligencia artificial a la resolución de conflictos (nos encontramos, pues, ante los llamados "ODR de segunda generación", "Smart ODR"

---

presente y futuro", en AA.VV.: *Derecho del Consumo y Protección del Consumidor Sustentable en la Sociedad Digital del Siglo XXI* (ed. por S. BARONA VILAR), Universidad Autónoma de Chile, 2023, pp. 293-321, obra que analiza el impulso y fomento de los ADR/ODR en materia de consumo tanto en el ámbito de la Comisión de las Naciones Unidas para el Derecho Mercantil Internacional (en concreto, las Notas técnicas de la CNUDMI sobre la solución de controversias en línea) como de la Unión Europea (en concreto, la Directiva 2013/11/UE, sobre resolución alternativa de litigios en materia de consumo; el Reglamento (UE) Nº 524/2013, sobre resolución de litigios en línea en materia de consumo; y el Reglamento de Ejecución (UE) 2015/1051, sobre las modalidades para el ejercicio de las funciones de la plataforma de resolución de litigios en línea, sobre las modalidades del impreso electrónico de reclamación y sobre las modalidades de cooperación entre los puntos de contacto previstos en el precitado Reglamento).

4 Al respecto puede verse GARCÍA SANZ, J. y GONZÁLEZ GUIMARAES-DA SILVA, J.: "Las «vistas telemáticas» en el proceso civil español: visión comparada, regulación y cuestiones prácticas que suscita su celebración", *Diario la Ley*, 16 de junio de 2020 (edición electrónica); y SANCHIS CRESPO, C.: "Vistas telemáticas y plataformas digitales: algunas cuestiones", *Revista Boliviana de Derecho*, 2022, núm. 33, pp. 364-401.

u "ODR+"[5]); ya es una realidad la llamada Cuarta Revolución Industrial (4.0), que implica una sociedad en la que todo gira en torno a la tecnología (donde la inteligencia artificial tiene un papel protagonista) y en la que se produce una verdadera metamorfosis a nivel tecnológico en incontables sectores o ámbitos de la vida[6] -también el de la justicia-, y que, por tanto, requerirá en un futuro próximo de una base normativa que genere seguridad jurídica y, por ende, confianza en los usuarios de las tan avanzadas tecnologías.

En este orden de consideraciones, y partiendo del enorme potencial de la inteligencia artificial, las instituciones europeas (como son la Unión Europea y el Consejo de Europa) han llevado a cabo distintos estudios y elaborado documentos sobre la materia, que en el caso de la UE[7] parece

---

5 Entre las obras más recientes, *vid.* CHAISSE, J. y KIRKWOOD, J.: "Smart Courts, Smart Contracts and the Future of Online Dispute Resolution", *Stanford Journal of Blockchain Law & Policy,* 2022, pp. 1-39, quien vincula el uso de los ODR+ a las *smart courts* y a los *smart contracts.*

6 Como bien indica BARONA VILAR, S., estamos ante "una sociedad basada, diseñada y estructurada desde y con la tecnología; una sociedad en la que ocupan lugares privilegiados las redes sociales, la nube, el internet de las cosas (IoT), la inteligencia artificial, los vehículos autónomos, la impresión 3D, la nanotecnología, la biotecnología, el *big data,* la *machine learning,* el *deep learning,* y un largo etcétera que nos encaminan hacia un mundo inteligente" (*vid.* "Inteligencia artificial o la algoritmización de la vida y de la justicia: ¿Solución o problema?", *Revista Boliviana de Derecho,* 2019, núm. 28, p. 21. *Vid.* también p. 22).

7 Entre ellos, se encuentran la Resolución del Parlamento Europeo, de 16.2.2017, con recomendaciones destinadas a la Comisión sobre normas de Derecho civil sobre robótica (2015/2103(INL)) (2018/C 252/25); las Comunicaciones de la Comisión "Inteligencia artificial para Europa", de 25.4.2018 (COM (2018) 237 final) y "Generar confianza en la inteligencia artificial centrada en el ser humano", de 8.4.2019 (COM (2019) 168 final); el "Informe de la Comisión al Parlamento Europeo, al Consejo y al Comité Económico y Social Europeo, sobre las repercusiones en materia de seguridad y responsabilidad civil de la Inteligencia Artificial, el internet de las cosas y la robótica", de 19.2.2020 (COM (2020) 64 final); el "Libro Blanco sobre la inteligencia artificial – un enfoque europeo orientado a la excelencia y la confianza", de 19.2.2020 (COM (2020) 65 final); y la Resolución del Parlamento Europeo, de 20 de octubre de 2020, con recomendaciones destinadas a la Comisión sobre un régimen de responsabilidad civil en materia de inteligencia artificial (2020/2014(INL)) (2021/C 404/05).
En el seno del Consejo de Europa hay que mencionar la "Carta ética europea sobre el uso de la Inteligencia Artificial en los sistemas judiciales y su entorno", aprobada por la Comisión Europea para la Eficacia de la Justicia el 4 de diciembre de 2018 (CEPEJ (2018) 14).

que en uno o varios años culminarán con una importante norma jurídica vinculante directamente aplicable en los Estados Miembros, a saber, un Reglamento del Parlamento Europeo y del Consejo por el que se establecen normas armonizadas en materia de inteligencia artificial (Ley de Inteligencia Artificial), actualmente Propuesta de Reglamento[8].

Inmediatamente surge la siguiente pregunta: ¿qué es la inteligencia artificial? No es una pregunta fácil de responder porque no existe un concepto único de inteligencia artificial. Según la RAE, que proporciona una definición sumamente amplia, es aquella "disciplina científica que se ocupa de crear programas informáticos que ejecutan operaciones comparables a las que realiza la mente humana, como el aprendizaje o el razonamiento lógico". Dejando de lado el concepto de inteligencia artificial como ciencia o disciplina que proporciona la RAE, podríamos definirla ampliamente -y este es el concepto del que partimos en el presente trabajo- como toda herramienta de *software* capaz de llevar a cabo operaciones similares a las que realizan los seres humanos (podríamos pensar en herramientas muy simples, como una calculadora, o más complejas, que jueguen al ajedrez, conduzcan un coche o -en el ámbito de la justicia- dicten una sentencia o laudo)[9], esto es, como toda herramienta algorítmica. Por su parte, la citada Propuesta de Reglamento define la inteligencia artificial como "el *software* que se desarrolla empleando una o varias de las técnicas y estrategias que figuran en el Anexo I y que puede, para un conjunto determinado de objetivos definidos por seres humanos, generar información de salida como contenidos, predicciones, recomendaciones o decisiones que influyan en los entornos con los que interactúa" (art. 3, 1°). Estamos, pues, ante una definición compleja, cuyos principales componentes son tres: los datos o, mejor, un gran número de datos o macrodatos (*big data*), los algoritmos

---

8 Se trata de la Propuesta de Reglamento del Parlamento Europeo y del Consejo por el que se establecen normas armonizadas en materia de inteligencia artificial (Ley de Inteligencia Artificial) y se modifican determinados actos legislativos de la Unión, de 21 de abril de 2021 {SEC (2021) 167 final}–{SWD (2021) 84 final}–{SWD (2021) 85 final}. Dicha Propuesta se encuentra accesible en https://eur-lex.europa.eu/resource.html?uri=cellar:e0649735-a372-11eb-9585-01aa75ed71a1.0008.02/DOC_1&format=PDF (consultada el 01.10.23).

9 En sentido más estricto o restringido la inteligencia artificial podría definirse como aquel dispositivo (computadora) capaz de funcionar de forma similar a la inteligencia humana, esto es, "con aptitudes de aprendizaje, razonamiento y superación personal". *Vid.* GUILLERMO ARGERICH, J. J.: "¿Hacia el determinismo arbitral? La inteligencia artificial en la toma de decisiones", *La Ley*, Buenos Aires (Argentina), 14 de febrero de 2020 (Id SAIJ: DACF200024), p. 1.

(secuencias ordenadas y finitas de operaciones que permiten obtener un resultado) y los equipos o máquinas informáticas que sirven físicamente de soporte a los otros dos elementos (*hardware*)[10].

A nivel mundial ya es posible encontrar claros ejemplos de la llegada de la inteligencia artificial al ámbito de la justicia (en el ámbito judicial y extrajudicial), incluso en su más ambiciosa expresión, como sucede en los países en que son los propios *softwares* inteligentes los que resuelven determinadas controversias[11]. Y, si bien es cierto que la inteligencia artificial se está empezando a aplicar en España en la Administración de Justicia[12], superada la fase del expediente judicial electrónico -ya implantado en muchísimos juzgados-, donde parece tener aquella una mayor cabida a día de hoy es en la vía extrajudicial dada la flexibilidad de los ADR y la rigidez de las leyes o normas procesales.

En definitiva, de lo anteriormente expuesto se infiere que estamos en un momento de auge y en que se da más importancia a los ADR por un lado y, por otro lado, a las TIC (cuyo uso creció enormemente y su potencial se evidenció con la pandemia del COVID-19), incluyendo en ellas la inteligencia artificial, que -nos guste o no- "han venido para quedarse". En este sentido, si

---

10 De Hoyos Sancho, M.: "El proyecto de reglamento de la Unión Europea sobre inteligencia artificial, los sistemas de alto riesgo y la creación de un ecosistema de confianza", en AA.VV.: *Justicia poliédrica en periodo de mudanza (Nuevos conceptos, nuevos sujetos, nuevos instrumentos y nueva intensidad)* (ed. por S. Barona Vilar), Tirant lo Blanch, Valencia, 2022, pp. 406 y 407.

11 Para más detalles puede verse nuestra obra "Smart ODR y su puesta en práctica: el salto a la inteligencia artificial", *Revista General de Derecho Procesal*, 2023, núm. 59, pp. 11 y 12.

12 A modo de ejemplo en el ámbito de la justicia penal podríamos citar -con carácter preprocesal- el programa VeriPol que desde hace unos años está presente en comisarías y que sirve a la policía nacional para detectar denuncias falsas (gracias a un algoritmo que identifica las palabras que predominan en denuncias falsas) y el reconocimiento facial que se prevé llegue a la Justicia murciana en poco tiempo; y, en el seno del proceso, la tecnología empleada por el Tribunal Supremo para facilitar complejos cálculos de acumulación de penas. Entre las obras más recientes que tratan la inteligencia artificial en el ámbito de la justicia pueden verse Barona Vilar, S.: *Algoritmización del Derecho y de la Justicia. De la Inteligencia Artificial a la Smart Justice*, Tirant lo Blanch, Valencia, 2021; Montesinos García, A.: "Empleo de la inteligencia artificial en algunas fases del proceso judicial civil: prueba, medidas cautelares y sentencia", *Actualidad Civil*, núm. 11 (edición electrónica), 2022, pp. 1-20; y Nieva Fenoll, J.: "Inteligencia artificial y proceso judicial: perspectivas tras un alto tecnológico en el camino", *Revista General de Derecho Procesal*, 2022, núm. 57, pp. 1-21.

nos centramos en España basta con dirigir la mirada a los decaídos Proyectos de Ley de Medidas de Eficiencia Procesal y Digital del Servicio Público de Justicia (el primero aprobado en Consejo de Ministros el 12 de abril de 2022 y el segundo el 19 de julio de igual año)[13]: recordemos que el primero regulaba los medios adecuados de solución de controversias (conocidos como MASC[14]), si bien es cierto que -lamentablemente- sin hacer una mínima referencia al arbitraje, y, el segundo, daba incluso una base jurídica o normativa al empleo de inteligencia artificial.

Pues bien, en este contexto de fomento de los ADR y de la aludida metamorfosis de la Revolución Industrial del 4.0, tras 15 años de vigencia del Real Decreto que regula el Sistema Arbitral de Consumo (RD 231/2008, de 15 de febrero -en adelante, RDSAC-), resulta necesario adaptarlo a los nuevos tiempos, fomentando su uso como medio -muy eficaz- de resolución de litigios de consumo y empleando en el mismo las más novedosas tecnologías, como lo son los sistemas o herramientas de inteligencia artificial.

Así las cosas, el objeto del presente trabajo es analizar si es posible jurídicamente que una inteligencia artificial (adopte la forma que sea: pensemos en un avatar, un robot, etc. o en un mero programa informático) actúe en el Sistema Arbitral de Consumo (en lo sucesivo, SAC) en sustitución del humano o humanos que actúan como terceros neutrales (árbitros) y adopte por sí misma decisiones (laudos), así como -al margen de si es o no viable jurídicamente- si ello resulta conveniente.

---

13 Estas Leyes, junto con la Ley de eficiencia organizativa, que también estaba en marcha, formaban parte del Plan Justicia 2030 del Gobierno de España -dentro de su Plan de Recuperación, Transformación y Resiliencia, de 27 de abril de 2021-, que constituía un "programa de medidas con un horizonte temporal de 10 años para transformar el sistema de Justicia en un auténtico servicio público, consolidando los derechos y garantías de los ciudadanos, promoviendo una mayor eficiencia del servicio público y garantizando el acceso a la Justicia en todo el territorio. El Plan Justicia 2030 se vertebra en tres ejes estratégicos: Acceso a la Justicia. Consolidación de garantías y derechos, Eficiencia operativa del servicio público de la Justicia y Transformación digital, incrementando la cohesión y coordinación territorial" (*vid.* p. 254).

14 Para más detalles al respecto pueden verse nuestras obras "Reflexiones en torno a los MASC en el Anteproyecto de Ley de medidas de eficiencia procesal", en AA.VV.: *Meditaciones sobre Mediación (MED+)* (ed. por S. BARONA VILAR), Tirant lo Blanch, Valencia, 2022, pp. 63-96, y "La incidencia de los MASC en las costas procesales en la proyectada Ley de medidas de eficiencia procesal", *Revista General de derecho Procesal*, 2022, núm. 57, pp. 1-39.

II. ¿SON JURÍDICAMENTE POSIBLES LOS I-ÁRBITROS EN EL SISTEMA ARBITRAL DE CONSUMO?

Para contestar a esta pregunta debemos estar, en primer lugar, a las distintas normas reguladoras del SAC, esto es, los arts. 57 y 58 del Texto Refundido de la Ley General para la defensa de los Consumidores y Usuarios (en adelante, TRLGDCU), aprobado por Real Decreto Legislativo 1/2007, de 16 de noviembre, y el citado Real Decreto 231/2008, de 15 de febrero, por el que se aprueba el Sistema Arbitral de Consumo (Reglamento dictado de acuerdo con el apartado 2 del citado art. 57). A dichas normas habría que añadir la Ley 60/2003, de 23 de diciembre, de Arbitraje, dado que resulta de aplicación supletoria a lo no previsto por el mencionado RDSAC, tal y como dispone el art. 3.1 del propio RDSAC y también la Disposición Adicional Única de la citada Ley de Arbitraje.

Pues bien, aunque el TRLGDCU y el RDSAC guardan silencia al respecto (nada dicen expresamente), podría defenderse que se infiere de dichas normas la exigencia de que los árbitros sean personas físicas (conclusión a la que igualmente podría llegarse en aplicación del art. 13 de la Ley Arbitral, al pergeñar que "pueden ser árbitros las personas naturales (...)"). Así, p. ej., si según el art. 57.3 TRLGDCU "los órganos arbitrales estarán integrados por representantes de los sectores empresariales interesados, de las organizaciones de consumidores y usuarios y de las Administraciones públicas", está claro que la norma está pensando en personas físicas. Ello mismo se desprende de los preceptos que regulan los "órganos arbitrales" en el RDSAC (Sección 4ª del Capítulo III, arts. 16 a 23): cuando en ellos se habla de "personas", está claro que están pensando en personas físicas, que podrán solicitar su acreditación como árbitros al presidente de las Juntas Arbitrales de Consumo para actuar ante ellas, siempre que cumplan "los requisitos de honorabilidad y cualificación establecidos por el Consejo General del Sistema Arbitral de Consumo" (art. 17.1°) y, en su caso -cuando se acrediten a propuesta de la Administración- sean licenciados en derecho (art. 17.1°).

Partiendo de esta postura, para que una máquina o computadora (con independencia de la forma que adopte el *hardware* que da soporte físico al *software*) sustituyera al árbitro humano sería necesario modificar los aludidos preceptos e incluir a las "personas electrónicas"[15].

---

[15] Autores como Guzmán Fluja, V. C., defienden que una inteligencia artificial no podría ser nombrada árbitro a la luz del citado art. 13 (*vid.* "Arbitraje y so-

Sin embargo, hay que apuntar que podríamos entender algo diferente y mantener otra postura. Así, también podría defenderse que sí sería posible la controvertida sustitución sin llevar a cabo modificación alguna de la aludida normativa, aunque la referencia se entienda a un árbitro humano, dado que sería posible por la flexibilidad que caracteriza los ADR y, en íntima conexión, porque opera el principio de libre disposición de las partes y autonomía de su voluntad[16]. De ahí que el propio RDSAC permita a las partes acordar distintos aspectos o extremos en relación con su arbitraje de consumo, tales como si no desean acudir a una mediación previa al arbitraje, determinar la Junta Arbitral de Consumo competente, la elección de árbitros especializados en ciertos casos o la opción entre el arbitraje en derecho o en equidad[17].

Y lo cierto es que esta segunda postura podríamos entenderla respaldada incluso por el propio Tribunal Constitucional: si el Alto Tribunal en resoluciones como la Sentencia -Sala Segunda- 65/2021, de 15 de marzo, ha llegado a admitir que las partes pueden acordar que el laudo no debe motivarse[18] (pese a que el art. 37.4 de la citada Ley Arbitral 60/2003 no dice "salvo acuerdo contrario de las partes" como sí hace dicha Ley en los apartados 1 y 2 del mismo precepto y, en igual o parecidos términos,

---

luciones técnicas inteligentes: elementos para un debate", en AA.VV.: *Justicia poliédrica en periodo de mudanza (Nuevos conceptos, nuevos sujetos, nuevos instrumentos y nueva intensidad)* (ed. por S. BARONA VILAR), Tirant lo Blanch, Valencia, 2022, pp. 579 y 580).

16 *Vid.* MARTÍN DIZ, F.: "Inteligencia artificial y medios extrajudiciales de resolución de conflictos online (ODR): evolución de futuro en tiempos de pandemia global (Covid-19)", *LA LEY Mediación y Arbitraje*, 2020, núm. 2 (edición digital), pp. 6 y 22.

17 Para más detalles sobre el contenido eventual del convenio arbitral de consumo puede verse nuestra obra *El convenio arbitral de consumo y su control*, Thomson Reuters Aranzadi, 2012, pp. 163 y ss.

18 Su FJ 5 pergeña que "asentado, por consiguiente, el arbitraje en la autonomía de la voluntad y la libertad de los particulares (arts. 1 y 10 CE), el deber de motivación del laudo no se integra en el orden público exigido en el art. 24 CE para la resolución judicial, sino que se ajusta a un parámetro propio, definido en función del art. 10 CE. *Este parámetro deberán configurarlo, ante todo, las propias partes sometidas a arbitraje a las que corresponde, al igual que pactan las normas arbitrales, el número de árbitros, la naturaleza del arbitraje o las reglas de prueba, pactar si el laudo debe estar motivado (art. 37.4 LA) y en qué términos.* En consecuencia, la motivación de los laudos arbitrales carece de incidencia en el orden público" (la cursiva es nuestra). Acogiendo dichos términos se pronuncia la más reciente STC de igual Sala Segunda 50/2022, de 4 de abril, FJ 3, o la aún más reciente STC -Sala Primera- 79/2022, de 27 de junio, FJ 2.

a lo largo de todo su articulado), podríamos defender lo mismo con respecto a la no necesidad de que sea una persona natural quien actúe como tercero neutral, admitiéndose que las partes pacten que lo sea una inteligencia artificial.

Así las cosas, a efectos de salvar toda duda en aras de una mayor seguridad jurídica convendría modificar las aludidas normas, para clara y expresamente contemplar dicha posibilidad -si es lo que se desea prever-.

En segundo lugar, dejando de lado las aludidas normas nacionales, repárese en que actualmente también podría defenderse la necesidad de modificar la normativa de la UE si pensamos en la posibilidad de que un *software* inteligente actúe como árbitro y adopte decisiones basadas en un tratamiento automatizado de datos que vinculen jurídicamente a las partes, dado que "el derecho a obtener intervención humana por parte del responsable" (del tratamiento de los datos personales) es un derecho mínimo reconocido en el art. 22 del Reglamento (UE) 2016/679, del Parlamento Europeo y del Consejo, de 27 de abril de 2016, relativo a la protección de personas físicas en lo que respecta al tratamiento de datos personales y a la libre circulación de estos datos y por el que se deroga la Directiva 95/46/CE, que podría considerarse de aplicación al arbitraje. En efecto, el art. 22 de este Reglamento general de protección de datos pergeña que "todo interesado tendrá derecho a no ser objeto de una decisión basada únicamente en el tratamiento automatizado, incluida la elaboración de perfiles, que produzca efectos jurídicos en él o le afecte significativamente de modo similar" (apartado 1)[19]. Si bien es cierto que el apartado 2 de este mismo precepto recoge tres casos en que el citado apartado 1 no resulta de aplicación, entre los que se encuentra el "consentimiento explícito del interesado" para tomarse la decisión, no lo es menos que el apartado 3 del repetido art. 22 dispone que, aun existiendo tal consentimiento, "el responsable del tratamiento adoptará las medidas adecuadas para salvaguardar los derechos y libertades y los intereses legítimos del interesado, como mínimo el derecho a obtener intervención humana por parte del responsable, a expresar su punto de vista y a impugnar la decisión".

---

19 Guzmán Fluja, V. C.: "Arbitraje y soluciones técnicas inteligentes: elementos para un debate", *cit.*, p. 554.

III. ¿RESULTAN CONVENIENTES LOS I-ÁRBITROS EN EL SISTEMA ARBITRAL DE CONSUMO?

Mientras que el empleo de la inteligencia artificial como herramienta asistencial en los ADR en principio no plantea problemas (suele admitirse sin reparos), no sucede lo mismo cuando hablamos de la posibilidad de que aquella actúe como tercero que sustituye al tercero neutral persona física y dicta laudos (actuando como árbitro)[20], con respecto a la cual la mayoría de los autores se muestran detractores[21] o encuentran escollos difíciles de resolver[22]. En efecto, a día de hoy existen distintos escollos o dificultades que llevan a desaconsejar la controvertida posibilidad en el arbitraje común. Seguidamente destacaremos y nos referiremos a algunos de ellos, pero intentando argumentar cómo podrían salvarse algunos de dichos importantes escollos en el SAC[23]:

1) En primer lugar, el carácter "débil" (o específico) de las inteligencias artificiales con que contamos implica que estas carezcan de consciencia de su existencia y de cualidades humanas necesarias en el árbitro.

---

20 Podríamos hablar incluso de que la inteligencia artificial propusiera acuerdos a las partes en un arbitraje que, en caso de ser aceptados, podrían incluirse en laudos conciliatorios.

21 Entre otros, MARTÍN DIZ, F.: "Smart ODR: I-Arbitraje e I-Mediación. Integración de medios extrajudiciales de resolución de litigios e inteligencia artificial", en AA.VV.: *Justicia poliédrica en periodo de mudanza (Nuevos conceptos, nuevos sujetos, nuevos instrumentos y nueva intensidad)* (ed. por S. BARONA VILAR), Tirant lo Blanch, Valencia, 2022, pp. 391 y 400.

22 Entre otros, GUZMÁN FLUJA, V. C.: "Arbitraje y soluciones técnicas inteligentes: elementos para un debate", *cit.*, p. 605; BLANCO GARCÍA, A. I.: "La inteligencia artificial en el arbitraje. Reflexiones sobre los retos que plantea", en AA.VV.: *Modernización, eficiencia y aceleración del proceso* (dir. por S. PEREIRA PUIGVERT Y M. J. PESQUEIRA ZAMORA), Aranzadi, Cizur Menor (Navarra), 2022, pp. 146 y 151; MONTESINOS GARCÍA, A.: "Inteligencia artificial y Odr", en AA.VV.: *Justicia algorítmica y neuroderecho. Una mirada multidisciplinar* (ed. por S. BARONA VILAR), Tirant lo Blanch, Valencia, 2021, pp. 527 y 528; PALAO MORENO, G.: "El arbitraje comercial en línea en la era de la inteligencia artificial", en AA.VV.: *Psicoanálisis del arbitraje: solución o problema en el actual paradigma de justicia* (ed. por S. BARONA VILAR), Tirant lo Blanch, Valencia, 2020, pp. 463 a 465.

23 Al respecto pueden verse GUZMÁN FLUJA, V. C.: "Arbitraje y soluciones técnicas inteligentes: elementos para un debate", *cit.*, pp. 589-604; MARTÍN DIZ, F.: "Smart ODR: I-Arbitraje e I-Mediación. Integración de medios extrajudiciales de resolución de litigios e inteligencia artificial", *cit.*, pp. 395-397; y MONTESINOS GARCÍA, A.: "Inteligencia artificial y Odr", *cit.*, pp. 526-528.

Los árbitros dictan laudos sobre la base de criterios que van mucho más allá de los estrictamente lógico-jurídicos, tomando en consideración sus propias experiencias personales y emocionales y su interactuación con las partes, y haciendo uso de capacidades de adaptación ajenas a todo *software* (como la capacidad de adaptarse a cambios de la legislación sustantiva aplicable al fondo del asunto en arbitrajes que deben resolverse en derecho, de cambiar el sentido del precedente sentado en laudos anteriores atendiendo a la imparable evolución social, de aplicar la analogía y de integrar lagunas legales).

2) Para hablar del 2º escollo o dificultad hay que partir de que -como adelantamos- hay herramientas -algoritmos de *machine learning*- que permiten predecir, con gran probabilidad de acierto, el resultado de un proceso (éxito o fracaso), partiendo de un análisis de los precedentes jurisprudenciales en casos similares (de ahí la conocida *Jurimetría* o, en el concreto ámbito del arbitraje, *ArbiLex* o *Dispute Resolution Data*[24]). Y para que la labor predictiva del *software* y el resultado arrojado sean fiables es necesario contar con una enorme y potente base de datos (es muy importante el volumen, una de las 4 dimensiones fundamentales del *big data*), que además incluya una enorme variedad de casos (la variedad también lo es, otra de las dimensiones) y un flujo continuo y rápido de datos (la velocidad es la tercera dimensión del *big data*); dimensiones que no resultan nada fácil de conseguir en el ámbito de los ADR debido fundamentalmente a su confidencialidad.

Pues bien, aunque también la confidencialidad es uno de los principios rectores del procedimiento arbitral de consumo (art. 41.2 RDSAC), nada obsta para que, como ya han hecho algunas instituciones arbitrales, se publiquen todos los laudos con el contenido anonimizado. De hecho, una de las funciones de las Juntas Arbitrales de Consumo es precisamente la de "gestionar un registro de laudos emitidos, cuyo contenido, respetando la privacidad de las partes, será público" (art. 6, letra l) RDSAC); función que lamentablemente no cumplen muchas Juntas Arbitrales de Consumo[25] y que, a diferencia, desempeñan muy correctamente otras como la

---

24 Para más detalles sobre estas plataformas *vid.* BLANCO GARCÍA, A. I.: "La inteligencia artificial en el arbitraje. Reflexiones sobre los retos que plantea", *cit.*, pp. 141-143.

25 Entre ellas, incluso Juntas Arbitrales de Consumo que constan acreditadas como entidades de Resolución Alternativa de Litigios al amparo de la Directiva 2013/11/UE, del Parlamento Europeo y del Consejo, de 21 de mayo de 2013, relativa a la resolución alternativa de litigios en materia de consumo, como es la Junta Arbitral

de Barcelona[26]. La existencia de dichos registros constituye el punto de partida necesario para contar con abundantes, variados y fluidos macrodatos que permitan crear patrones y arrojar resultados fiables. Por ello, resulta necesario que todas las Juntas Arbitrales de Consumo creen los aludidos registros o, mejor, exista una única base de datos (en lugar de registros distintos por Juntas Arbitrales) que incluya todos los registros, en aras de conseguir cientos de miles de datos o *pentabites*, y que los mismos fluyan velozmente.

3) En tercer lugar, otro problema deriva de desconocer la configuración y funcionamiento del *software* inteligente, información inaccesible porque tales *softwares* suelen estar protegidos por derechos de propiedad intelectual. Ello constituye un problema porque dicha falta de trasparencia difícilmente genere confianza en potenciales usuarios; y, en íntima relación, constituye un problema porque, partiendo de que los resultados arrojados derivan de un oscuro proceso que responde a una pura estadística y cuya explicación no puede sino basarse en puras operaciones matemáticas[27], no

---

de Consumo de la Comunidad Autónoma de Andalucía (*vid.* https://ec.europa.eu/consumers/odr/main/?event=main.adr.show2, consultada el 06.10.23).

26 En este sentido resulta ejemplar la detallada Memoria de 2022 de dicha Junta Arbitral de Consumo de Barcelona (la más reciente Memoria, accesible en https://juntarbitral.bcn.cat/sites/default/files/arxius/memoria_jacb_2022.pdf, consultada el 05.10.23), que se extiende incluso a las alegaciones formuladas en los distintos arbitrajes de consumo, tanto en sus escritos iniciales como en las audiencias celebradas (*vid.* https://juntarbitral.bcn.cat/sites/default/files/arxius/memoria_jacb_2021.pdf, consultada el 30.09.23). Asimismo, a través de la página web de dicha Junta (*vid.* https://juntarbitral.bcn.cat/es/consulte-las-resoluciones-de-las-solicitudes-de-arbitraje, consultada el 05.10.23) es posible acceder a las resoluciones de las solicitudes de arbitraje (los laudos, tal cual fueron dictados pero anonimizados, pudiendo accederse a los archivos correspondientes) dictadas hasta la actualidad, que el Ayuntamiento de Barcelona, mediante su portal de transparencia BCNROC (Repositorio Abierto de Conocimiento) va publicando y actualizando (*vid.* https://bcnroc.ajuntament.barcelona.cat/jspui/handle/11703/83949, consultada el 05.10.23). Por poner otro ejemplo, la Junta Arbitral de Consumo de la Comunidad de Madrid, que también tiene y publica un registro de sus laudos (accesibles en https://www.comunidad.madrid/servicios/consumo/registro-laudos-emitidos, consultada el 30.09.23), ha publicado los laudos dictados, con la pertinente anonimización, desde 2015 a 2019. Como se ve, en el caso de la Junta Arbitral de consumo de la Comunidad madrileña resulta imprescindible una actualización.

27 De ahí que autores como ULENAERS, J., adviertan de que “the most fundamental problem regarding AI technologies is their inability to explain how a certain result

podríamos hablar de la existencia de decisiones motivadas que generen confianza (al venirse entendiendo la motivación como la plasmación de los criterios jurídicos o de equidad que fundamentan la decisión), y más si tenemos en cuenta la imposibilidad de recurrir y revisar el laudo. Aunque, a diferencia de lo que sucede en la vía judicial, las propias partes podrían acordar la no necesidad de motivar el laudo, difícilmente se haga así dada su enorme importancia, especialmente en asuntos complejos.

Pues bien, si nos centramos en el SAC, las cosas podrían ser distintas. Y ello partiendo de que dicho Sistema presenta la peculiaridad de que es de carácter público y, en concreto, estatal (*vid.* art. 57.2 TRLGDCU), de forma que su establecimiento es competencia exclusiva del Estado con base en el art. 149.1.5º y 6º CE (STC -Pleno- 15/1989, de 26 de enero, FJ 9), al ser el arbitraje un "equivalente jurisdiccional" (STC -Pleno- 62/1991, de 22 de marzo, FJ 5), y los concretos arbitrajes de consumo se gestionan por determinadas instituciones públicas (las Juntas Arbitrales de Consumo, sean de ámbito municipal, de mancomunidad de municipios, provincial, autonómico o estatal). Dicho carácter estatal lo recordaba el Gobierno al modificar el RDSAC (por RD 863/2009, de 14 de mayo), indicando que resulta fundamental a los efectos de "asegurar la igualdad –también tecnológica– en el acceso y en el proceso, cualquiera que sea el lugar de residencia del consumidor y la empresa que aceptan someter sus conflictos al Sistema Arbitral de Consumo, y cualquiera que sea la junta arbitral competente para gestionar el arbitraje de consumo" (párrafo 9º del Preámbulo).

En este orden de consideraciones podría el Estado llevar la iniciativa en la creación de un *software* de carácter público en el ámbito del SAC, de forma que en aras de toda transparencia se explicara su configuración y funcionamiento; lo que permitiría también conocer los concretos pasos que ha seguido la inteligencia artificial para dictar el laudo y los precedentes en que se ha basado, en casos que no suelen ser complejos. Así, de forma similar a lo que sucede con el arbitraje de consumo electrónico, podrían voluntariamente las Juntas Arbitrales de Consumo adscribirse a dicho *software* (esta sería la más eficaz y mejor solución en aras de la igualdad *supra*

---

was reached, resulting in an inherent lack of trans- parency. This opacity is known as the "black box" of AI, which makes it difficult for researchers and independent experts to evaluate and audit the algorithms in order to test for accuracy" (*vid.* "The Impact of Artificial Intelligence on the Right to a Fair Trial: Towards a Robot Judge?", *Asian Journal of Law and Economics*, 2020, vol. 11, p. 16).

indicada y de arrojar resultados más fiables al contar con los datos de todas las Juntas Arbitrales de Consumo españolas)[28].

4) En cuarto lugar, otro problema es el de la posible responsabilidad por la actuación de la inteligencia artificial como i-árbitro, sobre todo al tomar decisiones (laudos) jurídicamente vinculantes y ejecutivas: ¿quién responde jurídicamente ante ciertos hechos ilícitos si quien propone o toma la decisión es un *software*? ¿Responde el mismo *software*, su programador, quien lo haya comercializado o, en su caso, la institución de ADR? En este sentido en el seno de la Unión Europea el Parlamento Europeo llegó a plantear la posible atribución de personalidad jurídica a robots o inteligencias artificiales (*e-personality*) para poder responder civilmente de los daños y perjuicios causados (así lo hacía en su Resolución de 16 de febrero de 2017 con recomendaciones destinadas a la Comisión sobre normas de Derecho civil sobre robótica (2015/2103(INL)) (2018/C 252/25), aunque posteriormente cambió de criterio en su Resolución de 20 de octubre de 2020, con recomendaciones destinadas a la Comisión sobre un régimen de responsabilidad civil en materia de inteligencia artificial (2020/2014(INL))[29].

Si planteamos atribuir personalidad jurídica a las inteligencias artificiales surgen muchas otras dudas, tales como: ¿y, entonces, con qué patrimonio? ¿puede el *software* adquirir y ser titular de bienes? Sería necesario aclarar todas estas cuestiones en lo que podría ser un estatuto de la persona electrónica. Si finalmente se descarta -como parece- la idea de atribuir personalidad jurídica a la propia inteligencia artificial y que ésta responda civilmente de los daños y perjuicios causados, hay que aclarar quiénes son los posibles responsables y el tipo de responsabilidad (subjetiva por culpa u objetiva, como si de un producto defectuoso se tratara).

---

28 Podrían las Juntas Arbitrales, si lo prefirieran, llevar la iniciativa en la creación de los suyos propios en el ejercicio de sus competencias. Pero dicha solución no sería la más eficaz.

29 Según esta Resolución, "todas las actividades, dispositivos o procesos físicos o virtuales gobernados por sistemas de IA pueden ser técnicamente la causa directa o indirecta de un daño o un perjuicio, pero casi siempre son el resultado de que alguien ha construido o desplegado los sistemas o interferido en ellos; observa, a este respecto, que no es necesario atribuir personalidad jurídica a los sistemas de IA" (punto 7 de su "introducción"). Tal Resolución parte de que no hay necesidad de sustituir los regímenes de responsabilidad civil existentes, sino de realizar los ajustes necesarios, y alude a la conveniencia de un seguro obligatorio para sistemas de inteligencia artificial de alto riesgo.

En este sentido, decantándose por la responsabilidad objetiva, debemos traer a colación la reciente Propuesta de Directiva, del Parlamento Europeo y del Consejo, relativa a la adaptación de las normas de responsabilidad civil extracontractual a la inteligencia artificial (Directiva sobre responsabilidad en materia de IA), de 28 de septiembre de 2022 (COM/2022/496 final), que en cierto modo complementa la también Propuesta de Directiva, del Parlamento Europeo y del Consejo, sobre responsabilidad por los daños causados por productos defectuosos, de igual fecha (COM/2022/495 final)[30].

5) Otro escollo reseñable es el sesgo. Aunque en principio la inteligencia artificial puede parecer infalible si pensamos en que carece de motivaciones caprichosas propias de seres humanos[31], hay que tener en cuenta que pueden existir sesgos o inclinaciones (voluntarias o -también puede suceder- involuntarias) a la hora de introducir los datos y alimentar el algoritmo o a la hora de programar el *software*, de forma que se creen patrones "sucios" y, por ende, tampoco estarán "limpios" los resultados arrojados (llegando a ser incluso discriminatorios, como en el caso de la polémica herramienta COMPAS). No estamos ante un problema exclusivo de la inteligencia artificial (o, mejor, de los programadores y quienes están detrás de su configuración y de la selección e introducción de datos), dado que también los árbitros humanos pueden tener una serie de prejuicios que influyan en la toma de decisiones. Lo que sucede es que los sesgos resultan más peligrosos en "manos" de una inteligencia artificial -los denominados "sesgos sistémicos"- teniendo en cuenta que la misma es incansable y de forma incesante va a poder reproducir patrones y resultados contaminados sin posibilidad de auto enmendarse.

En este sentido podría ser útil someter la inteligencia artificial a un examen con la finalidad de detectar algoritmos sesgados[32], para lo cual a su vez podría ser útil el empleo de otra inteligencia artificial. Si bien dicho control o auditoría de la introducción y tratamiento de datos que realiza la inteligencia artificial no es tarea fácil en el arbitraje común par-

---

30 Para más detalles *vid.* Atienza Navarro, M. L.: "¿Una nueva responsabilidad por productos defectuosos? Notas a la Propuesta de Directiva del Parlamento Europeo y del Consejo sobre responsabilidad por daños causados por productos defectuosos de 28 de septiembre de 2022 (COM/2022/495)", *InDret*, 2023, núm. 2, pp. 1-53.

31 Guillermo Argerich, J. J.: "¿Hacia el determinismo arbitral? La inteligencia artificial en la toma de decisiones", *cit.*, p. 3.

32 En este sentido autores como Guzmán Fluja, V. C.: "Arbitraje y soluciones técnicas inteligentes: elementos para un debate", *cit.*, p. 603.

tiendo de la usual protección de los *softwares* por derechos de propiedad intelectual, sí lo puede ser en el SAC, si partimos -como ya hemos hecho- de su carácter público y de *softwares* que hayan sido creados o impulsados por el Gobierno estatal o, en su caso, las Administraciones Públicas a las que se encuentren adscritas las Juntas Arbitrales de Consumo y que, en aras de toda limpieza y de los intereses públicos, pasen dicho control (y, con ello, de cumplir con la última "V" o 4ª dimensión fundamental de los macrodatos: veracidad).

6) Por último, un problema -en este caso particular del SAC- es el de la resolución en equidad. En dicho SAC rige la regla de decidir los arbitrajes de consumo en equidad, salvo que las partes expresamente opten por la resolución en derecho (art. 33.1, 1º RDSAC), haciendo uso de la facultad concedida por la Disposición Adicional Única de la vigente Ley Arbitral[33]. Dicha forma de decidir es un escollo para permitir decisiones automatizadas, siendo preferible optar por arbitrajes en derecho: estos, al basarse en la legislación sustantiva vigente (elemento objetivable), permite crear patrones con mucha más facilidad.

En este sentido, podría ser conveniente proponer una modificación del RDSAC para incluir la resolución en derecho; lo que, además de estar en la línea del panorama general del arbitraje común e, inclusive, de Sistemas Arbitrales de Consumo (así, el portugués[34] o, fuera del ámbito de la UE, el peruano[35]), acabaría con los mayores recelos de tener que confiar en el leal saber y entender de los árbitros.

---

[33] A diferencia, en España (y en el panorama comparado) rige la decisión en derecho en el arbitraje común (art. 34.1 de la Ley 60/2003, de 23 de diciembre, de Arbitraje).

[34] En Portugal la regla de la equidad la establece el art. 39.1 (salvo acuerdo en contrario de las partes) de la Lei nº 63/2011, da Arbitragem Voluntária; regla que igualmente han acogido los Centros de Arbitraje de Conflictos de Consumo en sus respectivos Reglamentos.

[35] *Vid.* art. 33 del Decreto Supremo que aprueba el Reglamento del Sistema de Arbitraje de Consumo peruano (Decreto Supremo Nº 103-2019-PCM), conforme al cual "el arbitraje de consumo es de derecho, salvo que las partes pacten expresamente que el Tribunal Arbitral decida en equidad o conciencia (...)".

IV. REFLEXIONES

Estamos en los comienzos de la incorporación de la inteligencia artificial en el ámbito de la justicia en general y de los ADR en particular, pero la pandemia del COVID-19 ha dejado patente que las TIC, incluyendo aquella, son una oportunidad por su enorme potencial y han venido para quedarse. La incorporación de la inteligencia artificial en los procedimientos de ADR sin duda contribuiría a gestionarlos de una forma mucho más eficaz y eficiente, tanto en términos económicos como temporales (basta con pensar que las "máquinas" pueden trabajar sin descanso).

Ahora bien, mientras cabe aceptar sin apenas reparos la inteligencia artificial como herramienta asistencial en los ADR en general, donde cabe esperar su más pronta introducción y generalización, no podemos decir lo mismo con respecto al uso de la inteligencia artificial como herramienta principal decisoria en los medios extrajudiciales de resolución de conflictos, dados los enormes escollos que existen en la actualidad (por el carácter "débil" de las inteligencias artificiales, la confidencialidad, estar ante auténticas *black boxes*, la responsabilidad, los sesgos, etc.).

Las cosas pueden ser distintas si nos centramos en un ADR en particular: el SAC. Dicho Sistema podría ser el escenario idóneo para dar un paso más e introducir en España la inteligencia artificial como herramienta principal decisoria, dado que la existencia de numerosas reclamaciones sustancialmente iguales es un buen "caldo de cultivo" para ello[36] y, en los términos que vimos, cabe salvar más fácilmente los escollos o dificultades

[36] En este sentido, introducir la automatización en el Sistema Arbitral de Consumo sería más fácil si se acreditaran todas las Juntas Arbitrales de Consumo existentes (sólo se han acreditado como entidades de Resolución Alternativa de Litigios 31 Juntas -*vid.* https://ec.europa.eu/consumers/odr/main/?event=main.adr.show2, consultada el 27.09.23- de las más de 50 que existen) y si todas ellas, incluidas las acreditadas, en cumplimiento de lo establecido en el art. 38 de la Ley 7/2017, de 2 de noviembre, por la que se incorpora al ordenamiento jurídico español la Directiva 2013/11/UE, publicaran las prácticas empresariales reiteradas que dan lugar a los conflictos y los problemas sistemáticos o significativos recurrentes (no es suficiente limitarse a desglosar las solicitudes de arbitraje por sectores como hacen en las Memorias que publican anualmente muchas Juntas Arbitrales, como la de la Comunidad Valenciana, Alicante o Castellón. Sin embargo, hay Juntas Arbitrales como la de Barcelona que proporcionan una información exhaustiva en sus extensas memorias anuales). Esperemos -por cierto- que dicho incumplimiento no acabe conduciendo a desacreditar a las Juntas Arbitrales de Consumo incumplidoras *ex* art. 33 de dicha Ley.

que hay. Esto no significa que todas las reclamaciones puedan resolverse de forma automatizada: en aquellas en las que la "máquina" detecte una alegación o elemento diferencial resultaría imprescindible la intervención humana (y, por ende, resolvería un árbitro único o, en su caso, un colegio arbitral tripartito en los términos de los arts. 19 y 20 RDSAC).

Una posible propuesta sería modificar la normativa reguladora del SAC a los efectos de introducir en él la inteligencia artificial para resolver reclamaciones de escasa cuantía y complejidad sustancialmente idénticas: en dicho Sistema podría incluirse una negociación automatizada o asistida como posible paso previo al arbitraje de consumo electrónico para resolver casos idénticos a otros previamente resueltos (pensemos en la reclamación de la devolución de cantidades indebidamente cobradas en aplicación de cláusulas que judicialmente ya han sido declaradas nulas de pleno derecho por su carácter abusivo o -como reclamaciones "estrella"- en las reclamaciones sobre servicios básicos (energía eléctrica, gas y suministro de agua) o telecomunicaciones (telefonía móvil, telefonía fija, servicio de acceso a internet y paquetes integrados), sobre las que versan las solicitudes de arbitraje de consumo estadísticamente más presentadas[37]), casos en los que igualmente podría contemplarse la actuación de un *software* como árbitro (con la supervisión humana de su decisión, supervisión que podría recaer en los presidentes de las juntas arbitrales de consumo).

Somos conscientes de que ello no es tarea fácil y aún queda camino por recorrer, teniendo en cuenta fundamentalmente la actual falta de confianza en los sistemas de inteligencia artificial decisorios (confianza que podría aumentar con una base normativa que amparara, a la vez que limitara, su uso) y que sería necesario contar con una financiación adecuada (actualmente

---

En cuanto al número total de Juntas Arbitrales de Consumo existentes en la actualidad, no queda claro: mientras son 55 (una nacional, 17 autonómicas, 7 provinciales y 30 municipales) según las *Estadísticas de la Actividad de las Juntas Arbitrales de Consumo: 2022* del Ministerio de Consumo (*vid.* https://consumo.gob.es/sites/consumo.gob.es/files/consumo_masinfo/230405_oie_54097_actividadsac_2022.pdf, consultada el 05.10.23), si estamos a otra información proporcionada por el propio Ministerio de Consumo (https://www.consumo.gob.es/es/consumo/juntasArbitrales, consultada el 05.10.23) resultan ser más, a saber, un total de 61 (una nacional, 19 autonómicas, 10 provinciales y 31 municipales).

37 Si nos centramos en las *Estadísticas de la Actividad de las Juntas Arbitrales de Consumo: 2022* del Ministerio de Consumo (las últimas publicadas), de la totalidad de solicitudes presentadas ante el Sistema Arbitral de Consumo (59.487), la mayoría la encabezan los servicios básicos (18.464, lo que equivale a 31'04%), seguidos de las telecomunicaciones (17.001, lo que equivale a un 28'6%).

no hay suficiente financiación en la mayoría de Juntas Arbitrales para funcionar correctamente). Pero, siendo ya una realidad los arbitrajes de consumo electrónicos en muchas Comunidades Autónomas (a través de las respectivas sedes electrónicas es posible acceder con todas las garantías -con DNIe/ certificado electrónico o distintos sistemas de autentificación cl@ve-, realizar distintas actuaciones -tales como presentar la solicitud de arbitraje de consumo-, practicarse los actos de comunicación -incluida la notificación del laudo- y consultar telemáticamente el expediente), podría ser el siguiente paso con la confianza y financiación adecuadas.

V. Bibliografía

Atienza Navarro, M. L.: "¿Una nueva responsabilidad por productos defectuosos? Notas a la Propuesta de Directiva del Parlamento Europeo y del Consejo sobre responsabilidad por daños causados por productos defectuosos de 28 de septiembre de 2022 (COM/2022/495)", *InDret*, 2023, núm. 2, pp. 1-53.

Barona Vilar, S.: "Inteligencia artificial o la algoritmización de la vida y de la justicia: ¿Solución o problema?", *Revista Boliviana de Derecho*, 2019, núm. 28, pp. 18-49.

Barona Vilar, S.: "Claves vertebradoras del modelo de Justicia en el siglo XXI", *Revista Boliviana de Derecho*, 2021, núm. 32, pp. 14-45.

Barona Vilar, S.: *Algoritmización del Derecho y de la Justicia. De la Inteligencia Artificial a la Smart Justice*, Tirant lo Blanch, Valencia, 2021.

Blanco García, A. I.: "La inteligencia artificial en el arbitraje. Reflexiones sobre los retos que plantea", en AA.VV.: *Modernización, eficiencia y aceleración del proceso* (dir. por S. Pereira Puigvert y M. J. Pesqueira Zamora), Aranzadi, Cizur Menor (Navarra), 2022, pp. 137-156.

Chaisse, J. y Kirkwood, J.: "Smart Courts, Smart Contracts and the Future of Online Dispute Resolution", *Stanford Journal of Blockchain Law & Policy*, 2022, pp. 1-39.

De Hoyos Sancho, M.: "El proyecto de reglamento de la Unión Europea sobre inteligencia artificial, los sistemas de alto riesgo y la creación de un ecosistema de confianza", en AA.VV.: *Justicia poliédrica en periodo de mudanza (Nuevos conceptos, nuevos sujetos, nuevos instrumentos y nueva intensidad)* (ed. por S. Barona Vilar), Tirant lo Blanch, Valencia, 2022, pp. 403-422.

García Sanz, J. y González Guimaraes-Da Silva, J.: "Las «vistas telemáticas» en el proceso civil español: visión comparada, regulación y cuestiones prácticas que suscita su celebración", *Diario la Ley*, 16 de junio de 2020 (edición electrónica).

Guillermo Argerich, J. J.: "¿Hacia el determinismo arbitral? La inteligencia artificial en la toma de decisiones", *La Ley*, Buenos Aires (Argentina), 14 de febrero de 2020 (Id SAIJ: DACF200024), pp. 1-10.

Guzmán Fluja, V. C.: "Arbitraje y soluciones técnicas inteligentes: elementos para un debate", en AA.VV.: *Justicia poliédrica en periodo de mudanza (Nuevos conceptos, nuevos sujetos, nuevos instrumentos y nueva intensidad)* (ed. por S. Barona Vilar), Tirant lo Blanch, Valencia, 2022, pp. 553-609.

MARCOS FRANCISCO, D.: *El convenio arbitral de consumo y su control*, Thomson Reuters Aranzadi, 2012.

MARCOS FRANCISCO, D.: "Reflexiones en torno a los MASC en el Anteproyecto de Ley de medidas de eficiencia procesal", en AA.VV.: *Meditaciones sobre Mediación (MED+)* (ed. por S. BARONA VILAR), Tirant lo Blanch, Valencia, 2022, pp. 63-96.

MARCOS FRANCISCO, D.: "La incidencia de los MASC en las costas procesales en la proyectada Ley de medidas de eficiencia procesal", *Revista General de Derecho Procesal*, 2022, núm. 57, pp. 1-39.

MARCOS FRANCISCO, D.: "Smart ODR y su puesta en práctica: el salto a la inteligencia artificial", *Revista General de derecho Procesal*, 2023, núm. 59, pp. 1-41.

MARCOS FRANCISCO, D.: "Medidas internacionales de acceso a una justicia alternativa y digital en materia de consumo: presente y futuro", en AA.VV.: *Derecho del Consumo y Protección del Consumidor Sustentable en la Sociedad Digital del Siglo XXI* (ed. por S. BARONA VILAR), Universidad Autónoma de Chile, 2023, pp. 293-321.

MARTÍN DIZ, F.: "Inteligencia artificial y medios extrajudiciales de resolución de conflictos online (ODR): evolución de futuro en tiempos de pandemia global (Covid-19)", *LA LEY Mediación y Arbitraje*, 2020, núm. 2 (edición digital), pp. 1-47.

MARTÍN DIZ, F.: "Smart ODR: I-Arbitraje e I-Mediación. Integración de medios extrajudiciales de resolución de litigios e inteligencia artificial", en AA.VV.: *Justicia poliédrica en periodo de mudanza (Nuevos conceptos, nuevos sujetos, nuevos instrumentos y nueva intensidad)* (ed. por S. BARONA VILAR), Tirant lo Blanch, Valencia, 2022, pp. 381-402.

MONTESINOS GARCÍA, A.: "Inteligencia artificial y Odr", en AA.VV.: *Justicia algorítmica y neuroderecho. Una mirada multidisciplinar* (ed. por S. BARONA VILAR), Tirant lo Blanch, Valencia, 2021, pp. 507-531.

MONTESINOS GARCÍA, A.: "Empleo de la inteligencia artificial en algunas fases del proceso judicial civil: prueba, medidas cautelares y sentencia", *Actualidad Civil*, núm. 11 (edición electrónica), 2022, pp. 1-20.

NIEVA FENOLL, J.: "Inteligencia artificial y proceso judicial: perspectivas tras un alto tecnológico en el camino", *Revista General de Derecho Procesal*, 2022, núm. 57, pp. 1-21.

PALAO MORENO, G.: "El arbitraje comercial en línea en la era de la inteligencia artificial", en AA.VV.: *Psicoanálisis del arbitraje: solución o problema en el actual paradigma de justicia* (ed. por S. BARONA VILAR), Tirant lo Blanch, Valencia, 2020, pp. 449-470.

SANCHIS CRESPO, C.: "Vistas telemáticas y plataformas digitales: algunas cuestiones", *Revista Boliviana de Derecho*, 2022, núm. 33, pp. 364-401.

ULENAERS, J.: "The Impact of Artificial Intelligence on the Right to a Fair Trial: Towards a Robot Judge?", *Asian Journal of Law and Economics*, 2020, vol. 11, pp. 1-38.

Capítulo XXIX

Arbitraje y derechos humanos. La cuestión de la renuncia a la acción de anulación del laudo. ¿Eficiencia del proceso v. Ddhh?

IRENE MERINO CALLE

Profesora Ayudante Doctora en Derecho Internacional Privado

Universidad de Valladolid

Sumario: I. Introducción. II. Acceso a la justicia. Una cuestión de Derechos Humanos. III. MASC y Arbitraje. Nuevos procesos de UNCITRAL: El Arbitraje Acelerado. IV. La cuestión de la renuncia a la acción de anulación del laudo arbitral y su compatibilidad con los DDHH. 1. Introducción. 2. la cuestión de la renuncia a la acción de anulación en España y ordenamientos próximos. 3. El reglamento de arbitraje acelerado. V. Bibliografía.

I. INTRODUCCIÓN

En la intersección de los Métodos Alternativos de Resolución de Conflictos (en adelante MASC)[1] y los derechos humanos, una evolución notable ha transformado la percepción de la justicia en la sociedad moderna. Con todo, a primera vista, estas dos áreas legales pueden parecer ajenas entre sí[2], pues históricamente los ciudadanos han considerado a los tribunales estatales como la única vía confiable para acceder a la justicia y resolver sus desacuerdos. Esta concepción suprema a menudo relegó a un segundo plano la existencia de otras formas legales de solución de

---

1 Estos métodos reciben diferentes nombres, y varios autores utilizan distintas siglas para referirse a ellos, como por ejemplo "MESC" (Mecanismos Extrajudiciales de Solución de Conflictos) o "MASC" (Método Alternativo de Solución de Conflictos). PIMENTEL SILES, M., *Resolución de conflictos.* Barcelona, Plataforma Editorial, 2013, p. 39.

2 CARO CATALÁN, J., "Arbitraje y derechos humanos: una aproximación a la jurisprudencia del tribunal europeo de derechos humanos", en *Revista General de Derecho Europeo,* núm. 51, 2020, pp. 174-210, en especial, p. 175.

conflictos, haciéndolas parecer de importancia secundaria[3]. Sin embargo, el advenimiento de una sociedad digital, compleja, interconectada y deslocalizada ha dado lugar a un aumento significativo en la cantidad y complejidad de los litigios[4]. Los tribunales estatales, a pesar de las reformas legales y el gasto considerable en la administración de justicia, son percibidos como costosos, ralentizados y desbordados[5]. Este nuevo contexto exigía no solo adoptar sino también desarrollar fórmulas efectivas para resolver los conflictos, generando así un cambio en la concepción de la justicia. Con ello fueron surgiendo herramientas intralegales y extrajudiciales para proteger los derechos e intereses de las personas, permitiéndoles elegir la vía que mejor se adaptara a sus necesidades[6]. Esta evolución ha dado origen a un nuevo concepto conocido como "sistema de justicia multi-espacios", en el cual los MASC y la jurisdicción coexisten como componentes integrales de un sistema de justicia más amplio[7]. Esto se alinea perfectamente con el manual sobre acceso a la justicia publicado en 2016 por la Agencia de Derechos Fundamentales de la Unión Europea y el Consejo de Europa, que amplió la definición de acceso a la justicia para incluir los mecanismos alternativos de resolución de conflictos[8]. De esta forma, el

---

3 ESPLUGUES MOTA, C.,"Quo Vadis Arbitratio?", en S. Barona Vilar (Coord.), *Mediación, arbitraje y jurisdicción en el actual panorama de justicia*, Madrid, Civitas, 2016, pp. 393-420, en especial p. 393-394.

4 MENKEL-MEADOW, C., "The Trouble with the Adversary System in a Postmodern, Multicultural World", en *William and Mary Law Review*, vol. 38, 1996, p. 7, recogido por ESPLUGUES MOTA, C.,"Quo Vadis Arbitratio?, cit., p. 393-394.

5 RICHMAN, B. D., "Norms and Law: Putting the Horse before the Cart", en *Duke Law Journal*, vol. 62, 2012, p. 740, recogido por ESPLUGUES MOTA, C.,"Quo Vadis Arbitratio?, cit., p. 393-394.

6 MACHO GÓMEZ, C., "Los ADR «Alternative Dispute Resolution» en el comercio internacional", en *Cuadernos de Derecho Transnacional*, vol. 5, núm. 2, octubre 2013, pp. 398-427.

7 BARONA VILAR, S., "Retrato de la justicia civil en el S.XXI: ¿caos o una nueva estrella fugaz?, en *Revista Bolivariana de Derecho*, num. 25, 2018, pp. 416-445, en especial p. 438. CAPPELLETTI, M. Y GARTH, B., "Access to justice: the newest wave in the world wide movement to make rights effective", en *Buffalo law review*, vol.27, 1977, pp. 181-292, en especial pp. 222, 232-233, recogido por DE LUIS GARCÍA, E., *Arbitraje de derechos humanos y empresas*. Valencia, Tirant lo Blanch, 2022, p. 59. FAIRÉN GUILLEN, V., *Doctrina general del derecho procesal: hacia una teoría y ley procesal generales*. Barcelona, Bosch, 1990, p. 35.

8 EUROPEAN UNION AGENCY FOR FUNDAMENTAL RIGHTS, COUNCIL OF EUROPE, *Handbook on European law relating to Access to justice*. Luxembourg, Publications office of the european unión, 2016, p. 16.

acceso a la justicia ya no requería necesariamente que los ciudadanos acudieran a los tribunales ordinarios; se abrieron otras vías, como el arbitraje.

Sin duda, un elemento fundamental en este sistema alternativo de resolución de disputas es la autonomía de la voluntad. Las partes tienen la facultad de elegir la ley aplicable, fijar el procedimiento y designar o acordar el modo de designación de los árbitros que resolverán sus controversias[9]. Aunque la sumisión voluntaria al procedimiento arbitral implica generalmente la exclusión de la vía jurisdiccional y, en particular, la renuncia al derecho a una segunda instancia para revisar el fondo del asunto[10], la mayoría de los ordenamientos jurídicos permiten el establecimiento de un sistema de control del procedimiento arbitral y de los laudos por los órganos judiciales del lugar del arbitraje, sin que esto afecte la decisión de los árbitros sobre el fondo del asunto[11]. Es importante aclarar que este texto no presenta situaciones en las que la parte perjudicada se abstiene de interponer un recurso de anulación después de emitido el laudo, ya que esta situación no entra en conflicto con el artículo 6 del Convenio Europeo de derechos humanos (CEDH). Este capítulo se centra en casos en los que la renuncia al recurso es acordada por las partes con anticipación al laudo arbitral que se pretende impugnar. Además, traeremos a colación jurisprudencia recogida por el TEDH en esta materia[12], al tiempo que veremos lo establecido por el ordenamiento jurídico nacional y países similares, y abordaremos tanto el reglamento de UNICTRAL de arbitraje como el nuevo reglamento de arbitraje acelerado de UNICTRAL. Esta evolución en la percepción y aplicación del arbitraje y otros MASC representa un paso significativo hacia un sistema de justicia más adaptado a las necesidades de la sociedad contemporánea.

---

9 Todas estas cuestiones no generarían ninguna confrontación con la aplicación del art.6 del CEDH. CARO CATALÁN, J., "Arbitraje y derechos humanos: una aproximación a la jurisprudencia del tribunal europeo de derechos humanos", cit., pp. 175 y ss.

10 BETHENCOURT-RODRÍGUEZ, G. Y AGULLÓ-AGULLÓ, D., "Reconocimiento y ejecución internacional de los laudos arbitrales anulados: un análisis crítico", en *RJUAM,* núm. 34, 2016-II, pp. 343-372, en especial, p. 344.

11 REMÓN PEÑALVER, J., "Sobre la anulación del laudo: el marco general y algunos problemas", en *InDret,* núm.3, 2007, pp. 1-19, en especial p. 1.

12 Es importante destacar que el TEDH no debe considerarse como una instancia judicial final. Su principal función radica en garantizar que los Estados cumplan con los derechos establecidos en el CEDH. CARO CATALÁN, J., "Arbitraje y derechos humanos: una aproximación a la jurisprudencia del tribunal europeo de derechos humanos", cit., pp. 176-177.

II. ACCESO A LA JUSTICIA. UNA CUESTIÓN DE DERECHOS HUMANOS[13]

El acceso a la justicia es un derecho humano fundamental para garantizar la plena efectividad de otros derechos y libertades[14]. Engloba diversos aspectos, incluyendo la igualdad ante la ley, la posibilidad de recurrir a un sistema de justicia efectivo, el derecho a un juicio justo y el acceso a medidas de reparación en caso de que se vulneren sus derechos[15].

El acceso a un sistema judicial eficaz, también conocido como derecho a una tutela judicial efectiva[16], se considera un derecho fundamental y constitucional[17]. En España, este derecho se convirtió en un derecho social fundamental protegido formalmente en la Constitución de 1978, en particular en el art.24[18]. Dicho derecho ha sido interpretado y analizado en varias ocasiones por el Tribunal Constitucional (TC), ya sea en relación

---

13 Este es un acápite más breve del desarrollado en BARDEL, D. Y MERINO CALLE, I., (2023). "El foro de necesidad y el acceso internacional a la justicia ante la vulneración de derechos humanos por parte de sujetos económicos privados", en *Cuadernos de Derecho Transnacional*, vol. 15, núm. 2, pp. 167-197.

14 La UE reconoce el acceso a la justicia como un derecho fundamental en el artículo 47 de la Carta de Derechos Fundamentales de la UE. MICHOUD, A., "Of Rights and Men: An Assessment of European Jurisdictional Rules over Transnational Corporate Abuse Claims", en *Trinity College Law Review*, núm. 22, 2019, pp. 7-34.

15 OCHOA MUÑOZ, J.L. "Algunas consideraciones sobre el acceso internacional a la justicia", en AA.VV, *Los servicios en el Derecho internacional privado*, Jornadas de la ASADIP, Asociación americana de Derecho Internacional Privado (ASADIP), Porto Alegre, Brasil, 2014, pp. 236-237.

16 FERNÁNDEZ ARROYO, D. P., "La tendance à la limitation de la compétence judiciaire à l'épreuve du droit d'accès à la justice", en *Mélanges Bernard Audit*, Paris, LGDJ, 2014, pp. 285-306. Con todo, el tecnicismo es innecesario ya que el derecho ha demostrado que la eficacia es esencial en él. El "acceso a la justicia" y la "tutela judicial efectiva" se consideran equivalentes en el ámbito judicial. A veces se ubican como componentes uno del otro. OCHOA MUÑOZ, J.L. "Algunas consideraciones sobre el acceso internacional a la justicia", cit., pp. 237 y ss.

17 GONZÁLEZ PÉREZ, J., *El derecho a la tutela jurisdiccional*, Madrid, Civitas Ediciones, 2001, p. 25.

18 MAURICE, D., *Instituciones políticas y de derecho constitucional*. Barcelona, Ariel, 1970, p. 92. BURDEAU, G., *El liberalismo político*, Buenos Aires, Editorial Universitaria de Buenos Aires, 1979, p. 12, citado por ORTIZ AHLF, L., "El derecho de acceso a la justicia", en M. Becerra Ramírez *et al.* (ed.), *Obra en homenaje a Rodolfo Cruz Miramontes*, México, Instituto de Investigaciones Jurídicas, 2008, t. II, p. 416.

con su contenido, como a qué tipo de sujetos beneficia su aplicación[19]. En resumidas cuentas, debe aplicarse a todos por igual y requiere una acción afirmativa por parte del Estado[20], en el sentido de establecer herramientas jurídicas que garanticen su aplicación real y material (así se deduce del artículo 9.2. del texto constitucional)[21]. Pues bien, es importante destacar que estos derechos fundamentales no agotan su ejercicio en el articulado constitucional nacional, sino que deben interpretarse de acuerdo con la normativa internacional de derechos humanos de la que el país sea parte. En el caso de España, el artículo 10.2 de la Constitución de 1978 establece esta obligación.

Precisamente, garantizar y proteger los derechos humanos guía y dirige toda solución que se procure por el Derecho Internacional Privado (DIPr.), bien sea a nivel legislativo, interno, internacional o inclusive, jurisprudencial[22]. Para Robert Alexy, es manifiesto que en el DIPr. podemos hablar de normas de derechos fundamentales[23], y, por lo tanto, de derechos humanos, porque se refieren a normas o instituciones jurídicas con validez en numerosos Estados y que representan los derechos que las personas tienen por el mero hecho de ser personas (independientemente de dónde, cuándo y cómo se produzcan los movimientos transfronterizos).

---

19 El TC en sentencias como la 24/1981, del 14 de julio, o la 99/1985, del 30 de septiembre, se centra en el derecho de tutela judicial efectiva. ORTIZ AHLF, L., "El derecho de acceso a la justicia", cit., p. 416. STC, Pleno, núm.83/2016, de 28 de abril, FJ.5. En el mismo sentido se ha pronunciado el TEDH en la sentencia Parroquia Greco-Católica Lupeni y otros c. Rumania, num.76943/11, de 29 de noviembre de 2016 (&89). DE LUIS GARCÍA, E., *Arbitraje de derechos humanos y empresas,* cit., p. 58. En el mismo sentido, SANCHEZ BARRIOS, M. I., "la acción como derecho a la tutela judicial efectiva", en *Revista de derecho procesal,* núm. 1, 2010, pp. 167-187, en especial pp. 173-174.

20 FERRAJOLI, L., "Sobre los derechos fundamentales", en *Cuestiones constitucionales: revista mexicana de derecho constitucional,* num.15, 2006, pp. 113-136, en especial pp. 116-117.

21 RISSO FERRAND, M., "El Estado social y democrático de derecho. Concepto y evolución", en *Revista de las Facultades de Derechos Confiadas a la Compañía de Jesús,* núm. II, 2005, p. 20.

22 SCOTTI, L., "El acceso a la justicia en el Derecho Internacional Privado argentino: nuevas perspectivas en el Código Civil y Comercial de la Nación", en *Red Sociales, Revista del Departamento de Ciencias Sociales,* vol. 03, núm. 6, 2016, pp. 22-47, en especial p. 25.

23 ALEXY, R., *Teoría de los derechos fundamentales.* Madrid, Centro de Estudios Constitucionales, 2007, pp. 27 y ss.

Éstos deben seguir siempre a la persona[24]. De acuerdo con este autor, los derechos humanos tienen cuatro propiedades: universalidad, en el sentido de que su titularidad la ostenta todo ser humano; validez moral, puesto que hablamos de derechos morales; fundamentalidad, hace referencia al objeto de esos derechos; y, prioridad ante el derecho positivo[25]. Cappelletti y Garth sostienen que el acceso efectivo a la justicia es el requisito más básico y fundamental en un sistema legal igualitario moderno que pretenda garantizar los derechos de todos, y en consecuencia no se produzca una denegación de justicia[26]. Con todo, este derecho está en constante evolución y se nutre de instrumentos internacionales, resoluciones, fallos judiciales y doctrina[27].

Pues bien, es precisamente esta función protectora de los derechos que ostenta el acceso a la justicia, lo que ha llevado a su inclusión en los principales textos de protección de los derechos humanos. Se parte, al igual que en los órdenes nacionales, de un sistema generalista de protección, pues no hay que olvidar que el derecho de acceso a un sistema judicial se integra por una serie de obligaciones mínimas que tienen los Estados en relación con este derecho[28]. Partiendo de este orden, debe observarse lo recogido en el art. 8 y 10 de la Declaración Universal de los Derechos Humanos de 1948[29]. Estos preceptos han sido reforzados a través de otros instrumentos internacionales, donde se ampara el derecho de todo individuo a acceder

---

24 PEREZNIETO CASTRO, L., "El derecho internacional privado y los derechos humanos", en *Cuarta época*, núm. 12, julio-diciembre de 2017, pp. 123-158, en especial p. 146.

25 ALEXY, R., "La Institucionalización de los derechos humanos en el Estado constitucional democrático", en *Revista de Derecho Constitucional*, núm. 66, septiembre-diciembre de 2002, p. 21 y ss, citado por PEREZNIETO CASTRO, L., "El derecho internacional privado y los derechos humanos", cit., p. 143.

26 CAPPELLETTI, M. Y GARTH, B., *El acceso a la justicia. La tendencia en el movimiento mundial para hacer efectivos los derechos.* México, Fondo de Cultura Económica, 1996, p. 22.

27 ORTIZ AHLF, L., "El derecho de acceso a la justicia", cit., p. 408, citado por OCHOA MUÑOZ, J.L. "Algunas consideraciones sobre el acceso internacional a la justicia", cit., pp. 237-239. CAPPELLETTI, M. Y GARTH, B., *El acceso a la justicia. La tendencia en el movimiento mundial para hacer efectivos los derechos.* cit., p. 11.

28 ORTIZ AHLF, L., "El derecho de acceso a la justicia", cit., p. 408. VICENTE BLANCO J., *La protección de la inversión extranjera y la liberalización del comercio internacional.* Tesis doctoral, Universidad de Valladolid, Valladolid, 2001, pp. 134-143.

29 DE VERGOTTINI, G., *Derecho constitucional comparado.* Madrid, Espasa-Calpe, 1985, p. 205.

a la justicia, tal y como lo disponen tanto el art.14 del Pacto de Derechos Civiles y Políticos de 1966; como el art. 6. apartado 1, interpretado en consonancia con el art.13 del CEDH[30]; así como los art. 7, 8 y 25 de la Convención Americana de los Derechos Humanos (Pacto de San José) de 1969; o el Pacto Internacional de Derechos Civiles y Políticos de 1966 (ICCPR, por sus siglas en inglés) (arts. 2, 9, 14 y 26).

Con todo, y sobre el pilar de ese contenido de mínimos en relación con el derecho humano de acceso a la justicia, es que desde el propio marco internacional se han ido desenvolviendo una serie de instrumentos jurídicos (predominantemente de naturaleza "suave") para que orienten las acciones de los Estados, en aras de conseguir una debida conceptualización de dicho derecho[31]. Igualmente, la jurisprudencia del TEDH ha ido perfilando y desarrollando una concretización del derecho humano de acceso a la justicia como aquel derecho que tienen las personas para poder defender sus intereses legítimos ante un tribunal[32].

Todo lo que hemos estado expresando se relaciona a un concepto común: el acceso a los tribunales de justicia ordinaria. Por lo tanto, solo a través de los tribunales de justicia se podía buscar la obtención de "justicia"[33].

---

30 El Tribunal Europeo de Derechos Humanos, consideró que este "derecho a un tribunal" podía estar sujeto a restricciones legítimas, en particular por las normas sobre la competencia judicial internacional de los tribunales. Sin embargo, el Tribunal señaló "que el artículo 6 implica una revisión de las normas de competencia vigentes en los Estados contratantes con el fin de garantizar que no vulneran un derecho protegido por el Convenio". CEDH, 5ème section, décision sur la recevabilité, 17 juin 2008, *McDonald c. France* (18648/04), En Droit, B. BASEDOW, J., *4ème commission Droits de l'homme et droit international privé. Human Rights and Private International Law.* Annuaire de l'Institut de Droit international, Séssion de Hyderabad, vol. 78 – Délibérations, 2017, p. 23.

31 CARBONELL, M., *Los derechos fundamentales en México.* México, CNDHUNAM, 2004, p. 726. Así, por ejemplo, podemos encontrar instrumentos como la Resolución del Instituto de Derecho Internacional de 2021 sobre los derechos de la persona humana y Derecho Internacional Privado. Informe del grupo de trabajo de la Haya: Working Group on Jurisdiction: Report (hcch.net). Última consulta, 08/10/2023. Instituto de Derecho Internacional, 2021, documento disponible en: Microsoft Word–4 RES EN.docx (idi-iil.org). Última consulta, 22/10/2023.

32 STEDH Golder c.Reino Unido, num.4451/70 de 21 de febrero de 1975 (&36). STEDH Roche c. Reino Unido, num32555/96, de 19 de octubre de 2005 (&116). STEDH Fogarty c. Reino Unido, num,37112/97, de 21 de noviembre de 2001 (&33 y 36). Recogidas por DE LUIS GARCÍA, E., *Arbitraje de derechos humanos y empresas,* cit., p. 56-57.

33 Ibidem, 58.

Sin embargo, la evolución de la legislación y los cambios en la sociedad han destacado la insuficiencia de la respuesta proporcionada por los tribunales. Como resultado, se ha vuelto esencial desarrollar alternativas a los procesos judiciales tradicionales, especialmente cuando estos resultan costosos, lentos e inaccesibles[34].

Como mencionamos antes, esta situación llevó a un mayor enfoque en los mecanismos extrajudiciales como alternativas más simples e informales, reconociendo las limitaciones de los tribunales[35]. Esto transformó la idea de justicia al incluir los Métodos Alternativos de Solución de Conflictos (MASC) junto a la jurisdicción, lo que significó que el derecho a la tutela judicial efectiva ya no requería que la vía judicial fuera la única u obligatoria para hacer valer los derechos[36].

Consecuentemente, este derecho (y todo el contenido implícito que despliega) es el que trata de preservar y salvaguardar las normas, tanto de competencia judicial, como de MASC, tal como se demuestra en la resolución del Instituto de Derecho Internacional de 2021 y en los documentos preparatorios del mismo, así como el ya citado Manual sobre acceso a la justicia de 2016[37]. De esta forma la cuestión de los derechos humanos dejó de ser una materia confinada a los fueros estatales para incorporar temas que afectan a la disciplina, el DIPr.[38].

Igualmente, tanto la jurisprudencia del TEDH como la nacional[39], han establecido que el acceso a la justicia (salvaguarda de la tutela judicial

---

34 CAPPELLETTI, M., "Alternative dispute resolution processes within the framework of the world-wide Access-to-justice movement", en *The modern law review*, vol. 56, 1993, pp. 282-296, en especial p. 296. DE LUIS GARCÍA, E., *Arbitraje de derechos humanos y empresas*, cit., p. 59-60.

35 CAPPELLETTI, M. Y GARTH, B., "Access to justice: the newest wave in the worldwide movement to make rights effective", cit., pp.222, 232-233.

36 BARONA VILAR, S., *Solución extra jurisdiccional de conflictos. Alternative Dispute resolution (ADR) y Derecho procesal.* Valencia, Tirant Lo Blanch, 1999. p. 186.

37 BASEDOW, J., *4ème commission Droits de l'homme et droit international privé. Human Rights and Private International Law.* cit., pp. 23-33.

38 PEREZNIETO CASTRO, L., "El derecho internacional privado y los derechos humanos", cit., p. 142.

39 El Tribunal Constitucional (TC) ha afirmado que elegir el arbitraje, regulado por la Ley de Arbitraje 60/2003, no implica renunciar al derecho a la tutela judicial efectiva, particularmente en el caso del arbitraje voluntario. En cuanto al arbitraje obligatorio, tanto el TC como el TEDH han señalado que la falta de control judicial posterior podría vulnerar el derecho a la tutela judicial efectiva STC 1/2018.

efectiva), se garantiza tanto por la vía jurisdiccional ordinaria como a través de mecanismos alternativos como el arbitraje, siempre que esta renuncia en favor de dicho mecanismo sea voluntaria, legal y clara, y no implique presión en la elección[40].

En definitiva, garantizando el acceso a la justicia, se permite restaurar y reparar a las partes. Se abre en este caso, junto con el derecho de garantizar la tutela de sus intereses en juego, la puerta a optar por una solución de conflictos no vertical, en lugar de depender de una persona con autoridad formal para decidir lo mejor[41]. De esta forma, el concepto de acceso a la justicia podría englobar dos propósitos fundamentales del sistema judicial. En primer lugar, se trata del acceso a la justicia, donde las personas pueden reclamar el cumplimiento de sus derechos de forma tradicional. En segundo lugar, incluye los medios de justicia ordinaria y los medios alternos de resolución de conflictos, desde una perspectiva amplia de justicia. Estos mecanismos alternos involucran a las instituciones públicas en su totalidad, ofreciendo una gama de opciones para abordar las disputas y problemas legales de manera más flexible y eficiente.

III. MASC Y ARBITRAJE. NUEVOS PROCESOS DE UNCITRAL: EL ARBITRAJE ACELERADO

El contexto actual es innegable, marcado por el crecimiento de las transacciones económicas internacionales y un aumento considerable en contratos e inversiones entre personas y empresas de diferentes países. Esta situación ha generado una carga significativa en los tribunales, saturados y funcionando a un ritmo más lento debido a la abrumadora cantidad de

---

STC Pleno, de 11 de enero. O por ejemplo la STC 46/2020, Sala primera, de 15 de junio. STC, Pleno, num.119/2014, de 16 de julio, FJ 5.

40 STEDH Tabbane v. Suiza, núm. 41069/12, de 1 de marzo de 2016 (&27). STEDH Suda c. Republica Checa, num.1643/06, de 28 de octubre de 2010 (&48). DE LUIS GARCÍA, E., *Arbitraje de derechos humanos y empresas*, cit., p. 62.

41 LARROSA IBÁÑEZ, I., "Justicia restaurativa y mediación, como posible vía de solución de los conflictos derivados de crisis matrimoniales entre parejas mixtas en la región del mediterráneo", en *la aplicación de la mediación en la resolución de los conflictos en el mediterráneo (Iniciativa para la Mediación en el Mediterráneo)*, Asociación española de profesores de derecho internacional y relaciones internacionales, 2015, pp. 303-311, en especial p. 306.

casos pendientes. Según Craig y De Burca[42], "una acción no debe ir más allá de lo necesario para lograr el fin deseado". Esto hace imperativo no solo la adopción, sino también el desarrollo y la implementación de soluciones efectivas para la resolución de conflictos[43]. Los métodos alternativos al litigio como solución de conflictos han proporcionado un camino para resolver eficazmente, de manera rentable y garantizando una completa seguridad jurídica, las disputas entre reclamantes[44], y podrían liberar a los tribunales de algunas de las cargas que afectan al sistema tradicional.

De manera concisa pues existe ya cierta y abundante literatura doctrinal acerca de esta cuestión, los MASC son enfoques diseñados para resolver disputas de una manera distinta a la proporcionada por el Poder Judicial o el Poder Ejecutivo[45]. Estos métodos se caracterizan por su enfoque principista e integrador, promoviendo la justicia procesal y la equidad[46], al permitir a las partes tener un control activo y tomar decisiones mutuamente beneficiosas. Es importante destacar que el uso de MASC no es obligatorio, a menos que las partes acuerden someterse a ellos en lugar de recurrir al litigio judicial. En los MASC, la resolución no es dictada por un representante del Estado, lo que ha llevado a una clasificación teórica basada

---

42 CRAIG, P. Y DE BURCA, G., *EU Law Text, Cases, and Materials.* New York, Oxford University Press, 2015, recogido por SHAMAISE, P., The evolution of alternative dispute resolution and online dispute resolution in the European Union", en *Revista CES Derecho,* vol. 12, núm. 1, 2021, p. 3-17, en especial pp. 6-7.

43 SALINAS LOPEZ, A. M., *Los métodos de resolución extrajudicial de conflictos. análisis e impacto de la mediación transfronteriza en el ámbito de la unión europea.* Madrid, Uned, 2017, p. 2.

44 PONTE, L.M. Y CAVENAGH, T.D., *CyberJustice: Online dispute resolution (ODR) for E-commerce.* New Jersey, Pearson/Prentice Hall, 2005, recogido por SHAMAISE, P., The evolution of alternative dispute resolution and online dispute resolution in the European Union", cit., pp. 6-7. SÁMANO BERISTÁIN, S., "La aplicabilidad de los métodos alternativos de solución de controversias en la contratación pública: el caso de México", en *La contratación pública y el sistema nacional anticorrupción,* México, UNAM, 2020, pp. 197-2207, en especial p. 197. Disponible en: http://ru.juridicas.unam.mx:80/xmlui/handle/123456789/59176

45 AZAR MANZUR, C., "Métodos alternos de solución de controversias", en *Diccionario enciclopédico de arbitraje comercial,* México, Themis, 2011, p. 198.

46 SOLARTE-VASQUEZ, M.C. Y HIETANEN-KUNWALD, P., "Responsibility and Responsiveness in the Design of Digital and Automated Dispute Resolution Processes", en Verantwortungsbewusste Digitalisierung / Responsible Digitalization : Tagungsband des 23. Internationalen Rechtsinformatik Symposions IRIS 2020 / Proceedings of the 23rd International Legal Informatics Symposium IRIS 2020, Bern, Verlag Editions Weblaw, 2020, pp. 451-459.

en quién emite la resolución del conflicto[47]. Estas categorías son MASC autocompositivos y MASC heterocompositivos. En la primera categoría, se incluyen todos los procedimientos en los que la resolución de la controversia se deriva de la decisión de las partes mismas[48]. Un aspecto clave de estos MASC es que la participación en el proceso no garantiza necesariamente una resolución, ya que las partes pueden no llegar a un acuerdo. Ejemplos de MASC autocompositivos son la negociación, la conciliación y la mediación. Aunque estos dos últimos implican la participación de un tercero imparcial, su papel se limita a facilitar el diálogo entre las partes para que acuerden una solución, en lugar de imponer una resolución. En cambio, los MASC Heterocompositivos son aquellos en los que intervienen necesariamente terceros con la autoridad exclusiva para determinar la resolución del conflicto. A diferencia de los MASC autocompositivos, donde la participación de todas las partes es esencial para llegar a un acuerdo, en los MASC heterocompositivos, si las partes dan su consentimiento para el proceso, un tercero emitirá una resolución vinculante incluso si alguna de las partes opta por no participar en el procedimiento. El arbitraje es el ejemplo destacado de un MASC heterocompositivo, que implica un procedimiento con etapas procesales similares a un juicio, pero con un árbitro independiente que emite una resolución vinculante para las partes[49]. Ambos tipos de MASC son procedimientos eficientes en términos de tiempo y costo, ya que se centran en las necesidades de las partes involucradas, al tiempo que son flexibles, pues permiten que ellas mismas definan las reglas del procedimiento[50].

La aplicabilidad de los MASC se sustenta en la regulación dentro del marco normativo de cada país, y aunque existe un parámetro normativo internacional que tiene como objetivo homogeneizar la aplicación y los

---

47 SÁMANO BERISTÁIN, S., "La aplicabilidad de los métodos alternativos de solución de controversias en la contratación pública: el caso de México", cit., p. 198.

48 VIRGÓS SORIANO, M. Y GUAL GRAU, C., "La mediación como alternativa", en *Actualidad Jurídica Uría Menéndez*, núm. 20, 2008, pp.22. SÁMANO BERISTÁIN, S., "La aplicabilidad de los métodos alternativos de solución de controversias en la contratación pública: el caso de México", cit., p. 198-199.

49 BARONA VILAR, S., "Las ADR en la justicia del siglo XXI, en especial la mediación", en *Revista de derecho Coquimbo Universidad Católica del Norte*, RDUCN, vol. 18, núm. 1, 2011, pp. 185-211, en especial p. 187. SÁMANO BERISTÁIN, S., "La aplicabilidad de los métodos alternativos de solución de controversias en la contratación pública: el caso de México", cit., p. 198-199

50 Ibidem, 199.

efectos jurídicos de los MASC[51], su regulación y características específicas varían de un país a otro[52]. La Constitución Española de 1978 no aborda directamente la regulación de los MASC (en el que se incluye el arbitraje), y su regulación se lleva a cabo a través de leyes y regulaciones específicas, lo que a menudo resulta en una falta de uniformidad en la regulación de los MASC en el sistema jurídico nacional[53]

Con todo, existe una creciente preocupación por la pérdida de eficiencia en el sistema de arbitraje[54]. Esto se debe a que el incremento en los costes y la duración de los procesos arbitrales, sumado a la pérdida de previsibilidad y certeza en el resultado, tienen una incidencia inmediata en el creciente soporte que encuentran otras instituciones como la mediación[55]. Además, está comenzando a judicializarse, ya que las decisiones de los árbitros y las instituciones arbitrales están siendo cada vez más controladas por los tribunales estatales[56].

Por lo tanto y debido a esta situación, en los últimos años se ha buscado mejorar la eficiencia del arbitraje para mantener su relevancia como método de resolución de conflictos[57]. De acuerdo con el Prof. Esplugues Mota, se persigue conseguir (el que algunos autores han calificado como)

---

51 Ley Modelo de la CNUDMI sobre Arbitraje Comercial Internacional, 1985, con enmiendas adoptadas en 2006. Ley Modelo de la CNUDMI sobre Mediación Comercial Internacional y Acuerdos de Transacción Internacionales Resultantes de la Mediación (2018)

52 SÁMANO BERISTÁIN, S., "La aplicabilidad de los métodos alternativos de solución de controversias en la contratación pública: el caso de México", cit., p. 200.

53 FLORES RUEDA, C., "Arbitrabilidad", en *Diccionario enciclopédico de arbitraje comercial*, México, Themis, 2011, p. 15.

54 PARK, W.W., "Arbitrators and Accuracy", en *Journal of International Dispute Settlement*, vol. 1, núm. 1, 2010, p. 28.

55 ESPLUGUES MOTA, C., "La Convención de Singapur de 2018 sobre mediación y la creación de un título deslocalizado dotado de fuerza ejecutiva: una apuesta novedosa, y un mal relato", en *REDI*, vol. 72, núm. 1, 2020, p. 54. ESPLUGUES, C., *Mediación Civil y Comercial. Regulación internacional e iberoamericana*. Valencia, Tirant lo Blanch, 2019, pp. 34-39.

56 CNUDMI, Doc. A/CN.9/959, de 30.4.2018, *Posible labor futura. Propuesta de los Gobiernos de España, Italia y Noruega: labor futura del Grupo de Trabajo II*, 51er período de sesiones Nueva York, 25 de junio a 13 de julio de 2018, paras. 5 y 6, pp. 2 y 3.

57 BARONA VILAR, S., "Maximización de la eficiencia y búsqueda de la celeridad en el arbitraje: entre el mito, la sublimación y la cuarta revolución industrial (4.0)", en *Arbitraje. Revista de arbitraje comercial y de inversiones*, vol. XI, núm. 1, 2018, pp. 20-24.

el denominado "Triángulo mágico arbitral", a través de la intersección de tres principios: rapidez, accesibilidad y calidad[58]. Para lograr la rapidez, se busca reducir los tiempos de duración del proceso arbitral, evitando demoras innecesarias y estableciendo plazos claros y precisos para cada etapa del proceso. Para lograr la accesibilidad, se busca reducir los costos del proceso arbitral, haciendo que sea más asequible para las partes involucradas. Esto se puede lograr mediante la simplificación del proceso, la reducción de los honorarios de los árbitros y la eliminación de costos innecesarios. Por último, para lograr la calidad, se busca garantizar que el proceso arbitral cumpla con las garantías procesales mínimas y que el laudo arbitral sea justo y equitativo. Esto se puede lograr mediante la selección de árbitros competentes e imparciales, la adopción de procedimientos adecuados a las circunstancias del caso y la fundamentación clara y precisa del laudo arbitral[59].

Con este propósito, se han introducido procedimientos de arbitraje de naturaleza abreviada en diversas organizaciones y entidades arbitrales para casos específicos y generales[60]. Estos procesos acelerados se caracterizan por plazos ajustados y restricciones en los procedimientos. Algunas instituciones han incorporado disposiciones relacionadas con el arbitraje acelerado en sus reglamentos, mientras que otras han desarrollado reglas específicas para este propósito[61]. Ejemplos de instituciones que han adoptado estas reglas incluyen el Instituto de Arbitraje de la Cámara de Comercio de Estocolmo (SCC), o el Centro Internacional de Arbitraje de Singapur (SIAC), entre otros[62]. Esta oferta de procesos arbitrales acelerados ha despertado interés entre los usuarios del arbitraje y sus asesores legales[63]. De otro lado y en relación con los arbitrajes *ad hoc*, durante el 51° período de sesiones

---

58 KIRBY, J., "Efficiency in International Arbitration: Whose Duty Is It?", *cit.*, pp. 690-693. ESPLUGUES MOTA, C. "Los trabajos de la CNUDMI en materia de arbitraje acelerado y el mantra de la celeridad", en *Revista Argentina de Arbitraje*, vol. 1, 2020, pp. 1-29, en especial p. 7.

59 ESPLUGUES MOTA, C. "Los trabajos de la CNUDMI en materia de arbitraje acelerado y el mantra de la celeridad", cit., p. 7 y ss.

60 Ídem

61 BARONA VILAR, S., "Maximización de la eficiencia y búsqueda de la celeridad en el arbitraje: entre el mito, la sublimación y la cuarta revolución industrial (4.0)", cit., pp. 35-44.

62 Ídem

63 Para un estudio en profundidad sobre que centros e instituciones arbitrales han adoptado este tipo de proceso arbitral, y sobre la tipología de reglas creadas a tal efecto, puede verse el artículo de ESPLUGUES MOTA, C. "Los trabajos

de la Comisión de Naciones Unidas para el Derecho Mercantil Internacional (UNCITRAL) en 2018, se presentaron propuestas para abordar la problemática del arbitraje acelerado. Estas propuestas buscaron mejorar la eficiencia y la calidad del proceso arbitral sin comprometer la calidad. Las discusiones se basaron en un informe de la Secretaría de la UNCITRAL sobre el arbitraje acelerado[64]. Dicho documento enumeraba una serie de cuestiones que mejorarían la eficiencia del arbitraje, entre las que se incluía la figura del único árbitro, la desestimación temprana de reclamaciones[65], plazos más cortos, medidas procesales, práctica de la prueba, audiencias y el laudo arbitral. Se buscaba equilibrar la protección de las garantías de las partes con la capacidad de los árbitros para acelerar el proceso y evitar problemas en la etapa de ejecución del laudo[66]. La determinación de cuándo se aplicarían las reglas de arbitraje acelerado y qué criterios se utilizarían para ello también fue abordado. La voluntad de las partes y su decisión de recurrir al arbitraje acelerado eran factores importantes, al igual que la posibilidad de regresar a un procedimiento ordinario una vez iniciado el acelerado. La UNCITRAL abordó estas cuestiones en sus sesiones de 2019 y 2020, para finalmente en el 2021 aprobar la Resolución aprobada por la Asamblea General el 9 de diciembre de 2021, 76/108, Reglamento de Arbitraje Acelerado de la UNICTRAL[67]. Y, aunque se ha logrado una mayor claridad en algunas áreas, aún existen dudas en otras, cual es el campo del pacto de exclusión de la acción de anulación del laudo arbitral. Si bien en

---

de la CNUDMI en materia de arbitraje acelerado y el mantra de la celeridad", cit., pp. 7-11.

64 CNUDMI, Doc. A/CN.9/934, de 18.2.2018, *Informe del Grupo de Trabajo II (Arreglo de controversias) sobre la labor realizada en su 68° período de sesiones (Nueva York, 5 a 9 de febrero de 2018),* 51er primer período de sesiones, Nueva York, 25 de junio a 13 de julio de 2018, paras. 149 a 164, pp. 23 a 25.

65 Para un estudio mas en profundidad de esta cuestión, ESPLUGUES MOTA, C., "Adiós justicia arbitral, adiós? El fomento de la figura de la desestimación temprana de la demanda ("early dismissal") como síntoma", en *Cuadernos de derecho transnacional,* vol.*14,* núm.1, 2022, pp. 196-238.

66 CNUDMI, Doc. A/CN.9/WG.II/WP.207, de 16.11.2018, *Grupo de Trabajo II (Arreglo de Controversias),* Sexagésimo noveno período de sesiones, Nueva York, 4 a 8 de febrero de 2019, paras. 10 a 12, pp. 4-9

67 CNUDMI, Doc. A/CN.9/1003, de 3.10.2019, *Informe del Grupo de Trabajo II (Arreglo de Controversias) sobre la labor realizada en su 70° período de sesiones (Viena, 23 a 27 de septiembre de 2019),* 53er período de sesiones Nueva York, 6 a 24 de julio de 2020, p. 4 y ss. Vid. CNUDMI, Doc. A/CN.9/1010, de 12.2.2020, *Report of Working Group II (Dispute Settlement) on the work of its seventy-first session (New York, 3–7 February 2020)*, Fifty-third session, New York, 6–17 July 2020, p. 4 y ss.

el proceso de arbitraje que rige el reglamento de la UNCITRAL, se permite, tal y como dispone el anexo de dicho texto, ejercitar por las partes una declaración de renuncia contra el laudo arbitral (a expensas de lo que pueda determinar la ley aplicable al proceso de arbitraje), el reglamento de arbitraje acelerado no indica nada al respecto. Por ello a continuación, analizaremos esta cuestión y sus consecuencias en relación con el derecho humano de acceso a la justicia.

IV. LA CUESTIÓN DE LA RENUNCIA A LA ACCIÓN DE ANULACIÓN DEL LAUDO ARBITRAL Y SU COMPATIBILIDAD CON LOS DDHH

1. Introducción

La renuncia a la presentación de una pretensión específica ante los tribunales de justicia y su sometimiento subsiguiente a un proceso de arbitraje se formaliza mediante un acuerdo de arbitraje[68]. Sin embargo, su importancia trasciende esto, ya que constituye el "origen y el motivo que justifica la exclusión inicial de la jurisdicción"[69], por ende, están renunciando, al menos de manera parcial y temporal, a su derecho a una tutela judicial efectiva. La gravedad de esta consecuencia es la razón por la cual el TEDH ha establecido ciertos requisitos para que la elección del arbitraje sea compatible con el artículo 6.1 del CEDH. Según lo mencionado, no es sorprendente que el TEDH vea la celebración de un acuerdo de arbitraje entre partes como una renuncia parcial al ejercicio de los derechos establecidos en el artículo 6.1 del CEDH[70]. Sin embargo, como ha señalado de manera reiterada el tribunal, para que esta renuncia sea compatible con la Convención, debe ir acompañada de garantías[71]. En concreto, el TEDH ha sostenido que si, al suscribir una cláusula de arbitraje, las partes renuncian

---

[68] RAMOS MÉNDEZ, F., *Enjuiciamiento Civil.* Bosch, Barcelona, 2007, p. 1122.

[69] ALMAGRO NOSETE, J., "Derecho a utilizar instrumentos jurídicos no jurisdiccionales", en *Sistema de Garantías Procesales,* Madrid, Dijusa, 2008, p. 526.

[70] Comisión Europea de Derechos Humanos, X. c. República de Alemania, decisión de 16 de diciembre de 1961, recogido por CARO CATALÁN, J., "Arbitraje y derechos humanos: una aproximación a la jurisprudencia del tribunal europeo de derechos humanos", cit., pp. 183

[71] TEDH, *Tabbane c. Suiza* (nº 41069/12), decisión de 1 de marzo de 2016.

voluntariamente a ciertos derechos protegidos por el Convenio, esta renuncia solo será admisible y no entrará en conflicto con el artículo 6.1 del CEDH si es "libre, legal e inequívoca", como se estableció en la sentencia *Mutu and Pechstein c. Suiza*[72]. Por lo tanto, al analizar el arbitraje voluntario en la jurisprudencia del TEDH, es fundamental determinar el alcance de estas condiciones.

Igualmente, el arbitraje se considera un "proceso de instancia única"[73]. En principio, no se permite presentar ningún recurso contra el laudo arbitral. Sin embargo, el legislador reconoce que en cualquier etapa del proceso arbitral pueden surgir "defectos o irregularidades que afecten a su propia validez"[74]. Por lo tanto, la ley establece la posibilidad de presentar una acción de anulación del laudo. Esta acción, que no debe ser considerada como un "recurso"[75], no tiene como objetivo revisar la controversia entre

---

72 STEDH Mutu y Pechstein c. Suiza, (nº 40575/10 y 67474/10), sentencia de 2 de octubre de 2018

73 DE ALFONSO, J. M., "¿Mantiene el arbitraje sus ventajas hoy en día? lo que pueden hacer las partes para asegurarlas", en *El arbitraje: nueva regulación y práctica arbitraje,* Valencia, Tirant lo Blanch, 2013, pp. 19-50. Algunos autores han planteado la posibilidad de establecer una segunda instancia arbitral. En este sentido, ORMAZABAL SÁNCHEZ, G., *El control judicial sobre el fondo del laudo.* Barcelona, Marcial Pons, 2017, pp. 48-58. SANTOS VIJANDE, J. M., "Sobre la viabilidad constitucional y legal de la segunda instancia en el procedimiento arbitral: análisis especial de la problemática que suscita en relación con la acción de anulación, la ejecución del laudo y la admisión y práctica de la prueba", en *Revista Internacional de Estudios de Derecho Procesal y Arbitraje,* núm. 1, 2011, pp. 3-7.

74 SOLÉ RIERA, J., "Sobre la anulación del laudo arbitral: orden público y legitimación pasiva", en *Anuario de Justicia Alternativa,* núm. 15, 2019, p. 14.

75 El propio legislador aclara esta cuestión terminológica en el apartado VIII de la Exposición de Motivos de la LA. Al analizar el recurso de anulación, es pertinente establecer una clara diferencia con el recurso de apelación, ya que, aunque ambos constituyen medios de impugnación, no son idénticos. El recurso de anulación tiene como finalidad obtener la declaración de invalidez del laudo con el propósito de restablecer la situación jurídica al estado previo al inicio del arbitraje. En contraste, la apelación busca que otro tribunal vuelva a decidir el fondo del litigio. ARAQUE BENZO, L.A., *Manual del arbitraje comercial.* Caracas, Editorial Jurídica Venezolana, 2011, pp. 139-140. RAMÍREZ PADRÓN, A., "La nulidad del laudo arbitral desde la perspectiva del derecho comparado", en *Boletín Iberoamericano de Arbitraje y Mediación,* num.1, 2022, p. 217.

las partes que ya ha sido resuelta por el árbitro, sino que se trata de "una revisión, basada en motivos específicos, de la validez del laudo"[76].

La acción de anulación del laudo, tal como está configurada en nuestra legislación sobre arbitraje y en el derecho comparado, está claramente sujeta al principio de disponibilidad[77]. Esto significa que corresponde a las partes del arbitraje presentar la demanda de anulación del laudo dentro del plazo establecido por la ley una vez que el arbitraje ha concluido[78]. De lo contrario, renunciarán de manera definitiva a la oportunidad de presentar la acción. Sin embargo, no es este tipo de renuncia la que nos interesa para los propósitos de este trabajo. La elección libre de no ejercer la acción de anulación del laudo no plantea problemas desde la perspectiva del artículo 6 del CEDH. En cambio, se ha planteado la posible incompatibilidad con dicho artículo de la renuncia a la acción de anulación del laudo acordada por las partes antes del inicio del arbitraje.

2. *La cuestión de la renuncia a la acción de anulación en España y ordenamientos próximos*

Dentro del contexto del arbitraje, la autonomía de la voluntad juega un papel esencial. Sin embargo, en la mayoría de los sistemas legales, esta libertad no impide el establecimiento de un sistema de control sobre el procedimiento arbitral y los laudos por parte de los órganos judiciales en el lugar del arbitraje[79].

En el contexto de España, la Ley de Arbitraje de 2003 (LA), que sigue la Ley Modelo de UNCITRAL, permite la "acción de anulación" contra un laudo definitivo. Esta acción se centra en aspectos relacionados con el procedimiento y la validez del arbitraje y no implica una revisión del fondo del asunto. De esta forma, sostiene El Tribunal Supremo de España que

---

76 REMÓN PEÑALVER, J., "Sobre la anulación del laudo: el marco general y algunos problemas", cit., p. 7.

77 El principio dispositivo en este tipo de procedimientos ha sido matizado en alguna ocasión. Es el caso de la STSJM de 17 de septiembre de 2015. Con el propósito de realizar una crítica a esta sentencia: MERINO MERCHÁN, J.F., "Principio dispositivo y acción de anulación", en *Arbitraje: revista de arbitraje comercial y de inversiones*, vol. X, núm. 3, 2017, pp. 783-798.

78 Art. 41.4 LA.

79 REMÓN PEÑALVER, J., "Sobre la anulación del laudo: el marco general y algunos problemas", cit., p. 1.

se está salvaguardando el derecho a la tutela judicial efectiva, tal como lo garantiza el artículo 24 de la Constitución Española[80]. La acción de anulación no se considera un recurso en este contexto, sino más bien una acción rescisoria[81], que da lugar a un proceso declarativo especial cuyo único propósito es que un tribunal determine la validez del laudo[82]. En caso de que se emita una sentencia que resuelve la acción de anulación, solo se permite presentar un recurso de amparo ante el TC si se alega una violación de algún derecho fundamental[83].

Una cuestión diferente se nos presenta en el siguiente escenario. Qué pasaría si, en base a esa autonomía de la voluntad de las partes que se predica del arbitraje, se establece un acuerdo de renuncia a la acción de anulación del laudo arbitral antes del comienzo del proceso[84]. ¿Este tipo de acuerdos podría chocar con los derechos recogidos y reconocidos en el art.6 del CEDH?.

Si observamos y prestamos atención a nuestra LA, ésta no incluye ninguna disposición específica sobre la renuncia anticipada a la acción de anulación o "pacto de exclusión" en los acuerdos de arbitraje. Esto es importante porque, por el contrario, la LA, en su artículo 6 (siguiendo lo dispuesto por el art.4 de la Ley Modelo)[85], sí que establece que, si una parte conoce una infracción de alguna disposición de la ley o un requisito del acuerdo de arbitraje y no lo informa dentro del plazo correspondiente (es decir, no lo cuestiona), se considerará que renuncia a su derecho de impugnar el laudo arbitral, pues en cierto modo está respaldando o dando

---

80 Auto de la Sala primera del TS de 21 de febrero de 2006. Idéntica posición ha mantenido el TC en la sentencia 176/1996, de 11 de noviembre, o la sentencia 352/2006, de 14 de diciembre.

81 FERNÁNDEZ BALLESTEROS, M.Á., "Comentario al artículo 40 de la Ley española de Arbitraje", en *Comentarios a la nueva Ley de Arbitraje 60/2003, de 23 de diciembre*, Navarra, Aranzadi, 2004, p. *412.*

82 HINOJOSA SEGOVIA, R., "Comentario al artículo 40 de la Ley española de Arbitraje de 2003", en *Comentario a la Ley de Arbitraje,* Navarra, Aranzadi, 2004, p. 513.

83 REMÓN PEÑALVER, J., "Sobre la anulación del laudo: el marco general y algunos problemas", cit., p. 7.

84 RAMOS MENDEZ, F., "El arbitraje internacional. Artículo 3: El arbitraje internacional en la nueva ley española de arbitraje", en *Anuario de Justicia Alternativa,* núm.5, 2004, pp. 11-36.

85 En el Reglamento de Arbitraje de la UNCITRAL, en su nueva versión de 2010, se recoge la renuncia al derecho a objetar en el artículo 32.

su aprobación a dicha irregularidad [86]. Así, y dado que no existe una regulación legal explícita sobre el "pacto de exclusión", es necesario recurrir a los principios generales del sistema legal y a las restricciones a la autonomía de la voluntad y la exclusión de la ley aplicable[87]. Debe estimarse así, sin duda alguna, que los artículos 1255 del Código Civil, el 6.2 del Código Civil y 20.1 de la Ley de enjuiciamiento civil 1/2000, impiden la renuncia anticipada al ejercicio de la acción de impugnación del Laudo arbitral, por serlo al derecho fundamental a la tutela judicial efectiva[88]. En este sentido, se argumenta que la renuncia anticipada debe ser coherente con el derecho protegido en el artículo 24 de la Constitución Española.

---

86 Antonio HERNÁNDEZ- GIL, "artículo 6 de la Ley española de arbitraje de 23 de diciembre de 2003" en *Comentario a la Ley de Arbitraje,* Navarra, Aranzadi, 2004, p. 231. Insiste "*en que la generalidad de este precepto sólo puede paliarse con una amplia dosis de prudencia arbitral, primero, y jurisdiccional, después*". MONTERO, F.J., *Comentarios a la Ley de Arbitraje de 2003,* Navarra, Thomson/Aranzadi, 2005, pp. 65-66. Sostiene que la norma establece una presunción legal *iuris tantum,* que admitiría prueba en contrario, pero que "resulta difícil imaginar qué prueba puede presentarse que no sea precisamente la denuncia tempestiva de la infracción". MARTÍ MINGARRO, L., *Comentarios a la nueva Ley de Arbitraje 60/2003, de 23 de diciembre.* Navarra, Aranzadi, 2004, p. 75. No obstante, pueden existir excepciones a esta regla en los casos en que la parte perjudicada no tenía conocimiento y no podía haber tenido conocimiento de la existencia de la irregularidad. Esto tiene sentido, ya que no se puede oponer a algo que no se sabe que existe. RAMÍREZ PADRÓN, A., "La nulidad del laudo arbitral desde la perspectiva del derecho comparado", cit., pp. 222-223. Con atención al artículo 73 de la Arbitration Act 1996 de Reino Unido, en el caso Thyssen Canada Ltd v Mariana Maritime SA and Anr (2005), el tribunal estableció que era necesaria la prueba de que no supo o que no pudo haber sabido bajo una diligencia razonable para constituirse la excepción comentada. THYSSEN CANADA LTD V MARIANA MARITIME SA AND ANR, *Arbitration Law Reports and Review,* Vol. 2005, Issue 1, 2005, pp. 915–933.

87 REMÓN PEÑALVER, J., "Sobre la anulación del laudo: el marco general y algunos problemas", cit., p. 11.

88 Sin perjuicio como ya hemos apuntado de la posibilidad de desistir posteriormente o de renunciar al recurso una vez conocido el Laudo arbitral definitivo o decisorio. SUÁREZ ROBLEDANO, J.M., "¿Es válido "el pacto de no recurrir" un laudo arbitral?, en *economist&jurist,* num.130, 2009, p. 27. La más reciente jurisprudencia, viene a argumentar que la nulidad de un laudo está sujeta a causas tasadas por la ley y no puede ser objeto de acuerdo entre las partes. Sin embargo, se argumenta que las partes pueden alcanzar un acuerdo después del laudo, lo que permite dar por terminado el proceso de anulación. Esto se basa en el principio dispositivo que inspira el proceso civil. Doctrina del Tribunal Constitucional, STC 46/2020, de 15 de junio de 2020. Recurso de Amparo 3130-2017.

La jurisprudencia ha sostenido que, con excepción del derecho a una doble instancia en casos penales, el derecho a la tutela judicial efectiva no permite la renuncia anticipada a remedios procesales, como la acción de anulación, una vez que se ha creado por la ley[89]. Dicha acción se considera parte integral del derecho a la tutela judicial y, por lo tanto, no está sujeta a la disposición de las partes en el contrato de arbitraje[90]. Así, en general, los tribunales han adoptado una postura restrictiva y han considerado que la renuncia anticipada a la impugnación del laudo arbitral no es posible[91]. Inclusive, cuando se podría pensar en admitir la validez del "pacto de no recurrir" en determinadas circunstancias, siempre y cuando se respeten ciertos requisitos formales y se garantice la protección de los derechos fundamentales de las partes, la jurisprudencia ha sido clara en determinar su no validez[92]. Por ello que, la posibilidad de un control judicial sobre el laudo tiene ventajas, ya que, permite a la jurisdicción de la

---

89 Lo que ocurre es que una vez que un recurso o remedio procesal es creado por la ley se integra en el contenido del derecho a la tutela (SSTC 218/2006, de 3 de julio, FJ 3; y 69/2005, de 4 de abril, FJ 2, entre otras) y se sitúa, por tanto, fuera de la capacidad de disposición de las partes en el contrato como elemento de orden público. Esto es, precisamente, lo que sucede con la acción de anulación, que es un remedio procesal creado por la LA y que forma parte del contenido del derecho a la tutela (STC 176/1996, de 11 de noviembre, FJ 3). Su exclusión voluntaria por las partes del convenio arbitral no sería válida. REMÓN PEÑALVER, J., "Sobre la anulación del laudo: el marco general y algunos problemas", cit., p. 12.

90 DÍEZ-PICAZO, L.M., *Sistema de derechos fundamentales,* Madrid, Civitas, 2005, p. 142.

91 STS (Sala Primera) de 10 de marzo de 1986, o Igualmente, la STS (Sala Primera) núm. 569/2000, de 31 de mayo. DIAZ BAÑOS, M., "¿Es válido el "pacto de no recurrir" un laudo arbitral?, en *Economist&Jurist,* num.130, mayo 2009, p. 26. En un fallo del Tribunal Supremo del 10 de marzo de 1986, se abordó un caso en el que las partes habían acordado renunciar a impugnar una decisión arbitral a través de una cláusula arbitral. El Tribunal Supremo determinó que esta estipulación era contraria al derecho fundamental al proceso en el ámbito judicial civil, que garantiza la obtención de una tutela efectiva según lo establecido en el artículo 24.1 de la Constitución Española. Además, esta renuncia era ineficaz ya que contravenía una norma incorporada en la Ley Suprema y violaba el artículo 6.2 del Código Civil, que establece la nulidad de los actos dispositivos que contradicen el interés público o el orden público. SUÁREZ ROBLEDANO, J.M., "¿Es válido "el pacto de no recurrir" un laudo arbitral?, cit., p. 27. REMÓN PEÑALVER, J., "Sobre la anulación del laudo: el marco general y algunos problemas", cit., p. 13.

92 SAP de Zaragoza (Sección 4ª) núm.584/2006, de 11 de octubre. Aun refiriéndose específicamente a la renuncia expresa, hasta que el laudo no es dictado se desconoce si pueden o no concurrir causas o motivos de impugnación, de modo que

sede establecer directrices uniformes para la gestión del procedimiento y sirve como garantía para el arbitraje[93].

Similares objeciones se presentan en la mayoría de los sistemas legales comparables que son más cercanos. Por ejemplo, en Francia, las partes pueden renunciar a presentar una apelación contra el laudo arbitral, pero la acción de anulación se declara expresamente irrenunciable (artículos 1489 a 1491 del Nouveau Code de Procédure Civil français)[94]. En Portugal, la Ley 31/1986 del 29 de agosto declara que la acción de anulación (artículo 28, párrafo 1) contra laudos nacionales o internacionales es irrenunciable. Sin embargo, las partes pueden renunciar a los recursos ordinarios contra los laudos nacionales, mientras que los laudos internacionales "no son apelables, a menos que las partes hayan acordado la posibilidad de recurso y regulado sus términos"[95].

Con todo, hay legislaciones europeas que han abordado esta cuestión de forma expresa[96], y condicionan la eficacia de este tipo de pactos de

---

la renuncia expresada en el contrato de compraventa no puede tener efectos de abandono del derecho de impugnación". Ibidem, 27.

93 BERGER, K.P., *International Economic Arbitration*, Kluwer, 1993, p. 722, sostiene que "El "efecto profiláctico" de los medios de recurso otorgados contra el laudo final por la *lex loci arbitri* es un factor decisivo para la integridad arbitral".

94 Del mismo modo que las partes no pueden configurar una nueva vía de recurso no prevista en la Ley. POUDRET, J.F. Y BESSON, S., *Droit compare de l'árbitrage international*, Ginebra, Schulthess, 2002, p. 827. La *Cour d'appel* de Paris en su sentencia de 10 de septiembre de 2003 aclara expresamente que el artículo 24.2 del Reglamento de la CCI no afecta al recurso de anulación, que las partes no pueden excluir.

95 REMÓN PEÑALVER, J., "Sobre la anulación del laudo: el marco general y algunos problemas", cit., p. 14.

96 Fuera de nuestras fronteras europeas, legislaciones que han tratado de forma expresa el pacto de exclusión de la acción de anulación del laudo arbitral, han sido por ejemplo la de Argentina. Si acudimos al Código civil y comercial del país, en particular el art.1656, donde se dice que no se puede ejercer un pacto de renuncia a la impugnación judicial del laudo arbitral definitivo que fuera contrario al ordenamiento jurídico, esto es, contrario a lo dispuesto en los art.31 y 75 inc.22 de la Constitución Nacional. Es decir, parece que el cuerpo legal civil y comercial argentino, en aquellos casos que se pueda producir una situación contraria a la Constitución, tratados internacionales y demás normativa vigente, no se permitirá celebrar un pacto de exclusión. De tal forma, parece desprenderse del texto, que todo lo que no sea contrario a dicha jerarquía normativa, se podrá celebrar.

exclusión a que se cumplan una serie de requisitos[97]. En el caso de Suiza, el artículo 192 de la Ley Federal de Derecho Internacional Privado permite la renuncia anticipada a la acción de anulación, siempre que ninguna de las partes tenga su domicilio, residencia o establecimiento en Suiza. Sin embargo, esta renuncia debe ser consciente, deliberada y voluntaria y debe constar por escrito[98]. En el caso de Suecia, el art.51 de la Ley de arbitraje, establece unos requisitos similares a lo establecido por la Ley Suiza, en el sentido de limitar este tipo de acuerdos a las partes que no estén domiciliadas o tengan su establecimiento en Suecia. Sin embargo, se distancia de la ley Suiza al tasar los motivos de renuncia a los establecidos en el art.34 de la misma ley[99].

Las discusiones en torno a las ventajas y la idoneidad de permitir o no esta renuncia se centran en el contexto del arbitraje internacional[100]. Se argumentan tres razones principales. La primera se refiere a la eficacia, destacando las ventajas de evitar estrategias legales que buscan crear motivos para anular el laudo o tácticas dilatorias una vez que se conoce el laudo. El segundo argumento es de naturaleza sociológica y se basa en la premisa de que el interés de los árbitros en mantener su reputación y autoridad es suficiente garantía de la integridad de los laudos. El tercer argumento es más técnico y se relaciona con las posibles deficiencias de

---

97 BUROVA, E. "How final is final: Waiver of the right to annul arbitral award in national legislation and practice of nationals courts", en *Yearbook of Arbitration*, vol. VIII, 2018, pp. 3-19. BORN, G., "Chapter 25: Annulment of international arbitral awards", en *International comercial arbitration*, Kluwer law international, p. 3365. ESPLUGUES MOTA, C. "Quo Vadis Arbitrio", cit., p. 21.

98 Esta posibilidad, seguida también por el Código Tunecino de arbitraje (1993), la Ley Belga de 19 de mayo de 1998 y la Arbitration Act sueca de 1999, no ha estado exenta de críticas. FOUCHARD, P. Y GAILLARD, E. Y GOLDMAN, B., *International Commercial Arbitration*, Kluwer, 1999, pp. 910-913 y ss. POUDRET, J.F. Y BESSON, S., *Droit compare de l'árbitrage international*, Ginebra, Schulthess, 2002, p. 826-833.

99 Esto ocurre desde 1989, a raíz de una sentencia de la Corte Suprema de Justicia de Suecia, que, ante la omisión por el legislador en su ley de arbitraje nacional, decidió en sentencia del 18 de abril de 1989 que la renuncia al recurso de nulidad es admisible bajo la Ley de Arbitraje Sueca.
RAMÍREZ PADRÓN, A., "La nulidad del laudo arbitral desde la perspectiva del derecho comparado", cit., p. 224.

100 MERINO MERCHÁN, J.F. Y CHILLÓN MEDINA, J.Mª., *Tratado de Derecho Arbitral*, Madrid, Civitas, 2006, pp. 1765-1769. CUARTERO RUBIO, Mª. V., *El recurso de anulación contra el laudo arbitral en el arbitraje comercial internacional*, Madrid, Eurolex, 1997, pp. 111-132.

un sistema de doble control sobre el laudo, primero a través del tribunal en el proceso de anulación y luego a través del juez de exequátur en el proceso de reconocimiento y ejecución de laudos extranjeros[101].

Aunque la aceptación de la renuncia podría facilitar la deslocalización de los laudos internacionales[102], permitiéndoles conectarse con diferentes sistemas legales en caso de falta de cumplimiento voluntario (es decir, si se requiere una impugnación o reconocimiento y ejecución)[103], más allá de esta cuestión, la experiencia demuestra que las partes suelen ser reacias a renunciar a sus facultades de impugnación[104], y en general, si los jueces y tribunales comprenden los fundamentos del arbitraje, como suele ser el caso en España, la acción de anulación no parece ser un obstáculo significativo para el desarrollo de un sistema arbitral eficiente.

Dada la evidente naturaleza de la cuestión, una disposición legal que permita a las partes renunciar previamente a la acción de anulación de un laudo puede plantear problemas de compatibilidad con el artículo 6 del CEDH. Es relevante recordar que, en la mayoría de los sistemas legales, la acción de anulación del laudo se limita a cuestiones específicas relacionadas con las garantías fundamentales y la validez del acuerdo de arbitraje. Por lo tanto, parece poco razonable "renunciar a estos mínimos"[105]. En este contexto, es válido cuestionar si la autonomía de la voluntad de las partes puede prevalecer sobre el derecho a una tutela judicial efectiva, tal como lo establece el artículo 6 del CEDH, incluso si

---

101 RAMOS MENDEZ, F., "El arbitraje internacional. Artículo 3: El arbitraje internacional en la nueva ley española de arbitraje", cit., pp. 10.

102 VICENTE BLANCO, D.J., "El Arbitraje internacional como "no lugar": deslocalización del arbitraje y del derecho aplicable y reconocimiento del laudo extranjero", en *Reconocimiento y ejecución de sentencias arbitrales extranjeras en España y Latinoamérica,* Valencia, Tirant Lo Blanch, 2019, pp. 86-89.

103 CUARTERO RUBIO, Mª. V., *El recurso de anulación contra el laudo arbitral en el arbitraje comercial internacional,* cit., p. 115.

104 De acuerdo con BERGER "la experiencia con el "acuerdo de exclusión" bajo la Sección 3 del la Ley de Arbitraje de 1979 inglesa, revela que las partes generalmente no desean renunciar a su derecho de que el laudo sea examinado por los tribunales del lugar del arbitraje". BERGER, K.P., *International Economic Arbitration,* cit., p. 722.

105 RAMOS MENDEZ, F., "El arbitraje internacional. Artículo 3: El arbitraje internacional en la nueva ley española de arbitraje", cit., pp. 10, recogido por CARO CATALÁN, J., "Arbitraje y derechos humanos: una aproximación a la jurisprudencia del tribunal europeo de derechos humanos", cit., pp. 175 y ss.

la ley lo permite expresamente[106]. Afortunadamente, el TEDH ha tenido la oportunidad de pronunciarse sobre este tema.

En el caso de *Tabbane v Suiza*[107], el TEDH decidió que la renuncia anticipada a la acción de anulación no era incompatible con el artículo 6 del CEDH, siempre que se cumplan ciertas condiciones. El caso involucraba una disputa entre la empresa francesa Colgate-Palmolive Services SA (Colgate) y el Sr. Tabbane, un empresario tunecino. Ambas partes habían acordado crear una sociedad y habían suscrito un acuerdo que incluía una cláusula de arbitraje en la que se estipulaba la renuncia a recurrir el laudo arbitral. Tras la disputa que dio lugar al arbitraje, el cual se llevó a cabo en Suiza, el Sr. Tabbane y sus hijos intentaron impugnar el laudo ante el Tribunal Federal de Suiza, pero se les negó esa posibilidad debido a la renuncia que habían hecho a su derecho recurrir de conformidad con el artículo 192 del PILA. Los hijos del Sr. Tabbane presentaron una demanda ante el TEDH, argumentando que se les había negado el acceso a un tribunal suizo para impugnar el procedimiento arbitral. Alegaron que la interpretación del Tribunal Federal sobre la cláusula de renuncia era muy restrictiva y que el artículo 192.1 del PILA no era compatible con el artículo 6.1 del CEDH. El TEDH consideró que la limitación del acceso a un tribunal contenida en el artículo 192.1 del PILA era proporcional y razonable y no contrariaba lo recogido por el art. 6 del CEDH. Afirmó que esta limitación perseguía el objetivo legítimo de atraer arbitrajes internacionales a Suiza y que, al mismo tiempo, respetaba la libertad contractual de las partes.

Por otro lado, en el caso *Affaire Xavier Lucas c. France*[108], el TEDH aceptó un recurso que alegaba una violación del artículo 6 del CEDH debido a la aplicación del Código Procesal Civil francés (artículos 1489 a 1495). El TEDH primero constató que las disputas sometidas al arbitraje claramente versaban sobre derechos y obligaciones de carácter civil. Luego, observó que el solicitante había consentido libremente en resolver estas disputas a través del arbitraje. Su queja se centraba en la privación del acceso al tribunal encargado de revisar la sentencia arbitral.

El solicitante alegó una violación del derecho de acceso a un tribunal debido a la obligación de presentar la demanda ante un tribunal de forma electrónica y a los obstáculos prácticos que enfrentó al intentar cumplir

---

106 LANDROVE, J. C., "European Convention on Human Rights impact on consensual arbitration", en *Human Rights at the Center*, Zurich, Schulthess, 2006, p. 98

107 STEDH Tabbane v. Suiza, núm. 41069/12, de 1 de marzo de 2016.

108 STEDH Affaire Xavier Lucas c. France, núm. 15567/20, de 9 de junio de 2022.

con esta condición. Si bien es cierto que en el derecho interno francés la sentencia arbitral tiene autoridad de cosa juzgada y, en principio, es inapelable, con todo, puede ser objeto de un recurso de anulación que permite un control jurisdiccional de su legalidad. Este recurso se concede de pleno derecho. Por ello, el TEDH concluyó que el artículo 6, párrafo 1 del CEDH era aplicable, debido al exceso de formalismo en la aplicación de la obligación de presentar la comunicación del recurso de anulación de manera electrónica, sin tener en cuenta los obstáculos prácticos enfrentados por el solicitante. Esto rompió el justo equilibrio entre garantizar el cumplimiento de las condiciones formales y el derecho de acceso a la justicia.

3. El reglamento de Arbitraje Acelerado

Ya se ha mencionado que el reglamento de arbitraje de la UNCITRAL se compone de una serie de artículos, al que se le añade una serie de anexos que le son inherentes y aplicables. De esta forma, recoge entre su normativa la posibilidad de incorporar en la cláusula compromisoria una declaración de renuncia eventual. Así, establece que las "partes renuncian, por la presente declaración, a cualquier forma de recurso contra el laudo ante cualquier tribunal o autoridad competente, en la medida en que esa renuncia sea válida con arreglo a la ley aplicable"[109].

De lo recogido se desprende la posibilidad, en aquellos arbitrajes *ad hoc* en que las partes decidan emplear el reglamento de arbitraje de UNCITRAL, de establecer una estipulación de renuncia a la acción de anulación del laudo, en otras palabras, establecer un pacto de exclusión antes del comienzo del arbitraje. Además, incluyendo la muletilla "válida con arreglo a la ley aplicable", está dejando la puerta abierta a su admisibilidad por los ordenamientos que prevean esta opción, como los ya reseñados anteriormente. Esto quiere decir, que en aquellos casos en que esta cláusula choque o genere conflictos con alguna ley nacional que no permita la renuncia a la acción de anulación, esa renuncia no será válida. En aquellos casos en que pueda ser admitida por los ordenamientos, y se genere algún conflicto en relación con la aplicabilidad del art. 6 del CEDH, el tribunal parece adecuar su resolución a lo que dé cabida el ordenamiento en cuestión. Así, de las sentencias analizadas parece desprenderse que, en aquellos ordenamientos que se permita renunciar a la acción de anulación, el

---

109 Anexo Reglamento de Arbitraje UNICTRAL.

TEDH lo admite; por el contrario, en aquellos que no es posible renunciar a dicha acción, el TEDH no lo admite.

Por ello que las decisiones analizadas deben comprenderse en sus justos términos. Consideramos que puede ser engañoso afirmar que con estas decisiones el TEDH esté avalando la opción de que los Estados incorporen a sus ordenamientos disposiciones que permiten a las partes renunciar a la acción de anulación del laudo. Por ejemplo, la sentencia suiza, hace referencia a la ley suiza, que incorpora en su texto legal una serie de condiciones para la aplicación de este precepto; en la francesa sucede lo mismo, pero a la inversa. Por ello que el TEDH las tiene en cuenta a la hora de decidir caso por caso[110].

En la situación del arbitraje acelerado, surge la duda de si las disposiciones contenidas en el anexo del reglamento de arbitraje serán de aplicación al apéndice donde se recoge el arbitraje acelerado. Si observamos el informe del Grupo de Trabajo II, del 73 período de sesiones, celebrado el pasado marzo de 2021[111], al analizar la relación entre las normativas de arbitraje acelerado y el Reglamento de Arbitraje, surgieron preocupaciones sobre la claridad de la aplicación del cuerpo normativo del Reglamento de Arbitraje al proceso de arbitraje acelerado y en qué medida sería aplicable. Según lo dispuesto por el Grupo de trabajo, el Reglamento de Arbitraje se aplicaría en términos generales al arbitraje acelerado, con las modificaciones introducidas por las normativas de dicho arbitraje. Por lo tanto, es esencial que la normativa de arbitraje acelerado se aplique en conjunto con el texto del Reglamento de Arbitraje para garantizar una correcta conducción del proceso. De esta forma, la cuestión relativa a la exclusión de la acción de anulación del laudo, será resuelta de la misma forma a cómo se está tratando por el reglamento de arbitraje de UNICTIRAL.

---

110 De acuerdo con Knigge y Ribbers, es importante tener en cuenta el alcance limitado de esta decisión. En primer lugar, no se puede concluir sobre la base de esta única decisión que un acuerdo de exclusión nunca dará lugar a problemas en Estrasburgo. el TEDH en su jurisprudencia se limita a un control sobre la base de las circunstancias específicas de un caso. KNIGGE, M. Y RIBBERS, P.,"Waiver of the Right to Set-Aside Proceedings in Light of Article 6 ECHR: Party-Autonomy on Top?", en *Journal of international arbitration*, vol. 34, issue 5, 2017, p. 792.

111 CNUDMI, Doc. A/CN.9/WG.II/WP.216, de 13 de enero de 2021. *Proyecto de disposiciones sobre arbitraje acelerado*, 73er período de sesiones, Nueva York (en línea), 22 a 26 de marzo de 2021, para. 11, p. 5.

V. Bibliografía

ALEXY, R., *Teoría de los derechos fundamentales.* Madrid, Centro de Estudios Constitucionales, 2007.

BARONA VILAR, S., "Retrato de la justicia civil en el S.XXI: ¿caos o una nueva estrella fugaz?, en *Revista Bolivariana de Derecho,* num. 25, 2018.

BARONA VILAR, S., "Maximización de la eficiencia y búsqueda de la celeridad en el arbitraje: entre el mito, la sublimación y la cuarta revolución industrial (4.0)", en *Arbitraje. Revista de arbitraje comercial y de inversiones,* vol. XI, núm. 1, 2018.

BARONA VILAR, S., "Las ADR en la justicia del siglo XXI, en especial la mediación", en *Revista de derecho Coquimbo Universidad Católica del Norte,* RDUCN, vol. 18, núm. 1, 2011.

BARONA VILAR, S., *Solución extra jurisdiccional de conflictos. Alternative Dispute resolution (ADR) y Derecho procesal.* Valencia, Tirant Lo Blanch, 1999.

BERGER, K.P., International Economic Arbitration, Kluwer, 1993.

BORN, G., "Chapter 25: Annulment of international arbitral awards", en *International comercial arbitration,* Kluwer law international.

BUROVA, E. "How final is final: Waiver of the right to annul arbitral award in national legislation and practice of nationals courts", en *Yearbook of Arbitration,* vol. VIII, 2018.

CARO CATALÁN, J., "Arbitraje y derechos humanos: una aproximación a la jurisprudencia del tribunal europeo de derechos humanos", en *Revista General de Derecho Europeo,* núm. 51, 2020.

CAPPELLETTI, M. Y GARTH, B., *El acceso a la justicia. La tendencia en el movimiento mundial para hacer efectivos los derechos.* México, Fondo de Cultura Económica, 1996.

CAPPELLETTI, M., "Alternative dispute resolution processes within the framework of the world-wide Access-to-justice movement", en *The modern law review,* vol. 56, 1993.

DE LUIS GARCÍA, E., *Arbitraje de derechos humanos y empresas.* Valencia, Tirant lo Blanch, 2022.

DE LUIS DE GARCÍA, E., "arbitraje para conflictos ambientales: una aproximación desde los derechos humanos", en *Revista de Derecho,* núm. 77, enero-junio 2020.

DIAZ BAÑOS, M., "¿Es válido el "pacto de no recurrir" un laudo arbitral?, en *Economist&Jurist,* num.130, mayo 2009.

ESPLUGUES MOTA, C., "Adiós justicia arbitral, adiós? El fomento de la figura de la desestimación temprana de la demanda ("early dismissal") como síntoma", en *Cuadernos de derecho transnacional,* vol.*14*, núm.1, 2022.

ESPLUGUES MOTA, C., "La Convención de Singapur de 2018 sobre mediación y la creación de un título deslocalizado dotado de fuerza ejecutiva: una apuesta novedosa, y un mal relato", en *REDI,* vol. 72, núm. 1, 2020.

ESPLUGUES MOTA, C. "Los trabajos de la CNUDMI en materia de arbitraje acelerado y el mantra de la celeridad", en *Revista Argentina de Arbitraje,* vol. 1, 2020.

ESPLUGUES, C., *Mediación Civil y Comercial. Regulación internacional e iberoamericana.* Valencia, Tirant lo Blanch, 2019.

ESPLUGUES MOTA, C.,"Quo Vadis Arbitratio?", en S. Barona Vilar (Coord.), *Mediación, arbitraje y jurisdicción en el actual panorama de justicia,* Madrid, Civitas, 2016.

FAIRÉN GUILLEN, V., *Doctrina general del derecho procesal: hacia una teoría y ley procesal generales.* Barcelona, Bosch, 1990.

FERNÁNDEZ ARROYO, D. P., "La tendance à la limitation de la compétence judiciaire à l'épreuve du droit d'accès à la justice", en *Mélanges Bernard Audit,* Paris, LGDJ, 2014.

FERRAJOLI, L., "Sobre los derechos fundamentales", en *Cuestiones constitucionales: revista mexicana de derecho constitucional,* num.15, 2006.

LANDROVE, J. C., "European Convention on Human Rights impact on consensual arbitration", en *Human Rights at the Center,* Zurich, Schulthess, 2006.

MAURICE, D., *Instituciones políticas y de derecho constitucional.* Barcelona, Ariel, 1970.

MICHOUD, A., "Of Rights and Men: An Assessment of European Jurisdictional Rules over Transnational Corporate Abuse Claims", en *Trinity College Law Review,* núm. 22, 2019.

OCHOA MUÑOZ, J.L. "Algunas consideraciones sobre el acceso internacional a la justicia", en AA.VV, *Los servicios en el Derecho internacional privado,* Jornadas de la ASADIP, Asociación americana de Derecho Internacional Privado (ASADIP), Porto Alegre, Brasil, 2014.

ORTIZ AHLF, L., "El derecho de acceso a la justicia", en M. Becerra Ramírez *et al.* (ed.), *Obra en homenaje a Rodolfo Cruz Miramontes,* México, Instituto de Investigaciones Jurídicas, 2008, t. II.

PEREZNIETO CASTRO, L., "El derecho internacional privado y los derechos humanos", en *Cuarta época,* núm. 12, julio-diciembre de 2017.

PIMENTEL SILES, M., *Resolución de conflictos.* Barcelona, Plataforma Editorial, 2013.

RAMÍREZ PADRÓN, A., "La nulidad del laudo arbitral desde la perspectiva del derecho comparado", en *Boletín Iberoamericano de Arbitraje y Mediación,* num.1, 2022.

RAMOS MÉNDEZ, F., *Enjuiciamiento Civil.* Bosch, Barcelona, 2007.

RAMOS MENDEZ, F., "El arbitraje internacional. Artículo 3: El arbitraje internacional en la nueva ley española de arbitraje", en *Anuario de Justicia Alternativa,* núm.5, 2004.

REMÓN PEÑALVER, J., "Sobre la anulación del laudo: el marco general y algunos problemas", en *InDret,* núm.3, 2007.

SALINAS LOPEZ, A. M., *Los métodos de resolución extrajudicial de conflictos. análisis e impacto de la mediación transfronteriza en el ámbito de la unión europea.* Madrid, Uned, 2017.

SCOTTI, L., "El acceso a la justicia en el Derecho Internacional Privado argentino: nuevas perspectivas en el Código Civil y Comercial de la Nación", en *Red Sociales, Revista del Departamento de Ciencias Sociales,* vol. 03, núm. 6, 2016.

VICENTE BLANCO, D.J., "El Arbitraje internacional como "no lugar": deslocalización del arbitraje y del derecho aplicable y reconocimiento del laudo extranjero", en *Reconocimiento y ejecución de sentencias arbitrales extranjeras en España y Latinoamérica,* Valencia, Tirant Lo Blanch, 2019.

VIRGÓS SORIANO, M. Y GUAL GRAU, C., "La mediación como alternativa", en *Actualidad Jurídica Uría Menéndez,* núm. 20, 2008.

Capítulo XXX

Justicia restaurativa, una justicia para la reparación

MERCEDES LLORENTE SÁNCHEZ-ARJONA
Catedrática de Derecho Procesal.
Universidad de Sevilla

SUMARIO I.- Del necesario cambio de mirada en los conflictos de índole penal. II.- ¿Qué es la Justicia Restaurativa? III.- Tratamiento de la justicia restaurativa por el legislador. IV.- Justicia restaurativa y proceso penal. V.- Conclusiones. VI.- Bibliografía.

I.- DEL NECESARIO CAMBIO DE MIRADA EN LOS CONFLICTOS DE ÍNDOLE PENAL.

La Justicia del siglo XXI se encuentra inexorablemente vinculada al nuevo modelo de sociedad imperante; una sociedad cambiante, vertiginosa, que nos abre nuevos escenarios en multitud de frentes y que nos permite hablar de una realidad diversa que afecta, como no puede ser de otra forma, a la Justicia. La irrupción de las nuevas tecnologías en el proceso, la internacionalización de los conflictos, la necesidad de consagrar una mirada feminista en el Derecho en general y en la Justicia, en particular, el mayor protagonismo que se concede a la víctima en el proceso penal o el enorme impulso que están experimentando los métodos adecuados de solución de conflictos (MASC), entre otros factores, son claves que sostienen una realidad diversa de la Justicia[1] y que nos abren nuevos escenarios plagados de retos y desafíos.

Poner en el centro a la persona, como eje vertebrador del ordenamiento jurídico, inspira la filosofía de las MASC y ha permitido abrir

---

1 BARONA VILAR, S., *Justicia poliédrica en periodo de mudanza (Nuevos conceptos, nuevos sujetos, nuevos instrumentos y nueva intensidad)*, Ed. Tirant lo Blanch, Valencia, 2022, págs. 25-27.

nuevas ventanas que rompen con la tradicional idea del proceso como único cauce de tutela a los conflictos de los ciudadanos. La idea de una justicia integrada por métodos diversos de los Tribunales y el proceso judicial permeabilizó, sin grandes reticencias, en la justicia civil por su carácter marcadamente privado y dispositivo, mientras que, por el contrario, la vía penal ha mostrado una marcada desconfianza hacia la eficacia de un sistema que rompería con axiomas profundamente instaurados en el seno del mismo.

Durante siglos el castigo, como respuesta al delito, ha sido y es la práctica común en la mayor parte de las sociedades[2]. No obstante, la excesiva judicialización de los conflictos ha desembocado en una justicia lenta que genera respuestas no siempre acordes con los verdaderos intereses de las partes. El sentimiento de frustración que ello provoca en la ciudadanía se ceba especialmente en las personas privadas de libertad y en las que son víctimas de delitos, ya que, en buen número de casos, no se consigue el deseado efecto resocializador ni tampoco satisfacer las necesidades de las víctimas y su justa reparación. Los procesos de victimización no casan bien, en múltiples ocasiones, con el sistema penal vigente. Las víctimas tienen derecho a exigir al Estado la investigación de los hechos y el enjuiciamiento del presunto responsable de los mismos, a que se dicte una sentencia, si hay pruebas suficientes, en que se establezca la responsabilidad y la pena que haya de ejecutarse, conforme a las normas del Derecho Penal y Penitenciario. Pero este castigo nunca será percibido como suficiente para aquellas personas que hayan sufrido una grave victimización[3].

Paralelamente, vivimos unos momentos de fuerte expansión del Derecho Penal que tiene su lógica repercusión en la calidad de la justicia. El carácter de *ultima ratio* del Derecho Penal liberal se ha convertido en una *prima ratio* llevados por modelos de política criminal etiquetados como populismo punitivo con el consiguiente riesgo de colapso de la Justicia. Por tanto, estamos asistiendo a una expansión masiva del Derecho Penal en una suerte de manto protector que magnifica la idea de seguridad y control. Insatisfacción y represión son dos buenos adjetivos para calificar el

---

2 JIMÉNEZ BOLAÑOS, J., "Breve análisis de la justicia restaurativa", *Revista de Ciencias Jurídicas* núm. 136, Enero-Abril, 2015, pág. 164.

3 VARONA MARTÍNEZ, G., "Mitología y realidad de la justicia restaurativa: aportaciones del desarrollo de la justicia restaurativa en Europa y su repercusión en la C.A. de Euskadi", en *Justicia restaurativa, una justicia para el siglo XXI,* Cuadernos Penales de José María Lidón, núm. 9, Ed. Universidad de Deusto, 2013, pág. 60.

estado actual de la Justicia penal. Es por esta razón que son cada vez más las voces que demandan una necesaria trasformación del proceso penal tal como ya está sucediendo con la progresiva incorporación de diversas manifestaciones del principio de oportunidad.

Además, junto a la insuficiencia de la justicia retributiva para atajar ciertos fenómenos delictivos, no resulta menos relevante el elevado grado de victimización que representa el proceso penal para ciertos tipos de víctimas, así como los costes emocionales a los que se han de enfrentar en su paso por la Justicia. Es por ello que, en este escenario, resulta necesario sentar las bases de un nuevo enfoque que pivote sobre la incorporación de otras opciones para la resolución de este tipo de conflictos penales y que ponga el foco de atención en políticas reparadoras para la víctima que trasciendan de la excesiva rigidez y formalismo del proceso penal.

Por tanto, frente a esta justicia retributiva, que se centra en la violación de la norma jurídica, la justicia restaurativa pone el foco de atención en la vulneración de las relaciones entre las personas y en el daño causado, lo cual entraña una profunda revisión sobre el sistema penal vigente. Implica un auténtico cambio de paradigma que parte del fracaso del modelo actual y de la imperiosa necesidad de dar un giro a la relación entre la víctima y el Estado[4]. El delito pasa a ser entendido como un conflicto humano que provoca la ruptura de expectativas sociales compartidas, derivando a una lectura relacional del fenómeno criminal que transciende la lógica del castigo y busca, simultáneamente, la responsabilidad del autor, la reparación de la víctima y la reintegración del victimario[5]. Por ello, en lugar de compensar

4 ARMENTA DEU, T., "La víctima como parte procesal, justicia restaurativa y mediación penal: conexiones y paradojas" en *Justicia restaurativa: una justicia para las víctimas,* SOLETO, H., CARRASCOSA, A., ed. Tirant lo Blanch, Valencia, 2019, pág. 393.

5 RODRÍGUEZ PALOP, M.E., "Justicia retributiva y justicia restaurativa (reconstructiva). Los derechos de las víctimas en los procesos de reconstrucción" en *Justicia para la convivencia. Los puentes de Deusto. Encuentro justicia retributiva y restaurativa: su articulación en los delitos de terrorismo,* Ed. Universidad de Deusto, Bilbao, 2012, pág. Para HOWARD ZHER, *El pequeño libro de la justicia restaurativa,* ed. Traducida por Good Books, 2007, pág. 45, la justicia restaurativa se define como un proceso dirigido a involucrar a todos los que tengan interés en la ofensa particular, e identificar y atender colectivamente los daños, necesidades y obligaciones que se derivan de dicha ofensa, con el propósito de sanar y enmendar los daños de la mejor manera posible. Por su parte, JOHNSTON, G.,/VAN NESS "The meaning of restorative justice" en *Handbook of Restorative Justice,* pág. 5, concibe la justicia restaurativa como un movimiento social global de gran diversidad, cuyo "princi-

un daño con otro daño en forma de pena, la filosofía que le inspira se basa en compensar el perjuicio producido con acciones posteriores positivas tanto para la víctima como para el victimario.

La necesidad de analizar el papel de la víctima del delito, tanto en lo que se refiere a su reparación como en sus derechos procesales durante la fase de enjuiciamiento y de ejecución de la sentencia, a lo que se une el fracaso de las políticas resocializadoras y la crisis endémica de la Justicia, son los factores que explican la necesidad de integrar nuevas medidas que contribuyan a la resolución de conflictos en la órbita penal con un enfoque más humano. De este modo, la crisis del sistema de corte punitivo ha traído, como una de sus consecuencias, el surgimiento de modelos alternativos de la justicia tradicionalmente entendida que se integran en un movimiento más amplio que se conoce como *Comprehensive Law*, entre los que se incluyen la justicia restaurativa junto con la justicia terapéutica y la justicia procedimental[6]. Nota común a todos ellos es el promover una intervención del sistema judicial que tome como referencia las necesidades de las víctimas y los victimarios. Así, mientras la justicia terapéutica centra su atención en las implicaciones que la aplicación de la ley tiene en las partes, la justicia procedimental pone el acento en la manera en que se imparte justicia, mientras que, finalmente, la justicia restaurativa dirige el foco de atención a la reparación del daño causado a la víctima[7]. Conforma una filosofía penal en el seno de un movimiento social amplio que propugna un modelo de justicia "alternativo a la justicia retributiva"[8], que establece y favorece mecanismos a través de una respuesta constructiva orientada a la responsabilización y a la reparación, propiciando una

---

pal objetivo es transformar la forma en que las sociedades contemporáneas contemplan y responden al delito y a otras formas de comportamiento inadecuado"; para BRAITHWAITE J., *Delito, vergüenza y reintegración*, Canadian Journal of Criminology and Criminal Justice, 42, 3, 2000, pág. 15, justicia restaurativa significa restaurar a las víctimas, restaurar a los ofensores y a las comunidades.

6 TAMARIT, J., "La justicia restaurativa: concepto, principios, investigación y marco teórico" en *La justicia restaurativa: desarrollo y aplicación práctica*, TAMARIT, J., (coord..), Ed. Comares, Granada, 2012, pág. 17.

7 SUBIJANA ZUNZUNEGUI, I.J.; PORRES GARCÍA, I., "La visibilidad de la justicia terapéutica, restaurativa y procedimental en nuestro ordenamiento jurídico" en *Justicia restaurativa, una justicia para el siglo XXI: potencialidades y retos*, Cuadernos penales José María Lidón, núm. 9, Ed. Universidad de Deusto, Bilbao, 2013, pág. 21.

8 TAMARIT SUMALLA, J.M., "La justicia restaurativa: concepto, principios, investigación y marco teórico" en *La justicia restaurativa: desarrollo y aplicaciones*, cit., pág. 6.

respuesta que tanto víctima, como infractor y personas directamente afectadas puedan percibir como justa[9].

En el estado actual de la cuestión, no es posible sostener que la función del Derecho Penal es la retribución, sino que el Derecho Penal se consolida como instrumento de prevención general, como posible instrumento de reparación y como posible instrumento de rehabilitación del delincuente. Esta trilogía no siempre encuentra la mejor respuesta a través del proceso, incorporándose, paulatinamente, otros medios que favorecen en determinados escenarios respuestas más ágiles y efectivas, no como alternativa, sino como complemento al proceso penal[10]

II.- ¿QUE ES LA JUSTICIA RESTAURATIVA?

La justicia restaurativa permite dar amparo a necesidades que la justicia retributiva no alcanza, situando a la víctima y a la comunidad en una posición protagonista que le es negada en el sistema de justicia convencional, que tiene como actores principales al Estado y al victimario[11]. Este tipo de justicia ha de analizarse desde la perspectiva de lo que puede aportar a los intereses de los tres actores que operan en todo proceso restaurativo, víctimas, victimarios y comunidad, pasando este último a convertirse en un actor fundamental del proceso restaurativo por cuanto nos encontramos con procesos de naturaleza pública en las que se pretende la restauración de las relaciones sociales dañadas por el ilícito criminal. La participación en la resolución del conflicto de la comunidad puede materializarse dando entrada a los trabajos voluntarios a la comunidad como contenido posible de los acuerdos de reparación.

De este modo, se trabaja para que la víctima logre la reparación o el resarcimiento del daño, la recuperación del sentimiento de seguridad, así como la resolución de problemas asociados a la victimización secundaria.

---

9 TAMARIT SUMALLA, J.M., "El necesario impulso de la justicia restaurativa tras la Directiva europea de 2012", *Ars Iuris Salmanticensis,* vol. 1, junio 2013, págs. 139-160.

10 BARONA VILAR, S., "Mirada restaurativa de la justicia penal en España, una bocanada de aire en la sociedad global líquida del miedo y de la securitización" *en Justicia restaurativa: una justicia para las víctimas,* Ed. Tirant lo Blanch, Valencia, 2019, pág. 59.

11 TAMARIT SUMALLA, J., "Justicia restaurativa y delitos de terrorismo: la respuesta del derecho vigente" en *Justicia para la convivencia,* Ed. Universidad de Deusto, 2012, Bilbao, pág. 72.

Por lo que respecta al victimario, se persigue su responsabilización por la conducta infractora, conseguir la reparación a través de la aplicación de la pena correspondiente, y una aptitud más positiva hacia el sistema represivo que significa el sistema penal. A estos beneficios que obtienen víctima y victimario hay que añadir otro no menos importante cual es que la sociedad en general recobre la confianza en la justicia cuando es consciente de que tanto la víctima como el victimario han obtenido una respuesta satisfactoria a su conflicto[12].

La justicia restaurativa es un movimiento surgido principalmente en Estados Unidos y en Canadá en la década de los años setenta del siglo XX[13] como una nueva manera de concebir a la justicia penal que involucra a las personas directamente afectadas en la comisión del delito con objeto de reparar el daño causado a los sujetos y a las relaciones más que castigar a los delincuentes[14]. Su origen concreto se encuentra en la innovación en la respuesta a las infracciones penales poco graves cometidas por los menores en Norteamérica en los años setenta, vinculado al movimiento menonita[15].

Surge como reacción a la invisibilidad de la víctima a lo largo de siglos y constituye una oportunidad para la des victimización, al reconocer el sufrimiento del otro, la asunción de responsabilidades y la disposición a la reintegración en la comunidad[16]. Con ello se conforma una nueva filosofía

---

12 CASTILLEJO MANZANARES, R., "Estado de la mediación penal en España", *Revista General de Derecho Procesal,* núm. 49, enero, 2019.

13 Entre los antecedentes de la justicia restaurativa suele reconocerse la crítica de CHRISTIE, N., *Conflicts as property,* British Journal of Criminology, 1977, que acusa al sistema penal de haber expropiado a los ciudadanos la propiedad de sus conflictos; Barnett, Randy E., *Restitution: A New Paradigm for Criminal Justice, Georgetown Law Faculty Publications and Other Works,* 1977; ZERH, H., fue quien acuñó la expresión justicia restaurativa, ha publicado diversos trabajos, entre los que destacan, "Restorative Justice: The Concept.",1997, *Changing Lenses–A New Focus for Crime and Justice,* 1990, o "Victim Offender Reconciliation: An Incarceration Substitute?", Federal Probation, 1982.

14 McCOLD, P., WACHTEL, T., "En busca de un paradigma: Una teoría sobre la justicia restaurativa", en *Justicia restaurativa: acercamientos teóricos y prácticos,* Ed. Gossestra, Conamaj, Costa Rica, pág. 62.

15 VARONA MARTÍNEZ, G., "Mitología y realidad de la justicia restaurativa: aportaciones del desarrollo de la justicia restaurativa en Europa y su repercusión en la C.A. de Euskadi", cit., pág. 62.

16 TAMARIT SUMALLA, J., "Justicia restaurativa y delitos de terrorismo: la respuesta del derecho vigente" en *Justicia para la convivencia…,* cit., pág. 72.

penal que da cobertura a un conjunto de prácticas como el *conferencing*[17], los *circles*[18], los *victim impact panels,* o el más conocido en nuestro ordenamiento, la mediación, amén de las comisiones de la verdad o la reconciliación en el marco de la justicia transicional.

Definida por las Naciones Unidas como una respuesta evolucionada al crimen que respeta la dignidad y equidad de cada persona, construye comprensión y promueve armonía social a través de la "sanación" de la víctima, del infractor y de la comunidad, y representa la otra cara de las corrientes político-criminales que siguen asentadas en el paradigma de la justicia punitiva. Frente a los que defienden que las víctimas quieren solo y, ante todo, el castigo del infractor en forma de pena como único medio de reparación, se abre paso un nuevo modelo de justicia penal que da entrada a las necesidades de la víctima concreta, sin menoscabar las finalidades clásicas del derecho penal[19]. Introducir mecanismos de justicia restaurativa trae como lógica consecuencia el replanteamiento de los fines del modelo penal instaurado, al dar entrada a nuevas formas de reparación, así como a una nueva cultura alejada de la puramente punitiva.

Con esto no ha de entenderse que la justicia restaurativa implique descriminalización ni despenalización. Llegados a este punto, conviene no olvidar que el Derecho Penal ha de garantizar una libre y segura convivencia social y que las teorías de la pena determinan las vías por las que se puede lograr este objetivo, bien a través de la prevención especial, influyendo en los propios delincuentes, bien a través de la prevención

---

17 El *conferencing,* originario de Nueva Zelanda, se ha extendido a países como Bélgica, Noruega, Irlanda o Hungría. Es una práctica de justicia restaurativa que pretende implicar a cuantas personas se han visto afectadas por el delito en el proceso de toma de decisión. La principal diferencia con la mediación es que requiere de la participación de otras personas además de la víctima y el ofensor.

18 ZAFRA ESPINOSA DE LOS MONTEROS, R., "La reparación de la víctima de violencia de género" en *Justicia restaurativa: una justicia para las víctimas,* Ed. Tirant lo Blanch, Valencia, 2019, págs. 753-763, presenta los círculos restaurativos como una herramienta de prevención y represión de la violencia de género que se estructura en tres partes diferenciadas: 1.- Pre-círculos, que intenta analizar las circunstancias del caso concreto; 2.- Círculos, en la que se llevan a cabo las reuniones con todos los integrantes tratándose diversos temas y 3.- Post-círculos, en la que el facilitador observa el grado de cumplimiento de los acuerdos.

19 ETXEBRRIA ZARRABEITIA, X., "Justicia restaurativa y fines del Derecho Penal" en *Justicia restaurativa, mediación penal y penitenciaria: Un renovado impulso,* MARTÍNEZ ESCAMILLA, M., SÁNCHEZ ALVÁREZ, M.P., (Coord.), Ed. Reus, 2011, págs. 49 y ss.

general, afectado a todos los miembros de la comunidad. Incluir la reparación voluntaria en el sistema de sanciones vincula ambos efectos con la satisfacción de los intereses de la víctima. Para esta nueva corriente político criminal la reconciliación y reparación del daño puede ser útil para todos los fines de la pena, llegando a concebirse como una tercera vía del sistema sancionador junto con la pena y las medidas de corrección[20]. Por tanto, hay que erradicar esa corriente de opinión que sostiene que con la justicia restaurativa el delito deja de ser una ofensa social para pasar a pertenecer a la esfera individual, sino que más bien nos encontramos con un cambio de paradigma que parte de la intrínseca simbiosis del interés de la víctima y del interés social ante la existencia de unos hechos que poseen reproche social en el Código Penal[21].

Estamos asistiendo a una evolución del sistema penal globalmente considerado, ya que, conjuntamente con los postulados preventivos que se han ido consolidando a lo largo del siglo XX, han comenzado a emerger, de forma gradual y expansiva, algunas prácticas restaurativas que se han ido adentrando en la mayor parte de los países y sistemas jurídicos, afianzándose en numerosas manifestaciones que ya resultan incuestionables. Por consiguiente, la prevención, la justicia restaurativa y la resocialización permiten hablar de un nuevo modelo penal y procesal penal para cuya consecución se acude al proceso, así como a la mediación y otros métodos restaurativos complementarios del mismo[22]. Esta transformación del modelo procesal penal[23], vinculado al fenómeno de la globalización, ha supuesto

---

20 ROXIN, C., *Pena y reparación*, Anuario de Derecho Penal y Ciencias Penales, Tomo 52, 1999, pág. 13, señala que "la importancia de esta sanción para el Derecho Penal descansa en el principio de subsidiariedad, es decir, en el principio de que la pena, como la medida político socialmente más severa, sólo debe aplicarse cuando el mismo resultado no pueda alcanzarse con otros medios menos gravosos. Por consiguiente, la pena debe retroceder en la medida en que la reparación y los esfuerzos de reconciliación sean suficientes para la compensación de lo injusto sobrevenido y para la satisfacción de las necesidades de prevención especial y general del Derecho Penal".

21 BARONA VILAR, S., "Mirada restaurativa de la justicia penal en España, una bocanada de aire en la sociedad global líquida del miedo y la securitización" en *Justicia restaurativa: una justicia para las víctimas,* cit., pág. 62.

22 BARONA VILAR, S., "Mirada restaurativa de la justicia penal en España, una bocanada de aire en la sociedad global líquida del miedo y la securitización" en *Justicia restaurativa: una justicia para las víctimas,* cit., pág. 58.

23 En esta línea, SOLETO MUÑOZ, H., "El nuevo paradigma de justicia: la resolución adecuada de conflictos" en *Mediación y resolución de conflictos: técnicas y ámbitos,*

la incorporación de manifestaciones del principio de oportunidad que han favorecido instituciones como la conformidad, como admisión formal de la culpabilidad del acusado, derivada del *plea bargaining* estadounidense[24], e incentivado salidas o terminaciones del proceso que han implicado un nuevo paradigma en la justicia penal[25].

La inadecuación del modelo penal retributivo a las nuevas exigencias derivadas de una realidad social cada vez mas dinámica, el excesivo formalismo y rigor del proceso penal o el olvido que, tradicionalmente, ha experimentado la figura de la víctima, han motivado la necesidad de buscar otros medios que propicien una justicia penal mas ágil y eficiente para funcionar como complemento, en determinados supuestos, al proceso penal. Sentar las bases de un nuevo modelo de justicia penal que se adecue a la nueva realidad social, económica, cultural, tecnológica y criminal del siglo XXI, requiere de posicionamientos concretos sobre la incorporación de otras opciones para la resolución de conflictos penales a través de mecanismos de justicia restaurativa[26]. La desjudicialización, la participación directa de agresor y víctima, fomentando el empoderamiento de ésta última como parte activa en la resolución del conflicto, pretendiendo ofrecerle una reparación, no solamente económica, sino también de las "heridas personales y sociales provocadas por el delito"[27], definen los elementos que singularizan a la justicia restaurativa.

Ed. Tecnos, Madrid, 2017. De igual forma, BARONA VILAR, S., *Mediación, arbitraje y jurisdicción en el actual paradigma de justicia,* Ed. Tirant lo Blanch, Valencia, 2016.

24 JIMENO BULNES, M., *El proceso penal en los sistemas del Common Law y Civil Law: los modelos acusatorio e inquisitivo en pleno siglo XXI,* Justicia, 2013, págs. 292 y ss.

25 Vid, sobre este particular, CALAZA LÓPEZ, S., MUINELO COBO, J.C., *Justicia, reparación y reinserción,* Ed. Universitaria Ramón Areces, Madrid, 2020.

26 MARTÍN DIZ, F., "Justicia restaurativa y víctimas especialmente vulnerables: notas para un desafío en el sistema de justicia penal" en *Justicia restaurativa: una justicia para las víctimas,* cit., pág. 430.

27 RIOS MARTÍN, J.C,. *La mediación penal y penitenciaria. Experiencias de diálogo en el sistema penal para la reducción de la violencia y el sufrimiento humano,* Ed. Colex, Madrid, 2008, págs. 31-32, define la justicia restaurativa como el "método de resolver los conflictos que atiende prioritariamente a la protección de la víctima y al restablecimiento de la paz social, mediante el diálogo comunitario y el encuentro personal entre los directamente afectados, con el objeto de satisfacer de modo efectivo las necesidades puestas de manifiesto por los mismos, devolviéndoles una parte significativa de la disponibilidad sobre el proceso y sus eventuales soluciones, procurando la responsabilización del infractor y la reparación de heridas personales y sociales provocadas por el delito".

La justicia restaurativa ha pasado a conformar una filosofía penal en el seno de un movimiento social más amplio que propugna un modelo diferente de justicia "alternativo a la justicia retributiva"[28]. Es una teoría de justicia que pone el foco de atención en la reparación del daño causado, busca superar la lógica del castigo proponiendo que las partes puedan llegar a una solución dependiendo de la gravedad del delito[29]. Con ello, se tiende a dar respuesta desde los aparatos del Estado a los mecanismos de reparación, pasando de la cultura del vencedor-vencido a la cultura de la reparación, a la cultura del diálogo, de la paz. La justicia restaurativa presenta cinco elementos clave que la definen: se centra en los daños y necesidades de las víctimas, pero también de delincuentes y comunidades; aborda las obligaciones derivadas de estos daños; utiliza procesos de inclusión y colaboración; implica a todos los que tienen interés legítimo en la situación, como son víctimas, delincuentes, familia, miembros de la comunidad y la sociedad; y, finalmente, trata de corregir los errores[30].

Pero conviene no olvidar que la justicia restaurativa tiene un ámbito de aplicación que viene delimitado por el principio de voluntariedad, ambas partes deben tener una actitud proactiva que favorezca el entendimiento y el deseo de consenso, circunstancia que no concurre en todos los escenarios. Además, uno de los argumentos esgrimidos con mas fuerza por los detractores de este tipo de justicia parte del peligro que supondría una eventual privatización del ilícito penal que, aparte de no satisfacer los fines irrenunciables de todo sistema penal, podría hacer peligrar la prevención general de los comportamientos delictivos[31]. A pesar de estos argumentos contrarios a implantar un sistema de justicia restaurativa en el marco penal, lo cierto es que los ordenamientos de la Europa Continental están dando entrada en mayor o menor medida a este tipo de manifestaciones. Y es que el fenómeno de la justicia restaurativa es ya una realidad a nivel mundial incardinado dentro del movimiento de empoderamiento de las

---

28 TAMARIT SUMALLA, J.M., "La justicia restaurativa: concepto, principios, investigación y marco teórico" en *La justicia restaurativa: desarrollo y aplicaciones,* Ed. Comares, 2012, pág. 6.

29 CHRISTIE, N., *Los límites del dolor,* Ed. Fondo de Cultura Económica, México, 1981, pág. 61.

30 ZHER, H., "Five principles of restorative justice" en *The Little Book of Restorative Justice,* Ed. Good Books, Pennsylvania, 2002, pág. 33.

31 SILVA SÁNCHEZ, J., *Sobre la relevancia jurídico penal de la realización de los actos de reparación,* Revista del Poder Judicial, núm. 45, 1997, págs. 183 y ss.

víctimas, por lo que lo más sensato es velar por una correcta inserción y regulación del mismo en nuestro panorama procesal penal.

III.- TRATAMIENTO DE LA JUSTICIA RESTAURATIVA POR EL LEGISLADOR.

Las instancias internacionales han tenido un papel fundamental a la hora de impulsar la adopción de medidas que favorecen la incorporación de la víctima en el modelo de justicia penal moderna. Así, mientras que la justicia del siglo XX ha logrado alcanzar la tan necesitada garantía de los derechos del acusado, el siglo XXI está suponiendo un nuevo enfoque en la forma de administrar justica en la que se tiene en cuenta la situación de la víctima[32]. Una de las consecuencias de ello es que las medidas de justicia restaurativa comienzan a tener cada vez mayor predicamento en los organismos supranacionales. Las Naciones Unidas, el Consejo de Europa y la Unión Europea han sido las principales instituciones en promover unos estándares básicos en las prácticas y programas restaurativos.

Así, Naciones Unidas comienza a promover la justicia restaurativa en la Resolución 1999/26, de 28 de julio, del Consejo Económico y Social, *sobre elaboración y aplicación de medidas de mediación y justicia restaurativa en materia de justicia penal.* También son destacables la Resolución 2000/14, de 27 de julio, del Consejo Económico y Social, *sobre principios básicos para la aplicación de programas de justicia restaurativa en materia penal;* el Informe del Secretario General del Consejo Económico y Social de las Naciones Unidas, de 7 de enero de 2002, *sobre la reforma del sistema de justicia penal; logro de eficacia y equidad: Justicia Restaurativa;* o la Resolución 2002/12, de 24 de julio, del Consejo Económico y Social de las Naciones Unidas, *sobre principios básicos para la aplicación de programas de justicia restaurativa en materia penal.*

Por su parte, el Consejo de Europa ya en su Recomendación nº R (85) 11 *sobre la posición de la víctima en el marco del Derecho Penal y del procedimiento penal,* de 28 de junio de 1985, recomienda a los Estados examinar las posibles ventajas de los procedimientos de mediación y conciliación y hace referencia a la necesidad de "facilitar la eventual reconciliación entre víctima y delincuente". Por su parte, la Recomendación nº R (87) del Comité de

---

32 SOLETO MUÑOZ, H., "La justicia restaurativa en Europa" en *Acceso a justica jurisdicao (in)eficaz e mediacao. A delimitacao e a busca de outras estrategias na resolucao de conflitos,* Ed. Multideia, 2013, pág. 121.

Ministros *sobre la asistencia a las víctimas y la prevención de la victimización,* de 17 de septiembre de 1987, recomienda a los gobiernos favorecer los experimentos, en el ámbito nacional o local, de mediación entre el infractor y la víctima y evaluar los resultados, observando hasta que punto sirven a los intereses de la víctima; de igual forma, la Comunicación de la Comisión al Consejo, al Parlamento Europeo y al Comité Económico y Social sobre las víctimas de delitos en la Unión Europea, afirma que la mediación entre el delincuente y la víctima podría ser una alternativa a un proceso largo y desalentador. En 1999 se adoptó la Recomendación nº R (99) 19 del Comité de Ministros a los Estados miembros *relativa a la mediación en materia penal* que establece unos principios que deben tener en cuenta los Estados miembros al desarrollar la mediación en materia penal, a la que considera un "complemento o alternativa del proceso penal tradicional", contribuyendo a una justicia más constructiva y menos represiva. De igual forma, el Consejo Europeo de Tampere declaró en el punto número 30 de sus conclusiones, que los Estados miembros deberán instaurar procedimientos extrajudiciales alternativos.

En la Recomendación CM/Rec (2010)1 del Comité de Ministros del Consejo de Europa, adoptada el 20 de enero de 2010, se apunta que la justicia restaurativa incluye enfoques y programas que hacen referencia a los siguientes postulados: En primer lugar, una respuesta apropiada al delito debe permitir reparar, en la media posible, el daño sufrido por la víctima; en segundo lugar, es necesario llevar a los infractores a entender que su comportamiento no es aceptable y que tiene consecuencias reales para la víctima y la comunidad; en tercer lugar, los infractores pueden y deben asumir la responsabilidad de sus actos; en cuarto lugar, las víctimas deben tener la oportunidad de expresar sus necesidades y participar en reflexiones que lleven a determinar la mejor manera en que el infractor repare el perjuicio causado; y, finalmente, la comunidad tiene la responsabilidad de contribuir a este proceso

De igual forma, la Recomendación (2018) 8 del Consejo de Europa *sobre Justicia Restaurativa en asuntos penales*[33], reconoce que, tras observar los avances realizados en este terreno por los Estados miembros, la justicia restaurativa puede complementar los procesos penales tradicionales o se puede aplicar como alternativa de éstos. Se parte de reconocer el interés legítimo de las víctimas por "hacerse oír con más fuerza en relación con la

[33] Adoptada por el Comité de Ministros el 3 de octubre de 2018 en la 1326ª reunión de los Delegados de los ministros.

respuesta a su victimización, por comunicarse con el ofensor y por conseguir la reparación y satisfacción en el contexto del proceso de justicia". Así mismo, y atendiendo "al sentido de responsabilidad entre los ofensores", se apremia a que se le brinde la oportunidad de reparar el daño causado, favoreciendo su reinserción y permitiendo "el desagravio y el entendimiento mutuo". Esta Recomendación contiene una amplia referencia a las prácticas restaurativas más aplicadas en los diversos Estados y reitera los principios propios de la justicia restaurativa.

Finalmente, hay que citar la reciente Declaración de Venecia del 14 de diciembre de 2021[34] que subraya las ventajas de los procesos de justicia restaurativa, con particular referencia a su naturaleza voluntaria y la posibilidad de interrumpirlos o detenerlos en cualquier momento, y reitera que el enfoque del proceso radica en la reparación de los daños materiales e inmateriales, la voluntariedad, la participación, la confidencialidad, la reinserción de las personas infractoras, la imparcialidad de las personas mediadoras o facilitadoras, y con ello la reducción del riesgo de estigmatización. Además, resalta que la justicia restaurativa no debe considerarse "solo como una simple herramienta en el marco del enfoque tradicional de la justicia penal, sino como una cultura más amplia que debe permear el sistema de justicia penal a partir de la participación voluntaria de la víctima y del infractor, así como otras partes afectadas y la comunidad en general para abordar y reparar el daño causado por el crimen".

Por su parte, en el marco de la Unión Europea[35], el primer precedente lo constituye la Decisión Marco del Consejo 2001/220/JAI, de 15 de marzo de 2001[36], relativa al *Estatuto de la Víctima en el proceso penal*, que en su artículo 10, bajo la rúbrica "mediación penal en el marco del proceso penal", impone a los Estados miembros el deber de "impulsar la mediación en las causas penales para las infracciones que a su juicio se presten a este tipo de medida", así como "velar por que pueda tomarse en consideración todo acuerdo entre la víctima e inculpado que se haya alcanzado con ocasión de la mediación en las causas penales". Llama la atención la "estudiada

---

[34] https://rm.coe.int/0900001680a4df79.

[35] Sobre un exhaustivo estudio del estado de la cuestión fuera de nuestras fronteras vid., JIMENO BULNES, M., "Sobre la mediación, justicia restaurativa y otras justicias" en *Justicia restaurativa: una justicia para las víctimas*, SOLETO MUÑOZ, H, CARRASCOSA, A (Dir.). Ed. Tirant lo Blanch, Valencia, 2019.

[36] DOCE de 22 de marzo de 2001, núm. L 82, págs. 1-4.

ambigüedad"[37] en lo que atañe a la "toma en consideración" del acuerdo alcanzado en mediación, sin referirse a la ejecución del mismo. Lo que resulta evidente es que la obligación de los Estados miembros de introducir la mediación en sus ordenamientos no es tan taxativa como lo que tratan los artículos precedentes, si bien se fomenta que los Estados velen o promuevan el establecimiento de este instrumento, dándoles libertad para escoger los medios e, inclusive, determinar los delitos e infracciones en los que resultará aplicable tal mediación[38].

A día de hoy, la referencia legal vigente en el seno de la Unión lo constituye la Directiva 2012/29/UE del Parlamento Europeo y del Consejo, de 25 de octubre de 2012, por la que se establecen *normas mínimas sobre los derechos, el apoyo y la protección de las víctimas de los delitos* que viene a sustituir a la anterior Decisión Marco. En su Considerando 46, considera que los servicios de justicia reparadora pueden resultar de gran ayuda a la víctima, si bien ha de acogerse con las garantías necesarias para evitar cualquier riesgo de victimización secundaria, intimidación o represalias, debiendo fijarse como prioridad satisfacer los intereses y necesidades de la víctima, reparar el perjuicio que se le haya ocasionado e impedir cualquier otro perjuicio adicional. Además, se dispone que a la hora de remitir un asunto a los servicios de justicia reparadora se han de tomar en consideración "factores tales como la naturaleza y gravedad del delito, el grado de daño causado, la violación repetida de la integridad física, sexual o psicológica de una víctima, los desequilibrios de poder y la edad, madurez o capacidad intelectual de la víctima, que podrían limitar o reducir su capacidad para realizar una elección con conocimiento de causa o podrían ocasionarle un perjuicio". Esta apuesta por la justicia reparadora[39], se refleja en el artículo 2.1 d) de la Directiva al encuadrarse

---

37 JIMENO BULNES, M., "Sobre la mediación, justicia restaurativa y otras justicias" en *Justicia restaurativa: una justicia para las víctimas...*, cit., pág. 123.

38 Sobre esta Decisión Marco vid., LLORENTE SÁNCHEZ-ARJONA, M., "La protección de las víctimas de delitos en el marco de la Unión Europea", *Cuadernos de Política Criminal*, núm. 112, 2014; OROMI VALL-LLOVERA, S., *Garantías fundamentales del proceso penal en el Espacio Judicial Europeo*, DE LA OLIVA SANTOS, ARMENTA DEU, CALDERÓN CUADRADO (coords.), "El estatuto de la víctima en el proceso penal: visión general de su transposición a las legislaciones procesales de los Estados miembros de la UE (2001/220/JAI: Decisión Marco del Consejo, de 15 de marzo de 2001), Ed. Colex, 2007, Madrid, pág. 151.

39 ALFONSO SALGADO, C., *La mediación en el proceso penal*, Ed. Tirant lo Blanch, Valencia, 2018, pág. 83, apunta que la utilización del término justicia reparadora no es equivalente al de justicia restaurativa por cuanto se trata de "sinónimos par-

junto a las definiciones de los conceptos de víctima, familiares y menores, conceptuándose como "cualquier proceso que permita a la víctima y al infractor participar activamente, si dan su consentimiento libremente para ello, en la solución de los problemas resultantes de la infracción penal con la ayuda de un tercero imparcial".

En concreto, el artículo 12 de la Directiva bajo la rúbrica *Derecho a garantías en el contexto de los servicios de justicia reparadora* insta a los Estados miembros a proporcionar a las víctimas que opten por participar en procesos de justicia reparadora "el acceso a servicios de justicia reparadora seguros y competentes", e impulsando "la derivación de casos, si procede, a los servicios de justicia reparadora, incluso mediante el establecimiento de procedimientos u orientaciones sobre las condiciones de tal derivación". Si bien hemos de deducir que la Directiva no reconoce de forma explícita un derecho de las víctimas a acceder a este tipo de servicios, si introduce la conveniencia de acoger esta posibilidad dejando a discrecionalidad de los Estados la regulación de estos servicios de justicia restaurativa, así como de los delitos e infracciones para los que puede resultar aplicable. Por tanto, no se impone, como no podría ser de otro modo, un determinado sistema de justicia restaurativa, dejando al arbitrio de los ordenamientos jurídicos internos la elección de los sistemas a acoger[40].

Lo que si delimita con mayor precisión el legislador son las condiciones que han de concurrir en todo caso. Así, se parte de un "consentimiento libre e informado de la víctima", que recurrirá a estos servicios si redunda en su propio interés; de igual forma, se dispone que antes de la participación de la víctima en el proceso de justicia reparadora se le ha de ofrecer "información exhaustiva e imparcial sobre el mismo y sus posibles resultados", debiendo alcanzarse el acuerdo "de forma voluntaria" y desarrollarse los debates con respeto al principio de confidencialidad, garantizando que no se difundirán salvo "acuerdo de las partes o si así lo exige el Derecho nacional por razones de interés público superior". Se busca con estas garantías proteger a la víctima evitando todo riesgo de victimización secundaria, la intimidación o las represalias. Lo que prevé la Directiva es que en caso de que se haya optado por acoger los servicios de justicia restaurativa, los

---

ciales, no de sinónimos completos, en tanto que la justicia restaurativa engloba a la reparadora pero no al revés".

40 Sobre este particular, vid. TAMARIT SUMALLA, J., "La política europea sobre las víctimas de delitos" en *El Estatuto de las Víctimas de delitos: comentarios a la Ley 4/2015*, Ed. Tirant lo Blanch, Valencia, 2015, pág. 313.

Estados están obligados a adoptar determinadas medidas que procuren la reparación de los daños y perjuicios causados y que impida cualquier otro tipo de perjuicio adicional[41]. Para participar en dicho proceso se ofrecerá a la víctima información exhaustiva e imparcial sobre dichos servicios y sus posibles resultados, pero garantizándose también el derecho de defensa y de audiencia del presunto infractor, ya que no puede perderse de vista que solo se acudirán a estos servicios si el inculpado ha reconocido los hechos.

Este artículo 12 ha sido calificado como una de las normas más relevantes y "quizás estrella" de la Directiva, dando por primera vez entrada a la justicia restaurativa con carácter general desde una perspectiva legal, e implicando una clara apuesta por parte del legislador europeo en materia de protección de víctimas de delitos[42]. Países como Bélgica, Francia, Portugal o Italia han incorporado la mediación penal a su sistema de justicia mediante leyes específicas; otros como Alemania han establecido un modelo de compensación autor-víctima con repercusiones en la pena.

En nuestro ordenamiento jurídico interno esta Directiva ha sido traspuesta por la Ley 4/2015, de 27 de abril, del *Estatuto de la víctima del delito*, primera ley con la que comienza a legislarse en España en materia de mediación en el proceso de adultos. En su Exposición de Motivos se habla de los servicios de justicia restaurativa cuya actuación la concibe "orientada a la reparación material y moral de la víctima", afirmando que "el reconocimiento, protección y apoyo a la víctima no se limita a los aspectos materiales y a la reparación económica, sino que también se extiende a su dimensión moral". La reparación de la víctima puede ir más allá de la propia sanción penal, o de la indemnización y consistir en compensaciones no económicas relacionadas con la actitud del agresor[43]. Además, ha de tenerse como presupuesto "el

---

41 Sobre la víctima en la Directiva cfr., OROMÍ VALL-LLOVERA, S., "Víctimas de Delitos en la Unión Europea. Análisis de la Directiva 2012/29/UE", *Revista General de Derecho Procesal*, 30, 2013; DE HOYOS SANCHO, M., *Garantías y derechos de las víctimas especialmente vulnerables en el marco jurídico de la Unión Europea*, Tirant lo Blanch, Valencia, 2013; GARCÍA RODRÍGUEZ, M.J., "Buenas prácticas para la protección y asistencia a las víctimas en el sistema de justicia penal", *Boletín del Ministerio de Justicia*, año XIX, núm. 2174, enero de 2015; ARMENTA DEU, T., "Justicia restaurativa, mediación penal y víctima: vinculación europea y análisis crítico", *Revista General de Derecho Europeo*, núm. 44, 2018.

42 JIMENO BULNES, M., "¿Mediación penal y/o justicia restaurativa? Una perspectiva europea y española", *Diario La Ley*, núm. 8624, de 14 de octubre de 2015.

43 SOLETO, H., "Justicia restaurativa para la mejor reparación a la víctima" en *Justicia restaurativa, una justicia para las víctimas*, cit., pág. 495.

consentimiento libre e informado de la víctima y el previo reconocimiento de los hechos esenciales por parte del autor".

Las referencias a la justicia restaurativa se extienden a lo largo de su articulado. Así, en el artículo 3.1 configura el acceso a los servicios de justicia restaurativa como uno de los derechos de las víctimas. De igual forma, el artículo 5.1 k) regula dentro del derecho a la información la referente a la justicia restaurativa. Por último, en su artículo 15 bajo la rúbrica *servicios de justicia restaurativa* acogen el mandato contenido en la Directiva siempre que el procedimiento no conlleve riesgo alguno para la seguridad de la víctima o no esté prohibido por la ley para el delito cometido. Mientras que el párrafo primero de este artículo nos habla de justicia restaurativa, el párrafo segundo hace referencia a la necesidad de respetar el principio de confidencialidad en el procedimiento de mediación, lo que anticipa la elección del concreto modelo de justicia restaurativa elegido por el legislador español.

IV.- JUSTICIA RESTAURATIVA Y PROCESO PENAL.

El reconocimiento de los derechos de las víctimas en el proceso y el papel cada vez más prioritario que se les está otorgando en el sistema penal, superando el olvido al que tradicionalmente han sido sometidas, responde a la necesidad de que un Estado de Derecho no ha de guiarse tan solo por el evidente interés social de lucha y represión de la criminalidad, sino que, de igual forma, ha de priorizar la función de velar por el respeto de los derechos individuales[44].

La reparación, como elemento nuclear de la justicia restaurativa, puede producirse cuando la víctima participa en un proceso de justicia restaurativa, cuyos objetivos abarcan tanto el tratar de lograr el resarcimiento del daño, como la recuperación del sentimiento de seguridad perdido tras el ilícito penal, así como la resolución de problemas asociados a la victimización secundaria. Este tipo de justicia trata de recuperar a la víctima como un sujeto con necesidades más allá de la reivindicativa o económica[45] alcanzando la dimensión moral de los perjuicios que se derivan del delito. Si bien, en la

---

44 Sobre el papel cada vez más preminente de las víctimas, vid., RÚIZ LÓPEZ, C., *La victimidad como categoría procesal,* Revista General de Derecho Procesal, núm. 49, 2019.

45 SOLETO, H., "Justicia restaurativa para la mejor reparación a la víctima" en *Justicia restaurativa, una justicia para las víctimas,* cit., pág. 496.

mayor parte de los sistemas penales, la víctima tiene derecho a participar en el proceso penal y a una reparación económica, la sombra de la victimización secundaria y el escaso protagonismo que en el proceso se otorga, al no ser el escenario propicio para ello, al factor emocional hace que estemos ampliando el horizonte a "otras justicias" con la mirada puesta en la meta de alcanzar una mayor humanización de la misma.

Soplan vientos de cambio, de una nueva mirada de la Justicia cada vez más humana, con apoyos en el marco de la Doctrina e integrándose, como se ha visto, en el marco legislativo. Nos encontramos ante una realidad que amplía el espectro tradicional del derecho a la tutela judicial efectiva en todos los órdenes y que ha de incorporarse como una forma de administrar justicia que ni privatiza el ilícito penal, ni pone en riesgo el tradicional sistema de justicia retributiva. Ha de verse como una opción más a disposición de víctima y victimario.

Desde esta perspectiva, y dependiendo de la relación del sistema de justicia penal con los instrumentos de justicia restaurativa, se pueden diferenciar tres clases de sistemas, cuales son, aquellos complementarios a los Tribunales, alternativos al enjuiciamiento o ajenos a la Justicia[46] . Así, en los sistemas complementarios los programas de justicia restaurativa aparecen conectados a los Tribunales pudiendo pertenecer estos programas al sistema de justicia restaurativa o no. El integrar estos programas en el proceso, normalmente a través de la mediación, puede producir ventajas procesales para el victimario como reducción de la condena, suspensión o sustitución. Por su parte, en el sistema alternativo al enjuiciamiento existe una autentica derivación de determinados casos a programas de justicia restaurativa configurándose como una verdadera forma alternativa de solución de conflictos. Es este un sistema más enraizado en países de cultura anglosajona, mirándose con reticencias por los ordenamientos de la Europa continental. Normalmente se gestionan por la policía o por entidades públicas como Servicios Sociales, excluyéndose ilícitos reincidentes. Finalmente, cada vez resulta más frecuente utilizar estas técnicas de justicia restaurativa en fase de ejecución de sentencia o aquellos supuestos en los que las propias personas no desean que se inicie un proceso penal, tal como los supuestos de conflictos entre padres e hijos en el que los hijos son los agresores[47].

---

46 SOLETO, H., "La justicia restaurativa como elemento complementario al sistema de justicia tradicional" en *Sobre la mediación penal,* 2012.

47 SOLETO, H., "Justicia restaurativa para la mejor reparación a la víctima" en *Justicia restaurativa, una justicia para las víctimas,* cit., pág. 502.

Ciertamente, la actividad reparadora en el marco del proceso penal puede tener diverso efecto en función del momento procesal en que se produzca o de las circunstancias que rodean al propio ilícito penal. En la fase de instrucción será posible una conformidad, mientras que si la reparación tiene lugar en fase de juicio oral se podrá incorporar como una atenuante o como una eximente o como una negociación de rebaja de la pena. En fase de ejecución, la reparación puede tenerse en cuenta en la suspensión, en la sustitución de la pena o en la propia concesión de un indulto. Por tanto, en el marco de la concesión de beneficios penitenciarios no ha de ser solo posible sino que es más que conveniente.

Teniendo en cuenta el gran uso que se hace de la conformidad actualmente en nuestro sistema penal, sin que se produzca una mejor reparación de la víctima, resultaría acertado vincular esta institución con el uso de mecanismos restaurativos. Utilizar estos mecanismos complementariamente en el proceso contribuirán, sin duda alguna, a mejorar la reparación de la víctima, integrándolo en todas las fases del proceso, inclusive, con anterioridad a la denuncia. Con ello, se construiría un sistema integral que coordine las actuaciones restaurativas desde el ámbito comunitario, donde se trataría de prevenir delitos y reducir la judicialización de los conflictos, hasta el ámbito de la ejecución penal, para fomentar la reparación de la víctima y reinserción del victimario, pasando por la justicia restaurativa intra judicial[48].

V.- CONCLUSIONES

El Objetivo de Desarrollo Sostenible número 16 de la Agenda 2030, nos habla de la necesidad de promover sociedades justas, pacíficas e inclusivas, a la vez que se consolida el Estado de Derecho y se garantiza la igualdad de acceso a la justicia para todos. A nivel estatal, la potenciación de la justicia restaurativa coincide con el Plan de Justicia 2030 que tiene entre sus medidas "la promoción de servicios alternativos de resolución de controversias para contribuir a disminuir la litigiosidad de juzgados y tribunales. La idea es articular un sistema paralelo y complementario a la jurisdicción que ofrezca a la ciudanía otra vía para la resolución de controversias".

---

48 https://derechopenitenciario.com/wp-content/uploads/2022/06/PROTOCOLO-JUSTICIA-RESTAURATIVA-EN-NAVARRA_.pdf

En el marco de la justicia penal se ha producido un importante desarrollo normativo, tanto nacional como internacional, encabezado por la Ley del Estatuto de la Víctima y la Directiva 2012/29/UE que aportan una visión amplia de la justicia restaurativa que acoge en su seno no solo la mediación penal, sino también las conferencia o los círculos de sentencia. No obstante, es incuestionable que resulta perentorio el contar con una regulación procesal más detallada que aborde aspectos tales como la coordinación a nivel institucional, las fases del proceso, la ampliación a todos los delitos o los criterios y momentos procesales de derivación, entre otros.

La necesidad de integrar en nuestro ordenamiento esta nueva visión de la Justicia se basa en investigaciones empíricas que ofrecen una evidencia clara de que la justicia restaurativa logra resultados positivos en todo tipo de delitos al mejorar la satisfacción de las víctimas, contribuyendo a disminuir la reincidencia de las personas infractoras. Es indudable la procedencia de aplicar la justicia restaurativa en los delitos leves que saturan los Juzgados con denuncias y procedimientos cuyo resultado, con frecuencia, no pone fin al conflicto, sino que lo empeora. No obstante, resulta aconsejable que la justicia restaurativa se extienda a delitos de todo tipo. En este sentido, la Recomendación (2018) del Consejo de Europa dispone que "la justicia restaurativa debe ser un servicio de interés general. El tipo, la gravedad o ubicación geográfica del delito no deben, por si mismos, impedir que se ofrezca justicia restaurativa a las víctimas y ofensores" (art. 18)[49]. Además, los servicios de justicia restaurativa deben estar disponibles en todas las fases del proceso, respetando siempre los principios de voluntariedad, gratuidad y confidencialidad.

---

49 Para LLORENTE SANCHEZ-ARJONA, M. "Justicia restaurativa en Violencia de Género. Más allá de los límites de la pena" en *Justicia en red para la paz,* CALAZA LÓPEZ, S., FONTESTAD PORTALÉS, L., Ed. Dykinson, Madrid, 2023, pág.38, resulta paradójico que en los delitos por violencia de género el legislador permita la posibilidad de conformarse, mientras que la mediación, está expresamente prohibida en virtud de lo que se establece en el artículo 44.5 de la Ley Orgánica 1/2004, de 28 de diciembre, de Medidas de Protección Integral contra la Violencia de Género. Si la conformidad, tal como se contempla actualmente, se aleja del espíritu reparador a la víctima que parece ha de inspirar el nuevo modelo procesal penal, y la mediación, como manifestación de la justicia restaurativa, pone el foco de atención en el daño causado a la víctima y en su posible reparación, se hace conveniente el reflexionar sobre la conveniencia de esta prohibición.

VI.- Bibliografía

ALFONSO SALGADO, C., *La mediación en el proceso penal,* Ed. Tirant lo Blanch, Valencia, 2018.

ARMENTA DEU, T., "Justicia restaurativa, mediación penal y víctima: vinculación europea y análisis crítico ", *Revista General de Derecho Europeo,* núm. 44, 2018.

ARMENTA DEU, T., "La víctima como parte procesal, justicia restaurativa y mediación penal: conexiones y paradojas" en *Justicia restaurativa: una justicia para las víctimas,* SOLETO, H., CARRASCOSA, A., ed. Tirant lo Blanch, Valencia, 2019.

BARONA VILAR, S., "Mirada restaurativa de la justicia penal en España, una bocanada de aire en la sociedad global líquida del miedo y de la securitización" *en Justicia restaurativa: una justicia para las víctimas,* Ed. Tirant lo Blanch, Valencia, 2019.

BARONA VILAR, S., *Justicia poliédrica en periodo de mudanza (Nuevos conceptos, nuevos sujetos, nuevos instrumentos y nueva intensidad),* Ed. Tirant lo Blanch, Valencia, 2022.

BRAITHWAITE J., "Delito, vergüenza y reintegración", *Canadian Journal of Criminology and Criminal Justice,* 42.

CALAZA LÓPEZ, S., MUINELO COBO, J.C., *Justicia, reparación y reinserción,* Ed. Universitaria Ramón Areces, Madrid, 2020.

CASTILLEJO MANZANARES, R., "Estado de la mediación penal en España", *Revista General de Derecho Procesal,* núm. 49, enero, 2019.

CHRISTIE, N., *Los límites del dolor,* Ed. Fondo de Cultura Económica, México, 1981.

DE HOYOS SANCHO, M., *Garantías y derechos de las víctimas especialmente vulnerables en el marco jurídico de la Unión Europea,* Tirant lo Blanch, Valencia, 2013.

ETXEBRRIA ZARRABEITIA, X., "Justicia restaurativa y fines del Derecho Penal" en *Justicia restaurativa, mediación penal y penitenciaria: Un renovado impulso,* MARTÍNEZ ESCAMILLA, M., SÁNCHEZ ALVÁREZ, M.P., (Coord.), Ed. Reus, 2011.

GARCÍA RODRÍGUEZ, M.J., "Buenas prácticas para la protección y asistencia a las víctimas en el sistema de justicia penal", *Boletín del Ministerio de Justicia,* año XIX, núm. 2174, enero de 2015.

JIMÉNEZ BOLAÑOS, J., "Breve análisis de la justicia restaurativa", *Revista de Ciencias Jurídicas,* núm. 136, Enero-Abril, 2015.

JIMENO BULNES, M., "El proceso penal en los sistemas del Common Law y Civil Law: los modelos acusatorio e inquisitivo en pleno siglo XXI", *Justicia,* 2013.

JIMENO BULNES, M., "¿Mediación penal y/o justicia restaurativa? Una perspectiva europea y española", *Diario La Ley,* núm. 8624, de 14 de octubre de 2015.

JIMENO BULNES, M., "Sobre la mediación, justicia restaurativa y otras justicias" en *Justicia restaurativa: una justicia para las víctimas,* SOLETO MUÑOZ, H, CARRASCOSA, A (Dir.). Ed. Tirant lo Blanch, Valencia, 2019.

JOHNSTON, G.,/VAN NESS "The meaning of restorative justice" en *Handbook of Restorative Justice.*

LLORENTE SÁNCHEZ-ARJONA, M., "La protección de las víctimas de delitos en el marco de la Unión Europea ", *Cuadernos de Política Criminal,* núm. 112, 2014.

LLORENTE SANCHEZ-ARJONA, M. "Justicia restaurativa en Violencia de Género. Más allá de los límites de la pena" en *Justicia en red para la paz,* CALAZA LÓPEZ, S., FONTESTAD PORTALÉS, L., Ed. Dykinson, Madrid, 2023.

MARTÍN DIZ, F., "Justicia restaurativa y víctimas especialmente vulnerables: notas para un desafío en el sistema de justicia penal" en *Justicia restaurativa: una justicia para las víctimas* Ed. Tirant lo Blanch, Valencia, 2019.

MARTÍNEZ SÁNCHEZ, M.C., *La prohibición de la mediación en los supuestos de violencia de género: una apuesta por la flexibilidad aplicable a ciertos contextos de violencia,* www. sociologiajuridica.uniza.es

McCOLD, P., WACHTEL, T., "En busca de un paradigma: Una teoría sobre la justicia restaurativa", en *Justicia restaurativa: acercamientos teóricos y prácticos,* Ed. Gossestra, Conamaj, Costa Rica.

OROMI VALL-LLOVERA, S., *Garantías fundamentales del proceso penal en el Espacio Judicial Europeo,* DE LA OLIVA SANTOS, ARMENTA DEU, CALDERÓN CUADRADO (coords.), "El estatuto de la víctima en el proceso penal: visión general de su transposición a las legislaciones procesales de los Estados miembros de la UE (2001/220/JAI: Decisión Marco del Consejo, de 15 de marzo de 2001), Ed. Colex, 2007.

OROMÍ VALL-LLOVERA, S., "Víctimas de Delitos en la Unión Europea. Análisis de la Directiva 2012/29/UE", *Revista General de Derecho Procesal,* 30, 2013.

RIOS MARTÍN, J.C,. *La mediación penal y penitenciaria. Experiencias de diálogo en el sistema penal para la reducción de la violencia y el sufrimiento humano,* Ed. Colex, Madrid, 2008.

RODRÍGUEZ PALOP, M.E., "Justicia retributiva y justicia restaurativa (reconstructiva). Los derechos de las víctimas en los procesos de reconstrucción" en *Justicia para la convivencia. Los puentes de Deusto. Encuentro justicia retributiva y restaurativa: su articulación en los delitos de terrorismo,* Ed. Universidad de Deusto, Bilbao, 2012.

ROXIN, C., "Pena y reparación", *Anuario de Derecho Penal y Ciencias Penales,* Tomo 52, 1999.

SILVA SÁNCHEZ, J., "Sobre la relevancia jurídico penal de la realización de los actos de reparación", *Revista del Poder Judicial,* núm. 45, 1997.

RÚIZ LÓPEZ, C., "La victimidad como categoría procesal", *Revista General de Derecho Procesal,* núm. 49, 2019.

SOLETO MUÑOZ, H., "La justicia restaurativa en Europa" en *Acceso a justica jurisdicao (in)eficaz e mediacao. A delimitacao e a busca de outras estrategias na resolucao de conflitos,* Ed. Multideia, 2013.

SOLETO MUÑOZ, H., "El nuevo paradigma de justicia: la resolución adecuada de conflictos" en *Mediación y resolución de conflictos: técnicas y ámbitos,* Ed. Tecnos, Madrid, 2017.

SUBIJANA ZUNZUNEGUI, I.J.; PORRES GARCÍA, I., "La visibilidad de la justicia terapéutica, restaurativa y procedimental en nuestro ordenamiento jurídico" en *Justicia restaurativa, una justicia para el siglo XXI: potencialidades y retos,* Cuadernos penales José María Lidón, núm. 9, Ed. Universidad de Deusto, Bilbao, 2013.

TAMARIT, J., "La justicia restaurativa: concepto, principios, investigación y marco teórico" en *La justicia restaurativa: desarrollo y aplicación práctica,* TAMARIT, J., (coord..), Ed. Comares, Granada, 2012.

TAMARIT SUMALLA, J.M., "La justicia restaurativa: concepto, principios, investigación y marco teórico" en *La justicia restaurativa: desarrollo y aplicaciones,* Ed. Comares, 2012.

TAMARIT SUMALLA, J.M., "El necesario impulso de la justicia restaurativa tras la Directiva europea de 2012", *Ars Iuris Salmanticensis,* vol. 1, junio 2013.

TAMARIT SUMALLA, J., "La política europea sobre las víctimas de delitos" en *El Estatuto de las Víctimas de delitos: comentarios a la Ley 4/2015,* Ed. Tirant lo Blanch, Valencia, 2015

VARONA MARTÍNEZ, G., "Mitología y realidad de la justicia restaurativa: aportaciones del desarrollo de la justicia restaurativa en Europa y su repercusión en la C.A. de Euskadi", en *Justicia restaurativa, una justicia para el siglo XXI,* Cuadernos Penales de José María Lidón, núm. 9, Ed. Universidad de Deusto, 2013, pág. 60.

ZAFRA ESPINOSA DE LOS MONTEROS, R., "La reparación de la víctima de violencia de género" en *Justicia restaurativa: una justicia para las víctimas,* Ed. Tirant lo Blanch, Valencia, 2019.

ZHER, H., "Five principles of restorative justice" en *The Little Book of Restorative Justice,* Ed. Good Books, Pennsylvania, 2002.

Capítulo XXXI

Cuestiones controvertidas respecto a la implementación de la mediación penal en casos de delitos de odio[1]

IRENE GONZÁLEZ PULIDO

Doctora en Derecho. Investigadora postdoctoral "Margarita Salas"

Área de Derecho procesal. USAL/UEX[2]

SUMARIO: I. APROXIMACIÓN A LOS DELITOS DE ODIO: CONTEXTO Y PARTICULARIDADES DE ESTA TIPOLOGÍA DELICTIVA. II. IMPLEMENTACIÓN PRÁCTICA DE LA MEDIACIÓN PENAL EN ESPAÑA. III. ANÁLISIS DE LA VIABILIDAD DE LA MEDIACIÓN PENAL EN LOS CASOS DE DELITOS DE ODIO. IV. REFLEXIONES FINALES.

---

1 Investigación realizada en el marco del Proyecto Nacional I+D+i «Tratamiento Procesal de los delitos de odio cometidos a través de medios tecnológicos» (Referencia: PID2021-128339OA-I00) perteneciente a la convocatoria sobre «Proyectos de generación de conocimiento» en el marco del Programa Estatal para Impulsar la Investigación Científico-Técnica y su Transferencia, del Plan Estatal de Investigación Científica, Técnica y de Innovación 2021-2023; financiado por MCIN/ AEI /10.13039/501100011033/ y por FEDER: Una manera de hacer Europa. IP. BUENO DE MATA.F.

2 Actualmente en el centro de destino del primer año: Área de Derecho procesal de la Universidad de Extremadura. Beneficiaria de una ayuda para la recualificación del sistema universitario español para 2021-2023, modalidad "Margarita Salas". Resolución Complementaria de 30 de junio de 2021 de la Universidad de Salamanca, en el marco del Real Decreto 289/2021, de 20 de abril, (BOE núm. 26 de 22 de abril de 2021), así como en la Orden del Ministerio de Universidades UNI/551/2021 de 26 de mayo. Instrumento Europeo de Recuperación («Next Generation EU»).

I. APROXIMACIÓN A LOS DELITOS DE ODIO: CONTEXTO Y PARTICULARIDADES DE ESTA TIPOLOGÍA DELICTIVA

Para centrar el presente estudio se delimitará ante qué tipologías delictivas nos encontramos cuando hacemos alusión a "delitos de odio", cómo se han tipificado, ante qué posibles autores nos encontramos y quiénes son las víctimas de los delitos de odio que serán objeto de estudio.

En primer lugar, sin entrar en este punto a los diferentes debates doctrinales, por delito de odio debemos entender todo aquel delito caracterizado por "el odio o el prejuicio del autor" contra alguna de las condiciones previstas, con independencia de cuál sea esta. También encontramos una segunda acepción que haría referencia a la producción de un efecto intimidatorio o humillante "hacia un colectivo social", al que pertenece la víctima en atención a algunas de sus condiciones[3]. La OSCE apuntó que "son manifestaciones violentas de intolerancia" que se distinguen de otras tipologías delictivas por la motivación de sus autores[4]. En particular, en el Código Penal español se previeron algunas de estas condiciones, haciendo referencia a la comisión de este tipo de delitos por diferentes motivos: racistas, antisemitas, antigitanos u otra clase de discriminación referente a la ideología, religión o creencias de la víctima, situación familiar, la etnia, raza o nación a la que pertenezca, su origen nacional, su sexo, edad, orientación o identidad sexual, por razones de género, aporofobia o de exclusión social, enfermedad o discapacidad[5].

Cuando se hace referencia a delitos de odio, nos podemos encontrar desde actos de intimidación hasta asesinatos[6]. Con carácter general, en los Estados se ha apostado por tipificar estas conductas a través de agravantes,

---

3 Véase, por ejemplo: DÍAZ LÓPEZ, J.A., Informe de delimitación conceptual en materia de delitos de odio. Ministerio de Inclusión, Seguridad Social y Migraciones. NIPO: 121-20-004-9.

4 Oficina para las Instituciones Democráticas y los Derechos Humanos. Leyes de Delitos de Odio: Guía Práctica. 2009.

5 Véanse los artículos 22.4ª y 510 del Código Penal español. Ley Orgánica 10/1995, de 23 de noviembre, del Código Penal. «BOE» núm. 281, de 24 de noviembre de 1995.

6 Oficina para las Instituciones Democráticas y los Derechos Humanos. Leyes de Delitos de Odio: Guía Práctica... *op.cit.*

como se ha hecho con la agravante genérica del artículo 22.4ª del Código penal español[7], y también mediante la tipificación de conductas expresas[8].

Es relevante, para la posterior consideración de las víctimas, que en la misma agravante, del artículo 22.4ª del Código penal, se incluye la alusión expresa a que no deben concurrir las señaladas "condiciones o circunstancias" en la persona contra la que se perpetra el hecho delictivo.

Es preciso apuntar que cuando hacemos referencia a esta agravante debe existir un delito de base que se ha cometido con alguna de las citadas motivaciones. Por lo tanto, podríamos encontrarnos ante delitos contra la vida, integridad física, lesiones, lesiones leves, maltrato de obra, contra la libertad de conciencia y los sentimientos religiosos, de amenazas, de coacciones, de acoso, contra la libertad y la indemnidad sexual, contra el honor o la propiedad privada[9].

Por otro lado, en cuanto a delitos de odio específicos tipificados encontramos el delito de amenazas a grupos o colectivos, delito de torturas por motivos de discriminación por autoridad o funcionario público, delito de discriminación laboral, delito de denegación de prestaciones en un servicio público practicado por funcionario público o particular encargado de dicho servicio, delito de denegación de prestaciones en el marco de una actividad empresarial por parte de empresarios o sus delegados, delitos contra la libertad de conciencia y los sentimientos religiosos, delito de asociación ilícita para promover el odio, delito de incitación al odio, la violencia o la discriminación, delitos de genocidio y lesa humanidad[10].

---

7 En particular, la agravante podría aplicarse cuando se cometa un delito por "motivos racistas, antisemitas, antigitanos u otra clase de discriminación referente a la ideología, religión o creencias de la víctima, la etnia, raza o nación a la que pertenezca, su sexo, edad, orientación o identidad sexual o de género, razones de género, de aporofobia o de exclusión social, la enfermedad que padezca o su discapacidad". Véase el artículo 22.4ª del Código Penal español.

8 Véanse: MARTÍNEZ ROS, J., "Los delitos de odio en el Código penal español". *La Ley Penal, Wolters Kluwer,* nº 145, julio agosto 2020; DÍAZ LÓPEZ, J.A., Informe de delimitación conceptual en materia de delitos de odio. Ministerio de Inclusión, Seguridad Social y Migraciones…*op.cit.*; entre otros.

9 MARTÍNEZ ROS, J., "Los delitos de odio en el Código penal español". *La Ley Penal, Wolters Kluwer,* nº 145…*op.cit.*

10 Véanse: MARTÍNEZ ROS, J., "Los delitos de odio en el Código penal español". *La Ley Penal, Wolters Kluwer,* nº 145…*op.cit.;* DÍAZ LÓPEZ, J.A., Informe de delimitación conceptual en materia de delitos de odio. Ministerio de Inclusión, Seguridad Social y Migraciones…*op.cit.*; entre otros.

Estas conductas atentarían contra los derechos fundamentales de las víctimas, protegidos en los artículos 1, 10 y 21 de la Carta de los Derechos Fundamentales de la Unión Europea y en los artículos 9.2, 10, 14 y 16 de la Constitución española[11], entre otros artículos que protegen los derechos y bienes jurídicos que se podrían ver afectados. Los citados artículos en consonancia con el artículo 1 de la Declaración Universal de los Derechos Humanos en el que se reconoce que "todos los seres humanos nacen libres e iguales en dignidad y derechos" y con los valores de la Unión Europea previstos también en el artículo 2 del Tratado de la Unión Europea[12].

Con carácter general, compartimos la afirmación de que los delitos de odio "atacan la libertad y la igualdad y destruyen el fundamento del orden político democrático y su paz social"[13]. Además, en atención a que los poderes públicos deben promover estos derechos de los individuos, conforme a la previsión del artículo 9.2 de la Constitución Española, es oportuno apostar por un análisis desde el ámbito criminológico y procesal que permita optimizar la respuesta ante este tipo de actuaciones delictivas, con el fin último, de garantizar el éxito del proceso y el propio fin de resocialización de la pena.

Por su parte, muchos han sido los debates respecto al límite existente entre algunos delitos de odio y la libertad de expresión o en atención a la intensidad de la afectación a la dignidad humana[14]. No obstante, el motivo principal de la selección de los delitos de odio para llevar a cabo

---

11 Véase, por ejemplo: MINISTERIO DEL INTERIOR – SECRETARÍA DE ESTADO DE SEGURIDAD. II Plan de acción de lucha contra los delitos de odio. 2022-2024. Consultado en: https://www.interior.gob.es/opencms/pdf/servicios-al-ciudadano/Delitos-de-odio/descargas/II-PLAN-DE-ACCION-DE-LUCHA-CONTRA-LOS-DELITOS-DE-ODIO.pdf (Última consulta: 01/10/2023); entre otros.

12 Como señala la Comisión Europea: "La incitación al odio y los delitos de odio socavan los derechos y valores fundamentales en los que se fundamenta la Unión, en particular la dignidad humana y la igualdad" y "socavan los cimientos mismos de una sociedad democrática y pluralista y los valores comunes consagrados en el artículo 2 del TUE". COMISIÓN EUROPEA. Comunicación de la Comisión al Parlamento Europeo y al Consejo, una Europa más inclusiva y protectora: ampliación de la lista de delitos de la UE a la incitación al odio y a los delitos de odio. Bruselas, 9 de diciembre de 2021. COM (2021) 777 final.

13 DOLZ LAGO, M.J., "Oído a los delitos de odio (Algunas cuestiones claves sobre de la reforma del art. 510 CP por LO 1/2015)". *Diario La Ley,* nº 8712, sección doctrina, 1 de marzo de 2016.

14 Véase, por ejemplo: PARDEZA NIETO, M.D., "Análisis del delito de odio". *Diario La Ley,* nº 10216, sección tribuna, 26 de enero de 2023.

este análisis es la incidencia de los mismos y la posible gravedad que pueden alcanzar las diferentes manifestaciones discriminatorias y de odio; existiendo sentencias respecto a lesiones e incluso asesinatos perpetrados bajo dicha motivación[15].

En el último informe publicado por la Oficina Nacional de lucha contra los delitos de odio se han registrado 2015 victimizaciones por delitos de odio el pasado año y 25 por incidentes e infracciones administrativas. Entre las tipologías delictivas registradas destacan las lesiones, amenazas, injurias y trato degradante, seguidas de otras como coacciones, incitación pública al odio, daños, etc.[16]. En el marco de la motivación de los infractores destaca el racismo y la xenofobia, seguidos por los ataques por razón de la orientación sexual e identidad de género y por ideología, seguidos por otros con menor incidencia[17].

En particular, nos encontramos con unas tipologías delictivas en las que la motivación de discriminación y odio son las protagonistas, la falta de tolerancia, el racismo y la xenofobia protagonizan gran parte de las conductas delictivas que se registran. En este sentido, es oportuno valorar cómo la justicia restaurativa podría contribuir en la búsqueda de herramientas para minimizar estos comportamientos, reparando y minimizando también el temor de las víctimas que los experimentan, ya sea en el medio *offline* u *online*.

---

15 Por ejemplo, encontramos el asesinato de Samuel Luiz, en julio de 2021, ya que el motivo para ser vejado, agredido y asesinado fue que la víctima era gay. Véase: PARDEZA NIETO, M.D., "Análisis del delito de odio". *Diario La Ley*, nº 10216...*op.cit.*
De igual modo, encontramos la referencia que se hace en el marco del Consejo de Europa respecto a que los ataques por motivos homófobos "a menudo se caracterizan por una marcada crueldad y brutalidad, y en muchos casos incluyen palizas, tortura, mutilación, castración o incluso asalto sexual, y pueden causar la muerte". Véase en: CONSEJO DE EUROPA. Recomendación CM/Rec (2010)5 del Comité de Ministros a los Estados miembros sobre las medidas para combatir la discriminación por motivos de orientación sexual o identidad de género. 31 de marzo de 2010.

16 MUNIESA TOMÁS, M.P., FERNÁNDEZ VILLAZALA, T., MÁÑEZ CORTINAS, C.J., et al., Informe sobre la evolución de los delitos de odio en España. Ministerio del Interior, Gobierno de España, 2022.

17 Véase desglose numérico en detalle en el informe elaborado en 2022 por la Oficina Nacional de Lucha contra los delitos de odio. *Ibidem.*, p. 36.

No obstante, no todas las conductas, en atención a sus particulares circunstancias, son mediables y no en todos los casos sería viable e idóneo apostar por este tipo de prácticas. Debido a ello centraremos el presente estudio en analizar la viabilidad de su adopción, detectando en qué aspectos sería idóneo profundizar con análisis empíricos e incluso omitir la práctica de este tipo de procedimientos de mediación. Se valorarán para ello las principales cuestiones controvertidas.

A continuación, atenderemos a identificar el perfil de víctimas y de personas infractoras que pueden o tienden a perpetrar este tipo de hechos delictivos, ya que partiremos de la base de que ambos deberán estar presentes en el marco de una práctica de mediación penal, configurando ese carácter tripartito que caracteriza estos procedimientos y que determina el éxito de los mismos. Además, como se analizará posteriormente, este tipo de procedimientos tendrán una repercusión importante en ambas partes.

Con carácter general, podemos encontrarnos con que cualquier persona podría perpetrar algún tipo de delito que ha sido englobado en la categoría de "delito de odio" en sentido amplio. Sin perjuicio de que existen algunos delitos especiales que únicamente podrán cometerse por funcionarios públicos, particulares con determinadas competencias o empresarios.

Sin embargo, más allá de la tipificación de estos delitos, en diferentes estudios que se han realizado desde la criminología y desde la psicología se han señalado algunas características comunes, también sin perjuicio de que se haya criticado la falta de estudios integrales o de datos que permitan contrastar las particularidades[18].

Se han realizado algunos estudios que corroboran que la actuación grupal o la pertenencia a bandas es frecuente en estos casos, contribuyendo esta actuación conjunta a minimizar la culpa y a dificultar la asunción de la responsabilidad. Este extremo se presenta como un aspecto controvertido que puede dificultar la práctica de mediaciones penales[19].

---

18 SUAREZ-MARTINEZ, A., MÉNDEZ-LORENZO, C., PÉREZ-RAMÍREZ, M. Y CHICLANA, S., "El Odio y la Violencia hacia el Exogrupo. Análisis Psicosocial de una Muestra de Personas Condenadas por Delitos de Odio". *Anuario de Psicología Jurídica*, 33(1), 2023, pp. 125 – 133.

19 *Ibidem.*

La OSCE recopiló algunas razones por las que se perpetran estos delitos, son relevantes en el presente estudio ya que habrá que conocerlas para garantizar el éxito de una práctica restaurativa. Podemos agruparlas en tres ideas principales: "resentimiento, celos o un deseo de aprobación por sus iguales"; hostilidad hacia un determinado grupo, al que el autor del hecho no pertenece; y es destacable que "puede no tener sentimientos sobre el objetivo individual", sino sobre lo que representa o al grupo que pertenece[20]. Otros estudios han coincidido en señalar como razones la defensa del territorio, la percepción de otros grupos como amenaza, el deseo de vengar un agravio contra el propio grupo aunque solo sea percibido, además de destacar la inestabilidad laboral y personal también como factores de riesgo[21].

Por otro lado, cualquier persona podría ser víctima de este tipo de hechos delictivos. Aunque con carácter general se hace referencia a sujetos pertenecientes a "colectivos vulnerables socialmente"[22], en atención a los motivos que se señalan en los tipos penales, podríamos encontrarnos con personas ajenas a estos colectivos o grupos que experimentan este tipo de conductas ilícitas ya sea por afinidad a los grupos o simplemente por error. En este momento hay que atender de nuevo a la concreción expresa que se recoge al final del artículo 22.4ª del Código penal.

Sin embargo, en lo que respecta a las víctimas de este tipo de delitos debemos apuntar que no son seleccionadas al azar, se apunta que "el perpetrador elige intencionalmente el objetivo del delito por alguna característica"[23]. En este sentido, los ataques se dirigen contra ellas por lo que son, por lo que denominan "un aspecto de la identidad de la persona que es inmutable o fundamental para la conciencia de sí mismo"[24]. Por su "conexión, relación, afiliación, apoyo o pertenencia real o supuesta" a grupos definitivos por "la raza, el origen nacional o étnico, el idioma, el

---

20 Oficina para las Instituciones Democráticas y los Derechos Humanos. Leyes de Delitos de Odio: Guía Práctica...*op.cit.*

21 Véase estudio completo realizado en: SUAREZ-MARTINEZ, A., MÉNDEZ-LORENZO, C., PÉREZ-RAMÍREZ, M. Y CHICLANA, S., "El Odio y la Violencia hacia el Exogrupo. Análisis Psicosocial de una Muestra de Personas Condenadas por Delitos de Odio". *Anuario de Psicología Jurídica...op.cit.*

22 DOLZ LAGO, M.J., "Oído a los delitos de odio (Algunas cuestiones claves sobre de la reforma del art. 510 CP por LO 1/2015)". *Diario La Ley*, nº 8712...*op.cit.*

23 Oficina para las Instituciones Democráticas y los Derechos Humanos. Leyes de Delitos de Odio: Guía Práctica...*op.cit.*

24 *Ibidem.*

color, la religión, la edad, la discapacidad física o psíquica, la orientación sexual, la identidad de género, etc."[25].

Además, es relevante considerar la situación personal de estas víctimas porque podría dificultar la detección y el tratamiento procesal de los delitos de odio, ya que estas personas en algunas ocasiones habrán experimentado una marginación social constante e incluso sufren discriminación múltiple[26].

La victimización puede ser individual o conjunta, el autor puede atentar contra una o más personas por estos motivos, e incluso contra algún bien o propiedad asociada a dichas personas o a un grupo que cuenta con alguna de las citadas características[27].

En atención a la edad, en el último informe de la Oficina Nacional de lucha contra los delitos de odio se registró que la mayoría de las víctimas tenían 18 años o más, no obstante, 248 victimizaciones fueron de menores. Sin perjuicio de la gravedad en el marco de los menores de edad se atenderá en el presente estudio al análisis de la viabilidad de la utilización de mediación penal entre víctima e infractor adultos[28].

Con esta breve aproximación se ha querido señalar que cuando nos enfrentamos a estas tipologías delictivas tenemos que atender a determinadas particularidades que las caracterizan. Solo de este modo se podrá realizar un análisis sobre la posibilidad, en su caso, de adoptar la mediación penal.

---

25 Véase: Oficina para las Instituciones Democráticas y los Derechos Humanos. Leyes de Delitos de Odio: Guía Práctica...*op.cit.*; CONSEJO DE EUROPA. Recomendación CM/Rec (2010)5 del Comité de Ministros a los Estados miembros sobre las medidas para combatir la discriminación por motivos de orientación sexual o identidad de género...*op.cit.*; entre otros.

26 OSCE. Office for Democratic Institutions and Human Rights. Hate Crime Victims in the Criminal Justice System. A Practical Guide. 2020. ISBN 978-83-66089-91-4.

27 Oficina para las Instituciones Democráticas y los Derechos Humanos. Leyes de Delitos de Odio: Guía Práctica...*op.cit.*

28 MUNIESA TOMÁS, M.P., FERNÁNDEZ VILLAZALA, T., MÁÑEZ CORTINAS, C.J., et al., Informe sobre la evolución de los delitos de odio en España...*op.cit.*

II. IMPLEMENTACIÓN PRÁCTICA DE LA MEDIACIÓN PENAL EN ESPAÑA

Para configurar este estudio sobre la viabilidad de la utilización de la mediación penal en los casos de delitos de odio se deberá realizar un breve análisis de las previsiones legales vigentes respecto a este tipo de procedimientos, así como de los artículos doctrinales y de la experiencia práctica que ha caracterizado y marcado el devenir de estos procedimientos en los últimos años. Solo de este modo podremos estudiar por completo la posibilidad de apostar por este tipo de justicia restaurativa en algunos de los casos que cumplan las garantías necesarias.

En consonancia con las previsiones que se realizaron con respecto a los servicios de justicia reparadora en la Directiva 2012/29/UE del Parlamento Europeo y del Consejo de 25 de octubre de 2012, principalmente en el artículo 12 de la citada Directiva, se reconoció en España en la Ley 4/2015, de 27 de abril, del Estatuto de la víctima, el derecho a justicia restaurativa. Junto al reconocimiento de dicho derecho se recogieron los cinco requisitos que debían cumplirse para poder acceder a este tipo de procedimientos. No se ha implementado una regulación exclusiva de la mediación penal, sino en sentido amplio, sin perjuicio de que tanto en la Directiva como en el artículo 15 de la Ley del Estatuto de la víctima las alusiones expresas a la mediación reflejen que el legislador estaba pensando en este tipo de procedimientos.

En concreto, en la Ley del Estatuto de la víctima se recoge que es posible la adopción de la mediación penal a lo largo de todo el proceso penal e incluso después de su conclusión, y para ello, en el artículo 15, señala que deben concurrir unos requisitos: reconocimiento de los hechos esenciales; el consentimiento informado de víctima e infractor; que no entrañe riesgo o peligro para la víctima, ni tampoco nuevos perjuicios; y, por último, que no esté prohibida por la ley para el delito concreto.

Por su parte, en el Código penal encontramos referencia expresa a la mediación en el artículo 84 previendo que el cumplimiento de un acuerdo podrá condicionar la suspensión de la ejecución de la pena. Sin perjuicio de que de forma implícita aparezca reflejada en otros preceptos, como por ejemplo, en la atenuante prevista en el artículo 21.5ª del Código penal.

Como ya se ha señalado, cuando hacemos referencia a los delitos de odio podemos encontrarnos ante cualquier delito que se perpetre con esa motivación o por razón de las particulares condiciones de la víctima que han sido previamente analizadas, debido a ello es preciso apuntar las expresas prohibiciones que limitarán el recurso a la mediación penal.

Encontramos como en el artículo 3 de la Ley del Estatuto de la víctima se prohíbe la mediación en supuestos de violencia sexual y de violencia de género. Asimismo, en el artículo 87 ter de la Ley Orgánica 6/1985, de 1 de julio, del Poder Judicial se reitera que la mediación estará vedada en casos de violencia de género. Existen posiciones enfrentadas en lo que respecta a las citadas prohibiciones, debate que no entraremos a desglosar en el presente estudio, aunque apuntaremos la importancia de individualizar cada caso de delito de odio, ya que cada víctima es distinta. Por lo tanto, podemos concluir que, en atención a las previsiones que existen en la actualidad en la legislación vigente, no se podrá recurrir a la mediación penal en estos casos. Por ejemplo, ante casos de violencia sexual en los que concurra la aplicación de la citada agravante, conforme a las modificaciones operadas con la aprobación de la Ley Orgánica 10/2022, de 6 de septiembre, de garantía integral de la libertad sexual tampoco se podrá acceder a este tipo de procedimientos.

La regulación en la Ley del Estatuto de la víctima supuso un importante avance en el marco de la justicia restaurativa y, en particular, en lo que respecta a la mediación penal. No obstante, muchas fueron las cuestiones que debían haber sido concretadas, como apostó por hacer el Consejo General del Poder Judicial en su Guía para la práctica de la mediación intrajudicial, en concreto, la parte relativa al protocolo para implementar la mediación penal[29]. Sin embargo, hubiera sido idónea la incorporación exhaustiva de un sistema específico para su adopción, atribuyendo competencias, así como previendo herramientas y recursos necesarios para implementarlo de forma segura y en todo el territorio nacional. Coincidimos en que la previsión legal fue frustrante e incluso decepcionante[30]. Por no hablar del "estancamiento" que ha experimentado a pesar de la apuesta por la investigación e implementación de la justicia restaurativa en los últimos años[31].

---

29 CONSEJO GENERAL DEL PODER JUDICIAL. Guía para la práctica de la mediación intrajudicial, 2016, pp. 93-128.

30 ETXEBERRIA GURIDI, J.F., "Capítulo II. La mediación penal en el Ordenamiento Español: algunas cuestiones no resueltas tras las recientes reformas procesales". *Tratado de Mediación. Tomo II. Mediación Penal.* Valencia: Tirant lo Blanch, 2017.

31 El estancamiento de estas previsiones legales se puede equiparar al que ha experimentado este procedimiento en otros asuntos no penales. Véase, por ejemplo: MARTÍN DIZ, F. "Mediación y sistema de justicia: a propósito de las reformas legislativas para la eficiencia procesal de la administración de justicia y la incor-

En este sentido, es destacable la mencionada Guía del Consejo General del Poder Judicial, en la que se prevé que la mediación intrajudicial no es una alternativa al proceso, sino que se caracteriza por el control judicial y por la salvaguarda de todas las garantías procesales inherentes al debido proceso[32]. Compartimos la idea de integrar en el sistema judicial este tipo de procedimientos, como la mediación, como complemento[33], apostando por su implementación del modo que lo hace el Consejo General del Poder Judicial en su Guía, alejándose de la privatización y de la búsqueda de una sustitución del proceso penal.

En la citada Guía se recogen algunas particularidades de la mediación penal intrajudicial que serán brevemente referenciadas y que contribuirán al presente estudio. En primer lugar, destaca la apuesta por la comunicación, para manifestar necesidades, inquietudes, preguntar, atender, entender, comprender y solucionar, dando al juez un papel inicial, de derivación, y final, de homologación.

En este sentido y en atención a las experiencias previas de mediación, propone mecanismos para adoptar la mediación penal intrajudicial; desarrolla un protocolo de derivación que incluye indicaciones para la selección de casos, las fases procesales y las eventuales consecuencias, el sistema de evaluación y control, así como una serie de anexos con el objetivo de favorecer la implementación práctica de la mediación penal intrajudicial[34].

Además, se identifica en la guía como objetivo de la mediación para la sociedad el acercamiento de los ciudadanos, minimizando la conflictividad social, reforzando en este sentido la confianza hacia el sistema de justicia.

La confianza en el sistema será la clave para detectar e instar a denunciar estas tipologías delictivas, como será analizado posteriormente. De igual modo, el éxito del proceso penal y los eventuales procedimientos utilizados por motivo de un delito de odio también será la clave para confiar en la Administración de justicia y en FCSE. Siendo determinante para

---

poración de los denominados «medios adecuados de solución de controversias»". *LA LEY mediación y arbitraje,* nº 12.

32 CONSEJO GENERAL DEL PODER JUDICIAL. Guía para la práctica de la mediación intrajudicial, 2016…*op.cit.*

33 BARONA VILAR, S., "Psicoanálisis de las ADR. Retos en la sociedad global del siglo XXI. *La Ley mediación y arbitraje,* nº 1, sección tribuna, 2020.

34 CONSEJO GENERAL DEL PODER JUDICIAL. Guía para la práctica de la mediación intrajudicial, 2016…*op.cit.*

reforzar la relación con la sociedad general y con los diferentes grupos o comunidades que se han establecido en la misma.

Como indicó la OSCE existe un peligro, que compartimos en el presente estudio, "el peligro es enviar a la víctima y al perpetrador el mensaje de que el estado no se toma en serio el delito motivado por el odio". En su guía de 2009 se señaló que esto podría contribuir a desvirtuar la prevención que se persigue con la represión de estos actos y, de este modo, también disminuiría la confianza de las víctimas en la justicia[35].

En este mismo sentido, en la Guía se prevé como ventajas para la víctima la recuperación de la tranquilidad, a través de la participación activa y voluntaria en la reparación de los daños y perjuicios morales y materiales[36]. Lo que puede favorecer el aumento de la confianza de la víctima y de la comunidad. Incluso reforzar la percepción positiva de la justicia restaurativa y, en este caso, de la mediación penal intrajudicial.

En la citada guía se relaciona directamente la existencia de un sistema de justicia "eficaz y eficiente" con la implementación de la mediación penal en los tribunales españoles. En aras a conseguir la reparación más idónea del daño ocasionado y persiguiendo la resocialización y no reincidencia de los que perpetran delitos de odio hemos considerado oportuno apostar por estudiar la viabilidad de la mediación penal intrajudicial, conforme se propone en la señalada Guía, en estos casos.

III. ANÁLISIS DE LA VIABILIDAD DE LA MEDIACIÓN PENAL EN LOS CASOS DE DELITOS DE ODIO

En atención a las previsiones legales y a las recomendaciones prácticas previstas en España para implementar la mediación penal, analizaremos a continuación algunas de las cuestiones controvertidas y particularidades que condicionarán la viabilidad de la mediación penal en los casos de delitos de odio.

---

35 Oficina para las Instituciones Democráticas y los Derechos Humanos. Leyes de Delitos de Odio: Guía Práctica... *op.cit.*

36 CONSEJO GENERAL DEL PODER JUDICIAL. Guía para la práctica de la mediación intrajudicial, 2016... *op.cit.*

1. Derecho a la justicia restaurativa en casos de delitos de odio

Para las víctimas de delitos de odio, en atención al análisis de la legislación vigente, existe el derecho a acceder a los servicios de justicia reparadora. En este sentido, a nivel Europeo, ya desde la Decisión Marco del Consejo, de 15 de marzo de 2001, relativa al estatuto de la víctima en el proceso penal se apostó por "impulsar la mediación penal en las causas penales para las infracciones que a su juicio se presten a este tipo de medida", instando a los Estados a considerar los acuerdos que se alcanzaran por razón de este tipo de justicia reparadora[37]. De igual modo, se ha reconocido como un derecho de todas las víctimas en la Ley del Estatuto de la víctima a nivel estatal, aunque hay que considerar la excepción de las expresas prohibiciones. Más allá de las mencionadas prohibiciones, no se realizaron limitaciones respecto a las causas penales en las que debían apostar por la mediación penal, no excluyéndose *a priori* con esta previsión de mínimos su utilización en el resto de los delitos de odio.

En atención a la Guía para la implementación de la mediación penal intrajudicial del Consejo General del Poder Judicial serán los jueces los que pueden determinar, tras la valoración del caso en concreto, si es oportuna o viable la derivación a mediación penal, y también en qué momento del proceso.

Los delitos de odio se distribuyen por todas las comunidades autónomas, con mayor incidencia en País Vasco, Madrid, Cataluña y Andalucía[38]. Sin embargo, la implementación de la mediación penal no se está realizando del mismo modo en todo el territorio nacional. Existen comunidades donde no existe la posibilidad de recurrir a este tipo de procedimientos de justicia restaurativa, esto está comprometiendo el acceso en igualdad de condiciones de todos los ciudadanos. El Consejo General del Poder Judicial también identifica en su Guía como un problema: la falta de "conexión entre los mediadores suficientemente formados y experimentados y tribunales" en todo el territorio nacional[39].

---

37 Decisión marco del Consejo, de 15 de marzo de 2001, relativa al estatuto de la víctima en el proceso penal (2001/220/JAI). «DOCE» núm. 82, de 22 de marzo de 2001, pp. 1-4.

38 MUNIESA TOMÁS, M.P., FERNÁNDEZ VILLAZALA, T., MÁÑEZ CORTINAS, C.J., et al. Informe sobre la evolución de los delitos de odio en España... *op.cit.*

39 CONSEJO GENERAL DEL PODER JUDICIAL. Guía para la práctica de la mediación intrajudicial, 2016... *op.cit.*

A medio plazo sería idóneo implementar mediación penal en las diferentes provincias, incorporándolo a través de diferentes programas piloto donde todavía no se ha efectuado[40]. Para finalmente poder incluir la mediación penal como herramientas para las víctimas en el marco de los planes de acción de lucha contra los delitos de odio.

2. *Victimización y mediación penal en los delitos de odio*

En este apartado, atenderemos al impacto que los delitos de odio tienen sobre la víctima o víctimas de los mismos. Se ha apuntado que este tipo de delitos se distinguen de otros delitos por el mensaje que el autor manda a las víctimas en relación con su derecho a formar parte de esta sociedad[41].

Este impacto sobre las víctimas es una de las principales particularidades de estos delitos, junto con la citada motivación del infractor que los caracteriza y que ya ha sido señalada con anterioridad. Se afirma que "los delitos de odio causan un daño mayor que los delitos comunes", principalmente en lo que respecta al daño psicológico y en consideración de las particularidades relativas a la selección de la víctima. Junto con el citado daño moral, que puede derivar en ansiedad, depresión, etc., hay que hacer referencia a los sentimientos posteriores relativos al aumento de vulnerabilidad, ya que la condición o característica que motiva el delito no se puede modificar[42].

En atención a este particular daño, la justicia restaurativa ofrece lo que se ha denominado "reparación integral", que permite una mayor reparación

---

40 Una de las provincias referentes a nivel estatal pudiera ser, por ejemplo, el País Vasco, que además también destaca en el informe referenciado previamente de la ONDOD que es una provincia con mayor incidencia o más registro de esta tipología delictiva. Véase, por ejemplo: DEPARTAMENTO DE IGUALDAD, JUSTICIA Y POLÍTICAS SOCIALES. Informe del Servicio de Justicia Restaurativa (SJR)–penal. Euskadi, 2021.

41 MINISTERIO DE EMPLEO Y SEGURIDAD SOCIAL. Legislación sobre los delitos de odio. Guía Práctica. Subdirección General de Información Administrativa y Publicaciones. NIPO PDF: 270-17-004-0.

42 Véase, por ejemplo: Oficina para las Instituciones Democráticas y los Derechos Humanos. Leyes de Delitos de Odio: Guía Práctica... *op.cit*; MINISTERIO DE EMPLEO Y SEGURIDAD SOCIAL. Legislación sobre los delitos de odio. Guía Práctica. Subdirección General de Información Administrativa y Publicaciones... *op.cit.*; entre otros.

del daño psicológico y emocional[43], en comparación con el objetivo de monetizar ese daño que se sigue desde la justicia retributiva.

En este momento es importante señalar la necesidad de controlar el equilibrio entre las partes, ya que es otro de los aspectos controvertidos que se analizan para la adopción de estas prácticas restaurativas, esta cuestión se pone en duda en atención al sesgo y al desequilibrio moral existente entre ambas partes en los delitos de odio. Debido a ello, como analizaremos con posterioridad, el infractor deberá reconocer particularmente su motivación[44].

Como se indicó la víctima será seleccionada por pertenencia a un determinado grupo con unas características específicas, pero la víctima, a diferencia de lo que ocurre en otras tipologías delictivas es lo que se ha denominado "intercambiable" por otra[45]. Esta particularidad puede comprometer la reparación del daño y dificultar una eventual negociación en el marco de una mediación, no obstante, también este tipo de procedimientos puede favorecer la individualización de la víctima y la comprensión del alcance del daño ocasionado.

Se afirma que para la consecución de la reparación esperada de un procedimiento de mediación penal es necesario que la víctima esté individualizada[46]. Encontramos en este punto otra cuestión controvertida, sin perjuicio de que para la práctica de reparaciones simbólicas se ha llegado a utilizar la figura de la víctima ficticia[47]. No obstante, el Consejo General del Poder Judicial excluye la utilización de la mediación penal intrajudicial para los delitos de peligro abstracto, junto con otros delitos que atentan contra bienes colectivos o bienes supra individuales, dando cabida a otras

---

43 MONTESINOS GARCÍA, A., "Capítulo I. Una breve aproximación a la justicia restaurativa". *Tratado de Mediación. Tomo II. Mediación Penal.* Valencia: Tirant lo Blanch, 2017.

44 OSCE. Office for Democratic Institutions and Human Rights. Hate Crime Victims in the Criminal Justice System. A Practical Guide. 2020…*op.cit.*

45 Oficina para las Instituciones Democráticas y los Derechos Humanos. Leyes de Delitos de Odio: Guía Práctica…*op.cit.*

46 ARMENGOT VILAPLANA afirma que: "En todo caso, el procedimiento mediador no tendrá sentido si no resulta individualizada la víctima del delito". ARMENGOT VILAPLANA, A., "Capítulo III. Mediación penal y proceso judicial". *Tratado de mediación. Tomo II. Mediación Penal.* Valencia: Tirant lo Blanch, 2017.

47 Véase análisis que realiza ARMENGOT VILAPLANA, A. en "La incorporación de la mediación en el proceso penal español". *La Ley Penal,* nº 106, eAnero-febrero 2014.

prácticas restaurativas[48]. Pudiera resultar contradictorio que en el presente estudio estuviéramos dejando al margen algunos casos, como por ejemplo un delito de discurso de odio, en los que sería de aplicación el artículo 510 del Código penal, que ha sido señalado como uno de los instrumentos más destacados de la política criminal para la lucha contra la discriminación y el odio[49]. Este se ha catalogado como un delito de peligro abstracto, señalando que "se proyecta sobre un bien jurídico colectivo de dimensión individual o grupal"[50]. En el presente análisis, en atención a las recomendaciones respecto a la implementación de la mediación penal intrajudicial dejaremos al margen las acciones que se dirigen contra los sujetos pasivos que han sido denominados como grupos diana o parte de ellos, con carácter genérico, sin atentar contra una víctima concreta. No obstante, se ha identificado que en ocasiones este tipo de conductas también podrían estar atentando contra "una persona determinada por razón de su pertenencia" a dicho grupo[51], casuística para la que sí podríamos apostar por este tipo de práctica.

En definitiva, una de las cuestiones controvertidas que se plantean cuando nos encontramos ante delitos de odio y, en particular, ante la posibilidad de recomendar la mediación penal, es que estos delitos en muchas ocasiones han sido catalogados como "delitos simbólicos", es decir que la acción no provocaría daño con carácter exclusivo sobre la propia víctima directa sino que se apunta que el "mensaje" llega a gran parte del grupo o comunidad a la que pertenece la víctima[52].

Este análisis sin perjuicio de que para otros de los delitos señalados con víctimas concretas también podría tener cabida, pudiendo observar otras ventajas significativas; tales como, favorecer la relación laboral o la reparación del daño ocasionado ante la negación de un servicio público a un sujeto concreto. No obstante, hay que considerar que una mediación penal

---

48 CONSEJO GENERAL DEL PODER JUDICIAL. Guía para la práctica de la mediación intrajudicial, 2016...*op.cit.*

49 MARTÍNEZ ROS, J., "Los delitos de odio en el Código penal español". *La Ley Penal, Wolters Kluwer,* nº 145...*op.cit.*

50 DOLZ LAGO, M.J., "Oído a los delitos de odio (Algunas cuestiones claves sobre de la reforma del art. 510 CP por LO 1/2015)". *Diario La Ley,* nº 8712...*op.cit.*

51 MARTÍNEZ ROS, J., "Los delitos de odio en el Código penal español". *La Ley Penal, Wolters Kluwer,* nº 145...*op.cit.*

52 Oficina para las Instituciones Democráticas y los Derechos Humanos. Leyes de Delitos de Odio: Guía Práctica...*op.cit.*

intrajudicial con víctima concreta también ofrecería una serie de ventajas para el resto del colectivo o grupo, así como para la sociedad[53].

Centrando de nuevo la atención en la repercusión de este tipo de procedimientos en la víctima, con la justicia restaurativa se busca "compensación, reparación y restauración de la confianza", con el objetivo de atender a "las necesidades de las personas afectadas y no supongan la causación de nuevas heridas"[54].

En este sentido, la victimización secundaria también es un riesgo que existe para este tipo de víctimas y que debemos considerar cuando estudiamos la viabilidad de implementar la mediación penal en estos casos. En primer lugar, la formación específica en delitos de odio de los profesionales que tratan con las víctimas, autoridades policiales, judiciales y mediadores es fundamental. De igual modo, una comunicación e información inadecuada puede incrementar la victimización secundaria[55].

Entre las necesidades de las víctimas de estas tipologías delictivas está su seguridad personal, su protección y bienestar, debiendo apostar por proteger a las víctimas de posibles revictimizaciones[56]. Cuestión que podría subsanarse si la mediación penal concluye con éxito, ya que podría aumentar la propia percepción de seguridad y minimizar la reincidencia.

Además, se ha identificado que las víctimas de delitos de odio necesitan ser informadas e involucradas, en particular, en lo que respecta a su participación en procedimientos de justicia restaurativa. No obstante, en determinados casos será necesario minimizar el contacto víctima y agresor, así como evitar entrevistas reiteradas. Esto se debe a que estas víctimas han sido reconocidas como especialmente vulnerables a la intimidación y victimización secundaria al entrar en contacto con el delincuente[57]. Aunque las autoridades competentes deban valorar la casuística concreta, en aras

---

53 Por ejemplo, el Consejo General del Poder Judicial identifica como ventaja para la sociedad la disminución de la conflictividad social, así como el acercamiento de la justicia a los ciudadanos. CONSEJO GENERAL DEL PODER JUDICIAL. Guía para la práctica de la mediación intrajudicial, 2016... *op.cit.*

54 TAMARIT SUMALLA, J.M., "El necesario impulso de la Justicia restaurativa tras la Directiva europea de 2012". *Ars Iuris Salmanticensis,* vol. 1, junio 2013, pp. 139-160. eISSN: 2340-5155.

55 OSCE. Office for Democratic Institutions and Human Rights. Hate Crime Victims in the Criminal Justice System. A Practical Guide. 2020... *op.cit.*

56 *Ibidem.*

57 *Ibidem.*

a garantizar la protección de la víctima como se exige en la legislación española, esto podría condicionar la no derivación a mediación penal intrajudicial de algunos de estos casos. No obstante, debemos plantear aquí la existencia de mediación indirecta e incluso otro tipo de prácticas restaurativas que no implicarían el citado contacto.

En atención a las previsiones legales, es importante señalar que uno de los requisitos, en concreto recogido en el apartado d) del artículo 15.1 de la Ley del Estatuto de la víctima, y que necesariamente debe concurrir para acceder a la mediación penal es que la participación de la víctima no entrañe un riesgo para su seguridad, ni que tampoco exista peligro de que su desarrollo pueda ocasionar nuevos perjuicios materiales y morales a la víctima. Asimismo, el consentimiento otorgado tanto por víctima como por infractor es revocable, en cualquier momento, y de este modo también se recogió expresamente en el artículo 15.3 de la Ley del Estatuto de la víctima.

La adopción de diferentes programas, como reconoce la OSCE, han permitido probar que mejora la recuperación y el bienestar emocional de las víctimas de delitos motivados por odio. Asimismo, se identifican estos procedimientos como mecanismos que favorecen el empoderamiento de las víctimas, que sus voces sean escuchadas y, además, permite profundizar mejor en el conflicto, tanto en las causas como en el daño experimentado. Se recoge por la OSCE que en un estudio realizado en Leicester las víctimas de este tipo de conductas manifestaron que querían que el delincuente comprendiera el impacto de su comportamiento tanto en ellos, como en su familia y en la comunidad, y que creían que esto era posible a través de la mediación[58]. Este tipo de justicia, enfocada en el protagonismo de las víctimas, no persigue en sí misma una venganza, sino que está fundada en que "el culpable sea consciente de los efectos de sus actos y de éstos son incorrectos"[59].

Con carácter general, esto refleja la esencia de la justicia restaurativa, en la que se apuesta por el protagonismo de la víctima, ya que estará más involucrada que en el marco de un proceso judicial en exclusiva, sin perjuicio del avance que se ha experimentado en el mismo con respecto al olvido de la víctima. En estos procedimientos van a poder expresar sus inquietudes,

---

58 *Ibidem.*

59 TAMARIT SUMALLA, J.M., "El necesario impulso de la Justicia restaurativa tras la Directiva europea de 2012". *Ars Iuris Salmanticensis... op.cit.*

"preguntar directamente al infractor" y "expresar sentimientos", sintiéndose escuchadas y obteniendo de este modo una satisfacción mayor[60].

Por último, atendiendo a la victimización es relevante señalar la importancia de adaptarse a las necesidades individuales de las víctimas, ya que se ha afirmado que no hay dos víctimas iguales. Ante estas afirmaciones es importante destacar que la mediación penal puede contribuir a garantizar esa individualización, ya que cada procedimiento de mediación penal se adecuará a las necesidades específicas del caso y de la víctima que participa en este procedimiento. Para lo que, sin duda, se requiere un importante apoyo institucional.

3. Problemas relativos a la infradenuncia y mediación penal

La infradenuncia se ha registrado como un problema significativo en el marco de esta tipología delictiva. En el informe de la encuesta sobre delitos de odio realizado por el Ministerio del Interior en España, se recogió como más de un 80% de los encuestados no habían denunciado este tipo de hechos.

Además, en el citado informe se recogieron algunas de las motivaciones que les habían llevado a denunciar, entre las que sus autores destacaron vamos a recoger dos, por un lado, "que ninguna otra persona sufra un hecho similar" y "que el delincuente sea llevado ante la justicia"[61]. Si analizamos ambas motivaciones, los objetivos de la mediación penal intrajudicial no implicarían mecanismos alternativos al sistema judicial y, además, podrían minimizar la reincidencia, por lo que el éxito de este tipo de procedimientos podría contribuir a incrementar este tipo de motivaciones de las víctimas y fomentar la denuncia.

Desde la OSCE se incide en reforzar la relación entre las FCSE y los grupos comunitarios para que estas personas se sientan con confianza suficiente y denuncien estos delitos cuando sean víctimas de los mismos[62]. En este sentido, tenemos que destacar que una de las ventajas de la mediación

---

60 MONTESINOS GARCÍA, A., "Capítulo I. Una breve aproximación a la justicia restaurativa". *Tratado de Mediación. Tomo II. Mediación Penal...op.cit.*

61 LÓPEZ GUTIÉRREZ, J., FERNÁNDEZ VILLAZALA, T., MÁÑEZ CORTINA, C.J., et al., Informe de la encuesta sobre delitos de odio. Ministerio del Interior. Gobierno de España, 2021. NIPO 126-21-071-6.

62 Oficina para las Instituciones Democráticas y los Derechos Humanos. Leyes de Delitos de Odio: Guía Práctica...*op.cit.*

que se ha identificado es el aumento del acercamiento a las autoridades policiales y judiciales[63] y, con su práctica, aumenta la aceptación de las ventajas de la justicia restaurativa por parte de la sociedad[64].

En este sentido, entre las motivaciones de las personas que no han denunciado este tipo de hechos, se recogió en el informe previamente señalado del Ministerio del Interior que no lo hicieron por: desconfianza en la policía, porque creían que la policía no les entendería, porque pensaban que la policía no les tomaría en serio, por experiencias negativas con la policía, entre otras razones; como que no sabían que era delito, por vergüenza, por considerar que era un tema privado, etc.[65].

De forma coincidente, por la agencia FRA, a través de sus entrevistas, encuestas e informes, se recoge que para las víctimas de delitos de odio es mucho más difícil denunciar que para otras víctimas. Asimismo, señalan que los dos principales motivos para no denunciar son, en primer lugar, los obstáculos que encuentran las víctimas en su contacto con fuerzas y cuerpos de seguridad, pero también la discriminación estructural que experimentan las víctimas de estas tipologías delictivas[66]. Se ha identificado que la justicia restaurativa puede contribuir a hacer frente a la violencia estructural y cultural, en mayor medida que la justicia retributiva enfocada en responder ante la violencia directa[67].

En este contexto es destacable que la apuesta por parte del CGPJ por una mediación gratuita, como servicio para toda la ciudadanía, en cumplimiento del principio de gratuidad, puede contribuir en esta búsqueda del incremento de la denuncia por parte de la víctima. El papel protagonista de la víctima y las ventajas que este tipo de práctica tiene en el proceso podría fomentar la confianza en la justicia por nuevos afectados, aumentando, de este modo, el número de denuncias. Ya que, con carácter

---

63 CONSEJO GENERAL DEL PODER JUDICIAL. Guía para la práctica de la mediación intrajudicial, 2016... *op.cit.*

64 DEPARTAMENTO DE IGUALDAD, JUSTICIA Y POLÍTICAS SOCIALES. Informe del Servicio de Justicia Restaurativa (SJR)–penal... *op.cit.*

65 LÓPEZ GUTIÉRREZ, J., FERNÁNDEZ VILLAZALA, T., MÁÑEZ CORTINA, C.J., et al., Informe de la encuesta sobre delitos de odio... *op.cit.*

66 EUROPEAN UNION AGENCY FOR FUNDAMENTAL RIGHTS. Encouraging hate crime reporting. The role of law enforcement and other authorities. Luxembourg: Publications Office of the European Union.

67 TIMÓN MORILLO-VELARDE, M., “La justicia restaurativa en los delitos de odio cometidos contra el colectivo LGTBI+”. *Justicia restaurativa y medios adecuados de solución de conflictos.* Madrid: Dykinson, S.L., 2022, pp. 123-134.

general, los resultados de este tipo de prácticas son satisfactorias[68], pero esta apuesta por la gratuidad debe ir acompañada por otra serie de dotación de recursos y formación que ya ha sido apuntada.

4. Minimizar la reincidencia y el odio hacia determinados colectivos

Como se apuntó anteriormente en el marco de la aproximación a los delitos de odio, para analizar la figura del autor de este tipo de hechos delictivos debemos tener presente que es probable que los sentimientos de hostilidad existan frente a un grupo o a lo que el mismo representa, y que la víctima es intercambiable[69].

Por su parte, la mediación penal no es de reciente aparición y es por ello que existen evidencias que recogen la minimización de la reincidencia como una de las principales ventajas de este procedimiento. De igual modo, la mediación favorece tanto que la víctima exprese sus sentimientos e inquietudes como ha sido apuntado previamente, como que el victimario tome conciencia del daño ocasionado[70], clave para influir en la reincidencia del mismo.

Asimismo, el procedimiento de mediación permite en mayor medida la individualización de la víctima, pero también favorece que el infractor se responsabilice de sus actos, ya que esto permitirá el reconocimiento real del daño ocasionado, su reparación, contribuyendo a la sensibilización del victimario. Se estima que es necesario un cambio a nivel social para minimizar este tipo de delincuencia, lo que no va a ser posible simplemente con imposición de penas más duras, se considera que debemos ir más allá, por ejemplo, apostando por la justicia restaurativa[71].

Aunque la mayoría de los delitos de odio se perpetran contra comunidades minoritarias, también pueden perpetrarse entre dos grupos minoritarios

---

[68] BARONA VILAR, S., *Mediación penal. Fundamento, fines y régimen jurídico.* Valencia: Tirant lo Blanch, 2011, pp. 205-234.

[69] Como ha sido analizado anteriormente con mayor profundidad, en atención a las recomendaciones de la OSCE. Véase: Oficina para las Instituciones Democráticas y los Derechos Humanos. Leyes de Delitos de Odio: Guía Práctica...*op.cit.*.

[70] MONTESINOS GARCÍA, A., “Capítulo I. Una breve aproximación a la justicia restaurativa”. *Tratado de Mediación. Tomo II. Mediación Penal...op.cit.*

[71] TIMÓN MORILLO-VELARDE, M., “La justicia restaurativa en los delitos de odio cometidos contra el colectivo LGTBI+”. *Justicia restaurativa y medios adecuados de solución de conflictos...op.cit.*

o contra uno mayoritario[72]. Ante esta variedad de posibilidades parecería acertado concurrir y dialogar en el marco de un procedimiento de mediación penal intrajudicial, con el citado objetivo de empatizar, entender el alcance de la conducta y minimizar la reincidencia. Al final existe esa ventaja social a la que hacía referencia el Consejo General del Poder Judicial en su Guía, relativa a la disminución de conflictos entre grupos y del malestar general en determinadas zonas geográficas.

En este marco de análisis de la figura del infractor o victimario, se prevé como requisito legal para la práctica de la mediación penal el reconocimiento de los hechos, salvaguardando la presunción de inocencia. No obstante, es destacable que el Consejo General del Poder Judicial excluye de la derivación a mediación penal intrajudicial aquellos casos en los que el victimario no reconozca o niegue la participación en los hechos[73].

Asimismo, como particularidad en el marco de los delitos de odio, debemos apuntar como desde la OSCE se especificó que para acceder a justicia restaurativa y, de este modo, a la mediación penal, debe aceptarse la motivación sesgada subyacente al ataque en cuestión[74], que caracteriza a este tipo de delitos, sin que esto pueda comprometer la citada presunción de inocencia.

De igual modo que es necesario el reconocimiento previamente señalado, conforme a la previsión legal vigente, también será necesario que el victimario acuda de forma voluntaria pudiendo también revocar su consentimiento en cualquier momento. En este sentido, podemos encontrar otro punto controvertido de la mediación que es que la voluntad del infractor puede estar viciada con el objetivo de atenuar su pena u obtener un resultado menos gravoso[75]. Debido a ello, será necesario que el mediador trabaje con ambas partes antes del encuentro para detectar posibles intenciones lesivas y buscar esa empatía con la víctima que favorecerá, en última instancia, la minimización de la reincidencia.

---

72 Oficina para las Instituciones Democráticas y los Derechos Humanos. Leyes de Delitos de Odio: Guía Práctica... *op.cit.*

73 CONSEJO GENERAL DEL PODER JUDICIAL. Guía para la práctica de la mediación intrajudicial, 2016... *op.cit.*

74 OSCE. Office for Democratic Institutions and Human Rights. Hate Crime Victims in the Criminal Justice System. A Practical Guide. 2020... *op.cit.*

75 MONTESINOS GARCÍA, A., "Capítulo I. Una breve aproximación a la justicia restaurativa". *Tratado de Mediación. Tomo II. Mediación Penal...op.cit.*

5. Delitos de odio cometidos a través de Internet y mediación penal

Debido a la configuración de la sociedad actual digitalizada, producto de la expansión y el aumento de la utilización de Internet, debemos atender brevemente a algunas tipologías delictivas que se perpetran a través de Internet y que son catalogas como delitos de odio, principalmente en atención a su comisión a través de redes sociales[76]. Delitos para los que también podemos encontrar víctimas concretas, correspondiéndose con el perfil previsto en el presente estudio.

Apuntaremos algunas particularidades de estas modalidades delictivas que podrían tener una importante repercusión en lo que respecta a la viabilidad de la práctica de la mediación penal. En primer lugar, el daño ocasionado podría ser mayor en atención al alcance de Internet, de este modo han sido previstas las agravantes por el legislador español[77]. Además, ya se ha demostrado que el alcance de los ataques a través de Internet es amplio, pudiéndose llegar a atentar contra la vida o la integridad física, perpetrando un ataque contra el sistema idóneo. El riesgo de exposición de los delincuentes es menor y la probabilidad de impunidad mayor.

Ante la posible variedad de ubicaciones y la distancia a la que se encuentran víctima y agresor, podría plantearse como un obstáculo para la práctica de diferentes encuentros y mediaciones penales eficaces. No obstante, ya existen apuestas por instaurar sistemas tecnológicos que favorezcan estas prácticas *online,* siendo idóneo favorecer y facilitar también encuentros de mediación penal intrajudicial a través de las TIC[78]. Aunque debemos mencionar que las cuestiones controvertidas para este tipo de implementación son múltiples y la problemática al respecto es muy variada.

Por su parte, urge consolidar una legislación que permita la identificación de la autoría con carácter transfronterizo, fomentando la tipificación a nivel nacional de los delitos de odio pero también favoreciendo la cooperación e investigación transnacional. Es evidente que ante la ausencia del

---

76 Véase: BUENO DE MATA, F., "Delitos de odio y redes sociales: retos procesales". *Diario La Ley,* nº 10180, sección Tribuna, 29 de noviembre de 2022.

77 Véase artículo 510.3 del Código Penal español.

78 *Online* pero no automatizando estos encuentros. La doctrina desaconseja la implementación de sistemas de inteligencia artificial u otras tecnologías que automaticen estos procedimientos en el orden penal. Véase, por ejemplo: BUENO DE MATA, F., "Mediación electrónica e inteligencia artificial". *Actualidad civil,* nº 1, enero 2015.

autor no podríamos finalizar el proceso con éxito, ni tampoco apostar por la mediación penal intrajudicial.

En estos casos, más allá de las previsiones legales que urgen y la consecuente necesaria provisión de recursos, sería conveniente apostar por una capacitación especializada, en atención a las particularidades de estas víctimas y al alcance del daño ocasionado. El daño psicológico, como ya se ha apuntado en el presente estudio puede ser muy grave.

6. Otros recursos relevantes a considerar en casos de delitos de odio

En atención a la nacionalidad de las personas víctimas, un 39,12% son extranjeras, lo mismo ocurre con las personas infractoras, un 23,03% son extranjeras[79]. Habría que considerar la posibilidad de que sea necesario un intérprete o traductor en determinados casos. Incluso hay que valorar la posibilidad de que la motivación del hecho delictivo sea una discapacidad o enfermedad que también requiera de estos servicios de intérprete.

Como ocurre en sede judicial, no debería ser razón excluyente para participar en estos procedimientos, no obstante, el mediador debería garantizar que no se compromete la mediación y que ambas partes comprenden todos los extremos necesarios, pudiéndose expresar y dialogar.

IV. REFLEXIONES FINALES

Para finalizar, en primer lugar, debemos apuntar de nuevo que nos encontramos ante un tipo de criminalidad de elevada incidencia y que incluye un amplio elenco delictivo; incluso delitos graves motivados por las condiciones expuestas anteriormente.

En el presente estudio se ha considerado que la mediación penal intrajudicial podría ser idónea para implementar a corto plazo este tipo de recursos de justicia restaurativa en casos de delitos de odio. No obstante, atendiendo a las cuestiones controvertidas detectadas, la utilización y la apuesta por otro tipo de procedimientos de justicia restaurativa, cuyo estudio está menos extendido, podría ser útil en casos específicos; por ejemplo, cuando no contamos con víctima concreta o cuando nos encontramos ante

---

79 MUNIESA TOMÁS, M.P., FERNÁNDEZ VILLAZALA, T., MÁÑEZ CORTINAS, C.J., et al., Informe sobre la evolución de los delitos de odio en España… *op.cit.*

los casos más graves. Sin perjuicio de que el CGPJ no desaconseje o excluya la utilización de la mediación penal intrajudicial en todos los casos graves y recomiende diferentes fases del proceso, en determinados casos podría apostarse, por ejemplo, por encuentros restaurativos penitenciarios.

En estas situaciones nos encontramos ante un tipo de violencia estructural, arraigada, que provoca un daño significativo a las víctimas, que son victimizadas por condiciones que no pueden cambiar y que son inherentes a su identidad. Ante estas particularidades de los delitos de odio es necesario adoptar otras vías que complementen el proceso penal tradicional, con el objetivo de que la víctima se empodere y sea protagonista del procedimiento de mediación, favoreciendo el reconocimiento del daño ocasionado por parte del victimario y, en particular, contribuyendo a minimizar su reincidencia. En última instancia, luchando contra este fenómeno y siendo un mecanismo más de prevención.

Con carácter general, compartimos la idea de apostar por procedimientos de mediación penal intrajudicial, en aquellos casos que así lo prevean las autoridades judiciales y los mediadores encargados. Sin perjuicio de que lo desaconsejemos para aquellos casos en los que no se cumplan los requisitos previstos en la legislación vigente y que pudiera suponer riesgo para la víctima.

Compartimos la idea de que no debe oponerse la mediación penal al proceso penal, sino que deben complementarse[80]. Como ha sido analizado en el presente estudio, la mediación penal intrajudicial podría aportar ventajas a algunos casos de delitos de odio, ventajas tanto para la víctima, como para el victimario, la comunidad e incluso la propia Administración de Justicia.

En este mismo sentido, se necesita una mediación penal eficaz, amparada por la ley, por la capacitación y por los recursos específicos que se requieren para que funcione, con todas las garantías para víctimas y victimarios.

Desde la aprobación de la normativa europea en 2012 y desde la publicación de la Ley del Estatuto de la víctima ya se instaba a que es necesaria su inserción y regulación conveniente[81], cuestión que todavía no se ha materializado en su totalidad. La necesidad de una previsión legal

---

80 MONTESINOS GARCÍA, A., "Capítulo I. Una breve aproximación a la justicia restaurativa". *Tratado de Mediación. Tomo II. Mediación Penal...op.cit.*

81 JIMENO BULNES, M., ¿Mediación penal y/o justicia restaurativa? Una perspectiva europea y española. *Diario La Ley*, nº 8624, sección doctrina, 14 de octubre de 2015.

exhaustiva es evidente, coincidiendo la doctrina en este sentido, lo cual evitaría escepticismos en cuanto a su adopción[82], favoreciendo también la implementación en todo el territorio nacional y reforzando la confianza de operadores jurídicos.

Asimismo, se reconoce la necesidad de realizar estudios específicos respecto a la viabilidad de la utilización de la mediación penal intrajudicial en este tipo de casuística. Con el fin último de poder evidenciar las ventajas específicas y optimizar la selección de casos en los que sería recomendable recurrir a justicia restaurativa y las fases idóneas para ello.

Bibliografía

— ARMENGOT VILAPLANA, A., "Capítulo III. Mediación penal y proceso judicial". *Tratado de mediación. Tomo II. Mediación Penal.* Valencia: Tirant lo Blanch, 2017.

— ARMENGOT VILAPLANA, A., en "La incorporación de la mediación en el proceso penal español". *La Ley Penal,* nº 106, eAnero-febrero 2014.

— BARONA VILAR, S., *Mediación penal. Fundamento, fines y régimen jurídico.* Valencia: Tirant lo Blanch, 2011, pp. 205-234.

— BARONA VILAR, S., "Psicoanálisis de las ADR. Retos en la sociedad global del siglo XXI. *La Ley mediación y arbitraje,* nº 1, sección tribuna, 2020.

— BUENO DE MATA, F., "Delitos de odio y redes sociales: retos procesales". *Diario La Ley,* nº 10180, sección Tribuna, 29 de noviembre de 2022.

— BUENO DE MATA, F., "Mediación electrónica e inteligencia artificial". *Actualidad civil,* nº 1, enero 2015.

— COMISIÓN EUROPEA. Comunicación de la Comisión al Parlamento Europeo y al Consejo, una Europa más inclusiva y protectora: ampliación de la lista de delitos de la UE a la incitación al odio y a los delitos de odio. Bruselas, 9 de diciembre de 2021. COM (2021) 777 final.

— CONSEJO DE EUROPA. Recomendación CM/Rec (2010)5 del Comité de Ministros a los Estados miembros sobre las medidas para combatir la discriminación por motivos de orientación sexual o identidad de género. 31 de marzo de 2010.

— CONSEJO GENERAL DEL PODER JUDICIAL. Guía para la práctica de la mediación intrajudicial, 2016, pp. 93-128.

— DEPARTAMENTO DE IGUALDAD, JUSTICIA Y POLÍTICAS SOCIALES. Informe del Servicio de Justicia Restaurativa (SJR)–penal. Euskadi, 2021.

— DÍAZ LÓPEZ, J.A., Informe de delimitación conceptual en materia de delitos de odio. Ministerio de Inclusión, Seguridad Social y Migraciones. NIPO PDF: 121-20-004-9.

---

[82] MONTESINOS GARCÍA, A., "Capítulo I. Una breve aproximación a la justicia restaurativa". *Tratado de Mediación. Tomo II. Mediación Penal…op.cit.*

— Decisión marco del Consejo, de 15 de marzo de 2001, relativa al estatuto de la víctima en el proceso penal (2001/220/JAI). «DOCE» núm. 82, de 22 de marzo de 2001, pp. 1-4.

— DOLZ LAGO, M.J., "Oído a los delitos de odio (Algunas cuestiones claves sobre de la reforma del art. 510 CP por LO 1/2015)". *Diario La Ley,* nº 8712, sección doctrina, 1 de marzo de 2016.

— ETXEBERRIA GURIDI, J.F., "Capítulo II. La mediación penal en el Ordenamiento Español: algunas cuestiones no resueltas tras las recientes reformas procesales". *Tratado de Mediación. Tomo II. Mediación Penal.* Valencia: Tirant lo Blanch, 2017.

— EUROPEAN UNION AGENCY FOR FUNDAMENTAL RIGHTS. Encouraging hate crime reporting. The role of law enforcement and other authorities. Luxembourg: Publications Office of the European Union.

— JIMENO BULNES, M., ¿Mediación penal y/o justicia restaurativa? Una perspectiva europea y española. *Diario La Ley,* nº 8624, sección doctrina, 14 de octubre de 2015.

Ley Orgánica 10/1995, de 23 de noviembre, del Código Penal. «BOE» núm. 281, de 24 de noviembre de 1995.

— LÓPEZ GUTIÉRREZ, J., FERNÁNDEZ VILLAZALA, T., MÁÑEZ CORTINA, C.J., et al., Informe de la encuesta sobre delitos de odio. Ministerio del Interior. Gobierno de España, 2021. NIPO 126-21-071-6.

— MARTÍN DIZ, F., "Mediación y sistema de justicia: a propósito de las reformas legislativas para la eficiencia procesal de la administración de justicia y la incorporación de los denominados «medios adecuados de solución de controversias»". *LA LEY mediación y arbitraje,* nº 12.

— MARTÍNEZ ROS, J., "Los delitos de odio en el Código penal español". *La Ley Penal, Wolters Kluwer,* nº 145, julio agosto 2020.

— MINISTERIO DE EMPLEO Y SEGURIDAD SOCIAL. Legislación sobre los delitos de odio. Guía Práctica. Subdirección General de Información Administrativa y Publicaciones. NIPO PDF: 270-17-004-0.

— MINISTERIO DEL INTERIOR – SECRETARÍA DE ESTADO DE SEGURIDAD. II Plan de acción de lucha contra los delitos de odio. 2022-2024. Consultado en: https://www.interior.gob.es/opencms/pdf/servicios-al-ciudadano/Delitos-de-odio/descargas/II-PLAN-DE-ACCION-DE-LUCHA-CONTRA-LOS-DELITOS-DE-ODIO.pdf (Última consulta: 01/10/2023).

— MONTESINOS GARCÍA, A., "Capítulo I. Una breve aproximación a la justicia restaurativa". *Tratado de Mediación. Tomo II. Mediación Penal.* Valencia: Tirant lo Blanch, 2017.

— MUNIESA TOMÁS, M.P., FERNÁNDEZ VILLAZALA, T., MÁÑEZ CORTINAS, C.J., et al., Informe sobre la evolución de los delitos de odio en España. Ministerio del Interior, Gobierno de España, 2022.

— Oficina para las Instituciones Democráticas y los Derechos Humanos. Leyes de Delitos de Odio: Guía Práctica. 2009.

— OSCE. Office for Democratic Institutions and Human Rights. Hate Crime Victims in the Criminal Justice System. A Practical Guide. 2020. ISBN 978-83-66089-91-4.

— PARDEZA NIETO, M.D., "Análisis del delito de odio". *Diario La Ley,* nº 10216, sección tribuna, 26 de enero de 2023.

— SUAREZ-MARTINEZ, A., MÉNDEZ-LORENZO, C., PÉREZ-RAMÍREZ, M. Y CHICLANA, S., "El Odio y la Violencia hacia el Exogrupo. Análisis Psicosocial de una Muestra de Personas Condenadas por Delitos de Odio". *Anuario de Psicología Jurídica,* 33(1), 2023, pp. 125 – 133.

— TAMARIT SUMALLA, J.M., "El necesario impulso de la Justicia restaurativa tras la Directiva europea de 2012". *Ars Iuris Salmanticensis,* vol. 1, junio 2013, pp. 139-160. eISSN: 2340-5155.

— TIMÓN MORILLO-VELARDE, M., "La justicia restaurativa en los delitos de odio cometidos contra el colectivo LGTBI+". *Justicia restaurativa y medios adecuados de solución de conflictos.* Madrid: Dykinson, S.L., 2022, pp. 123-134.

Capítulo XXXII

El uso de técnicas restaurativas en la justicia de menores en casos de odio y discriminación[1]

IRENE YÁÑEZ GARCÍA-BERNALT[2]
Personal Investigador Predoctoral en Formación
Área de Derecho Procesal – Universidad de Salamanca

I. INTRODUCCIÓN: LA REALIDAD DE LOS DELITOS DE ODIO Y LA DISCRIMINACIÓN EN ESPAÑA. II. MENORES INFRACTORES Y DISCRIMINACIÓN: LA INFLUENCIA DE LAS REDES SOCIALES. III. IMPLEMENTACIÓN DE MEDIDAS DE DESJUDICIALIZACIÓN EN LOS CASOS DE DELITOS DE ODIO Y DISCRIMINACIÓN CON AUTOR MENOR DE EDAD: *CONFERENCING* Y CÍRCULOS DE SENTENCIA. 3.1. *La tendencia hacia la desjudicialización en el ámbito de la justicia juvenil.* *3.2. La integración de la justicia restaurativa en la justicia de menores. 3.3. Principios esenciales en la implementación de mecanismos extrajudiciales para la solución de conflictos con menores infractores: el interés superior del menor y el principio de oportunidad.* 3.3.1. El principio del interés superior del menor. 3.3.2. El principio de oportunidad: la clave de bóveda en materia de resolución extrajudicial de conflictos con autor menor de edad. 3.3.4. El derecho del menor a ser oído y su eficacia en los encuentros restaurativos. *3.4. Menores, justicia restaurativa y delitos de odio: más allá de la mediación.* 3.4.1. Justicia restaurativa, discriminación y odio. 3.4.2. La técnica del *Conferencing*. 3.4.3. Los círculos de sentencia. IV. REFLEXIONES FINALES. V. BIBLIOGRAFÍA.

---

1 Esta publicación se enmarca dentro del Proyecto Nacional I+D+i «Tratamiento Procesal de los delitos de odio cometidos a través de medios tecnológicos» (Referencia: PID2021-128339OA-I00) perteneciente a la convocatoria sobre «Proyectos de generación de conocimiento» en el marco del Programa Estatal para Impulsar la Investigación Científico-Técnica y su Transferencia, del Plan Estatal de Investigación Científica, Técnica y de Innovación 2021-2023; financiado por MCIN/ AEI /10.13039/501100011033/ y por FEDER: Una manera de hacer Europa. IP. BUENO DE MATA.F

2 Este trabajo ha sido realizado en el marco de la convocatoria de contratos predoctorales (Programa Propio III) USAL 2020, cofinanciada por el Banco Santander.

I. INTRODUCCIÓN: LA REALIDAD DE LOS DELITOS DE ODIO Y LA DISCRIMINACIÓN EN ESPAÑA

La democracia tiene su origen en la creencia de que, siendo todos iguales en determinados aspectos, lo somos en todo. Concibe así la igualdad, en la Antigua Grecia, el filósofo Aristóteles; idea que se plasma, en cierto modo, en nuestra Carta Magna de 1978. El Estado debe promover las condiciones para que la libertad y la igualdad de las personas y grupos en que se integran sea real y efectiva. Se deberán remover todos los obstáculos que impidan o dificulten su plenitud (Art. 9.2 CE). Así, podemos observar cómo se produce el reconocimiento de una igualdad material en la CE de 1978 a la que se ha de sumar la igualdad formal que recoge el art. 14 CE. La interpretación de ambos preceptos conlleva una prohibición de discriminación que tiene por objeto la protección de la igualdad siendo esta trasladada a nuestro CP vigente[3].

La salvaguarda de la igualdad tiene lugar, por tanto, en las diferentes ramas del ordenamiento jurídico. Sin embargo, para este trabajo pondremos el foco de atención en la esfera del Derecho Penal y en la del Derecho Procesal. En cuanto a la rama penal, comenzaremos diciendo que el CP tipifica las conductas discriminatorias y tendentes al odio en el art. 510 y, además, contiene una agravante genérica de discriminación en el art. 22.4. Estos delitos de odio engloban conductas penalmente reprochables en las que el autor se sirve de sus prejuicios e intolerancia hacia personas que presentan unas características que aquel considera diferentes a las suyas, como la orientación sexual, las creencias religiosas, el origen étnico o la discapacidad[4]. Se castigan, pues, las acciones que se ejecutan con ese filtro de aversión que desborda lo que sería la reflexión personal, acciones que

---

3 LIZARDO GONZÁLEZ, E., *Delitos de odio y discriminación. El caso LGTB*, Barcelona, J.M. Bosch Editor, 2023, p. 171.

4 Definición otorgada en el Informe sobre la evolución de los delitos de odio en España de 2022 elaborado por el Ministerio del Interior y la Oficina Nacional de Lucha contra los Delitos de Odio (ONDOD). [Texto disponible en: https://www.interior.gob.es/opencms/export/sites/default/.galleries/galeria-de-prensa/documentos-y-multimedia/balances-e-informes/2022/Informe_Evolucion_delitos_odio_2022.pdf]. La FGE explica en la Circular 7/2019, de 14 de mayo, sobre pautas para interpretar los delitos de odio tipificados en el Código Penal en el artículo 510 del Código Penal, que este precepto regula conjuntamente y amplía el ámbito de los delitos de provocación a la discriminación, al odio y a la violencia, así como la justificación del genocidio, al tiempo que introduce nuevos tipos penales. [Ref. BOE A-2019-7771].

ponen en peligro la convivencia pacífica de los ciudadanos[5]. La realidad sobre estas conductas es, cuanto menos, desoladora. En 2022 la cifra total de incidentes registrados por delitos de odio asciende a 1869 hechos, un aumento del 3,72% respecto a 2021. Como actuaciones esclarecidas, se han registrado un total de 1175 incidentes, incrementándose en un 62% en relación con el año anterior[6].

Al igual que otras formas de violencia, como aquella que se produce sobre la mujer por el mero hecho de serlo, los delitos de odio constituyen la manifestación de una sociedad que se encuentra a una gran distancia de alcanzar la tolerancia plena. Ello a pesar de haber sido testigo de conductas verdaderamente denigrantes a lo largo de la historia. Esto, sin lugar a duda, nos indica que estamos lejos de poder afirmar que nos incardinamos en una sociedad íntegramente benévola y antidiscriminatoria. El ser humano, es el único que tropieza dos veces con la misma piedra; basta haber vivido episodios de antisemitismo, dos Guerras Mundiales y el exterminio de un determinado colectivo, como para seguir cometiendo actos auténticamente despreciables y discriminatorios. No obstante, debemos señalar que una de las cuestiones verdaderamente sorprendentes y preocupantes en relación con este tipo de conductas reside en el perfil del autor según el grupo de edad. Como veremos en líneas posteriores, las estadísticas arrojan datos preocupantes que demuestran como esos ilícitos penales son cometidos por sujetos cada vez más jóvenes siendo, gran parte de ellos, menores de edad. Así, partiendo de la simbiosis existente entre discriminación y odio siendo este último, desde el punto de vista penal, la expresión más severa de aquella, el objetivo de estas páginas es reflexionar sobre el incremento de estas conductas con autor menor de edad, así como sobre la posible aplicación de mecanismos extrajudiciales de resolución de conflictos beneficiosos tanto para la víctima como para el menor infractor, los cuales van más allá de la ya convencional mediación en el ámbito de la justicia juvenil.

II. MENORES INFRACTORES Y DISCRIMINACIÓN: LA INFLUENCIA DE LAS REDES SOCIALES

Hace décadas, especialmente desde el momento en que tiene lugar el impacto de las nuevas tecnologías (en adelante, TICs), se ha puesto de

---

5 Véase la STS 488/2022, de 19 de mayo.

6 *Idem.*

manifiesto un incremento de las conductas de índole discriminatorio cometidas por menores de edad. Los centros escolares y el uso de plataformas online y redes sociales constituyen el caldo de cultivo perfecto para la perpetración de este tipo de comportamientos[7]. Los datos son claros y, además, un signo de alarma: en 2022, hubo un total de 838 detenciones e investigaciones por delitos de odio y de esa cifra, 103 se corresponden con menores de edad, lo que representa el 12,29% del total.

Para abordar ese motivo que subyace al recrudecimiento de este tipo de conductas con autor menor sería necesaria la creación de un grupo de carácter interdisciplinar conformado por expertos que analizaran la situación. Desde el punto de vista jurídico lo que podemos afirmar, sin duda alguna, es que la reacción frente a este tipo de conductas se ha centrado en captar y sancionar ese ánimo de menosprecio y discriminación hacia determinadas personas, bien por sus circunstancias personales, o bien por su pertenencia a un grupo o colectivo concreto[8]. De hecho, así se aprecia en la literatura jurisprudencial tanto del TS como de las diferentes Audiencias Provinciales en el caso de menores infractores. Respecto a estas últimas, del análisis de algunas, tales como la SAP Las Palmas 209/2013, de 15 de noviembre; SAP de Cáceres 17/2014, de 23 de enero; SAP Santa Cruz de Tenerife 388/2021, de 10 de noviembre; SAP Asturias 138/2023, de 28 de marzo, se desprende ese elemento de aversión y de motivación "de odio" de la conducta por la pertenencia de la víctima a un determinado grupo (SAP Las Palmas 209/2013, pertenencia al colectivo LGTBIQ+), o por revestir unas características distintas de las del autor que se salen fuera de la esfera de lo que este considera como "normal" o "correcto", como por ejemplo el hecho de que la víctima tenga una discapacidad del 65% (SAP Santa Cruz de Tenerife 388/2021).

Además del acoso y la discriminación física que se produce en el mundo real, resulta especialmente alarmante el empleo de las redes sociales como instrumentos, más que aptos, para la perpetración de conductas similares. Las redes sociales son un auténtico desafío en la comisión de delitos por

---

7 A modo de ejemplo, el Informe sobre delitos de odio en España de 2019,ya muestra un total de 204 casos registrados vinculados a delitos de odio cometidos a través de internet (54,9%) Y redes sociales (17,4%). En 2022 se aprecia un descenso en el uso de internet para cometer este tipo de conductas (49,11%), si bien es cierto, que el uso de redes sociales para la perpetración asciende hasta un 21,30%.

8 MORETÓN TOQUERO, M.A., "El ciberodio, la nueva cara del mensaje de odio: entre la cibercriminalidad y la libertad de expresión", *Revista jurídica de Castilla y León*, núm. 27, 2012, pp. 7-8.

menores de edad. De acuerdo con el Informe Digital Statshot Global de abril de 2023 publicado conjuntamente por *Meltwater* y *We Are Social*[9], el número mundial de identidades de usuario activas en las redes sociales ha alcanzado en abril de 2023 un total de 4.800 millones de usuarios. Solamente en un mes, el promedio de tiempo que un usuario pasa en *TikTok* es de 31 horas y media, red social en auge entre los menores de edad y con una velocidad de crecimiento mucho mayor que *YouTube*. Asimismo, *WhatsApp* se erige como la plataforma con mayor frecuencia de uso, un 82,6% de los usuarios activos mensuales de esta aplicación la abren todos los días, siendo *YouTube* la que ocupa el segundo puesto con un 63,2% de usuarios que realizan una apertura diaria de plataforma de vídeos.

Las redes sociales constituyen pues, un medio empleado por los menores para cometer conductas ilegítimas y penalmente reprochables de las que en muchas ocasiones son conscientes y, en otras tantas, no plenamente. Ahora bien, tal y como se pone de manifiesto en las líneas que nos preceden, su uso por parte de los menores constituye un reto a nivel jurídico por, básicamente, dos motivos. Por un lado, la incorporación de constantes funcionalidades implica que comprender su funcionamiento sea más complicado y este es, precisamente, un elemento clave en materia de prueba digital y en cuestiones relacionadas con la autoría del menor. Por otro lado, la problemática en torno a las particularidades en materia de investigación. Al cometerse estas conductas a través de medios informáticos o dispositivos electrónicos, en numerosas ocasiones se deberá hacer uso de diligencias de investigación tecnológicas, las cuales suponen una auténtica afección del derecho a la intimidad de los menores o del secreto de las comunicaciones (Art. 18.3 CE)[10]. Esto llevará al juez a realizar una importante reflexión y, sobre todo, un ejercicio en torno a la proporcionalidad que debe existir entre el fin que se pretende con la diligencia de investigación, la afectación a determinados derechos fundamentales y, muy importante, si es viable su uso en tanto en cuanto puede afectar al interés superior del menor[11].

---

9 Informe disponible en: https://datareportal.com/reports/digital-2023-april-global-statshot

10 *Cfr.* GUTIÉRREZ MAYO, E., "Los desafíos que plantean las redes sociales en la comisión de delitos entre menores de edad", en ABADÍAS SELMA, A. CÁMARA ARROYO, S Y SIMÓN CASTELLANO, P., *Tratado sobre delincuencia juvenil y responsabilidad penal del menor*, Madrid, Wolters Kluwer, 2021, p. 488.

11 Recuérdese que dentro del ámbito de la justicia juvenil y del proceso penal de menores, además de los principios puramente procesales, existen otros que han sido objeto de preferencia legislativa, como ocurre con el interés superior del

III. IMPLEMENTACIÓN DE MEDIDAS DE DESJUDICIALIZACIÓN EN LOS CASOS DE DELITOS DE ODIO Y DISCRIMINACIÓN CON AUTOR MENOR DE EDAD. *CONFERENCING* Y CÍRCULOS DE SENTENCIA

3.1. La tendencia hacia la desjudicialización en el ámbito de la justicia juvenil

Bien es sabido, y asentado en la doctrina tanto penal como procesal, que nuestra actual Ley Orgánica 5/2000, de 12 de enero, Reguladora de la Responsabilidad Penal de los Menores (en adelante, LORPM) se caracteriza por ser una norma formalmente penal pero materialmente sancionadora educativa. Bajo el estandarte del interés superior del menor, como principio fundamental e informador que debe regir durante la sustanciación del proceso -desde el recibimiento de la *notitia criminis* por parte del Ministerio Fiscal hasta la ejecución de las medidas controladas por el Juez de Menores-, la ley se muestra especialmente partidaria de evitar algunos de los formalismos del proceso penal común. Es importante recordar que, ya en la STC 36/1991, de 14 de febrero, el máximo intérprete de nuestra Carta Magna señaló que el proceso penal de menores debía revestir todas las garantías que operan en el proceso penal común -el de los adultos-, si bien preveía la posibilidad de que concurrieran algunas excepciones debido a las especiales características que revisten los sujetos sobre los que recae este enjuiciamiento. Por eso, precisamente, la LORPM es partidaria de aplicar en diferentes momentos del procedimiento medidas tendentes a solucionar el conflicto de forma extrajudicial[12].

---

menor. Entiéndase como tal principio el hecho de valora todo aquello que resulta más beneficioso para el menor en función de sus circunstancias personales y sociales. *Vid.* BUJOSA VADELL, L., "Ejecución en el enjuiciamiento de menores: principios aplicables y limitación de la discrecionalidad", en BUJOSA VADELL, L y MARTÍN DIZ, F. (Dirs.), *Menores infractores: predicción, gestión del riesgo e intervención*, Cizur Menor (Navarra), Thomson Reuters Aranzadi, 2022, pp. 27-32. El motivo por el que el interés superior del menor se considera uno de los principios informadores del proceso penal del menor, y probablemente el más importante, reside en la vulnerabilidad de los menores por cuanto son seres humanos en desarrollo y su grado de madurez no se encuentra plenamente formado. *Vid.* CUETO SANTA EUGENIA, E., *El desistimiento en la justicia juvenil y su fundamento educativo*, Valencia, Tirant lo Blanch, 2023, pp. 62-72.

12 Nos referimos aquí a dos medidas concretas. La primera de ellas es el desistimiento de incoación del Expediente de Reforma (Art. 18 LORPM). Entiéndase este

La desjudicialización no es otra cosa que un sistema de política criminal que permite extraer niño o adolescente del proceso con la menor carga judicial posible. De hecho, así se pone de manifiesto en la Convención sobre los Derechos del Niño de 1989 (en adelante, CDN). El art. 40.3.b) de la misma ya alude a la necesidad de evitar los procedimientos judiciales siempre que sea apropiado y deseable. Del mismo modo lo reitera la Observación General núm. 10 (2007) del Comité de los Derechos del Niño sobre los derechos del niño en la justicia de menores[13]. Dicho Comité se inclina por la opinión de que se conciba como una obligación de los Estados Parte el promover medidas encaminadas a solventar los conflictos de tal manera que no tengan que acudir al procedimiento judicial, no limitándose únicamente a delitos leves. Asimismo, dentro del deber que tienen los Estados de regular procesos que se rijan bajo el paraguas de una serie de estrictas garantías procesales[14], se incardina el enfoque necesario de que tales garantías deben versar también sobre la consideración, determinación y evaluación del interés superior del menor el cual, en numerosas ocasiones, conducirá a la necesaria evitación del proceso penal.

Así pues, nuestro actual sistema de responsabilidad penal de los menores se erige como un instrumento flexible, caracterizado también por

---

como un momento "preprocesal" en el que el Ministerio Fiscal, recibida la *notitia criminis*, comienza la realización de unas diligencias preliminares o preprocesales que se centrarán en aspectos muy concretos. Para desistir de la incoación del Expediente de Reforma, entrará a valorar la necesidad o no de incoar el Expediente de Reforma en atención a la gravedad del delito, el empleo o no de violencia e intimidación, la reiteración delictiva y las circunstancias que rodean al menor (corrección en el ámbito familiar y educativo). El segundo tendría lugar una vez el Expediente ha sido incoado, el sobreseimiento por conciliación o reparación con la víctima (Art. 19 LORPM). Aunque la LORPM guarda silencio, entendemos que el momento procesal en que se puede producir este sobreseimiento es en la fase intermedia -fase de alegaciones-, la cual finaliza bien con el auto de sobreseimiento o bien con el auto de apertura de la fase de audiencia. Encajaría pues, la posibilidad de llevar a cabo un acto de mediación entre víctima y victimario en este momento. Si bien consideramos la posibilidad de su proposición por parte del Fiscal instructor en la conclusión del Expediente de Reforma (Art. 30 LORPM). Sobre las diligencias preprocesales véase RUIZ BOSCH, S., "Las diligencias preprocesales", *La Ley Penal*, núm. 116, 2015, pp. 1-14.

13 Texto disponible en: https://www2.ohchr.org/english/bodies/crc/docs/crc.c.gc.10_sp.pdf

14 Véase la Observación General núm. 14 (2013), del Comité de los Derechos del Niño sobre el derecho del niño a que su interés superior sea una consideración primordial. [Texto disponible en: https://www.refworld.org.es/docid/51ef9aa14.html].

la diversificación[15], donde la aplicación de una correcta desjudicialización permitirá la consecución de los objetivos marcados por la norma: la reeducación y la resocialización del menor infractor[16].

3.2. La integración de la justicia restaurativa en la justicia de menores

La tendencia hacia la desjudicialización en materia de menores en infractores no es, sino, un claro ejemplo de la evolución de la justicia penal: el salto desde un sistema retributivo a un sistema reeducativo (que pone su foco de atención en el victimario) para llegar a un sistema mixto integrado, por un lado, por un modelo de justicia restaurativa y, por otro lado, por el sistema rehabilitador[17].

Hablar de justicia restaurativa desde un punto de vista teórico y de manera exhaustiva nos llevaría más espacio del que disponemos en estas páginas. Sin ánimo de ser excesivamente escuetos, consideramos necesario realizar una aproximación a este concepto y como se produce su incorporación en el ámbito de la justicia juvenil. Podemos afirmar que la justicia restaurativa nace como un movimiento de reforma y completamente renovador del sistema de administración de justicia penal[18] que promueve la reparación del daño mediante un diálogo entre el

---

15 Entiéndase aquí la diversificación como un adjetivo enfocado a la variedad de medidas que ofrece la LORPM no siendo el internamiento la única solución. Se ofrecen medidas de índole diversas enfocadas todas ellas a la reeducación y debiendo elegirse siempre la que mejor se adecúe a las circunstancias personales, sociales y educativas del menor. En definitiva, a su superior interés. *Vid.* VIZCARRO MASIA, C., "Los límites a las puertas abiertas en la justicia juvenil", *Educación social: Revista de intervención socioeducativa*, núm. 12, 1999, p. 76.

16 Así lo señala también LOREDO COLUNGA. *Vid.* LOREDO COLUNGA, M., "Vías para la desjudicialización en el marco de la justicia penal de menores", *Revista General de Derecho Procesal*, núm. 52, 2020, p. 5.

17 *Cfr.* MADRID LIRAS, S., "Las víctimas en los procedimientos extrajudiciales en el ámbito de menores infractores", en SOLETO MUÑOZ, H y CARRASCOSA MIGUEL, A., *Justicia Restaurativa: una justicia para víctimas*, Valencia, Tirant lo Blanch, 2019, p. 641.

18 A este respecto compartimos la opinión de JIMENO BULNES, que habla de un sistema de justicia que emerge con más brío "*al hilo del concepto de sostenibilidad que hoy preconiza Naciones Unidas dentro de su Agenda de desarrollo sostenible; de ahí que encaje sin dificultad en los Objetivos de Desarrollo sostenible 2030, concretamente en el objetivo 16*". *Vid.* JIMENO BULNES, M., "Mediación penal y/o justicia restaurativa: *status quo*", *La Ley mediación y arbitraje*, núm. 13, 2022, p. 2.

infractor, la víctima y, en muchas ocasiones, también con la involucración de la comunidad[19]. Todo ello en aras de buscar una solución al conflicto que responda a los intereses de ambas partes. En definitiva, busca lidiar con la discrepancia en juego de la mejor manera posible y lejos de su elusión o negación[20]. Consideramos que se trata pues de una evolución de la justicia que se adapta a las exigencias sociales y demás cambios sociopolíticos y económicos. Por tanto, estamos ante un modelo de justicia que sobrepasa los tribunales y que va más allá del proceso tal y como lo conocemos[21].

Desde el ámbito internacional, ya se aboga por la aplicación de estas medidas desde comienzos de los 2000. Así, destacan los esfuerzos de la ONU, quien ya en el *Manual sobre programas de justicia restaurativa (segunda edición)*[22] incide en los beneficios de la Justicia Restaurativa en tanto en cuanto es un modelo que reduce la frecuencia y la severidad de la reiteración delictiva, promueve la rehabilitación del ofensor, y satisface los intereses de ambas partes a través de la promoción del diálogo[23]. De igual modo la *Declaración de Kioto sobre la promoción de la prevención del delito, la justicia penal y el estado de Derecho: hacia el cumplimiento de la Agenda 2030 para el desarrollo sostenible* del año 2021, recoge esa necesidad de tender a hacia una reducción de la reincidencia a través de la rehabilitación y reintegra-

---

19 *Vid.* FLORES PRADA, I., "Algunas reflexiones sobre la justicia restaurativa en el sistema español de justicia penal", *Riedpa. Revista Internacional de Estudios de Derecho Procesal y Arbitraje*, núm. 2, 2015, pp. 1-45. Por su parte, ZEHR define la justicia restaurativa como "*un proceso dirigido a involucrar a todos los que tengan un interés en la ofensa particular e identificar y atender colectivamente los daños, necesidades y obligaciones derivados de dicha ofensa con el propósito de sanar y enmendar los daños de la menor manera posible*". *Vid.* ZEHR, H., *El pequeño libro de la justicia restaurativa*, Estados Unidos, Good Books, 2007, p. 45. Entiéndase que el diálogo entre la víctima y el infractor puede ser directo o indirecto, así lo señala la Recomendación CM/Rec (2018)8 del Comité de Ministros a los Estados miembros en materia de justicia restaurativa penal, de 3 de octubre de 2018. [Texto disponible en: https://www.euforumrj.org/sites/default/files/2019-12/spanish-coe-rec-2018.pdf].

20 FRANCÉS LECUMBERRI, P., "El principio de oportunidad y la justicia restaurativa. Mediación, conciliación y reparación en la Ley Orgánica de Responsabilidad penal del menor", *InDret*, núm. 4, 2012, pp. 9-15.

21 *Cfr.* BARONA VILAR, S., "La mediación y su espacio en el hábitat de la justicia integral, global, algorítmica: ¿más o menos protagonismo?", en BARONA VILAR, S. (Ed.), *Meditaciones sobre mediación (MED+)*, Valencia, Tirant lo Blanch, 2022, p. 34.

22 La primera edición es del año 2006.

23 Texto disponible en: https://www.unodc.org/documents/justice-and-prison-reform/20-01146_Handbook_on_Restorative_Justice_Programmes.pdf

ción, para lo que se deberán facilitar procesos de justicia restaurativa en las fases que correspondan del proceso penal para favorecer la reinserción del infractor y la recuperación de las víctimas[24].

Simplemente con esa breve definición del concepto de justicia restaurativa, de sus fines y con dos previsiones internacionales[25], ya vislumbramos su posible encaje en el ámbito de la justicia juvenil, dado que esta justicia especializada tiende, como ya hemos señalado, a la desjudicialización, a la búsqueda de una solución extrajudicial del conflicto. Por tanto, parece que el proceso penal de menores es un ámbito en el que se dan las condiciones favorables para la aplicación de instrumentos restaurativos tendentes a la reparación del daño mediante planes de diálogo entre la víctima y el infractor[26]. No debemos olvidar que, a pesar de los numerosos beneficios que esta justicia otorga a la víctima, también otros tantos inciden directamente en el interés del victimario, más aún cuando se trata de menores de edad. Esto es, los instrumentos restaurativos facilitan la resocialización del infractor y la paz social[27], pues se alcanzará una reducción de la tasa delictiva disminuyendo así las posibilidades de volver a sufrir el hecho delictivo a la par que, además, se erradica la estigmatización del joven infractor que se ve sometido a un procedimiento judicial redundando todo ello en su interés superior.

---

24 Texto disponible en: https://www.unodc.org/documents/commissions/Congress/Kyoto_Declaration_booklet/21-02818_Kyoto_Declaration_eBook_S.pdf

25 Amén de las mencionadas, también destacan otras tales como: Resolución del Consejo Económico y Social 1999/26, de 28 de julio, sobre aplicación de medidas de mediación y justicia restaurativa en materia de justicia penal; 2002/12, de 24 de julio de 2002 sobre principios básicos para la aplicación de programas de justicia restaurativa en materia penal; Directiva 2012/29/UE del Parlamento Europeo y del Consejo de 25 de octubre de 2012 por la que se establecen normas mínimas sobre los derechos, el apoyo y la protección de las víctimas de delitos. De igual modo, el art. 11 de las Reglas Mínimas Uniformes de las Naciones Unidas para la Administración de justicia de Menores (Reglas de Bejing) de 1985, ya menciona las posibilidades de desjudicialización de los casos de menores.

26 *Cfr.* CÁMARA ARROYO, S., "Justicia juvenil restaurativa", *La Ley Penal*, núm. 85, 2011, p. 2.

27 *Vid.* MIGUEL BARRIO, R., *Justicia restaurativa y justicia penal. Nuevos modelos: mediación penal, conferencing y sentencing circles*, Barcelona, Atelier, 2019, p. 59.

3.3. Principios esenciales en la implementación de mecanismos extrajudiciales para la solución de conflictos con menores infractores: el interés superior del menor y el principio de oportunidad.

3.3.1. El principio del interés superior del menor

Como hemos indicado *ab initio* del epígrafe, el interés superior del menor es uno de los principios informadores, si bien el más importante, de la actual LORPM. El menor deberá ser tenido en cuenta en todas y cada una de las actuaciones que le atañen, deberá ser escuchado y el Fiscal tendrá la función de proteger dicho interés proponiendo medidas que aseguren el respeto de este. Por tanto, preside todo el procedimiento y las medidas susceptibles de adopción[28].

Cuando el Fiscal entra a valorar la posible aplicación de mecanismos alternativos de resolución de conflictos lo hace teniendo presente este principio. Al tomar como base la justicia de menores una prevención especial positiva que busca esa resocialización y reeducación tras el delito cometido, la Justicia Restaurativa y los pilares[29] sobre los que descansa cobran pleno sentido. La vigente LORPM ya establece, en su momento, un modelo de justicia restaurativa donde se concibe a la medicación como una herramienta apta y válida para alcanzar la conciliación y reparación entre la víctima y el menor victimario, contando este último con todos los derechos que le asisten en calidad de encausado[30] a lo que se ha sumar el deber de salvaguardar siempre su interés superior con carácter primordial.

---

28 La vigencia de un principio como este posibilita la incorporación de determinadas especialidades con el objetivo de ajustar el proceso a las particularidades que presenta el menor. *Vid.* COELLO PULIDO, A., *Sistema español de justicia juvenil: una respuesta restaurativa,* Vigo, Ángela Coello Pulido (Ed. Independiente), 2019, p. 21.

29 Tales principios son: la implicación de los afectados (víctima e infractor); la reparación del daño; la transmisión de la idea "acto-consecuencia" y, finalmente, el fortalecimiento de la comunidad para lograr la prevención de la reincidencia y la paz social. *Vid.* BERNUZ BENEITEZ, M.J., "Las posibilidades de la justicia restaurativa en la justicia de menores (española)", *Revista Electrónica de Ciencia Penal y Criminología,* núm. 16, 2014, pp. 3-4.

30 MARTÍNEZ SÁNCHEZ, M.C., "La justicia restaurativa en el ámbito de la Justicia Penal de Menores", en AGUDO PÉRIZ, J.L. (Coord.), *Materiales Jurídicos para una Guía de la Mediación en Aragón,* Zaragoza, Gobierno de Aragón (Ed.), 2020, pp. 425-478.

Ahora bien, a pesar de los beneficios que redundan en dicho interés, no debe olvidarse que las reformas operadas en materia de justicia juvenil que contemplan la posibilidad de que la víctima se persone como acusación particular conduce también a la imposibilidad de aplicar soluciones extrajudiciales, aunque supongan un beneficio para el interés superior del menor infractor, simplemente la mera negación de aquel a participar[31].

3.3.2. El principio de oportunidad: la clave de bóveda en materia de resolución extrajudicial de conflictos con autor menor de edad.

Al igual que sucede con el proceso penal de adultos, el proceso penal de menores se rige también por el principio de legalidad[32]. Conforme a dicho principio se permite conocer del inicio del Expediente de Reforma, las reglas correspondientes a su sustanciación, el órgano competente para resolverlo, las medidas cautelares que se pueden adoptar y la ejecución de las medidas que se impongan. Sin embargo, también se ve difuminado durante la sustanciación del procedimiento por el denominado principio de oportunidad. Este implica que el proceso contra el menor infractor solamente surja cuando no sean factibles otras soluciones para dirimir el conflicto[33]. El principio de oportunidad no es, sino, una facultad de discrecionalidad que se confiere al Fiscal para valorar la innecesaria aplicación de la pena, medida en este caso, al asunto de que se trate[34].

Cuando estamos ante un procedimiento que se sigue por una causa presuntamente atribuida a un menor de edad, el uso del principio de oportunidad se justifica por la mera finalidad de la LORPM, la cual no busca la retribución sino la reeducación y resocialización del menor y, mientras este fin se pueda conseguir por otras vías, lo más adecuado será no hacer

31 ARANDA JURADO, M., *La mediación penal juvenil en España*, Valencia, Tirant lo Blanch, 2021, p. 119.

32 Este principio obedece a la apreciación contenida en el art. 25 CE, en virtud del cual nadie puede ser condenado por acciones u omisiones que no constituyan delito o, lo que es lo mismo, *nulla poena sine lege*.

33 *Cfr.* BUENO DE MATA, F., "Reflexiones críticas acerca de las medidas de oportunidad en el proceso de menores: especial referencia a la mediación penal", *La Ley Penal*, núm. 143, 2020, p. 1.

34 Así lo define CALAZA LÓPEZ. *Vid.* CALAZA LÓPEZ, S., "Esperando el Código Procesal Penal de la democracia", en CALAZA LÓPEZ, S y MUINELO COBO, J.C., *Justicia, reparación y reinserción*, Madrid, Editorial Universitaria Ramón Areces, 2020, p. 36.

uso de las medidas contempladas en el art. 7 de la citada norma y, por lo tanto, no iniciar -o continuar-con un procedimiento judicial. Así pues, nos encontramos con un proceso en el que no se ejecuta en sí el *ius puniendi estatal*, sino que se persigue la reeducación del menor de modo que no gira en torno a la imperatividad característica del castigo, sino que se enfoca en la recuperación del menor.

El principio de oportunidad aplicado al proceso penal de menores va a permitir no solo evitar un enjuiciamiento formal y, posiblemente estigmatizante para el menor, sino una economización de los medios. Al desistir de la incoación del Expediente de Reforma (Art. 18 LORPM) o bien al proponer el sobreseimiento por conciliación o reparación con la víctima (Art. 19 LORPM) logramos solventar un importante número de casos evitando dilaciones indebidas y garantizando que la tutela judicial efectiva se preste en un plazo de tiempo razonable. De hecho, si tenemos en cuenta la importancia que asume el interés superior del menor, el respeto de la celeridad[35] es crucial para evitar los daños y las consecuencias negativas que producen las demoras innecesarias[36].

Pareciera que en un proceso basado en el principio de legalidad, al cual incluso se hace alusión expresa en el art. 43 LORPM en materia de ejecución de las medidas, que a su vez contempla la posibilidad de aplicar un principio de oportunidad reglada que tiende a la búsqueda de soluciones extrajudiciales conduce a lo que algunos autores denominan como "proceso esquizofrénico"[37]. Una vez más, basándonos en el superior interés del

---

35 La aplicación del principio de oportunidad nos llevaría a la consecución de una justicia penal eficiente. Adoptamos aquí la definición de eficiencia aportada por MARTÍN DIZ, para quien, dentro de la materia procesal, permitiría "*conseguir una justicia pública, rápida, accesible y plural*". *Vid.* MARTÍN DIZ, F., "Mediación y sistema de justicia: a propósito de las reformas legislativas para la eficiencia procesal de la administración de justicia y la incorporación de los denominados "medios adecuados de solución de controversias", *LA LEY mediación y arbitraje*, núm. 12, 2022, p. 3.

36 Añade DE URBANO CASTRILLO que el deber de garantizar la celeridad reside también en la importancia que cobra la edad del menor en este proceso especial. *Vid.* DE URBANO CASTRILLO, E., "La subjurisdicción de menores: principios informadores y especialidades en materia de recursos", *La Ley Penal*, núm. 36, 2007, p. 9.

37 Así lo señala VÁZQUEZ SOTELO. *Vid.* VÁZQUEZ SOTELO, J.L., "Los principios del proceso penal legalidad, oportunidad y condena pactada", en PICÓ I JUNOY, J., *Principios y garantías procesales (Liber Amicorumen homenaje a la profesora M.ª Victoria Berzosa Francos)*, Barcelona, J.M. Bosch, 2013, p. 469.

menor y en la finalidad no punitiva, sino reeducadora del proceso penal de menores consideramos que no existe inconveniente alguno en recurrir a mecanismos alternativos. Recordemos que, el principio de legalidad responde a una exigencia de seguridad jurídica lo cual no comporta la imposible operación de una oportunidad debidamente regulada por el legislador ordinario.

3.3.3. El derecho del menor a ser oído y su materialización en los encuentros restaurativos.

Señalábamos que en 1991 el TC reiteró el deber de regular el proceso penal de menores bajo el paraguas de una serie de garantías procesales y derechos en términos similares a los previstos para el proceso penal de adultos. Por ello, podemos afirmar que los menores investigados y, posteriormente encausados, gozan plenamente de los derechos reconocidos en el art. 24 CE, en definitiva, se les habrá de garantizar el denominado derecho a un debido proceso. Dentro de ese debido proceso encajaría el derecho a ser oído, el cual no se contiene expresamente en el art. 24 CE. No obstante, recordemos que dicho precepto se encuentra directamente relacionado con el art. 6 CEDH, donde sí que se reconoce expresamente el derecho a ser oído.

Cuando se trata de menores, bien como víctimas o bien como victimarios, el derecho a ser oído cobra especial relevancia, pues se incardina dentro del catálogo de derechos recogidos en la CDN de 1989 (Art. 12.2). Tal es el alcance de este derecho que en la LORPM la única diligencia de investigación que el fiscal no puede rechazar es, precisamente, la declaración del menor cuando las partes se lo hubieran solicitado y siempre que no hubiera concluido la instrucción y el Expediente hubiera sido remitido al juez de menores (Art. 26.2 LORPM). El reconocimiento de la posibilidad de ser escuchado implica así que el menor que entra en contacto con la administración de justicia tiene algo que decir. Precisamente la aplicación de instrumentos restaurativos otorga mayor efectividad a la puesta en práctica de este derecho, especialmente si vamos más allá de la mediación. Recuérdese que cuando se acuerda el sobreseimiento por conciliación o reparación con la víctima, no es requisito obligatorio que exista una mediación física en la que las partes expresen, por un lado, sus intereses y, por otro, la asunción de reparación del daño, sino que puede darse dicho acuerdo por escrito (Art. 5.1.e Reglamento de la LORPM).

Así, el derecho a ser oído cobraría una mayor efectividad cuando invitamos al menor infractor y a su víctima a un encuentro restaurativo en forma de conferencia de grupo o círculo de sentencia. Especialmente, cuando se trata de delitos de odio y discriminación pues involucramos a la comunidad y los posibles grupos a los que pertenezca la víctima[38].

3.4. Menores, justicia restaurativa y delitos de odio: más allá de la mediación

3.4.1. Justicia restaurativa, discriminación y odio

Los entornos polarizados, entre los que se encuentran precisamente el odio y la discriminación, llevan consigo la consolidación de pensamientos negativos, prejuicios y desconfianza. La polarización se constituye como una forma de división de la sociedad, de las comunidades, que conlleva la realización de conductas hostigadoras frente a determinadas personas por su pertenencia a un determinado grupo o por pensar, simplemente, de manera distinta a su agresor lo cual implica un daño también a dicho colectivo, grupo o a otras personas que también se identifican con los sentimientos y pensamientos -políticos, ideológicos o religiosos- de la víctima.

La discriminación, el odio, el racismo y la xenofobia, lamentablemente, son elementos presentes en nuestra sociedad que, como indicábamos en las primeras líneas de este trabajo, cada vez se manifiestan con mayor frecuencia en edades tempranas. La situación es cuanto menos preocupante y precisamente así se ha puesto de manifiesto en diversos instrumentos jurídicos internacionales, europeos y nacionales[39]. La evidente complejidad de este tipo de conductas no nos conducirá a la obtención de una solución

---

38 Nos referimos aquí a la posible comparecencia de grupos religiosos, cuando la discriminación se produce por creencias religiosas o, por ejemplo, a representantes del colectivo LGTBIQ+ cuando el acto discriminatorio tiene lugar por razón de la orientación sexual o la identidad de género.

39 Entre otros, véanse: Declaración Universidad de los Derechos Humanos de 19 de diciembre de 1948; Convención Internacional sobre la Eliminación de todas las formas de discriminación racial (ICERD) de 21de diciembre de 1965; Convenio Europeo para la protección de los Derechos Humanos y Libertad Fundamentales (CEDH) de 4 de noviembre de 1950; Directiva 2000/43/CE, del Consejo relativa a la aplicación del principio de igualdad de trato de las personas independientemente de su origen racial y étnico; y más recientemente el Plan de Acción de la UE Antirracismo 2020-2025 COM(2020) 565.

o una respuesta sencilla pero lo que sí que es cierto es que la prevención y la reparación juegan un papel fundamental para solventar o minimizar los efectos producidos en casos de odio y discriminación, más aún cuando se trata de conductas con autor menor de edad. La justicia restaurativa y las herramientas que la conforman pueden ser eficaces en la reparación del daño generado con la comisión de estos ilícitos penales. Tanta es la confianza en estos mecanismos que incluso en la Comunidad de Navarra ha entrado en vigor Ley Foral 23/2023, de 5 de abril, de lucha contra el racismo y la xenofobia, en la cual se contempla el deber del Gobierno navarro de promover el uso de la justicia restaurativa para la prevención y reparación ante los efectos del racismo y la xenofobia (Art. 31 Ley 13/2023)[40].

Así, el campo de la justicia restaurativa brinda una respuesta y una reparación a la víctima del delito de odio y de una discriminación que, en numerosas ocasiones se convierte en un abuso reiterado y constante en el tiempo. El empleo de las herramientas e instrumentos que conforman la justicia restaurativa conduce no solamente a dicha reparación, sino que también implica que el victimario tenga voz para expresar los motivos que le llevaron a cometer semejante acto y se le ofrece una posibilidad de expresarse y solicitar del perdón del ofendido. Consideramos que este enfoque tiene su encaje, como ya hemos señalado, de manera mucho más efectiva cuando se trata de menores infractores debido a esa finalidad reeducativa que presenta la LORPM. Ahora bien, más allá de la mediación la finalidad es implementar otras medidas que precisamente se encuadran más fácilmente en la resolución de conflictos vinculados al odio y la discriminación cometidos por menores.

3.4.1. La técnica del *Conferencing*

El primero de los mencionados mecanismos restaurativos es el *conferencing* también conocido como conferencias de grupo. Se trata de dinámicas que se emplean para ofrecer un diálogo reparador sin dejar de lado el vínculo comunitario. Estas conferencias promueven, además de la participación de la víctima y el ofensor, la involucración de familiares y personas del círculo íntimo de ambas partes o de comunidades cercanas a las víctimas[41].

---

40 Texto disponible en: http://www.lexnavarra.navarra.es/detalle.asp?r=55924

41 DE LA CUESTA, J y GERMÁN, I., *La justicia restaurativa en España*, Madrid, Iustel, 2022, p. 43.

A diferencia de la mediación, en las conferencias de grupo se aprecia una mayor participación de la comunidad de apoyo de ambas partes[42].

Las conferencias de grupo se pueden utilizar tanto en el derecho penal de adultos como en el juvenil, si bien en este último caso los resultados podrían ser más eficaces. Por ejemplo, en Nueva Zelanda el modelo de conferencia integrado en el sistema de justicia penal de menores se emplea para casos de delitos graves a excepción del homicidio y el asesinato[43]. Esa mayor eficacia en el proceso de menores tiene su razón de ser en el carácter educativo y en el rol de la familia en el mismo. La educación, en igualdad, constituye un elemento clave en arduo camino hacia una sociedad con un porcentaje mínimo de miembros delincuentes. La creación de una lista cerrada que contenga un cierto número de tipos penales no resulta conveniente porque la erradicación de este tipo de comportamientos desde la educación de los niños y jóvenes es primordial para la consecución de la paz social y la tolerancia. Por ello, el componente didáctico que presentan las conferencias resulta primordial en el caso de menores infractores.

Más concretamente, si ponemos el foco de atención en los casos de delitos de odio o en otras conductas penalmente reprochables perpetradas con la agravante genérica de discriminación del art. 22.4 CP, un ejemplo de conferencias de grupo lo tenemos en Reino Unido gracias al programa *Why Me?*[44] Se trata de una organización creada con la finalidad de prestar apoyo a las víctimas de delitos de odio anti-LGTBIQ+. La asociación crea encuentros restaurativos entre la persona que sufre el daño y la que se lo ha infligido, ambas con acompañantes que ellas mismas seleccionan (familiares, amigos, miembros de sus comunidades e incluso profesionales). La involucración de personas, por ejemplo, de colectivo LGTBIQ+ por parte de la víctima facilitaría el hecho de que el infractor menor de edad comprenda que con su conducta no solamente daña a la persona en concreto, sino a la comunidad entera en la que se integra la víctima o con la que se identifica.

---

42 Realmente los modelos de conferencia varían, según McCOLD "*en función de la participación que tiene la víctima, los que la apoyan y los defensores del ofensor, incluyendo a los miembros de la familia y a otras personas significativas. También varía en función de la figura del facilitador*". *Vid.* McCOLD, P., "La historia reciente de la justicia restaurativa. Mediación, círculos y conferencias", *Delito y sociedad*, núm. 35, 2013, p. 19.

43 MIGUEL BARRIO, R., *Justicia restaurativa y justicia penal. Nuevos modelos: mediación penal, conferencing y sentencing circles*, cit., p.119.

44 GÓMEZ, N, PALACIOS, A y PÉREZ, L., *Justicia restaurativa en casos de odio y discriminación*, Barcelona, Institut de Drets Humans de Catalunya (Ed.), 2021, p. 90

Las fases de desarrollo de las conferencias de grupo son, básicamente, tres: la preparación, el encuentro y el plan de actuación y seguimiento. En cuanto a la fase de preparación se traduce en la iniciación por parte de unos coordinadores que estudian y analizan la situación para corroborar si es o no convenientes este tipo de proceso. La víctima debe tener conocimiento de los hechos acaecidos y el infractor debe ser informado de los cargos que se le imputan -en el caso de los menores siempre mediante un lenguaje claro y comprensible acorde a su edad-. Además, se comprobará su entendiendo sobre el sistema de justicia restaurativa y los objetivos[45]. En la fase del encuentro se ponen de manifiesto todas las emociones, necesidades y opiniones de ambas partes. Se exponen los hechos perpetrados por el menor y se exponen los distintos puntos de vista para llegar a un acuerdo a través de un plan que deberá cumplir el joven infractor e incluso su familia[46]. La última fase, la de reparación en sentido estricto, implica el acuerdo de las medidas el cumplimiento y el seguimiento del plan acordado. Dicho seguimiento podría ser llevado a cabo por el Equipo Técnico o un representante de este, o bien por la entidad de reforma de menores que corresponda.

3.4.2. Los círculos de sentencia

Junto con la mediación y las conferencias de grupo, otro de los instrumentos que componen la justicia restaurativa son los círculos de sentencia Son espacios seguros para que, mediante el diálogo, las partes puedan manifestar sus emociones y sentimientos. Muy similares a las conferencias de grupo, los círculos integran a otros operadores jurídicos, como los letrados de la defensa y de la acusación particular, y miembros de la comunidad que tengan interés en el caso[47]. Se trata de una estrategia de reintegración diseñada para dar respuesta a hecho delictivo que también ha de tener en cuenta las necesidades de las familias, la comunidad y las víctimas. Explica CHOYA FORÉS que se trata de "*una práctica muy versátil; se adapta al número*

45 MIGUEL BARRIO, R., *Justicia restaurativa y justicia penal. Nuevos modelos: mediación penal, conferencing y sentencing circles,* cit., p. 129.

46 MERINO ORTIZ, C y ROMERA ANTÓN, C., "Conferencias de grupos familiares y sentencias circulares: dos formas ancestrales de resolución de conflictos dentro del paradigma restaurativo", *Eguzkilore,* núm. 12, 1998, p. 289.

47 BERNUZ BENEITEZ, M.J., "Las posibilidades de la justicia restaurativa en la justicia de menores (española)", cit., p. 14.

de personas que participen, al objetivo que se pretenda, la duración puede ser variada al igual que las metodologías empleadas"[48].

En cuanto a la tipología de los círculos de sentencia, la clasificación habitual engloba tres modalidades: los pacificadores, los sanadores y los de apoyo. Por lo que se refiere a los círculos pacificadores, son aquellos en los que participan la víctima, el ofensor, sus familias, personas de la comunidad y, en determinadas ocasiones, la policía y otros profesionales jurídicos. El propósito es llegar a un acuerdo en la respuesta al hecho delictivo causado, así como en la reparación del daño. Lo que se busca es satisfacer a la comunidad en sentido amplio y a la víctima en particular. Una vez logrado el acuerdo, se presenta ante el juez de menores, quien deberá tenerlo en cuenta, bien ratificándolo en su totalidad, bien adoptándolo como medida complementaria a la posible sentencia. Por lo tanto, el acuerdo del círculo no evita la posible imposición de una medida judicial[49].

Por su parte, en círculos sanadores la esencia reside en el apoyo a una o más personas que han sufrido una dolorosa experiencia. En esta modalidad de círculos, uno de los cometidos principales descansa en que la víctima sea consciente del apoyo de la comunidad en general y de algunas personas de su círculos íntimo, más bien pueden concebirse como un método de "desahogo emocional"[50]. Por último, tendríamos los círculos de apoyo, una de las figuras con mayor éxito en las tasas de resocialización de los infractores[51]. La diferencia con los anteriores radica en el que el respaldo está no tanto enfocado a la víctima, sino al victimario, quien también tiene derecho a ser oído y a narrar lo ocurrido así como a expresar sus emociones. El fin es conseguir que el agresor se responsabilice de los hechos y sea consciente del daño causado evitando sí futuras reiteraciones delictivas.

---

48 CHOYA FORÉS, N., "Prácticas restaurativas: Círculos y Conferencias", *Justicia Restaurativa: nuevas perspectivas de mediación,* 2014-2015, p. 20.

49 *Idem.*

50 *Ibidem.*

51 MIGUEL BARRIO, R., "La justicia restaurativa y el interés por el delito: los círculos restaurativos como posible método de resocialización del victimario", *Diario La Ley,* núm. 9297, 2018. p. 2.

IV. REFLEXIONES FINALES

A lo largo de este trabajo hemos realizado un análisis sobre la cruda realidad del incremento de incidentes de odio y discriminación con autor menor de edad y las posibilidades de solventar tales conflictos a través de mecanismos que salen de la órbita judicial. Los MASC sí son posibles en los supuestos de delitos de odio cometidos por menores infractores y, lo serán más aún, cuando se aplican de manera preventiva.

Así la oportunidad de aplicar círculos de sentencia o conferencias de grupo en centros escolares podría comportar el aprendizaje de formas de resolución del conflicto de manera consensuada y a través del diálogo. Las particularidades que presentan los delitos de odio o, más bien, los motivos que subyacen a los mismos: el uso de un filtro de aversión, la comisión de tales conductas porque la víctima reviste una características diferentes a las del victimario. La creación de círculos de diálogo en centros escolares podrá impulsar la cultura de la conexión y de la responsabilidad, la asunción de que todos, siendo diferentes, somos en realidad iguales.

Evidentemente, para la consecución de estos objetivos y de las finalidades pretendidas con la justicia restaurativa que, no olvidemos, va más allá la mediación, será necesaria una importante inversión económica para la correspondiente y eficaz formación de los intervinientes, ya sean operadores jurídicos, o profesionales en contacto, por razón de su profesión, con la infancia y la adolescencia (profesores, psicólogos, orientadores educativos…) Por lo que deberemos dejar de lado la habitual práctica de legislar a coste cero.

Por último y, aunque debería ser un objetivo secundario, la aplicación de medidas restaurativas en este tipo de delitos y en este ámbito tan específico, traerá consigo la tan ansiada eficiencia y ese ahorro económico al que se sumará la descongestión de los órganos jurisdiccionales, en este caso de los juzgados de menores. La inversión monetaria en la implementación de herramientas restaurativas conllevará la posibilidad de lograr el mismo objetivo pero empleando menos recursos, lo cual redundará de manera directa y beneficiosa en ese interior superior del menor y en la finalidad reeducativa de la justicia de menores en general.

Por lo tanto, sí MASC en delitos de odio y sí MASC en el ámbito concreto de la justicia juvenil. Pero nunca con la única exclusiva finalidad económica y eficiencia, sino poniendo por delante la sanación y reeducación de los jóvenes infractores quienes, el día de mañana, conformarán el futuro de una sociedad que, deseamos, sea más tolerante.

V. Bibliografía

ARANDA JURADO, M., *La mediación penal juvenil en España,* Valencia, Tirant lo Blanch, 2021.

BARONA VILAR, S., "La mediación y su espacio en el hábitat de la justicia integral, global, algorítmica: ¿más o menos protagonismo?", en BARONA VILAR, S. (Ed.), *Meditaciones sobre mediación (MED+),* Valencia, Tirant lo Blanch, 2022.

BERNUZ BENEITEZ, M.J., "Las posibilidades de la justicia restaurativa en la justicia de menores (española)", *Revista Electrónica de Ciencia Penal y Criminología,* núm. 16, 2014.

BUENO DE MATA, F., "Reflexiones críticas acerca de las medidas de oportunidad en el proceso de menores: especial referencia a la mediación penal", *La Ley Penal,* núm. 143, 2020.

BUJOSA VADELL, L., "Ejecución en el enjuiciamiento de menores: principios aplicables y limitación de la discrecionalidad", en BUJOSA VADELL, L Y MARTÍN DIZ, F. (Dirs.), *Menores infractores: predicción, gestión del riesgo e intervención,* Cizur Menor (Navarra), Thomson Reuters Aranzadi, 2022.

CALAZA LÓPEZ, S., "Esperando el Código Procesal Penal de la democracia", en CALAZA LÓPEZ, S y MUINELO COBO, J.C., *Justicia, reparación y reinserción,* Madrid, Editorial Universitaria Ramón Areces, 2020.

CÁMARA ARROYO, S., "Justicia juvenil restaurativa", *La Ley Penal,* núm. 85, 2011.

CHOYA FORÉS, N., "Prácticas restaurativas: Círculos y Conferencias", *Justicia Restaurativa: nuevas perspectivas de mediación,* 2014-2015.

COELLO PULIDO, A., *Sistema español de justicia juvenil: una respuesta restaurativa,* Vigo, Ángela Coello Pulido (Ed. Independiente), 2019.

CUETO SANTA EUGENIA, E., *El desistimiento en la justicia juvenil y su fundamento educativo,* Valencia, Tirant lo Blanch, 2023.

DE LA CUESTA, J y GERMÁN, I., *La justicia restaurativa en España,* Madrid, Iustel, 2022.

DE URBANO CASTRILLO, E., "La subjurisdicción de menores: principios informadores y especialidades en materia de recursos", *La Ley Penal,* núm. 36, 2007.

FLORES PRADA, I., "Algunas reflexiones sobre la justicia restaurativa en el sistema español de justicia penal", *Riedpa. Revista Internacional de Estudios de Derecho Procesal y Arbitraje,* núm. 2, 2015.

FRANCÉS LECUMBERRI, P., "El principio de oportunidad y la justicia restaurativa. Mediación, conciliación y reparación en la Ley Orgánica de Responsabilidad penal del menor", *InDret,* núm. 4, 2012.

GÓMEZ, N, PALACIOS, A y PÉREZ, L., *Justicia restaurativa en casos de odio y discriminación,* Barcelona, Institut de Drets Humans de Catalunya (Ed.), 2021.

GUTIÉRREZ MAYO, E., "Los desafíos que plantean las redes sociales en la comisión de delitos entre menores de edad", en ABADÍAS SELMA, A. CÁMARA ARROYO, S Y SIMÓN CASTELLANO, P., *Tratado sobre delincuencia juvenil y responsabilidad penal del menor,* Madrid, Wolters Kluwer, 2021.

JIMENO BULNES, M., "Mediación penal y/o justicia restaurativa: *status quo*", *La Ley mediación y arbitraje*, núm. 13, 2022.

MADRID LIRAS, S., "Las víctimas en los procedimientos extrajudiciales en el ámbito de menores infractores", en SOLETO MUÑOZ, H y CARRASCOSA MIGUEL, A., *Justicia Restaurativa: una justicia para víctimas*, Valencia, Tirant lo Blanch, 2019.

MARTÍN DIZ, F., "Mediación y sistema de justicia: a propósito de las reformas legislativas para la eficiencia procesal de la administración de justicia y la incorporación de los denominados "medios adecuados de solución de controversias", *LA LEY mediación y arbitraje*, núm. 12, 2022.

MARTÍNEZ SÁNCHEZ, M.C., "La justicia restaurativa en el ámbito de la Justicia Penal de Menores", en AGUDO PÉRIZ, J.L. (Coord.), *Materiales Jurídicos para una Guía de la Mediación en Aragón*, Zaragoza, Gobierno de Aragón (Ed.), 2020.

McCOLD, P., "La historia reciente de la justicia restaurativa. Mediación, círculos y conferencias", *Delito y sociedad*, núm. 35, 2013.

MERINO ORTIZ, C y ROMERA ANTÓN, C., "Conferencias de grupos familiares y sentencias circulares: dos formas ancestrales de resolución de conflictos dentro del paradigma restaurativo", *Eguzkilore*, núm. 12, 1998.

MIGUEL BARRIO, R., "La justicia restaurativa y el interés por el delito: los círculos restaurativos como posible método de resocialización del victimario", *Diario La Ley*, núm. 9297, 2018.

MIGUEL BARRIO, R., *Justicia restaurativa y justicia penal. Nuevos modelos: mediación penal, conferencing y sentencing circles*, Barcelona, Atelier, 2019.

MORETÓN TOQUERO, M.A., "El ciberodio, la nueva cara del mensaje de odio: entre la cibercriminalidad y la libertad de expresión", *Revista jurídica de Castilla y León*, núm. 27, 2012.

LIZARDO GONZÁLEZ, E., *Delitos de odio y discriminación. El caso LGTB.* Barcelona, J.M. Bosch Editor, 2023.

LOREDO COLUNGA, M., "Vías para la desjudicialización en el marco de la justicia penal de menores", *Revista General de Derecho Procesal*, núm. 52, 2020.

RUIZ BOSCH, S., "Las diligencias preprocesales", *La Ley Penal*, núm. 116, 2015.

VÁZQUEZ SOTELO, J.L., "Los principios del proceso penal legalidad, oportunidad y condena pactada", en PICÓ I JUNOY, J., *Principios y garantías procesales (Liber Amicorumen homenaje a la profesora M.ª Victoria Berzosa Francos)*, Barcelona, J.M. Bosch, 2013.

VIZCARRO MASIA, C., "Los límites a las puertas abiertas en la justicia juvenil", *Educación social: Revista de intervención socioeducativa*, núm. 12, 1999.

ZEHR, H., *El pequeño libro de la justicia restaurativa*, Estados Unidos, Good Books, 2007.

Capítulo XXXIII

MASC y sustracción internacional de menores por sus propios padres

F. JAVIER JIMÉNEZ FORTEA
Profesor titular de Derecho procesal
Facultad de Derecho, Universitat de València

Sumario: I. LA SUSTRACCIÓN DE MENORES INTERPARENTAL DE CARÁCTER INTERNACIONAL NO ES UN PROBLEMA "MENOR". II. LOS INSTRUMENTOS LEGALES PARA HACER FRENTE A ESTA CLASE DE SUSTRACCIONES. 1. Instrumentos nacionales. 2. Instrumentos internacionales. III. LOS MASC EN LA SUSTRACCIÓN INTERPARENTAL DE MENORES INTERNACIONAL. 1. La promoción de los MASC por las instituciones internacionales. 2. La aplicación de los MASC a estos casos. 3. La realidad sobre su aplicación práctica. IV. BIBLIOGRAFÍA CITADA.

I. LA SUSTRACCIÓN DE MENORES INTERPARENTAL DE CARÁCTER INTERNACIONAL NO ES UN PROBLEMA "MENOR".

Según una Nota de prensa de la Comisión Europea, de 25 de junio de 2019[1], en la Unión Europea (UE) existen 16 millones de matrimonios compuestos por nacionales de diferentes países, de los que unos 140.000 se divorcian al año, produciéndose alrededor de 1.800 casos de sustrac-

[1] Nota de prensa de la Comisión Europea, del 25 de junio de 2019 (MEMO/19/3374).

ciones internacionales interparentales[2] también por año[3]. Por su parte,

[2] Qué haya de entenderse por esta clase de sustracciones, se encuentra recogido en diversos instrumentos internacionales. Así, de acuerdo con el artículo 3 del Convenio de la Haya de 1980, sobre los aspectos civiles de la sustracción internacional de menores, "el traslado o retención de un menor se considerarán ilícitos: a) Cuando se haya producido con infracción de un derecho de custodia atribuido, separada o conjuntamente, a una persona, a una institución o a cualquier otro organismo, con arreglo al Derecho vigente en el Estado en el que el menor tenía su residencia habitual inmediatamente antes de su traslado o retención; y b) Cuando este derecho se ejercía de forma efectiva, separada o conjuntamente, en el momento del traslado o de la retención, o se habría ejercido de no haberse producido dicho traslado o retención.

El derecho de custodia mencionado en a) puede resultar, en particular, bien de una atribución de pleno derecho, bien de una decisión judicial o administrativa o de un acuerdo vigente, según el Derecho de dicho Estado".

Por su parte y para el ámbito de los países que formamos parte de la UE, excepto Dinamarca, el Reglamento (UE) 2019/1111, del Consejo de 25 de junio de 2019, relativo a la competencia, el reconocimiento y la ejecución de resoluciones en materia matrimonial y de responsabilidad parental, y sobre sustracción internacional de menores, en su artículo 2.11, establece que se considerarán ilícitos el traslado o retención de un menor cuando: a) "se haya producido con infracción de un derecho de custodia adquirido por resolución, por ministerio de la ley o por un acuerdo con efectos jurídicos, de conformidad con la legislación del Estado miembro en donde el menor tenía su residencia habitual inmediatamente antes de su traslado o retención; y b) en el momento del traslado o de la retención el derecho de custodia se ejercía de forma efectiva, separada o conjuntamente, o se habría ejercido de no haberse producido dicho traslado o retención".

Por lo tanto, se puede afirmar que estamos ante esta clase de sustracciones cuando uno de los progenitores –o alguien de su entorno familiar-, no custodio o con custodia compartida, legal o judicialmente atribuida, sin el consentimiento del otro, traslada o retiene al menor en un país distinto en el que éste tiene su residencia.

[3] No obstante, es muy difícil conocer la realidad de las sustracciones de menores por sus padres, dada la carencia de información al respecto. En el seno de la Conferencia de la Haya se confeccionan periódicamente unos documentos con información que detalla la situación concreta de muchos países miembros de la Convención de la Haya de 1980, los cuales pueden consultarse en: https://www.hcch.net/es/instruments/conventions/publications1/?dtid=32&cid=24. Existe también la base de datos INCASTAT, pero sólo está disponible su acceso a las autoridades centrales designadas por los estados miembros de la Convención de la Haya de 1980. Para más información, ver: https://www.hcch.net/es/news-archive/details/?varevent=138.

Por otro lado, para una idea de la situación y trascendencia social de esta lacra en el ámbito de la Unión, puede consultarse el documento *Cross-border parental child abduction in the European Union*, elaborado en 2015, el cual puede

Missing Children Europe[4] ha cifrado en 1.151 los casos de sustracciones internacionales de menores por sus padres, en 2021 y 637, en 2022[5].

En el caso de España existen diversas fuentes que intentan arrojar luz sobre el número de las sustracciones de menores interparentales. Por ejemplo, el Ministerio de Justicia ha contabilizado las solicitudes de cooperación judicial internacional en los casos de sustracciones internacionales en 2022, en 358, de las cuales, en 187, fuimos los requirentes y, en 171, los requeridos[6]. Y el Consejo General del Poder Judicial (CGPJ), en su Memoria anual de 2023[7], referida a los datos de 2022, afirma que "En 2022 ingresaron 85 procedimientos relativos a la sustracción internacional de menores, 17 menos que los ingresados en 2021. Se resolvieron 89, quedando 23 en trámite. El mayor número de procedimientos ingresados se ha dado en Madrid,17; Andalucía, 14; y Cataluña, 11".

Otras fuentes, como el Centro Nacional de Desaparecidos (CNDES)[8], dependiente del Ministerio del Interior español, el cual, en su "Informe sobre personas desaparecidas en España" de 2023, afirma que las sustracciones de menores por sus propios padres investigadas por los cuerpos y fuerzas de seguridad del Estado, en 2019, aunque sin distiguir entre nacionales o internacionales, fueron 369; en 2020, 294; en 2021, 434; y, en 2022, 428 (cifra pendiente de ratificarse). Asimismo, la Fiscalía General del Estado (FGE) recoge en sus memorias anuales el número de diligencias abiertas por delitos de sustracción de menores [artículo 225 bis del

---

consultarse en: https://www.europarl.europa.eu/thinktank/en/document.html?reference=IPOL_STU(2015)510012. Un dato relativamente reciente es que, en julio de 2020, el Parlamento Europeo aprobó una resolución en la que criticaba a Japón y le exhortaba a cumplir con sus obligaciones internacionales, por considerar que el número de menores de la UE, que eran trasladados o retenidos en ese país, pero sin concretarlo, había aumentado de forma "alarmante": https://www.europarl.europa.eu/doceo/document/TA-9-2020-0182_EN.html

4 Se trata de la Federación Europea de niños desaparecidos y explotados sexualmente, fundada en 2001 y que engloba a 32 organizaciones de 27 países europeos. Ver al respecto: https://missingchildreneurope.eu/

5 Missing Children Europe, *Figures and Trends 2021 y 2022*, p. 6 en ambos documentos. Disponibles en: https://missingchildreneurope.eu/annual-reports/

6 En CGPJ, *La Justicia dato a dato 2022*, p. 87. Disponible en: https://www.poderjudicial.es/cgpj/es/Temas/Estadistica-Judicial/Estudios-e-Informes/Justicia-Dato-a-Dato/

7 Disponible en: https://www.poderjudicial.es/cgpj/es/Poder-Judicial/Consejo-General-del-Poder-Judicial/Actividad-del-CGPJ/Memorias/

8 Web del CNDES: https://cndes-web.ses.mir.es/publico/Desaparecidos/

Código penal (CP)], aunque igualmente sin distinguir entre las que sean de carácter nacional o internacional. Concretamente, en la Memoria de 2022[9] se afirma que, en 2019, se abrieron 1.127 diligencias, en 2020, 1.039 y, en 2021, 1.269. Ahora bien, los que finalmente se calificaron como tales delitos fueron 70, 54 y 60, respectivamente[10]. En cuanto al Instituto Nacional de Estadística (INE)[11], recoge anualmente la cifra total de los padres o familiares condenados por la comisión del delito de sustracción de menores, aunque también sin distinguir entre nacionales o internacionales, siendo de 37, en 2021 (13 hombres y 24 mujeres) y 40, en 2022 (19 hombres y 21 mujeres). Por último, destacar la información ofrecida por alguna ONG, como es el caso de la fundación ANAR[12], que gestiona en España el teléfono armonizado de la UE para los Casos de Niños desaparecidos (telf. 116 000), y ha contabilizado, en su informe de 2021[13], 101 supuestos de sustracciones parentales, un 48,5 % más que el año anterior, también sin diferenciar si eran nacionales o internacionales.

A la vista del número de casos en España y, sobre todo, en Europa, puede afirmarse que las sustracciones internacionales de menores por alguno de sus progenitores o familiares no constituyen un problema social "menor". Sobre todo, si caemos en la cuenta que la sustracción de un menor afecta, por supuesto al progenitor que ha sufrido la sustracción, pero también a sus abuelos, hermanos y a todos aquellos con los que tiene un vínculo y se relacionan con él. A lo que hay que añadir la vulneración de derechos fundamentales como el respeto a la vida privada y familiar (artículo 7 CDFUE y 8 CEDH), a la protección, a los cuidados, a mantener relación con sus padres, así como el interés superior del menor (artículo 24 CDFUE). Sin embargo, la realidad de la sustracción interparental es desconocida para una gran parte de la opinión pública, salvo cuando algún caso llama la atención de los medios de comunicación, como los de Mª José Carrascosa, Juana Rivas o María Sevilla e "Infancia libre"[14].

---

9 Disponible en: https://www.fiscal.es/documentaci%C3%B3n?category=36784

10 Sorprendentemente, la Memoria de 2023, referida a los datos de 2022, no aporta información al respecto.

11 Web del INE: https://www.ine.es/

12 Vid al respecto: https://www.anar.org/

13 Informe disponible en: https://www.anar.org/anar-recibio-2-892-peticiones-de-ayuda-por-casos-de-menores-de-edad-desaparecidos-en-2021-que-desembocaron-en-1-172-casos-atendidos/.

14 Se pueden encontrar casos publicados en la prensa, por ejemplo, en: https://elpais.com/noticias/sustraccion-menores/

En cuanto a las causas de este fenómeno, se encuentran en razones siempre complejas y no extrapolables de un supuesto a otro. Con todo, no cabe duda de que está favorecida por la globalización, la facilidad en las comunicaciones y los movimientos migratorios, que han llevado a un incremento de los matrimonios o uniones de hecho entre personas de diferentes países, culturas y religiones, lo cual provoca que, cuando se produce una crisis o la ruptura de la relación, algunos padres traten de conseguir por su propia mano la guarda y custodia que los tribunales les han negado. O bien, cuando el régimen y desarrollo de las visitas no es el óptimo, según una de las partes, en lugar de utilizar los mecanismos legales previstos –como, por ejemplo, solicitar la modificación del régimen adoptado o recurrir a los puntos de encuentro, entre otras posibilidades–, deciden secuestrar a los niños o inducirlos a que abandonen el domicilio familiar en el que conviven con el otro progenitor. Muchas veces, en especial cuando se trata de secuestros internacionales, la finalidad es privar al otro progenitor del contacto con sus hijos, tratando de eludir la acción de los tribunales, o utilizar las "vías de hecho para crear vínculos artificiales de competencia judicial con vistas a obtener su custodia"[15]. Finalmente, por desgracia, en ocasiones constituyen la "solución" –desesperada, habría que decir– que se toma ante un problema de violencia normalmente sobre la mujer y/o intrafamiliar, en lugar de acudir a otras vías legales y policiales.

II. LOS INSTRUMENTOS LEGALES PARA HACER FRENTE A ESTA CLASE DE SUSTRACCIONES.

1. Instrumentos nacionales.

Para hacer frente a esta lacra, los ordenamientos jurídicos de los diferentes países disponen de instrumentos preventivos, cuando la sustracción es una amenaza, y, en su caso, correctivos, cuando ésta se ha materializado,

---

15 PÉREZ VERA, E., "Algunas consideraciones sobre la aplicación en España del Convenio de la Conferencia de La Haya, sobre los aspectos civiles de la sustracción internacional de menores, de 25 de octubre de 1980", 1981, p. 35, disponible en: http://www.iin.oea.org/pdf-iin/reunion-expertos-sobre-sustraccion-menores-padre.pdf.

con el fin de restaurar la situación a su estado anterior al secuestro[16]. En el caso de España, los preventivos se encuentran en el artículo 103 para los procesos de nulidad, separación y divorcio, y en el 158, relativo a las relaciones paterno-filiales, ambos del Código civil (Cc), los cuales prevén "las medidas necesarias" y, en particular, la prohibición de salida del territorio nacional y la expedición del pasaporte o retirada[17], en su caso, y la autorización judicial previa para el cambio de domicilio. Por su parte, la aplicación de los medios correctivos nos abocan a una situación compleja, que puede calificarse de auténtico "laberinto procesal", ya que pueden ejercitarse acciones civiles y penales con contenidos diversos, simultáneamente y en países distintos.

Así, el cónyuge que ha sufrido la sustracción podría interponer diversas acciones de naturaleza civil en el país donde se encuentre el menor. En particular, cabría: una demanda civil de restitución del menor; otra, para determinar a quién corresponden los derechos de guarda y custodia; así como otra de posible responsabilidad civil por los daños causados por la sustracción, tanto a él como al menor. Se trata, sin embargo, de acciones con muchas dificultades y de resultado incierto, puesto que exigen pleitear en un país distinto al de la nacionalidad y residencia del cónyuge que se ha visto privado de su hijo. Todo lo cual supondrá designar defensa y representación jurídico-procesal, así como contratar traductores y realizar desplazamientos a ese país, con el consiguiente gasto que todo ello implica, aparte de que las legislaciones mayoritariamente son favorecedoras de sus nacionales y de las personas de ellos dependientes. En fin, un camino sumamente complicado y penoso para conseguir el retorno del menor que, además, en el caso de conseguirlo, nunca es rápido.

16 Para un desarrollo detallado de las opciones legales que tiene el progenitor que ha sufrido la sustracción, ver: JIMÉNEZ FORTEA, F.J., "La mediación en los casos de sustracción internacional de menores por sus padres", en Aranda Jurado, M. (dir.), *La práctica en la mediación intrajudicial en el ordenamiento jurídico español*, Valencia, Tirant lo Blanch, 2023, pp. 115-142.

17 Sobre el otorgamiento de pasaporte y las cautelas a adoptar en caso de tratarse de menores, ver el Real Decreto 411/2014, de 6 de junio, por el que se modifica el Real Decreto 896/2003, de 11 de julio, por el que se regula la expedición del pasaporte ordinario y se determinan sus características. Asimismo, es importante el Reglamento (CE) núm. 562/2006 de 15 de marzo de 2006 por el que se establece un Código comunitario de normas para el cruce de personas por las fronteras (Código de fronteras Schengen), el cual recoge en su Anexo 7 normas específicas para menores de edad, entre otras personas.

También, cabría valorar la oportunidad de ejercer acciones en el Estado de residencia del menor sustraído. En este sentido, si se ejercitaran las civiles arriba apuntadas, más, en su caso, la de privación de la patria potestad, en el supuesto de ser estimadas, habría que conseguir el correspondiente reconocimiento para que pudieran ser ejecutadas en el Estado donde se encuentra el menor de edad, lo que las hace imprevisibles y, sobre todo, costosas, desde el punto de vista temporal y económico.

Asimismo, se podría ejercitar otra acción de responsabilidad contra el Estado del lugar de residencia del menor, por no haber adoptado las medidas garantizadoras de la efectividad del derecho a la vida familiar, de acuerdo con la jurisprudencia del TEDH[18]. Una acción que permitiría, en su caso, la obtención de una compensación económica, pero no la devolución del menor.

De forma análoga, si lo tuvieran tipificado —como ocurre en España con el artículo 225 bis del CP—, sería posible intentar perseguir al progenitor sustractor por la vía penal en el Estado donde está el menor sustraído o retenido, pero también en el que el menor tenía la residencia[19]. Ahora

---

18 AZCÁRRAGA MONZONÍS, C., "Sustracción internacional de menores: vías de actuación en el marco jurídico vigente", en *Revista Boliviana de Derecho*, núm. 20, 2015, p. 209.

19 No obstante, sobre la vía penal siempre ha habido reticencias y críticas, cuestionándose si es la más apropiada para obtener la finalidad perseguida, que es en definitiva el retorno del menor con el progenitor que tenga atribuida la guarda y custodia, así como la normalización del régimen de visitas. De hecho, los convenios internacionales circunscriben su aplicación al ámbito civil exclusivamente, aunque no excluyen, desde luego, el que los Estados parte de los mismos prevean en sus ordenamientos soluciones de esta naturaleza. Así, por ejemplo, España la ha tipificado, como se ha dicho, en el artículo 225 bis del Código penal, pero, además, la han tipificado países como EE.UU., Gran Bretaña, Australia, Canadá, Suecia, Noruega o Israel.

Al respecto, la objeción más importante a la solución penal se encuentra en los principios de subsidiariedad y de intervención mínima, que se derivan del mismo Derecho penal, entendido como *ultima ratio*. Utilizar esta parcela del Derecho para resolver problemas familiares, no parece lo más apropiado; aún menos en aquellos supuestos en los que ni siquiera ha habido una resolución judicial de naturaleza civil. A pesar de todo y aunque la Comisión Especial de seguimiento del Convenio de La Haya, en 1993 y 1997, ha considerado poco beneficiosa la criminalización de la sustracción, por considerarla contraproducente para la restitución del menor, entre sus ventajas ha apuntado el carácter disuasorio que puede desplegar frente a los posibles sustractores o que en algunos países, sólo la existencia de un proceso penal, permite la adopción de determinadas medidas cautelares

bien, para obtener una condena, al margen de los problemas de personación, diligencias de investigación y prueba, habría que conseguir primero la extradición o una orden europea de detención y entrega del progenitor sustractor, si se tratara de países pertenecientes a la UE; todo lo cual es difícil en la práctica, pero es que, aunque se consiguiera, se le juzgara y condenara, ello no garantizaría, en absoluto, el retorno del menor.

En cuanto al progenitor sustractor, la experiencia nos dice que no se aquieta después de la sustracción e intenta conseguir de los tribunales –o la administración, si ésta es la competente-, tanto del país de residencia original, como del de destino, resoluciones que avalen la nueva situación del menor[20]. Para ello y sin perjuicio del derecho de defensa que le asiste en los procesos que inicie el progenitor que ha sufrido la sustracción, podría denunciar al otro cónyuge por malos tratos o abusos sexuales sobre el menor, así como violencia sobre la mujer, en su caso; denuncias que presentaría en el país de donde sustrajo al menor, en el que lo ha trasladado, en el que lo retiene o en ambos. Asimismo, paralelamente a lo anterior o no, podría plantear una acción civil sobre el derecho de guarda y custodia, y/o una de privación de la patria potestad del otro progenitor, basada en cualquier razón que supusiera un peligro para la integridad física, moral o psicológica del menor; acciones, igualmente, a interponer en uno u otro país.

En resumen, el número y disparidad de acciones, tanto por parte del progenitor que ha sufrido la sustracción como por la del sustractor, con el riesgo evidente de contradicción entre las resoluciones que puedan dictarse y pleiteando en países distintos, hace muy complicado jurídicamente, penosa personalmente y costoso económicamente emprender cualquiera de esas vías para la restitución de los menores secuestrados.

---

y diligencias policiales evitadoras de la sustracción. GÓMEZ BENGOECHEA, B., *Aspectos civiles de la sustracción internacional de menores. Problemas de aplicación del Convenio de La Haya de 25 de octubre de 1980,* Madrid, Dykinson, 2003, pp. 117-118.

20 Persiguen, ante todo, prolongar la contienda jurídica lo más posible para que el arraigo del menor en el nuevo país se incremente y, a la vez, el del país de residencia disminuya. Ello sin excluir, muchas veces, el interés en que les apoye la opinión pública y los medios de comunicación, interfiriendo así en la labor diplomática que muchas veces trata de llevarse adelante.

2. Instrumentos internacionales.

A la vista de lo anterior y ante la falta de colaboración de los países por diversas razones -entre las que las políticas y religiosas, no son las menores-, la comunidad internacional es consciente de la dificultad de que las jurisdicciones nacionales puedan dar una respuesta satisfactoria, rápida y eficaz a los casos de sustracciones internacionales interparentales, por lo que ha ido aprobando a lo largo de los años importantes instrumentos internacionales de carácter multilateral, con el fin de mejorar la cooperación entre los Estados y proteger el interés del menor, el cual ha de prevalecer sobre todos los demás[21].

---

[21] El marco legal internacional de carácter multilateral es complejo y se compone de diversos tratados y convenios, cuya aplicación se superpone y obliga a que algunos de ellos prevean normas que regulen las relaciones entre ellos. Son los siguientes: el *Convenio de Luxemburgo, relativo al reconocimiento y la ejecución de decisiones en materia de custodia de menores, así como el restablecimiento de dicha custodia, de 20 de mayo de 1980,* elaborado por el Consejo de Europa y ratificado por 37 países, entre ellos el nuestro en 1984. Sin embargo, el hecho de que haga necesario el uso del *exequátur,* aunque sea través de un procedimiento rápido, ha llevado a su escasa aplicabilidad; el *Convenio de La Haya, sobre los aspectos civiles del secuestro internacional de menores, de 25 de octubre de 1980,* ratificado por 103 países, incluyendo a todos los países que formamos parte de la Unión Europea –España lo hizo en 1987-; la *Convención Interamericana sobre restitución de menores,* celebrada en Montevideo (Uruguay) en 1989; el *Convenio de la Haya, de 19 de octubre de 1996, relativo a la competencia, la ley aplicable, el reconocimiento, la ejecución y la cooperación en materia de responsabilidad parental y de medidas de protección de los niños* y del que España es parte desde 2011, no tiene como objeto resolver las sustracciones internacionales de los menores de edad, pero complementa y refuerza algunos aspectos regulados en el Convenio de la Haya de 1980; el *Convenio Europeo sobre el Ejercicio de los Derechos de los Niños,* hecho en Estrasburgo el 25 de enero de 1996 -España lo firmó en 1997 y lo ratificó en 2015-, supone un avance más en la búsqueda de una protección especial para la infancia, como un ámbito especialmente vulnerable, siendo aplicable a los casos de sustracción de menores; el *Convenio entre España y Marruecos, sobre asistencia judicial, reconocimiento y ejecución de resoluciones judiciales en materia de derecho de custodia y derecho de visita y devolución de menores,* de 30 de mayo de 1997 y que entró en vigor el 1 de julio de 1999. Sin embargo, la eficacia de esta norma internacional ha decaído, por cuanto Marruecos se adhirió al Convenio de la Haya de 1980 el 9 de marzo de 2010 y España aceptó su adhesión, fijándose el 1 de mayo de 2011 como la fecha de entrada en vigor entre los dos; el *Convenio sobre las relaciones personales del menor, de 15 de mayo de 2003,* del Consejo de Europa y cuya finalidad es garantizar el derecho de visitas transnacional, obligando a los Estados firmantes a establecer medidas efectivas tanto para el desplazamiento como el retorno -nuestro país lo firmó en 2011, pero todavía no lo ha ratificado-;

De los mecanismos previstos en esas normas, destaca, por su eficacia, el de la acción de retorno inmediato del menor al domicilio anterior a la sustracción. Esta acción, cuya particularidad más notable es la celeridad, consiste en una pretensión exclusiva de restitución inmediata a su lugar de residencia habitual –a modo de procedimiento sumario-, sin entrar en otro tipo de consideraciones (guarda y custodia, visitas, etc.). Una vez se haya cumplido con el retorno o la restitución, se podrá discutir posteriormente sobre los derechos y obligaciones de uno y otro cónyuge respecto de los hijos o un cambio en los términos del ejercicio de la responsabilidad parental, ante el tribunal del país —normalmente el del lugar de residencia habitual antes de la sustracción— y a través del procedimiento establecido en su legislación procesal para las cuestiones de familia.

Los instrumentos que recogen esta clase de acción y de los que nuestro país forma parte son dos. En primer lugar, el Convenio de La Haya, sobre los aspectos civiles del secuestro internacional de menores, de 25 de octubre de 1980, que es el que mayor número de ratificaciones ha recibido[22] y el más utilizado en la práctica. La clave de su éxito se encuentra en que no se basa en un sistema de *exequátur*, sino en el de la mencionada acción de retorno para los casos de secuestro de menores de 16 años por uno de sus progenitores y su traslado o retención en otro país distinto del que reside con el titular de la guarda y custodia.

Según este Convenio, los legitimados podrán dirigirse a la autoridad central de su país[23], la cual se dirigirá a su vez a la del Estado en el que se encuentre el menor, que será la que lo localizará e instará al órgano correspondiente para que, a través de un procedimiento gratuito y urgente, ordene su restitución, sin entrar a valorar el fondo del derecho de guarda y custodia. Ese procedimiento interno puede tener naturaleza administrativa o jurisdiccional, según se trate de un país u otro, pero deberá ser necesariamente rápido, puesto que, cuanto más tiempo pase, más se habrá

---

finalmente, para el ámbito de los países que formamos parte de la UE, el *Reglamento (UE) 2019/1111, del Consejo, de 25 de junio de 2019, relativo a la competencia, el reconocimiento y la ejecución de resoluciones en materia matrimonial y de responsabilidad parental, y sobre la sustracción internacional de menores.*

22 Concretamente, como se ha indicado en la nota anterior, la han ratificado 103 países: https://www.hcch.net/es/instruments/conventions/status-table/?cid=24

23 La Autoridad Central española es el Ministerio de Justicia, que la ejerce a través de la Subdirección General de Cooperación Jurídica Internacional (Real Decreto 725/2017, de 21 de julio, por el que se desarrolla la estructura orgánica básica del Ministerio de Justicia).

adaptado el menor a su nueva situación y mayores dificultades va a tener para readaptarse cuando vuelva a su residencia habitual. En el caso de España, cuando nuestro país es requerido para entregar un menor sutraído que se encuentra en nuestro territorio, ese procedimiento es jurisdiccional y está regulado en los artículos 778 quáter y 778 quinquies de la Ley de Enjuiciamiento Civil (LEC), introducidos por la Ley 15/2015, de 2 de julio, de jurisdicción voluntaria (LJV)[24].

En segundo lugar, cuando los dos países concernidos por una sustracción de menores pertenecen a la UE, los instrumentos internacionales aplicables para solucionarla son el citado Convenio de La Haya, de 1980 y el Reglamento (UE) 2019/1111 del Consejo de 25 de junio de 2019, relativo a la competencia, el reconocimiento y la ejecución de resoluciones en materia matrimonial y de responsabilidad parental, y sobre la sustracción internacional de menores; también conocido como Reglamento Bruselas II ter (RBIIter)[25].

Esos dos instrumentos se aplican de forma complementaria (artículo 1.3 RBIIter)[26], teniendo en cuenta que la solución que ambos prevén es la acción de retorno inmediato del menor trasladado o retenido ilícitamente por un progenitor o un familiar en beneficio de éste y sin el consentimiento del otro, cuya única excepción para la estimación será cuando exista "un grave riesgo" de que la restitución exponga al menor a un peligro físico o psíquico o de que se le ponga en una situación

---

24 Además, el art.778 sexies LEC, también introducido por la LJV, se refiere a los casos en los que el menor sustraído o retenido tuviera su residencia en nuestro país. Para un desarrollo de estos procedimientos, ver: JIMÉNEZ FORTEA, F.J., "Tutela civil y sustracción internacional de menores por sus propios padres", en Jiménez Fortea, F.J. (coord.), *La cooperación jurídica internacional civil y mercantil española más allá de la UE*, Valencia, Tirant lo Blanch, 2019, pp. 315-390.

25 Este Reglamento es aplicable a todos los países miembros de la UE, excepto a Dinamarca, ha entrado en vigor el 1 de agosto de 2022 y sustituyó al Reglamento (CE) núm. 2201/2003, del Consejo de 27 de noviembre de 2003, relativo a la competencia, el reconocimiento y la ejecución de resoluciones judiciales en materia matrimonial y de responsabilidad parental (también llamado Reglamento Bruselas II *bis*).

26 Para estudios exhaustivos recientes sobre este Reglamento, vid: CALZADO LLAMAS, A.J., *La sustracción internacional de menores: el Reglamento 2019/1111 y su interacción con el Convenio de la Haya de 1980 y la LEC*, Navarra, Aranzadi, 2023; GONZÁLEZ MARIMÓN, M., *La sustracción internacional de menores en el Espacio Jurídico Europeo*, Valencia, Tirant lo Blanch, 2022.

intolerable [artículo 29 RBIIter, en relación con el artículo 13 b) del Convenio de la Haya de 1980][27].

En cuanto al plazo para resolver sobre la restitución, en el Reglamento Bruselas II ter, es de 12 semanas, el doble que el del Convenio de la Haya de 1980. Un primer plazo de 6 semanas para que el órgano judicial del país requerido dicte una resolución sobre la restitución y un segundo plazo, de otras 6 semanas, para que el órgano jurisdiccional que conozca del recurso, en su caso, lo resuelva (artículo 24 RBIIter); finalmente, a estas doce semanas, el artículo 28.2 del Reglamento añade otras seis semanas para el proceso de ejecución. Además, prevé la posibilidad de declarar provisionalmente ejecutiva, sin perjuicio de cualquier posible recurso, una resolución cuando el interés del menor lo requiera (artículo 27.6 RBIIter). Asimismo, tal como se señala en el Considerando 41 y en aras de la celeridad del procedimiento, los Estados deben plantearse la posibilidad de centralizar la competencia de los casos de sustracción en un único órgano jurisdiccional o en un número limitado de ellos. Y, también, según el Considerando 42, igualmente deben plantearse establecer un solo recurso contra la decisión de retorno del menor.

Al igual que en el caso del Convenio de la Haya, los Estados requeridos utilizarán un procedimiento interno, caracterizado por la celeridad y que, en el caso de nuestro país, como se ha señalado, está configurado en los artículos 778 quáter y 778 quinquies de la LEC. Del mismo modo, cuando se haya cumplido con el retorno o la restitución, en su caso, ya se podrá discutir sobre los derechos y obligaciones de uno y otro cónyuge respecto de los hijos o un cambio en los términos del ejercicio de la responsabilidad parental ante los tribunales del país correspondiente y a través del procedimiento que corresponda.

27 El artículo 13 del Convenio de la Haya de 1980 contempla otros motivos de denegación, como son el hecho de que el solicitante no ejerciera de modo efectivo la guarda y custodia del menor en el momento de su retención o traslado, o los haya consentido posteriormente [artículo 13 a)]. Asimismo, que el menor se oponga a la restitución, cuando tenga una edad y una madurez que hagan conveniente tener en cuenta sus opiniones (artículo 13, párrafo 2). Asimismo, el artículo 20 del mismo texto legal prevé la no restitución cuando "no lo permitan los principios fundamentales del Estado requerido en materia de protección de los derechos humanos y de las libertades fundamentales".

III. LOS MASC EN LA SUSTRACCIÓN INTERPARENTAL DE MENORES INTERNACIONAL.

1. La promoción de los MASC por las instituciones internacionales.

Más allá de su realidad práctica, a la que luego me referiré, en los casos de sustracción internacional interparental, los denominados medios adecuados de solución de controversias (MASC)[28], particularmente la mediación, constituyen mecanismos de solución de controversias propuestos como idóneos y fomentados por las instituciones internacionales.

En nuestro continente[29], el primer impulso vino de la mano del Consejo de Europa con la Recomendación núm. 7/1981, del Comité de Ministros a los Estados miembros, relativa a medidas tendentes a facilitar el derecho de acceso a la justicia, adoptada el 14 de mayo de 1981, la cual invitaba a la utilización de la conciliación u otros instrumentos de solución no judiciales, al considerar la complejidad, lentitud y el coste excesivo de un proceso. En la misma línea, el 16 de septiembre de 1986, el Comité de Ministros aprobó la Recomendación núm. 12/1986, relativa a medidas tendentes a prevenir y reducir la sobrecarga de trabajo de los tribunales de Justicia, haciendo ya

---

[28] En realidad, estos instrumentos son "complementarios" y "no alternativos" a la jurisdicción, entendida como el conjunto de órganos estatales investidos de potestad jurisdiccional. Y son "complementarios", porque la tutela judicial constituye un derecho fundamental en un Estado democrático, como baluarte frente al abuso de poder y porque necesitan del concurso judicial para la ejecución de los acuerdos alcanzados, en su caso, y la supervisión de la aplicación de las garantías que esa clase de procedimientos también tienen, algunas de las cuales coinciden con las del proceso. No obstante, el ya decaído Proyecto de Ley de medidas de eficiencia procesal del servicio público de Justicia, de 22 de abril de 2022 (BOCG-14-A-97-1), los denominaba medios "adecuados", en lugar de "alternativos", lo cual es más correcto y recoge una característica esencial de los mismos, que es que, si la tipología de las controversias es variada, su resolución también debe serlo, por lo que el instrumento para ello se seleccionará según la clase de controversia y sus circunstancias.

[29] Seguimos aquí el estudio de MACHO GÓMEZ, C., "Origen y evolución de la mediación: el nacimiento del «movimiento ADR» en Estados Unidos y su expansión a Europa", en *Anuario de Derecho Civil*, tomo LXVII, fascículo III, 2014, pp. 969-995. Ver también al respecto el exhaustivo trabajo de ESPLUGUES MOTA, C., "El Reglamento Bruselas II Ter y el recurso a los MASC en materia de responsabilidad parental y sustracción internacional de menores", en *Cuadernos de Derecho transnacional*, vol. 13, núm. 2, 2021, pp. 132-173.

expresa mención a la mediación y el arbitraje. A partir de entonces muchos países europeos, entre ellos el nuestro[30], crearon servicios de mediación y comenzaron a desarrollar proyectos piloto de mediación familiar.

No sería hasta la década de los noventa, cuando esas experiencias prácticas comenzarían a plasmarse legalmente en los ordenamientos jurídicos de los países miembros[31], gracias, de nuevo, al impulso del Consejo de Europa. Primero, con el Convenio Europeo sobre el ejercicio de los Derechos de los niños, hecho en Estrasburgo el 25 de enero de 1996, el cual contempla el uso de la mediación, así como otros medios alternativos de resolución de conflictos en su artículo 13. Y, después, con la importante Recomendación núm. 1/1998, del Comité de Ministros a los Estados miembros, sobre la mediación familiar, aprobada por ese órgano, el 21 de enero de 1998. Un texto que recoge aspectos esenciales de la mediación, como son los principios que la informan -voluntariedad, imparcialidad, neutralidad de los mediadores y confidencialidad-, la atención que debe prestarse para detectar los casos de violencia, la homologación de los acuerdos de mediación y la relación entre la mediación y los órganos jurisdiccionales.

---

30 "En España, se creó el primer servicio de mediación en el año 1988, en San Sebastián, y denominado *Servicio de Mediación a la familia en conflicto*. Ya en 1990, surgieron otros cuatro: *a)* el *Servicio de Mediación familiar de la Unión de Asociaciones Familiares* en Madrid; *b)* el *Programa de Mediación Familiar del centro Ábside y la Fundación Familia, Ocio y Naturaleza*; *c)* el *Servicio de Mediación Familiar de Barcelona*; *d)* el *Servicio de Mediación Familiar del Instituto Genus*, en Barcelona" (MACHO GÓMEZ, Op. cit., pp. 970-971).

31 "En España, a partir de 2001, se comenzaron a aprobar las primeras leyes de mediación familiar de las Comunidades Autónomas, aunque, en aquel momento, no existiera ninguna disposición estatal sobre la materia. En este sentido, la primera Ley con tales características, y que precisamente dio el impulso definitivo a la mediación familiar en España, fue la Ley 15/2005. Con ella, se amplió por fin, la autonomía de la voluntad de los cónyuges en orden a disolver el vínculo matrimonial, se fomentó la solución consensuada de los temas objeto de discusión, y se reconoció a la mediación como un mecanismo óptimo para la resolución de conflictos familiares, de manera que, a partir de la misma, comenzaron a ponerse en marcha los programas de mediación familiar intrajudicial, que tanto éxito han tenido. Dicho reconocimiento no sólo se declaró en la Exposición de Motivos de la citada Ley, sino que también se recogió en diversos artículos de la Ley de Enjuiciamiento Civil (LEC). En este sentido, las disposiciones a mencionar son dos: aquella que prevé la suspensión del proceso judicial para que así las partes puedan participar en este ADR (art. 770.7 LEC) y, el precepto que reconoce la validez del acuerdo de mediación (art. 777.2 LEC)" (MACHO GÓMEZ, Op. cit., pp. 975-976).

Finalmente, la Asamblea del Consejo de Europa adoptó la Resolución 1291 (2002), de 26 de junio, en la que instó a todos los países miembros del Consejo a que se adhirieran al Convenio de la Haya, sobre los aspectos civiles del secuestro internacional de menores, de 25 de octubre de 1980, a promover el uso de la mediación entre los países miembros y los que no lo fueran, así como a incrementar los medios personales y materiales del mediador europeo para los casos de sustracción interparental y a valorar la posibilidad de crear un mediador propio del Consejo de Europa para estos casos[32]; una opción, que no se ha desarrollado.

Durante esos años, junto al Consejo de Europa, otras instituciones y organizaciones internacionales han contribuido también de forma determinante a la promoción y al intento de generalización del uso de los MASC en los conflictos transfronterizos, si bien, en un primer momento, se centraron en el comercio internacional, puesto que los órganos que las impulsaron son los que tienen entre sus fines la solución de las controversias comerciales y experiencia en el arbitraje internacional, como la Comisión de Naciones Unidas para el Derecho Mercantil Internacional (CNUDMI).

Fue más adelante cuando se impulsó la utilización de los medios alternativos de carácter autocompositivo a los conflictos familiares transfronterizos, por mor de otras organizaciones internacionales, de entre las cuales destaca sobre las demás la Conferencia de La Haya de Derecho Internacional Privado. En este sentido, el Convenio sobre los aspectos civiles de la sustracción internacional de menores, establece en su artículo 7, el deber de las autoridades centrales de los Estados de garantizar una restitución voluntaria del menor o "facilitar una solución amigable". Se trata, además, de un deber que recae específicamente en la autoridad central del país donde se encuentre el menor retenido, consistente en adoptar o hacer "que se adopten todas las medidas tendentes a conseguir la restitución voluntaria del menor" (artículo 10)[33].

---

32 En el número 8 de la Resolución, la Asamblea urge a los países miembros a que "*examine the necessity of establishing a Council of Europe mediator to deal with these child custody issues in greater Europe*".

33 Con posterioridad, la Conferencia de la Haya aprobó otros Convenios en los que se refiere no sólo a la mediación sino también a la "conciliación" o "cualquier otro mecanismo o procedimiento análogo", "medios similares para conseguir acuerdos amistosos" o "medios alternativos de resolución de conflictos". Se trata del Convenio relativo a la competencia, la ley aplicable, el reconocimiento, la ejecución y la cooperación en materia de responsabilidad parental y de medidas de protección de los niños, hecho en La Haya el 19 de octubre de 1996 (art. 31); el

De hecho, "la Conferencia de La Haya, consciente de la necesidad de mejorar la mediación en este ámbito, por su potencial y ventajas, ha intensificado sus trabajos en los últimos años. En 2006, la Oficina Permanente publicó un estudio comparativo sobre la mediación, la conciliación y otros mecanismos similares en el contexto del Convenio de 1980. En 2007, se publicó un análisis sobre la viabilidad de la mediación familiar transfronteriza, el cual tiene por objeto analizar las futuras líneas de trabajo de la Conferencia de la Haya en este ámbito. Dicho documento tuvo respuesta al año siguiente en un escrito que recoge las observaciones de los distintos Estados y organizaciones no gubernamentales. Gracias a los citados estudios, se planteó, entre otras propuestas, la elaboración de una *Guía de buenas prácticas sobre mediación en el marco del Convenio de La Haya de 1980*"[34]; un documento que tardó tres años en elaborarse, fue publicado en 2012 y es de obligada consulta en este ámbito[35].

Paralelamente a lo anterior, la Conferencia Internacional de la Haya ha venido realizando una destacada labor de promoción de la mediación en las controversias internacionales, relativas a la sustracción y protección de menores[36], y desarrollando estructuras que la faciliten[37]. De

Convenio sobre protección internacional de los adultos, hecho en La Haya el 13 de enero de 2000 (art. 31); y el Convenio sobre cobro internacional de alimentos para los niños y otros miembros de la familia, hecho en La Haya el 23 de noviembre de 2007 (arts. 6.2 y 34.2).

34 MACHO GÓMEZ, Op. cit., pp. 994-995.

35 La Guía de buenas prácticas puede descargarse desde la web de la Conferencia Internacional de La Haya: https://www.hcch.net/es/publications-and-studies/publications2/guides-to-good-practice

36 En concreto, la labor de la Comisión Especial sobre el funcionamiento práctico de los Convenios de 1980 y 1996 de la Conferencia Internacional de La Haya queda reflejada en la multitud de trabajos, informes y documentos recogidos en: https://www.hcch.net/es/instruments/conventions/specialised-sections/child-abduction. Las conclusiones y recomendaciones de la Octava Reunión de la Comisión Especial (CE) sobre el funcionamiento práctico del Convenio de 25 de octubre de 1980 sobre los Aspectos Civiles de la Sustracción Internacional de Menores (Convenio sobre Sustracción de Niños de 1980) y del Convenio de 19 de octubre de 1996 Relativo a la Competencia, la Ley Aplicable, el Reconocimiento, la Ejecución y la Cooperación en materia de Responsabilidad Parental y de Medidas de Protección de los Niños (Convenio sobre Protección de Niños de 1996), celebrada del 10 al 17 de octubre de 2023, pueden consultarse en: https://assets.hcch.net/docs/8941c6be-709c-4994-950b-b142906e8afa.pdf.

37 Recientemente, ha aprobado un *Toolkit*, a modo de guía de recursos o herramientas para profesionales y el público en general, donde se dan algunas pautas sobre

estos esfuerzos destaca el que se ha denominado Proceso de Malta, el cual comenzó en marzo de 2004[38], con la realización de diversas conferencias, concebidas como un diálogo entre jueces y funcionarios de los países firmantes de los Convenios de la Haya sobre sustracción de 1980 y del de protección de menores de 1996, con los jueces y funcionarios de países que no son parte de los mismos y cuyos sistemas jurídicos se basan en el Derecho islámico o *Shariah*[39], con el fin de desarrollar unos principios para crear unas estructuras comunes de mediación entre dichos Estados.

Otro actor importante en la promoción de la mediación y otros MASC en los conflictos transnacionales es la UE que, ya en 1987, designó un "Mediador del Parlamento Europeo para casos de sustracción internacional de menores". Una iniciativa auspiciada por el entonces Presidente del Parlamento Europeo, dado el número de peticiones que recibían sus miembros por parte de personas que habían sufrido una sustracción transfronteriza de menores por sus progenitores o a problemas con el régimen de visitas, cuando los cónyuges residían en países diferentes. Sin embargo, en abril de 2018, se cambió el nombre de este mediador por el de "Coordinadora del Parlamento Europeo para los derechos del niño"[40].

---

aspectos de los diferentes convenios de esta organización, entre ellos el de sustracción de menores de 1980, que se han visto afectados por las consecuencias de la pandemia causada por el COVID-19 (disponible en: https://www.hcch.net/en/news-archive/details/?varevent=731). En especial y referido a la sustracción interparental, recomienda el uso de la mediación "a distancia" *–long-distance mediation-*, pero sin concretar más. Queda, por lo tanto, la duda de si se trata de una mediación *on line*, que creo que no. En mi opinión se trataría de una mediación adaptada a las circunstancias del caso y el momento concretos, más cercana a una modalidad híbrida, en la que habrá actuaciones *on line* y otras presenciales, cuando sea posible. Para la mediación *on line*, en los casos de sustracción de menores internacional, vid: HERNÁNDEZ RODRÍGUEZ, A., "Mediación y secuestro internacional de menores: ventajas e inconvenientes", en *Cuadernos de Derecho Transnacional*, vol. 6, núm. 2, 2014, pp. 142-145.

38 Para más sobre el Proceso de Malta, puede consultarse: https://www.hcch.net/es/publications-and-studies/details4/?pid=5214

39 AZCÁRRAGA MONZONÍS, C., "Mediación en conflictos internacionales de familia: aportaciones desde la práctica convencional de La Haya", en Martínez Capdevila, C. (coord.), *La aplicación de la mediación en la resolución de los conflictos en el Mediterráneo (Iniciativa para la mediación en el Mediterráneo)*, Madrid, AEPDIRI-MAEC, 2015, pp. 255-256.

40 Como se afirma en su web -https://www.europarl.europa.eu/at-your-service/es/be-heard/coordinator-on-children-rights-: "La protección y promoción de los de-

Un cambio no sólo nominal, puesto que cambiaron sustancialmente las funciones de ese cargo y que, en lo que nos interesa, dejó de realizar mediaciones en los casos de sustracción interparental internacional[41].

Sería el 21 de mayo de 2008, cuando la UE aprobaría la importante Directiva 2008/52/CE, del Parlamento Europeo y del Consejo, sobre ciertos aspectos de la mediación en asuntos civiles y mercantiles, la cual supuso el impulso definitivo de esta organización internacional a la mediación[42] y la causa directa de la mayoría de regulaciones nacionales sobre mediación en

---

rechos del niño es un objetivo explícito de la Unión Europea consagrado en el artículo 3 del Tratado de Lisboa. Por su parte, la Carta de los Derechos Fundamentales de la Unión Europea también exige a las instituciones europeas y a los países de la Unión que, al aplicar el Derecho de la Unión, garanticen la protección de los derechos del niño".

41 Efectivamente, antes de 2018 y, por lo menos, hasta 2012, sí que realizaba mediaciones directamente. Es más, existe un "vademécum" –*Handbook*- de ese último año, que da cuenta de las mediaciones realizadas en el período que va de 2009 a 2012 y describe las funciones del Mediador del Parlamento Europeo para casos de sustracciones de menores, así como una descripción somera del procedimiento que seguía: http://www.europarl.europa.eu/pdf/mediator_children/Child_abduction_handbook_es.pdf.
Actualmente, entre sus funciones, se encuentra fomentar la mediación en cuestiones familiares transfronterizas, si bien su labor es meramente informadora sobre su funcionamiento y facilitadora de los datos de mediadores profesionales. Asimismo, entre sus funciones, se encuentra también la de impulsar el desarrollo de redes europeas de especialistas, entre las que destacan: la Red judicial europea -https://www.ejn-crimjust.europa.eu/ejn/EJN_Home.aspx?l=ES&-; la asociación *Missing children Europe* -https://missingchildreneurope.eu/-; la Red de Abogados europeos centrados en la sustracción internacional de menores por sus progenitores (LEPCA) -https://www.lepca.eu/-; la *European Judicial Training Network* (EJTN) -https://www.ejtn.eu/-; o la Red Iberoamericana de Escuelas Judiciales (RIAEJ)– http://www.riaej.com/-.

42 Es importante hacer aquí mención a la Resolución del Parlamento Europeo, de 12 de septiembre de 2017, sobre la aplicación de la Directiva 2008/52/CE del Parlamento Europeo y del Consejo, de 21 de mayo de 2008, sobre ciertos aspectos de la mediación en asuntos civiles y mercantiles (2016/2066(INI)), que supuso una revisión y propuesta de modificación de algunos aspectos de la Directiva y, sobre todo, de su implementación por los diversos países miembros.

este ámbito[43], entre las que se encuentra nuestra Ley 5/2012, de 6 de julio, de mediación en asuntos civiles y mercantiles[44].

Sin embargo, con anterioridad a la Directiva de 2008, la Unión Europea ya había introducido la posibilidad de la mediación y de otros medios extrajurisdiccionales como instrumentos de solución posible para las controversias familiares de carácter transfronterizo en el Reglamento (CE) núm. 2201/2003 del Consejo, de 27 de noviembre de 2003, relativo a la competencia, el reconocimiento y la ejecución de las resoluciones judiciales en materia matrimonial y de responsabilidad parental, también denominado Reglamento Bruselas II bis, y hoy derogado. Concretamente, su artículo 55, letra e, establecía que, "a petición de una autoridad central de otro Estado miembro o de un titular de la responsabilidad parental, las autoridades centrales (...) adoptarán, ya sea directamente o por conducto de las autoridades públicas u otros organismos, todas las medidas adecuadas (...) para: e) facilitar la celebración de acuerdos entre los titulares de la

---

43 Ahora bien, el camino hasta la aprobación de esa Directiva no fue sencillo ni corto. Comenzó en los años noventa con el Plan de Acción del Consejo y de la Comisión, sobre la mejor manera de aplicar las disposiciones del Tratado de Ámsterdam, relativas a la creación de un Espacio de libertad, seguridad y justicia, adoptado el 3 de diciembre de 1998. Posteriormente, en las Conclusiones del Consejo Europeo de Tampere, de 15 y 16 de octubre de 1999, se instó a utilizar los medios extrajudiciales como un medio para mejorar el acceso a la Justicia en la UE y, el 19 de abril de 2002, se aprobó el Libro Verde, sobre las modalidades alternativas de solución de conflictos en el ámbito del Derecho civil y mercantil, "donde ya se habla del papel complementario, y no excluyente, de los ADR en relación con los procesos judiciales, convirtiéndose en un instrumento para mejorar la calidad del derecho de acceso a la justicia, reduciendo costes y tiempo a la hora de resolver controversias" (MACHO GÓMEZ, Op. cit., p. 989). Uno de los resultados del Libro Verde fue la Propuesta de Directiva del Parlamento Europeo y del Consejo, sobre ciertos aspectos de la mediación en asuntos civiles y mercantiles, de 22 de octubre de 2004, la cual cristalizaría en la Directiva de 2008 sobre mediación.

44 Esta Ley incorporó definitivamente a nuestro ordenamiento la Directiva de 2008 y derogó el Real Decreto-ley 5/2012, de 5 de marzo, de mediación en asuntos civiles y mercantiles, que estuvo vigente hasta el 27 de julio de 2012. Complementan a la Ley de mediación el R.D. 980/2013, de 13 de diciembre, por el que se desarrollan determinados aspectos de la Ley 5/2012, de 6 de julio, de mediación en asuntos civiles y mercantiles y la Orden JUS/57/2019, de 22 de enero, por la que se crea el Foro para la mediación.

responsabilidad parental a través de la mediación o por otros medios, y facilitar con este fin la cooperación transfronteriza”[45].

En la actualidad, además de la posibilidad de acudir a los medios autocompositivos extrajudicialmente que, aunque improbable, siempre es posible, el Reglamento Bruselas II ter, que ha sustituido al Bruselas II bis, se refiere a los MASC en su artículo 25 en los siguientes términos[46]: “Lo antes posible y en cualquier fase del procedimiento, el órgano jurisdiccional invitará a las partes, directamente o, si procede, con la asistencia de las autoridades centrales, a que consideren si están dispuestas a recurrir a la mediación o a otra vía alternativa de resolución de litigios, a menos que ello sea contrario al interés superior del menor, no sea adecuado en el caso particular o conlleve un retraso indebido del procedimiento” [47]. Así como, “en especial, en los casos de violencia sobre la mujer” (Considerando 43 RBIIter) o de violencia doméstica.

Asimismo, en su artículo 79, entre las tareas específicas de las autoridades centrales se encuentra la de adoptar “ya sea directamente o por conducto de

---

45 Por su parte, el TFUE, también se refiere a los “métodos alternativos” en el artículo 81 del Capítulo 3, dedicado a la cooperación judicial en materia civil:
“1. La Unión desarrollará una cooperación judicial en asuntos civiles con repercusión transfronteriza, basada en el principio de reconocimiento mutuo de las resoluciones judiciales y extrajudiciales.
Esta cooperación podrá incluir la adopción de medidas de aproximación de las disposiciones legales y reglamentarias de los Estados miembros.
2. A los efectos del apartado 1, y en particular cuando resulte necesario para el buen funcionamiento del mercado interior, el Parlamento Europeo y el Consejo adoptarán, con arreglo al procedimiento legislativo ordinario, medidas para garantizar: (...) g) el desarrollo de métodos alternativos de resolución de litigios”.

46 La Convención Interamericana sobre Restitución Internacional de Menores, de 15 de julio de 1989, contempla también las soluciones “voluntarias”, pero sin mencionar la mediación, la conciliación o cualquier otro instrumento extrajurisdiccional de solución de conflictos, pero no ha hecho ningún avance en este sentido durante los años que está vigente. En concreto, su artículo 10 establece: “El juez exhortado, la autoridad central u otras autoridades del Estado donde se encuentra el menor, adoptarán, de conformidad con su derecho y cuando sea pertinente, todas las medidas que sean adecuadas para la devolución voluntaria del menor”.

47 Una parte de la doctrina ha criticado la falta de desarrollo de esta previsión y otra parte, por el contrario, ha destacado el carácter flexible y abierto de la fórmula utilizada. Vid al respecto: GONZÁLEZ MARIMÓN, M., “El fomento de la mediación en casos de sustracción internacional de menores en el Reglamento Bruselas II ter”, en Barona Vilar, S. (edit.), *Meditaciones sobre mediación (MED+)*, Valencia, Tirant lo Blanch, 2022, pp. 408-410.

los órganos jurisdiccionales, autoridades competentes u otros organismos, todas las medidas adecuadas para: g) facilitar la celebración de acuerdos entre los titulares de la responsabilidad parental a través de la mediación o por otros medios alternativos de resolución de litigios y facilitar con este fin la cooperación transfronteriza".

2. La aplicación de los MASC a estos casos.

Como afirma OREJUDO PRIETO DE LOS MOZOS[48], "la mediación *–y el resto de los MASC-* puede(*n*)[49] desempeñar fundamentalmente tres funciones en el marco de la problemática de la sustracción internacional de menores: una preventiva; otra, como instrumento para solucionar el conflicto creado ante un traslado o retención ilícitos; y una tercera, como mecanismo para facilitar la ejecución de una decisión sobre el retorno".

En todos estos supuestos habrá que aplicar las normas internacionales que prevén los MASC y complementariamente las de los países en el que tuviera su residencia el menor de edad o en el del que se encuentre, si ya se ha producido el traslado o retención ilícitos a otro país. Ahora bien, en el caso de que se trate de países pertenecientes a la UE habrá que tener en cuenta el artículo 25 del Reglamento Bruselas II ter, apuntado más arriba. Concretamente, que el juez que esté conociendo de la acción de retorno, como se ha dicho, podrá, directamente o con la asistencia de las autoridades centrales, invitar a las partes a acudir a alguno de los medios de solución de controversias, pero siempre que ello no vaya contra el interés del menor, no sea adecuado en el caso particular o conlleve un retraso indebido del procedimiento, teniendo en cuenta, en este último supuesto, que el plazo del procedimiento debe ser de 6 semanas para la instancia, otras 6 semanas para el posible recurso y 6 más para la ejecución de la posible resolución (artículos 24 y 28 RBIIter).

Por otro lado, si uno o ambos países, el de residencia habitual o donde ha sido trasladado o retenido el menor, no pertenecen a la UE, pero han firmado y ratificado el Convenio de la Haya de 1980 sobre sustracción

---

48 OREJUDO PRIETO DE LOS MOZOS, P., "Competencia judicial internacional y contenido de los acuerdos de mediación en la sustracción internacional y contenido de los acuerdos de mediación en la sustracción internacional de menores", en Azcárraga Monzonís, C. y Quinzá Redondo, P. (edits.), *Tratado de mediación. Tomo III. Mediación en conflictos de familia*, Valencia, Tirant lo Blanch, 2017, p. 190.

49 La cursiva es mía.

internacional, se aplicarán los artículos 7 y 10, a los que también me he referido más arriba. En estos preceptos se insta a las autoridades centrales a que, directamente o a través de un intermediario, faciliten "una solución amigable" y a adoptar todas las medidas que garanticen la restitución voluntaria del menor, aunque sin añadir nada más. Sin embargo, eso no significa que se pueda acudir libérrimamente a los MASC sino que la autoridad central correspondiente deberá tomar en consideración los mismos criterios que recoge el RBIIter en el artículo 25. En primer lugar, porque el interés del menor es siempre superior a cualquier otro, según las normas internacionales; en segundo lugar, porque se constate con anterioridad a su inicio que las partes no quieren participar y/o, en su caso, no van a cumplir el posible acuerdo al que se pudiera llegar; y, en tercer lugar, porque el plazo, aunque inferior, puesto que el Convenio de la Haya habla sólo de 6 semanas (artículo 11) –plazo, a todas luces, insuficiente e irreal-, habría que tomarlo también en consideración para que la mediación o cualquier otro instrumento no dilate la resolución del caso.

Queda por determinar en ambas normas si será posible el control del contenido del acuerdo, el cual, entiendo, cabrá cuando así lo dispongan las normas nacionales que regulen el MASC concreto y, desde luego, cuando se pretenda hacer valer el acuerdo alcanzado ante las autoridades de otro país, que exigirá su homologación judicial o elevación a escritura pública, pudiendo negarse, por ejemplo, por vulnerar el orden público del Estado en cuestión. Momento en el que, por ejemplo, garantizar el interés del menor sobre cualquier otro adquirirá vigencia de nuevo, en particular en los casos de violencia sobre la mujer o doméstica.

Por último, si los dos Estados concernidos por una sustracción internacional o uno de ellos no pertenece a la UE, no han firmado un convenio bilateral al efecto, ni han ratificado el Convenio de la Haya de 1980, las únicas vías para solucionar esa sustracción o retención ilícita de un menor serán las acciones internas ante los tribunales –u órganos administrativos- de esos países, con todas las dificultades que conllevan, y los MASC, puesto que las acciones internacionales de restitución inmediata no serán posibles.

Así las cosas y indendientemente de cuál sea la razón para utilizar un MASC y afrontar un caso de sustracción internacional de menores por sus progenitores, de entre ellos destaca, sin lugar a dudas, la mediación, que ha sido promovida y regulada, como hemos visto, en diferentes normas internacionales, pero también por las normas internas de muchos países. En concreto, por la materia objeto de la controversia, se tratará de una mediación civil, más exactamente, familiar, pero habrá que distinguir, según se trate de una mediación interna, que podrá ser extrajudicial o intrajudicial, o bien de una transfronteriza o internacional, que también podrá ser extrajudicial o intrajudicial. Ambas son posibles, pero cada una tiene sus ventajas e inconvenientes.

En el caso de la interna, por ejemplo en España e independientemente de que el menor se encuentre o no en nuestro país, la Ley 5/2012, de 6 de julio, de mediación en asuntos civiles y mercantiles permite la mediación en estos casos cuando se ejercite ante nuestros tribunales una acción civil instando al retorno o a la devolución frente a una sustracción o una retención ilícita[50], porque no está entre las materias excluidas (artículo 2.2) y se trata de derechos disponibles (artículo 2.1). Es, además, una mediación interna que trata de resolver un conflicto transfronterizo, de acuerdo con la definición que el artículo 3 hace del mismo[51], al cual será aplicable esta Ley si las partes se someten a ella expresa o tácitamente y, en defecto de lo anterior, cuando, al menos, una de ellas tenga su domicilio en España y la mediación se realice en territorio español (artículo 2.1).

El marco legal de esta clase de mediación viene conformado así por la ley 5/2012 y, en su caso, por la norma sobre mediación familiar aprobada por la comunidad autónoma en la que radique el juzgado de primera instancia del lugar de residencia o del de donde se encuentre el menor y que esté conociendo del proceso de restitución[52]. Asimismo, habrá que tener en cuenta la ya mencionada Guía de buenas prácticas de la Conferencia

---

50 Cabe plantearse la posibilidad de utilizar la mediación en un proceso penal cuando, como en el caso de España, esté tipificado (artículo 225 bis CP). Naturalmente, esta opción cabrá cuando la mediación esté prevista legalmente y, si no lo está, se podrían explorar las vías que otros instrumentos procesales ofrecen para dar cabida al acuerdo que se pudiera llegar, como son las conformidades o la suspensión o sustitución de pena, como ocurre en nuestro país.

51 De acuerdo con el artículo 3.1 de la Ley 5/2012, un conflicto es transfronterizo "cuando al menos una de las partes está domiciliada o reside habitualmente en un Estado distinto a aquél en que cualquiera de las otras partes a las que afecta estén domiciliadas cuando acuerden hacer uso de la mediación o sea obligatorio acudir a la misma de acuerdo con la ley que resulte aplicable. También tendrán esta consideración los conflictos previstos o resueltos por acuerdo de mediación, cualquiera que sea el lugar en el que se haya realizado, cuando, como consecuencia del traslado del domicilio de alguna de las partes, el pacto o algunas de sus consecuencias se pretendan ejecutar en el territorio de un Estado distinto".

52 Como dice el Preámbulo de la Ley 5/2012, "la presente Ley se circunscribe estrictamente al ámbito de competencias del Estado en materia de legislación mercantil, procesal y civil, que permiten articular un marco para el ejercicio de la media-

de La Haya y la Guía para la práctica de la mediación intrajudicial del CGPJ[53], así como el hecho de que, dadas las peculiaridades de los casos de sustracciones de menores internacionales, será necesario hacer algunas adaptaciones procedimentales –mediadores interculturales, lengua de comunicación entre las partes y el mediador, traductores, medios de comunicación, vistas *on line*, etc.-, las cuales siempre son posibles por la autonomía de la voluntad, uno de los fundamentos de la institución de la mediación[54].

Por otra parte, la mediación es internacional e intrajudicial cuando se ejercita una acción de retorno inmediato, al amparo de una norma internacional y ante los tribunales del Estado donde se encuentra el menor sustraído[55]. En estos supuestos, como se ha señalado, la iniciativa partirá de las autoridades centrales o del mismo órgano jurisdiccional que esté conociendo del asunto y en cuanto a los órganos que actuarán como mediadores podrán ser entidades nacionales o extranjeras[56], siendo los problemas más

---

ción, sin perjuicio de las disposiciones que dicten las Comunidades Autónomas en el ejercicio de sus competencias".
Sobre la competencia del Estado para aprobar una ley de mediación estatal y su compatibilidad con las normas de mediación familiar de las comunidades autónomas, ver: BARONA VILAR, S., *Mediación en asuntos civiles y mercantiles en España*, Valencia, Tirant lo Blanch, 2013, pp. 129-135.

53 Disponible en: https://www.poderjudicial.es/cgpj/es/Temas/Mediacion/Guia-para-la-practica-de-la-Mediacion-Intrajudicial/

54 En el supuesto de que las acciones de retorno o devolución se interpusieran en un país distinto a España, utilizando para ello los procedimientos internos e independientemente de que el menor trasladado o retenido ilícitamente se encuentre allí, el marco legal de la mediación, en su caso, será el interno de ese país.

55 La opción de intentar una mediación internacional extrajudicial, teóricamente, es factible, pero en la actualidad y con las particularidades de estos casos, lamentablemente no tiene sentido práctico. Cualquier abogado, en el diseño de la estrategia procesal para afrontar una sustracción internacional de un menor sólo recomendará la mediación en el contexto de la acción de retorno inmediato y siempre sujeta a plazos muy cortos.

56 Estas entidades tienen su propios protocolos de actuación y normalmente utilizan la fórmula de co-mediaciones y bi-nacionales o bi-culturales, como señala, por ejemplo, la Declaración de Breslavia de octubre de 2007. Al respecto, se pueden mencionar las siguientes: la Red de mediadores familiares de la Unión Europea -https://crossbordermediator.eu/about-; el Centro de Mediación Internacional para Casos de Conflictos Familiares y la Sustracción de Menores (MiKK) -https://www.mikk-ev.de/es/informationen/encontrar-profesionales/-; el *Child Abduction Center in the Netherlands* -https://kinderontvoering.org/en/-; REUNITE (*International Child Abduction Centre*) -https://www.reunite.org/-; o la *International Family*

graves de esta clase de mediación el fraccionamiento de la competencia judicial internacional para la homologación de los acuerdos de mediación, así como su eficacia extraterritorial[57].

En España esta opción se recoge en el artículo 778 quinquies.12 LEC, que cabe cuando el menor no tiene la residencia en nuestro país, pero se encuentra en España, porque el progenitor sustractor lo ha trasladado o lo retiene aquí. Una mediación a la que se puede acudir iniciado el procedimiento, previsto y regulado en los artículos 778 quáter y 778 quinquies de la LEC, con el fin de hacer efectivo el retorno inmediato a su país de residencia, al amparo de una norma internacional. De hecho, la Guía de buenas prácticas de la Conferencia de La Haya recomienda que la mediación se proponga, precisamente, una vez interpuesta la acción de restitución, por las múltiples ventajas que tiene[58], no siendo posible simultanear, como

Mediation (IFM), iniciativa del Servicio Social Internacional (ISS) -https://www.ifm-mfi.org/es-.

57 Vid al respecto: GONZÁLEZ MARIMÓN, M., "El fomento de la mediación en casos de sustracción internacional de menores en el Reglamento Bruselas II ter", Op. cit., pp. 411-415.

58 Según se afirma expresamente en la Guía (pp. 30-31), las ventajas de esta estrategia son:

a) "Puede afectar positivamente a la motivación del progenitor sustractor de involucrarse en encontrar una solución amigable cuando, de otro modo, se vería frente a la opción concreta de procesos judiciales.
b) El tribunal podrá establecer un plazo claro dentro del cual se deben celebrar las sesiones de mediación. Así se evita el uso indebido de la mediación como táctica dilatoria y el progenitor sustractor no podrá obtener ninguna ventaja del uso del artículo 12 del Convenio de La Haya de 1980 sobre Sustracción de Menores.
c) El tribunal podrá adoptar las medidas de protección necesarias para evitar que el progenitor sustractor lleve al niño a un tercer país o pase a la clandestinidad.
d) La posible presencia del progenitor perjudicado en el país del cual se sustrajo el niño para asistir a la audiencia del tribunal de La Haya puede ser utilizada para organizar una secuencia breve de sesiones de mediación en persona sin generar costes adicionales de traslado para el progenitor perjudicado.
e) El tribunal que entiende del caso podría, dependiendo de su competencia en esta materia, decidir acuerdos de contacto provisionales entre el progenitor perjudicado y el niño, lo que evita la alienación y puede tener un efecto positivo en el propio proceso de mediación.
f) Puede estar disponible el financiamiento para la mediación ordenada por el tribunal.

es lógico, la acción de restitución inmediato y la mediación (art. 10.2, II Ley 5/2012)[59].

En cuanto al resto de los MASC, distintos de la mediación, las normas internacionales no se refieren a ninguno en concreto, por lo que hay que estar a la experiencia de los profesionales que intervienen en esta materia y a los ordenamientos nacionales correspondientes para ver cuáles aplicar en cada caso. No obstante, en cuanto a la sistematización y aplicación de cada uno de estos instrumentos, estamos ante una situación similar a la de la mediación, pudiendo distinguir entre MASC nacionales, intrajudiciales o extrajudiciales, así como MASC internacionales, también intra o extrajudiciales, y hacer las mismas consideraciones que con aquélla.

Según la ya citada Guía del mediador del Parlamento Europeo de 2012, se aplican con éxito diversos instrumentos, distintos de la mediación. En primer lugar, la conciliación, que se diferencia de la mediación en que el tercero neutral tiene un papel más activo y su influencia se deja notar en el acuerdo al que al final puedan llegar las partes.

En segundo lugar, los programas de coordinación en la crianza de los hijos, para los casos de custodia y visita muy conflictivas, porque los padres hayan demostrado su negativa o renuencia a cumplir las resoluciones judiciales y/o los acuerdos parentales. En estos supuestos la solución pasa por la designación judicial de un coordinador, proveniente de la rama de la Salud o del Derecho, con formación y experiencia en mediación, que facilita la resolución oportuna de las controversias e instruye a los progenitores respecto de las necesidades de los niños. Su labor, además, puede ser previa a la sustracción, implementando el plan de crianza, pero también

---

g) Asimismo, el hecho de que las partes tengan muy probablemente en esta etapa la representación de un especialista jurídico ya ayuda a garantizar que las partes tendrán acceso a la información jurídica pertinente en el curso de la mediación.

h) Por último, el tribunal puede dar seguimiento al resultado de la mediación y garantizar que el acuerdo tendrá efecto jurídico en el sistema jurídico del cual se sustrajo al niño, al convertir el acuerdo en una orden del tribunal o adoptando otras medidas. El tribunal podrá, asimismo, asistir para garantizar que el acuerdo tenga efecto jurídico en las demás jurisdicciones pertinentes".

59 Para un desarrollo detallado de esta mediación, ver: JIMÉNEZ FORTEA, F.J., "La mediación en los casos de sustracción internacional de menores por sus padres", Op. cit., pp. 172-184.

posterior, pudiendo tomar decisiones dentro del ámbito de la resolución judicial de designación o del acuerdo al efecto[60].

En tercer lugar, la "evaluación temprana neutral", que consiste en una evaluación pericial no vinculante de la situación jurídica provocada por la sustracción, otorgándose con posterioridad a los padres la oportunidad de negociar un acuerdo amistoso que ponga fin a esa situación.

Y en cuarto lugar, poniendo el acento en el asesoramiento y asistencia llevada a cabo por los abogados, se hace hincapié en que el fin último ha de ser alcanzar el mejor acuerdo posible para sus clientes. En este sentido, se plantean dos modelos. El primero, denominado de "derecho colaborativo", emplea las técnicas de negociación de solución de problemas en función de sus intereses para resolver la controversia sin recurrir a los tribunales. Cuando no se llega a acuerdo alguno y la cuestión debe resolverse en un proceso, los abogados colaborativos se encuentran inhabilitados para continuar la asistencia letrada y deben nombrar un nuevo abogado. El segundo modelo es el de "derecho cooperativo", cuya diferencia con el anterior es que, en el caso de que no se alcance el acuerdo, el abogado podrá continuar con su función de defensa en el proceso ante el tribunal competente. Por eso, parece más adecuado el modelo cooperativo que el colaborativo en los casos de sustracción internacional de menores.

En el caso de España, actualmente, nuestro ordenamiento jurídico interno y en especial las normas sobre las sustracciones internacionales de menores por sus padres no contemplan otro MASC que la mediación, puesto que la conciliación, aunque está regulada en la LJV, está vetada para los procesos en los que estén interesados los menores (artículo 139.2.1° LJV), por lo que no se podría utilizar para ofrecer una solución extrajudicial a estas situaciones.

El Proyecto de Ley de medidas de eficiencia procesal del servicio público de Justicia, de 22 de abril de 2022[61], el cual decayó por la convocatoria

---

60 Esta figura es cercana a la del "coordinador parental", del que se viene hablando en España desde hace unos años y algunos jueces vienen incorporando a sus sentencias sobre Derecho de familia (Sentencia del TSJ de Cataluña, de 26 de febrero de 2015, [Roj: STSJ CAT 551/2015–ECLI: ES:TSJCAT:2015:551], a pesar de la falta de una norma habilitante en el Derecho civil común y en el foral. Ver al respecto: ALBA FERRER, E., "El plan de parentalidad y el coordinador parental: herramientas de protección del menor ante las crisis matrimoniales", *Revista Boliviana de Derecho,* núm. 28, julio 2019, pp. 114-133.

61 BOCG-14-A-97-1.

anticipada de elecciones en nuestro país para el pasado mes de julio, hubiera supuesto un cambio fundamental en esta materia, al recoger e impulsar los medios adecuados –mejor, complementarios- a la jurisdicción[62]. Preveía, asimismo, el Proyecto de Ley que estos medios pudieran ser utilizados en controversias transfronterizas y no excluía, como es lógico, la materia de Derecho de familia (artículo 3) y, si bien establecía como requisito de procedibilidad para la presentación de la demanda civil el intento de resolución del conflicto a través de algún MASC, sin embargo lo excluyó en los casos de las medidas del artículo 158 del Código civil [artículo 4.2, b)] y en los "de restitución o retorno de menores en los supuestos de sustracción internacional" [artículo 4.2, f)].

Por último, en cuanto a los instrumentos recogidos en el Proyecto de Ley decaído, se preveían, aparte de la mediación, la conciliación, la opinión neutral de un experto independiente, la oferta vinculante confidencial o cualquier otro tipo de actividad negociadora, algunos de los cuales coinciden o comparten algunos aspectos con los que incluye expresamente la Guía del mediador del Parlamento Europeo de 2012 ya comentados.

3. La realidad sobre su aplicación práctica.

A pesar del impulso y promoción de los mismos, no es fácil encontrar estadísticas sobre el número de mediaciones y otros MASC llevados a cabo en esta materia.

En el ámbito nacional haría falta un esfuerzo adicional para conocer la realidad exacta y, eso, en las mediaciones intrajudiciales, porque en las realizadas al margen de la actividad judicial o si se utilizan otros mecanismos autocompositivos, no es posible de ninguna manera saberlo. En efecto, la casi totalidad de las consejerías responsables de las administraciones de justicia de las comunidades autónomas no publican nada al

62 En este sentido, el artículo 1 del Proyecto de Ley define los medios "adecuados" de solución de controversias en vía no jurisdiccional del siguiente modo: "A los efectos de esta ley, se entiende por medio adecuado de solución de controversias cualquier tipo de actividad negociadora, tipificada en esta u otras leyes, a la que las partes de un conflicto acuden de buena fe con el objeto de encontrar una solución extrajudicial al mismo, ya sea por sí mismas o con la intervención de un tercero neutral".

respecto[63] y el CGPJ, por su parte, publica sólo unos datos sobre mediaciones intrajudiciales en las memorias anuales, pero que, además, son insuficientes, al no desglosarlos por materias concretas dentro de un orden jurisdiccional. Por ejemplo, en la ya mencionada Memoria del CGPJ de 2023, correspondiente al ejercicio de 2022, se hace referencia a las derivaciones a "mediación familiar" –de lo que no podemos saber si alguna lo ha sido por sustracción interparental- y se afirma que han sido derivados 3.037 asuntos, un 7,6% menos que en 2021, de los cuales, únicamente el 1,8%, han finalizado con avenencia.

En el ámbito internacional ocurre lo mismo. No se dispone de estadísticas que reflejen la realidad práctica de la mediación y de otros instrumentos en los casos de sustracciones de menores interparentales, lo que se ve agravado, además, por la dispersión de los casos y del número y variedad de las instituciones que intervienen. En el caso de España, según la Memoria del CGPJ de 2023, ingresaron 85 procedimientos relativos a sustracciones internacionales –se entiende, en los juzgados civiles españoles- y se resolvieron 89, quedando 23 en trámite, pero no se dice si alguno se derivó a mediación u otro mecanismo alternativo para la solución de controversias ni, en su caso, el resultado[64]. Para el resto del mundo, podría pensarse que la Conferencia de la Haya, dado su interés en los medios alternativos, especialmente en la mediación, y el número de ratificaciones de su Convenio de 1980, dispondría de esa información; sin embargo, no es así o, si la tiene, no la ha hecho pública[65]. Tampoco la UE dispone de esa información

---

63 Sí lo hace, por ejemplo, la comunidad autónoma vasca, pudiendo encontrar información de interés sobre mediación familiar en su web: https://www.euskadi.eus/gobierno-vasco/-/mediacion-familiar/
Sin embargo, llama la atención que CC.AA., como la catalana o la valenciana, que dedican tantos recursos y llevan mucho tiempo desarrollando programas de mediación no cuenten con una estadística anual al respecto. A la web del Departamento de Justicia de la Generalidad catalana se puede acceder en: http://justicia.gencat.cat/ca/ambits/mediacio/. Y a la de la Generalitat valenciana en: https://cjusticia.gva.es/es/mediacion

64 Es una lástima, porque consignar esa información, no hubiera costado nada. Además, es posible, si se derivó a mediación alguno de los casos, que esté incluido en los recogidos en el número de los supuestos de mediación familiar antes referenciados, pero como no se especifica en ningún lugar, no lo podemos saber.

65 CALVO BABÍO se hace eco en un trabajo ("La mediación como vía para solucionar los supuestos de sustracción internacional de menores", en AA.VV., *Sobre la mediación penal. Posibilidades y límites en un entorno de reforma del Proceso Penal Español*, Madrid, Thompson-Aranzadi, 2012, pp. 245-264) de la intervención de la

–o tampoco la ha hecho pública-, a pesar del tiempo transcurrido desde la aprobación del Reglamento 2201/2003, en el que se exhortaba a su utilización y el impulso que la entrada en vigor del nuevo Reglamento 2019/1111 debería haber supuesto[66].

---

secretaria de la Conferencia de la Haya, Marta Pertegás Sender, en el "Simposio sobre Tribunales y mediación. Nuevos caminos para la justicia", celebrado en la Escuela Judicial Española, los días 18 y 19 de 2009 y referida a "La experiencia de la Conferencia de la Haya de Derecho internacional privado en el ámbito de la mediación internacional", en la que aportó información relevante, pero que no se ha publicado ni es accesible en Internet.

Según CALVO BABÍO (Op. cit., p. 257), en dicha intervención "quedó patente que la mediación y otros mecanismos similares de resolución amigable de controversias cobraban una importancia creciente en los casos en los que era aplicable el Convenio de la Haya. Entre los años 1999 y 2003, el 31% de los casos se resolvieron de forma amigable; de hecho, en el 22% de las solicitudes se consiguió el retorno voluntario de los niños y el 9% de los casos terminó con una orden judicial de retorno adoptada de común acuerdo por las partes. Ello frente al 59% de los supuestos que no se resolvieron o lo hicieron con ejecución forzosa de las órdenes de restitución". No obstante, faltaría saber cuántas sustracciones se produjeron en esos años para conocer en términos absolutos el número de mediaciones, pero sobre todo sería interesante conocer la evolución en los siguientes años.

66 En un informe elaborado en 2014 por el Parlamento europeo, sobre el uso de la mediación civil y mercantil en el ámbito de la UE [*Rebooting the Mediation Directive: Assessing the Limited Impact of its Implementation and Proposing Measures to Increase the Number of Mediations in the EU*, disponible en: https://www.europarl.europa.eu/thinktank/en/document.html?reference=IPOL-JURI_ET(2014)493042], con ocasión de los cinco años y medio de entrada en vigor de la Directiva 2008/52/CE del Parlamento Europeo y del Consejo, de 21 de mayo de 2008, sobre ciertos aspectos de la mediación en asuntos civiles y mercantiles, se apunta que la mediación se utiliza menos de 1% de los casos.

Para paliar esta situación, diversos informes han realizado algunas recomendaciones. En este sentido, el Informe sobre la aplicación de la Directiva 2008/52/CE, del Parlamento Europeo y del Consejo, de 21 de mayo de 2008, sobre ciertos aspectos de la mediación en asuntos civiles y mercantiles [2016/2066(INI)], de 27 de junio de 2017 –disponible en: https://www.europarl.europa.eu/doceo/document/A-8-2017-0238_ES.html-, propone, entre otras, las siguientes recomendaciones:

11. Pide a los Estados miembros que intensifiquen sus esfuerzos para fomentar el recurso a la mediación en litigios civiles y mercantiles (...);

(...)

13. Pide, asimismo, a la Comisión que estudie la necesidad de que los Estados miembros creen y mantengan registros nacionales de procedimientos de mediación, que podrían ser una fuente de información para la Comisión y que también podrían ser utilizados por los mediadores nacionales para beneficiarse de buenas prácticas

No obstante lo anterior y refiriéndose únicamente a la mediación, la Federación Europea de niños desaparecidos y explotados sexualmente, *Missing Children Europe*, en su informe de 2021[67], afirma que ese año se realizaron 70 mediaciones familiares por la *Cross-border Family Mediators Network*[68], de las cuales, 20, fueron sobre sustracción de menores (11 retenciones y 9 cambios de residencia habitual)[69]. Según esa fuente, el 42,85% del total

---

en toda Europa; subraya que todo registro debe crearse respetando plenamente el Reglamento general de protección de datos (Reglamento (UE) 2016/679);
14. Solicita a la Comisión que realice un estudio detallado sobre los obstáculos que dificultan la libre circulación de los acuerdos de mediación extranjeros en la Unión y sobre las diversas opciones para fomentar el uso de la mediación como una manera sólida, asequible y eficaz de resolver los litigios internos y transfronterizos en la Unión, teniendo en cuenta el principio del Estado de Derecho y la continua evolución internacional en este ámbito;
15. Pide a la Comisión que, en el marco de la revisión de la normativa, busque soluciones que permitan ampliar eficazmente el ámbito de la mediación también a otras cuestiones civiles o administrativas, si procede; hace hincapié, no obstante, en que debe prestarse atención especial a las repercusiones que pudiera tener la mediación sobre ciertas cuestiones de carácter social, como el Derecho de familia; recomienda, en este contexto, a la Comisión y a los Estados miembros, que establezcan y apliquen salvaguardas adecuadas en los procedimientos de mediación a fin de limitar los riesgos para las partes más débiles y protegerlas contra todo posible abuso de procedimiento o posición por las partes más poderosas, así como a facilitar datos estadísticos relevantes exhaustivos; subraya, además, la importancia de garantizar el respeto de los criterios de equidad en materia de costes, en particular para proteger los intereses de los colectivos desfavorecidos; señala, no obstante, que la mediación puede perder su atractivo y valor añadido en caso de introducirse normas demasiado estrictas para las partes; (...)".
Recientemente se han ampliado y mejorado los anteriores objetivos en la Resolución del Parlamento Europeo, de 5 de abril de 2022, sobre la protección de los derechos del menor en los procedimientos de Derecho civil, administrativo y de familia (2021/2060(INI), en la que reconoce, además, el índice tan bajo de aplicación de la mediación en los conflictos transfronterizos en los que se ven inmersos los menores.

67 *Missing Children Europe, Figures and Trends 2021. From hotlines for missing children and cross-border family mediators*, p. 6. Disponible en: https://missingchildreneurope.eu/annual-reports/

68 *Cross-border Family Mediators Network* es una red de más de 200 mediadores biculturales pertenecientes a más de 40 países de todo el mundo y coordinada por *Missing Children Europe*. Para más, ver: https://crossbordermediator.eu/ y https://missingchildreneurope.eu/international-child-abduction/

69 Curiosamente, el informe de *Missing Children Europe* de 2022 no hace referencia alguna a las mediaciones llevadas a cabo por la *Cross-border Family Mediators Network* ni a cualquier otro medio de resolución de controversias.

de las mediaciones lo fueron entre nacionales de países pertenecientes a la UE, el 28,57% entre, al menos, nacionales pertenecientes a un país de la UE y sólo el 2% entre nacionales de países que no forman parte de la UE.

En cuanto al resultado de esas 70 mediaciones, el 61,29% terminaron con acuerdo y el 35,48% con un acuerdo parcial. Ahora bien, no se dice cuáles fueron los resultados de las llevadas adelante en los casos de sustracción de menores internacional por sus propios padres. Sí que se apunta, no obstante, que el 66% de los padres no acude siquiera a la sesión informativa –*pre-mediation*–, constituyendo un reto invertir esa tendencia[70].

En definitiva, la ausencia de una estadística del uso de la mediación y otros instrumentos autocompositivos en los casos de las sustracciones internacionales no ayuda a su implementación y mejora, por lo que es oportuno instar a las organizaciones internacionales implicadas[71], así como a las ONGs y asociaciones que colaboran en su aplicación, a buscar el modo de hacer público el papel desempeñado en esta importante tarea y cuantificar

70 Esta falta de información sobre la utilización de los medios "alternativos" a la jurisdicción para la resolución de controversias en los casos de sustracciones de menores interparentales e internacionales lleva a preguntarse sobre cuál es su causa. A mi juicio, pueden ser varias: en primer lugar, porque se considere que es inútil. Frente a esto, cabe decir que esa información siempre será de utilidad, puesto que permitirá ver la evolución de los MASC en ese ámbito y, en su caso, aplicar medidas correctoras para su mejora. En segundo lugar, porque el mayor o menor uso de los mismos no reduce sus bondades y los datos sobre su uso en la práctica permitirán concluir sobre la necesidad de insistir en el impulso de su promoción y/o introducir ajustes legales. En tercer lugar, porque sea costoso y difícil la recopilación de esa información. Frente a lo cual, no cabe sino objetar que las razones de contar con los datos de la utilización de los medios alternativos en los casos de sustracciones interparentales internacionales tienen más peso que las dificultades en recopilarlos, sin perjuicio de su análisis para ver cómo superarlas. Y, en cuarto lugar, cabe pensar que sí se conocen los datos de uso, pero no se han hecho públicos, porque son muy pocas las veces que se han aplicado y/o muy bajo el porcentaje de éxito, lo que podría actuar como elemento desincentivador. En ese caso, sin embargo, sería importante que se informara a todos los operadores jurídicos para trabajar conjuntamente en la difusión y promoción apuntadas. Si, por el contrario, el número de veces que se ha acudido a los MASC fuera muy alto y se dispusiera de esa información, no tendría sentido alguno no publicarla.

71 Principalmente la Conferencia de la Haya de Derecho internacional privado, la UE, la Organización de Estados Americanos y los países que participan en el Proceso de Malta.

sus aportaciones[72]. En este sentido, hay que tener en cuenta el papel que las Autoridades centrales podrían desempeñar, a lo que habría que añadir el de las autoridades judiciales nacionales que, como en el caso español, disponen de una estadística judicial centralizada.

IV. Bibliografía citada

ALBA FERRER, E., "El plan de parentalidad y el coordinador parental: herramientas de protección del menor ante las crisis matrimoniales", *Revista Boliviana de Derecho,* núm. 28, julio 2019, pp. 114-133.

AZCÁRRAGA MONZONÍS, C., "Sustracción internacional de menores: vías de actuación en el marco jurídico vigente", en *Revista Boliviana de derecho,* núm. 20, 2015, pp. 192-213.

AZCÁRRAGA MONZONÍS, C., "Mediación en conflictos internacionales de familia: aportaciones desde la práctica convencional de La Haya", en Martínez Capdevila, C. (coord.), *La aplicación de la mediación en la resolución de los conflictos en el Mediterráneo (Iniciativa para la mediación en el Mediterráneo),* Madrid, AEPDIRI-MAEC, 2015, pp. 251-260.

CALVO BABÍO, F., "La mediación como vía para solucionar los supuestos de sustracción internacional de menores", en AA.VV., *Sobre la mediación penal. Posibilidades y límites en un entorno de reforma del Proceso Penal Español,* Madrid, Thompson-Aranzadi, 2012, pp. 245-264.

CALZADO LLAMAS, A.J., *La sustracción internacional de menores: el Reglamento 2019/1111 y su interacción con el Convenio de la Haya de 1980 y la LEC,* Navarra, Aranzadi, 2023

ESPLUGUES MOTA, C., "El Reglamento Bruselas II Ter y el recurso a los MASC en materia de responsabilidad parental y sustracción internacional de menores", en *Cuadernos de Derecho transnacional,* vol. 13, núm. 2, 2021, pp. 132-173.

GÓMEZ BENGOECHEA, B., *Aspectos civiles de la sustracción internacional de menores. Problemas de aplicación del Convenio de La Haya de 25 de octubre de 1980,* Madrid, Dykinson, 2003.

GONZÁLEZ MARIMÓN, M., "El fomento de la mediación en casos de sustracción internacional de menores en el Reglamento Bruselas II ter", en Barona Vilar, S. (edit.), *Meditaciones sobre mediación (MED+),* Valencia, Tirant lo Blanch, 2022, pp. 399-418.

GONZÁLEZ MARIMÓN, M., *La sustracción internacional de menores en el Espacio Jurídico Europeo,* Valencia, Tirant lo Blanch, 2022.

[72] Es cierto que, en su caso, habría un número de mediaciones que podrían quedar fuera de la estadística configurada por los actores mencionados. Se trataría de aquellas llevadas adelante por profesionales, sin intervención de las autoridades centrales y desarrolladas extrajudicialmente. Ahora bien, la información podría obtenerse cuando se solicitara, por ejemplo, la homologación judicial o la elevación a escritura pública del acuerdo para hacerla valer internacionalmente.

HERNÁNDEZ RODRÍGUEZ, A., "Mediación y secuestro internacional de menores: ventajas e inconvenientes", en *Cuadernos de Derecho Transnacional*, vol. 6, núm. 2, 2014, pp. 130-146.

JIMÉNEZ FORTEA, F.J., "Tutela civil y sustracción internacional de menores por sus propios padres", en Jiménez Fortea, F.J. (coord.), *La cooperación jurídica internacional civil y mercantil española más allá de la UE*, Valencia, Tirant lo Blanch, 2019, pp. 315-390.

JIMÉNEZ FORTEA, F.J., "La mediación en los casos de sustracción internacional de menores por sus padres", en Aranda Jurado, M. (dir.), *La práctica en la mediación intrajudicial en el ordenamiento jurídico español*, Valencia, Tirant lo Blanch, 2023, pp. 115-188.

MACHO GÓMEZ, C., "Origen y evolución de la mediación: el nacimiento del «movimiento ADR» en Estados Unidos y su expansión a Europa", en *Anuario de Derecho Civil*, tomo LXVII, fascículo III, 2014, pp. 969-995.

OREJUDO PRIETO DE LOS MOZOS, P., "Competencia judicial internacional y contenido de los acuerdos de mediación en la sustracción internacional de menores", en Azcárraga Monzonís, C. y Quinzá Redondo, P. (edits.), *Tratado de mediación. Tomo III. Mediación en conflictos de familia*, Valencia, Tirant lo Blanch, 2017, pp. 183-204.

PÉREZ VERA, E., "Algunas consideraciones sobre la aplicación en España del Convenio de la Conferencia de La Haya, sobre los aspectos civiles de la sustracción internacional de menores, de 25 de octubre de 1980", en *Propuesta de la Reunión de Expertos Gubernamentales sobre Sustracción Internacional de Menores al Consejo Directivo del IIN*, 2002, pp. 33-45, disponible en http://www.iin.oea.org/pdf-iin/reunion-expertos-sobre-sustraccion-menores-padre.pdf

Capítulo XXXIV

Mediación, violencia de género y estereotipos: ¿hacia la obsolescencia de la prohibición?

ELISA SIMÓ SOLER*

Profesora Ayudante Doctora de Derecho Procesal, Universitat de València

Sumario. I. INTRODUCCIÓN. II. LA INTERFERENCIA DE LOS ESTEREOTIPOS DE GÉNERO EN LA JUSTICIA. 1. Definición de estereotipo. 2. Normativa aplicable. 3. Sistemas de clasificación. III. LA PROHIBICIÓN DE LA MEDIACIÓN: ¿EFECTO DE LA ESTEREOTIPACIÓN EN VIOLENCIA DE GÉNERO? IV. CONSIDERACIONES FINALES.

I. INTRODUCCIÓN

La violencia contra las mujeres es un fenómeno mundial complejo. Ya es conocida la cifra de Naciones Unidas que estima que a nivel global una de cada tres mujeres ha experimentado alguna vez en su vida violencia física o sexual por parte de una pareja íntima[1]. Son también conocidos los datos de muertes de mujeres a manos de sus parejas o exparejas en España, ya que desgraciadamente los números prácticamente no varían desde la entrada en vigor de la Ley Orgánica 1/2004, de 28 de diciembre, de Medidas de Protección Integral contra la Violencia de Género (LOVG)[2].

---

* Este Capítulo ha sido escrito en el marco del proyecto de investigación “Claves para una justicia digital y algorítmica con perspectiva de género”, PID2021-123170OB-I00.

1 ONU Mujeres, *Hechos y cifras: Poner fin a la violencia contra las mujeres.* Disponible en: https://www.unwomen.org/es/what-we-do/ending-violence-against-women/facts-and-figures

2 Delegación del Gobierno contra la Violencia de Género. Portal Estadístico. Disponible en: http://estadisticasviolenciagenero.igualdad.mpr.gob.es/

La conceptualización de la violencia contra las mujeres como un problema social enraizado en el género que traspasa fronteras, no acompaña una idéntica afectación de las mujeres y ni siquiera por los mismos factores. Tampoco el contexto, los medios ni las oportunidades para encontrar salida a la violencia. Los marcos teóricos basados en la desigualdad estructural e interseccional se sitúan como herramientas metodológicas fundamentales cuando se trata de conocer la posición que un sujeto o grupo ocupa en un espacio determinado.

En el caso del estudio de la mediación desde un enfoque antiestereotipación[3], es importante partir del paradigma de la desigualdad estructural[4], de la diferencia sistemática y sistémica que existe entre grupos de personas consecuencia de modelos de discriminación como son el capitalismo, el patriarcado, el racismo, el capacitismo… Estos sistemas binarios contraponen personas ricas a pobres, hombres a mujeres, blancas a racializadas, sin discapacidad a con discapacidad, urbanitas a rurales, heterosexuales a homosexuales, delgadas a gordas, cisgénero a transgénero, jóvenes a ancianas, conformando la *normalidad* (y descuidando el hecho de que, porque algo sea *normal*, no significa que esté exento de estereotipos). Por otro lado, la interseccionalidad[5] contribuye a evitar el ejercicio de simplificación de la realidad de las personas (como sí hacen los estereotipos). Como instrumento de análisis, la interseccionalidad, apela a la confluencia o convergencia de categorías identitarias (que pueden devenir opresoras) para describir a los individuos o grupos. En el caso que nos ocupa, se es mujer, pero también madre (o no), racializada (o no), con estudios (o no), con discapacidad (o no), de clase media (o no), heterosexual (o no), y así con cada uno de los ejes de análisis.

Por ello, el capítulo se basa en la epistemología feminista aplicada al campo del derecho que obliga a implementar la perspectiva de género desde este enfoque de desigualdad estructural e interseccional como metodología de análisis. Además, el estudio se ancla en un planteamiento que evita y enfrenta los postulados del feminismo punitivista en relación

---

3 FRANKLIN, C., "The Anti-Stereotyping Principle in Constitutional Sex Discrimination Law", en *New York University Law Review*, núm. 85, 2010, pp. 83-173 y COOK, R. y CUSACK, S., *Estereotipos de género. Perspectivas legales transnacionales*, Bogotá, Profamilia, 2010.

4 CLÉRICO, L., "Hacia un análisis integral de estereotipos: desafiando la garantía estándar de imparcialidad", en *Revista Derecho del Estado*, núm. 41, 2018, pp. 67-96.

5 CRENSHAW, K., "Mapping the margins: Intersectionality, identity politics, and violence against women of color", en *Stan. L. Rev.*, vol. 43, núm. 6, pp. 1241-1299.

con dos cuestiones que interpelan a la Administración de Justicia. De una parte, el proceso de homogeneización de las mujeres que sufren este tipo de violencia. De otra, el privilegio de la denuncia como único recurso para acabar con la violencia.

El recurso a "las mujeres víctimas de violencia de género" como sujeto para la promulgación de leyes y el diseño de políticas públicas no debería traer consigo un efecto de uniformización de las mujeres sin atender a sus necesidades, deseos, capacidades o recursos, en definitiva, al contexto. El reconocimiento de derechos y medios a través de la LOVG no debería traducirse en los tribunales ni en el imaginario colectivo en una foto fija, en la imagen de que "las mujeres víctimas de violencia de género" se parecen entre ellas, responden igual al maltrato, aspiran a encarcelar a sus parejas y requieren la misma atención[6].

Conceder a la denuncia el título de salvavidas frente a la violencia limita la capacidad de agencia de las mujeres y refuerza el estereotipo de mujer pasiva y desvalida necesitada de tutela[7]. La denuncia es y debe ser una posibilidad para las mujeres, pero es evidente que no todas van a considerar la vía judicial penal una salida natural a la violencia. En un estudio de la Delegación del Gobierno para la Violencia de Género del año 2015 titulado "Sobre la inhibición a denunciar de las víctimas de violencia de género", víctimas y profesionales que trabajan en el ámbito de la violencia de género exponen los motivos por los cuales las mujeres rechazan la denuncia.

Las razones vinculadas a los tribunales se refieren al temor que les causa el proceso judicial, "un medio que les es ajeno, no se ven como protagonistas de un juicio y menos por haber denunciado a su pareja. [...] No ven la vía judicial como algo fácil para ellas, porque les impone y lo perciben

---

6 Supone un avance en este sentido que, por primera vez, en la Ley Orgánica 10/2022, de 6 de septiembre, de garantía integral de la libertad sexual, se incluya la atención a la discriminación interseccional y múltiple como principio rector que debe regir la actuación de los poderes públicos, también del Poder Judicial.

7 MAQUEDA ABREU, M.L., "¿Es la estrategia penal una solución a la violencia contra las mujeres? Algunas respuestas desde un discurso feminista crítico", en LAURENZO COPELLO, P., MAQUEDA ABREU, M.L. y RUBIO CASTRO, A. (Coords.), *Género, violencia y derecho,* Valencia, Tirant lo Blanch, 2008, p. 390.

como algo extremo"[8]. Además, temen sufrir represalias[9] y que se las prejuzgue, teniendo "presentes las falacias que corren por los medios de comunicación y en ciertos contextos profesionales: el cuestionamiento constante de la violencia de género dentro de la relación de pareja, las denuncias falsas, el interés económico de la víctima o en quitarse rápido de en medio al marido"[10]. Estas falacias conforman un modelo estereotipado de víctima: el perfil de mujer mendaz. Además, la vergüenza que sienten provoca que todas las mujeres entrevistadas coincidan en que "nunca contarían ciertas cosas delante de un tribunal"[11]. Las mujeres señalan, como también hace el equipo de profesionales, la importancia de que el proceso de denuncia vaya acompañado de otras medidas destinadas a recibir asesoramiento legal, médico y psicológico, formación o ayudas para la incorporación al mercado de trabajo, apoyo económico, así como contar con una red familiar y social fuerte.

Sin permanecer exentos de críticas, ambos factores -homogeneización y privilegio de la denuncia- parecen coaligarse con la prohibición de la mediación en delitos por violencia de género presente en el artículo 44.5

---

8 Delegación del Gobierno para la Violencia de Género (MENCHÓN PALACIOS, P. coord.), *Sobre la inhibición a denunciar de las víctimas de violencia de género*, Ministerio de Sanidad, Servicios Sociales e Igualdad, 2015, p. 42. Disponible en: https://violenciagenero.igualdad.gob.es/violenciaEnCifras/estudios/investigaciones/2015/estudio/inhibicion.htm

9 No es posible determinar el grado de causalidad entre la interposición de la denuncia y la comisión de un delito de homicidio: no se puede establecer una relación de causalidad y pretender mostrar que el asesinato es una reacción a la denuncia porque la violencia de género en un problema multicausal, pero son relevantes los datos del año 2022 presentes en la Memoria de la Fiscalía General del Estado: "De las 50 mujeres asesinadas en el año 2022, habían denunciado previamente 22, lo que supone el 44%. Si comparamos este dato con el de años anteriores, advertimos un incremento importantísimo pues, en el año 2021 habían denunciado previamente el 23%, y en el año 2020 un 14,30%". Las cifras obligan, al menos, a replantear la funcionalidad de la denuncia y la existencia de medidas efectivas para proteger a las mujeres. Fiscalía General del Estado, *Memoria elevada al gobierno de S. M. presentada al inicio del año judicial*, Ministerio de Justicia, 2023, p. 617. Disponible en: https://www.fiscal.es/memorias/memoria2023/FISCALIA_SITE/recursos/pdf/MEMFIS23.pdf

10 Delegación del Gobierno para la Violencia de Género (MENCHÓN PALACIOS, P. coord.), *Sobre la inhibición a denunciar de las víctimas de violencia de género*, cit. p. 46.

11 Ídem.

LOVG (art. 87 ter 5 LOPJ) tanto para cuestiones civiles como penales[12]. Es posible hacer un esfuerzo por entender la razón política de esta prohibición. La promulgación en 2004 de la LOVG constituyó el anuncio de que la violencia de género era un problema público, de modo que se debía ceder al Estado la potestad de intervención y, especialmente, se debía transmitir concienzudamente a la ciudadanía que la violencia no era un asunto que se pudiera resolver en casa, sino que se trataba de una cuestión de Estado, que requería una respuesta pública firme. Lo problemático es que la reacción se articuló a partir de una hipertrofia del Derecho Penal que no dejó prácticamente margen al resto de áreas de incidencia. Desde esta lógica retributiva que sitúa el castigo en el punto medular de la política criminal y que aumenta la desconfianza en la capacidad de reinserción y resocialización[13], eliminar la posibilidad de mediar es extremadamente coherente.

Sin embargo, en prácticamente 20 años el contexto ha cambiado. Las víctimas han pretendido ganar centralidad en el proceso penal[14], muestra de ello es la aprobación de la Ley 4/2015, de 27 de abril, del Estatuto de la víctima del delito (EVD), y la exigencia de mayor atención y capacidad de decisión hace que el dilema sobre permitir o prohibir la mediación siga vigente, quizá con mayor intensidad.

Partiendo de este marco, con este capítulo se pretende explorar la hipótesis acerca de la obsolescencia de la prohibición de mediación en violencia de género desde un enfoque antiestereotipación. ¿Se prohíbe la mediación a causa de los estereotipos que definen el ser y deber ser de las mujeres? ¿O acaso el impedimento legal a mediar perpetúa los estereotipos hacia las mujeres víctimas de violencia de género?

---

12 Pese a no profundizar en la cuestión, cabe mencionar el argumento de GUARDIOLA LAGO para quien la prohibición de mediar se circunscribe solo a los Juzgados de Violencia sobre la Mujer y su ámbito competencial y no, en cambio, a otros Juzgados que asumen competencias ni en otras fases del proceso. GUARDIOLA LAGO, M.J., "La víctima de violencia de género en el sistema de justicia y la prohibición de la mediación penal", en *Revista General de Derecho Penal*, núm. 12, 2009, pp. 31-32.

13 BARONA VILAR, S., "En primera persona. Entrevista a Silvia Barona Vilar, Catedrática de Derecho Procesal", en *Actualidad Civil*, núm. 9, 2023, p. 11.

14 MONTESINOS GARCÍA, A., "Una breve aproximación a la justicia restaurativa", en MONTESINOS GARCÍA, A. (Ed.), *Tratado de Mediación. Mediación Penal. Tomo II*, Valencia, Tirant lo Blanch, 2017, p. 27.

II. LA INTERFERENCIA DE LOS ESTEREOTIPOS DE GÉNERO EN LA JUSTICIA

La estereotipación es una materia que ha sido abordada desde la psicología, la sociología y la antropología y, en un segundo grado, desde el derecho. Sin embargo, se está produciendo una progresiva integración tanto en las leyes como en la jurisprudencia que convierte a los estereotipos en una cuestión clave para la comprensión de ciertas problemáticas.

La revisión de la prohibición de la mediación a la luz de los estereotipos de género obliga a realizar una aproximación al concepto de estereotipo, el tratamiento normativo y las tipologías propuestas por parte de la doctrina.

1. Definición de estereotipo

Los estereotipos pueden ser definidos de forma elemental como mapas mentales que auxilian en la tarea de intentar comprender una realidad desbordante[15]. Según COOK y CUSACK, un estereotipo es "una visión generalizada o preconcepción concerniente a los atributos, ca-

---

15 Los estereotipos cuentan con dos notas características que pueden entenderse, en cierto modo, una como resultado de la otra: adaptabilidad e inevitabilidad. Según LIPPMANN, "constituyen una imagen ordenada y más o menos coherente del mundo, a la que nuestros hábitos, gustos, capacidades, consuelos y esperanzas se han adaptado por sí mismos. Puede que no formen una imagen completa, pero son la imagen de un mundo posible al que nos hemos adaptado. En él, las personas y las cosas ocupan un lugar inequívoco y su comportamiento responde a lo que esperamos de ellos". Es decir, los estereotipos tienen un poder adaptativo al marcar una hoja de ruta y conformar las expectativas sobre las personas. Así, el estereotipo interpela a la coherencia, al sentido común, haciendo que la formulación estereotipada de las personas y situaciones sea incuestionable o muy difícilmente cuestionable. De ahí que se reconozca el uso inevitable de los estereotipos, remarcando la importancia de su identificación y nombramiento para la autoconciencia de su empleo. El enfoque antiestereotipación, coexistente con los demás enfoques de la igualdad y la discriminación, apuesta porque, una vez detectados los estereotipos, sean evaluados y se proceda contra ellos como una forma de discriminación. LIPPMANN, W., *La opinión pública,* Cuadernos de Langre, 2023, p. 101, TIMMER, A., "Toward an Anti-Stereotyping Approach for the European Court of Human Rights", *Human Rights Law Review,* vol. 11, núm. 4, 2011, pp. 714 y 717 y CLÉRICO, L., "Derecho constitucional y derechos humanos: haciendo manejable el análisis de estereotipos", *REDEA. Derechos en acción,* núm. 5, 2017, p. 222.

racterísticas o roles de los miembros de un grupo social, la cual hace innecesaria cualquier consideración de sus necesidades, deseos, habilidades y circunstancias individuales"[16]. Así, el estereotipo obvia la particularidad, haciendo de la generalidad el estándar para conocer un caso concreto. Para PERONI y TIMMER constituyen "creencias sobre grupos de personas"[17]. La referencia a las creencias alude directamente a la ausencia generalizada de trasfondo empírico sólido que puede respaldar cualquier afirmación basada en estereotipos.

En materia de estereotipos es imprescindible acudir a los pronunciamientos de la Corte Interamericana de Derechos Humanos (Corte IDH), ya que fue el primer tribunal supranacional en conceptualizar los estereotipos de género y vincularlos no solo con la violencia de género sino con el mal funcionamiento de la Administración de Justicia. En el caso *González y otras ("Campo Algodonero") vs. México*, de 16 de noviembre de 2009 establece que "el estereotipo de género se refiere a una pre-concepción de atributos o características poseídas o papeles que son o deberían ser ejecutados por hombres y mujeres respectivamente. Teniendo en cuenta las manifestaciones efectuadas por el Estado (supra párr. 398), es posible asociar la subordinación de la mujer a prácticas basadas en estereotipos de género socialmente dominantes y socialmente persistentes, condiciones que se agravan cuando los estereotipos se reflejan, implícita o explícitamente, en políticas y prácticas, particularmente en el razonamiento y el lenguaje de las autoridades de policía judicial, como ocurrió en el presente caso. La creación y uso de estereotipos se convierte en una de las causas y consecuencias de la violencia de género en contra de la mujer"[18].

La Corte IDH abre así la puerta a considerar que los estereotipos pueden afectar negativamente, de forma implícita o explícita, en distintas fases del proceso y en boca de diferentes operadores jurídicos. Posteriormente, en el año 2021 con el caso *Manuela vs. El Salvador*, la misma Corte provocó un giro jurisprudencial fundamental al vincular la utilización de estereotipos en el proceso como una posible causa de vulneración de la

---

16 COOK, R. y CUSACK, S., *Estereotipos de género. Perspectivas legales transnacionales*, cit. p. 15.

17 PERONI, L. y TIMMER, A., "Gender stereotyping in domestic violence cases. An Analysis of the European Court of Human Rights' Jurisprudence", en BREMS, E. y TIMMER, A., *Stereotypes and Human Rights Law*, Cambridge, Intersentia, 2016, p. 40.

18 Corte IDH, caso *González y otras ("Campo Algodonero") vs. México*, de 16 de noviembre de 2009, párr. 401.

imparcialidad judicial quedando de manifiesto que la Administración de Justicia no es impermeable a la estereotipación[19].

2. Normativa aplicable

Conviene anticipar la inexistencia de una norma específica reguladora de los estereotipos en particular. La referencia a los mismos se encuentra incluida en otras leyes y es la normativa multinivel promulgada en materia de igualdad entre mujeres y hombres y erradicación de la violencia de género la más avanzada al respecto[20].

Los artículos 2, 5 y 10 de la Convención sobre la eliminación de todas las formas de discriminación contra la mujer (CEDAW, por sus siglas en inglés) interpelan directamente a los Estados Partes para la adopción de medidas tendentes a "Modificar los patrones socioculturales de conducta de hombres y mujeres, con miras a alcanzar la eliminación de los prejuicios y las prácticas consuetudinarias y de cualquier otra índole que estén basados en la idea de la inferioridad o superioridad

---

19 "La utilización de estereotipos por parte de las autoridades judiciales en sus providencias puede constituir un elemento indicativo de la existencia de falta de imparcialidad". Corte IDH. *Caso Manuela y otros vs. El Salvador*, de noviembre de 2021, párr. 133.

20 Al margen de dicho marco jurídico, se pueden encontrar referencias a los estereotipos en la Convención sobre los Derechos de las Personas con Discapacidad. En concreto, su artículo 8 letra b) hace mención a la adopción de medidas inmediatas, efectivas y pertinentes por parte de los Estados Partes para "luchar contra los estereotipos, los prejuicios y las prácticas nocivas respecto de las personas con discapacidad, incluidos los que se basan en el género o la edad, en todos los ámbitos de la vida". Por su parte, en la Observación General núm. 32 del Pacto Internacional de Derechos Civiles y Políticos (PIDCP) fija que "los jueces no deben permitir que su fallo esté influenciado por sesgos o prejuicios personales, ni tener ideas preconcebidas en cuanto al asunto sometido a su estudio, ni actuar de manera que indebidamente promueva los intereses de una de las partes en detrimento de los de la otra". Asamblea General de Naciones Unidas, *Convención sobre los Derechos de las personas con Discapacidad*, (13 de diciembre de 2006). Disponible en: https://www.un.org/esa/socdev/enable/documents/tccconvs.pdf y Naciones Unidas. Comité de Derechos Humanos, *Observación General núm. 32. Art. 14 el derecho a un juicio imparcial y a la igualdad ante los tribunales y cortes de justicia.* CCPR/C/GC/32 (23 de agosto de 2003), párr. 21. Disponible en: https://www.catalogoderechoshumanos.com/observacion-general-32-pidcp/

de cualquiera de los sexos o en funciones estereotipadas de hombres y mujeres" (art. 5 a.)[21].

Como se ha indicado, el ámbito de la violencia contra las mujeres es precursor de la consideración de los estereotipos, y también de su vinculación con la imparcialidad. La Recomendación General núm. 33 sobre el acceso de las mujeres a la justicia del Comité de la CEDAW declara que "En todas las esferas de la ley, los estereotipos comprometen la imparcialidad y la integridad del sistema de justicia, que a su vez puede dar lugar a la denegación de justicia, incluida la revictimización de las denunciantes" y que "las mujeres tienen que poder confiar en un sistema judicial libre de mitos y estereotipos y en una judicatura cuya imparcialidad no se vea comprometida por esos supuestos sesgados. La eliminación de los estereotipos judiciales en los sistemas de justicia es una medida esencial para asegurar la igualdad y la justicia para las víctimas y las supervivientes"[22]. Es posible conectar esta salvaguardia de la imparcialidad frente a la estereotipación con la prohibición de mediación al entender que la comprensión sobre la aplicabilidad de la mediación ha podido producirse con base en planteamientos sesgados en perjuicio de las mujeres. Aún más, podría pensarse que una potencial aplicabilidad de la mediación podía quedar impregnada de esa parcialidad (por ejemplo, en el momento de decidir si derivar un caso a mediación siguiendo el principio de oficialidad).

La Convención Interamericana para Prevenir, Sancionar y Erradicar la Violencia contra las Mujeres, conocida como Convención de Belém do Pará, para América Latina, y el Convenio del Consejo de Europa sobre prevención y lucha contra la violencia contra las mujeres y la violencia doméstica, o Convenio de Estambul, en el ámbito de la Unión Europea, se pronuncian en términos similares: la modificación de modos de compor-

---

21 En el artículo 10 c) a "La eliminación de todo concepto estereotipado de los papeles masculino y femenino en todos los niveles y en todas las formas de enseñanza". En términos más generales, pero también aplicables, se insta a los Estados a "modificar o derogar leyes, reglamentos, usos y prácticas que constituyan discriminación contra la mujer" (art. 2 f.). CEDAW, Noveno informe periódico de España Comité para la Eliminación de la Discriminación contra la Mujer, CEDAW/C/ESP/QPR/9. Disponible en: https://www.exteriores.gob.es/es/PoliticaExterior/Documents/DDHH/IX%20INFORME%20CEDAW.pdf

22 CEDAW. *Recomendación general núm. 33 sobre el acceso de las mujeres a la justicia*, CEDAW/C/GC/33 (3 de agosto de 2015), párr. 26 y 28. Disponible en: https://www.acnur.org/fileadmin/Documentos/BDL/2016/10710.pdf

tamiento socioculturales para eliminar los prejuicios sobre la inferioridad de las mujeres (arts. 8 b. y 12, respectivamente). La Convención de Belém do Pará también protege el derecho de las mujeres a una valoración libre de patrones estereotipados de comportamiento y prácticas sociales y culturales basadas en conceptos de inferioridad o subordinación (art. 6 b.), mientras que el Convenio de Estambul atiende al ámbito de la sensibilización (art. 13) y la educación (art. 14) para promulgar roles de género no estereotipados.

En el caso español, la Ley Orgánica 1/2004, de 28 de diciembre, de medidas de protección integral contra la violencia de género solo realiza una mención a la eliminación de los estereotipos sexistas o discriminatorios en la esfera educativa como medio para el fomento de la igualdad (art. 6)[23].

La Ley Orgánica 3/2007, de 22 de marzo, para la igualdad efectiva de mujeres y hombres se observa una alusión transversal a los estereotipos, ya que se atiende a su afectación en estudios estadísticos, educación, salud y comunicación (arts. 20, 24, 27 y 36). Se complementa con la Ley 15/2022, de 12 de julio, integral para la igualdad de trato y la no discriminación que, a las áreas ya señaladas, adhiere la administración de justicia, publicidad, internet y redes sociales como espacios en los que pueden aparecer enunciados estereotipados (arts. 13, 19 y 22). También la Ley Orgánica 10/2022, de 6 de septiembre, de garantía integral de la libertad sexual mantiene la transversalidad para el abordaje de los estereotipos y añade dos cuestiones relevantes: el enfoque de género como principio rector y herramienta metodológica para la comprensión de los estereotipos (art. 2 c.) y la especialización de todos los sectores que intervienen en la prevención y respuesta de la violencia sexual a través de un programa marco que incluye los estereotipos de género, prestando especial atención a la situación y necesidades de las víctimas de discriminación interseccional (art. 23).

Como puede observarse, los estereotipos se deben estudiar desde la transversalidad. No están encapsulados en un único ámbito ni para un único sujeto, sino que permean en todos los niveles y fases de la vida y de las políticas públicas (educación, sanidad, comunicación, justicia...), y la mediación no es una excepción. Además, hay una referencia clara en la

---

[23] La otra referencia se encuentra en la disposición adicional sexta por la que se modifica el artículo 3, letra a), de la Ley 34/1988, de 11 de noviembre, General de Publicidad por el cual será ilícita la publicidad que presenten la imagen de la mujer asociada a comportamientos estereotipados.

normativa al carácter sociocultural de los estereotipos, por lo que *prima facie* no debería descartarse que en el razonamiento sobre la mediación en violencia de género pueda darse una interferencia cognitiva causada por estereotipos.

3. Sistemas de clasificación

Para mejor comprensión de los estereotipos, resulta de máxima utilidad acudir a dos tipologías de clasificación, complementarias y combinables, propuestas por la doctrina: estereotipos descriptivos y normativos, por un lado, y estereotipos positivos y negativos, por otro.

Para ARENA, los estereotipos descriptivos son aquellos que proporcionan información sobre las características de un grupo y/o de uno de sus miembros. Se dividen según cuenten o no con base estadística. En el primer caso, los estereotipos descriptivos con base estadística asocian a los miembros del grupo una propiedad que, de hecho, poseen, de modo que es más probable que una persona de ese colectivo posea esa propiedad. No obstante, puede ocurrir que un individuo del grupo no la tenga y que, en cambio, alguien ajeno, sí. El ejemplo clásico lo representa la afirmación de que los hombres son más fuertes que las mujeres. La segunda modalidad, los estereotipos descriptivos sin base estadística, se denominan también estereotipos falsos, ya que implican una representación falsa de un grupo, una falsa generalización carente de un trabajo empírico sólido. El ejemplo extendido es el de la falta de autonomía y debilidad de las mujeres[24].

Hay que advertir que esta tipología exige la demostración de una rigurosa evidencia empírica y una doble advertencia: i) considerar que la base estadística diferenciada puede ser resultado de una concepción estereotipada de un colectivo[25] y ii) atender al efecto que los estereotipos

---

24 ARENA, F.J., "Algunos criterios metodológicos para evaluar la relevancia jurídica de los estereotipos", en BOUVIER, H.G. y ARENA, F.J. (Dirs.), *Derecho y Control (2)*, Ferreyra Editor, 2019, pp. 14, 22-23.

25 El autor matiza que la Corte IDH y el Tribunal Europeo de Derechos Humanos siguen un criterio de relevancia basado en el importe cognitivo de los estereotipos descriptivos para justificar un trato diferenciado que no quedaría amparado bajo normas basadas en estereotipos descriptivos falsos, dado que vulnerarían el derecho a la igualdad. Un supuesto práctico se deriva de las políticas de conciliación y corresponsabilidad. Ibídem, p. 28. Puesto que las mujeres *son* cuidadoras, como demuestran los estudios estadísticos, puede intervenir el Estado ofreciendo, por ejemplo, permisos maternidad. La duda que emerge es si la base estadística que

tienen en las creencias de las personas más allá de si "dichos atributos o características son o no comunes a las personas que conforman el grupo o si sus miembros de hecho, poseen o no tales roles"[26]. Es decir, considerar la prevalencia del estereotipo en el imaginario colectivo (creencia) frente a la correspondencia material del estereotipo con el contexto (hecho).

Son normativos aquellos estereotipos ligados al deber ser, ya que definen y constituyen los roles que los miembros de un grupo deben asumir. Se subdividen en internos y externos. Los primeros se condicionan a la aceptación del propio grupo de una norma que define sus roles y la identidad de los miembros. Los segundos, vienen definidos por un grupo o sujeto ajeno. Pueden ser opresivos (y afectar negativamente a la autonomía e identidad de las personas), en el caso de los externos, cuando se pretenden imponer y, en los internos, cuando se obliga a un miembro del grupo a encajar en el estereotipo. Los mandatos de género respecto a la masculinidad y feminidad son muestra de ello[27].

Otra clasificación complementaria la ofrecen PERONI y TIMMER cuando distinguen entre estereotipos positivos y negativos, entendiendo que los primeros asignan una característica beneficiosa o bien valorada y sirven para reconocer derechos, mientras que los segundos asignan una característica perjudicial o mal valorada y sirven para restringir derechos[28]. No obstante, la división no es tan rígida ni transparente. Puede ocurrir que un estereotipo sea positivo (favorable) en lo particular, pero negativo (perjudicial) para el colectivo. Ocurre cuando una víctima cumple con el estereotipo de género que se está empleando en sede judicial. Le beneficia para ganar credibilidad, pero en esencia, su uso perjudica al conjunto de mujeres al perpetuar modelos estereotipados de víctima

---

sustenta la diferencia de trato puede ser resultado también de una diferenciación por roles de género estereotipados. De este modo, se podría estar perpetuando una imagen arquetípica de las mujeres y hombres, en este caso. BREMS, E. y TIMMER, A., "Introduction", en BREMS, E. y TIMMER, A., *Stereotypes and Human Rights Law*, Cambridge, Intersentia, 2016, p. 2.

26 COOK, R. y CUSACK, S., *Estereotipos de género. Perspectivas legales transnacionales,* cit. p. 11.

27 ARENA, F.J., "Algunos criterios metodológicos para evaluar la relevancia jurídica de los estereotipos", cit., pp. 14 y 28.

28 PERONI, L. y TIMMER, A., "Gender stereotyping in domestic violence cases. An Analysis of the European Court of Human Rights' Jurisprudence", en BREMS, E. y TIMMER, A., *Stereotypes and Human Rights Law,* Cambridge, Intersentia, 2016, p. 2.

que alejan el análisis del caso concreto. En una hipotética aceptación de la mediación solo en determinados supuestos, podría generarse un prototipo de asunto mediable en el que la mujer tuviera que cumplir con ciertas características. De hacerlo, se vería beneficiada por poder utilizar ese medio, pero en un nivel macro, podría estar reproduciendo un ideal estereotipado.

Por último, siguiendo a COOK y CUSACK, es posible extraer las múltiples funcionalidades que comprenden los estereotipos: i) definir una categoría de personas y así maximizar la facilidad de entendimiento y predictibilidad, ii) saber a qué personas nos enfrentamos y poder anticipar el comportamiento de personas que no conocemos, iii) diferenciar entre subcategorías de personas y atribuir diferencias a los individuos, etiquetarlos y compartimentarlos en subcategorías, iv) asignar normas y códigos que rijan la forma en que se espera que las personas vivan sus vidas y la forma en que pueden preconcebirse, v) crear un "guion de identidades" con normas y códigos de conducta, vi) calumniar o subyugar a las personas y otras veces para protegerlas o justificar nuestra deferencia hacia ellas y vii) cercenar excesivamente la capacidad de las personas para construir y tomar decisiones sobre sus propios proyectos de vida[29].

Resulta interesante atender a la capacidad de etiquetamiento y de proyección de los estereotipos respecto de un grupo de personas de tal forma que la individualidad se pierde frente a la totalidad. En ocasiones, el tratamiento que reciben las víctimas de violencia de género adolece de ese efecto totalizador[30], de ahí que la prohibición de la mediación tenga que ser total, porque no se contemplan excepciones a la norma.

---

29 COOK, R. y CUSACK, S., *Estereotipos de género. Perspectivas legales transnacionales*, cit. p., pp. 14-16.

30 Tal y como señala CAMPBELL, es posible que el reconocimiento de derechos a las mujeres se realice desde un marco limitado y estereotipado de "asuntos de mujeres" como madres y esposas. CAMPBELL, M., "Like Birds of a Feather?: ICESCR and Women's Socioeconomic Equality", en COOK, R. (Ed.), *Frontiers of Gender Equality. Transnational Legal Perspectives*, University of Pennsylvania Press, 2023, pp. 154 y 168.

III. LA PROHIBICIÓN DE LA MEDIACIÓN: ¿EFECTO DE LA ESTEREOTIPACIÓN EN VIOLENCIA DE GÉNERO?

El punto de partida que se adopta en este análisis es la carencia de unanimidad doctrinal en torno a la prohibición absoluta de la mediación en violencia de género[31]. La propuesta regulativa de España es más restrictiva que la consideración contemplada en el artículo 48 del Convenio de Estambul, ya que prohíbe la obligatoriedad de los medios alternativos, incluidas la mediación y la conciliación, pero no su uso voluntario. En cambio, el artículo 44.5 de la LOVG (art. 87 ter 5 LOPJ) y el artículo 3 del EVD vetan de manera definitiva esa posibilidad. De hecho, en esta última norma se incluye entre los derechos de las víctimas la justicia restaurativa, pero a renglón seguido, se excluyen de la mediación y la conciliación únicamente los supuestos de violencia sexual y de violencia de género, dando a entender que las víctimas de esos delitos presentan una nota diferencial al resto. El artículo 15 del EVD dedicado a los servicios de justicia restaurativa fija como requisitos de acceso el reconocimiento de los hechos por parte del infractor, la prestación de consentimiento informado de la víctima y del infractor (que podrá ser revocado en cualquier momento), la inexistencia de riesgo para la seguridad de la víctima y de perjuicios materiales o morales y el permiso legal para mediar. Sorprende la preocupación por la posible victimización secundaria que pueda generar la mediación sin atender a la que pueda derivar de su prohibición al delimitar exclusivamente la vía judicial para las víctimas de violencia de género.

La negativa a la mediación se basa en futuribles que engloban a todas las mujeres sin distinción[32]. La mediación en violencia de género *podría* producir un riesgo para la integridad física de la víctima, la mujer *podría*

---

31 Merece la pena remarcar que la prohibición presente en la LOVG del año 2004 es anterior a la trasposición de la Decisión marco del Consejo, de 15 de marzo de 2001, relativa al estatuto de la víctima en el proceso penal (2001/220/JAI) que debía haberse realizado el 22 de marzo de 2006 como fecha límite, pero que no ocurrió en el caso del Estado español. De modo que podría estar tratándose de una prohibición a una institución no regulada en ese momento o que el veto se limitara a la mediación civil. ETXEBERRIA GURIDI, F.J., "La mediación penal en el Ordenamiento Español: algunas cuestiones no resueltas tras las recientes reformas procesales", en MONTESINOS GARCÍA, A. (Ed.), *Tratado de Mediación. Mediación Penal. Tomo II,* Valencia, Tirant lo Blanch, 2017, pp. 57 y 62.

32 En cambio, parece que resulta pertinente hacer distinción entre los tipos de maltratadores (pitbull o cobra) para comprender la funcionalidad de la mediación en cada caso. RENEDO ARENAL, M.A., "¿Mediación penal en violencia de

sufrir indefensión aprendida y verse incapacitada para dialogar y negociar con el agresor, *podría* no entender sus propios intereses y ser incapaz de imputar y exigir responsabilidades[33]. Como resalta ORTIZ PRADILLO, se considera que "por la naturaleza del delito sufrido, se encuentra "psicológicamente inhabilitada" para tomar parte en el proceso de mediación" lo cual implica "que es el Estado quien "incapacita" a la mujer para tomar determinadas decisiones"[34] siendo plenamente desatendida la voluntad de la víctima que, sin embargo, para VALL RIUS, es condición imprescindible para la aplicabilidad y el éxito de la mediación junto al análisis de las circunstancias particulares del caso, quedando relegada la variable sobre la tipología delictiva según la gravedad en abstracto[35].

En este sentido, la "Guía para la práctica de la mediación intrajudicial" elaborada en 2016 por el Consejo General del Poder Judicial (CGPJ) presenta protocolos para los distintos tipos de mediación. En el caso de la mediación penal, los únicos delitos que quedan excluidos son los de violencia de género, considerando susceptibles de derivación a mediación los restantes, independientemente del bien jurídico protegido. Mantiene para la selección de los delitos que "Es una opinión muy generalizada que la existencia de un listado cerrado puede resultar contraproducente porque puede obstaculizar y hasta impedir el acceso a mediación de tipos no incluidos en él al *crear estereotipos* que operan a modo de freno automático en los operadores jurídicos para impedir una actitud más abierta y amplia ante la mediación penal"[36]. Esta precisión del CGPJ supone una advertencia evidente sobre la posibilidad de que la estereotipación pueda influir en la configuración y aplicación de la mediación.

---

género? No, gracias", en *Revista Europea de Derechos Fundamentales*, 2014, núm. 2023, p. 194.

33 *Ibidem*, pp. 189-190.

34 ORTIZ PRADILLO, J.C., "¿Mediación penal y violencia de género?: Voluntad del legislador, dudas del Poder Judicial y críticas de la Academia", en MONTESINOS GARCÍA, A. (Ed.), *Tratado de Mediación. Mediación Penal. Tomo II*, Valencia, Tirant lo Blanch, 2017, p. 215.

35 VALL RIUS, A., "El desarrollo de la justicia restaurativa en Europa: estudio comparado con la legislación española", en *La Ley*, 2006, p. 5.

36 La cursiva es añadida. Consejo General del Poder Judicial, *Guía para la práctica de la mediación intrajudicial*, 2016, pp. 102 y 116. Disponible en: https://www.poderjudicial.es/cgpj/es/Temas/Mediacion/Guia-para-la-practica-de-la-Mediacion-Intrajudicial/

Bajo la premisa del desequilibrio entre las partes, convertida en presunción legal de desigualdad[37], resulta imposible plantear una proyección diferente, donde haya mujeres víctimas con la capacidad de tomar decisiones por sí mismas y constituirse como las verdaderas sabedoras de aquello que les conviene. Cualquier alternativa a la denuncia es "interpretada como la confirmación de la incapacidad de la mujer víctima para hacer frente al maltrato, por encontrarse presa del síndrome de la mujer maltratada"[38]. Tal y como argumenta GUARDIOLA LAGO, la normativa española, carente de enfoque interseccional, considera la categoría del género, por sí sola, como la causa de la desigualdad, sin tener en cuenta la posible confluencia de otros factores que también podrían poner a las mujeres en situaciones de desventaja[39].

Además, imposibilita la mediación en supuestos de violencia de género, pero la permite en casos próximos por cuestión de la materia (delitos de violencia doméstica, por ejemplo) y en aquellos donde también participan sujetos vulnerados (bien sea por edad, raza, (dis)capacidad, clase, orientación sexual, identidad de género o cualquier otra que pueda colocar al sujeto en una posición de desigualdad estructural)[40]. Asimismo, se aplican figuras jurídicas como la atenuante genérica de reparación (art. 21.5 CP), la conformidad (arts. 787 y 801 LECrim), la suspensión de la ejecución de la pena por un delito de violencia de género condicionada a la participación del penado en programas educativos (art. 83.2 CP) o el perdón del ofendido (art. 130.1.5ª CP) o la presentación de común acuerdo un convenio regulador en el ámbito civil que presupone cierto trasfondo dialógico y negociador y, sin embargo, se apuesta por impedir esa esfera conciliadora en la mediación por violencia de género, sin otorgar a la mujer la oportunidad de pronunciarse[41].

---

37 MARTÍNEZ GARCÍA, E., "El proceso penal, mediación y violencia de género: ¿Hay un nuevo modelo de Justicia penal?", en ETXEBERRIA GURIDI, J.F. (Dir.), *Estudios sobre el significado e impacto de la mediación: ¿Una respuesta innovadora en los diferentes ámbitos jurídicos?*, Navarra, Aranzadi, 2012, p. 396.

38 GUARDIOLA LAGO, M.J., "La víctima de violencia de género en el sistema de justicia y la prohibición de la mediación penal", cit., p. 7

39 *Ibidem*, p. 26.

40 ETXEBERRIA GURIDI, F.J., "Presente y futuro de la mediación penal en el ordenamiento español: ¿cabe más incertidumbre?", en *Rev. Bras. de Direito Processual Penal*, vol. 5, núm. 1, 2019, p. 48.

41 ORTIZ PRADILLO, J.C., "¿Mediación penal y violencia de género?: Voluntad del legislador, dudas del Poder Judicial y críticas de la Academia", cit., pp. 218-219.

Asimismo, se plantea por parte de la doctrina que el origen del rechazo podría proceder de una comprensión limitada y efectista de la mediación, reduciendo su utilidad a las rebajas de penas, su suspensión condicionada o la agilización del proceso, desconsiderando, por tanto, no solo los beneficios que trae consigo (expresión de sentimientos, formulación de preguntas, creación de un espacio de entendimiento y comunicación, de escucha activa, incluso de perdón, o el impulso de la resocialización), sino también el nuevo paradigma que instaura (cuestionando la operatividad del derecho penal y reposicionando la reparación como uno de los fines de la justicia)[42]. Como afirma ARMENGOT VILAPLANA, "La víctima que denuncia los hechos podría obtener una reparación más satisfactoria con la adopción de ciertas medidas (compensación económica, reconocimiento de los hechos por el autor y presentación de disculpas, sometimiento a programas de deshabituación —alcoholismo, toxicomanías—), que con la imposición de una pena al acusado"[43]. Es entonces cuando resulta complejo privar de ese potencial reparador a las víctimas de violencia de género.

IV. CONSIDERACIONES FINALES

La mediación en violencia de género ha sido una temática ampliamente abordada por parte de la doctrina. Sin embargo, no por ello deja de ser interesante analizar la cuestión desde la perspectiva de la antiestereotipación. El origen de este trabajo nace de un interrogante: ¿es posible que la prohibición de mediación en violencia de género esté mediada por estereotipos hacia las mujeres?

---

42 *Ibídem*, p. 221; MONTESINOS GARCÍA, A., "Una breve aproximación a la justicia restaurativa", cit., p. 48 y BARONA VILAR, S., "Justicia penal consensuada y justicia penal restaurativa, ¿alternativa o complemento del proceso penal? La mediación penal, instrumento esencial del nuevo modelo", en *IUS. Revista del Instituto de Ciencias Jurídicas de Puebla A.C.*, núm. 24, 2009, p. 78.

43 ARMENGOT VILAPLANA, A., "Mediación penal y proceso judicial", en MONTESINOS GARCÍA, A. (Ed.), *Tratado de Mediación. Mediación Penal. Tomo II*, Valencia, Tirant lo Blanch, 2017, p. 86. Ocurre también con la ruptura de la relación de dominación a través de la separación o divorcio que, constituyendo también un factor de máximo riesgo junto con la denuncia, deviene una alternativa a la misma para muchas mujeres donde también cabría evaluar la posibilidad de mediación. FERNÁNDEZ TERUELO, J.G., "Riesgo de feminicidio de género en situaciones de ruptura de la relación de pareja", en *Estudios Penales y Criminológicos*, vol. XXXIII, 2013, p. 154.

Pese a la función adaptativa que cumplen los estereotipos y la información que ofrecen, en ocasiones pueden nublar el proceso de razonamiento. El enfoque antiestereotipación mantiene la necesidad de identificar, nombrar y contrastar (y contestar) los estereotipos, señalando su empleo y siendo fundamental el ejercicio de autoconciencia de su uso. En el ámbito de la violencia contra las mujeres, es posible encontrar una estrategia regulativa que, en palabras de GUARDIOLA LAGO, "por defender a la MUJER con mayúsculas, sacrifica a las mujeres concretas"[44]. Esta política legislativa queda duramente cuestionada desde los planteamientos de la desigualdad estructural e interseccional que toman el contexto como punto de anclaje. La macroestructura heteropatriarcal, que condiciona severamente las identidades, los comportamientos, las expectativas y el reconocimiento de derechos, es un factor constitutivo igualador, pero no equiparador entre mujeres.

A esta cuestión se suma una que interpela al lugar que ocupa la represión penal en la sociedad. La judicialización de la violencia de género muestra el convencimiento acerca de la idoneidad del Código Penal para atajar este tipo de violencia, siendo urgente reflexionar si "Solo lo prohibido por el derecho penal es socialmente reprochable"[45]. Para quienes se oponen a la introducción de la mediación en violencia de género, su aceptación supone una renuncia al poder simbólico (de prevención general) que caracteriza al derecho penal, una muestra de flaqueza y laxitud[46].

No obstante, como apuntan algunas autoras, "se deberá decidir si lo que se busca por parte del Estado es la reafirmación de la verticalización del poder o en su defecto, y para beneficio de la sociedad, una solución real y efectiva del problema"[47]. Y, en este sentido, valorar los resultados que hasta el momento se han obtenido con una política punitivista para reconsiderar

---

44 GUARDIOLA LAGO, M.J., "La víctima de violencia de género en el sistema de justicia y la prohibición de la mediación penal", cit., p. 10.

45 LAURENZO COPELLO, P., "La violencia de género en el derecho penal: Un ejemplo de paternalismo punitivo", en LAURENZO COPELLO, P., MAQUEDA ABREU, M.L. y RUBIO CASTRO, A. (Coords.), *Género, violencia y derecho,* Valencia, Tirant lo Blanch, 2008, p. 330.

46 VILLACAMPA ESTIARTE, C., "Justicia restaurativa en supuestos de violencia de género en España: situación actual y propuesta político-criminal", en *Polít. Crim.*, vol. 15, núm. 29, 2020, p. 56.

47 SERRANO LUCERO, C.P., "Justicia restaurativa: la desatinada prohibición de la mediación penal en los asuntos de violencia de género", en *CAPJurídica,* núm. 1, 2016, p. 176.

la posibilidad de aplicar procesos de justicia restaurativa en supuestos de violencia de género[48]. Optar por esta posibilidad implica desterrar las ideas preconcebidas y prototípicas en torno a la posición pasiva y vulnerable que ocupan las mujeres-víctimas como sujetos tendencialmente débiles e incapaces, pudiendo velar ellas mismas por sus propios intereses.

El cuestionamiento a la conjunción estereotipos de género y punitivismo, invita a reconsiderar la prohibición de la mediación en violencia de género. Tomando como punto de referencia la agencia de las mujeres (y de las mujeres víctimas), resulta necesario apostar por el análisis contextual del caso concreto, evitando los efectos revictimizantes que la posible valoración de las víctimas pudiera conllevar y siendo imprescindible contar con acompañamiento experto e información detallada en cada proceso[49]. Todo ello, con el objetivo de que la voluntad de las víctimas y sus concretas circunstancias e intereses sean tenidos en cuenta, lejos de presunciones sobre comportamiento estandarizados y paternalismos institucionales, dando cabida a la resocialización frente a la ejemplaridad del castigo.

Bibliografía

ARENA, F.J., “Algunos criterios metodológicos para evaluar la relevancia jurídica de los estereotipos”, en BOUVIER, H.G. y ARENA, F.J. (Dirs.), *Derecho y Control (2)*, Ferreyra Editor, 2019, pp. 11-44.

ARMENGOT VILAPLANA, A., “Mediación penal y proceso judicial”, en MONTESINOS GARCÍA, A. (Ed.), *Tratado de Mediación. Mediación Penal. Tomo II*, Valencia, Tirant lo Blanch, 2017, pp. 81-107.

BARONA VILAR, S., “En primera persona. Entrevista a Silvia Barona Vilar, Catedrática de Derecho Procesal”, en *Actualidad Civil*, núm. 9, 2023, pp. 1-14.

- “Justicia penal consensuada y justicia penal restaurativa, ¿alternativa o complemento del proceso penal? La mediación penal, instrumento esencial del nuevo

---

48 VILLACAMPA ESTIARTE, C., “Justicia Restaurativa aplicada a supuestos de violencia de género”, en *Revista Penal*, núm. 30, 2012, p. 209.

49 VILLACAMPA ESTIARTE realiza una propuesta muy interesante de abordaje de la mediación en violencia de género tomando en consideración particularidades propias de este problema como pudiera ser la especialización de los equipos de mediación, el empleo de equipos mixtos según el sexo, la realización de encuentros no presenciales, el acompañamiento de una persona de confianza de la víctima a las sesiones, el establecimiento de plazos de derivación a la mediación flexibles según el estado psicoemocional de la víctima, entre otras. VILLACAMPA ESTIARTE, C., “Justicia restaurativa en supuestos de violencia de género en España: situación actual y propuesta político-criminal”, cit., pp. 63-68.

modelo", en *IUS. Revista del Instituto de Ciencias Jurídicas de Puebla A.C.*, núm. 24, 2009, pp. 76-113.

BREMS, E. y TIMMER, A., "Introduction", en BREMS, E. y TIMMER, A., *Stereotypes and Human Rights Law*, Cambridge, Intersentia, 2016, pp. 1-9.

CAMPBELL, M., "Like Birds of a Feather?: ICESCR and Women's Socioeconomic Equality", en COOK, R. (Ed.), *Frontiers of Gender Equality. Transnational Legal Perspectives*, University of Pennsylvania Press, 2023, pp. 153-174.

CLÉRICO, L., "Hacia un análisis integral de estereotipos: desafiando la garantía estándar de imparcialidad", en *Revista Derecho del Estado*, núm. 41, 2018, pp. 67-96.

- "Derecho constitucional y derechos humanos: haciendo manejable el análisis de estereotipos", en *REDEA. Derechos en acción*, núm. 5, 2017, pp. 206-241.

COOK, R. y CUSACK, S., *Estereotipos de género. Perspectivas legales transnacionales*, Bogotá, Profamilia, 2010.

CRENSHAW, K., "Mapping the margins: Intersectionality, identity politics, and violence against women of color", en *Stan. L. Rev.*, vol. 43, núm. 6, pp. 1241-1299.

ETXEBERRIA GURIDI, F.J., "Presente y futuro de la mediación penal en el ordenamiento español: ¿cabe más incertidumbre?", en *Rev. Bras. de Direito Processual Penal*, vol. 5, núm. 1, 2019, pp. 33-72.

- "La mediación penal en el Ordenamiento Español: algunas cuestiones no resueltas tras las recientes reformas procesales", en MONTESINOS GARCÍA, A. (Ed.), *Tratado de Mediación. Mediación Penal. Tomo II*, Valencia, Tirant lo Blanch, 2017, pp. 53-80.

FRANKLIN, C., "The Anti-Stereotyping Principle in Constitutional Sex Discrimination Law", en *New York University Law Review*, núm. 85, 2010, pp. 83-173.

FERNÁNDEZ TERUELO, J.G., "Riesgo de feminicidio de género en situaciones de ruptura de la relación de pareja", en *Estudios Penales y Criminológicos*, vol. XXXIII, 2013, pp. 149-173.

GUARDIOLA LAGO, M.J., "La víctima de violencia de género en el sistema de justicia y la prohibición de la mediación penal", en *Revista General de Derecho Penal*, núm. 12, 2009, pp. 1-41.

LAURENZO COPELLO, P., "La violencia de género en el derecho penal: Un ejemplo de paternalismo punitivo", en LAURENZO COPELLO, P., MAQUEDA ABREU, M.L. y RUBIO CASTRO, A. (Coords.), *Género, violencia y derecho*, Valencia, Tirant lo Blanch, 2008, pp. 329-362.

LIPPMANN, W., *La opinión pública*, Cuadernos de Langre, 2023.

MAQUEDA ABREU, M.L., "¿Es la estrategia penal una solución a la violencia contra las mujeres? Algunas respuestas desde un discurso feminista crítico", en LAURENZO COPELLO, P., MAQUEDA ABREU, M.L. y RUBIO CASTRO, A. (Coords.), *Género, violencia y derecho*, Valencia, Tirant lo Blanch, 2008, pp. 363-408.

MARTÍNEZ GARCÍA, E., "El proceso penal, mediación y violencia de género: ¿Hay un nuevo modelo de Justicia penal?", en ETXEBERRIA GURIDI, J.F. (Dir.), *Estudios sobre el significado e impacto de la mediación: ¿Una respuesta innovadora en los diferentes ámbitos jurídicos?*, Navarra, Aranzadi, 2012, pp. 391-413.

MONTESINOS GARCÍA, A., "Una breve aproximación a la justicia restaurativa", en MONTESINOS GARCÍA, A. (Ed.), *Tratado de Mediación. Mediación Penal. Tomo II*, Valencia, Tirant lo Blanch, 2017, pp. 21-52.

ORTIZ PRADILLO, J.C., "¿Mediación penal y violencia de género?: Voluntad del legislador, dudas del Poder Judicial y críticas de la Academia", en MONTESINOS GARCÍA, A. (Ed.), *Tratado de Mediación. Mediación Penal. Tomo II*, Valencia, Tirant lo Blanch, 2017, pp. 197-222.

PERONI, L. y TIMMER, a., "Gender stereotyping in domestic violence cases. An Analysis of the European Court of Human Rights' Jurisprudence", en BREMS, E. y TIMMER, A., *Stereotypes and Human Rights Law*, Cambridge, Intersentia, 2016, pp. 39-65.

RENEDO ARENAL, M.A., "¿Mediación penal en violencia de género? No, gracias", en *Revista Europea de Derechos Fundamentales*, 2014, núm. 2023, pp. 177-198.

SERRANO LUCERO, C.P., "Justicia restaurativa: la desatinada prohibición de la mediación penal en los asuntos de violencia de género", en *CAPJurídica*, núm. 1, 2016, pp. 147-179.

TIMMER, A., "Toward an Anti-Stereotyping Approach for the European Court of Human Rights", en *Human Rights Law Review*, vol. 11, núm. 4, 2011, pp. 707-738.

VALL RIUS, A., "El desarrollo de la justicia restaurativa en Europa: estudio comparado con la legislación española", en *La Ley*, 2006, pp. 1-27.

VILLACAMPA ESTIARTE, C., "Justicia restaurativa en supuestos de violencia de género en España: situación actual y propuesta político-criminal", en *Polít. Crim.*, vol. 15, núm. 29, 2020, pp. 47-75.

- "Justicia Restaurativa aplicada a supuestos de violencia de género", en *Revista Penal*, núm. 30, 2012, pp. 177-216.

Normativa:

Asamblea General de Naciones Unidas, *Convención sobre los Derechos de las personas con Discapacidad*, (13 de diciembre de 2006). Disponible en: https://www.un.org/esa/socdev/enable/documents/tccconvs.pdf

- Convención sobre la eliminación de todas las formas de discriminación contra la mujer, resolución 34/180 (18 de diciembre de 1979). Disponible en:

https://www.ohchr.org/sites/default/files/Documents/ProfessionalInterest/cedaw_SP.pdf

Asamblea General de la Organización de los Estados Americanos, *Convención Interamericana para Prevenir, Sancionar y Erradicar la Violencia contra las Mujeres*, A-6 (6 de septiembre de 1994). Disponible en: https://www.oas. org/es/mesecvi/docs/BelemDoPara-ESPANOL.pdf

CEDAW, *Recomendación general núm. 33 sobre el acceso de las mujeres a la justicia*, CEDAW/C/GC/33 (3 de agosto de 2015). Disponible en:

https://www.acnur.org/fileadmin/Documentos/BDL/2016/10710.pdf

Consejo de Europa. *Convenio del Consejo de Europa sobre prevención y lucha contra la violencia contra la mujer.* Estambul, 2011. Disponible en: https://rm.coe.int/1680462543

España. Ley Orgánica 1/2004, de 28 de diciembre, de medidas de protección integral contra la violencia de género. Boletín Oficial del Estado, 29 de diciembre de 2004, núm. 313.

España. Ley Orgánica 3/2007, de 22 de marzo, para la igualdad efectiva de mujeres y hombres se observa una alusión transversal a los estereotipos. Boletín Oficial del Estado, 23 de marzo de 2007, núm. 71.

España. Ley 4/2015, de 27 de abril, del Estatuto de la víctima del delito. Boletín Oficial del Estado, 28 de abril de 2015, núm. 101.

España. Ley 15/2022, de 12 de julio, integral para la igualdad de trato y la no discriminación. Boletín Oficial del Estado, 13 de julio de 2022, núm. 167.

España. Ley Orgánica 10/2022, de 6 de septiembre, de garantía integral de la libertad sexual. Boletín Oficial del Estado, 7 de septiembre de 2022, núm. 215.

Naciones Unidas. Comité de Derechos Humanos, *Observación General núm. 32. Art. 14 el derecho a un juicio imparcial y a la igualdad ante los tribunales y cortes de justicia.* CCPR/C/GC/32 (23 de agosto de 2003). Disponible en:

https://www.catalogoderechoshumanos.com/observacion-general-32-pidcp/

Informes, estudios y jurisprudencia:

Consejo General del Poder Judicial, *Guía para la práctica de la mediación intrajudicial*, 2016. Disponible en: https://www.poderjudicial.es/cgpj/es/Temas/Mediacion/Guia-para-la-practica-de-la-Mediacion-Intrajudicial/

CEDAW, Noveno informe periódico de España Comité para la Eliminación de la Discriminación contra la Mujer, CEDAW/C/ESP/QPR/9. Disponible en:

https://www.exteriores.gob.es/es/PoliticaExterior/Documents/DDHH/IX%20INFORME%20CEDAW.pdf

Corte IDH, caso *González y otras ("Campo Algodonero") vs. México*, de 16 de noviembre de 2009.

Corte IDH, caso *Manuela y otros vs. El Salvador*, noviembre de 2021.

Delegación del Gobierno contra la Violencia de Género. Portal Estadístico. Disponible en: http://estadisticasviolenciagenero.igualdad.mpr.gob.es/

Delegación del Gobierno para la Violencia de Género (Menchón Palacios, P. coord.), *Sobre la inhibición a denunciar de las víctimas de violencia de género*, Ministerio de Sanidad, Servicios Sociales e Igualdad, 2015. Disponible en:

https://violenciagenero.igualdad.gob.es/violenciaEnCifras/estudios/investigaciones/2015/estudio/inhibicion.htm

Fiscalía General del Estado, *Memoria elevada al gobierno de S. M. presentada al inicio del año judicial*, Ministerio de Justicia, 2023. Disponible en:

https://www.fiscal.es/memorias/memoria2023/FISCALIA_SITE/recursos/pdf/MEMFIS23.pdf

ONU Mujeres, *Hechos y cifras: Poner fin a la violencia contra las mujeres*. Disponible en: https://www.unwomen.org/es/what-we-do/ending-violence-against-women/facts-and-figures

Capítulo XXXV

La «conformidad negociada»: proyecciones de futuro ante un vacío regulatorio

NICOLÁS RODRÍGUEZ-GARCÍA[1]
Catedrático de Derecho Procesal
Universidad de Salamanca
MARINA OLIVEIRA TEIXEIRA DOS SANTOS[2]
Investigadora Postdoctoral en Formación
Área de Derecho Procesal · Universidad de Salamanca

I. INTRODUCCIÓN. II. LA CONFORMIDAD NEGOCIADA. 1. Estado actual. 1.1. La conformidad negociada en el procedimiento abreviado. 1.2. Conformidad negociada en el Tribunal del Jurado. 1.3. Conformidad negociada en la jurisdicción militar. 2. El Borrador de Código Procesal Penal de 2013. 3. El Anteproyecto de LECR de 2020. 4. El Proyecto de Ley de medidas de eficiencia procesal. III. LA NEGOCIACIÓN: PERSPECTIVAS DE FUTURO. 1. Controles sobre los hechos, la calificación jurídica y la pena. 2. Libertad en la realización del acuerdo. 3. Conformidad parcial. 4. Participación de la víctima. 5. Relación de la negociación con otras investigaciones. 6. Elementos formales de la negociación. IV. BIBLIOGRAFÍA.

---

[1] Investigador del «Centro de Investigación para la Gobernanza Global», del «GIR-USAL Justicia, sistema penal y criminología» y del «Observatorio Iberoamericano de Justicia Penal». Este trabajo se ha desarrollado en el marco de los proyectos de investigación PID2019-107743RB-I00, PID2022-138775NB-100 y RED2022-134265-T, financiados por el Ministerio de Ciencia e Innovación. ORCID ID 0000-0003-0045-796X y RESEARCHER ID A-8577-2017. Contacto: *nicolas@usal.es · @nicolasUSAL.*

[2] Investigadora postdoctoral financiada con cargo a la convocatoria de contratos predoctorales USAL 2021, cofinanciada por el Banco Santander. Miembro del «Centro de Investigación para la Gobernanza Global», del «GIR-USAL Justicia, sistema penal y criminología» y del «Observatorio Iberoamericano de Justicia Penal». Contacto: *marinaots@usal.es.*

I. INTRODUCCIÓN

En las últimas décadas la justicia negociada en el ámbito penal viene siendo objeto de amplios debates legislativos y doctrinales, a partir de la implementación en el sistema de justicia penal patrio de cada vez más manifestaciones del principio de oportunidad[3].

Inicialmente la justicia penal negociada fue planteada en torno a la creación de los Mecanismos Alternativos de Solución de Conflictos (MASC) cuando fueran objeto de análisis jurídico y jurisdiccional hechos criminales leves, lo que podría llegar a justificar la no realización —completa o parcial— del juicio oral, ahorrando tiempos y recursos, a partir de la aceptación de la condena, de la pena y/o de la imposición de condiciones durante un período determinado[4]. No obstante, la práctica de las negociaciones día a día se ha expandido hacia los contornos de la delincuencia grave, muchas veces organizada y, en los casos con mayor repercusión social e institucional, relacionada con casos de fraude y corrupción nacional y transnacional[5] y otras actividades criminales de naturaleza "político-financiera"[6].

---

3 *Vid.* Rodríguez-García, N., "*¿Quo vadis*, principio de oportunidad?", en Rossell Granados, J., Sampedro Arrubla, J. A., González Jácome, J. y Szegedy Maszák, I. (edits.), *Aproximación iberoamericana a la construcción de una sociedad humana y democrática*, Bogotá, Grupo Editorial Ibáñez – Pontificia Universidad Javeriana, 2015, pp. 25 y ss.

4 Lopes Júnior, A., *Fundamentos del proceso penal.* Valencia, Tirant lo Blanch, 2015, p. 44; Armenta Deu, T., *Criminalidad de bagatela y principio de oportunidad: Alemania y España.* Barcelona, PPU, 1991, pp. 46 y ss.; Caeiro, P., "Legalidade e oportunidade: a perseguição penal entre o mito da «justiça absoluta» e o fetiche da «gestão eficiente» do sistema", en *Revista do Ministério Público,* 2000, p. 39.

5 Barona Vilar, S., "Justicia penal negociada", en Gómez Colomer, J. L., Barona Vilar, S., *Proceso Penal: Derecho Procesal III.* Valencia, Tirant lo Blanch, 2023, pp. 282 y ss.; Fridriczewski, V., "Actuación interinstitucional, combate a la corrupción y recuperación de activos en Brasil: algunas luces", en Rodríguez-García, N., Carrizo González Castell, A., Rodriguez-López, F., *Corrupción; compliance, represión y recuperación de activos.* Valencia, Tirant lo Blanch, 2019, pp. 280 y ss.; Damaska, M., "Negotiated justice in international criminal courts", en Thaman, S. *World Plea Bargaining: consensual procedures and the avoidance of the full criminal trial.* Durhan, Carolina Academic Press, 2018, p. 87.

6 *Cfr.* Barona Vilar, S., *Proceso penal desde la historia. Desde su origen hasta la sociedad global del miedo.* Valencia, Tirant lo Blanch, 2017, pp. 578 y ss.; Naucke, W, "Der begriff der politishen Wirtschaftstraftat", en *Revista de Derecho y Ciencias Penales,* n.º 2 (4), 2013.

En sistemas penales con origen en el modelo europeo-continental[7] de persecución el delito, en los que el principio de legalidad[8] —en la gran mayoría de las veces acompañado del principio de oficialidad— se constituye como uno de los pilares del Derecho Penal y del Derecho Procesal penal, esta "justicia negociada" surge desde un proceso de "macdonalización"[9] cultural, económica, social y jurídica que se ha extendido tanto en países iberoamericanos[10] como europeos[11], en los que cada día más en el ámbito de la justicia penal de los Estados Parte se produce una *bruselización*, particularmente cuando nos referimos a las actuaciones preventivas y represivas a seguir ante delitos complejos, graves y con dimensión transfronteriza. Una materia en la que se ha convertido en lugar común para entroncar las grandes decisiones de política criminal la Agenda 2030 de Naciones Unidas y, en particular su Objetivo de Desarrollo Sostenible 16 dedicado a la *paz*, la *justicia* y las *instituciones sólidas*[12].

---

7 Además, y sobre los modelos *inquisitivo*, *acusatorio* y *adversarial*, *cfr.* Barona Vilar, S.: *Proceso penal desde la historia. Desde su origen hasta la sociedad global del miedo, cit.*, p. 189; Gómez Colomer, J. L., "Historia, sistemas y política criminal", en Gómez Colomer, J. L., Barona Vilar, S., *Proceso penal: Derecho Procesal III.* Valencia, Tirant lo Blanch, 2023, p. 46; Langer, M., "La larga sombra de las categorías acusatorio-inquisitivo", en *Revista Brasileira de Direito Processual Penal*, n.º 1 (1), 2015, p. 13; Nieva Fenoll, J., *Derecho Procesal III–Proceso Penal.* Valencia, Tirant lo Blanch, 2022, p. 17; Montero Aroca, J., "El principio acusatorio entendido como eslogan político", en *Revista Brasileira de Direito Processual Penal*, n.º 1 (1), 2015, p. 70.

8 Figueiredo Dias, J., *Direito Penal. Parte Geral:* Tomo I. Coimbra, Coimbra Editora, 2007, pp. 179-180; Mir Puig, S., *Derecho penal. Parte General.* Barcelona, Reppertor, 1998, p. 76.; Gimeno Sendra, V., *Derecho Procesal Penal.* Pamplona, Aranzadi, 2015, p. 83.

9 Ritzer, G., *La Macdonalización de la sociedad: un análisis de la racionalización en la vida cotidiana.* Barcelona, Ariel, 1996.

10 A título de ejemplo y con relación a Chile, país *motor* de las reformas procesales penales en latinoamérica, *vid.* Riego, C., "The expansion of plea bargaining in Chile", en Ambos, K. y Martínez, J., *Göttingen Handbook on Latin American Public Law and Criminal Justice*, Baden-Baden, Nomos Verlagsgesellschaft mbH & Co. KG, 2023, pp. 543 y ss.

11 Inclusive en la determinación de los criterios de actuación de la Fiscalía Europea, tal y como estudia González Cano, M. I., "La Fiscalía Europea. Especial consideración sobre su actuación con arreglo al principio de oportunidad", en Arangüena Fanego, C. y de Hoyos Sancho, M. (dirs.), *Garantías procesales de investigados y acusados: situación actual en el ámbito de la Unión Europea*, Valencia, Tirant lo Blanch, 2018, pp. 551-574.

12 *Vid.* Rodríguez-García, N. y Pahul Robredo, M. G., "El ODS-16 en América Latina: condicionantes, retos y materiales para su estudio comparado", en Arrabal

En efecto, hay un movimiento de importación —y armonización implícita— de las "ideas ofertadas"[13] por sistemas anglosajones que facilitan la incorporación de modelos similares al "*plea bargaining*" o al "*guilty plea*"[14], en el que las partes tienen disponibilidad para negociar sus "intereses y derechos"[15] y en los que la Fiscalía[16] ocupa un papel fundamental como acusación pública, cuyo interés fundamental se focaliza en obtener una rápida condena con el cumplimiento de una pena y, de manera secundaria pero cada día más importante, la recuperación de los activos relacionados con la actividad criminal.

En realidad, es una tendencia mundial derivada no solamente de procesos de americanización jurídica[17] sino también de instrumentos y convenciones internacionales y supranacionales; así, desde la Recomendación (87) 18 el Comité de Ministros del Consejo de Europa relativa a la simplificación de la justicia penal de 1987 y las Reglas mínimas de las Naciones Unidas sobre las medidas no privativas de libertad de 1990[18].

Platero, P. (dir.), *Los Objetivos de Desarrollo Sostenible y la inteligencia artificial en el proceso penal.* Valencia, Tirant lo Blanch, 2022, pp. 149 y ss.

13 Weyland, K., "Cambio institucional en América Latina", en *América Latina Hoy. Revista de Ciencias Sociales,* n.º 57, 2011, p. 121.

14 *Cfr.* Machado de Souza, Rodríguez-García, *Justicia negociada y personas jurídicas: la ´modernización´ de los sistemas penales en clave norteamericana.* Valencia, Tirant lo Blanch, 2022, pp. 32 y ss.

15 Machado de Souza, R. y Rodríguez-García, N., *Justicia negociada y personas jurídicas: la ´modernización´ de los sistemas penales en clave norteamericana, cit.*, p. 384.

16 En Alemania, en 2019, el 28% de los procedimientos preliminares fueron terminados por la acción de la Fiscalía en aplicación del principio de oportunidad, de manera que se señala la existencia de racionalidad a la hora de permitir que la Fiscalía y el acusado debatan el progreso de los procedimientos de forma bilateral en un estado inicial del proceso (Nötzel, M. y Klauk, D., "Die Absprache im Ermittlugnsverfahren: Ein "kleiner Deal"?", en *Neue Zeitschrift für Strafrecht,* n.º 677, 2021, p. 2). En realidad, los acuerdos en los procedimientos preliminares alemanes son realizados entre la Fiscalía y las "partes" del proceso en razón del §160b(1) StPO.

17 Schünemann, B., "Crisis del procedimiento penal?: ¿marcha triunfal del procedimiento penal americano en el mundo?", en *Revista de Derecho Penal,* n.º 11, 2000, pp. 111 y ss.

18 Determinaban en el art. 5.1. la retirada de cargos contra los delincuentes cuando "la protección de la sociedad, la prevención del delito o la promoción del respecto a la ley y los derechos de las víctimas no exigen llevar adelante el caso", permitiendo la imposición de medidas no adecuadas no privativas de la libertad.

La Oficina de las Naciones Unidas contra la Droga y el Delito (UNODC), en el informe *Left out of the bargain: settlements in foreign bribery cases and implications for asset recovery*[19], destaca como desde 2014 ha crecido muy significativamente el uso de negociaciones a la hora de perseguir delitos de corrupción en sistemas tanto de *civil law* (Noruega, Italia, Alemania y Suiza) como de *common law (Reino Unido,* Estados Unidos y Canadá). Y, más recientemente, la Recomendación del Consejo de la OCDE para desarrollar el combate contra el cohecho de servidores públicos extranjeros en las transacciones comerciales internacionales de 2021[20] recomienda el uso de mecanismos alternativos para la solución de los conflictos, incluyendo acuerdos negociados con las personas jurídicas involucradas en hechos ilegales e ilícitos[21].

En este sentido, podemos incluir la incorporación de una serie de mecanismos relacionados con el principio de oportunidad, que promueven opciones diversas[22] frente el seguimiento inercial del proceso penal, ofreciendo alternativas a través de herramientas como, entre otras, la conformidad, la suspensión del proceso en cambio de la imposición de determinadas medidas e, inclusive, la mediación penal.

De manera particular para España la conformidad, entre todas las variadas hipótesis en distintos procedimientos penales (ordinario, abreviado, rápido, de menores, del tribunal del jurado, militar), cuenta con una modalidad negociada desde hace más de dos décadas[23], que, actualmente,

---

19 UNODC, World Bank. *Left out of the Bargain: settlements in Foreign Bribery Cases and Implications for Asset Recovery*, 2014

20 OCDE, 2021. *Recommendation of the Council for Further Combating Bribery of Foreign Public Officials in International Business Transactions*, OECD/LEGAL/0378. Véase en este ámbito, por ejemplo, Ramírez Barbosa, P. A., "El sistema penal norteamericano y los institutos de justicia negociada: especial énfasis en la criminalidad corporativa", *Revista Penal*, n.º 44, 2019, pp. 147 y ss.

21 *Vid.* Rodríguez-García, N., "La conformidad de las personas jurídicas en el proceso penal español", en *La Ley Penal: Revista de Derecho Penal, Procesal y Penitenciario*, n.º 113, 2015, pp. 1 y ss.

22 La desjudicialización "tem de ser entendida como a tentativa de solução do conflito jurídico-penal fora do processo normal da justiça penal: isto é, de um modo desviado, divertido, face àquele procedimento (...) que tenham lugar antes da determinação ou declaração da culpa, ou antes da determinação da culpa", ha señalado Faria Costa, J., "Diversão (desjudicialização) e mediação: que rumos?", en *Boletim da Faculdade de Direito da Universidade de Coimbra*, vol. XLI, 1985, p. 106.

23 Rodríguez-García, N., *El consenso en el proceso penal español.* Barcelona, J. M. Bosch Editor, 1997, p. 106.

está restringida legalmente al procedimiento abreviado, al proceso ante el Tribunal del Jurado y a la conformidad prestada durante el juicio oral en la jurisdicción militar.

No obstante, y en cuestionamiento del principio de legalidad y de las bases del sistema penal en cuanto fundado en un Estado de Derecho constitucional, las negociaciones que pueden suceder en el ámbito de la conformidad no tienen regulación procesal expresa, abriendo espacios a la realización de "conformidades encubiertas"[24] y a prácticas muy comunes en el sistema estadounidense, tales como el *overcharging*, el *buffing* o el *overrecommending*[25].

Con base en el contexto previo, vamos a analizar el panorama actual de la conformidad negociada, tanto a partir de la normativa actual de la Ley de Enjuiciamiento Criminal como de las principales propuestas de cambio en este ámbito que, en general, buscan su ampliación. A partir de este conocimiento, nuestro objetivo será establecer la necesidad específica de una regulación de las modalidades de conformidad negociada y delimitar algunas de las cuestiones que deben ser necesariamente abordadas en ese intento regulador.

---

24 *Cfr.* Rodríguez-García, N., "La conformidad en el anteproyecto de ley de enjuiciamiento criminal de 2020: Reflexiones y materiales para su futura redefinición", en *Revista de la Asociación de Profesores de Derecho Procesal de las Universidades Españolas*, n.º 5, 2022, p. 27; del Moral García, A., "Otra vez sobre la conformidad y conformidades em el proceso penal", en Herrero-Tejedor Algar, F., *Liber Amicorum*. Madrid, Ed. Constitución y Leyes, 2015, p. 481; Varona Gómez, D., Kemp, S. y Benítez, O., "La conformidad en España: predictores e impacto en la penalidad", en *InDret*, n.º 1, 2022, p. 330; Aguilera Morales, M., "La deriva del «principio» del consenso", en Bujosa Vadell, L. M., *Derecho procesal: retos y transformaciones*. Barcelona, Atelier, 2021, p. 196; Armenta Deu, T., *Derivas de la justicia: tutela de los derechos y solución de controversias en tiempos de cambios*. Madrid, Marcial Pons, 2021, p. 174.

25 A partir de las que el Ministerio Fiscal puede "juzgar" con los escritos de calificación, acusando de un delito más grave o por más de uno delito, ocultando la verdadera cantidad de indicios de criminalidad que hay contra el investigado o señalando que posiblemente se recomendaría una pena más severa que la con que se podría conformar inicialmente. *Vid.* Rodríguez-García, N., *La justicia penal negociada: experiencias de derecho comparado*. Salamanca, Ediciones Universidad de Salamanca, 1997, p. 67; Soares de Albergaria, P., *Plea Bargaining: aproximação à justiça negociada os E.U.A.*, Coimbra, Almedina, 2007, p. 68.

II. LA CONFORMIDAD NEGOCIADA

En este apartado, se abordará en concreto el tema de la conformidad *negociada* en España, analizando su estado actual y su evolución a través de diferentes normas y proyectos legislativos. Para ello, se examinará la regulación vigente en la Ley de Enjuiciamiento Criminal y en los procesos ante el Tribunal del Jurado y de la jurisdicción militar, así como las propuestas de cambio que han surgido en torno a este mecanismo, en particular a partir de la reforma procesal que permite exigir y fijar responsabilidades penales a las personas jurídicas. En esencia, el objetivo fundamental va a ser comprender cómo la conformidad negociada ha evolucionado en el sistema español y qué perspectivas se vislumbran para su desarrollo futuro; por tanto, no se planteará la conformidad en su integridad sino tan solo la *negociación* en el ámbito de la conformidad.

1. Estado actual

La situación actual que presenta la conformidad negociada debe ser analizada primordialmente desde tres grandes perspectivas: la que viene regulada en el procedimiento abreviado, la del proceso ante el tribunal del jurado, la del juicio oral en la jurisdicción militar y la conformidad negociada que puede ser realizada por personas jurídicas.

1.1. Conformidad negociada en el procedimiento abreviado

Justamente en el procedimiento más comúnmente utilizado en el sistema español[26], el procedimiento abreviado, es donde está ubicada la primera concreción de conformidad negociada.

El procedimiento abreviado fue incluido en la legislación nacional a partir de la LO7/1988, de 28 de diciembre, con el objetivo de agilizar el procedimiento, simplificando y reduciendo algunos trámites, para delitos castigados con penas privativas de libertad inferiores a nueve años[27]. Y aunque inicialmente se planteó como un esquema subsidiario

---

26 Roca Martínez, J. M., "Tema 25", en Pérez-Cruz Martín, A., *Derecho Procesal Penal* (2.ª ed.). Valencia, Tirant lo Blanch, 2023, p. 715; Gómez Colomer, J. L., "Historia, sistemas y política criminal", *cit.*, p. 49.

27 Barona Vilar, S, "Los procesos ordinarios", en Gómez Colomer, J. L., Barona Vilar, S., *Proceso Penal: Derecho Procesal III.* Valencia, Tirant lo Blanch, 2023, p. 595.

al proceso ordinario, se ha convertido paulatinamente "en el modelo procedimental tipo"[28].

La conformidad del procedimiento abreviado es posible en dos momentos procesales: tras las diligencias previas, durante la última fase antes del juicio oral (art. 784.3 LECR), o ya una vez abierto el juicio oral, pero siempre que antes del inicio de la práctica de la prueba (art. 787 LECR).

En cualquier momento procesal, la conformidad puede ser prestada tanto respecto a la pena de mayor gravedad solicitada en el escrito de calificación, como con relación a otro escrito de calificación, firmado juntamente por las partes acusadoras, el acusado y su letrado.

En esta última posibilidad se encuentra la "negociación". Las partes acusadoras deben de llegar a un acuerdo con el acusado y su Letrado con relación al escrito de calificación, respetándose el límite penológico de seis años en el caso de pena privativa de la libertad (art. 787 LECR).

Y, habiendo negociación tras la apertura del juicio oral, el acuerdo debe limitarse a la redacción de un nuevo escrito de calificación que siga refiriéndose a los mismos hechos presentados anteriormente por las acusaciones y que no contenga calificación más grave. De tal manera que se garantiza, por lo menos hasta un determinado punto, que la negociación realizada una vez se produzca la apertura del juicio oral no culminará en resultados menos favorables que una propia —y eventual— sentencia condenatoria basada en la realización del juicio oral, con la debida producción probatoria con todas las garantías.

Además, se dé o no una negociación, la Ley de Enjuiciamiento Criminal establece mínimos —y *abstractos*— controles judiciales con relación a la conformidad del procedimiento abreviado: el examen sobre si la calificación formulada es correcta y la pena corresponde con dicha calificación y la declaración del acusado para que se averigüe si ha prestado la conformidad libremente y con conocimiento de sus consecuencias (art. 787 LECR). Superados esos requisitos[29], la sentencia de conformidad será dictada oralmente por el Juez, que devendrá en sentencia firme una

---

28 BARONA VILAR, S., "Los procesos ordinarios", *cit.*, p. 595.

29 O con la debida manifestación de las partes para asegurar la libertad y el conocimiento en torno a la conformidad y/o la manifestación de nueva conformidad con un escrito de calificación que presente calificación correcta y pena procedente (at. 787.3 LECR).

vez que las partes, incluido el Ministerio Fiscal, expresen la decisión de no recurrir (art. 787.7 LECR).

Aun en el ámbito del procedimiento abreviado, pero durante el procedimiento preliminar y, por lo tanto, antes de que se puedan dar las dos posibilidades anteriormente analizadas, el investigado que reconoce los hechos que le han sido imputados, siempre y cuando sean punibles con pena de privación de libertad de hasta tres años o de distinta naturaleza, podrá desembocar en las diligencias del juicio rápido, regulado en los artículos 800 y 801 LECR.

En este caso, aunque la Ley de Enjuiciamiento Criminal no permita expresamente la realización de una negociación entre las partes personadas, el reconocimiento de los hechos, que "no significa en absoluto aceptación de la pena, entre otras razones porque todavía no se ha podido solicitar ninguna"[30], generará la obligación de convocar al Ministerio Fiscal y a las partes personadas para que se manifiestan si "formulan escrito de acusación con la conformidad del acusado"[31].

Siendo así, aunque en estas situaciones no haya producido una negociación *explícita*, y el acusado haya reconocido los hechos anteriormente, este escrito de acusación deberá ser formulado con la posible conformidad —*implícita*— del acusado (art. 779.1.5.ª LECR). Un proceder que supone, por lo menos hasta un determinado punto, un *acuerdo* entre las partes.

Por otro lado, es verdad que, existiendo acusación particular, al acusado no le cabrá más opciones que conformarse con el escrito de acusación más grave (art. 801.5 LECR), imposibilitando, por consiguiente, la posibilidad de una negociación que culmine con un acuerdo procesal.

1.2. La conformidad negociada en el Tribunal del Jurado

El proceso penal ante el Tribunal del Jurado fue pensado para enjuiciar cuatro grandes categorías delictivas: delitos muy graves (incluyendo en particular el homicidio), los delitos contra el libre ejercicio de los derechos fundamentales (allanamiento de morada y amenazas, entre otros), los delitos contra el patrimonio social y el incumplimiento de deberes cívicos

---

[30] GÓMEZ COLOMER, J. L., "El juicio oral: conformidad y desvinculación", en GÓMEZ COLOMER, J. L., BARONA VILAR, S., *Proceso penal: Derecho procesal III*. Valencia, Tirant lo Blanch, 2023, p. 392.

[31] GÓMEZ COLOMER, J. L., "El juicio oral: conformidad y desvinculación", *cit.*, p. 392.

(omisión del deber se socorros e incendios forestales medioambientales, por ejemplo) y los delitos cometidos por funcionarios, incluyéndose el cohecho y la malversación de caudales públicos[32].

En este contexto, el art. 50 LOTJ establece que durante las conclusiones definitivas y, por consiguiente, a la finalización del juicio oral y después haberse practicado la prueba, el acusado podrá conformarse con el escrito de acusación que solicite pena de mayor gravedad o con un escrito de acusación presentado en el acto y suscrito por todas las partes.

Así como la conformidad del procedimiento abreviado, el acusado sólo podrá conformarse con penas de prisión inferiores a seis años, aisladamente o con penas de multa y privación de derechos. Además, aunque haya negociación y posible acuerdo entre las partes, el escrito de acusación formulado no podrá incluir otros hechos al margen de los hechos objetos del juicio, ni calificación más grave que la inicialmente incluida en las conclusiones provisionales.

Un nuevo control existe ante esta versión de conformidad negociada: cuando el Magistrado-Presidente entienda que existen “motivos bastantes para estimar que el hecho justiciable no ha sido perpetrado o no lo fue por el acusado” o que los hechos simplemente no constituyen delito, deberá dejar de dictar la sentencia de conformidad y disolver el jurado (arts. 50.2 y 3 LOTJ).

1.3. La conformidad negociada en la jurisdicción militar

Configurada como una excepción a la jurisdicción ordinaria, y regulada en legislación especial[33], determina una modalidad de conformidad *negociada* una vez haya sido iniciado el juicio oral: antes de la práctica de la

---

[32] Distinción realizada por GIMENO SENDRA, V., *Derecho Procesal Penal,* cit., p. 797. Además *vid.* GÓMEZ COLOMER, J. L., “El juicio oral: conformidad y desvinculación”, *cit.,* p. 65; BARONA VILAR, S., “Especialidades procedimentales”, en GÓMEZ COLOMER, J. L., BARONA VILAR, S., *Proceso Penal: Derecho Procesal III.* Valencia, Tirant lo Blanch, 2023, pp. 653-655.

[33] *Cfr.* art. 10 LECR; art. 3.2. LOPJ; Ley Orgánica 2/1989, de 13 de abril, Procesal Militar y Ley Orgánica 13/1985, de 9 de diciembre de Código Penal Militar; MONTERO AROCA, J., GÓMEZ COLOMER, J. L., *Ley de Enjuiciamiento Criminal* (32.ª edición anotada y comentada). Valencia, Tirant lo Blanch, 2023, p. 42; ESPARZA LEIBAR, I., “Procesos penales especiales regulados fuera de la LECR y procesos civiles derivados del hecho punible”, en GÓMEZ COLOMER, J. L., BARONA VILAR, S. *Proceso penal: Derecho procesal III.* Valencia, Tirant lo Blanch, 2023, pp. 670 y ss.

prueba, pero tras la lectura de los escritos de acusación y defensa (art. 395 LO 2/1989, de 13 de abril).

Se permite el *acuerdo* en la medida en que durante ese momento procesal el acusado puede solicitar que se dicte sentencia de conformidad con un escrito de acusación presentado en el acto; sin embargo, este nuevo escrito de acusación no podrá referirse a hecho distinto ni contener calificación más grave que los escritos presentados anteriormente. Además, el control judicial sobre esta conformidad va más allá que las hipótesis anteriormente analizadas, puesto que el Tribunal podrá dictar sentencia en los términos que proceda siempre y cuando entienda que el hecho carece de tipicidad penal y manifiesta la concurrencia de una atenuante o exención de la pena (art. 395 LO 2/1989, de 13 de abril)[34].

2. El Borrador de Código Procesal Penal de 2013

En la propuesta efectuada en 2013 a partir del Borrador de Código Procesal Penal[35], la conformidad vendría regulada como una institución única, sin estar subyugada a las particularidades que presente el procedimiento en que se quiera hacer efectiva, a partir del Título IV del Capítulo III (arts. 102-115). El objetivo del Borrador era que de la conformidad se generara una sentencia de contenido condenatorio a través de la aceptación de la pena más grave de las solicitadas por las acusaciones personadas en las actuaciones; esto es, sin que únicamente significara que la declaración de conformidad del encausado suponía una "aceptación de pena"[36].

Se disponía, en un primer momento, la posibilidad de que el encausado prestara una conformidad inmediata durante la práctica de las diligencias de investigación, que derivaría en la no proposición de prueba y en una sentencia de conformidad con la rebaja de un tercio de la pena, aun cuando supusiese la imposición de pena inferior al límite mínimo fijado para esa conducta en el Código Penal. En este supuesto,

---

[34] Con relación a la *conformidad militar vid.* por todos Rodríguez-García, N., "La conformidad en la Ley Procesal Militar", en *Revista General de Derecho*, n.º 637-638, 1997, pp. 12661 y ss. Y no podemos olvidar que a consecuencia de esta regulación podemos encontrar una rica jurisprudencia de la Sala Quinta del Tribunal Supremo interpretando en concreto —la *militar*— y por extensión el régimen jurídico de la conformidad.

[35] En adelante BCPP.

[36] BCPP, Exposición de Motivos, p. 5.

se tramitaría la conformidad ante el Tribunal de Garantías y, en caso de no conformidad con relación a las responsabilidades civiles, se podría determinar la continuidad de las diligencias de investigación sólo con el objetivo de determinar las mismas[37].

Por otro lado, la conformidad principal de este Borrador se basaba no solo en la aceptación de la pena solicitada por las acusaciones, sino también en la conformidad de la acusación y la defensa sobre los hechos punibles, la calificación jurídica y las penas solicitadas o *acordadas* con las acusaciones. De esta manera, se había normativizado una conformidad independiente del delito, de la pena y del estado en que se pudiera encontrar el procedimiento en el momento de su explicitación[38], la cual también podría ser alcanzada a través de una negociación entre las partes acusadas y acusadoras.

Además, dando muestras de su amplitud permisiva, esta propuesta de regulación admitía la conformidad parcial de los acusados, de manera que habiendo la conformidad de un acusado sin que fuera secundada por la de los demás coacusados podría ser dictada sentencia de conformidad con relación a uno o varios, con la continuación del procedimiento y la debida celebración del juicio oral en relación con los coacusados no conformes[39]. Por ende, una propuesta la del Borrador que ultrapasaba las vigentes limitaciones de la conformidad parcial[40], dulcificadas exclusivamente para las personas jurídicas encausadas[41].

La conformidad alcanzada antes de expirado el plazo de presentación del escrito de defensa, por su mayor eficiencia para el proceso, sería premiada en la sentencia a partir de la rebaja de la pena acordada en un tercio, aun cuando la pena rebajada supusiera la imposición de pena inferior al límite mínimo previsto en el Código Penal[42] [43].

---

37 Arts. 270 y ss. BCPP.

38 Art. 103.1 BCPP.

39 Art. 103.2 BCPP.

40 *Vid.* Magro Servet, V., "Criterios jurisprudenciales de actualidad acerca de la conformidad parcial de algunos acusados en el juicio oral", en *Diario La Ley*, n.º 9690, 2020, pp. 1 y ss.

41 Art. 787.8 LECR.

42 Art. 104 BCPP 2013.

43 De manera similar, por lo tanto, a la conformidad *premiada* de los juicios rápidos. *Cfr.* Gómez Colomer, J. L., "La competencia penal", en Gómez Colomer, J. L., Barona Vilar, S., *Proceso penal: Derecho procesal III.* Valencia, Tirant lo Blanch,

Habiendo conformidad *acordada* —o *negociada*—, se podría incluir el acuerdo sobre la suspensión de la ejecución de la pena privativa de libertad. Aunque entendemos que, siendo la conformidad posible para cualquier delito y pena, para la determinación de la suspensión de la pena de prisión habría que recurrir a los límites determinados procesalmente para esta institución. Asimismo, la conformidad no negociada sería desincentivada —y penalizada—, en el sentido de que sólo podría ser alcanzada con relación a la pena solicitada de mayor gravedad.

Con relación a los controles judiciales, se exigía un consentimiento libremente prestado por el encausado con pleno conocimiento de sus consecuencias, excluyendo la conformidad en razón de enfermedad, amenaza u otra circunstancia que impidiera un consentimiento válido[44]. La libertad en el consentimiento, además, sería evaluada por el Tribunal a la hora de dictar sentencia, a través del procedimiento determinado en el art. 108 BCPP.

El control judicial sobre la conformidad incluía la verificación sobre la calificación y la pena: para que la calificación fuera correcta y la pena procedente según esta calificación y, así, limitando la negociación de manera similar a la actualmente regulada en el procedimiento abreviado.

Al Tribunal le sería permitido emitir sentencia absolutoria cuando el hecho reconocido por las partes no constituyera delito; y, por otro lado, imponer pena inferior, siempre y cuando la pena que correspondiese imponer fuera de menor gravedad que la pena acordada[45]. Además, inexistiendo cuerpo del delito o habiendo alguna de las partes no conformes alegado razones en contra de la conformidad relacionadas con los hechos, el control del Tribunal podría determinar la continuación de la tramitación ordinaria del procedimiento[46].

2023, p. 396; Moreno Catena, V., “Lección 32. El juicio ordinario por delitos leves”, en Moreno Catena, V., Cortés Domínguez, V., *Derecho Procesal Penal.* Valencia, Tirant lo Blanch, 2021, p. 579.

44 Art. 105 BCPP 2013.

45 Art. 108, 3º BCPP 2013.

46 Art. 108 BCPP 2013.

Para la persona jurídica, se aplicarían las mismas reglas, debiendo su representante especialmente designado[47], con poder especial, prestar la conformidad[48].

Como la actual conformidad negociada, a partir del fallo de la sentencia de conformidad, el Ministerio Fiscal y las demás partes acusadoras deberían manifestar su voluntad de recurrir o no en el ese instante, de manera que en el propio acto el tribunal pudiera declarar la firmeza de la sentencia, decidiendo sobre la suspensión o la sustitución de la pena[49]. Siendo recurrible, no obstante, la sentencia de conformidad que no hubiese respetado los requisitos o términos acordados, el contenido sustantivo de la conformidad —negociada o no— no podrá ser objeto de recurso[50].

Por consiguiente, el Borrador de Código Procesal Penal de 2013, permitiendo la negociación de la conformidad en todos los procedimientos, delitos y posibles consecuencias jurídicas a imponer por el juzgador en la sentencia, tampoco regulaba —directamente— los términos del acuerdo o de la negociación, y sólo se podían inferir a partir del control judicial sobre la calificación jurídica —para que se correspondiera con los hechos— y la pena —según la calificación—, la libertad del consentimiento y la posibilidad de impugnación por los demás coacusados con relación a los hechos que fundamentasen la conformidad.

3. El Anteproyecto de LECR de 2020

La preocupación central del Anteproyecto de LECR de 2020[51] [52] respecto a la conformidad era que el texto legal, de manera meridiana, plasmara la realidad con relación a la proliferación de *conformidades encubiertas* con penas superiores al límite máximo de cinco años de prisión. Por tanto, su gran objetivo fue regular estas situaciones, admitiendo "una salida

---

47 *Cfr.* NEIRA PENA, A. M.: *La defensa penal de la persona jurídica: representante defensivo, rebeldía, conformidad y compliance como objeto de prueba*, cit., p. 157.

48 Art. 112 BCPP 2013.

49 Art. 114 BCPP 2013.

50 Art. 115 BCPP 2013.

51 En adelante ALECR.

52 Optamos por no incluir un análisis sobre el Anteproyecto de LECR de 2011 debido a su similitud con el ALECR, tal y como hemos estudiado en RODRÍGUEZ-GARCÍA, N., "La conformidad en el anteproyecto de Ley de Enjuiciamiento Criminal de 2020: Reflexiones y materiales para su futura redefinición", *cit.*, p. 24.

consensuada en los casos de penas superiores a este tope máximo, sujetando este supuesto cualificado a un control judicial más estricto que obligue a comprobar la efectiva existencia de indicios racionales de criminalidad adicionales a la mera confesión", vinculados a la información por escrito sobre el acuerdo al acusado[53].

Así, al igual que en el Borrador de 2013 anteriormente estudiado, el ALECR abrió la conformidad negociada también al ámbito del procedimiento ordinario, permitiendo la terminación del proceso penal por conformidad a partir de la aceptación expresa de "los hechos punibles, la calificación jurídica y las penas solicitadas o *acordadas* con las acusaciones"[54]. Al contrario de la propuesta anterior, cualquier acuerdo debería ser alcanzado y aceptado expresamente por todas las partes, no permitiéndose la conformidad parcial en el supuesto de personas físicas coacusadas[55]. Y ello sin perjuicio de la excepción prevista también en la actual regulación para las personas jurídicas, dado que, como en los casos anteriores, la persona jurídica podría prestar su conformidad siempre a través de un poder especial e independientemente de la posición adoptada por las demás personas encausadas[56].

La conformidad negociada, además, estaría sujeta a un control sobre el consentimiento, para que fuera libremente prestado por el encausado con pleno conocimiento de sus consecuencias[57]. E, inexistiendo limite penológico para la conformidad, siempre y cuando el acuerdo fuera sobre el cumplimiento de una pena superior a cinco años de prisión, el Letrado tendría el deber adicional de facilitar por escrito a su cliente la información sobre el acuerdo alcanzado[58].

La negociación y acuerdo sobre la conformidad se formalizaría en un escrito conjunto entre el Ministerio Fiscal y las demás partes, que tendría que ser presentado ante el Letrado de la Administración de Justicia con la solicitud que se dictara sentencia de conformidad con el contenido presentado. Y, por primera vez, estamos ante un requisito formal de este acuerdo, al disponerse que el escrito tendría que estar firmado por el Ministerio Fiscal, por los letrados de las acusaciones, por la persona encausada y por

53 Exposición de Motivos XXVI, ALECR 2020.

54 Art. 164 ALECR.

55 Art. 167 ALECR.

56 Art. 85 ALECR.

57 Art. 165 ALECR.

58 Art. 166.2 ALECR.

su defensor y, en su caso, por los actores civiles y terceros responsables civiles, y que el mismo debería contener lo dispuesto en el art. 605.1 ALECR, incluyendo, por lo tanto, mención expresa a los hechos punibles resultantes de la investigación, la calificación legal de los hechos, la participación que ha tenido el acusado, la existencia de circunstantes atenuantes o agravantes del delito o eximentes de responsabilidad y las penas principales y accesorias, así como los elementos esenciales derivados de los pronunciamientos civiles, la mención expresa a la aplicación de la suspensión de la ejecución de la pena privativa de libertad y de la solicitud por el fiscal de pena inferior en grado[59].

A partir de este escrito de conformidad, se regulaba su homologación y ratificación por el Juez que correspondiera, quien no solo debería —como en el anterior Borrador— verificar que la calificación jurídica y la pena se ajustaban a legalidad, sino también comprobar su suficiencia a la hora de salvaguardar la debida —y eficaz— reparación de la víctima.

Asimismo, aun tras un escrito formal y firmado por todas las partes, el encausado debería comparecer acompañado de su defensor a una audiencia para ratificar los términos acordados junto con el juez competente, en cuya situación sería deber del juez verificar que el encausado está suficientemente informado de las consecuencias de la conformidad y que su consentimiento fue libremente prestado. Habiendo el requisito extra —para las penas acordadas superiores a los cinco años de prisión— de verificación de la existencia de indicios racionales de criminalidad adicionales al reconocimiento de los hechos por el juez a través de un acto en que todas las partes tendrían que ser oídas[60].

Para terminar, en el Anteproyecto no se incluían medidas específicas cuando el enjuiciamiento se llevara a cabo ante del Tribunal del Jurado o por los órganos jurisdiccionales militares, de manera que las disposiciones de la legislación general deberían ser seguidas sólo como normas supletorias en el ámbito de las conformidades[61].

---

59 Arts. 170.2 y ss. ALECR.

60 Art. 172 ALECR.

61 *Cfr.* Rodríguez-García, N., "La conformidad en el anteproyecto de ley de enjuiciamiento criminal de 2020: Reflexiones y materiales para su futura redefinición", *cit.*, p. 26.

4. El Proyecto de Ley de Medidas de Eficiencia Procesal

Diferentemente de los proyectos generalistas anteriores de enjuiciamiento criminal —esto es, del Borrador y de los Anteproyectos—, el más reciente Proyecto de Ley de medidas de eficiencia procesal del servicio público de justicia[62], cuya aprobación fue encomendada en abril de 2022[63] pero que actualmente se encuentra caducado puesto que se encontraba en tramitación en el momento de disolución de la legislatura[64], no incorpora una regulación *única* de la conformidad, sino que, a partir de cambios estructurales importantes en los procedimientos abreviado y ordinario de la Ley de Enjuiciamiento Criminal contiene novedades de relevancia con relación a la *conformidad negociada* que hemos analizado en apartados previos.

Por consiguiente, este Proyecto no abre la negociación a cualquier tipo de conformidad: simplemente propone alteraciones a la conformidad negociada que actualmente puede producirse en el ámbito del vigente procedimiento abreviado.

Así, se regula una nueva audiencia preliminar[65], con la participación de las partes y del Ministerio Fiscal, en la que se podrá solicitar una sentencia de conformidad con el escrito de acusación con contenga pena de mayor gravedad o con un —nuevo— escrito de acusación negociado que se presente en el acto. Esto supone que la negociación, cuando exista, deberá ser realizada antes de esta audiencia preliminar y, por lo tanto, antes del auto de admisión de pruebas por el órgano jurisdiccional actuante que, según el Proyecto de Ley, será dictado solamente en la audiencia preliminar.

Esta conformidad negociada estará sujeta a los mismos controles que los que hoy en día aparecen normativizados: sobre la calificación y la pena, que sean correctas y procedentes y en relación con la libertad en conformarse del acusado.

---

62 En adelante PLMEP.

63 Ministerio de Justicia (12 de abril de 2022). *Aprobados los proyectos de ley de eficiencia organizativa y eficiencia procesal del servicio público de justicia [https://www.mjusticia.gob.es/es/ministerio/gabinete-comunicacion/noticias-ministerio/Aprobados-los-proyectos-de-ley-de-Eficiencia-Organizativa-y-Eficiencia-Procesal].*

64 Se encuentra dentro de las iniciativas ya calificadas que se hallaban em tramitación en el momento de la disolución de la legislatura y que han caducado como consecuencia de ésta. BOCG. Congreso de los Diputados, serie D, núm. 637, de 16/06/2023 *[https://www.congreso.es/public_oficiales/L14/CONG/BOCG/D/BOCG-14-D-637.PDF#page=39].*

65 Art. 785 PLMEP.

Por otro lado, la gran novedad de este Proyecto es la supresión del límite penológico de la conformidad, lo que significa que, habiendo un acuerdo sobre una pena que proceda con relación a la calificación jurídica, podrá manifestarse conforme el encausado aun cuando los hechos criminales a los que se refiere estuvieran castigados con penas de prisión superiores a los seis años[66]. Aunque claro, manteniéndose la distinción entre la conformidad prestada en los procedimientos ordinario y abreviado, la *negociación* solamente estará permitida para las penas que no ultrapasen los nueve años de privación de la libertad.

Además, este Proyecto de Ley incluye la exhortación al Ministerio Fiscal, quien no está obligado a atenderla, de oír a la víctima o perjudicado para que los intereses sean correctamente ponderados de cara a la conformidad. En especial, cuando la gravedad o trascendencia del hecho o la intensidad o la cuantía sean especialmente significativos, así como en todos los supuestos en que víctimas o perjudicados se encuentren en situación de especial vulnerabilidad[67]. De esta manera en la "conformidad negociada" se incluye a la víctima y al perjudicado a través de la institución del Ministerio Fiscal, ampliándose con ello la participación de la víctima en la medida de que necesariamente no tuviera que constituirse en parte para que pueda ser informada del acuerdo de conformidad.

Y, así como en el Anteproyecto de 2020, se añade la obligación de que el acuerdo de conformidad sea facilitado, por escrito, por el letrado a la persona a quien defiende. Un requisito adicional que, si bien puede mejorar el conocimiento del encausado sobre las consecuencias de la conformidad y sobre lo que se conforma, no supone el incremento sustancial de una garantía en la medida que el procedimiento regular de la conformidad supone el dictado de una sentencia de conformidad, la que estará basada en el acuerdo previamente realizado, la verificación de la libertad manifestada por el encausado y, posteriormente, será informada a las partes para que manifiesten expresamente su deseo de no recurrir.

---

66 Art. 785.4 PLMEP.

67 Art. 785.4 LECR en la nueva redacción que se le quiere dar.

III. LA NEGOCIACIÓN: PERSPECTIVAS DE FUTURO

La práctica forense enseña si no la completa extensión de la negociación en la conformidad, su permanencia en el ámbito del actual procedimiento abreviado sin la aplicación de los actuales límites penológicos. No obstante, con excepción de la escasa regulación sobre los elementos formales que deberán hacer parte del escrito conjunto de conformidad presentado por las partes en el ámbito del Anteproyecto de 2020, nos encontramos con una total falta de regulación sobre la *negociación* realizada para llegar a un acuerdo que motive que el encausado efectúe una declaración de conformidad.

En este sentido, y aunque del Moral García se refiriera específicamente al premio a la colaboración de acusados —personas físicas o jurídicas—, no podemos dejar de citarle cuando enfáticamente denuncia que "si mantengo algunas cautelas hacia la justicia negociada —hay que ser prudente para lograr un equilibrio adecuado—, mis reticencias son totales frente a una justicia negociada implantada clandestinamente, de espaldas a la ley (…)"[68].

En efecto, debates sobre el principio de oportunidad a parte, el principio de legalidad es un mandamiento constitucional en el sistema de justicia penal español consecuencia, entre otros, del Estado de Derecho y en garantía del debido proceso legal, del principio de igualdad, de la publicidad y del derecho a un proceso con todas las garantías (art. 24 CE)[69]. Por consiguiente, se hace urgente que, ante la constante ampliación de la negociación en la conformidad, se regule con especial atención su *forma* y su *contenido.*

---

68 del Moral García, A., "Prologo", en Machado de Souza, R. y Rodríguez-García, N., *Justicia negociada y personas jurídicas: la modernización de los sistemas penales en clave norteamericana.* Valencia, Tirant lo Blanch, 2022, p. 16.

69 Rodríguez-García, N., "La conformidad en el anteproyecto de ley de enjuiciamiento criminal de 2020: Reflexiones y materiales para su futura redefinición", *cit.*, p. 52; Gimeno Sendra, V., *Derecho Procesal Penal, cit.*, p. 164; Gómez Colomer, J. L., "Los principios del proceso penal", en Gómez Colomer, J. L. y Barona Vilar, S., *Introducción al Derecho Procesal.* Valencia, Tirant lo Blanch, 2023, pp. 281 y 282; Montero Aroca, J., "Lección Decimotercera. Los principios generales del proceso", en Montero Aroca, J., Gómez Colomer, J. L. y Barona Vilar, S., *Derecho Jurisdiccional I. Parte General.* Valencia, Tirant lo Blanch, 2019, p. 255.

Desde nuestra perspectiva, la justicia penal colaborativa de base negocial que representa la conformidad debe ser planteada en torno, al menos, a los siguientes elementos.

1. Controles sobre los hechos, la calificación jurídica y la pena

El elemento en común a lo largo de las distintas conformidades negociadas es la realización del control judicial tanto sobre la calificación jurídica, para que sea legalmente la correcta, como sobre la pena, para que sea procedente con relación a la correspondiente calificación. Unas exigencias elementales derivadas del derecho a un proceso con todas las garantías[70].

Podemos observar controles especiales en cada uno de los modelos actualmente vigentes. Por ejemplo, la regulación para su manifestación ante órganos jurisdiccionales del orden militar permite que el juzgador dicte la sentencia que proceda siempre y cuando el hecho carezca de tipicidad o se manifieste la concurrencia de una atenuante o de la exención de la pena. Por su parte, la conformidad prestada en el juicio oral durante un procedimiento abreviado nunca podrá contener una calificación más grave. La conformidad que se pueda expresar ante el Tribunal del Jurado antes de su disolución no podrá ser prestada cuando existan motivos bastantes para creer que el hecho no ha sido perpetrado o que no lo fue por el acusado o que no constituyen delito. Asimismo, en el ámbito del Anteproyecto de 2020 se añade a este control la verificación de que la calificación y la pena acordadas sean suficientes para salvaguardar la debida reparación del ofendido y el perjudicado.

En un primer momento, creemos que la inclusión de la víctima tiene relevancia especial en el ámbito de la conformidad negociada y, por lo tanto, no puede estar excluida del control judicial realizado con relación a la calificación jurídica o a la pena acordada. Esto se justifica también a través de la actual perspectiva de reparación *integral*[71] de la víctima, no

---

70 *Vid.* Bautista Samaniego, C. M., “Conformidad material y juicio equitativo”, en *La Ley Penal: Revista de Derecho Penal, Procesal y Penitenciario,* n.º 164, 2023.

71 Aguilera Morales, M., “Conformidad y reparación”, *cit.*, p. 301; Guadiola Lago, M. J., “¿Es posible la justicia restaurativa en la delincuencia de cuello blanco?”, en *Revista de Estudios Penales y Criminológicos,* 2020, pp. 79-80; Planchadell Gargalho, A., “La víctima”, en Gómez Colomer, J. L. y Barona Vilar, S., *Proceso penal: Derecho procesal III.* Valencia, Tirant lo Blanch, 2023, p. 113;

bastando la imposición de una pena en el sentido clásico y estricto de retribución o prevención.

De igual manera es fundamental establecer un criterio a la hora de vincular la conformidad a un reconocimiento —o no— de los hechos, así como a parámetros para que el control judicial también incluya un análisis que, sin pérdida en términos de *eficiencia,* posibilite la evaluación sobre si el hecho carece de tipicidad, si fue perpetrado y, en todo caso, si fue llevado a cabo por el acusado.

Por otro lado, la vinculación a la conformidad de un examen más profundo sobre la criminalidad es un elemento fundamental en el ámbito de la delincuencia más grave, concretamente cuando a partir de la conformidad se produce la aplicación de penas de prisión elevadas, cuyo criterio puede ser tanto la imposición de penas superiores a cinco años —conforme a la definición de delitos graves del Código Penal— como superiores a seis años —siguiendo el actual limite penológico de la conformidad—. En esas situaciones, se puede solicitar un control como el propuesto en el Anteproyecto de 2020 relacionado con la verificación de indicios racionales de criminalidad adicionales a la confesión. En todo caso esto supondría, en un primer momento, vincular la conformidad al reconocimiento de los hechos imputados. Y a mayores, establecer un criterio como el propuesto en el Anteproyecto implica traer al debate una serie de cuestionamientos[72] que deben ser resueltos antes de su definición.

2. Libertad en la realización del acuerdo

El control judicial sobre la libertad con la que el acusado presta su conformidad debe ser analizado ante dos perspectivas: la primera, que está garantizado un conocimiento pleno de sus consecuencias y que no ha habido

---

Farto Piay, T., "Perspectivas de futuro de la justicia restaurativa a la vista del anteproyecto de Ley de Enjuiciamiento Criminal", en Serrano Hoyo, G. y Rodríguez-García, N., *Justicia restaurativa y medios adecuados de solución de conflictos.* Madrid, Dykinson, 2022, pp. 6 y ss.

72 Rodríguez-García, N., "La conformidad en el anteproyecto de ley de enjuiciamiento criminal de 2020: reflexiones y materiales para su futura redefinición", *cit.*, pp. 45 y 46.

coacciones o amenazas que le hayan instado a aceptar la conformidad[73]; y la segunda, relacionada con la garantía a la defensa técnica[74].

Se debe analizar si la conformidad fue prestada libremente y con pleno conocimiento de sus consecuencias, elemento común en las modalidades de conformidad. Además, se pueden añadir requisitos como el del Anteproyecto de 2020 concretado en la facilitación por escrito de la información sobre el acuerdo alcanzado, una formalidad que puede ser esencial dependiendo del momento en que la conformidad haya sido alcanzada. Pero que, si se exige un acuerdo escrito formal, puede ser innecesario en la medida en que ya será exigido que el acusado firme una copia del acuerdo alcanzado.

Asimismo, nos referimos también al control judicial especialmente delimitado en el ámbito del Borrador de 2013, en el que se excluye expresamente que puedan declararse conformes aquellas personas que se encuentren en situaciones de enfermedad, coacción, amenaza u otras circunstancias que sean claros limitantes para que el encausado pueda prestar un consentimiento válido y eficaz[75].

Con relación a la asistencia de abogado, su participación efectiva es la que permitirá una verdadera igualdad de partes que equilibre la relación entre las partes acusadas y acusadoras —en particular, en lo atinente a la Fiscalía y a sus cada vez más amplias facultades de actuación— para cuando la negociación se vaya a llevar a cabo[76].

---

73 Sobre el derecho de ser informado antes de la toma de cualquier declaración (art. 24.2 CE), *vid.* DÍAZ MARTÍNEZ, M., "Lección 19. Los derechos fundamentales del artículo 24.2 de la Constitución", en GIMENO SENDRA, V., DÍAZ MARTÍNEZ, M. y CALAZA LÓPEZ, S., *Introducción al Derecho Procesal.* Valencia, Tirant lo Blanch, p. 286. Con relación al derecho a la defensa técnica, *vid.* MORENO CATENA, V., "Lección 9. El derecho de defensa", en MORENO CATENA, V., CORTÉS DOMÍNGUEZ, V., *Derecho Procesal Penal.* Valencia, Tirant lo Blanch, 2021, pp. 172 y ss.; BARONA VILAR, S., "Las partes acusadas y los responsables civiles", en GÓMEZ COLOMER, J. L., BARONA VILAR, S., *Proceso Penal: Derecho Procesal III.* Valencia, Tirant lo Blanch, 2023, p. 102.

74 DÍAZ MARTÍNEZ, M., "Lección 19. Los derechos fundamentales del artículo 24.2 de la Constitución", *cit.*, p. 278; MORENO CATENA, V., "Lección 9. El derecho de defensa", *cit.*, p. 172.

75 Art. 105.2 BCPP.

76 Lo cual también requiere de determinadas habilidades y destrezas, tal y como hemos estudiado en DE ALMEIDA MENDONÇA, A. L. y RODRÍGUEZ-GARCÍA, N., *Negociación en casos de corrupción: Fundamentos teóricos y prácticos.* Valencia, Tirant lo Blanch, 2018.

3. Conformidad parcial

La conformidad parcial se encuentra hoy en día vedada, con la excepción prevista para las personas jurídicas. No obstante, se pueden observar en la jurisprudencia casos en que se premia el acusado que se ha conformado, pero que no puede beneficiarse de una sentencia de conformidad debido a la existencia de otros coacusados no conformes, a través de la atenuante de confesión —analógica o no—[77]. En el ámbito de las reformas analizadas, solamente en el Borrador de 2013 y en la versión del Anteproyecto de medidas de eficiencia procesal del servicio público de justicia la conformidad parcial era autorizada.

Sea cual fuere la decisión que se adopte en el futuro por parte del legislador, se debe velar porque siempre y cuando haya una permisión legal a la conformidad parcial, y esta sea compaginada, además, con la posibilidad de negociación, una igualdad de condiciones y oportunidades sean ofrecidas a todos los coacusados que se encuentren en similar situación y, ante un acuerdo formal, otros coacusados puedan alegar lo que estimen necesario sobre el acuerdo alcanzado por los demás. Para ello, uno de los modelos a seguir es el del Borrador de 2013, en el que, específicamente, una de las partes puede alegar razones en contra de la conformidad por no corresponderse los hechos con la realidad de lo acontecido[78].

4. Participación de la víctima

Como mencionamos en líneas anteriores, no sólo se debe estar vigilante por conseguir la integral reparación de ofendidos y perjudicados en la conformidad negociada, sino también por su participación e información en todas las actuaciones que pudieran conducir a ella.

De esta manera, se puede garantizar que todas las víctimas, aunque no se hayan constituido en parte y, por lo tanto, no puedan tener participación directa en la conformidad, también tengan su lugar de acción antes de que el encausado se muestre proclive a hacer uso del instituto. Para ello, nos referimos a las propuestas actualmente existentes sobre la realización

---

77 *Vid.* SSTS 410/2019, de 12 de febrero; 1601/2021, de 7 de abril; 4500/2022, de 13 de diciembre.

78 Art. 108.4.º BCPP.

de una conformidad restaurativa[79] [80]. Que la víctima pueda participar activamente de las negociaciones para llegar a una conformidad, no sólo con el interés en el establecimiento de determinada pena privativa de libertad, sino también en otras medidas que le puedan garantizar una reparación completa, es compatible con la actual visión de los MASC.

Asimismo, la víctima tiene derecho a ser informada sobre los acuerdos alcanzados entre el victimario y, cuando menos, la acusación pública. En este punto lo más acertado es lo recogido en el Remitimos al modelo planteado en el Proyecto de Ley de medidas de eficiencia procesal, pero con la consideración debida de que esa información no tiene que estar restringida por la expresión "siempre que sea posible" o a la especial situación de vulnerabilidad de la víctima; muy al contrario, entendemos que debe ser alentada siempre, atendiendo al objetivo de *eficiencia* de la conformidad, en el sentido de que posibilitando la debida información de la víctima respecto a la conformidad negociada, tampoco se alarguen los procedimientos de tal manera que se pierda de vista uno de los grandes objetivos de la institución: simplificar y acelerar las actuaciones en —casi— cualquier enjuiciamiento penal.

5. Relación de la negociación con otras investigaciones

Un elemento no abordado a lo largo de los distintos proyectos de modificación de la regulación de la conformidad es la relación que puede llegar a tener con otras investigaciones en curso, especialmente cuando sea realizada partiendo del posicionamiento del Ministerio Fiscal como director de la fase de investigación[81]. Al final, ¿pueden ser incluidas otras investigaciones en el acuerdo de conformidad por voluntad de la acusación pública?

---

79 GADDI, D., "Materiales para una conformidad restaurativa", en *Estudios Penales y Criminológicos*, vol. XL, 2020, p. 1027. Además *vid.* AGUILERA MORALES, M., "Conformidad y reparación", *cit.*, pp. 305-306.

80 En Alemania, para algunos delitos, a la víctima le será dada la oportunidad para comentar en el caso de un acuerdo y, en determinados casos, sobre el estatus del procedimiento, siendo que, si no está de acuerdo con el fin del procedimiento, su objeción deberá ser incluida en la noticia de su término. *Cfr.* NÖTZEL, M. y KLAUK, D., "Die Absprache im Ermittlugnsverfahren: Ein "kleiner Deal"?", *cit.*, p. 9.

81 GÓMEZ COLOMER, J. L., "La Fiscalía española: ¿debe ser una institución independiente?, en *Teoría y Realidad Constitucional, vol.* 41, 2018, pp. 178 y ss.; ARMENTA DEU, T., *Derivas de la justicia.* Madrid, Marcial Pons, 2023, p. 115.

En Alemania sí[82], con excepción de las denuncias públicas ya presentadas, dado que a partir de este momento el responsable de los debates será el órgano jurisdiccional. Esto significa que, si la Fiscalía deja de impulsar las actuaciones con relación a una denuncia inicialmente presentada, sobre este caso tampoco podrá darse un acuerdo. Además, la Fiscalía no puede prometer frenar —e incluso archivar— otras investigaciones en curso como parte de un acuerdo, dado que una promesa de este estilo es considerada[83] un acuerdo secundario bilateral[84]. La doctrina se refiere a esa posibilidad como una "solución completa"[85].

En España, con un sistema distinto en lo que concierne a la presentación de denuncias y a la posibilidad de que haya personadas en las actuaciones una o varias acusaciones particulares, la situación cambia, aunque podemos aprender desde la experiencia germánica: otras investigaciones pueden ser incluidas en el acuerdo de conformidad antes de que sean objeto de su propio juicio oral y que se produzca un consenso entre las acusaciones particulares, en caso de que existan y actúen por esa senda. Por otro lado, la promesa con relación a otras investigaciones con el objetivo de conseguir un acuerdo de conformidad nos acercaría al sistema estadunidense de *coerción*, lo que en nuestra cultura jurídica debe ser evitado a toda costa —cuando menos en el plano teórico—, al ser sabido que el principio de oficialidad que demanda el ejercicio de la acción penal siempre y cuando presentes los requisitos esenciales[86].

6. Elementos formales de la negociación

Finalmente, la negociación debe tener un tratamiento procesal que le acerque al principio de legalidad, en aras a permitir que las declaraciones y sentencias de conformidad cumplan de la mejor manera posible las garantías plasmadas en el art. 24 CE.

---

82 Nötzel, M. y Klauk, D., "Die Absprache im Ermittlugnsverfahren: Ein "kleiner Deal"?", *cit.*, p. 5.

83 §160 b StPO.

84 Nötzel, M. y Klauk, D., "Die Absprache im Ermittlugnsverfahren: Ein "kleiner Deal"?", *cit.*, p. 6.

85 Nötzel, M. y Klauk, D., "Die Absprache im Ermittlugnsverfahren: Ein "kleiner Deal"?", *cit.*, p. 7.

86 *Cfr.* Armenta Deu, T., *Lecciones de Derecho Procesal Penal* (13.ª ed.). Madrid, Marcial Pons, 2021, p. 31; Gimeno Sendra, V., *Derecho Procesal Penal, cit.*, p. 272.

Se puede partir de la propuesta del Anteproyecto de 2020 con un escrito formal de conformidad firmado por todas las partes, cuyo contenido esté compuesto obligatoriamente, entre otros elementos, por el relato de los hechos punibles, la especifica participación del encausado[87], la calificación jurídica, las atenuantes y la pena acordada.

Sin embargo, la conformidad negociada también debe cumplir con el principio de publicidad en el proceso penal, de forma tal que no sólo el resultado de las negociaciones, sino su contenido esencial, sea también plasmado en dicho escrito, el cual posteriormente servirá para informar a las demás partes actuantes en el procedimiento y, siempre que posible, a la sociedad de una manera general[88].

En el caso particular de las personas jurídicas, por otro lado, la formalización de esta negociación tampoco puede implicar una renuncia a datos de ella, la cual ve reforzada su posición jurídica por la vigencia del derecho a la privacidad relativa a las informaciones especialmente sensibles[89].

IV. Bibliografía

aguilera Morales, M., "Conformidad y reparación", en Soleto Muñoz, H, Carrascosa Miguel, A. (dirs.), *Justicia restaurativa: una justicia para las víctimas.* Valencia, Tirant lo Blanch, 2019. pp. 291-306.

Aguilera Morales, M., "La deriva del «principio» del consenso", en Bujosa Vadell, L. M., *Derecho procesal: retos y transformaciones.* Barcelona, Atelier, 2021, pp.193-210.

Armenta Deu, T., *Criminalidad de bagatela y principio de oportunidad: Alemania y España.* Barcelona, PPU, 1991.

Armenta Deu, T., *Derivas de la justicia: tutela de los derechos y solución de controversias en tiempos de cambios.* Madrid, Marcial Pons, 2021.

Armenta Deu, T., *Lecciones de Derecho Procesal Penal* (13.ª ed.). Madrid, Marcial Pons, 2021.

---

87 Requisito esencial también a la hora de evaluar si la conformidad es debida y garantizar que el control judicial permita una evaluación de requisitos de culpabilidad superiores al simple reconocimiento de los hechos, cuando este es parte de la conformidad.

88 En este sentido, en Alemania, el contenido esencial de las negociaciones en el proceso penal debe de ser objeto de grabación con la finalidad de informar las demás partes de un proceso penal, constituyendo hechos esenciales de la discusión el propio hecho de que haya habido discusiones. *Cfr.* Nötzel, M. y Klauk, D., "Die Absprache im Ermittlugnsverfahren: Ein "kleiner Deal"?", *cit.*, p. 10.

89 Neira Pena, A. M., *La defensa penal de la persona jurídica: representante defensivo, rebeldía, conformidad y compliance como objeto de prueba, cit.*

BARONA VILAR, S, "Los procesos ordinarios", en GÓMEZ COLOMER, J. L., BARONA VILAR, S., *Proceso Penal: Derecho Procesal III.* Valencia, Tirant lo Blanch, 2023, pp. 590-627.

BARONA VILAR, S., "Especialidades procedimentales", en GÓMEZ COLOMER, J. L., BARONA VILAR, S., *Proceso Penal: Derecho Procesal III.* Valencia, Tirant lo Blanch, 2023, pp. 628-674.

BARONA VILAR, S., "Justicia penal negociada", en GÓMEZ COLOMER, J. L., BARONA VILAR, S., *Proceso Penal: Derecho Procesal III.* Valencia, Tirant lo Blanch, 2023, pp. 279-298.

BARONA VILAR, S., "Las partes acusadas y los responsables civiles", en GÓMEZ COLOMER, J. L., BARONA VILAR, S., *Proceso Penal: Derecho Procesal III.* Valencia, Tirant lo Blanch, 2023, pp. 91-112.

BARONA VILAR, S., *Proceso penal desde la historia. Desde su origen hasta la sociedad global del miedo.* Valencia, Tirant lo Blanch, 2017.

BAUTISTA SAMANIEGO, C. M., "Conformidad material y juicio equitativo", en *La Ley Penal: Revista de Derecho Penal, Procesal y Penitenciario,* n.º 164, 2023.

CAEIRO, P., "Legalidade e oportunidade: a perseguição penal entre o mito da «justiça absoluta» e o fetiche da «gestão eficiente» do sistema", en *Revista do Ministerio Público,* 2000, pp. 31-47.

DAMASKA, M., "Negotiated justice in international criminal courts", en THAMAN, S., *World Plea Bargaining: Consensual Procedures and the Avoidance of the Full Criminal Trial.* Durhan, Carolina Academic Press, 2018, pp. 81-106.

DE ALMEIDA MENDONÇA, A. L. y RODRÍGUEZ-GARCÍA, N., *Negociación en casos de corrupción: Fundamentos teóricos y prácticos.* Valencia, Tirant lo Blanch, 2018.

DEL MORAL GARCÍA, A., "Otra vez sobre la conformidad y conformidades em el proceso penal", en HERRERO-TEJEDOR ALGAR, F., *Liber Amicorum.* Madrid, Ed. Constitución y Leyes, 2015.

DEL MORAL GARCÍA, A., "Prologo", en MACHADO DE SOUZA, R. y RODRÍGUEZ-GARCÍA, N., *Justicia negociada y personas jurídicas: la modernización de los sistemas penales en clave norteamericana.* Valencia, Tirant lo Blanch, 2022, pp. 11-16.

DÍAZ MARTÍNEZ, M., "Lección 19. Los derechos fundamentales del artículo 24.2 de la Constitución", en GIMENO SENDRA, V., DÍAZ MARTÍNEZ, M. y CALAZA LÓPEZ, S., *Introducción al Derecho Procesal.* Valencia, Tirant lo Blanch, 2020, pp. 275-292.

ESPARZA LEIBAR, I., "Procesos penales especiales regulados fuera de la LECR y procesos civiles derivados del hecho punible", en GÓMEZ COLOMER, J. L., BARONA VILAR, S., *Proceso penal: Derecho procesal III.* Valencia, Tirant lo Blanch, 2023, pp. 653-677.

FARIA COSTA, J., "Diversão (desjudicialização) e mediação: que rumos?", en *Boletim da Faculdade de Direito da Universidade de Coimbra,* vol. XLI, 1985, pp. 106-108.

FARTO PIAY, T., "Perspectivas de futuro de la justicia restaurativa a la vista del anteproyecto de Ley de Enjuiciamiento Criminal", en SERRANO HOYO, G. y RODRÍGUEZ-GARCÍA, N., *Justicia restaurativa y medios adecuados de solución de conflictos.* Madrid, Dykinson, 2022, pp. 6-88.

FIGUEIREDO DIAS, J., *Direito Penal. Parte Geral: Tomo I.* Coimbra, Coimbra Editora, 2007.

Fridriczewski, V., "Actuación interinstitucional, combate a la corrupción y recuperación de activos en Brasil: algunas luces", en Rodríguez-García, N., Carrizo González Castell, A. y Rodríguez-López, F., *Corrupción; compliance, represión y recuperación de activos.* Valencia, Tirant lo Blanch, 2019, pp. 275-293.

Gaddi, D., "Materiales para una conformidad restaurativa", en *Estudios Penales y Criminológicos,* vol. XL, 2020, pp. 991-1041.

Gascón Inchausti, F., *Proceso penal y persona jurídica.* Madrid, Marcial Pons, 2012.

Gimeno Sendra, V., *Derecho Procesal Penal.* Navarra, Thomson Reuter, 2015.

Gómez Colomer, J. L., "El juicio oral: conformidad y desvinculación", en Gómez Colomer, J. L. y Barona Vilar, S., *Proceso penal: Derecho procesal III.* Valencia, Tirant lo Blanch, 2023, pp. 389-412.

Gómez Colomer, J. L., "Historia, sistemas y política criminal", en Gómez Colomer, J. L., Barona Vilar, S., *Proceso penal: Derecho procesal III.* Valencia, Tirant lo Blanch, 2023, pp. 34-54.

Gómez Colomer, J. L., "La competencia penal", en Gómez Colomer, J. L., Barona Vilar, S., *Proceso penal: Derecho procesal III.* Valencia, Tirant lo Blanch, 2023, pp. 55-72.

Gómez Colomer, J. L., "La Fiscalía española: ¿debe ser una institución independiente?, en *Teoría y Realidad Constitucional,* n.º 41, 2018, pp. 157-184.

Gómez Colomer, J. L., "La posición constitucional de la persona jurídica acusada en el proceso penal español", en Ontiveros Alonso, M., *La responsabilidad penal de las personas jurídicas.* Ciudad de México, Tirant lo Blanch, 2022, pp. 207-234.

Gómez Colomer, J. L., "Los principios del proceso penal", en Gómez Colomer, J. L. y Barona Vilar, S., *Introducción al Derecho Procesal.* Valencia, Tirant lo Blanch, 2023, pp. 279-296.

González Cano, M. I., "La Fiscalía Europea. Especial consideración sobre su actuación con arreglo al principio de oportunidad", en Arangüena Fanego, C. y de Hoyos Sancho, M. (dirs.), *Garantías procesales de investigados y acusados: situación actual en el ámbito de la Unión Europea,* Valencia, Tirant lo Blanch, 2018, pp. 551-574.

Guadiola Lago, M. J., ¿Es posible la justicia restaurativa em la delincuencia de cuello blanco?, en *Revistas de Estudios Penales y Criminológicos,* 2020, pp. 529-591.

Langer, M., "La larga sombra de las categorías acusatorio-inquisitivo", en *Revista Brasileira de Direito Processual Penal,* n.º 1 (1), 2015, pp. 11-42.

Lopes Júnior, A., *Fundamentos del processo penal.* Valencia, Tirant lo Blanch, 2015.

Machado de Souza, R. y Rodríguez-García, N., *Justicia negociada y personas jurídicas: la 'modernización´ de los sistemas penales en clave norteamericana.* Valencia, Tirant lo Blanch, 2022.

Magro Servet, V., "Criterios jurisprudenciales de actualidad acerca de la conformidad parcial de algunos acusados en el juicio oral", en *Diario La Ley,* n.º 9690, 2020.

Mir Puig, S., *Derecho penal. Parte General,* Barcelona, Reppertor, 1998.

Montero Aroca, J. y Gómez Colomer, J. L., *Ley de Enjuiciamiento Criminal (32.ª edición anotada y comentada).* Valencia, Tirant lo Blanch, 2023.

Montero Aroca, J., "El principio acusatorio entendido como eslogan político", en *Revista Brasileira de Direito Processual Penal,* n.º 1 (1), 2015, pp. 66-87.

MONTERO AROCA, J., "Lección Decimotercera. Los principios generales del proceso", en MONTERO AROCA, J., GÓMEZ COLOMER, J. L. y BARONA VILAR, S., *Derecho Jurisdiccional I. Parte General.* Valencia, Tirant lo Blanch, 2019, pp. 244-259.

MORENO CATENA, V., "Lección 24. La fase inicial del juicio oral. Las cuestiones previas", en MORENO CATENA, V. y CORTÉS DOMÍNGUEZ, V., *Derecho Procesal Penal,* 10.ª edición. Valencia, Tirant lo Blanch, 2021, pp. 419-436.

MORENO CATENA, V., "Lección 32. El juicio ordinario por delitos leves", en MORENO CATENA, V. y CORTÉS DOMÍNGUEZ, V., *Derecho Procesal Penal.* Valencia, Tirant lo Blanch, 2021, pp. 539-552.

MORENO CATENA, V., "Lección 9. El Derecho de Defensa", en MORENO CATENA, V. y CORTÉS DOMÍNGUEZ, V., *Derecho Procesal Penal.* Valencia, Tirant lo Blanch, 2021, pp. 165-178.

NAUCKE, W, "Der begriff der politishen Wirtschaftstraftat", en *Revista de Derecho y Ciencias Penales,* n.º 2(4), 2013, pp. 339-272.

NEIRA PENA, A. M., *La defensa penal de la persona jurídica: representante defensivo, rebeldía, conformidad y compliance como objeto de prueba.* Pamplona, Aranzadi, 2018.

NIEVA FENOLL, J., *Derecho Procesal III–Proceso Penal.* Valencia, Tirant lo Blanch, 2022.

NÖTZEL, M. y KLAUK, D., "Die Absprache im Ermittlugnsverfahren: Ein "kleiner Deal"?", en *Neue Zeitschrift für Strafrecht,* n.º 677, 2021, pp. 1-11.

OCDE, *Recommendation of the Council for Further Combating Bribery of Foreign Public Officials in International Business Transactions,* OECD/LEGAL/0378, 2021.

OFICINA DE LAS NACIONES UNIDAS CONTRA LA DROGA Y EL DELITO (UNODC) y WORLD BANK, *Left out of the Bargain: settlements in Foreign Bribery Cases and Implications for Asset Recovery,* 2014 *[https://www.unodc.org/documents/congress/background-information/Corruption/Left_out_of_the_Bargain.pdf].*

PLANCHADELL GARGALHO, A., "La víctima", en GÓMEZ COLOMER, J. L., BARONA VILAR, S., *Proceso penal: Derecho procesal III.* Valencia, Tirant lo Blanch, 2023, pp. 113-132.

RAMÍREZ BARBOSA, P. A., "El sistema penal norteamericano y los institutos de justicia negociada: especial énfasis en la criminalidad corporativa", *Revista Penal,* n.º 44, 2019, pp. 147-159.

RIEGO, C., "The expansion of plea bargaining in Chile", en AMBOS, K. y MARTÍNEZ, J., *Göttingen Handbook on Latin American Public Law and Criminal Justice,* Baden-Baden, Nomos Verlagsgesellschaft mbH & Co. KG, 2023, pp. 543-556.

RITZER, G., *La Macdonalización de la sociedad: un análisis de la racionalización en la vida cotidiana.* Barcelona, Editora Ariel, 1996.

ROCA MARTÍNEZ, J. M., "Tema 25", en PÉREZ-CRUZ MARTÍN, A. (dir.), *Derecho Procesal Penal* (2.ª ed.). Valencia, Tirant lo Blanch, 2023, pp. 713-724.

RODRÍGUEZ-GARCÍA, N. y MACHADO DE SOUZA, R., "Desconstruyendo y problematizando sobre la esencia del plea bargaining system de Estados Unidos", en ROCA MARTÍNEZ, J., *Un modelo de justicia para el siglo XXI: justicia alternativa, justicia negociada y justicia informal.* Valencia, Tirant lo Blanch, 2021, pp. 379-418.

RODRÍGUEZ-GARCÍA, N. y PAHUL ROBREDO, M. G., "El ODS-16 en América Latina: condicionantes, retos y materiales para su estudio comparado", en ARRABAL PLATERO,

P. (dir.), *Los Objetivos de Desarrollo Sostenible y la inteligencia artificial en el proceso penal*. Valencia, Tirant lo Blanch, 2022, pp. 149-179.

RODRÍGUEZ-GARCÍA, N., "*¿Quo vadis*, principio de oportunidad?", en ROSSELL GRANADOS, J., SAMPEDRO ARRUBLA, J. A., GONZÁLEZ JÁCOME, J. y SZEGEDY MASZÁK, I. (edits.), *Aproximación iberoamericana a la construcción de una sociedad humana y democrática*, Bogotá, Grupo Editorial Ibáñez – Pontificia Universidad Javeriana, 2015, pp. 25-56.

RODRÍGUEZ-GARCÍA, N., "La conformidad de las personas jurídicas en el proceso penal español", en *La Ley Penal: Revista de Derecho Penal, Procesal y Penitenciario*, n.º 113, 2015, pp. 1-30.

RODRÍGUEZ-GARCÍA, N., "La conformidad en el anteproyecto de ley de enjuiciamiento criminal de 2020: Reflexiones y materiales para su futura redefinición", en *Revista de la Asociación de Profesores de Derecho Procesal de las Universidades Españolas*, n.º 5, 2022, pp. 9-60.

RODRÍGUEZ-GARCÍA, N., "La conformidad en el proceso penal de las personas jurídicas", en Pérez-Cruz Martín, A. (dir.), *Proceso penal y responsabilidad penal de las personas jurídicas*. Pamplona, Aranzadi, 2017, pp. 177-214.

RODRÍGUEZ-GARCÍA, N., *El consenso en el proceso penal español*. Barcelona, J. M. Bosch Editor, 1997.

RODRÍGUEZ-GARCÍA, N., *La justicia penal negociada: experiencias de derecho comparado*. Salamanca, *Ediciones Universidad de Salamanca*, 1997.

SCHÜNEMANN, B., "Crisis del procedimiento penal?: ¿marcha triunfal del procedimiento penal americano en el mundo?", en *Revista de Derecho Penal*, n.º 11, 2000, pp. 111-119.

SOARES DE ALBERGARIA, P., *Plea Bargaining: aproximação à justiça negociada os E.U.A.* Coimbra, Edições Almedina, 2007.

VARONA GÓMEZ, D., KEMP, S. y BENÍTEZ, O., "La conformidad en España: predictores e impacto en la penalidad", en *InDret*, n.º 1, 2022, pp. 307-336.

VELASCO NÚÑEZ, E., *10 años de responsabilidad penal de la persona jurídica (análisis de su jurisprudencia)*. Cizur Menor, Aranzadi, 2020.

WEYLAND, K., "Cambio institucional en América Latina", en *América Latina Hoy, Revista de Ciencias Sociales*, n.º 57, 2011, pp. 117-143.